1 六祖大鑑禪師像

題字は道元禪師御眞筆中より拾收

駒澤大學禪宗史研究會 編著

慧能研究

―慧能の傳記と資料に關する基礎的研究―

臨川書店刊

唐韶州曹溪寶山林國寧寺六祖惠能大師傳法宗旨并高宗大帝勅書
兼賜物改寺額及大師印可門人并滅度時六種瑞相及智藥三藏
懸記等傳
梁天監五年正月五日時婆羅門三藏字智藥是中天竺國那
爛陁寺大德辭彼國王來此五臺山礼謁文殊將弟子數十侍從三藏
博識多聞道善經論星象之學志弘大乘巡歷諸國遠涉滄
波泛舶至韶州曹溪口村謂村人曰看此水源必有勝地堪爲沙門居
止代代高僧不絶吾欲尋之行至曹溪勸村人修造住處經五年号
此山門名寶林寺人天所敬海内歸依天監五年二月十五日　勅天下
名僧大德令所在州縣進入内道場供養時韶州刺史侯公表進三藏
入内使君問三藏云何名此山門爲寶林耶答曰吾去後一百七十年
有無上法寶於此地弘化有學者如林故号寶林耶三藏四月初得
對奏爲寶林寺勅賜田五拾頃至天監十年三藏入臺山却還本
國至隨大業十三年天下荒亂寺舍毀廢至天平元年樂昌縣令、
李藏之請寶林額於樂昌靈溪村置寺至咸亨元年時惠能

對奏爲寶林寺勅賜田五拾頃至天監十年三藏入臺山却還本
國至隨大業十三年天下荒亂寺舍毀廢至天平元年樂昌縣令、
李藏之請寶林額於樂昌靈溪村置寺至咸亨元年時惠能
大師俗姓盧氏新州人也少失父母三歲而孤雖處群輩之中介然有方
外之志其年大師遊行至曹溪与村人劉至略結義爲兄弟時春秋
卅略有姑出家配山澗寺名無盡藏常誦涅槃經大師晝与略役力
夜即聽經至明爲無盡藏尼解義尼將經与讀大師曰不識文字尼
曰既不識字如何解釋其義大師曰仏性之理非関文字能解今不識
文字何怪衆人聞之皆嗟歎曰見解如此天機自悟非人所及堪可出
家住此寶林寺大師即住此寺修道經三年正當智藥三藏一百七十
年懸記之時也時大師春秋三十有三後聞樂昌縣西石窟有遠
禪師遂投彼學坐禪大師素不曾學書竟未披尋經論時有惠
紀禪師誦投陁經大師聞經歎曰經意如此今我空坐何爲至咸亨
五年大師春秋卅有四惠紀禪師謂大師曰久承蘄州黄梅山忍禪
師開禪門可往彼修學大師其年正月三日發韶州往東山尋忍
大師策杖塗跣孤然自行至洪州東路時多暴虎大師獨行山林
無懼遂至東山見忍大師忍大師問曰汝化物來能答曰唯求作仏
來忍問曰汝是何處人能答曰嶺南新州人忍曰汝是嶺南新州人
寧堪作仏能答曰嶺南新州人仏性与和上仏性有何差別忍大師更
不復問可謂自識仏性頓悟真如深奇之之忍大師山中門徒至多
顧眄左右悉皆龍象遂令能入廚中供養經八箇月能不避艱
苦忽同時戲調蔑然不以爲意忘身爲道仍踏碓自嫌身輕乃
繫大石著腰墜碓令重遂損腰脚忍大師因行至碓米所問
曰汝爲供養損腰脚所痛如何能答曰不見有身誰言之痛忍
大師至夜命能入房大師問汝初來時答吾嶺南人仏性与和上仏
性有何差別誰教汝耶[illegible]

曰汝為供養損署脚所痛如何能荅曰不見有身誰言之痛忍
大師至夜命能入房大師問汝初来時荅吾嶺南人仏性与和上仏
性有何差別、誰教汝耶荅曰仏性非偏和上与能無別乃至一切衆
生皆同更無差別但随根隠顕耳忍大師徴曰仏性無形云何隠
顕能荅曰仏性無形悟即顕迷即隠于時忍大師門徒見能与
和上論仏性義大師知諸徒不会遂遣衆人且散忍大師告能曰
如来臨般涅槃以甚深般若波羅蜜法付囑摩訶迦〻葉〻付
阿〻難〻付商那和〻修〻付憂波毱多在後展転相傳西国経廿
八祖至於達磨多羅大師漢地為初祖付囑恵可〻付璨〻付道
〻信〻付於吾矣吾今欲逝法囑於汝〻可守護無令断絶能
曰能是南人不堪傳授仏性此間大有龍象忍大師曰此雖多龍
象吾深浅皆知猶兎与馬唯付囑象王耳忍大師即将所傳袈
裟付能大師遂頂戴受之大師問和上曰法無文字以心傳心以法傳
法用此袈裟何為忍大師曰衣為法信法是衣宗従上相傳更無
別付非衣不傳於法非法不傳於衣〻是西国師子尊者相傳令仏
法不断法是如来甚深般若知般若空寂無住即而了法身見仏
性空寂無住是真解脱汝可持衣去遂則受持不敢違命然
此傳法袈裟是中天布梵云婆羅那唐言第一好布是木綿
花作時人不識謬云絲布忍大師告能曰汝速去吾當相送随至
蘄州九江驛忍大師告能曰汝傳法之人後多留難能問大師曰
何以多難忍曰後有邪法競興親附国王大臣蔽我正法汝可好
去能遂礼辞南行忍大師相送已却還東山更無言説諸門人驚
恠問和上何故不言大師告衆曰衆人散去此間無仏〻法已向南去也我而
今不説於後自知忍大師別能大師経停三日重告門人曰大法已行吾
當逝矣忍大師遷化百鳥悲鳴異香芬馥日無精光風雨折樹時有

今不説於後自知忍大師別能大師経停三日重告門人曰大法已行吾
當逝矣忍大師遷化百鳥悲鳴異香芬馥日無精光風雨折樹時有
四品官俗姓陳氏捨俗出家事和上号恵明禪師聞能大師将衣
鉢去遂奔逐南方尋至大庾嶺見能大〻師〻即将衣鉢遂還明
明曰来不為衣鉢不審和上初付囑時更有何言教願垂指示能
〻師即為明禪師傳囑授密言恵明唯然受教遂即礼辞明語
能曰急〻去〻在後大有人来相逐〻能大師即南行至来朝果有数
百人来至嶺見明禪師〻曰吾先至此不見此人問南来者亦不見此人
恵脚計未過此諸人却向北尋明禪師得言教猶未暁悟却居廬
山峯頂寺三年方悟密語能後居漕溪山廣化群品能大師帰南略
至曹溪猶被人尋遂便於廣州四会懐集両縣界避難経于五年
在獵師中大師春秋三十九至儀鳳元年初於廣州制旨寺聽印宗
法師講涅槃経法師是江東人也其制旨寺是宋朝求那摩跋三蔵置
今廣州龍興寺是也法師每勸門人商量論義時囑正月十五日懸
幡〻諸人夜論幡義法師廊下隔壁而聽初論幡者幡是無情因風
而動第二人難言風幡俱是無情如何得動第三人因縁和合故合
動第四人言幡不動風自動耳衆人諍論喧〻不止能大師高聲止諸
人曰幡無如餘種動所言動者人者心自動耳印宗法師聞已至明日
講次欲畢問大衆曰昨夜某房論義在後者是誰此人必稟承好
師〻日有同房人云是新州盧行者法師云請行者過房能遂過房
法師問曰曾事何人能荅曰事嶺北蘄州東山忍大師法師又問忍大
師臨終之時云仏法向南莫不是賢者否能荅是既云是應有傳法
袈裟請一瞻看印宗見袈裟已珍重礼敬心大歓喜歎曰何期南
方有如是無上之法寶法師曰忍大師付囑如何指授言教能大師荅曰唯
論見性不論禪定解脱無為無漏法師曰如何不論禪解脱無漏無
為能荅曰為此多法不是仏性〻〻是不二之法涅槃経明其仏性不二之

論見性不論禪定解脫無為無漏法師曰如何不論禪解脫無漏無
為能答曰為此多法不是仏性仏性是不二之法涅槃經明其仏性不二之
法即是禪也法師又問云何仏性是不二之法能曰涅槃經高貴德王
菩薩白仏言世尊犯四重禁作五逆罪及一闡提等為當斷善根
仏性以不仏告高貴德王菩薩善根有二一者常二者無常仏性
非常非無常是故不斷名之不二一者善二者不善仏性非善非不善
是故不斷名為不二又云蘊之与界凡夫見二智者了達其性無二
無二之性即是實性明与無明凡夫見二智者了達其性無々二々之
性即是實性々々無二能大師謂法師曰故知仏性是不二之法印宗聞
斯解脫即起合掌虔誠願事為師明日講次告衆人曰印宗何幸身
是凡夫不期座下法身菩薩印宗所為衆人說涅槃經猶如瓦礫昨
夜請盧行者過房論義猶如金玉諸人信否然此賢者是東山忍
大師傳法之人諸人永不信請行者將傳法袈裟呈示諸人々見已頂
礼咸生信重儀鳳元年正月十七日印宗与能大師剃髮落二月八日於
法性寺受戒々壇是宋朝求那跋摩三藏所置當時遥記云於後當有
羅漢登此壇有菩薩於此受戒今能大師受戒應其記也 出高僧傳
能大師受戒和尚西京總持寺智光律師羯磨闍梨蘇州靈光寺惠
靜律師教授闍梨荊州天皇寺道應律師後時三師皆於能大師
所學道終于曹溪其證戒大德一是中天耆多羅律師二是密多
三藏此二大德皆是羅漢博達三藏善中邊言印宗法師請為尊
證也又蕭梁末有真諦三藏於壇邊種菩提樹兩株告衆僧曰
好看此樹於後有菩薩僧於此樹下演無上乘於後能大師於此
樹下坐為衆人開東山法門應真諦三藏記也 出真諦三藏傳 其年四月八日
大師為大衆初開法門曰我有法無名無字無眼無耳無身無意
無言無示無頭無尾無內無外亦無中間不去不來非青黃赤白黑非

大師為大衆初開法門曰我有法無名無字無眼無耳無身無意
無言無示無頭無尾無內無外亦無中間不去不來非青黃赤白黑非
有非無非因非果大師問衆人此是何物大衆兩々相看不敢答時有
荷澤寺小沙弥神會年始十三答此是仏之本源大師問云何是本
源沙弥答曰本源者諸仏本性大師云我說無名無字汝云何言仏性
有名字沙弥曰仏性無名字因和上問故立名字正名字時即無名字
大師打沙弥數下大衆礼謝曰沙弥小人惱乱和上大師云大衆且散
去留此饒舌沙弥至夜間大師問沙弥我打汝時仏性受否答云仏
性無受大師問汝知痛否沙弥答知痛大師問汝既知痛云何道仏
性無受沙弥答豈同木石雖痛而心性不受大師語沙弥曰節々支解
時不生瞋恨名之無受我忘身為道踏碓直至跨脫不以為苦名
之無受汝今被打心性不受汝受諸觸如智證得真正受三昧沙弥密
受付囑大師出家開法受戒年登卅印宗法師請大師歸制旨寺今廣
州龍興寺經藏院是大師開法堂法師問能大師曰久在何處住大
師云韶州曲縣南五十里曹溪村故寶林寺法師講經了將僧俗三
千餘人送大師歸曹溪因茲廣闡禪門學徒千万至神龍元年
正月十五日　勅迎大師入內表辞不去　高宗大帝勅曰
朕虔誠慕道渴仰禪門召諸州名山禪師集內道場供養安秀二
德最為僧首　朕每諮求再推南方有能禪師密受忍大師記傳
達磨衣鉢以為法信頓悟上乘明見仏性今居韶州曹溪山示悟
衆生即心是仏　朕聞如來以心傳心囑付迦葉々々展轉相傳至於達
磨教被東土代々相傳至今不絕師既稟承有依可往京城施化
緇俗歸依天人瞻仰故遣中使薛簡迎師願早降至神龍元
年正月十五日下
韶州曹溪山釋迦惠能辞疾表

師

韶州曹溪山釋迦惠能辭疾表
惠能生自偏方幼而慕道叨為忍大師囑付如来心印傳西國衣
鉢授東土佛心奉　天恩遣中使薛蕳召能入內惠能久處山林
年邁風疾　陛下德包物外道貫万民育養蒼生仁慈黎庶旨
弘大教欽崇釋門恕惠能居山養疾脩持道業上荅　皇恩
下及諸王太子謹奉表釋迦惠能頓首頓首
中使薛蕳問大師京城大德禪師教人要假坐禪若不因禪定解
脫得道无有是處大師云道由心悟豈在坐耶金剛經若人言如来
若坐若卧是人不解我所說義如来者无所從来亦无所去故名如
来无所從来曰生亦无所去曰滅若无生滅而是如来清淨禪諸法
空即是坐大師告言中使道畢竟无得无證豈況坐禪薛蕳云簡
至　天庭聖人必問伏願和上指授心要將傳聖人及京城學道者如
燈轉照冥者皆明々々无盡大師云道无明暗明暗是代謝之義
明々无盡亦是有盡相待立名淨名經云法无有比无相待故薛蕳云
明譬智惠暗喻煩惱脩道之人若不用智惠照生死煩惱何得出離
大師云煩惱即菩提无二无別汝見有智惠為能照此是二乘見解
有智之人悉不如是薛蕳云大師何者是大乘見解大師云涅槃經
云明与无明凡夫見二智者了達其性无二々之性是即實々性々者
即是佛々性々在凡夫不減在賢聖不增在煩惱而不垢在禪定而不
淨不斷不常不来不去亦不中間及內外不生不滅性相常住恒不變
易薛蕳聞大師說不生不滅何異外道々々亦說不生不滅大師荅
曰外道說不生不滅將生以滅々々猶不滅我說本自无生今即无滅
不同外道外道无有奇特所以有異大師告薛蕳曰若欲將心要
者一切善惡都莫思量心體湛寂應用自在薛蕳於言大下悟
云大師今日始知佛性本自有之昔日將為大遠今日始知至道不遠

者一切善惡都莫思量心體湛寂應用自在薛蕳於言大下悟
云大師今日始知佛性本自有之昔日將為大遠今日始知至道不遠
行之即是今日始知涅槃不遠觸目菩提今日始知佛性不念善惡
无思无念无知无作不住今日始知佛性常恒不變不為諸惑所遷中
使薛蕳礼辭大師將表赴京
高宗大帝賜磨納袈裟一領及絹五百疋　勅書曰
勅師老疾為朕脩福道國之福田師若淨名託疾金粟闡弘大
法傳諸佛心談不二之說杜口毗耶聲聞被呵菩薩辭退師若此
也薛蕳傳師指授如来知見善惡都莫思量自然得入心體湛
然常寂妙用恒沙　朕善積餘慶宿種善因得值師之出世蒙
師惠頓上乘佛心第一朕感荷師恩頂戴脩行永々不朽奉磨
納袈裟一領絹五百疋供養大師神龍三年四月二日下
又神龍三年十一月十八日　勅下韶州百姓可修大師中興寺佛殿及大
師經坊賜額為法泉寺大師生緣新州故宅為國恩寺延和元年
大師歸新州脩國恩寺諸弟子問和上修寺去卒應未歸此更
有誰堪諮問大師云翁山寺僧靈振雖患脚跛心裏不跛門人諮
請振說法又問大師何時得歸荅曰我歸无日也大師在日景雲二年
先於曹溪造龕塔後先天二年七月廊宇猶未畢功催令早了
吾當行矣門人猶未悟意其年八月大師染疾諸門人問大師法當
付囑阿誰荅法不付囑亦无人得神會問大師傳法袈裟云何不傳
荅云若傳此衣傳法之人短命不傳此衣我法弘盛留鎮曹溪我滅
度七十年後有東来菩薩（一在家菩薩）脩造寺舍二出家菩薩重建我教門
徒問大師曰云何傳此衣短命荅曰吾持此衣三遍有刺客来取吾々
命々若懸絲恐後傳法之人被損故不付也大師力疾勸誘徒眾令
求道忘身唯勤加行直趣菩提其月三日奄然端坐遷化春秋七

十有六載度之日煙雲暴起泉池枯涸溝澗絶流白虹貫日巖東
忽有衆鳥數千於樹悲鳴又寺西有白氣如練長一里餘天色清
朗孤然直上經于五日乃散復有五色雲見於西南是日四方無雲忽
有數陣涼風從西南飃入寺舍俄而香氣氛氳遍滿廊宇地皆振
動山崖崩頽大師新州亡廣果寺〃西虹光三道經于旬日又寺前城
頭莊有虹光經一百日衆鳥悲鳴泉水如稠泔汁不流數日又翁山寺振
禪師於房前与衆人夜間説法有一道虹光從南來入房禪師告衆
人曰和上多應新州亡也此虹光是和上之靈瑞也新州尋有書報亡曹
溪門徒發哀因虹光頓謝泉水漸流書至翁山振禪師聞哀設三
七齋於夜道俗畢集忽有虹光從房而出振禪師告衆人曰振不久
住也經云大象既去小象亦隨其夕中夜卧右脇而終也曹溪門人迎
大師全身歸曹溪其時首領不肯放欲留國恩寺起塔供養時門
人僧崇一等見刺史論理方還曹溪大師頭頸先以鐵鍱封裹全
身膠漆其年十一月十三日遷神入龕至開元廿七年有刺客來取頭
頭移大師出庭中刀斬數下衆人唯聞鐵聲驚覺見一孝子奔
走出寺尋迹不獲大師在日受戒開法度人卅六年先天二年壬子
歳滅度至唐建中二年計當七十一年其年衆請上足弟子行滔守
所傳衣經卅五年有殿中侍御史韋據為大師立碑後北宗俗弟
子武平一開元七年磨却韋據碑文自著武平一文開元十一年有
潭州瑝禪師曾事忍大師後時歸長沙禄山寺常習坐禪時〃
入定遠近知聞時有大榮禪師住曹溪事大師經卅年大師常語
榮曰汝化衆生得也榮即礼辭歸北路過瑝禪師處榮頂礼問瑝
曰承和上毎入定當入定時為有心耶為無心耶若有心一切衆生有心應
得入定若無心草木瓦礫亦應入定瑝答曰我入定無此有無之心榮
問曰若無有無之心即是常定〃即無出入瑝即無對瑝問汝從能大

曰承和上毎入定當入定時為有心耶為無心耶若有心一切衆生有心應
得入定若無心草木瓦礫亦應入定瑝答曰我入定無此有無之心榮
問曰若無有無之心即是常定〃即無出入瑝即無對瑝問汝從能大
師處來大師以何法教汝榮答曰大師教榮不定不乱不坐不禪是如
來禪瑝於言下便悟云五蘊非有六塵體空非寂非照離有離
空中間不住無作無功應用自在仏性圓通歎曰我卅年來空坐而已
往曹溪歸依大師學道世人傳瑝禪師卅年坐禪近始發心修道景
雲二年却歸長沙舊居二月八日夜悟道其夜空中有聲告合郭
百姓瑝禪師今夜得道皆是能大師門徒也
上元二年廣州節度韋利見奏僧行滔及傳袈裟入内孝感皇帝
依奏　勅書曰
勅曹溪山六祖傳法袈裟及僧行滔并俗弟子五人利見令水陸給
公乘隨中使劉楚江赴上都上元二年十二月十七日下
又乾元二年正月一日滔和上有表辭老疾遣上足僧恵象及家人永和
送傳法袈裟入内隨中使劉楚江赴上都四月八日得對滔和上正月十
七日身亡春秋八十九　勅賜恵象紫羅袈裟一對家人永和別
勅賜度配本寺改建興寺為國寧寺改和上蘭若　勅賜額為寶福
寺　又僧恵象隨中使劉楚江将衣赴上都訖　辭歸表
沙門臣恵象言臣偏方賤品叨選桑門樂處山林恭持聖教其前
件衣鉢自達磨大師已來轉相傳授皆當時海内欽崇沙界歸依
天人瞻仰俾令後學覩物思人臣雖不才濫承付囑一昨奉恩命勅
送天宮覩自保持永無失墜臣之感荷悲不自勝是知大法之衣万劫
不朽京城緇侶頂戴而行然臣師主行滔久傳法印保兹衣鉢如護
髻珠數奉徳音不乖違命一朝已殁奄辭明時臣今欲歸至彼啓告
神靈宣述聖情陳進衣改寺之由叙念舊恤令之状臣死将万足

神靈宣述聖情陳進衣鉢之由叙念舊恆今之狀臣死特万足
不勝涕戀懇款之至供奉表辭以聞沙門惠象誠悲誠戀頓首
頓首謹言　孝感皇帝批僧惠象表　勅曰
師之師主行治戒行清循德業孤秀傳先師所付衣鉢在炎方而
保持亟幾歲年曾不失墜　朕虔誠慕道發使遐求師綿歷畏
途頂戴而送遂　朕懇願何慰如之行治身雖云亡其神如在師歸
至彼具告厥靈知　朕欽崇永ゝ不朽矣即宜好去
又乾元三年十二月廿日孝感皇帝遣中使程京杞送和香於能大師
龕前供養宣口勅焚香龕中一道虹光直上高數丈程使見光与
村人僻蹈録表奏　又應寶元皇帝送傳法袈裟歸曹溪
勅書曰　袈裟在京總持寺安置經七年
勅楊鑒卿久在炎方得好在否　朕感夢送能禪師傳法袈裟歸曹
溪尋遣中使鎮國大將軍楊崇景頂戴而送傳法袈裟是國之寶
卿可於能大師本寺如法安置專遣衆僧親承宗旨者守護勿令遺
失　朕自存問永泰元年五月七日下
六祖大師在日及滅度後六種靈瑞傳
大師在日寺側有乏窟近於水源所爆鷄水被觸穢自日不流大師處
分祀近令於水所焚香設齋稽告纔畢水即通流　又寺內前後兩
度經軍馬水被觸汙數日枯竭軍退散後焚香礼謝泊ゝ備
又大師住國寧寺及新州國恩寺至今兩寺並無鵶雀烏鳶
又大師每年八月三日遠近村郭士女雲集在寺大設齋ゝ後眾人皆於
塔所礼別須臾之間微風忽起異香襲人煙雲覆寺天降大雨洗蕩
伽藍寺及村雨即不降　又大師滅後法衣兩度被人偷將不經少時
尋即送來盜者去不得　又大師滅後清靈常在見ゝ觀龕塔
中常有異香或入人夢前後祥瑞其數非一年月淹久書記不盡

度經軍馬水被觸汙數日枯竭軍退散後焚香礼謝泊ゝ備
又大師住國寧寺及新州國恩寺至今兩寺並無鵶雀烏鳶
又大師每年八月三日遠近村郭士女雲集在寺大設齋ゝ後眾人皆於
塔所礼別須臾之間微風忽起異香襲人煙雲覆寺天降大雨洗蕩
伽藍寺及村雨即不降　又大師滅後法衣兩度被人偷將不經少時
尋即送來盜者去不得　又大師滅後清靈常在見ゝ觀龕塔
中常有異香或入人夢前後祥瑞其數非一年月淹久書記不盡

貞十九二月十三日畢

表　紙

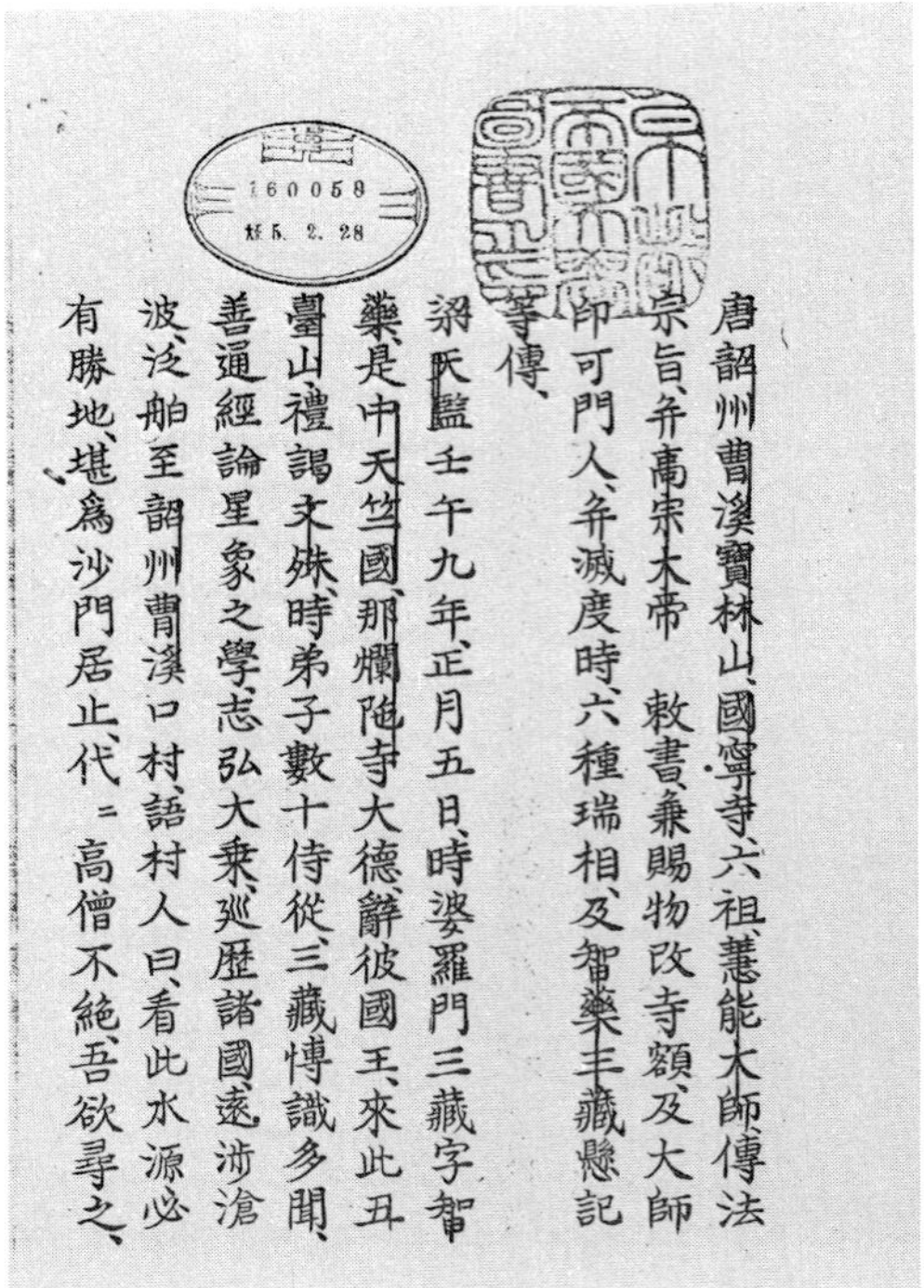
唐韶州曹溪寶林山國寧寺六祖慧能大師傳法
宗旨并高宗大帝　敕書兼賜物改寺額及大師
印可門人并滅度時六種瑞相及智藥三藏懸記
等傳
梁氏監壬午九年正月五日時婆羅門三藏字智
藥是中天竺國那爛陁寺大德辭彼國王來此丑
臺山禮謁文殊時弟子數十侍從三藏博識多聞
善通經論星象之學志弘大乘巡歷諸國遠涉滄
波泛舶至韶州曹溪口村語村人曰看此水源必
有勝地堪爲沙門居止代〻高僧不絶吾欲尋之

第一紙

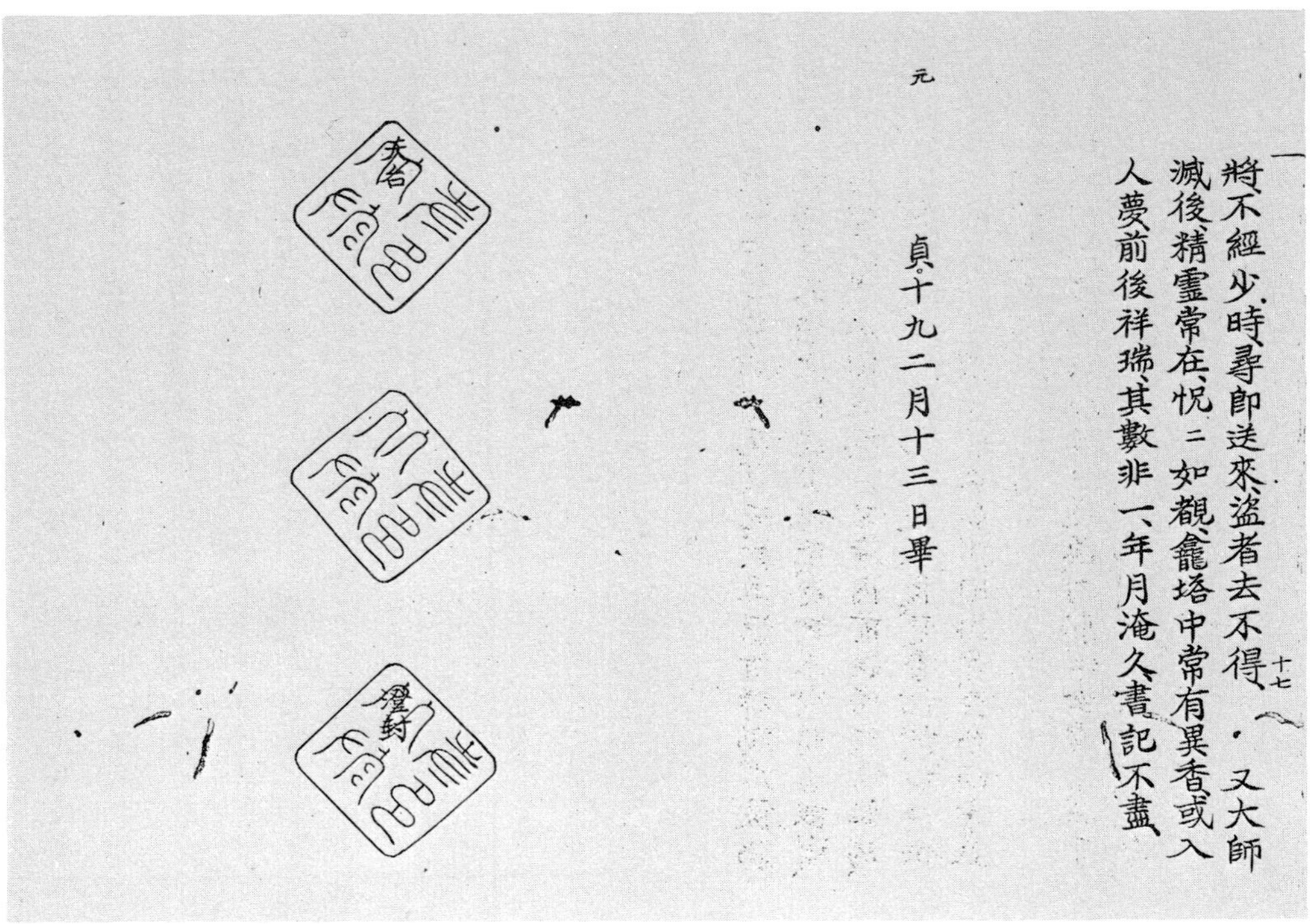
十七
將不經少時尋即送來盜者去不得　又大師
滅後精靈常在怳〻如覩龕塔中常有異香或入
人夢前後祥瑞其數非一年月淹久書記不盡

元
貞十九二月十三日畢

卷　末

4 曹溪大師傳（興聖寺本）

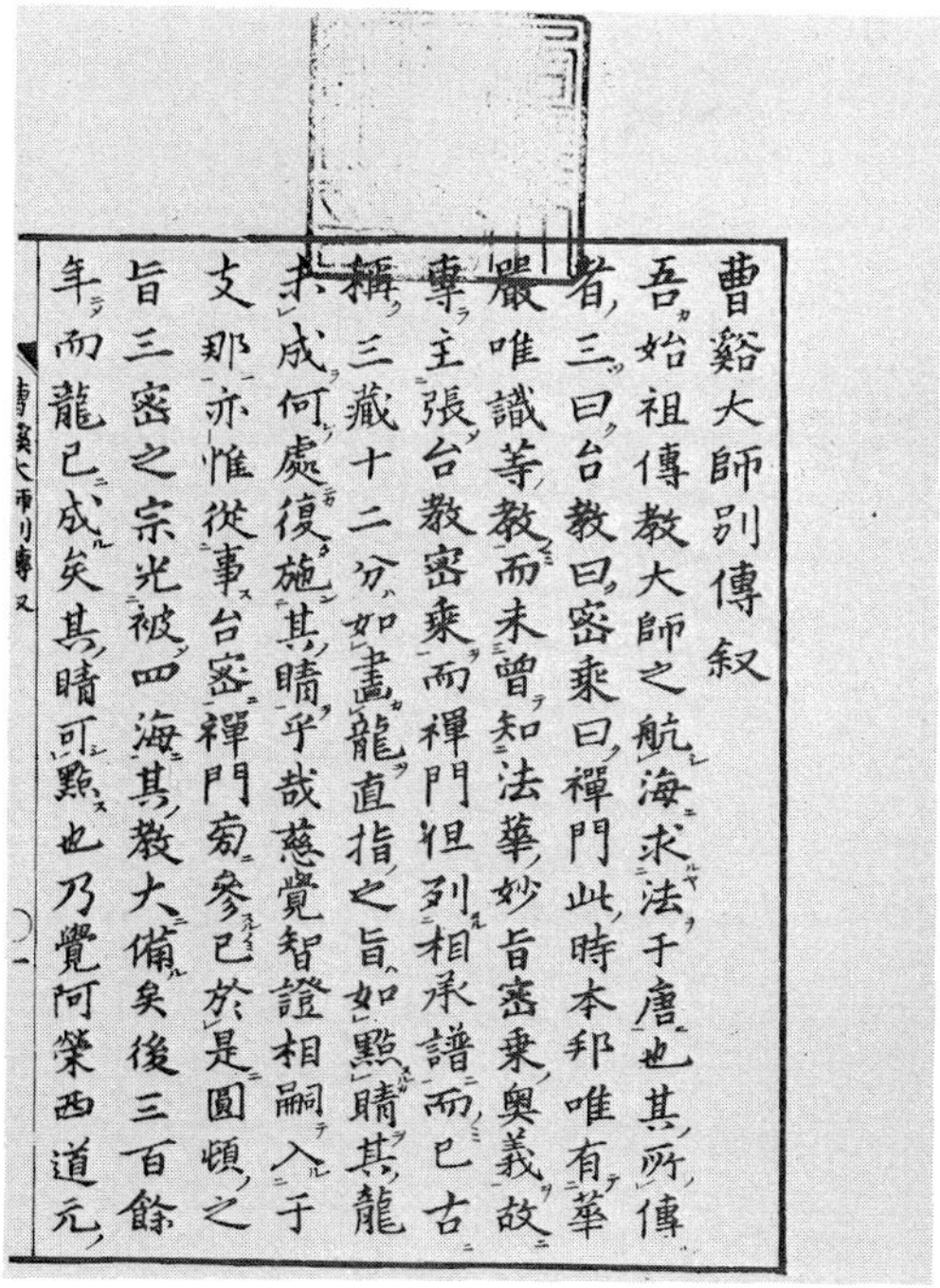

曹谿大師別傳叙

吾始祖傳教大師之航海求法于唐也其所傳
者三曰台教曰密乘曰禪門此時本邦唯有華
嚴唯識等教而未曾知法華妙旨密乘奥義故
專主張台教密乘而禪門但列相承譜而已古
稱三藏十二分如畫龍直指之旨如點睛其龍
未成何處復施其睛乎哉慈覺智證相嗣入于
支那亦惟從事台密禪門窻參已於是圓頓之
旨三密之宗光被四海其教大備矣後三百餘
年而龍已成矣其睛可點也乃覺阿榮西道元

曹谿大師別傳叙　一

第一紙

曹谿大師別傳

表紙

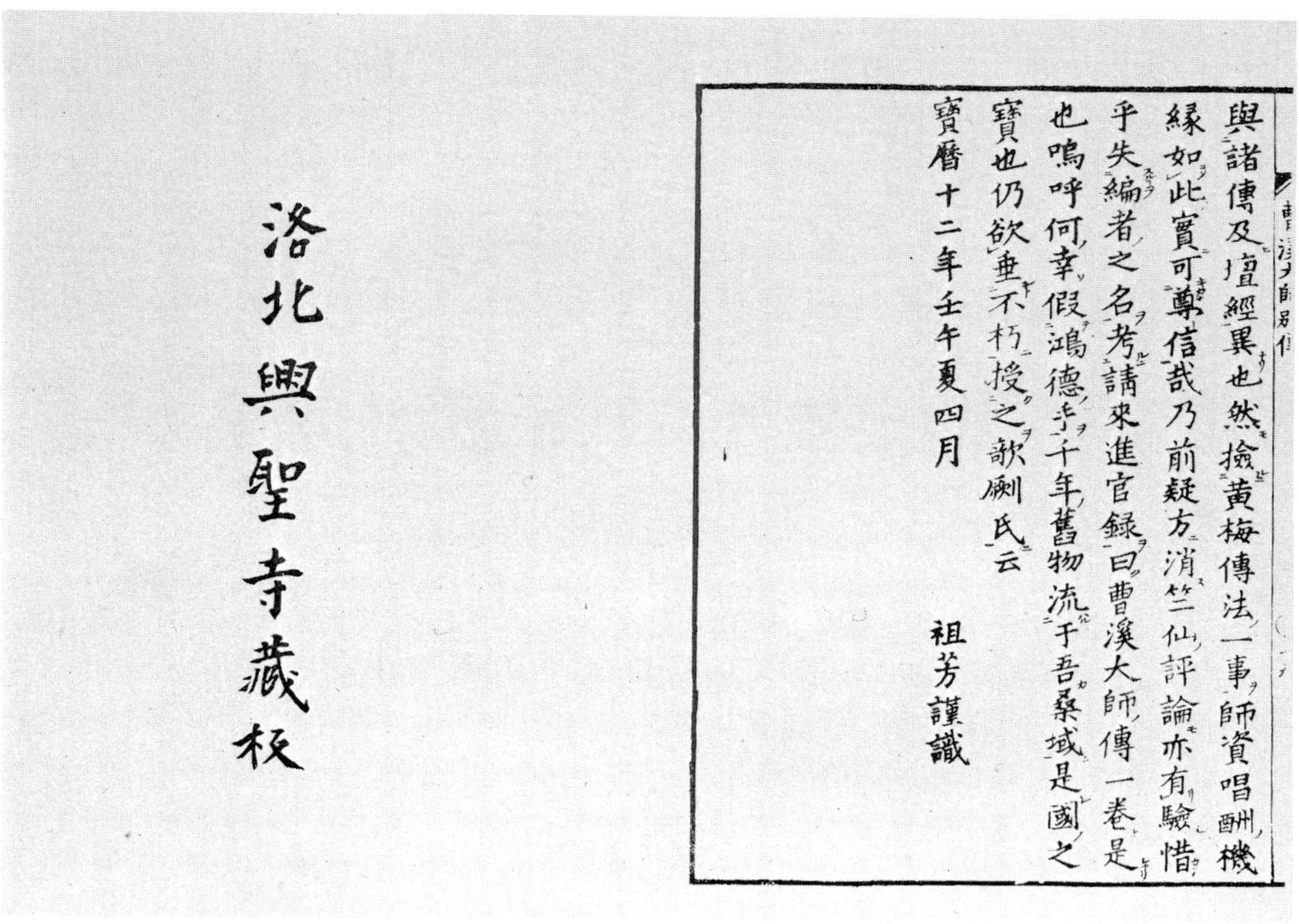

與諸傳及壇經異也然撿黄梅傳法一事師資唱酬機
縁如此實可尊信哉乃前疑方消竺仙評論亦有驗惜
乎失編者之名考請來進官録曰曹溪大師傳一卷是
也嗚呼何幸假鴻德于千年舊物流于吾桑域是國之
寶也仍欲垂不朽授之剞劂氏云
寶暦十二年壬午夏四月
祖芳謹識

曹溪大師別傳

洛北興聖寺藏板

巻末

5 曹溪大師傳（續藏本）

曹谿大師別傳叙
吾始祖傳教大師之航海求法于唐也其所傳者三曰台教曰密乘曰禪門此時本邦唯有華嚴唯識等教而未嘗知法華妙旨密乘奥義故專主張台教密乘而禪門但列相承譜而已古稱三藏十二分如畫龍直指之旨如點睛其龍未成何處復施其睛乎哉慈覺智證相嗣入于支那亦惟從事台密禪門旁參已於是圓頓之旨三密之宗光被四海其教大備矣後三百餘年而龍已成矣其睛可點也乃覺阿榮西道元之徒倶出乎本宗能體始祖相承之意乃入宋入元嗣法傳心歸以舉唱時至機熟風靡寰區也由是觀之則本邦之禪發源于傳教分委于慈覺智證覺阿波及于榮西道元乃遂滙歸于諸大宗匠耳予教門種艸誦法傳教者也而私淑直指之旨欲順相承譜故遊乎吾門士每有禪機輙使勸參宗乘亦仰左溪激永嘉之高蹤也古人曰禪者教之綱教者禪之網豈惟有禪綱而無教網可乎哉豈惟有教網而無禪綱可乎哉夫禪有教而證悟其密矣如臨濟機用則非鹵莽也教有禪而作略斯活矣如四明垂示則非按排也故禪者須達教教者須參禪也而後世不知三學一源甚則至分河飲水可歎哉禪人芳公持傳教請來曹溪大師別傳來請作之序予觀此勝畢乃言始祖所相承幷所蘊于懷者以爲之序此傳與壇經等二三所出入者具于芳公之跋故不贅乎此云

寶曆十二壬午夏　金龍沙門　敬雄　謹撰

唐韶州曹溪寶林山國寧寺六祖惠能大師傳法宗旨幷高宗大帝　勅書兼賜物改寺額及大師印可門人幷滅度六種瑞相及智華三藏懸記等傳
梁天監壬午九年正月五日時婆羅門三藏字智藥是中天竺國那爛陀寺大德辭彼國王來此五臺山禮謁文殊時弟子數十侍從三藏博識多聞善學經論星象之學志弘大乘巡歴諸國遠涉滄波泛舶至韶州曹溪口村謂村人曰看此水源必有勝地堪爲

九一作元

首　　部

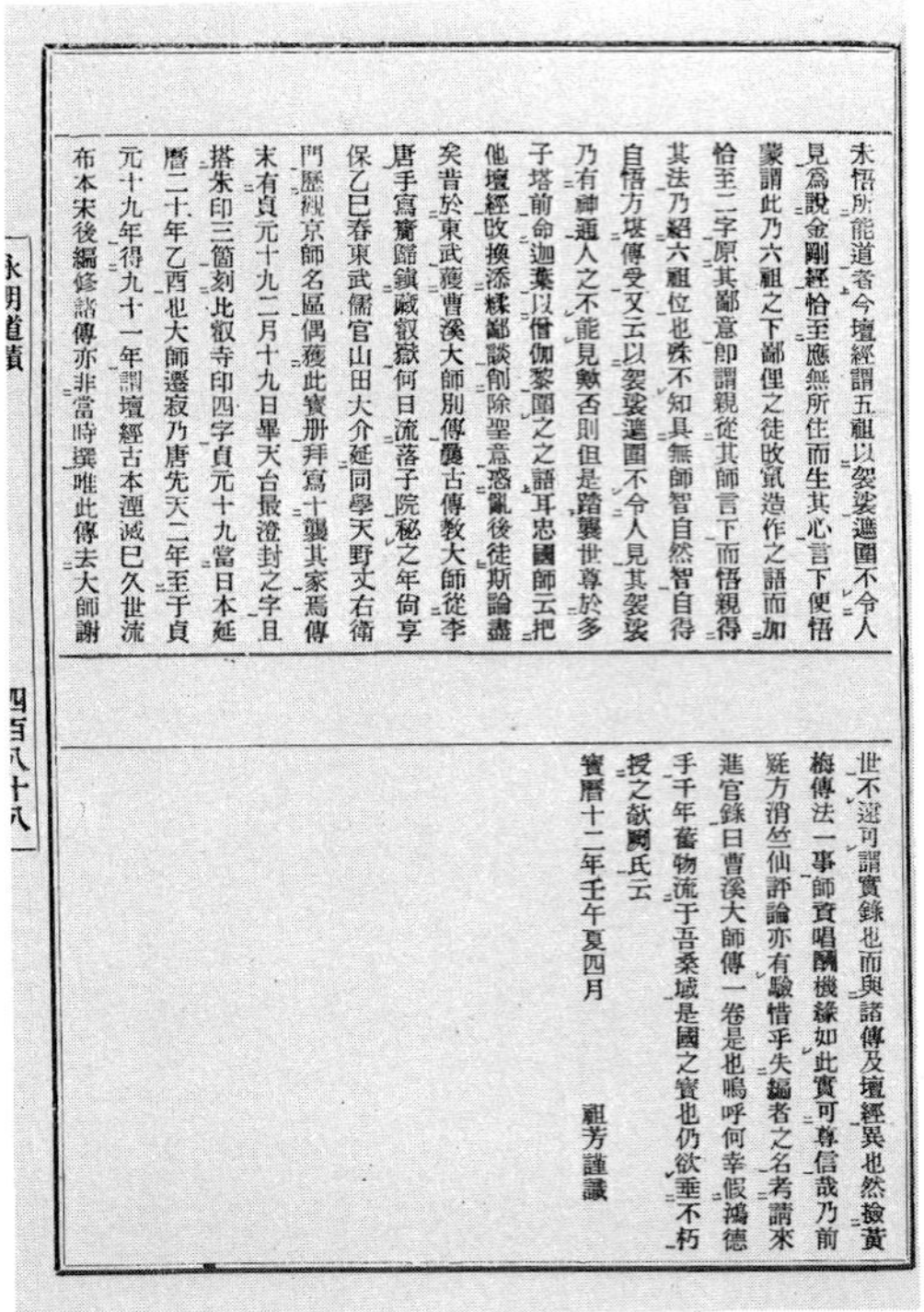

未悟所能道者今壇經謂五祖以袈裟遮圍不令人見爲說金剛經恰至應無所住而生其心言下便悟蒙謂此乃六祖之下鄙俚之徒改竄造作之語而加恰至二字原其鄙意即謂親從其師言下而悟親得其法乃紹六祖位也殊不知具無師智自然智自得自悟方堪傳受又云以袈裟遮圍不令人見其袈裟乃有神通人之不能見歟否則但是踏襲世尊於多子塔前命迦葉以僧伽棃圍之之語耳忠國師云把他壇經改換添糅鄙談削除聖意惑亂後徒斯論盡矣昔於東武獲曹溪大師別傳曩古傳教大師從李唐手寫齎歸鎮藏叡嶽何日流落子院秘之年尚享保乙巳春東武儒官山田大介延同學天野丈右衛門歴覯京師名區偶獲此寶册拜寫十襲其家焉傳末有貞元十九二月十九日畢天台最澄封之字且搭朱印三箇刻比叡寺印四字貞元十九當日本延曆二十年乙酉也大師遷寂乃唐先天二年至于貞元十九年得九十一年謂壇經古本湮滅已久世流布本宋後編修諸傳亦非當時撰唯此傳去大師謝世不遥可謂實錄也而與諸傳及壇經異也然撿黃梅傳法一事師資唱酬機緣如此實可尊信哉乃前疑方消竺仙評論亦有驗惜乎失編者之名考請來進官錄曰曹溪大師傳一卷是也嗚呼何幸假鴻德手千年舊物流于吾桑域是國之寶也仍欲垂不朽授之欹劂氏云

寶曆十二年壬午夏四月　　祖芳謹識

卷　　末

6 曹溪大師傳引用文（禪林象器箋）

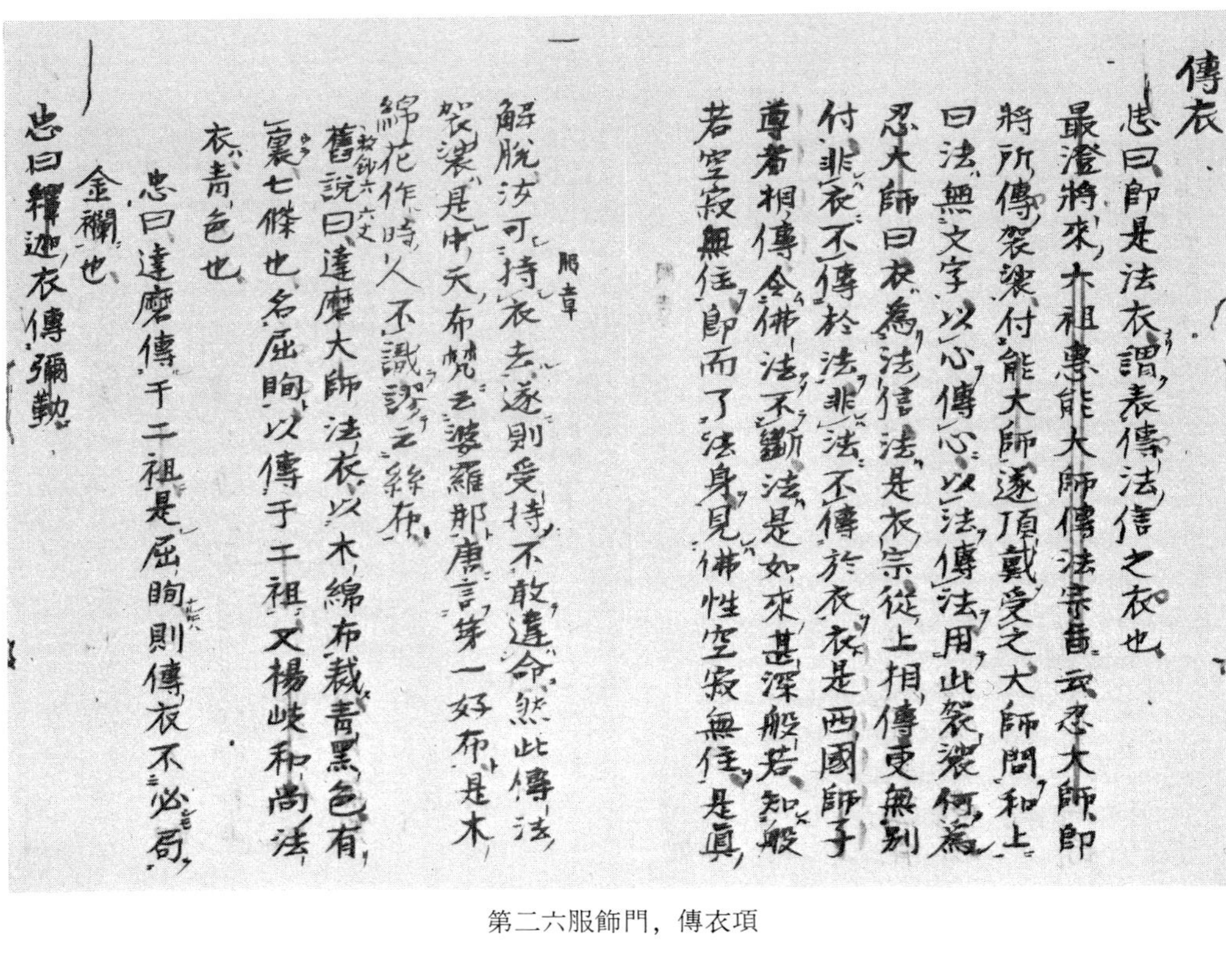

傳衣
忠曰即是法衣謂表傳法信之衣也
最澄將來六祖惠能大師傳法宗旨云忍大師即將所傳袈裟付能大師遂頂戴受之大師問和上曰法無文字以心傳心以法傳法用此袈裟何爲忍大師曰衣爲法信法是衣宗從上相傳更無別付非衣不傳於法非法不傳於衣衣是西國師子尊者相傳令佛法不斷法是如來甚深般若知般若空寂無住即而了法身見佛性空寂無住是眞解脱汝可持衣去遂則受持不敢違命然此傳法袈裟是中天布梵云婆羅那唐言第一好布是木綿花作時人不識謬云絲布
服章
舊說曰達磨大師法衣以木綿布裁青黑色有裏七條也名屈眴以傳于二祖又楊岐和尚法衣青色也
忠曰達磨傳于二祖是屈眴則傳衣不必金襴也
忠曰釋迦衣傳彌勒

第二六服飾門，傳衣項

7 六祖壇經（敦煌本）

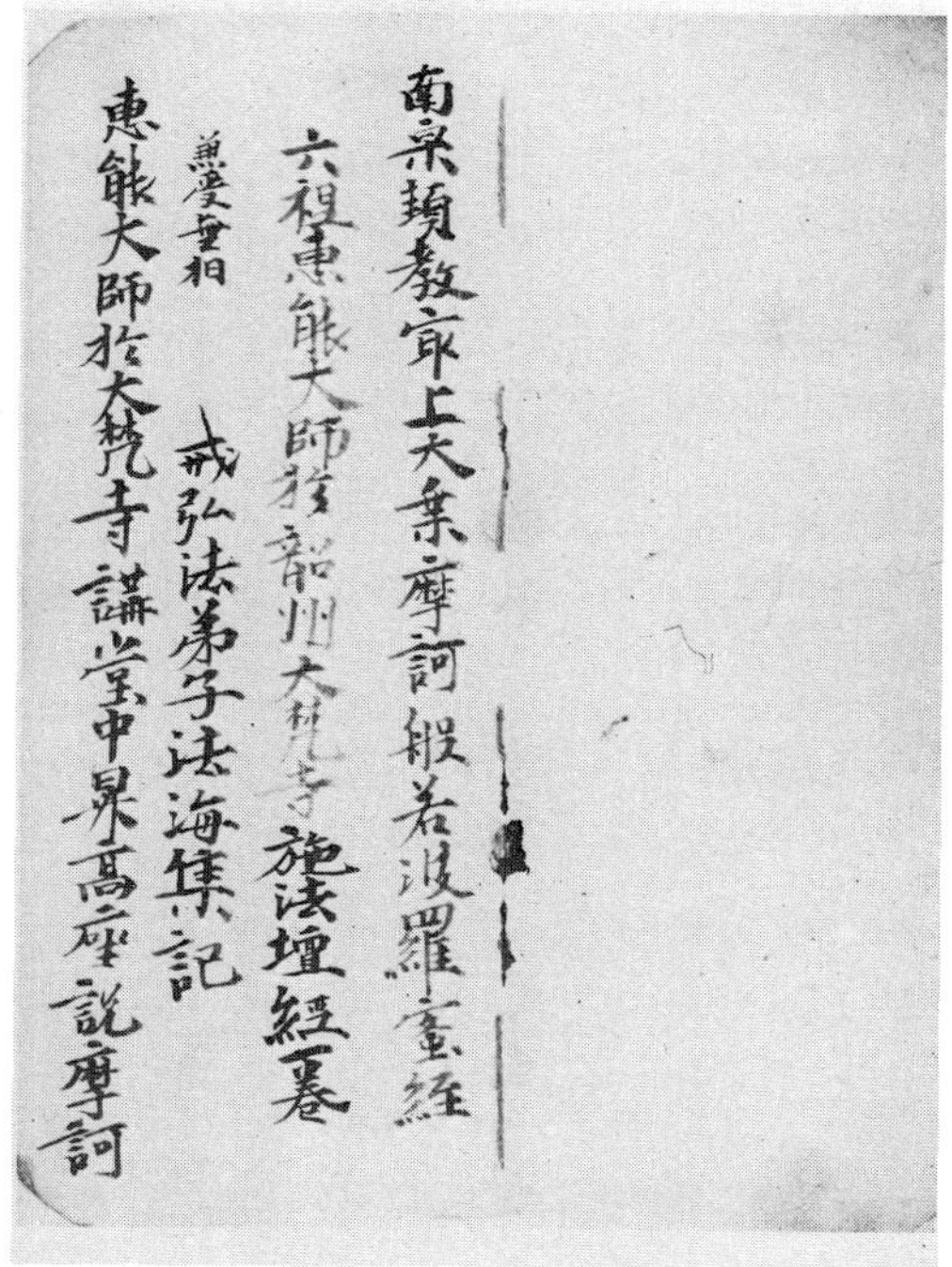

第一紙

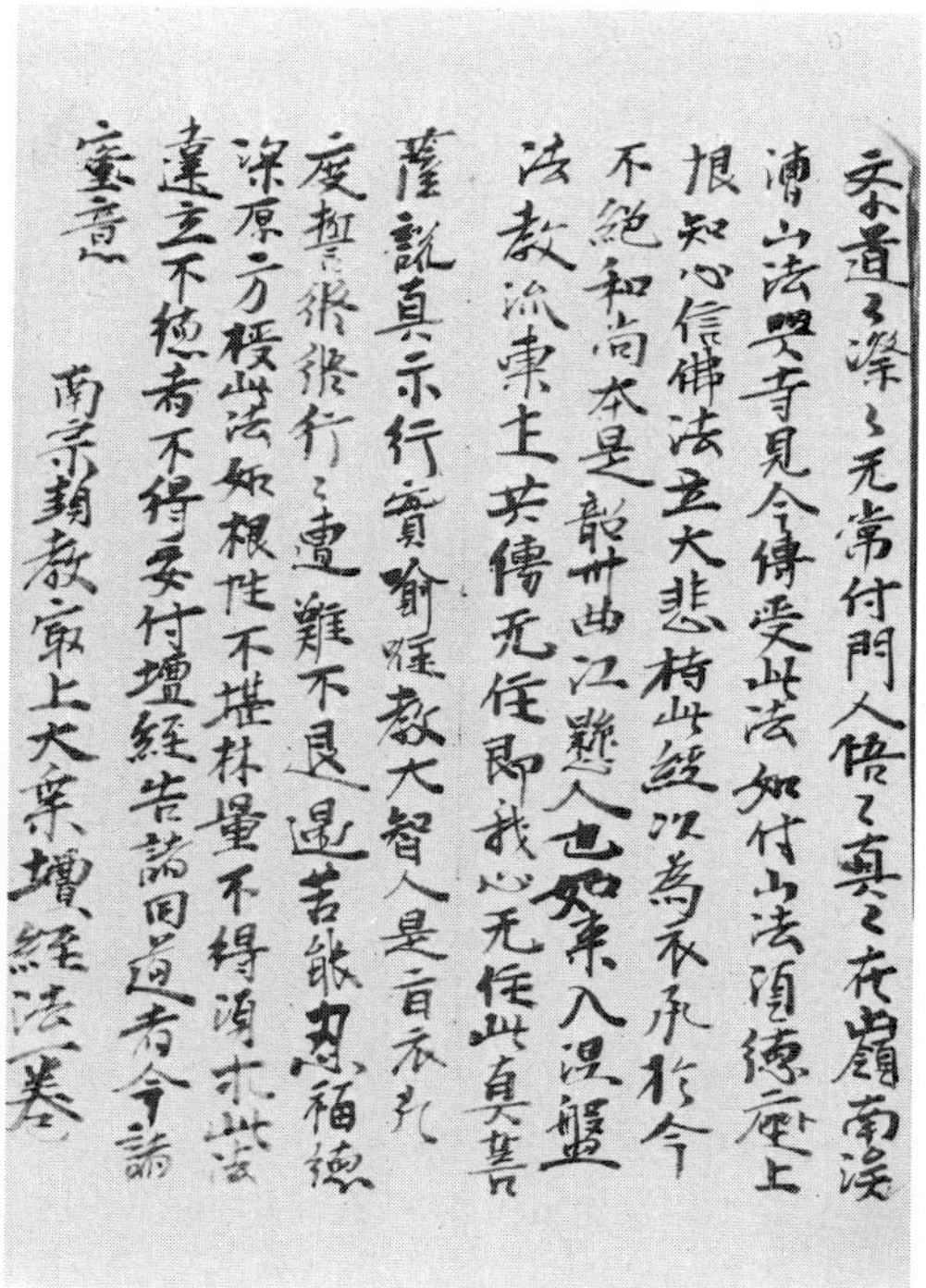

卷末

8 六祖壇經（大乘寺本）

表紙

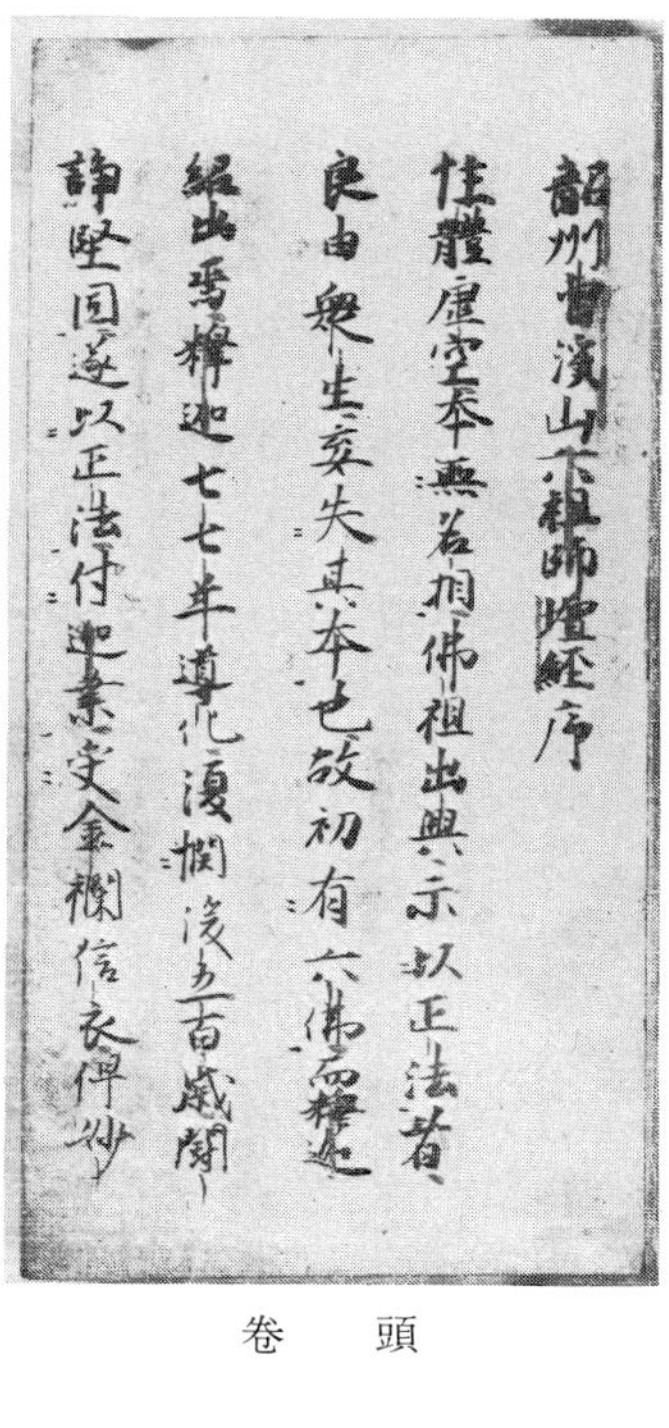

卷頭

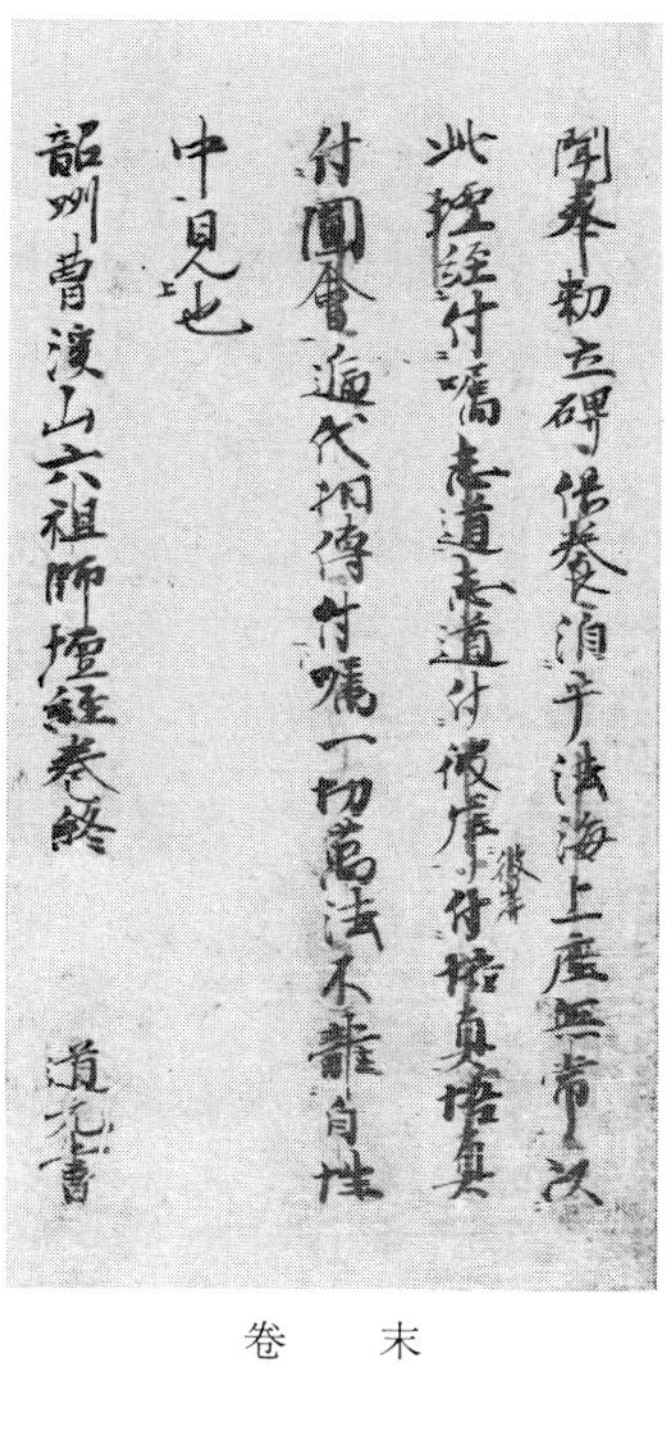

卷末

9　六祖壇經（興聖寺本）

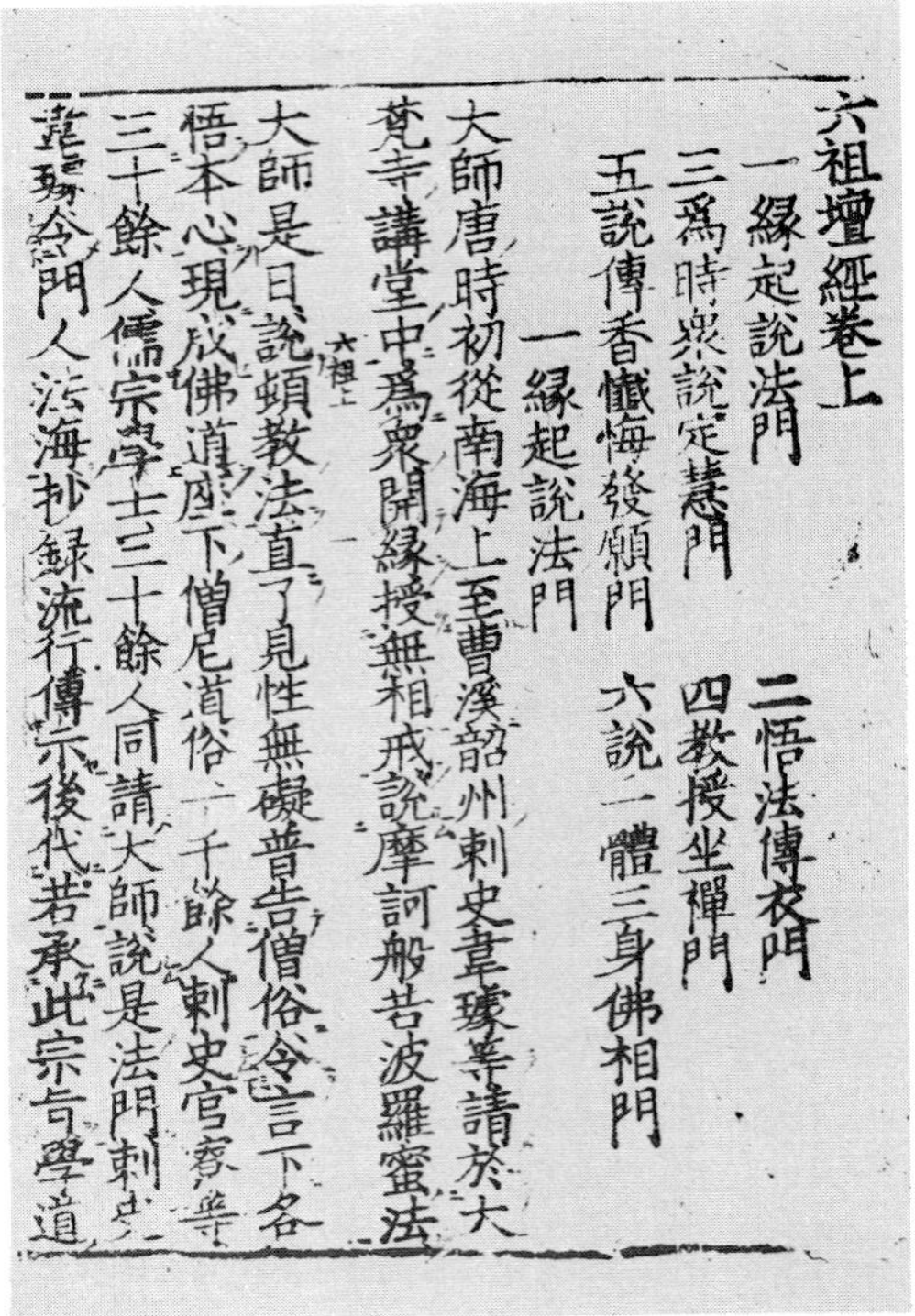
六祖壇經卷上
一縁起説法門　二悟法傳衣門
三爲時衆説定慧門　四教授坐禪門
五説傳香懺悔發願門　六説一體三身佛相門
一縁起説法門
大師唐時初從南海上至曹溪韶州刺史韋璩等請於大
梵寺講堂中爲衆開縁授無相戒説摩訶般若波羅蜜法
大師是日説頓教法直了見性無礙普告僧俗令言下各
悟本心現成佛道座下僧尼道俗一千餘人刺史官寮等
三十餘人儒宗學士三十餘人同請大師説是法門刺史
遂令門人法海抄録流行傳示後代若承此宗旨學道

本文　卷頭

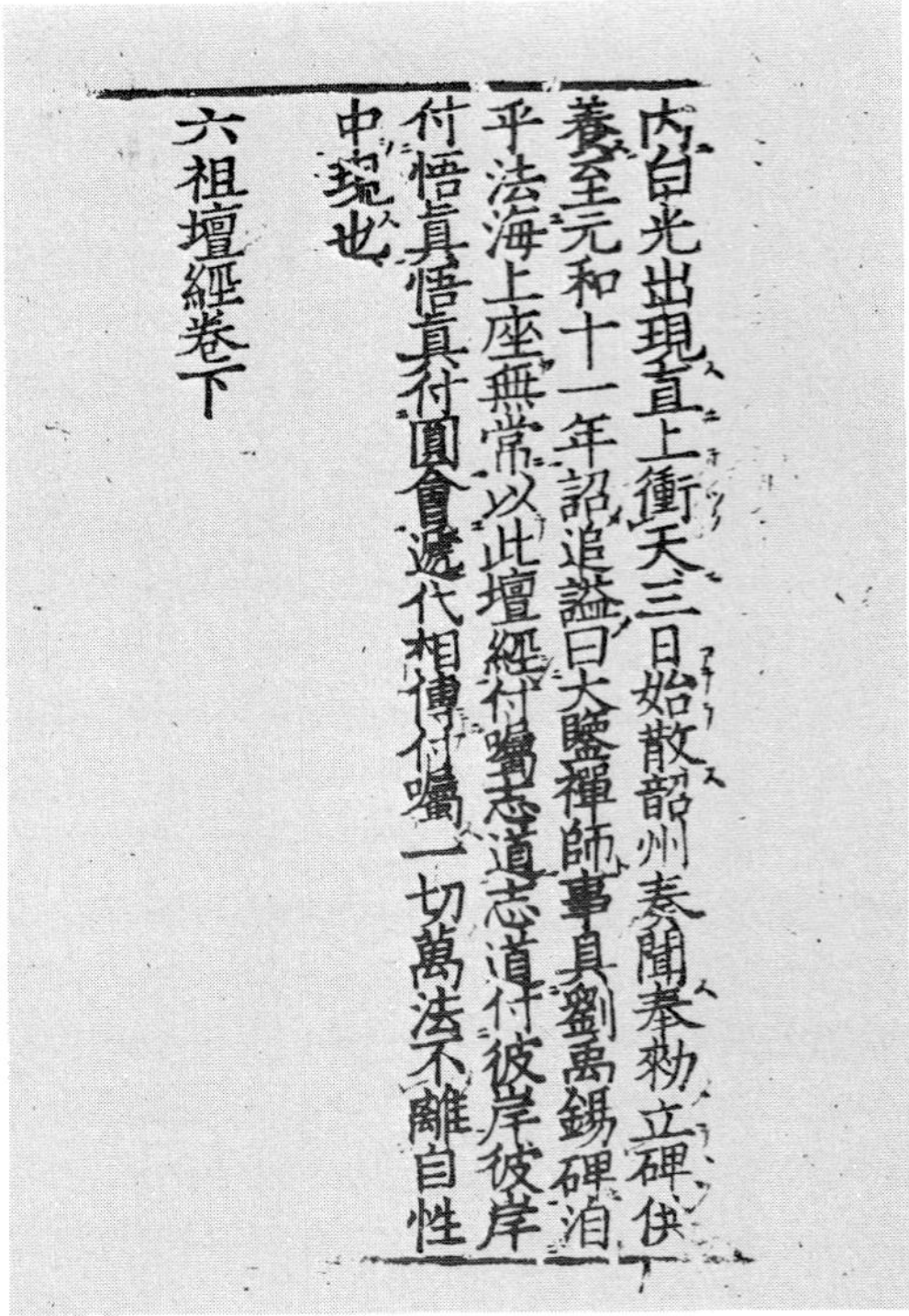
內白光出現直上衝天三日始散韶州奏聞奉勅立碑供
養至元和十一年詔追謚曰大鑒禪師事具劉禹錫碑洎
平法海上座無常以此壇經付囑志道志道付彼岸彼岸
付悟眞悟眞付圓會遞代相傳付囑一切萬法不離自性
中現也
六祖壇經卷下

卷　末

10　六祖壇經（德異本）

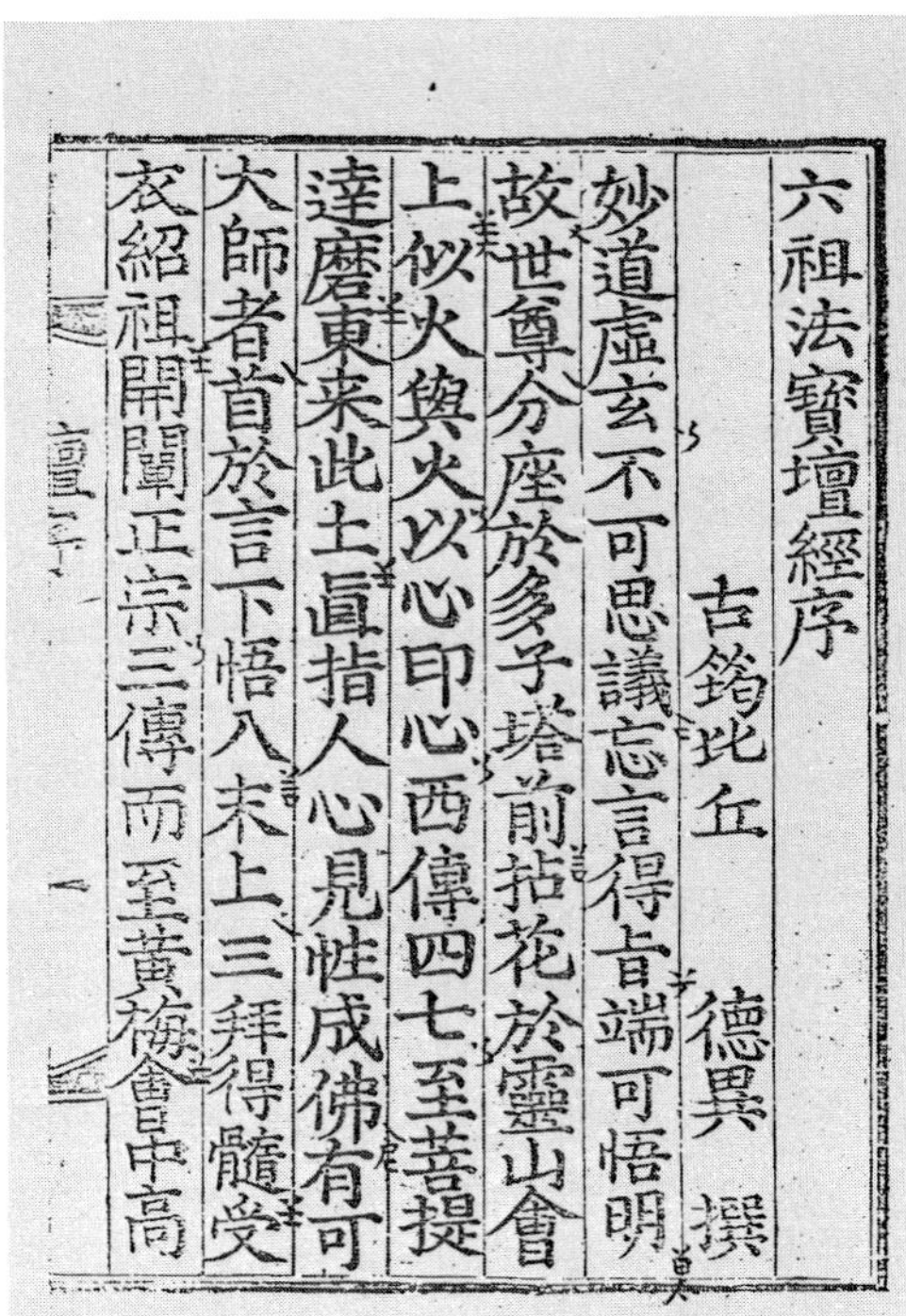
六祖法寶壇經序
古筠比丘　德異　撰
妙道虛玄不可思議忘言得旨端可悟明
故世尊分座於多子塔前拈花於靈山會
上似火與火以心印心西傳四七至菩提
達磨東來此土直指人心見性成佛有可
大師者首於言下悟入末上三拜得髓受
衣紹祖開闡正宗三傳而至黃梅會中高

第一紙

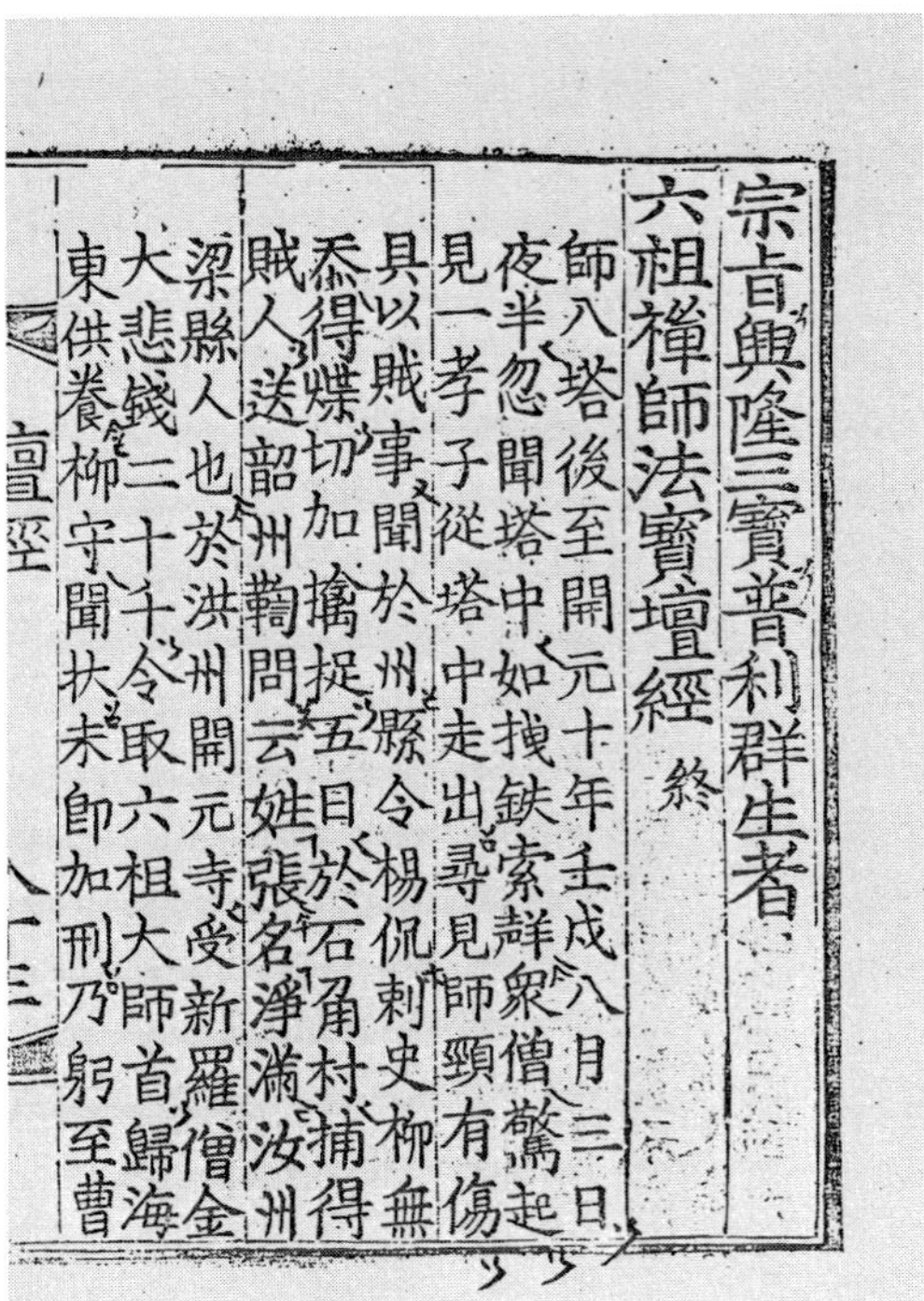
宗旨興隆三寶普利群生者
六祖禪師法寶壇經　終
師入塔後至開元十年壬戌八月三日
夜半忽聞塔中如拽鐵索聲衆僧驚起
見一孝子從塔中走出尋見師頸有傷
具以賊事聞於州縣令楊侃刺史柳無
忝得牒切加擒捉五日於石角村捕得
賊人送韶州鞫問云姓張名淨滿汝州
梁縣人也於洪州開元寺受新羅僧金
大悲錢二十千令取六祖大師首歸海
東供養柳守聞狀未即加刑乃躬至曹

本文　末尾

六祖大師法寶壇經
204
35
163-1
表　紙

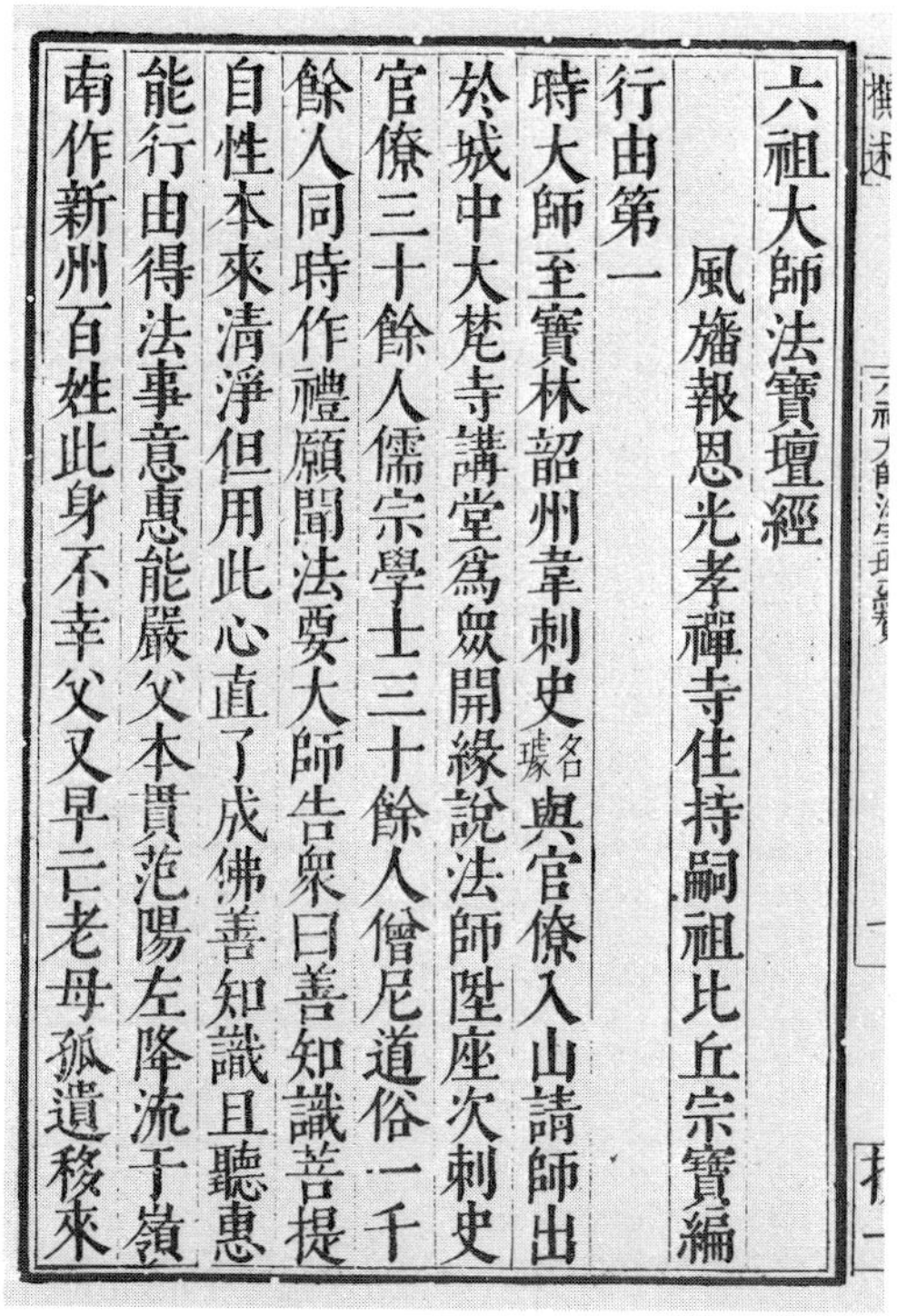
六祖大師法寶壇經
風旛報恩光孝禪寺住持嗣祖比丘宗寶編
行由第一
時大師至寶林韶州韋刺史名璩與官僚入山請師出
於城中大梵寺講堂爲衆開緣說法師陞座次刺史
官僚三十餘人儒宗學士三十餘人僧尼道俗一千
餘人同時作禮願聞法要大師告衆曰善知識菩提
自性本來清淨但用此心直了成佛善知識且聽惠
能行由得法事意惠能嚴父本貫范陽左降流于嶺
南作新州百姓此身不幸父又早亡老母孤遺移來
本文　卷頭

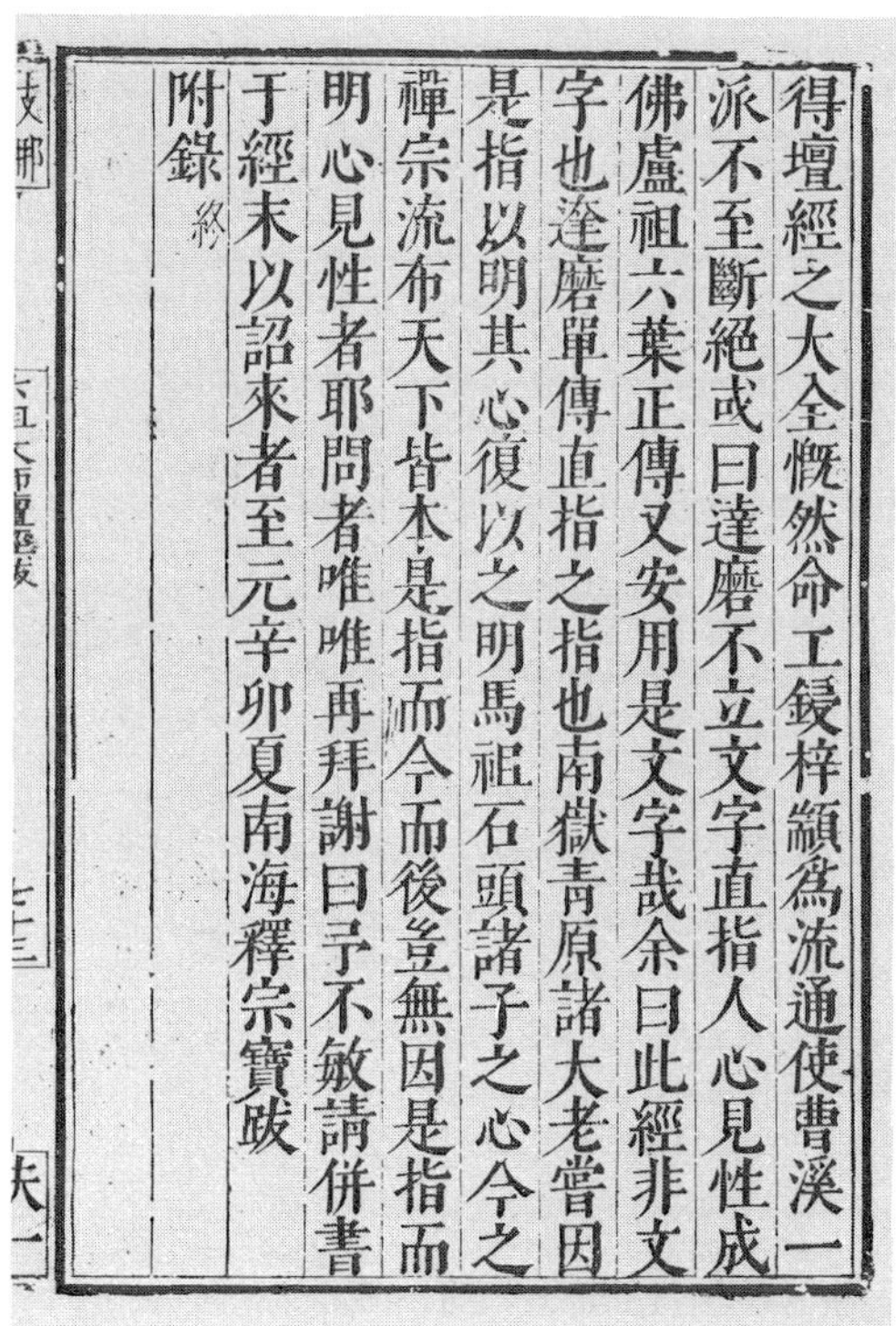
得壇經之大全慨然命工鋟梓頒爲流通使曹溪一
派不至斷絕或曰達磨不立文字直指人心見性成
佛盧祖六葉正傳又安用是文字哉余曰此經非文
字也達磨單傳直指之指也南嶽青原諸大老嘗因
是指以明其心復以之明馬祖石頭諸子之心今之
禪宗流布天下皆本是指而今而後豈無因是指而
明心見性者耶問者唯唯再拜謝曰予不敏請併書
于經末以詔來者至元辛卯夏南海釋宗寶跋
附錄終
卷　末

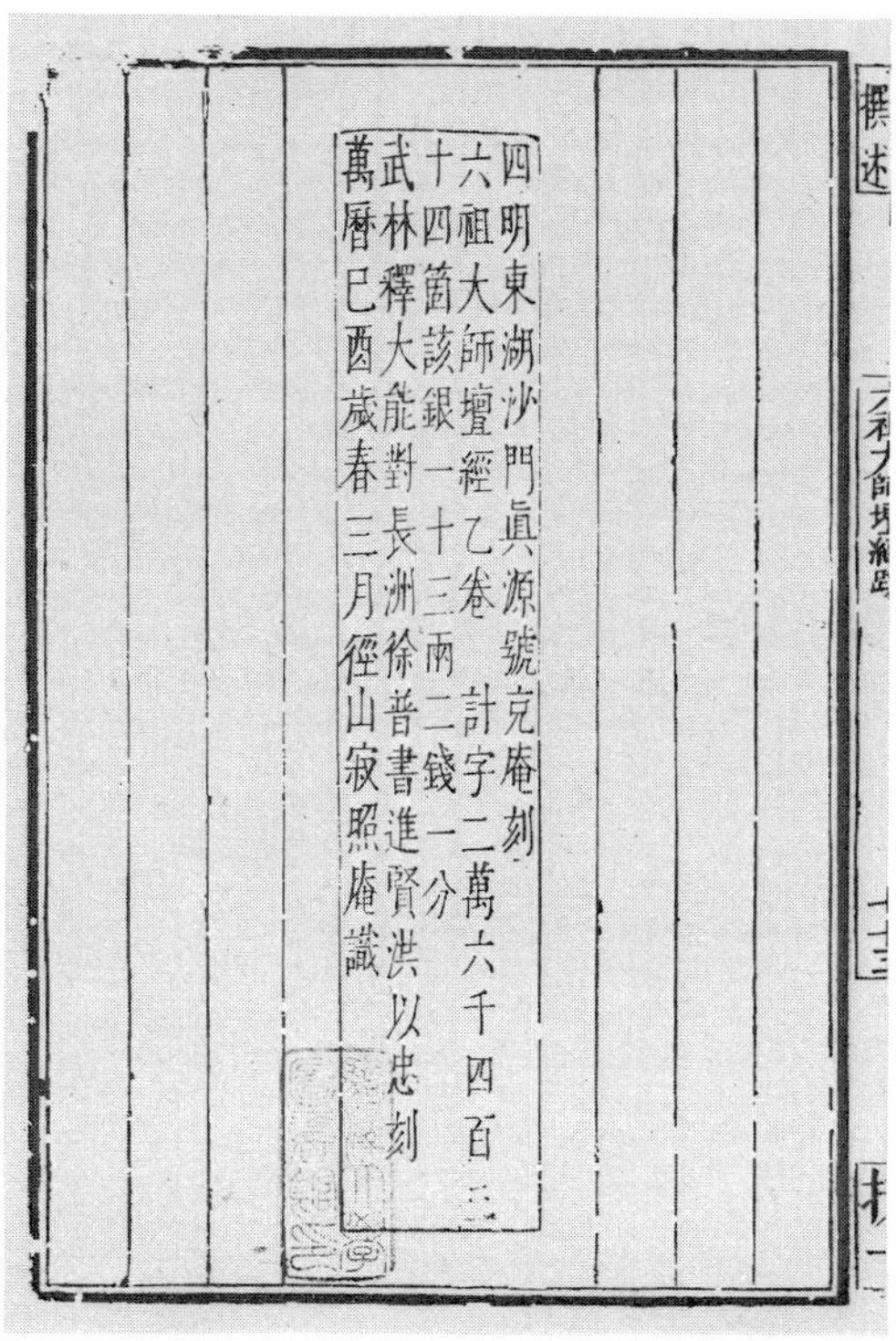
四明東湖沙門眞源號克菴刻
六祖大師壇經乙卷　計字二萬六千四百三
十四箇該銀一十三兩二錢一分
武林釋大能對長洲徐普書進賢洪以忠刻
萬曆己酉歲春三月徑山寂照庵識
刊　記

12 金剛經解義（京大本）

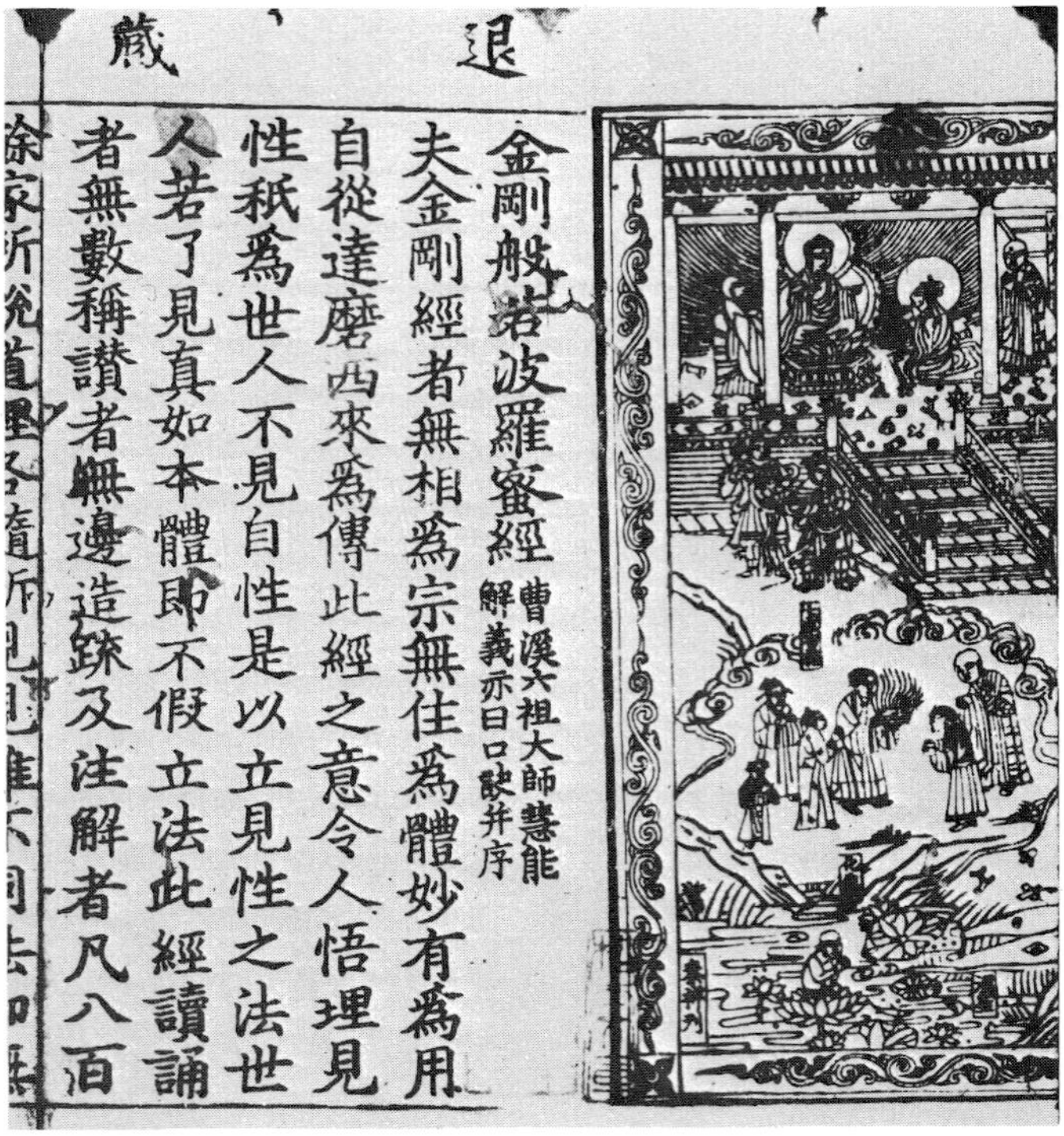
退　藏
金剛般若波羅蜜經　曹溪六祖大師慧能 解義亦曰口訣并序
夫金剛經者無相爲宗無住爲體妙有爲用
自從達磨西來爲傳此經之意令人悟理見
性秪爲世人不見自性是以立見性之法世
人若了見真如本體即不假立法此經讀誦
者無數稱讚者無邊造疏及注解者凡八百
餘家所說道理各隨所見見雖不同法即無

第一紙

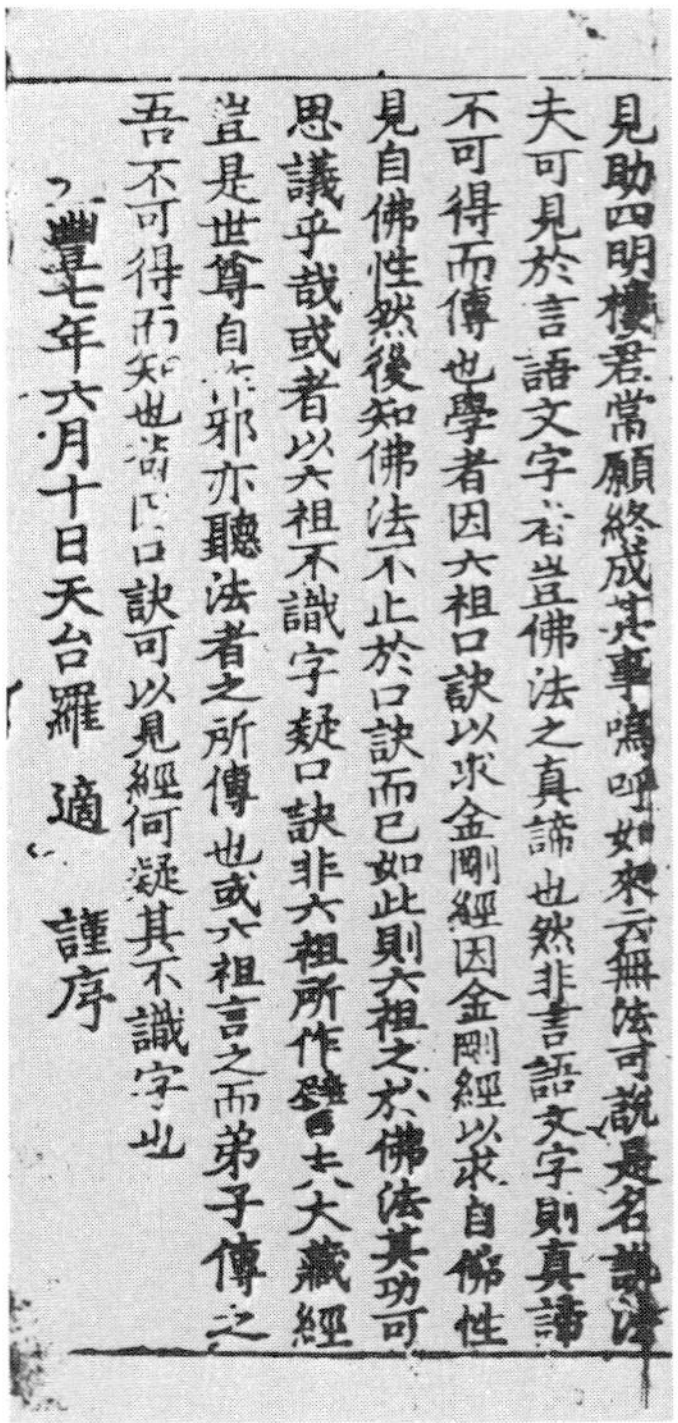
見助四明樓君常願終成其事嗚呼如來云無法可說是名說法
夫可見於言語文字者豈佛法之真諦也然非言語文字則真諦
不可得而傳也學者因六祖口訣以求金剛經因金剛經以求自佛性
見自佛性然後知佛法不止於口訣而已如此則六祖之於佛法其功可
思議乎哉或者以六祖不識字疑口訣非六祖所作噫昔大大藏經
豈是世尊自書邪亦聽法者之所傳也或六祖言之而弟子傳之
吾不可得而知也謂之口訣可以見經何疑其不識字也
元豐七年六月十日天台羅　適　謹序

卷　末

13 金剛經解義（六地藏寺本）

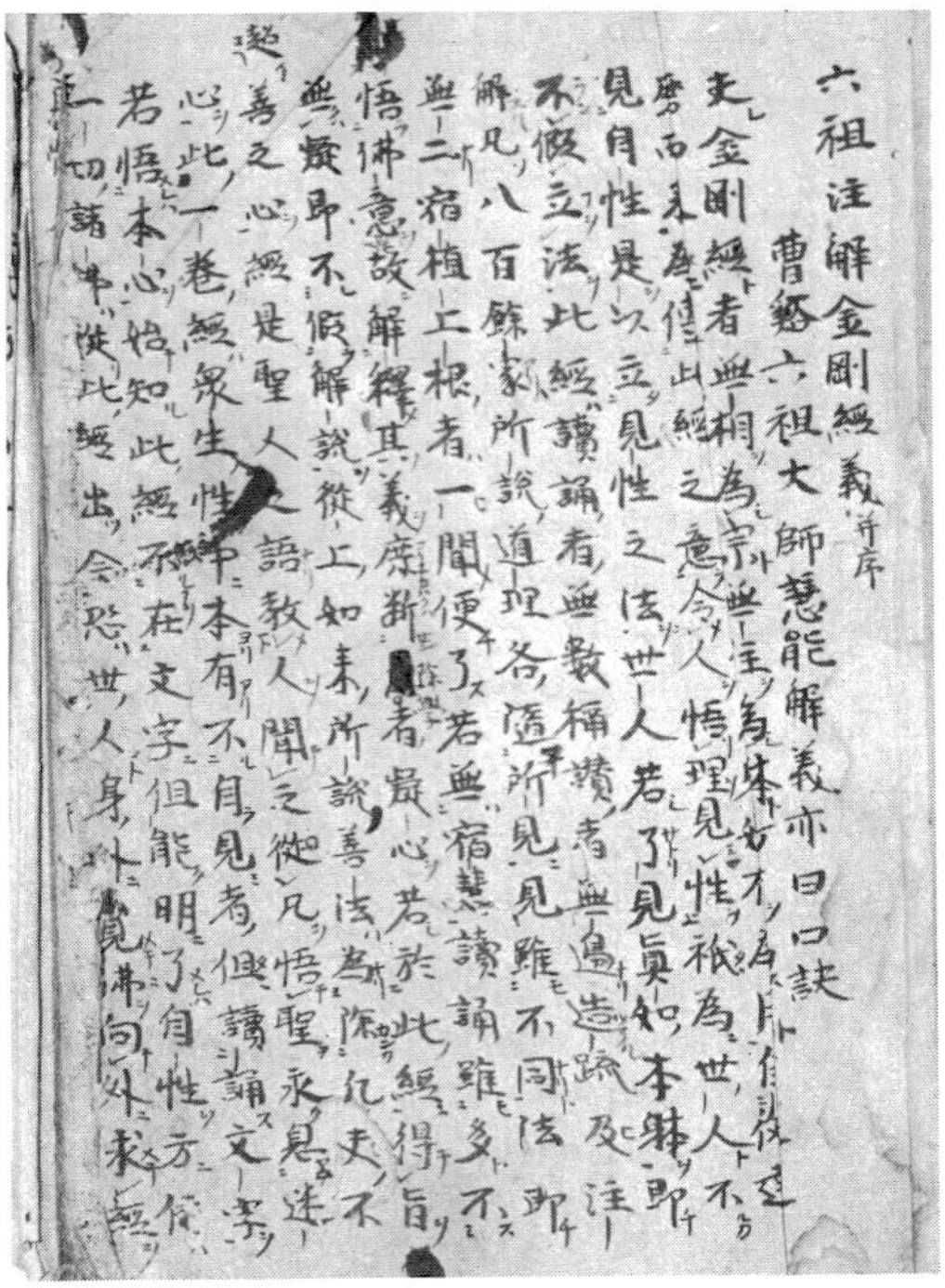
六祖注解金剛經
曹溪六祖大師慧能解義亦曰口訣并序
夫金剛經者無相爲宗無住爲體妙有爲用自從達磨西來爲傳此經之意令人悟理見性秪爲世人不見自性是以立見性之法世人若了見真如本體即不假立法此經讀誦者無數稱讚者無邊造疏及注解者凡八百餘家所說道理各隨所見見雖不同法即無二宿植上根者一聞便了若無宿慧讀誦雖多不悟佛意故解釋其義庶斷學者疑心若於此經得旨無疑即不假解說從上如來所說善法爲除凡夫不善之心經是聖人語教人聞之從凡悟聖永息迷心此一卷經衆生性中本有不自見者但讀誦文字若悟本心始知此經不在文字但能明了自性方信一切諸佛從此經出今恐世人身外覓佛向外求經

第一紙

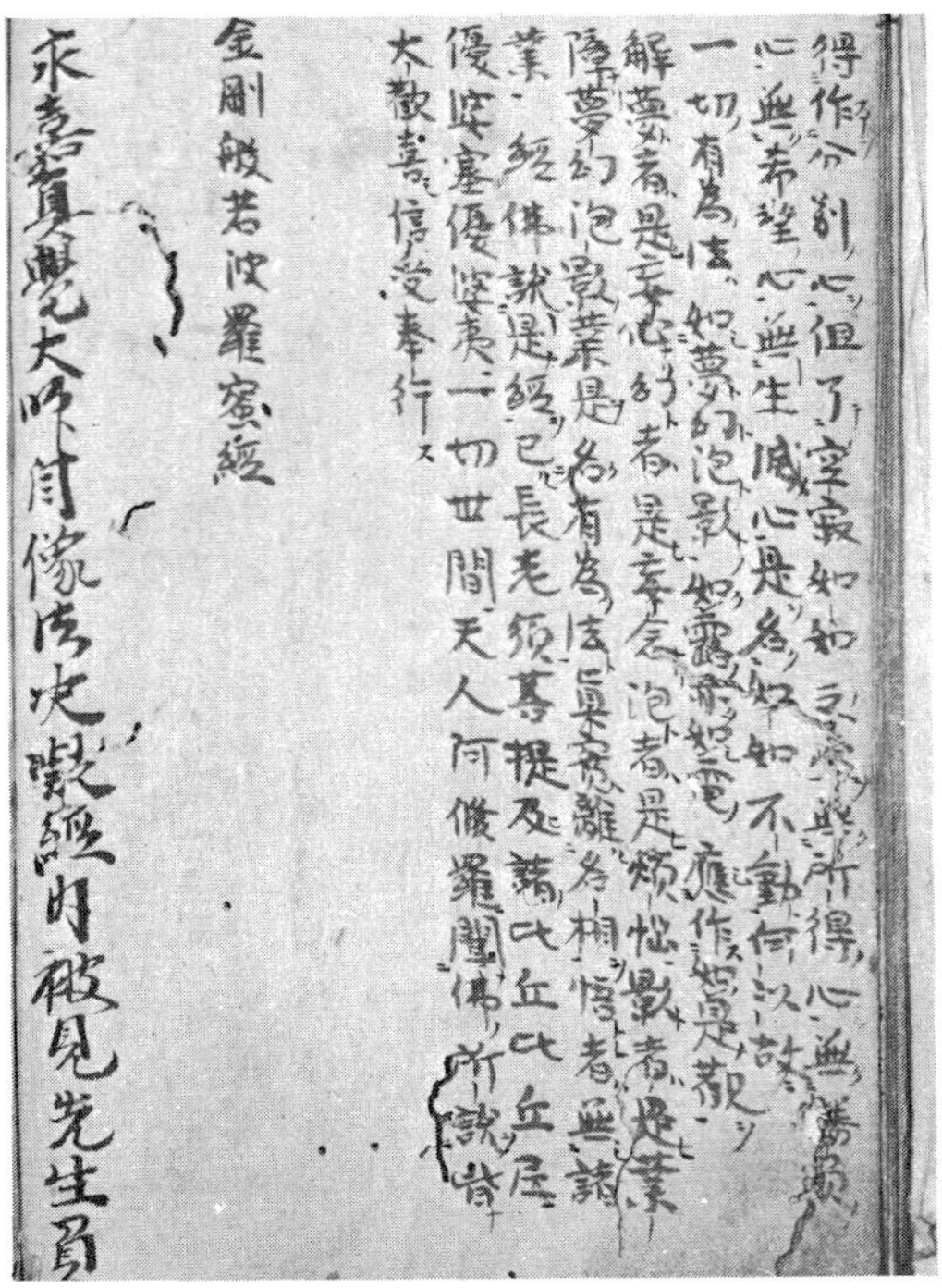
得作分別心但了空寂如如無所得心
心無希望心無生滅心是名如如不動何以故
一切有爲法如夢幻泡影如露亦如電應作如是觀
解夢者是妄心幻者是妄念泡者是煩惱影者是業障
障夢幻泡影業是名有爲法真實離名相悟者無諸
業佛說是經已長老須菩提及諸比丘比丘尼
優婆塞優婆夷一切世間天人阿修羅聞佛所說皆
大歡喜信受奉行
金剛般若波羅蜜經

卷　末

14 金剛經解義（五家解本）

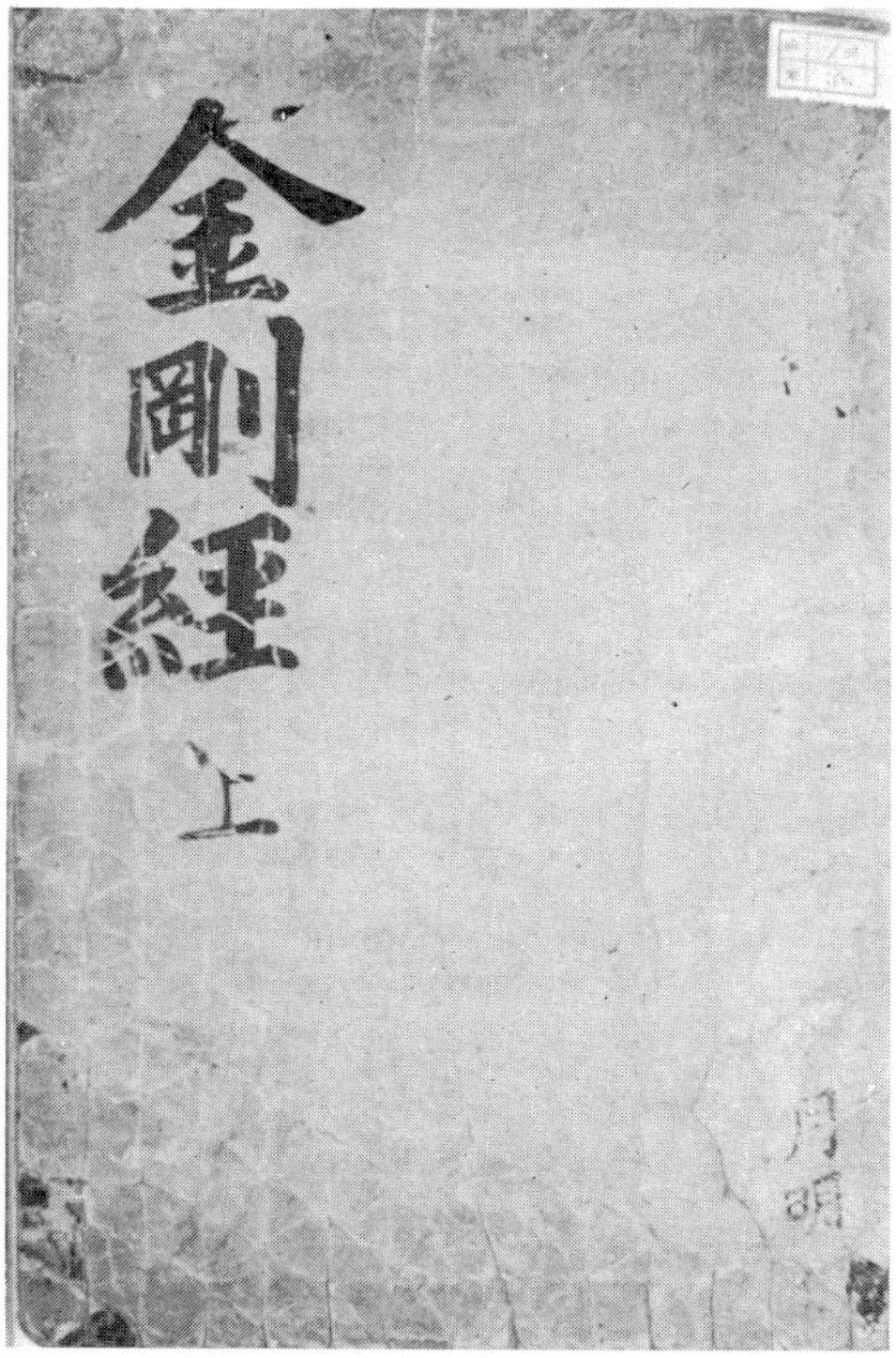

表　紙

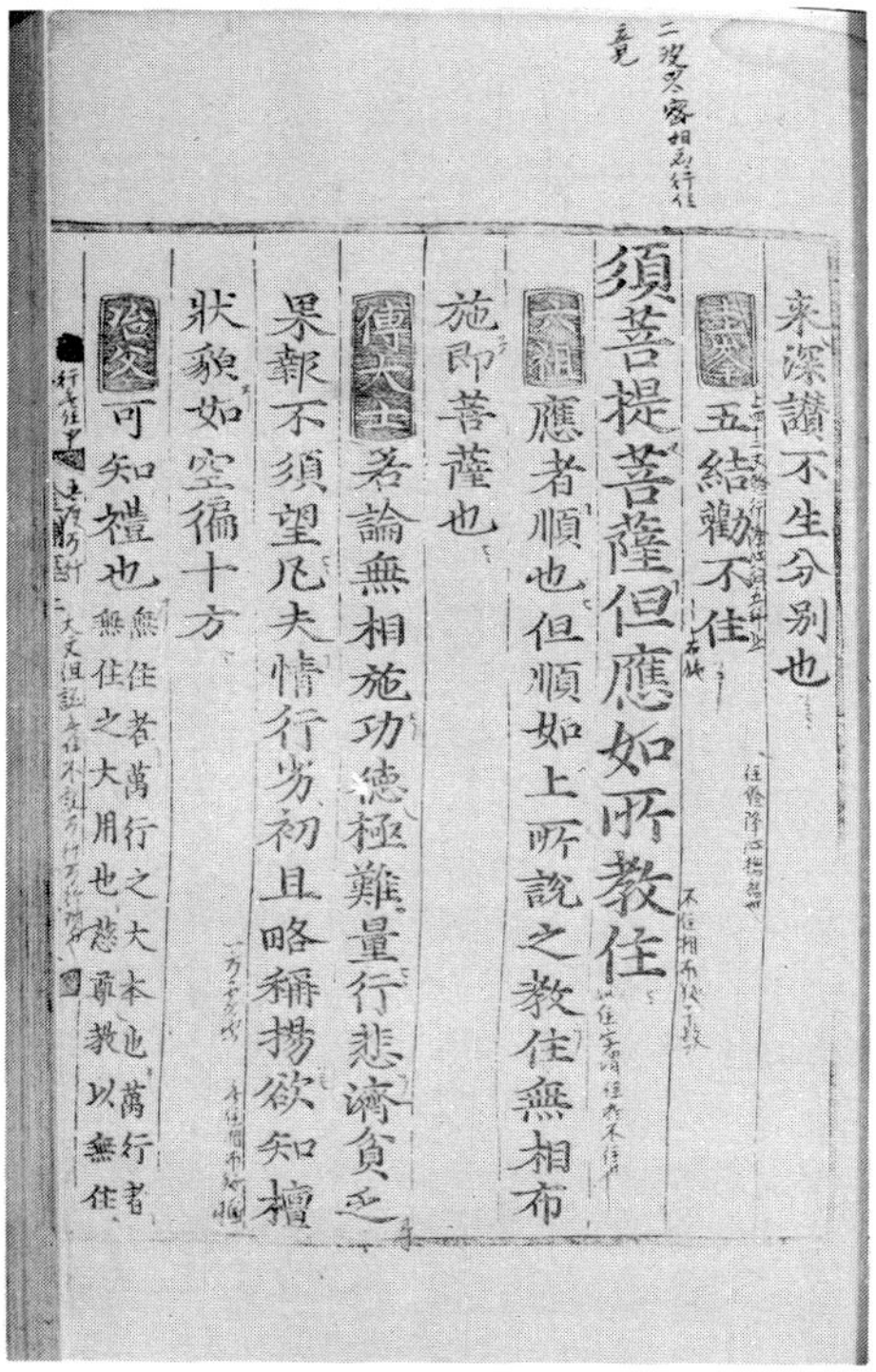
来深讃不生分別也
五結勸不住
須菩提菩薩但應如所教住
應者順也但順如上所説之教住無相布施即菩薩也
若論無相施功德極難量行悲濟貧乏果報不須望凡夫情行劣初且略稱揚欲知檀状貌如空徧十方
可知禮也

本文　部分

15 金剛經解義（川老本）

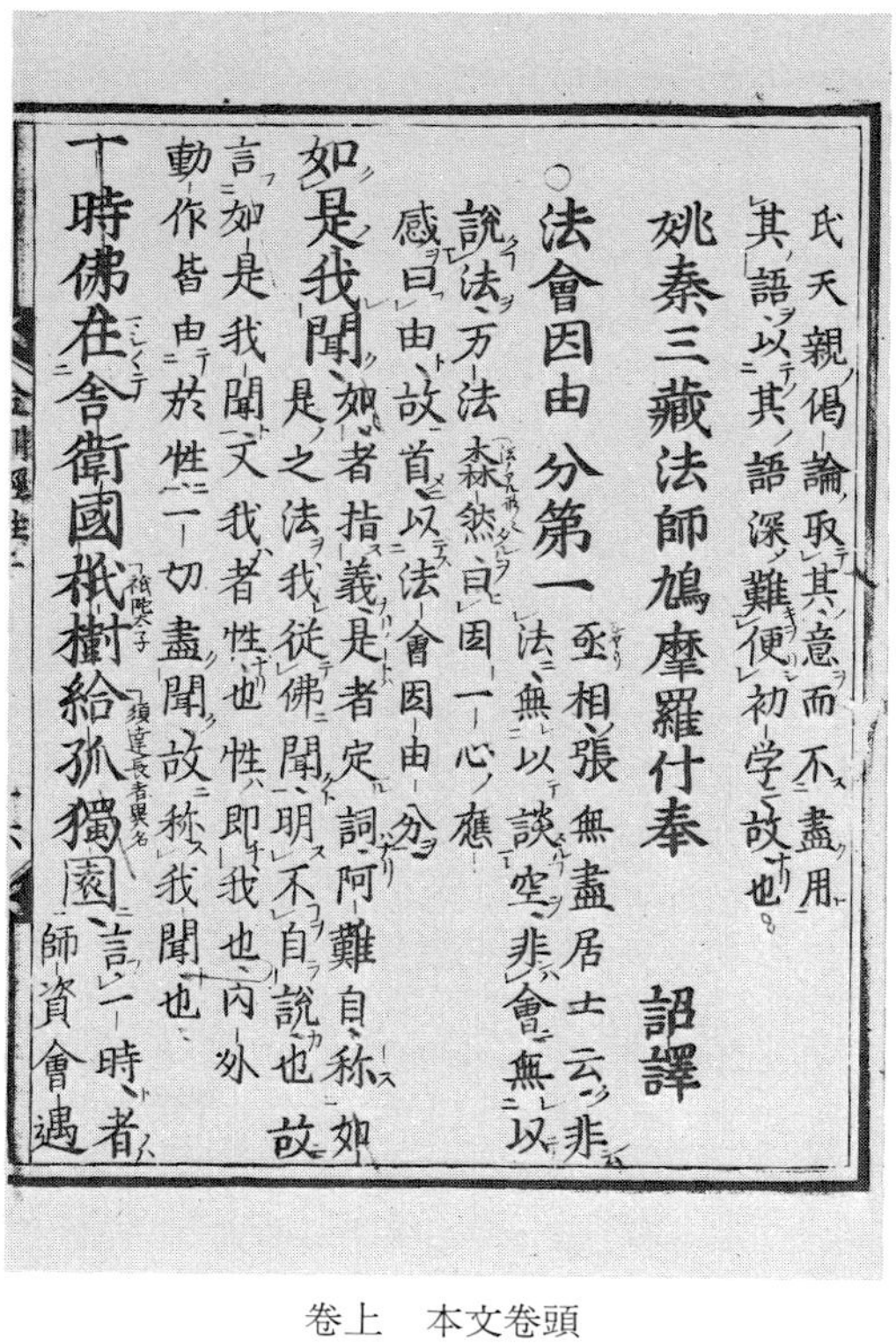
氏天親偈論取其意而不盡用其語以其語深難便初学故也
姚秦三藏法師鳩摩羅什奉　詔譯
法會因由分第一　丞相張無盡居士云非説法無以談空非會無以感日由故首以法會因由分
如是我聞　如者指義是者定詞阿難自称如是之法我從佛聞明不自説也故言如是我聞又我者性也性即我也内外動作皆由於性一切盡聞故称我聞也
一時佛在舍衛國祇樹給孤獨園　言一時者師資會遇

卷上　本文卷頭

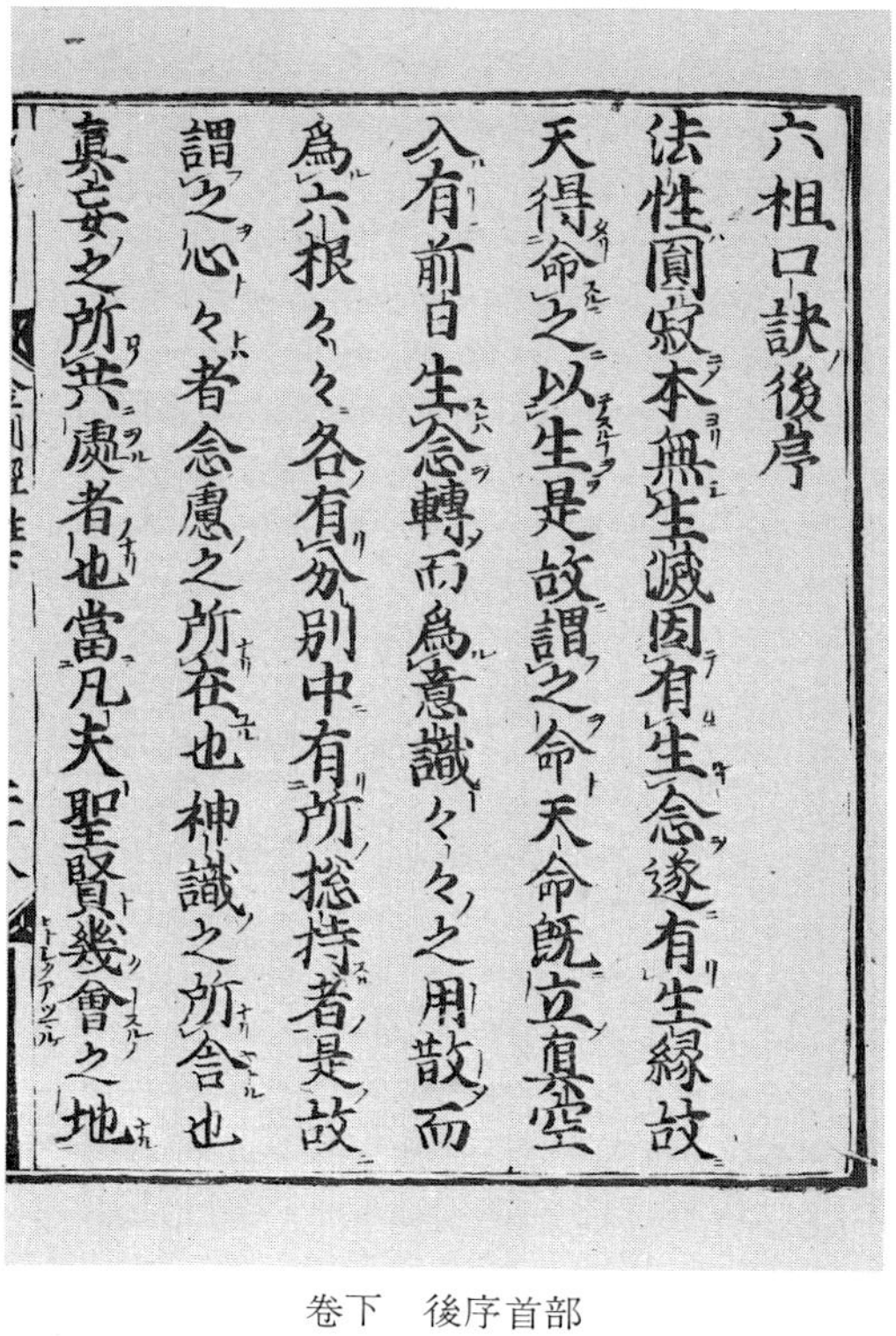
六祖口訣後序
法性圓寂本無生滅因有生念遂有生緣故天得之命之以生是故謂之命天命既立真空入有前日生念轉而為意識々々之用散而為六根々々各有分別中有所揔持者是故謂之心々者念慮之所在也神識之所舍也真妄之所共處者也當凡夫聖賢幾會之地

卷下　後序首部

16 金剛經解義（內閣本）

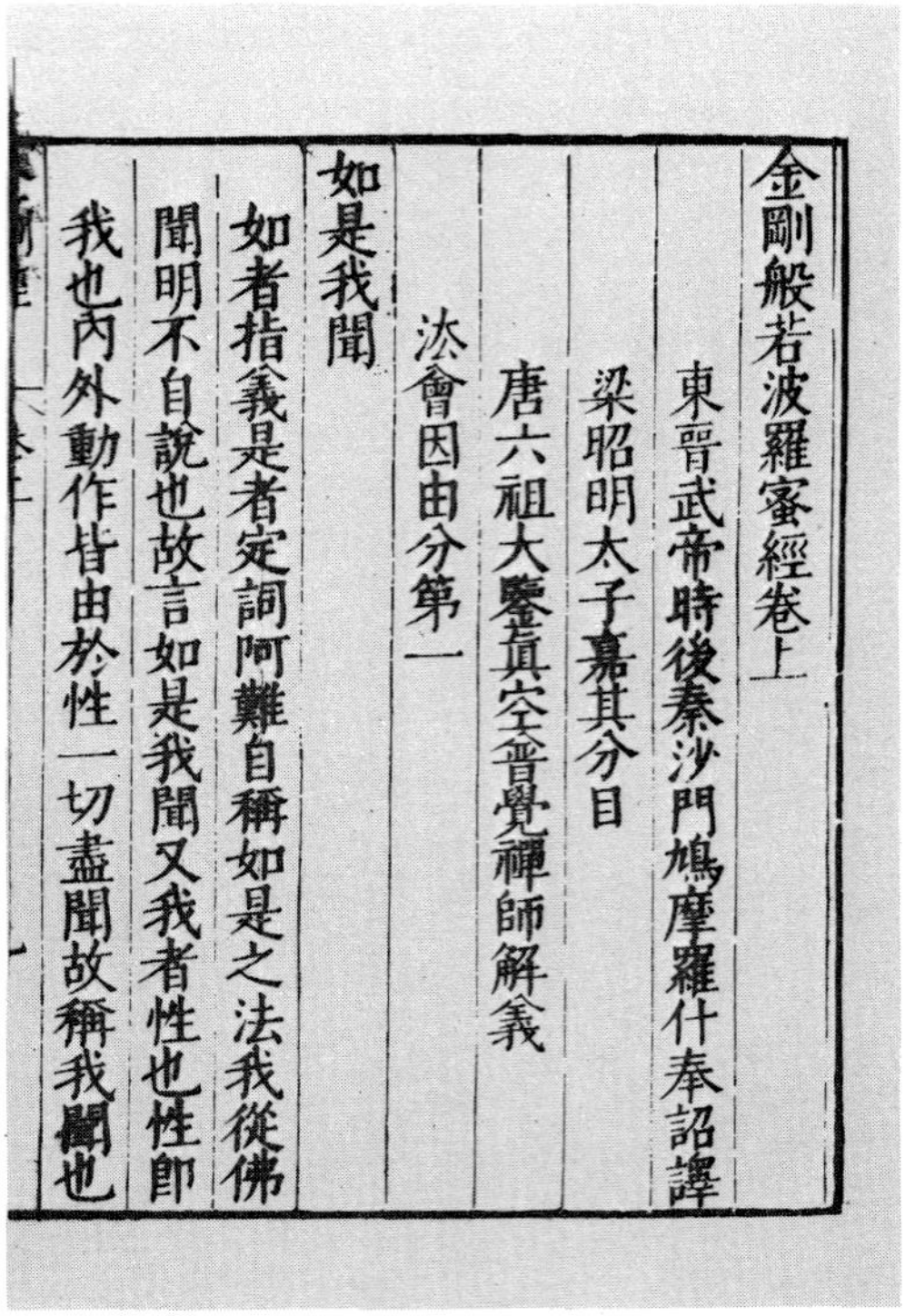

金剛般若波羅蜜經卷上
東晉武帝時後秦沙門鳩摩羅什奉詔譯
梁昭明太子嘉其分目
唐六祖大鑒真空普覺禪師解義
法會因由分第一
如是我聞
如者指義是者定詞阿難自稱如是之法我從佛聞明不自說也故言如是我聞又我者性也性即我也內外動作皆由於性一切盡聞故稱我聞也

卷上　卷頭

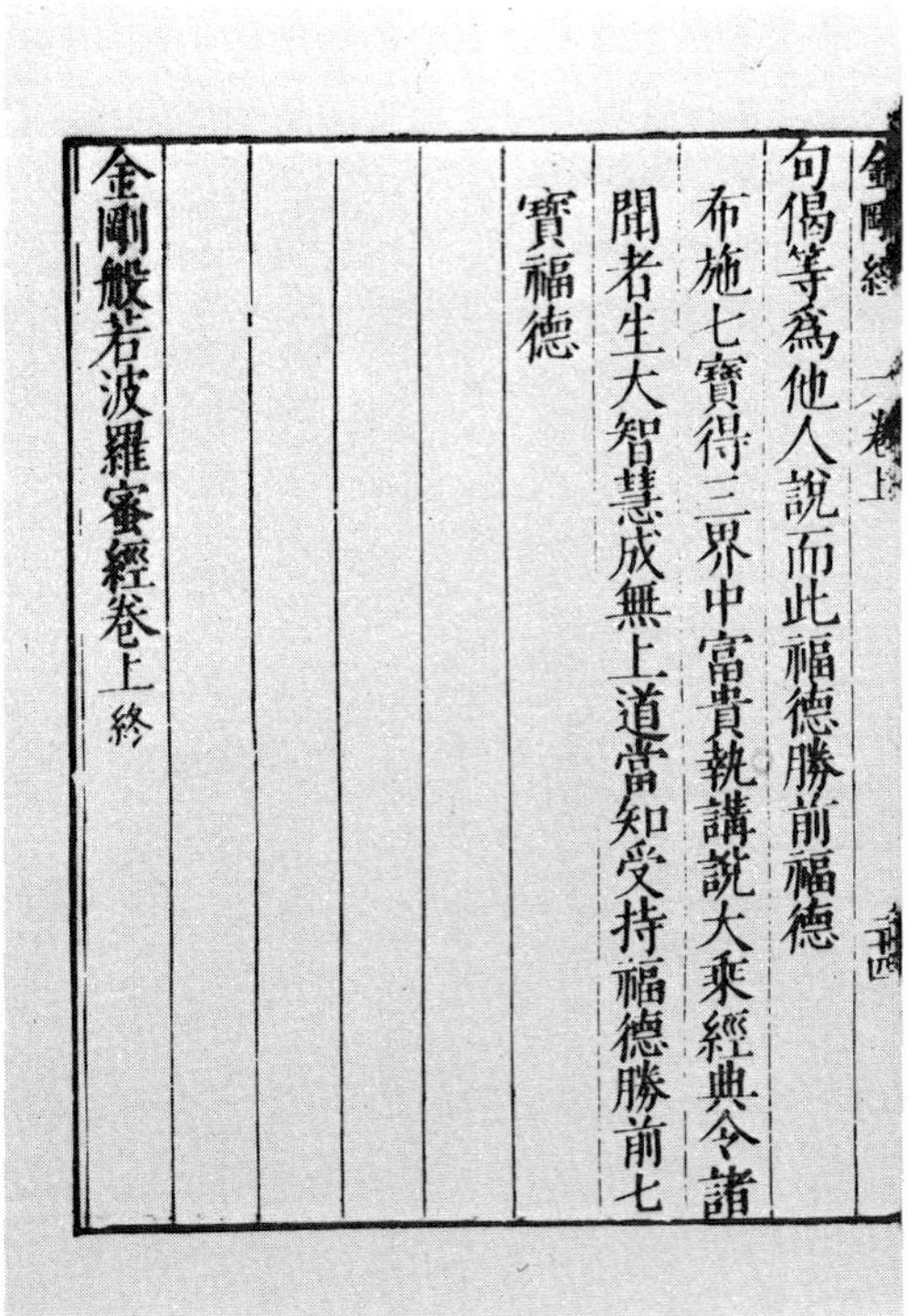

句偈等為他人說而此福德勝前福德
布施七寶得三界中富貴執講說大乘經典令諸聞者生大智慧成無上道當知受持福德勝前七寶福德
金剛般若波羅蜜經卷上終

卷上　卷末

17 金剛經解義（明曆本）

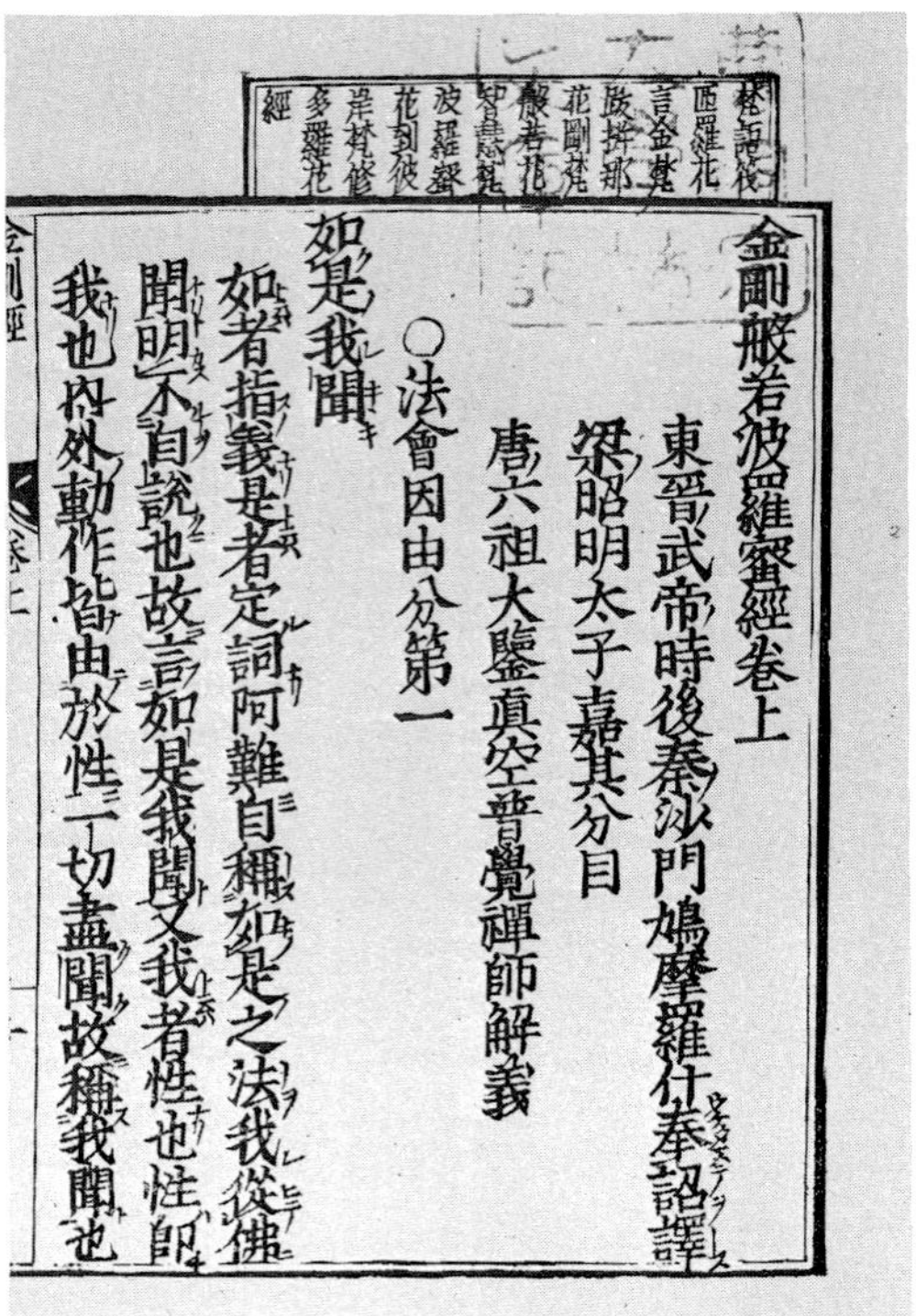

金剛般若波羅蜜經卷上
東晉武帝時後秦沙門鳩摩羅什奉詔譯
梁昭明太子嘉其分目
唐六祖大鑒真空普覺禪師解義
○法會因由分第一
如是我聞
如者指義是者定詞阿難自稱如是之法我從佛聞明不自說也故言如是我聞又我者性也性即我也內外動作皆由於性一切盡聞故稱我聞也

本文　卷頭

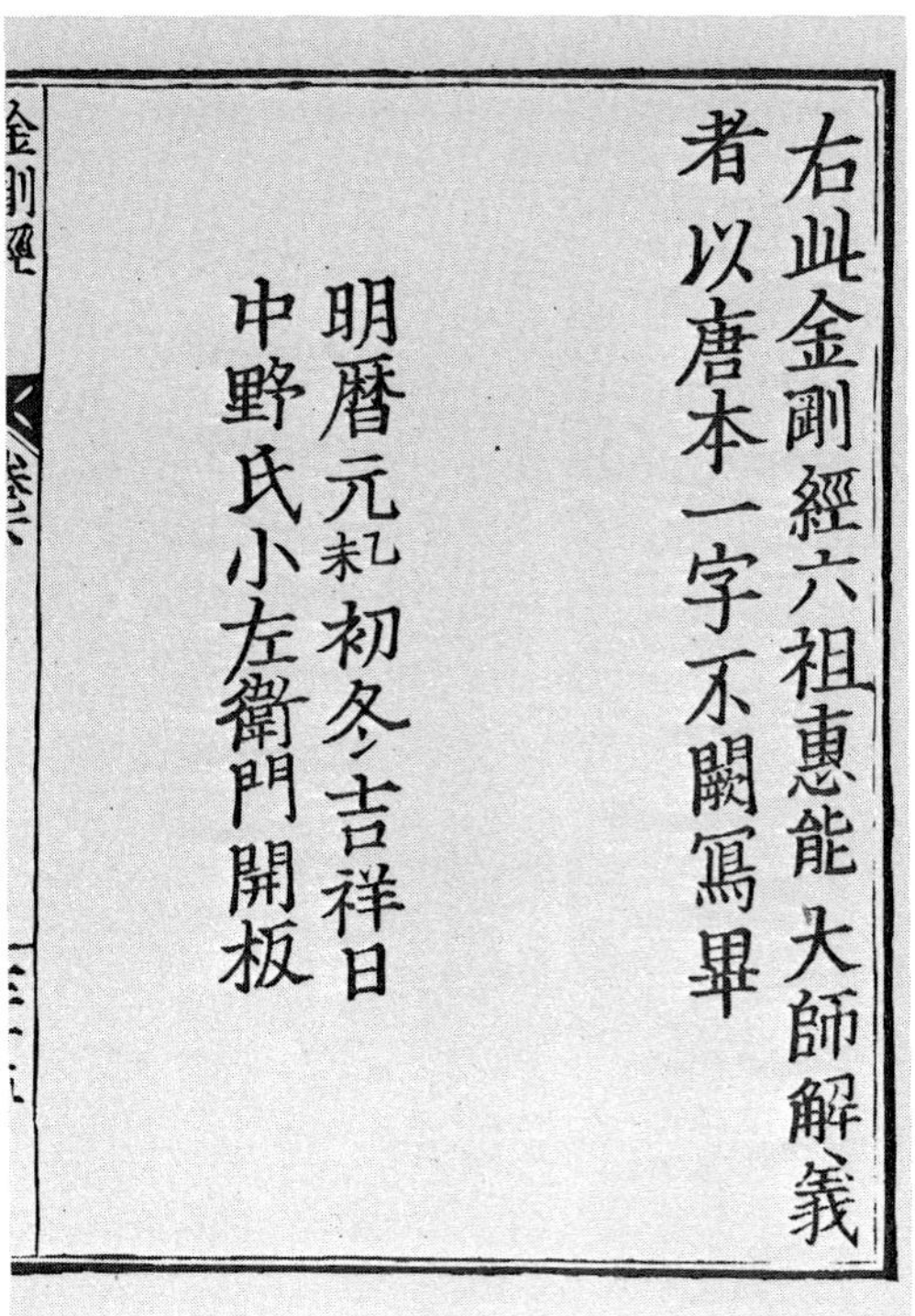

右此金剛經六祖惠能大師解義者以唐本一字不闕寫畢
明暦元乙未初冬吉祥日
中野氏小左衛門開板

卷末　刊記

圖版

1 六祖大鑑禪師像　南宋初期書　張九成贊、華藏宗演識語　福岡市博多區御供所町聖福寺所藏

2 曹溪大師傳（叡山本）　唐代筆寫卷子　大津市延曆寺所藏（奈良國立博物館寄託）（全卷）

3 同　右（道忠本）「六祖大師別傳」　筆寫本　無著道忠筆　京都大學圖書館所藏（首尾）

4 同　右（興聖寺本）「曹溪大師別傳」　寶曆一二年〈一七六二〉敍刊本　京都市右京區堀川興聖寺藏版後刷　駒澤大學圖書館所藏一一四・二―二六（首尾）

5 同　右（續藏本）「曹溪大師別傳」　明治四四年〈一九一一〉刊、大日本卍續藏經二編乙第一九套第五冊所收　駒澤大學圖書館所藏二〇四―三B―一九（首尾）

6 曹溪大師傳引用文（禪林象器箋）　江戸時代中期寫本　無著道忠自筆　京都市北區龍華院所藏（MF、花園大學禪文化研究所所藏）（部分）

7 六祖壇經（敦煌本）　唐代筆寫本　敦煌出土スタイン五四七五號　大英博物館所藏（MF、東京都東洋文庫所藏）（首尾）

8 同　右（大乘寺本）　鎌倉時代筆寫本　金澤市大乘寺所藏（石川縣美術館寄託）（MF、駒澤大學圖書館所藏S一―一四）（首尾）

9 同　右（興聖寺本）　室町時代刊本　京都市堀川興聖寺所藏　昭和八年〈一九三三〉影印　駒澤大學圖書館所藏〇八六―一七（首尾）

10 同　右（德異本）　光緒九年〈一八八三〉刊本　福岡市西區穴山壽美子氏所藏（首尾）

11 同　右（宗寶本）　萬曆三七年〈一六〇九〉刊、方冊大明大藏經續藏所收　駒澤大學圖書館所藏二〇四―三五―一六三（首尾）

12 金剛經解義（京大本）「金剛般若波羅蜜經」　鎌倉時代末期刊、五山版　京都大學人文科學研究所所藏（首尾）

13 同　右（六地藏寺本）「六祖注解金剛經義」　室町時代筆寫本　天文一九年〈一五五〇〉識語　茨城縣常澄村六地藏寺所藏（首尾）

14 同　右（五家解本）「金剛般若波羅蜜經五家解」　嘉靖一六年〈一五三七〉刊本　駒澤大學圖書館所藏〇八六―八七（部分）

15 同　右（川老本）「金剛般若波羅蜜經川老註」　寬永九年〈一六三二〉刊本　駒澤大學圖書館所藏二五三・一―五（部分）

16 同　右（內閣本）「金剛般若波羅蜜經」　明代刊本　東京都內閣文庫所藏（首尾）

17 同　右（明曆本）「金剛般若波羅蜜經」　明曆元年〈一六五五〉刊本　駒澤大學圖書館所藏二五三・一―九（首尾）

修正覆刻版の序

憶えば昭和五十三年は、駒澤大學佛教學部にとって、記念すべき年でした。あたかも、企劃から實に二十六年の歳月を經て完成した『禪學大辭典』三卷、また九年の歳月を要して修正覆刻十八卷、續集十卷、別卷五卷が『曹洞宗全書』全三十三卷として完成し、前者はこの年の六月に、後者は同じく九月に、それぞれ上梓されたからであります。

これら二つの學術的大事業は、ともに駒澤大學内に置かれた編纂室で、佛教學部の教員を中心に大學院生や學生たちの助力による、文字通り學部あげての積年にわたる苦心慘憺の成果であり、わが佛教界における空前の一大事業の完遂でありました。

こうした大事業の編纂實務に携った學究者たちの中で、特に中國禪宗史に關心を抱く者が、田中良昭教授を主班に、禪宗第六祖慧能大師に對する共同研究を繼續していました。その經緯は、田中先生の本書「まえがき」に詳しいところです。特筆すべきは、九年間にわたるこの共同研究の成果を、右の二大事業の上梓と同じ昭和五十三年三月に、文部省の科學研究費補助金の助成を得て刊行したことであります。私たちがそのぼう大な完成原稿を抱えて、時の副學長櫻井秀雄先生のご覽に入れた時、先生は大變喜悦せられ、科學研究費受理や出版のために格別のご高配を戴いたことを忘れる事はできません。こうして無事に刊行できた本書は、當時の斯學研究振興のために、いささかの貢獻をなしえたものと確信しております。

しかしながら、本書の大部分は漢文文獻の資料から成り、しかも煩雜な組版であったために、初版の刊行部數は決して多くなく、刊行後は早い時期に品切れとなり、必然的に古書としての價格を高騰させました。現在若い禪學研究者で本書の所持者は稀少とされます。

平成二十七年の暮、偶々私が田中先生に電話をした際、先生はいま自坊の五百年史を書いているが、その完稿の曉に

は『慧能研究』の覆刻をするから、ぜひ支援をとの言及がありました。先生のご急逝はそれから一箇月足らずであり、本書の覆刻は先生の遺言となりました。

翌二十八年五月、先生を偲ぶ會が催された時、私はこのご遺言をご披露し、幸いにも再版の賛意を得ました。その中には、むかし原稿作成を擔當した九名中、物故された田中先生と石川力山先生を除いた七名がおられました。

しかしその後、私自身が『五山版中國禪籍叢刊』の仕事などに忙殺され、昨夏になり漸く六名の先生方に改めて本書の覆刻は誤字誤植の修正版とすることに賛同いただき、むかし擔當した箇所の修正提出を得ました。その間に、修正のみならず文獻目録の增補をという聲もありましたが、結局それを見送ったのは、近年に中國から『六祖慧能與《壇經》論著目録集成』（廣州、廣東人民出版社、二〇一四年一一月）の大著が刊行されたからです。この工具書は、六祖大師の圓寂一千三百年を期して廣東佛敎協會が中・米・韓・日の研究者に依頼し、一九〇〇年から二〇一三年迄の世界各國の文獻實に約四七〇〇點を著録し､分類や索引まで附した空前の巨冊であります。これは､中國における近年の六祖大師や『六祖壇經』への關心の高まりを如實に示すものであります。

ともあれ、こうして本書『慧能研究』の初版に約一二〇箇所五〇〇餘文字の修正を加えた覆刻版を世に出す事ができます。若き學徒に少しでも裨益できれば有難いことです。御多忙の中で誤字等の指摘を下さった先生方には心より御禮申し上げます。また、覆刻に同意いただきました初版刊行の大修館書店様、採算を度外視して覆刻をお引受け下さいました臨川書店様には、それぞれ深く感謝申し上げます。泉下の故田中先生の破顔がさながら目に浮かぶようであります。

平成三十年　六月三十日

元駒澤大學禪宗史研究會田中ゼミ代表者

椎　名　宏　雄　謹誌

序

「一巻の經書を將來せざれども、正法傳來の正主なり」と讚歎された、中國禪家における鼻祖・達磨が、面壁燕坐した道業は、そのあと慧可―僧璨―道信―弘忍と次第して繼承され、そして韶州の曹溪山寶林寺において、その禪法を擧揚した六祖・慧能が宗教的人間形成の場として叢林の構造を固め、その基盤を確立したというのは斯學研究者の一致した見方であろう。

一般に慧能は貞觀一二年（六三八）の生誕で、俗姓は盧氏、范陽の人であったが、父の左遷によって嶺南新州の平民となり、父の歿後は南海に移住し、薪を賣って母を養い、『金剛般若經』を聞いて出家を志し、門下に南嶽懷讓・青原行思の二哲を初め、南陽慧忠・荷澤神會・永嘉玄覺等を輩出して禪風を振起し、先天二年（七一三）に示寂したとされている。

わが永平道元もまた、慧能を曹溪古佛・曹溪高祖と尊崇し、その著『正法眼藏』九五巻中、實に三七巻にわたって何らかの形でその勝躅を掲げ、行實の高かったことを讚えられている。

特に「行持」の巻において「六祖は新州の樵夫なり、有識と稱しがたし。いとけなくして父を喪す、老母に養育せられて長ぜり。樵夫の業を養母の活計とす。十字の街頭にして一句の聞經よりのち、たちまちに老母をすてて、大法をたづぬ。これ奇代の大器なり、拔群の辨道なり。斷臂たとひ容易なりとも、この割愛は大難なるべし、この棄恩はかろかるべからず、黄梅の會に投じて、八箇月ねぶらずやすまず晝夜に米をつく。夜半に衣鉢を正傳す。得法已後、なほ石臼をおひありきて、米をつくこと八年なり。出世度人説法するにも、この石臼をさしおかず、希世の行持なり」と鑚仰され

れている。

しかし、その行實の史的考證は、中國初期禪宗史資料の探索によって明らかにされつつあるとはいえ、なお後人による造成の變遷過程は必ずしも明らかではなかった。本書は、その副題の示す如く「慧能の傳記と資料に關する基礎的研究」として、文字通り舊來の慧能研究を集大成したものである。

卽ち「研究篇」における『曹溪大師傳』異本の校訂と、基礎資料一八種の紹介、竝びに傳記記述の變遷に對する究明を初め、「資料篇」における『六祖壇經』と『金剛經解義』の異本對照に加え、その他の關係資料を蒐集し、年表・文獻目錄・索引を附し、細密な配慮を加えている點で、おそらく學界の括目してみるところとなるであろう。

かかる學術業績が世におくられたのは、駒澤大學の禪宗史研究を志す、新進氣鋭の學人が、まさに大衆の威神力を結集したところに成ったものであることはいうまでもない。特に首班の田中良昭教授は、夙に敦煌文獻を中心とした中國初期禪宗史の研究を専攻し、これまでに國內で蒐集しうるあらゆる文獻について丹念にこれを點檢し、更に數年前、歐州に留學し、スタイン本・ペリオ本等の未見文獻や關係資料を收めて歸國し、その研究成果が一段と光彩を放つとともに、獨力では到底不可能ともいうべき廣汎にわたる資料の蒐集とその檢討に當っては、共同研究者が常に得られた資料を頒ちあい、同志的結合によって共同研究の成果をえたことは特筆して然るべきであろう。

そうはいっても、學究の成果を向上するにたる鐵漢が、單に一分野についてのみならず、より多くの業務が重なって荷擔を求められることは自然のなりゆきともいいえようが、この間、筆者の干與した『曹洞宗全書』の覆刻と、續刊・別卷あわせて三三卷の上梓と、二十數年を要して漸く完成期を迎えた『禪學大辭典』三冊の編纂業務が、時を同じくし、本書の編成にたずさわった、ほとんどの研究者の分擔をも兼ねて強要せざるをえなかったことは、一面で研究の相互の關連をえたとしても、反面、當面する研究成果の刊行を遲らせる結果ともなったことを思う時、その勞苦に對し深く敬

意を表するものである。

けだし本書が、ただに學究資料の供與にとどまらず、慧能が見性成佛の本義を身證しえた、それへの追體驗により、有無・迷悟の二相を超え、畢竟じて塵勞の心なく、直下承當の妙境に安住すべき道を得るために、その根本義を探求する資となることを望み、參劃した各位の倍舊の精進を祈念し、敢て蕪辭をつらね、本書を江湖に推薦して序とするものである。

昭和五二年　盛夏

駒澤大學教授　櫻　井　秀　雄

まえがき

本書は、駒澤大學にあって中國禪宗史に關心を持つ若い學徒が、過去八年間にわたって繼續してきた共同研究のささやかな成果である。

この慧能研究を始めたのは、嚴密には昭和四四年九月からであるから、既に八年以上もの歳月を費やしたことになる。それ以前には、この慧能研究グループとは必ずしも同一メンバーではなかったが、やはり數人のグループで、昭和四一年度には、北宗禪の代表的燈史の書である『傳法寶紀』を白石芳留氏の『續禪宗編年史』の附錄により、次いで四二年度には、南宗禪の根本資料である荷澤神會の『南陽和上頓教解脫禪門直了性壇語』を、また四三年度には、四月より一一月までの八箇月間、同じく荷澤神會の『菩提達摩南宗定是非論』を、それぞれ胡適氏の「新校定的敦煌寫本神會和尙遺著兩種」(『歷史語言研究所集刊』二九所收)によって會讀した。更に同年一二月から翌四四年六月までは、同じく胡適氏による兩書の「校寫後記」を會讀したが、當時は、いわば初心者同士が乏しい知識を出し合って、中國禪に關する原資料に觸れ、お互いに基礎的な勉強をしていこうという程度のものであった。

こうして、極めて粗雜ながら北宗禪と南宗禪の代表的資料に接した後、昭和四四年九月からとりかかったのが、今回の研究のいわばスタートとなった『曹溪大師傳』の會讀である。この時點では、研究會のメンバーも現在のそれとほぼ同じものとなり、その後若干の入れ換りはあったが、あとがきに記した如き九名のメンバーで研究會が構成されるに至った。『曹溪大師傳』は、昭和一一年古徑莊から出版された傳教大師將來になる比叡山本の覆製本、續藏本、松ヶ岡文庫所藏の興聖寺本の三本を對校しながら會讀し、翌四五年六月中旬にこれを讀了した。そして六月下旬から七月上旬にか

けて、この『曹溪大師傳』に基づいて慧能の傳記內容を分類檢討して項目分けを行い、全體で五三項目を設定したが、この項目分けには、昭和四二年に出版された關口眞大氏の『達磨の研究』(岩波書店)における達磨傳の四三項目にわたる分類を參考にさせていただいた。更に九月から『曹溪大師傳』の項目別內容の吟味を行い、一一月末までにこれを終り、一二月から翌四六年一月にかけては、『曹溪大師傳』以外の慧能傳資料一七種を選び、これを年代順に配列し、これら一八資料について、先の『曹溪大師傳』による五三項目に該當する記載の有無を檢討し、カードを作成して、それぞれに割當てられた資料について各項目ごとに本文をカードに記入する作業を實施した。こうしてカードによって一八資料を項目別に細分化する仕事を終り、四六年春から一年間は、そのカードを基にして五三項目に分けた慧能傳を、資料の成立順に記入したプリントを作成し、各自擔當分を整理して發表する仕事を續けた。これが本書研究篇、第二章の「慧能傳の變遷」の基になったものである。

昭和四七年は、三月より九月まで研究責任者が海外に留學したために、從來の作業結果の點檢に費やしたが、一〇月から翌四八年三月までは、慧能に關する從來の研究のうち、傳記と思想に關する著書論文を集め、これを割當てて內容を檢討し、要點をまとめる作業を續け、四八年四月から六月までは、書誌・文獻に關する著書論文について、同樣の檢討を行った。これが本書附錄二の「慧能研究文獻目錄」の基になったものである。

かくして先に會讀を終っていた『曹溪大師傳』の異本校定による定本と本文讀み下し文の作成、および注記すべき語句の選定を目的として、夏季休暇中の八月三〇・三一の兩日、千葉縣存林寺に合宿してこれを完成したが、これが本書研究篇、第一章の「校訂訓註曹溪大師傳」の基になったものである。

その年の九月から翌四九年春にかけては、瑩山禪師六五〇回大遠忌に因み、孤峰智璨禪師の大著『禪宗史』が覆刻されるに當り、その個有名詞索引作成の仕事に從事したために、本研究は一時中斷したが、四九年度に入ってからは、「慧

能傳の變遷」を原稿化するために、執筆要項を定め、各々割當てた項目について、一八資料の本文とその解說文を書く作業を續け、年度末までにほぼこの仕事を終った。

こうして本書研究篇の主要部分の原稿化が一通り完成したところで、五〇年度に入り、本研究全體の構成について改めて協議し、『曹溪大師傳』の研究と慧能の傳記研究を研究篇とし、資料篇としては『六祖壇經』の五本對照と、研究篇で取り上げた一八資料以外の慧能に關する諸資料を總集して掲載すること、附錄の一として慧能に關する年表を加えることなどが決定された。特に五本對照については、昭和五〇年に出版された河村孝道氏『諸本對校永平開山道元禪師行狀建撕記』（大修館書店）に用いられた方法を參考にさせていただいた。

更に研究篇の『曹溪大師傳』の研究については、無著道忠眞筆本が京都大學圖書館に所藏されていることを知り、先の三本に加えてこれを對校する必要を生じ、こうして殘された仕事として、研究篇第一章の「校訂訓註曹溪大師傳」の無著道忠眞筆本の對校と注付け、第二章の「慧能傳の變遷」の本文と解說文の推敲、資料篇第一章の『六祖壇經』の五本對照、第三章の一八資料以外の慧能に關する諸資料の總集である「慧能關係資料集成」、附錄一の「慧能關係年表」、二の「慧能研究文獻目錄」の完成を、二、三人ずつの小グループに割當てて作業を進めた。更に、新たに資料篇に、慧能撰と傳えられる『金剛經解義』の異本對校を加えることの必要性から、これを第二章として當初第二章に予定した「慧能關係資料集成」を第三章に操り下げる計畫の變更をし、早速異本の蒐集にとりかかった。五〇年度末の五一年三月二六・二七の兩日には、第二回の合宿を横濱市西有寺にて實施し、ここで『六祖壇經』の五本對照を完成した。

五一年度に入り、『金剛經解義』の六本對校と各種資料解題を分擔によって完成し、全體にわたる原稿の推敲を實施して、ようやく脫稿にこぎつけた、というのがこの共同研究の經過の概要である。

このように、本研究は極端に時間を費やしてしまい、いささか怠慢の譏りなきにしもあらずであるが、研究會メンバー

の大部分は、この間駒澤大學で編纂中の『禪學大辭典』および『曹洞宗全書』の編纂實務員として、日夜その職務を遂行し續けてきた人たちである。いわばこの仕事は、そうした大きな仕事にたずさわった人たちが、限られた時間をさいて少しずつ積み重ねてきた努力の結晶であり、その點にこそ深い意義があるのではないか、とひそかに自負するものである。昭和四七年、鏡島元隆氏を中心に、佐藤達玄氏、小坂機融氏が共同研究して刊行された『譯註禪苑清規』(曹洞宗宗務廳)は、駒澤大學における禪學に關する共同研究の先鞭をつけられたものであるが、今後こうした共同研究が、更に廣い分野にわたって實施されることが期待され、われわれも今回の經驗を生かして一層の努力をしたいと考えている。

本研究にあたっては、各方面のご厚意をいただいたが、とりわけ貴重な資料を快く提供して下さった比叡山延暦寺、茨城縣六地藏寺、東洋文庫、松ヶ岡文庫、內閣文庫、奈良國立博物館、京都大學圖書館、京都大學人文科學研究所、駒澤大學圖書館の關係者、および福岡縣穴山壽美子氏に、また研究方法、資料、寫眞等について種々ご指導お世話をいただいた大正大學教授關口眞大氏、日本大學教授古田紹欽氏、京都大學教授柳田聖山氏、東北藥科大學教授中川孝氏に對し、心からお禮申し上げたい。

また本研究は、幸いにして文部省科學研究費補助金(研究成果刊行費)の助成を得て出版されたものである。これが出版の運びに至ったのは、ひとえに駒澤大學副學長櫻井秀雄氏の格別のご配慮と、繁雜極まりない本書の出版をお引受け下さった大修館書店、特に副社長川上市郎氏、刊行部長加藤高伸氏をはじめとする關係者各位、及び編集校正の勞を煩した布宮みつこ・安武逸實(ヤマウチ・プロ)兩氏のご盡力の賜である。ここに記して心から甚深の謝意を表するものである。

昭和五二年　九月一日

駒澤大學禪宗史研究會

代表　田中良昭

目次

資料篇

研究篇

序

菩提達磨の西來によって中國にもたらされた禪は、六傳して慧能に至り、それまでのインド的要素を次第に拂拭して、中國人に適合した中國人自身の宗教として新たな展開をしたといわれる。この慧能に始まる中國禪の新たな展開は、馬祖、石頭以後中國禪宗として確立され、その後の中國佛教の主流をなすまでになった。この意味からすれば、インド的な禪から中國禪宗の成立へと大きく轉換する新たな時代の擔い手として、重要な役割を果したのが慧能であり、慧能に觸れずして中國禪を語ることはできない。

ところで、中國禪宗では、西來の祖師菩提達磨を初祖とし、二祖慧可、三祖僧璨、四祖道信、五祖弘忍と次第して慧能を六祖とする傳燈系譜を主張する。もっとも禪の傳燈説は、慧能を六祖とする以前に、同じ弘忍門下の神秀を六祖とする主張が先行したのであるが、この神秀を六祖とする立場を傍系として、慧能を正系六祖とする新たな主張をしたのが、慧能の弟子神會である。神會は、その著『菩提達摩南宗定是非論』(七三二)において、神秀系を北宗、慧能系を南宗と稱し、南宗の正系を主張するとともに、『神會語錄』(石井本)に達磨から慧能に至る南宗系六代の祖師の略傳を掲げ、各祖師が『金剛經』による如來知見によって悟道し、達磨に始まる傳信の袈裟が六代の祖師に傳授されたといういわゆる傳衣説によって、慧能の達磨正系なることを主張したのである。こうした六代の傳燈の主張は、この『神會語錄』を承けつつ、更に達磨を遡って遠く釋尊にその淵源を求め、釋尊以來インドの祖師を通じて嫡々相承された正法が、達磨によって東土にもたらされ、その法が劍南の淨衆系・保唐系に傳わったとする特異な傳燈説を述べた『歷代法寶記』(七七四)を經て、馬祖系による『寶林傳』(八〇一)に至り、西天二八祖東土六祖の傳燈説として更に發展をみるのであ

る。

この『寶林傳』は、具には『大唐韶州雙峰山曹侯溪寶林傳』という。すなわち韶州雙峰山曹侯溪寶林とは、東山法門の正系とされる六祖慧能が開法した韶州の曹溪山寶林寺を指し、したがって『寶林傳』は、釋尊以來の正法が西天二八祖を經て東土にもたらされ、更に達磨から弘忍を經て六祖慧能に正傳されたことを強調する意圖を持っていたことを示している。現存する『寶林傳』は、不幸にして肝腎な東山法門から慧能の記事のあったとみられる卷九・卷一〇の兩卷を卷七とともに缺いており、實際の內容を窺うことはできないが、おそらくその記載は極めて充實したものであったことが偲ばれる。しかもこの『寶林傳』によって主張された西天二八祖東土六祖の傳燈說は、後續する『祖堂集』(九五二)、『景德傳燈錄』(一〇〇四)の禪宗燈史に繼承され、禪宗傳燈說の正統の地位を確立するに至るのである。

さて、慧能の達磨正系六祖を最初に主張した『神會語錄』と、それを決定づけた『寶林傳』とは、ともに慧能を禪宗史上の正統として位置づけた重要資料であるが、この二つの資料の閒に介在し、しかも直接慧能その人の思想と行實を傳える根本資料として注目されるのが、『六祖壇經』と『曹溪大師傳』である。前者が慧能の禪法、思想を中心テーマとしているのに對し、後者は慧能の行實を記錄した第一資料であり、慧能その人の眞實相を明らかにする上で兩者は必須のものである。しかしながら既に柳田聖山氏がその大著『初期禪宗史書の研究』(昭和四二年、法藏館)で論究されたように、禪宗史書の成立には樣々な背景や獨自の意圖が內在し、各資料の記述內容や主張に對する取扱いには、細心の注意が必要であることはいうまでもない。特に『六祖壇經』の成立については、重大な問題提起がなされているのが現狀であり、『曹溪大師傳』についてもその內容は決して一樣ではない。

したがって、こうした禪宗史書の特性からすれば、それら諸資料に記された祖師の行實についても、樣々な問題が存在することはむしろ當然といわねばならない。特に一宗の開祖とか、代表的祖師として後世格別の尊崇を受けるような

人物の場合には、その記事内容の變遷は一層著しいものとなる。その好例が禪宗初祖とされた菩提達磨である。達磨傳の記載が、最古の資料である『洛陽伽藍記』(五四七)から、達磨傳の完成をみたとされる『傳法正宗記』(一〇六一)までのおよそ五〇〇年間に、いかに多くの變遷をみたことであるか。この問題を解明すべく、五〇〇年間に出現した達磨傳の資料一七種を年代順に配列し、各資料の記述内容を四三項目に分類して、その變遷のあとを詳細に追求された勞作が、關口眞大氏の『達磨の研究』(昭和四二年、岩波書店)であった。

この達磨像の變遷が產み出された背景には色々の要素があろうが、特に「不立文字　教外別傳」を標榜する中國禪宗にあっては、特定の經典を所依とせず、佛法の體現者としての祖師の人格に絶對の信をおく立場から、佛法の權化としての祖師像の上に、禪の思想そのものを表出しようとした後人の努力があり、こうした熱烈な信仰心が様々な祖師像を現出せしめたといってよかろう。したがって達磨像の變遷は、そのまま各時代における禪の思想の表出であって、これを直ちに虛構、妄說として捨て去ることは、禪宗史書、更には禪の思想そのものの特性を無視した見解といわねばならない。

こうした祖師像の變遷は、ただ初祖達磨一人にとどまるものではない。先に述べた禪宗の特性からすれば、それぞれの祖師の行實の上にも、程度の差こそあれ同様の現象のあったことは考えられることであり、中國禪の新たな時代の擔い手として重視される六祖慧能の場合にも、達磨に匹敵する慧能像の變遷があったのではないか、というのがかねてからの問題意識であった。

六祖慧能の傳記について論究されたものとしては、宇井伯壽氏の『第二禪宗史研究』(昭和一六年、岩波書店)、陸川堆雲氏の『六祖慧能大師』(昭和四一年、龍吟社)の二著がある。いずれも慧能傳に關する各種資料を總合的に考察し、歷史的な批判の目で各資料の記述を取捨選擇し、歷史的に正確な慧能傳の確立を目指した勞作であるが、今一度、關口氏が達

磨傳に試みられた具體的記載內容の比較檢討にまで立ち戻って慧能傳を考察することが、慧能を知り、慧能を通して示された禪思想の展開を知る上で重要なことではないか、というのが本研究篇の眼目である。この見地に立ってその課題に應えようとしたのが本篇第二章の「慧能の傳記研究」である。ここでは慧能の傳記資料として、慧能生前の撰になる『瘞髮塔記』（六七六）から、宗寶本『壇經』に附せられた『緣起外紀』（一二九一）に至るおよそ六〇〇年間に出現した一八種を選定し、まず各資料の簡單な解題を揭げ、次いで慧能傳に關して比較的初期の成立になり、しかも最も豐富にして充實した內容を持つ『曹溪大師傳』の內容を基に、これを五三項目に分類し、各資料について該當する本文を示し、それを基に記述の時代的變遷を略述し、これによって慧能傳變遷の實態を明らかにしようとしたものである。

この作業を進めるに當って、その基準とした慧能傳資料の中心的役割を擔う『曹溪大師傳』については、別に解說を揭げるので詳細はそれに讓るが、まずその定本作りの必要性から、傳敎大師將來の比叡山本を底本とし、道忠本・寶曆本・續藏本の三本による校注、本文の讀み下し、語句の注を施し、「曹溪大師傳の研究」と題してこれを本篇第一章に收錄した。

以上、研究篇は、慧能傳の總合的檢討によって、慧能その人の眞の姿と慧能像變遷の實態を明らかにすることを目指したものである。

第一章　曹溪大師傳の研究

第一節　曹溪大師傳について

一　續藏本と興聖寺本
二　無著道忠自筆本
三　比叡山本
四　本書と慧能の諸傳
五　本書の問題點

ここにいう『曹溪大師傳』とは、『大日本續藏經』所收書では、『曹溪大師別傳』一卷とされているもので、いわゆる最澄が入唐將來した禪宗第六祖慧能禪師（六三八〜七一三）の傳記として、廣く一般に知られている書である。最澄の將來本は比叡山延暦寺の所藏であり、「六祖惠能傳」の名で本邦の國寶に指定されているが、この名稱もまた從來の通稱によったものと思われる。

しかるに、元來、この古書は卷子本であって表題はなく、內題が

唐韶州曹溪寶林山國寧寺六祖惠能大師傳法宗旨幷高宗大帝　勅書兼賜物改寺額及大師印可門人幷滅度時六種瑞相及智藥三藏懸記等傳

のごとく異例の長文であるから、これをそのまま書名として用いることはできない。しかし、幸いにも最澄の將來目錄の一つである『傳教大師將來越州錄』中には「曹溪大師傳　一卷」とあって、これが叡山所藏の該書であることが一般に認められている。したがって、續藏本の「別傳」という呼稱は本來の名稱ではなく、また、われわれはこの研究篇において、この比叡山所藏本（以下叡山本）を底本として校訂を行い、かつ、〝慧能傳の變遷〟をみるための、基礎的資料の一つとしても右の校訂本を用いる關係上、ここでは本書を續藏本や國寶の名稱とは區別して、『曹溪大師傳』の名のもとに統一して呼ぶことにしたい。

さて、本書は叡山本のほかに、昭和一一年に古徑莊から叡山本の影印が刊行され、さらに近年には京都中文出版社の『禪學叢書』之五（一九七六年三月刊）のうちにも影印收錄されて、今日われわれは容易に原本の體裁に接することができる。しかし、これとは別に江戸時代に刊行された木版本、および謄寫本等が存在することについては、從來あまりよく知られていない。したがって、本書の取り扱いに關しては、まずこれらの諸本が相互にいかなる關係にあり、どのような得失が存するかという問題が解明されなければならない。以下の小論は、主として本書のこのような文獻的方面に關する基礎的

な検討を中心として行い、さらに、本書における六祖傳としての資料的價値、および、本書の研究課題等についても論及し、もって本書の解說に代えたいと思う。

一　續藏本と興聖寺本

現在、われわれがみることのできる本書の諸本は次の四種である。

一、叡山本、およびその影印本

二、無著道忠自筆本

三、興聖寺本（寶曆一二年序刊本）

四、續藏經所收本

いま、これらの書誌的檢討を進めるに當っては、便宜上、新しいものから古いものへと遡及して諸本をみてゆきたい。

まず、續藏經所收本（以下、續藏本）は、『大日本卍續藏經』第一輯第二編乙第一九套第五冊、に收錄されるものである。本書の底本については、『續藏』中の他の收錄書と同じく明記されてはいないが、本書は巻頭に寶曆一二年（一七六二）の夏に金龍沙門敬雄の撰した序文、および巻末に同年四月に祖芳が撰した跋文、が附せられていることにより、おそらくは寶曆一二年以後に刊行された江戶中期の木版本を底本としていることが知られる。續藏本の特長は、全文に返り點が施されていること、および他の一本で對校がなされ、それが頭注で示されていることなどであるが、この對校本が何本であるかについても何ら明記されていない。

これらの點に關しては、われわれが前掲四本の對校を試みた結果によれば、續藏本なるものは興聖寺本（寶曆一二年序刊本）を底本としこれを叡山本で校訂していることが判明した。したがって、續藏本は入藏書としてテキストを提供する基礎的態度としては學問的であるといえるが、惜しむらくは續藏本の活字そのものに誤字誤植がみられ、また訓點にも少なからぬ誤りが存するため、せっかくの對校が十分に生かされていないという缺點をも併せもつものである。しからば、その底本たる興聖寺本とはいかなるものであろうか。

興聖寺本は、かつて洛北の興聖寺において刊行された木版本である。興聖寺にはいまだ當時の板木が現存しているものとみられ、古徑莊から刊行された本書の影印本に附錄される「解說書」中、鈴木大拙・二宮守人兩氏による序文の解說によれば、

先年この木版が洛北興聖寺に藏せられるを知って、若干部を刷って貰った。

と述べていることによってこれが知られる。この昭和初期ごろに行なわれた後刷本は、駒澤大學圖書館にも一本が所藏されているので、われわれは寶曆一二年の序文を有する木版本の書誌的體裁を、まのあたりに知ることができる。

すなわち、本書は一冊、袋綴。全二二紙、四周單邊無界、每半葉一〇行、一行一九字。匡郭內、縱二〇・五㎝、橫一四・五㎝。版心、白口、「曹溪大師別傳　（丁數）」。表紙に帖られた題簽、および

第三紙からはじまる本文の巻頭、つまり前掲叡山本の長文内題に該當する部分の前にも「曹溪大師別傳」と印刻されていることが注目される。また巻末には、「洛北興聖寺藏板」なる刻記をとどめる。全文に返り點・送りがなが付せられ、第三紙裏の第九行目の匡郭外天部には「耶恐耳」なる唯一の頭注刻字が存する。さらに注目すべきは、本文末尾の年記である「貞元十九(ママ)二月十三日畢」の次に、續藏本にはみられぬ「比叡寺印」の印刻（三・九cm四方）が◇型に三箇置かれ、最上端のものの左側には「天台」、最下端のものの左側には「最澄封」なる文字がそれぞれ刻されていることである。これは、いうまでもなく叡山本に存する墨印と墨書との體裁に倣って印刻したものであるが、かならずしも原本に忠實でないことは次節で明らかにしよう。

さて、本書は後刷本とはいえ、文字は鮮明であるから、江戸の初刻以後に再刷されたことはなかったことを思わしめる。(1) しかも、初刻本そのものも現在ほとんど傳本は知られていないようであるから、寶曆本の刊行部數もさして多くはなかったことが推察され、したがって、興聖寺本はあまり江湖に流布しなかったのではないかと考えられる。江戸期の禪者が本書に關説する記事をとどめていないことも、一つにはこのような理由に基づくからであろう。

ところで、洛北の興聖寺とは、京都堀川に所在する臨濟宗獨立門派の名刹であり、往古は天台宗に屬していたが、圓耳了然によって臨濟宗に改められた。周知の通り、慶長四年（一五九九）と同八年に圓耳による墨書識語をもつ、古刊本『六祖壇經』を所藏することでも著名である。ゆえに、同寺は約二世紀あまりをへだてて、六祖慧能に關する二大基本典籍に關與しているわけである。

さて、前述のごとく、この興聖寺本の題簽・内題・版心のいずれもが「曹溪大師別傳」で一貫していることは、特に著目しなければならない。本書巻頭に存する金龍沙門敬雄の序文によれば、敬雄は

禪人芳公、傳教の請來せる曹溪大師別傳を持ち來り、これに序を作さんことを請う。（原漢文）

と述べているから、『別傳』なる書名はすでに祖芳の呼稱するところであったことは明らかである。ところで、祖芳は本書の跋文において、本書の傳來と原本の年記等に對して次のように言及する。

昔、東武において曹溪大師別傳を獲たり。曩古、傳教大師、李唐より手づから寫して齎ち歸り、叡岳に鎭藏す。いずれの日にか子院に流落し、これを祕して年尚し。享保乙巳の春、東武の儒官山田大介、同學の天野丈右衞門を延て京師の名區を歷觀するに、たまたまこの寶冊を獲て拜寫し、その家に十襲す。傳の末に、貞元十九(ママ)二月十九日畢る、天台最澄封ず、の字有り。かつ朱印三箇を搭ち、比叡寺印の四字を刻す。貞元十九は日本の延暦二十年乙酉に當る。大師の遷寂は、すなわち唐の先天二年、貞元十九年に至って九十一年を得たり。（原漢文、傍點筆者）

右文によれば、祖芳は東武（江戸）において本書を得たのであっ

て、それは東武の儒士たる山田大介と天野丈右衛門が、享保一〇年（一七二五）に京都で拝寫した謄寫本であったという。とするならば、「曹溪大師別傳」なる書名が、すでにこの謄寫本（かりに山田本としよう）に冠せられてあったかいなかが、ここで問題となろう。

そこで、祖芳のいう東武の儒士たちであるが、山田大介と天野丈右衛門の兩名は、おそらく江戸中期の天才儒者、山田正朝（一七一二～一七三五）とその同門の天野景胤（一六七八～一七四八）とを指すものである。幸いにも、正朝の傳は伊藤長胤が撰する『山田麟嶼學博墓碣』なる基礎資料が『事實文編』巻四〇に收められる。右によれば、正朝は諱で後に弘嗣と改む、字は大佐、江戸の人。六歳にして書を讀み、自室を尙古堂と稱した。一三歳にして儒官となり、二〇〇石を受く。府内で『關雎』一篇を講じ、將軍より遊學を勸められて享保一〇年（一七二五）一〇月京洛に赴く。翌年秋に歸東するも、同二〇年に天然痘を患い、二四歳の若さで沒した。また天野景胤は、通稱文右衛門で同じく儒官。正朝とは同門の先輩である。

さて、右の所傳中、注目すべきは正朝の上洛滯在期間が意外に短いこと、および『曹溪大師別傳』についてまったく述べるところがないこと、などである。したがって、山田本なる存在は他に徵すべき客觀資料が皆無であるから、いわんやその內容を知ることはできないものである。しかるに一方、ここに興味をそそるのは、この山田・天野兩名が京都遊學の際に、かの無著道忠を訪問していることである。

無著の自傳である『照冰紀年錄』は、無著七四歳の享保一一年（一七二六）正月四日夕刻、妙心寺龍華院に右兩名と篠崎維章との三名が訪れたことを記錄する。(2) 右の年次は前掲の『事實文編』にいう年記とも吻合するから、この相見そのものはおそらく事實であろう。ただ惜しむらくは、ここでいかなる對話交歡があったのかは記されぬ。しかし、大宗匠の無著の目にも、天才少年正朝は強い印象を殘したらしい。それは、『紀年錄』中、やがて病沒した正朝に對して、無著が次の一文を草していることからも察せられる。

大助、聰明にして公方に召見せらる。助、卽に詩を作りて呈上せり。また、唐本の國點なきものを讀むに凝滯せざりき。公方、二儒に命じてこれを輔け、京師に上らしむ。英傑の人を尋ねたれど、望む所を失い、遂に留まらずして回り、幾ばくも非ずして病死せり。(3)（原漢文）

右文中、英傑の人とは晩年の伊藤東涯（一六七〇～一七三六、仁齋の長子）その人である。その門をたたくもわが意を得ずして、失意のうちに無著を訪問した正朝の心中はいま問わない。問題とすべきは、無著が正朝と『別傳』との關係について一言半句の記錄をもとどめぬことである。もっとも、文中の「唐本の國點なきもの」が叡山本『曹溪大師傳』一巻を意味すると考えられなくもないが、ここでは、ただ天才儒者の聰明さを讚える言辭とみるべきであろう。したがって、次節で詳述する無著の本書謄寫が、もし正朝との相見機緣に何らかの關わりがあるとするならば、その謄寫本、生涯の閲書の記錄、正朝への讚辭、等々が現存するにもかかわらず、これをどこにもふ

れぬ事實をいったいどう考えたらよいであろうか。この疑問は、無著の謄寫、および無著が本書を閲讀した時期が正朝との相見よりもはるか後世である事實によって氷解するごとくである。つまり、無著は山田本の存在を知らぬ。少なくとも、享保一一年正月の相見の時點においては、『別傳』の話題はなかったのである。それは、正朝が無著に語らなかったなどという單純な理由ではないはずである。いったい、まったく別途の目的で上京した少年正朝が、わずか二箇月あまりの間に、無著すらいまだ披見しえぬ叡山の珍籍を閲覽謄寫する機會に惠まれることがありえたであろうか。

したがって、もし假りに正朝が『曹溪大師傳』を謄寫する可能性を想定するならば、それは無著との相見以後から歸東するまでの間、すなわち、享保一一年正月から同年秋までの半年間に限定されるであろうが、これもまた無著の關知せぬことである。無著は、のちにまったく別箇に同書を謄寫しているからである。かくして、祖芳のいう〝山田本〟は、まず存在そのものに關して重大な疑義が生ずるといわなければならない。そして、この問題は無著本そのものを考察することによって、その間の實情が闡明になってくるものと考えられる。項を改めて無著本をみよう。

二　無著道忠自筆本

無著道忠（一六五三～一七四四）の自筆本六祖傳が京都大學圖書館に所藏されていることは、すでに『新纂禪籍目錄』（昭和三七年、駒澤大學圖書館刊）に

六祖大師傳
②一冊　④寫　無著道忠筆　⑤京大

とみえ、また、同書の舊版に依ったと思われる『佛書解説大辭典』にもまた記載されていながら、なぜか本書は從來まったく注意されていないようである。いわば内容未紹介の文獻といってよい。

本書は筆寫本で、一冊、袋綴。表紙には「六祖大師別傳」なる本文と同筆の墨書題簽が帖附されており、本文巻頭は、叡山本や續藏本と同じ長文の内題からはじまる。全一八紙で毎半葉一〇行、一行一九字の書式は興聖寺本のそれと同一であることが注目される。序跋や識語は何も存在しないが、表紙下部の右端に「道遺三十八　律」なる別手の墨書がみられ、無著の遺籍であることを後人が明記している。本書の筆蹟はきわめて端正な楷書であるが、無著の他の筆蹟と比較しても、あの特有な柔らかみのある端正な筆蹟にまさしく相違なく、まず無著の自筆書と斷定してよいものである。本書の内容は對校の結果、叡山本とほぼ同一であるが、全文に句點が施され、また、本文文字の誤脱等を校訂する頭注が六箇所にみられる。注目すべきは、巻末に改紙で存在する「比叡寺印」の三箇の字體であり、ちょうど木版の版木のごとく、逆字體の文字が◇型の中に墨書されていることである。しかも、この最上部の印記の中には「天台」、最下部の印記の中には「澄封」の文字を、それぞれ印形の「比叡寺印」

の文字と重なりながら記入している。このような印章謄寫にみられる特徴は、實は叡山本のそれが巻末の紙の繼目の裏側に捺印墨書されているところから、その原本の體裁を示すために、あえて逆字體を用いたことを示唆するものであろう。もちろん、印全體の大きさは方約四・〇㎝であって、叡山本のそれにほぼ等しい。したがって、本寫本における印章謄寫の方法こそは、いかに原本におけるその體裁を忠實に謄寫せんかとする筆寫子の周當な用心の態度をうかがわせしめる好例であって、前述のごとき校注や正確な句點の存在などとともに、本書が無著による叡山本の校訂淨寫本なることを傍證せしむるものといえよう。

しからば、無著はいったい、いつ本書を淨寫したのであろうか。この點に關しては、現存する無著自筆の『逐年閲書記』において、享保一九年の項目中に、

　六祖慧能傳

とみえることに注意しなければならない。無著の『閲書記』が、概してはじめて閲覧した書物の年次記録[4]であることを考慮するならば、無著はこの年にはじめて叡山本を閲覽したものであろう。享保一九年（一七三四）といえば、あたかも無著は八二歳であり、かの山田正朝との對面より九年目に當り、また、興聖寺本刊行の上限とみるべき寶暦一二年（一七六二）に先だつこと二八年である。無著が叡山本を閲覽・謄寫した事情はもとより不明であるが、その晩年であることからして、おそらく永年の宿願を苦心の末に達成したことが推察されよう。したがって、無著は叡山本を謄寫ののち、他の貴重書を閲覽した際と同じく、ただちにこれを校閲して淨書定稿化したものであろう。これが京大本にほかならぬと考えられるのである。

かくして、京大本の筆寫年代を前掲『閲書記』に所載の享保一九年とみるならば、この無著謄寫書と興聖寺本との關係が、ここに新たな問題として登場してくるのである。何となれば、後者の刊行者祖芳は、無著とはかなりの年齢差こそあれ面識があり、同じ妙心寺派の學匠として正法山の興隆に貢獻している者同志だからである[5]。

祖芳（一七二三〜一八〇六）は、北野萬松寺梁山元旨の法嗣で、樹下堂・無名子とも稱した。氣性が激しく、若年にて妙心寺雜華院に居住の際、貧窮したのを見かねて無著が贈物をしたが、これを拒否して無著と絶交したという。のちに萬松寺に住し、晩年、雜華院から瓊林院六陵堂に移って書見三昧に終始した。沒後、草山の道號が諡られた。遺著には『樹下堂散稿』四巻、『樹下漫稿』一七巻、『正法山六祖傳別考』等が知られる[6]。したがって祖芳は、妙心寺龍華院において生涯を學問に捧げた先匠無著の業績を身近に知り盡くしていたことが容易に想像される。ただし、右の所傳によるかぎり、祖芳は無著に對してなぜか好感をもっていなかったようである。

いま、このような兩者の間における興味ある背景を考慮しつつ、無著本と興聖寺本とを比較對照してみよう。便宜上、比叡山本を加えて、まず三本の外面的特徴を示すと次のごとくである。

	比叡山本	無著本	興聖寺本
卷冊	卷子	冊子袋綴	冊子袋綴
寫刊	筆寫	筆寫本	木版本
匡郭	有界	無邊無界	四周單邊無界
行格	每行24～28字	半葉10行19字	半葉10行19字
句點	ナシ	アリ	ナシ
返點	ナシ	ナシ	アリ
送かな	ナシ	ナシ	アリ
表題	ナシ	六祖大師別傳	曹溪大師別傳
封印	墨印、封印文字（卷末裏紙繼目）	謄寫（文字、逆字體）	木刻（文字、正字體）
序跋	ナシ	ナシ	アリ

右表中、無著本と興聖寺本とに關して特に注目すべきは、表題における「別傳」の呼稱、および行格における兩者の完全な一致、の二點である。ことに後者における一致性は、單に偶然として看過しえぬものであり、一が他に倣っていることをすら思わしめる。しからば、本文全體について兩者の關係はどうであろうか。詳しくは第二節の四本對校で指摘するとおりであるが、いま、右三本の本文中において、著しく異なる對照を示す文字を、特に個有名詞の例を中心にあげてみよう。表中、最も正しい文字には「○」印を附して示した。

比叡山本	無著本	興聖寺本
惠能	慧°能	慧°能
天監元年	天監九°年	天監九°年
咸享五年	咸亨°五年	咸亨°五年
忍°大師	思大師	思大師
嶺新州	嶺南°新州	嶺南°新州
新州°盧行者	新人盧行者	新人盧行者
學徒千万	學徒十°萬°	學徒十°萬°
東土°	東山	東山
今日始°知°	今日	今日
袈裟一°領	袈裟二領	袈裟二領
四方	西°方	西°方
能大°師	能大°師	能禪師
弟子五°人°利見	弟子韋利見	弟子韋利見

右表によれば、無著本は叡山本の誤りを校訂する反面、きわめて單純な誤脱も存すること、および、興聖寺本はほぼ無著本に同一なること、などが明らかである。したがって、無著の叡山本謄寫はきわめて短時間に至急に行われたか、または門弟等の他者に謄寫せしめたものに依ったであろうことが察しられる。これに對して、興聖寺本は無著本の誤りすら忠實に承け、おそらくは叡山本そのものを

みていないことをすら推察せしめる。いずれにしても、無著本・興聖寺本の兩者にみられるこれほどの類似點と一致性は、後者が前者に依っているか、または兩者ともに同一の原本に依っているかのいずれかでなければならぬ。前述のごとく、祖芳は〝山田本〟に依ることを明言する。しかるに、無著は山田本を知らぬ。いったい、この矛盾をどう考えたらよいであろうか。以下、この點に關する筆者の推定を下しておこう。

　無著と同じ妙心寺派の學匠たる祖芳は、おそらく何かの機會に無著自筆の『六祖大師別傳』を閲覽して勇踊歡喜した。興聖寺本の跋にいうごとく、祖芳は最澄の將來目錄についてはかねてから熟知していた。ゆえに、いま無著本をまのあたりに見て、その驚嘆は著しかった。なぜならば、無著本は分量・內容ともに從來知られる六祖の諸傳とは完全に一線を劃するものであった。いったい、興聖寺本刊行の三〜四年以前から、祖芳の六祖慧能に對する關心はにわかに高まっていることが知られる。主著『樹下漫稿』巻一七によれば、寶曆八年（一七五八）、祖芳は時あたかも上洛した洞門の碩德たる面山瑞方を訪ね、道元禪師將來の『六祖壇經』等に對する提撕・請益を受けた。また、同書巻一二によれば、翌寶曆九年には紫野大德寺所藏にかかる六祖の頂相、さらに博多聖福寺所藏の六祖の頂相を、それぞれ拜觀している。(7) これら一連の六祖に對する祖芳の關心が、この時期にのみ集中して知られることは、無著本の閲覽を契機として、祖芳による六祖關係資料のたゆみなき探索の形跡を示すものではないであろうか。いずれにせよ、祖芳は六祖の古傳の謄寫本に大きな刺激を受け、その印刻・流布を志したものに相違ない。

　すでに無著本においては、原本の誤脱は校訂せられ、分段の區切りも明確に改行せられ、楷書で淨書された定稿であった。印刻のための理想的な體裁の文獻が用意されていたのである。いまさら、煩瑣な手續きを經て叡山本と對校する必要すら感じなかったであろう。ただ、祖芳はなぜか無著の名を出すことを避けた。まさか、昔日の軋轢によるわけではあるまい。おそらくは、無著の名を出せぬ特別な理由が存在したからであろう。ことは禪宗側による叡山の祕寶の初公開である。當然に複雜な事情が介在したことが察しられる。しかし、公開するからには原本の所在を明確にしなければならぬ。そこに祖芳の最大の苦慮があった。幸いにも、無著には叡山本に關するいかなる識語も遺していない。かくて、たまたま『照冰紀年錄』にいう無著と山田正朝等の關係を知った祖芳は、底本の所藏者を正朝に假託した。ただし、底本について記する跋文において、祖芳は山田大佐を大介とし、天野文右衛門を丈右衛門と改めた。後者こそ刊本の誤刻とみられぬでもないが、無著本の『六祖大師別傳』と最澄將來目錄の『曹溪大師傳』なる書名を折衷して『曹溪大師別傳』と改めたことと同巧異曲であり、多分、學者の良心として實名を用いることに躊躇したためであろう。

　このようにみると、興聖寺本の序文を、遠く江戸の金龍道人敬雄に依賴したことにもわけがあろう。敬雄（一七一三〜一七八二）は下總

正安寺・武州吉祥寺等に住し、天台の學僧として關東に道譽高き人。『天台標霞』三巻をはじめ多くの著述がある。この當時名だたる天台の學匠による序文は、もちろん『曹溪大師傳』と台宗との因緣によるものであるが、叡山本開版のための權威づけの面においてこそ、むしろ眞の意味があったはずである。その印刻を堀川の興聖寺に依賴したことも、單に同門の親交のみに由るものであったかどうか。おそらくは、同寺が天台に緣故深く、かつ、同じ六祖の『壇經』古版が祕藏される等の因緣によって、特に同寺に依賴したものであろう。

かくて、興聖寺本は江湖に流布された。それは、文字どおり最澄の將來以來、叡山の寶庫に眠る千古の祕寶の初公開であった。序跋の成った寶曆一二年（一七六二）を上梓の年とみても、あたかも無著の寂後一九年、正朝の沒後二八年目に當るが、この歳月は祖芳にとってはおそらく必要かつ最少限の長い期間だったのである。いうまでもなく、祖芳の苦心と盡力は多とすべきである。しかし、それはすでに苦心して叡山本を謄寫・校訂して定稿化していた無著の力に負うものである。無著の學問的業績を、ここにわれわれは改めて再認識しなければならない。

さて、以上考察したところに大きな誤りがなければ、『曹溪大師傳』の諸本の系譜は次のごとくになろう。

原本781 → 叡山本803 → 無著本1732 → 興聖寺本1762 → 續藏本1911
（叡山本803 → 續藏本1911）

われわれは、現在幸いにも原本以外の四本を見ることができる。各本ともに完全ではないが、今後これらのほかに異本の發見されることはほとんど期待されない。叡山本を底本とし、他の三本をもって校訂して最善のテキストを作ろうとする理由は、まさしくここにあるわけである。

三　比叡山本

傳敎大師最澄（七六三〜八二二）の將來した本書は、比叡山延曆寺の所藏であるが、昭和二八年三月に『六祖惠能傳』の名稱で國寶の指定を受け、現在は奈良國立博物館に寄託保管されている。したがって、本書は文化財としても內外に誇りうる禪籍の一つであるが、ただ、これを最澄の眞筆とするものと、そうではなく唐人の鈔寫とするものとの二通りの評價があるようである[8]。この點については、今後さらに斯界の專門家による一層嚴密な鑑定をまつのほかはない。

さて、本書の原型は前述の古逕莊刊行のコロタイプ版によって容易に知ることができるが、われわれは奈良國立博物館に現存する本書を閲覽し、また御好意によって原本の寫眞も入手することができた（口繪參照）。すなわち、本書は同一寸法の紙九枚（見返し、奥書共一一紙）の繼ぎ合わせより成る卷子本一卷で、罫線が引かれ、一紙約二八行、一行二四字から二八字ほどが墨書される。わずかに蠹損がみられるものの、文字は比較的鮮明な古寫本である。卷末には、やや餘白を置いて無罫の補足紙に、

貞(ママ)十九(ママ)二月十三日畢

なる細字の墨書があり、右の補足紙の繼目の中央には「比叡寺印」の古印が押されている。また紙背には、末紙の繼目にも同じ「比叡寺印」がななめの◇型に縦に三箇押され、その上に「天台」「第二」「最澄封」なる墨書が存する。この封印文字は、裏の末紙から一定間隔を置いて各紙ごとに逆順に記入され、首紙に至って「天台」「第二」「最澄」で終っている。

ところで、右の年記墨書は、本文と同手かいなかの問題とも關係するが、從來の諸説を總合すると、唐の貞元一九年（八〇三）二月一三日に本書の書寫を了畢したことを記す墨書であろうといわれ、あたかも最澄の入唐（八〇四）直前に相當する。また、右の最澄封印の體裁は、具體的にいかなる事柄を意味するものかは不詳であるが、少なくとも、叡山においては重要な意味をもつ典籍として尊重されてきたことだけは疑いない。これを證するものに、最澄の入唐將來目錄である『越州錄』がある。同書中には前掲のごとく

曹溪大師傳　一卷　（T.55—1059b）

とあり、しかも『越州錄』そのものは最澄の自筆本が延暦寺に現存し、これも國寶である。したがって、『曹溪大師傳』一卷は最澄の將來本であり、ゆえに本書名はおそらく最澄自身の命名とみてよい。

周知のとおり、最澄の入唐は延暦二三年（八〇四）七月であり、翌二四年八月に歸朝している。この間、台州の天台山・龍興寺、越州の龍興寺等に參學し、いわゆる圓・密・禪・戒の四宗相承を受けた。就中、禪は唐朝貞元二〇年（八〇四）一〇月一三日、天台山禪林寺の翛然から牛頭禪を傳えたという。[9] もっとも、最澄は入唐に先だつはるか以前の一三歳の時、すでに大安寺行表から北宗禪を傳え、[10] これが後年の『内證佛法相承血脈譜』において、達摩……普寂—道璿—行表—最澄という北宗禪の系譜をみずから主張する根據となるものである。ともあれ、『越州錄』中には『曹溪大師傳』をはじめとして、『絶觀論』一卷、『達磨系圖』一卷等の禪宗系典籍が若干含まれている事實は、それらが當時の台州・越州方面においてまさしく流行していたことを示すとともに、最澄の禪籍蒐集に對する積極的態度を物語るものといえよう。

中國における本書の成立と傳承とについては、他に異本も關説記事も存しないため、あくまで最澄將來本のみによって知るのほかはない。本書の成立年時については、本文の末尾近くに慧能の滅度の年次を述べて、

先天二年壬子歳滅度す、唐の建中二年に至って計るに七十一年に當る。

と見え、およそ建中二年（七八一）ごろなることが知られる。ただし、壬子の年は先天元年（七一二）であり、翌先天二年は開元元年で癸丑の干支であるから、建中二年までを數えると、それぞれ六九年または七〇年であって、[11] 右文の記事は正確ではない。もっとも、年記に關する誤りや矛盾は本書の隨處にみられる特徴であるが、右の建中二年説そのものには特に作爲的なものと疑うべき理由もないようである。

建中二年（七八一）といえば、あたかも最澄の入唐（八〇四）に先だつことわずかに二三年にすぎぬ。ゆえに、本書の筆寫年代がその成立時にきわめて近いという事實は、內容的に成立時の原本とほぼ等しい姿を傳えているとみられる點で、文獻的に高度の價値を有する資料というべきである。かかる唐代の重要な禪籍が保存されている例は、今日では敦煌文獻を除いては皆無といってよい。いったい、最澄による厖大な將來典籍は、現在その大部分は佚書であり、また、最澄に次いで入唐した圓仁（七九四～八六四）や圓珍（八一四～八九一）も夥しい禪籍類を將來しているにもかかわらず(12)、これらのその後の消息はまったく不明であることからしても、本書の遺存は奇跡に近いことと考えられるものである。

ところで、前述のごとく祖芳は本將來書について、

いずれの日にか子院に流落し、これを祕すること年尚し。

という注目すべき記述を殘している。しかし、本書に對する祖芳の立場を前節にみたごとき背景のもとに考慮するならば、この流落說もまた文字どおりに理解することは躊躇すべきであろう。いったい、叡山の典籍中でも最重要とせられる祕書が、なにゆえ子院に流出し、またそれがいつ叡山に返還されたのであろうか。少なくとも、これらの史實を客觀的に明記する文獻が、披見のかぎりでは叡山側の資料にすら見當らぬ事實をどうみたらよいか。いうまでもなく、この流落說も無著の關知せぬことであり、一方、山田正朝の謄寫說にはふさわしい背景であることなどを考えれば、これも單に祖芳の跋文そのものを修飾する一こまなることが推察されるものである。

四　本書と慧能の諸傳

前章で述べたごとく、『曹溪大師傳』一卷の成立を建中二年（七八一）とみるとき、慧能に關する諸傳記類の上において、また、達磨より慧能に至る傳燈諸祖の傳記類の中にあって、本書はいかなる地位にあり、また、いかなる意義をもつものであろうか。

まず、西曆七八一年という時期における達磨系統の禪の動向をみると、北宗はすでに全盛期をすぎ、これに代わり事實上南宗禪の隆盛をもたらした馬祖道一（七〇七～七八六）や石頭希遷（七一四～七九三）の晩年に當る。一方、江南では徑山法欽（七一四～七九二）や佛窟遺則（七五一～八三〇）等を中心とする牛頭禪がまさしく最盛期にあった。ために、當時はすでに北宗にはじまる祖統說や達磨系の祖師に對する顯彰運動が、南宗や牛頭系統にも活潑に繼承され、四祖五祖以後における分派の形成と密接に關係し合っていた時代である。達磨から慧能に至る六代の祖師の碑文が作られたことを最初に傳える『歷代法寶記』（七七四～）の成立は、この直前に當る。そして、これらの各碑文や行狀等が完全に出揃う『寶林傳』（八〇一）出現の機が、まさに熟していたころである。したがって、この時期に編せられた『曹溪大師傳』一卷のもつ性格の基調については、すでに贅言を要しない。柳田聖山氏『初期禪宗史書の研究』第四章第二・第

三の兩節にわたる「曹溪大師別傳の出現」なる論攷は、本書をかかる禪宗史書としての成立の歴史的意味について追究された、きわめて精緻な勞作であり、この點に關してはここで新たに加えるべきものは何もない。いま、當面の慧能に對する唐代における顯彰の動向に關してのみ觸れておこう。

われわれがこの研究篇において、慧能傳研究の基礎資料として用いる一八資料の中で、『光孝寺瘞髮塔記』（六七六）と『六祖能禪師碑銘』（～七六一）との二資料は、ともに慧能のみを顯彰するための單獨の石刻資料として、現存最古のものである。次いで石井本『神會語錄』（～七九二）『歴代法寶記』（七七四～）等がこれに續く。しかし、これら敦煌文獻中の慧能傳は、あくまで語錄や燈史の中の一部分にすぎないから、ともに短文の略傳たることをまぬがれぬ。この點、同じ燈史であっても『寶林傳』（八〇一）は、圓仁の『日本國承和五年入唐求法目錄』によれば、

大唐韶州雙峰山曹溪寶林傳十卷一帙　（T.55—1077c）

とされる書名からも知られるごとく、その卷一〇に存したとみられる慧能傳はさぞかし壯大であったことが推察される。しかし、惜しむらくは卷一〇は缺卷のため、今日ではわずかにその中の部分引用が他書中に見出されるにすぎない（本書四九八～四九九頁參照）。しかも、このわずかな引文が他の慧能傳資料中に存在せぬ逸文であることからも、『寶林傳』の缺卷はきわめて遺憾である。

この『寶林傳』に續き、柳宗元の『曹溪第六祖賜諡大鑑禪師碑』（八一六）と劉禹錫の『曹溪六祖大鑑禪師第二碑』（八一九）が撰せられるが、これら唐代一流の文人による相次ぐ六祖顯彰のための碑文の制作により、慧能の名はもはや不朽のものになったといえよう。かくして、唐代の慧能傳資料の續出は、その顯彰高揚の動向と表裏の關係にあるが、敦煌文獻と『寶林傳』とのまさしく中間に、『曹溪大師傳』一卷が位置することに注意しておきたい。

ところで、慧能に關する單獨の傳記資料は、唐代には本書のほかにもいくつか存在していたことが確認される。まず、圓珍の『智證大師請來目錄』（八五四）中には、達磨より五祖弘忍までの各傳記一本とともに、

唐韶州曹溪釋慧能實錄　一本

大唐韶州廣果寺悟佛知見故能禪師之碑文　一本　（T.55—1106c）

などの記載が注目される。もちろん兩者ともに佚書であり、特に後者は前記の碑文のいずれかを指すものかも知れぬが、前者はおそらく六祖に關する單獨の古傳の存在記錄として貴重である。

次に、北宋末から南宋初めごろの人である姚寬の『西溪叢語』卷上には、唐の李舟作『能大師傳』なる書からの引文がみられる（資料篇、本書五六三頁參照）。この書もまた他には書名すら知られず、ゆえに貴重な逸文である。ちなみに、李舟なる人は『中國人名大辭典』（商務印書館刊）に唐代隴州の刺史で同名の人が見出されるが、『隴州志』（乾隆三一年〈一七六六〉刊）に徵すると、該當者は李及で別人とみられ、目下不詳である。また、右の引文は、五祖宏（ママ）忍が慧能に法信

たる袈裟を傳授し、慧能が南方へ去り、四會・懐集へと隠れるくだりを記述する短文であるが、前述の一八資料のいずれにも合致せぬ獨特の傳記とみられることが注目される。もとより、この短い引文のみから『能大師傳』の全體を類推することは危險であるが、『曹溪大師傳』の該當箇所と比較するかぎりでははるかに簡略であるから、全體的にもかなり短い傳記であったことと思われる。

　また、南宋初期に編錄された『通志』（〜一一六三）卷六七の藝文略釋家類の中に、

　六祖傳　一卷

なる記載がみられるが、これは目錄のみにて詳細は不明である。

　さらに時代の下る南宋末期に、圭堂居士の編する『佛法大明錄』卷中には、「六祖行狀」として短い引文がある（資料篇、本書五五二頁參照）。この引文記事は、おそらくは、『大明錄』卷頭の「綱目」中にみえる『六祖成道行狀』なる書名がその典據とみられるものであるが、その內容は、中使薛簡が慧能を訪ね問答數番ののち、鉗鎚を受けて悟りを得る一段である。例の一八資料に照合すると、『曹溪大師傳』のそれよりは複雜であり、『祖堂集』（九五二）の該當箇所に最も近いことが注目される。いったい、『祖堂集』の慧能傳中には他の諸資料中にはみられぬ獨自の記事が少なくないという特徵がある。右の該當箇所に關しても、また他の資料とはかなり異なる。したがって、これらのことがらは、『祖堂集』の慧能傳のソースの一つとして、『大明錄』が引く別箇の慧能傳がかなり古くから存在していたことを證するものであろう。この別箇の慧能傳たる『六祖成道行狀』と前述の諸傳との關係は不明であるが、要するにこれらの事實によって、唐代にはいくつかの異なる箇別の慧能傳が編錄されていたこと、および、それらのあるものは後代の慧能傳に對して、かなりの影響を與えていることなどが知られるのである。

　さて、上述のごとき多くの慧能傳類の撰述は、唐代禪宗の傳燈祖師たちの中でも文字どおり異例である。このことは、中唐以後における慧能の地位、およびそれと表裏をなす一般人の關心の度合を示すものにほかならない。しかしながら、この多くの慧能傳の中で、おそらくは分量においても最大最長、かつ完本の遺存するものは『曹溪大師傳』一卷のみであることを、われわれはここに改めて認識すべきであろう。

五　本書の問題點

　最後に、本書に對する從來の研究成果を回顧しつつ、今後におけるいくつかの問題點について述べておきたい。まず、すでに小稿中で引用したものを含めて、これまでに發表せられた直接本書に關する著書・論文等を以下に列擧しよう。

(1) 忽滑谷快天『禪學思想史』上卷、第二編第一一章第三節、曹溪大師別傳と其脫稿年代（玄黃社刊、大正一二年）

(2) 松本文三郎「曹溪大師別傳に就いて」（『禪宗』二七三號、大正一

三年『達磨の研究』第一書房刊、昭和一七年）

(3) 內藤湖南「唐鈔曹溪大師傳」（『禪の研究』第一輯、昭和三年『內藤湖南全集』第一二巻、筑摩書房刊、昭和四五年）

(4) 胡適之「壇經考之一——跋曹溪大師別傳——」（『武大文哲季刊』一—一、一九三〇『胡適文存』第四、遠東圖書公司刊、一九五三『胡適禪學案』中文出版社刊、一九七五）

(5) 花井正雄「曹溪大師別傳解說」（『曹溪大師傳』別巻附錄、古徑莊刊、昭和一一年）

(6) 宇井伯壽『第二禪宗史研究』第二章第一節（岩波書店刊、昭和一六年）

(7) 陸川堆雲『六祖慧能大師』第一四章、曹溪大師別傳について（龍吟社刊、昭和四一年）

(8) 柳田聖山『初期禪宗史書の研究』第四章第二・第三節、『曹溪大師別傳』の出現（法藏館刊、昭和四二年）

(9) 牛場眞玄「延略寺所藏の『六祖慧能傳』について㈠——その序跋について——」（『印度學佛教學研究』二一—一、昭和四七年）

(10) 牛場眞玄「延略寺所藏の『六祖慧能傳』について」（『中外日報』昭和四八、四、二七〜五、八）

右の諸論攷を大別すれば、書誌的方面に關する検討、および、禪文獻としての本書の特殊な性格の解明、との二方面に分けられるが、ここに本書に內在する基本的問題がほぼ論及されていることが知られるのである。本書について、筆者は前章まで不用意にも〝慧能傳〟という呼稱を用いてきた。しかるに、本書は內容的に單なる傳記資料ではない。本書の基本的性格は、すでにこの小稿の最初に掲げたような、異例の長文である本書の內題において示されているとおりである。したがって、かつて鈴木大拙博士は上の(5)の解說の序文において、本書は六祖の宗原をなすものであり、その主意は傳法の宗旨を記すことであると論破せられ、また、前述のごとく柳田聖山氏は(8)において、本書を燈史の書として初期禪宗史書という體系の中にみごとに位置づけられたのである。いずれも、本書關係の研究としては卓拔した論攷であり、空前の成果といってよいであろう。

ところで、これらの近代における諸研究に對して、先驅者ともいうべき無著道忠の本書に對する見解をここで検討しておきたい。なぜならば、本書は長らく叡山の寶庫に祕藏されていたためか、祖芳による刊行以前には本書の內容に關說する記事は寡聞にしてまったく知られていない。そのため、本書を謄寫・精讀した禪僧は無著をもって嚆矢とするのではないかと思われるからである。とすれば、無著の見解はまさに注目されなければならない。

しかし、すでに前にもふれたごとく、無著は本書に關してはその閲覽を記錄する『逐年閲書記』享保一九年（一七三四）の條下にも、また謄寫本においても、いかなる識語も遺していない。したがって、ここで享保一九年、八二歳の時から、九二歳で遷化するまでの間における他の著述類が注意されなければならない。もとより、その間

の撰述書すべてにわたる調査は目下不可能であるが、注目すべきは寛保元年（一七四一）に完成した『禪林象器箋』の中に本書が引かれている事實である。

すなわち、まず同書巻頭の「援書目錄」中には、內典「禪史」の分類中に

最澄將來六祖傳

なる書目が見出される。そして、本文中を檢索すると、第二六類服章門中の「傳衣」の項に以下の文がみられるのである。

忠曰。卽是法衣。謂表傳法信之衣也。
最澄將來六祖慧能大師傳法宗旨云。忍大師。卽將來所傳袈裟。付能大師。遂頂戴受之。大師問和上曰。法無文字。以心傳心。以法傳法。用此袈裟何爲。忍大師曰。衣爲法信。法是衣宗。從上相傳。更無別付。非衣不傳於法。非法不傳於衣。衣是西國師子尊者相傳。令佛法不斷。法是如來甚深般若。知般若空寂無住。卽而了法身。見佛性空寂無住。是眞解脫。汝可持衣去。遂則受持。不敢違命。然此傳法袈裟。是中天布。梵云婆羅那。唐言第一好布。是木綿花作。時人不識。謬云絲布。

舊說曰。達磨大師法衣。以木綿布裁。青黑色。有裏。七條也。名屈眴。以傳于二祖。又楊岐和尚法衣。青色也。

忠曰。達磨傳于二祖。是眴。則傳衣不必局金襴也。(13)

右における最澄將來本からの引文の箇所は、われわれの本書の分節では第二〇節傳衣の節の全文に該當する。この箇所が六祖傳諸資料の中でいかなる立場にあるかについては、次の研究篇第二章で論述するとおりであって、ここでは詳述を避けるが、西天諸祖から東土六祖に至る大法相續の表信として傳衣の授受を述べる古資料としては、最も詳細かつユニークな本書の記事を無著は典據として示しているのである。いったい、『象器箋』は正德五年（一七一五）、無著六三歳の時にすでに脫稿されていたものを、晩年に再治した勞作であるから、右の引文は享保一九年以後に新たに加えられた部分であることは確かであって、ここに無著が本書を禪宗史書として重視した意圖を明らかに見ることができるのである。ちなみに、無著には同じ六祖關係の著述としては成立の年次こそ不詳ながら、宗寶本系の『六祖壇經』を對象とする博引傍證の抄典錄たる『六祖壇經備考』一巻等が存するが、同書中には最澄本にふれるところがない。おそらくは享保一九年以前にすでに成立していたためであろう。

さて、右のごとく『象器箋』における引文の存在、および前述の校訂淨寫本の作成、という二つの事實によって、無著が本書を重視したことは明瞭にせられた。後者の仕事は、彼の學問を貫く客觀的文獻學・考勘學に基づくことはいうまでもないが、彼は決していかなる書物に對しても校訂を施したわけではない。そこにはおのずから嚴しい選擇があったはずである。なるほど無著は本書に對する識語を遺さない。しかし、その理由を考えるに、本書の記事內容が從來の慧能關係資料に比較して、大いに逕庭あることによるものではなかったであろうか。無著は、敦煌文書はもとより、中唐以前の金石

資料も知らぬ。當時、『寶林傳』巻一〇はすでに失われていたであろうし、慧能に關する權威ある古資料は、『景德傳燈錄』や明版大藏經（多分萬曆版）中の『六祖壇經』とその附錄類にすぎぬことを考慮すべきである。いま、まのあたりに見る『曹溪大師傳』一巻は、從前の文獻とはあまりにも異なる。これには、さすがの無著も驚嘆の念を禁じえなかったであろう。しかも、やがて嚴正なる學問的視座から凝視するとき、本書における拔群の古さと傳承の確かさとは疑うべくもない。禪宗資料としてきわめて重視しなければならぬ。まずは、より完全なテキストを作成し、可能なれば江湖に流布したい。無著の嚴密な仕事は、まさしくこのような意圖に基づいてなされたものであろう。

以上によって、無著が本書に對してとった學問的關心は、そのまま前掲の近代諸研究の基礎的な課題に連なるものといってよいであろう。それはなにも本書のみにとどまるものではないが、先に無著を先驅者と稱したのはこの意味においてである。されば、彼の直接の見解が聞かれぬことは意とするに足りぬ。むしろ沈默こそは永遠に眞實の聲であり、眞に共感する者のみがその聲を聞きうる。われわれの異本對校や和文化もまた、主として木版本以後における誤りを正す點に主眼があり、基本的には無著の仕事と同一軌上にある。附注は單に讀解のための補助にすぎない。

かくて、本書における今後の研究課題を禪學の立場から擧げるならば、主として思想・禪風に關するそれであろう。いま、簡單にその二・三を指摘しておこう。

まず第一に、本書の思想的な特徴としては佛性思想がある。すなわち、慧能における重要な機緣である弘忍との初相見、印宗に對する得法の表明、神會來參時の機緣、中使薛簡との問答、等においてそれが顯著である。この佛性ないしは涅槃經の思想的背景と、他の初期禪宗資料との嚴密な比較檢討が必要であろう。特に最澄將來本が、當時牛頭宗が隆盛をきわめていた江南の台州・越州方面から入手されていることと關連して、佛性思想を坐りとなすという[14]この宗派の關係諸資料との比較考察は、初期禪宗史上にとっても重要な研究テーマであるとともに、本書の撰述者を察知するための大きな鍵となるであろう。

第二には、本書における心ないし心性觀に關する問題が擧げられよう。本書中には、「見性」「明見佛性」「卽心是佛」「以心傳心」「煩惱卽菩提」「頓上乘佛心第一」「入定時有無心」などの語句が散見するが、これらの語句と後代禪門一般におけるそれとの同異、およびその意義等が精密に究明されるべきであろう。

第三に、本書における坐禪觀の問題がある。本書中には慧能の語として、

道は心によって悟る、あに坐にあらんや。

のごとく、坐禪に對する否定的な見解がみられる。これは第一・第二の問題とも關連するが、坐禪は禪門における根源的な問題であるだけに、右の坐禪觀の意義とその背景・影響等の究明は、禪宗の思

想史上において、きわめて重要な意味をもつものである。

また本書は、慧能の受戒の状況をやや詳しく記述している。三師七證の具名列記などは、禪宗文獻としてはきわめて珍しい。したがって、これらの意義についてもまた注意すべきであろう。いずれにせよ、これらの思想・禪風方面の研究は、個々の問題についての考究とともに、廣く初期禪思想史的な見地に立って行われるべきであることは言をまたぬところである。

以上、新出文獻の紹介などのために論旨はやや多岐にわたり、かつ主觀的にすぎたきらいもあるが、すべては筆者の責任において、本書の解説に代えるしだいである。

1　『江戸時代書林出版書籍目録集成』中にも、本書の刊行は明和九年（一七七二）刊行の『明和書籍目録』のみに「曹溪大師別傳　六祖」とあるのを載せるだけである。（第三巻、p.189―4段）

2・3　飯田利行『學聖無著道忠』p.330〜339参照

4　同右　p.376参照

5・6・7　天岫接三編『妙心寺六百年史』〈發展期〉第四章㈢草山祖芳師 p.481〜492、加藤正俊「樹下堂祖芳」（『禪文化』第六六號）等参照

8　前者の説をとる代表者には松本文三郎・牛場眞玄等があり、後者の説をとる代表者としては、内藤湖南・鈴木大拙等があげられる。いずれも五章の冒頭に掲げた各論攷を参照されたい。

9・10　『内證佛法相承血脈譜』（『傳教大師全集』二之下）、および、三浦周行『傳教大師傳』第三編第一七章の四「禪の相承」等参照

11　平岡武夫編『唐代の暦』（昭和二九年、京大人文研刊）によれば、壬子の歳には景雲三年・太極元年・延和元年・先天元年と年號が變り、グレゴリオ暦の七一二年二月一二日〜七一三年一月三〇日迄に相當する。また、先天二年は癸丑で、途中で開元元年に變るが、七一三年一月三一日〜七一四年一月二〇日迄に相當する。一方、建中二年辛酉は、七八一年一月二九日〜七八二年一月一八日迄である。ゆえに數え方によって異なるが、六九年か七〇年であって、七一年とはならない。

12　圓仁の『日本國承和五年入唐求法目録』『慈覺大師在唐送進録』『入唐新求聖教目録』『録外經等目録』、および圓珍の『日本比丘圓珍入唐求法目録』『智證大師請來目録』等による。

13　昭和三八年、誠信書房刊本 **p.684**、また本書口繪寫眞**6**を参照

14　柳田聖山『初期禪宗史書の研究』**p.169**参照

第二節　校訂訓註　曹溪大師傳

凡　例

一、本校訂訓註は曹溪大師傳の本文校訂、訓讀、補注とより成る。

校訂に用いたテキストは次の諸本である。

〔底　本〕延暦二三年（八〇四）最澄將來　筆寫本　滋賀縣延暦寺所藏（奈良國立博物館寄託）……（比）

〔對校本〕㈠享保一九年（一七三四）無著道忠筆寫本　京都大學附屬圖書館所藏……（忠）

㈡寶暦一二年（一七六二）序跋刊　京都堀川興聖寺藏板　駒澤大學圖書館所藏（後刷本）一一四・二―二六……（興）

㈢明治四四年（一九一一）九月刊　大日本卍續藏經第二篇乙第一九套第五冊所收本……（續）

一、校訂に際しては、原本への復元化と定本の作成を意圖した。但し、序文と跋文は底本に存在しないが、便宜上（興）（續）によって全文を收錄し、本文と同等の扱いとした。

一、校訂は諸本間の異同を上段に略字で注記した。

テキスト中、（比）や（忠）に存する次の如き俗字・異体字・同字等は校合の對象からは除外した。

荅　仏　与　敕　解　恠　着　脚　荘

庘（唐）　曺（曹）　苦（苦）

同じく、（比）（忠）に存する次の如き書寫体も校合の對象からは除外した。

奇之↓奇之奇之　代↓代代　付屬摩訶迦葉付阿難↓付屬摩訶迦葉迦葉付阿難阿難

一、校訂本文は記載内容に應じて、便宜上、五〇節に分ち、訓讀文の側に番號と節名とを附して之を示した。又、校訂文には句讀點を付し、適宜改行を施した。

一、訓讀文はより詳細に、適宜改行を施し、問答体には「　」を付し、假名の清濁を辨じた。又、文中の年號には（　）中に西暦年號を示した。

一、補注は最後尾に各項目毎にまとめて順次列記した。注は語句の意味、文獻の出典等を示すに止めた。

一、本文の右側の數字は頭注番號、訓讀文の右側の＊印は補注箇所を示す。

曹[1]溪[2]大師別傳敍

吾始祖、傳教大師之航海求法于唐也、其所傳者三。曰台教、曰密乘、曰禪門。此時本邦唯有華嚴、唯識等教、而未曾知法華妙旨、密乘奧義。故專主張台教密乘、而禪門但列相承譜而已※。古稱、三藏十二分如畫龍、直指之旨如點睛。其龍未成、何處復施其睛乎哉。慈覺、智證相嗣入于支那、亦惟從事台密、禪門旁參已。於是圓頓之旨、三密之宗、光被四海、其教大備矣。

後、三百餘年而龍已成矣。其睛可點也。乃覺阿、榮西、道元之徒、俱出乎本宗、能體始祖相承之意。乃入宋入元、嗣法傳心歸、以擧唱。時至機熟、風靡寰區也。由是觀之、則本邦之禪、發源于傳教、分委于慈覺、智證、覺阿、波及于榮西、道元。乃遂滙歸于諸大宗匠耳。

1 ㊧㊥ハ以下ノ敍ナシ
2 ㊕㊖ハ「谿」ニ作ル
※各資料ニヨリ「己・已・巳」ノ異同ガアルガ、原則トシテ對校ノ對象カラ除外シタ

曹溪大師別傳の敍

わが始祖、傳教大師の海に航し、法を唐に求むるや、その傳うるところは三つ。いわく台教、いわく密乘、いわく禪門なり。この時、本邦にはただ華嚴、唯識等の教のみ有りて、いまだかつて法華の妙旨、密乘の奧義を知らず。ゆえに專ら台教、密乘を主張して、禪門はただ相承譜に列ぬるのみ。古に稱く、三藏十二分は龍を畫くがごとく、直指の旨は睛を點ずるがごとし、と。その龍いまだ成らず、いずれの處にかまたその睛を施さんや。慈覺、智證あいついで支那に入るも、また、ただ台密に從事し、禪門は旁參するのみ。ここにおいて、圓頓の旨、三密の宗、光のごとく四海を被い、その教、おおいに備われり。

のち、三百餘年にして龍すでに成る。その睛、點ずべし。すなわち、覺阿、榮西、道元の徒、ともに本宗より出でて、よく始祖相承の意を體す。すなわち、宋に入り、元に入り、法を嗣ぎ、心を傳えて歸り、もって擧唱す。時至り機熟して、寰區を風靡せり。これによりてこれを觀れば、すなわち、本邦の禪は、源を傳教に發し、慈覺、智證、覺阿に分委し、榮西、道元に波及す。すなわち、ついに諸の大宗匠に滙歸するのみ。

予教門種艸、誦法傳教者也。而私淑直指之旨、欲順相承譜。故遊乎吾門士、毎有禪機、輒使勸參宗乘、亦仰左溪激永嘉之高蹤也。古人曰、禪者教之綱、教者禪之網。豈惟有教網、而無禪綱可乎哉。豈惟有禪綱、而無教網可乎哉。夫、禪有教而證悟其密矣。如臨濟機用則非鹵莽也。教有禪而作略斯活矣。如四明垂示則非按排也。故禪者須達教。教者須參禪也。而後世、不知三學一源。甚則至分河飮水。可歎哉。

禪人芳公、持傳教請來曹溪大師別傳來、請作之序。予覩此勝擧、乃言始祖所相承幷所蘊于懷者、以爲之序。此傳、與壇經等二三所出入者、具于芳公之跋。故不贅乎此、云。

寶曆十二壬午夏

金龍沙門　敬雄謹撰

予は教門の種艸にして、法を傳教に誦する者なり。しこうして、直指の旨に私淑し、相承譜に順わんと欲す。ゆえにわが門に遊ぶ士、禪機有るごとに、すなわち勸めて宗乘に參ぜしめ、また、左溪の永嘉を激するの高蹤を仰がしむ。古人いわく、禪とは教の綱にして、教とは禪の網なり、と。あに、ただ禪綱有るのみにして、教網無きは可ならんや。あに、ただ教網有るのみにして、禪綱無きは可ならんや。

それ、禪に教有りて、證悟それ密なり。臨濟の機用は、すなわち鹵莽にあらざるがごとし。教に禪有りて、作略これ活なり。四明の垂示は、すなわち按排に非ざるがごとし。ゆえに禪者は、すべからく教に達すべし。教者は、すべからく禪に參ずべし。しかも後世は、三學の一源なることを知らず。はなはだしきはすなわち、河を分ちて水を飮むに至る。歎ずべきかな。

禪人芳公、傳教の請來せる『曹溪大師別傳』を持ち來り、これに序を作さんことを請う。予、この勝擧を覩て、すなわち始祖の相承するところ、ならびに懷に蘊むるところを言べ、もってこれが序となす。この傳、『壇經』等と二三の出入するところは、芳公の跋に具なり。ゆえに、ここに贅せず、という。

寶曆十二壬午の夏

金龍の沙門　敬雄　謹んで撰す

1　標*題

唐[1]韶州曹溪寶林山國寧寺六祖惠能[2]大師傳法宗旨、幷高宗大帝勅書、兼賜物改寺額、及大師印可門人、幷滅度時[3]六種瑞相、及智藥[4]三藏懸記等傳。

唐の韶州曹溪寶林山國寧寺六祖惠能大師傳法の宗旨、ならびに高宗大帝の勅書、かねて賜物・改寺の額、および大師の印下せる門人、ならびに滅度の時の六種の瑞相、および智藥三藏懸記、等の傳。

1 (興)ハ「唐」ノ前ニ「曹溪大師別傳」ノ六字アリ
2 (忠)(興)(續)ハ「慧」ニ作ル、(比)ハ「恵」ニ作ルモ、以下「惠」ニ統一スル
3 (續)ハ「時」ナシ
4 (續)ハ「華」ニ誤ル

2　寶林寺の由來

梁天監壬午元年[1]正月五日、時婆羅門三藏、字智藥、是中天竺國那爛陁[2]寺大德、辭彼國王、來此五臺山、禮謁文殊。將[3]弟子數十侍從。三藏博識多聞、善通[4]經論星象之學。志弘大乘、巡歷諸國、遠涉滄波、泛舶至韶州曹溪口村、語村[5]人曰、看此水源、必有勝地。堪爲沙門居止、代代高僧不絕。吾欲尋之。行至曹溪、勸村人修造住處。經五年、號此山門、名寶林寺。人天所敬、海內歸依。

梁の天監壬午元年（五〇二）正月五日、時に婆*羅門三藏、字(あざな)は智藥、これ中*天竺國那爛陁寺の大德なりしが、かの國王を辭し、この五*臺山に來りて、文殊を禮謁す。弟子數十を將(ひき)いて侍從す。三藏、博識多聞にして、よく經論星*象の學に通ず。大乘を弘めんと志し、諸國を巡歷し、遠く滄波を涉(わた)り、船を泛(うか)べて韶*州の曹溪口の村に至り、村人に語っていわく、「この水源を看るに、かならず勝地有らん。沙門の居止となすに堪え、代代高僧絕えざらん。われ、これを尋ねんと欲す」と。行きて曹溪に至り、村人に勸めて住處を修造す。五年を經、この山*門を號して、寶*林寺と名づく。人天の敬うところにして、海內歸依す。

1 (忠)(興)(續)ハ「九」ニ作ル、(續)ノ頭注ニ「九一作元」トアリ
2 (興)(續)ハ「陀」ニ作ル
3 (忠)(興)(續)ハ「時」ニ作ル
4 (興)(續)ハ「學」ニ作ル
5 (興)(續)ハ「謂」ニ作ル

至天監五年二月十五日、勅天下名僧大德、令所在州縣、進入內道場供養。時韶州刺史侯公、表進三藏入內。使君問三藏云、何以名此山門爲寶林耶。答曰、吾去後一百七十年、有無上法寶、於此地弘化、有學者如林。故號寶林耶。[6]三藏四月初得對奏爲寶林寺、勅賜田五拾頃。至天監十年、三藏入臺山、卻還本國。至隋[7]大業十三年、天下荒亂、寺舍毀廢。至天平元年、樂昌縣令、[8]李藏之、請寶林額、於樂昌靈溪村置寺。

天監五年（五〇六）二月十五日に至り、勅して、天下の名僧大德を、所在の州*縣をして、進めて內*道場に入れて供養せしむ。時に韶*州刺史侯公、表をもて三藏を進めて內に入らしむ。使君、三藏に問うていわく、「何をもってこの山門を名づけて寶林となすや」と。答えていわく、「われ去りてのち一百七十年にして、無上の法寶有りて、この地において化を弘め、學者有ること林のごとくならん。ゆえに寶林と號するのみ」と。三藏、四月にはじめて對奏を得て寶林寺となし、勅して田*五拾頃を賜わる。

天監十年（五一一）に至り、三藏、臺山に入り、かえって本國に還る。

隋の大業十三年（六一七）に至り、天*下荒亂し、寺舍毀廢す。

天平元年（五三四）に至り、樂*昌縣令の李藏之、寶林の額を請い、樂*昌の靈溪村に寺を置く。

3　出　生

4　諱・俗姓

至咸亨[1]元年。時惠能大師、俗姓盧氏。

咸亨元年（六七〇）に至る。時に惠能大師、俗姓は盧*氏。

5　本　貫

6 續ハ「耳」ニ作ル
7 比ハ「隨」ニ作ルモ、忠續興ニヨリ改ム
8 比ハ「令、」ニ作リ、忠ハ「令令」ニ作ルモ興續ニ從ウ
1 比ハ「享」ニ作ルモ、忠興續ニヨリ改ム

6 生國

新州人也。

新州*の人なり。

7 父母

少失父母、三歳而孤。

少*くして父母を失い、三歳にして孤なり。

8 性格・力量

雖處群輩之中、介然有方外之志。

群輩の中に處すといえども、介然として方外*の志有り。

9 柴を賣る・金剛經を聞く

10 遊行

其年大師遊行至曹溪。

その年、大師、遊*行して曹溪に至る。

11 劉至略との交友

與村人劉至[1]略、結義爲兄弟。時春秋三[2]十。

村人劉至略*と義を結びて兄弟となる。時に春秋三十なり。

1 (興)(續)ハ「志」ニ作ル
2 (比)(忠)(興)ハ「卅」、(續)ハ「三十」ニ作ル

略有姑出家。配山澗寺、名無盡藏。常誦涅槃經。大師晝與略役[1]力、夜卽聽經。至明爲無盡藏尼解釋經義。尼將經與讀。大師曰、不識文字[2]。尼曰、既不識字、如何解釋其義。大師曰、佛性之理、非關文字能解。今不識文字何怪。

1 ㊞㊞ハ「役」ニ作ル
2 ㊞ハ「之」ニ作ル

12 無盡藏尼との關係

略に姑有りて出家す。山澗の寺に配して、*無盡藏と名づく。常に*涅槃經を誦す。大師、晝は略とともに役力(つと)め、夜はすなわち經を聽く。明(あした)に至り、無盡藏尼のために經の義を解釋す。尼、經をもって與えて讀ましむ。大師いわく、「*文字を識らず」と。尼いわく、「すでに字を識らずんば、いかんがその*義を解釋せん」と。大師いわく、「*佛性の理は、文字をよく解するに關わるにあらず。いま文字を識らざるも何ぞ怪しまん」と。

衆人聞之、皆嗟歎曰、見解如此、天機自悟、非人所及。堪可出家住此寶林寺。大師卽住此寺。修道經三年。正當智藥三藏一百七十年懸記之時也。時大師春秋三十有三。

13 寶林寺に居住す

衆人これを聞いて、みな嗟歎していわく、「見解かくのごとく、*天機みずから悟りしは、人の及ぶところにあらず。出家してこの寶林寺に住すべきに堪えん」と。大師すなわちこの寺に住す。道を修して三年を經たり。まさに智藥三藏が*一百七十年の懸記の時に當る。時に大師、春秋三十有三なり。

後聞樂昌縣西石窟有遠禪師、遂投彼

14 遠禪師に參ず

のち、樂昌縣の西の石窟に、*遠禪師なるもの有りと聞き、ついにかれに投じ

學坐禪。大師素不曾學書。竟未披尋經論。

て坐禪を學ぶ。大師、もとよりかつて書を學ばず。ついにいまだ經論を披尋せず。

15　弘忍への參學を勸奬

時有惠紀禪師、誦投陁經。大師聞經歎曰、經意如此。今我空坐何爲。至咸亨[1]五年、大師春秋三十有四。惠紀禪師謂大師曰、久承、蘄州黄梅山忍禪師開禪門。可往彼修學。

1 (比)ハ「享」ニ作ルモ、(忠)(興)(續)ニヨリ改ム

時に、惠紀*禪師なるもの有り、投陁經*を誦す。大師、經を聞きて歎じていわく、「經の意かくのごとし。いま、われ空しく坐して何をかなさん」と。咸亨五年（六七四）に至り、大師、春秋三十有四なり。惠紀禪師、大師に謂いていわく、「久しく承わるに、蘄*（き）州黄梅山の忍禪師、禪門を開くと。かしこに往きて修學すべし」と。

16　弘忍を訪問

大師其年正月三日、發韶州往東山、尋忍大師[1]。策杖塗跣、孤然自行、至洪州東路。時多暴虎。大師獨[2]行山林無懼。遂至東山、見忍大師。

1 (忠)(興)ハ「思」ニ作ル
2 (忠)(興)ハ「猶」ニ作ル

大師、その年の正月三日、韶州を發して東山*に往き、忍大師を尋ぬ。杖を策っいて塗跣*し、孤然としてみずから行き、洪州*の東路に至る。時に、暴虎多し。大師、獨り山林に行くに懼（おそ）るること無し。ついに東山に至り、忍大師に見（まみ）ゆ。

17　弘忍との初相見・佛性問答

忍大師問曰、汝化物來。能答曰、唯求

忍大師、問うていわく、「なんじ、物*を化せんとし來るや」と。能、答えてい

作佛來。忍問曰、汝是何處人。能答曰、嶺南新州人。忍曰、汝是嶺南[1]新州人、寧堪作佛。能答曰、嶺南新州人佛性、與和上佛性、有何差別。忍大師更不復問。可謂、自識佛性、頓悟眞如。深奇之奇之。

1 比ハ「南」ナキモ、忠興續ニヨリ補ウ

わく、「ただ作佛を求め來る」と。忍、問うていわく、「なんじ、これいずれの處の人ぞ」と。能、答えていわく、「嶺南新州の人なり」と。忍、いわく、「なんじはこれ嶺南新州の人、なんぞ作佛に堪えんや」と。能、答えていわく、「嶺南新州の人の佛性と、和上の佛性と何の差別か有らん」と。忍大師、さらにまた問わず。謂っつべし、みずから佛性を識り、頓に眞如を悟る、と。深くこれを奇とし、これを奇とす。

18 碓坊生活・悟道の偈

忍大師山中門徒至多、顧盻[1]左右、悉皆龍象。遂令能入廚中供養。經八箇月、能不避艱苦、忽同時戲調、嶷然不以爲意、忘身爲道。仍踏碓、自嫌身輕、乃繫大石著腰、墜碓令重、遂損腰腳。忍大師、因行至碓米所。問曰、汝爲供養損腰腳、所痛如何。能答曰、不見有身、誰言之痛。忍大師至夜命能入房。大師問、汝初來時答吾、嶺南人佛性、與和上佛性、有何差別。誰教汝耶。答曰、佛性非

1 興續ハ「眄」ニ作ル

忍大師の山中の門徒、いたって多く、左右を顧盻するに、ことごとくみな龍象なり。ついに、能をして廚中に入れて供養せしむ。八箇月を經るに、能、艱苦を避けず、たちまち同時に戲調し、嶷然としてもって意となさず、身を忘れて道のためにす。すなわち碓を踏むに、みずから身の輕きを嫌って、すなわち大石を繫げて腰に著け、碓に墜すに重からしめ、ついに腰と腳を損う。忍大師、よって行きて碓米の所に至る。問うていわく、「なんじ、供養をなすに腰と腳を損う、痛めしところいかん」と。能、答えていわく、「身有ることを見ず、誰かこれを痛と言わん」と。忍大師、夜に至り、能に命じて房に入らしむ。大師問う、「なんじ、はじめて來りし時、われに答う、嶺南人の佛性と、和上の佛性と何の差別か有らん、と。たれかなんじに教うるや」と。答えていわく、「佛性は偏す

偏、和上與能無別、乃至一切衆生皆同、更無差別。但隨根隱顯耳。忍大師徵曰、佛性無形、云[2]何隱顯。能答曰、佛性無形、悟卽顯、迷卽隱。

2 忠興續ハ「如」ニ作ル

于時忍大師門徒、見能與和上論佛性義。大師知諸徒不會、遂遣衆人且[1]散。忍大師告能曰、如來臨般涅槃、以甚深般若波羅蜜法、付囑摩訶迦葉、迦葉付阿難、阿難付商那和修、和修付憂波掬多。在後展轉相傳、西國經[2]二十八祖、至於達磨多羅大師、漢地爲初祖、付囑惠可。可付璨。璨付雙峰信。信付於吾矣。吾今欲逝。法囑於汝。汝可守護、無令斷絶。能曰、能是南人、不堪傳授佛性。此間大有龍象。忍大師曰、此雖多龍象、吾深淺皆知。猶兎與馬。唯付囑

1 忠ハ「旦」ニ作ル

2 忠興ハ「經」ナシ、續ノ頭注ニ「一無經字」トアリ

るにあらず、和上と能と別無し、ないし一切衆生はみな同じくして、さらに差別無し。*ただ根に隨って隱顯するのみ」と。忍大師、徵していわく、「佛性に形無し、いかんぞ隱顯せん」と。能、答えていわく、「佛性に形無し。悟らばすなわち顯われ、迷わばすなわち隱る」と。

19 大法相續

時に、忍大師の門徒、能と和上と佛性の義を論ずるを見る。大師、諸徒の會せざることを知りて、ついに衆人をして、しばらく散ぜしむ。忍大師、能に告げていわく、「*如來、*般涅槃に臨み、*甚深般若波羅蜜の法をもって、摩訶迦葉に付囑す。迦葉は阿難に付す。阿難は商那和修に付す。和修は憂波掬多に付す。のちにありて展轉相傳して、*西國の二十八祖を經て、*達磨多羅大師に至り、漢地にて初祖となり、惠可に付囑す。可は璨に付す。璨は雙峰の信に付す。信はわれに付す。われ、いま逝かんとす。法をなんじに囑す。なんじ、守護して、斷絶せしむることなかるべし」と。能いわく、「能はこれ南人にして、佛性を傳授するに堪えず。此間、おおいに龍象有り」と。忍大師いわく、「ここに龍象多しといえども、われ深淺みな知る。*なお兎と馬とのごとし。ただ象王に付囑するのみ」と。

象王耳。

忍大師卽將所傳袈裟付能。大師遂頂戴受之。大師問和上曰、法無文字、以心傳心、以法傳法。用此袈裟何爲。忍大師曰、衣爲法信、法是衣宗。從上相傳、更無別付。非衣不傳於法、非法不傳於衣。衣是西國師子尊者相傳、令佛法不斷。法是如來甚深般若、知般若空寂無住、卽而了法身、見佛性空寂無住、是眞解脱。汝可持衣去。遂則受持、不敢違命。然此傳法袈裟、是中天布、梵云婆羅那、唐言第一好布。是木綿花作、時人不識、謬云絲布。

忍大師告能曰、汝速去、吾當相送。隨

20　傳衣・五祖の傳法偈

忍大師、すなわち所*傳の袈裟をもって能に付す。大師、ついに頂戴してこれを受く。大師、和上に問うていわく、「*法は文字無し、心をもって心を傳え、法をもって法を傳う。この袈裟を用いて何をかせん」と。忍大師いわく、「*衣は法の信たり。法はこれ衣の宗。從上の相傳、さらに別付無し。衣にあらずんば法を傳えず、法にあらずんば衣を傳えず。衣はこれ西*國の師子(しし)尊者の相傳にして、佛法をして不斷ならしむ。法はこれ如來甚深の般若にして、*般若の空寂無住なることを知らば、すなわち法身を了ず、佛性の空寂無住なることを見ば、これ*眞の解脱なり。なんじ、衣を持して去るべし」と。ついにすなわち受持して、あえて命に違わず。しかして、この*傳法の袈裟は、これ中天の布にて、梵には婆羅那(ばらな)といい、唐には第一好布(こうふ)という。これ木綿花をもて作るに、時の人識(し)らず、謬(あやま)りて絲布(しふ)という。

21　九江驛に送らる

忍大師、能に告げていわく、「なんじ、速かに去れ、*われまさにあい送るべ

至蘄州九江驛。忍大師告能曰、汝傳法之人。後多留難。能問大師曰、何以多難。忍曰、後有邪法競興、親附國王大臣、蔽我正法。汝可好去。能遂禮辭南行。忍大師相送已、卻還東山、更無言說。諸門人驚怪問、和上何故不言。大師告衆曰、衆人散去。此間無佛法、佛法已向南去也。我今不說、於後自知。忍大師別能大師、經停三日、重告門人曰、大法已行。吾當逝矣。忍大師遷化。百鳥悲鳴、異香芬馥、日無精光、風雨折樹。

し」と。随って*蘄州の九江驛に至る。忍大師、能に告げていわく、「なんじは傳法の人なり。のちに*留難多からん」と。能、大師に問うていわく、「何をもってか難多からん」と。忍いわく、「のちに*邪法の競い興ることあって、國王大臣に親附して、わが正法を蔽わん。なんじ、よく去るべし」と。能、ついに禮辭して南に行く。忍大師、あい送りおわり、かえって東山に還り、さらに言說することなし。諸の門人、驚怪して問う、「和上、何がゆえぞいわざる」と。大師、衆に告げていわく、「衆人、散じ去れ。*此間に佛法なし、佛法すでに南に向い去れり。我いま說かず、のちにおのずから知らん」と。忍大師、能大師に別れ、經停すること三日、かさねて門人に告げていわく、「大法すでに行きぬ。われまさに逝くべし」と。*忍大師、遷化す。百鳥悲鳴し、異香芬馥し、日に精光なく、風雨樹を折る。

22　惠明との機縁

時有四品官、俗姓陳氏。捨俗出家、事和上號惠明禪師。聞能大師將衣鉢去、遂奔迩[1]南方。尋至大庾嶺、見能大師。大師卽將衣鉢、遂還明。明曰、來不爲

時に、四品の官、俗姓は陳氏なるものあり。俗を捨てて出家し、和上に事えて*惠明禪師と號す。能大師の衣鉢をもち去るというを聞きて、ついに奔って南方に迩く。ついで、*大庾嶺に至って、能大師に見ゆ。大師、すなわち衣鉢をもって、ついに明に還す。明いわく、「來たるは衣鉢のためならず。不審、和上は

1 (興)ハ「邇」ニ作リ、(積)ハ「趂」ニ作ル

衣鉢。不審和上[2]初付囑時、更有何言教。願垂指示。能大師卽爲明禪師、傳囑授密言。惠明唯然受教。遂卽禮辭。明語能曰、急去急去、在後大有人來相迩[3]逐。能大師卽南行。至來朝、果有數百人、來至嶺、見明禪師。禪師[4]曰[5]、吾先至此、不見此人。問南來者亦不見。此人患腳、計未過此。諸人卻向北尋。明禪師得言教、猶未曉悟。卻居廬山峯頂寺三年、方悟密語。明[6]後居濛山、廣化群品。

2 興積ハ「尚」ニ作ル
3 積ハ「趂」ニ作ル
4 忠興積ハ「禪」ナシ
5 比忠興ハ「曰」ナキモ、興ノ頭注ニ「師下恐脱曰字」トアリ、頭注オヨビ積ニヨリ補ウ
6 比忠ハ「能」ニ作ルモ、興積ニヨリ改ム

じめて付囑の時、さらに何の言教かある。願わくは指示を垂れよ」と。能大師、すなわち明禪師のために、傳え囑して*密言を授く。惠明、唯然として教を受く。ついにすなわち禮辭す。明、能に語っていわく、「急ぎ去れ、急ぎ去れ、後に在りておおいに人の來り、あい迩き逐うことあらん」と。能大師、すなわち南に行く。來朝に至り、はたして數百人ありて、來りて嶺に至り、明禪師を見る。禪師いわく、「われ、さきにここに至れども、この人を見ず。南より來る者に問うに、また見ず、と。この人腳を患い、計るにいまだここを過ぎず。諸人、かえって北に向って尋ねよ」と。明禪師、言教を得るも、なおいまだ曉悟せず。かえって*廬山の峯頂寺に居すること三年、まさに密語を悟る。明、のちに*濛山に居して、廣く群品を化す。

23 南方に隱遁

能大師歸南、略至曹溪、猶被人尋逐。便於廣州四會、懷集兩縣界避難、經于五年、在獵師中。大師春秋三十九。

能大師、南に歸り、ほぼ曹溪に至るも、なお人に尋逐せらる。すなわち*廣州の四會、懷集兩縣の界において難を避け、五年を經るも、獵師の中に在り。大師、春秋三十九なり。

24 印宗に遇う・涅槃經聽講

至儀鳳元年初、於廣州制旨寺、聽印宗

儀鳳元年（六七六）の初めに至り、*廣州制旨寺において、*印宗法師の涅槃經を

法師講涅槃經。法師是江東人也。其制旨寺、是宋朝求那跋摩三藏置、今廣州龍興寺是也。法師、毎勸門人商量論義。

講ずるを聽く。法師はこれ、*江東の人なり。その制旨寺は、これ宋朝*求那跋摩三藏の置くものにして、いまの*廣州龍興寺これなり。法師、つねに門人に勸めて、*商量論義をせしむ。

25　風幡の問答

時囑正月十五[1]日懸幡。諸人、夜論幡義。法師、廊下隔壁而聽。初論幡者、幡是無情、因風而動。第二人難言、風幡倶無情、如何得動。第三人、因緣和合[2]故動。第四人言、幡不動、風自動耳。衆人諍論、喧喧不止。能大師、高聲止諸人曰、幡無如餘種動。所言動者、人[3]者心自動耳。

1 (忠)(興)(續)ハ「三」ニ作ル、(續)ノ頭注ニ「三一作五」トアリ
2 (續)ハ「故」ノ下ニ「合」アリ、頭注ニ「一無合字」トアリ、(比)ハ「故」ノ下ノ「合」ハ見セ消チ
3 (續)ノ頭注ニ「人疑仁」トアリ

時に、囑して、正月十五日に*幡を懸けしむ。諸人、夜に幡の義を論ず。法師、廊下にて壁を隔てて聽く。はじめ、幡を論ずる者は、「幡はこれ無情なり、風によって動く」と。第二人は難じていわく、「風幡ともにこれ無情なれば、いかにしてか動くことを得ん」と。第三人は、「因緣和合のゆえに動く」と。第四人はいわく、「幡は動かず、風おのずから動くのみ」と。衆人の諍論、喧喧として止まず。能大師、高聲に諸人を止めていわく、「幡は餘種のごとく動くことなし。いうところの動とは、*人者の心、おのずから動くのみなり」と。

26　得法の表明

印宗法師、聞已、[1]至明日講次、欲畢、問大衆曰、昨夜某房論義。在後者是誰。此人必稟承好師匠。中有同房人云、是

1 (興)ハ「至」ナシ、(續)ノ頭注ニ「一無至字」トアリ

印宗法師、聞きおわりて、明日に至り、講ずるついで、畢らんとして、大衆に問うていわく、「昨夜、某の房にて論議す。後に在りしはこれ誰ぞ。この人、かならずや好き師匠より*稟承せん」と。中に同房の人ありていわく、「これ、新

新州[2]盧行者。法師云、請行者過房。能遂過房。法師問曰、曾事何人。能答曰、事嶺北蘄州東山忍大師。法師又問、忍大師臨終之時、云佛法向南。莫不是賢者否。能答、是。既云是、應有傳法袈裟。請一暫看。印宗見袈裟已、珍重禮敬、心大歡喜、歎曰、何期、南方有如是無上之法寶。法師曰、忍大師付囑、如何指授言教。能大師答曰、唯論見性、不論禪定解脱、無爲無漏。法師曰、如何不論禪定[3]解脱、無漏無爲。能答曰、爲此多法、不是佛性。佛性是不二之法。涅槃經明其佛性不二之法、卽此禪也。法師又問[4]、云何佛性是不二之法。能曰、涅槃經、高貴德王菩薩、白佛言[5]、世尊、犯四重禁、作五逆罪、及一闡提等、爲當斷善根、佛性改否。佛告高貴德王菩薩、善根有[6]二、一者常、二者無常。佛性

州の*盧行者なり」と。法師いわく、「行者を請して房に過らしめよ」と。能、ついに房に過る。法師、問うていわく、「かつて何人に事うるや」と。能、答えていわく、「嶺北なる蘄州東山の忍大師に事う」と。法師、また問う、「忍大師、臨終の時、佛法南に向うという。これ、*賢者ならざることなしやいなや」と。能、答う、「是なり」と。「すでに是という、まさに傳法の袈裟あるべし。請う、ひとたびしばらく看せたまえ」と。印宗、袈裟を見おわって、*珍重禮敬し、心におおいに歡喜し、歎じていわく、「なんぞ期せん、南方にかくのごとき無上の法寶あらんとは」と。法師いわく、「忍大師の付囑は、いかんが言教を指授するや」と。能大師、答えていわく、「*ただ、見性を論じて、禪定解脱、無爲無漏を論ぜず」と。法師いわく、「いかにしてか禪定解脱、無爲無漏を論ぜざる」と。能答えていわく、「これを*多法となす、これ佛性ならず。*佛性はこれ不二の法なり。涅槃經にその佛性不二の法を明かす、すなわちこれ禪なり」と。法師、また問う、「いかんが佛性これ不二の法なるや」と。能いわく、「*涅槃經に、高貴德王菩薩、佛に白してもうさく、世尊よ、*四重禁を犯し、*五逆罪を作し、および*一闡提等の、ためにまさに善根を斷ずべきものは、佛性、改むるやいなや、と。佛、高貴德王菩薩に告げたまわく、*善根に二あり、一には常、二には無常なり。佛性は常にあらず、無常にあらず、このゆえに斷ぜず、これを不二と名づく。一には善、二には不善。佛性は善にあらず、不善にあらず。このゆえに

2 忠興ハ「人」ニ作ル
3 比ハ「定」ナキモ、忠興續ニヨリ補ウ
4 續ハ「如」ニ作ル
5 忠ハ「曰」ニ作ル
6 忠ハ「不」ニ作ル

非常、非無常、是故不斷、名之不二。一者善、二者不善。佛性非善、非不善、是故不斷、名爲不二。又云、蘊之與界、凡夫見二、智者了達其性無二、無二之性卽是實性。明與無明、凡夫見二、智者了達其性無二、無二之性卽是實性、實性無二。能大師、謂法師曰、故知、佛性是不二之法。

印宗聞斯解說、[7]卽起[8]合掌虔誠、願事爲師。明日講次、告衆人曰、印宗何幸、身是凡夫、不期座下法身菩薩。印宗所爲衆人說涅槃經、猶如瓦礫。昨夜請盧行者、過房論義、猶如金玉。諸人信否。然此賢者、是東山忍大師傳法之人。諸人永不信、請行者、將傳法袈裟、呈示諸人。諸人見已、頂禮咸生信重。

7 (比)(忠)ハ「脫」ニ作ルモ、(興)(檜)ニヨリ改ム
8 (興)ハ「起」ナシ

断ぜず、名づけて不二となす、と。*また、いわく、蘊と界と、凡夫は二と見、智者は、その性は無二にして、無二の性はすなわちこれ實性なりと了達す。*明と無明と、凡夫は二と見、智者は、その性は無二にして、無二の性はすなわちこれ實性、實性は無二なりと了達すと」と。能大師、法師に謂いていわく、「ゆえに知る、佛性はこれ不二の法なり」と。

印宗、この解説を聞きて、すなわち起ちて合掌虔誠にして、事えて師とならんことを願う。明日、講ずるついで、衆人に告げていわく、「印宗なんの幸ぞ、身はこれ凡夫なるも、期せずして座下に*法身の菩薩ありとは。印宗、衆人のために説くところの涅槃經は、なお瓦礫のごとし。昨夜、盧行者を請し、房に過らしめて論議するに、なお金玉のごとし。諸人、信ずるやいなや。しかもこの賢者はこれ東山忍大師より法を傳えし人なり。諸人、永く信ぜざれば、行者を請して、傳法の袈裟をもて諸人に呈示せしめん」と。諸人、見おわりて頂禮し、ことごとく信重を生ず。

27　剃髪・髪塔建立

儀鳳元年正月十七日、印宗、與能大師剃髮落。

二月八日、於法性寺受戒。戒壇是宋朝求那跋摩三藏所置。當時遙記云、於後當有羅漢登此壇、有菩薩於此受戒。今能大師受戒、應其記也。出高僧錄。

能大師受戒和尚、西京惣[1]持寺智光律師、羯磨闍梨蘇州靈光寺惠靜律師、教授闍梨荊州天皇寺道應律師。後時、三師皆於能大師所學道、終于曹溪。其證戒大德、一是中天耆多羅律師、二是密多三藏。此二大德、皆是羅漢、博達三藏、善中邊言。印宗法師、請爲尊證也。

又蕭梁末、有眞諦三藏。於壇邊種菩提樹兩株、告衆僧曰、好看此樹。於後有菩薩僧、於此樹下演無上乘。於後能大

1（忠）（續）ハ「總」ニ作ル

儀鳳元年（六七六）正月十七日、印宗、能大師のために髮を剃り落とす。

28　受戒・法性寺戒壇の由來と懸記

二月八日、法性寺において受戒す。戒壇は、これ宋朝の求那跋摩三藏の置くところなり。當時、遙かに記していわく、「のちに、まさに羅漢ありてこの壇に登り、菩薩ありてここにおいて戒を受くべし」と。いま、能大師の受戒は、その記に應ずるなり。「高僧錄」に出ず。

能大師の受戒の和尚は、西京惣持寺の智光律師、羯磨闍梨は蘇州靈光寺の惠靜律師、教授闍梨は荊州天皇寺の道應律師なり。後時、三師はみな能大師の所において道を學び、曹溪におわる。

その證戒の大德は、一はこれ中天の耆多羅律師、二はこれ密多三藏なり。この二大德は、みなこれ羅漢にして、三藏に博達し、中邊の言をよくす。印宗法師、請して尊證となさしむ。

また、蕭梁の末に眞諦三藏あり。壇の邊に菩提樹兩株を種え、衆僧に告げていわく、「よくこの樹を看よ。のちに菩薩僧ありて、この樹下において無上乘を演べん」と。のちに能大師、この樹下において坐し、衆人のために東山の法門を開くは、眞諦三藏の記に應ずるなり。「眞諦三藏傳」に出ず。

師、於此樹下坐、爲衆人開東山法門、應眞諦三藏記也。出眞諦三藏傳。

29　神會との機緣

其年四月八日、大師爲大衆初開法門曰、我有法、無名無字、無眼無耳、無身無意、無言無示、無頭無尾、無內無外、亦無中閒、不去不來、非青黃赤白黑、非有非無、非因非果。大師問衆人、此是何物。大衆兩兩相看、不敢答。時有荷澤寺小沙彌神會、年始十三、答、此是佛之[1]本源。大師問云、何是本源。沙彌答曰、本源者諸佛本性。大師云、我說無名無字。汝云何言佛性有名字。沙彌曰、佛性無名字、因和上問故立名字。正名字時、卽無名字。大師打沙彌數下。大衆禮謝曰、沙彌小人、惱亂和上。大師云、大衆且散去、留此饒舌沙彌。

1 ㊧㊥㊦ハ「之」ニ作ル

その年の四月八日、大師、大衆のために初めて法門*を開いていわく、「*われに法あり、名なく字なく、眼なく耳なく、身なく意なく、言なく示なく、頭なく尾なく、内なく外なく、また中間なく、去らず來らず、青黃赤白黑にあらず、有にあらず無にあらず、因にあらず果にあらず」と。大師、衆人に問う、「これはこれ何物ぞ」と。大衆、兩兩あい看て、あえて答えず。時に、*荷澤寺の小沙彌神會あり。年はじめて十三にて、答う、「これはこれ佛*の本源なり」と。大師、問うていわく、「いずれがこれ本源なりや」と。沙彌、答えていわく、「本源とは諸佛の本性なり」と。大師いわく、「われは無名無字と說く。なんじ、いかんが佛性に名字ありというや」と。沙彌いわく、「佛性には名字なし、和上の問によるがゆえに名字を立つ。まさしき名字の時は、すなわち名字なし」と。大師*、沙彌を打つこと數下す。大衆、禮謝していわく、「沙彌は小人にして、和上を惱亂す」と。大師いわく、「大衆、しばらく散じ去きて、この饒舌の沙彌を留めよ」と。

至夜間、大師問沙彌、我打汝時、佛性受否。答云、佛性無受。大師問、汝知痛否。沙彌答、知痛。大師問、汝既知痛、云何道佛性無受。沙彌答、豈同木石。雖痛而心性不受。大師語沙彌曰、節節支解時、不生嗔恨。名之無受。我忘[2]身爲道。踏碓直至跨脱、不以爲苦。名之無受。汝今被打、心性不受。汝受諸觸如智證、得眞正受三昧。沙彌密受付囑。大師出家開法受戒、年登四十[3]。

2 (忠)ハ「忌」ニ作ルモ、頭注ニ「忘」トアリ
3 (比)ハ「卌」、(忠)ハ「卅」、(興)ハ「三十」、(續)ハ「四十」ニ作ル、(比)ニヨリ「四十」トス

夜間に至り、大師、沙彌に問う、「*われ、なんじを打つ時、佛性、受くるやいなや」と。答えていわく、「佛性は受くることなし」と。大師問う、「なんじ、痛みを知るやいなや」と。沙彌答う、「痛みを知る」と。大師問う、「なんじ、すでに痛みを知る。いかんが佛性は受くることなしというや」と。沙彌答う、「あに木石に同じからんや。痛むといえども、心性は受けず」と。大師、沙彌に語りていわく、「*節節支解(せつせつしげ)の時、嗔恨(しんこん)を生ぜず。これを無受と名づく。*われ、身を忘れて道のためにす。碓(うす)を踏み、ただちに跨脱(こだつ)に至れども、もって苦となさず。これを無受と名づく。なんじ、いま打たるれども、心性は受けず。なんじ、諸(もろもろ)の觸(そく)を受くるも智證のごとくにして、眞の正受三昧を得たり」と。沙彌、密(ひそ)かに付囑を受く。大師、出家、開法、受戒し、年四十に登る。

30 曹溪に帰る・曹溪での化導

印宗法師、請大師歸制旨寺。今廣州龍興寺經藏院、是大師開法堂。法師問能大師曰、久在何處住。大師云、韶州曲縣南五十里曹溪村、故寶林寺。法師講經了、將僧俗三千餘人送大師、歸曹溪。因茲廣闡禪門。學徒千[1]萬。

1 (忠)(興)(續)ハ「十」ニ作ル、(續)ノ頭注ニ「十一千」トアリ

印宗法師、大師を請して制旨寺(せいしじ)に歸らしむ。いまの*廣州龍興寺の經藏院は、これ大師の開法の堂なり。法師、能大師に問うていわく、「久しく何處(いずこ)にありて住するや」と。大師いわく、「韶州曲縣の南五十里、曹溪村の故寶林寺なり」と。法師、講經おわって、僧俗三千餘人を將(ひき)いて大師を送り、曹溪に歸らしむ。

ここにより、廣く禪門を闡(ひら)く。學徒千萬なり。

31 高宗（中宗）の詔

至神龍元年正月十五日、勅迎大師入內、表辭不去。高宗大帝、勅曰、

朕、虔誠慕道渴仰禪門。召[1]諸州名山禪師、集內道場供養、安秀二德、最爲僧首。朕、每諮求。再推、南方有能禪師、密受忍大師記、傳[2]達磨衣鉢、以爲法信、頓悟上乘、明見佛性。今居韶州曹溪山、示悟衆生卽心是佛。朕聞、如來以心傳心、囑付迦葉、迦葉展轉相傳、至於達磨。教被[3]東土、代代相傳、至今不絕。師既稟承有依。可往京城施化。緇俗歸依、天人瞻仰。故遣中使薛簡迎師。願早降至。神龍元年正月十五日下。

韶州曹溪山、釋迦惠能、辭疾表

惠能、生自偏方。幼而慕道、叨爲忍大師囑付如來心印、傳西國衣鉢、授東土

1 興續ハ「名」ニ作ル

2 興續ハ「記」ノ下ニ「傳」トアリ、續ノ頭注ニ上ノ「傳字疑衍」トアル、忠ハ「傳〻」ナルモ、比ノ「傳〻」ノ下字ハ塗抹

3 忠興ハ「山」ニ作ル

神龍元年（七〇五）正月十五日に至り、勅して大師を迎えて入內せしめんとするに、表をもって辭して去かず。*高宗大帝、勅していわく、

朕、虔誠に道を慕い、禪門を渴仰す。諸州の名山の禪師を召し、內道場に集めて供養するに、*安、秀の二德は、もっとも僧首たり。朕、つねに諮い求む。ふたたび推すに、南方に能禪師あり、ひそかに忍大師の記を受け、達磨の衣鉢を傳え、もって法信となし、*頓に上乘を悟り、明らかに佛性を見る。いま、韶州の曹溪山に居し、衆生の*卽心是佛なることを示し悟らしむ。朕聞く、如來は以心傳心して迦葉に囑付し、迦葉より展轉しあい傳えて、達磨にいたる。教は東土を被い、代代あい傳え、いまにいたりて絕えず、と。師、すでに稟承し、依ることあり。*京城に往きて化を施すべし。緇俗は歸依し、天人は瞻仰せん。ゆえに、*中使薛簡を遣わして、師を迎えしむ。願わくは、早に降至せんことを。神龍元年正月十五日下す、と。

韶州の曹溪山、*釋迦惠能、疾にて辭する表

惠能、偏方より生まる。幼くして道を慕い、みだりに忍大師のために、如來の心印を囑付せられ、西國の衣鉢を傳え、東土の佛心を授けらる。天恩の、中

1 興ハ「居」ニ作ル
2 忠ハ「階」ニ作ル
3 興ハ「慕」ニ作ル

佛心。奉　天恩遣中使薛簡、召能入內、惠能久處[1]山林、年邁風疾。　陛[2]下德包物外、道貫萬民。育養蒼生、仁慈黎庶。旨弘大教、欽崇[3]釋門。恕惠能居山養疾、修持道業。上答　皇恩、下及諸王太子。謹奉表。釋迦惠能、頓首頓首。

中使薛簡問大師、京城大德禪師、教人要假坐禪。若不因禪定、解脫得道、無有是處。大師云、道由心悟。豈在坐耶。金剛經、若人言如來若坐若臥、是人不解我所說義。如來者、無所從來、亦無所去、故名如來。無所從來曰生、亦無所去曰滅。若無生滅、而是如來清淨禪、諸法空卽是坐。大師告言中使、道畢竟無得無證。豈況坐禪。薛簡云、簡至天庭、聖人必問。伏願和上指授心要。將傳聖人。及京城學道者、如燈轉照、冥者皆明、明明無盡。大師云、道無明

使薛簡を遣わし、能を召して入內せしむるを奉ずるも、惠能、久しく山林に處し、年邁ぎて風疾なり。陛下の德は物外を包み、道は萬民を貫く。蒼生を育養し、黎庶を仁慈す。旨、大教を弘め、欽みて釋門を崇む。惠能、山に居して疾を養い、道業を修持するを恕さんことを。上は皇恩に答え、下は諸王太子に及ぶ。謹しんで表を奉る。釋迦惠能、頓首頓首。

中使薛簡、大師に問う、「京城の大德、禪師、人に教うるにかならず坐禪を假る。もし禪定によらざれば、解脫得道、この處あることなしや」と。大師いわく、「道は心によって悟る。あに坐にあらんや、と。金剛經に、もし人、如來とは、もしくは坐、もしくは臥と言わば、この人、わが說くところの義を解せず。如來とは、從來するところなく、また去るところなきがゆえに、如來と名づく、と。從來するところなきを生といい、また、去るところなきを滅という。もし生滅なくんば、これ如來の清淨なる禪、諸法の空なるはすなわちこれ坐なり」と。大師、中使に告げていわく、「道は、畢竟、得ることもなく、證することもなし。あにいわんや坐禪においてをや」と。薛簡いわく、「簡、天庭にいたらば、聖人かならず問わん。伏して願わくは、和上、心要を指授せんことを。まさに聖人に傳えん。京城の學道の者に及ばば、燈の照を轉ずるがごとく、冥き者みな明らかにして、明明盡くることなからん」と。大師いわく、「道に明暗な

暗、明暗是[1]代謝之義。明明無盡、亦是有盡。相待立名。淨名經云、法無有比。無相待故。薛簡云、明譬智惠、暗喩煩惱。修道之人、若不用智惠照生死煩惱、何得出離。大師云、煩惱卽菩提、無二無別。汝[2]見有智惠爲能照、此是二乘見解。有智之人、悉不如[3]是。薛簡云、大師何者是大乘見解。大師云、涅槃經云、明與無明、凡夫見二、智者了達其性無二。無二之性、卽是實性。實性者[4]卽是佛性。佛性在凡夫不減[5]、在賢聖不增、在煩惱而不垢、在禪定而不淨。不斷不常、不來不去、亦不中間及內外、不生不滅、性相常住、恒不變易。薛簡問、大師說不生不滅、何異外道。外道亦說不生不滅。大師答曰、外道說不生不滅、將生止滅、滅猶不滅。我說本自無生、今卽無滅。不同外道。外道無有奇特。所以

1 (興)ハ「是」ナシ
2 (忠)(興)ハ「決」ニ作ル
3 (忠)(興)ハ「知」ニ作ル
4 (興)ハ「者」ナシ
5 (忠)ハ「識」ニ作リ、傍注ニ「當作減」トアリ

し。明暗はこれ代謝の義なり。明明盡くることなきも、またこれ盡くることあり。相待して名を立つるなり。*淨名經にいわく、法は比あることなし、相待なきがゆえに、と」と。薛簡いわく、「明は智惠に譬え、暗は煩惱に喩う。修道の人、もし智惠を用って生死の煩惱を照らさざれば、なんぞ出離することをえん」と。大師いわく、「*煩惱はすなわち菩提にして、二なく別なし。なんじ、智惠あってよく照らすことをなすと見る、これはこれ*二乘の見解なり。有智の人、ことごとくかくのごとくならず」と。

薛簡いわく、「大師、何ものかこれ*大乘の見解」と。大師いわく、「*涅槃經にいわく、明と無明と、凡夫は二と見、智者は、その性無二なりと了達す。無二の性、すなわちこれ實性なり、と。*實性、すなわちこれ佛性なり。佛性は凡夫にあっても減ぜず、賢聖にあっても增さず、煩惱にあっても垢つかず、禪定にあっても淨からず。不斷不常、不來不去、また中間および內外にあらず、不生不滅、性相常住にしてつねに變易せざるなり」と。薛簡問う、「大師の不生不滅と說くは、なんぞ外道に異ならんや。外道もまた不生不滅と說くなり」と。大師、答えていわく、「*外道の不生不滅と說くは、生をもって滅を止むるも、滅なお滅せざるなり。われの說くは、もとおのずから生なく、いますなわち滅なし。外道に同じからず。外道は奇特あることなし。ゆえに異なることあり」と。大師、薛簡に告げていわく、「もし、心要を將いんことを欲せば、*一切の善惡は、

有異。大師告[6]薛簡曰、若[7]欲將心要者、一切善惡都[8]莫思量。心體湛寂、應用自在。薛簡於言下大悟云、大師今日始知、佛性本自有之。昔日將爲大遠。今日始知、至道不遙、行之卽是。今日始知、涅槃不遠、觸目菩提。今日[9]始知、佛性不念善惡、無思無念、無知無作不住。今日始知、佛性常恒[10]不變、不爲諸惑[11]所遷。中使薛簡禮辭[12]大師、將表[13]赴京。高宗大帝、賜磨衲袈裟[1]一領、及絹五百疋。　勅書曰。勅。師老疾爲朕修道、國之福田。師若淨名託疾、金粟闡[2]弘大法、傳諸佛心、談不二之說。杜口毗耶、聲聞被呵、菩薩辭退。師若此也。薛簡傳師指授如來知見、善惡都莫思量、自然得入心體、湛然常寂、妙用恒沙。　朕積善餘慶、宿種善因、得値師之出世、蒙師惠頓上

すべて思量することなかれ。心體は湛寂にして、應用自在ならん」と。薛簡、言下において大悟していわく、「大師、今日はじめて知る、佛性もとより、おのずからこれあることを。昔日、まさにおおいに遠しとせり。今日はじめて知る、至道は遙かならず、これを行ずればすなわちこれなることを。今日はじめて知る、涅槃は遠からず、觸目菩提なることを。今日はじめて知る、佛性は善惡を念ぜず、思なく、念なく、無知、無作、不住なることを。今日はじめて知る、佛性は常恒不變にして、諸惑のために遷せられざることを」と。

中使薛簡、大師を禮辭し、表を將って京に赴く。

高宗大帝、磨衲の袈裟一領、および絹五百疋を賜う。勅書にいわく、

勅す。師、老疾なるも、朕がために道を修するは、國の福田なり。師、淨名の疾に託し、金粟の大法を闡弘するがごとく、諸佛の心を傳え、不二の說を談ず。口を毗耶に杜ずるも、聲聞は呵せられ、菩薩は辭退す。師もかくのごとし。薛簡、師の指授せる如來知見を傳うるに、善惡すべて思量することなくんば、自然に心體に入ることを得、湛然常寂にして妙用恒沙ならん、と。朕、積善の餘慶にして宿に善因を種え、師の出世に値うことを得、師の頓なる上乘の佛心第一を惠むを蒙る。朕、師の恩を咸荷し、頂戴修行して永永に朽ちず。磨衲の

6 (忠)(興)ハ「云」ニ作ル
7 (興)ハ「君」ニ作ル
8 (興)(續)ハ「無」ニ作ル
9 (忠)(興)ハ「始知」ナシ
10 (忠)(興)(續)ハ「住」ニ作ル
11 (興)(續)ハ「惡」ニ作ル
12 (忠)(興)ハ「拜」ニ作ル
13 (忠)(興)ハ「來」ニ作ル
1 (忠)(興)ハ「二」ニ作ル
2 (續)ハ「弘」ノ下ハ「大大」ト作リ、頭注ニ下ノ「大」ハ「一無大字」トアリ、(比)ハ「弘」ノ下ハ「大大」トアルモ、上ノ「大」ハ見セ消チ

乘佛心第一、朕感[3]荷師恩、頂戴修行、永永不朽。奉磨衲袈裟一領、絹五百疋、供養大師。神龍三年四月二日下。

3 ㊍㊑ハ「感」ニ作ル

袈裟一領と絹五百疋を奉り、大師に供養せん。神龍三年（七〇七）四月二日下す、と。

32　法泉寺の勅額・國恩寺の勅造

又神龍三年十一[1]月十八日、　勅下韶州百姓、可修大師中興寺佛殿、及大師經坊。賜額爲法泉寺。大師生縁新州故宅爲國恩寺。

1 ㊓ハ「十二」ニ作ル

また、神龍三年十一月十八日、勅して韶州の百姓*（ひゃくせい）に下*（くだ）すに、大師の中興せる寺の佛殿*および大師の經坊*を修すべし、と。額を賜いて法泉寺*となす。大師の生縁たる新州の故宅を國恩寺*となす。

33　國恩寺の修復・靈振を推擧

延和元年、大師歸新州、修國恩寺。諸弟子問、和上修寺去、卒應未[1]歸此。更有誰堪諮問。大師云、翁山寺僧靈振、雖患脚跛、心裏不跛。門人諮請振説法。又問大師、何時得歸。答曰、我歸無日也。

1 ㊑ノ頭注ニ「未疑不一本作來」トアリ

延和元年（七一二）、大師、新州に歸りて國恩寺を修せんとす。諸*（もろもろ）の弟子問う、「和上、寺を修せんとして去*（ゆ）かば、にわかにまさにここに、歸らざるべし。さらに誰*（たれ）かありて諮問するに堪えん」と。大師いわく、「翁山寺*の僧靈振は、脚跛を患うといえども、心裏は跛ならず」と。門人、振の説法を諮請す。また、大師に問う、「いずれの時か歸ることをえん」と。答えて、いわく、「われ、歸るに日なし」と。

34 龕塔を造る

大師在日景雲二年、先於曹溪造龕塔。後先天二年七月、廊宇猶未畢功、催令早了。吾當行矣。門人猶未悟意。

大師、ありし日の景雲二年（七一一）、まず曹溪において龕塔を造る。のち先天二年（七一三）七月、廊宇なおいまだ功を畢らざるに、催して早くおわらしむ。「われ、まさに行くべし」と。門人、なおいまだ意を悟らず。

35 疾病

其[1]年八月、大師染疾。

1 興續ハ「某」ニ作ル

その年の八月、大師、疾に染む。

36 遺誡

諸門人問、大師法當付囑阿誰。答、法不付囑、亦無人得。神會問、大師傳法袈裟云何不傳。答云、若傳此衣、傳法之人短命。不傳此衣、我法弘盛。留鎭曹溪。我滅後七十年後、有東來菩薩、一在家菩薩、修造寺舍、二出家菩薩、重建我教。門徒問大師曰、云何傳此衣短命。答曰、吾持此衣、三遍有刺客來

諸の門人問う、「大師の法、まさに阿誰にか付囑すべき」と。答う、「法は付囑せず、また人の得ることなし」と。神會問う、「大師、傳法の袈裟、いかんが傳えざる」と。答えていわく、「もしこの衣を傳うれば、傳法の人、短命ならん。この衣を傳えずんば、わが法弘く盛んならん。留めて曹溪に鎭めん。わが滅後七十年ののち、東より來たる菩薩あり、一は在家の菩薩にして、寺舍を修造し、二は出家の菩薩にして、かさねてわが教えを建てん」と。門徒、大師に問うていわく、「いかんがこの衣を傳うれば短命なるや」と。答えていわく、「われこの衣を持するに、三遍刺客ありて、來りてわが命を取らんとす。わが

取吾命。吾命若懸[1]絲。恐後傳法之人被損。故不付也。大師力疾勸誘徒衆、令求道忘身、唯懃加行、直趣菩提。

1 興積ハ「如」ニ作ル

其[1]月三日、奄然端坐遷化。春秋七十有六。

1 興積ハ「某」ニ作ル

滅度之日、煙雲暴起、泉池枯涸、溝澗絕流、白虹貫日。巖東忽有衆鳥數千、於樹悲鳴。又寺西有白氣如練、長一里餘、天色清朗、孤然直上、經于五日乃散。復有五色雲、見於西南。是日四[1]方無雲。忽有數陣涼風、從西南飂入寺舍。俄而香氣氛氳、遍滿廊宇。地皆振動、

1 忠興ハ「西」ニ作ル

命、懸絲のごとし。おそらくは、のちの傳法の人も、損われん。ゆえに付せざるなり」と。大師、疾を力して徒衆を勸誘し、道を求めて身を忘れ、ただ懃に*加行し直ちに菩提に趣かしむ。

37 傳法偈

38 遷化・歿年等

その月三日、奄然として*端坐し、遷化す。春秋七十有六なり。

39 奇瑞

*滅度の日、煙雲暴かに起り、泉池枯涸し、溝澗流れを絶し、白虹日を貫ぬく。巖東にたちまち衆鳥數千あり、樹において悲鳴す。また、寺の西に白氣の、練のごとく長さ一里餘りなるあり、天色清朗なるに孤然として直に上り、五日をへてすなわち散ず。また、五色の雲あり、西南に見わる。この日、四方に雲なし。たちまち數陣の涼風あり、西南より飂きて寺舍に入る。にわかに、香氣氛氳として廊宇に遍滿す。地、みな振動し、山崖は崩頽す。

*大師、新州にて廣果寺に亡ず。寺の西、虹光三道して旬日を經。また寺の前、

山崖崩頽。大師新州亡[2]廣果寺。寺西虹光三道、經于旬日。又寺前城頭莊有虹光經一百日。衆鳥悲鳴、泉水如稠泔汁、不流數日。又翁山寺振禪師、於房前與衆人夜間說法、有一道虹光、從南來入房。禪師告衆人曰、和上多應新州亡也。此虹光是和上之靈瑞也。新州尋有書報亡。曹溪門徒發哀。因虹光頓謝、泉水漸流。書至翁山、振禪師、聞哀設三七齋。於夜道俗畢集。忽有虹光、從房而出。振禪師告衆人曰、振不久住也。經云、大象既去、小象亦隨。其夕中夜臥右脇而終也。

城頭の莊に虹光ありて一百日を經。衆鳥は悲鳴し、泉水は稠き泔汁のごとくにして、流れざること數日なり。

また翁山寺の振禪師、房前において衆人のため夜間に說法するに、一道の虹光あり、南より來りて房に入る。禪師、衆人に告げていわく、「和上、多くはまさに新州にて亡ずべし。この虹光は、これ和上の靈瑞なり」と。新州より尋いで、書にて亡を報ずるあり。曹溪の門徒、哀しみを發す。よって、虹光は頓に謝え、泉水はようやく流る。書、翁山に至り、振禪師、哀しみを聞きて、三*七齋を設くるに、夜において、道俗ことごとく集まる。たちまち、虹光ありて房より出ず。振禪師、衆人に告げていわく、「振、久しくは住せざらん、と。經*にいわく、大象すでに去れば、小象もまた隨う、と」と。その夕の中夜*、右脇*に臥して終れり。

2 (忠)ハ「已」ニ作リ、頭注ニ「亡」トアリ

40 遺体を膠漆す

曹溪門人、迎大師全身歸曹溪。其時首領[1]不肯放、欲留國恩寺起塔供養。時門人僧崇一等、見刺史論理、方還曹溪。

曹溪の門人、大師の全身を迎え、曹溪に歸らんとす。その時、首領はあえて放さず、國恩寺に留め、塔を起てて供養せんと欲す。時に、門人の僧、崇一*等、刺史に見えて理を論き、まさに曹溪に還る。大師*の頭頸、まず鐵鍱をもって封

1 (比)ハ「嶺」ニ作ルモ、(忠)(興)(續)ニヨリ改ム

大師頭頸、先以鐵鍱封裹、全身膠漆。

裹(せき)し、全身、膠漆す。

41　遷神・入龕

其年十一月十三日、遷神入龕。

その年（七一三）十一月十三日、神を遷して龕に入る。

42　頭を取りにくる

至開元二十七年、有刺客來取頭[1]。移大師出庭中、刀斬數下。衆人唯聞鐵聲驚覺。見一孝子奔走出寺、尋迹不獲。大師在日、受戒開法度人三十六年。先天二年壬子歲滅度。至唐建中二年、計當七十一年。

開元二十七年（七三九）に至り、刺客有り、來りて頭を取らんとす。大師を移して庭中に出だし、刀もて斬ること數下。衆人、ただ鐵聲を聞きて驚覺す。一孝子の奔走し、寺を出ずるを見て、迹を尋ぬれども獲ず。大師、在りし日、受戒、開法、度人すること三十六年なり。先天二年（七一三癸丑）壬子（七一二）の歳、滅度す。唐の建中二年（七八一）に至り、計るに七十一年に當る。

1 (續)ハ「取」ノ下ニ「頭頭」トアリ、頭注ニ、上ノ「頭」ハ「一無頭字」トアリ、(比)ハ「取」ノ下ニ「頭頭」トアルモ、上ノ「頭」ハ見セ消チ

43　衣鉢を守る

其年、衆請上足弟子行滔守所傳衣。經四十五年[1]。

その年（七一三）、衆、上足の弟子行滔を請して、所傳の衣を守らしめ、四十五年を經。

1 (比)ハ「卌」(忠)ハ「卅」(興)(續)ハ「三十」ニ作ル(比)ニヨリ「四十」トス

44　建　碑

有殿中侍御史韋據、爲大師立碑。

殿中侍御史韋據なるものあり、大師のために碑を立つ。

45 碑の磨卻・武平一の記事

後北宗俗弟子武平一、開元七年、磨卻韋據碑文、自著武平一文。

のちに北宗の俗弟子武平一、開元七年（七一九）に、韋據の碑文を磨卻し、みずから武平一が文を著す。

46 門人（名・數・問答）

開元十一年、有潭州瑝禪師。曾事忍大師、後時歸長沙祿山寺。常習坐禪、時時入定。遠近知聞。時有大榮禪師、住曹溪事大師、經三十年。大師常語榮曰、汝化衆生得也。榮卽禮辭歸北。路過瑝禪師處。榮頂禮問瑝曰、承和上每入定。當入定時、爲有心耶、爲無心耶。若有心、一切衆生有心應得入定。若無心、草木瓦礫亦應入定。瑝答曰、我入定、無此有無之心。榮問[1]曰、若無有無之心、卽是常定、常定卽無出入。瑝卽無對。

開元十一年（七二三）、潭州の瑝禪師なるものあり。かつて忍大師に事え、後に長沙の祿山寺に歸る。つねに坐禪を習い、時時に定に入る。遠近のもの、知聞す。ときに大榮禪師なるものありて曹溪に住し、大師に事えて三十年を經たり。大師、つねに榮に語りていわく、「なんじ、衆生を化し得るなり」と。榮、すなわち禮辭して北に歸る。路すがら瑝禪師の處を過ぐ。榮、頂禮して瑝に問うていわく、「承るに、和上、毎に定に入る。入定の時に當りて有心なるや、また無心なるや。もし有心ならば、一切の衆生有心にして、まさに入定することを得べし。もし無心ならば、草木瓦礫もまたまさに入定すべし」と。瑝、答えていわく、「われ入定するに、この有無の心なし」と。榮、問うていわく、「もし有無の心なくんば、すなわちこれ常の定なり。常の定ならば、すなわち出入なし」と。瑝、すなわち對うることなし。瑝、問う、「なんじ、能大師の處よ

1 ㊁興㊂續ハ「答」ニ作ル

瑝問、汝從能大師處來。大師以何法教汝。榮答曰、大師教榮不定不亂、不坐不禪、是如來禪。瑝於言下便悟云[2]、五蘊非有、六塵體空。非寂非照、離有離空、中間不住。無作無功、應用自在、佛性圓通。歎曰、我三十年來空坐而已。往曹溪歸依大師學道。世人傳、瑝禪師三十年坐禪、近始發心修道。景雲二年、卻歸長沙舊居、二月八日夜悟道。其夜空中有聲、告合郭百姓、瑝禪師今夜得道。皆是能大師[3]門徒也。

2 興續ハ「去」ニ作リ、續ノ頭注ニ「去一作云」トアリ
3 興ハ「禪」ニ作ル

上元二年、廣州節度韋利見、奏僧行滔、及傳袈裟入內。孝感皇帝依奏、　勅書曰、

勅。曹溪山六祖傳法[1]袈裟、及僧行滔、并俗弟子五人[2]、利見、令水陸給公乘。

1 興續ハ「法」ナシ
2 忠興續ハ「五人」ヲ「韋」ニ作ル

り來たる。大師、何の法をもってなんじに教うるや」と。榮、答えていわく、「大*師、榮に、不定、不亂、不坐、不禪、これ如來禪なりと教う」と。瑝、言下においてすなわち悟りて云わく、「五*蘊(うん)は有にあらず、六塵の體は空なり。寂にあらず、照にあらず、有を離れ、空を離れ、中間(げん)にも住せず。作なく、功なく、應用自在にして佛性圓通(えんずう)す」と。歎じていわく、「われ、三十年來空しく坐したるのみなり」と。曹溪に往きて大師に歸依し、道を學ぶ。世人傳う、「瑝禪師、三十年坐禪し、近ごろはじめて發心修道す」と。景雲二年（七一一）、かえって長沙の舊居に歸り、二月八日の夜、悟道す。その夜、空中に聲ありて合郭*の百姓に告ぐ、「瑝禪師、今夜得道す」と。みなこれ能大師の門徒なり

47　傳衣奉納・供養

上元二年（七六一）、廣*州の節度韋利見、僧行滔(とう)および傳袈裟の入內(じゅだい)せんことを奏す。孝*感皇帝、奏に依り勅書していわく、

勅す。曹溪山六祖の傳法の袈裟および僧行滔(とう)、ならびに俗弟子五人と利見には水陸に公乘を給せむ。中*使劉楚江に隨いて上都に赴かんことを。上元二年十

隨中使劉楚江赴上都。上元二年十二月十七日下。

又乾元二年正月一日、滔和上有表辭老疾、遣上足僧惠象、及家人永和、送傳法袈裟入內、隨中使劉楚江赴上都。四月八日、得對滔和上正月十七日身亡。春秋八十九。 勅賜惠象紫羅袈裟一對、家人永和別[3] 勅賜度配本寺。改建興寺、爲國寧寺、改和上蘭若、 勅賜額爲寶福寺。

又僧惠象隨中使劉楚江將衣赴上都訖[4]。辭歸表。

沙門臣惠象言。臣偏方賤品、叨簉桑門、樂處山林、恭持聖教。其前件衣鉢、自達磨大師已來、轉相傳授、皆當時海內欽崇、沙界歸依、天人瞻仰、俾令後學、覩物思人。臣雖不才、濫承付囑。一昨奉恩命、勒送天宮、親自保持、永無失墜。

3 (忠)(興)(續)ハ「州」ニ作ル

4 (忠)(興)ハ「訖」ナシ

二月十七日下す、と。

また乾元二年（七五九）正月一日、滔和上、表有りて老疾とて辭し、上足の僧*惠象および家人*永和を遣わし、傳法の袈裟を送りて入內せんため、中使劉楚江に隨いて上都に赴かしむ。四月八日、對えを得るも、滔和上、正月十七日に身亡ぜり。春秋八十九なり。勅して惠象に*紫羅の袈裟一對を賜わり、家人永和には別に勅して度を賜わり、本寺に配す。*建興寺を改めて國寧寺となし、和上の蘭若(えんにゃ)を改め、勅して額を賜わり*寶福寺となす。

また、僧惠象、中使劉楚江に隨いて衣をもって上都に赴き訖る。辭して歸るの表。

*沙門、臣惠象言(もう)す。臣は偏方の賤品なれど叨(みだ)りに桑門に簉(まじ)わり、山林に處して恭(うやうや)しく聖教を持することを樂(ねが)う。それ、前件の衣鉢は、*達磨大師より已來(このかた)、轉(うた)たあい傳授し、みな當時、海內は欽崇し、沙界は歸依し、天人は瞻(せん)仰して、後學をして物を覩て人を思わしむ。臣、不才なりといえども、濫(みだ)りに付囑を承く。一昨、恩命を奉じて天宮に勒送し、親しくみずから保侍して、永く失墜なからしむ。臣が感荷、悲(いた)みみずから勝(た)えず。ここに知る、大法の衣は萬劫に朽

臣之感荷、悲不自勝。是知大法之衣、萬劫不朽、京城緇侶、頂戴而行。然臣師主行滔、久傳法印、保茲衣鉢、如護[5]髻珠。數奉德音、不敢違命、一朝亡歿、[6]奄棄明時。[7]臣今欲歸至彼、啓告神靈。宣述聖情、陳進衣改寺之由、敍念舊恤今之狀、臣死將萬足。不勝涕戀懇歎之至、供奉表辭以聞。沙門惠象誠悲誠戀、頓首頓首、謹言。[8]

孝感皇帝、批僧惠象表。　勅曰、

師之師主行滔、戒行清循、德業孤秀。[9]傳先師所付衣鉢、在炎方而保持、亟換歲年、曾不失墜。朕虔誠慕道、發使遐求。師綿歷畏途、頂戴而送、遂　朕懇願。何慰如之。[10]行滔身雖云亡、其神如在。師歸至彼、具告厥靈、知　朕欽[11]崇、永永不朽矣。卽宜好去。

ちず、京城の緇侶、頂戴して行ぜんことを。しかして、臣が師主行滔、久しく法印を傳え、ここに衣鉢を保つこと髻*珠(けい)を護るがごとし。しばしば德音を奉じて、あえて命に違わず、一*朝亡歿し、明時を奄棄す。臣、いま歸りて彼(かしこ)に至り、神*靈に啓告せんと欲す。聖情を宣述し、衣を進め寺を改むるの由を陳べ、舊を念い今を恤(あわ)れむの狀を敍ぶれば、臣、死すともまさに萬足せん。涕戀懇歎の至(きわ)みに勝えず、表辭を供奉(ぐぶ)してもって聞こゆ。沙門惠象、誠悲誠戀もて頓首頓首、謹みて言す。

孝感皇帝、僧惠象の表に批す。勅していわく、

師の師主行滔は、戒行清循にして、德業孤秀なり。先師が付せしところの衣鉢を傳え、炎*方に在りて保持し、しばしば歲年を換うるも、かつて失墜せず。朕、虔誠に道を慕い使を發して遐(はる)かに求む。師、畏途を綿歷し、頂戴して送り、朕が懇願を遂ぐ。何の慰めかこれに如かん。行滔は、身ここに亡ずといえども、その神*在るがごとし。師、歸りて彼(かしこ)に至らば、つぶさにその靈に告げて、朕が欽崇の永永に朽ちざることを知らしめよ。すなわちよろしくよく去るべし、と。

5 (興)ハ「獲」ニ作ル、(續)ノ頭注ニ「護一作獲」トアリ
6 (忠)(興)(續)ハ「已」ニ作ル
7 (興)(續)ハ「朝」ニ作ル
8 (興)(續)ハ「書」ニ作ル
9 (興)(續)ハ「行」ニ作ル
10 (興)(續)ハ「加」ニ作ル
11 (續)ハ「敍」ニ誤ル

又乾元三年十一月二十日、 孝感皇帝、遣中使程京杞、送和香。於能大師龕前供養、宣口勅焚香、龕中一道虹光、直上高數丈。程使見光、與村人儛蹈錄表奏。[1]

1 ㊕㊔ハ「送」ニ作ル

又寶應元皇帝、送傳法袈裟歸曹溪。勅書曰、（袈裟在京惣[1]持寺安置、經七年。）勅。楊鑑卿久在炎方、得好在否。 朕感夢、送能禪師傳法袈裟歸曹溪。尋遣中使鎭國大將軍楊崇景、頂戴而送。傳法袈裟是國之寶。卿可於能大師本寺、如法安置。專遣衆僧親承宗旨者、守護勿令墜失。 朕自存問。永泰元年五月七日下。

1 ㊕㊔ハ「總」ニ作ル

48 送香

また乾元三年（七六〇）十一月二十日、孝感皇帝、中*使程京杞（ていけいき）を遣わして、和*香を送らしむ。能大師の龕前において供養し、口勅を宣べて香を焚くや、龕中より一道の虹光あり、直上すること高さ數丈なり。程使、光を見て村人とともに儛踏し、表を錄して奏す。

49 傳衣返卻

また寶*應元皇帝は、傳法の袈裟を送りて曹溪に歸らしむ。勅書にいわく、（袈裟は京の惣*持寺に在りて安置し、七年を經たり）勅す。楊鑑*卿、久しく炎方に在りて好在を得るやいなや。朕、夢に感じ、能禪師の傳法の袈裟を送りて、曹溪に歸らしむ。ついで中使*鎭國大將軍楊崇景（ようすうけい）を遣わし、頂戴して送らしむ。傳法の袈裟はこれ國の寶なり。卿、能大師の本寺において如法に安置すべし。もっぱら衆僧の親しく宗旨を承けし者を遣わし、守護して墜失せしむることなかれ。朕、自ら存問す。永泰元年五月七日下す、と。

六祖大師在日、及滅度後六種靈瑞傳。
大師在日、寺側有瓦窯匠、於水源所㷌鷄。水被觸穢、旬日不流。大師處分瓦匠、令於水所焚香設齋。稽告纔畢、水卽通流。又寺內前後兩度經軍馬、水被觸汚、數日枯渴。軍退散後、焚香禮謝、涓涓供用。又大師住國寧寺、及新州國恩寺。至今兩寺並無鵶雀烏鳶。又大師每年八月三日遠忌、村郭士女雲集、在寺營齋。齋散、衆人皆於塔所禮別。須臾之間、微風忽起、異香襲人。煙雲覆寺、天降大雨、洗蕩伽藍。寺及村雨卽[1]不降。又大師滅後、法衣兩度被人偸將、不經少時、尋卽送來。盜者去不得。又大師滅後、精靈常在、恍恍如覩。龕塔中常有異香。或入人夢。前後祥瑞、其

1 ㊕ハ「卽」ナシ

50　靈瑞

六祖大師在りし日および滅度後の、六種の靈瑞の傳

大師在りし日、寺の側らに瓦窯匠*ありて、水源の所において鷄を㷌る。水は觸穢せられて、旬日流れず。大師、瓦匠を處分し、水所において香を焚き齋*を設けしむ。稽*告わずかに畢るや、水すなわち通流す。

また、寺內、前後兩度、軍馬を經、水、觸汚せられて數日枯渇す。軍の退散せし後、香を焚き禮謝するに、涓涓として用に供す。

また、大師は國寧寺および新州の國恩寺に住す。今に至りて、兩寺ならびに鵶雀烏鳶なし。

また、大師の每年八月三日の遠忌*に、村郭の士女雲集し、寺に在りて齋を營む。齋、散じて衆人みな塔所において禮別す。須臾の間、微風たちまち起り、異香、人を襲う。煙雲、寺を覆い、天、大雨を降し、伽藍を洗蕩す。寺および村は雨すなわち降らず。

また、大師の滅後、法衣、兩度人に偸み將らるるも、少時を經ず、ついですなわち送り來る。盜みし者は去ることをえず。

また、大師の滅後、精靈つねにあり、恍恍として覩るがごとし。龕塔の中、つねに異香有り。あるいは人夢に入る。前後の祥瑞、その數一にあらざれど、

數非一、年月淹久、書記不盡。
貞[2]十九二月十三日畢

書曹溪大師別傳後[1]

曹溪大師、初樵采供親。一日負薪於市、聞客誦金剛經。至應無所住而生其心感悟、直趨黃梅。諸傳所載咸爾。獨壇經記曰、三鼓入室。祖以袈裟遮圍、不令人見。爲說金剛經、至應無所住而生其心、言下大悟。今謂、若不曾聞經於市廛開悟、豈往黃梅見五祖、酬問如流哉。況自復言、米熟久矣。唯缺篩耳。如言傳衣宵[2]聞經方悟、則初後不應、文理倒置。大可疑矣。

嘗閲續叢林公論、（四明竺仙梵仙述）曰、六祖初於市邸聞客誦金剛經、至應無所住而生其心、豁然開悟。遂乃求謁黃梅。此乃古本壇經所載、由緒宛然。蒙於十七八歲

2 (忠)ハ「貞」ノ下ニ、頭注デ「元」ノ字ヲ加ウ、(續)ハ「貞」以下「畢」マデノ九字ナシ
1 (比)(忠)ハ以下ノ文ナシ
2 (興)ハ「霄」ニ作ルモ、(續)ニヨリ改ム

年月淹久にして、書記し盡くさず。
貞*(元)十九（八〇三）二月十三日畢る

『曹溪大師別傳』の後に書す。

曹溪大師、はじめ樵采して親に供す。一日、薪を市に負うに、客の『金剛經』を誦するを聞く。「應*無所住而生其心」に至って感悟し、ただちに黃梅に趨く。諸*傳の載するところ、みなしかり。ただ『壇*經』のみ記していわく、「三鼓に室に入る。祖、袈裟をもって遮圍し、人をして見せしめず。ために『金剛經』を說くに、〈應無所住而生其心〉に至って言下に大悟す」と。

いま謂らく、もしかつて經を市廛に聞いて開悟するにあらずんば、あに黃梅に往きて五祖に見え、酬問すること流るるが如くならんや。いわんやみずからまたいわく、「米*の熟すること久し。ただ篩を缺くのみ」と。傳衣の宵に經を聞き、まさに悟れりというが如きは、すなわち初後應ぜず、文理倒置す。おおいに疑うべし。

かつて、『續*叢林公論』（四明の竺仙梵仙の述）を閲するに、いわく、「六祖はじめ市邸において、客の『金剛經』を誦するを聞き、〈應無所住而生其心〉に至って、豁然として開悟す。ついにすなわち謁を黃梅に求む。これすなわち古*本『壇經』に載するところ、由緒宛然たり。蒙は十七、八歲の時において、獲てこれを見たり。

時獲見之。今悉無有。且其自與黃梅相見、至和秀禪師偈等語、皆是妙悟性元、深達法本。異出天然、非凡庸未悟所能道者。今壇經謂、五祖以袈裟遮圍、不令人見。爲說金剛經。恰至應無所住而生其心、言下便悟。蒙謂、此乃六祖之下、鄙俚之徒改竄造作之語、而加恰至二字。原其鄙意卽謂、親從其師言下而悟、親得其法乃紹六祖位也。殊不知、具無師智、自然智、自得自悟方堪傳受。又云、以袈裟遮圍不令人見。其袈裟乃有神通、人之不能見歟。否則但是踏襲世尊於多子塔前命迦葉、以僧伽黎圍之之語耳。忠國師云、把他壇經改換、添糅鄙談、削除聖意、惑亂後徒。斯論盡矣。

今ことごとく有ることなし。かつ、その黃梅と相見せしより、*秀禪師の偈に和する等の語に至っては、みなこれ妙に性元を悟り、深く法本に達す。異なること天然を出で、凡庸未悟のよく道うところのものにあらず。*今の『壇經』にいわく、〈五祖袈裟をもって遮圍し、人をして見せしめず。ために『金剛經』を說く。恰も「應無所住而生其心」に至って、言下にすなわち悟る〉と。蒙謂えり、これすなわち六祖の下、鄙俚の徒の改竄造作の語にして、恰至の二字を加う、と。その鄙意を原ぬるに、すなわち謂えらく、親しくその師の言下に從って悟り、親しくその法を得て、すなわち六祖の位を紹ぐ、と。ことに知らず、無師の智、自然の智を具して、自得自悟すれば、まさに傳受するに堪えたりということを。またいわく、〈袈裟をもって遮圍して、人をして見せしめず〉と。その袈裟はすなわち神通ありて、人の見ること能わざるか。否ならば、すなわちただこれ世*尊、多子塔前において迦葉に命じ、僧伽黎をもってこれを圍むの語を踏襲するのみ。*忠國師いわく、〈他の『壇經』を把って改換し、鄙談を添糅し、聖意を削除し、後徒を惑亂す〉と」と。この論に盡くせり。

昔於東武、獲曹溪大師別傳。曩古傳教大師、從李唐手寫齎歸、鎭藏叡嶽。何日

昔、東武において、『曹溪大師別傳』を獲たり。曩古、傳教大師、李唐より手ずから寫して齎ち歸り、叡嶽に鎭藏す。いずれの日か子院に流落し、これを祕

流落子院、祕之年尚。享保乙巳春、東武儒官山田大介、延同學天野丈右衛門歷観京師名區、偶獲此寶冊拜寫、十襲其家焉。傳末、有貞元十九二月十九日畢、天台最澄封之字。且搭朱印三箇、刻比叡寺印四字。貞元十九當日本延曆二十年乙酉也。大師遷寂乃唐先天二年、至于貞元十九年得九十一年。

謂、壇經古本湮滅已久。世流布本宋後編修。諸傳亦非當時撰。唯此傳去大師謝世不遠。可謂、實錄也。而與諸傳及壇經異也。然撿黃梅傳法一事、師資唱酬機緣如此。實可尊信哉。乃前疑方消。竺仙評論亦有驗。惜乎失編者之名。考請來進官錄、曰、曹溪大師傳一卷是也。嗚呼、何幸假鴻德手、千年舊物流于吾桑域。是國之寶也。仍欲垂不朽、授之欹劂氏、云。

して年尚し。

享保乙巳（一七二五）の春、東武の儒官山田大介、同學の天野丈右衛門を延て、京師の名區を歷觀するに、たまたまこの寶冊を獲て拜寫し、その家に十襲す。傳の末に、「貞元十九、二月十九日畢る、天台最澄封ず」の字有り。かつ朱印三箇を搭ち、「比叡寺印」の四字を刻す。貞元十九は日本の延曆二十年（八〇一、辛巳）乙酉（八〇五）に當る。大師の遷寂は、すなわち唐の先天二年（七一三）、貞元十九年に至って九十一年を得たり。

謂うに、『壇經』の古本は湮滅してすでに久し。世に流布せる本は、宋後の編修なり。諸傳もまた當時の撰にあらず。ただこの傳のみは、大師の謝世を去ること遠からず。謂っつべし、「實錄なり」と。しかも、諸傳および『壇經』とは異なるなり。しかれども、黃梅傳法の一事を撿するに、師資唱酬の機緣かくのごとし。實に尊信すべきかな。すなわち前の疑いはまさに消ゆ。竺仙の評論もまた驗し有り。惜しいかな編者の名を失す。『請來進官錄』を考うるに、いわく、「曹溪大師傳一卷」と。これなり。

嗚呼、何の幸ぞ、鴻德の手を假りて、千年の舊物わが桑域に流わるとは。これ國の寶なり。すなわち不朽に垂れんと欲し、これを欹劂氏に授くと、いう。

寶曆十二年壬午夏四月

祖芳謹識

寶曆十二年壬午（一七六二）夏四月

祖芳　謹んで識す

※本文中で分類した五〇の項目名は、次章の「慧能の傳記研究」におけるそれに對應するものである。そのため、本文中では、記事が存在しないにもかかわらず、項目名のみを記入した箇所がある。ただし、第五一項目以下（51諡號、52後代の雜錄、53その他）の項目名は省略した。

補注

見出し項目下の（　）内の數字は、本文の頁と行數を示す。たとえば、（二六12）は二六頁12行であることを表す。

敍

曹溪大師別傳（二六1）　草山祖芳の命名。無著道忠書寫本では外題を『六祖大師別傳』とする。「別傳」の名は、『隋天台智者大師別傳』などに倣ったものであろう。

わが始祖、傳教大師（二六2）　日本天台宗開祖最澄（七六七～八二二）のこと。ここでは序者が天台宗に屬するのでこのように稱したもの。

その傳うるところは三つ…（二六2）　最澄は入唐して、台州龍興寺で天台山修禪寺の道邃より『摩訶止觀』の要義を受け、天台山佛隴寺の行滿より天台の教籍を受けた。また、天台山禪林寺の翛然より天竺大唐三國附法血脈及び牛頭禪の法門を受け、越州龍興寺の順曉からは金剛・胎藏兩部曼荼羅など眞言密教を受けたことをいう。更に、道邃から受けた大乘圓頓戒の相承傳授を加えて、四宗相傳ともいう。

この時、本邦にはただ華嚴、唯識…（二六3）　最澄や空海により、法華の妙旨である天台宗の教義や、密乘の奧義である眞言密教が傳えられるまでは、日本において南都を中心にした華嚴や法相（唯識）等の教學佛教しかなかったこと。

相承譜（二六5）　最澄撰『内證佛法相承血脈譜』のこと。本書中の「達摩法門相承血脈譜」は、

神秀―普寂―道璿―行表―最澄

なる系譜を掲げ、また天台山禪林寺翛然より牛頭宗の法門を承けたことも記す。

古に稱く、三藏十二分は…（二六5）　三藏や十二分教を學んでも、それだけでは龍を畫いて眼を入れないようなものであり、これにさらに「直指人心見性成佛」の禪旨を體得して、はじめて眞の佛道の成就があるとの意。出典は不詳。

慈覺、智證あいついで支那に…（二六7）　慈覺大師圓仁（七九四～八六四）・智證大師圓珍（八一四～八九一）の二人が入唐して天台の宗義や典籍を傳え、眞言密教を學んで歸朝したが、最澄が四宗相傳として重んじた禪については第二義的なものとして、重要視しなかったという意味。のちに臨濟宗黃龍派の禪を傳えた榮西が、叡山の衆徒や筥崎の良辨などの抑壓に對し、「禪宗がもし非ならば傳教もまた非である。傳教がもし非ならば台教（天台宗）はなり立たぬ。台教がなり立たぬなら叡山の徒はどうして私を拒むことができよう、山徒にして祖師の眞意に闇いこと全く甚だしい」として『元亨釋書』巻二に難ずるのもこの點である。（大日本佛書全書 62―76c）

三百餘年（二六12）　圓仁・圓珍の後の三百餘年は、一二〇〇年前後となるので、次に示される覺阿・榮西・道元による日本の禪宗の成立を意味する。

覺阿、榮西、道元の徒…（二六12）　入宋して臨濟宗楊岐派瞎堂慧遠の禪を傳えた覺阿、同黃龍派虛庵懷敞の禪を傳えた榮西、曹洞宗天童如淨の法を傳えた道元は、いずれも天台より出て、始祖最澄の禪宗相承の意を體してこれを實現したということ。

元に入り（二六14）　三人共に入宋者であるが、道元の寂年（一二五三）が晩

宋元初に相當し、つづいて多くの禪僧が入元したので、このような表現をとる。

寰區を風靡せり(二六15)　寰區は、區域・天地・天下の意。禪宗が天下を風靡した意。

滙歸(二六17)　滙はめぐる、あつまる意。最澄の意志が覺阿や榮西・道元等の宗匠に受けつがれたという意。

左溪の永嘉を激するの高蹤を…(二七3)　左溪は中國天台宗五世左溪玄朗のこと。永嘉はもと天台に屬し、六祖慧能に嗣いだ永嘉玄覺のこと。傳燈錄巻五永嘉玄覺章に「左溪(玄)朗禪師の激勵により、東陽策禪師と共に曹溪慧能の下に參じた」(T.51−241a)とある。このように禪機あるものには、宗派を超えてあえて禪匠に參じさせるという勝れた蹤跡を讃仰させること。

古人いわく、禪とは教の網…(二七4)　古人は不明。禪教一致説の主張。

臨濟の機用(二七7)　臨濟義玄の用いた機關のはたらき。すなわち四料揀・四賓主・四照用・三句・三玄三要・四喝等のこと。

鹵莽(二七7)　粗漏、おろそかなこと。

作略(二七8)　師家が學人を導く方法・手段のこと。ここでは具體的には臨濟の四料揀等の機關を指す。

四明の垂示(二七8)　曹溪大師傳の末に祖芳の傳後の文があり、四明の竺仙梵仙(僊)の『續叢林公論』の記事を述べるが、同書は傳わらないので内容等は不詳。

三學の一源(二七10)　戒・定・慧の三學も歸するところは一であること、禪と教も決して別ものではないから、いずれも捨つべきではないという主張。

禪人芳公(二七12)　妙心寺雜華院の學僧。諱は祖芳。樹下堂・無名子・漢興等と號す。草山祖芳とも稱されるが、草山は寂後に贈られた妙心寺第一座としての道號。享保七年(一七二二)京都に生まれ、一五歳で雜華院六世古篆楚琳について出家、北野萬松寺梁山元旨の室に入り大愚下の禪を傳え、一時萬松寺に住した。安永五年(一七七六)雜華院を出て瓊林院に入り、六稜室という書齋を設けて讀書三昧の生活を送り、晩年には洛東萬壽菴に樹下堂を結んで住し、首座の位に終る。文化三年(一八〇六)三月一二日示寂、世壽八五歳。無著道忠や白隱慧鶴とも交渉があったが性格的に合わなかったといわれる。著書は『大般若經校異』一巻、『正法山六祖傳考』一巻、『樹下散稿』四巻、『樹下漫稿』一七巻等。(續近世禪林僧寶傳一ノ中・妙心寺史下・叢林見聞記)

始祖の相承するところ(二七13)　始祖は傳教大師最澄のことで前出。最澄が台教・密乘・禪門の三つを中國より受け傳えたことを指す。

壇經(二七14)　『六祖壇經』のこと。跋文および「慧能傳の變遷」(本書九五頁)「六祖壇經について」(同三九七頁)等を參照のこと。

芳公の跋(二七15)　巻末に附された草山祖芳の跋文。

金龍の沙門　敬雄(二七17)　天台宗の學僧。字は韶鳳、金龍道人・瘤道人・道樂菴主人・義茶翁とも稱す。比叡山で天台の宗義を學び、のち江戸淺草の金龍山淺草寺や日光山に寓居して學僧の譽が高かった。その後、足立吉祥寺・下總正安寺等に住したが、明和六年(一七六九)寺務を辭して諸方に遊び、また美濃安八の善學院に閑棲して學徒を接した。天明二年(一七八二)正月八日示寂、世壽七〇。『金剛經助覽』・『圓覺經集註遊刃鈔』・『般若心經和解』・『天台霞標』・『維摩經無盡燈』等の著作のほかに『雨新菴詩集』・『道樂菴夜話』もあり、また、『碧巖錄』や『無門關』にもれた機緣五〇則を集めた公案集『這箇錄』も校訂出版している。

1

標題(一八1)　標題については本書の解説參照。

2

婆羅門三藏、字は智藥(一八9)　智藥三藏は瘞髮塔記に初出する人物で、天監元年(五〇二)、西竺より菩提樹一株を持ち來って戒壇前に植え、立碑して、「私が過ぎて百六十年後、肉身の菩薩がこの樹下に來て上乘

を開演し、無量の衆を度す」と予言したという。曹溪大師傳は瘞髮塔記を承けてさらにこのことを詳説する。しかし他の資料に全く徴するものがなく實在の人物かどうかは不明。

中天竺國那爛陁寺（二八9）　中インド、マガダ國の首都王舍城の北にあった大寺院。五世紀はじめ、グプタ朝のシャクラーディティヤ**Śakrāditya**の創建になる。後、歴代増建され、『大唐西域記』巻九によれば、七世紀に玄奘三藏が訪れた頃は、インド第一の大寺院で、僧徒一萬人に上ったといわれ、當時の佛教研究の中心地であった。智藥三藏を那爛陁寺の大德とするのは、こうした大寺院の權威を借りたもの。

五臺山に來りて、文殊を禮謁す（二八10）　五臺山は山西省五臺縣の東北部にあって、東西南北と中臺の五峰からなり、清涼山ともいう。四世紀頃から文殊菩薩示現の靈地とされ、北魏文帝の大孚圖寺の建立以來、多くの寺が建てられ、密教や華嚴の中心地となった。普賢菩薩の峨眉山（四川省嘉定府）、觀世音菩薩の普陀山（浙江省寧波府）と共に、中國佛教三大靈山の一つ。

星象の學（二八11）　星宿に關する學問。また廣く占星法を含む天文學一般をも指す。インドの出家者には一般に四邪命食の一つに仰口食があって禁止されたが、唐代中期の一行（六七三～七二七）をはじめ、中國では特殊な才能として歡迎された。

韶州の曹溪口（二八13）　廣東省曲江縣の東南にある曹溪村の入口。

山門（二八16）　三門ともいい、元來は山に建てられた寺の門の意であるが、ここでは寺全體を指す。

寶林寺（二八16）　曹溪大師傳の標題に「韶州曹溪寶林山國寧寺」とある。詳しくは「慧能傳の變遷」（本書〇〇〇頁）を參照。

州縣（二九2）　州縣の官吏の意。州刺史や縣令をいう。

内道場（二九2）　宮中に設けられた佛事法會の場所。佛事を修し、佛道を修行する所をいう。この制度は晉代にはじまり、名稱は『大僧史略』巻中にいうように隋代にはじめて起る（**T.54—247bc**）。禪宗では、宋高僧傳の神秀章にあるように、神秀が内道場で活躍するのがはじめである（**T.50—756a**）。

韶州刺史侯公（二九2）　緣起外紀には、智藥三藏が曹溪の居民に一寺の建立を勸め、寶林と號すべしといい、時の韶州牧の侯敬中がこれを奏上し寶林の額を賜うて寺となしたとある。この侯敬中が侯公と同一人とみられる。『韶州府志』巻三に梁の武帝の天監年中には、刺史として侯敬中の名はなく、同姓としては少し年代が下るが侯安都の名がみえる。詳細は不明。

田五拾頃（二九7）　頃は田の廣さを示す量詞で、一頃は百畝、一畝は百步。唐代の度量衡によれば、一頃は今日の五八〇、三三六アールに當り、五拾頃は二九〇一六、三アールとなる。

天下荒亂し（二九9）　隋の滅亡から唐の成立に至る治安の亂れを意味するとみられる。

樂昌縣令の李藏之（二九10）　樂昌縣（廣東省韶州府）の長官である李藏之。李藏之については『樂昌縣志』にも名がなく不明。

樂昌の靈溪村（二九10）　『樂昌縣志』には靈溪村という地名は見出されない。余靖の『武溪集』巻八によると、「樂昌の縣郭を去ること四十里に院有って寶林と曰う。地は靈境勝にして一邑の冠たり。……」とあるから、靈溪なる村の意とも解せられる。

4

盧氏（二九16）　慧能の俗姓、これにより盧行者と稱される。26の注參照。盧は元來地名で、春秋齊の國、山東省茌平縣の西南にあたる。『萬姓統譜』巻一一によれば、齊の太公の後裔が、山東省濟南府長清縣の盧城に住み、盧姓を名乗ったものであるという。また曹溪大師傳以外の資料には、慧能の父の本貫は范陽であるとされる。范陽は普通には河北省順天府の地名であるが、山東省東昌府濮州にも范縣があり、なんらかの關係があるとみられる。唐代人士には范陽出身で盧姓の者も多い。たとえば盧藏用（唐書一二三、舊唐書九四）・盧景亮（唐書一六四）・盧商（唐書一八二、舊唐書一七六）・盧羣（唐書一四七、舊唐書一四〇）等。いずれにし

ても盧姓は山東一帯の有名貴族である。

6

新州(三〇3) 廣東省肇慶府新興縣の治。漢の合浦郡臨允縣の地、梁は新州を兼置した。隋は郡を廢したが州を存す。大業の初(六〇五頃)州を廢し新安郡に屬す。唐武德四年(六二一)また新州を置き新興縣の治とした。

7

少くして父母を失い…(三〇6) 孤は父の死んだ子、または親の死んだ子の意。他の文獻はすべて父を失ったとするが、曹溪大師傳のみ父母共に死んだとする。

8

方外の志(三〇9) 方外は區域外、區劃外の意。ここではうき世の外、世俗と超越した世界。一般に、方外とは傳統的に、中國の禮教を超えた隱逸的傾向の強いものと解されるが、慧能の場合のように佛教を求める志を方外の志とするときは、單に中國的隱逸の範疇でとらえようとすると間違うと思われる。しかし中國的隱逸が背景になっていることは否定できない。曹溪大師傳の作者の意圖としては、權力から孤高超然とした立場にあったこと、また一文不知の無學の徒であったことの主張のための伏線とみることも可能であろう。

10

遊行(三〇14) 歩きまわる、彼方此方をめぐり歩くことの意であるが、ここでは行脚・訪道の意。

11

劉至略(三〇17) 曹溪大師傳にはじめて出てくる人物で、曹溪の村人とされる人。無盡藏尼は至(志)略の姑である。一説に唐の劉志道の子ともいわれる。ただし宇井氏は、このような人との交渉が果して事實であるかどうか殆んど信じられないとされる(第二禪宗史研究 p. 190)。

12

無盡藏(三一3) 詳しい傳記は不明。劉至略の姑で、『涅槃經』を常に誦していたといい、慧能の若い頃の參學內容を傳えていて興味深い。慧能の史實は不明な點が多いが、無盡藏尼と慧能の出合いを史實ではないかとみる學者もある。

涅槃經(三一3) 北涼の曇無讖譯の四〇巻本『涅槃經』と、劉宋の慧觀・慧嚴・謝靈運の共譯の三六巻本とが存し、前者を『北本涅槃經』、後者を『南本涅槃經』という。『涅槃經』研究は中國の南方で盛んであり、慧能の出身が嶺南であることは、若い頃の佛教學の教養を想像させる。この經の中心思想は佛性思想である。

文字を識らず(三一5) 慧能が無學で文字を知らないことを意味すると同時に、禪宗のスローガンの一つに不立文字が揭げられてくるのは、禪の悟りは文字や言語を越えた世界、分別以前であることを意味するので、ここでも言語道斷の體現者を慧能に理想化した面を持っている。『楞伽經』巻四にも、「法は文字を離る」(T.16−506c)とある。

義(三一6) 意味內容のこと。一般に理解することは、文字や言語を識って、その概念化や解釋によってなされるから、文字を知らない人が、意味內容がわかるはずのないことを示したもの。

佛性(三一7) 『涅槃經』で説く中心思想で、すべての生あるものは佛性を有すると説く。一般には佛陀の本性すなわち悟りそのものを誰もが本來は持っている、つまり佛(覺者)になる可能性をいうが、佛性理解は諸説あり、慧能自身は佛性を現實そのものととらえる。

13

天機(三一11) 自然にそなわっている心・素質・能力などをいうが、こ

こでは、特に悟りを修行の結果としてとらえるのではなく、生まれながら悟りを具有しているとする。天賦の才機の意。

一百七十年の懸記(三二14)　瘞髮塔記は智藥三藏の懸記を、梁の天監元年(五〇二)より一百六十年後の龍朔元年(六六一)の法性寺における受具であると主張する。曹溪大師傳では智藥三藏は寶林寺の開山で、惠(ママ)能の東山參問を咸亨五年(六七四)とし、この年は弘忍示寂の年であり、寶林寺入寺を東山參門以前の咸亨元年(六七〇)の慧能三〇歳とするから、一百七十年の懸記が生じたのである。

14

遠禪師(三二18)　詳しい傳記は不明であるが、傳燈錄などには智遠とある。達磨系の習禪者とも異なるかもしれないが、このような習禪者は當時諸地方に多くいたと思われる。

15

惠紀禪師(三二5)　傳不詳。弘忍への參學を勸めたとあり、東山法門の禪の系統に屬したとみられる。

投陁經(三二5)　投は頭のことで、頭陁(dhūta)經の意味。具體的な經典名は佛爲心王菩薩說頭陀經という。

蘄州黃梅山の忍禪師(三二8)　蘄州は湖北省東南の地。ここでいう黃梅山は、雙峰山東峰の東山(憑茂山)を指し、現在黃梅縣の西方に位置する黃梅山と呼ばれる山とは異なる。忍禪師は、五祖弘忍のこと。

16

東山(三二12)　蘄州(湖北省)黃梅縣の西北方にあり、雙峯山(破頭山)の東の峰に位置するから、東山と呼ばれたもので憑茂山ともいう。山中に眞慧寺があり、道信についで弘忍が住す。のち甲刹に列せられる。

塗跣(三二13)　塗は泥道、跣ははだしで歩くことで、苦勞しながら進んで行った意。道念の切なる意を表す。

洪州の東路(三二13)　青山定雄著『唐宋時代の交通と地誌地圖の研究』によると、湖北より廣東方面への陸路の一つに、慧能が利用した虔州大庾嶺路があり、この陸路は鄂州より江西の贛水に沿って南下し、大庾嶺を越えて再び湖南路と合するものとされ、湖南路と出合う場所が韶州である。洪州東路は不明であるが、虔州大庾嶺路の一部と思われ、洪州附近の一つの陸路であろう。

17

物を化せんとし來るや(三二18)　物とは衆生のこと。迷っている一切衆生を教化救濟するためにやって來たのかの意。

作佛を求め來る(三三1)　作佛または成佛は、悟りを得ること、佛陀(覺者)になることを意味し、自分が悟って佛陀になりたいためにやって來たことを意味する。作佛は永い修行の結果得られるとするのが一般的に考えられているが、慧能は本來作佛しているという立場に立つ。

嶺南新州の人の佛性と、和上の佛性と…(三三4)　中國の文化は、北方黃河流域が中心で、これに對し、特に嶺南の新州は文化程度が低く、無學文盲の人が多かった。一般には、嶺南新州生まれの慧能の能力と北方で教養ある弘忍の能力には當然差別があると考えられていたのを、慧能は本來成佛の立場に立つときは差別はないと述べたもの。佛性のあり方は、すべてにおいて平等でなければならないという『涅槃經』に說く悉有佛性の立場を、するどく言及したもの。

和上(三三4)　和尚と同義。**upādhyāya** の俗語形の音寫語で、師・先生の意。ここでは弘忍に對する尊稱。

みずから佛性を識り(三三5)　佛性のあり方を他に教えられて識るのではなく、本來自覺において識ることを意味し、佛性そのものは、分別で理解するのではなく分別を超えたところでわかるとする。次にいう頓悟と同內容である。

頓に眞如を悟る(三三5)　頓とは禪門でいう場合時間的意味だけをいうのではなく、本來的自覺を頓と表現する。頓悟とは、漸悟に對する言

葉であるが、本來的自覺がその意味する主要な立場で、經驗によって自覺する漸悟に對す。本具・本覺でも説明する。北宗の神秀系の禪者を漸悟思想とするのに對して、南宗の慧能系の禪者を頓悟思想と言って區別する。頓悟すべき內容の眞如とは、ここでは佛性と同義語として使用され、眞理そのもののあり方を意味している。眞如思想は牛頭系の禪者が多用している。

18

顧盻(三三9)　かえりみる、みまわす。顧眄に同じ。

龍象(三三9)　賢聖の威力自在のたとえ。高僧で學德すぐれた人。五祖弘忍の弟子の中にすぐれた弟子が多勢いたことをいう。

能をして廚中に入れて供養せしむ(三三10)　寺の臺所に入れ、大衆の食事を作る仕事に從事させたことを意味し、米を調達する仕事も含んでいる。廚(厨)は臺所・炊事場。

戲調(三三11)　戲啁に同じ。たわむれる、ふざける、じょうだんをいうの意味。ここでは苦しい勞働を、苦痛と思わず働いたこと。

碓を踏む(三三12)　もみを白米にするためにする碓を踏む勞働。禪宗では、初期は頭陀行であったが、四祖道信・五祖弘忍の頃より集團生活を行い、大衆の食料を自らの集團で調辨することが始まった。

大石を繫げて腰に著け…(三三13)　體が輕いと杵があがらないので、慧能は體に大石をつけて、米つきをした。そのため腰や脚を痛めたという。後世の作であるが、慧能のこの話を傳える墜腰石やその由來を書いたものも殘っている。

身有ることを見ず、誰かこれを痛と言わん(三三15)　肉體は四大の假りの和合であると説く佛教において、痛は假和合體の因緣の結果であるから、知覺作用のために眞實を忘れることのない主體性を述べたもの。佛教の無常・無我および大乘で説く空を現實に即して把握した立場。『聯燈會要』卷二三にある玄沙の章で、玄沙が遊山の折に、脚の指を石にあて流血したとき、「是の身は有に非ず、痛、何よりか來る」(乙.2―9―5―409a)といって猛省した有名な話と同意である。

房(三三16)　ここでは住持の居所である方丈の意味。

ただ根に隨って隱顯するのみ(三四2)　佛性は知覺でとらえられないものであるが、佛性の働きは、機根や迷悟によって自由自在であり、無執著の働きを顯と表し、感覺や分別に礙げられて、自由自在の妙用の働きのないのを隱と表現したものである。

19

如來、般涅槃に臨み、甚深般若波羅蜜の法をもって…(三四9)　禪宗では、釋尊の教えは以心傳心であって、種々の教説が釋尊によって説かれたとしても、眞に釋尊のあとを嗣いだのは摩訶迦葉のみであるとする。ここでは弘忍が慧能に傳える法は、この釋尊から摩訶迦葉に傳えられたものが連綿として續いてきたことを示すものであって、正系であることを主張している。

般涅槃(三四9)　完全な悟りを意味し、釋尊が亡くなることを示す語。圓寂。

甚深般若波羅蜜(三四9)　奥深い最高の完成した智慧を意味し、人間が眞實の生命に目覺めたときに現れる悟りの根源的な叡智を指す。

西國の二十八祖(三四11)　釋尊よりインドの祖師方を經て達磨までの祖師の數を示したもの。法寶記の二九祖より、『寶林傳』と同じように、法寶記の第三祖の末田地を除いた二八祖説と思われ、しかも二八祖を達磨多羅と法寶記を承けているところに、『寶林傳』の二八祖とも異なる曹溪大師傳獨自の祖統説が存在する。祖統説については、「慧能傳の變遷」(本書一三三頁)參照。

達磨多羅大師(三四11)　中國禪宗の初祖であり、資料によって菩提達摩・達摩・菩提達摩多羅・達摩多羅などと呼ばれ、摩の字も後世の資料では磨に統一される。達磨多羅の表現は法寶記のそれを承ける。關口眞大著『達磨の研究』參照。

なお兎と馬とのごとし。ただ象王に付囑するのみ(三四16)　兎と馬と象

を聲聞・縁覺・菩薩（如來）の悟りにたとえる『優婆塞戒經』巻一（T.24－1038b）『摩訶止觀』巻六（T.46－74c）などの説を引き、象となりえた慧能にのみ法を附することを意味する。

20

所傳の袈裟（三五4）　禪宗において法が傳わるときにその印として袈裟を授ける。ここでは釋尊より傳わった袈裟が弘忍まで受けつがれていたとし、それを慧能に與えるという。荷澤神會が特に強調する。袈裟については、「慧能傳の變遷」（本書一三六頁）參照。

法は文字無し、心をもって心を傳え…（三五5）　禪宗のスローガンの「以心傳心、不立文字」の主張がみられる。文字によって法が傳えられるのではなくて、人から人へと法が傳えられ、しかも眞に師が弟子の悟りを許可したときに可能とするのである。佛教の眞理は、文字や言語を通して理解したり分別したりするのではなく、分別を超えた叡知のみ直感することができるものである。柳田聖山著『初期禪宗史書の研究』所收の「禪宗の本質」參照。

衣は法の信たり。法はこれ衣の宗（三五6）　傳衣されるとき、衣が法を得た外より認められる證明であり、眞の法の傳授は、衣によって表されるとする説で、法と衣は別々のものではなく、法衣一體を表したもの。

西國の師子尊者（三五8）　『附法藏因緣傳』巻六（T.50－321c）によると、師子比丘は罽賓國王の彌羅掘によって利劍で殺されて法が斷絶したと傳えるが、禪宗では、殺される前に法が傳えられたとし、特に師子尊者をここで取り上げて、法の傳わった印としての衣が傳わってきていることを強調する。

般若の空寂無住なること（三五9）　空寂とは空と同義で、一切の事物に實體性のないこと、無住とはその事物が一定の場を占めないで、常に止まらないことを意味し、般若の完全な智慧は、自由な働きで、實體もなく、固定した存在でもないことを示したもの。

眞の解脱なり（三五11）　解脱は、迷いや、苦しみの障害によって礙えられていたものがなくなり、自由無礙なる働きを得ることで、平安で完全なる精神的自由を得ることである。ここでは佛性を實體的、固定的な見方から解放した佛性それ自體が有する自由さを徹見することを意味する。

傳法の袈裟は…（三五12）　傳衣の材質などを示した珍しい記錄。當時入手に非常に困難であり、中國人にとっては外國貿易によって得られる貴重な木綿でできているとしている。**Bārāṇa**（波羅那）は婆羅痆斯に產する綿布で、中インドの布ということになる。繭で作る絹でないことを注意している。（柳田聖山著、初期禪宗史書の研究 p. 248）

21

われまさにあい送るべし（三五18）　東山（北岸）から九江（南岸）へ行くには、船で揚子江を渡らなければならない。此岸から彼岸へ渡すこと、つまり迷人を救うことは、師の勤めであるとするところから、師と弟子とどちらが櫓をこぐべきかを問答する物語が後の壇經に出てくるが、ここでは衆人に氣づかれないように弘忍がこっそりと、路を知らない慧能を送ってあげたという程の意味であろう。

蘄州の九江驛（三六1）　江西省九江縣のことで、唐代は江州とも呼ばれ、明代の九江府潯陽驛と同じで、揚子江の南岸である。

のちに留難多からん（三六2）　弘忍の法をつぐ人々の派閥によって對立抗爭が起ることを意味し、特に南北の對立を前提とする。柳田聖山氏は、法寶記が則天武后の權威によって、達磨の傳衣の取り替えを言うのに對決する意圖を示したものと推測する（初期禪宗史書の研究　p. 240～241）。

のちに邪法の競い興ることあって、…よく去るべし（三六3）　前注と同じく南北の對立を具體的に前提とする記事で、特に則天武后などに迎えられた神秀一派の隆盛に對する對抗意識が如實にうかがわれる。

此間に佛法なし、…おのずから知らん（三六7）　この東山には弘忍の法

をつぐ人がいないこと、弘忍の法をついだ人は南方に去ったことを意味する。曹溪大師傳には、偈の競爭は示さないが、北漸・南頓の禪風で南方の優位性を價値的に同時に示したものとみてよい。

忍大師、遷化す(三六10)　弘忍が慧能の南歸の後三日目で遷化したとするのは、王維の碑銘を承けたものである。咸亨五年(六七四)の慧能三四歳の時とする。弘忍の示寂の年月日は異說が多いが、六〇一～六七四年の人となる。

22

惠明禪師(三六16)　神會語錄(慧能章)や法寶記(**T.51－182b**)、宋高僧傳卷八の唐袁州蒙山慧明傳(**T.50－756b**)、傳燈錄卷四の袁州蒙山道明傳(**T.51－233a**)によれば、鄱陽の人。陳の宣帝の裔孫で將軍の號あり、五祖弘忍に師事した後、慧能との機緣あり。後に宜春の太守秦琢が謚號を奏すと。一方、淸晝撰『唐湖州佛川寺故大師塔銘』(全唐文九一七)に基づく宋高僧傳卷二六の佛川寺慧明(**T.50－876a**)は、同じ慧能門下の重鎭でありながら蒙山惠明とは別人。

大庾嶺(三六17)　五嶺の一つ。江西省大庾縣の南、廣東省南雄府の北、に位置する山嶺で梅の名所。**16**の注參照。

密言(三七2)　密語と同じ。絕對的な奧義の言葉。密は親密の義で、祕密の意味ではない。『禪源諸詮集都序』卷上之一に「六代の禪宗の師資は、禪法を傳授するにみな內には密語を授け外には信衣を傳うという」(**T.48－401b**)とあるごとく、主として大法相續の際に師から弟子に與える奧義の語。

廬山の峯頂寺(三七9)　廬山(江西省南康府北方)の峯頂寺なる寺は、梁代に法歸禪師が住し(續高僧傳一六道珍章**T.50－551a**)、また天台智顗に參じた大志も開皇一〇年(五九〇)に同寺に住する(同二七大志章**T.50－682b**)など、古くから存在したことが知られる。しかし、前掲の蒙山惠明傳では述べられない。

濛山(三七9)　前掲の惠明の傳記資料では蒙山とあり、おそらくこれが正しい。蒙山は江西省廬陵道宜春縣にある山の名。

23

廣州の四會、懷集兩縣(三七13)　廣東省肇慶府四會縣と、廣西省梧州府懷集縣。廣東府三水縣の西北より廣西省賀縣の東南にあたる地域。

24

廣州制旨寺(三七18)　『光孝寺志』によればこの寺はもとは西漢の南越王建德の舊宅。三國時代に寺が創建されて制旨寺と稱し、東晉代に王園寺と改め、唐の貞觀一九年(六四五)に乾明法性寺、武后の時に大雲寺となり、會昌の破佛では西雲道宮とされる。更に宋の建隆三年(九六二)に乾明禪院、崇寧二年(一一〇三)には崇寧萬壽禪寺、紹興七年(一一三七)に報恩廣孝寺、同二一年には光孝寺と改められたという。なお、法寶記では海南制心寺、『壇經』は廣州法性寺とする。**28**の注參照。

印宗法師の涅槃經を講ずる(三七18)　印宗(六二七～七一三)は、王師乾の塔銘に基づくとみられる宋高僧傳卷四、唐會稽山妙喜寺印宗章によれば、江東の人で『涅槃經』に通じ、咸亨元年(六七〇)京都で道化を揚げる。後、東山弘忍より禪法を受け、番禺で慧能に遇い、問答して深く玄理を悟る。鄉の吳郡に歸り、刺史王胄の歸依により戒壇を置き、數千百人を度し、入內して慈氏の大像を造ったという(**T.50－731b**)。傳燈錄卷五の印宗章もこれを承ける。また、李華の撰する『左溪大師碑』(全唐文三二〇)は、同じく弘忍に參じた左溪玄朗に律學を敎えたことを傳える。しかし、いずれの資料にも廣州制旨寺との關係はみられない。

江東(三八1)　江蘇・安徽兩省の大江以南と江西省の一部を占める地域。

求那跋摩三藏(三八1)　『出三藏記集』卷一四や『高僧傳』卷三等に立傳される求那跋摩(三六七～四三一)は、建康の南林寺戒壇の創設者で『菩薩善戒經』・『曇無德羯磨』・『優婆塞五戒略論』等の多くの律典の譯者。しかし傳記の上では制旨寺との關係も、**28**に述べられる法性寺戒壇の創設の史實もまったく見出されない。

廣州龍興寺(三八2)　龍興寺は、開元寺と共に二大官寺として唐代の各州に設置され、國家の行事を行い、地方文化の中心となった寺院名。龍興寺の名は、景龍元年（七〇七）に中宗が復位のとき、天下諸州に置かしめた中興寺觀を改稱したもの（唐會要四八・舊唐書七）。しかし、廣州制旨寺が中興寺または龍興寺と改められたことは、『光孝寺志』等の資料にも見出だされない。

商量論義(三八3)　商量は『祖庭事苑』巻一に「商賈の量度、中平を失わず、以て各其意を得せしむ」（**Z. 1, 2, 18−6b**）とあり、元來は商人が賣買行爲をなすときに互いに物品の價を論量して定めること。轉じて問答審議の意に用いられる。論義も問答議論すること。禪門では師資や學人同志で行う參照取捨、斟酌の意味の問答審議であるが、ここでは單なる問答議論の意味。

25

幡を懸けしむ(三八6)　幡は佛堂莊嚴具の一つとして、大きな佛教行事法會には不可缺なもの。ここでは正月一五日とあるから、多分祝齋等の法會のために幡を懸けたと理解してよい。

人者の心、おのずから動くのみなり(三八12)　人者は後の祖堂集・傳燈錄・宗寶本壇經等では仁者とされる。通常は德の完成した人を指すが、ここでは單に人を呼ぶ稱。眞理としての法は動不動を超えているが、幡が動くのでもなく、風が動くのでもなくてそれを認識する心が外界に支配されて動ずるのだ、との意味で、この場合の心は妄念。風幡の機緣は後に禪門の公案となるが、この機緣と酷似した風鈴の話が『寶林傳』巻三の第一八祖伽耶舍多章に存する。

26

稟承(三八18)　佛法の要諦を師から弟子へと正しく承け傳えること。相傳、稟受に同じ。灌頂撰『大般涅槃經疏』巻一に「佛とは稟承の主、住とは所聞の地、衆とは親承の件」（**T. 38−43b**）とある。

盧行者(三九1)　慧能の俗姓に行者を附した呼名。行者は五戒を受けたのみで剃髮をせず、寺に住して雜務を行う者をいう。唐代禪宗で俗姓を冠する著名な人の例に、金和上・馬祖などがある。

賢者(三九4)　長老、聖者。德行高い佛者に對する尊稱。三賢十聖などの賢者（凡夫位の善行を修する人）ではない。

珍重禮敬(三九6)　珍しいものとして大切にし、禮拜敬重すること。この場合の珍重は、後の禪門で用られる挨拶の語の意味ではない。

ただ、見性を論じて、禪定解脫、無爲無漏を論ぜず(三九9)　もっぱら見性を問題とするばかりで、禪定を修行して解脫へ向う修證論や、その解脫の內容である生滅もなく煩惱もない涅槃の境地のような教理的なことすらまったく論じない。修道坐禪を否定し、坐禪觀心を假らぬ頓悟の立場が示されることに注意。見性は自己の本性を見ること、眞の自己に氣づくこと。禪定解脫は禪定の修行により解脫へと向う修證隔別の立場。無爲無漏は生滅變化をせず、煩惱の汚れのないこと。

多法(三九11)　禪定解脫、無爲無漏等を多法、すなわち煩瑣な學解知識の遊戲にすぎぬと非難する主張は、南宗頓悟の教外別傳的な立場を示すもの。

佛性はこれ不二の法なり。涅槃經にその佛性不二の法を明かす、すなわちこれ禪なり(三九11)　『涅槃經』の佛性不二の法を禪とするのは本書獨自の說。「不二之法」は『維摩經』入不二法門第九の說が有名であり、一乘絕對の法門が說かれる。道信～弘忍の時代に禪が坐禪または禪定の意に解されていたのに對し、神會は甚深般若波羅蜜そのものが如來禪なることを主張し（神會語錄・定是非論）、敦煌本壇經も「この法門中に一切碍なく、外には一切の境界の上に念去らざるを坐となし、本性を見て亂れざるを禪となす」（鈴木・公田校訂本 **p. 15**）とあるものなどと、ここの說は軌を一にする。

涅槃經に、高貴德王菩薩、…(三九13)　この箇所の『涅槃經』の引文は、巻二〇高貴德王菩薩品の文（**T. 12−736c～737b**）中からの取意である。高貴德王菩薩は、灌頂の『涅槃經疏』巻二〇によれば「高貴はこれ法身、

徳王はこれ解脱」（T.38－153c）とあるごとく、三徳具足のすぐれた菩薩。なお、『涅槃經』の佛性不二法を文證とする禪法の開示は特異であり、注目すべきもの。

四重禁（三九14） 十重禁戒中の前の四つで、不殺生、不偸盗、不婬欲、不妄語。これを犯せば戒律のうちで罪が最も重い波羅夷（比丘・比丘尼の資格を失い、教團を追放される）に處せられる。

五逆罪（三九14） 殺父、殺母、殺阿羅漢、破佛法僧、出佛身血、の五大逆罪。これを犯せば無間地獄に墮ちるとされる。

一闡提（三九15） 略して闡提（icchāntika）。斷善根、信不具足等と譯し、成佛の素質や縁を缺く人の意。しかし『涅槃經』では悉有佛性の立場から、この大惡人大罪人でも成佛できると説く。

善根に二あり（三九16） 善根はよい報いをもたらす善い行い。善行の業因。ここでは善根に常と無常、善と不善との各二つがあるが、佛性はそのいずれにも偏しない二見を超えた不二の法であることを説く。

また、いわく、蘊と界と（四〇1） 『大般涅槃經』巻八如來性品の引用（T.12－651c）。蘊は集積の意で色受想行識の五蘊。界は六根六境六識の十八界。共に物質と精神の世界を分類したもの。

明と無明と（四〇2） 明が明瞭な智慧に對し、無明は眞實を見失った無知。平井俊榮氏によると、この一句は、二見を破して不二中道を申明しようとする吉藏が、最も好んで用いる。（中國般若思想史研究 p.544～）

法身の菩薩（四〇11） 法身とは眞理を悟った佛そのもの。菩薩は自未得度先度他の願を發して悟りの成就に努力する人の意味であるが、ここでは具足戒を受けていない慧能に對して、印宗が呼んだもので、慧能に對する最大の尊稱。

27

髪を剃り落とす（四一1） 髪を剃り落として出家すること。佛家における最大の出世の儀式であるから祝髪ともいう。ここではじめて慧能は出家の身となる。

28

法性寺（四一5） 慧能が受戒し、初めて東山法門を開演した寺を法性寺とするのは曹溪大師傳が初めてであり、さらに同書はこの法性寺と制旨寺をまったく別の寺として扱っている。しかし、求那跋摩三藏の懸記や眞諦三藏の懸記を手掛りとするなら法性寺と制旨寺は同じとなる。24の注參照。

受戒（四一5） 佛門に入る者が、戒律を受けて出家の規律に從うことを誓う儀式。具足戒を受ける意。通常比丘は二五〇戒、比丘尼は三四八戒を受ける。中國における出家は、童行（ずんな）の期間を經て、剃髪し沙彌戒を受け、のちに具足戒を受けるのを通例とするから、剃髪後數日で受戒する慧能の出家は、大法相續者として特別の待遇を受けたものといえる。

戒壇（四一5） 戒律を受けるために設けられる壇。『四分律行事鈔資持記』（巻上之二）に「戒壇とは、謂く、場中に於いて別に更に土を封ず」（T.40－206a）とある。求那跋摩三藏については24の注參照。

當時、遙かに記していわく、…戒を受くべし（四一6） 求那跋摩の懸記であるが、出典は不明。おそらく曹溪大師傳の創始とみられる。

高僧錄（四一8） 不明。現存する僧傳類には見出しえない。

能大師の受戒は、和尚は…道應律師なり（四一9） 比丘が具足戒を受ける際には、師として戒和尚（戒を授ける師）・羯磨師（羯磨の文を讀む師）・教授師（威儀作法を教授する師）の三師と、戒場に立會ってこれを證明する七人の比丘が必要で、これを三師七證という。慧能の受戒も正式に三師が臨場したとされるが、これらの人々の傳歴等一切不明である。

證戒の大德は…密多三藏なり（四一12） 比丘が具足戒を受ける際には三師七證が正式であるが、人數が揃わないときはこれを略することもできる。慧能の受戒における證戒師も二人に略されたものであるが、三師と共に一應律にかなったものといえる。證戒の二師については、三師と共に傳歷等は不明である。

みなこれ羅漢にして、…尊證となさしむ(四―13)　羅漢は阿羅漢(arhat)の略。應供・應眞などと意譯する。尊敬に値し、供養を受けるにふさわしい人のこと。ここでは佛教によく通じた人という意の尊稱。中國や邊域の言葉にもよく通じた人とするのも、その德を稱讃したもの。

眞諦三藏(四―15)　波羅末他(Paramārtha)とも。四九九～五六九の人。『歴代三寶記』卷九、『續高僧傳』卷一、『大唐內典錄』卷四等の傳によれば、中大同元年(五四六)八月、武帝の請により西來し、中國を轉在する間に、『十七地論』五卷、『金光明經』七卷、『無上依經』二卷を譯出したという。のち天嘉三年(五六二)九月、インドに歸ろうとしたが、暴風に遭って廣州に漂着し、請われて制旨寺に入り、『廣義法門經』『唯識論』等を講じつつ、『攝大乘論』三卷、『同釋論』一二卷、『同義疏』八卷を譯出す。のち南海郡を經て廣州顯明寺に入り、再び請われて王園寺に入ったという。攝論宗の祖と稱され、太建元年正月一一日示寂。世壽七一。眞諦が制旨寺(法性寺・王園寺)と極めて深い關係にあったことは事實とみられるが、曹溪大師傳で主張する菩提樹を植え、のちここで無上乘を演べるものがあるとする懸記については、諸傳いずれも述べることはない。眞諦の傳記については、宇井伯壽「眞諦三藏傳の研究」(印度哲學研究第六所收)參照。

無上乘(四―16)　他に比類なき教えの意で、大乘の教えの中でも特に達磨所傳の禪法を指していう。瘞髮塔記では、慧能が印宗に對して「無上道」を開演したといい、『傳法寶紀』にも「無上眞宗」の語がみえる。

東山の法門(四―17)　東山については15(蘄州黃梅山)・16の注を參照。この山に住して禪風を鼓吹した四祖道信・五祖弘忍の禪風を指して東山法門という。『楞伽師資記』(七〇八)の神秀章には、則天武后との問答に、「(神秀)答えて云く、蘄州東山法門を稟く。(中略)則天曰く、若し修道を論ぜば、さらに東山法門に過ぎず」(T.85―1290b)とあり、また宋高僧傳卷八の神秀章では「忍と信と倶に東山に住す。故に其の法門を謂いて東山法門となす」(T.50―756b)とし、神會の『南陽和上問答雜徵義』や、劉禹錫の『牛頭山第一祖融大師新塔記』(全唐文六〇六)にも東山宗や東山法門の稱が見える。

眞諦三藏の記に應ずるなり(四―18)　眞諦三藏の「兩株の菩提樹下において無上乘を演べる菩薩僧がある」という豫言が、慧能によって樹下で東山の法門が開かれたことと一致したことを意味する。

眞諦三藏傳(四―18)　不明。このような記事を記す眞諦傳はない。

29

法門(四二―5)　佛の教え、眞理に至る門の意。ここでは禪宗の教えを指す。『楞伽師資記』の神秀章に、「冀くは法門を啓かんことを」(T.85―1290b)の語が見え、『傳法寶紀』の神秀章にも「忍・如・大通の世に及んで、則ち法門、大いに啓く」の語が見える。

われに法あり、…果にあらず(四―5)　眞實の佛法が名字、色量、去來等一切の相待的分別を絶したものであるということ。この考えは、『涅槃經』の佛性説に極めて近く、また後禪宗のスローガンとなる、教外別傳不立文字の語に要約される。黃檗希運(※～八五六?)も『傳心法要』の中で

此の心は無始より已來、曾て生ぜず、曾て滅せず、青ならず黃ならず、形なく相無く有無に屬せず、新舊を計せず、長に非ず短にあらず、大に非ず小に非ず、一切の限量名言、蹤跡對待を超過して、當體便ち是、念を動ずれば卽ち乖く。(T.48―379c)

と主張する。

荷澤寺の小沙彌神會あり(四二―9)　荷澤寺は洛陽(河南省)にある。小沙彌は慧能の偉大さに對する卑稱。また一三歳という年齢からみれば、小僧というほどの意。慧能の諸弟子の中で、後世最も重要な役割を果す神會のデーツについては、胡適氏が「新校定的敦煌寫本神會和尚遺著兩種」(歴史語言研究所集刊、第二九本)の中で、六七〇年～七六二年を主張され、これが一般に認められている。とすれば、儀鳳元年(六七六)四月に、一三歳の沙彌神會が慧能に相見したとする曹溪大師傳の說には無理がある。

佛の本源なり（四二10）　法が二邊を超えた佛の本來のすがたであることを表したもの。『梵網經』巻下に「故に光光は青黃赤白黑にあらず、色にあらず、心にあらず、有にあらず、無にあらず、因果の法にあらず。これ諸佛の本源、菩薩の根本、これ大衆諸佛子の根本なり」（**T.24－1004b**）とする戒の性格を參考にするならば、佛性さえも假りの名であるとする說がより明確となろう。

大師、沙彌を打つこと數下す（四二14）　慧能の神會に對する接得。神會の佛性に關する受け答えを肯ったことを意味する。

われ、なんじを打つ時、佛性、受くるやいなや（四三1）　慧能の神會への試問。警策を一打されたときに知覺では痛さを感ずるだろうが、佛性そのものは痛みを受けたかどうか、という意。

節節支解の時、瞋恨を生ぜず。これを無受と名づく（四三6）　『遺教經』に「汝等比丘、若し人有り來って節節に支解するとも、當心自ら心を攝めて瞋恨せしむること無かるべし」（**T.12－1111b**）とあるによる。骨や關節がバラバラになることがあっても、佛性は瞋恨を生じないのが、無受であるの意。

われ、身を忘れて道のためにす。…（四三6）　**18**の注參照。また無受こそが正受三昧とする主張は、三昧（**samādhi**）は正受とも漢譯し、心が靜かに統一されて、安らかになれば、何ものにも動かされないとする原意に近い。『楞伽師資記』の慧可の章に『六十華嚴經』巻七賢首菩薩品の句を引用して「華嚴經第七巻の中に說く、東方に正受に入りて西方に三昧より起ち、西方に正受に入りて東方に三昧より起つ。眼根の中に於て正受に入り、色法の中に於て三昧より起ち、色法の不思議なるを示現するに、一切の天人は能く知る莫し。色法の中に於て正受に入り、眼に於て定より起ちて念は亂れず。眼の生ずること無く自性無きことを觀じ、空にして寂滅して所有無きことを說く。乃至、耳・鼻・舌・身・意も亦復た是くの如し」（**T.85－1286b**）とある。

30

廣州龍興寺の經藏院（四三14）　**24**の注參照。曹溪大師傳はこの龍興寺の經藏院が、慧能開堂の制旨寺であると主張する。柳田聖山氏は、制旨寺を強調することが、見性を主張する南宗系の新しい禪思想の根據付けとなる『首楞嚴經』の存在と密接な關係があることを指摘するが（初期禪宗史書の研究 **p.232**）、この制旨寺と龍興寺經藏院が同じであるとする主張はまた、官寺の權威をかりての慧能顯彰ともいえよう。

31

高宗大帝（四四4）　在位六四九～六八三。名は治、字は爲善。特に道教を尊崇し、科擧の試驗に『老子道德經』を加えた皇帝として知られる。貞觀九年（六三五）に佛道肅淸の勅を出しており（舊唐書一）、實際には佛教保護者とはいえない。從って高宗の薛簡派遣の史實も疑問である。

安、秀の二德（四四6）　五祖弘忍門下の慧安（五八四～七〇九）と神秀（六〇四～七〇六）の二大德のこと。二人は則天武后に召され入內した。

頓に上乘を悟り、明らかに佛性を見る（四四8）　慧能が佛性の道理を頓悟したこと。上乘は最上の乘りもの、大乘至極の教えをいう。「見佛性」は「見性」ともいい、自己本具の佛性に目覺めることで、頓悟と共に後の南宗禪を貫く中心思想となる。

卽心是佛（四四9）　人々本具の心がそのまま佛であること。傳燈錄巻七の大梅法常章に「法常が初めて大寂（馬祖道一）に參じた時に問うた、佛とはいかなるものですか、大寂が答えていう、心そのものが佛である。師（法常）は卽座に大悟した」（**T.51－254c**）とあり、また黃檗希運の『傳心法要』にも強調される思想で、馬祖系の禪が隆盛なるに從って喧傳されるに至ったものであるが、既に神會の『南陽和上頓教解脫禪門直了性壇語』（神會和尚遺集 **p.247**）や、傳燈錄の南陽慧忠の語（**T.51－244b**）・司空本淨の語（**T.51－242b**）中にあるのをみると、この語は馬祖下の禪風のみに限定されるものではなく、むしろ六祖下の禪風の目

指すものとしてとらえることが可能であろう。

京城（四四12）　唐の都長安（陝西省西安府）のこと。

中使薛簡（四四13）　皇帝の勅書を曹溪に傳えた人という以外は傳歴不詳。中使は官名で宮中よりの使者の意。天子が個人的に派遣する內密な勅使。宋高僧傳卷八（T.50－755a）は中官、傳燈錄卷五（T.51－235c）は內侍、正宗記卷六（T.51－747c）は內供奉とする。柳田聖山氏は昭文館學士晉國公薛稷（舊唐書七三、唐書九八）を原型とした人ではないかとする（初期禪宗史書の研究 p. 240）。

釋迦惠能（四四16）　釋氏慧能の意。釋氏を用いたのは東晉の釋道安がはじめとされるが、釋迦の稱を用いた例は他に檢索しえない。

風疾（四五2）　中風・中氣のこと。

陛下の德は物外を包み…黎庶を仁慈す（四五2）　物外・蒼生・黎庶は共に衆生人民のこと。高宗帝の德化は萬民を悉く包攝し、あまねくいつくしみ、慈愛を垂れる意。高宗に對する最大の讚辭。

頓首頓首（四五5）　手紙文や上書などに用いて敬意を表す語。頭を下げ地をたたくようにする敬禮で、相手を尊重し自分をへり下る意。

京城の大德…この處あることなしや（四五7）　北宗禪の神秀や普寂が、坐禪觀心を主とする禪を強調したことを指す。東山法門と呼ばれる四祖道信や、五祖弘忍の禪風、あるいは大通神秀や嵩山普寂の禪風の特色が坐禪觀心にあったことは『楞伽師資記』や『觀心論』によって知られ、特に『觀心論』では、坐禪觀心こそ解脫のための唯一法であるとして、「豈ただ觀心のみ解脫を得るや。答えて曰く、誠に言ふ所の如きは虛妄無きなり」（T.85－1271b）とある。

道は心によって悟る。あに坐にあらんや（四五9）　佛道を明らめるとは、自己本具の心に目覺めることであり、坐禪の修不修には關らない意。同樣の文が祖堂集卷一八（影印本 p. 352a）仰山慧寂章に見える。

金剛經に、…また去るところなきを滅という（四五9）　『金剛經』威儀寂靜分に、「須菩提よ、若し有る人の言く、如來とは、若しくは來、若しくは去、若しくは坐、若しくは臥とせば、是の人は我が說く所の義を解せず、何を以ての故に、如來とは從來する所なく、また去る所無し、故に如來と名づく」（T. 8－766a）とあるによる。如來（tathāgata）の眞實義を示さんとするもので、如とは眞如の義。常恒不變の眞如であるから、去來坐臥に關らない意。

もし生滅なくんば…これ坐なり（四五12）　不去不來・不生不滅が如來の眞實のあり方であり、これがまた清淨の禪の當體である。また諸法本空の立場に立てば觀心などの禪定を假る必要はなくなり、これを眞實の坐とする義。如來清淨禪とは『禪源諸詮集都序』卷上「最上乘禪亦は如來清淨禪と名く。亦は一行三昧と名く、亦は眞如三昧と名く。此は是れ一切三昧の根本にして、若し能く念々修習せば、自然に漸く百千の三昧を得、達磨門下の展轉相傳するもの、是れ此の禪なり」（T.48－399b）とある大乘禪よりさらに上の達磨所傳の禪法を意味する。

燈の照を轉ずるがごとく、…明明盡くることなからん（四五17）　『維摩經』の菩薩品に「維摩詰言く、諸姉、ここに法門有り、名けて無盡燈という。汝等當にそれを學ぶべし。その無盡燈とは、譬えば一燈をもって百千燈に燃すが如し、冥き者皆明かなるも、しかも明は終に盡きざるなり。是の如く、諸姉、夫れ一り（ひと）の菩薩、百千の衆生を開導して阿耨多羅三藐三菩提心を發さしめなば、其の道意に於て亦滅盡せず、所說の法に隨いて、而も自ら一切の善法を增益すべし、是を無盡燈と名く」（T.14－543b）とあるのにより、慧能の教えが次々と廣まっていくことを譬える。

道に明暗なし…相待して名を立つるなり（四五18）　神會の『頓教解脫禪門直了性壇語』の中に、「知識の爲に聊か煩惱卽菩提の義を簡ぶ。虛空を擧げて喩と爲す。虛空は本動靜無く、明來れば是れ明家の空、暗來れば是れ暗家の空。暗空明に異ならず、明空暗に異ならず。虛空明暗自ら來去す。虛空本來動靜無く、煩惱と菩提と、其の義亦た然り。迷悟別に殊有りと雖も、菩提の性元異ならざるが如し」（神會和尙遺集 p. 244）などと譬えられるように、眞理には相對的な明も暗もないことを表す。

淨名經にいわく…相待なきがゆえに（四六2）　『維摩經』弟子品の「法は比有ること無し、相待無きが故に。法は因に屬せず、緣に在らざるが故に」（**T.14－540a**）を指す。眞理は比較されるものがない、それは相對分別を越えたものであるから、の意。

煩惱はすなわち菩提にして、二なく別なし（四六5）　現實のさまざまなる苦惱が、そのまま悟りの當體であり、別のものではない、の意。神會に同樣の譬えのあることは前注參照。

二乘の見解（四六6）　衆生本具の佛性を自覺せず、煩惱を段階的に解消して聖位に近づかんとする觀心的坐禪の立場をいう。

大乘の見解（四六8）　二乘の見解に對して達磨所傳の大乘至極の見解、如來淸淨禪の立場をいう。

涅槃經にいわく、明と無明と…すなわちこれ實性なり（四六8）　26の注參照。『維摩經』入不二法門品にも、「電天菩薩曰く、明と無明と二と爲す、無明の實性は卽ち明にして、明も亦一切數を取離すべからず、其の中に於て平等無二なる者、是れを不二法門に入ると爲す」（**T.14－551a**）とある。明（智慧）と無明（無智）とが不二なることを述べたもの。

實性、すなわちこれ佛性なり。…（四六10）　佛性が不變にして一切の相待を超えたものであるの意。『中論』觀因緣品の「不生亦不滅、不常亦不斷、不一亦不異、不來亦不出」（**T.30－1b**）を踏まえたもので、『證道歌』にも「無明の實性卽佛性、幻化の空身卽法身」（**T.48－395c**）とある。

外道の不生不滅と說くは、…ゆえに異なることあり（四六15）　外道も不生不滅を說くが、それも相待的なものであり、慧能の本來生滅に涉らない世界を不生不滅を說く立場とはまったく異なる、という意。

一切の善惡は、すべて思量することなかれ（四六18）　善惡等の相對に涉る思量を絕して、無爲無作に徹せよの意。神會の『南陽和上頓教解脫禪門直了性壇語』にも「知識よ、一切の善惡、總に思量すること莫れ」（神會和尙遺集 **p.236**）とある。

至道は遙かならず（四七4）　道を極めることは決して遙かなることではなく、卽今のありようがそのまま悟りの境界である、の意。『祖堂集』の慧可章に、慧可が達磨の教えを言下に大悟して、「今日乃ち知る、一切諸法、本來空寂なることを。今日乃ち知る、菩提遠からざることを。是の故に菩薩念を動かさずして、薩般若の海に至り、念を動かさずして、涅槃の岸に登る」（影印本 **p.37a**）と述べたとされるのに同じ。平井俊榮氏は、僧肇撰『肇論』不眞空論の「然れば則ち道遠からんや。事に觸れて而も眞なり。聖遠からんや、之を體せば卽ち神なり」（**T.45－153a**）という表現に酷似しているとする（中國般若思想史研究 **p.698**）。

觸目菩提（四七5）　目に觸れるものがそのまま菩提（さとり）の現れにほかならないこと。

佛性は善惡を念ぜず、…諸惑のために遷せられざることを（四七5）　佛性は、善惡等の相待に涉ることなく、また慮知念覺の對象となるものでもなく、不生不滅にして、一切の外界に對して常寂であること。

磨衲の袈裟一領（四七10）　磨衲は意味不明。『禪林象器箋』には、高麗產の貴重な絹織物という說あり。領は衣服を數える量詞。

絹五百疋（四七10）　疋は布の長さの單位で、匹に同じ。一匹は四〇尺（四丈）、一尺は三一・一センチメートル。五百疋は現今の約六二二メートル。疋は八丈の長さともいわれる。

福田（四七12）　幸福を生み育てる田地。尊崇・供養することによって幸福を生むということから、田に譬えられたもの。また人々に福德を授け幸福を生ぜしめることから、高僧等を指す。ここでは後者の意。

淨名の疾に託し…（四七12）　淨名も金粟も維摩居士のこと。『維摩經』に說かれる、維摩居士が病になって、文殊の見舞を受け、入不二の法門を開演するに至る機緣を指す。

毗耶（四七14）　毗耶離（Vaiśālī）城のこと。中印度にあった國の名。佛在世當時は頗る繁榮し、佛教遺跡も多い。維摩居士はこの地の長者とされる。

如來知見（四七15）　佛知見 **tathāgata-jñāna-darśana** とも。佛陀の完全なる智慧のこと。ここでは如來の正法眼藏のこと。

積善の餘慶（四七16）　『易經』文言にも「積善之家、必ず餘慶有り」とあ

る。善行を積み重ねた家には、その報いとして子孫にまで及ぶ幸福がある、の意。

頓なる上乘の佛心第一（四七17）　頓悟を說く達磨所傳の最上乘禪、卽ち佛心そのものの意。

32

百姓（四八6）　多くの官吏の意味もあるが、ここでは多くの民、人民、庶民。

佛殿（四八7）　釋迦牟尼佛または毘盧舍那佛の像を中心に菩薩や神將の像を安置する殿堂。また大雄殿と稱される。禪宗で佛殿が伽藍の主要な建物として登場するのは唐末・五代、あるいは北宋まで時代が下るともいわれるが、本書で佛殿が主要な建物として登場するのは注目される。

經坊（四八7）　一般には經藏・經堂のことで、經典類を收めておく堂のことであるが、30の注に「廣州龍興寺の經藏院は大師の開法の堂である」とあったように、ここの經坊も經藏院と同樣に、慧能が止住した寶林寺內の堂、あるいは方丈の意とみられる。

法泉寺（四八7）　寶林寺內にある慧能が止住した坊に附けられた寺額。『唐大和尚東征傳』によれば、鑑眞（六九二〜七六三）は、第五次渡航計畫に失敗して雷州を經て北上する途中、「韶州の官人は法泉寺に迎え入れた。この寺は則天武后が慧能のために作ったもので、慧能の影像が現存する」（T.51−991c）とあり、當時存したことが知られる。

國恩寺（四八8）　本書一八五頁參照。

33

翁山寺の僧靈振（四八14）　曹溪大師傳にのみ登場する僧で、慧能が國恩寺を修復にゆくにのぞみ、法を諮問すべき人として推擧されたが、慧能が遷化するや、「大象すでに去れば小象も又隨う」といって右脇にして遷化した。翁山寺については不明。

34

龕塔（四九3）　**龕**は元來、岩を掘って室とし、佛・菩薩の像を安置する廚子、また死體を入れる棺の意。ここでは死を豫期して死後に死體を收めるために作った塔。

廊宇なおいまだ功を畢らざるに（四九4）　新州國恩寺の回廊およびひさしやのきなどがいまだできあがっていないこと。

36

法は付囑せず、また人の得ることなし（四九11）　法は付囑・不付囑や、得・不得に在るのではなく、法のありかたが能所を超え、對を絕したものであることを示したもの。

神會問う、「大師、傳法の袈裟、いかんが傳えざる」と…（四九12）　衣と法は一體であるが、衣にとらわれるならば、外の形式にかかずらって、眞の法を見失うから、衣はこれ以上傳える必要のないことを示し、慧能以降には以前と異なって大いに禪が盛んとなることを豫告したもの。ここでは衣を傳えなくても、禪の發展が豫想されることを前提とし、また實際に傳衣を受けた慧能に危害を加えようとした例があることから傳衣者の將來を危惧したもの。

わが滅後七十年のち…（四九14）　慧能の示寂は先天二年（七一三）であるから、滅後七〇年は、七八三年頃に當る。在家と出家の二菩薩は具體的には不明であるが、柳田聖山氏は、孝感皇帝の勅召によって、傳衣を捧げて入內する曹溪の守塔僧惠象と家人永和を指すと推測する（初期禪宗史書の研究p.222）。勅召が乾元二年（七五九）で、傳衣を曹溪に還すときの勅語が永泰元年（七六五）であるから、七〇年の數にはあわないが、曹溪大師傳が寂後七一年の建中二年（七八一）の成立と考えられるから妥當な推測と思われる。

われこの衣を持するに、三遍刺客ありて…（四九18）　三度刺客にねらわれた具體的な例は示されないが、傳衣された者に危害が加えられる事

實があったことを示して、傳法の衣を傳えていくことがいかに困難なことであるかを表したもの。

加行（五〇3） 菩提に趣くための準備的な方便・手段としての修行や努力精進のこと。

38

端坐し、遷化す（五〇8） 端坐は正身端坐のこと。坐禪したまま遷化すること。いわゆる坐脱のこと。

39

滅度の日、煙雲暴かに起り…樹において悲鳴す（五〇12） 六祖の滅度に際しての奇瑞。特に自然界の現象や鳥までもその思慕から悲痛の情を示したというもの。釋尊の入滅涅槃時の情況を想定し、これに擬したものとみられる。奇瑞については本書二〇四頁「慧能傳の變遷」の38項參照。

大師、新州にて廣果寺に亡ず（五〇18） 石井本神會錄の慧能章では、新州の故宅を寺として國恩寺と名づけ、慧能はここで入寂するとされる（鈴木・公田校訂本神會錄 p. 62～63）が、この國恩寺と廣果寺との關係は明らかでない。新州廣果寺は韶州廣果寺との混同とみられる。詳しくは本書二〇五～二〇六頁參照。

三七齋（五一7） 中陰忌（齋七）の一。死後二一日目の齋會。

經にいわく、大象すでに去れば、小象もまた隨う、と（五一9） 『大智度論』巻二に「憍梵鉢提、妙衆第一大德僧に稽首し禮す、佛滅度を聞いて、我隨い去ること、大象去りて象子隨うが如し」（T. 25－69a）とあるによる。大象（慧能）が沒した後には、小象（靈振）もそれに從って沒する意。師弟の親密さを表す。

中夜（五一10） 夜間を三分した上夜、中夜、後夜の一つで、夜の九時から午前一時まで、あるいは一〇時から二時まで。中分ともいう。

右脇（五一10） 遷化の際、頭を北にし、右脇を下にして横臥すること、獅子臥ともいう。釋尊遷化の故事にならったもの。李華が玉泉惠眞（六七三～七五一）のために撰した『荊州南泉大雲寺故蘭若和尚碑』にも、「天寶十年二月既望、北首右脇にして臥し、禪定に入り、中夜にして滅す」（全唐文巻三一九）とある。

40

崇一（五一17） 六祖の弟子とされるが、曹溪大師傳以外の資料にはまったく見出すことができない。ただし、傳燈錄巻五（T. 51－235b）に、慧能の弟子として宗一禪師なる人が名前だけ知られている。

大師の頭頸…（五一18） 慧能のくびを鐵でもって封じ、全身をにかわとうるしで固めたこと。すでに六祖の遺體をめぐって爭いがあったことを前提し、後に首が盗み去られることの伏線ともなる。

41

神を遷して龕に入る（五二4） 慧能の遺體を龕に入れたこと。神は人間以上の靈力を有する存在で、ここでは六祖の遺體が神格化されたあり方を示す。

42

一孝子（五二8） 敬愛の眞心をもって慧能を供養せんとした人。刺客と一孝子とは同一人か別人かは不明であるが、孝子という表現からみれば、惡意によるものではなく、慧能を供養せんとする善心から出た行爲と曹溪大師傳の作者はみている。

43

行滔（五二15） 宋高僧傳巻八（T. 50－755c）や傳燈錄巻五（T. 51－244a）では令韜とされる。吉州（江西省）の人、俗姓は張氏。六祖慧能の法嗣で、慧能滅後はその衣塔守となり、傳衣を守ること四五年とされる。曹溪大師傳では乾元二年（七五九）示寂、世壽八九とされるが、傳燈錄では

上元元年（七六〇）示寂、世壽九五という。大曉禪師と諡された。

44

殿中侍御史韋據（五三1） 慧能の弟子中唯一人の居士。慧能を大梵寺に請じて法輪を轉ぜしめ、また無相心地戒を人々に授けることを請うた人。殿中侍御史とは官名で、非違を糾明し不法を彈劾することを職とする。法海と共に神會語錄の慧能章にはじめて出てくる人で、本來は牛頭關係の人ではないかともいわれ、張九齡の『故韶州司馬韋府君墓誌銘』（全唐文二九三）の韋氏に擬せられている（初期禪宗史書の研究 **p. 204**）。

大師のために碑を立つ（五三1） 慧能の建碑については、法寶記によれば、「開元七年（七一九）、この碑は人に削り取られたので、改刻して別に碑を造った。近代になってさらに侍郎宋鼎が碑文を撰した」（**T. 51－182c**）とある。韋據の碑なるものは現存しないし、また歷史的事實も疑われている。

45

北宗（五三4） 南宗の對。神秀門下で、主として長安・洛陽方面に化を布いた人々の系統をいう。神會の『菩提達摩南宗定是非論』における便宜的呼稱。後には宗密の『中華傳心地禪門師資承襲圖』にあるように（**Z. 2, 15－5－433d**）、いわゆる南能北秀を南頓北漸の價值觀によって北宗の神秀門下を貶稱していくようになる。もちろん彼等が「北宗」と自ら稱したことはない。

武平一（五三4） 潁川郡（河南省）王載德の子。『新唐書』一一九に傳あり。『大照禪師塔銘』（全唐文二六二）などの記事により神秀・普寂系統の人々と親しかったことが知られる。彼が嶺南に赴いたことはなかったようであるから磨碑の張本人ではなかろう。なお宋高僧傳卷六・慧能章末尾の、懷讓が巨鐘を鑄たときに武平一が銘を作り、宋之問が文を作ったという記事は、彼の評價が上昇したことを表し、本書の記事と相違する。

46

潭州の瑝禪師（五三8） 潭州は湖南省湖江道長沙縣。瑝禪師は弘忍の門下で、後に六祖の許に行く。祖堂集卷三智策和尚章には智皇禪師とある（影印本 **p. 66c**）。また宗鏡錄卷九七には智隍（**T. 48－941a**）、傳燈錄卷五には河北智隍禪師（**T. 51－237c**）とある。

長沙の祿山寺（五三9） 不明。麓山寺か。湖南省長沙府の善化縣西嶽麓山に晋の太始元年（三五五）の創建で、嶽麓寺また麓山寺という寺があり、それが鹿苑寺となり次に萬壽寺になったとされる。〔大明一統志六三〕〔大淸一統志二七六〕

大榮禪師（五三10） 左溪玄朗や永嘉玄覺と親交のあった東陽玄策か。祖堂集卷三には六祖の門人として智策和尚がおり（影印本 **p. 65b**）、同じく一宿覺和尚（永嘉玄覺）の章には神策（影印本 **p. 70a**）、宗鏡錄卷九七には智策和尚（**T. 48－940c**）、傳燈錄卷五では婺州玄策禪師（**T. 51－243c**）、宋高僧傳卷八の玄覺傳には東陽策禪師が見える（**T. 50－758a**）。柳田聖山氏は、李華の『衢州龍興寺故律師體公碑』（全唐文三一九）に見える衢州策律師の脫化ではないかとする（初期禪宗史書の研究 **p. 277**）。

入定の時に當りて有心なるや…（五三13） 入定すなわち禪定に入って長年修行している智瑝の力量を試そうとする大榮の問。有心無心の詮議は佛道修行の上でいずれも一方に偏するものであるから否定される。ここでは有心を一切衆生、無心を草木瓦礫に當て、智瑝自身がその有心無心に徹底した坐禪をしているかをたずねたもの。祖堂集卷三の智策和尚章、傳燈錄卷五の婺州玄策禪師章などにも、この智隍禪師との問答がある。

もし有無の心なくんば…（五三17） 智瑝の不徹底な坐禪に對する大榮の批判。「常の定」とは墮性的習禪を指し、有無の兩邊を離れた自由無礙の坐禪をなすべきを暗に示した。

大師、榮に、不定、不亂、不坐、不禪、これ如來禪なりと教う（五四2） 慧能の垂示。「不定、不亂、不坐、不禪」は定・亂とか、坐・禪などの

區別を破し、それらを越えたもの。如來禪については注31參照。

五蘊は有にあらず、六塵の體は空なり…(五四3)　智隍の開悟を表す語。無分別の眞理を體得したもの。有無に著せず空をも離れた自在無礙の心境。五蘊は色・受・想・行・識のことで肉體や精神をいう。六塵とは色・聲・香・味・觸・法の六境のことで、衆生の心を染汚するので塵といわれる。祖堂集卷三の智策和尚章には、智策が慧能の禪定について「妙湛にして圓寂、體用は如如なり。五陰は本より空にして六塵は有にあらず。不出不入不定不亂なり。禪の性は無住にして住を離れたるが禪寂(家か)なり。禪の性は無性にして性を離れたるが禪の相なり。心は虚空の如く、また虚空の量ることとなし」(影印本p.66a)と説き示したが、智隍まだ疑念を息めず、南に向って旅立ち慧能に相見、慧能も上のごとく説くのを聞き、智隍は言下に大悟したとする。

合郭(五四8)　不明。隍禪師の舊居、長沙の祿山寺の邊であろうか。

47

廣州の節度韋利見(五四14)　傳不詳。節度は、軍糧や領兵の管掌、外藩鎭撫の任に當った節度使のこと。

孝感皇帝(五四15)　肅宗(在位七五六~七六二)のこと。

中使劉楚江(五四18)　傳不詳。中使は31の注を參照。

僧惠象(五五3)　行滔の弟子。宋高僧傳卷八慧能章には明象とある(T.50−755c)。

家人永和(五五4)　傳不詳。家人とは下僕。ここでは正式に出家していないが、寺に寄住している人の意。

紫羅の袈裟(五五6)　高價な袈裟。紫色の羅沙地のものか、または紫色のうすぎぬの袈裟。

建興寺を改めて國寧寺となし(五五7)　曹溪大師傳の標題に、「寶林山國寧寺」とあり、これを一般に寶林寺という。なお『廣燈錄』卷七の慧能章の末尾に『南越記』の記事として寶林寺の沿革について「神龍中に中興といい、法泉といい、後三年して廣果といい、開元九年に建興という。肅宗は國寧寺といい、宣宗は南華という」(Z.2乙,8−4−325a)とある。しかし宋の姚寬の『西溪叢語』にも引用がある『南越記』なる文獻はいかなるものか不明であり、この記事は諸説を會通した感がある。

寶福寺(五五8)　行滔が勅額下賜されたという寺名であるが、記事そのものの眞僞は不明。先の國寧寺と共に、唐室との關係を強調するものであろう。

沙門、臣惠象(五五13)　沙門とは、梵語 **sramaṇa** の音寫で出家者のこと。廬山の慧遠(三三四~四一六)が『沙門不敬王者論』を著しているように、出家者が王に臣と稱したり禮拜するに及ばないことが理想。贊寧の『大宋僧史略』卷下の「對王者稱謂」の條にこの惠象(明象)が上表して臣と稱したのが初出とされる(T.54−251c)。

達磨大師より已來、轉たあい傳授し(五五14)　達磨が法を傳える證據として袈裟を慧可に授けて以來、慧能まで傳わっているということ。これは神會の『菩提達摩南宗定是非論』に、南宗のみが達磨の正統とされる理由は、達磨の袈裟が慧能に傳授されていることにあるとあり(神會和尚遺集p.263)、神會の作爲的捏造であり史實ではなかろう。しかし、この主張は法寶記などにも採用され禪宗の定説となった。

髻珠(五六2)　法華七喩の一。髻の中の貴重な珠、轉じて一乘法をいう。『法華經』安樂行品に、轉輪聖王が諸國を討伐するに際して、兵たちのうち最大の功績者に自分の髻中の珠を與えようといったとされ(T.9−38c)、この轉輪聖王は如來、髻は二乘方便教(小乘)、珠は一乘眞實教(大乘)の喩えとされる。

一朝亡歿し、明時を奄棄す(五六3)　行滔が突然に死亡して、あきらかに治まっているこの御世より去ったこと。

神靈(五六4)　一種の人格性を持った神、また精靈や靈魂の超自然的觀念。神格化された行滔を指す。

炎方(五六12)　南方炎熱の地のこと。杜甫の望嶽詩に「欻吸領地靈、鴻洞此炎方」とある。

神（五六15）　たましい、人の精靈の意。

48

中使程京杞（五七3）　傳不詳。中使は31の注を參照。

和香（五七3）　種々の香抹をまぜあわせたもの。

49

寶應元皇帝（五七10）　代宗（在位七六二～七七九）皇帝のこと。寶應の元號は肅宗の上元の後で、代宗が七六二年に改めている。なお、この勅語のみが傳燈錄卷三と『全唐文』卷四八の慧能章に採用されているが、歷史的資料としての價値はほとんどない。

惣持寺（五七10）　西京（長安）の惣持寺は『兩京新記』卷三によると皇城西第三街之一三坊（永陽）、半已西の位置にあった。隋の大業九年（六一三）煬帝が父文帝の爲に立てた寺で初め禪定寺といった。その後、武德元年（六一八）に改めて惣持寺となした。なお前掲書には「大惣持寺」に作る。（唐代の長安と洛陽、唐6・7）

楊鑑卿（五七12）　傳不詳。光緒九年（一八八三）刊德異本の末尾に附す令韜錄には楊緘、傳燈錄卷五の慧能章には楊瑊となっている。卿は執政の大臣や大將に與えられる爵位であるが、ここでは君が臣を呼ぶ稱。

鎭國大將軍楊崇景（五七13）　傳不詳。德異本壇經には劉崇景とある。鎭國は國を鎭定する意である。なお唐の上元（七六〇～七六二）の初め、華州（現、陝西省華縣）に鎭國節度使が置かれた。

50

瓦窯匠（五八4）　瓦を燒く職工、瓦師・瓦匠。

齋を設けしむ（五八5）　朝の食事の粥に對する正午の食事を齋といい、後に佛事法要の時に食を供養するのを意味するようになった。ここでは食事の供養を設けること。

稽告（五八6）　稽は敬禮法の一で、頭を地につけて敬禮すること。つつしんで告げる、うやうやしく申し上げること。

遠忌（五八11）　年忌は人の死後、死者の祥月命日に佛事供養をすることで七日ごとに齋會し、百箇日、一周忌、三年忌を行うのが通常のならわしである。毎年行われたところに慧能に對する追薦供養の意がこめられており、そこに特異性が存する。ここで遠忌とあるのは、年忌と同じ意味であって、日本で百回忌から五〇年ごとに行うのを指すのではない。

貞（元）**十九　二月十三日畢る**（五九2）　この年記は、從來より樣々な論議をかもすところ。代表的な説を揭げると、㈠年記そのものを本文とは別筆とみる內藤説、㈡底本の「貞十九」を「貞元十九年」（八〇三）とみて、最澄入唐の前年に當るところから、唐人の書寫年記を本文共にそのまま轉寫した最澄の筆とみる松本説、㈢本文及び元來「九月巳日」とだけ存した奧書の最澄自筆將來本を、祖芳が現形のごとくに改竄したとみる牛場説、等がある。本書の解説箇所（二〇頁～二一頁）參照。

傳後

應無所住而生其心（五九6）　『金剛般若經』の語（T.8－749c）。本經は羅什・流支の兩譯が存するが、禪宗で當時重んぜられたのは羅什譯。一切の諸法には、實體が存するのではなく、あらゆるところに心を留めることがなければ、自由無礙なる清淨が現れるという意味。

諸傳の載するところ（五九7）　前項の語句が、『天聖廣燈錄』卷七（Z.2乙、8－4－323c）に最初にみえ、『嘉泰普燈錄』卷一（Z.2乙、10－1－22a）や『五燈會元』卷一（Z.2乙、11－19a）等に承け繼がれ、更に德異本壇經にもみえるから、諸傳とはこれらの文獻を指す。

『壇經』のみ記していわく…（五九7）　宗寶本壇經（T.48－349a）にみえる文。

米の熟すること久し。…（五九12）　宗寶本壇經にみえる文（T.48－349a）。米は充分に搗きあげたが、最後の仕上げをする篩を使っていない。慧能の心境はまったく大悟の境界に到達してはいるが、師の證明を得て

大法を相傳するという決着がまだである、という意。

『續叢林公論』（五九15）　淳熙一六年（一一八九）に成立した者庵慧彬の『叢林公論』一巻を承けて、四明の竺仙梵僊（一二九二〜一三四八）が撰したものと思われるが、現在不傳。

古本『壇經』（五九17）　一客の『金剛經』を誦するを聞き、「應無所住而生其心」の語に至って豁然と開悟したとする『壇經』は、德異本系の元延祐三年高麗刻本、及び明版大藏經の南藏本壇經のみ。

秀禪師の偈に和する（六〇1）　神秀が呈した悟道の偈に對して、慧能も偈を呈示したこと。本書第二章の二「慧能傳の變遷」18碓坊生活・悟道の偈（一一八頁）參照。

今の『壇經』にいわく…（六〇3）　「恰至應無所住而生其心……」とする『壇經』は、興聖寺本・大乘寺本・金山天寧寺本、及び慶元本系の諸本で、宗寶本壇經もこれに近いが、祖芳が何を根據に「古本壇經」と「今の壇經」を區別するかは不明。

世尊、多子塔前において…（六〇12）　『聯燈會要』巻一（Z.2乙,9—3—221a）や『五燈會元』巻一（Z.2乙,11—1—4a）などに出ず。靈山會上の附法に對する、多子塔前の附法の因緣。

忠國師いわく、…（六〇13）　慧能の弟子の南陽慧忠國師（※〜七五五）の語で、景德傳燈錄巻二八（T.51—438a）に出ず。

山田大介（六一2）　『曹溪大師傳』解題（本書一一頁）參照。

天野丈右衞門（六一2）　『曹溪大師傳』解題（本書一一頁）參照。

請來進官錄（六一14）　傳教大師最澄の入唐將來目錄たる『傳教大師將來越州錄』のこと。

劖劂氏（六一17）　彫刻師、版木屋のこと。

第二章　慧能の傳記研究

第一節　基礎資料一八種について

1　瘞髮塔記（六七六）

具には『光孝寺瘞髮塔記』といい、法性寺（光孝寺の別名）住持の法才が、儀鳳元年（六七六）二月八日、印宗法師（六二七〜七一三）による六祖慧能（六三八〜七一三）の剃度を記念し、その髮をうずめて建てたという塔記で、慧能生前中に成った唯一にして最古の資料として重視される。

本文は『全唐文』巻九一二、『光孝寺志』巻一〇、『廣東通志』巻二二九、等に收錄されているが、昭和四二年（一九六七）に、『全唐文』本を底本とする柳田聖山氏の校注が、その著『初期禪宗史書の研究』（pp.535—538）に收錄された。本書が依ったのは、この柳田氏の校訂本である。

2　王維の碑銘（〜七六一）

荷澤神會（六七〇〜七六二）に參じた詩人の王維（七〇〇〜七六一）が、その晚年に恐らく神會の依賴によって書いたとみられている六祖慧能の碑銘で、具には『六祖能禪師碑銘』という。王維自身の序が附されているが、製作年時については記載がない。本文は『唐文粹』巻六三、『王右丞集箋注』巻二五、『類箋唐王右丞文集』巻三、『全唐文』巻三二七、『廣東通志』巻二〇一に收錄されているが、『瘞髮塔記』同樣、昭和四二年（一九六七）『唐文粹』本を底本とする柳田聖山氏の校注が、その著『初期禪宗史書の研究』（pp.539—558）に收錄された。本書が依ったのは、この柳田氏の校訂本である。

3　神會語錄（〜七九二）

荷澤神會（六七〇〜七六二）が道俗の修行者と交わした問答の記錄で、一般に『神會語錄』の名で呼ばれるが、それには三種ある。いずれも敦煌出土本で、第一は民國一五年（一九二六）胡適氏がパリで發見したペリオ三〇四七の前半で、前後五〇の問答からなり、開元（七一三〜七四一）初年に神會が南陽龍興寺に住してより開元二〇年（七三二）滑臺で北宗攻擊を行う頃までの間に道俗と交わした問答の記錄である。民國一九年（一九三〇）に胡適氏が校訂し、神會に關す

る他の二資料と共に『神會和尚遺集』に收錄した。第二は、わが石井光雄（積翠軒）氏舊藏の敦煌本で、唐貞元八年（七九二）一〇月二二日の勘記があり、首部若干を缺くのみで本文の大半を存し、末尾に達磨より慧能に至る六代の略傳と『大乘頓教頌并序』を附したものである。昭和九年（一九三四）鈴木大拙・公田連太郎兩氏の校訂により、『荷澤神會禪師語錄』と題して出版された。第三は、昭和三一年（一九五六）京都大學人文科學研究所でスタイン文書の寫眞を調査された入矢義高氏が發見したスタイン六五五七で、卷首に唐山主簿劉澄の序があり、『南陽和尚問答雜徵義』という本來の標題が知られるに至ったものである。民國四九年（一九六〇）胡適氏が校訂して『中央研究院歷史語言研究所集刊外篇第四種』に發表された。

以上の三種は、胡適氏によれば、第三のスタイン本が最も古く、神會の南陽時代の末期頃の編集、次いで第一のペリオ本が神會の洛陽荷澤寺時代、第二の石井本は神會滅後における門弟の增訂とされているが、柳田氏は石井本の末尾に附された達磨より慧能に至る六代の略傳について、これが『菩提達摩南宗定是非論』の序に『師資血脈傳』の名で呼ばれているものに相當し、本來別行していたものが編者によって加えられたとみておられる（『初期禪宗史書の研究』p.187）。今本書が必要としたのは、この『師資血脈傳』であり、當然ながらそれを有する石井本を校訂した鈴木・公田校訂本に依ったのである。

4　歷代法寶記（七七五〜）

初期禪宗燈史の一つで、五祖弘忍以後、その十大弟子の一人劍南（四川省成都縣）智詵（六〇九〜七〇二）から處寂（六四八〜七三四）、淨衆寺無相（六八四〜七六二）、保唐寺無住（七一四〜七七四）の四世にわたる師資相承を主張し、四川の淨衆寺、保唐寺を中心として榮えた、いわゆる淨衆宗・保唐宗系の禪を組織體系化したもので、無住の滅（七七四）後間もなくその弟子によって編纂されたとみられている。特に荷澤神會（六七〇〜七六二）の創唱した傳衣相承說を承け、六祖慧能にまで傳えられた傳衣が則天武后によって取り替えられ、これが智詵の手に渡り、無住に至る四世に傳承されたという獨特の主張にその特色がある。したがって本來は達磨から五祖弘忍を經て智詵への傳燈を主張する燈史でありながら、六祖慧能の存在を承認し、達磨から六祖慧能に至る六代の傳記は、3の神會語錄で述べた石井本の末尾にある『師資血脈傳』にほぼ依っており、慧能傳についてもこの兩者が極めて密接な關係にあることは、本論の「慧能傳の變遷」で明らかにされるであろう。

原本はすべて敦煌出土本で、スタイン本に五一六、一六一一、一七七六、五九一六の四種、ペリオ本に二一二五、三七一七、三七二七の三種、それにわが石井光雄（積翠軒）氏舊藏本と八種の異本の存在が知られているが、首尾完全なのはペリオ二一二五で、本田義英氏がそのロートグラフをパリより將來して龍谷大學圖書館に收藏し、

また矢吹慶輝氏がロンドン大英博物館で發見したスタイン五一六も、ほぼ完全で、ペリオ二一二五を底本とし、スタイン五一六を對校したものが、昭和二年（一九二七）『大正新脩大藏經』巻五一に收錄され、矢吹氏はスタイン五一六の影印を昭和五年（一九三〇）『鳴沙餘韻』七六―IIに收められた。その後一九三五年、奉天の金九經氏が、『大正新脩大藏經』本と同じテキストによる校訂を『薑園叢書』の一巻として出版された。なお昭和五一年（一九七六）六月、かねてから繼續出版されている筑摩書房の禪の語錄シリーズ二〇巻中の第三巻に、『初期の禪史II』として、柳田聖山氏の校訂、譯注が上梓された。本書が依ったのは、この柳田氏校訂本が間に合わなかったため、金九經氏校訂になる『薑園叢書』本である。

5　曹溪大師傳（七八一～）

本書に關しては、研究篇第一章第一節の「曹溪大師傳について」（本書八～二四頁）を參照されたい。

6　敦煌本壇經（七八一～八〇一）

現存する『壇經』の異本は一〇種に餘るといわれているが、現存唯一にして最古のテキストが敦煌本『壇經』で、原題は『南宗頓教最上大乘摩訶般若波羅蜜經、六祖惠能大師於韶州大梵寺施法壇經一巻、兼受無相戒弘法弟子法海集記』という。六祖慧能（六三八～七一三）が韶州（廣東省）大梵寺の戒壇で、授戒に際して道俗に行った禪の要諦についての説法を、弟子の法海が記錄したいわば「慧能語錄」であるが、既に早く六祖の門人南陽慧忠（～七七五）がその改變を慨嘆するほどに、その成立當初から問題のあった書である。したがってその作者については、『壇經』主要部分を神會（六七〇～七六二）作とする胡適氏、久野芳隆氏、神會又は神會一派の作とする矢吹慶輝氏、關口眞大氏、慧能の説法集に一部附加されたとする鈴木大拙氏、その附加を神會一派によるとする宇井伯壽氏等、諸説が次々と出されて容易に結論が導き出されなかったものである。しかし昭和四二年（一九六七）柳田聖山氏が『初期禪宗史書の研究』で、最古層をなす部分は牛頭系の説で、その編者は鶴林玄素（六六八～七五二）の門人法海であり、後にそれが南宗慧能系のものとして改變されたという推定をされ、改變前の牛頭系の『壇經』を古本『壇經』と呼び、改變後の南宗慧能系の『壇經』が今日存在する敦煌本『壇經』であるという新説を出され、學界に大きな波紋を投げかけられた。しかし昭和五一年（一九七六）に禪の語錄シリーズ二〇巻の第四巻として、興聖寺本を底本とした譯注を出版された中川孝氏は、その解説で『壇經』の成立について關説され、特に敦煌本については、慧能の授戒と説法とを法海が抄錄した祖本に、慧能の法嗣荷澤神會が祖統説その他を增補して一本としたもので（中川氏はこれを六祖の法孫の人々に傳寫され、後に惠昕本として興聖寺本、大乘寺本、天寧寺舊藏東北大本等に分か

れて傳えられた『壇經』とされる)、これにさらに曹溪山の僧徒が一部分加筆改變して(中川氏はこれを南陽慧忠が「鄙譚を添糅して聖意を削除し、後徒を惑亂している」と慨嘆した『壇經』とされる)同山に傳え、後に敦煌や西夏にもその書寫本及び譯本が傳えられたものとされた。すなわち、柳田氏が問題とされた編者の法海その人については特に觸れるところはないが、敦煌本については、慧能の説法集に神會が增補して一本となし、さらにそれを南方曹溪山の僧徒が一部加筆改變したものという見解を出された。この見解は同じく昭和五一年(一九七六)三月發行の『印度學佛教學研究』二四卷二號に發表された同氏の「『六祖壇經』の改換——鄙譚の添糅と聖意の削除の問題——」と題する論文でも主張されている。したがってここに『興聖寺本』を譯注の底本に選ばれた氏の意圖が窺われるのであるが、特に氏は、宇井伯壽氏が『第二禪宗史研究』の「壇經考」にて、最古の敦煌本をテキストとしてその內容全體を批判しながら、テキストの吟味には他の三本(興聖寺本、大乘寺本、天寧寺舊藏東北大本)との比較對校が見られず、しかも鄙譚と思われる部分の排除に努めながら、聖意の削除された部分を補う面には觸れられていない點を指摘され、『壇經』の正しい解讀のためには、古本の四部(敦煌本、興聖寺本、大乘寺本、天寧寺舊藏東北大本)をそれぞれ對校し、そこに含まれる六祖慧能の姿を窺うことにより、その正しい思想を把握してゆくべきではないか、との提言をされ、自ら聖意の削除の復元について若干の考察をされている。氏のこの提言を俟つまでもなく、『壇經』諸本の比較檢討は最も重要な研究課題であり、本書が資料篇に『壇經』の五本對校を揭げたのも、こうした學界の今日的要請に應えようと意圖したものである。

敦煌本『壇經』には今日見ることのできるスタイン五四七五のほかに敦煌の任子宜氏所藏とされるもの、旅順博物館舊藏とされるものの二本の存在したことが報じられているが、これらは共に今日所在不明であり、したがってスタイン五四七五の存在は貴重である。これは矢吹慶輝氏がロンドンで發見され、昭和三年(一九二八)『大正新脩大藏經』卷四八に收められるとともに、昭和五年(一九三〇)その影印が氏の『鳴沙餘韻』に收錄されて以來、一般に知られるようになった。その後昭和九年(一九三四)鈴木大拙氏が公田連太郎氏と共に宋、元の刊本と校訂し、『敦煌出土六祖壇經』として出版され、昭和一三年(一九三八)には川上天山氏により西夏語譯の存在も報じられた。さらに昭和一六年(一九四一)には宇井伯壽氏による校訂譯注が、その著『第二禪宗史研究』に「壇經考」として收錄された。近年に至るとこれが外國人學者の注目するところとなり、昭和三八年(一九六三)には **Wing-tsit Chan** 氏、昭和四二年(一九六七)には **Philip B. Yampolsky** 氏が各々本文校訂とその英譯を出版され、また昭和四九年(一九七四)には柳田聖山氏による現代語譯が、世界の名著シリーズの續三『禪語錄』に收められたのである。こうして、敦煌本『壇經』はその發見以來今日まで影印、校訂、譯注、英譯、現代語譯をはじめ種々の面からの研究が、約半世紀にわたっ

て續けられてきたものであり、しかも尚多くの問題が遺されているのである。尚、この敦煌本『壇經』の系統のものとしては、圓仁將來本、無著道忠舊藏とされる高麗古刊本の存在したことが知られるが、兩者共に今日その所在は不明であり、したがってスタイン五四七五は、當初に述べたごとく現存唯一最古のテキストとして高い價値を持つものということができよう。尚本書が依ったのは、鈴木・公田兩氏校訂の『敦煌出土六祖壇經』である。

7　柳宗元の碑銘（八一六）

具には『曹溪第六祖賜諡大鑒禪師碑并序』という。唐の憲宗（八〇五～八二〇在位）が元和一一年（八一六）、南海經略使馬總の上奏によって大鑒禪師と謚し、塔を靈照之塔と號せしめた際に、柳宗元が請われて書いたもの。本文は『全唐文』巻五八七と明藏本『壇經』の末尾附錄中に存し、明藏本『壇經』は『縮刷藏經』『卍版續藏經』及び『大正新脩大藏經』巻四八に收錄され、別に貝葉書院刊本がある。昭和一三年（一九三八）貝葉書院刊本を底本とした譯が榑林皓堂氏によってなされて『國譯一切經』諸宗部九に收錄され、更に昭和四八年（一九七三）『大正新脩大藏經』本を底本とした譯注が柳田聖山氏によってなされ、世界古典文學全集三六Aの『禪家語錄』Ⅰに收錄された。本書が依ったのは『大正新脩大藏經』本である。

8　劉禹錫の碑銘（八一九）

具には『曹溪六祖大鑒禪師第二碑并序』という。前記7の柳宗元の碑文が書かれた三年後に、曹溪から來た道琳が第二碑を建てるために劉禹錫（七七二～八四二）に碑文を請い、それに應じて書かれたもの。したがって「第二碑」といい、その成立は、柳宗元の碑文の書かれた唐憲宗の元和一一年（八一六）の三年後に當る元和一四年（八一九）である。

本文は『全唐文』巻六一〇と明藏本『壇經』の末尾附錄中にあり、明藏本の收錄は前記7の記載の通りであって、本書が依ったのも7の柳宗元の碑銘と同樣『大正新脩大藏經』本である。

劉禹錫はまたこの碑文を書いた後に、六祖慧能が傳衣を曹溪に置いて弟子に之を傳えざる旨を辨ずるために作ったとして、『佛衣銘并序』を書いたが、この本文は、『全唐文』巻六〇八と二種の碑文と同じ明藏本『壇經』の末尾附錄中に存する。本書で『佛衣銘』とするのはこれを指し、テキストは同じく『大正新脩大藏經』本である。

9　圓覺經大疏鈔（八二三～八四一）

具には『圓覺經大疏釋義鈔』といい、一三巻から成る。著者は荷澤宗第五祖、華嚴宗第五祖として、自ら禪と華嚴の正系をもって任じ教禪一致を主張した圭峰宗密（七八〇～八四一）で、彼は偶然に出遇った『圓覺經』（中國撰述の僞經とされる）によって深い悟境に達し、

それを生涯にわたる自らの思想的根據とする一方、この『圓覺經』に對する多くの注釋書を著わした。その代表的注釋書である『圓覺經大疏』三巻に對する注釋がこの『圓覺經大疏鈔』である。

その成立は、『圓覺經大疏』が長慶二年（八二二）から三年（八二三）にかけてのものであるからして、長慶三年（八二三）、以後宗密示寂の會昌元年（八四一）正月に至るまでの間である。永く寫本として傳承され、中國では一度その傳を斷ち、現在知られるものの祖本は高麗印本によって南宋の紹興八年（一一三八）に開版されたものであり、『卍版續藏經』一輯一四套三冊から一五套一冊にわたって收錄されている。本書が依用したのも、この『卍版續藏經』本である。

10 祖堂集（九五二）

初期禪宗史書の一つで二〇巻。過去七佛より、インドの祖師、初祖達磨、六祖慧能を經て、青原下八世、南嶽下七世に至る、二五六人の機緣の語句と傳承を記錄する、現存最古の總合的な史書である。南唐の保大一〇年（九五二）に、泉州招慶寺の淨修禪師文僜の下で、靜・筠二禪德の編になるものである。二人の編者について詳細は不明であるが、青原系に屬し、福建地方の禪に精通していたらしい。この著は中國において一一世紀末頃までは知られていたが、その後中國においては流布せず、今世紀になり『高麗版大藏經』の藏外補版として開版されたものが朝鮮で發見された。『祖堂集』には、『傳燈錄』以降の燈史類に含まない豐富な資料を提供し、六祖慧能の場合でも、例えば『曹溪大師傳』にある四種の勅文を、詳細に原資料のままで傳えているなどよき例である。そのほか全般にわたれば、偈頌、歌等が多く存し、文學・言語・思想・歴史の研究に諸種の問題を提供した。

本書が依ったテキストは、高麗高宗三二年（一二四五）の刊記をもつ花園大學圖書館所藏本の廣文書局による影印本である。『祖堂集』の發見は、忽滑谷快天氏の『朝鮮禪教史』や、宇井伯壽氏の禪宗史の研究などに大きな資料提供をしたが、本書の研究は油印本・影印本の刊行をはじめ、資料研究、本文研究、一部譯注を出版された柳田聖山氏の研究に負うところが大きい。

11 宗鏡錄（九六一）

法眼宗の三世永明延壽（九〇四～九七六）が、建隆二年（九六一）に完成した書。淨慈寺の宗鏡臺は、延壽の『宗鏡錄』撰述の記念の場所に建立されたものである。『宗鏡錄』は一〇〇巻あり、清涼澄觀（七三八～八三九）や圭峰宗密（七八〇～八四一）の華嚴學を承けて、華嚴・唯識・禪による教禪一致を主張した總合佛教の書である。『宗鏡錄』巻九七・九八を含め、各巻に禪宗の語句を傳えていて、初期禪宗研究には缺かせない書の一つである。吳越王の保護下に選述され、吳越王錢俶の序があり、『宋版大藏經』に入藏しており、吳越佛教を

代表する著といえる。『宗鏡錄』は『宗鑑錄』または『心鏡錄』ともいわれ、標宗章、問答章、引證章の三部よりなり、禪と教、祖と佛が、一心を明かすにあって、兩者異なることのないことを述べたものである。

本書が依用した底本は、朝鮮海印寺版の高麗本を底本とする『大正新脩大藏經』本である。六祖傳は特に立傳されていないが、卷九七の傳法偈等を中心に、六祖の言葉は諸卷に散見している。

12　宋高僧傳（九八八）

太平興國七年（九八二）よりはじめ、端拱元年（九八八）に完成した贊寧等の撰述に成る高僧傳で、完成後『宋版大藏經』に入藏された。三〇卷のうち、卷八～一三が習禪篇で、五祖弘忍より、南嶽下六世、青原下九世までの禪者約二〇三名を立傳し、そのうち、習禪編に一〇三名、附傳として二九名を收めている。道宣撰集の『續高僧傳』が六四五年に成立して後、補筆が六六七年の道宣示寂後まで續けられたとしても、禪宗の發展は『續高僧傳』以後のことといわねばならない。その點、禪宗の成立、發展に關する研究の場合、最も重要な史傳書が『宋高僧傳』である。高僧傳類の記錄は碑文等を基にして撰述されているので、史實を傳えている場合が多く、現存する文集や碑銘の集大成などによって補うとしても、資料價値は變りない。

本書の底本としたものは、『大正新脩大藏經』本である。

13　景德傳燈錄（一〇〇四）

法眼下三世、宣慈禪師道原編で三〇卷。禪宗の中で最も影響を與えた史書。過去七佛よりインドの祖師、初祖達磨、六祖慧能を經て、南嶽下八世、青原下一一世までの禪者の機緣の語句を收めている。楊億の序に目錄に名のみ存する人も含めて、「一千七百一人」とあるところから、「一千七百則の公案」という言葉も生まれ、禪者の代表的な參究の書としての役割を果してきた。『景德傳燈錄』は景德元年（一〇〇四）に上進され、大中祥符四年（一〇一一）に入藏を認められたもので、道原の編集より、楊億等による削定が行われている。いかなる版にも、瑞鹿本光の傳中には、大中祥符元年（一〇〇八）の記事を見出すので、現在の刊本は、割注などを含め、景德元年のままではない。『景德傳燈錄』の入藏は禪籍の入藏としては畫期的なものであり、『天聖廣燈錄』をはじめとするその後の燈史類の常に模範となった。この書の開版は多く存し、宋・元・明・高麗版と古いものが存する。本書が底本として依用したものは、『大正新脩大藏經』本であり、このテキストは、元の延祐本の系統の『縮刷藏經』本を底本とし、明藏本で校定したものである。慧能立傳の部分は、諸本において大きな相違は認められない。

14　傳法正宗記（一〇六一）

雲門宗の佛日契嵩（一〇〇七～一〇七二）の撰。契嵩は一般に契嵩本と稱される『六祖壇經』を編集した人で、六祖研究にとって重要な人である。『傳法正宗記』九卷は嘉祐六年（一〇六一）に成り、翌年に上進して入藏を勅許された。『景德傳燈錄』と同じように、過去七佛より立傳し、六祖慧能までは詳傳を載せるが、慧能以降は祖師名を列ねるのみである。本書は、『寶林傳』を中心とした傳燈相承說に對して批難論駁し、特に『付法藏因緣傳』の法の斷絕に對する說の誤りであることを力說しようと務めたものである。入藏を希望したのも、『景德傳燈錄』や『傳燈玉英集』の例にならい、あくまでも傳燈相承の正しさを世に明らかにするにあったといってよいであろう。

本書が底本としたものは、『大正新脩大藏經』本であり、それは、增上寺報恩藏の明本を底本にし、宮內廳書陵部の宋本と校訂したものである。

15　大乘寺本壇經

石川縣金澤市の曹洞宗大乘寺に傳承される、「道元書」の奥書を有する折本仕立の寫本。全体八四折、每半葉五行每行一七字、句讀訓點が附されている。但し第八二折表から八三折裏にかけて落丁がある。標題は『韶州曹溪山六祖師壇經』で『大乘寺本壇經』と通稱される。

本書は惠昕本系上下二卷一一門の分卷本で、上卷末尾に「寧」字が記されており、おそらく『宋版大藏經』よりの筆寫本と見られ、大久保道舟氏は、道元の弟子徹通義介が在宋中に筆寫して將來したものとされている。『壇經』は、明の洪武初年に南京で開版された大藏經、すなわち南藏の寧字第一號に收められるが、大乘寺本が宋本より踏襲したと見られる函號寧字と同じであることは興味深い。卷首に政和六年（一一一六）福唐將軍山隆慶庵比丘存中の序があり、既に巷間に流布した刊行本があったことが知られる。同じ惠昕本系『壇經』でも、興聖寺本と比べると、西天二八祖說その他に異同が存し、また有名な風幡問答も大乘寺本にはなく、各門の名稱も素朴で、興聖寺本より古い形を殘していると見られる。なお、惠昕本系『壇經』で大乘寺本に近似するテキストとして、金山天寧寺舊藏、現東北大學圖書館狩野文庫架藏中の寫本が椎名宏雄氏により紹介され、政和六年開版本の意義が新たに問われている（『印度學佛教學研究』二三卷二號、昭和五〇年三月）。天寧寺本『壇經』の出現により、從來興聖寺本によって補われてきた大乘寺本の缺丁部分は、完全に補われることになった。この大乘寺本は、大久保道舟氏により『駒澤大學佛教學會學報』第八卷にはじめて本文及び研究が發表され、昭和一七年には、鈴木貞太郎（大拙）氏により、岩波書店より校訂本が出された。

16　興聖寺本壇經

京都堀川の臨濟宗興聖寺に舊藏された五山版で、『壇經』の版本としては我國最古のもの。全體本文三二丁、毎半葉七行、毎行二二字。但し第一五丁目は缺丁。標題は『六祖壇經』で『興聖寺本壇經』と通稱される。卷首に乾德五年(九六七)の惠昕の序、紹興二三年(一一五三)の晁子健の序が、興聖寺開山了然により補寫されている。卷尾に、慶長四年(一五九九)に朱點を、同八年に私點を加えたことを記す了然の識語があり、元來了然の手擇本であったことが知られる。版心に「軍」字の函號があり、『宋版大藏經』の覆刻本すなわち覆宋版である。大乘寺本と同じ惠昕本系の分卷本で、晁子健の序によれば、晁家家藏の寫本『壇經』を蘄州(湖北省)において刊行したものという。またこれらの序文が補寫されていることから、當時我國に、同系統のテキストが既に存在したことが知られる。興聖寺本と同系統の寫本としては、金澤文庫保管の鎌倉期の寫本四丁の斷簡があり、また刊本としては、序等すべてを缺く寛永八年(一六三一)本、貞享五年(一六八八)本(寛永八年本の後刷本)があり、本文は殆んど興聖寺本に等しいが、『法寶壇經肯窾攷證駢拇』によれば、寛永本は宋の慶元年間(一一九五〜一二四〇)の刊本の覆刻とされる。卷末に法海—志道—彼岸—悟眞—圓會と傳授されたことが記されており、敦煌本と共に『壇經』が傳授本であったこと示す記事とされる。昭和八年に影印本が出され、同九年には、鈴木貞太郎(大拙)氏により校訂本が出された。

17　宗寶本壇經

至元二八年(一二九一)、南海報恩光孝寺の宗寶によって編集刊行された一卷本のテキストで、具には『六祖大師法寶壇經』という。大乘寺本『壇經』や興聖寺本『壇經』が、惠昕本系統の二卷本のテキストであるのに對し、契嵩本系統の一卷本である。同じ契嵩本系統の一卷本のテキストとしては、宗寶本の成立する前年の至元二七年(一二九〇)に、古筠比丘德異により編集された德異本『壇經』があり、項門の立て方や段落の切り方、及び字句の上で若干の相違が見られるが、慧能の傳記研究のための資料的價値としては殆んど差異がないので、契嵩本系統のテキストとして、『明版大藏經』(北藏扶函)に入藏された宗寶本『壇經』を用いた。

この宗寶本『壇經』は、至元二八年の初刊以來、成化四年(一四三八)・嘉靖年間(一五二二〜一五六六)・萬曆一二年(一五八四)・同三七年(一六〇九)等の刊本をはじめ、我國でも、寛永一一年(一六三四)・慶安二年(一六四九)・萬治二年(一六五九)等に刊行され、流布本と呼ばれて一般に流布した。但し、今日見られる宗寶本『壇經』の諸本が、はたして宗寶編集の原初形態を傳えているかどうかは問題がある。すなわち、明藏本・流布本いずれにも、至元二七年の德異の序が附されているが、至元二八年の宗寶本に、德異の序が存するこ

とは奇異であり、また明藏本と流布本を比較してみると、全體の構成に異同があり、このことは宗寶本『壇經』が重刊あるいは再刊に際し、再編の手が加わったことを示唆している。『明版大藏經』の南藏密函に收錄された寶巖淨戒重校の『壇經』は、宗寶本と德異本の合柔本のようであり、このテキストがやはり宗寶本とされていることにも、宗寶本成立以後においてさらに再編の手が加えられていったことが看取される。但し、明藏本（北藏）と流布本に關しては、『壇經』本文に關しては殆んど異同が見られないので、宗寶編集のテキストそのものに近い形態を殘しているということはいえよう。

18　縁起外紀

具には『六祖大師緣起外紀』といい、『明版大藏經』所收の宗寶本『壇經』に附錄として收錄された門人法海等集とされる文獻である。但し、『全唐文』卷九一五に、法海撰「六祖大師法寶壇經略序」として收錄されているものと殆んど同文で、德異本系の延祐三年（一三一六）本・正統四年（一四三九）本・光緒九年（一八八三）本等は、いずれも單に「略序」として『全唐文』と同文のものを、門人法海集として卷頭の德異の序に續いて附しており、本來『壇經』の序文として撰述されたものとみられる。撰者が門人法海か、或いは後人の僞作かは問題であるが、德異本成立以前に存したものを德異本も承け、『全唐文』もこの『壇經』から抄出したもので、單獨に存したものではなかろう。『明版大藏經』所收本は德異の序や契嵩の贊もあるので、この略序を再編改題し、附錄として收めたものとみられる。內容は、慧能の本貫・生誕・黃梅參師・印宗との出逢い・出家・寶林寺の由來・寶林寺における慧能の動向・龍骨の傳說などからなる。

『全唐文』所收本と德異本系の略序とでは、文字の上で、僅かに學者が學人に、造墓が造塔に、曹溪村が曹侯村になっている程度で、字數も九三八字と九四〇字というように殆んど異同がない。しかし、『明版大藏經』所收本は名前を『緣起外紀』と改め、撰者も門人法海等と複數扱いにしており、內容的にも、慧能の父行瑫について、

　唐武德三年九月左官新州。

という文、母の懷妊については、

　先夢庭前白華競發、白鶴雙飛、異香滿室、覺而有娠。遂潔誠齋戒、懷妊六年。

という文、さらに幼年時の事として、

　三歲父喪葬於宅畔。母守志鞠養、既長鬻薪供母。

という文を新たに加えているが、その他の內容については、殆んど同じである。

第二節　慧能傳の變遷

凡　例

一、本節は、慧能の傳記に關する基礎資料一八種を用い、それらを傳記の分析項目へ配當し、各資料相互の比較考證に基づく慧能傳の變遷を論述したものである。各項目ごとに資料は㈠、論述は㈡でこれを示した。

一、本節で用いる一八資料の、各項目中の掲載順序、及び略稱と略符號は次の通りである。

1 瘞髪塔記……………瘞
2 王維の碑銘……………王
3 神會語錄……………神
4 歷代法寶記―法寶記……歷
5 曹溪大師傳……………曹
6 敦煌本壇經……………敦
7 柳宗元の碑銘……………柳
8 劉禹錫の碑銘……………劉
9 圓覺經大疏鈔―大疏鈔…圓
10 祖堂集……………祖
11 宗鏡錄……………鏡
12 宋高僧傳……………宋
13 景德傳燈錄―傳燈錄…景
14 傳法正宗記―正宗記…傳
15 大乘寺本壇經……………大
16 興聖寺本壇經……………興
17 宗寶本壇經……………宗
18 緣起外紀……………緣

一、傳記の分析項目は、曹溪大師傳の記載内容を基準として、五三項とした。諸資料中、分析項目の中に配當すべき資料が存在しない場合は、それを明確にするため、資料の略符號のみを置いた。

一、一八資料中の慧能章以外から資料を掲げる場合は、特に（弘忍章）のごとく注記し、各項目の末尾にこれを置いた。

一、必要上、本文を重出して掲載した場合は、從たる項目中の資料には（　）を附した。また、一連の文章を分斷して他の項目へ送った場合は（中略）と記した。特に壇經諸本では、同文の場合は後置資料の本文を省略し、（中略）（以下略）等と示した。

一、資料中、複數の本文が特に類似の關係にあると推考される場合は、特に對照組とし、對照する最終資料の該當箇所に配置し、略符號の下にはその旨を注記した。なお、壇經諸本の對照は避けた。

一、原文中に存する夾注は、〈　〉中にポイントを下げて組版した。

一、使用文字は、原則として原本に忠實としたが、俗字・略字は正字・本字に統一した。ただし、個有名詞は原文通りとした。また、全文に返り點・句讀點を附して、讀みやすくすることに努めた。

一、最後尾に、本節全體の總括を記述した。

1 標題

(一)

瘞 光孝寺瘞髮塔記
王 六祖能禪師碑銘 幷序
神 （第六代唐朝能禪師）
歷 （唐朝第六祖韶州曹溪能禪師）
曹 唐韶州曹溪寶林山國寧寺六祖慧能大師傳法宗旨、幷高宗大帝勅書、兼賜物改寺額、及大師印可門人、幷滅度時六種瑞相、及智藥三藏懸記等傳
敦 南宗頓教最上大乘摩訶般若波羅蜜經、六祖惠能大師於韶州大梵寺施法壇經一卷 兼受無相戒弘法弟子法海集記
柳 賜謚大鑒禪師碑〈柳宗元撰〉
劉 大鑒禪師碑〈幷佛衣銘倶劉禹錫撰〉
圓 慧能第六
祖 （第三十三祖惠能和尚卽唐土六祖）
鏡 第六祖慧能大師
宋 唐韶州今南華寺慧能傳
景 （第三十三祖慧能大師者）
傳 震旦第三十三祖慧能尊者傳
大 韶州曹溪山六祖師壇經
興 六祖壇經
宗 六祖大師法寶壇經〈風旛報恩光孝禪寺住持嗣祖比丘宗寶編〉
緣 附錄　六祖大師緣起外紀〈門人法海等集〉

(二)

慧能の傳記資料で最も古いのは光孝寺瘞髮塔記である。これに次いで古いものとして、神會語錄には、慧能の入寂の際、殿中丞の韋據が造った「碑文」があったとするが、しかし北宗の門徒武平一によって磨卻されたという。また『金石錄』第七（目錄第一二九八）に宋鼎の「唐曹溪能大師碑」があったとされるが、これも現存しない。

さて瘞髮塔記は、法性寺（唐代の名。光孝寺は明の成化年後の名）における慧能と印宗との出會いと慧能の剃度を記念して、その髮を法性寺法才が儀鳳元年（六七六）の佛生日に瘞めて塔を建てたものであり、その資料的價値は極めて高いといえる。以下、慧能の傳記資料を見て第一に注目されるのは、曹溪大師傳と敦煌本壇經の長文に亘る標題であり、第二に祖統説の六祖と三三祖という呼稱である。なお慧能の名や俗姓、および禪師・大師・尊者などの呼稱については後に觸れるので、いまは省略する。（項目4・51參照）

さて、曹溪大師傳の標題は種々の內容をそのまま集めた形を殘している。すなわち①六祖の傳法宗旨、②高宗の勅書、③賜物・改寺の額④印可の門人、⑤滅度時の六種の瑞相、⑥智藥三藏の懸記等の傳となっている。次に敦煌本壇經は「經」の字を附している點で特に注意される。初めの「南宗頓教最上大乘摩訶般若波羅蜜經」とい

うのは後人の附記であろうから、次の「六祖惠能大師於韶州大梵寺施法壇經一巻」が元來の名であったと考えられる。これは授戒儀式の記錄で、六祖が大梵寺の戒壇で説法をしたという內容である。「經」の字を附したのは、佛說に擬して權威づけをしたものと思われる。そして、「施法壇經」が中心的題名で、これが「韶州曹溪山六祖師壇經」（大乘寺本）、「六祖壇經」（興聖寺本）、「六祖大師法寶壇經」（宗寶本）と名づけられ、さらに「壇經」とも略稱されるようになった。

六祖能禪師碑銘と第六代唐朝能禪師との六祖・六代とは、慧能の弟子神會の主張であり、その碑銘も彼の請によって王維が撰したものである。神會の『菩提達摩南宗定是非論』には、北宗系が神秀を六祖とするのに對し、慧能を達磨正系の第六祖とし、自らをその第七祖として位置づけようとした意圖がうかがわれる。法寶記・曹溪大師傳・敦煌本壇經をはじめ、大疏鈔・大乘寺本・興聖寺本・宗寶本の三壇經や緣起外紀はそれを繼承している。また、祖堂集・傳燈錄・正宗記が慧能を三三祖とするのは、達磨を西天二八祖（唐土初祖）とする祖統說の確立を前提とし、それより數えて六代目となることを意味している。

上掲の慧能の傳記資料中、最も新しい緣起外紀は、『全唐文』巻九一五所收の法海撰「六祖大師法寶壇經略序」が元代の德異本『六祖壇經』の巻首に「略序」としてほぼそのまま承け繼がれ、さらに明藏本では「緣起外紀」と改題され、內容的にも多少增廣して後尾に附されたものである。

なお、慧能の名については、後述するように「惠」を使う場合と「慧」を使う場合の二例があるが、ここでは「慧」をもって統一することにした。

2　寶林寺の由來

㈠

瘞（曹・緣と對照のため後におくる）

王

神

歷

曹（瘞・緣と對照のため後におくる）

敦

柳

劉

圓

祖

鏡

宋

景

傳

大

興

壇

（昔宋朝求那跋佗三藏、建茲戒壇、豫讖曰、後當有肉身菩薩、受戒於此。梁天監元年、又有梵僧智藥三藏、航海而至。自西竺持來菩提樹一株、植於戒壇前、立碑云、吾過後一百六十年、當有肉身菩薩來此樹下、開演上乘、度無量衆。眞傳佛心印之法王也。）

宗縁（壇・曹と對照のため次におくる）

曹

梁天監壬午元年正月五日、時婆羅門三藏、字智藥、是中天竺國那爛陁寺大德、辭彼國王、來此五臺山、禮謁文殊。時弟子數十侍從。三藏博識多聞、善通經論星象之學。志弘大乘、巡歷諸國、遠涉滄波、泛舶至韶州曹溪口村、語村人曰、看此水源、必有勝地、堪爲沙門居止。代代高僧不絕。吾欲尋之。行至曹溪、勸村人修造住處。經五年、號此山門、名寶林寺。人天所敬、海內歸依。至天監五年二月十五日、勅天下名僧大德、令所在州縣、進入內道場供養。時韶州刺史侯公、表進三藏入內。侯君問三藏云、何以名此山門爲寶林耶。答曰、吾去後一百七十年、有無上法寶、於此地弘化、有學者如林。故號寶林耶。三藏四月初得對奏爲寶林寺、勅賜田五拾頃。至天監十年、三藏入臺山、卻還本國。至隋大業十三年、天下荒亂、寺舍毀廢。至天平元年、樂

縁

其寶林道場、亦先是西國智藥三藏、自南海經曹溪口、掬水而飲、香美異之。謂其徒曰、此水與西天之水無別、溪源上必有勝地、堪爲蘭若。隨流至源上、四顧山水回環、峯巒奇秀。歎曰、宛如西天寶林山也。乃謂曹侯村居民曰、可於此山建一梵刹。一百七十年後、當有無上法寶於此演化、得道者如林。宜號寶林。時韶州牧侯敬中、以其言具表聞奏。上可其請、賜寶林爲額。遂成梵宮、落成於梁天監三年。

昌縣令李藏之、請寶林額、於樂昌靈溪
村置寺。

(二)

寶林寺の由來について述べるのは瘞髮塔記・曹溪大師傳・緣起外紀の三資料である。まず瘞髮塔記は標題にある通り、光孝寺に關するもので、法性寺の法才が儀鳳元年（六七六）の佛生日に撰したものである。特にそれは法性寺（光孝寺）の戒壇における慧能の受具の由來を說くために、求那跋佗三藏および梵僧智藥三藏による縣記を述べるところに重點がある。

しかるに曹溪大師傳は、これを承けながら天監元年（五〇二）中天竺那爛陀寺の智藥三藏が五臺山に巡禮の途中、弟子數人と曹溪口村に至り、この水源をのぞみ見て必ず勝地があって沙門の居止にふさわしいといって尋ね行き、曹溪の村人に勸めて寺を修造し、五年を經て完成し、寶林寺と名づけた。天監五年二月一五日、韶州刺史侯公が智藥三藏を入內せしめ、寶林の號を問うと、智藥三藏は一百七十年後に無上法寶がこの地に化を弘め、學者林の如くなると答え、四月には對奏を得て寶林寺となしたというものであり、その後、智藥三藏が五臺山に入り、また本國に還ったりして一時寶林寺は毀廢し、天平元年（五三四）に至って樂昌縣令の李藏之が寶林の額を請けて樂昌の靈溪村に寺を設置したという。要するにこれは智藥三藏を寶林寺の開山とするものである。すなわち曹溪大師傳は、瘞髮塔記が光孝寺における慧能の受具の由來を說くのに對して、これを慧能の寶林入寺の由來にすりかえている。さらに緣起外紀になるとこの曹溪大師傳の主張を繼承しながら、智藥三藏が南海より曹溪口に來て水を掬い飲むと、西天の水とかわらなかったので、溪源上には必ず勝地があって蘭若（精舍）となすによかろう、といい、溪源に上ると、はたしてあたかも西天の寶林山のようであった。そこで、村民に梵刹（寺）を建てるようにしたらよい、一百七十年後に無上法寶がここに化を演べ、得道者は林の如くなろう、よって寶林と號すべしといい、それを受けて韶州牧侯敬中が表奏し寶林の額を賜り、天監三年に落成をみたという。緣起外紀は曹溪大師傳にあるような寶林寺に關するその後の變遷については觸れていないが、寶林寺の由來に關してより凝縮した記事となっている。

3　出　生

(一)

瘞
王
神

歴　曹　敦　柳　劉　圓　祖　鏡　宋　景　傳　大　興　宗　縁

貞観十二年戊戌歳生能也。

（母李氏）先夢庭前白華競發、白鶴雙飛、異香滿室。覺而有娠、遂潔誡齋戒。懷妊六年、師乃生焉。唐貞觀十二年戊戌歳二月八日子時也。時毫光騰空、香氣芬馥。（黎明有二僧造謁、謂師之父曰、夜來生兒、專爲安名、可上惠下能也。父曰、何名惠能。僧曰、惠者以法惠濟衆生、能者能作佛事。言畢而出、不知所之。）

（二）

慧能の出生に關しては、宋高僧傳と縁起外紀の二資料に述べられている。それによると慧能の出生は貞観一二年（六三八）である。これは曹溪大師傳に慧能の寶林入寺を咸亨元年（六七〇）三〇歳とするのを承けて逆算したのであろう。ただこの説が後世一貫して信じられていたことはほぼ確かで、縁起外紀・『嘉泰普燈錄』卷一・『六學僧傳』卷一等の後代成立の資料には、貞観一二年に慧能が出生したことを明記している（年譜參照）。しかし、縁起外紀が「二月八日子時」と細かく記しているのは、いかなる資料によったものか不明である。さらに縁起外紀には、母の懷妊と出生の際の奇瑞も述べられ、次項で述べるように慧能の名の由來も記されている。

その母の懷妊と出生の際の奇瑞とは次のようなものである。母が庭前に白華が競い咲き、白鶴二羽が舞い飛び、異香が室に滿ちるのを夢み、覺ると妊娠していた。そこで潔齋持戒し、實に懷妊すること六年に及んで慧能が生まれた。時に毫光が空を騰り香氣が芬馥としたという。それが前述の通りの年月日時であったとする。夢の中の白華や白鶴は、釋尊の慈母摩耶夫人の白象を想起させる。さらに懷妊六年という神祕的な記述によって一層聖者の風格を備えさせていることが窺える。

4　諱・俗姓

(一)

瘞　能禪師。

王　六祖能禪師。
禪師俗姓盧氏。

神　第六代唐朝能禪師。
俗姓盧。

歷　唐朝第六祖韶州漕溪能禪師。俗姓盧。
俗姓盧、名惠能。

曹　（六祖※惠能大師）
至咸亨元年。時惠能大師俗姓盧氏。
（※比叡山本以外ハ慧ニ作ル）

敦　（六祖惠能大師。）
惠能。

柳　（大鑒禪師。）

劉　（大鑒禪師。）
曹溪第六祖能公。

圓　慧能。

祖　第三十三祖惠能和尚卽唐土六祖。俗姓盧。

鏡　第六祖慧能大師。

宋　釋慧能、姓盧氏。

景　第三十三祖慧能大師者。俗姓盧氏。

傳　慧能尊者、姓盧氏。

大　（韶州曹溪山六祖師。）

興　惠能。

宗　（六祖大師。）
惠能。

緣　大師名惠能。（父盧氏。諱行瑫。唐武德三年九月。左官新州。）
黎明有二僧造謁、謂師之父曰、夜來生兒、專爲安名、可上惠下能也。父曰、何名惠能。僧曰、惠者以法惠濟衆生、能者能作佛事。言畢而出、不知所之。

(二)

慧能のことを、瘞髮塔記・王維の碑銘・神會語錄、それに法寶記の標題では「能禪師」といい、劉禹錫の碑銘では「能公」と呼んでいて、いずれも名前を全て言うことを控えているように見える。

名前の上字が最初に現れるのは法寶記の文中に於てであるが、その後、この上字は「惠」と「慧」の二種類が使われることとなる。すなわちこの法寶記をはじめとし、曹溪大師傳・敦煌本壇經・祖堂集・興聖寺本壇經・宗寶本壇經・緣起外紀はいずれも「惠能」としており、これに對して、比叡山本以外の曹溪大師傳の表題（本文はいずれも「惠能」とする）・大疏鈔・宗鏡錄・宋高僧傳・傳燈錄・正宗記

が「慧能」としていて、「惠能」の方が古くより使用されていたことがわかる。惠は元來「めぐむ」の意で、慧とは區別される字であるが、同音であることから、智慧を智惠と書くなど、一般に通用されることが多い。しかしまた「惠能」と書いている祖堂集の中で、二祖慧可、慧忠國師などについては「慧」の方を用いており、ここでははっきりと區別していると見られるのである。

壇經の中で、ひとり大乘寺本だけは名前を用いず、すべて自稱を「某甲」としていて、慧能自身によって著わされた體をなしている。

特に名前の由來を述べるのは緣起外紀である。すなわち、出生の翌朝、二人の僧がやってきて、惠能と名づけるようにいう。理由をたずねる父に、「惠」とは法の惠みを以て衆生を濟い、「能」とは能く佛事をなすことだと答えていずこへか行ってしまった、というものである。この話は出生時の奇瑞とともに、釋尊誕生の傳記を想起させる點で興味深いが、後世における創作添加の感が強い。

俗姓を盧氏とするのは、王維の碑銘に始まり、神會語錄・法寶記・曹溪大師傳・祖堂集・宋高僧傳・傳燈錄・正宗記においても、これとすべて一致しているが、壇經諸本には、俗姓が記されていない。

5 本貫

(一)

瘞

王　名是虚假、不㆑生㆓族姓之家㆒。法無㆓中邊㆒、不㆑居㆓華夏之地㆒。

神　先祖范陽人也。

歷　范陽人也。

曹

敦　惠能慈父、本貫范陽。

柳

劉

圓

祖　（父名行瑫）本貫氾陽、移居㆓新州㆒。

鏡

宋　其本世居㆓范陽㆒。

景　其先范陽人。

傳　其先本籍范陽。

大　某甲嚴父、本貫范陽。

興　惠能嚴父、本貫范陽。

宗　惠能嚴父、本貫范陽。

緣

(二)

本貫とは原籍地・本籍のことである。本貫については、一八資料中一一資料が述べている。一番古い王維の碑銘には明確な記述ではないが「華夏の地」といっている。その他本貫についていう資料は

すべて「范陽（河北省）」としている。その内、神會語錄・宋高僧傳・傳燈錄・正宗記では、先祖が范陽出身であるといい、祖堂集・敦煌本・大乘寺本・興聖寺本・宗寶本の諸壇經は、父の本貫が范陽であるという。法寶記は慧能の本貫が范陽であるとする。

前項で述べたように、慧能の俗姓を盧氏とするのは王維の碑銘が最初であり、またその本貫を范陽とするのは神會語錄が最初であるが、築山治三郎氏は、山東省范陽における盧氏一族の優れていたことを論證しており（『唐代制度史の研究』第二章第一節、山東貴族と科擧官僚）その意味からすれば六祖慧能顯彰の一端とも考えられるが、この點については、今後の研究を俟たねばならない。

6　生國

(一)

瘞

王　某郡某縣人也。

神　因父官嶺外、便居新州。

歷　隨父宦嶺外、居新州。

曹　新州人也。

敦　弟子是嶺南人、新州百姓。

柳

劉　按、大鑒生新州。

圓

祖　新州人也。

鏡

宋　南海新興人也。（厥考諱行瑫、武德中流亭新州百姓。）

景　（父行瑫、武德中、左宦于南海）之新州遂占籍焉。

傳　（父行瑫、武德中、謫官新州、乃生能。）

大　弟子是嶺南人、新州百姓。

興　弟子是嶺南新州百姓。

宗　弟子是嶺南新州百姓。

緣　（父盧氏、諱行瑫。唐武德三年九月、）左宦新州。

(二)

生國について記す最初の資料である王維の碑銘では、「某縣某郡」といって不明であるが、それ以外の記事のある一三資料は、すべて「新州（廣東省新興縣）」という。なお宋高僧傳では「南海新興人」というが、本文中には「新州」ともいわれている。

また敦煌本・大乘寺本・興聖寺本・宗寶本の諸壇經には、「新州百姓」と百姓の二字が附いている。この百姓とは必ずしも農民ということではなく、一般庶民ということである。

7　父　母

(一)

壇・王・神　(因父官嶺外、便居新州。)

歴　(隨父宦嶺外、居新州。)

曹　少失父母、三歳而孤。

敦　(惠能慈父、本貫范陽。) 左降遷流嶺南、作新州百姓。惠能幼小、父又早亡、老母孤遺。

柳・劉・圓・祖・鏡　父名行瑫。(本貫氾陽、移居新州。) 父早亡、母親在孤。

宋　厥考諱行瑫、武德中、流亭新州百姓、終於貶所。略述家系、避盧亭島夷之不敏也。(中略) 父既少失、母且寡居。

景　父行瑫、武德中、左宦于南海。(之新州遂占籍焉。) 三歳喪父、其母守志鞠養。

傳　父行瑫。武德中、謫官新州。乃生能。遂爲新興人也。方三歳而父喪。母不復適人、獨養尊者以終其身。

大　(某甲嚴父、本貫范陽。) 左降嶺南新州百姓。此身不幸、父少早亡、老母孤遺。

興　(惠能嚴父、本貫范陽。) 左降流于嶺南、作新州百姓。此身不幸、父又早亡、老母孤遺。

宗　(惠能嚴父、本貫范陽。) 左降流于嶺南作新州百姓。此身不幸、父又早亡、老母孤遺。

緣　父盧氏、諱行瑫。唐武德三年九月、(左官新州。) 母李氏、(中略) 三歳父喪、葬於宅畔。母守志鞠養。

(二)

慧能の兩親については、一二資料に記載がある。まず父が嶺外に左官されたことのみを述べるのが神會語錄とそれを承けた法寶記である。曹溪大師傳は三歳で父母を失ったというが、その後の諸資料は、父だけが亡くなったといい、特に傳燈錄・緣起外紀は母が志を守って慧能を養ったという。

父の名は、祖堂集になってはじめて行瑫と明記され、これが宗鏡錄を除く以後の資料に繼承される。一方、父が新州に左官された年時は、宋高僧傳に至って武德年中(六一八〜六二六)新州に左遷されて此地で亡じたといい、緣起外紀になると、武德三年(六二〇)九月のことと、さらに具體的になってくる。母についても緣起外紀にのみ李氏の出身と記されるが、共にその根據となる資料は不明である。

父の名行瑫は、おそらく『寶林傳』に據るものと思われるが、補注にも示したように、慧能の弟子に同名の者がいたことを注意して

おく必要があろう。

なお、壇經諸本はほぼ同文であり、また一番成立の遅い縁起外紀が右のように父の左官年月、母の出身名までも記して、最も詳細になっていることは、傳記資料の特質を如實に示すものといえよう。

8　性格・力量

㈠

瘞

王　善習表於兒戲、利根發於童心。不私其身、臭味於耕桑之侶、苟適其道、羶行於蠻貊之鄉。

神

歷

曹　雖處群輩之中、介然有方外之志。

敦

柳

劉

圓

祖

鏡

宋　純淑迂懷惠性閒出、雖蠻風獠俗漬染不深、而詭行么形駮難測。

景

傳

大

興

宗

縁　師不飮母乳、遇夜神人灌以甘露。

㈡

聖者や祖師の類は概して幼少より優れた才能を發揮したことが強調される。性格・力量を述べた四資料はすべてにこのことが共通している。すなわち慧能についてもこの例にもれず、王維の碑銘では、善い習慣は子供の頃から遊びに表れ、利發ぶりを發揮し、我が身を顧みず、耕桑の仲間に入り、未開の人達に慕われたという。また曹溪大師傳では、多勢の仲間の中にあっても孤高抜群で佛道への志があったといい、宋高僧傳では、純心で智慧があり、未開の土地にあっても惡習に染まらず、人を欺くこともせず、その優れた道義的力量は測り難かったという。さらに縁起外紀になると、母乳を飲んで育ったのではなく、神人の甘露を灌ぐのによったのであるとして、神祕的高僧の出現を暗示する表現をとってくるのは、高僧の傳記の典型といえよう。

9　柴を賣る・金剛經を聞く

(一)

壇

王

神

歴

曹

敦　移來南海、艱辛貧乏、於市賣柴。忽有一客買柴、遂令惠能送至於官店、客將柴去。惠能得錢、卻向門前、忽見一客讀金剛經。惠能一聞、心明便悟。

柳

劉

圓

祖　艱辛貧乏、能市買(ママ)柴供給。偶一日買(ママ)柴次、有客姓安、名道誠、欲賣(ママ)能柴、其價相當、送將至店。道誠與他柴價錢。惠能得錢、卻出門前、忽聞道誠念金剛經。惠能亦聞、心開便悟。

鏡

宋　家亦屢空、業無腴產。能負薪矣、日售荷擔。偶聞鄽肆間誦金剛般若經、能凝神屬垣、遲遲不去。

景　及長家尤貧窶。師樵采以給。一日負薪至市中、聞客讀金剛經。

傳　然其家貧、母子殆不能自存。尊者遂鬻薪爲資。一日至市、逆旅聞客有誦經者。輒問其人曰、此何經耶。客曰、金剛經也。

大　移來南海、艱辛貧乏、於市賣柴。時有一客買柴、便令送至官店、客收柴去。某甲得錢、卻出門外、見有一客讀金經。某甲一聞、心便開悟。

興　移來南海、艱辛貧乏、於市賣柴。時有一客買柴、使令送至官店、客收去。惠能得錢、卻出門外、見有一客讀金剛經。惠能一聞、心便開悟。

宗　移來南海、艱辛貧乏、於市賣柴。

緣　既長鬻薪供母。年二十有四、聞經有省。

(二)

慧能の傳記中、とりわけ劇的なものは、碓坊生活、本來無一物の偈の呈示とそれに續く傳法、隱棲中の風幡の問答などで、これらとともに『金剛經』を聞いて佛道に入る機緣もまた有名である。しかしこの話は、敦煌本壇經に到ってはじめて出現する。慧能は父の死後、南海に來て貧乏の中で市に柴を賣って生活していたが、ある時、客の買った柴を旅籠に送り届けた歸り、門前で別の客が『金剛經』を誦んでいるのを聞いて、たちまち開悟したという。それが祖堂集になると、柴を買う人の姓は安、名は道誠だとされ、しかもその道

誠が『金剛經』を誦していたことになっているが、これは祖堂集にのみみられる記事である。しかし、大乘寺本・興聖寺本・宗寶本の各壇經では、敦煌本壇經と同じく柴を買う人と經を誦す人は別であり、一客ないし客という表現に止まって、名を記していない。

縁起外紀は他の資料と比較して極めて簡單であり、柴を賣ったりそれを買う客のことや、『金剛經』についてはほとんど述べられていないが、これは宗寶本壇經の本文で詳しく述べられているので、あえて省略したものであろう。ただこの資料のみが、經を聞いて省悟した年を二四歳とするのは、宗寶本壇經の二四歳傳衣説（20項參照）に基づくものであろう。

ここで注意すべきことは、24で述べるように、古い資料、例えば王維の碑銘や曹溪大師傳が『涅槃經』との關係をいって、『金剛經』については全く言わない點である。これは、慧能と『金剛經』との出會いをはじめて主張する敦煌本壇經よりも古い傳承であることを示すもので、慧能傳を考える上で極めて重要なことである。

10　遊　行

(一)

曹　其年大師遊行至曹溪。

敦

柳

劉

圓

祖

鏡

宋　咸亨中、往韶陽。

景　直抵韶州。

傳　去之至韶陽。

大

興

宗

緣

瘞

王

神

歷

(二)

新州より曹溪への遊行の記事のあるのは、曹溪大師傳・宋高僧傳・傳燈錄・正宗記の四つの資料のみである。

まず行先について曹溪大師傳は「曹溪」とするが、宋高僧傳・正宗記は「韶陽」、傳燈錄は「韶州」という。しかし、曹溪は曹溪大師傳の題名に「韶州曹溪云云」とある通り韶州の一地域を指し、また韶陽も韶州の別名で、いずれも韶州曹溪に行ったことを示している。

その年代については、曹溪大師傳は「其年」といい、宋高僧傳は

「咸亨中」（六七〇～六七三）という。曹溪大師傳の「其年」は咸亨元年（六七〇）にあたる。この年代は、天監五年（五〇六）に智藥三藏が一七〇年後に無上の法寶が現れることを述べた懸記（2項參照）にほぼ相應している。

11　劉志略との交友

（一）

壇

王

神

歴

曹　與村人劉至略結義爲兄弟。時春秋三十。

敦

柳

劉

圓

祖

鏡　（咸亨中往韶陽）遇劉志略。

宋　（直抵韶州）遇高行士劉志略、結爲交友。

景　（去之至韶陽）會居士劉志略者、引尊者爲善友。

傳

大

興　有儒士劉志略、禮遇甚厚。

宗

緣

（二）

劉志略との交友を述べるのは右の五資料である。最初の曹溪大師傳では、曹溪に來て劉至略と深い兄弟の交友關係を結び、しかもそれは慧能の三〇歳の時であると述べている。

先天二年（七一三）八月三日、七六歳で示寂した慧能が三〇歳の時と言えば、乾封二年（六六七）に該當することになるが、いずれにしても年齢を明記するのはこの曹溪大師傳のみである。

宗寶本壇經を除き、他の壇經諸本では、この劉志略の記事がないことは注目すべきであり、宗寶本壇經成立の背景を示している。しかも宗寶本壇經では、本項の「劉志略との交友」、次項12の「無盡藏尼との關係」、さらに13の「寶林寺に住す」において記載されたことがらは、すべて黃梅の五祖弘忍會下で得法して後、韶州曹侯村に回って生じたこととしている點は、他の諸資料と大いに異なる。

なお、この劉志略について、曹溪大師傳では「村人」、傳燈錄では「高行士」、正宗記では「居士」、宗寶本壇經では「儒士」となっている。

劉志略は、次項で述べる無盡藏尼との關係で記されるのみで、特に重要な人物ではなかったようである。

また曹溪大師傳（比叡山本）が、劉至略としているのは、他の資料が劉志略としているのと異なっており、注目してよい。

12 無盡藏尼との關係

(一)

瘞　王　神　歷　曹

略有姑出家、配山澗寺。名無盡藏、常誦涅槃經。大師晝與略役力、夜即聽經。至明爲無盡藏尼解釋經義。尼將經與讀。大師曰、不識文字。尼曰、既不識字、如何解釋其義。大師曰、佛性之理、非關文字能解、今不識文字何怪。

敦　柳　劉　圓　祖　鏡　宋

略有姑無盡藏、恒讀涅槃經。能聽之即爲尼辨析中義。怪能不識文字、乃曰、諸佛理論、若取文字非佛意也。尼深歎服。號爲行者。

景

尼無盡藏者、即志略之姑也。常讀涅槃經。師暫聽之即爲解說其義。尼遂執卷問字。師曰、字即不識、義即請問。尼曰、字尚不識曷能會義。師曰、諸佛妙理、非關文字。尼驚異之。告鄉里耆艾云、能是有道之人、宜請供養。

傳

初志略有姑爲尼、號無盡藏者、方讀涅槃經爲業。尊者往聽其經、未幾欲爲尼釋之。尼即推經於尊者。尊者曰、汝讀、我不識文字。尼曰、字猶不識、安解其義。尊者曰、諸佛妙理、豈在文字。尼異其語、知必非常人。

大　興　宗

志略有姑爲尼。名無盡藏、常誦大涅槃經。師暫聽即知妙義、遂爲解說。尼乃執卷問字。師曰、字即不識、義即請問。尼曰、字尚不識、焉能會義。師曰、諸佛妙理、非關文字。尼驚異之、遍告里中耆德云、此是有道之士、宜請供養。

縁

(二)

劉志略の姑で出家して山澗の寺に住む無盡藏尼という者がいた。常に『涅槃經』を誦していて、慧能はその經を聽き、尼のために解釋した。そこで尼は經文を讀ませようとすると、慧能は文字を識らないという。文字を識らないでどうして經の義を解せられようかと尼が問うと、佛性の理は文字の理解に關わらないから、何を怪しむことがあろうかと答える。

この曹溪大師傳に初出する慧能と無盡藏尼との問答は、大綱において宋高僧傳・傳燈錄・正宗記・宗寶本壇經に踏襲されていく。た

だ宗寶本壇經のみは前項で述べた通り、無盡藏尼との出會いが黄梅得法後のこととされている。特に曹溪大師傳の「佛性之理」は、宋高僧傳では「諸佛理論」、傳燈錄・正宗記・宗寶本壇經では「諸佛妙理」などと多少意味あいに違いはあるが、〝不識文字の慧能〟という基本テーマはすべて共通である。

要するに出家前の慧能が、先に『金剛經』を聽いて悟ったように、ここでは『涅槃經』を聽いてその義理を解し得たということである。すなわち、慧能が實際に文字を識らなかったかどうかの問題は別にしても、佛法は文字の知識によって究められるものではないという禪の根本思想を強調していることは明らかで、中國禪思想の成立展開との關わり合いの上で注目すべき一段である。

13 寶林寺に居住す

(一)

瘞

王

神

歴

曹　衆人聞之、皆嗟歎曰、見解如此、天機自悟、非人所及。堪可出家住此寶林寺。大師卽住此寺、修道經三年。正當智藥三藏一百七十年懸記之時也。時大師春秋三十有三。

敦

柳

劉

圓

祖

鏡

宋　有勸於寶林古寺修道。自謂己曰、本誓求師而貪住寺。取乎道也、何異卻行歸舍乎。

景　於是居人競來瞻禮。近有寶林古寺舊地。衆議營緝、俾師居之。四衆霧集、俄成寶坊。師一日忽自念曰、我求大法、豈可中道而止。

傳　遂以告其鄉里、鄉人德之。尋治寶林蘭若、請尊者居之。居未幾忽自感曰、我始爲法尋師、何久滯此。

大

興

宗　有魏武侯玄孫曹叔良、及居民競來瞻禮。時寶林古寺、自隋末兵火已廢、遂於故基重建梵宇、延師居之、俄成寶坊。師住九月餘日、又爲惡黨尋逐。師乃遯于前山、被其縱火焚草木、師隱身挨入石中得免。石今有師趺坐膝痕及衣布之紋、因名避難石。師憶五祖懷會止藏之囑、遂行隱于二邑焉。

緣

㈡

寶林寺については、すでに2の「寶林寺の由來」において考察したが、ここでは、いよいよ、慧能と同寺との關係が明瞭となる。無盡藏尼との問答後、それを聞いた人々が驚嘆して慧能に出家を乞い、寶林寺に居住してもらった。そして、ここで三年の修行をした、というのが曹溪大師傳の記事であり、さらにこれは、正しく智藥三藏一七〇年の懸記であり、慧能の三三歳のことであるとする。これに對して、後代の宋高僧傳・傳燈錄・正宗記においては、智藥三藏の懸記や慧能の年齢には觸れず、寶林寺での修行中には求法と尋師の念が起ったことを述べるにすぎない。

宗寶本壇經では、先の11の項で述べた通り、この寶林寺との因緣は黄梅での得法後のこととされ、この點は他の諸資料と異なる。今それによれば、武侯の玄孫曹叔良と住民が慧能を瞻禮し、隋末の兵火で灰盡に歸していた寶林寺を再興して慧能を延請したとある。そして、住すること九カ月餘りとなり、惡黨が襲ってきたので、石室に身を隱して難を逃れた。その際に、石に趺坐の膝痕と衣布の紋が附いたので、それに因んで避難石と名づけたという。しかも本資料では、これが五祖の法を承けた後のことと言っているためか、師の教え通り、さらに二邑に身を隱したとしているのである。

これらの記事は、本項の前記諸資料には全くみられぬものであるが、その淵源を考えるならば、直接か間接かは不明ながら、おそらくは『寶林傳』巻一〇の慧能章によるものではないであろうか。なぜならば、『祖庭事苑』や『西溪叢語』が引く『寶林傳』の記事（資料篇第三章、慧能關係資料集成　本書四九九・五六三頁參照）の中に曹溪の由來が存すること、及び、『寶林傳』の内題が「雙峯山曹侯溪寶林傳」であることなどにより、この書には曹溪に關する記事消息は詳細をきわめていたことが推定されるからである。

ところで、右の『寶林傳』からの斷片的な引文によれば、曹叔良なる人は晉の武侯の玄孫であって、唐初の咸亨年中（六七〇～七四）、五祖弘忍の居住する雙峯山寶林寺の左に居住していた。そのために、世人はその地を雙峯の曹侯溪と呼んでいた。儀鳳年中（六七六～七九）、叔良は慧能のためにこの地を施與した。これに因んで曹溪と稱し、開元（七一三～）以降、世人は六祖を雙峯和尚と呼んだという。

しかしながら、曹叔良が晋の武侯、すなわち武帝（司馬炎〈二三六～二九〇〉）の玄孫（五代目）とすることは、明らかに時代的に無理であり、また、雙峯山寶林寺や雙峯和尚の呼稱も他にはみられぬものである。したがって、これを承けたとみられる宗寶本壇經の説もまた、他資料とは異なる獨特の記載となっているのであろう。

14　遠禪師に參ず

㈠

瘞

王

神　歴　曹　後聞樂昌縣西石窟有遠禪師、遂投彼學坐禪。大師素不曾學書。竟未披尋經論。

敦　柳　劉　圓　祖　鏡　宋　明日遂行、至樂昌縣西石窟、依附智遠禪師、侍座談玄。

景　明日遂行、至昌樂縣西山石室間、遇智遠禪師、師遂請益。

傳　卽去寶林、稍進至韶之樂昌縣、會高行沙門智遠尊者、且依其處纔十數朝。

大　興　宗　緣

(二)

求法の旅に出た慧能が、樂昌縣（廣東省韶州、傳燈錄に昌樂縣とあるのは樂昌縣のまちがいであろう）の西の石窟にいた遠禪師に投じたことを述べるのは曹溪大師傳・宋高僧傳・傳燈錄・正宗記の四資料である。特に曹溪大師傳は遠禪師より坐禪を學んだことを強調するが、その他の資料は、學んだ内容を具體的にしない。但し曹溪大師傳のいう「遠禪師」は、宋高僧傳・傳燈錄・正宗記では、いずれも「智遠」となっている。そしてこの遠禪師參學のことが、13項の寶林寺入寺を傳える資料と共通していることは、この二つのことがらが密接に關連していたことを物語るものであろう。

15　弘忍への參學を勸奬

(一)

瘞　王　神　歴　曹　時有惠紀禪師、誦投陁經。大師聞經歎曰、經意如此。今我空坐何爲。至咸亨五年、大師春秋三十有四。惠紀禪師謂大師曰、久承、蘄州黃梅山忍禪師開禪門。可往彼修學。

敦　乃問客曰、從何處來、持此經典。客答曰、我於蘄州黃梅縣東憑墓山、禮拜五祖弘忍和尚。見今在彼、門人有千

餘衆。我於彼聽見大師勸道俗、但持金剛經一卷、卽得見性、直了成佛。惠能聞說、宿業有緣。（便卽辭親。）

柳

劉

圓

祖

惠能遂問、郎官、此是何經。道誠云、此是金剛經。惠能云、從何而來、讀此經典。道誠云、我於蘄州黃梅縣東馮母山、禮拜第五祖弘忍大師。今現在彼山說法、門人一千餘衆。我於此處聽受大師勸道俗、受持此經、卽得見性、直了成佛。惠能聞說、宿業有緣。其時道誠、勸惠能往黃梅山禮拜五祖。惠能報云、緣有老母家乏缺闕、如何拋母、無人供給。其道誠遂與惠能銀一百兩、以充老母衣粮、便令惠能往去、禮拜五祖大師。

鏡

宋

問曰、誰邊受學此經。曰、從蘄州黃梅馮茂山忍禪師勸持此法。云卽得見性成佛也。能聞是說、若渴夫之飲寒漿也。忙歸備所須、留奉親老。（中略）遠曰、行者迨非凡常之見龍、吾不知吾、不知之甚矣。勸往蘄春五祖所印證去、吾終於下風請教也。

景

悚然問其客曰、此何法也、得於何人。客曰、此名金剛經、得於黃梅忍大師。師遽告其母以爲法尋師之意。遠曰、觀子神姿爽拔、殆非常人。吾聞西域菩提達磨、傳心印于黃梅。汝當往彼參決。

傳

曰、君得之於何人。客曰、今第五祖弘忍大師出世於黃梅縣。嘗謂人曰、若持此經、得速見性。我故誦之。尊者喜之、爲母備其歲儲、因告往求法。智遠謂尊者曰、觀子知識非凡者。趣嚮吾道、固不足相資。黃梅忍禪師、方當大法祖、宜汝師也。汝速詣之。若得道南還、無相忘也。

大

遂問客言、從何所來、持此經典。客云、我從蘄州黃梅縣東馮茂山、禮拜五祖和尙。見在彼山、門人一千餘衆。我到彼山、聽和尙說法、常勸道俗、但持金剛經、卽得見性、直了成佛。某甲聞說、宿昔有緣。乃蒙客取銀十兩與某甲、將充老母衣糧、令某甲使往黃梅禮拜。

興

遂問客言、從何所來、持此經典。客云、我從蘄州黃梅縣東馮母山來。其山是第五祖弘忍大師、在彼主化、門人一千有餘。我到彼山、禮拜聽受此經。大師常勸僧俗、但持金剛經、卽自見性、直了成佛。惠能聞說、宿業有緣。乃蒙一客取銀十兩與惠能、令充老母衣糧、教便往黃梅、禮拜五祖。

宗

遂問客、誦何經。客曰、金剛經。復問、從何所來、持此經典。客云、我從蘄州黃梅縣東禪寺來。其寺是五祖忍大師、在彼主化、門人一千有餘。我到彼中、禮拜聽受此經。大師常勸僧俗、但持金剛經、卽自見性、直了成佛。惠能聞

說宿昔有緣。乃蒙一客取銀十兩與惠能、令充老母衣糧、教便往黃梅參禮五祖。

緣

(二)

15より21までの七項目にわたる、慧能と師の弘忍との出會いは、慧能傳の中でも最もドラマチックな場面であり、各傳記資料はその時の描寫を活き活きと書き綴っている。この二人の出會いは禪宗第六祖が誕生するということにおいて、中國禪のインド禪からの獨立を意味し、その物語りに託された素材の多くは、禪思想の中心課題を表現しているものである。

まず、弘忍と慧能との出會いをみると、弘忍への參學を勸奬した人は、惠紀禪師、一客、智遠の三人のいずれかである。慧能の柴賣りについて言及しない曹溪大師傳は、慧能が惠紀禪師の『投陁經』を誦するを聞いて經意を知り、空しく坐すことを歎き、惠紀禪師の勸めで弘忍への參學を決意したとする。この惠紀禪師が勸めたとすることと、惠紀禪師が誦していた經が『投陁經』であったとすることとはその他の資料には見られない曹溪大師傳獨特の主張である。『投陀經』の內容は不明であるが、『金剛經』との結びつきをいわない點はむしろ注目すべきであろう。これに對して、一客があって柴を買ってくれたので、慧能はそれをとどけ、錢を得て歸ろうとした時、また一客の『金剛經』を誦するのを聞いて悟り、その一客に勸められて弘忍を尋ねたとするのは壇經系統の資料であり、柴を買う客と『金剛經』を誦する客とを同一人とし、それが安道誠であると具名を記すのが祖堂集であることは、先の9で述べた通りである。その『金剛經』の「應無所住而生其心」の句を聞いて悟ったとするのは、『天聖廣燈錄』(一一〇一)及び德異本壇經に至ってはじめてあらわれることである。宋高僧傳・傳燈錄・正宗記は、一客からも勸められ、途中で逢った智遠からも直接に勸められたとしているが、これは曹溪大師傳と壇經系統の折衷と見られる。

さて、弘忍の所住の場所は、湖北省の蘄州であり、「黃梅縣東馮(憑)母(茂・墓)山」とするのは、敦煌本・大乘寺本・興聖寺本の三壇經および祖堂集であり、「馮茂山」と東のないのは宋高僧傳である。宗寶本壇經は、「黃梅縣東禪寺」、曹溪大師傳は「黃梅山」とし、傳燈錄・正宗記は「黃梅」とのみ表現しているが、どの資料も同じ場所を指したものに外ならない。四祖道信のいた雙峯山の東にあるので東山とも呼ばれ、五祖山とも稱せられた山である。この弘忍のもとでの門人の數について曹溪大師傳では示さないが、敦煌本壇經に千餘衆とあり、祖堂集やその他の壇經もそれを承ける。その集團は道俗共に『金剛經』を弘忍より勸められて學んでいるとするが、禪の歷史の中で集團が形成・確立されていく最初のものは四祖・五祖を中心としてのものであるから、集團の正確な數は不明にしても、そこに大きな意義が見出されることは諸學者の指摘するところである。『金剛經』の主張するところは、「見性」であり、「直了成佛」で

ある。この『金剛經』の主張するところは、これらの資料では、いずれも弘忍と慧能の中心思想とされるものであり、以下に展開する物語の坐りとなって一貫している。傳燈錄では、智遠が慧能に弘忍への參學を勸める理由として、弘忍がインドの菩提達磨の正系であるとする點は、他の資料には見出せないものであるが、正宗記が弘忍を大法祖とするのもこれと同じ主張であり、正宗記はさらに慧能の弘忍下での得道を豫想し、智遠は慧能に得道後南方へ歸ることを促している。この弘忍への參學は、曹溪大師傳では咸亨五年（六七四）慧能三四歲の時とあるが、年齡については次項を參照されたい。

弘忍への參學を勸められた慧能にとって、直ちに弘忍のもとへ行けない氣がかりなこととして、母親の問題を述べているのが祖堂集と大乘寺本壇經以降の三種の壇經である。慧能は柴を賣りながら老母を養っていたのであるから、母の處置は慧能にとって大きな問題であった。敦煌本壇經ではこのことについて具體的なことは何も觸れないが、祖堂集になると、安道誠が老母の衣糧に銀一百兩を與えたので、老母の問題もなくなり、弘忍への參學を實行するに至ったとしている。一方、大乘寺本以下の三壇經は、道誠ではなくて一客が銀十兩を與えたとしている。柴賣りのことを記さない曹溪大師傳には、そのことは全くみられないが、兩者を合せて記す傳燈錄は、前の9項でみたように劉志略に逢う以前に、法のために弘忍を尋ねることを母に說得したという形で表現している。兩親とも幼い時に失ったとする曹溪大師傳は別として、その後、父を亡くし老母と三人ぐらしとなったとする敦煌本壇經の傳記が成立すると、六祖像の強烈な印象の一つとして、老母を養いつつ、しかも法を先とする慧能のイメージが形成されていったと見ることができよう。

16　弘忍を訪問

(一)

瘞　年若干、事黃梅忍大師。

王　年廿二、東山禮拜忍大師。

神　年二十二、來至憑茂山、禮忍大師。

歷　年二十二、拜忍大師。

曹　（至咸亨五年、大歸春秋三十有四。）（中略）大師其年正月三日、發韶州往東山、尋忍大師。策杖塗跣、孤然自行、至洪州東路。時多暴虎、大師獨行山林無懼。遂至東山、見忍大師。

敦　便卽辭親、往黃梅馮墓山、禮拜五祖弘忍和尚。

柳

劉　（始自蘄之東山、從第五師、得授記以歸。）

圓　後有嶺南新州盧行者、年二十二、來謁大師。（弘忍章）

祖　惠能領得其銀、分付安排老母訖、便辭母親。不經一月餘日、則到黃梅縣東馮母山、禮拜五祖。

時有盧行者、年三十二。從嶺南來、禮觀大師。（弘忍章）

鏡

宋　未幾造焉。

景　師辭去直造黃梅之東禪。卽唐咸亨二年也。

咸亨中、有一居士。姓盧、名慧能。自新州來參謁。（弘忍章）

傳　尊者遂北征。是時年已三十有二。及至東山、

咸亨中、客有號盧居士者、自稱慧能、來法會致禮其前。

（弘忍章）

大　某甲安置母訖、便卽辭親。不經三十餘日、便到黃梅、禮拜五祖。

興　惠能安置母畢、便卽辭親。不經三二十日、便至黃梅、禮拜五祖。

宗　惠能安置母畢、卽便辭親。不經三十餘日、便至黃梅、禮拜五祖。

緣　往黃梅參禮。

（二）

弘忍を訪問した時の慧能の年齡は、資料によって大きな隔りがあり、王維の碑銘では「若干」、神會語錄・法寶記・大疏鈔では「三十二」、曹溪大師傳では「咸亨五年（六七四）の三十四」、祖堂集・正宗記は「三十二」としている。傳燈錄は「咸亨二年」のこととし、年齡はいわないが、寂年より計算すると三四歲のこととなる。訪問場所の表現もまちまちで、王維の碑銘、大乘寺本・興聖寺本・宗寶本の各壇經、及び緣起外紀は「黃梅」、神會語錄・曹溪大師傳・劉禹錫の碑銘・正宗記は「東山」、法寶記は「憑茂山」、敦煌本壇經は「黃梅憑墓山」、祖堂集は「黃梅縣東馮母山」、傳燈錄は「黃梅之東禪」とある。ただ表現上の違いはあっても、具體的な場所が一致していることは、前項と同じである。

途中の日數は、祖堂集に「一月餘日」とはじめて具體的に記され、大乘寺本壇經・宗寶本壇經は「三十餘日」、興聖寺本壇經は「三二十日」としている。途中の樣子については、曹溪大師傳のみが詳細で、正月三日に韶州を出發したこと、洪州東路を通った時に、暴虎が多くいたが、懼れることなく行ったことなどを記している。出發に先だって老母への衣糧を受け取って、老母の後の處置をして出發したとするのは、前項に續いて祖堂集と大乘寺本以下の三種の壇經である。

ここで問題となるのは、大きな年齡差のことである。神會語錄・法寶記の三二歲說は、宇井氏も指摘されるごとく、慧能の七六歲寂の世壽に調和せしめて、神會語錄の韶州、曹溪の來往四〇年と一六年の遁隱から考えられたものであって（第二禪宗史研究 p.193）、法寶記は遁隱を一七年とし、來往を四十餘年とするから、必ずしも一致しないが、三二歲說は來往と遁隱から推測されたものであろう。次に咸亨五年、三四歲說の曹溪大師傳であるが、曹溪大師傳が先天二年七六歲の慧能の示寂を主張する限り、咸亨五年は三七歲となる。

咸亨五年は慧能の傳衣南歸と弘忍の入寂を同じ年のこととすることによって出てきたものであり、宇井氏の指摘されるごとく、曹溪大師傳の年代は杜撰である點は否めないであろう（第二禪宗史研究 p.190）。したがってここでは曹溪大師傳の記事には無理があることを指摘するにとどめておく。

17　弘忍との初相見・佛性問答

㈠

瘞

王

神　忍大師謂曰、汝是何處人也。何故禮拜我、擬欲求何物。能禪師答曰、弟子從嶺南新山、故來頂禮、唯求作佛、更不求餘物。忍大師謂曰、汝是嶺南獦獠、若爲堪作佛。能禪師言、獦獠佛性與和上佛性、有何差別。忍大師深奇其言。

歷　忍大師問、汝從何來。答、從新州來、唯求作佛。忍大師曰、汝新州是獦獠、若爲作佛。能禪師答、身雖是獠、佛性豈異和上。大師深知其能。

大師問、汝從何來、有何事意。惠能答言、從嶺南來、亦無事意、唯求作佛。大師知是非常人也。

曹　忍大師問曰、汝化物來。能答曰、唯求作佛來。忍問曰、汝是何處人。能答曰、嶺南新州人。忍曰、汝是嶺南新州人、寧堪作佛。能答曰、嶺南新州人佛性、與和上佛性、有何差別。忍大師更不復問。可謂自識佛性、頓悟眞如。深奇之奇之。

敦　弘忍和尚問惠能曰、汝何方人、來此山禮拜吾。汝今向吾邊、復求何物。惠能答曰、弟子是嶺南人、新州百姓。今故遠來禮拜和尚、不求餘物、唯求作佛法。大師遂責惠能曰、汝是嶺南人、又是獦獠、若爲堪作佛。惠能答曰、人卽有南北、佛性卽無南北。獦獠身與和尚不同、佛性有何差別。

柳

劉

圓　初答作佛之語、與契師心。（弘忍章）

祖　五祖問、汝從何方而來、有何所求。惠能云、從新州來、來求作佛。師云、汝嶺南人無佛性也。對云、人卽有南北、佛性卽無南北。師曰、新州乃獵獠、寧有佛性耶。對曰、如來藏性遍於螻蟻、豈獨於獦獠而無哉。師云、汝旣有佛性、何求我意旨。深奇其言、不復更問。

大師問、汝從何方而來、有何所求。行者對曰、從新州來、來求作佛。師云、汝嶺南人無佛性也。行者云、人則有南北、佛性無南北。（弘忍章）

鏡

宋　忍師覩能氣貌不揚試之曰、汝從何至。對曰、嶺表來參禮、唯求作佛。忍曰、嶺南人無佛性。能曰、人有南北、佛性無南北。

景　忍大師一見、默而識之。
師問曰、汝自何來。曰、嶺南。師曰、欲須何事。曰、唯求作佛。
師曰、嶺南人無佛性、若爲得佛。曰、人卽有南北、佛性豈然。師知是異人。（弘忍章）

傳　忍祖默識其法器。初示以言試之。
尊者問曰、汝自何來。對曰、嶺南來。曰、欲求何事。對曰、唯求作佛。曰、嶺南人無佛性、若爲得佛。對曰、人有南北、佛性豈然。尊者知其異人。（弘忍章）

大　問曰、汝何方人、來此山中禮拜、今向吾邊欲求何物。某甲對云、弟子是嶺南人、新州百姓、遠來禮師、唯求作佛、不求餘物。五祖責曰、汝是嶺南人、又是獦獠、若爲堪作佛。某甲言、人雖有南北、佛性本無南北。獦獠身與和尚不同、佛性有何差別。

興　祖問曰、汝何方人、來到此山禮拜、今向吾邊欲求何物。
（中略）惠能言、人雖有南北、佛性本無南北。獦獠身與和尚不同、佛性有何差別。

宗　祖問曰、汝何方人、欲求何物。惠能對曰、弟子是嶺南新州百姓、遠來禮師。惟求作佛、不求餘物。（以下略）

緣　五祖器之。

㈡

従來の資料の比較で指摘されるように、慧能傳成立には全く異なった『金剛經』と『涅槃經』の二つの大きなソースがあることが理解されるのであるが、この項の弘忍と慧能との出會い、そこに交わされる問答が大きく一致しているのは注目すべき點である。柳田氏は、

> 慧能と弘忍の佛性問答は、江南に於ける涅槃經研究の傳統を背景とするものであり、特に『金剛經』の傳授を主張する『神會語錄』の慧能傳に於てすら、慧能が一客より『金剛經』を聞いたとせず、まして「應無所住云云」の句を言わぬ。歴史的には、慧能は『金剛經』よりも『涅槃經』に親しい人であったと思われる。（初期禪宗史書の研究　p. 224）

と指摘されて、弘忍參學以前の若い慧能が『涅槃經』に關する知識をもっていたことを、歴史上の慧能にまで推測されている。したがって、神會の要請によって建立されたという王維の碑銘にはどうしたことか全く觸れられることはないにしても、『金剛經』説を主張する神會語錄で佛性問答が最初に見えるのは注目してよい。そしてこれは法寶記が承け、『涅槃經』説を主張している曹溪大師傳および敦煌本壇經以下の諸資料が承けているのである。

この初相見でまず弘忍はどこから何しに來たかを問うのである。慧能の答えた出身について、「嶺南新山」とするのが神會語錄、「新州」とあるのが法寶記・祖堂集、曹溪大師傳は「嶺南新州人」とし、傳燈錄・正宗記には「嶺南」とのみある。宋高僧傳が「嶺表」と答

えているが、弘忍の問には「嶺南」と表現しているからこれは同じといってよい。更に敦煌本以下の壇經系統は「嶺南人」とし、さらに「新州百姓」と身分も具體的に示している。參學の目的は、すべての資料が作佛であるとしており、次に答える佛性の普遍性や作佛者としての六祖確定の物語等の生來の大器がここに示されている。出身についての答えに對する弘忍の受け取り方は、六祖傳の興味ある問題であり、「獦獠」とするのが神會語錄・敦煌本壇經・興聖寺本壇經、「獵獠」とするのが大乘寺本壇經、兩者共に使用するのが祖堂集・宗寶本壇經で、法寶記は「獠獠」とするのである。この言葉には、北人が南人をさげすんだ意味が含まれているから、神會語錄以下において慧能が獦獠佛性と和上佛性との差別のないことを述べたとし、敦煌本壇經以後の諸資料では、人間に南北があっても、佛性に南北のないことが述べられるのである。この慧能の答えは、文化圏の大きく異なる南北の統一が中國歷史においては大きな課題であり、佛教教理史や禪宗内部でも南北問題が大きな課題であっただけに、重要な意義を含んでいると思われる。

祖堂集に如來藏が螻蟻に遍滿していること、つまり人間以外の有情に佛性を認める説を展開説明していることや、曹溪大師傳の「自ら佛性を識れば、頓に眞如を悟る」という頓悟思想が述べられていることなども注目すべきであろう。

このように佛性問答においてすでに慧能のすぐれた人物であることが、弘忍に認められたことをすべての資料が記している。但し傳燈錄・正宗記には弘忍傳と慧能傳の二箇所に二人の出會いが述べられるという特殊性もあるが、弘忍が慧能を一見しただけでその生來の大器を認めたという表現も興味深い。

18　碓坊生活・悟道の偈

(一)

瘞

王　願竭其力、卽安於井臼。素刳其心、獲悟於稊稗。每大師登座、學衆盈庭。中有三乘之根、共聽一音之法。禪師默然受教、曾不起予。退省其私、逈超無我。其有猶懷渴鹿之想、尚求飛鳥之跡。香飯未消、幣衣仍覆。皆曰升堂入室、測海窺天。謂得黃帝之珠、堪受法王之印。

神　更欲共語、爲諸人在左右、遂發遣、令隨衆作務。遂卽爲衆踏碓、經八箇月。忍大師於衆中尋覓、至碓上見、共語、見知眞了見性。

于時能禪師、奉事經八箇月。（弘忍章）

歷　再欲共語、爲衆人在左右、令能隨衆踏碓。八箇月碓聲相似不異。忍大師就碓上密說、直了見性。大師緣左右人多、曰、汝能隨衆作務否。惠能答、身命不惜、何但作務。遂隨衆踏碓八箇月。大師知惠能根機純熟。

曹

忍大師山中門徒至多、顧眄左右、悉皆龍象。遂令能入廚中供養。經八箇月、能不避艱苦。忽同時戲調、嶷然不以爲意。忘身爲道、仍踏碓、自嫌身輕、乃繫大石著腰、墜碓令重、遂損腰脚。忍大師因行至碓米所、問曰、汝爲供養損腰脚、所痛如何。能答曰、不見有身、誰言之痛。忍大師至夜命能入房。大師問、汝初來時答吾、嶺南人佛性、與和上佛性、有何差別。誰教汝耶。答曰、佛性非偏、和上與能無別、乃至一切衆生皆同、更無差別。但隨根隱顯耳。忍大師徵曰、佛性無形、如何隱顯。能答曰、佛性無形、悟卽顯、迷卽隱。

敦

大師欲更共議、見左右在傍邊、大師更不言、遂發遣惠能、令隨衆作務。時有一行者、遂差惠能於碓坊、踏碓八个餘月。五祖忽於一日喚門人盡來。門人已集。五祖曰、吾向汝說、世人生死事大。汝等門人、終日供養、只求福田、不求出離生死苦海。汝等自性迷、福門何可救汝。汝惣且歸房自看。有知惠者、自取本性般若之知、各作一偈呈吾。吾看汝偈、若悟大意者、付汝衣法、稟爲六代。火急急。門人得處分、卻來各至自房、遞相謂言、我等不須澄心用意作偈、將呈和尚、神秀上座是教授師。秀上座得法後、自可依止、偈不用作。諸人息心、盡不敢呈偈。時大師堂前有三間房廊。於此廊下供養欲畫楞伽變相、并畫五祖大師傳授衣法、流行後代爲記。畫人盧玲看壁了、明日下手。上座神秀思惟、諸人不呈心偈、緣我爲教授師。我若不呈心偈、五祖如何得見我心中見解深淺。我將心偈上五祖呈意。求法卽善、覓祖不善。卻同凡心奪其聖位。若不呈心、終不得法。良久思惟、甚難甚難。夜至三更、不令人見、遂向南廊下中間壁上、題作呈心偈、欲求於法。若五祖見偈言、此偈語、若訪覓我、我宿業障重、不合得法。聖意難測、我心自息。秀上座三更於南廊下中間壁上、秉燭題作偈、人盡不知。偈曰、

身是菩提樹　心如明鏡臺
時時勤拂拭　莫使有塵埃

神秀上座題此偈畢歸房臥、並無人見。五祖平旦遂喚盧供奉來、南廊下畫楞伽變相。五祖忽見此偈請記、乃謂供奉曰、弘忍與供奉錢三十千、深勞遠來、不畫變相也。金剛經云、凡所有相皆是虛妄。不如留此偈、令迷人誦。依此修行、不墮三惡。依法修行、人有大利益。大師遂喚門人盡來、焚香偈前、令衆入見、皆生敬心。汝等盡誦此、悟此偈者、方得見性、依此修行、卽不墮落。門人盡誦、皆生敬心、喚言善哉。五祖遂喚秀上座於堂內、問、是汝作偈否。若是汝作、應得我法。秀上座言、罪過實是神秀作。不敢求祖、願和尚慈悲、看弟子有小智惠識大意否。五祖曰、汝作此偈、見卽未到、只到門前、尚未得入。凡夫依此偈修行、卽不墮落。作此見解、若覓無上菩提、卽未

可得。須入得門見自本性。汝且去、一兩日來。思惟更作一偈來呈吾。若入得門、見自本性、當付汝衣法。秀上座去數日作不得。有一童子、於碓坊邊過、唱誦此偈。惠能一聞知、未見性即識大意。能問童子言、適來誦者是何偈。童子答能曰、爾不知大師言、生死事大、欲傳於法、令門人等各作一偈來呈看。悟大意即付衣法、稟爲六代祖。有一上座名神秀、忽於南廊下、書無相偈一首。五祖令諸門人盡誦。悟此偈者、即見自性、依此修行、即得出離。惠能答曰、我此踏碓八箇餘月、未至堂前。望上人引惠能至南廊下。見此偈禮拜、亦願誦取。結來生緣、願生佛地。童子引能、至南廊下。能即禮拜此偈。爲不識字、請一人讀。惠能聞已、即識大意。惠能亦作一偈、又請得一解書人、於西間壁上提著、呈自本心。不識本心、學法無益、識心見性、即悟大意。惠能偈曰、

菩提本無樹　明鏡亦無臺
佛性常清淨　何處有塵埃

又偈曰、

心是菩提樹　身爲明鏡臺
明鏡本清淨　何處染塵埃

院內徒衆、見能作此偈盡怪。惠能卻入碓坊。五祖忽見惠能、但即善知識、大意恐衆人知。五祖乃謂衆人曰、此亦未得了。

柳（大鑒始以能勞苦服役、一聽其言、言希以究。）

劉

圓　舂米題偈、師資道合。（弘忍章）

祖　師云、汝作何功德。行者對云、願竭力抱石舂米供養師僧。師便許之。於一日一夜、舂得一十二石米。首末親事、經八箇餘月。行者又問曰、如何是大道之源。師曰、汝是俗人、問我此事作什摩。對曰、世諦即有僧俗、道豈尋人耶。師曰、汝若如此、莫從人覓。進曰、與摩即不從外得。師曰、內亦非。大師臨遷化時告衆云、正法難聞、盛會希逢。是你諸人、如許多時、在我身邊、若有見處、各呈所見。莫記吾語、我與你證明。時衆中有神秀。聞師頻訓告、遂揮毫於壁書偈曰、

身是菩提樹　心如明鏡臺
時時懃拂拭　莫使有塵埃

師見此偈、乃告衆曰、是你諸人、若依此偈修行而得解脫。衆僧惣念此偈。有一童子、碓坊裏念此偈。行者曰、念什摩。童子曰、行者未知、第一座造偈呈師。大師曰、若依此偈修行而得解脫。行者曰、某甲不識文字、請兄與吾念看、我聞願生佛會。有一江州別駕張日用、爲行者高聲誦偈。行者卻請張日用、與我書偈、某甲有一个拙見。其張日用與他書偈。曰、

身非菩提樹　心鏡亦非臺

本來無一物　　何處有塵埃

時大師復往觀之揮卻了。擧顏微笑、亦不讚賞、心自詮勝。師又去碓坊便問、行者不易、行者米還熟也未。對曰、米熟久矣。只是未有人篩。師云、三更則去。行者便唱喏。（弘忍章）

第一章中承問和尚曰、五祖云何分付衣鉢與慧能、不分付神秀。既分付後、云何慧明又從五祖下、趂到大庾嶺頭、奪其衣鉢、復有何意、不得衣廻。某甲在城、曾問師僧、悉各說不同。某甲常疑此事。和尚稟承有師、願垂一決。師答曰、此是宗門中事。曾於先師處聞說、登時五祖下有七百僧。五祖欲遷化時、覓人傳法、及分付衣鉢。衆中有一上座、名曰神秀。遂作一偈、上五祖。

身是菩提樹　　心如明鏡臺
時時勤拂拭　　莫遣有塵埃

後磨坊中盧行者、聞有此偈、遂作一偈、上五祖曰、

菩提本無樹　　明鏡亦非臺
本來無一物　　何處有塵埃

五祖亦見此偈、並無言語。（慧寂章）

鏡

如六祖偈云、

菩提亦非樹　　明鏡亦非臺
本來無一物　　何用拂塵埃（卷三十一）

宋

曰、汝作何功德。曰、願竭力抱石、而舂供衆而已。如是勞乎井臼、率淨人而在先。了彼死生與涅槃而平等。忍雖均養、心何辨知。俾秀唱予、致能和汝。偈辭在壁、見解分岐、揭厲不同、淺深斯別。

初忍於咸亨初、命二三禪子、各言其志、神秀先出偈、惠能和焉。（弘忍章）

景

（師知是異人、）乃訶曰、著槽廠去。能禮足而退。便入碓坊、服勞於杵臼之間、晝夜不息。經八月、師知付授時至。遂告衆曰、正法難解。不可徒記吾言持爲己任。汝等各自隨意述一偈。若語意冥符、則衣法皆付。時會下七百餘僧。上座神秀者、學通內外、衆所宗仰。咸共推稱云、若非尊秀、疇敢當之。神秀竊聆衆譽、不復思惟、乃於廊壁書一偈云、

身是菩提樹　　心如明鏡臺
時時勤拂拭　　莫遣有塵埃

師因經行、忽見此偈、知是神秀所述、乃讚歎曰、後代依此修行、亦得勝果。其壁本欲令處士盧珍繪楞伽變相。及見題偈在壁、遂止不畫。各令誦念。能在碓坊、忽聆誦偈。乃問同學、是何章句。同學曰、汝不知和尚求法嗣、令各述心偈。此則秀上座所述。和尚深加歎賞。必將付法傳衣也。能曰、其偈云何。同學爲誦。能良久曰、美則美矣。了則未了。同學訶曰、庸流何知。勿發狂言。能曰、子不信耶。願以一偈和之。同學不答、相視而笑。能至夜、密告一

童子引至廊下。能自秉燭、令童子於秀偈之側寫一偈。
云、

菩提本非樹　心鏡亦非臺
本來無一物　何假拂塵埃

大師後見此偈云、此是誰作、亦未見性。衆聞師語、遂不之顧。（弘忍章）

傳

（尊者知其異人）佯訶之曰、著槽廠去。慧能卽退求處碓所。盡力於臼杵閒、雖歷日月而未嘗告勞。一日尊者以傳法時至、乃謂其衆曰、正法難解、汝等宜各爲一偈、以明汝見。若眞有所至、吾卽付衣法。時神秀比丘者、號有博學。衆方尊爲冠首。莫敢先之者。神秀自以爲衆所推、一夕遂作偈、書於寺廊之壁曰、

身是菩提樹　心如明鏡臺
時時勤拂拭　莫使惹塵埃

尊者見賞之曰、後世若依此修行、亦得勝果、勉衆誦之。慧能適聞、乃問其誦者曰、此誰所爲。曰、此神秀上座之偈、大師善之、當得付法、汝豈知乎。能曰、此言雖善而未了。其流輩皆笑、以能爲妄言。能尋作偈和之。其夕假筆於童子、並秀偈而書之曰、

菩提本無樹　明鏡亦非臺
本來無一物　何處有塵埃

及尊者見之、默許不卽顯稱。恐嫉者相害、乃佯抑之曰、此誰所作、亦未見性。衆因是皆不顧能言。（弘忍章）

大

大師更欲共某甲久語、且見徒衆總在身邊、乃令某甲隨衆作務。某甲啓和尚言、弟子自心常生智慧、不離自性、卽是福田。未審、和尚教作何務。五祖言、這獦獠、根性大利。汝更勿言、且去後院。有一行者、差某甲破柴踏碓、八箇餘月。五祖一日忽見某甲言、吾思汝之明見、恐有惡人害汝、遂不與言。汝知之否。某甲言、弟子亦知師意、不敢行至堂前、令衆人不覺。五祖一日喚諸門人總來、吾向汝說、世人生死事大、汝等終日供養、只求福田、不求出離生死苦海。汝自性迷、福何可救。汝等各去後院、自看、有智慧者、取自本心般若之性、各作一偈、來呈吾看。汝等偈若悟大意、付汝等衣法、爲第六代祖。火急便作、不得遲滯。思量卽不中用、見性之人、言下須見。若輪刀上陣、一般衆得處分、來至後院、遞相謂言、我等衆人、不用呈心用意作偈。神秀上座、見爲教授之師、必是他得。我等謾作偈頌、枉用心力。諸人聞語、各自息心。咸言、我等自可依止。神秀卽得、何煩作偈。神秀思惟、諸人不呈心偈意者、爲我現作教授之師。我須作偈將呈。若不如然、和尚那知我見解深淺。我將心偈呈師卽得、求佛覓祖、卻同凡夫奪其聖位無別。若不呈偈、終不得法。大難大難。五祖堂前、有三閒步廊、擬請供奉盧珍、畫楞伽變相、幷五祖血脈之圖、流傳供養。神秀作偈成已、數度

欲呈、行至堂前、心中恍惚、遍體汗流、擬呈不得。前後經過二十三度。乃自思惟、不如向廊下書著、從和尚見、忽若道好、卽出禮拜、云是我作。若道不堪、自我性迷、宿業障重、不合得法、枉在山中、受人禮拜、何名修道。言訖、夜至三更、於南廊下中間壁上、秉燭書題所作之偈、人盡不知。偈曰、

身是菩提樹　心如明鏡臺
時時勤拂拭　莫使染塵埃

秀書偈了、便歸房、一心思惟、聖意難測。五祖喫粥纔了、擬喚盧供奉書。忽見其偈、便謂供奉言、某甲不書也。卻奉十千、勞供奉遠來。金剛經云、凡所有相、皆是虛妄。不如但留此偈、令迷人誦。依此修行、免墮三惡、有大利益。五祖喚門人、燒香偈前、令凡人見生敬仰心。汝等盡須誦取。悟此偈者、卽得見性、依此修行、必不墮落。門人盡誦、皆歎善哉。五祖夜至三更、喚秀入堂、問、是汝作此偈不。若是汝作、應得吾法。秀言、罪過、實是秀作、亦不敢求祖位、望和尚慈悲、看弟子心有少智慧不。五祖言、汝作此偈、未見本性、只到門外、未離凡愚。依此修行、卽不墮落。如此見解、覓無上菩提、卽不可得。無上菩提、須得言下識自本心、見自本性、不生不滅。於一切時中、念念自見、萬法無滯、一眞一切眞、萬境自如如、卽是眞實、見自本性。若得如是見者、卽是無上菩提、自性與體相應、乃能度人、始得名師。五祖言、汝且更去思惟、作一偈來、吾看。若得入門、見自本性、付汝衣法、爲人天師。吾不惜法、汝見自遲。神秀作禮便出。又經數日、作偈不成、心中恍惚、神思不安、猶如睡夢之中。後兩日間、有一童子、於碓房、唱誦其偈、某甲一聞、便知此偈未見本性、某甲未蒙教授、早識大意。遂問童子曰、誦者是何偈。童子曰、爾這獦獠、不知大師言、世人生死事大、欲傳衣法、令門人作偈來呈、若悟大意、卽付衣法、爲第六祖。神秀上座、於南廊壁上、書無相偈、五祖令門人盡誦此偈。若得悟者、卽見自性成佛。依此修行、卽不墮落。某甲言、我在踏碓八箇餘月、未曾行到堂、望上人引至偈前禮拜、亦要誦取結來生緣、同生佛地。童子便引某甲至偈前禮拜了、白言、某甲爲不識字、請一上人爲讀。某甲得聞、願生佛地。時有江州別駕張日用、便高聲讀、某甲一聞、卽識大意。啓曰、某甲亦有一偈、望別駕書安壁上。別駕言、左右盡是公卿王侯、名山尊德、尚不敢作。獦獠爾是何人、而欲作偈、甚爲希有。某甲言、若學無上菩提、不得輕於初學。俗諺云、下下人有上上智、上上人〔有〕勿意智。若輕人、卽有無量無邊罪。張別駕言、汝但誦偈、吾爲汝書。汝若得法、先度於吾、勿忘此言。偈曰、

菩提本無樹　明鏡亦非臺
本來無一物　何處有塵埃

說此偈已、僧俗總驚、山中徒衆、無不嗟訝。各相謂言、奇哉、不得以貌取人。何得多時使他肉身菩薩。五祖見衆人盡怪、恐人損他、向後無人傳法。遂便混破、向衆人言、此偈亦未見性、云何讃歎。衆便息心、皆言未了、各自散歸、不復稱讃。

興

大師更欲共惠能久語、且見徒衆總在身邊、乃令隨衆作務。（中略） 神秀作偈成已、數度欲呈。行至堂前、心中恍惚、遍身汗流、擬呈不得。前後經四日、一十三度、呈偈不得。秀乃思惟、不如向廊下書著、從他和尚看見。忽若道好、卽出頂禮、云是秀作。若道不堪、枉向山中、數年受人禮拜、更修何道。言訖、夜至三更、不使人知。自執燈燭、於南廊中間壁上、書無相偈、呈心所見。神秀偈曰、

身是菩提樹　　心如明鏡臺。
時時勤拂拭　　莫使染塵埃。

秀書偈了、便卻歸房。人總不知。神秀思惟。五祖明日見偈歡喜、出見和尚、卽言秀作。若言不堪、自是我迷、宿業障重、不合得法。聖意難測。房中思想、坐臥不安、直至五更。五祖卽知神秀入門未得、不見自性。喫粥了、便卽天明。五祖方便喚盧供奉來、擬向南廊畫五代血脈供養。五祖忽見其偈、報言、供奉卻不畫也。輙奉十千、勞供奉遠來。（中略） 無上菩提、須得言下識自本心、見自本性不生不滅、於一切時中、念念自見、萬法無滯、一眞一切眞、萬境自如、如如之心、卽是眞實。若如是見者、卽是無上菩提之自性也。五祖言、汝且去、一兩日思惟、更作一偈將來、吾看汝偈。（中略） 惠能偈云、

菩提本無樹　　明鏡亦非臺
本來無一物　　何處有塵埃（以下略）

宗

五祖更欲與語、且見徒衆總在左右、乃令隨衆作務。（中略） 偈曰、

身是菩提樹　　心如明鏡臺
時時勤拂拭　　勿使惹塵埃

秀書偈了、便卻歸房、人總不知。（中略） 惠能偈曰、

菩提本無樹　　明鏡亦非臺
本來無一物　　何處惹塵埃（中略）

次日、祖潛至碓坊、見能腰石舂米。語曰、求道之人爲法忘軀、當如是乎。乃問曰、米熟也未。惠能曰、米熟久矣。猶欠篩在。祖以杖擊碓三下而去。惠能卽會祖意。

縁

（二）

六祖傳中最も有名であり、禪思想の性格を強く印象づけるのがこの段であって、廣く人口に膾炙されている。すなわちこの段には、六祖像をいかに定着させるかに苦勞した傳記作者たちの苦心の跡が如實に示されている。その技法は、五祖下の最もすぐれた人物であ

る神秀を慧能が完全に負かすことによって決着をつけるのである。資料の欄では省略した部分が多いので、今その内容を宗寶本壇經によって窺おう。

五祖は更に與に語らんと欲すれども、且らく見るに徒衆總に左右に在り、乃ち衆に隨って作務せしむ。惠能曰く、「惠能、和尚に啓す。弟子、自心に常に智慧を生ず。自性を離れざれば、卽ち是れ福田なり。未審、和尚は何の務をか作さしむ。」祖云く、「這の獦獠、根性大いに利たり。汝、更に言うこと勿れ、槽廠に著き去れ。」惠能、退いて後院に至るに一行者有りて、惠能を差わして柴を破り、碓を踏ましむ。

八月餘を經て、祖一日、忽ち惠能を見て曰く、「吾思うに汝の見用うべきも、惡人の汝を害する有らんことを恐れて、遂に汝のために言わず。汝、之れを知るやいなや。」惠能曰く、「弟子も亦た師の意を知る。敢えて行きて堂前に至らず。人をして覺らざらしむ。」

祖、一日諸の門人を喚ぶに「總て來れ、吾汝に向って說かん、世人の生死事大なるを。汝等、終日只だ福田を求めて、生死の苦海を出離することを求めず。自性、若し迷わば、福は何ぞ救うべし。汝等、各おの去きて、自ら智慧を看よ。自らの本心般若の性を取りて、各おの一偈を作して、來って吾に呈し看せよ。若し大意を悟らば、汝に衣法を付し、第六代の祖と爲さん。火急に速かにし去き、遲滯することを得ざれ。思量は卽ち用うること中らず。見性の人、言下に須らく見るべし。若し此の如き者は、輪刀上陣にも、亦た之れを見ることを得ん。」〈利根の者に喩う。〉

衆、處分を得て、退きて遞相に謂いて曰く、「我等衆人、心を澄まし意を用いて、偈を作ることを須いず。將って和尚に呈すとも、何の益する所か有らん。神秀上座、現に教授師たり。必ず是れ他が得ん。我輩、謾りに偈頌を作るも枉しく心力を用いるのみ」と。餘人、語を聞きて、總て皆な心を息む。咸な言く、「我等、已後秀師に依止せん、何ぞ煩わしく偈を作さんや」と。

神秀思惟す、「諸人の偈を呈せざらんは、我、他の與に教授師たるが爲なり。我須らく偈を作りて、將って和尚に呈すべし。若し偈を呈せずんば、和尚、如何が我が心中の見解の深淺を知らん。我偈を呈するの意は、法を求めば卽ち善にして、祖を覓めば卽ち惡なり。却って凡心の其の聖位を奪うと同じくして、奚ぞ別ならん。若し偈を呈せずんば、終に法を得ず。大難大難」と。

五祖の堂前に步廊三間あり。供奉盧珍を請して『楞伽經』の變相及び五祖の血脈の圖を書き、流轉供養せしめんと擬す。神秀、偈を作り、成り已って、數度呈せんとす。行きて堂前に至るも心中恍惚として、遍身に汗流れ、呈せんと擬するも得ず。前後四日を經て、一十三度、偈を呈せんとするも得ず。秀は乃ち思惟す、「廊下に向って書き著けて、他の和尚の看見するに從すにはしかず。忽若し好しと道わば、卽ち出でて禮拜し、是れ秀が作と云わん。若し堪えずと道わば、枉しく山中に向いて數年人の禮拜を受け、更に何の道をか修せん」と。是の夜三更、人をして知らしめず、自ら燈を執りて、偈を南廊の壁閒に書し、心の所見を呈す。偈に曰く、

身は是れ菩提樹、心は明鏡の臺の如し。
時時に勤めて拂拭して、塵埃を惹かしむること忽れ。

秀、偈を書き了って、便ち房に卻歸(かえ)る。人總て知らず。秀、復た思惟す、「五祖、明日、偈を見て歡喜せば、卽ち我れ法と緣あり。若し堪えずと言わば、自是(もとよ)り我れは迷いて、宿業の障重く、合(まさ)に法を得べからず。聖意は測り難し」と。房中に思想して、坐臥安からず、直(じき)に五更に至る。

祖已に神秀の門に入ること未だ得ずして、自性を見ざることを知る。天明に、祖、盧供奉を喚び來り、南廊の壁間に向って、圖相を繪畫(えが)かしめんとするに、忽ち其の偈を見て、報じて言く、「供奉よ、卻って畫くことを用いざれ、爾の遠來を勞(ねぎら)う。『經』に云く、「凡所(すべ)て相有るは、皆是れ虛妄なり」と。但だ此の偈を留めて、人に與えて誦持せしめん。此の偈に依りて修せば惡道に墮することを免れん。此の偈に依って修せば、大いに利益あらん。門人をして香を炷(た)き禮敬し、盡く此の偈を誦し卽ち見性することを得せしめん。」門人は偈を誦し皆な善哉と歎ず。

祖、三更に秀を喚びて、堂に入らしむ。問うて曰く、「偈は是れ汝の作なりやいなや。」秀言く、「實に是れ秀の作なり。敢えて妄りに祖位を求むるにあらず。望むらくは和尚、慈悲もて、弟子に少智慧あるかいなやを看よ。」祖曰く、「汝此の偈を作すに、未だ本性を見ず。只だ門外に到って、未だ門内に入らず。此の如く見解しては、無上菩提を覓むるも了(つい)に得べからず。無上菩提は、須らく言下に自の本心を識り、自の本性の不生不滅なるを見るを得べし。一切時中に於て、念念に自ら見よ。萬法の滯るなく、一眞一切眞、萬境自ら如如たりて、如如の心、卽ち是れ眞實なることを。若し是の如く見ば、卽ち是れ無上菩提の自性なり。汝は且く去りて一兩日思惟し、更に一偈を作し將ち來れ。吾れ汝が偈を看て、若し門に入り得れば、汝に衣法を付せん。」神秀は作禮して出づ。又數日を經て、偈を作すも成らず。心中恍惚として、神思安からず。猶お夢中の如くにして行坐樂ならず。

復た兩日にして、一童子有りて碓坊を過ぐるとき、其の偈を唱誦す。惠能、一たび聞いて便ち知んぬ、此の偈の未だ本性を見ざることを。未だ教授を蒙らずと雖も、早(すで)に大意を識る。遂に童子に問うて曰く、「誦するは何の偈ぞ。」童子曰く、「爾、這の獦獠。知らずや、大師の、「世人の生死事大なり。衣法を傳え付さんことを欲得(ほっ)し、門人をして偈を作り來って看せしむ。若し大意を悟らば、卽ち衣法を付して第六祖と爲さん」と言うを。神秀上座は南廊の壁上に於て、無相の偈を書す。大師、人をして皆な誦せしめ、此の偈に依って修して、惡道に墮することを免れ、此の偈に依って修し、大利益有らしむ」と。惠能曰く、「上人よ、我、此に碓を踏むこと八箇餘月、未だ曾て行きて堂前に到らず。望むらくは上人よ、引いて偈前に至って禮拜せしめんことを。」

童子、引いて偈前に至って禮拜せしむ。惠能曰く、「惠能は字を識らず。請う、上人爲めに讀め。」時に江州の別駕、姓は張、名は日用というもの有り。便ち高聲に讀む。惠能、聞き已って、遂に言う、「亦た一偈有り。望むらくは別駕、爲に書け。」別駕言く、「汝も亦た偈を作るは、其の事希有なり。」惠能、別駕に向って言く、「無上菩提を學せん

と欲せば初學を輕んずることを得ざれ。下下の人に上上の智有り、上上の人に沒意の智有り。若し人を輕んぜば卽ち無量無邊の罪有らん。」別駕言く、「汝但だ偈を誦せ。吾れ汝が爲に書かん。汝、若し法を得ば、先ず須らく吾れを度すべし。此の言忘るること勿れ」と。惠能の偈に曰く、

菩提は本より樹なし、明鏡も亦た臺に非ず。
本來無一物、何れの處にか塵埃を惹かん。

此の偈を書し已るに、徒衆は總て驚き、嗟訝せざるということなし。各おの相い謂いて言く、「奇なる哉、貌を以て人を取ることを得ざれ。何ぞ多時、他の肉身の菩薩を使うことを得たる。」祖、衆人の驚怪するを見て、人の損害せんことを恐れ、遂に鞋を將って偈を擦し了って曰く、「亦た未だ見性せず」と。衆、以て然りと爲す。

次日、祖、潛かに碓坊に至り、能の、石を腰にして米を舂くを見て、語って曰く、「求道の人、法の爲に軀を忘るとは當に是の如くなるべきか。」乃ち問うて曰く、「米は熟すやいまだしや。」惠能曰く、「米は熟すること久しきも猶お篩を欠きて在り。」祖、杖を以て碓を擊つこと三下して去る。惠能は卽ち祖の意を會す。

以上は有名な物語であるが、明確に二偈によって勝負が競われ、南頓北漸の思想が定型化し、慧能の思想が最もよく表されているという轉句の「本來無一物」がはじめて出現するのは、祖堂集に至ってのことである。宗寶本壇經の素材は、ほとんどすべて敦煌本壇經にありながら、敦煌本壇經では二偈の對比ではなく、慧能が二つの偈を表したとしており、しかも二番目の偈が神秀の思想と內容的に近似している點は注目しなければならないことである。また六祖の傳記としては最も詳細な曹溪大師傳に、この偈の物語が出てこないこともこの傳の大きな特色といえよう。

次に細部について各資料を比較檢討してみよう。碓坊生活について最初に述べるのは、王維の碑銘である。踏碓すること八箇月というのは神會語錄に初出し、この期間は以後のすべての資料が一致する。まず弘忍は常に說法を續け、多くの大衆中にはいろいろの機根の者がいて、それぞれ違った聽き方をしたけれども、慧能はだまって教えを受けるのみで、自分の意見を出さず、初めより大器であって、六祖となるべき器を備えていたとするのは王維の碑銘である。神會語錄以降は、すでに初相見において弘忍が慧能を法器と認めており、碓坊生活を慧能にさせたのは、衆人に慧能の大器なることを知らせず、さらに問答することを避けたためであるとする。そして八箇月間はただ作務するのみで、弘忍の說法を聞く機會を與えなかったというのである。祖堂集・宋高僧傳は、王維の碑銘を承けて、弘忍が何ができるかを問い、慧能の希望で碓坊生活をしたとする。傳燈錄・正宗記が衆人を伴って訶して踏碓させたとする記述とは對照的である。大乘寺本壇經以降の三種の壇經では、作務について福田思想をもって慧能が答え、弘忍がこれを認めてさらに言うことを止めている。そして八箇月後に、弘忍が慧能を認めながらも、惡人に危害を加えられるのを恐れてしたことであるとあやまっている。

八箇月の碓坊生活を送った慧能のところへ、弘忍が尋ねて行って問答を交わし、眞に慧能の機根が熟して、見性を了ったするのは、神會語錄と法寶記である。八箇月の間、身を忘れて佛道のために踏碓し、慧能の身が輕いので腰に大石を繋いで、身體の重みを増して作業したため、腰や脚を痛めてしまったところへ、弘忍が勞りに來て、初相見の問答について語り、佛性問題をさらに論じたとするのは曹溪大師傳であるが、祖堂集も石を抱いた事を承け、一日一夜、一二石の米を舂くと具體的數値を記し、大道の源について弘忍と慧能が問答し、世諦と道諦について言及している。宋高僧傳も祖堂集に近い。但し後に述べるように祖堂集は偈文の競いによって弘忍が慧能を認めることになり、初相見の佛性問答や二諦の問答では完全には許してはいないのである。

ここに敦煌本壇經より出現する偈文の競いが展開するのである。慧能の八箇月間の碓坊生活が終った頃、五祖は大衆を集めて、六祖となるべき人物を公募するのである。その時の試驗問題が、自分の言葉でもって悟境を偈文に表せというものであった。五祖の意にかなった偈文を書いた人こそ、自分の法を嗣ぐ六祖とするというのである。付法の時が至ったと知って五祖が行ったのであるが、祖堂集はこれを遷化に臨んでのこととしている。大衆は教授師の神秀上座が當然六祖となるべき人だということで、偈をつくるのを止めてしまった。弘忍は畫人の盧珍に楞伽變相や五祖血脈の圖を畫かせようとし、神秀の偈をみるや畫くことを中止したとするのは、壇經系統と傳燈錄である。神秀は心偈を書くことについて種々煩悶しながらも結局は書くことになる。五言絶句で、まず起句の「身是菩提樹」はすべての資料が同一であり、承句の「心如明鏡臺」も同様である。轉句の「時時勤拂拭」は、宗密の『禪門師資承襲圖』で三字目が「須」、祖堂集で「懃」とする外は同じであり、敦煌本壇經・祖堂集の結句の「莫使有塵埃」は、資料によって上の三字が異なり、二字目が「遣」とあるのは、『禪門師資承襲圖』・祖堂集の慧寂章・傳燈錄、三字目が「惹」とあるのは正宗記、「染」とあるのは大乘寺本・興聖寺本の兩壇經で、徳異本・宗寶本の兩壇經は「勿使惹」となっている。但し意味上の差異は全くないといってよいであろう。神秀の偈を「無相偈」と呼んでいるのは壇經系統である。この偈を見た弘忍が、大衆を喚んで誦して此偈を悟って見性するように勸め、作者であることを神秀に確めて、未得であると評價し、再度呈するように指示するのが、敦煌本壇經で、大乘寺本壇經以降の諸壇經もこれを承ける。つづいて敦煌本壇經は、一童子が碓坊の邊で、神秀の偈を誦するのを慧能が聞き、それが未だ見性していない偈であることを知った。そこで慧能は誦している理由を聞き、偈の書かれている前で禮拜して、一人に請うて讀んでもらうのである。この文字の讀めない慧能のために、江州別駕の張日用が高聲誦偈したとするのが祖堂集と大乘寺本壇經以降の三種の壇經である。これらの資料は、さらに慧能の偈を張日用に書いてもらうことになっており、大乘寺本壇經以降では、張日用が慧能に偈ができるはずがないと批難しな

敦煌本壇經	身是菩提樹 心如明鏡臺 時時勤拂拭 莫使有塵埃	菩提本無樹 明鏡亦無臺 佛性常清淨 何處有塵埃 心是菩提樹 身爲明鏡臺 明鏡本清淨 何處染塵埃	
大乘要語	身是菩提樹 心是明鏡臺 時時拂力下 不備若塵埃		
華嚴經隨疏演義鈔	時時勤拂拭 莫遣惹塵埃	明鏡本來淨 何用拂塵埃	
禪門師資承襲圖	身是菩提樹 心如明鏡臺 時時須拂拭 莫遣有塵埃		
祖堂集	身是菩提樹 心如明鏡臺 時時勲(勤)拂拭 莫使(遣)有塵埃	身非菩提樹(菩提本無) 心(明)鏡亦非臺 本來無一物 何處有塵埃	( )ハ慧寂章
宗鏡錄		菩提亦非樹 明鏡亦非臺 本來無一物 何用拂塵埃	
景德傳燈錄 傳法正宗記	身是菩提樹(木) 心如明鏡臺 時時勤拂拭 莫遣(使)有(惹)塵埃	菩提本非(無)樹(木) 心鏡亦非臺 本來無一物 何假(處)拂(有)塵埃	( )ハ宋版ノ正宗記 明藏ノ正宗記ハ「木」ヲ「樹」トシ、「心鏡」ヲ「明鏡」トス
大乘寺本壇經 興聖寺本壇經	身是菩提樹 心如明鏡臺 時時勤拂拭 莫使染塵埃	菩提本無樹 明鏡亦非臺 本來無一物 何處有塵埃	
德異本壇經 宗寶本壇經	身是菩提樹 心如明鏡臺 時時勤拂拭 勿使惹塵埃	菩提本無樹 明鏡亦非臺 本來無一物 何處惹塵埃	

がらも、慧能に初學を輕んずべきでないことや俗諺を引きながら佛法が分別の世界にとどまらないことを諭されると、いよいよ偈を書く時になって、慧能の得法の折には、張日用自身を先ず度すようにたのんでいる。敦煌本壇經は、字を書くことのできる人に請うて書いてもらったとする。正宗記では、慧能が神秀の偈の內容を誦者より聞いた時に、未得と評價したため、仲間から笑われ、妄言といわれ、慧能が作った偈は、童子から筆を借りて、神秀の偈と並べて自分で書いたとしている。傳燈錄にも慧能が神秀の偈を評價して、美しいことは美しいが未了であるといったので、神秀の偈を教えてくれた同學が、狂言を發するではないと注意し、慧能が偈を作るというと、同學に笑われ、夜になって一童子をつれ、慧能が燈を秉って、童子に偈を書いてもらったとするのである。慧能が文字を識らない

のを強調するのは、敦煌本壇經・祖堂集・大乘寺本壇經以降の三種の壇經である。

敦煌本壇經のみは、識心見性の慧能の偈は、二つの五言絶句であり、「菩提本無樹、明鏡亦無臺、佛性常清淨、何處有塵埃」と「心是菩提樹、身爲明鏡臺、明鏡本清淨、何處染塵埃」の二首であるとする。これが一つの五言絶句となるのは、前述の通り祖堂集からである。その起句は「身非菩提樹」とする祖堂集と、「菩提本無樹」とする祖堂集の慧寂章・正宗記と大乘寺本・興聖寺本・德異本・宗寶本の四種の壇經とがあり、後者の四字目が「非」となるのが傳燈錄、三・四字目が「亦非」となるのが宗鏡錄である。承句は「心鏡亦非臺」とする祖堂集・傳燈錄と「明鏡亦非臺」とする他の資料があるが、正宗記の宋版は「心鏡」となっている。轉句の「本來無一物」はすべての資料に一致している。結句は「何處有塵埃」とするのが、祖堂集・正宗記と大乘寺本・興聖寺本の二種の壇經であり、二・三字目が「用拂」となっているのが宗鏡錄、「假拂」となっているのが傳燈錄、三字目が「惹」となっているのが德異本・宗寶本壇經である。思想的には、敦煌本壇經に二つの偈のあること、他の資料では轉句の「本來無一物」が大きく異なっている點が指摘でき、敦煌本壇經以外では、祖堂集の偈が慧能の二偈を統一しようとした點がみられ、系統を異にするといえよう。

また後期の北宗禪の資料と思われる、敦煌出土『大乘要語』一卷の中に神秀の偈が見出せる。

菩提青涼(ママ)の月、畢竟空に遊ぶ。衆生の心冰(ママ)淨ければ、菩提の影中に現ず。身は是れ菩提樹、心は是れ明鏡の臺なり。時時に拂って力めて下し、塵埃を若(惹カ)くを備えざれ。樹無くして影有り〈譬えば虛空の中の如し〉、風の衢は鳥跡を以ってす。此の見悉く難しと爲す。能く遣りて所造に及べば、色も亦た色法に非ず。彼において如來を見るは、其の難きこと亦た是の如し。（T.85—1206 c）

この文獻の成立は不明であり、轉句と結句がいままでみた資料と異なっているが、原文通りの引用かどうかも不明である。

また清涼澄觀（七三八～八三九）は『華嚴經隨疏演義鈔』卷二一（T.36—164 b～165 a）の中で頓漸を論じ、「大通」つまり神秀の「時時勤拂拭、莫遣惹塵埃」の轉句と結句とを引用し、「六祖」として慧能の「明鏡本來淨、何用拂塵埃」の轉句と結句を同じく引用しているのである。この澄觀の引用は、偈頌の全體に及ばないが、大變注目すべき點をもっている。それは轉句の「明鏡本來淨」が敦煌本壇經の第二偈に近いことである。敦煌本壇經は前述したごとく、慧能の偈は二つあり、第二偈は內容的に神秀の偈に近いが、この二つの偈が、いつどの文獻で統一されたかが問題になり、その結論は從來知られている文獻では下しえないけれども、澄觀の引用や祖堂集によって統一されようとする經過が殘っていることがわかる。澄觀と祖堂集および不明の『寶林傳』が當然問題となるであろう。

以上、慧能傳の中でも最も興味ある偈の競いの變化をみるために、偈文の字句のみを便宜上前頁に一覽表にしておいた。

さて慧能の偈に對して、弘忍は大衆には未得であるといって、衆人の關心を無くすことに努め、祖堂集は弘忍が慧能の偈を見るとすぐに消してしまったとする。大乘寺本壇經以降の三種の壇經では、慧能の偈をみて、山中の人々が肉身の菩薩と稱讃したので、弘忍は慧能に危害が加えられることを恐れて、未だ見性していないことを衆人に告げて、皆が稱讃しないようにしたとする。大乘寺本壇經と興聖寺本壇經は字句の違いはあってもほとんど變化がないが、あえて小異をいえば、神秀の偈を書くまでの心理描寫が、興聖寺本壇經では、偈を書いた後にも及んでいる點と、神秀の偈の評價をする弘忍が、無上菩提について述べるに際し、興聖寺本壇經は無上菩提の內容を述べるに終っているのに對し、大乘寺本壇經は無上菩提を得てこそ師たるべき人であるのに、神秀は未得であるという點が強調されている。宗寶本壇經は、この點で興聖寺本壇經と同一である。

弘忍は慧能の偈を大衆の前では稱讃しなかったが、碓坊にいる慧能のもとへ行き、米の熟し方と篩の問答によって、得道と印可の問題を展開しているのが祖堂集である。これを承けているのは宗寶本壇經のみで、それは慧能の偈の事件の次の日のこととし、弘忍が碓を杖で三回打ったことが、三更に二人が密に會うことの約束であるとしてこれに一層の物語性を加えている。

19　大法相續

(一)

瘞

王　大師心知獨得、謙而不鳴。天何言哉、聖與仁豈敢、子曰賜也、吾與汝不如。

神　遂至夜間、密喚來房內。三日三夜共語、了知證如來知見、更無疑滯。（既付囑已。）
師依金剛經說如來知見、言下不證若此心有住、則爲非住。密授嘿語、以爲法契。（弘忍章）

歷　於夜間潛喚入房。三日三夜共語、遂默喚付法。

曹　于時忍大師門徒、見能與和上論佛性義。大師知諸徒不會、遂遣衆人且散。忍大師告能曰、如來臨般涅槃、以甚深般若波羅蜜法、付囑摩訶迦葉。迦葉付阿難。阿難付商那和修。和修付憂波掬多。在後展轉相傳、西國經二十八祖。至於達磨多羅大師、漢地爲初祖、付囑惠可。可付璨璨、付雙峰信。信付於吾矣。吾今欲逝。法囑於汝。汝可守護、無令斷絕。能曰、能是南人、不堪傳授佛性。此間大有龍象。忍大師曰、此雖多龍象、吾深淺皆知。猶兎與馬、唯付囑象王耳。

敦　五祖夜至三更、喚惠能堂內、說金剛經。惠能一聞、言下

便悟。其夜受法、人盡不知。（便傳頓法乃衣。）

柳
大鑒始以能勞苦服役。一聽其言、言希以究。師用感動、遂受信具。

劉
（初達摩與佛衣俱來。得道傳付以爲眞印。至大鑒置而不傳。）
始自蘄之東山、從第五師、得授記以歸。

圓
後乃三夜共語、直了見性、遂授密語。（弘忍章）

祖
自此得之心印。
至三更、行者來大師處。大師與他改名號爲慧能。
（弘忍章）
遂於夜間、教童子去碓坊中喚行者來。行者隨童子、到五祖處。五祖發遣卻童子後、遂改盧行者、名爲慧能。
（慧寂章）

鏡
（忍密以法衣。）

宋
（乃以法服付慧能。）（弘忍章）
後傳衣法。

景
迨夜、乃潛令人自碓坊召能行者入室。告曰、諸佛出世、爲一大事故。隨機小大而引導之、遂有十地三乘頓漸等旨、以爲教門。然以無上微妙祕密圓明眞實正法眼藏、付於上首大迦葉尊者、展轉傳授二十八世、至達磨屆於此土。得可大師承襲、以至於吾。今以法寶及所傳袈裟用付於汝。善自保護、無令斷絶。（弘忍章）

傳
終乃付大法眼。
中夜尊者遂潛命慧能入室、而告曰、諸佛出世唯爲一大事因緣。以其機器有大小、遂從而導之。故有三乘十地頓漸衆說爲之教門。獨以無上微妙眞實正法眼藏初付上首摩訶迦葉。其後迭傳歷二十八世、至乎達磨祖師。乃以東來、東之益傳、適至於我。我今以是大法幷其所受前祖僧伽梨衣寶鉢、皆付於汝。汝善保之、無使法絶。（弘忍章）

大
五祖其夜三更、喚某甲至堂內。以袈裟遮圍、不令人見、爲某甲說金剛經。恰至應無所住而生其心、言下便悟。一切萬法、不離自性。某甲啓言、和尚、何期自性本自清淨、何期自性本不生不滅、何期自性本自具足、何期自性無動無搖、能生萬法。五祖知悟本性、乃報某甲言、不識本心、學法無益。若言下識自本心、見自本性、卽名丈夫天人師佛。三更受法、人盡不知。（便傳心印頓法及衣鉢。）

興
（以下略、大を參照）
五祖夜至三更、喚惠能於堂內、以袈裟遮圍、不令人見。

宗
三鼓入室、祖以袈裟遮圍、不令人見。（以下略、大を參照）

緣
付衣法、令嗣祖位。時龍朔元年辛酉歲也。

(二)

慧能が禪宗第六祖として、弘忍から大法の相續を受けるのは、一般には有名な前項のごとき機縁を契機とするのであるが、さらに直接的な新しい機縁によるとするのが本項の資料である。

まず、王維の碑銘は、前項の悟道の偈こそ存しないものの、ここでは弘忍がすでに慧能を法嗣として認めていること、したがって、以心傳心による師資關係の眞實性について、『論語』の言葉を引いて巧みに表現していることに注意しなければならない。

これに對して、神會語錄になると、それがより具體的な記述となる。すなわち、弘忍は夜閒に至ってひそかに慧能を房內へ呼び、三日三晩ともに語り、慧能が如來の知見を證って疑滯がないことを知って大法を付囑したとするのである。この説はのちに法寶記・大疏鈔に受けつがれる。ところが、同じ神會語錄中の弘忍章によれば、弘忍は慧能に對して『金剛經』によって如來の知見を説いたが、慧能は經中の「若し此の心に住あらば、則ち住に非ずと爲す」という玄旨を言下に悟ることがなかったので、ひそかに默語を授けて、はじめて法に契った、となすのであって、この記述はすこぶる注目に値するものである。

なぜならば、弘忍が『金剛經』を説き、それによって慧能が悟ったとするのは、これ以後の敦煌本以下の諸壇經の説であり、就中、大乘寺本壇經以後になると、それが『金剛經』中の「まさに住する所無くして、しかも其の心を生ず」という一句に至って悟ったと、より具體的になってくる。いうまでもなく、これらの記事が初期禪宗と經典との關係の上において、從來からもっとも重要な視點の一つとされるものであるが、いまその嚆矢とみるべき記事が、神會語錄の弘忍章にみられること、及び、前掲のこの資料の語である「若此心有住、則爲非住」の一句が、實は『金剛經』の本文中の「應無所住、而生其心」の一句に續く語句であることは到底看過できないものである。いうまでもなく、これはもはや單なる偶然ではありえず、諸壇經に説かれる本記事のソースこそは、まさしく神會語錄弘忍章に存在することを、ここで指摘しておきたい。

ところで、曹溪大師傳は、佛性問答によって師資が契い、衆人を散ぜしめて法を授けたとしている。また、後代の傳燈錄・正宗記は、弘忍が夜に慧能を召して法を授けたと述べるのみである。こうみると、慧能が弘忍に召されて悟ったとするのは、神會語錄の系統と壇經系統であることが知られる。

さて次に、付法においても、甚深般若波羅密多法を授くとするのは曹溪大師傳であり、その法が如來・摩訶迦葉・阿難・商那和修・憂波掬多を經て、西天二八祖の達磨多羅・惠可・璨・雙峰信より弘忍に傳って、それを慧能に付すとする。付法時に祖統説を述べているのは、そのほかには傳燈錄・正宗記の各弘忍章があり、共に二八祖説であるが、それは曹溪大師傳とは少しく相違する。『達摩多羅禪經』と『付法藏因緣傳』を合した二九祖説であり、曹溪大師傳は第三祖の末田地を除いている。傳燈錄・正宗記の二八祖説は『寶林傳』

系のものである。この『寶林傳』の祖統説について、柳田氏は、

先ず新しい西天二十八祖の內容をみると、從來、常に第三祖に置かれた末田地を除いて居り、此は『曹溪大師別傳』に從ったものと思われるが、逆に敦煌本『六祖壇經』で省かれていた第七祖彌遮迦を、第六祖として復活させ、第七祖として、新たに婆須密を据えている。（中略）『寶林傳』の祖統説は、『達摩多羅禪經』の第六祖婆須密を、『付法藏傳』の第七祖に加え、第四祖舍那婆斯と第五祖優婆崛の重複を省き、更に、第七祖僧伽羅叉を後退させて、『達摩多羅禪經』と袂別し、第二十四祖と第二十八祖菩提達摩の間に、第二十五祖婆舍斯多、第二十六祖不如密（蜜）多、第二十七祖般若多羅という全く新しい三師を登場させ、（以下略）（初期禪宗史書の研究　pp. 369～370）

と述べ、『寶林傳』の創造する新しい面を指摘されている。

さらに曹溪大師傳は、慧能が六祖でなければならない理由を、『涅槃經』の三獸渡河の説で述べているがこれは、この資料が終始一貫する佛性思想の立場を示すものである。傳燈錄・正宗記は、傳統説の確立により、教門と異なることや、弘忍が慧能に付する法は、「無上微妙祕密圓明眞實正法眼藏」であるとする。祖堂集のみは、この時には行者であったから、弘忍が慧能と改名させたことを傳えている。この大法相續のことを詳細に述べる大乘寺本壇經以降の諸壇經には、袈裟で圍んで他人に見られないようにして、祕密裡に行われたことや、慧能が『金剛經』で悟っているのに、自性・本性によって悟りの內容を説明し、自性が淸淨であり、不生不滅であり、本具であるとするのである。具體的な付法の年時については緣起外紀だけが、龍朔元年（六六一）辛酉という具體的な年次を述べている。

20　傳衣・五祖の傳法偈

（一）

瘞

王　臨終遂密授以祖師袈裟、謂之曰、物忌獨賢、人惡出已。予且死矣。汝其行乎。

神　語慧可曰、我與漢地緣盡。汝後亦不免此難。至第六代後、傳法者、命如懸絲。（菩提達摩章）

（密授默語、以爲法契、）便傳袈裟以爲法信。猶如釋迦牟尼授彌勒記。（弘忍章）

歴　付囑法及袈裟、汝爲此世界大師。（中略）與所傳信袈裟。

大師（弘忍）付囑惠能法及袈裟。（弘忍章）

曹　忍大師卽將所傳袈裟付能。大師遂頂戴受之。大師問和上曰、法無文字、以心傳心、以法傳法、用此袈裟何爲。忍大師曰、衣爲法信、法是衣宗、從上相傳、更無別付。非衣不傳於法、非法不傳於衣。衣是西國師子尊者相傳、令佛法不斷。法是如來甚深般若、知般若空寂無住、而了法身。見佛性空寂無住、是眞解脫。汝可持衣去。遂

敦　則受持、不敢違命。然此傳法袈裟、是中天布、梵云婆羅那、唐言第一好布。是木綿花作、時人不識、謬云絲布。便傳頓法及衣、汝爲六代祖。衣將爲信、稟代代相傳法、以心傳心、當令自悟。五祖言、惠能、自古傳法、氣如懸絲。若住此間、有人害汝。汝卽須速去。能得衣法、三更發去。

(中略)

第五祖弘忍和尚頌曰、

有情來下種　無情花卽生

無情又無種　心地亦無生

柳

劉　（初達摩與佛衣俱來。得道傳付以爲眞印。至大鑒置而不傳。）

圓　緣達磨懸記六代後命如懸絲、遂不將法衣出山。（遂授密語。）付以法衣。（弘忍章）

祖　旣承衣法。（中略）達摩大師傳袈裟一領、是七條屈眴布、青黑色、碧絹爲裏。幷鉢一口。當時便傳袈裟、以爲法信。如釋迦牟尼授彌勒記矣。大師便偈曰、

有情來下種　因地果還生

無情旣無種　無性亦無生

行者聞偈歡喜受教奉行。師又告云、吾三年方入滅度。汝且莫行化。當損於汝。行者云、當往何處而堪避難。師云、逢懷則止、遇會且藏。〈懷則州、四則縣〉(ママ)又問、此衣傳不。師云、後代之人、得道者恒河沙、今此信衣至汝則住。何以故。達摩大師、付囑此衣、恐人不信而表聞、法豈在衣乎。若傳此衣、恐損於物。受此衣者、命若縣絲。況達摩云、一花開五葉、結葉自然成。是印此土與汝五人。般若多羅云、菓滿菩提圓、花開世界起。此兩句亦印今時法衣至汝、不合付與人。（弘忍章）

鏡　授與衣鉢傳爲六祖。向行者云、秀在門外、能得入門。得座被衣、向後自看二十年勿弘吾教、當有難起。過此已後、善誘迷人。慧能便問、當往何處而堪避難。五祖云、逢懷卽隱、遇會卽逃、異姓異名卽當安矣。（慧寂章）

如有人問南泉和尚云、黃梅門下有五百人、爲甚麼盧行者獨得衣鉢。師云、只爲四百九十九人皆解佛法、只有盧行者一人、不解佛法。只會其道、所以得衣鉢。（卷六）

第五祖弘忍大師云、（中略）傳法偈云、

有情來下種　因地果還生

無情旣無種　無性亦無生

宋　忍密以法衣寄託曰、古我先師轉相付授、豈徒爾哉。嗚呼後世受吾衣者、命若懸絲、小子識之。乃以法服付慧能。受衣（化於韶陽。）（弘忍章）

景　（後傳衣法。令隱于懷集四會之間。）

（今以法寶及所傳袈裟、用付於汝。善自保護、無令斷

絕。）聽吾偈曰、

有情來下種　　因地果還生
無情既無種　　無性亦無生

能居士跪受衣法。啓曰、法則既授、衣付何人。師曰、昔達磨初至、人未知信、故傳衣以明得法。今信心已熟、衣乃爭端。止於汝身、不復傳也。且當遠隱、俟時行化。所謂授衣之人、命如懸絲也。能曰、當隱何所。師曰、逢懷卽止、遇會且藏。能禮足已、捧衣而出。（弘忍章）

覽第五祖弘忍大師在蘄州東山開法時、有二弟子。一名慧能、受衣法、居嶺南、爲六祖。（薦福弘辯章）

傳

（我今以是大法并其所受前祖僧伽梨衣寶鉢皆付於汝。汝善保之、無使法絕。）聽吾偈曰、

有情來下種　　因地果還生
無情既無種　　無情亦無生

慧能居士既受法與其衣鉢。作禮問曰、法則聞命、衣鉢復傳授乎。尊者曰、昔達磨以來自異域、雖傳法於二祖、恐世未信其所師承、故以衣鉢爲驗。今我宗天下聞之、莫不信者、則此衣鉢可止於汝。然正法自汝益廣。若必傳其衣、恐起諍端。故曰、受衣之人、命若懸絲。汝卽行矣。汝宜且隱晦、時而後化。慧能復問曰、今某當往何所。尊者曰、逢懷卽止、遇會且藏。（慧能稟教、卽夕去之。）
（弘忍章）

大

便傳心印頓法及衣鉢。汝爲第六代祖。善自護念、廣度迷人。將衣爲信稟、代代相承、法卽心傳心。皆令自悟自解自性。佛佛唯傳本體、師師默付本心、令汝自見自悟。五祖言、自古傳法、命似懸絲。若住此間、有人害汝、汝須速去。

興

便傳頓教及衣鉢云、汝爲第六代祖。善自護念、廣度迷人。（以下略、大・宗を參照）

宗

便傳頓教及衣鉢云、汝爲第六代祖。善自護念、廣度有情。流布將來、無令斷絕。聽吾偈曰、

有情來下種　　因地果還生
無情既無種　　無性亦無生

祖復曰、昔達磨大師初來此土、人未之信。故傳此衣、以爲信體。代代相承、法則以心傳心、皆令自悟自解。自古佛佛惟傳本體、師師密付本心。衣爲爭端、止汝勿傳。若傳此衣、命如懸絲。汝須速去。恐人害汝。惠能啓曰、向甚處去。祖云、逢懷則止、遇會則藏。

縁

(二)

王維の碑銘に、弘忍が臨終の際に、慧能に祖師の袈裟を授けたとする説が出るや、その後の全ての資料に、傳法のしるしとして衣を傳えたとする、いわゆる傳衣説が承け継がれていく。さらに、衣の

外に鉢をも授け與えたとするのは、祖堂集及び大乘寺本・興聖寺本・宗寶本の三壇經である。袈裟を授ける時が弘忍の臨終の際とするのは王維の碑銘のみであり、なぜ衣を傳えるかについては、曹溪大師傳は、

　衣は法信たり、法はこれ衣の宗たり、從上の相傳、さらに別付無し。衣にあらざれば法を傳えず、法にあらざれば衣を傳えず。

と主張するが、この法信の說は、神會語錄にすでにみられ、さらに敦煌本以下の諸壇經、及び祖堂集にみられる。その傳衣が、釋迦牟尼の彌勒への授記のごとくであるとするのは、神會語錄と祖堂集であり、達摩より六代傳わったと強調するのは、壇經系統と大疏鈔であり、『付法藏因緣傳』をふまえた法寶記によって、師子尊者で法が斷絶したのではないことを強調するのは、曹溪大師傳のみである。劉禹錫の碑銘が、達摩が中國に來たとき佛衣とともに來たとするのは、やはり衣を通して法が釋尊より續いていることを示したものであろう。曹溪大師傳は、法の內容を再び示し、法とは如來甚深の般若であり、般若の空寂無住を知ることが法身を了ずることであり、また佛性の空寂無住を見ることが眞の解脱であるとする。曹溪大師傳はさらに傳える衣について詳細に述べ、この傳法の袈裟は中天竺の布であり、梵語で婆羅那 **bārāṇa** といい、ハラナ產の最高の布を意味し、木綿で製ったもので、絹布ではないと說明する。この貴重な袈裟が、南方傳來の木綿であるとするのは興味深い。祖堂集は、この達摩所傳の袈裟を、七條の屈眴布すなわち木綿製であるとすることは曹溪大師傳と同じであるが、さらに色は青黑、すなわち木蘭色、裏地は碧絹としており、附加のあとがみられる。

　衣と共に偈を傳えたとするのは、敦煌本壇經が最初であり、祖堂集・宗鏡錄・傳燈錄・正宗記・宗寶本壇經がこれを承けている。次にこれらを對照させて示せば次のようになる。

敦煌本壇經	祖堂集	宗鏡錄	傳燈錄	正宗記	宗寶本壇經
有情來下種	有情來下種	有情來下種	有情來下種	有情來下種	有情來下種
無情花卽生	因地果還生	因地果還生	因地果還生	因地果還生	因地果還生
無情又無種	無情既無種	無情既無種	無情既無種	無情既無種	無情既無種
心地亦無生	無性亦無生	無性亦無生	無性亦無生	無情亦無生	無性亦無生

　これら記載のあるものはすべて五言絶句で、起句の「有情來下種」はどの資料も共通している。承句の「無情花卽生」は敦煌本壇經のみで、他の資料はすべて「因地果還生」に變化している。敦煌本壇經の轉句「無情亦無種」の「又」は他の資料では「既」となり、結句「心地亦無生」の「心地」は、祖堂集・宗鏡錄・傳燈錄・宗寶本壇經では「無性」、正宗記では「無情」となっている。

付法・傳衣の時に、慧能が弘忍の法を嗣いだことを人に知られると、將來危害が加えられることや、五祖自身が近い將來遷化するから、慧能にここから去るように注意するのは、王維の碑銘である。曹溪大師傳は、衣を持って去り、受持して命に違わぬようにと述べるのみであり、六祖としての傳法者の命が懸絲のように危ういとするのは、神會語錄と大疏鈔、及び敦煌本以下の四壇經である。この話がさらに詳細になるのは祖堂集で、

師（弘忍）又告げて云わく、吾れ三年にして方に滅度に入るべし。汝且らく行化することなかれ。まさに汝を損うべし。

という予言を行う。そしてさらに、慧能が遁れるところを聞くと、それは懷州・四會にとどまりかくれるべきこと、及び傳衣は慧能以後傳えてはならないことを述べている。傳衣を慧能でとどめて後に傳えてはならないとするのは先の神會語錄の說を承けたもので、達摩の法を衆人が信じないから傳衣したままでで、それは達摩から五代目で終り、六代目の受法者は命が懸絲のようだと予言し、その根據として、達摩と般若多羅の傳法偈を擧げている。

避難の場所について、これを懷州・四會とするのは、祖堂集弘忍章・慧寂章、及び傳燈錄・正宗記・宗寶本壇經等である。また祖堂集慧寂章では、二〇年間五祖の佛法を弘めてはならないとし、宋高僧傳・傳燈錄・正宗記も祖堂集も同一內容であるが、祖堂集ほど詳しくはない。

六祖の物語で他の箇所には詳しい壇經系も、ここでは大乘寺本・興聖寺本共に傳衣の意味等については何ら述べていない。宗鏡錄では、六祖の傳法傳衣の問題が南泉普願において公案化していたことを傳えているが、この段で壇經系が、傳衣と共に傳えたのが頓法であるとすることと、曹溪大師傳に傳法偈のないことは大きな違いであって、この點は特に注目すべきである。

21　九江驛に送らる

(一)

瘞

王

神　便謂曰、汝緣在嶺南、卽須急去。衆生知見、必是害汝。能禪師曰、和上、若爲得去。忍大師謂曰、我自送汝。其夜遂至九江驛、當時得船渡江。大師看過江、當夜卻歸至本山。衆人並不知覺。去後經三日、忍大師言曰、徒衆將散、此間山中無佛法。佛法流過嶺南訖。衆人見大師此言、咸共驚愕不已。兩兩相顧無色。乃相謂曰、嶺南有誰。遞相借問。衆中有潞州法如云言、此少慧能在。此各遂尋趂。

歷　卽令急去。大師自送、過九江驛。看渡大江、已却廻歸。諸門徒并不知付法及袈裟與惠能。去三日、大師告諸門徒、汝等散去。吾此間無有佛法。佛法流過嶺南。衆人咸

曹

驚。遞相問、嶺南有誰。潞州法如師對曰、惠能在彼。衆皆奔湊。（中略） 即令出境。

忍大師告能曰、汝速去、吾當相送。隨至蘄州九江驛。忍大師告能曰、汝傳法之人。後多留難。能問大師曰、何以多難。忍曰、後有邪法競興、親附國王大臣、蔽我正法。汝可好去。能遂禮辭南行。忍大師相送已、卻還東山。更無言說。諸門人驚怪問、和上何故不言。大師告衆曰、衆人散去。此間無佛法、佛法已向南去也。我今不說、於後自知。忍大師別能大師、經停三日、重告門人曰、大法已行。吾當逝矣。忍大師遷化。百鳥悲鳴、異香芬馥、日無精光、風雨折樹。

敦

（五祖言、惠能自古傳法、氣如懸絲。若住此間、有人害汝。汝即須速去。能得衣法、三更發去。） 五祖自送能於九江驛。登時便悟祖處分。汝去努力將法向南、三年勿弘。此法難起。在後弘化、善誘迷人。若得心開、與吾無別。辭違已了、便發向南。

柳

劉

圓

夜自送、過九江口、令向嶺南。（弘忍章）

祖

遂辭慈容。

行者奉教便辭大師。大師遂到江邊、昇小舡子。師自把櫓。行者曰、某甲把櫓。師云、你莫鬧。我若稱斷是你囑我。你若稱斷我則囑你。過江了、向行者云、你好去。其行者池邏取向南方矣。師經于三日、都不說法。至第四日衆人問曰、師法嗣何人。師云、吾法已往嶺南。神秀便問、何人得之。師云、能者則得。衆人良久思惟、不見行者數日、恐是將法去也。（弘忍章）

行者既得付囑衣鉢、五祖發遣。于時即發去嶺南。五日後、五祖集衆人告曰、此間無佛法也。此語意顯六祖。衆僧問五祖、衣鉢分付何人。五祖云、能者即得。衆僧商議碓坊中行者、又被童子泄語。衆僧即知盧行者將衣鉢歸嶺南。衆僧遂趂。（慧寂章）

鏡

宋

景

是夜南邁、大衆莫知。忍大師自此不復上堂。凡三日、大衆疑怪致問。祖曰、吾道行矣。何更詢之。復問、衣法誰得耶。師曰、能者得。於是衆議盧行者名能、尋訪既失。懸知彼得、即共奔逐。忍大師既付衣法、復經四載。至上元二年、（乙亥歲、乃唐高宗時也。至肅宗時、復有上元年號、其二年歲在辛丑也。） 忽告衆曰、吾今事畢、時可行矣。即入室安坐而逝。壽七十有四。（弘忍章）

傳

慧能稟教、即夕去之。此後尊者三日不復說法。其衆皆疑、因共請之。尊者曰、吾法已南行矣。斯復何言。衆復曰、何人得之。答曰、能者得之。衆乃悟盧居士傳其法也。追

之而慧能已亡。此後四載、尊者一日忽謂衆曰、吾事已畢、可以行矣。卽入室宴坐而滅。實上元二年乙亥歳也。其世壽七十有四。（弘忍章）

大

（五祖言、自古傳法、命似懸絲。若住此間、有人害汝。汝須速去。）某甲言、某甲是南中人、久不知此山路、如何出得江口。五祖言、汝不須憂、吾自送汝。某甲領得衣鉢、三更便發歸南。五祖相送、直至九江驛邊。有一隻船子。五祖令某甲上船。五祖把櫓自搖。某甲言、請和尚坐、弟子合搖櫓。五祖言、只合是吾度汝、不可汝卻度吾。無有是處。某甲言、弟子迷時、和尚須度。今既已悟、過江搖櫓、合弟子度。度名雖一、用處不同。某甲生在邊方、語又不正。蒙師教旨付性、今已得悟、卽合自性自度。五祖言、如是如是。但依此見、已後佛法大行矣。汝去後一年、吾卽前逝。五祖言、汝今好去。努力南中五年、佛法難起。已後行化、善誘迷人。若得心開、與吾無別。辭違已了、徑發向南。

興

五祖言、自古傳法、命似懸絲。若住此間、有人害汝。汝須速去。（以下略、大を參照）

宗

（自古佛佛、惟傳本體、師師密付本心。衣爲爭端、止汝勿傳。若傳此衣、命如懸絲。汝須速去。恐人害汝。惠能啓曰、向甚處去。祖云、逢懷則止、遇會則藏。）惠能三更領得衣鉢云、能本是南中人、素不知此山路、如何出得江口。（中略、大を參照）祖云、如是如是。以後佛法由汝大行。汝去三年、吾方逝世。汝今好去、努力向南。不宜速說、佛法難起。惠能辭違祖已、發足南行。（兩月中間、至大庾嶺。）〈五祖歸、數日不上堂。衆疑詣問曰、和尚少病少惱否。曰、病卽無。衣法已南矣。問、誰人傳授。曰、能者得之。衆乃知焉。〉

縁

(二)

大法を相續した慧能が、師の弘忍によって九江驛に送られることを記すのは、神會語錄・法寶記・曹溪大師傳・敦煌本以下の四壇經・大鈔疏・祖堂集・傳燈錄・正宗記の一一資料である。今、比較的まとまった記載のある曹溪大師傳を中心に考察してみよう。

曹溪大師傳では、弘忍は傳衣が終るとすぐに慧能を去らせ、その時蘄州九江驛（江西省潯陽九江縣）まで送るのである。いよいよ別れるに及んで弘忍は、慧能に傳法の人に難が多いことを告げ、國王大臣に近づく人によって弘忍の正法が隱蔽されることを豫言する。この俗權との交涉の批判は、柳田氏によると、法寶記が則天武后の權威によって、達摩の傳衣の取り替えを言うのに對決する意圖を示すものであると主張される（初期禪宗史書の研究 **p. 240**）。九江驛まで送られるとするのは、神會語錄にはじめてあらわれ、その後の資料では、祖堂集が江邊とする以外は、すべて九江驛の名がみえる。但し傳燈錄・正宗記には記載がない。夜に送るとするのは神會語錄で、三更とするのは壇經系である。ただ壇經系は、弘忍の所に行くのも三更、

傳衣も三更とある。神會語録は、嶺南に慧能の縁があり、急いで去らないと慧能に危害が加わるとし、去り方を聞くと、弘忍自らが送ったとするのであり、これは法寶記に承けつがれる。敦煌本壇經は、慧能に傳衣の際、衣を受ければ危害が加えられるから、速やかに去るように注意し、慧能は衣法を得て三更に發ち、五祖に送られて九江驛に行くとするのである。九江驛に行くに當り、慧能は南中の人で、山路を知らないから、江口に出る方法を尋ねたところ、弘忍が、心配するには及ばない、自分が送って行こうというのは、大乘寺本以下の三壇經である。曹溪大師傳と同じように九江驛で別れる時に、後に多くの難があると教え、その難が起る時期を五年後とするのは、大乘寺本・興聖寺本の二壇經であり、三年間弘めてはならないとするのが敦煌本壇經である。弘忍が同時に死期を豫期するのは、大乘寺本以下の三壇經で、興聖寺本・大乘寺本では一年後、宗寶本では三年後とする。

神會語録は弘忍が慧能を九江驛まで送り、江を渡るために船を得て、弘忍が慧能の江を渡り終ったのを看て、その夜のうちに山へ歸ったとし、法寶記もこれを承ける。曹溪大師傳や敦煌本壇經は江を渡ることに關しては記録がないが、祖堂集になると、弘忍が自ら櫓を把って、慧能を對岸へ渡したとする。この弘忍が自ら櫓を把って江を渡したとする説は、大乘寺本以下の三壇經もこれを承ける。ただ祖堂集では迷った人を此岸より彼岸の悟りの岸へ渡すのは、師の勤めであって、弟子が師を渡すということはあってはならないとして、師の弘忍が櫓をこぐとするのである。しかし、大乘寺本以下の三壇經は、弘忍が櫓をこぐことに對して、慧能は已に悟っているから、自分で渡るべきだとして、慧能が櫓をこぐことの意味づけをする。

神會語録では、慧能が嶺南へ去っても、衆人は氣づかなかったとし、慧能が去って後三日を經て、弘忍は大衆にここから散じて行くようにいい、この山中にはすでに自分の法を嗣いだ人はいないし、その人は嶺南に去っていった旨を傳えた。大衆はみな驚き、互いに顔を見合わせて色を失い、とまどい、嶺南に行った人は一體誰であろうかといいあったとするのである。この事は法寶記・祖堂集・傳燈録・正宗記が承けているが、曹溪大師傳は、慧能と別れた弘忍がそれ以來説法しないので、大衆が説法しないことに驚きを感じ、弘忍に質問したところ、弘忍は、

> 大衆よ散じなさい、ここには傳法の人はいない、その人は南へ去っていった人で、後になればそれが誰であるかがわかるであろう。

といったとして、慧能が弘忍の下から去って三日後に、佛法は既に傳え終ったので自分は死んでいくといって、弘忍が示寂したとするのであり、弘忍が遷化した時には、百鳥が悲しみ鳴いた等の敍述がある。

大衆が嶺南に去った人は誰かということを互いに考えている時に、路州法如がそれは慧能という人であると知らせたとするのが神會語録と法寶記で、その名がわかると大衆は一齊に追いかけたという。

神秀が「誰が法を得た人か」と質問したところ、弘忍は「能なる者則ち得たり」と答え、大衆は行者が見えないので得法者が慧能であることを知ったとするのは、祖堂集のみで、同じ祖堂集の慧寂章には、質問した人を神秀としないで、大衆が聞いたとし、この説は傳燈錄・正宗記が承けている。弘忍の示寂について、傳燈錄・正宗記は、三日後の遷化をいう曹溪大師傳とは異なって、付法の後四年たった上元二年（六七五）乙亥の歳とするが、大乘寺本・興聖寺本の二壇經は付法後一年、宗寶本壇經は付法後三年の示寂を豫言する。壇經系統は付法後の東山のことについては述べないが、宗寶本壇經のみが割注としてこれを簡單に補足している。

22　惠明との機緣

(一)

瘞

王

神

（遞相借問。衆中有路州法如云言、此少慧能在。此各遂尋趁。）衆有一四品將軍捨官入道。俗姓陳、字慧明。久久在大師下、不能契悟。卽大師此言、當卽曉夜倍呈奔趁、至大庾嶺上相見。能禪師怕急、恐畏身命不存。所將袈裟、過與慧明。慧明禪師謂曰、我本來不爲袈裟來。大師發遣之日、有命言教、願爲我解說。能禪師具說正法。明禪師聞說心法已、合掌頂禮、遂遣急過嶺。以後大有人來相趁。

歷

（遞相問、嶺南有誰。潞州法如師對曰、惠能在彼。衆皆奔湊。）衆中有一四品官將軍捨官入道字惠明。久在大師左右、不能契悟。聞大師此言、卽當曉夜倍逞奔趨。至大庾嶺上見能禪師。禪師怕急、恐性命不存。乃將所傳法袈裟、過與慧明禪師。惠明禪師曰、我本不爲袈裟來。忍大師發遣之日、有何言教、願爲我說。能禪師具說心法、直了見性。惠明師聞法已、合掌頂禮、發遣能禪師急過嶺去。在後大有人來相趁。其惠明禪師、後居象山、所出弟子、亦只看淨。

曹

時有四品官、俗姓陳氏。捨俗出家、事和上號惠明禪師。聞能大師將衣鉢去、遂奔趁南方。尋至大庾嶺、見能大師。大師卽將衣鉢、遂還明。明曰、來不爲衣鉢、不審和上初付囑時、更有何言教。願垂指示。能大師卽爲明禪師、傳囑授密言。惠明唯然受教。遂卽禮辭。明語能曰、急去急去。在後大有人來相趁逐。能大師卽南行。至來朝、果有數百人來至嶺、見明禪師。禪師曰、吾先至此、不見此人。問南來者亦不見。此人患腳、計未過此。諸人卻向北尋。明禪師得言教、猶未曉悟。卻居廬山峯頂寺三年、方悟密語。明後居濛山、廣化群品。

敦

兩月中間至大庾嶺。不知向後、有數百人來、欲擬頭惠

能奪於法。來至半路、盡總卻迴。唯有一僧、姓陳、名惠順、先是三品將軍、性行麤惡、直至嶺上來趁犯著。惠能卽還法衣、又不肯取。我故遠來、求法不要其衣。能於嶺上便傳法惠順。惠順得聞、言下心開。能使惠順卽卻向北化人來。

柳　劉　圓　祖

（弘忍章）

（師經于三日、都不說法。至第四日、衆人問曰、師法嗣何人。師云、吾法已往嶺南。神秀便問、何人得之。師云、能者則得。衆人良久思惟、不見行者數日、恐是將法去也。）當時七百餘人、一齊趁盧行者。衆中有一僧、號爲慧明。趁得大庾嶺上、見衣鉢、不見行者。其上坐便近前、以手提之、衣鉢不動、便委得自力薄。則入山覓。行者高處望見。行者在石上坐。行者遙見明上座、便知來奪我衣鉢、則云、和尚分付衣鉢。某甲苦辭不受、再三請傳持不可不受。雖則將來現在嶺頭、上座若要、便請將去。明上座云、不爲衣鉢特爲佛法來。不知行者辭五祖時、有何密語密意、願爲我說。行者見上座心意苦切、便向他說、靜思靜慮、不思善不思惡。正與摩思不生時、還我本來明上座面目來。上座又問、上來密語密意、只有這个、爲當更有意旨。行者云、我今明明與汝說、則是不密。汝若自得自己面目、密卻在汝。上座問、行者在黃梅和尚處、意旨如何。行者曰、和尚看我對秀上座偈、則知我入門、意則印惠能。秀在門外、汝得入門得

（慧寂章）

（五日後、五祖集衆人告曰、此間無佛法也。此語意顯六祖。衆僧問五祖、衣鉢分付何人。五祖云、能者卽得。衆僧商議、碓坊中行者又被童子泄語、衆僧卽知、盧行者將衣鉢歸嶺南。）衆僧遂趁。衆中有一僧、捨官入道、先是三品將軍、姓陳、字慧明。星夜倍程至大庾嶺頭。行者知來趁、遂放衣鉢入林、向磻石上坐。其慧明嶺上見其衣鉢向前已、手擡之衣鉢不動、便自知力薄。卽入山覓行者。於山高處、林中見行者在石上坐。行者遙見惠明便知□(來)奪衣鉢。卽云、我祖分付衣鉢我苦辭不受、□□(雖則)將來見在嶺頭、上坐欲要、便請將去。慧明答、我不爲衣鉢來、只爲法來、不知行者離五祖時、有何密意密語、願爲我說。行者見苦□□與說、先教向□(石)上端坐靜思靜慮不□□□(思善不)思惡、正與摩思□(不)生時、還我本來明上座面目來。惠明問云、上□(來)密意、卽這个是、爲當別更有意旨。行者云、我□(今)分明與汝說著、卻成不密。汝若自得自己面目、密卻在汝邊。慧明問行者云、汝在黃梅和尚身邊、意旨復如何。行者云、和尚看我

坐被衣向後自看。此衣鉢從上來分付、切須得人。我今分付汝、汝須努力將去。十有餘年、勿弘吾教。當有難起、過此已後、善誘迷人。又問、當往何處而堪避難。師云、逢懷則止、遇會且藏。慧明云、某甲雖在黃梅剃髮、實不得宗乘面目、今蒙行者指授也。有入處如人飲水冷暖自知、從今向後、行者卽是慧明師。今便改名號爲道明。行者便云、汝若如是、我亦如是、與汝同在黃梅不異、自當護持。道明云、行者好與速向嶺南。在後大有僧來趁行者。道明又問、宜往何處。行者云、遇蒙則住、逢袁卽止。道明敬仰之心辭行者、便廻向北去、至于虔州。果然見五十餘僧來尋盧行者。道明

對秀上座偈、卽知我入門意卽印慧能云、秀在門外、能得入門、得坐被衣向後自看。此衣鉢從上來分付、切須得人。我今付汝努力將去。二十年勿弘吾教。當有難起、過此已後、善誘迷情。慧能問云、當於何處而堪避難。五祖云、逢懷卽隱、遇會卽逃。懷卽懷州、會卽四會縣、異姓異名當卽安矣。時慧明雖在黃梅剃髮、實不知禪宗面目、今蒙指授入處、如人飲水冷暖自知。從今日向後、行者卽是慧明師。今便改名號爲道明。行者曰、汝若如是、吾是如是、與汝同師黃梅不異、善自護持。道明曰、和尚好速向南去、在後大有人來趁和尚。待道明盡卻指廻、今便禮辭和尚向北去。道

向衆云、大庾嶺頭懷化鎮五六日。尋候兼問諸門津、並向北尋覓行者言不見此色。諸人卻廻。道明獨往盧山布水臺。經三年後歸蒙山修行。凡徒弟盡教過嶺南六祖處、只今蒙山靈塔現在。

明在嶺頭分首、便發向北去于虎(虔カ)州。果見五十餘僧來尋盧行者。道明向僧曰、我在大庾嶺頭懷化鎮左右五六日。等候借訪諸關津。並不見此色目人過。諸人卻向北尋覓云、其人石碓硾損腰、行李恐難。衆人分頭散。後道明獨往盧山布水臺、經三年後歸蒙山。後出徒弟、盡教嶺南禮拜六祖處。至今蒙山靈塔見在。

鏡

宋

釋慧明、姓陳氏、鄱陽人也。本陳宣帝之孫、國亡散爲編甿。

矣。

明少出家于永昌寺、懷道頗切、扣雙峯之法。高宗之世依忍禪師法席、極意研尋、初無

景

袁州蒙山道明禪師者鄱陽人、陳宣帝之裔孫也。國亡落於民間、以其王孫嘗受署、因有將軍之號。

少於永昌寺出家、慕道頗切。往依五祖法會、極意研尋、初無解悟。及聞五祖密付衣法

證悟若喪家之犬焉。忽聞五祖密付衣鉢與盧居士、率同意數十許人、躡迹急追至大庾嶺。明最先見。餘輩未及。能祖見已便擲袈裟。

明曰、我來爲法非望衣鉢也。時能祖便於嶺首一向指訂。明皆洞達悲喜交至。

問能曰、某宜何往。能記之曰、遇蒙當居、逢袁可止。明再拜而去。便更其名、以舊云道明也。下嶺紿諸僧曰、向陟崔嵬、遠望杳無蹤跡。僧卽退轉。一說、居士擲衣鉢於磐石曰、此衣爲信、豈可力爭耶。任君拈去。明遂手掀如負鈞石而無擧分、拱立捨旃則咸享四年也。

以明未捨家曾署諸衞、故有將軍之號矣。宜春太守秦琢奏謚號焉。（慧明章）

與盧行者、卽率同意數十人、躡迹追逐至大庾嶺。師最先見。餘輩未及。盧行者見師奔至、卽擲衣鉢於盤石曰、此衣表信、可力爭耶。任君將去。師遂擧之如山不動、踟躕悚慄乃曰、

我來求法非爲衣也。願行者、開示於我。祖曰、不思善不思惡正恁麼時、阿那箇是明上座本來面目。師當下大悟、遍體汗流、泣禮數拜。問曰、上來密語密意外、還更別有意旨否。祖曰、我今與汝說者、卽非密也。汝若返照自己面目、密卻在汝邊。師曰、某甲雖在黃梅隨衆、實未省自己面目。今蒙指授入處、如人飲水冷暖自知。今行者卽是某甲師也。汝若如是、則是吾與汝同師黃梅。善自護持。

師又問、某甲向後宜往何所。祖曰、逢袁可止、遇蒙卽居。師禮謝遽廻。至嶺下謂衆人曰、向陟崔嵬、遠望杳無蹤迹、當別道尋之。皆以爲然。

師既廻、遂獨往廬山布水臺、經三載後、始往袁州蒙山、大唱玄化。初名慧明、以避師上字故名道明。弟子等盡遣過嶺南參禮六祖。（道明章）

傳　（及尊者得法南歸）而東山先進之徒、皆不甘相與追之。有曰慧明者、相及於庾嶺。尊者卽置其衣鉢於盤石、而自亡草閒。慧明擧其衣鉢不能動、乃呼曰、我以法來、非爲衣鉢。法兄盍出之。遂相見。慧明與之語。慧明卽悟、致師禮於尊者而返。乃紿其後之追者曰、其去已遠矣。尊者之南還也。

大　兩月中間至大庾嶺、不知逐後數十人、來欲趂某甲奪衣取法。來至中路、餘者卻廻。唯一僧、姓陳、名惠明、先是四品將軍、性行麤惡。直至大庾嶺頭趂及某甲。便還衣

鉢、又不肯取。言、我欲求法、不要其衣。某甲卽於嶺上、便傳正法、惠明聞說、言下心開。某甲卻令向北接人。

興

兩月中間、至大庾嶺、不知逐後數百人來趂、欲奪衣取法、來至半路盡卻廻。唯一僧、俗姓陳、名惠明、先是四品將軍、性行麤惡、直至大庾嶺頭、趂及惠能。便還衣鉢、又不肯取。言、我欲求法、不要其衣。惠能卽於嶺頭、便傳正法。惠明聞法、言下心開。惠能卻令向北接人。（中略）

〈祖謂明曰、不思善不思惡、正與麼時、如何是上座本來面目。明大悟。〉

宗

（慧能辭違祖已、發足南行、）兩月中間至大庾嶺。

（〈五祖歸、數日不上堂、衆疑詣問曰、和尚少惱苦否。曰、病卽無、衣法已南矣。問、誰人傳授。曰、能者得之。衆乃知焉〉）

逐後數百人、來欲奪衣鉢。一僧、俗姓陳、名惠明、先是四品將軍、性行麤慥、極意參尋。爲衆人先、趁及惠能、惠能擲下衣鉢於石上云、此衣表信、可力爭耶。能隱草莽中、惠明至提掇不動。乃喚云、行者行者、我爲法來、不爲衣來。惠能遂出坐盤石上。惠明作禮云、望行者爲我說法。惠能云、汝旣爲法而來、可屛息諸緣、勿生一念。吾爲汝說。明良久。惠能云、不思善不思惡、正與麼時、那箇是明上座本來面目。惠明言下大悟。復問云、上來密語密意外、還更有密意否。惠能云、與汝說者卽非密也、汝若返照、密在汝邊。明曰、惠明雖在黃梅、實未省自己面目、今蒙指示、如人飲水冷暖自知、今行者卽惠明師也。惠能曰、汝若如是、吾與汝同師黃梅、善自護持。明又問、惠明今後向甚麼去。惠能曰、逢袁則止、遇蒙則居。明禮辭。〈明回至嶺下。謂趁衆曰、向陟崔嵬、竟無蹤跡、當別道尋之。趁衆咸以爲然。惠明後改道明、避師上字。〉

緣

㈡

一八資料中、惠明との機緣については、神會語錄の記事を初出として、以後、法寶記・曹溪大師傳・敦煌本以下の四壇經・祖堂集・宋高僧傳・傳燈錄・正宗記に記されている。またその他の資料としては『傳心法要』にもこの機緣が記載されており、後世の資料に影響を與えていると考えられる。

惠明の惠の字の表記についてみると、法寶記・曹溪大師傳と敦煌本以下の四壇經が惠を用い、神會語錄・祖堂集・宋高僧傳・傳燈錄・正宗記が慧を用いている。しかし、敦煌本壇經は惠順と記しており、明を順としている。惠と慧については、壇經系統が一貫して惠を用いているが、密接な關係を持っている神會語錄と法寶記がそれぞれ惠と慧を用いるごとく、資料の成立年代とは關係なく兩者が使用されているが、それは、慧能と惠能の場合とほぼ一致している。ただ曹溪大師傳の異本、および祖堂集においては慧能の場合と用法を逆にしている。

これらの資料を検討していくと、呼稱の相關性がそのまま內容にも關連していることが解る。すなわち、傳心法要—祖堂集—傳燈錄—宗寶本壇經の關係がそれである。

さらに祖堂集・傳燈錄は、もと慧(惠)明と稱していたが後に道明と改めたとし、祖堂集はその理由を缺くが、傳燈錄は「師の上字を避ける故に道明と名づく」といい、慧能の慧を敬い避けたことを傳え、宗寶本壇經も割注としてこれを承けている。一方、宋高僧傳は「便ち其の名を更え、舊をもって道明と云う」といって、傳燈錄とはその改號について全く逆となっている。

惠明の俗姓について、神會語錄・曹溪大師傳・宋高僧傳と敦煌本以下の四壇經は陳氏とするのみであるが、宋高僧傳は「本陳宣帝の孫」、傳燈錄は「陳宣帝の裔」と記して、その家柄の由緒正しき旨を強調している。また、俗官についても、神會語錄・法寶記と大乘寺本以下の三壇經は四品將軍、敦煌本壇經・祖堂集(慧寂章)は三品將軍、曹溪大師傳は四品官とし、宋高僧傳・傳燈錄は單に「將軍の號あり」と述べるのみである。惠明の俗姓、俗官については、神會語錄以來すべての資料に共通しているといえるが、法寶記は神會語錄をほぼそのまま承けているにもかかわらず、俗姓についてはなぜか記載を缺いている。俗官については、敦煌本壇經が三品將軍とし、他より官位を低くしているが、これは單なる誤寫であろうか。しかし、敦煌本以下の諸壇經は惠明を性行麤惡(慥)といって貶下しており、神會語錄における四品將軍を、敦煌本壇經が三品將軍と意圖的に官位を低く改めたとも考えられよう。他方、祖堂集(慧寂章)は、神會語錄、或いは法寶記を承けたとみられるが、これが三品將軍とするのは、敦煌本壇經等によって改變したのかもしれぬ。しかし他に敦煌本壇經と祖堂集の關連がみられないことからすれば、この點は不明である。この他に、神會語錄・法寶記は、惠明が「久しく大師(五祖)の下に在れども、契悟することあたわず」といい、宋高僧傳・傳燈錄は、惠明が「少くして永昌寺に出家す」と述べ、また「忍禪師(五祖)の法席に依り、意を極め研尋すれども、初め證(解)悟なし」という。

相見の場所は等しく大庾嶺とする。ただ、正宗記のみ庾嶺と記すが大庾嶺と同一である。ここは中國五嶺の一に擧げられるほどの名山であり、江西省大庾縣の南二五里、廣東省南雄縣との境界に位置する險峻の地である。壇經四本は等しく、慧能が五祖のもとを辭して嶺上に至った日數を「兩月中間」といい、二箇月以內であったとしているが、法寶記をはじめとする他の資料は日數については特に記していない。

衣鉢を承け五祖のもとを辭し、嶺南に向った慧能は趁われることとなるが、神會語錄・法寶記は路州法如が慧能の不在に氣づき、よって大衆があとを追ったとし、壇經四本はその目的を衣を奪うことにあったとする。これは惠明の性行を麤惡とすることと關連した表現といえよう。

南方に逃げた慧能を追った者の數について、敦煌本・興聖寺本・

宗寶本の三壇經は數百人、大乘寺本壇經・宋高僧傳・傳燈錄は「數十人」とし、敦煌本・興聖寺本・大乘寺本の三壇經は中途で總てひき返したといい、祖堂集は趁う者「七百餘人」、嶺下に至った僧「五十餘」という。また、曹溪大師傳は嶺に至った數を「數百人」といい、宋高僧傳・傳燈錄は惠明が先頭に立ってそれらの人數を率いたとする。

嶺に至った惠明について祖堂集は、

> 大庾嶺上に趂得し衣鉢を見れども、行者を見ず。其の上座便ち近前し、手を以って之を提ぐに、衣鉢は動かず、便ち自力の薄きを委得す。則ち山に入り行者を覓めて高處に望見す。

といい、この「衣鉢動かず」は、宋高僧傳の附記、傳燈錄・宗寶本壇經へと繼承されるが、「自力の薄きを委得す」について宋高僧傳は一層具體的に

> 居士は衣鉢を盤石に擲って曰く、此の衣は信をなす、豈に力もて爭うべけんや、君の拈去に任す。明、遂に手に掀げども、鈞石を負うが如くにして擧分無し。

となし、これが傳燈錄、宗寶本壇經へと及ぶ。

慧能と惠明の二人の相見の樣子は資料によって多少異なりをみせるが、衣鉢を還そうとする慧能に對して、惠明が求めているものは衣ではなく法であることを告げ、傳法を請うのは總ての資料に共通している。しかし、慧能の說法內容については種々異なり、神會語錄は「正法」とも「心法」ともいい、法寶記は「心法」、曹溪大師傳は「密語」、敦煌本壇經は「法」、正宗記は「語」、興聖寺本壇經は「正法」というように抽象的であるが、祖堂集は

> 靜思靜慮、不思善不思惡。正に與麼にして思生ぜざる時、我に本來明上座の面目を還し來れ。

といい、惠明の

> 上來の密語密意は只這箇あるのみや、はた更に意旨ありや。

という問に對して

> 我今、明明と汝の與に說かば、則ち是れ密ならず。汝若し自ら自己の面目を得んとせば、密は卻って汝に在り。

と、かなり具體的な內容となっている。祖堂集の前半の引文は、すでに『傳心法要』に見出され、兩者は多少變化しながら傳燈錄へと繼承され、宗寶本壇經は傳燈錄をほとんどそのまま承けているといえよう。

さらに、傳燈錄・正宗記・宗寶本壇經は、惠明が慧能の說法によって開悟したことを記す。敦煌本・大乘寺本・興聖寺本の三壇經も「言下に心を開く」と記して、開悟したことを示しているが、興聖本壇經が章末に割注として「不思善不思惡」の問答を記しているのは壇經系ではじめてこの問答を收錄したことであり、興聖寺本壇經の成立を考える上で興味深い。また傳燈錄は、惠明が「不思善不思惡乃至本來の面目」を聞き、當下に大悟したとしているが、曹溪大師傳は慧能の下では悟らず、廬山峯頂寺に居すこと三年にして密語を悟ったとする。

神會語録・法寶記・曹溪大師傳・祖堂集の諸資料は、惠明が説法を聞き已ってのち、慧能に、追手を避けて急ぎ嶺を去るよう勸めたといい、さらに、曹溪大師傳・祖堂集・宋高僧傳・傳燈錄は、惠明が追手に對して慧能を見なかったといったとする。

また、祖堂集は慧能が弘忍にどこえ避難するかを問い、弘忍が答えて、

　懷に逢わば則ち止り、會に遇わば且く藏れよ。

といったとし、さらに、祖堂集・宋高僧傳・傳燈錄・宗寶本壇經は惠明が慧能に自分の行き先を訪ね、

　蒙に遇うては住し、袁に逢うては止まれ。

と指示を受けたことを記している。その後の惠明の消息については、祖堂集・傳燈錄が

　獨り廬山布水臺に住し、三年を經て後、蒙山に歸りて修行す。

とするが、敦煌本・大乘寺本・興聖寺本の三壇經は慧能が「北に向わせ接化せしむ」とする。一方、法寶記は「後に象山に居す」といい、曹溪大師傳は「後に蒙山に居す」という。法寶記の象山は恐らく蒙山のことであろう。いずれにしても、惠明が慧能と別れた後、蒙山に住したことは、宋高僧傳・傳燈錄が袁州蒙山慧明（道明）傳としていることからして、確かなことと見てよいであろう。

23　南方に隱遁

(一)

瘞

王　禪師遂懷寶迷邦、銷聲異域。衆生爲淨土、雜居止於編人。世事是度門、混農商於勞侶。如此積十六載。

神　能禪師過嶺至韶州。居漕溪來住四十年、依金剛經重開如來知見。四方道俗、雲奔雨至。猶如月輪處於虛空、頓照一切色像。亦如秋十五夜月、一切衆生莫不瞻覩。

歴　能禪師至韶州漕溪。四十餘年開化、道俗雲奔。後惠能恐畏人識、常隱在山林。或在新州、或在韶州。十七年在俗、亦不説法。

曹　能大師歸南、略至曹溪、猶被人尋逐。便於廣州四會懷集兩縣界避難、經于五年、在獵師中。大師春秋三十九。

敦　惠能來依此地、與諸官寮道俗亦有累劫之因。

柳　遯隱南海上、人無聞知。（又十六年、度其可行、乃居曹溪爲人師。）

劉

圓

祖　後隱四會懷集之間、首尾四年。

鏡

宋　能計迴生地、隱於四會懷集之間。漸露鋒穎、

景　(受衣)化於韶陽。(弘忍章)

(忍大師一見、默而識之。後傳衣法、)令隱於懷集四會之間。

傳　乃尊者得法南歸。(中略)晦迹於四會懷集之閒、混一流俗、雖四載而莫有知者。

大　某甲後至曹溪、被惡人尋逐、乃於四會縣避難。經逾五年、常在獵中。雖在獵中、常與獵人說法。某甲東山得法、辛苦受盡、命似懸絲。今日大衆同會、得聞此法。乃是過去千生、曾供養諸佛、方始得聞無上自性頓教。某甲與使君及官僚等、有累劫之因。教是先聖所傳、不是某甲自智。願聞先聖教旨、各須淨心。聞了願自除疑、如先代聖人無別。

興　惠能後至曹溪、又被惡人尋逐、乃於四會縣避難。經五年、常在獵人中。雖在獵中、時與獵人說法。

宗　惠能後至曹溪、又被惡人尋逐、乃於四會避難獵人隊中。凡經一十五載、時與獵人隨宜說法。獵人常令守網。每見生命盡放之。每至飯時、以菜寄煮肉鍋。或問則對曰、但喫肉邊菜。(中略)師自黃梅得法、回至韶州曹侯村、人無知者。(他本云、師去時至曹侯村、住九月餘。然師自知、不經三十餘日便至黃梅。此求道之切、豈有逗留。作去時者非是。)

縁　南歸隱遯。

(二)

慧能は大庾嶺を過ぎて南向したのであるが、その行き先については具體性を缺いている。南方に隱遁したことについては、前記の一四資料に記載がある。

まず隱棲地については、王維の碑銘は「異域」、柳宗元の碑銘は「南海の上(ほと)り」とし、その期間についてはともに一六年としている。神會語錄・法寶記は、韶州曹溪に居すること四〇年とするが、この四〇年は、法寶記が「或いは新州に在り、或いは韶州に在り、十七年俗に在り、亦、說法せず」と記しているごとく、曹溪に歸り居したすべての期間をいうものであり、隱棲していた期間は一七年となるのである。

曹溪大師傳に至ると、

曹溪に至るも、なお人に尋逐せらる。すなわち廣州四會、懷集兩縣の界に難を避け、五年を經るも、獵師の中に在り。

とあるように、隱棲の地を廣州の四會・懷集兩縣の界といい、やや具體的になる。これは、大乘寺本・興聖寺本壇經に繼承され、さらに祖堂集・正宗記は滯在期間を四年、宗寶本壇經は一五年とその年數が變化し、宋高僧傳・傳燈錄は避難地のみを記すが、これらはいずれも曹溪大師傳を承けたものといえよう。さらに、傳燈錄では、慧能が四會・懷集の閒に隱れたのを、五祖が指示したこととしているが、このことは祖堂集の弘忍章・慧寂章において、慧能の「まさに、何處に往かば避難するに堪えん」という問いに對して五祖が「懷

に逢えばすなわち止り、會に遇えばしばらく藏れよ」、あるいは「懐に逢えばすなわち隱れ、會に遇えばすなわち逃れよ、懐はすなわち懐州、會はすなわち四會縣なり、異姓異名なれば當にすなわち安からん」と答えているのと一致している（20項參照）。

曹溪大師傳が隱棲期間を五年とするのは、15項に見える慧能が黄梅に行った時を咸亨五年（六七四）三四歳とし、印宗に遇った時を、儀鳳元年（六七六）三九歳とする年齢の上からであり、咸亨五年より儀鳳元年の間は僅かに二年で、年齢との間に錯誤がみられる。また、咸亨五年は五祖の寂年と混同されて用いたともみられ、さらに儀鳳元年を印宗に遇った年とすることにも疑問が殘る。したがって、慧能の黄梅に至った年を龍朔元年（六六一）二四歳とし、その間の一六年を隱棲期間とする宇井氏の説（第二禪宗史研究 p. 205）には必ずしも肯えぬものがある。

慧能の隱棲中の生活について、王維の碑銘には「農に混わり勞侶を啇う」、法寶記には「常に隱れ山林に在り」、曹溪大師傳には「獵師中に在り」、正宗記には「流俗に混一すること、四載といえども知る者有ることなし」とそれぞれ簡單に述べ、大乘寺本壇經と興聖寺本壇經は「常に獵中に在り、獵中に在るといえども、常に獵人に説法す」と曹溪大師傳を承けつつ、これを發展させている。また、四〇年間道俗と交わりがあったことを述べる神會語錄・法寶記を承けて、敦煌本壇經は「諸官寮道俗と亦累劫の因有り」とし、大乘寺本壇經はさらに「某甲、東山の法を得……（中略）……某甲、使君及び官僚等と累劫の因有り」と述べ、獨自の附加をなしている。

宗寶本壇經は、曹溪大師傳を承け、

時に獵人のために、宜しきに隨って説法す。獵人常に網を守らしむ。生命を見る毎に盡くこれを放つ。飯時に至る毎に菜を以って肉鍋に寄せ煮る。人問えば、則ち對えて曰く、但、肉邊の菜を喫す。

と、慧能の獵人中での役目や、獲物を放したり、肉を喫しなかったこと等を細かに述べている。また、その機緣第七には

師、黄梅より法を得てより、回って韶州の曹侯村に至る。人は知る者なし。

と記すが、曹侯村は曹溪村に當るであろう。

24　印宗に遇う・涅槃經聽講

㈠

瘞

王　南海有二印宗法師一、講二涅槃經一。禪師聽二於座下一、因問二大義一、質以二眞乘一。既不レ能レ酬、翻從二請益一。乃歎曰、化身菩薩、在二此色身一。肉眼凡夫、願開二慧眼一。遂領二徒屬一、盡詣二禪居一、奉爲二挂衣一。

歷　後至二南海制心寺一。遇三印宗法師講二涅槃經一。惠能亦在二坐下一。

弟子惠能、傳レ衣得レ法承レ後。（弘忍章）

曹　（大師春秋三十九、）至儀鳳元年初、於廣州制旨寺、聽印宗法師講涅槃經。法師是江東人也。其制旨寺、是宋朝求那跋摩三藏置、今廣州龍興寺是也。法師、毎勸門人商量論義。

敦

柳

劉

圓　因在廣州制止寺、聽印宗法師講涅槃經。

祖　至儀鳳元年正月八日、南海縣制旨寺遇印宗。印宗出寺迎接、歸寺裏安下。印宗是講經論僧也。

鏡

宋　就南海印宗法師涅槃盛集。

從師誦通經典、未最精講者涅槃經。咸亨元年在京都盛揚道化。上元中敕入大愛敬寺居、辭不赴請。於蘄春東山忍大師、諮受禪法。復於番禺遇慧能禪師。問答之間、深詣玄理。還鄕地。（印宗章）

景　至儀鳳元年丙子正月八日、屆南海、遇印宗法師於法性寺講涅槃經。

傳　儀鳳元年之春、乃抵南海、息肩於法性寺。會法師印宗於其寺講涅槃經。

大

興　至高宗朝、到廣州法性寺、値印宗法師講涅槃經。

宗　一日思惟、時當弘法、不可終遯。遂出至廣州法性寺、値印宗法師講涅槃經。

縁　至儀鳳元年丙子正月八日、會印宗法師、詰論玄奧。印宗悟契師旨。

（二）

印宗（六二七〜七一三）が涅槃經を講ずるのを聽いたことについては、王維の碑銘・法寶記・曹溪大師傳・大疏鈔・祖堂集・宋高僧傳・傳燈錄・正宗記・興聖寺本壇經・宗寶本壇經・緣起外紀において記述されている。この慧能と印宗との相見の時期については、曹溪大師傳が儀鳳元年（六七六）の初め、祖堂集・傳燈錄・緣起外紀は同年の正月八日、と月日を明記し、正宗記は同年の春とする。祖堂集以下の正月八日は、次項にみられる瘞髮塔記の期日を承けたものである。儀鳳元年の記載についても瘞髮塔記に始まるといえようが、しかし、瘞髮塔記の文末には、

聊か梗概を敍し、以て歳月を紀して云く、儀鳳元年歳次丙子、吾佛生の日。法性寺住持法才謹んで識す。

とあり、ここでの年號は必ずしも慧能と印宗の相見を指すのではなく、法才が塔銘を撰した年と見るのが自然である。それを、曹溪大師傳は、相見の年號として採用し、後に至ってもそのまま繼承されたのであろう。

實際の慧能、印宗相見の時期は、瘞髮塔記建立以前であり、儀鳳

元年を遡ると見るべきである。柳田氏はこの時期について、「儀鳳（六七六〜六七八）、咸亨（六七〇〜六七四）をはるかに遡る頃でなかろうか」（初期禪宗史書の研究 p. 226）と述べている。

相見の場所については、王維の碑銘が「南海に印宗法師有り」と記すのみであるが、法寶記以後の諸資料では、制心寺、制旨寺、制止寺、法性寺等の寺名が記されている。法寶記の制心寺は、宇井氏が指摘するように、制止寺の見誤り（第二禪宗史研究 p. 205）であって、時によって、制旨、王園、法性、乾明、報恩、廣孝、光孝と變化して呼ばれた同一の寺を指している。この寺名の記載もやはり瘞髮塔記の標題の「光孝寺瘞髮塔記」、および奧付の「法性寺住持法才」に由來するものである。

しかし、曹溪大師傳は制旨寺に注して、「今の廣州龍興寺是れなり」あるいは「今の廣州龍興寺經藏院」（30參照）というが、龍興寺という寺名が使われたかどうかについては不明である。

ところで、宋高僧傳によれば、印宗は早くより『涅槃經』に精通し、咸亨元年には京師で盛んに化を揚げ、上元中（六七四〜六七五）勅により大愛敬寺に入らしめんとされたのを辭して、蘄春東山に弘忍を尋ねて禪法を受け、また、番禺（廣州）で慧能に遇い、深く玄理に詣り、鄕地に還ったという。傳燈錄もほぼ同一內容を傳えるが、これは瘞髮塔記・曹溪大師傳を承けつつ更に附加したものといえよう。

また、次項の風幡の問答について記載しない王維の碑銘は、印宗が『涅槃經』を講ずるのを聽いた慧能が、

因に大義を問うに質は眞乘を以ってす。既に酬えることあたわず、翻って請益に從う。乃ち歎じて曰く、化身菩薩は、此の色身に在り。肉眼の凡夫は慧眼を開くことを願う。

といい、緣起外紀は

印宗法師に會い、玄奧を詰論す。印宗、師の旨に契い悟る。

と、印宗が慧能に說法を請うたことのみを記している。

25 風幡の問答

(一)

瘞　今能禪師、正月八日抵レ此。因下論二風幡一語上、而與二宗法師一說二無上道一。宗踴躍忻慶、昔所レ未レ聞、遂詰二得法端由一。

王

神

歷　時印宗問二衆人一、汝總見下風吹レ幡于二上頭一翻動上否。衆答言、見レ動。或言、見二風動一。或言、見二幡動一。或言、不二是動一、是見レ動。如レ是問難不レ定。惠能於二座下一立、答二法師一言、自是衆人妄想心動。動與二不動一、非レ見二翻動一、法本無レ有二動不動一。法師聞レ說、驚愕忙然、不レ知二是何言一。

曹　時囑正月十五日懸レ幡。諸人、夜論二幡義一。法師、廊下隔レ壁聽。初論レ幡者、幡是無情、因レ風而動。第二人難言、風幡倶

是無情、如何得動。第三人、因縁和合故合動。第四人言、幡不動、風自動耳。衆人諍論、喧喧不止。能大師、高聲止諸人曰、幡無如餘種動。所言動者、人者心自動耳。

敦

柳

劉

圓　夜與諸僧論風動幡竿之義、法師竊聞。

祖　有一日、正講經、風雨猛動。見其幡動、法師問衆、風動也幡動也。一个云、風動。一个云、幡動。各自相爭、就講主證明。講主斷不得、卻請行者斷。行者云、不是風動、不是幡動。講主云、是什摩物動。行者云、仁者自心動。從此印宗廻席座位。

鏡

宋　論風旛之語、印宗辭屈而神伏。

景　師寓止廊廡間、暮夜風颺刹幡、聞二僧對論。一云、幡動。一云、風動。往復酬答、未曾契理。師曰、可容俗流輒預高論否。直以風幡非動、動自心耳。印宗竊聆此語、竦然異之。

傳　初尊者寄室於廊廡間。一夕風起、刹幡飛揚。俄有二僧室外議論。一曰、風動、一曰、幡動。其問答、如此者甚多、皆非得理。尊者聞輒出、謂二僧曰、可容俗士與議乎。僧曰、請聞子說。尊者乃曰、不是風動、不是幡動、仁者心動。二僧翌日以其言告印宗。

大

興　時有風吹旛動。一僧云、旛動。一僧云、風動。惠能云、非旛動風動、人心自動。印宗聞之竦然。

宗　時有風吹旛動。一僧曰、風動、一僧曰、旛動、議論不已。惠能進曰、不是風動、不是旛動、仁者心動。一衆駭然。

縁

㈡

この一段は、慧能が得法の表明をするに至る序章とも言うべき箇所であるが、風が動くのでもなく、幡が動くのでもなく、外境に引き廻されるおまえ自身の心が動くのだという慧能の答えは、以後の禪者の心を捉え、廣く人口に膾炙するところとなった。

さてこの事項は、一八資料中、瘞髮塔記・法寶記・曹溪大師傳・大疏鈔・祖堂集・宋高僧傳・傳燈錄・正宗記・宗寶本壇經・興聖寺本壇經の一〇種に記載がある。ここで注意しなければならないのは、瘞髮塔記や王維の碑銘と多くの共通點をもつ敦煌本壇經・大乘寺本壇經が印宗との出遇いについては前項と共に、この項においても全く觸れていないことである。

ところで、前項で『涅槃經』について述べることのなかった瘞髮塔記は、

今、能禪師、正月八日此(ここ)（法性寺）に抵(いた)り、風幡を論ずる語に因りて、

宗法師のために無上道を説く。

とあり、正月八日風幡の問答があり、これによって慧能が印宗のため無上道を説き、印宗が遂に得法したと簡潔に述べている。しかしこの話が瘞髪塔記に刻されたことは、慧能在世中當時において、風幡問答が既に有名になっていたことを物語っている。

大疏鈔・宋高僧傳にも、この風幡問答のあったことは記されているが、他の諸資料ではこの問答の内容まで子細に記されている。

まず、法寶記には、

時に印宗衆人に問う、汝ら總て風の幡を吹いて、上頭に飄動するを見るや否や。

とあって、問答の起りが、印宗が大衆に問いかけたことにあるとし、それに答えて、衆は、「動くを見る」といい、ある人は「風動を見る」といい、ある人は「幡動を見る」といい、ある人は「これ動にあらずしてこれ見動くなり」といって、問難定まらなかったので、慧能が立って、

自ら是れ衆人の妄想心動ず。動と不動とは、飄動を見るにあらず。法は本より動、不動有ることなし。

と説き、印宗はこれを聞いて「驚愕忙然として何の言なるかを知らず」といい、瘞髪塔記に比して内容がかなり詳細になっている。前述のように、法寶記に強い影響を与えた神會語録が、この風幡問答にまったく觸れていないことは、この法寶記の所説が、その素材を瘞髪塔記に求めたとはいえ、多くの創作を加えた獨自なものであることを示している。しかも、それはさらに附加されつつ後世の資料へと繼承される。

曹溪大師傳は、

時に、囑して（儀鳳元年）正月十五日、幡を懸けしむ。諸人、夜に幡の義を論ず。法師、廊下にて壁を隔てて聽く、云云。

と記すが、ここでいう「正月十五日」（十三日とする異本もある）とは、瘞髪塔記における祝髪の日を用いたものであろうが、月日を明記するのはこの曹溪大師傳のみで、他の資料は明確にしない。

瘞髪塔記の「正月八日」を法性寺に至った日とのみ見ず、風幡を論じた日をも指すと見れば、瘞髪塔記は風幡問答の行われた日を正月八日とすることになるが、曹溪大師傳はこの日を風幡問答の日とはみていない。

曹溪大師傳は續いて、

初めに幡を論ずる者は、幡はこれ無情なり、風に因って動くとし、第二の人難じていわく、風幡ともにこれ無常なれば、如何が動くことを得ん。第三の人、因縁和合のゆえに動く。第四の人言はく、幡は動かず、風自ら動くのみ、と。衆人の諍論、喧喧として止まず。

といい、法寶記における四人の答えを骨子として、さらに詳しく問答の内容を述べている。しかも、慧能の所説も、

幡は餘種のごとく動くことなし。いうところの動とは、人者の心おのずから動くのみなり。

と、法寶記を承けつつ、一層端的な表現へと改められている。ここ

に、曹溪大師傳の成立年時と禪宗の成立との關連をみることができよう。この曹溪大師傳の「人者の心おのずから動くのみなり」という所說は、その後の祖堂集・傳燈錄・正宗記・興聖寺本壇經・宗寶本壇經へと承け繼がれるのである。

また祖堂集は、既に述べたように、法寶記・曹溪大師傳を承けるのであるが、

有る一日、正に經を講ずるに、風雨猛動す。その幡の動くを見て、法師衆に問う、風の動くや、幡の動くや。

と、風幡の問答に至る因緣についての附加を行っている。

このように、瘞髮塔記に始まり、法寶記において創作が加えられたこの問答は、慧能が印宗に答えて說示したとする資料（瘞髮塔記・法寶記・祖堂集）や、大衆との問答中の話を印宗が竊かに聞いたとする資料（曹溪大師傳・傳燈錄）等、多少の相違があるとはいえ、やはり法寶記で提起された說を強く承けたものといえよう。

26　得法の表明

(一)

瘞　（遂詰得法端由）

王

神

歷　問居士從何處來。惠能答、本來不來、今亦不去。法師下高座、迎惠能就房、子細借問。惠能一一具說東山佛法、及有付囑信袈裟。印宗法師見已、頭面頂禮歎言、何期、座下有大菩薩。語已又頂禮、請惠能爲和上、印宗法師自稱弟子。

曹　印宗法師聞已、至明日講次、欲畢問大衆曰、昨夜某房論義。在後者是誰。此人必稟承好師匠。中有同房人云、是新州盧行者。法師云、請行者過房。能遂過房。法師問曰、曾事何人。能答曰、事嶺北蘄州東山忍大師。法師又問、忍大師臨終之時、云佛法向南、莫不是賢者否。能答、是。既云是、應有傳法袈裟。請一覽看。印宗見袈裟已、珍重禮敬、心大歡喜、歎曰、何期、南方有如是無上法寶。法師曰、忍大師付囑、如何指授言教。能大師答曰、唯論見性、不論禪定解脫、無爲無漏。法師曰、如何不論禪定解脫、無漏無爲。能答曰、爲此多法、不是佛性。佛性是不二之法。涅槃經明其佛性不二之法、卽此禪也。法師又問、如何佛性是不二之法。能曰、涅槃經、高貴德王菩薩白佛言、世尊、犯四重禁、作五逆罪、及一闡提等、爲當斷善根、佛性改否。佛告高貴德王菩薩、善根有二、一者常、二者無常。佛性非常、非無常、是故不斷、名之不二。一者善、二者不善。佛性非善、非不善、是故不斷、名爲不二。又云、蘊之與界、凡夫見二、智者了達其性無二。無二之性卽是實性。明與無明、凡夫見二、智者了達其性無二。無二

敦　柳　劉　圓　祖　鏡　宋

之性即是實性、實性無二。能大師、謂法師曰、故知、佛性是不二之法。印宗聞斯解說、即起合掌虔誠、願事爲師。明日講次、告衆人曰、印宗何幸、身是凡夫、不期座下法身菩薩。印宗所爲衆人說涅槃經、猶如瓦礫。昨夜請盧行者、過房論義、猶如金玉。諸人信否。然此賢者、是東山忍大師傳法之人。諸人永不信、請行者、將傳法袈裟、呈示諸人。諸人見已、頂禮咸生信重。

景

上元中、正演暢宗風、慘然不悅。大衆問曰、胡無情緒耶。曰、遷流不息、生滅無常。吾師今歸寂矣。凶赴至而信。翌日邀師入室、徵風幡之義。師具以理告。印宗不覺起立云、行者定非常人、師爲是誰。師更無所隱、直敍得法因由。於是印宗執弟子之禮、請受禪要。乃告四衆曰、印宗具足凡夫、今遇肉身菩薩。即指坐下盧居士云、即此是也。因請出所傳信衣、悉令瞻禮。

傳

印宗異之、即引入室、窮詰其義。尊者益以大理語之。印宗於是益伏、謂尊者曰、居士誠非凡人、師誰、其何自而得道、勿隱、幸以相示。尊者即以其得法本末告之。印宗甚幸所遇、即執弟子禮、請學其法要。遂謂其衆曰、此盧居士者、乃肉身菩薩也。印宗一介凡夫、豈意得與其會。

大

（某甲、東山得法。）

興

（惠能、東山得法。）

宗

印宗延至上席、徵詰奧義。見惠能言、簡理當、不由文字、宗云、行者定非常人、久聞黃梅衣法南來、莫是行者否。惠能曰、不敢。宗於是作禮、告請傳來衣鉢出示大衆。宗復問曰、黃梅付囑如何指授。惠能曰、指授即無、惟論見性、不論禪定解脫。宗曰、何不論禪定解脫。能曰、爲是二法、不是佛法、佛法是不二之法。宗又問、如何是佛法不二之法。惠能曰、法師講涅槃經明佛性、是佛法不二之法。如高貴德王菩薩白佛言、犯四重禁、作五逆罪、及一闡提等、當斷善根佛性否。佛言、善根有二。一者常、二者無常。佛性非常非無常。是故不斷、名爲不二。一者善、二者不善。佛性非善非不善、是名不二。蘊之與界、凡夫見二、智者了達其性無二。某甲講經猶如瓦礫、仁者論義猶如眞金。（於是爲惠能剃髮、願事爲師。）惠能遂於菩提樹下、開東山法門。

縁

㈡

五祖弘忍のもとで得法してから南方に避難すること十數年を經て、いよいよ慧能の得法の表明がなされる。ただし得法の表明といっても、慧能が積極的に行うのではなく、風幡の問答を契機として、慧能の偉大な存在を知った印宗法師の側から、あくまでその得法を問いただすという形をとることが特徴的である。ただ宋高僧傳では印宗との機縁は記すが印宗の問いによって得法を表明したのではなく、上元中（六七四〜六七六）に慧能が弘忍の示寂を豫知して「自分の師は今歸寂された」と言い、「はたして弘忍の死を知らせる凶報が至り、人人は慧能の言葉を信じた」として、他の資料とは異なった記述をなす點は注意してよい。

さて、一八資料のうち、直接本項に關するものは六資料であるが、その他では大乘寺本・興聖寺本の二壇經に、慧能みずから東山に得法したことを述べる記事がみられる。しかしそれは、いわゆる大梵寺説法の際における所説であって、他の諸資料における得法の表明とは、おのずからその性格を異にする。一方、敦煌本壇經に本項に關する該當記事がまったく見られないことは、24項以降において印宗と慧能との關係を何も語らない點で一貫している。したがって、壇經系統では、最も新しい宗寶本のみが、本項に關する記事を詳細に傳えていることが注目される。

まず、得法を表明する時と處についてみると、時期については、前項の風幡の問答に續いてなされたとするのが、瘞髪塔記・法寶記・正宗記・宗寶本壇經であり、その翌日であるとするのが曹溪大師傳・傳燈錄であるが、いずれも風幡問答に連續するものである。これらの資料中、法寶記・曹溪大師傳・傳燈錄・正宗記等は、その場所が印宗の房または室中において行われたと明記し、禪法の披瀝が嚴肅裡に密々になされたことを示さんとつとめているようである。

印宗の問いに對して、慧能が表示した得法の內容は何であったか。法寶記によれば、ただ東山の佛法と付囑の袈裟とを說示したとするのみであるが、曹溪大師傳になると、傳信の袈裟を提示するのみならず、さらに印宗の、弘忍からいかなる言教を付囑されたか、という質問に答えて、

ただ見性を論じて、禪定解脱、無爲無漏を論ぜず。……（中略）……佛性はこれ不二の法にして、涅槃經にその佛性不二の法を明かす、すなわちこれ禪なり。

という詳細な問答が展開される。南海における『涅槃經』の著名な講者たる印宗法師に對して、同じ『涅槃經』の所說で禪要を示すところに、この資料のもつ特異性をみることができるが、後世、この問答は宗寶本壇經を除いては承けるものがないことは注目すべきである。つまり、この問答の內容が、壇經等の資料に顯著に見られる般若主義的な禪要との徑庭に基づくからではなかろうか。したがって、これを承ける宗寶本壇經は、思想的にはみずから統一を缺く撞著に陷っていて、この資料が、原資料に對して無批判に集成したという性格が指摘される箇所でもある。ちなみに、宗寶本は、傳衣の

みならず衣鉢をも提示したとしている。また、前後するが、法寶記のごとく、ただ禪要と傳衣とを示したとする資料に傳燈錄があり、これにつぐ正宗記は、ただ禪要のみを表明したとしている。

かくて、曹溪大師傳によれば、弘忍付囑の傳衣を拜し、東山下の禪要を聽聞した印宗は、心に大歡喜を生じて慧能を合掌禮拜し、みずからその膝下に弟子の禮をとる。翌日、聽講の大衆に對して、慧能が弘忍の嫡嗣たる「法身の菩薩」であることを告げて傳衣を呈し、以後信認すべきことを示す。これにより、大衆はことごとく信重を生じた、とあり、南海において慧能が東山弘忍の嫡嗣として公認されたわけである。なお、印宗の慧能に對する尊稱としては、法寶記では「和上」「大菩薩」、曹溪大師傳では「法身の菩薩」、傳燈錄・正宗記では「肉身の菩薩」、と多彩であり、また、弟子の禮をとったことを述べる資料もこの四資料である。

27　剃髮・髮塔建立

(一)

瘞　於十五日、普會四衆、爲師祝髮。法才遂募衆緣、建茲浮屠、瘞禪師髮。一旦落成、八面嚴潔、騰空七層、端如湧出。偉歟禪師、法力之厚、彈指卽遂。萬古嘉猷、巍然不磨。聊敍梗概、以紀歲月云、儀鳳元年歲次丙子、吾佛生日、法性寺住持法才謹識。

王　遂領徒屬、盡詣禪居、奉爲挂衣、親自削髮。

神　卽與惠能禪師、剃髮披衣已、自許弟子。及講下門徒歎

歷　言、善哉善哉、黃梅忍大師法、比聞流嶺南、誰知今在此間、衆人識否。咸言、不識。印宗法師曰、吾所說法、猶如瓦礫。今有能禪師、傳忍大師法門、喩若眞金深不思議。印宗法師、領諸徒衆、頂禮能禪師足、恐衆人疑、乃請所傳信袈裟示衆人。

曹　儀鳳元年正月十七日、印宗與能大師剃髮落。

敦

柳

劉　三十出家。

圓　便爲刺（剃カ）頭。

祖　正月十五日、剃頭。

鏡

宋　乃爲其削椎髻。

景　至正月十五日、會諸名德、爲之剃髮。

傳　擇日乃會耆德比丘、與之釋褐落髮。

大

興

宗　於是爲惠能剃髮、願事爲師。

緣　是月十五日、普會四衆、爲師薙髮。

(二)

一　東山弘忍の嫡嗣であることが公認されはしたものの、慧能は、いまだ在俗の身であった。ここにおいて、當然正式に出家剃髪が行われなければならない。前項において弟子の禮をとった印宗が、今度は師のために剃髪することになる。

これを述べる資料は右のごとく非常に多い。このうち、剃髪の日を儀鳳元年正月一五日と明記するのは、瘞髮塔記をはじめ、祖堂集・傳燈錄・緣起外紀であり、正月一七日説をとるのが曹溪大師傳である。後者における日數の遅れは25項の風幡の問答以降、常に他の資料に遅れることに準ずるものであるが、禪宗第六祖の剃髮出家の日としては、正月一五日の方がよりふさわしいと思われる。ちなみに、この時に慧能の年齡は、曹溪大師傳では三九歳とされるが、劉禹錫の碑銘では三〇歳出家とあって、大きな食い違いをみせている。

二　瘞髮塔とは、剃度出家を記念して、その髪をうずめて建てる塔であり、佛陀の爪髪を供養した髮塔にならうものである。慧能の髮塔建立については、瘞髮塔記のみが述べる記事であるが、受戒の日は28項にあるように、儀鳳元年（六七六）二月八日であり、この年の佛誕の日に法性寺法才は、慧能の剃髪した毛髪を瘞めて七層の浮屠を建立し、その剃髮受戒を永久に記念せんとした。瘞髮塔記は、まさしくその名稱がすべてを物語る資料であるが、不思議なことに、前掲の剃髪を傳える多くの資料のうち、他に一つとしてこの髮塔についてふれるものがないことである。この事實は、法才の行歷、および法才と印宗の關係等がまったく不明なこととも關連して、この資料のもつ最大の謎といえるであろう。

28　受戒・法性寺戒壇の由來と懸記

(一)

瘞　（曹・緣と對照するため、後におくる。）

王

神

歷　抃、自身受㆓菩薩戒㆒。

曹　（瘞・緣と對照するため、後におくる。）

敦

柳

劉

圓

祖　二月八日、於㆓法性寺㆒、請㆓智光律師㆒受戒。戒壇是宋朝求那跋摩三藏之所㆑置也。嘗云、後有㆓肉身菩薩㆒於㆑此受㆑戒。梁末（末カ）有㆓眞諦三藏㆒、於㆓壇邊㆒種㆓菩提樹㆒云、一百二十年、有㆓肉身菩薩㆒於㆓此樹下㆒說㆑法。師果然於㆓此樹下㆒、演㆓無上乘㆒。

鏡

宋　於㆓法性寺智光律師邊㆒、受㆓滿分戒㆒。所㆑登戒壇、卽南宋朝

求那跋摩三藏之所築也。跋摩已登果位、懸記云、後當有肉身菩薩、於斯受戒。又、梁末眞諦三藏、於壇之畔、手植菩提樹、謂衆曰、種此後一百二十年、有開士、於其下說無上乘、度無量衆。至是、能爰宅于茲、果於樹陰開東山法門、皆符前讖也。

景

二月八日、就法性寺智光律師受滿分戒。其戒壇、卽宋朝求那跋陀三藏之所置也。三藏記云、後當有肉身菩薩、在此壇受戒。又梁末眞諦三藏、於壇之側、手植二菩提樹、謂衆曰、卻後一百二十年、有大開士、於此樹下、演無上乘、度無量衆。師具戒已、於此樹下開東山法門、宛如宿契。

傳

又擇日、嚴其寺戒壇、命律師智光、爲受具戒。其壇蓋宋時求那跋摩三藏之經始也。初跋摩記曰、後當有肉身菩薩、於此受戒。及梁末眞諦三藏、臨其壇手植二菩提樹、亦記之曰、後第四代、當有上乘菩薩、於此受戒、其說法度人無量。戒已衆卽請尊者、開演東山法門。然跋摩眞諦、雖素號爲得果聖士、至此其人始驗。

大

興

宗

壇

二月八日、集諸名德、受具足戒。既而於菩提樹下、開單傳宗旨、一如昔讖。

曹

二月八日、於法性寺受戒。

能大師、受戒和尚西京摠持寺智光律師、

羯磨闍梨蘇州靈光寺惠靜律師、

教授闍梨荊州天皇寺道應律師、

後時、三師皆於能大師所學道、終于曹溪。

其證戒大德、一是中天耆多羅律師、二是密多三藏。此二大德、皆是羅漢、博達

緣

二月八日、集諸名德、授具足戒。

西京智光律師、爲授戒師。

蘇州慧靜律師、爲羯磨。

荊州通應律師、爲教授。

中天耆多羅律師、爲說戒。

西國蜜多三藏、爲證戒。

佛祖興レ世、信非二偶然一。昔宋朝求那跋佗三藏、建二茲戒壇一、豫讖曰、後當下有二肉身菩薩一、受中戒於此上。

梁天監元年、又有二梵僧智藥三藏一、航海而至。自二西竺一持二來菩提樹一株一、植二於戒壇前一、立レ碑云、吾過後一百六十年、當下有二肉身菩薩一來二此樹下一、開二演上乘一、度中無量衆上。眞傳二佛心印一之法王也。

三藏一、善二中邊言一。戒壇、是宋朝求那跋摩三藏所レ置。當時遙記云、於レ後當下有二羅漢一登二此壇一、有二菩薩一於レ此受上レ戒。今能大師受戒、應二其記一也。

〈出二高僧錄一。〉

又、蕭梁末、有二眞諦三藏一。於二壇邊一種二菩提樹兩株一、告二衆僧一曰、好看二此樹一。於レ後有二菩薩僧一、於二此樹下一演二無上乘一。於レ後能大師、於二此樹下一坐、爲二衆人一開二東山法門一、應二眞諦三藏記一也。〈出二眞諦三藏傳一。〉

其戒壇、乃宋朝求那跋陀羅三藏創建。立レ碑曰、後當下有二肉身菩薩一、於レ此授上レ戒。

又、梁天監元年、智藥三藏、自二西竺國一航海而來、將二彼土菩提樹一株一、植二此壇畔一。亦預誌曰、後一百七十年、有二肉身菩薩一、於二此樹下一、開二演上乘一、度二無量衆一。眞傳二佛心印一之法主也。師至レ是祝髮受戒、及與二四衆一開二示單傳之旨一。一如二昔讖一。〈梁天監元年壬歲、至二唐儀鳳元年丙子一、得二一百七十五年一。〉

(二)

一　本項に關する記事は、右に擧げた八資料であるが、これらの中で顯著な特徴をもつ三種の資料のみは、これを一括し對照して掲げた。

まず、慧能の受戒であるが、受戒を行う場所については、他の資料に特に記載がないのに對して、曹溪大師傳・祖堂集は法性寺においてと明記し、舞台は制旨寺から法性寺に移されたことが知られる。また、受戒の日を儀鳳元年二月八日と明記するのは、瘞髮塔記をはじめ、曹溪大師傳・祖堂集・傳燈錄・縁起外紀の諸資料である。

次に、慧能の受戒の種類については、瘞髮塔記・宋高僧傳・傳燈錄・正宗記・縁起外紀等は具足戒または滿分戒とするのに對し、法寶記のみは菩薩戒とし、重要な相違がみられる。いま、菩薩戒の授受が具足戒を前提とするかいなかは別として、剃髮の日からわずか二〇日あまりで具足戒を受けるということはきわめて特異な例であり、すでに慧能の受戒が形式的な具戒を超えていることを示唆するものである。

この受戒の際の諸師については、瘞髮塔記がただ單に「諸名德を集めて」とするのに對して、曹溪大師傳においては、受戒和尙が西

京揔持寺智光律師、羯磨闍梨が蘇州靈光寺惠靜律師、教授闍梨が荊州天皇寺の道應律師、證戒師が中天耆多羅律師と密多三藏、とそれぞれの具名を列記している。この記事を承けるのは、對照資料で示した緣起外紀のみであるが、緣起外紀では寺名が省かれ、惠靜が慧靜、道應が通應とされ、また、耆多羅律師が證戒師、密多三藏が說戒師とされるなど、配役の區分がより明確となっている。

一方、むしろ後世の資料である祖堂集と正宗記は、戒師の名を單に智光律師とし、宋高僧傳と傳燈錄は法性寺智光律師とするのみで、他の諸師はすべて省略されている。いずれにしても、これらの諸名德は他に徵すべき資料がなく、いかなる人物であるかを詳らかにすることはできない。ただ、曹溪大師傳のごとく、三師證戒の區別と具名とを列記するのは、八世紀の禪宗資料としてはきわめて貴重な文獻であり、斯方面の研究に資するものであろう。

二　次に慧能の受戒に關連して、法性寺の戒壇の由來と、その際における懸記が登場する。まず、法性寺の戒壇については、瘞髮塔記は宋朝の求那跋佗三藏による設置とし、傳燈錄は求那跋陀、緣起外紀は求那跋陀羅であるとする。實名としては、最後の求那跋陀羅（三九四～四六八）が一般的である。しかるに一方、この戒壇設立者を宋朝の求那跋摩であると明記する資料には、曹溪大師傳・祖堂集・宋高僧傳・正宗記などがあり、曹溪大師傳のみはその典據として『高僧傳』をあげる。なるほど、この求那跋摩（三六七～四三一）も『梁高僧傳』（五一九）巻三に立傳される高僧ではあるが、求那跋陀羅ともども、その所傳による限りは、戒壇設立の史實はまったく知ることができない。

このように、戒壇設立者の名稱こそ異にするものの、右の諸資料は、すべてその戒壇創設の際に、設立者によって懸記が行われたとする點では一致する。すなわち、瘞髮塔記・祖堂集・宋高僧傳・傳燈錄・正宗記・緣起外紀等は、

> 後に肉身の菩薩があって、この戒壇で受戒するであろう。

と豫言の內容を傳え、曹溪大師傳のみは、

> 後に羅漢がこの壇に登り、菩薩があって戒を受けるであろう。

と述べている。この後者における羅漢登壇の記載は、單に受戒者慧能の出現のみならず、前記のごとき三師證戒の授戒諸師を詳述することに對應する豫言とみられる點に特徵が認められよう。

さて、懸記はこれのみにとどまらない。瘞髮塔記によれば、法性寺で受具した慧能は、菩提樹下において單傳の宗旨を開演するが、その菩提樹こそは、かつて梁の天監元年（五〇二）に梵僧の智藥三藏が西竺から將來した一株であり、これを戒壇前に植えて碑を立て、

> 一六〇年の後に肉身の菩薩があり、この樹の下で上乘を演べて衆生を濟度するであろう。

と述べたという。この天監元年智藥三藏以下の記事をほとんどそのまま承けるのは、資料對照で示したごとく、後世の緣起外紀であるが、ただ、一六〇年が一七〇年とあるのが異なっている。

しかるに一方、曹溪大師傳では、前掲2項で掲げたごとく、天竺國那爛陀寺の大德智藥三藏が曹溪口村に來て寶林寺と命名し、天監五年（五〇六）二月二五日の入內の際に、寶林寺の名を勅問されたのに答えて、「我去りて後百七十年後に云云」となっていることが注意される。すなわち、智藥三藏の懸記が寶林寺と關係づけられて說かれること、および、天監五年（五〇六）から儀鳳元年（六七六）までがあたかも一七〇年に相當することが注目される記載である。

ところで、右の智藥三藏に代って、菩提樹下の懸記者を眞諦三藏とする資料は、曹溪大師傳のほかに祖堂集・宋高僧傳・傳燈錄・正宗記がある。ただし、菩提樹を二株植えたとするのが曹溪大師傳・傳燈錄・正宗記であり、一六〇年後を一二〇年後とする資料に祖堂集・宋高僧傳・傳燈錄があり、正宗記に至っては、年數の代りに第四代としている。いうまでもなく、一二〇年說は、梁末の眞諦三藏（四九九～五六九）の年代から儀鳳元年までの年數に合致させたものである。史實の詳らかでない智藥三藏に代って、あまりにも著名な眞諦三藏の登場は注目すべきことであるが、その懸記を行ったことを傍證する客観資料が皆無であることは、この說の原資料とみられる曹溪大師傳そのものの性格を如實に示すものというべきである。また、前後するが、前記の求那跋陀羅は、かの『楞伽師資記』（七一六頃）では西來の禪宗初祖とされているが、同じ禪宗史料においてまったく違った役割りで登場することは、はなはだ興味深く、この人物と初期禪宗との關り合いについては看過できぬものがあるといえよう。

29　神會との機緣

(一)

瘞　王

弟子曰神會、遇師於晚景、聞道於中年。廣量出於凡心、利智踰於宿學。雖末後供、樂最上乘。先師所明、有類獻珠之願。世人未識、猶多抱玉之悲。謂余知道、以頌見託。

神　歷　曹

其年四月八日、大師爲大衆初開法門曰、我有法、無名無字、無眼無耳、無身無意、無言無示、無頭無尾、無內無外、亦無中間、不去不來、非青黃赤白黑、非有非無、非因非果。大師問衆人、此是何物。大衆兩兩相看、不敢答。時有荷澤寺小沙彌神會、年始十三、答、此是佛之本源。大師問云、何是本源。沙彌答曰、本源者諸佛本性。大師云、我說無名無字、汝云何言佛性有名字。沙彌曰、佛性無名字、因和上問故立名字。正名字時、卽無名字。大師打沙彌數下。大衆禮謝曰、沙彌小人惱亂和上。大師云、大衆且散去、留此饒舌沙彌。至夜間、大師問沙彌、我打汝時、佛性受否。答云、佛性無受。大師問、汝知痛否。沙彌答、

知痛。大師問、汝既知痛、云何道佛性無受。沙彌答、豈同木石。雖痛而心性不受。大師語沙彌曰、節節支解時、不生嗔恨、名之無受。我忘身爲道、踏碓直至跨脫、不以爲苦、名之無受。汝今被打、心性不受。汝受諸觸如智證、得眞正受三昧。沙彌密受付囑。大師出家、開法、受戒、年登四十。

敦

又有一僧、名神會。南陽人也。至漕溪山禮拜問言、和尚坐禪、見亦不見。大師起把打神會三下、卻問神會、吾打汝、痛不痛。神會答言、亦痛亦不痛。六祖言曰、吾亦見亦不見。神會又問大師、何以亦見亦不見。大師言、吾亦見者、常見自過患。故云亦見。亦不見者、不見天地人過罪。所以亦不見也。汝亦痛亦不痛如何。神會答曰、若不痛卽同無情木石。若痛卽同凡夫、卽起於恨。大師言、神會、向前見不見是兩邊。痛不痛是生滅。汝自性且不見、敢來弄人。神會禮拜、更不敢言。大師又言、汝心迷不見、問善知識覓路。汝心悟自見、依法修行。汝自迷不見自心、卻來問惠能見否。吾不自知、代汝迷不得。汝若自見、代得吾迷、何不自修、問吾見否。神會作禮、便爲門人、不離漕溪山中、常在左右。

柳

劉

圓

有襄州神會、姓嵩。年十四、往謂因答無住爲本、見卽是性。杖試諸難、夜喚審問。兩心既契、師資道合。神會北遊、廣其見聞、於西京受戒。景龍年中、卻歸曹溪。大師知其純熟、遂默授密語。緣達磨懸記、六代後、命如懸絲、遂不將法衣出山。

祖

荷澤和尚嗣六祖。在西京荷澤寺。師諱神會。性高。襄陽人也。師初到六祖處。六祖問、是你遠來、大艱辛。還將本來不。若有本、卽合識主。是你試說看。師對曰、神會以無住爲本、見卽是主。祖曰、者沙彌爭取次語。便以杖亂打。師杖下思惟、大善知識、歷劫難逢。今既得遇、豈惜身命。六祖察其語深情至。故試之也。因此自傳心印、演化東都、定其宗旨。南能北宗、自神會現楊（ママ）。曹溪一枝、始芳宇宙。（神會章）

鏡

宋

（弟子神會若顏子之於孔門也。勤勤付囑、語在會傳。）

釋神會。姓高、襄陽人也。（中略）　聞嶺表曹侯溪慧能禪師、盛揚法道、學者駿奔、乃敩善財南方參問。裂裳裹足、以千里爲跬步之間耳。及見能問會曰、從何所來。答曰、無所從來。能曰、汝不歸去。答曰、一無所歸。能曰、汝太茫茫。答曰、身緣在路。能曰、由自未到。答曰、今已得到、且無滯留。居曹溪數載。（中略）　先是兩京之間、皆宗神秀。若不淰之魚鮪附沼龍也。從見會明心六祖之風、蕩其漸修之道矣。南北二宗、時始判焉。（神會章）

景

西京荷澤神會禪師者、襄陽人也。姓高氏。年十四、爲沙彌、謁六祖。祖曰、知識遠來大艱辛。將本來否。若有本、則合識主。試說看。師曰、以無住爲本、見卽是主。祖曰、這沙彌爭合取次語。便以杖打。師於杖下思惟曰、大善知識歷劫難逢。今既得遇、豈惜身命。自此給侍。他日祖告衆曰、吾有一物、無頭無尾、無名無字、無背無面。諸人還識否。師乃出曰、是諸佛之本源、神會之佛性。祖曰、向汝道無名無字、汝便喚本源佛性。師禮拜而退。（神會章）

傳　大

又玉泉寺有一童子。年十三歲。南陽縣人、名曰神會。來至曹溪禮師三拜。問曰、和尚坐禪、還見不見。師以拄杖打三下、卻問、吾打汝、還痛不痛。答曰、亦痛亦不痛。師曰、吾亦見亦不見。神會問、如何是亦見亦不見。師曰、吾之所見、常見自心過愆、不見他人是非好惡。所以亦見亦不見。汝言亦痛亦不痛如何。汝若不痛、同其木石。若痛、卽同凡夫、應生瞋恨。師言、神會小兒、向前見不見、是二邊、痛不痛屬生滅。汝自性且不見、敢來弄人。神會禮拜悔謝、更不敢言。師曰、汝心迷不見、問善知識覓路。汝心悟、卽自見性、依法修行。汝迷不見自心、卻來問吾見與不見。吾見自知、代汝迷不得。汝若自見、不代吾迷。何不自知見、問吾見不見。神會禮經百拜、求謝愆過。請事爲師、不離左右。

興

又玉泉寺有一童子。年十三歲。當陽縣人、名曰神會。禮師三拜、問曰、和尚坐禪、還見不見。師以拄杖打一下、卻問、吾打汝、痛不痛。對云、亦痛亦不痛。師曰、吾亦見亦不見。神會問、如何是亦見亦不見。師言、吾之所見、常見自心過愆、不見他人是非好惡。是以亦見亦不見。汝言亦痛亦不痛如何。汝若不痛、同其木石。若痛卽同凡夫、卽起於恨。師曰、神會小兒、向前見不見、是二邊、痛不痛屬生滅。汝自性且不見、敢來弄人。神會禮拜悔謝、更不敢言。師又曰、汝若心迷不見、問善知識覓路。汝若心悟、卽自見性、依法修行。汝自迷不見自心、卻來問吾見與不見。吾見自知、豈代汝迷。汝若自見、亦不代吾迷。何不自知自見、乃問吾見與不見。神會禮百餘拜、求謝愆過。請事爲師、不離左右。

宗

有一童子、名神會。襄陽高氏子。年十三、自玉泉來參禮。師曰、知識遠來艱辛。還將得本來否。若有本、則合識主。試說看。會曰、以無住爲本、見卽是主。師曰、這沙彌爭合取次語。會乃問曰、和尚坐禪還見不見。師以拄杖打三下云、吾打汝、痛不痛。對曰、亦痛亦不痛。師曰、吾亦見亦不見。神會問、如何是亦見亦不見。師云、吾之所見、常見自心過愆、不見他人是非好惡。是以亦見亦不見。汝言亦痛亦不痛如何。汝若不痛、同其木石。若痛則同凡夫、卽起恚恨。汝向前見不見、是二邊、痛不痛是生滅。汝自

性且不レ見、敢爾弄レ人。神會禮拜悔謝。師又曰、汝若心迷不レ見、問ニ善知識一覓レ路。汝若心悟、即自見性、依レ法修行。汝自迷不レ見ニ自心一、卻來問ニ吾見與一レ不レ見。吾見自知、豈代ニ汝迷一。汝若自見、亦不レ代ニ吾迷一。何不ニ自知自見一、乃問ニ吾見與一レ不レ見。神會再禮百餘拜、求ニ謝過愆一。服勤給侍、不レ離ニ左右一。一日師告レ衆曰、吾有ニ一物一、無レ頭無レ尾、無レ名無レ字、無レ背無レ面。諸人還識否。神會出曰、是諸佛之本源、神會之佛性。師曰、向レ汝道ニ無名無字一、汝便喚作ニ本源佛性一。汝向去有ニ把茆蓋頭一、也只成ニ箇知解宗徒一。

次年春、師辭レ衆歸ニ寶林一。印宗與ニ緇白一送者千餘人、直至ニ曹溪一。

縁

(二)

南宗禪の成立に大きな役割を演じた神會が、師慧能に參ずる機縁は、禪宗史上、注目すべき場面の一つである。神會の來訪に關説する資料は、王維の碑銘・曹溪大師傳・敦煌本以下の四壇經・大疏鈔・祖堂集（神會章）・宋高僧傳（神會章）・傳燈錄（神會章）であるが、特に壇經系統にこの機縁が重視されていることが注目される。

神會の來訪した時期と場所については、曹溪大師傳のみは、前項に續いて同年（儀鳳元年）四月八日に慧能が法性寺で大衆のために初めて法門を開いた時とするが、他の資料では、曹溪においてとするか、王維の碑銘のごとく、慧能の晩年の時とするものがあって、この點が異なる。また、來謁時の神會の年齢と身分に關する記載についても、王維の碑銘は神會の中年、すなわち四〇歳過ぎとするのに對し、一三歳とするのは曹溪大師傳・宋高僧傳・大乘寺本・興聖寺本の兩壇經であり、一四歳とするのは大疏鈔・傳燈錄（神會章）と、『禪門師資承襲圖』などである。就中、曹溪大師傳は神會が後に出世した荷澤寺の寺號を冠して「荷澤寺小沙彌」と遡稱し、大乘寺本以下の三壇經は玉泉寺の一童子となす。玉泉寺とは荊州玉泉寺、すなわち北宗神秀の居住寺を示唆するところに、これら壇經系の記載の特色がある。ちなみに、神會は六七〇～七六二年の人（胡適說）であるから、曹溪大師傳のいう儀鳳元年（六七六）は神會わずかに七歳であり、その一三歳說とはおのずから矛盾し、神會在世時の資料である王維の碑銘の說がはるかに妥當性を有するのと對照的である。

さて、神會との初相見において、いかなる問答商量がなされたのであろうか。諸資料を整理すると、次の四つの異なる要素に大別することができる。

(一) 曹溪大師傳の所說で、慧能が大衆に對して、「我に法あり、名なく字なく眼なく耳なく……有にあらず無にあらず、因にあらず果にあらず、これはこれ何物ぞ」と問うた時に、神會が「これは佛の本源なり」「本源は諸佛の本性なり」などと答えて數回打たれた。その夜、打棒の際の六根の痛みと諸佛の本源たる心性の異同に關する問答により、慧能より眞の正受三昧を得たとして、神會は密かに付囑を與えられる。

㈡　敦煌本・大乘寺本・興聖寺本の三壇經の所説で、神會が慧能に「和尚は坐禪して、見るや見ずや」と問うて棒打され、その痛みを媒介として見・不見に關する應答がなされ、遂に慧能より心をもって悟り、みずから見性すべき理が示される。

㈢　宋高僧傳のみに存する獨特の問答である。

能、會に問う、「いずこより來たる」答えていわく、「所從なくして來たる」能いわく、「汝、歸去せずや」答えていわく、「一として歸る所なし」能いわく、「汝、はなはだ茫々たり」答えていわく、「身は路あるに緣る」能いわく、「みずからいまだ到らざるに由る」答えていわく、「今すでに到ることをえたり、しばらくも滯留することなし」かくして神會は曹溪に居ること數載であったという。

㈣　大疏鈔・祖堂集の所説で、神會が慧能に對し、「無住を本となし、見はすなわちこれ性なり」と答えて杖打され、夜間に審問して師弟の契りを結ぶ。

以上のごとく、㈠は佛性問答が中心で、前掲26項の慧能と印宗の間でなされた『涅槃經』による禪法の表明と吻合し、曹溪大師傳の思想的性格を示唆するものである。㈡はこの佛性問答が見性問答に代ったものとみられ、壇經系資料の特徴を示している。㈢は特定の思想的背景は認め難く、參師問法する身心の去來に關するごく自然な問答とみられる。㈣は見性思想と共に無住爲本をとりあげるところに特徴がある。この㈣の機緣に㈠の曹溪大師傳の前半の機緣を加えて整理した內容を持つ資料が傳燈錄であり、また㈡の壇經系資料に、㈣の祖堂集・大疏鈔を加えたとみられるのが宗寶本壇經であって、それぞれの資料の性格を示している。

また『禪門師資承襲圖』が、大疏鈔と酷似するのは當然であるが、記事がより詳細となり、慧能が神會を亂打したとする。ちなみにこの慧能の棒打は、後世、禪門の行棒の權輿とされるものである。

次項に見る如く、曹溪に歸ったことを記すのは、曹溪大師傳・祖堂集・傳燈錄・正宗記・緣起外紀であるが、曹溪大師傳のみは、神會との機緣ののち、まず法性寺から制旨寺へ歸り、しかるのちに曹溪村の寶林寺に歸るとする。時に慧能四〇歲とあるから、あたかも儀鳳二年（六七七）に當り、祖堂集の「明年二月三日」、傳燈錄の「明年二月八日」、正宗記の「明年」、緣起外紀の「次年春」、の記載はいずれも儀鳳二年のことであることを示している。

30　曹溪に歸る・曹溪での化道

㈠

瘞

王

於是大興法雨、普灑客塵。乃教人以忍曰、忍者無生方得、無我始成。於初發心、以爲教首、至於定無所入、慧無所依、大身過於十方、本覺超於三世。根塵不滅、非色滅空、行願無成、卽凡成聖。擧足下足、長在道場。是心是情、同歸性海。商人告倦、自息化城。窮子無疑、直開寶藏。其

有不植德本、難入頓門。妄繫空花之狂、曾非慧日之咎。常歎曰、七寶布施、等恒河沙、億劫修行、盡大地墨、不如無爲之運、無礙之慈、弘濟四生、大庇三有。既而道德遍覆、名聲普聞。泉館卉服之人、去聖歷劫、塗身穿耳之國、航海窮年、皆願拭目於龍象之姿、忘身於鯨鯢之口。駢立於戸外、趺坐於牀前。林是栴檀、更無雜樹、花惟薝蔔、不嗅餘香。皆以實歸、多離妄執。

神　能禪師過嶺至韶州、居曹溪、來住四十年。依金剛經、重開如來知見。四方道俗、雲奔雨至。猶如月輪處於虚空、頓照一切色像。亦如秋十五夜月、一切衆生莫不瞻覩。

歷　印宗法師共大衆、送能禪師歸漕溪。接引群品、廣開禪法。天下知聞、漕溪法最不思議。

能禪師至韶州漕溪、四十餘年開化、道俗雲奔。

曹　印宗法師、請大師歸制旨寺。今廣州龍興寺經藏院、是大師開法堂。法師問能大師曰、久在何處住。大師云、韶州曲縣南五十里曹溪村故寶林寺。法師講經了、將僧俗三千餘人送大師、歸曹溪。因茲廣闡禪門。學徒千萬。

敦　惠能大師、於大梵寺講堂中、昇高座、說摩訶般若波羅蜜法、授無相戒。其時座下僧尼道俗一萬餘人。韶州刺史韋璩及諸官寮三十餘人、儒士三十餘人、同請大師說摩訶般若波羅蜜法。刺史遂令門人法海集記、流行後代、與學道者。承此宗旨、遞相傳授。有所依約、以爲稟承、說此壇經。（中略）

衆人且散。惠能歸漕溪山。衆生若有大疑、來彼山問。爲汝破疑、同見佛世。合座官寮道俗、禮拜和尚、無不嗟嘆。善哉大悟、昔所未聞。嶺南有福、生佛在此。誰能得智。一時盡散。大師住漕溪山、韶廣二州行化四十餘年。若論門人、僧之與俗、三五千人、說不盡。若論宗旨、傳授壇經、以此爲依約。若不得壇經、卽無稟受。

柳　又十六年、度其可行、乃居曹溪爲人師。會學者來、嘗數千人。其道以無爲爲有、以空洞爲寔、以廣大不蕩爲歸。其教人始以性善、終以性善。不假耘鋤、本其靜矣。

劉

圓　後在曹溪山、開禪弘揚宗旨。故時號南宗。（中略）逆歸曹溪。二十日夜、後印宗自與道俗百餘人、往詣請開禪門。（中略）能大師說法、三十七年。

祖　至明年二月三日、便辭去曹溪寶林寺、說法化道、度無量衆。師以一味法雨、普潤學徒。信衣不傳、心珠洞付。得道之者、若恒河沙、遍滿諸方、落落星布。（中略）（爾時、大師住世說法四十年。）

鏡

宋　乃移住寶林寺焉。時刺史韋據命出大梵寺、苦辭入雙峯曹侯溪矣。大龍倏起飛雨澤以均施。品物攸滋逐根荄而受益。五納之客擁塞于門、四部之賓圍繞其座。時

宣祕偈、或擧契經。一切普薰、咸聞象藏。一時登富、悉握蛇珠。皆由徑途、盡歸圓極。所以天下言禪道者、以曹溪爲口實矣。

景　明年二月八日、忽謂衆曰、吾不願此居、要歸舊隱。時印宗與緇白千餘人、送師歸寶林寺。韶州刺史韋據、請於大梵寺轉妙法輪、并受無相心地戒。門人記錄、目爲壇經、盛行於世。然返曹谿、雨大法雨、學者不下千數。

傳　明年尊者思返寶林精舍。乃欲別衆卽往。印宗與道俗千餘人送之韶陽。未幾韶之刺史韋據、命居其州之大梵寺說法。其時玄儒之士趨而問道者甚衆、猶孔氏之在洙泗也。其徒卽衆其說、目曰壇經。然其平居衆亦不下千數。

大　大師從南海上至曹溪。韶州刺史韋璩等請於大梵寺開法結緣、受無相戒、說摩訶般若波羅密法。大師是日於法座上說摩訶頓法、直下見性、了然大悟、普告僧俗、令言下各悟本心、現成佛道。座下僧尼道俗一千餘人、刺史官僚儒宗學士六十餘人、同請大師說是法門。刺史韋璩、令門人法海、抄錄流行、傳示後代。若承此宗旨、學道之者遞相傳受、有所依憑耳。（中略）

大師出世、行化四十餘年。諸宗難問、僧俗約千餘人、皆起惡心、欲相難問。師言、一切盡除、無名可名。名於自性無二之性。是名實性。於實性上、建立一切教門、言下便須自見。諸人聞說、總皆頂禮、請事爲師、願爲弟子。如此之徒、說不可盡。若論宗旨、傳授壇經者、卽有稟承所付。

興　大師唐時初從南海上至曹溪。韶州刺史韋璩等、請於大梵寺講堂中、爲衆開緣、授無相戒、說摩訶般若波羅蜜法。大師是日說頓教法、直了見性無礙、普告僧俗、令言下各悟本心、現成佛道。座下僧尼道俗一千餘人、刺史官僚等三十餘人、儒宗學士三十餘人、同請大師說是法門。刺史韋璩、令門人法海、抄錄流行、傳示後代。若承此宗旨學道者、遞相教授有所依憑耳。（中略）

大師出世、行化四十年。諸宗難問、僧俗約千餘人、皆起惡心難問。師言、一切盡除、無名可名。名於自性無二之性、是名實性。於實性上、建立一切教門、言下便須自見。諸人聞說、總皆頂禮、請事爲師、願爲弟子。如此之徒、說不可盡。若論宗旨傳授壇經者、卽有稟承所付。

宗　時大師至寶林。韶州韋刺史名璩、與官僚入山、請師出於城中大梵寺講堂、爲衆開緣說法。師陞座次、刺史官僚三十餘人、儒宗學士三十餘人、僧尼道俗一千餘人、同時作禮、願聞法要。（中略）

師見諸宗難問、咸起惡心、多集座下、愍而謂曰、學道之人、一切善念惡念、應當盡除。無名可名、名於自性。無二之性、是名實性。於實性上、建立一切教門、言下便須自見。諸人聞說、總皆作禮、請事爲師。

縁　（次年春、師辭衆歸寶林。印宗與緇白送者千餘人、直至曹溪。）時荊州通應律師、與學者數百人依師而住。師至曹溪寶林、覩堂宇湫隘不足容衆、欲廣之。遂謁里人陳亞仙曰、老僧欲就檀越求坐具地、得不。仙曰、和尚坐具幾許闊。祖出坐具示之。亞仙唯然。祖以坐具一展、盡罩曹溪四境、四天王現身坐鎭四方。今寺境有天王嶺、因茲而名。仙曰、知和尚法力廣大。但吾高祖墳墓並在此地。他日造塔、幸望存留。餘願盡捨永爲寶坊。然此地乃生龍白象來脈。只可平天、不可平地。寺後營建、一依其言。師遊境內山水勝處、輒憩止、遂成蘭若一十三所。今曰華果院、隷籍寺門。

㈡

王維の碑銘は、

是において大いに法雨を興し、普く客塵に灑ぐ。

とし、次に續いて化道の內容を述べるが、曹溪に歸ったことについては述べていない。他の諸資料は大師が曹溪に歸ったことを述べているが、そのうち、歸った時期を明記しているのは、祖堂集・傳燈錄・正宗記・緣起外紀で、祖堂集は「明年二月三日」、傳燈錄は「明年二月八日」、正宗記は「明年」、緣起外紀は「次年春」としている。これらはいずれも儀鳳二年（六七七）に當り、曹溪大師傳にいう「年登四十」の年も、同じ曹溪大師傳に、先天二年（七一三）七六歲で示寂ということから逆算して、やはり儀鳳二年に當っている。

この時の事情を詳しく述べるのは曹溪大師傳で、印宗法師が大師に、「久しく何處に在りて住するや」と問い、講經が了ってのち、印宗自ら僧俗三千餘人をひきいて大師を曹溪に送ったとする。また、この印宗の問いに對して大師は、「韶州曲縣の南五十里、曹溪村の故寶林寺なり」と答えており、ここに寶林寺と慧能との關連を說くことに重點をおく曹溪大師傳の作者の意圖がうかがわれる。

傳燈錄・正宗記・緣起外紀は、大師が歸ろうとしたので、印宗が僧俗千餘人とともに曹溪に送っていったとする。しかし法寶記は、「印宗法師、大衆と共に、能禪師を送りて漕溪に歸らしむ」とするのみである。神會語錄・敦煌本以下の四壇經・柳宗元の碑銘・祖堂集・宋高僧傳には、大師を印宗らが送って行ったとする記事はなく、ここに印宗との結びつきを強調する曹溪大師傳などとの相異點をみることができる。

曹溪における化道についてみると、王維の碑銘には、曹溪の地名は擧げないが、そのありさまを詳細に述べている。

神會語錄においては、

漕溪に居してより來た、住すること四十年、金剛經に依りて重ねて如來知見を開き、四方の道俗、雲奔雨至す。

と述べ、歷史的に『金剛經』よりも『涅槃經』に親しい人であったとされる（初期禪宗史書の研究 p. 224）慧能と『金剛經』とを結びつける試みを、ここに初めて見ることができる。法寶記は「群品を接引

し、廣く禪法を開き、天下、漕溪の法の最不思議なるを知聞す」とか、「四十餘年化を開き、道俗雲奔す」と述べ、曹溪大師傳は、「玆に因りて廣く禪門を闡き、學徒千萬」といい、また、「大師在りし日、受戒、開法、度人すること三十六年」と述べるが、いずれも大梵寺の名は見えない。

大梵寺に於ける説法は、大師が曹溪に歸って間もなくのことと考えられるが、敦煌本以下の四壇經、および宋高僧傳・傳燈錄・正宗記は、この説法が、時の韶州刺史韋據（璩）の要請によるものであることを述べている。

敦煌本壇經は、その巻頭において、

惠能大師、大梵寺講堂中に於て高座に昇り、摩訶般若波羅蜜の法を説き、無相戒を授く。其の時、座下の僧尼・道俗は一萬餘人。韶州刺史韋據、及び諸官寮三十餘人、儒士三十餘人、同に大師に摩訶般若波羅蜜の法を説かんことを請う。

と述べ、これを門人法海に集記させたのが、壇經であるとしている。

巻頭の部分を他の壇經で見てみると、大乘寺本壇經は、

大師、南海上より曹溪に至る。韶州刺史韋璩等、大梵寺に於て開法結縁し、無相戒を受け（授）、摩訶般若波羅蜜の法を説かんことを請う。大師、この日、法座上に於て、摩訶頓法、直下見性、了然大悟を説き、普く僧俗に告げて、言下におのおの本心を悟り、佛道を現成せしむ。座下の僧尼・道俗一千餘人、刺史官僚・儒宗學士六十餘人、同に、大師にこの法門を説かんことを請う。

とする。興聖寺本壇もほぼこれと同じであるが、宗寶本壇經になると、

時に大師、寶林に至る。韶州韋刺史〈名は璩〉、官僚とともに山に入り、師に、城中大梵寺講堂に出で衆の爲に開縁説法せんことを請う。師、陞座する次いで、刺史官僚三十餘人、儒宗學士三十餘人、僧尼道俗一千餘人、同時に禮を作し、法要を聞かんことを願う。

とし、ここには無相戒・摩訶般若波羅蜜法の語が見られない。

曹溪における化道の年數を、神會語錄・興聖寺本壇經は「四十年」とし、法寶記および他の壇經は、「四十餘年」としている。しかし、これらの資料は、いずれも大師の示寂を先天二年（七一三）七六歳のこととしており、それは、儀鳳二年（六七七）から數えると、三六年めのことであって、四十餘年に滿たない。曹溪大師傳は、曹溪に歸ったのが四〇歳の時であった、とするのであるから矛盾は起らない。

また、敦煌本壇經は、

若し宗旨を論ぜば、壇經を傳授し、此を以て依約と爲す。若し壇經を得ざれば、即ち稟受無し。去處、年月日、姓名を須知し、遞いに相付囑せよ。壇經の稟承無きは、南宗の弟子に非ざるなり。

と述べ、壇經の性格を明らかにしている。

縁起外紀は、師が曹溪に歸るとき、印宗も、緇白の送る者千餘人とともに送って行き、その際、「荊州の通應律師は、學者數百人と與に、師に依って住まる」とするが、曹溪大師傳では、28項に智光・惠靜と共に、道應律師を擧げ、「後時、三師はみな、能大師の所にお

いて道を學び、曹溪に終る」としている。
縁起外紀はさらに、
大師は、堂宇が湫隘して衆を容るるに足らざるを覩て、これを廣くしようと思い、里人の陳亞仙に會って、坐具を敷く土地を請うた。仙がその坐具の廣さを尋ねると、大師は坐具を取り出して見せ、そこで仙は承諾した。ところが、大師がその坐具を一展するや、曹溪の四境を包んでしまい、四天王が現われて四方を鎭めた。仙は、大師の法力の絶大なるのに感じてその地を寄進し、大師は仙の言葉によって、そこに十三の蘭若を建てた。今、それを華果院と呼んで、寶林寺に從屬している。

と述べているが、これは他の資料に見られずその出處については不明である。

31 高宗（中宗）の詔

（一）

（宋と對照するため後におくる）

瘞王神歷

後時大周立、則天卽位、敬重佛法。至長壽元年、勅天下諸州、各置大雲寺。二月二十日、勅使天冠郎中張昌期、往韶州漕溪、請能禪師。能禪師託病不去。則天後至萬歳通天元年、使往再請能禪師。能禪師既不來、請上代達摩祖師傳信袈裟、朕於內道場供養。能禪師依請、卽擎達摩祖師傳信袈裟與勅使。使迴得信袈裟。則天見得傳信袈裟來、甚喜悅、於內道場供養。萬歳通天二年七月、則天勅天冠郎中張昌期、往資州德純寺、請詵禪師。詵禪師受請赴京、內道場供養。至久視年、使荊州王泉寺、請秀禪師、安州受山寺、請玄賾禪師、隨州大雲寺、請玄約禪師、洛州嵩山會善寺、請老安禪師、則天內道場供養。則天本請諸大德、緣西國有三藏婆羅門、則天常偏敬重之。劍南智詵禪師嘗有疾、思念歸鄕、爲關山阻遠、心有少憂。其邪通婆羅門云、彼與此何殊、禪師何得思鄕。智詵答、三藏何以知之。答云、禪師但試擧意看、無有不知者。詵又云、看去也。想身著俗人衣裳、於西市曹門看望。其三藏云、大德僧人、何得著俗衣市中而看。詵又云、好、看去也、想身往禪定寺、佛圖相輪上立。三藏又云、僧人何得登高而立。詵云、赭迴好好、更看去也、卽當處依法、相念不生。其三藏於三界內尋看、竟不可得。三藏婆羅門、遂生敬仰、頂禮詵足、白和上言、不知唐國有大乘佛法。今自責身心懺悔。則天見三藏歸依詵禪師。則天諮問諸大德、和上等有慾否。神秀・玄約・老安・玄賾等、皆言無慾。則天問詵禪師、和上有慾否。詵禪師恐不放歸順則天意。答、有慾。則天又問、云何得有慾。詵答

曰、生則有慾。不生則無慾。則天言下悟。又見三藏歸依詵和上、則天倍加敬重。詵禪師因便奏請歸鄉、勅賜新翻華嚴經一部、彌勒繡像及幡花等。及將達摩祖師信袈裟、則天云、能禪師不來、此上代袈裟、亦奉上和上。將歸故鄉、永爲供養。則天至景龍元年十一月、又使內侍將軍薛（ママ）簡、至曹溪能禪師所、宣口勅云、將上代信袈裟、奉上詵禪師、將受持供養。今別將摩納袈裟一領、及絹五百疋、充乳藥供養。

曹　（祖・景・傳・宗と對照のため、後におくる）

敦

柳　中宗聞名、使幸臣再徵、不能致。取其言以爲心術。其說具在、今布天下。凡言禪皆本曹溪。

劉　中宗使中貴人再徵、不奉詔。第以言爲貢上、敬行之。

圓　神龍元年、勅請不入。兩度勅書云云。

祖　（曹・景・傳・宗と對照のため、後におくる）

鏡

王　九重延想、萬里馳誠。思布髮以奉迎、願叉手而作禮。則天太后、孝和皇帝、並勅書勸諭、徵赴京城。禪師子牟之心、敢忘鳳闕、遠公之足、不過虎溪。固以此辭、竟不奉詔。遂送百衲袈裟、及錢帛等供養。天王厚禮、獻玉衣於幻人、女后宿因、施金錢於化佛。尙德貴物、異代同符。

宋　洎乎九重下聽、萬里懸心、思布露而奉迎、欲歸依而適願。武太后、孝和皇帝、咸降璽書、詔赴京闕。蓋神秀禪師之奏舉也。續遣中官薛簡往詔、復謝病不起。子牟之心、敢忘鳳闕、遠公之足不過虎溪、固以此辭、非邀君也。遂賜摩納袈裟一緣、鉢一口、編珠織成經巾、綠質紅暈花綿巾、絹五百匹、充供養云。

景　（曹・祖・傳・宗と對照のため、後におくる）

傳　（曹・祖・景・宗と對照のため、後におくる）

大

興

曹
至神龍元年正月十五日、勅迎大師入內、表辭不去。
高宗大帝勅曰、
朕虔誠慕道、渴仰禪門。召

祖
時神龍元年正月十五日、則天孝和皇帝詔大師云、
朕虔誠慕道、渴仰禪門。詔

景
中宗神龍元年降詔云、
請安秀二師宮中供養、萬

傳
中宗聞其風、神龍中乃下詔曰、
延安秀二師問道於宮中。

宗
神龍元年上元日、則天中宗詔云、
朕請安秀二師宮中供養、

諸州名山禪師、集內道場、
供養、安秀二德、最爲僧首。
朕每諮求、再推、
南方有能禪師、密受忍大
師記、傳達磨衣鉢、以爲法
信、頓悟上乘、明見佛性。今
居韶州曹溪山、示悟衆生
卽心是佛。朕聞、如來以心
傳心、囑付迦葉、迦葉展轉
相傳、至於達磨、敎被東土、
代代相傳、至今不絕。師既
稟承有依、可往京城施化。
緇俗歸依、天人瞻仰。
故遣中使薛簡迎師。願早
降至。神龍元年正月十五
日下。
韶州曹溪山釋迦惠能、辭
疾表。
惠能、生自偏方、幼而慕道、
叨爲忍大師囑付如來心
印、傳西國衣鉢、授東土佛
心。奉天恩遣中使薛簡召

諸山禪師、集內道場、安秀
二德最爲僧首。
朕每諮求法、再三辭推云、
南方有能和尚、受忍大師
記、傳達摩衣爲信。頓悟上
乘、明見佛性。今居韶州曹
溪山、示悟衆生卽心是佛。
朕聞、如來以心之法、付囑
摩訶迦葉、如是相傳至於
達摩、敎被東土、代代相承、
至今不絕。師既稟受、幷有
信衣、可赴京師設化。緇俗
歸依、天人瞻仰。
故發遣中使薛簡迎師。願
早降至。
大師表曰、
沙門惠能、生自邊方、長而
慕道、叨承忍大師付如來
心印、傳西國衣鉢、受東山
佛心。伏奉天恩、發中使薛

機之暇、究一乘。
二師並推讓云、
南方有能禪師、密受忍大
師衣法、可就彼問。
今遣內侍薛簡、馳詔迎請。
願師慈念、速赴上京。
師上表辭疾、願終林麓。

皆推曰、
南方有能禪師者、躬受衣
法於忍大師、可當此問。
今遣內奉薛簡、馳詔命。
師宜念之來副朕意。
尊者卽上書、稱疾不起。

萬機之暇、每究一乘。
二師推讓云、
南方有能禪師、密授忍大
師衣法、傳佛心印。可請彼
問。
今遣內侍薛簡、馳詔迎請。
願師慈念、速赴上京。
師上表辭疾、願終林麓。

能入內。惠能久處山林、年邁風疾。陛下德包物外、道貫萬民。育養蒼生、仁慈黎庶。旨弘大教、欽崇釋門。恕惠能居山養疾、修持道業。上答皇恩、下及諸王太子。謹奉表。
釋迦惠能、頓首頓首。

簡、詔惠能入內。惠能久處山林、年邁風疾。陛下德包物外、道貫萬邦。育養蒼生、仁慈黎庶。恩旨彌天、欽仰釋門。恕惠能居山養疾、修持道業。上答皇恩及諸王太子。謹奉表陳謝以聞。
釋沙門惠能、頓首頓首謹言。

中使薛簡問大師、京城大德禪師教人、要假坐禪。若不因禪定、解脫得道、無有是處。
大師云、道由心悟。豈在坐耶。金剛經、若人言如來若坐若臥、是人不解我所說義。如來者、無所從來、亦無所去、故名如來。無所從來曰生、亦無所去曰滅。若無生滅、而是如來清淨禪、諸法空即是坐。大師告言中

時中使薛簡啓師云、京城禪師大德教人、要假坐、然方得道。
師云、由心悟道。豈在坐也。故經云、若有人言如來若來若去若坐若臥、是人行邪道。不解我所說義。如來者、無所從來、亦無所去、故名如來。諸法空故即是如來。畢竟無得無證。豈況坐耶。

薛簡曰、京城禪德皆云、欲得會道、必須坐禪習定。若不因禪定而得解脫者、未之有也。未審、師所說法如何。
師曰、道由心悟。豈在坐也。經云、若見如來若坐若臥。是行邪道。何故。無所從來、亦無所去。若無生滅、是如來清淨禪、諸法空寂、是如來清淨坐。究竟無證。豈況坐耶。

薛簡因問尊者曰、京國禪者每謂、欲得會道、必須坐禪。非因禪定而得解脫、未之有也。此言何如。
尊者曰、道由心悟。豈在坐耶。經云、若言如來若來若去若坐若臥、是人不解我所說義。何以故。如來者、無所從來、亦無所去、故名如來。夫無所從來故不生、亦無所去故不滅。若無生滅、即是如來清淨之禪、諸法

薛簡曰、京城禪德皆云、欲得會道、必須坐禪習定。若不因禪定而得解脫者、未之有也。未審、師所說法如何。
師曰、道由心悟。豈在坐也。經云、若言如來若坐若臥、是行邪道。何故。無所從來、亦無所去。無生無滅是如來清淨禪、諸法空寂、是如來清淨坐。究竟無證。豈況坐耶。

使、道畢竟無得無證。豈況坐禪。			空寂卽是如來清淨之坐。究竟無得亦無所證。何必坐耶。	
薛簡云、簡至天庭、聖人必問。伏願和上指授心要。將傳聖人、及京城學道者。如燈轉照、冥者皆明、明明無盡。	薛簡曰、弟子至天庭、聖人必問。伏願和尚指受心要。傳奏聖人、及京城學道者、譬如一燈照百千燈、冥者皆明、明明無盡。	簡曰、弟子之廻、主上必問。願和尚慈悲指示心要。	薛簡曰、簡歸、皇帝必有顧問。願大師示教法要、庶得對敭、然布諸京國、使學者修之、猶以一燈而燃百千燈、庶其冥者皆明、而明終不盡。	簡曰、弟子回京、主上必問。願師慈悲指示心要。傳奏兩宮及京城學道者、譬如一燈然百千燈、冥者皆明、明明無盡。
大師云、道無明暗、明暗是代謝之義。明明無盡、亦是有盡。相待立名。淨名經云、法無有比、無相待故。薛簡云、明譬智惠、暗喻煩惱。修道之人、若不用智惠照生死煩惱、何得出離。大師云、煩惱卽菩提、無二無別。汝見有智惠爲能照、此是二乘見解。有智之人、悉不如是。薛簡云、大師何者是大乘見解。大師云、涅槃經云、明與無明、凡夫見二、智者	師云、道無明闇、明闇是代謝之義。明明無盡、亦是有盡。相待立名。故經云、法無有比、無相待故。薛簡曰、明譬智慧、闇喻煩惱。學道之人、若不用智慧照生死煩惱、何得出離。師云、煩惱卽菩提、無二無別。故以智慧照煩惱者、是二乘人見解。有智之人、終不如此。薛簡曰、何者是大乘見解。師云、涅槃經云、明與無明、凡夫見二、智者了達其性無別。	師曰、道無明暗、明暗是代謝之義。明明無盡、亦是有盡。簡曰、明喻智慧、暗況煩惱。修道之人、儻以智慧照破煩惱、無始生死、憑何出離。師曰、若以智慧照煩惱者、此是二乘小兒羊鹿等機。上智大根、悉不如是。簡曰、如何是大乘見解。師曰、明與無明、其性無二。無二之性、卽是實性。實性者、處凡愚而不減、在賢聖而不增、住煩惱而不亂、居禪定	尊者曰、道無明暗、明暗是代謝之義。明明無盡、亦是有盡。蓋相待而立名。故經云、法無有比、無相待故。薛簡云、明譬智慧、暗譬煩惱。修道之人、苟不以智慧而照破煩惱、則無始生死、何由而出離。尊者曰、若以智慧照煩惱者、此是二乘小兒羊鹿等機。上智大器皆不如是。薛簡曰、何謂大乘見解。尊者曰、明與無明、其性無二。無二之性、卽是實	師云、道無明暗、明暗是代謝之義。明明無盡、亦是有盡。相待立名。故淨名經云、法無有比、無相待故。簡曰、明喻智慧、暗喻煩惱。修道之人、倘不以智慧照破煩惱、無始生死、憑何出離。師曰、煩惱卽是菩提、無二無別。若以智慧照破煩惱者、此是二乘見解、羊鹿等機。上智大根、悉不如是。簡曰、如何是大乘見解。師曰、明與無明、凡夫見二、智者了

了達其性無二、無二之性、卽是實性。實性者卽是佛性。佛性在凡夫不減、在賢聖不增。在煩惱而不垢、在禪定而不淨。不斷不常、不來不去、亦不中間及內外。不生不滅、性相常住、恒不變易。

薛簡問、大師說不生不滅、何異外道。外道亦說不生不滅。大師答曰、外道說不生不滅、將生止滅、滅猶不滅。我說本自無生、今卽無滅、不同外道。外道無有奇特所以有異。大師告薛簡曰、若欲將心要者、一切善惡都莫思量、心體湛寂、應用自在。

薛簡於言下大悟云、大師今日始知、佛性本自有之。昔日將為大遠、今日始知、

無別之性、卽是實性。處凡不減、在聖不增。住煩惱而不亂、居禪定而不寂。不斷不常、不來不去、不在中間及其內外。不生不滅、性相常住、恒而不變、名之曰道。

簡曰、師也說不生不滅、何異外道說不生不滅。師云、外道說不生不滅、將生止滅、滅猶不滅。我說不生不滅本自無生、今亦無滅、所以不同外道。中使欲得心要、一切善惡都莫思量、自然得入心體、湛然常寂、妙用恒沙。

時薛簡聞師所說、豁然便悟、禮師數拜曰、弟子今日始知佛性本自有之。昔日

而不寂。不斷不常、不來不去、不在中間及其內外。不生不滅、性相如如、常住不遷、名之曰道。

簡曰、師說不生不滅、何異外道。師曰、外道所說不生不滅者、將滅止生、以生顯滅。滅猶不滅、生說無生。我說不生不滅者、本自無生、今亦無滅、所以不同外道。汝若欲知心要、但一切善惡都莫思量、自然得入清淨心體、湛然常寂、妙用恒沙。

簡蒙指教、豁然大悟、

性。實性者處凡愚而不減、在賢聖而不增。住煩惱而不亂、居禪定而不寂。不斷不常、不來不去、不在中間及其內外。不生不滅、性相如如、常住不遷、名之曰道。

薛簡曰、大師所說不生不滅、與夫外道之言何嘗異乎。尊者曰、外道之說不生不滅者、蓋將滅止生、以生顯滅。滅猶不滅、生說無生。我說不生不滅者本自無生、今亦無滅。豈可同於外道乎。仁者欲明心要、但一切善惡都莫思量、自然得入心體湛然常寂、妙用恒沙。

薛簡由是發悟。

達其性無二。無二之性、卽是實性。實性者處凡愚而不減、在賢聖而不增。住煩惱而不亂、居禪定而不寂。不斷不常、不來不去、不在中間及其內外。不生不滅、性相如如、常住不遷、名之曰道。

簡曰、師說不生不滅、何異外道。師曰、外道所說不生不滅者、將滅止生、以生顯滅。滅猶不滅、生說不生。我說不生不滅者、本自無生、今亦不滅、所以不同外道。汝若欲知心要、但一切善惡都莫思量、自然得入清淨心體、湛然常寂、妙用恒沙。

簡蒙指教、豁然大悟、

至道不遙行之卽是。今日始知涅槃不遠觸目菩提。今日始知佛性不念善惡無思無念無知無作不住。今日始知佛性常恒不變、不爲諸惑所遷。

中使薛簡禮辭大師將表赴京。

高宗大帝賜磨衲袈裟一領及絹五百疋。勅書曰。

勅。師老疾爲朕修道國之福田。師若淨名託疾金粟闡弘大法傳諸佛心談不二之説杜口毘耶。聲聞被呵菩薩辭退。師若此也。薛簡傳師指授如來智見。善惡都莫思量自然得入心體湛然常寂妙用恒沙。朕積善餘慶宿種善因得値師之出世蒙師惠頓上乘

將謂太遠今日始知至道不遙行之卽是。今日始知涅槃不遠觸目菩提。今日始知佛性不念善惡無思無慮無造無作無住無爲。今日始知佛性常而不變易不被諸境所遷。

中使禮辭大師遂持表至京。時當神龍元年五月八日。

後至九月三日廻詔曰、

師辭老病爲朕修道國之福田。師若淨名託疾金粟闡弘大教傳諸佛心談不二之法杜口毘耶。聲聞被呵菩薩辭退。師若如此。薛簡傳師指教受如來知見。一切善惡都莫思惟自然得入心體湛然常寂妙用恒沙。朕積善餘慶宿種福因値師之出世頓悟上乘

禮辭歸闕表奏師語。

有詔謝師、

再拜而去。歸朝果以其言奏。

天子嘉之復詔慰謝、

禮辭歸闕表奏師語。

其年九月三日有詔奬諭師曰、

師辭老疾爲朕修道國之福田。師若淨名托疾毘耶闡揚大乘傳諸佛心談不二法。薛簡傳師指授如來知見。朕積善餘慶宿種善根値師出世頓悟上乘。感荷師恩頂戴無已。

佛心第一。朕感荷師恩、頂戴修行、永永不朽。奉磨衲袈裟一領、絹五百疋、供養大師。神龍三年四月二日下。

佛心第一。朕感荷師恩、頂戴修行、永永不朽。奉磨衲袈裟一領、金鉢一口、供養大師。

幷賜磨衲袈裟、絹五百匹、錫衲衣寶帛、各有差。
寶鉢一口。

幷奉磨衲袈裟及水晶鉢。

縁

(二)

唐の皇室が詔を以て慧能を迎えんとし、慧能がこれを辭したことを述べるのは、王維の碑銘・法寶記・曹溪大師傳・柳宗元の碑銘・劉禹錫の碑銘・大疏鈔・祖堂集・宋高僧傳・傳燈錄・正宗記であり、さらに壇經系では唯一のものとして宗寶本壇經がある。

王維の碑銘は、則天武后と孝和皇帝（中宗）が詔を以て慧能を召したが、慧能が固辭したので、百衲の袈裟及び錢帛等を送って供養した、と記すが、勅文、慧能の上表文、ともに掲げておらず、素朴な記述となっている。

法寶記は、則天武后が長壽元年（六九二）二月二〇日、天冠郎中張昌期を曹溪に遣して慧能を召したが、慧能は病に託して行かなかった。そこで萬歲通天元年（六九六）に再び遣わして、達摩より傳わる信袈裟を請じ、これを内道場において供養した、と記す。智詵系統の手になる法寶記は、これに續いて、他の資料に見ない記事を載せている。すなわち、萬歲通天二年（六九七）七月、武后は張昌期を遣わして資州德純寺智詵を入内せしめ、久視元年（七〇〇）には荊州玉泉寺神秀、安州受山寺玄賾、隨州大雲寺玄約、洛州會善寺老安（慧安）をそれぞれ召して、内道場において供養した、とし、續いて、バラモン三藏が智詵に歸依するに到る因縁を述べたあと、智詵が資州に歸るに際して、『華嚴經』一部、彌勒の繡像、幡花等とともに、先の、慧能より召し上げた信袈裟を與え、さらに武后は景龍元年（七〇七）一一月、薛簡を曹溪に遣わして、信袈裟を智詵に與えたことを告げ、別に、摩納の袈裟一領、及び絹五百疋を慧能に供養した、と述べている。この記述そのものが、史實として疑わしいのであるが、武后は神龍元年（七〇五）一一月に沒しており、ここにいう景龍元年（七〇七）には生存していない。とすれば景龍という年號には疑問が殘る。また達磨所傳の袈裟が智詵の系統に傳わったとする法寶記の主張は、明らかにこの書の特殊な立場に依るものであり、劍南の地に發展した淨衆宗の人々と唐室との關係を強調した結果と言えよう。

曹溪大師傳は、神龍元年（七〇五）正月一五日、高宗が勅を以て大

師を迎えんとし、慧能は表を以て之を辭したとし、續いて勅文及び上表文を掲げている。ここで、勅を出したのを高宗であるとしているが、高宗は六八三年一二月に沒しており、史實としては中宗が卽位しているのであるから、高宗という説には疑問が殘る。

次に曹溪大師傳では、神龍元年（七〇五）正月一五日に勅が下されたとしている。原文については、本書一七四頁に依るが、すでにこの記述は、法寶記に記される則天武后による傳衣取替え説を踏まえている。さらに、曹溪大師傳は、慧能を推擧したのが、慧能の兄弟子にあたる北宗の神秀と、慧安であるとする。南方にいた慧能の教えを三帝の國師とされた神秀や慧安が認めていたとする點は南頓北漸が主張された時代の記述として注意してよい。しかし、この勅文については、早くより疑問が呈されており、宇井氏は『第二禪宗史研究』（p. 223）において、『全唐文』（巻一七）に所載する、

　朕、安・秀二師を請して宮中にて供養す。萬幾の暇、つねに一乘を究めんとす。二師ともに推讓して云く、南方に能禪師あり。密かに忍大師の衣法を受く。彼について問うべし、と。今、內侍薛簡を遣わし、詔を馳せて迎請せんとす。請う、願くは師、慈念もて、速やかに京に赴上せんことを。

を採るべきであるとしている。柳田氏も『初期禪宗史書の研究』（p. 239）において、この曹溪大師傳の勅文は、新舊の『唐書』や、『唐大詔令集』に收錄される本格的な詔勅に似ず、また「可往京城施化」などの句からみても、疑わしいとし、また、前の『全唐文』（巻一七）の勅文は傳燈錄の記述に依ったとする。さらに柳田氏は、この勅文に見える安・秀二師の推讓説は、神會の『菩提達摩南宗定是非論』にある、

　久視の年、則天、秀和上を召して入內せしむ。發に臨む時、所是の道俗、和上を頂禮して借問す。和上入內し去きて後、所是の門徒、いかんが修道し、何處に依止せん。秀和上いわく、韶州に大善知識あり、もとこれ東山忍大師の付囑なり。佛法はことごとく彼處に在り。汝等諸人、もし自ら決し了るあたわざる者あらば、彼に向いて疑いを決せよ。必ずこれ不可思議にして、すなわち佛法の宗旨を知らん。

という説を發展させたものであるとしている。

柳宗元・劉禹錫の兩碑銘は、中宗が使して再度徵したが、慧能が應じなかったので、その教えを奏上させたと述べ、柳宗元の碑銘は、「その說、具さに在りて今天下に布く。凡そ禪というは曹溪を本とす」としている。

大疏鈔は「神龍元年、勅請不入、兩度勅書云云」と略述するのみである。

祖堂集は、曹溪大師傳の「高宗大帝勅曰」を、「則天孝和皇帝、詔大師云」と改めるが、對照表にみられるごとく勅文そのものは、曹溪大師傳をそのまま承けている。祖堂集の作者は曹溪大師傳を知っていたのであろうか。

宋高僧傳は王維の碑銘を承け、勅文を載せていないが、武后、孝和帝が勅を下したのは「蓋し、神秀禪師の奏擧ならん」と述べてい

る。

傳燈錄は、曹溪大師傳・祖堂集に見る勅文を整理したかたちで、

朕、安・秀二師を請して宮中にて供養す。萬機の暇、つねに一乘を究めんとす。二師並に推讓して云く、南方に能禪師あり。密かに忍大師の衣法を受く。彼に就いて問うべし。今、内侍薛簡を遣わし、詔を馳せて迎請せんとす。願くは師、慈念もて速やかに京に赴上せんことを。

としており、對照表によって知られるごとく、正宗記も宗寶本壇經も、全くこの傳燈錄の勅文を承けている。前に見たごとく、『全唐文』（卷一七）の勅文もこれを引いたものである。

慧能の辭疾の上表文を載せるのは曹溪大師傳と祖堂集であり、祖堂集は全く曹溪大師傳を承けている。傳燈錄・正宗記・宗寶本壇經は、上表文を以て辭したことだけを述べる。

中使薛簡と慧能との問答については、祖堂集・傳燈錄・正宗記・宗寶本壇經ともに、曹溪大師傳のものをほとんどそのまま載せている。この問答の中で、京城の大德禪師は、坐禪に依るよう教えているが、禪定によらずとも、解脱得道は可能か、という薛簡の問に、「道由心悟、豈在坐耶」、また「道畢竟無得無證、豈況坐禪耶」などといい、『金剛經』を引用して經證としている。『涅槃經』の立場を重視する曹溪大師傳が『金剛經』を引用する點は注目に値する。この慧能の坐禪に對する考え方は、恰も神會がその著『菩提達摩南宗定是非論』あるいは『南陽和上頓教解脱禪門直了性壇語』の中において、北宗の立場を「凝心入定、住心看靜、起心外照、攝心內證」と要約しながら批判しているのに符合する。さらに慧能の答えは、定慧一體を強調するものである。これに續いて慧能は、智慧によって生死煩惱を照すというのは二乘の見解であるとし、大乘の見解として、『涅槃經』の句、「明與無明、凡夫見二、智者了達、其性無二、無二之性、是卽實性」を引き、「實性すなわちこれ佛性なり、佛性は凡夫にあっても滅せず、賢聖にあっても增さず、煩惱にあっても垢つかず、禪定にあっても淨からず、不斷不常、不來不去、また中間および內外にあらず、不生不滅、性相常住にしてつねに變易せざるなり」と說く。そこで薛簡が、外道の說く不生不滅との異同を尋ねると、本來、生も滅もないと說き、さらに「若欲將心要者、一切善惡都莫思量、心體湛寂、應用自在」と說く。この「一切善惡都莫思量」の句は、すでに神會の「壇語」の中にみえている。

曹溪大師傳はこの問答に續いて、薛簡が言下に悟ったとして、自分は今日はじめて、佛性はもとより有しているものであり、至道は遠からず、自分が行ずればそれが至道であり、涅槃も遠からず、目に觸るるものみな菩提であり、佛性は善惡を念わず、無思、無念、無知、無作、不住であり、常恒不變にして、諸惑のために遷せられざるものだということを知った、という薛簡の言葉を載せていて、祖堂集もこれに倣うが、傳燈錄・正宗記・宗寶本壇經は、薛簡の言葉は載せていない。なお祖堂集のみが薛簡が慧能の上表文を携えて歸京した日を神龍元年五月八日と記している。

固辭した慧能に對し、皇帝は、王維の碑銘によると、百納袈裟及び錢帛等を送って供養した、とするが、法寶記は、慧能より信袈裟を召し上げたかわりとして別に、摩納袈裟一領及び絹五百疋を送ったとする。曹溪大師傳は、高宗が、磨衲袈裟一領及び絹五百疋を賜り、それを神龍三年（七〇七）四月二日のこととする。この高宗は、前に見たごとく中宗の誤りであろう。祖堂集は、磨納袈裟一領と金鉢一口を賜ったとし、神龍元年九月三日のこととする。宋高僧傳は、摩納袈裟一緣、鉢一口、編珠織成經巾、綠質紅暈花綿巾、絹五百匹を賜ったとし、傳燈錄は、磨納袈裟と絹五百匹及び寶鉢一口、正宗記は、納衣と寶帛とする。宗寶本壇經は、磨納袈裟及び水晶鉢を賜ったとし、祖堂集と同じく神龍元年九月三日のこととする。

　また曹溪大師傳は、磨納袈裟等を賜った際の勅書を掲げ、祖堂集もほぼこれに倣う。宗寶本壇經は、より整理された形のものを載せている。

32　法泉寺の勅額・國恩寺の勅造

㈠

瘞

王

神

歷

曹　又神龍三年十一月十八日、勅下韶州百姓、可修大師中興寺佛殿、及大師經坊。賜額爲法泉寺。大師生緣新州故宅爲國恩寺。

敦

柳

劉

圓

祖　（神龍元年九月三日）（中略）其後勅下賜寺額重興寺、及新州古宅造國恩寺。

師每告諸善知識曰、汝等諸人自心是佛。更莫孤疑。外無一物而能建立。皆是本心生萬種法。故經云、心生卽種種法生。心滅卽種種法滅。汝等須達一相三昧一行三昧。一相三昧者、於一切處而不住相、於彼相中不生憎愛、不取不捨、不念利益、不念散壞、自然安樂故、因此名爲一相三昧。一行三昧者、於一切處行住坐臥、皆一直心、卽是道場、卽是淨土。此之名爲一行三昧。如地有種能含藏故。心相三昧亦復如是。我說法時、猶如普雨。汝有佛性、如地中種。若遇法雨、各得滋長。取吾語者、決證菩提。依吾行者、定證聖果。

鏡

宋　又捨新興舊宅爲國恩寺。

景

神龍三年勅韶州可修能所居寺佛殿幷方丈務從嚴飾賜改額曰法泉也。

（神龍元年）（中略）十二月十九日勅改古寶林爲中興寺。三年十一月十八日又勅韶州刺史重加崇飾賜額爲法泉寺。

師新州舊居爲國恩寺。

一日師謂衆曰諸善知識。汝等各各淨心聽吾說法。汝等諸人自心是佛。更莫狐疑。外無一物而能建立。皆是本心生萬種法。故經云心生種種法生。心滅種種法滅。若欲成就種智須達一相三昧一行三昧。若於一切處而不住相彼相中不生憎愛亦無取捨。不念利益成壞等事。安閑恬靜虛融澹泊。此名一相三昧。若於一切處行住坐臥純一直心不動道場眞成淨土。名一行三昧。若人具二三昧如地有種能含藏長養成就其實。一相一行亦復如是。我今說法猶如時雨溥潤大地。汝等佛性譬諸種子遇玆霑洽悉得發生。承吾旨者決獲菩提。依吾行者定證妙果。

傳

勅改寶林爲中興寺。明年命韶州刺史新之復改爲法泉寺。

以其新州舊居爲國恩寺。

尊者每謂衆曰諸善知識汝等各各淨心聽吾說法。汝等諸人自心是佛。更莫狐疑外無一法而能建立。皆是自心生萬種法。故經云心生則種種法生。心滅則種種法滅。若欲成就種智須達一相三昧一行三昧。若於一切處而不住相於彼相中不生憎愛。不取不捨不念利益成壞等事安隱清淨。此名一相三昧。若一切處行住坐臥純一直心不動道場使成淨土。此名一行三昧。若人具二三昧如地有種能含藏長養成就其實。一相一行亦復如是。我今說法猶如時雨溥潤大地。汝等佛性譬諸種子遇此霑洽悉得發生。取吾語者決得菩提。依吾行者定證佛果。

大興宗

（其年九月三日）（中略）勅韶州刺史修飾寺宇。

賜師舊居爲國恩寺。

（中略）師復曰諸善知識汝等各各淨心聽吾說法。若欲成就種智須達一相三昧一行三昧。若於一切處而不住相於彼相中不生憎愛亦無取捨不念利益成壞等事安閒恬靜虛融澹泊此名一相三昧。若於一切處行住坐臥純一直心不動道場眞成淨土此名一行三昧。若人具二三昧如地有種含藏長養成熟其實。一相一行亦復如是。我今說法猶如時雨普潤大地。汝等佛性譬諸種子遇玆霑洽悉得發生。承吾旨者決獲菩提。依吾行者定證妙果。

縁

(二)

一　法泉寺に勅額が下賜されたことを最初に述べるのは曹溪大師傳である。曹溪大師傳は、

　神龍三年十一月十八日、韶州の百姓に大師の中興せる寺の佛殿と經坊を修せしめる旨の勅が下され、額を賜わって法泉寺となした。

と述べる。神龍三年（七〇七）は九月に改元されて景龍元年となるのであるから、曹溪大師傳の年代には問題があるが、この記事はほとんどそのまま、宋高僧傳に踏襲されている。しかし、祖堂集は單に「其後」とするのみで、その時期を明確にせず、かえって神龍元年九月三日の慧能の辭表に對する勅文の記事に引き續いての記載であることを考慮するなら、祖堂集が曹溪大師傳の主張する神龍三年說をそのまま承けているとは斷定できず、かえって神龍元年說を主張するものと思われる。さらにその内容も、單に、

　勅を下して、寺額を重興寺と賜わった。

とするのみで、極めて簡潔なものとなっている。

　傳燈錄は、それ以前の資料とはかなりの變化をみせている。すなわち傳燈錄にいたって、はじめて

　神龍元年の十二月十九日に勅して古寶林寺を改め中興寺となした。

として、一應は祖堂集の神龍元年の說を承けるが、九月三日ではなく、十二月十九日にまず古寶林寺より中興寺への改名が勅され、二年後の神龍三年に至って寺の崇飾がなされて法泉寺の勅額が下されたという。このように傳燈錄は、本項に關して極めて大胆な變化をみせるが、この神龍三年一一月一八日の年記は曹溪大師傳のそれであり、このように、曹溪大師傳の記載が傳燈錄にのみ繼承されることは注意されなければならない。しかもこれをうけた正宗記は、前述したような年代に關する資料間の相違を整理しようという意圖もあってか、具體的な年代を記さず、

　寶林寺を中興寺とする勅が下り、その翌年にこれを新らたにせしめ、法泉寺の額が下された。

とするのである。

　壇經系では、宗寶本壇經にのみ本項に該當する記事があるが、ここでは祖堂集と同じく、神龍元年九月三日のこととするのであり、その内容も

　韶州の刺史に勅して寺宇の修飾をなさしめた。

として、寶林寺の改名の件や、勅額の件に關してまったく沈默を守っている。

二　慧能が生まれた新州の故宅が勅によって寺とされ、國恩寺と名づけられたということについては、前述した資料のすべてが共通の事實として記し、さらに41項で記すごとく、神會語錄・法寶記も慧能の遺體が新州國恩寺に遷されたとしているのである。從って、明確に新州龍山の故宅が勅により國恩寺となったことを言わなくて

も、41項で述べるように遷座が新州にむかってなされたことを主張する神會語錄・法寶記も、あるいは國恩寺勅造を前提とするのかもしれないが、あくまで推測の域を出ないので、ここでは略す。さて國恩寺の勅造がなされたその年がいつであったかという點については、曹溪大師傳・宋高僧傳・傳燈錄が一致して神龍三年說を主張するのに對し、祖堂集・宗寶本壇經は神龍元年說を採り、また正宗記は明年として、相互に若干の相違をみせている。

一應、本項に關する各資料の記述をみてきたが、ここで考慮しておくべきは、曹溪大師傳が「可修大師中興寺佛殿、及大師經坊」とする一段である。

いったい禪院における規矩を最初に成文化した人とされる百丈懷海（七二〇〜八一四）は、傳燈錄巻六に所收される『禪門規式』の中で

佛殿を立てず、ただ法堂を樹てるのは佛祖の法を親しく囑された當代の住持を尊しとするからである。

として、八〜九世紀の禪院には佛殿が設けられなかった旨を記し、鏡島氏はこれらの點も含めて、禪院における伽藍の變遷に言及している。（譯注禪苑淸規 pp. 11—14）それらの點については、すでに本書七七頁で述べた通りである。いずれにしても、六祖慧能の所住の寺に佛殿や經坊があったとする曹溪大師傳の記事は注意すべきであろう。

次に、「中興寺」の問題がある。曹溪大師傳で記す「中興寺」の一段について考えてみると、やはり「中興せる寺」と讀むべきであろうが祖堂集は「重興寺」とし、宋高僧傳は「所居の寺」とするのであり、傳燈錄ではさらに、古寶林寺→中興寺→法泉寺という寺名の變化が主張されるに至っている。いまそれら寺名の變化錯綜については、柳田氏の研究があるが（初期禪宗史書の研究 p.232）、曹溪大師傳の記載する寺については注意を拂う必要がある。さらに傳燈錄の說も、『義楚六帖』巻一八の「蓮華五色」の注が、

寶林傳に曰う。六祖は曹溪（寶林寺）と法泉寺の兩寺に往かれた。法泉寺には師子國王の五色の蓮華の數珠があると。

と述べて、法泉寺と曹溪寶林寺とを別の寺とするのを考慮するなら、傳燈錄とそれをうけた正宗記が、古寶林寺→中興寺→法泉寺とする說も疑問があると言えよう。

祖堂集は、國恩寺勅造に續いて、一相・一行三昧の說法を載せているが、これはほぼそのまま傳燈錄に反映され、さらに、正宗記、宗寶本壇經にも記載されることとなる。この慧能の一相・一行の二三昧は、維摩經の引用部分からすれば敦煌本壇經からの發展ともみられ、さらに敦煌本壇經は、『楞伽佛人法志』にみられる、神秀が則天武后に召されたおり、武后の「所傳の法は誰家の宗旨か」「何の典誥に依るか」という問に答え、「蘄州東山の法門を稟く」「『文殊說般若經』の一行三昧に依る」といったことを前提としたものといえよう。しかし、慧能は、一行三昧を常に一直心を行ずることとし、しかも、「直心是れ道場、直心是れ淨土」と、『維摩經』をその所依とするのであり、これがまた、慧能の「一行三昧」の特色でもある。

33　國恩寺の修復・靈振を推擧

(一)

壇　王　神　歴　曹　　敦　柳　劉　圓　祖　鏡　宋　景　傳　大　興

延和元年、大師歸新州、修國恩寺。諸弟子問、和上修寺去、卒應未歸此。更有誰堪諮問。大師云、翁山寺僧靈振、雖患脚跛、心裏不跛。門人諮請振説法。又問大師、何時得歸。答曰、我歸無日也。

(二)

宗　縁

一　新州にある慧能の舊家が、詔勅により國恩寺と改められた點は前項で述べた通りであるが、その國恩寺が、慧能自身によってさらに修復されたとするのは曹溪大師傳のみに記される記事である。すなわち、慧能が延和元年（七一二）に新州に歸って國恩寺を修したとする。この記事を信ずるなら、その修復は國恩寺の勅造より五年を經た後のこととなり、その閒慧能は韶州の地を離れることなく教化にいそしんでいたことになる。

二　さらに曹溪大師傳は慧能が、自分に代わって法を説く人として靈振を推擧したとする。すなわち、

諸の弟子は、慧能に「寺を修復されて後、ここからお歸りになったら、もうここには戻られないでしよう。私達の質問に對して誰がいったい法を説いて下さるでしよう」と問うた。慧能は「翁山寺の僧の靈振は、足は不自由であるけれども、心は自在である」と答えられた。そこで門人達は、靈振に説法を請うた。また門人は慧能に「いつここにお歸りになれますか」と問うと、慧能は「歸る日とてない」と答えた。

とするのである。この記事によれば、國恩寺の修復は、慧能が自らの死期を予知してなされたことが分り、靈振の推擧もそれを前提と

したものであろう。しかしここで記す靈振という人物は、まったく傳歷の不明な人である。慧能がその後事を託すほどの人としているが、他の資料ではまったくその名を出さず、卻って39項では、慧能の示寂と前後する先天三年（七一三）八月には沒するとしており、靈振の新州での活躍はわずか一年間であったことになる。

34　龕塔を造る

㈠

瘞

王

神　至景雲二年、忽命弟子玄楷智本、遣於新州龍山故宅、建塔一所。至先天元年九月、從漕溪歸至新州。

歷　後至景雲二年、命弟子立楷、令新州龍山造塔。至先天元年、問塔成否。答、已成。其年九月、從漕溪卻歸至新州。

曹　大師在日景雲二年、先於曹溪造龕塔。後先天二年七月、廊宇猶未畢功、催令早了。吾當行矣。門人猶未悟意。

敦　大師、先天元年、於新州國恩寺造塔。

柳

劉

圓

祖　先天元年七月六日、忽然命弟子於新州故宅建塔一所。（二年七月一日、別諸門人、吾當進途歸新州矣。大衆緇俗啼泣留連大師。）

鏡

宋　延和元年七月、命弟子於國恩寺建浮圖一所。促令速就。

景　（師說法利生經四十載。）其年七月六日命弟子、往新州國恩寺、建報恩塔、仍令倍工。

傳　（尊者說法度人、至是已四十載。）先此嘗命建浮圖於新州國恩寺。及其年之六月六日、復促其倍工疾成。然國恩寺蓋其家之舊址也。爲塔之意乃欲報其父母之德耳。

大　大師、先天元年、於新州國恩寺造塔。

興　大師、以先天元年、於新州國恩寺造塔。

宗　師於太極元年壬子延和七月〈是年五月改延和、八月玄宗卽位、方改元先天、次年遂改開元、他本作先天非〉命門人往新州國恩寺建塔、仍令促工。次年夏末落成。

緣

㈡

一　慧能がその生前、すでにその死期を豫知し、門人達に命じて自らの龕塔を新州龍山に造らせたとする最初の資料は神會語錄である。すなわち

景雲二年（七一一）に慧能は、弟子の玄楷と智本の二人に命じて新州龍山の故宅に遣わし、塔を建てさせた。そして翌先天元年（七一二）九月には、自らも漕溪より新州へ歸った。

とするのである。龍山は山號であろうか。

この神會語錄の記事は、ほとんどそのまま法寶記に踏襲されている。しかし法寶記は智本の名を記さず、かえって神會語錄にはなかった立楷（玄楷と同一人であろう）との問答を收錄する。また後述するように建塔の場所についても、敦煌本壇經以後の諸資料が、新州國恩寺であったと明記するのに對して、神會語錄が龍山の故宅というのみで國恩寺としないのは、**41**項の記事を考慮するなら、それが國恩寺であることは明らかである。しかしこれは、神會語錄の依った資料の素朴さを想起せしめるものと言えよう。

しかるに曹溪大師傳では、慧能が自ら塔を建てさせたという點では神會語錄・法寶記の記事を承けるものの、建塔の場所については、他のいかなる資料にもみられない獨自の展開をみせる。すなわち、

大師生前の景雲二年、まず曹溪に龕塔を建てさせた。のち先天二年（七一三）七月に、（新州の國恩寺の）廊宇がなお未完成だったので、その完成を催促し、「自分はもう行くであろう」と言われたが、門人はその意を悟らなかった。

とする。すなわち曹溪大師傳は建塔の場所を韶州曹溪（つまり寶林寺）であると主張するのである。そして**39**・**40**項で

大師は新州廣果寺で亡くなり、のち曹溪の門人がその遺體を引きとらんとしたが、新州の門人はこれを拒否し、かえって國恩寺にも塔を建てようとした。しかし崇一が理を說いて、遺體を曹溪に歸らしめた。

と述べ、國恩寺建塔の事實を否定するのである。勿論**41**項でみるように、入龕の地としては諸資料そろって曹溪であったことを認めているのであるから、曹溪大師傳の建塔の場所を曹溪とする說も一概に誤りとは言えないのであり、かえって諸資料は曹溪埋葬を主張するにもかかわらず、曹溪建塔をいわない。

このように展開してきた造塔の記事も、敦煌本壇經の原本で「大師先天元年於槿州國恩寺造塔」となり、

大師は先天元年に新州國恩寺に塔を造った。

の意味の簡潔なものとなっている。ここで初めて國恩寺建塔が明記され、**32**項の國恩寺勅造の記事と對應するものとなる。その年も景雲二年より先天元年へと一年間のズレを生じている。

祖堂集は、塔を建てるように命じたのは先天元年七月六日のことであるとして、敦煌本壇經の先天元年說をより具體化するのであるが、ここでは再び「新州の故宅」とのみいって、國恩寺の名は出てこない。

宋高僧傳は、新州國恩寺に建塔されたといい、それが延和元年（七一二）七月のことであったという。因みに七一二年には年號が三度改められる。すなわち太極元年が五月に延和となり、さらに八月に先天となっている。

傳燈錄は

師（慧能）は説法利生して四〇年を經た。その年の七月六日に弟子に命じて新州國恩寺に報恩の塔を建てさせたのであり、工事を早めるよう促した。

とする。37項で、傳燈錄が先天元年の時點で傳法偈のあった旨を記していることを考慮するなら、ここにいう「その年」とは先天元年を意味することは明らかである。またその內容の大綱は、やはり前出の諸資料を承けたものと言えるが、しかし塔を報恩塔とするのは、傳燈錄が最初である。

正宗記も傳燈錄の內容をほとんどそのまま承けるが、しかし塔を建てる工事を催促したのが、「その年の六月六日」であったとして、少なくとも先天元年六月以前より建塔工事が始まっていたとしており、祖堂集・宋高僧傳・傳燈錄が先天元年七月に工事が始まったとするのに比して若干の相違をみせる。

さらに傳燈錄で初出する「報恩塔」の名の由來が、父母の恩德に報いんためであったと理由づけされるのも正宗記の特色であり、史實はともかく、『輔教篇』（一〇六四年入藏）を著わした契嵩の說にふさわしい。

大乘寺本・興聖寺本の二壇經は敦煌本壇經をまったくそのまま承けるが、宗寶本壇經が建塔の命のあった年を割注として綿密に考證するのは、それ以前の諸資料を考慮し整理せんとしたものと推察される。さらに塔の完成が先天二年夏末であったとするのも宗寶本壇經の特色と言えよう。

35　疾病

㈠

瘞

王

神

歴

曹　（後先天二年七月、廊宇猶未畢功、催令早了。吾當行矣。門人猶未悟意。）其年八月、大師染疾。

敦

柳

劉

圓

祖

鏡

宋　以先天二年八月三日、俄然示疾。

景

傳

大

興

宗

縁

(二)

慧能が病氣となって示寂したとするのは、曹溪大師傳と宋高僧傳の二資料である。まず曹溪大師傳によれば、

大師は先天二年七月に（新州國恩寺の）廊宇の工事を催促した。その年の八月には病となった。

という。この記述では慧能の病が具體的にどのようなものであったのか、また病となった場所は新州のどこかという點などは一切不明である。

ただ場所については、曹溪大師傳が39項でその示寂の地が新州廣果寺であった旨を明記するから、後で問題とすることにしよう。

宋高僧傳は、曹溪大師傳の先天二年八月に「三日」という日附を附し、より詳細なものとしているが、やはり場所等について明記しない。しかしこの場合も、後の41項より考えるなら、新州の地と言えるであろう。

36 遺誡

(一)

瘞

王

神 至先天二年八月三日、忽告門徒曰、吾當大行矣。弟子僧法海問（ママ）曰、和上曰。以後有相承者否。有此衣、何故不傳。和上謂曰、汝今莫問。以後難起極盛。我緣此袈裟、幾失身命。汝欲得知時、我滅度後、四十年外、豎立宗旨者卽是。（中略）門徒問曰、未審、法在衣上、卽以將衣以爲傳法。大師謂曰、法雖不在衣上、以表代代相承、以傳衣爲信。令佛法者得有稟承。學道者得知宗旨、不錯不謬故。況釋迦如來金襴袈裟、見在鷄足山。迦葉今見持著此袈裟、專待彌勒出世、分付此衣。是以表釋迦如來傳衣爲信。我六代祖師亦復如是。我今能了如來性。如來今在我身中。我與如來無差別。如來卽是我眞如。

歷 （其年九月、從曹溪卻歸至新州。）曹溪僧立楷智海等問和上、已後誰人得法、承後傳信袈裟。和上答、汝莫問。已後難起極盛。我緣此袈裟、幾度合失身命。在信大師處、三度被偸。在忍大師處、三度被偸。及至吾處、六度被偸。竟無人偸。我此袈裟、女子將去也。更莫問我。汝若欲知得我法者、我滅度後二十年外、豎立我宗旨、卽是得法人。

曹 諸門人問、大師法當付囑阿誰。答、法不付囑、亦無人得。神會問、大師傳法袈裟云何不傳。答云、若傳此衣、傳法之人短命。不傳此衣、我法弘盛。留鎭曹溪。我滅度七十年後、有東來菩薩、一在家菩薩、修造寺舍、二出家菩薩、重建我教。門徒問大師曰、云何傳此衣短命。答曰、吾持此衣、三遍有刺客來取吾命。吾命若懸絲。恐後傳法之

敦

人被損、故不付也。大師力疾勸誘徒衆、令求道忘身、唯懃加行、直趣菩提。

大師遂喚門人法海志誠法達智常志通志徹志道法珍法如神會。大師言、汝等拾弟子近前。汝等不同餘人。吾滅度後、汝各爲一方頭。吾教汝說法不失本宗、擧三科法門、動用三十六對、出沒卽離兩邊。說一切法、莫離於性相。若有人問法、出語盡雙、皆取對法、來去相因、究竟二法盡除、更無去處。

三科法門者、蔭界入。蔭是五蔭、界是十八界、入是十二入。何名五蔭。色蔭受蔭想蔭行蔭識蔭是。何名十八界。六塵六門六識。何名十二入。外六塵中六門。何名六塵。色聲香味觸法是。何名六門。眼耳鼻舌身意是。法性起六識。眼識耳識鼻識舌識身識意識。六門六塵。自性含萬法、名爲含藏識。思量卽轉識。生六識、出六門、見六塵。是三六十八。由自性邪、起十八邪。若自性正、起十八正。若惡用卽衆生、善用卽佛。用由何等。由自性對。

外境無情對有五。天與地對、日與月對、暗與明對、陰與陽對、水與火對。語言法對有十二對。有爲無爲、有色無色對。有相無相對。有漏無漏對。色與空對。動與靜對。清與濁對。凡與聖對。僧與俗對。老與少對。大與小對。長與短對。高與下對。

自性起用對有十九對。邪與正對。癡與惠對。愚與智對。亂與定對。戒與非對。直與曲對。實與虛對。嶮與平對。煩惱與菩提對。慈與害對。喜與嗔對。捨與慳對。進與退對。生與滅對。常與無常對。法身與色身對。化身與報身對。體與用對。性與相對。有情無親對。

言語與法相有十二對。內外境有無五對。三身有三對。都合成三十六對法也。此三十六對法、解用通一切經、出入卽離兩邊。如何自性起用三十六對、共人言語。出外於相離相、入內於空離空。著空卽惟長無明、著相卽惟長邪見、謗法直言不用文字。既云不用文字、人不合言語。言語卽是文字。自性上說空、正語言本性不空。迷自惑、語言除故。暗不自暗、以明故暗。暗不自暗、以明變暗。以暗現明、來去相因。三十六對亦復如是。

大師言十弟子、已後傳法遞相教授一卷壇經、不失本宗。不稟授壇經、非我宗旨。如今得了、遞代流行。得遇壇經者、如見吾親授。拾僧得教授已、寫爲壇經、遞代流行、得者必當見性。

（大師先天二年八月三日滅後。）七月八日、喚門人告別。（大師先天元年、於新州國恩寺造塔。）至先天二年七月告別。大師言、汝衆近前。吾至八月欲離世間。汝等有疑早問。爲汝破疑、當令迷者盡使汝安樂。吾若去後無人教汝。法海等衆僧聞已、涕淚悲泣。唯有神會、不動亦不悲泣。六祖言、神會小僧卻得善不善

等、毀譽不動、餘者不得。數年山中更修何道。汝今悲泣、更有阿誰、憂吾不知去處在。若不知去處、終不別汝。汝等悲泣、卽不知吾去處。若知去處卽不悲泣。性本無生無滅無去無來。汝等盡坐。吾與汝一偈。眞假動靜偈、汝等盡誦取。見此偈意與吾意同。依此修行不失宗旨。僧衆禮拜、請大師留偈、敬心受持。偈曰、（眞假動靜偈、ここでは略す、六祖壇經の對照を參照） 衆僧既聞識大師意、更不敢諍。依法修行、一時禮拜、卽知大師不永住世。上座法海向前言大師、大師去後、衣法當付何人。大師言、法卽付了。汝不須問、吾滅後二十餘年、邪法撩亂、惑我宗旨、有人出來、不惜身命、定佛教是非、豎立宗旨。卽是吾正法。衣不合傳。汝不信、吾與誦先代五祖傳衣付法頌。若據第一祖達磨頌意、卽不合傳衣。聽吾與汝頌。頌曰。（達磨より六祖までの傳衣付法偈、37で重出のためここでは略す）

六祖說偈已了、放衆生散。門人出外思惟、卽知大師不久住世。

六祖後至八月三日、食後、大師言、汝等著位坐。吾今共汝等別。法海問言、此頓教法傳受、從上已來至今幾代。

六祖言、（祖統說、37で重出のためここでは略す）

大師言、今日已後、遞相傳授、須有依約、莫失宗旨。

法海又白、大師今去、留付何法、令後代人如何見佛。六祖言、汝聽。後代迷人、但識衆生、卽能見佛。若不識衆生、覓佛萬劫不得見也。吾今教汝識衆生見佛。更留見眞佛解脫頌。迷卽不見佛、悟者卽見法。法海願聞、代代流傳世世不絕。六祖言、汝聽、吾與汝說。後代世人、若欲覓佛、但識佛心衆生、卽能識佛。卽緣有衆生、離衆生無佛心。 （見眞佛解脫頌、ここでは略す）

大師言、汝等門人好住。吾留一頌、名自性眞佛解脫頌。後代迷人識此頌意、卽見自心自性眞佛。與汝此頌、吾共汝別。頌曰、（自性眞佛解脫頌、ここでは略す） 大師說偈已了、遂告門人曰、汝等好住。今共汝別。吾去已後、莫作世情。悲泣而受人弔問錢帛、著孝衣、卽非正法、非我弟子。如吾在日一種、一時端坐。但無動無靜、無生無滅、無去無來、無是無非、無住無往、坦然寂靜、卽是大道。吾去已後、但依修行、共吾在日一種。吾若在世、汝違教法、吾住無益。（大師言此語已、夜至三更、奄然遷化。大師春秋七十有六。）

柳

劉

圓 （景・傳と對照するため、次におくる）

祖

宗

宋

祖

吾今不傳此衣者、以爲衆信心不疑惑。普付心要、各隨所化。昔吾師有言、從吾後若受此衣、命如懸絲。吾以道化不可損汝。汝受吾法。聽吾偈。曰、

　心地含諸種。　普雨悉皆生。
　頓悟華情已。　菩提果自成。

師說此偈已、乃告衆曰、其性無二其心亦然、其道清淨亦無諸相。汝莫觀淨及空其心。此心本淨亦無可取。汝各努力隨緣好去。（中略）

爾時大師住世說法四十年。（先天元年七月六日、忽然命弟子於新州故宅建塔一所。）二年七月一日、別諸門人、吾當進途歸新州矣。大衆緇俗啼泣留大師。

大師不納曰、諸佛出世現般涅槃。尚不能違其宿命。況吾未能變易、分段之報必然之至。當有所在耳。

門人問師、師歸新州早晚卻廻。師云

　葉落歸根、來時無口。

問、其法付誰。師云、有道者得、無心者得。

景

先天元年、告諸徒衆曰、吾忝受忍大師衣法、今爲汝等說法、不付其衣、蓋汝等信根淳熟決定、不疑堪任大事、聽吾偈。曰、

　心地含諸種。　普雨悉皆生。
　頓悟華情已。　菩提果自成。

師說偈已復曰、其法無二其心亦然。其道清淨亦無諸相。汝等愼勿觀淨及空其心。此心本淨無可取捨。各自努力隨緣好去。

師說法利生經四十載。（中略）先天二年七月一日、謂門人曰、吾欲歸新州。汝速理舟檝。時大衆哀慕、乞師且住。

師曰、諸佛出現猶示涅槃、有來必去理亦當然。吾此形骸歸必有所。

衆曰、師從此去早晚卻廻。師曰

　葉落歸根。來時無口。

又問。師之法眼何人傳受。師曰、有道者

傳

至先天元年、一日忽謂衆曰、吾忝於忍大師處受其法要幷之衣鉢。今雖說法而不傳衣鉢者、蓋以汝等信心成熟無有疑者、故不傳之、聽吾偈。曰、

　心地含諸種。　普雨悉皆生。
　頓悟華情已。　菩提果自成。

復曰、其法無二其心亦然、其道清淨亦無諸相、汝等愼勿觀淨及空其心。此心本淨無可取捨。各自努力隨緣好去。

尊者說法度人、至是已四十載。（中略）先天二年七月一日、謂門人曰、吾將返新州。汝輩宜理舟檝。其時大衆皆哀慕請留。

尊者曰、諸佛出現猶示涅槃、有來必去理之常耳。吾此形骸歸必有所。

衆乃問曰、師從此去早晚卻廻。曰、

　葉落歸根。來時無口

又問曰、師之法眼付授何人。曰、有道者

得無心者通。又問、後莫有難否。曰、吾滅後五六年、當有一人來、取吾首。聽吾記。曰、
頭上養親、口裏須餐、
遇滿之難、楊柳爲官。
又云、吾去七十年、有二菩薩從東方來。一在家一出家。同時興化、建立我宗、締緝伽藍、昌隆法嗣。

得無心者通、又問曰、師之遺教頗有難乎、曰、吾滅之後方五六年、必有一人來、取吾首、聽我偈、曰、
頭上養親、口裏須餐、
遇滿之難、楊柳爲官
又曰、吾往七十年、有二菩薩之人自東方來、其一出家其一在家、共隆教化、治我伽藍、扶我宗旨。

又曰、吾滅度後七十年末、有二菩薩從東而來。一在家菩薩同出、興化重修我伽藍、再建我宗旨。

大（今略す）
興（今略す）
宗（今略す）
縁
（本書二八七頁參照）

（二）

慧能が示寂に先だち、門人達に對して遺誡を與えたという事柄については、大半の資料が等しく述べるところであるが、しかしその內容をみると、資料のもつ性格や、成立した時代と相埃って、相互に關連を持ちながら、かなり差異のあることが窺われる。以下、資料の順にこれをみよう。

まず神會語錄は、遺誡が先天二年（七一三）八月三日——すなわち先天元年九月に新州に歸ってから一一箇月後のことであり、また示寂の日でもある——になされたとする。その內容は、「自分はもう行くであろう」と述べる慧能に對して、弟子の法海が大法の相續者の有無、及び傳衣を行わぬ理由を問う。慧能はこれに答えて、袈裟を持すれば、その者に災難がふりかかるであろうとし、かつては自分も身命を失うところであったと述べ、さらに法を相續するものは、自分の滅後四〇年を經て大法を宣揚する者であるとする。

四〇年後といえば、それは玄宗の天寶一一年（七五二）にあたり、恰も中唐の混亂期にあって節度使安祿山が河北にあって反亂の兵を起さんとする五年前である。

周知の通り、宋高僧傳の神會章によれば、このような唐朝の危機にあたって、神會は裴冕（?～七六九）らと謀って度牒を賣却し、いわゆる香水錢を集めて軍費としたことがのべられているから、神會語錄のいう「四〇年後」は、この香水錢の件を暗示するものかもしれない。しかも神會語錄は、六祖慧能の正系としての神會の立場を、慧能自身の口を借りて證明させるところにこの資料の特殊性がうか

がわれる。

また傳衣を行わぬ理由として、袈裟は法の信ではあるが、しかし法そのものではなく、これが釋尊以來の傳統であるとする。すなわち、ここには大法の相承が、すでに袈裟の傳授という形式よりも、師資間の以心傳心という内面的眞實性を重視する立場が示されるとみてよい。

次に、法寶記は遺誡の期日こそ明記しないが、曹溪僧の立楷と智海が質問者とされることからすれば、それは慧能が曹溪から新州に歸らんとする時とも解せられる。いずれにせよ、右の二僧はすでに**34**の項でみたごとく、慧能の龕塔の建立者であった。彼等による衣と法の相續者についての問に對して慧能は示す。

傳衣のことは問うてはならぬ。もし傳衣をなせば災難が起ること極めて盛んであろう。自分もこの衣を承けてより幾度か身命を喪わんとするほどであった。かつてこの袈裟は道信の處で三度、弘忍の處で三度、自分の處では六度も偸まれたのである。しかし、もう偸まれることはない。なぜならば、袈裟はすでに女子が將ち去ってしまったからである。また法の相續者についても問うてはならぬ。もしその人を知ろうと思うならば、自分の滅後二〇年して宗旨を竪てる者がその人である。

知るごとく、法寶記は慧能示寂後、その袈裟が則天武后に獻上され、それが智詵に與えられた旨を主張するが、それについては**47**項で述べるのでここでは詳述しない。ただ、ここにいう袈裟を將ち去った女子というのが、則天武后（六九〇～七〇五在位）の出現を豫言するものであることはいうまでもない。

ここで問題なのは、法寶記の主張する法の相續者が誰かという點である。いったい二〇年後の歳とは、開元二〇年（七三二）にあたる。この年の正月一五日、神會は滑台の大雲寺に無遮大會を設け、崇遠法師と對論して

北宗の傳統は傍系であり、その教えは方便にすぎない。

と喝破し、北宗排擊の火蓋を切っている。その内容は、『菩提達摩南宗定是非論』に詳しいが、それらの點をみれば、智詵を初祖とする淨衆宗の傳燈を主張する法寶記も、神會との關係が密接であるためか、慧能の正嫡としての神會の存在は一應認めていたと考えてよいであろう。

次に、曹溪大師傳の記述は、前述の二資料に比して、かなり目新しく、かつ、後世への影響もかなり大きいものがある。すなわち、遺誡の時期は明示されず、法の付囑についての問者は諸門人とされて特に具名は存しない。また、傳衣を行わぬ理由を神會が問い、それに答えて、

もし衣を傳えるなら、傳法の人は短命であり、かえって傳衣を行わぬほうが自分の法は弘まることになる。

とするのも、この資料の新しい主張である。しかも曹溪大師傳は、慧能が自らの法の將來を豫言するという形式を踏襲しつつ、しかも神會語錄や法寶記とは異なった展開をみせ、七〇年後に在家と出家の菩薩の二人が東來し、それぞれ寺舍の修造と、宗旨の擧揚をなす

との懸記を與え、傳衣を行わないのは、すでに三度も刺客に命を狙われたからである、と述べる。東來の二菩薩については、後に51項で述べるように、永和・惠象の二者を意味するであろうが、滅度七〇年（つまり七八一年に相當）という慧能の語と、曹溪大師傳の成立時期とは極めて密接な關係があることからも、本資料の性格が窺われる一段である。

敦煌本壇經は、慧能一代の説法を集大成せんとする基本的な性格のためか、その記述は極めて克明である。すなわち、遺誡は、まず三科三十六對の法門と稱される懇切な説示があり、示寂にあたって再び遺誡の言葉を殘すという、いわば二段構えの構成をとっている。まず、慧能は法海・志誠・法達・智常・志通・志徹・志道・法珍・法如・神會の十大弟子を集めて三科三十六對の法門を説く。その內容は、陰・持・入が本來的に非常・苦・空・非我なることを觀察することを説く三科の法門と、三六に及ぶ相對的な概念を離れ、出にも入にも卽にも離にもわたらぬ中道を實踐することが肝要であるとする。一生涯を通して、般若の法そのものを説き、言語を弄することの無かったとされる慧能が、示寂間際とは言え、かくも繁雜な論を展開したとされるのは、いかなることを意味するのであろうか。初期禪宗史の上で、今後檢討を要すべき重要な課題というべきであろう。

さらに敦煌本壇經では、前述の一〇人の門弟に壇經を與えて書寫せしめ、自らの法の信憑としての壇經の價値を強調し、「壇經を受けないものは、自分の宗旨ではない」と述べる。次いで先天二年七月、自らの死期を知った慧能は、門人達を呼んで別れを告げる。慧能は門人に向い、「疑問のある者は早く質問せよ。自分の滅後は誰も教える者はない」と告げる。すると法海をはじめとする諸衆は涕泣したが、神會のみは何の動搖も示さなかった。そこで慧能は、

　神會小僧は善と不善が一つで毀譽に不動であることを知り、また自分（慧能）の居（去）處を知っている。

と肯い、ついに「眞假動靜偈」を説く。敦煌本壇經の神會に對するこの處遇は、29項とも關連し、その基本的な性格とも相埃って極めて重要である。眞と假、動と靜とが互いに相卽し、不離の關係にあるとする「眞假動靜偈」を説くや、門人は慧能の心を知り、諍うことなく、法に依って修行することを誓う。

次いで法海が、傳依と傳法の事實について問う。これに對して慧能は、

　傳法の人は、滅後二十年して邪法が撩亂するが、その時、不惜身命の人がでて正法を定めるのであり、その人が自分の正法を傳える人である。

と示す。この二〇年後の懸記が前述のごとき意味を有するものとして、神會語錄・法寶記を承けていることは疑いない。次いで慧能は、袈裟は相傳すべきでないの旨、達摩より傳來の「傳衣付法頌」、及び慧能自身の偈二首等を説く。

さらに慧能は、先天二年八月三日、示寂の當日、食事を終えて、

自らの傳燈の正系なるを主張して、西天二八祖・東土六祖の系譜を述べ、また法海の問に答えて、衆生をして佛を見せしめるため、「見眞佛解脱頌」を、また自心自性の眞佛を見せしめるために「自性眞佛解脱頌」を説く。ここで初出する傳法偈・祖統説は、別項で述べるごとく、禪思想史の展開を考える上で重要である。それは、以後のすべての壇經に繼承されるのみならず、**37**項でもふれるごとく、『寶林傳』等の他の諸資料にもまた影響を與えるからである。

次に祖堂集は、敦煌本壇經とはまた異なる記述を示す。まず曹溪より新州に歸る以前に、曹溪の門人に向って遺誡をなしたとする。まず傳衣を行わぬ理由は、衆生の信心が疑惑を生ぜしめないためであり、普く心要を付して教線を展開せしめるためとして、諸壇經が、法信としての壇經を強調するのとは些か趣きを異にする。また、傳衣を行わぬのは先師弘忍の教えに基づくものであるともいい、「心地含諸種云々」の傳法偈を説く。

次いで、先天二年七月一日――この日付も敦煌本壇經が、單に七月とするのに比してより具體的である――いよいよ新州に歸らんとして自らの死の避け難いことを述べ遺囑の言葉を殘す。そして

葉は落ちて根に集まる。來る時については言わない。

と自らの死を暗示した一句を述べる。また法は、あくまでも有道無心の者が得るのであるとし、神會語錄・法寶記・敦煌本壇經が一貫して主張する六祖の正系としての神會の立場とは異なり、かえって曹溪大師傳が主張する七〇年後の二菩薩の東來説をそのまま承けることが注目される。ただ、この二菩薩が、はたして曹溪大師傳の主張する惠象と永和を指すものかどうか、祖堂集は言及しない。

次に、傳燈錄は、その記事の大半が祖堂集に類似するが、細部では差異をみせる。まず、傳衣を行わぬ理由を述べる時を「先天元年」であるとし、その理由も、單に傳法の人の命が懸絲のごとくであるとする祖堂集とは異なり、まさに弟子達の信根が淳熟して、傳衣という形式を假りる必要がないからであるという。これは、神會のみを唯一の付法者とするいわゆる荷澤系の主張とは異なり、諸徒だれもが一方の雄として慧能の認めるところであった、としてよいであろう。

さらに慧能が、先天二年七月一日に至って、「新州に歸るから、舟檝を用意せよ」と述べる點も、祖堂集より詳しく、「葉落歸根云々」の偈に續いて、「自分の滅後五六年して自分の首を取りにくる者があるであろう」と**42**項の事件を暗示せしめ、その懸記の偈を記すのも、傳燈錄が初出である。

正宗記は、資料の對照によって知られるごとく、傳燈錄をほとんどそのまま受け、內容の展開はまったくみられない。

大乘寺本壇經は、敦煌本壇經をほとんどそのまま承けている。まず十大弟子に對して三科三十六對法門を説き、ついで先天二年七月八日に至って遺誡があったとし、祖堂集・傳燈錄・正宗記の七月一日説とは一週間のズレをみせている。さらに慧能が「眞假動靜偈」を説き終り法海が付法の人について問うたのに對して、

自分が滅度して二〇年後には、邪法が競い起り、正宗を惑亂するであろう。すると一南陽縣出身の人が出現して、不惜身命の働きをなし、佛法を定め宗旨を竪立するのである。これによって自分の法は、河南・洛陽に廣まるであろう。

と答え、付法者としての神會の立場を強調する。また傳衣にかわる傳法偈を説くものの、敦煌本壇經が達磨より五祖にいたる傳法偈を列擧し、さらに六祖自身の傳法偈を記すのに比して、大乘寺本壇經は達磨より五祖までの傳法偈を削除しているのは重要な相違點である。

次いで八月二日（敦煌本壇經では八月三日）に至り、西天より東土に至る祖統説が述べられ、敦煌本壇經の「見眞佛解脱頌」にあたる一偈と「自性眞佛偈」（敦煌本壇經では「自性眞佛解脱頌」）が衆僧に對して與えられ、滅後に悲泣したなどの記事も、やはり敦煌本壇經を承けるものといえよう。

興聖寺本壇經も、まず十大弟子を呼び、彼らに向って「三科三十六對法門」を説く。のち先天二年七月八日に至って、「眞假動靜偈」を中心とする遺誡をなす。しかし興聖寺本壇經では、大乘寺本壇經で、「自分の法の正系は南陽縣人である」とする點を、單に「一人あって出來し云々」として、神會正系説を僅かに修正する。さらに、初祖達磨の傳法偈と慧能自らの傳法偈の二首を記すのも、敦煌本・大乘寺本兩壇經に比べてユニークである。のち先天二年八月三日（敦煌本壇經に同じ）の食後に至り、西天東土の祖統説と敦煌本壇經で記す「見自性眞佛偈」の一偈、さらに「自性眞佛偈」を述べる。

さて宗寶本壇經は、遺誡の記事内容は最も詳細を極めている。ただ、壇經系の諸資料が等しく主張する神會正系説に關しては否定的であり、かえって祖堂集以下の燈史が述べる「東來二菩薩」の説を主張する。すなわち、一日法海をはじめとする十大弟子を呼び、「三科三十六對法門」を説く。次いで延和元年（七一二）七月一日、法海の質問に答えて「眞假動靜偈」を與え、傳衣しないかわりに壇經を護持すべきことを説き、達磨と自身の傳法偈を説く。また七月八日の記事として、祖堂集・傳燈錄・正宗記の記載をそのまま插入して、神會色を拂拭した祖統説を説き、八月三日に至って、國恩寺で最後の遺誡である「自性眞佛偈」と、宗寶本壇經で初出する「兀兀不修善云々」の偈を説き、奄然として坐化したという。

すなわち、この資料にみられるこの項の特色は、前述のごとく、神會の存在を認めつつも、その影響をできるかぎり拂拭せんとし、さらに、多くの諸資料を總合整理せんとしたことにあると言えよう。

37　傳法偈

(一)

瘞

王

神

歴　曹　敦

衣不合傳。汝不信、吾與誦先代五祖傳衣付法頌。若據
第一祖達磨頌意、卽不合傳衣。聽吾與汝頌。頌曰、（中略）
第六祖惠能和尚頌曰、

心地含情種、　法雨卽花生、
自悟花情種、　菩提菓自成。

能大師言、汝等聽吾作二頌。取達磨和尚頌意。汝迷人
依此頌修行、必當見性。第一頌曰、

心地邪花放、　五葉逐根隨、
共造無明業、　見被業風吹。

第二頌曰、

心地正花放、　五葉逐根隨、
共修般若惠、　當來佛菩提。

六祖說偈已了、放衆生散。門人出外思惟、卽知大師不
久住世。

柳　劉　圓　祖

（吾今不傳此衣者、以爲衆信心不疑惑。普付心要、各
隨所化。昔吾師有言、從吾後若受此衣、命如懸絲。吾以
道不可損汝。汝受吾法、聽吾偈。曰、

心地含諸種、　普雨悉皆生、
頓悟花情已、　菩提果自成。

師說此偈已、乃告衆曰、其性無二、其心亦然。其道清淨、
亦無諸相。汝莫觀淨、及空其心。此心本淨、亦無可取。汝
各努力、隨緣好去。有人問曰、黃梅意旨何人得。師云、會
佛法者得。僧曰、和尚還得也無。師云、我不得。僧曰、和尚
爲什摩不得。師云、我不會佛法。雲大師拈問龍花、佛法
有何過、祖師不肯會。花云、向上人分上合作摩生。進曰、
向上人事如何。花云、天反地覆。花卻問雲大師。大師云、
一翳不除、出身無路。進曰、除得一翳底人、還稱得向上
人也無。雲大師云、橫眠直臥有何妨。六祖見僧豎起拂
子云、還見摩。對云、見。祖師拋向背後云、見摩。對云、見。師
云、身前見、身後見。對云、見時不說前後。師云、如是如是。
此是妙空三昧。有人拈問招慶、曹溪豎起拂子意旨如
何。慶云、忽有人廻杴柄到汝作摩生。學人掩耳云、和尚。
慶便打之。）

鏡

傳法偈云

心地含諸種、　普雨悉皆生、
頓悟華情已、　菩提果自成。

宋　景

（先天元年、告諸徒衆曰、吾忝受忍大師衣法、今爲汝
等說法。不付其衣、蓋汝等信根淳熟、決定不疑、堪任大

事。聽吾偈曰、
心地含諸種、　普雨悉皆生、
頓悟華情已、　菩提果自成。
師說偈已復曰、其法無二、其心亦然。其道淸淨、亦無諸相。汝等愼勿觀淨及空其心。此心本淨、無可取捨。各自努力、隨緣好去。）

傳

（至先天元年、一日忽謂衆曰、吾忝於忍大師處受其法要幷之衣鉢。今雖說法、而不傳衣鉢者、蓋以汝等信心成熟、無有疑者、故不傳之。聽吾偈。曰、
心地含諸種、　普雨悉皆生、
頓悟華情已、　菩提果自成。
復曰、其法無二、其心亦然。其道淸淨、亦無諸相。汝等愼勿觀淨及空其心。此心本淨、無可取捨。各自努力、隨緣好去。）

大

師曰、汝今須知、衣不合傳。汝若不信、吾與汝說先聖達磨大師傳衣偈。據此偈意、衣不合傳。汝聽偈曰、（中略）
師曰、吾有一偈、亦用先聖大師偈意。
心地含種性、　法雨卽花生、
頓悟花情意、　菩提果自成。
師說偈已、令門人散。衆相謂曰、大師多不久住世間。

興

若非此人、衣不合傳。汝多不信、吾與汝說先祖達磨大師傳衣偈頌。據此偈頌之意、衣不合傳。偈曰、（中略）
師曰、吾有一偈、還用先聖大師偈意。偈曰、
心地含種性、　法雨卽花生、
頓悟花情已、　菩提果自成。
師說偈已、令門人且散。衆相謂曰、大師多應不久住世間。

宗

今爲汝等說法、不付其衣。蓋爲汝等信根淳熟、決定無疑、堪任大事。然據先祖達磨大師付授偈意、衣不合傳。（中略）聽吾偈。曰、
心地含諸種、　普雨悉皆萌、
頓悟華情已、　菩提果自成。
師說偈已曰、其法無二、其心亦然。其道淸淨、亦無諸相。汝等愼勿觀靜、及空其心。此心本淨、無可取捨。各自努力、隨緣好去。爾時徒衆作禮而退。

縁

(二)

傳法偈は、各祖師が以心傳心・教外別傳の宗旨を弟子に傳えるに當って說いた偈頌である。今日では、過去七佛より西天二八祖東土六祖を經て、石頭希遷・馬祖道一に至るまでのものが知られているが、それは決して史實ではなく、ある系譜や祖統說が成立したのちに、その系譜に從って正法が傳授されてきたことを示すために、ある時期に意圖的に制作されたものである。したがってここではまず

禪宗における系譜・祖統の成立を整理しておかなくてはならない。

禪宗は、初祖達磨から四祖道信の頃までは達磨を初祖とする一宗としての意識はおそらくなかったと見られるが、五祖弘忍下の神秀や慧能以後になって系譜の意識が生じ、さらに慧能の弟子神會によって北宗神秀の一派が攻擊を受け、ここに南北の對立意識が生じて、達磨からの系譜の正傍説が問題となるに至った。さらに禪宗は教外別傳・以心傳心の立場を標榜することによって、達磨が釋尊から正法を嫡嫡相承したという傳燈系譜を採用し、一般の教宗が經典や論書にその權威を求めたのに對抗して、達磨禪の佛教としての權威・根據を證明するようになった。このため『付法藏因緣傳』の二四代説に『達摩多羅禪經』の序に見える四人の系譜を連續させるという大胆な方策を取り、かくして西天二八祖或いは二九祖の祖統説が成立し、東土六代の説との結合がなされていった。ただ西天祖統説は『寶林傳』や祖堂集・傳燈錄に見られるようなものに確定するまでには、かなりの紆余曲折があったのであり、法寶記や敦煌本・興聖寺本の兩壇經の傳える祖統説は、この流動的な狀況をよく物語っている。そしてこの間に過去七佛が加えられ、かくして過去七佛から西天二八祖、東土六祖に至る傳燈祖統説が完成するのである。なお、この六祖壇經における祖統説については、本書の資料篇第一章第一節の對照資料、及び第二節の解説を參照されたい。

この祖統説に合わせて、教外別傳の宗旨が過去七佛より達磨を經て六祖慧能、南嶽懷讓・青原行思・石頭希遷・馬祖道一に至るまで傳授されてきたことを偈頌によって示すのが傳法偈である。その成立過程を現存資料により略述すれば、敦煌本壇經においてはじめて達磨より慧能に至る六代の傳法偈（五言四句）が出現し、次いで『泉州千佛新著諸祖師頌』により推定すれば、『寶林傳』で西天二八祖と青原・石頭・南嶽・馬祖の傳法偈（五言四句）が加えられたと見られ、『寶林傳』では不明であるが、さらに祖堂集の時點で過去七佛の傳法偈（七言四句）が明確に見られ、以上の經過を通してすべての傳法偈が完備する。次いで傳燈錄もこれらすべての傳法偈を繼承し、宗鏡錄では馬祖を除くすべての傳法偈を、正宗記も南嶽・馬祖を除いたすべての傳法偈を記載している。

いったい、達磨の禪法を傳える證しとしては、まず北宗系で『楞伽經』の傳授を主張し、これに對して神會語錄や法寶記・曹溪大師傳などでは、傳信の袈裟を傳授することが主張された。特に神會語錄は、南宗の標幟としての傳信の袈裟に加えて、更に『金剛經』の傳授をいうのであるが、これらをすべて偈頌の授受に代えようとするのが傳法偈出現の背景であり、これを最初に主張したのが敦煌本壇經である。

傳法偈に關しては、當然過去七佛から馬祖に至るまでの成立過程をすべて前提としなくてはならないが、これらの問題に關しては、水野氏・柳田氏の論究があるので、これらをふまえつつ以下六祖の傳法偈に限ってこれを考えてみよう。

まず敦煌本壇經から宗寶本壇經に至る傳法偈を對照して掲げると

左の通りである。

敦煌本壇經	祖堂集 宗鏡錄 傳燈錄 正宗記	大乘寺本壇經	興聖寺本壇經	宗寶本壇經
心地含情種	心地含諸種	心地含種性	心地含種性	心地含諸種
法雨卽花生	普雨悉皆生	法雨卽花生	法雨卽花生	普雨悉皆萠
自悟花情種	頓悟花(華)情已	頓悟花情意	頓悟花情已	頓悟華情已
菩提菓自成	菩提果自成	菩提果自成	菩提果自成	菩提果自成

はじめに敦煌本壇經の傳法偈の內容を檢討してみると、その意味は、

心の土地（東土）は有情（祖師）と種子（弟子、受教者）を內包し、教えの雨（教法）が降ってはじめて花は咲く。花と有情と種子についてよく領解すれば、菩提の實は自然に結ぶ。

というものであり、土地と祖師と弟子と教法とによって菩提の果が自ら結實するという意味とされる。（水野弘元「傳法偈の成立について」〈宗學研究第二號〉）

これは達磨によって傳えられた教外別傳の宗旨が、これらの條件を具備することによって結實するという豫言と見られ、特に教理的なものは含まず、六祖慧能が達磨の禪を傳える正統の祖師であるという主張を前提とした傳法偈成立の原初形態を示すものと見ることができる。

これに對して、祖堂集以下一般に流布している傳法偈は、

心の土地にはいろいろの種子を含んでおり、あまねく雨がふることによりそれが皆生じてくる、云云。

というもので、それをすでに一般的な心地に關する教理の問題となっている。特に第三句目には、敦煌本壇經には全く見られない南宗獨特の頓悟思想を現出している點が注目される。しかもほぼ同樣のことが他の六代の傳法偈についても見られ、ここに傳法偈の意識的改變の跡が窺われる。宗寶本壇經もほぼこれら諸資料と同趣旨の內容となっているが、大乘寺本・興聖寺本の兩壇經は、頓悟などの改變の跡は見られるものの、第二句に「法雨」などの語を殘している點は改變の中間的存在として位置づけることができよう。

また敦煌本壇經は、「心地含情種云云」の傳法偈の說いた後に、

お前達よく聽け、私は二つの頌を作り、達摩和尚が作った頌の意を取ってお前達に示そう。お前達迷える者は、この頌によって修行すれば必ず見性する。

として、

㈠心地に邪な花が開けば、五葉はそれを追ってのび廣がって行き、共に無明業を作って、業風に吹きとばされてしまう。

㈡心地に正しい花が開けば、五葉もそれを追ってのび廣がって行き、共に般若の智慧を修して、必ずや佛菩提を得るにちがいない。

という二頌を説いている。この二頌は、一見して明らかなように、前者が異なる立場の禪を邪としてしりぞけ、後者が慧能系の南宗の立場を顯正するものである。

38　遷化・沒年等

㈠

瘞

王　至某載月日、忽謂門人曰、吾將行矣。（俄而異香滿室、白虹屬地。）飯食訖而敷坐、沐浴畢而更衣、彈指不留、水流澄滔。金身永謝、薪盡火滅。（山崩川竭、鳥哭猿啼。云云）

神　（至先天二年八月三日、忽告門徒曰、吾當大行矣。）（中略）其夜奄然坐化。大師春秋七十有六。

歷　至先天二年、忽告門徒、吾當大行矣。八月三日夜、奄然坐化。大師春秋七十有六。

曹　（後先天二年七月、廊宇猶未畢功、催令早了。吾當行矣。門人猶未悟意。其年八月、大師染疾。）（中略）其月三日、奄然端坐遷化。春秋七十有六。

敦　大師先天二年八月三日滅度。（中略）（六祖後至八月三日。食後大師言、汝等著位坐、吾今共汝等別。）（中略）夜至三更、奄然遷化。大師春秋七十有六。

柳　（元和十年十月十三日、下尚書祠部符到都府。）（中略）大鑒去世百有六年、凡治廣部而以名聞者以十數、莫能揭其號。乃今始告天子得大謚。

劉　（元和十年某月日、詔書追褒曹溪第六祖能公、謚曰大鑒。）（中略）按、大鑒生新州、三十出家、四十七年而沒、百有六年而謚。

圓　能大師、說法三十七年、年七十六、先天二年八月三日滅度。

祖　（師言訖、便往新州國恩寺、飦食訖、敷坐被衣。俄然異香滿室、白虹屬地。）奄而遷化。八月三日矣。春秋七十六。當先天二年。（中略）癸丑歲遷化、迄今唐保大十年壬子歲、得二百三十九年矣。

鏡

宋　以先天二年八月三日、俄然示疾。異香滿室、白虹屬地。飯食訖、沐浴更衣、彈指不絕、氣微目瞑全身永謝。（中略）春秋七十六矣。

景　言訖往新州國恩寺、沐浴訖跏趺而化。異香襲人、白虹屬地。卽其年八月三日也。(中略)壽七十六。(中略)大師自唐先天二年癸丑入滅、至今景德元年甲辰歲、凡二百九十二年矣。

傳　尋於國恩寺沐浴訖、安坐而化。異香酷烈、白虹屬地。其時實先天二年癸丑八月之二日也。(中略)其世壽七十有六。

大　（師至先天二年八月二日、食後報言、汝等各著位坐、今共汝別。云々）大師言訖、夜至三更、奄然遷化。大師春秋七十有六。

興　先天二年八月三日夜三更時、於新州國恩寺圓寂。（師至先天二年八月三日、食後報言、汝等各著位坐、共汝相別。云々）大師言訖、夜至三更、奄然遷化。大師春秋七十有六。

宗　先天二年八月三日夜三更時、於新州國恩寺圓寂。（大師先天二年癸丑八月初三日、於國恩寺齋罷、謂諸徒衆曰、汝等各依位坐。吾與汝別。云々）師說偈已、端坐至三更、忽謂門人曰、吾行矣。奄然遷化。(中略)師春秋七十有六。年二十四傳衣、三十九祝髮、說法利生三十七載。

緣

㈡

一　慧能の遷化に關して問題となるのは、⑴遷化の場所、⑵遷化の狀況の二點である。

まず遷化の場所については、これを明記するのは大乘寺本・興聖寺本の兩壇經であり、いずれも新州國恩寺で圓寂したとする。しかし既に33・34の二項で見たごとく、慧能は曹溪より新州に歸り、國恩寺を修復してここに龕塔を作ったとあり、ここで病を得たのであるから、當然他の諸資料も國恩寺遷化を前提としていると見てよい。ただここで問題となるのは、曹溪大師傳のみが次の39項で「大師は新州廣果寺に亡じた」と言っており、國恩寺と廣果寺の關係が不明な點である。すでに33・34項でみてきたように、曹溪大師傳は、景雲二年（七一一）まず曹溪に龕塔を造營し、次いで延和元年（七一二）新州國恩寺の修復に向わんとするにあたり、門人達の問に答えて翁山寺靈振を推擧し、先天二年（七一三）七月には新州にあって國恩寺の修復を催促するのである。いったい廣果寺といえば『舊唐書』（卷一九一）の〔神秀章〕に、

弘忍が卒して後、慧能は韶州の廣果寺に住まる。

とあり、『全唐詩』（卷三）には、慧能と交渉があったといわれる宋之問に、「宋之問遊韶州廣界（一作果）寺詩」という詩もあって、いずれも韶州廣果寺となっている。ちなみに『天聖廣燈錄』（卷七）の〔慧能章〕では、『南越記』の記事によって曹溪寶林寺が神龍中に中興寺・法泉寺と言っていたのを、同三年（七〇七）に廣果寺と改め、開元九

年（七一二）には建興寺とし、肅宗は國寧寺、宣宗は南華寺と改めたと言っている。しかし福島氏によれば、慧能と宋之問の關係、及び宋之問の詩の韶州廣果寺の記事は疑問視されており、さらに廣果寺は靈鷲山にあって寶林寺とも南華寺とも關係がないといわれている（「六祖慧能と文人との關係について」禪學研究二九號）。また『舊唐書』（神秀章）中の韶州廣果寺についても、實はこれが曹溪大師傳の新州廣果寺の發展したものと考えることもできる。いずれにせよ曹溪大師傳のいう新州廣果寺と、慧能の故宅とされる國恩寺との關係については全く不明であり、『天聖廣燈錄』の記事は、この間の錯綜を是正せんとしたものとも思われる。

次に遷化時について問題となるのは、遷化の時間、及び遷化の狀況についてである。まず遺誡を殘し死を豫告して遷化することは、遷化・沒年を記する文献すべてに共通するが、王維の碑銘はさらに、飯食し訖って坐を敷き、沐浴更衣して彈指しながら遷化したとしており、これはそのまま宋高僧傳に受け繼がれ、祖堂集・傳燈錄・正宗記にも部分的に受け繼がれる。宇井氏は飯は晝飯以外には無いとされるから（第二禪宗史研究　p.235）、これによれば王維の碑銘は日中に沒したと見ていることになる。ところが神會語錄・法寶記になると、「八月三日夜に奄然として坐化した」としており、夜という時間的規定と、坐化という遷化の方法に變ってしまう。そしてこの坐化というあり方は、曹溪大師傳・傳燈錄・正宗記・宗寶本壇經に等しく承け繼がれる。さらに諸壇經はいずれも、「夜三更に至って遷化」したとし、夜三更（一二時～二時）という明確な時間までを加えている。

二　次に、沒年・世壽等についてであるが、まず沒年については、王維の碑銘は「某載月日」として明確にしないが、柳宗元・劉禹錫の兩碑銘を除いた十二種の資料にこれを明記する。この內、正宗記が「先天二年八月二日」とする以外、すべて「先天二年（七一三）八月三日」としている。また柳宗元・劉禹錫の兩碑銘からも間接的に逆算が可能である。すなわち、柳宗元の碑銘は、元和十年（八一五）唐の憲宗より大鑒禪師の諡號を賜った時に撰せられたものであるが、その中で、「大鑒世を去って百有六年」と言っている。しかしこれに從えば慧能の遷化は景雲元年（七一〇）となり、先天二年（七一三）とは三年の差異を生ずる。劉禹錫の碑銘も柳宗元の碑銘を受けて、元和一〇年に大鑒禪師の號を賜わるまで百有六年としている。ただし大鑒禪師の諡號が實際に下賜されたのは、宇井氏の考證によれば元和一一年（八一六）一〇月一三日の誤りであるとされるから（第二禪宗史研究　p.244）、柳宗元・劉禹錫の兩碑銘より導き出される慧能の沒年は景雲二年（七一一）ということになる。それにしても、諸資料が傳える先天二年と、二年の差が生じる。しからばなぜこのような相異が生じたかということについて宇井氏は、先天二年の一一月に開元元年となり、永泰二年の一一月に太曆と改元されたのを見て、各年號の年數を、先天は二年、開元は二九年、永泰は二年、太曆は一四年とみなし、

先天	(1)	
開元	(29)	
天寶	14	
至德	2	
乾元	2	
上元	2	
寶應	1	
廣德	2	
永泰	(2)	
太曆	(14)	
建中	4	
興元	1	
貞元	20	
永貞	1	
元和	11	
	106	

と數えて、ついた百有六年という數を算出したのではないかと推測している（同 p.244）。

また曹溪大師傳は42項で、

先天二年壬子歳に滅度す。唐の建中二年に至って、計うるに七十一年に當る。

と記しているが、干支の上からは壬子は先天元年で、先天二年は癸丑であり、內容的に自己矛盾を含んでいる。『佛祖歷代通載』（巻一三 49, 588b）が慧能の沒年を先天元年とするのは、或いはこの曹溪大師傳の「壬子歳」を承けたものかもしれない。さらに曹溪大師傳の「建中二年（七八一）に至って計うるに七十一年に當る」と述べる說に從って慧能の沒年を逆算すれば、景雲二年（七一一）になってしまい、また假に七一年の語句を信用するなら、先天二年より七一年後は七八三年（建中四年）となる。ここにも曹溪大師傳の內容的矛盾を露呈している。あるいは先に宇井氏が推測されたごとく、先天を二年、開元を二九年、永泰を二年、太曆を一四年と數えることにより生じた矛盾かもしれない。

以上、要するに慧能の沒年に關して生ずる異說とは、資料內の矛盾乃至は逆算によって間接的に導き出された說であり、諸傳が傳える先天二年八月三日說を採用して大過なきものと考えられる。

世壽の問題に關してもほぼ同樣のことが言い得る。すなわち、王維・柳宗元・劉禹錫の三碑銘を除く前記掲載資料一二種は、すべて世壽七六歳と明記しており、劉禹錫の碑銘の「三十にして出家し、四十七年にして沒した」という記事も、三〇歳の出家の年を出家後の年に加えて合計すれば、諸法と同じく七六歳となる。ただし出家後の年數については、曹溪大師傳は「大師在日受戒開法度人三十六年」とし、大疏鈔・宗寶本壇經は「說法利生三十七年」としており、劉禹錫の碑銘が何に基づいたかは不明である。この點に關して宇井氏は、四〇で出家、三七年にして沒すの間違いではないかとしている（同 p. 245）。

39 奇瑞

（一）

瘞

王 俄而異香滿室、白虹屬地。飯食訖而敷坐、沐浴畢而更衣、彈指不留、水流澄滔。金身永謝、薪盡火滅、山崩川竭、鳥哭猿啼。諸人唱言、人無眼目、列郡慟哭、世且空虛。

神 是日山崩地動、日月無光、風雲失色、林木變白。別有異香氳氳、經停數日。漕溪溝澗斷流。泉池枯竭、經餘三日。

歷 漕溪溝澗斷流、泉池枯竭。日月無光、林木變白。異香氳氳、三日不絕。

曹　滅度之日、煙雲暴起、泉池枯涸、溝澗絕流、白虹貫日。巖東忽有衆鳥數千、於樹悲鳴。又寺西有白氣如練、長一里餘、天色淸朗、孤然直上、經于五日乃散。復有五色雲、見於西南。是日四方無雲。忽有數陣涼風、從西南飃入寺舍。俄而香氣氛氳、遍滿廊宇。地皆振動、山崖崩頽。大師新州亡、廣果寺。寺西虹光三道、經于旬日。又寺前城頭莊、有虹光經一百日。衆鳥悲鳴、泉水如稠泔汁、不流數日。又翁山寺振禪師、於房前與衆人夜間說法、有一道虹光、從南來入房。禪師告衆人曰、和上多應新州亡。也。此虹光是和上之靈瑞也。新州尋有書報亡。曹溪門徒發哀。因虹光頓謝、泉水漸流。書至翁山、振禪師聞哀設三七齋。於夜道俗畢集。忽有虹光、從房而出。振禪師告衆人曰、振不久住也。經云、大象既去、小象亦隨。其夕中夜臥右脇而終也。

敦　大師滅度、諸日寺內異香氳氳、經數日不散。山崩地動、林木變白、日月無光、風雲失色。

柳

劉

圓

祖　飰食訖、敷坐被衣、俄然異香滿室、白虹屬地。

鏡

宋　（異香滿室、白虹屬地。飯食訖、沐浴更衣、彈指不絕、氣微目瞑、全身永謝。）爾時山石傾墮、川源息枯、鳥連韻以哀啼、猿斷腸而叫咽。或唱言曰、世間眼滅吾疇依乎。

景　（異香襲人、白虹屬地。）

傳　（異香酷烈、白虹屬地。）

大　師遷化日、寺內異香氛氳、經于七日、感得山崩地動、林木變白、日月無光、天地失色、羣鹿鳴悲、至夜不絕。

興　師遷化日、寺內異香氛氳、經于七日、感地動、林變白、日無光、風雲失色、羣鹿鳴叫、至夜不絕。

宗　于時異香滿室、白虹屬地、林木變白、禽獸哀鳴。

緣

㈡

高僧の遷化に際して奇瑞や靈瑞を記すことにより、その德を高揚せしめようとするのは、古來傳記作者の取る常套手段であり、慧能傳に關してもその例外ではない。すなわち、純粋な意味での傳記資料とは言えない瘞髮塔記・柳宗元の碑銘・劉禹錫の碑銘・大疏鈔・宗鏡錄・緣起外紀を除いたすべての資料に、詳細簡略の別はあるが、なんらかの形で遷化時の奇瑞が見られる。その內容は、王維の碑銘にある。㈠異香が室に滿ちたこと、㈡白虹が生じたこと、㈢山は崩れ川は涸渇するという異變が起ったこと、㈣鳥や猿などもなげき悲しんだこと、㈤人々はそのより所を失ったことを嘆じたこと、の五點が基本になっており、これはあたかも佛陀入涅槃の狀況を髣髴せ

しめる。そしてこれらが神會語錄・法寶記・曹溪大師傳・敦煌本以下の四壇經・祖堂集・宋高僧傳・傳燈錄・正宗記に承け繼がれるわけであるが、特に神會語錄と法寶記、王維の碑銘と宋高僧傳の資料的關連性が密接である。

また奇瑞の日數について王維の碑銘は何も言わないが、神會語錄は「餘三日を經」と言い、法寶記は「三日三夜絶えず」とし、曹溪大師傳は「五日を經て散ず」とし、大乘寺本・興聖寺本の兩壇經は「七日を經」と言っており、奇瑞の記事の發展の跡を見ることができる。

次に、奇瑞を記す資料の中で第一に注目されるのは、曹溪大師傳における詳細な記載である。

すなわち、曹溪大師傳は、㈠滅度の日に煙雲が暴に起り、泉池は涸れ、流れは斷え、白虹が日を貫ぬいたこと。㈡寺の西に白氣の長さ一里なるが直ちに上り、五日を經て散じたこと。㈢五色の雲が西南に現れ、氛氳たる香氣が廊宇に遍滿したこと、また地は振動し山崖が崩れたこと。㈣寺の西に虹光三道あって旬日を經たこと。㈤寺前の城頭の莊に虹光が現れ百日を經たこと。さらに衆鳥が悲鳴し、水は稠泔汁のごとくなって數日の間流れなかったこと。㈥翁山寺の靈振が、夜間衆人のために說法していたところ一道の虹光が南方より來って房に入ったので靈振は、慧能の遷化を知ったという。さらに新州より慧能の示寂を知らせる書が至り、門人が哀を發したところ虹光はたちまちにやみ、泉水もようやく流れたとする。靈振とは、前の33項でみたごとく慧能によって後事を囑された人であり、この靈振についての奇瑞は、曹溪大師傳のみの記事である。

のち靈振が、慧能の三七齋（中陰忌）を設けるや、房より虹光が出たといい、また靈振は中夜に至って遷化したとする。

以上の曹溪大師傳の記述をみると、その奇瑞の一一が虹光に關係していることに氣づく。また、曹溪大師傳のタイトルの「滅度時六種瑞相」が具体的には50項の記事を意味する一方、本項にも該當するものとも推測しうる。

次に注意すべき第二點は、祖堂集・傳燈錄・正宗記などの燈史類における奇瑞の扱い方である。すなわち、燈史類はいずれも、異香が生じ、白虹が地に屬したという二點だけを極めて簡略に記するにとどまり、奇瑞についての關心は甚だ淡白である。このことは、南宗禪の立場も確立し、祖統說も決定して、慧能の六祖としての位置も確固不動のものとなった結果、殊更に奇瑞をもってこれを誇張する必然性がなくなった當時の禪宗界の風潮と、さらに、燈史類が傳記というよりも、機緣の語句を集めることを主眼とする語錄的性格を持つものという文献的性格を反映していると見ることができよう。

瘞

40　遺體を膠漆す

㈠

王

神

歴

曹　曹溪門人、迎二大師全身一歸二曹溪一。其時首領不二肯放一、欲下留二國恩寺一、起レ塔供養上。時門人僧崇一等、見二刺史一論レ理、方還二曹溪一。大師頭頸、先以二鐵鍱一封裹、全身膠漆。

敦

柳

劉

圓

祖

鏡

宋　又以二能端形不一レ散如レ入二禪定一後加二漆布一矣。復次蜀僧方辯、塑二小樣眞一肖二同疇昔一。

景　又有二蜀僧名一方辯一。來謁レ師云、善捏レ塑。師正色曰、試塑看。方辯不レ領レ旨。乃塑二師眞一可二高七寸一、曲盡二其妙一。師觀レ之曰、汝善二塑性一不レ善二佛性一。酬以二衣物一僧禮謝而去。(中略)門人憶二念取レ首之記一遂先以二鐵葉漆布一、固二護師頸一。

傳　始尊者入塔時、徒屬思下其言、將丙有乙人取二吾首一者甲、遂以二鐵鍱一固二護其項一。

大

興

宗　次年七月出レ龕。弟子方辯、以二香泥一上レ之。門人憶二念取一レ首之記、仍以二鐵葉漆布一、固二護師頸一入レ塔。

縁

(二)

遺体を膠漆するというのは、死後の遺体を膠や漆で塗りかため、一種の信仰の象徴としてその生前の姿を留めようと意圖するものであろう。同様の目的を持つ事例は世界各地に見られるが、エジプトのミイラや日本の現身佛に見られるような、單にミイラ化するという保存形態を取らず、さらに膠漆で塗りかためる方法を取るのは、高度に發達した中國の漆器文化を反映するものであろう。先年(昭和四九年四月)、毎日新聞社の主催で開かれた「道元・瑩山禪師の悟り」と題する禪展において、明治四四年の辛亥革命の際に日本に將來され、日本ミイラ研究グループが保管していた石頭希遷のミイラ(現總持寺保管)なるものが出品されて話題を呼んだが、その姿はまさに入定示寂の姿をそのまま塗りかためた漆黒の塑像であり、六祖慧能の遺体膠漆の姿もこのようなものであったであろうと思われる。また、「唐代廣州光孝寺與中印交通之關係」(羅香林氏)の口繪にみられるように、廣東省韶州南華寺、卽ち曹溪寶林寺にある六祖殿には、「勅封南宗六祖」と題する厨子の中に、六祖の肉身が漆布に包まれて乾漆像となって保存されていることが知られている。

さて、六祖慧能の遺体を膠漆する記事を載せる資料は、曹溪大師

傳・宋高僧傳・傳燈錄・正宗記・宗寶本壇經の五種であるが、その目的・意圖は二種に大別されよう。第一は宋高僧傳に說く所の

また慧能の端形が死後も散ぜず、あたかも禪定に入っているかの如くであったので、後に漆布を加えてその姿を留めんとした

というものであり、明らかに宗教的信仰の象徵としてその姿を留めんと意圖したという表現をとっている。おそらく遺体膠漆の本來的意味に近い記事といえよう。

これに對して、それ以外の資料は、いずれも42項の賊が慧能の頭を取りに來るという記事を想定した上で、鐵鍱や漆布をもって慧能の首を護るというものである。卽ち曹溪大師傳では、

新州の首領は慧能の遺体を國恩寺に留めて起塔供養せんとしたが、門人崇一等は理を說いて遺体を曹溪にかえし、次いで大師の頭頸をまず鐵鍱をもって封裹し、全身を膠漆した

といい、その表現は頭を取りに來るということを暗示しているに過ぎないが、傳燈錄になると、慧能の「私の滅後五六年にして私の首を取りに來るものがある」という豫言により、鐵鍱漆布で師の頸を固く護るという表現に變り、正宗記ではさらに「膠漆」ということを捨て去って、鐵鍱をもってその項を固く護るということだけになってしまう。宗寶本壇經も傳燈錄と殆んど同樣の記載となっているが、その時期は、遷化の翌年の七月二五日に慧能の遺体を龕から出し、弟子の方辯が香泥を加えたのちのこととしている。なお方辯なる人物については、宋高僧傳によれば、慧能の滅後、傳燈錄・宗寶本壇經は生前にそれぞれ慧能に似せて小樣の塑像を造った蜀の僧といわれる。

なお、祖堂集の本項と42項に關する記事は、慧能章にはみられないが卷一八の慧寂章に存する。（資料集成五〇六頁參照）

41　遷神・入龕

㈠

瘞　某月日遷神於曹溪、安坐於某所。擇吉祥之地、不待青烏。變功德之林、皆成白鶴。

神　其年（先天二年）、於新州國恩寺、迎和上神座。十一月、葬於漕溪。

歷　其年、於新州國恩寺、迎和上神座。至十一月、葬於漕溪。

曹　（曹溪門人、迎大師全身歸曹溪。其時首領不肯放。欲留國恩寺、起塔供養。時門人僧崇一等、見刺史論理、方還曹溪。）（中略）

敦　其年十一月十三日、遷神入龕。

柳　八月三日滅度。至十一月、迎和尚神座、於漕溪山葬。

劉

圓

祖

鏡

宋　以其年十一月、遷座于曹溪之原也。

景　時韶新兩郡各修靈塔。道俗莫決所之。兩郡刺史共焚香祝云、香煙引處卽師之欲歸焉。時鑪香騰涌、直貫曹溪。以十一月十三日入塔。

傳　當是新韶二郡各務建塔。爭迎其眞體、久不能決。刺史乃與二郡之人焚香祝之曰、香煙所向、卽得擧去。俄而香煙條發、北趣韶境。韶人乃得、以十一月十三日歸塔於曹侯溪之濱。今南華寺是也。

大　至十一月、韶廣二州門人、迎師禪座、向曹溪山葬。

興　至十一月、韶廣二州門人、迎師神座、向曹溪山葬。

宗　十一月、廣韶新三郡官僚洎門人僧俗、爭迎眞身、莫決所之。乃焚香禱曰、香煙指處、師所歸焉。時香煙直貫曹溪。十一月十三日、遷神龕併所傳衣鉢而回。

縁

(二)

遷神入龕とは慧能の遺体を新州國恩寺より韶州寶林寺に迎え、龕塔に納めることをいうが、前段40項に見られるように、曹溪大師傳は遺体を膠漆する以前に、慧能の遺体を曹溪に遷したとするのであるが、「遺体を膠漆」したことを載せる資料中、曹溪大師傳以外の宋高僧傳・傳燈錄・宗寶本壇經もともに、入寂の地新州國恩寺から曹溪寶林寺へ慧能の遺体を遷した後に膠漆したことを記す。

　ところで、遷神入龕を記すのは、王維の碑銘・神會語錄・法寶記・曹溪大師傳・宋高僧傳・傳燈錄・正宗記・四壇經の一一資料を數えるが、慧能の遺体を國恩寺より曹溪に遷すに關して、前段40項で示したように、曹溪大師傳は、曹溪の門人が大師の全身を迎えて曹溪に歸らんとしたが、新州の首領がこれを放さず、國恩寺に留めて起塔供養せんとしたので門人崇一等が理を論じて曹溪に移したとするのであったが、このような六祖慧能の遺体を爭ったとするのは曹溪大師傳以前の資料には全く見られず、おそらくは曹溪大師傳の創唱であろう。傳燈錄はこれと多少趣を異にし、韶・新兩郡は各々靈塔を修し共に迎えんとしたが、道俗はそのゆく所を決し得なかったので、兩郡の刺史が共に香を焚き、香煙の引く所が大師の歸らんと欲する所であるとしてこれを行ったところ、煙が曹溪に貫いたので曹溪に入塔したとする。これは曹溪大師傳の記事の發展したものであろうが、中間的なものとしてやはり『寶林寺』の介在が考えられよう。正宗記や宗寶本壇經はいずれも傳燈錄とほぼ同樣の內容となっている。

　次に遷座の記事は、傳燈錄を除く前記諸資料一〇種にすべて述べられているが、宋高僧傳は「曹溪之原」に遷座したとする點、多少他の資料と樣子が異なっている。また大乘寺本・興聖寺の兩壇經經は「韶廣二州の門人が師の神座を迎えた」とし、廣州の門人をも加

えている點が注目される。さらに宗寶本壇經は「廣韶新三郡の官僚及び門人」となり、また「神龕のほかに新傳の衣鉢をもあわせて曹溪に移した」としており、それが何を承けたものかは不明であるが、多分、慧能の塔中には達磨所傳の信衣と、中宗より賜わった磨衲の寶鉢があり、門人達によって守られていたという傳燈錄の記事（43項參照）を前提とするものであろう。

次に入龕とは、曹溪寶林寺に移した慧能の遺體を、既に34項で見たごとく、景雲二年（七一二）に寶林寺に建てた龕塔に入れることであり、ここでは、㈠龕塔に入れること、乃至葬ることと、㈡遷座・入龕の年月日の二點が問題となる。

まず第一の入龕については、宋高僧傳・宗寶本壇經以外の前記九資料に該當記事が見られるが、正宗記では特に「曹侯溪の濱に塔した。これが今の南華寺である」とし、龕塔の場所が具體的に示されている。慧能が生前に龕塔を作った場所を曹溪大師傳が曹溪とする以外、神會語錄をはじめとする諸資料が、いずれも例外なく新州國恩寺としていることである。大師の遺體は新州から曹溪に移され膠漆されたことは、諸傳が一致しているから、龕塔の場所を新州國恩寺とすると矛盾がみられる。

また第二の遷座・入龕の日時については、王維の碑銘は「某月日」とするだけで明確さを欠くが、神會語錄・法寶記は「十一月」としており、さらに曹溪大師傳は「十一月十三日」と明記する。また敦煌本・大乘寺本・興聖寺本の三壇經と宋高僧傳は、神會語錄や法寶記と同じく單に「十一月」とするが、傳燈錄・正宗記・宗寶本壇經は曹溪大師傳と同じくいずれもその日時を「十一月十三日」と明記しており、先に見た「韶・新兩郡が大師の遺體を爭った」という記事がやはりこれら四資料にも共通することとも符合して、それら諸資料の關連が密接であったことが推測される。

以上、遷座・入龕の問題に關しては、資料的に曹溪大師傳とそれから發展した傳燈錄・正宗記・宗寶本壇經のグループと、その他のグループの二種に大別できるが、慧能の遺體を爭った事件に關する曹溪大師傳から傳燈錄への變化發展以外には、內容的に殆んど變ったところは見出し得ない。

42　頭を取りにくる

㈠

瘞

王

神

歴

曹　至開元二十七年、有刺客來取頭、移大師出庭中、刀斬數下。衆人唯聞鐵聲驚覺。見一孝子奔走出寺、尋迹不獲。大師在日、受戒、開法、度人三十六年。先天二年壬子歲滅度。至唐建中二年、計當七十一年。

敦

柳

劉

圓

祖　五六年中。頭上養親。口裏須飡。遇滿之難。楊柳爲官。

鏡

宋　能曾言、吾滅後有善心男子、必取吾元。汝曹勿怪。或憶是言、加鐵環纏頸焉。開元十一年、果有汝州人、受新羅客購、潛施刃其元、欲函歸海東供養。有聞擊鐵聲、而擒之。

景　開元十年壬戌八月三日、夜半忽聞塔中如拽鐵索聲。僧衆驚起、見一孝子從塔中走出。尋見師頸有傷。具以賊事聞於州縣。縣令楊侃刺史柳無忝得牒切加擒捉。五日、於石角村捕得賊人。送韶州鞫問。云、姓張名淨滿、汝州梁縣人。於洪州開元寺受新羅僧金大悲錢二十千。令取六祖大師首、歸海東供養。柳守聞狀未卽加刑、乃躬至曹谿、問師上足令韜曰、如何處斷。韜曰、若以國法論理須誅夷、但以佛教慈悲、冤親平等。況彼求欲供養、罪可恕矣。柳守嘉歎曰、始知佛門廣大。遂赦之。〈爾後甚有名賢贊述及檀施珍異、文繁不錄。〉

傳　開元十年八月三日、其夕之半、俄聞塔間有若拽鐵索之聲。主塔者驚起、遽見一人狀類孝子、〈此當日見一人著縗經而混。言類孝子者、蓋順乎祖師隱語之意耳。〉自塔馳出。尋視之、其鐵鍱護處已有痕迹。遂以賊事聞其州邑、官嚴捕之。他日於邑之石角村果得其賊。史鞫問、賊自稱姓張名淨滿。本汝州梁縣人。適於洪州開元寺、受新羅國僧金大悲者雇、令取祖之首、歸其國以事之。吏欲以法坐之、刺史以其情不惡。乃問尊者弟子令瑫禪師。令瑫復以佛法論、欲吏原之。刺史善瑫之意、亦從而恕之。當其時、州刺史曰柳無忝、縣令曰楊侃、賊曰張淨滿。驗其讖語無少差謬。

大

興

宗

縁

(二)

國恩寺より曹溪寶林寺に遷され龕塔に入れられた慧能の遺體が、その後賊によって頭を取られようとする難に會う事件は、既に40項の遺體を膠漆する段で想定されていた。

さて、この事件の記載は曹溪大師傳・祖堂集・宋高僧傳・傳燈錄・正宗記に存するが、年代的に內容上發展のあとが窺われる。すなわち、曹溪大師傳では、開元二七年（七三九）一刺客があって慧能の首を取らんとし、遺體を庭中に出して刀を數回下した。すると衆人が鐵聲を聞いて驚覺し、一孝子が奔走して寺を去るのを見て迹を尋

ねたが、捕えられなかったとする。

さらにこの話が祖堂集の慧寂章になると、滅後五六年にして私の首を取りに來る者がいるとして、

頭上に親を養い、口裏に湌すべし。
滿の難に遇いて、楊柳は官と爲る。

という豫言の句を前提として問答がなされている。

これが宋高僧傳になると、慧能が生前語って言うのに、「我滅後に善心の男子があって必ず私の首を取りに來る。お前達は怪しむことはない。私の言うことをよくおぼえておき、滅後鐵環で私の頸を纒っておきなさい」と。果して開元一一年（七二三）、汝州の人で新羅の客の購を受けたものが、慧能の頸を刀で取って海東に歸り供養せんとしたが、鐵を撃つ聲を聞いて衆人がこれを捕えた、とされる。

なお、傳燈錄・正宗記・宗寶本壇經にも前記祖堂集の慧寂章とほぼ同一の偈が載せられる。門人は、この豫言を憶念して、鐵葉漆布をもって慧能の頸を護った。開元一〇年（七二二）八月三日夜半、慧能の塔中に鐵索を拽く聲があり、僧衆が驚起してみると、一孝子が塔中から走り出すのが見え、慧能の頸に傷があったので、このことを州縣に報告した。縣令楊侃及び刺史柳無忝は、辭令を受けて賊の擒捉に當り、五日にして石角村という所で捕え、韶州に送って訊問した所、賊は姓は張で名は淨滿、汝州梁縣の者で、洪州開元寺で新羅の僧金大悲より錢二十千を受け、六祖の首を取って海東に歸り供養せんとしたことを語った。これを聞いた柳無忝は刑を加えず、令韜のところに行き處置を求めた。令韜は、國法をもって論ずるなら誅夷すべきものだが、佛教の慈悲、冤親平等の心をもって對處すべきだとし、ましていわんや彼は供養せんとしたのであるから、これを許してやるべきだと進言した。柳無忝は嘉歎して、佛門の廣大なることを知り、ついにこれを許したというものである。正宗記はこの傳燈錄の記事をそのまま承け、殆んど傳燈錄の域を出ないが、慧能の豫言の言葉が少しの差謬もなかったことを特に強調する。

このように、曹溪大師傳では極めて簡單であった記事が、宋高僧傳では慧能が生前にこのことあるを豫言し、犯人の生地及び依賴者、さらにその理由を明記し、傳燈錄になると更に犯人の姓名、依賴者の名前、それを捕えた縣令・刺史の名前まで明記し、その上慧能はこの點までも豫言したとしており、その後の犯人の處遇まで詳細に記している。しかもこの事件があった年代も、資料によって開元二七年、開元一一年、開元一〇年八月三日と變化している。

果してこのような事實があったかどうかは不明であるが、曹溪大師傳以前の資料には全く見られない記事であり、おそらく曹溪大師傳の創唱であると思われる。そして宋高僧傳や傳燈錄の記載も、この曹溪大師傳の記事の發展である。宋高僧傳や傳燈錄における内容の增廣について宇井氏は、「この妄傳の敷演は全く『寶林傳』である」（第二禪宗史研究 p.236）としている。

43　衣鉢を守る

(一)

瘞

王

神

歴

曹　其年、衆請上足弟子行滔、守所傳衣、經四十五年。

敦

柳

劉

圓

祖

鏡

宋　其塔下葆藏屈眴布鬱多羅僧。其色青黒碧縑複袷。非人間所有物也。屢經盜去、迷倒卻行而還褫之。至德中、神會遣弟子進平、送牙癢和一柄。

景　塔中有達磨所傳信衣〈西域屈眴布也。緝木綿華心織成。後人以碧絹爲裏。〉、中宗賜磨衲寶鉢、方辯塑眞、道具等。主塔侍者尸之。

傳

大

興

宗　達磨所傳信衣〈西域屈眴布也。〉中宗賜磨衲寶鉢、及方辯塑師眞相、幷道具、永鎭寶林道場、留傳壇經以顯宗旨、興隆三寶普利群生者。

縁

(二)

慧能の滅後、五祖弘忍より授けられた衣鉢を門人が守ったことを述べるのは、曹溪大師傳・宋高僧傳・傳燈錄・宗寶本壇經の資料である。最初の曹溪大師傳は、守った人物を問題としてそれを行滔とするのに対し、他の三資料は、塔中に収められた傳衣や鉢等が中心となる。

すなわち、宋高僧傳は、慧能の塔下に藏された傳衣が、屈眴布鬱多羅僧で、色は青黒碧、縑の複袷であり、人間に有る物ではなく、しばしば盜み去られたが、また戻ったといい、さらに至德中（七五六～七五七）に神會が弟子の進平を遣わして、牙癢和一柄を送ったとする。牙癢和は牙製のまごの手の一種のことであり、以前六祖慧能の使用していたものを神會が所持し、それを塔に収めたものと思われる。癢和は『祖堂集』巻四の石頭希遷の章にも和痒子として六祖と關係づけられている。傳燈錄では、塔中には達磨所傳の信衣の外に、中宗より賜わった磨衲の寶鉢、方辯が塑した慧能の眞像、および道具等があって、主塔侍者がこれをつかさどったとし、曹溪大師傳に

みえる行滔の名は擧げていない。行滔は曹溪大師傳では六七一～七五九の人で、傳燈錄卷五では令滔といい、六六六～七六〇の人で、示寂するまで塔を守ったので四五年間と記したのである。ここで慧能の眞像を塑したという方辯とは、既に40項でみたごとく、宗寶本壇經に慧能遷化の翌年、遺體を龕から出して香泥を加えたという人物である。また傳衣の材質に關しては、既に20の項目で述べた。

44　建　碑

㈠

瘞

王

神　殿中丞韋據造碑文。

歷　太常寺承韋據造碑文。（至開元七年、被人磨改、別造碑。）近代報修侍郎宋鼎撰碑文。

曹　有殿中侍御史韋據、爲大師立碑。

敦　韶州刺史韋璩立碑、至今供養。

柳

劉　遂咨於文雄、今柳州刺史河東柳君、爲前碑。後三年有僧道琳、率其徒由曹溪來、且曰、願立第二碑。學者志也。維如來滅後、中五百歲、而摩騰、竺法蘭以經來。華人始聞其言、猶夫重昏之見曶爽。後五百歲、而達摩以法來。華人始傳其心、猶夫昧旦之覩白日。自達摩六傳至大鑒、如貫意珠、有先後而無同異。世之言眞宗者、所謂頓門。（初達摩與佛衣倶來、得道傳付、以爲眞印。至大鑒、置而不傳。）豈以是爲筌蹄邪、芻狗邪。將人人之莫己若而不若置之邪。吾不得而知也。

圓

祖

鏡

宋　弟子神會、若顏子之於孔門也。勤勤付囑語在會傳。會於洛陽荷澤寺、崇樹能之眞堂。兵部侍郎宋鼎爲碑焉。會序宗脈、從如來下、西域祖師外、震旦凡六祖、盡圖繢其影。太尉房琯作六葉圖序。

景　時韶州刺史韋據撰碑。

傳　前刺史韋據碑之。

大　韶州奏聞、奉勅立碑供養。

興　韶州奏聞、奉勅立碑供養。

宗　韶州奏聞、奉勅立碑紀師道行。

緣

㈡

慧能の滅後碑が建てられたことを述べるのは、神會語錄・法寶記・曹溪大師傳・敦煌本壇經・劉禹錫の碑銘・宋高僧傳・傳燈錄・正宗

記および大乘寺本以下の三壇經の資料である。まず最初の神會語錄では、慧能示寂の時に、殿中丞韋據なるものが碑文を造ったという。しかし次の45項で觸れる通り、同じく神會の『菩提達摩南宗定是非論』では、この碑が、開元七年（七一九）北宗系の武平一によって磨卻されたという。もしこれが事實とすれば、慧能傳の資料としては最古に屬するものとなるが、韋據その人の實在が疑問視されていることからすれば（初期禪宗史書の研究　p.184）、この碑文の存在も疑わしいものとなる。しかしこの神會語錄にはじまる韋據の建碑のことは、後續の八種の資料に承けつがれるが、韋據の肩書きは、神會錄錄が「殿中丞」、法寶記が「太常寺丞」、曹溪大師傳が「殿中侍御史」、敦煌本壇經が「韶州刺史」と變化し、以後これが定型化して、傳燈錄がそのまま「韶州刺史」という一方、正宗記が「前韶州」、大乘寺本以下の三壇經が「韶州」としている。この前韶州・韶州は、共に韶州刺史を簡略化したものとみられる。特に最後の壇經系三資料は、建碑が勅命によってなされたことを述べている

　韋據の碑文の存在が疑わしいのに對し、碑文の現存する碑銘は三種ある。まず現存最古のものは、王維の碑銘である。柳田氏によれば、これは、宗寶本壇經の末尾に、

　また唐の王維右丞、神會大師の爲に祖師記を作りていわく、云々

とあることから、安史の亂後、弟の王縉（七〇一？〜七八一）のとりなしで、肅宗朝の尚書右丞の要職についた王維（七〇〇〜七六一）が、その晚年に神會の依頼によって書いたものとされるが（初期禪宗史書の研究　p.97, pp.186—187）、一方、宇井氏は王維の沒年を七五九年とし、したがってその成立を七五九年以前とする（第二禪宗史研究　p.176）。ただこの建碑について述べるものは、宗寶本壇經以外には見當らない。

　次に碑文の現存第二の碑銘は、柳宗元の碑銘であるが、これは憲宗の元和一〇年（八一五）又は一一年（八一六）、扶風公馬總（〜八二三）の上奏によって、大鑑禪師の諡號が贈られた際、柳宗元（七七三〜八一九）が請われて書いたもので、それから三年後に書かれた劉禹錫の碑銘に、「今、柳州刺史河東柳君、前碑を爲す」とある前碑に相當するものである。

　碑文の現存第三の碑銘としての劉禹錫の碑銘は、曹溪の僧道林が柳宗元の碑銘の後三年して、第二碑を立てることを發願し、劉禹錫（七七二〜八四二）に建碑を依頼したことから書かれたもので、したがってそれは、元和一三年（八一八）又は一四年（八一九）のことであり、彼はその後宗寶本壇經附錄にある『佛衣銘』をも書いている。

　また慧能歿後、弟子の神會が、洛陽荷澤寺に慧能の眞堂を崇樹し、兵部侍郎の宋鼎が碑をなしたとするのが宋高僧傳であり、これは次の45項で述べるように、開元七年（七一九）の磨卻後、近代に報修し、侍郎宋鼎が碑文を撰したとする法寶記の記事とも關連するが、その碑文はみられない。また碑文ではないが、宋高僧傳には、太尉房琯が『六葉圖序』を作したことを傳えている。

　こうしてみると、現存三種の碑文が、ほとんど後續資料に無視されている一方で、韋據による幻の碑銘が、次の武平一の磨卻とも關

連して、特別の關心が拂われていたことは、注目すべきことである。

45　碑の磨卻・武平一の記事

(一)

瘞

王

神　至開元七年、被人磨改、別造文報鐫。略除六代師資相授及傳袈裟所由。其碑今見在漕溪。

歷　至開元七年、被人磨改、別造碑。（近代報修、侍郎宋鼎撰碑文。）

曹　後北宗俗弟子武平一、開元七年、磨卻韋據碑文、自著武平一文。

敦

柳

劉

圓

祖

鏡

宋　朝達名公所重、有若宋之問、謁能著長篇。有若張燕公說、寄香十斤幷詩。附武平一至、詩云、大師捐世去、空留法身在。願寄無礙香、隨心到南海。武公因門人懷讓鑄巨鐘、爲撰銘讚、宋之問書。

景

傳

大

興

宗

緣

(二)

一　韋據の建碑については、前項に述べた通り、神會語錄に初出し、それが法寶記・曹溪大師傳・敦煌本壇經に承けつがれたのであるが、この韋據の碑文が、慧能沒後六年の開元七年（七一九）に至って磨卻され、改めて別に碑文を造ったとするのが、神會語錄・法寶記・曹溪大師傳の三つの資料である。その碑が今曹溪にあることを述べるのが神會語錄であり、それには作者の名をいわないが、法寶記は、近代に報修し、侍郎宋鼎が碑文を撰したという。宋鼎の『六祖慧能禪師碑銘』は、宋の趙明誠の『金石錄』卷七の目錄一二九八に、

　唐の曹溪能大師の碑〈宋泉（ママ）の撰、史惟則八分書す、天寶十一載二月〉

『集古錄目』卷三に、

　唐能大師碑

　兵部侍郎宋鼎の撰。河南陽翟丞の史惟則八分書す。大師、姓は盧氏、

南海新興の人、新興の曹溪に居す。天寶七載、其の弟子神會、鉅鹿郡の開元寺に建碑す。〈金石錄を案ずるに、天寶十一載二月に立つ。〉

とあり、44項の建碑で述べたように、宋高僧傳にもその建碑を傳えているから、造られたことは事實のようであるが、碑文は現存しないという（初期禪宗史書の研究　p.185）。

二　磨卻の年代はいわないが、磨卻して別に文を造った人物が北宗の門徒武平一であることをいうのが、神會の『菩提達摩南宗定是非論』であり、これは磨卻について述べる最古の資料である。これには最初の碑文の作者の名をいわないが、これとそれに續く神會語錄・法寶記とを總合して、磨卻の年代を開元七年（七一九）、人物を武平一、磨卻した碑文の作者を韋據として、

後に北宗の俗弟子武平一が、開元七年、韋據の碑文を磨卻し、自ら武平一の文を著わした。

というのが、曹溪大師傳である。ただこれは、磨卻した後に、武平一自ら碑文を造ったとする『南宗定是非論』の立場を踏襲するのみで、法寶記に出る宋鼎のことはいわない。

この宋鼎は、大疏鈔の神會章によれば天寶四年（七四五）に神會を洛陽荷澤寺に迎えた人であり前項で述べたごとく宋高僧傳では、神會が荷澤寺に慧能の眞堂を樹てた際、碑を作った人とする。

また武平一については、宋高僧傳に、張說がこの武平一に託して、慧能に香と五言詩一首を寄せたとし、南嶽懷讓が巨鍾を鑄造した際には、武平一が銘を作り、宋之問がそれを書いたとするが、これらは附會の說であって、武平一が神秀・普寂系の人々と親しかったところから、神會によって慧能の碑銘磨卻の張本人に仕立てられたとみられている（同　p.116）。因みにまた宋之問については、慧能に謁して長篇を著したと宋高僧傳は述べる。

したがって、武平一による碑銘磨卻の話は、神會による北宗排擊の一環をなすものであり、曹溪大師傳がこの話を總括した以後、南宗の優位が決定的になると、もはや關心をひかなくなってしまったものと考えられる。

46　門人（名・數・問答）

(一)

瘞

王　（弟子曰神會、遇師於晩景、聞道於中年。）

神　衆有一四品將軍捨官入道。俗姓陳、字慧明。久久在大師下、不能契悟。（中略）至景雲二年、忽命弟子玄楷智本、遣於新州龍山故宅、建塔一所。（中略）至先天二年八月三日、忽告門徒曰、吾當大行矣。弟子僧法海問曰和上曰、以後有相承者否。（中略）則我荷檡(ママ)和上、天生而智者、德與道合。（中略）詣嶺南、復遇漕溪尊者、作禮未訖、已悟師言。

歴　衆中有一四品官將軍捨官入道。字惠明。久在大師左右、不能契悟。(中略)後至景雲二年、命弟子立楷、令新州龍山造塔。(中略)漕溪僧立楷智海等問和上、已後誰人得法承後、傳信袈裟。(中略)(印宗法師自稱弟子。即與惠能禪師、剃髮披衣已、自許弟子。)天寶年間、忽聞范陽到次山有明和上、東京有神會和上、大原府有自在和上。並是第六祖師弟子、說頓教法。(無住章)

曹　開元十一年、有潭州瑝禪師。曾事忍大師、後時歸長沙祿山寺。常習坐禪、時時入定。遠近知聞。時有大榮禪師、住曹溪事大師經三十年。大師常語榮曰、汝化衆生得也。榮即禮辭歸北。路過瑝禪師處。榮頂禮問瑝曰、承和上每入定。當入定時、爲有心耶、爲無心耶。若有心、一切衆生有心應得入定。若無心、草木瓦礫亦應入定。瑝答曰、我入定無此有無之心。榮答曰、若無有無之心、即是常定。常定即無出入。瑝即無對。瑝問、汝從能大師處來。大師以何法教汝。榮答曰、大師教榮不定不亂不坐不禪是如來禪。瑝於言下便悟云、五蘊非有、六塵體空。非寂非照、離有離空、中間不住。無作無功、應用自在、佛性圓通。歎曰、我三十年來空坐而已。往曹溪歸依大師學道。世人傳、瑝禪師三十年坐禪、近始發心修道。景雲二年、卻歸長沙舊居、二月八日夜悟道。其夜空中有聲、告

敦　合郭百姓、瑝禪師今夜得道。皆是能大師門徒也。大師住漕溪山、韶廣二州行化四十餘年。若論門人、僧之與俗三五千人、說不盡。若論宗旨、傳授壇經、以此爲依約。若不得壇經、即無稟受。須知去處年月日姓名遞相付囑。無壇經稟承、非南宗弟子也。未得稟承者、雖說頓教法、未知根本、修不免諍。但得法者只勸修行。諍是勝負之心、與道違背。(中略)大師遂喚門人法海志誠法達智常志通志徹志道法珍法如神會。大師言、汝等拾弟子、近前。汝等不同餘人。吾滅度後、汝各爲一方頭。吾教汝說法不失本宗。

柳　大鑒去世百有六年。凡治廣部而以名聞者以十數。

劉

圓　神會北遊、廣其聞見。於西京受戒。景龍年中卻歸曹溪。大師知其純熟、遂默授密語。

祖　從此印宗迴席座位。(中略)師造黃梅、得旨南來。奚因幡義、大震法雷。道明遭遇、神秀遲迴。衣雖不付、天下花開。(中略)靖居和尚嗣六祖。(中略)荷澤和尚嗣六祖。(中略)慧忠國師嗣六祖。(中略)崛多三藏嗣六祖。(中略)智策和尚嗣六祖。(中略)司空山本淨和尚嗣六祖。(中略)一宿覺和尚嗣六祖。(中略)懷讓和尚嗣六祖。

鏡　崛多三藏、師因行至太原定襄縣。歷村見秀大師弟子結草爲庵、獨坐觀心。(中略)其僧問三藏、師是誰。師曰、六

祖。（中略）智策和尚遊行北地、遇見五祖下智隍禪師二十年修定。（中略）師曰、若不見有有無之心。卽是常足。不應更有出入。隍無對。卻問、汝師是誰。云、六祖。問、汝師以何法爲禪定。師曰、妙湛圓寂體用如如。（中略）隍聞此說未息疑心、遂振錫南行、直往曹谿禮見六祖。祖乃亦如上說、隍於言下大悟。

宋

（弟子神會若顏子之於孔門也。）（中略）（武公因門人懷讓鑄巨鐘、爲撰銘讚。）（中略）次廣州節度宋璟來禮其塔、問弟子令韜無生法忍義。

景

第三十三祖慧能大師法嗣四十三人。

西印度堀多三藏。韶州法海禪師。吉州志誠禪師。匾檐山曉了禪師。河北智隍禪師。洪州法達禪師。壽州智通禪師。江西志徹禪師。信州智常禪師。廣州志道禪師。廣州法性寺印宗和尚。吉州青原山行思禪師。南嶽懷讓禪師。溫州永嘉玄覺禪師。司空山本淨禪師。婺州玄策禪師。曹谿令韜禪師。西京光宅寺慧忠禪師。西京荷澤寺神會禪師。〈已上一十九人見錄。〉

韶州祇陀禪師。撫州淨安禪師。嵩山尋禪師。羅浮山定眞禪師。南嶽堅固禪師。制空山道進禪師。善快禪師。韶山緣素禪師。宗一禪師。會稽秦望山善現禪師。南嶽梵行禪師。幷州自在禪師。西京咸空禪師。峽山泰祥禪師。光州法淨禪師。清涼山辯才禪師。廣州吳頭陀。道英禪師。智本禪師。廣州清苑法眞禪師。玄楷禪師。曇璀禪師。韶州刺史韋據。義興孫菩薩。〈已上二十四人無機緣語句不錄〉得法者除印宗等三十三人、各化一方、標爲正嗣。其外、藏名匿迹者不可勝紀。今於諸家傳記中略錄十人、謂之旁出。

傳

大鑑所出法嗣、凡四十三人。其一曰西印度堀多三藏者。一曰韶陽法海者。一曰廬陵志誠者。一曰匾檐山曉了者。一曰河北智隍者。一曰鐘陵法達者。一曰壽州智通者。一曰江西志徹者。一曰信州智常者。一曰廣州志道者。一曰廣州印宗者。一曰清源山行思者。一曰南嶽懷讓〈避諱〉者。一曰溫州玄覺者。一曰司空山本淨者。一曰婺女玄策者。一曰曹溪令韜者。一曰西京光宅慧忠者。一曰荷澤神會者。一曰韶陽祇陀者。一曰撫州淨安者。一曰嵩山尋禪師者。一曰羅浮定眞者。一曰南嶽堅固者。一曰制空山道進者。一曰善快者。一曰韶山緣素者。一曰宗一者。一曰秦望山善現者。一曰南嶽梵行者。一曰幷州自在者。一曰西京咸空者。一曰峽山泰祥者。一曰光州法淨者。一曰清涼山辯才者。一曰廣州吳頭陀者。一曰道英者。一曰智本者。一曰清苑法眞者。一曰玄楷者。一曰曇璀者。一曰韶州刺史韋據者。一曰義興孫菩薩者。

大

大師出世、行化四十餘年。諸宗難問。僧俗約千餘人、皆

起惡心、欲相難問。(中略)諸人聞說、總皆頂禮、請事爲師、願爲弟子。如此之徒、說不可盡。若論宗旨、傳受壇經者、卽有稟承所付。須知去處、年月、時代、姓名遞相付囑。若無壇經稟承者、卽非南宗弟子。緣未得所稟、雖說頓法、未契本心、終不免諍。但得法者、只勸修行。諍是勝負、與道相違矣。(中略)爾時、師喚門人法海志達神會智常智通志徹志道法珍法如等、報言、吾滅度後、凡爲人師改易者多。汝等十人向前。汝等不同餘人。吾滅度後、各各爲一方師。吾今敎汝說法不失本宗。

興

大師出世、行化四十年。諸宗難問、僧俗約千餘人、皆起惡心難問。(中略)諸人聞說、總皆頂禮、請事爲師、願爲弟、子。如此之徒、說不可盡。若論宗旨、傳授壇經者、卽有稟承所付。須知去處、年月、時代、姓名遞相付囑。若無壇經稟承者、卽非南宗弟子。緣未得所稟、雖說頓法、未契本心、終不免諍。但得法者、只勸修行。諍是勝負之心、與道相違矣。(中略)師時、師喚門人法海志誠法達神會知常智通志徹志道法珍法如等言、汝等十人向前。汝等不同餘人。吾滅度後、各爲一方師。吾今敎汝說法不失本宗。

宗

師一日喚門人法海志誠法達神會智常智通志徹志道法珍法如等曰、汝等不同餘人。吾滅度後、各爲一方師。吾今敎汝說法不失本宗。(中略)嗣法四十三人、悟道超凡者莫知其數。

緣

(二)

慧能の門人について最初に語るのは、神會一人を擧げる王維の碑銘である。この碑銘は、元來神會の依賴によって王維が撰したものであり、したがって、慧能の門人として神會のみを擧げるのも當然といえよう。

また時代は下るが、同じく神會一人を擧げるものに大疏鈔がある。これは法寶記系の西天二八祖と、荷澤宗系の東土七祖を列ねた傳燈說を述べたもので、東土七祖の神會を六祖慧能の正嫡であることを主張する關係上、門人としては神會一人に限ったものであろう。

次に、神會語錄では、最初弘忍の門人で、後に大庾嶺上にて慧能によって密言を授けられた人とされる慧明、景雲二年(七一一)慧能が韶州龍山の故宅に塔を建てしめた玄楷・智本の二人、さらに先天二年(七一三)八月三日、慧能の滅度の豫告に對して、以後の相承者への傳衣付法のことを問うた法海の都合四人を擧げている。ここで神會の名は擧げられていないが、神會語錄そのものが達磨から慧能に至る大法相續の正系をもって自ら任じていた神會の語錄という性格上、特に改めてその名を擧げなかっただけで、神會が門人であることは、當然のこととされていたと見てよい。

この神會語錄の記事をそのまま踏襲したのが法寶記である。ただ

し法寶記では、新州龍山に造塔を命じた弟子を立楷とし、神會語錄では先天二年（七一三）滅度の豫告に對してなされた已後の得法傳衣の人に關する質問が、法寶記では先天元年（七一二）九月に曹溪より新州に歸った慧能に對してなされたとするのであるが、その質問者として曹溪僧の立楷・智海の名を擧げる。すなわち神會語錄の玄楷が立楷とされ、智本は取り除かれて建塔者は立楷一人とされる一方、傳衣付法に關する質問者は、神會語錄の法海一人から、法寶記は立楷と智海の二人へと變化している。宇井氏はこの立楷は玄楷の寫誤であり、智海は法海と同一人物であろうという（第二禪宗史研究 p. 259）。このほかに法寶記では、廣州制止寺において印宗法師が『涅槃經』を講じた際、會下にいた慧能の風幡問答に對する答によって、印宗法師が慧能を請じて和上と爲し、自ら弟子と稱したことを述べている。また法寶記の無住傳には、天寶年間（七四二～七五六）に范陽到次山に明和上、東京に神會和上、太原府に自在和上があって、すべてこれ六祖の弟子で、頓教の法を説いていることを聞いたといっている。このうち、神會は荷澤神會であるが、明和上はこれに該當する人物が見當らず、また自在は、宗密によれば陳楚章と共に慧安の弟子とされている。

いずれにせよ神會語錄は、前述のように慧能の正系の弟子は神會であるとする大前提に立つものであり、したがってその他の門人はあくまで脇役的な立場でしか扱われていないのも當然であり、この神會語錄を踏襲する法寶記も神會語錄に印宗・明・神會・自在の四人を加えてはいるが、その扱い方は神會語錄の域を出るものではない。

しかし曹溪大師傳になると、從來の門人たちのうち、荷澤寺の小沙彌神會への付囑以外は、全く新しい門人たちが登場する。その第一は、曹溪に住し、三〇年間慧能に師事して許された大榮禪師と潭州瑝禪師の二人であり、大榮禪師が慧能の法を開演したことによって瑝禪師が悟りを開いたことを述べ、この二人が慧能の門徒であることを傳えている。この記事が一旦曹溪大師傳に出現すると、後續の祖堂集・宗鏡錄・傳燈錄がこれを承けるが、兩者の名は、祖堂集の智策傳では智策和尚と智皇禪師、宗鏡錄では智策和尚と智隍禪師、傳燈錄の智隍傳では策禪師と智隍禪師というように變化している。宇井氏によれば、この大榮禪師の榮は策の俗字とされ、したがって大榮は大策で、これは宋高僧傳に永嘉玄覺と共に遊方した東陽策禪師と同一人物とみられている（第二禪宗史研究 p. 265）。第二は、慧能が最後に新州に歸る時、以後門人たちに法を問うべき人として推讓したのが翁山寺靈振であり、この振禪師の説法の最中に、慧能の滅度による靈瑞があったという。第三は、慧能が新州國恩寺に寂した際、首領が慧能の全身を國恩寺に留めて起塔供養せんとし、曹溪に歸るのを肯わなかったのに對して、刺史に理を論じて曹溪に歸せしめた人として、門人崇一の名を擧げており、これは傳燈錄の門人四三人中の宗一と同一人物とみられている。第四は、慧能滅後、大衆が所傳の衣を守るべきを請うた人として、上足の弟子行滔を擧げている。この行滔は、令滔と同一人物で、法海と共に慧能の遺誡を開いた人

でもある。このように曹溪大師傳は、神會以外は先行資料と全く異なる五人の門人を擧げている點に特色がある。

以上の諸資料が、いずれも慧能の門人を斷片的に擧げているのに對し、慧能が滅度にのぞんで遺誡をするために、十弟子を喚んだとしてその名を列記する最初のものが敦煌本壇經である。もっともこれは、その前に、

大師は漕溪山に住し、韶・廣二州の行北四十餘年、もし門人を論ずれば、僧と俗と三五千人、説いて盡さず。

とあり、道俗あわせて門人の多かったことが窺われるが、特に重要な門人は、その名を列擧する次の一〇人、すなわち法海・志誠・法達・智常・志通・志徹・志道・法珍・法如・神會である。この門人一〇人は、そのまま大乘寺本以下の三壇經に承けつがれるが、大乘寺本壇經は「汝等十人」といいながら、實際は志誠を除いた九人しか列擧せず、しかも法達、志達、志通を智通としており、一方興聖寺本・宗寶本の兩壇經は、智常を知常、志通を智通という以外はすべて一致する。柳田氏はこれら一〇人の門人について、神會以外はすべて史實性が乏しく、この十大弟子の發想そのものが、玄頤の主張した東山法門弘忍下の十大弟子に擬したもの、との見解を示されている（初期禪宗史書の研究 p. 259）。

一方、この壇經系の十大弟子説に對して、祖堂集は慧能の嗣法の人として、行思・神會・慧忠・崛多三藏・智策・本淨・玄覺・懷讓の八人の傳を掲げ、宗鏡錄は前述の智策と智隍の他に崛多三藏を擧げると共に、本淨・慧忠・玄覺・神會・懷讓・行思の言を引く。また宋高僧傳は、慧能傳中にその弟子として明記するものに、神會・懷讓・令韜の三人があり、その他慧能の門人で傳を掲げるものに、慧明・神會・玄覺・本淨・懷讓・慧忠・崛多の七人がある。

慧能の門人についてこれを總合したとみられるのが、傳燈錄である。傳燈錄は法嗣四三人の名を列記し、正宗記もこれを承けている。傳燈錄はその四三人中、堀多三藏・法海・志誠・曉了・智隍・法達・智通・志徹・智常・志道・印宗・行思・懷讓・玄覺・本淨・玄策・令韜・慧忠・神會の一九人については傳を載せ、その他の二四人は名のみ列記するも、機緣の語句なく錄せずという。ただ慧能傳中に

得法の者は印宗等三十三人、各々一方を化して標して正嗣たるを除き、其の外に名を藏し迹を匿す者、勝げて紀すべからず。今諸家の傳記中に於いては略十人を錄す。これを旁出と謂う。

とあり、傳燈錄では法嗣は四三人、印宗等三三人は正嗣、諸家の傳記中に錄された一〇人は旁出とされていたようである。

以上のごとく慧能の門人については、初期の極めて少數の斷片的な記載から、曹溪大師傳が一つの新たな展開をなし、さらに敦煌本壇經に始まる壇經系が十大弟子を列擧する一方、これとは別の立場に立つ祖堂集から、宗鏡錄・宋高僧傳を經て傳燈錄・正宗記へと發展する流れのあったことが窺われ、この祖堂集から傳燈錄へと發展する源流は、おそらく『寶林傳』に始まるものとみられるが、これは現存しない。しかも壇經系十大弟子と、傳燈錄・正宗記系の四三

人説の二つの流れは、宗寶本壇經において總合され、ここでは十大弟子の列擧と共に「嗣法四十三人」という記載が加えられている。ここに壇經變遷の一典型をみることができる。また慧能の門人について觸れる諸資料に一貫して登場する唯一の人物が神會である點も、注目すべきことであろう。

47　傳衣奉納・供養

㈠

瘞　王　神　歴　曹　　敦　柳　劉

上元二年、廣州節度韋利見奏僧行滔及傳袈裟入内。

孝感皇帝依奏勅書曰、

勅。曹溪山六祖傳袈裟、及僧行滔、幷俗弟子韋利見、令水陸給公乘。隨中使劉楚江赴上都。上元二年十二月十七日下。

又乾元二年正月一日、滔和上有表辭老疾、遣上足僧惠象及家人永和、送傳法袈裟入内、隨中使劉楚江赴上都。四月八日得對、滔和上正月十七日身亡。春秋八十九。勅賜惠象紫羅袈裟一對、家人永和州勅賜度配本寺。改建興寺爲國寧寺、改和上蘭若、勅賜額爲寶福寺。又僧惠象隨中使劉楚江、將衣赴上都訖。

辭歸表。

沙門臣惠象言、臣偏方賤品、叨簉桑門、樂處山林、恭持聖教。其前件衣鉢自達磨大師已來轉相傳授、皆當時海内欽崇、沙界歸依、天人瞻仰、俾令後學覩物思人。臣雖不才、濫承付囑。一昨奉恩命勅送天宮、親自保持、永無失墜。臣之感荷悲不自勝。是知、大法之衣萬劫不朽、京城緇侶、頂戴而行。然臣師主行滔、久傳法印、保茲衣鉢如護髻珠。數奉德音、不敢違命。一朝亡歿奄棄明朝。臣今欲歸至彼、啓告神靈。宣述聖情、陳進衣改寺之由、敍念舊恤今之狀、臣死將萬足。不勝涕戀懇歎之至、供奉表辭以聞。沙門惠象、誠悲誠戀、頓首頓首、謹書。

孝感皇帝批僧惠象表。

勅曰、師之師主行滔、戒行清循、德行孤秀。傳先賢所付衣鉢、在炎方而保持、亟換歲年曾不失墜。朕虔誠慕道、發使遐求。師綿歴畏途、頂戴而送、遂朕懇願。何慰如之。行滔身雖云亡、其神如在。師歸至彼、具告厥靈知朕欽崇永永不朽矣。卽宜好去。

圓
祖
鏡
宋　後肅宗下詔能弟子令韜、韜稱疾不赴。遣明象齎傳法衣鉢進呈。
景　上元元年、肅宗遣使、就請師衣鉢、歸內供養。
傳　上元中、肅宗慕尊者之道、嘗詔取其所傳衣鉢、就內瞻禮。
大
興
宗
緣

(二)

袈裟を法の信とし、法が師資相承された證として、袈裟を相傳するいわゆる傳衣のことは、20項の傳衣で述べたことであるが、法寶記にいう傳衣奉納・供養のことは、既に31項の高宗の詔、第四賜衣の勅書で述べたように、則天武后が再度にわたり勅使を遣わして慧能を請したが、病に託して出京しなかったために、慧能のもとにある達磨より傳えた信袈裟を請して供養したいと申し入れ、萬歲通天元年(六九六)、內道場で供養したというもので、慧能在世中のことである。

ところで、今問題の傳衣奉納・供養とは、慧能滅後のことであって、それは右に擧げた曹溪大師傳・宋高僧傳・傳燈錄・正宗記の四種の資料に記されている。特に詳細なのは、最初の曹溪大師傳であって、慧能滅後四八年を經た上元二年(七六一)、時の皇帝肅宗が、廣州節度使韋利見の奏により、慧能の弟子行滔と、慧能に相傳された信袈裟の出京を勅したとするのである。しかもそれに續いて、その二年前の乾元二年(七五九)正月一日に、その行滔が老疾を理由に入內を辭し、上足の惠象と家人永和を遣わして傳衣を入內させたいと對えたが、正月一七日に行滔が入寂し、惠象が傳衣を持って出京したという。惠象が天子の許を辭して歸るの表を述べると、天子はそれを批して勅するが、それは惠象の師行滔が、傳衣を保持した行蹟を讚え、自らの願いをかなえてくれたことへの感謝であって、慧能に關してはまったく觸れていない。この曹溪大師傳の年代の記載には問題があるが、同じ傳衣奉納・供養とはいっても、慧能生前のこととする法寶記と、滅後門人に對してなされたとする曹溪大師傳とは、まったく別のことをいったもので、兩者の間に因果關係があったかどうかは不明である。

ただこの曹溪大師傳の記事は、簡略化して後續資料に承けつがれ、宋高僧傳が「行滔」を「令滔」、「惠象」を「明象」としてこれを記し、肅宗の詔があった時期を、傳燈錄は上元元年(七六〇)、正宗記は上元中としている。また、宗寶本壇經に附された『佛衣銘』には、

上元元年、肅宗使を遣わして、就ち師の衣鉢を請し、歸內して供養せ

しむ。

とあり、傳燈錄と同じく上元元年のこととしている。

48 送香

㈠

瘞王神歷曹

又乾元三年十一月二十日、孝感皇帝遣中使程京杞、送和香。於能大師龕前供養、宣口勅焚香、龕中一道虹光、直上高數丈。程使見光與村人儛蹈、錄奏送。

敦柳劉圓祖鏡宋景傳

大興宗緣

㈡

乾元三年（七六〇）一一月二〇日、孝感皇帝が中使程京杞を遣わして和香を送り、慧能の龕前に供養し、香を焚くと、龕中に一すじの虹光が立ち昇ること數丈であったというもので、曹溪大師傳にのみ出てくる記事である。しかも乾元三年（七六〇）は四月に上元と改元し、したがって一一月は上元元年でなければならない。したがって、47項の傳衣奉納・供養と同様に、ここでも曹溪大師傳の年代記載には問題がある。

49 傳衣返卻とその勅書

㈠

瘞王神歷曹

又寶應元皇帝、送傳法袈裟歸曹溪。勅書曰、（袈裟在京總

持寺安置、經七年。）

勅。楊鑑卿、久在炎方、得好在否。朕感夢、送能禪師傳法袈裟歸曹溪。尋遣中使鎭國大將軍楊崇景頂戴而送。傳法袈裟是國之寶。卿可於能大師本寺、如法安置。專遣衆僧親承宗旨者、守護勿令墜失。朕自存問。永泰元年五月七日下。

宋

（後肅宗下詔能弟子令韜、韜稱疾不赴。遣明象齎傳法衣鉢進呈。）畢給還。

景

至永泰元年五月五日、代宗夢六祖大師請衣鉢。七日勅刺史楊瑊云、朕夢感能禪師請傳法袈裟却歸曹溪。今遣鎭國大將軍劉崇景頂戴而送。朕謂之國寶。卿可於本寺如法安置。專令僧衆親承宗旨者、嚴加守護、勿令遺墜。

傳

肅宗崩、代宗嗣位。永泰元年五月之五日、遂夢尊者請還其衣鉢。七日卽詔使臣持還曹溪。天子益敬其法。

(二)

47項で述べた通り、行滔の門人である惠象と永和によって入内せしめられた慧能の袈裟は、供養を受けたのち、朝廷より返却され、かつて慧能が住していた曹溪の本寺（寶林寺）に安置されることになる。

ただ入内後の袈裟の行方について、法寶記は、すでに31項で述べたように、達磨所傳の袈裟が、慧能の生前にあってすでに智詵に與えられた旨を強調し、獨特な主張をしている。

さて、傳衣返却について記す最初の資料は、曹溪大師傳である。それによれば、まず

寶應元皇帝傳法の袈裟を送りて曹溪に歸らしむ。勅書にいわく〈袈裟は京の總持寺に在りて安置し、七年を經たり。〉

としてその勅書の全文を記している。

「寶應元」が皇帝の名であるか、年號をさすのかは明確でないが、宇井氏は、これを寶應元年（七六二）というように年號と考え、永泰元年（七六五）との時間的差を論考されている（第二禪宗史研究 p.243）。しかし、寶應元皇帝とは、寶應元年に卽位した代宗のことであるから、乾元二年（七五九）に袈裟が入内せしめられたことを基點とする

なら、七年後は永泰元年にあたり、この勅文末尾にある年號、すなわち永泰元年五月七日が正しくその年に相當することになる。

さて、代宗の勅文は、『全唐文』巻四八にも「遣送六祖衣鉢諭刺史楊瑊勅」として收録されることになる。清の仁宗の嘉慶一九年（一八一四）に欽定された『全唐文』の資料的價値は周知のごとくであるが、そこに收録される資料のすべてを全面的に信用するには問題が伴うこともまた事實である。したがって、ここでは勅文の有無という史實についてはこれ以上言及しえない。

勅文は次のごとく述べる。すなわち、

楊瑊卿、久しく炎方に在りて好在を得るやいなや。朕、夢に感じ、能禪師の傳法の袈裟を送りて曹溪に歸らしむ。次いで中使鎭國大將軍楊崇景を遣わし、頂戴して送らしむ。傳法の袈裟はこれ國の寶なり。卿、能大師の本寺において如法に安置すべし。もっぱら衆僧の親しく宗旨を承けし者を遣わし、守護して墜失せしむることなかれ。朕自ら存問す。永泰元年五月七日下す。（本書六一〇頁參照）

とするのである。

宋高僧傳の記事は、袈裟の入内の事實に意義を認めたものであり、返却に關しては、單に

韜、疾と稱して赴かず。明象を遣わして、傳法の衣鉢を齎しめ、進呈せしむ。畢に給いて還せり。

とするのみである。

傳燈錄も、内容としては、代宗が夢をみたのが、永泰元年五月五日のことであったとする點では、曹溪大師傳に比してより具體的になっていると言えよう。さらに傳燈錄は曹溪大師傳の「楊鑑」を「楊瑊」、「楊崇景」を「劉崇景」としており、『全唐文』は傳燈錄の内容を採録したものであろう。

正宗記は傳燈錄を承けたものと言えようが、要點のみを述べるものとなっており、夢の記事や、楊鑑や楊崇景との關係はすべて省略されている。

さらに、『明版大藏經』中の宗寶本壇經に附され、令韜が錄したという『佛衣銘』にも、傳衣返卻の事實を傳えているが、その内容は傳燈錄とまったく一致するものである。

50　靈瑞

（一）

瘞

王

神　是日百鳥悲鳴、蟲獸哮吼。其龍龕前、有白光出現、直上衝天、三日始前頭散。

歴

曹　六祖大師在日及滅度後六種靈瑞傳。

大師在日、寺側有瓦窯匠、於水源所燖鷄。水被觸穢、旬日不流。大師處分瓦匠、令於水所焚香設齋。稽告纔畢、

水卽通流。又寺內前後兩度、經軍馬水被觸汚、數日枯渇。軍退散後、焚香禮謝、涓涓供用。又大師住國寧寺及新州國恩寺。至今兩寺並無鵜雀烏鳶。又大師每年八月三日遠忌、村郭士女雲集、在寺營齋。齋散、衆人皆於塔所禮別。須臾之間、微風忽起、異香襲人、煙雲覆寺、天降大雨、洗蕩伽藍。寺及村雨卽不降。又大師滅後、法衣兩度被人偸將、不經少時、尋卽送來。盜者去不得。又大師滅後、精靈常在、怳怳如覩。龕塔中常有異香、或入人夢。前後祥瑞、其數非一、年月淹久、書記不盡。

敦　在龍龕之內、白光出現、直上衝天、二日始散。

柳

劉

圓

祖

鏡

宋　（次廣州節度宋璟、來禮其塔、問弟子令韜無生法忍義。）宋公聞法歡喜、向塔乞示徵祥。須臾微風漸起、異香襲人、陰雨霏霏、只周一寺耳。稍多奇瑞、這繁不錄。

景　後或爲人偸竊、皆不遠而獲。如是者數四。

傳

大　忽於龕內、白光出現、直上衝天、三日始散。

興　忽於龕內、白光出現、直上衝天、三日始散。

宗　忽於塔內、白光出現、直上衝天、三日始散。

緣　於梁天監三年、寺殿前有潭一所。龍常出沒其間、觸撓林木。一日現形甚巨。波浪洶湧、雲霧陰翳、徒衆皆懼。師叱之曰、爾只能現大身、不能現小身。若爲神龍、當能變化、以小現大、以大現小也。其龍忽沒、俄頃、復現小身、躍出潭面。師展鉢試之曰、爾且不敢入老僧鉢盂裏。龍乃游揚至前。師以鉢舀之。龍不能動。師持鉢堂上與龍說法。龍遂蛻骨而去。其骨長可七寸、首尾角足皆具。留傳寺門。師後以土石堙其潭。今殿前左側有鐵塔鎭處是也。

㈡

六祖慧能の遷化時における奇瑞・靈瑞に關しては既に39項に述べたので、本項で扱うのはこれ以外の奇瑞・靈瑞である。

まず神會語錄は、先天二年一一月、慧能の遺體を曹溪に葬ったが、この日百鳥悲鳴し、蟲獸も哮吼したといい、さらに龍龕の前には白光が出現してまっすぐ天を衝き、三日にして始めて散じたとし、この白光のことは敦煌本以下の四壇經にそのまま承け繼がれる。

また曹溪大師傳では、慧能の在日及び滅度後の靈瑞として、㈠慧能の在日、寺の側に瓦竈匠が居り、水源において鶏を燖で、水が觸穢されて旬日流れなくなったが、慧能が瓦匠を處分し、焚香設齋したところ、立ちどころに水が通流したこと、㈡寺内を二度軍馬が通

過して水が觸汚され數日枯渇したが、軍が退散した後に焚香禮謝したところ、水は涓涓と流れて用に供したこと、㈢慧能が住した國寧寺・國恩寺には、今に至るまで鵲雀烏鳶がいないこと、㈣滅後、毎年八月三日の慧能の遠忌には、村郭の士女が寺に集まって齋を營んだが、齋散じて衆人が皆塔所において禮別したところ、微風起こり異香が人を襲い、煙雲が寺を覆って大雨が伽藍を洗蕩したが、寺及び村には雨は降らなかったこと、㈤法衣が慧能の滅後に二度も偸み去られたが、ほどなく送りかえされ、盜者は去ることができなかったこと、㈥慧能の滅後、その精靈は常に在って悦悦としてまのあたりに見るがごとく、また龕塔中には異香があり、夢にも入ってくる等、その祥瑞は數知れなかったこと、以上の六種をあげている。

宋高僧傳では、慧能の滅後、廣州の節度使宋璟なる者が來って慧能の塔を禮し、慧能の弟子令韜に無生法忍の義を問い、塔に向って徵祥を示すことを乞うたところ、須臾にして微風が起こり、異香が人を裛い、陰雨霏霏として寺に滿ちたといい、この外にも奇瑞が多かったという。

傳燈錄では、法衣に關する靈瑞として、後代しばしば盜まれたが、遠からずして獲られたといい、かくのごとくすること四度であったという。

さらに緣起外紀によれば、寶林寺の殿前に一潭があり、常に龍が出現し、林木を觸撓した。一日、巨大な姿を現じ、徒衆は皆懼れたが、慧能がこれを叱して、

お前は大身を現ずることができるが、小身を現ずることはできない。もし神龍であるなら、變化して小をもって大を現じ、大をもって小を現ずることができるはずだ。

と言ったところ、龍は忽ち沒し、今度は小身を現じて潭面に躍出した。慧能は鉢を展べて、

お前は私の鉢盂の中にはいることはできないだろう。

と言った。すると龍は游揚して師の前に至ったので、鉢をもってこれを舀したところ、龍は動くことができなくなった。慧能は鉢をもって堂に上り、龍のために說法した。龍は遂に蛻骨して去ったが、その骨の長さは七寸ばかり、首尾角足皆具わっていたという。これをまた留め傳え、その潭は土石をもって堙いだ。今の殿前左側の鐵塔鎭處がそれであるという。

以上、慧能の生前及び滅後における種々の靈瑞を見てみると、神會語錄が壇經系統に承け繼がれること、曹溪大師傳が傳える奇瑞の五番目にいう慧能の法衣が滅後に「二度」盜みさられるが、必ず送り返されるという靈瑞が、傳燈錄には「四度」として承け繼がれること以外は、殆んど相互の關連性が見出せない點が大きな特徵といえよう。

51 謚號

(一)

瘞	
王	
神	
歴	
曹	
敦	
柳	扶風公廉問嶺南三年、以佛氏第六祖未有稱號、疏聞于上、詔謚大鑒禪師、塔曰靈照之塔。元和十年十月十三日、下尚書祠部符到都府。公命部吏洎州司功掾、告于其祠。幡蓋鐘鼓增山盈谷。萬人咸會、若聞鬼神。其時學者千有餘人、莫不欣踴奮厲、如師復生。則又感悼涕慕、如師始亡。因言曰、自有生物、則好鬪奪相賊殺、喪其本實。誖乖淫流、莫克返于初。孔子無大位沒、以餘言持世、更楊墨黃老、益雜其術分裂、而吾浮圖說後出。推離還源合、所謂生而靜者、梁氏好作有爲。師達磨譏之、空術益顯、六傳至大鑒。莫能揭其號、乃今始告天子、得大謚豐佐吾道。其可無辭。公始立朝、以儒重。刺虔州都護安南。由海中大蠻夷、連身毒之西浮舶、聽命咸被公德。受旂纛節戟、來莅南海。屬國如林、不殺不怒、人畏無噩、允克光于有仁。昭列大鑒莫如公。宜其徒之老、乃易石于宇下、使來謁辭。
劉	元和十年某月日、詔書追襃曹溪第六祖能公、謚曰大鑒。寔廣州牧馬總、以疏聞。繇是可其奏、尚道以尊名。同歸善善不隔異教。一字之襃、華夷孔懷。得其所故也。馬公敬其事、且謹始以垂後。百有六年而謚。
圓	至元和十年、勅謚大鑒禪師、塔號元和盧照。
祖	中宗勅謚大鑑禪師、元和靈照之塔。
鏡	
宋	憲宗皇帝、追謚曰大鑑、塔曰元和正眞。
景	憲宗謚大鑒禪師、塔曰元和靈照。
傳	憲宗錫謚曰大鑑禪師、塔曰元和靈照。
大	
興	至元和十一年、詔追謚曰大鑑禪師。事具劉禹錫碑。
宗	
縁	

(二)

慧能に對する謚號は、意外にもおそく、その示寂（七一三）ののち、一世紀以上を經てからのことである。この點は、北宗禪の祖神秀が、滅後直ちに中宗より大通禪師の謚號を贈られ、これが中國禪宗にお

ける最初の諡號であるのに比して、極めて對照的である。しかし、ひとたび諡號がなされてからは、宋代に續いて三回に亘る加諡がなされたことが資料の上から知られ、ここに禪宗第六祖としての地位と權威とが、名實ともに定著することとなるのである。

ところで、一八資料では、第一回の唐代における諡號のみが、これを記念して撰述された柳宗元と劉禹錫の兩碑銘をはじめとする前掲八資料においてみられるにすぎない。

まず柳宗元の碑銘は、元和一〇年（八一五）一〇月一三日に「大鑒禪師靈照之塔」と諡號されたとするが、その後の各資料においてすべてが一致するのは「大鑒」の禪師號のみであって、授年、授者、塔號などに多少の差異がみられる。まず、授年については、劉禹錫の碑銘は、いま底本とする明藏本の壇經の附錄では「元和十年某月日」とあるものの、『全唐文』卷六一六に收める文では「元和十一年……」とあって、ここに一年の差異がみられる。しかるに一方、劉禹錫の碑銘を承けることをみずから記す興聖寺本壇經もまた「元和十一年」と明記しているから、劉禹錫の碑銘そのものの所傳の上に、古くから文字の異同が存していたことが知られるのである。ちなみに、年記をいう他の資料としては、大疏鈔が元和一〇年說を傳えるのみで、他はこれにふれていない。もっとも、一八資料以外では、後代の資料ながら、『佛祖統紀』（一二六九）卷四一、『釋氏稽古略』（一三五四）卷三などもまた元和一〇年說をとっている。しかし、宇井氏は、柳宗元の碑銘の奏請者である馬總の節度使在任の任期からして、史實としては「元和十一年」が正しいことを論證されている（第二禪宗史研究 **p. 244**）。なお、『佛祖統紀』卷四七や『釋氏稽古略』卷四等の記事によれば、柳宗元の碑銘はかつて曹溪に立石されたが、廣州の南華寺にはなかったので、同寺の重辯禪師の奏請により、宋の哲宗の紹聖二年（一〇九五）に蘇軾が書して立石されたという。

さて、授年をいわずに、授者を憲宗とのみ述べる資料には、宋高僧傳・傳燈錄・正宗記があるが、元和年間は憲宗の在位（八〇五〜二〇）中であるから、これは問題はない。しかるに、祖堂集のみは授者を中宗（六八三〜七一〇在位）としているのは奇異である。すなわち、他の資料とは年代的に大きく異なるのみならず、いまだ慧能の存命中でありながら、禪師號はともかくとしても、中宗が「元和靈照之塔」なる塔號を賜わったとするのは、あきらかに矛盾であり、資料の誤記あるいは作爲とみるのほかはない。塔號といえば、柳宗元の碑銘には「靈照之塔」とだけあるのに對して、前記祖堂集をはじめ、傳燈錄・正宗記ではこれに「元和」の二字が加わり、さらに宋高僧傳は「元和正眞」、大疏鈔は「元和盧照」のごとく他と異なる記載となっていることが注目される。おそらく、「盧照」は「靈照」の誤記であろう。

さて次に、第二回目から第四回目に至る追諡は、最初の諡號とともに、明藏本の壇經に附錄されている『歷代崇朝事蹟』において一括掲載される事柄である。すなわち、

㈠　唐の憲宗皇帝が大師に諡して、大鑒禪師という。

(二) 宋の太宗皇帝が大鑒眞空禪師と加諡し、詔して新たに師の塔を大平興國之塔という。

(三) 宋の仁宗皇帝の天聖一〇年に、師の眞身および衣鉢を迎えて入内供養し、大鑒眞空普覺禪師と加諡した。

(四) 宋の神宗皇帝が大鑒眞空普覺圓明禪師と加諡した。具さには

晏元獻公の碑記にある。

というものである。まず第二回目の太宗による加諡は、大平興國三年(九八八)に韶州寶林寺を南華寺と改めたとする宋高僧傳卷八の記事により、この時の追諡であろうといわれている(第二禪宗史研究 p. 247)。

第三回目の天聖一〇年(一〇三二)における仁宗による加諡は、これまた宇井氏によれば、『佛祖統紀』卷四六、『釋氏稽古略』卷四等の記事によって、天聖一〇年は九年の誤りであろうとされる(第二禪宗史研究 p. 247)。

最後の第四回目の加諡は、神宗(一〇六七～八五在位)の時とされるが、これは『大明一統志』(一四六一)卷七九、韶州府仙釋、盧能の記事に

宋の熙寧一〇年に眞空大鑑禪師を賜る。

とあるから、熙寧一〇年(一〇七七)のことであろう。

かくして、慧能に對する諡號の特徴をあげるならば、まず、東土六代の祖師としては時代的にもっとも遲いこと(初期禪宗史書の研究 pp. 322~9)、また、最初の諡號である「大鑒」の二字に對して、次第に二字ずつが加上されてゆくという、諡號の類型としてはきわめてユニークな形をとっていること、にもかかわらず、ついに大師號の追諡がなされた形跡のみられないこと、などを指摘することができるであろう。

52 後代の雜録

(一)

瘞 王 神 歷 曹 敦 柳 劉 圓 祖 鏡 宋

迨夫唐季劉氏稱制番禺、每遇上元燒燈、迎眞身入城爲民祈福。大宋平南海後、韶州盜周思瓊叛換、盡焚其寺、塔將延燎、平時肉身非數夫莫擧。煙熛向逼二僧對

昇、輕如二夾紵像一焉。太平興國三年今上勅重建塔、改爲二南華寺一矣。

景　皇朝開寶初、王師平二南海一。劉氏殘兵作レ梗。師之塔廟鞠爲二煨燼一。而眞身爲二守塔僧保護一、一無レ所レ損。尋有レ制興修功未レ竟。會二太宗卽位一、留二心禪門一、頗增二壯麗一焉。

傳　大　興　宗　緣

（二）

慧能が元和一〇年（八一五）に諡號を賜わって以降の、慧能に關する記事を載せる資料は宋高僧傳と傳燈錄である。宋高僧傳（九八八）には、五代の十國の一つ南漢（九一七～九七一）の劉氏についての記事があり、それによると、劉氏が制番禺と稱するにいたるや、上元の日、卽ち一月一五日に燈を點ずる時にはいつも六祖の眞身を城に迎えて、民の爲に福を祈った、としている。この風習がいつ頃より始まったか不明であるが、宋代の民間行事を禪林に取り入れたとされる元宵上堂は、この六祖の眞身供養と關係を持つかも知れない。宇井氏は、眞身の置かれていた場所からであろうか、城を劉氏の支配の中心地の廣東城ではなくて韶州府城のことと推定している（第二禪宗史研究 p. 246）が、いずれとも決しがたい。

さて、劉氏の南漢は、開寶四年（九七一）に、宋の太祖の命をうけた潘美によって滅ぼされるが、その後の話は、二資料がほぼ共通して載せている。すなわち、劉氏の殘兵であった韶州の周思瓊が反亂を起した時、寺は燒けてしまったが、六祖の眞身だけは守塔僧に保護されて難を免れたのである。まもなく寺の復興が行われたが、未完成のうちに太祖が崩じ、次に卽位した太宗は禪宗の保護に努めたので、寺は壯麗さを增した。宋高僧傳は、塔の重建を太平興國三年（九七八）のこととし、南華寺と改名された、としている。

53　その他

（一）

瘞

王　無レ有レ可レ捨、是達二有源一。無レ空可レ住、是知二空本一。離レ寂非レ動、乘レ化用、常在二百法一而無レ得、周二萬物一而不レ殆。鼓枻海師、不レ知二菩提之行一、散花天女、能變二聲聞之身一。則知二法本不生一、因レ心起レ見、見無レ可レ取、法則常如。世之至人、有レ證二於此一。得レ無レ漏不レ盡レ漏、度レ有爲非二無爲一者、其惟我曹溪禪師乎。

嗚呼大師、至性淳一、天姿貞素。百福成レ相、衆妙會レ心。經行宴息、皆在二正受一。談笑語言、曾無二戲論一。故能五天重レ跡、百越稽首、脩蛇雄虺、毒螫之氣銷、跳殳彎弓、猜悍之風

變。畋漁悉罷、蠱鴆知非。多絕羶腥、效桑門之食、悉棄罟網、襲稻田之衣。永惟浮圖之法、實助皇王之化。

偈曰、

五蘊本空、六塵非有。衆生倒計、不知正受。蓮花承足、楊枝生肘。曷離身心、孰爲休咎。

至人達觀、與佛齊功。無心捨有、何處依空。不著三界、徒勞八風。以茲利智、遂與宗通。

愍彼偏方、不聞正法。俯同惡類、將興善業。教忍斷嗔、修慈捨獵。世界一花、祖宗六葉。

大開寶藏、明示衣珠。本源常在、妄轍遂殊。過動不動、離俱不俱。吾道如是、道豈在吾。

道遍四生、常依六趣。有漏聖智、無義章句。六十二種、一百八喩。悉無所得、應如是住。

神

歷

曹

敦

柳

其辭曰、達摩乾乾、傳佛語心。六承其授、大鑒是臨。勞勤專默、終挹于深。抱其信器、行海之陰。其道爰施、在溪之曹。厖合猥附、不夷其高。傳告咸陳、惟道之褒。生而性善、在物而具。荒流奔軼、乃萬其趣。匪思愈亂、匪覺滋誤。由師內鑒、咸獲于素。不植乎根、不耘乎苗。中一外融、有粹孔昭。在帝中宗、聘言于朝。陰翊王度、俾人逍遙。越百有六祀、號謚不紀。由扶風公、告今天子。尙書既復、大行乃誄。光于南土、其法再起。厥徒萬億、同悼齊喜。惟師化所被、洎扶風公所履、咸戴天子。天子休命、嘉公德美、溢于海夷。浮圖是親、師以仁傳、公以仁理。謁辭圖堅、永胤不已。

劉

銘曰、至人之生、無有種類。同人者形、出人者智。蠢蠢南裔、降生傑異。父乾母坤、獨肖元氣。一言頓悟、不踐初地。五師相承、授以寶器。宴坐曹溪、世號南宗。學徒爰來、如水之東。飮以妙藥、差其瘖聾。詔不能致、許爲法雄。去佛日遠、群言積億。著空執有、各走其域。我立眞筌、揭起南國。無修而修、無得而得。能使學者、還其天識。如黑而迷、仰目斗極。得之自然、竟不可傳。口傳手付、則礙於有。留衣空堂、得者天授。

圓

祖

（癸丑歲遷化、迄今唐保大十年壬子歲、得二百三十九年矣。）

淨修禪師讚曰、師造黃梅、得旨南來。奚因幡義、大震法雷。道明遭遇、神秀遲廻。衣雖不付、天下花開。

鏡

宋

系曰、五祖自何而識一介白衣、便付衣耶。通曰、一言知心更無疑貳。況復記心輪聞、如指之掌。忍師施一味法、

何以在家受衣鉢乎。秀師則否。通曰、是法寧選緇白。得者則傳。周封諸侯乃分分器。同姓異姓別也。以祖師甄別精麤以衣爲信。譬如三力士射堅洛叉。一摩健那射、則中而不破。二鉢羅塞建提、破而不度。三那羅延箭、度而復穿餘物也。非堅洛叉有強弱。但由射勢力不同耳。南能可謂那羅延射而獲賞焉。信衣至能不傳。莫同夏禹之家天下乎。通曰、忍言受傳衣者、命若懸絲。如是忍之意也。又會也禀祖法則有餘。行化行則不足。故後致均部之流。方驗能師之先覺。不傳無私悋之咎矣。故曰、知人則哲也。吁。

（大師自唐先天二年癸丑入滅、至今景德元年甲辰歲、凡二百九十二年矣。）

初大鑒示爲負薪之役、混一凡輩。自謂不識文字、及其以道稍顯。雖三藏教文俗間書傳、引於言論、一一若素練習。發演聖道、解釋經義、其無礙大辯、灝若江海、人不能得其涯涘。昔唐相始興公張九齡方爲童、其家人携拜大鑒。大鑒撫其頂曰、此奇童也必爲國器。其先知遠見、皆若此類。孰謂其不識世俗文字乎。識者曰、此非不識文字也。示不識耳。正以其道非世俗文字語言之所及、蓋有所表也。然正法東傳、自大鑒益廣、承之者皆卓犖大士、散布四海。其道德利人、人至于今賴之。詳此豈眞樵者而初學道乎。是乃聖人降迹、示出於微者也。其

景傳

等覺乎妙覺耶。不可得而必知。

評曰、聖人之法一也。安用南北而分其宗乎。曰、然一國所歸有岐路焉。不分何正。一姓所出有的庶焉。不分孰親。傳者、〈宋高僧傳也。〉以方三力士共射一堅洛叉。一曰、摩健那、雖中而不破。二曰、鉢羅塞建提、破而不度。三曰、那羅延箭、度而復穿他物。非堅洛叉有強弱。蓋射勢之不同耳。南能可謂那羅延躬而獲賞。其喩近之矣。

大興宗縁

(二)

この項に資料としてかかげたものは、六祖の讃文等である。

本節は全體を通して、興聖寺本・宗寶本の兩壇經の場合は、大乘寺本との重複を避けて省略を行うが、他の資料の六祖傳については省略を行っていない。六祖の行狀を年次別・項目別に配置して、そのうちのどの箇所にも該當しないものをこの項に集錄したもので、六祖傳として特に問題となるものは存しない。

王維の碑銘のこの部分は、いずれも慧能の德を讃え、その宗旨を述べたものである。その最後の部分は、四言八句の偈を五つ連ねたもので、故事を引き、あるいは『維摩經』、『法華經』、『金剛般若經』

に據る表現となっている。また偈のはじめの「五蘊本空、六塵非有」なる句は、曹溪大師傳の中に「五蘊非有、六塵體空」として引かれている（36項參照）。

柳宗元の碑銘は末尾の辭文であり、劉禹錫の碑銘も末尾の銘文である。

祖堂集にいう「二百三十九年」とは、祖堂集の編集された保大一〇年（九五二）より慧能示寂の先天二年（七一三）までを逆算した年數である。また淨修禪師文僜が六祖の傳を讃嘆した偈文があるが、この偈文は、本來祖堂集にあったものではなく、同書に多くみられる文僜の他の偈文と同樣に、もともと『寶林傳』に附されていたものと考えられている。

宋高僧傳の文は、六祖傳を一應終えて、編者贊寧が六祖について批評を加えた文である。

また傳燈錄に記される年數は、傳燈錄編集の景德元年（一〇〇四）より慧能の示寂までを逆算したものであり、正宗記の文は、慧能傳の末尾に附された編者契嵩の讃文と批評である。

結

以上の考察は、禪宗六祖とされた慧能の傳記を五三項目に分析し、各項目每に慧能傳一八資料における變遷の經過を論述したものである。今それを結ぶに當って、分析結果をわかり易くするために、項目名と各資料每の記載の有無を圖示した一覽表を掲げ、この表をもとに簡單な總括をしておこう。

慧能についての最古の資料は、彼の生前になった瘞髮塔記であるが、それは慧能の受戒に際し、髮を瘞めて建立された塔記であるという特殊性からして、剃髮受具を中心とした記載內容の信憑性は高いとしても、傳記資料としては極めて素朴なものに過ぎない。従って、傳記の形態を具えた最初のものとしては、神會の依賴によって、王維（七〇〇～七六一）がその晩年に撰述したとされる王維の碑銘ということになる。すなわち、本貫、生國、性格・力量、弘忍への參學、大法相續、南方への隱遁、印宗法師との出會い、涅槃經聽講、剃髮、神會との機緣、曹溪での化導、則天武后と孝和皇帝の詔、遷化、奇瑞というように、慧能の生涯における重要事項が示され、特に神會との機緣が強調されるのは、この資料の成立の背景を物語っている。

碑銘としては、その後、柳宗元と劉禹錫による二種が出現するが、滅後およそ百年たって贈られた諡號がこの兩者に始まることが注目される程度で、その他についてはほとんど王維の碑銘を出るものではない。

	項目	瘞	王	神	歴	曹	敦	柳	劉	圓	祖	鏡	宋	景	傳	大	興	宗	縁
1	標題	○	○	○	○	○	○	○	○	○	○	○	○	○	○	○	○	○	○
2	寶林寺の由來	○				○													○
3	出生												○						○
4	諱・俗姓	○	○	○	○	○	○	○	○	○	○	○	○	○	○	○	○	○	○
5	本貫		○	○	○		○				○		○	○	○	○	○	○	
6	生國		○	○	○	○	○		○		○		○	○	○	○	○	○	○
7	父母			○	○	○	○				○		○	○	○	○	○	○	○
8	性格・力量		○			○							○						○
9	柴を賣る・金剛經を聞く						○				○		○	○	○	○	○	○	○
10	遊行					○							○	○	○				
11	劉志略との交友					○							○	○	○			○	
12	無盡藏尼との關係					○							○	○	○			○	
13	寶林寺に居住す					○							○	○	○			○	
14	遠禪師に參ず					○							○	○	○				
15	弘忍への參學を勸奬					○	○				○		○	○	○	○	○	○	
16	弘忍を訪問		○	○	○	○	○		○	○	○		○	○	○	○	○	○	○
17	弘忍との初相見・佛性問答			○	○	○	○			○	○		○	○	○	○	○	○	○
18	碓坊生活・悟道の偈		○	○	○	○	○	○		○	○	○	○	○	○	○	○	○	
19	大法相續		○	○	○	○	○	○	○	○	○		○	○	○	○	○	○	○
20	傳衣・五祖の傳法偈		○	○	○	○	○		○	○	○	○	○	○	○	○	○	○	
21	九江驛に送らる			○	○	○	○			○	○			○	○	○	○	○	
22	惠明との機縁			○	○	○	○				○		○	○	○	○	○	○	
23	南方に隱遁		○	○	○	○	○	○			○		○	○	○	○	○	○	○
24	印宗に遇う・涅槃經聽講		○		○	○				○	○		○	○	○		○	○	○
25	風幡の問答	○			○	○				○	○		○	○	○		○	○	
26	得法の表明	○			○	○							○	○	○	○	○	○	

		1	2	3	4	5	6	7	8	9	10	11	12	13	14	15	16	17	18
27	剃髪・髮塔建立	○	○		○	○			○	○	○		○	○	○			○	○
28	受戒・法性寺戒壇の由來と懸記	○			○	○					○		○	○	○				○
29	神會との機緣		○			○	○			○	○		○	○		○	○	○	○
30	曹溪に歸る・曹溪での化道		○	○	○	○	○	○		○	○		○	○	○	○	○	○	○
31	高宗（中宗）の詔		○		○	○		○	○	○	○		○	○	○			○	
32	法泉寺の勅額・國恩寺の勅造					○					○		○	○	○			○	
33	國恩寺の修復・靈振を推擧					○													
34	龕塔を造る			○	○	○	○				○		○	○	○	○	○	○	
35	疾病					○							○						
36	遺誡			○	○	○	○				○			○	○	○	○	○	
37	傳法偈						○				○	○		○	○	○	○	○	
38	遷化・沒年等		○	○	○	○	○	○	○	○	○		○	○	○	○	○	○	
39	奇瑞		○	○	○	○	○				○		○	○	○	○	○	○	
40	遺體を膠漆す					○					○		○	○	○			○	
41	遷神・入龕		○	○	○	○	○						○	○	○	○	○	○	
42	頭を取りにくる					○					○		○	○	○				
43	衣鉢を守る					○							○	○				○	
44	建碑			○	○	○	○		○				○	○	○	○	○	○	
45	碑の磨卻・武平一の記事			○	○	○							○						
46	門人（名・數・問答）		○	○	○	○	○	○		○	○	○	○	○	○	○	○	○	
47	傳衣奉納・供養					○							○	○	○				
48	送香					○													
49	傳衣返卻とその勅書					○							○	○	○				
50	靈瑞			○		○	○						○	○		○	○	○	○
51	諡號							○	○	○	○		○	○	○		○		
52	後代の雜錄												○	○					
53	その他		○					○	○		○		○	○	○				

神會は、慧能滅後およそ二〇年、滑臺大雲寺に無遮大會を設け、北宗を傍系とし、慧能を達磨正系の六祖とする主張をなすが、この達磨から慧能に至る六代の祖師の略傳を記す師資血脈傳を傳えるのが神會語錄（石井本）であり、ここでは達磨から慧能に至る六代の祖師が、すべて『金剛經』に説く般若波羅蜜法によって大悟し、達磨の傳衣が六代にわたって相傳されたことが主張されている。特に『金剛經』に依ったことを強調するこの資料でさえ、慧能が佛性問答によって弘忍に許されたことを述べる點は注目すべきであり、王維の碑銘・法寶記・曹溪大師傳のいわゆる初期の資料が、『金剛經』との出會いをいわず、『涅槃經』との關係を述べていることとも關連して、慧能が本來『金剛經』よりは『涅槃經』に通じていた人であったことを示している。次いで出現した法寶記は、達磨から慧能に至る六代の傳記については、これを全面的に神會語錄に承け、神會語錄が新たに主張した傳衣が、則天武后によって慧能のもとから召しあげられて資州智詵に授けられ、更に處寂、無相を經て現に劍南保唐寺の無住のもとにあることを強調し、この派の達磨正系を主張しようとする。特に神會語錄では明示されなかった『涅槃經』との關係を強調する點が注目される。

如上の初期の諸資料を總括しつつ、新たな獨特の慧能像を作り上げようとしたのが、曹溪大師傳である。この資料は、その名の示す通り、慧能の傳記を記述するために著わされたものであり、從ってその記述內容も詳細を極める。特に弘忍へ參學する以前に寶林寺に居住したことや、遠禪師に參じ、惠紀禪師より弘忍への參學を奬められたことをいうのは、この資料獨自の主張であり、そのため弘忍へ參學した際の年齢に、大きな差異を生ずる結果となった。また唐室との結びつきや、滅後の事蹟についての記述が詳細になるのも、この資料の特色で、祖師禪の祖としての慧能像を確立しようとした製作意圖が窺われる。

このように、初期の資料は曹溪大師傳によって總括され、後代の資料に大きな影響を與えるのであるが、一方、これとは別の新たな慧能像を創り出したものが、曹溪大師傳に少しおくれて出現した敦煌本壇經である。この資料は、慧能が一客の『金剛經』を誦するを聞いて聞悟し、それによって弘忍へ參學したとするものであり、先行資料にみられた『涅槃經』との關係はみられない。また弘忍のもとでの碓坊生活において、神會との間に心偈の優劣を競って勝利を收めたこと、付法に際しては傳衣にかえて傳法偈を授けたこと等、從來の資料とは異なった主張をした點に特色がある。

こうして慧能傳に關する二つの系統が出現したことは、その後の資料に、兩者をいかに融合するかという新たな課題を背負わすこととなった。すなわち、祖堂集を經て宋高僧傳に至ると、この兩系統が併せ採用されて複雜化し、それが傳燈錄、正宗記へと繼承される一方、壇經系では、敦煌本を忠實に繼承しようとする興聖寺本、大乘寺本に對し、宗寶本においては、兩系統をいかに融合するかという苦心の跡がみられるのである。

資料篇

序

われわれは、先の研究篇において、慧能の傳記方面に關する研究を、主として『曹溪大師傳』を中心とする史傳關係一八種の根本資料に基づいて行った。そのために、右の諸資料はすでにみな原文を掲げてきたわけである。したがって、研究篇といっても半ばは資料の羅列であったが、そのほか更にここに「資料篇」を設けるのは、次の理由によるものである。

慧能に關する基礎的な分野の研究についていうならば、傳記研究の次には、當然これまで慧能の著作として傳えられている『六祖壇經』と『金剛經解義』との二書に對する檢討という順序となろう。まず、『壇經』については、周知の通り從來から夥しい異本が存在するために、その書誌的な考察が必須であるが、近代における敦煌本を始めとする貴重な異本類の發見は、その書誌的・文獻的方面の研究に大きく貢獻し、すでにこの分野では先學による幾多の個別的な研究がなされている。その中の最大の成果は、いうまでもなく宇井伯壽氏の「壇經考」(第二禪宗史研究、昭和一六年、岩波書店)であろう。この宇井氏の研究を頂點とする先人の基礎的研究によって、『壇經』の多くの異本類は畢竟數條の系統に分類されうることが判明し、今後は他の敦煌本や宋版などの發見公開によって、それは更に闡明となり、より精密の度を加えてゆくことが豫想されている。

ところで、右のごとき異本研究の經過とともに、近年來、『壇經』の本質そのものに對する疑惑が高められてきたこともまた事實である。内容的にみる限りにおいて、たしかに『壇經』は近代の佛教學の立場からは、文獻的に問題の書たることは否めないであろう。しかるに一方、これらテキスト研究の最新の成果を踏まえた上で、本書を單に一箇の禪籍

としてではなく、禪宗獨特の燈史としての視點から、その出現と成立に關する基本的性格の解明を試みられたのが、柳田聖山氏の『初期禪宗史書の研究』（昭和四二年、法藏館）中の『壇經』に關する精緻な論攷であった。この研究は、『壇經』研究の上に一時期を劃するものというべきであり、これにより、本書は單に慧能個人の語錄というよりは、南宗禪の思想的基調を示す根本的な禪宗史書の一つであることが、はじめて明らかにされたのである。したがって、今後においては、その研究の方法論さえ誤らなければ、南宗禪の解明にとって、『壇經』はむしろ從來にもまして重要な文獻としての評價が與えられているといってもよいであろう。

右のごとき現況を認識した上で、『壇經』研究を進めるためには、どうしても主要な異本類の原文を相互に比較しながら、虛心にこれを讀んでゆくことが必要とされよう。この點、最近「禪學叢書」に收錄された『壇經』一二種の影印は、主要なテキストの原型を容易に机上に提供された快事として、斯學を益することはなはだ大きいものである。

かくして、われわれは、『壇經』のテキストに關する殘された重要な仕事の一つとして、現段階における最も基本的な異本五種を選び、それら相互の原文の對照を試みることとした。これが本篇第一章第一節の「五本對照六祖壇經」である。その對照に當っては、かつて鈴木大拙氏が敦煌本を基準として分類された五七節を踏まえた上で、新たに詳細な檢討を加えた結果、『壇經』の全體を九二節に分類し、諸本において對應する文章が、それぞれ對照してみられるように組版したのである。この原文對照によって、同一節中の文章語句の增減・改變・移動等の樣子が一目瞭然のもとに把握できるであろう。

いうまでもなく、『壇經』は各異本閒の文章の異同が著しいので、この作業は必ずしも容易ではなく、從來このような試みがなされえなかった理由も當然のことと首肯されるものである。なお、第二節には、對照に用いた五種の異本を中心とする『壇經』の解說を置いたが、これは現段階における最新の學術的成果を踏まえたつもりである。

次に、慧能の著作として古い傳承をもつ『金剛經解義』については、近年まで本格的な學問研究は皆無の狀態であった。これに對して、その非を指摘し、本書の書誌と思想との兩方面に關する研究に先鞭をつけ、より深い研究の必要性を喚起されたのが、關口眞大氏による「慧能の般若波羅蜜」（禪宗思想史、昭和三九年、山喜房佛書林）なる論攷であった。その後、氏は重ねて本書研究の必要性を強調されているが、それに應えるものはいまだ現れぬ現狀にある。

したがって、われわれは本書に關する本格的な檢討を意圖し、まず本書の文獻そのものの異本類を、できるだけ多く集めることから出發した。その結果、京都大學人文科學研究所に所藏される五山版が現存最古の傳本であることを知り、この善本を底本と定めて活字化を企り、これを他の諸異本中、系統を別にする五種の主要テキストを選んで對校を試みた。これが第二章第一節の「六本對校金剛經解義」である。ゆえに、本資料に續く第二節の解説は、右の作業過程において明らかとなった、本書の各異本間における系統に關する報告をも兼ねるものである。これらの仕事によって、本資料は今後における『金剛經解義』の思想内容を研究するための、基礎的なテキスト資料を提供することとなろう。

以上の二書のほかにも、慧能に關する諸種の資料は、枚擧に遑がないほどの數量にのぼる。そこで、すでに研究篇中に所載した一八種の傳記資料、および、右二書を除いた他の資料のうち、原則として中國元代以前のものを蒐集し、これを編集し活字化したのが第三章第一節の「慧能關係資料集成」にほかならない。元代までに限定した理由は、それ以後の文獻は、ほとんど前代までの資料に基づいていて、すでに原資料としての價値が希薄であるとの判斷によるものである。ただし、後代の文獻でも重要とみなされるものは、若干これに加えた。個々の資料中には、古則公案等のごとく、他の文獻と重複するものが多いことを承知の上で、あえてこのような編集を試みたのは、今後の研究のために、慧能關係の古資料をとにかく集成しておくことを意圖したからである。したがって、原文獻のテキスト類は、できるだけ最善本によることに留意したことはいうまでもない。

かくして、合計一一二種の文獻からの資料を編集して、これを原文獻の成立年代順に從って配列した。また、第二節には、これら原文獻一々についての簡單な解說を附しておいた。ゆえに、本章によって慧能に關する資料を年代順に鳥瞰し利用することが可能であると信ずる。しかしながら、反面、寡聞にして重要な資料を遺落していることを恐れるものである。この點は、今後識者の御叱正によって補足してゆきたいと思う。

以上のごとく、本篇は慧能に關する著作二種を、異本との對照・對校という形で印刻し、また、その他の關係古資料を研究篇の傳記資料との重複を避けて編集し、これらを總括して資料篇となし、もって今後における慧能研究のための根本資料を提供することを目指したものである。なお、各資料を掲載するための細かい凡例は、各章の首部に示しておいた。

最後に、右のような本篇の編成に對して、先の「研究篇」にも多くの原資料を含み、一方、「資料篇」中にも研究的な内容を附載するという矛盾に對する批判が存するかも知れない。これに對しては、一が他を含むことは、あくまで研究者のための便宜を考慮した結果の必然的措置であることを、あえて辨明しておきたい。したがって、本書全體を二篇に分けたことも、また同じ理由によるからであり、サブタイトルを附した「慧能の傳記と資料に關する基礎的研究」こそ、本書の主眼と性格とを表すものにほかならない。

第一章　六祖壇經

第一節　五本對照　六祖壇經

凡　例

一、本資料の對照に使用したテキストは、左記の五本である。

㈠敦煌本　一巻一冊　筆寫本　原本大英博物館所藏（S五四七五）
　東洋文庫所藏マイクロフィルムより複寫

㈡大乘寺本　二巻一帖　鎌倉時代筆寫本　原本、石川縣金澤市大乘寺所藏（石川縣美術館委託保管）
　駒澤大學圖書館所藏マイクロフィルムより複寫

㈢興聖寺本　二巻一冊　五山版　慶長四年（一五九九）朱點、同八年（一六〇三）和點附加　原本、京都市堀川興聖寺舊藏
　昭和八年安宅彌吉複製本、駒澤大學圖書館所藏〇八六―一七

㈣德異本　一巻一冊　光緒九年（一八八三）、朝鮮伽耶山海印寺刊行本
　福岡市穴山壽美子氏所藏

㈤宗寶本　一巻一冊　萬曆三七年（一六〇九）、徑山寂照庵刊　明版大藏經北藏扶函所收
　駒澤大學圖書館所藏、明藏一六三―一

一、右五本の本文對照にあたっては、各テキストの成立順序に從い、各本それぞれ、敦煌本・大乘寺本・興聖寺本・德異本・宗寶本の略稱を用いた。

一、對照の方法は、敦煌本の本文順序を基準として段落を區切り、それに對應する諸本の該當本文を以下に列擧した。敦煌本に存しない部分については、前後關係より該當箇所を判斷して他の諸本を對照させた。敦煌本の段落は、鈴木貞太郎（大拙）校訂本に從った。また、原文が誤字と認められる場合は、その右側に訂正すべき文字を（　）の中に示した。

一、各テキストの序・跋・刊記・識語・及び訓點・送りがななどの書き込み類もすべて原本に忠實に組版することにつとめた。また興聖寺本壇經の匡郭外に存する書込み中、異本校合については、該當文字の右脇に（　）をもって附し、注記については、各段落の末尾に該當箇所を示して附した。

一、五本對照の上欄外に、漢數字をもって全體の通し番號を附し、各段に本文内容の簡單な小見出しを附した。また五本の各段落冒頭の算用數字は、テキスト毎の通し番號であり、これによって各テキストの前後の移動を知ることができ、また本來の順序に還元

できるように配慮した。

一、他本に存しない徳異本・宗寶本の序文・跋文等については、組版の關係上、末尾に二段組みとし、一括して掲載した。

一、原本における異體字・略體字・古體字等は、活字用正字に改めた。その一例を示せば次の如くである。

扗→在　囙→因　觧→解　亾→亡　死→死

塾→熟　唯→唯　叅→参

一、各段の小見出し、各本の前後關係等を次に一覽表にして掲げておく。

小見出し	（敦煌本）	（大乘寺本）	（興聖寺本）	（徳異本）	（宗寶本）
一 外題		1	1	1	1
二 序		2	2	2	3
三 贊					4
四 內題	1	3	3	3	5
五 編者	2			4	6
六 目錄		4	4		2
七 略序				5	附1
八 序品	3	5	5	6	7
九 金剛經を聞く	4	6	6	7	8
一〇 弘忍との問答	5	7	7	8	9
一一 弘忍、偈を求む	6	8	8	9	10
一二 大衆、偈を作らず	7	9	9	10	11
一三 神秀、偈を作る	8	10	10	11	12
一四 弘忍、神秀を許さず	9	11	11	12	13
一五 慧能、偈を作る	10	12	12	13	14
一六 慧能、法を受ける	11	13	13	14	15
一七 慧能、南方に去る	12	14	14	15	16
一八 慧明、法を求む	13	15	15・19	16	17
一九 慧能、難を避ける		16	16	17	18
二〇 風幡の問答			17	18	19
二一 慧能、般若の法を説く	14	17	18	19	20
二二 定慧不二の理	15	18	20	36	37
二三 一行三昧の法	16	19	21	37	39
二四 燈火のたとえ	17	20	22	38	38
二五 法に頓漸なし	18	21	23	39	40
二六 無念・無相・無住・無縛の教え	19	22	24	40	41
二七 坐禪の理	20	23	25	42	42
二八 坐禪の定義	21	24	26	41	43
二九 傳香懺悔の法		25	27	43	44
三〇 無相戒の教え	22	29	31	47	48
三一 四弘誓願をおこすべきこと	23	27	29	45	46
三二 無相懺悔の法	24	26	28	44	45
三三 無相三歸戒を授ける	25	28	30	46	47
三四 巻上の尾題		30	32		
三五 巻下の首題		31	33		
三六 目錄		32	34		
三七 般若波羅蜜の法	26	33	35	20	21
三八 摩訶の意味	27	34	36	21	22
三九 般若波羅蜜の意味	28	35	37	22	23
四〇 智慧のはたらき	29	36	38	23	24
四一 金剛經の功德	30	37	39	24	25
四二 少根の人と大智の人	31	38	40	25	26
四三 万法は自心にあり	32	39	41	26	27
四四 頓悟見性の教え	33	40	42	27	28
四五 頓教を護持すべきこと	34	41	43	28	29
四六 無相頌	35	42	44	48	49
四七 達磨無功德の教え	36	43	45	31	32
四八 淨土の所在	37	44	46	32	33

	（敦煌本）	（大乘寺本）	（興聖寺本）	（德異本）	（宗寶本）
四九　在俗への教え	38	45	47	29	30
五〇　道俗、言下に見性成佛す				30	31
五一　心清淨の教え				33	34
五二　韋璩に無相頌を説く				34	35
五三　慧能、曹溪に歸る	39	46	48	35	36
五四　壇經をよるべとすべきこと	40	47	49	69	70
五五　南頓と北漸	41	48	50	63	64
五六　志誠參ず	42	49	51	64	65
五七　劉志略に遇う				49	50
五八　法海參ず				50	51
五九　志誠に三學を説く	43	50	52	65	66
六〇　志徹參ず				66	67
六一　法達參ず	44	51	53	51	52
六二　法達に一乘を説く				52	53
六三　智通參ず				53	54
六四　智常參ず	45	52	54	54	55
六五　志道參ず				55	56
六六　行思參ず				56	57
六七　懷讓參ず				57	58
六八　玄覺參ず				58	59
六九　智隍參ず				59	60
七〇　一僧參ず				60	61
七一　慧能、傳衣を示す				61	62
七二　臥輪・慧能の偈				62	63
七三　神會參ず	46	53	55	67	68
七四　門人に遺誡す				68	69
七五　勅詔および辭簡との問答				70	71
七六　三科の法門	47	54	56	71	72
七七　三十六對の法	48	55	57	72	73
七八　壇經を稟受すべきこと	49	56	58	73	74

	（敦煌本）	（大乘寺本）	（興聖寺本）	（德異本）	（宗寶本）
七九　眞假動靜の偈	50	57	59	74	75
八〇　傳衣と六代祖師の傳法偈	51	58	60	75	76
八一　重ねて二頌を説く	52	59	61	76	77
八二　西天東土の祖統説	53	60	62	77	78
八三　見眞佛解脱の頌	54	61	63	78	79
八四　自性眞佛解脱の頌	55	62	64	79	80
八五　遺誡と入滅	56	63	65	80	81
八六　滅後の奇瑞など	57	64	66	81	82
八七　壇經の傳授者	58	65	67		
八八　壇經相傳のこと	59				
八九　壇經流通のこと	60				
九〇　尾　題	61	66	68	82	83
九一　刊記・識語		67	69		84
九二　附　錄				附1　附2～附12	附7　附2～附8

一　外題

二　序

本	一　外題	二　序
敦煌本（一〇世紀頃筆寫）		
大乘寺本（鎌倉時代筆寫）	(1) 韶州曹溪山六祖師壇經	(2) 韶州曹溪山六祖師壇經序 性體虛空、本無名相、佛祖出興、示以正法者、良由衆生、妄失其本也、故初有六佛、而釋迦紹出焉、釋迦七七年導化、復憫後五百歳鬪諍堅固、遂以正法付迦葉、受金襴信衣、俾妙明之種性不滅也、衣衣相受、法法相承、列位西乾二十有八、東土正法、自達磨始興、二祖出于北齊、三四興于唐代、曹溪六祖得衣法於黃梅五祖、是時刺史韶牧
興聖寺本（覆宋五山版）	(1) 六祖壇經完	(2) 六祖壇經序 依眞小師邕州羅秀山惠進禪院沙門惠昕述 原夫眞如佛性本在人心々正則諸境難侵心邪則衆塵易染能止心念衆惡自亡衆惡既亡諸善皆備諸善要備非假外求悟法之人自心如日遍照世間一切無礙見性之人雖處人倫其心自在無所惑亂矣故我六祖大師廣爲學徒直說見性法門總令自悟成佛目曰壇經流傳後
德異本（延祐三年刊本覆刻）〈一三一六〉	(1) 六祖壇經	(2) 六祖法寶壇經序 古筠比丘德異撰 妙道虛玄不可思議忘言得旨端可悟明故世尊分座於多子塔前拈花於靈山會上似火與火以心印心西傳四七至菩提達磨東來此土直指人心見性成佛有可大師者首於言下悟入末上三拜得髓受衣紹祖開闡正宗三傳而至黃梅會中高僧七百惟負舂居士一偈傳衣爲六代祖南遯十餘年一旦以非風幡動之機觸開印宗
宗寶本（萬曆三七年版）〈一六〇九〉	(1) 支那撰述 六祖大師法寶壇經 曹溪原本 扶上	(3) 六祖大師法寶壇經序 古筠比丘德異撰 妙道虛玄不可思議忘言得旨端可悟明故世尊分座於多子塔前拈華於靈山會上似火與火以心印心西傳四七至菩提達磨東來此土直指人心見性成佛有可大師者首於言下悟入末上三拜得髓受衣紹祖開闡正宗三傳而至黃梅會中高僧七百惟負舂居士一偈傳衣爲六代祖南遯十餘年一旦以非風旛動之機觸開印宗

〔敦煌本〕

〔大乘寺本〕

等、請六祖於大梵戒壇、受
無相戒、說摩訶頓法、門人
錄其語要、命曰壇經、夫吾
祖傳衣三更受法、命若懸
絲、而說是經、則普告僧俗、
令言下各悟本心、現成佛
道者、何耶、蓋此非吾祖一
時之直指、實欲傳乎後鬪
諍之歲也今則門風百種、
解會千般、努眼撐眉、尋言
擧古、忘情絕念、自縛無繩、
詆毀明師、紛紜矛盾、豈知
有壇經之可龜鑑者哉、謹
再刊傳、庶幾學者悟其本
焉、
政和六年丙申元旦福唐
將軍山隆慶庵比丘存中
序幷書

〔興聖寺本〕

學古本文繁、披覽之徒初
忻後猒、余以太歲丁卯月
在蕤賓二十三日辛亥、於
思迎塔院、分爲兩卷凡十
一門貴接後來、同見佛性
者
子健被旨入蜀、回至荊南、
於族叔公祖位、見七世祖、
文元公所觀寫本六祖壇
經、其後題云時年八十一、
第十六次看過、以至點句
標題、手澤具存、公歷事太
宗眞宗仁宗三朝、引年七
十累章求解禁職以太子
少保致仕、享年八十四、道
德文章具載國史、冠歲過
高士劉惟一訪以生還之
事、劉曰人常不死公、駭之
劉曰形死性不遷公始寤
其說、自是留意禪觀、老而

〔德異本〕

正眼居士由是祝髮登壇
應跋陀羅懸記開東山法
門韋史君命海禪者錄其
語目之曰法寶壇經大師
始於五年終至曹溪說法
三十七年沾甘露味入聖
超凡者莫記其數悟佛心
宗行解相應爲大知識者
名載傳燈惟南嶽青原執
侍最久盡得無巴鼻故出
馬祖石頭機智圓明玄風
大振乃有臨濟潙仰曹洞
雲門法眼諸公巍然而出
道德超群門庭嶮峻啓迪
英靈衲子奮志衝關一門
深入五派同源歷遍爐錘
規模廣大原其五家綱要
盡出壇經夫壇經者言簡
義豐理明事備具足諸佛
無量法門一一法門具足

〔宗寶本〕

正眼居士由是祝髮登壇
應跋陀羅懸記開東山法
門韋使君命海禪者錄其
語目之曰法寶壇經大師
始於五羊終至曹溪說法
三十七年霑甘露味入聖
超凡者莫記其數悟佛心
宗行解相應爲大知識者
名載傳燈惟南嶽青原執
侍最久盡得無巴鼻故出
馬祖石頭機智圓明玄風
大震乃有臨濟潙仰曹洞
雲門法眼諸公巍然而出
道德超群門庭險峻啓迪
英靈衲子奮志衝關一門
深入五派同源歷偏鑪錘
規模廣大原其五家綱要
盡出壇經夫壇經者言簡
義豐理明事備具足諸佛
無量法門一一法門具足

三　贊

愈篤公平生所學三教俱
通文集外著昭德編三卷
法藏碎金十卷、道院集十
五卷耄智餘書三卷皆明
理性晚年尚看壇經孜々
如此子健來佐蘄春郡遇
太守高公世叟篤信好佛
一日語及先文元公所觀
壇經欣然曰此乃六祖傳
衣之地是經安可闕乎乃
用其句讀鏤版刊行以廣
其傳壇經曰後人得遇壇
經如親承吾教若看壇經
必當見性咸願衆生同證
此道紹興二十三年六月
二十日右奉議郎權通判
蘄州軍州事晁子健謹記

無量妙義一一妙義發揮
諸佛無量妙理卽彌勒樓
閣中卽普賢毛孔中善入
者卽同善財於一念間圓
滿功德與普賢等與諸佛
等惜乎壇經爲後人節略
太多不見六祖大全之旨
德異幼年嘗見古本自後
遍求三十餘載近得通上
人尋到全文遂刊于吳中
休休禪庵與諸勝士同一
受用惟願開卷擧目直入
大圓覺海續佛祖慧命無
窮斯余志願滿矣至元二
十七年庚寅歲仲春日敍

無量妙義一一妙義發揮
諸佛無量妙理卽彌勒樓
閣中卽普賢毛孔中善入
者卽同善財於一念間圓
滿功德與普賢等與諸佛
等惜乎壇經爲後人節略
太多不見六祖大全之旨
德異幼年嘗見古本自後
偏求三十餘載近得通上
人尋到全文遂刊于吳中
休休禪庵與諸勝士同一
受用惟願開卷擧目直入
大圓覺海續佛祖慧命無
窮斯余志願滿矣至元二
十七年庚寅歲中春日敍

（4）
六祖大師法寶壇經贊
宋明教大師契嵩
撰

〔敦煌本〕

〔大乘寺本〕

〔興聖寺本〕

〔德異本〕

〔宗寶本〕

贊者告也發經而溥告也壇經者至人之所以宣其心也（至人謂六祖篇內同）何心邪佛所傳之妙心也大哉心乎資始變化而清淨常若凡然聖然幽然顯然無所處而不自得之聖言乎明凡言乎昧昧也者變也明也者復也變復雖殊而妙心一也始釋迦文佛以是而傳之大龜氏大龜氏相傳之三十三世者傳諸大鑒（六祖諡號）（大鑒禪師）大鑒傳之而益傳也說之者抑亦多端固有名同而實異者也固有義多而心一者也曰血肉心者曰緣慮心者曰集起心者曰堅實心者若心所之心益多也是所謂名同而實異者也曰眞如心者曰生滅

心者曰煩惱心者曰菩提心者諸修多羅其類此者殆不可勝數是所謂義多而心一者也義有覺義有不覺義心有眞心有妄心皆所以別其正心也方壇經之所謂心者亦義之覺義心之實心也昔者聖人之將隱也乃命乎龜氏教外以傳法之要意其人滯迹而忘返固欲後世者提本而正末也故涅槃曰我有無上正法悉已付囑摩訶迦葉矣天之道存乎易地之道存乎簡聖人之道存乎要要也者至妙之謂也聖人之道以要則爲法界門之樞機爲無量義之所會爲大乘之椎輪法華豈不曰當知是妙法諸佛之祕要華嚴豈不曰以少方便疾成菩提要乎其於

〔敦煌本〕

〔大乘寺本〕

〔興聖寺本〕

〔德異本〕

〔宗寶本〕

聖人之道利而大矣哉是故壇經之宗尊其心要也心乎若明若冥若空若靈若寂若惺有物乎無物乎謂之一物固彌於萬物謂之萬物固統於一物一物猶萬物也萬物猶一物也此謂可思議也及其不可思也不可議也天下謂之玄解謂之神會謂之絶待謂之默體謂之冥通一皆離之遣之遣之又遣亦烏能至之微其果然獨得與夫至人之相似者孰能諒乎推而廣之則無往不可也探而裁之則無所不當也施於證性則所見至親施於修心則所詣至正施於崇德辯惑則眞妄易顯施於出世則佛道速成施

於救世則塵勞易歇此壇經之宗所以旁行天下而不猒彼謂卽心卽佛淺者何其不知量也以折錐探地而淺地以屋漏窺天而小天豈天地之然邪然百家者雖苟勝之弗如也而至人通而貫之合乎群經斷可見矣至人變而通之非預名字不可測也故其顯說之有倫有義密說之無首無尾天機利者得其深天機鈍者得其淺可擬乎可議乎不得已況之則圓頓教也最上乘也如來之清淨禪也菩薩藏之正宗也論者謂之玄學不亦詳乎天下謂之宗門不亦宜乎壇經曰定慧爲本者趣道之始也定也者靜也慧也者明也明以觀之靜以安之安其心可以體心

〔敦煌本〕

〔大乘寺本〕

〔興聖寺本〕

〔德異本〕

〔宗寶本〕

也觀其道可以語道也一行三昧者法界一相之謂也謂萬善雖殊皆正於一行者也無相爲體者尊大戒也無念爲宗者尊大定也無住爲本者尊大慧也夫戒定慧者三乘之達道也夫妙心者戒定慧之大資也以一妙心而統乎三法故曰大也無相戒者戒其必正覺也四弘願者願度度苦也願斷斷集也願學學道也願成成寂滅也滅無所滅故無所不斷也道無所道故無所不度也無相懺者懺非所懺也三歸戒者歸其一也一也者三寶之所以出也說摩訶般若者謂其心之至中也般若也者聖人之方便也

聖人之大智也固能寂之明之權之實之天下以其寂可以泯衆惡也天下以其明可以集衆善也天下以其權可以大有爲也天下以其實可以大無爲也至矣哉般若也聖人之道非夫般若不明也不成也天下之務非夫般若不宜也不當也至人之爲以般若振不亦遠乎我法爲上上根人說者宜之也輕物重用則不勝大方小授則過也從來默傳分付者密說之謂也密也者非不言而闇證也眞而密之也不解此法而輒謗毀謂百劫千生斷佛種性者防天下亡其心也偉乎壇經之作也其本正其迹效其因眞其果不謬前聖也後聖也如此起之如此示之如此

〔敦煌本〕

〔大乘寺本〕

〔興聖寺本〕

〔德異本〕

〔宗寶本〕

復之浩然沛乎若大川之注也若虚空之通也若日月之明也若形影之無礙也若鴻漸之有序也妙而得之之謂本推而用之之謂迹以其非始者始之之謂因以其非成者成之之謂果果不異乎因謂之正果也因不異乎果謂之正因也迹必顧乎本謂之大用也本必顧乎迹謂之大乘也乘也者聖人之喩道也用也者聖人之起教也夫聖人之道莫至乎心聖人之教莫至乎修調神入道莫至乎一相止觀軌善成德莫至乎一行三昧資一切戒莫至乎無相正一切定莫至乎無念通一切智莫至乎無住生善滅惡

莫至乎無相戒篤道推德莫至乎四弘願善觀過莫至乎無相懺正所趣莫至乎三歸戒正大體裁大用莫至乎大般若發大信務大道莫至乎大志天下之窮理盡性莫至乎默傳欲心無過莫善乎不謗定慧爲始道之基也一行三昧德之端也無念之宗解脫之謂也無住之本般若之謂也無相之體法身之謂也無相戒之最也四弘願願之極也無相懺懺之至也三歸戒眞所歸也摩訶智慧聖凡之大範也爲上上根人說直說也默傳傳之至也戒謗戒之當也夫妙心者非修所成也非證所明也本成也本明也以迷明者復明所以證也以背成者復成所以修也

〔敦煌本〕

〔大乘寺本〕

〔興聖寺本〕

〔德異本〕

〔宗寶本〕

以非修而修之故曰正修也以非明而明之故曰正證也至人暗然不見其威儀而成德爲行藹如也至人頽然若無所持而道顯於天下也蓋以正修而修之也以正證而證之也於此乃曰罔修罔證罔因罔果穿鑿叢脞競爲其説繆乎至人之意焉噫放戒定慧而必趨乎混茫之空則吾末如之何也甚乎含識溺心而浮識識與業相乘循諸響而未始息也象之形之人與物偕生紛然乎天地之間可勝數邪得其形於人者固萬萬之一耳人而能覺幾其鮮矣聖人懷此雖以多義發之而天下猶有所不明者也聖人

救此雖以多方治之而天下猶有所不醒者也賢者以智亂不肖者以愚壅平平之人以無記惛及其感物而發喜之怒之哀之樂之益蔽者萬端曖然若夜行而不知所至其承於聖人之言則計之博之若蒙霧而望遠謂有也謂無也謂非有也謂非無也謂亦有也謂亦無也以不見而卻蔽固終身而不得其審焉海所以在水也魚龍死生在海而不見乎水道所以在心也其人終日說道而不見乎心悲夫心固微妙幽遠難明難湊其如此也矣聖人既隱天下百世雖以書傳而莫得其明驗故壇經之宗擧乃直示其心而天下方知卽正乎性命也若排雲霧而頓見太

〔敦煌本〕

〔大乘寺本〕

〔興聖寺本〕

〔德異本〕

〔宗寶本〕

清若登泰山而所視廓如也王氏以方乎世書曰齊一變至於魯魯一變至於道斯言近之矣涅槃曰始從鹿野苑終至跋提河中間五十年未曾說一字者示法非文字也防以文字而求其所謂也曰依法不依人者以法眞而人假也曰依義不依語者以義實而語假也曰依智而不依識者以智至而識妄也曰依了義經不依不了義經者以了義經盡理也而菩薩所謂卽是宣說大涅槃者謂自說與經同也聖人所謂四人出世（卽四依也）護持正法應當證知者應當證知故至人推本以正其末也自說與經同故至人說經

如經也依義依了義經故至人顯說而合義也合經也依法依智故至人密說變之通之而不苟滯也示法非文字故至人之宗尚乎默傳也聖人如春陶陶而發之也至人如秋濯濯而成之也聖人命之而至人效之也至人固聖人之門之奇德殊勳者也夫至人者始起於微自謂不識世俗文字及其成至也方一席之說而顯道救世與乎大聖人之云爲者若合符契也固其玄德上智生而知之將自表其法而示其不識乎歿殆四百年法流四海而不息帝王者聖賢者更三十世求其道而益敬非至乎大聖人之所至天且猒之久矣烏能若此也予固豈盡其道幸蚊

		四　內題	五　編者	六　目錄（上卷）
〔敦煌本〕		(1) 南宗頓教最上大乘摩訶般若波羅蜜經六祖惠能大師於韶州大梵寺施法壇經一卷	(2) 兼受無相戒　弘法弟子法海集記	
〔大乘寺本〕		(3) 韶州曹溪山六祖師壇經卷上		(4) 一、韶州刺史韋璩等衆請說法 二、大師自說悟法傳衣 三、爲時衆說定慧 四、教授坐禪 五、說傳香懺悔發願 六、說一體三身佛相
〔興聖寺本〕		(3) 六祖壇經卷上		(4) 一、緣起說法門 二、悟法傳衣門 三、爲時衆說定慧門 四、教授坐禪門 五、說傳香懺悔發願門 六、說一體三身佛相門
〔德異本〕		(3) 六祖大師法寶壇經	(4) 門人　法海　集	
〔宗寶本〕	虻飲海亦預其味敢稽首布之以遺後學者也 （右ノ二序ハ目錄ノ次ニアルモ、對照ノタメニ移項ス）	(5) 六祖大師法寶壇經	(6) 風旛報恩光孝禪寺住持嗣祖比丘宗寶編	(2) 六祖大師灋寶壇經目錄 卷首 序贊各一篇 經 行由第一 般若第二 疑問第三

七　略序

---

(5)

略序

大師名惠能父盧氏諱行瑫母李氏誕師於唐貞觀

目錄終

（本目錄ハ卷頭ニアルモ、對照ノタメココニ移項ス）

(附1)附錄

六祖大師緣起外紀

門人法海等集

大師名惠能父盧氏諱行瑫唐武德三年九月左官

〔敦煌本〕

〔大乘寺本〕

〔興聖寺本〕

〔德異本〕

十二年戊戌二月八日子
時時毫光騰空異香滿室
黎明有二異僧造謁謂師
之父曰夜來生兒專爲安
名可上惠下能也父曰何
名惠能僧曰惠者以法惠
施衆生能者能作佛事言
畢而出不知所之師不飮
乳遇夜神人灌以甘露既
長年二十有四聞經悟道
往黃梅求印可五祖器之
付衣法令嗣祖位時龍朔
元年辛酉歲也南歸隱遯
一十六年至儀鳳元年丙
子正月八日會印宗法師
宗悟契師旨是月十五日
普會四衆爲師薙髮二月
八日集諸名德授具足戒
西京智光律師爲授戒師
蘇州慧靜律師爲羯磨荊

〔宗寶本〕

新州母李氏先夢庭前白
華競發白鶴雙飛異香滿
室覺而有娠遂潔誠齋戒
懷妊六年師乃生焉唐貞
觀十二年戊戌歲二月八
日子時也旹毫光騰空香
氣芬馥黎明有二僧造謁
謂師之父曰夜來生兒專
爲安名可上惠下能也父
曰何名惠能僧曰惠者以
法惠濟衆生能者能作佛
事言畢而出不知所之師
不飮母乳遇夜神人灌以
甘露三歲父喪葬於宅畔
母守志鞠養既長鬻薪供
母年二十有四聞經有省
往黃梅參禮五祖器之付
衣法令嗣祖位時龍朔元
年辛酉歲也南歸隱遯至
儀鳳元年丙子正月八日

州通應律師爲教授中天耆多羅律師爲說戒西國蜜多三藏爲證戒其戒壇乃宋朝求那跋陀羅三藏刱建立碑曰後當有肉身菩薩於此授戒又梁天監元年智藥三藏自西竺國航海而來將彼土菩提樹一株植此壇畔亦預誌曰後一百七十年有肉身菩薩於此樹下開演上乘度無量衆眞傳佛心印之法主也師至是祝髮受戒及與四衆開示單傳之法旨一如昔識（以梁天監元年壬午歲考至唐儀鳳元年丙子是得一百七十五年）次年春師辭衆歸寶林印宗與緇白送者千餘人直至曹溪時荊州通應律師與學人數百人依師而住師至曹溪寶林覩堂宇湫隘不足容衆欲廣之遂謁里人陳亞仙曰老僧

會印宗法師詰論玄奧印宗悟契師旨是月十五日普會四衆爲師薙髮二月八日集諸名德授具足戒西京智光律師爲授戒師蘇州慧靜律師爲羯磨荊州通應律師爲教授中天耆多羅律師爲說戒西國蜜多三藏爲證戒其戒壇乃宋朝求那跋陀羅三藏創建立碑曰後當有肉身菩薩於此授戒又梁天監元年智藥三藏自西竺國航海而來將彼土菩提樹一株植此壇畔亦預誌曰後一百七十年有肉身菩薩於此樹下開演上乘度無量衆眞傳佛心印之法主也師至是祝髮受戒及與四衆開示單傳之旨一如昔識（梁天監元年壬午歲至唐儀鳳元年丙子得一百七十五年）次年春師辭衆歸寶林印

〔敦煌本〕

〔大乘寺本〕

〔興聖寺本〕

〔德異本〕

欲就檀越求坐具地得不仙曰和尚坐具幾許闊祖出坐具示之亞仙惟然祖以坐具一展盡罩曹溪四境四天王現身坐鎭四方今寺境有天王嶺因玆而名仙曰知和尚法力廣大但吾高祖墳墓並在此地他日造塔幸望存留餘願盡捨永爲寶坊然此地乃生龍白象來脈只可平天不可平地寺後營建一依其言師遊境內山水勝處輒憩止遂成蘭若一十三所今日花果院隷籍寺門玆寶林道場亦先是西國智藥三藏自南海經曹溪口掬水而飲香美異之謂其徒曰此水與西天之水無別溪源上必有勝地堪

〔宗寶本〕

宗與緇白送者千餘人直至曹溪時荊州通應律師與學者數百人依師而住師至曹溪寶林覩堂宇湫隘不足容衆欲廣之遂謁里人陳亞僊曰老僧欲就檀越求坐具地得不僊曰和尚坐具幾許闊祖出坐具示之亞僊唯然祖以坐具一展盡罩曹溪四境四天王現身坐鎭四方今寺境有天王嶺因玆而名僊曰知和尚法力廣大但吾高祖墳墓竝在此地他日造塔幸望存留餘願盡捨永爲寶坊然此地乃生龍白象來脈只可平天不可平地寺後營建一依其言師遊境內山水勝處輒憩止遂成蘭若一十三所今

爲蘭若隨流至源上四顧山水回環峯巒奇秀嘆曰宛如西天寶林山也乃謂曹侯村居民曰可於此山建一梵刹一百七十年後當有無上法寶於此演化得道者如林宜號寶林時韶州牧侯敬中以其言具表聞奏上可其請賜寶林爲額遂成梵宮落成於梁天監三年寺殿前有潭一所龍常出沒其間觸撓林木一日現形甚巨波浪洶湧雲霧陰翳徒衆皆懼師叱之曰爾只能現大身不能現小身若爲神龍當能變化以小現大以大現小也其龍忽沒俄頃復現小身躍出潭面師展鉢試之曰儞且不敢入老僧鉢盂裡龍乃遊揚至前師以鉢舀之龍不能動師持鉢上

曰華果院隸籍寺門其寶林道場亦先是西國智藥三藏自南海經曹溪口掬水而飲香美異之謂其徒曰此水與西天之水無別溪源上必有勝地堪爲蘭若隨流至源上四顧山水回環峯巒奇秀歎曰宛如西天寶林山也乃謂曹侯村居民曰可於此山建一梵刹一百七十年後當有無上法寶於此演化得道者如林宜號寶林時韶州牧侯敬中以其言具表聞奏上可其請賜寶林爲額遂成梵宮落成於梁天監三年寺殿前有潭一所龍常出沒其間觸橈林木一日現形甚巨波浪洶湧雲霧陰翳徒衆皆懼師叱之曰你只能現大身不能現小身若爲神龍當能變化

〔敦煌本〕

（3）

惠能大師於大梵寺講堂中昇高座說摩訶般若波羅蜜法受(授)無相戒其時座下僧尼道俗一万餘人韶州刺史等(韋)據及諸官寮三十餘人儒土(士)餘人同請大

〔大乘寺本〕

（5）一衆請說法

大師從南海上至曹溪、韶州刺史韋璩等、請於大梵寺、開法結緣、受無相戒、說摩訶般若波羅蜜法、大師是日於法座上、說摩訶頓法直下見性、了然大悟、普

〔興聖寺本〕

（5）一緣起說法門

大師唐、時、初從南海上至曹溪、韶州刺史韋璩等、請於大梵寺講堂中、爲衆開緣授無相戒、說摩訶般若波羅蜜法、大師是日、說頓教法、直了見性無礙、普告

〔德異本〕

堂與龍說法龍遂蛻骨而去其骨長可七寸首尾角足皆具留傳寺門師後以土石堙其潭今殿前左側有鐵塔鎭處是也

龍骨至己卯寺罹兵火因失未知所之○師墜腰石鐫龍朔元年盧居士誌八字此石今存黃梅東禪又唐王維右丞爲神會大師作祖師記云師混勞侶積十六載會印宗講經因爲削髮又柳宗元刺史作祖師謚號碑云師受信具遁隱南海上十六年度其可行乃居曹溪爲人師又張商英丞相作五祖記云五祖演化於黃梅縣之東禪院蓋其使於將母龍朔元年以衣法付六祖已散衆入東山結庵有居人馮茂以山施師爲道場焉以此考之則師至黃梅傳受五祖衣法實龍朔元年辛酉歲至儀鳳丙子得十六年師方至法性祝髮他本或作師咸亨中至黃梅者非

（6）悟法傳衣第一

時大師至寶林韶州韋刺史璩名與官僚入山請師於大梵寺講堂爲衆開緣說摩訶般若波羅蜜法師升座次刺史官僚三十餘人儒宗學士三十餘人僧尼

〔宗寶本〕

以小現大以大現小也其龍忽沒俄頃復現小身躍出潭面師展鉢試之曰你且不敢入老僧鉢盂裏龍乃游揚至前師以鉢舀之龍不能動師持鉢堂上與龍說法龍遂蛻骨而去其骨長可七寸首尾角足皆具留傳寺門師後以土石堙其潭今殿前左側有鐵塔鎭處是也

（7）行由第一

時大師至寶林韶州韋刺史璩名與官僚入山請師出於城中大梵寺講堂爲衆開緣說法師陞座次刺史官僚三十餘人儒宗學士三十餘人僧尼道俗一千

九　金剛經を聞く

師說摩訶般若波羅蜜法
刺史遂令門人僧法海集
記流行後伐（代）與學道者承
此宗旨遞相傳授有所於
約以爲稟承說此壇經

（4）
能大師言善知識淨心念
摩訶般若波羅蜜法大師
不語自淨心神良久乃言
善知識淨聽惠能慈父本
官（貫）范陽左降遷流南新州
百姓惠能幼小父小早亡
老母孤遺移來海艱辛貧
（乏）之於市買（賣）柴忽有一客買
柴遂領（令）惠能至於官店客
將柴去惠能得錢卻向門
前忽見一客讀金剛經惠

告僧俗、令言下各悟本心、
現成佛道、座下僧尼、道俗、
一千餘人、刺史官僚儒宗
學士、六十餘人、同請大師
說是法門、刺史韋璩令門
人法海、抄錄流行、傳示後
代、若承此宗旨、學道之者、
遞相傳受、有所依憑耳

（6）二悟法傳衣
爾時大師既昇座已、而示
衆言、善知識、惣淨心、念摩
訶般若波羅密、大師良久
不語、自淨其心、忽然告言、
善知識、菩提自性、本來清
淨、但用此心、直了成佛、大
師言、善知識、且聽某甲行
由、得法事意、某甲嚴父、本
貫范陽、左降嶺南、新州百
姓、此身不幸、父少早亡、老
母孤遺移來南海、艱辛貧

僧俗、令言下各悟本心現
成佛道、座下僧尼道俗、一
千餘人刺史官寮等三十
餘人、儒宗學士三十餘人、
同請大師、說是法門、刺史
韋璩、令門人法海、抄錄流
行、傳示後代、若承此宗旨、
學道者遞相教授、有所依
憑耳、

（6）二悟法傳衣門
爾時大師、既升座已、而示
衆言、善知識總淨心、念摩
訶般若波羅蜜、大師良久、
不語、自淨其心、忽然告言、
善知識菩提自性本來清
淨、但用此心、直了成佛、善
知識且聽惠能行由得法
事意、惠能嚴父本貫范陽
左降流于嶺南、作新州百
姓、此身不幸、父又早亡、老
母孤遺、移來南海、艱辛貧

道俗一千餘人同時作禮
願聞法要

（7）
大師告曰善知識總淨心
念摩訶般若波羅蜜大師
良久復告衆曰善知識菩
提自性本來清淨但用此
心直了成佛善知識且聽
惠能行由得法事意能嚴
父本貫范陽左降流于嶺
南作新州百姓此身不幸
父又早亡老母孤遺後來
南海艱辛貧乏於市賣柴
時有一客買柴使令送至

餘人同時作禮願聞法要

（8）
大師告衆曰善知識菩提
自性本來清淨但用此心
直了成佛善知識且聽惠
能行由得法事意惠能嚴
父本貫范陽左降流于嶺
南作新州百姓此身不幸
父又早亡老母孤遺移來
南海艱辛貧乏於市賣柴
時有一客買柴使令送至
客店客收去惠能得錢卻
出門外見一客誦經惠能

〔敦煌本〕

能一聞心名(明)便悟乃聞客
曰從何處來持此經典客
答曰我於蘄州黃梅懸(縣)東
馮墓山禮拜五祖弘忍和
尚見令(今)在彼門人有千餘
衆我於彼聽見大師勸道
俗但特(持)金剛經一卷卽得
見性直了成佛惠能聞說
宿業有緣便卽辭親往黃
梅馮墓山禮拜五祖弘〻
忍〻和〻尚〻

〔大乘寺本〕

乏於市賣柴時有一客買
柴便令送至官店客收柴
去某甲得錢却出門外見
有一客讀金剛經某甲一
聞心便開悟遂問客言從
何所來持此經典客云我
從蘄州黃梅懸東憑茂山
禮拜五祖和尚見在彼山
門人一千餘衆我到彼山
聽和尚說法常勸道俗但
持金剛經卽得見性直了
成佛某甲聞說宿昔有緣
乃蒙一客取銀十兩與某
甲將充老母衣粮令某甲
便往黃梅禮拜某甲安置
母訖便卽辭親不經三十
餘日便到黃梅禮拜五祖

〔興聖寺本〕

乏於市賣柴時有一客買
柴使令送至官店客收去
惠能得錢却出門外見有
一客讀金剛經惠能一聞
心便開悟遂問客言從何
所來持此經典客云我從
蘄州黃梅縣東馮母山來
其山是第五祖弘忍大師
在彼主化門人一千有餘
我到彼山禮拜聽授此經
大師常勸僧俗但持金剛
經卽自見性直了成佛惠
能聞說宿業有緣乃蒙一
客取銀十兩與惠能令充
老母衣糧教便往黃梅禮
拜五祖惠能安置母畢便
卽辭親不經三二十日便
至黃梅禮拜五祖

〔德異本〕

客店客收去能得錢却出
門外見一客誦經能一聞
經云應無所住而生其心
心卽開悟遂問客誦何經
客曰金剛經復問從何所
來持此經典客云我從蘄
州黃梅縣東禪寺來其寺
是五祖忍大師在彼主化
門人一千有餘我到彼中
禮拜聽受此經大師常勸
僧俗但持金剛經卽自見
性直了成佛能聞說宿昔
有緣乃蒙一客取銀十兩
與能令充老母衣粮教便
往黃梅禮拜五祖能安置
母畢卽便辭親不經三十
餘日便至黃梅禮拜

〔宗寶本〕

一聞經語心卽開悟遂問
客誦何經客曰金剛經復
問從何所來持此經典客
云我從蘄州黃梅縣東禪
寺來其寺是五祖忍大師
在彼主化門人一千有餘
我到彼中禮拜聽受此經
大師常勸僧俗但持金剛
經卽自見性直了成佛惠
能聞說宿昔有緣乃蒙一
客取銀十兩與惠能令充
老母衣糧教便往黃梅參
禮五祖惠能安置母畢卽
便辭違不經三十餘日便
至黃梅禮拜五祖

（5）（弘忍和尚）問惠能曰汝何方人來此山禮拜吾汝今向吾邊復求何物惠能答曰弟子是領（嶺カ）南人新州百姓今故遠來禮拜和尚不求餘物唯求佛法作大師遂責惠能曰汝是領（嶺）南人又是獦獠若爲堪作佛惠能答曰人即有南北佛姓（性）即無南北獦獠身與和尚不同佛姓（性）有何差別大師欲更共議見左右在傍邊大師更不言遂發遣惠能令隨衆作務時有一行者遂差惠能於碓坊踏碓八个餘月

（7）問曰、汝何方人、來此山中禮拜、今向吾邊、欲求何物、某甲對云、弟子是嶺南人、新州百姓、遠來禮師、唯求作佛、不求餘物、五祖責曰、汝是嶺南人、又是獵獠、若爲堪作佛、某甲言、人雖有南北、佛性本無南北、獵獠身與和尚不同、佛性有何差別、大師更欲共某甲久語、且見徒衆總在身邊、乃令某甲隨衆作務、某甲啓和尚言、弟子自心常生智惠、不離自性、即是種田、未審和尚教作何務、五祖言、這獵獠根性太利、汝更勿言、且去後院、有一行者、差某甲破柴踏碓、八箇餘月、五祖一日、忽見某甲言、吾思汝之明見、恐有惡人害汝、遂不與言、汝知之不、某甲言、弟子亦知師意、

（7）師問曰、汝何方人、來到此山禮拜、今向吾邊、欲求何物、惠能對云、弟子是嶺南新州百姓、遠來禮師、唯求作佛、不求餘物、五祖言、汝是嶺南人、又是獦獠、若爲堪作佛、惠能言、人雖有南北、佛性本無南北、獦獠身與和尚不同、佛性有何差別、大師更欲共惠能久語、且見徒衆總在身邊、乃令隨衆作務、惠能啓和尚言、弟子自心常生智慧、不離自性、即是福田、未審和尚教作何務、五祖言、這獦獠根性大利、汝更勿言、且去後院、有一行者、差惠能破柴踏碓、八箇餘月、五祖一日、忽見惠能言、吾思汝之見可用、恐有惡人害、汝遂不與汝言、知之否、惠能言、弟子亦知師意、不敢

（8）五祖問能曰汝何方人欲求何物能對曰弟子是嶺南新州百姓遠來禮師惟求作佛不求餘物祖言汝是嶺南人又是猲獠若爲堪作佛能曰人雖有南北佛性本無南北猲獠身與和尚不同佛性有何差別祖更欲與語且見徒衆總在左右乃令隨衆作務予曰惠能啓和尚弟子自心常生智慧不離自性即是福田未審和尚教作何務祖云這猲獠根性大利汝更勿言著槽廠去能退至後院有一行者差能破柴踏碓經八餘月祖一日見能曰吾思汝之見可用恐有惡人害汝遂不與汝言知之否能曰弟子亦知師意不敢行至堂前令人不覺

（9）祖問曰汝何方人欲求何物惠能對曰弟子是嶺南新州百姓遠來禮師惟求作佛不求餘物祖言汝是嶺南人又是獦獠若爲堪作佛惠能曰人雖有南北佛性本無南北獦獠身與和尚不同佛性有何差別五祖更欲與語且見徒衆總在左右乃令隨衆作務惠能曰惠能啓和尚弟子自心常生智慧不離自性即是福田未審和尚教作何務祖云這獦獠根性大利汝更勿言著槽廠去惠能退至後院有一行者差惠能破柴踏碓經八月餘祖一日忽見惠能曰吾思汝之見可用恐有惡人害汝遂不與汝言汝知之否惠能曰弟子亦知師意不敢行至堂前令人不

二　弘忍、偈を求む

三　大衆、偈を作らず

〔敦煌本〕

(6)五祖忽於一日喚門人盡來門人集記(訖)五祖曰吾向與説世人生死事大汝等門人終日供養只求福田不求出離生死苦海汝等自姓(性)迷福門何可救汝汝惣且歸房自看有知惠者白(自)取本姓(性)般若知之各作一偈呈吾〻看汝偈若吾(悟)大意者付汝衣法稟爲六伐(代)火急〻

(7)門人得處分卻來各至白(自)房遞相謂言我等不

〔大乘寺本〕

不敢行至堂前、令衆人不覺、

(8)五祖一日喚諸門人、摠來、吾向汝説世人生死事大、汝等終日供養、只求福田、不求出離生死苦海、汝自性迷、福何可救、汝等各去後院、自看、有智慧者、取自本心般若之性、各作一偈來呈吾看、汝等偈若悟大意、付汝等衣法、爲第六代祖、火急便作、不得遲滯、思量卽不中用、見性之人、言下須見、若輪刀上陣一般、

(9)衆得處分、來至後院、遞相謂言、我等衆人、不用

〔興聖寺本〕

行至堂前、令人不覺、

(8)五祖一日喚諸門人、總來、吾向汝説世人生死事大、汝等終日供養、只求福田、不求出離生死苦海、自性若迷、福何可救、汝等各去後院、自看、智慧取自本心般若之性、各作一偈、來呈吾看、若悟大意、付汝衣法、爲第六代祖、火急速去、不得遲滯、思量卽不中、用見性之人、言下須見、若如此者、輪刀上陣、亦得見之、

(9)衆得處分、來至後院、遞相謂曰、我等衆人、不須

〔德異本〕

(9)祖一日喚諸門人總來吾向汝説世人生死事大汝等終日只求福田不求出離生死苦海自性若迷福何可救汝等各去自看智慧取自本心般若之性各作一偈來呈吾看若悟大意付汝衣法爲第六代祖火急速去不得遲滯思量卽不中用見性之人言下須見若如此者輪刀上陣亦得見之古德云臂如輪刀上陣不問如何若何此喻得底人見機而作不在言句也

(10)衆得處分退而遞相謂曰我等衆人不須澄心

〔宗寶本〕

覺

(10)祖一日喚諸門人總來吾向汝説世人生死事大汝等終日只求福田不求出離生死苦海自性若迷福何可救汝等各去自看智慧取自本心般若之性各作一偈來呈吾看若悟大意付汝衣法爲第六代祖火急速去不得遲滯思量卽不中用見性之人言下須見若如此者輪刀上陣亦得見之喻利根者

(11)衆得處分退而遞相謂曰我等衆人不須澄心

須呈心用意作偈將呈和尚神秀上座是教授師秀上座得法後自可於(依)止請不用作諸人息心盡不敢呈偈時大師堂前有三間房廊於此廊下供養欲畫楞伽變幷畫五祖大師傳授衣法流行後代爲記畫人盧玲看壁了明日下手

呈心用意作偈、神秀上座見爲教授之師、必是他得、我等謾作偈頌、枉用心力、諸人聞語、各自息心、咸言、我等自可依止神秀、卽得、何煩作偈、

澄心用意作偈將呈和尚、有何所益、神秀上座、現爲教授師、必是他得我輩謾作偈頌、枉用心力、諸人聞語各自息心咸言、我等已後依止秀師、何煩作偈、

用意作偈將呈和尚有何所益神秀上座現爲教授師必是他得我輩謾作偈頌枉用心力諸人閒語總皆息心咸言我等已後依止秀師何煩作偈

用意作偈將呈和尚有何所益神秀上座現爲教授師必是他得我輩謾作偈頌枉用心力餘人聞語總皆息心咸言我等已後依止秀師何煩作偈

一三 神秀、偈を作る

(8)上座神秀思惟諸人不呈心偈緣我爲教授師我若不呈心偈五祖如何得見我心中見解深淺我將心偈上五祖呈意卽善求法覓祖不善却同凡心奪其聖位若不呈心修(終)不得法良久思惟甚〻甚〻難〻難〻夜至三更不令人見遂向南廊下中問(間)壁上題作呈心偈欲求於法

(10)神秀思惟、諸人不呈心偈、意者、爲我現作教授之師、我須作偈將呈、若不如然、和尚那知我見解深淺、我將心偈呈師、卽得求佛覓祖、却同凡夫、奪其聖位、無別、若不呈偈、終不得法、大難大難、五祖堂前、有三間步廊、擬請供奉盧珍畫楞伽變相、幷五代血脈之圖流傳供

(10)神秀思惟、諸人不呈偈者、爲我與他爲教授師、我須作偈將呈和尚、若不呈偈、和尚如何、知我心中見解深淺、我呈偈意求法卽善、覓祖卽惡、却同凡心、奪其聖位無別、若不呈偈、終不得法、大難大難、五祖堂前有步廊三間、擬請供奉盧珍、畫楞伽經變相及五祖血脈圖流傳供

(11)神秀思惟諸人不呈偈者爲我與他爲教授師我須作偈將呈和尚若不呈偈和尚如何知我心中見解深淺我呈偈意求法卽善覓祖卽惡却同凡心奪其聖位奚別若不呈偈終不得法大難大難五祖堂前有步廊三間擬請供奉盧珍畫楞伽經變相及五祖血脈圖流傳供

(12)神秀思惟諸人不呈偈者爲我與他爲教授師我須作偈將呈和尚若不呈偈和尚如何知我心中見解深淺我呈偈意求法卽善覓祖卽惡却同凡心奪其聖位奚別若不呈偈終不得法大難大難五祖堂前有步廊三間擬請供奉盧珍畫楞伽經變相及五祖血脈圖流傳供

神秀の偈

一四 弘忍、神秀を許さず

〔敦煌本〕

若五祖見偈言此偈語若
訪覓我我宿業障重不合
得法聖意難測我心白(自)息
秀上座三更於南廊下中
間壁上秉燭題作偈人盡
不和(知)　偈曰

身是菩提樹
心如明鏡臺
時時勤佛(拂)拭
莫使有塵埃

(9)神秀上座題此偈畢

〔大乘寺本〕

養、
神秀作偈成已、數度欲呈、行至堂前、心中恍惚、遍體汗流、擬呈不得、前後經過二十三度、乃自思惟、不如向廊下書著、從和尚見、忽若道好、卽出禮拜、云是我作、若道不堪自我性迷、宿業障重、不合得法、枉在山中受人禮拜、何名修道、言訖、夜至三更、於南廊下中間壁上、秉燭書題所作之偈、人盡不知、偈曰

身是菩提樹
心如明鏡臺
時時勤拂拭
莫使染塵埃

(11)秀書偈了、卽便歸房、

〔興聖寺本〕

養、
神秀作偈成已、數度欲呈、行至堂前、心中恍惚、遍身汗流、擬呈不得、前後經四日一十三度、呈偈不得、秀乃思惟、不如向廊下書著、從他和尚看見、忽若道好、卽出頂禮、云是秀作、若道不堪、枉向山中數年受人禮拜、更修何道、言訖夜至三更、不使人知、自執燈燭於南廊中間壁上、書無相偈、呈心所見、神秀偈曰

身是菩提樹
心如明鏡臺
時時勤拂拭
莫使染塵埃

(11)秀書偈了、便卻歸房、

〔德異本〕

養
神秀作偈成已數度欲呈行至堂前心中恍惚徧體汗流擬呈不得前後經四日一十三度呈偈不得秀乃思惟不如向廊下書著從他和尚看見忽若道好卽出禮拜云是秀作若道不堪枉向山中數年受人禮拜更修何道是夜三更不使人知自執燈書偈於南廊壁間呈心所見偈曰

身是菩提樹
心如明鏡臺
時時勤拂拭
勿使惹塵埃

(12)秀書偈了便卻歸房

〔宗寶本〕

養
神秀作偈成已數度欲呈行至堂前心中恍惚徧身汗流擬呈不得前後經四日一十三度呈偈不得秀乃思惟不如向廊下書著從他和尚看見忽若道好卽出禮拜云是秀作若道不堪枉向山中數年受人禮拜更修何道是夜三更不使人知自執燈書偈於南廊壁間呈心所見偈曰

身是菩提樹
心如明鏡臺
時時勤拂拭
勿使惹塵埃

(13)秀書偈了便卻歸房

歸房卧竝無人見五祖平旦遂換(喚)盧供奉來南廊下畫楞伽變五祖忽見此偈請記乃謂供奉曰弘忍與供奉錢三十千深勞遠來不畫變相也金剛經云凡所有相皆是虛妄不如流(留)此偈令迷人誦依此修行不墮三惡依法修行人有大利益大師遂喚門人盡來焚香偈前人(令)衆人見皆生敬心汝等盡誦此偈者方得見姓(性)於此修行卽不墮落門人盡誦皆生敬心喚言善哉五禍(祖)遂喚秀上座於堂內門(問)是汝作偈否若是汝作應得我法秀上座言罪過實是神秀作不敢求祖願和尚慈悲看弟子有小智惠識大意否五禍(祖)曰汝作此偈見卽來到只到門前尚未得入凡夫

一心思惟、聖意難測、五祖喫粥纔了、擬喚盧供奉書、忽見其偈、便謂供奉言、某甲不畫也、卻奉十千勞供奉遠來、金剛經云、凡所有相皆是虛妄、不如但留此偈、令迷人誦依此修行、免墮三惡、有大利益、五祖喚門人、燒香偈前、令凡人見生敬仰心、汝等盡須誦取、悟此偈者、卽得見性、依此修行、必不墮落、門人盡誦、皆歎善哉、五祖夜至三更、喚秀入堂問、是汝作此偈不、若是汝作、應得吾法、秀言、罪過實是秀作、亦不敢求祖位、望和尚慈悲看弟子心、有少智惠不、五祖言、汝作此偈、未見本性、只到門外、未離凡愚、依此修行、卽不墮落、如此見解、覓無上菩提、卽不可得、無上菩

人總不知、神秀思惟、五祖明日、見偈歡喜、出見和尚、卽言、秀作、若言不堪、自是我迷、宿業障重、不合得法、聖意難測、房中思想、坐臥不安、直至五更、五祖卽知、神秀入門未得不見自性、喫粥了便卽天明、五祖方便喚盧供奉來擬向南廊、畫五代血脈、供養、五祖忽見其偈報言、供奉卻不畫也輒奉十千勞供奉遠來、金剛經云、凡所有相皆是虛妄、不如留此偈、令迷人誦依此偈修免墮三惡道、依此修行人、大有利益、五祖喚門人燒香、偈前令凡人見生敬重心、汝等盡須誦此悟此偈者、卽得見性、依此修行、必不墮落、門人盡誦皆歎(喜イ)善哉、五祖三更、喚秀入堂問、是汝作此偈

人總不知秀復思惟五祖明日見偈歡喜卽我與法有緣若言不堪自是我迷宿業障重不合得法聖意難測房中思想坐臥不安直至五更祖已知神秀入門未得不見自性天明祖喚盧供奉來向南廊壁間繪畫圖相忽見其偈報言供奉却不用畫勞爾遠來經云凡所有相皆是虛妄但留此偈與人誦持依此偈修免墮惡道依此偈修有大利益令門人炷香禮敬盡誦此偈卽得見性門人誦偈皆歎善哉祖三更喚秀入堂問曰偈是汝作否秀言實是秀作不敢妄求祖位望和尚慈悲看弟子有少智慧不祖曰汝作此偈未見本性只到門外未入門內如此見解覓無

人總不知秀復思惟五祖明日見偈歡喜卽我與法有緣若言不堪自是我迷宿業障重不合得法聖意難測房中思想坐臥不安直至五更祖已知神秀入門未得不見自性天明祖喚盧供奉來向南廊壁間繪畫圖相忽見其偈報言供奉卻不用畫勞爾遠來經云凡所有相皆是虛妄但留此偈與人誦持依此偈修免墮惡道依此偈修有大利益令門人炷香禮敬盡誦此偈卽得見性門人誦偈皆歎善哉祖三更喚秀入堂問曰偈是汝作否秀言實是秀作不敢妄求祖位望和尚慈悲看弟子有少智慧否祖曰汝作此偈未見本性只到門外未入門內如此見解覓無

〔敦煌本〕

於此偈修行卽不墮落作
此見解若覓無上菩提卽
未可得須入得門見白(自)本
姓(性)汝且去一兩日來思惟
更作一偈來呈吾若入得
門見白(自)本姓(性)當付汝衣法
秀上座去數日作不得

〔大乘寺本〕

提、須得言下、識自本心、見
自本性、不生不滅、於一切
時中、念念自見萬法無滯、
一眞一切眞萬境自如如、
卽是眞實見自本性、若得
如是見者、卽是無上菩提、
自性與體相應、乃能度人
始得名師、五祖言、汝且更
去、思惟作一偈來、吾看、若
得入門見自本性、付汝衣
法、爲人天師、吾不惜法、汝
見自遲、神秀作禮便出、又
經數日、作偈不成、心中恍
惚、神思不安、猶如睡夢之
中、

〔興聖寺本〕

否、若是汝作、應得悟法、秀
言、罪過實是秀作、亦不求
祖位、望和尚慈悲、看弟子
心中、有少智慧否、五祖言、
汝作此偈、未見本性、只到
門上、未入門內、凡愚依此
修行、卽不墮落、如此見解、
覓無上菩提、卽不可得、無
上菩提、須得言下識自本
心、見自本性、不生不滅、於
一切時中、念念自見萬法
無滯、一眞一切眞、萬境自
如如、如如之心卽是眞實、若
如是見者、卽是無上菩提
之自性也、五祖言、汝且去、
一兩日思惟、更作一偈將
來、吾看汝偈、若入得門、見
自本性、付汝衣法、吾不惜
法、汝見自遲、神秀作禮便
出、又經數日、作偈不成、心

〔德異本〕

上菩提了不可得無上菩
提須得言下識自本心見
自本性不生不滅於一切
時中念念自見萬法無滯
一眞一切眞萬境自如如
如如之心卽是眞實若如
是見卽是無上菩提之自
性也汝且去一兩日思惟
更作一偈將來吾看汝偈
若入得門付汝衣法神秀
作禮而出又經數日作偈
不成心中恍惚神思不安
猶如夢中行坐不樂

〔宗寶本〕

上菩提了不可得無上菩
提須得言下識自本心見
自本性不生不滅於一切
時中念念自見萬法無滯
一眞一切眞萬境自如如
如如之心卽是眞實若如
是見卽是無上菩提之自
性也汝且去一兩日思惟
更作一偈將來吾看汝偈
若入得門付汝衣法神秀
作禮而出又經數日作偈
不成心中恍惚神思不安
猶如夢中行坐不樂

一五　慧能、偈を作る

(10)有一童子於碓坊邊過唱誦此偈惠能一聞知未見姓(性)即識大意能問童子適來誦者是何言偈童子答能曰你不知大師言生死是(事)大欲傳於(衣)法令門人等各作一偈來呈看悟大意即付衣法稟爲六代褐(祖)有一上座名神秀忽於南廊下書無相偈一首五褐(祖)令諸門人盡誦悟此偈者即見白(自)姓(性)依此修行即得出離惠能答曰我此踏碓八箇餘月未至堂前望上人引惠能至南廊下見此偈禮拜亦願誦取結來生緣願生佛地童子引能至南廊下能即禮拜此偈爲不識字請一人讀

(12)後兩日間有一童子、於碓房過、唱誦其偈某甲一聞、便知此偈未見本性、某甲未蒙教授、早識大意、遂問童子曰、誦者是何偈、童子曰、爾這獦獠、不知大師言、世人生死事大、欲傳衣法、令門人作偈來呈、若悟大意、即付衣法、爲第六祖、神秀上座、於南廊壁上書無相偈、五祖令門人盡誦此偈、若得悟者、即見自性成佛、依此修行、即不墮落、某甲言、我在踏碓、八箇餘月、未曾行到堂、望上人引至偈前、禮拜亦要誦取結來生緣、同生佛地、童子便引某甲至偈前、禮拜了白言、某甲爲不識字、請一

中恍惚、神思不安、猶如夢中行坐不樂、

(12)復經兩日、有一童子、於碓坊過、倡誦其偈、惠能一聞便知、此偈未見本性、惠能未蒙教授、早識大意、遂問童子言、誦者是何偈、童子言、爾這獦獠不知、大師言、世人生死事大、欲得傳付法衣、令門人作偈來看、若悟大意、即付衣法、爲第六祖、神秀上座、於南廊壁上、書無相偈、五祖令門人盡誦此偈、若得悟者、即見自性成佛、依此修行、即不墮落、惠能言、上人我在此踏碓、八箇餘月、未曾行到堂前、望上人引至偈前、禮拜亦要誦此結來生緣、同生佛地、童子便引惠能、到南廊禮拜偈頌、爲不識

(13)復兩日有一童子於碓坊過唱誦其偈能一聞便知此偈未見本性雖未蒙教授早識大意遂問童子曰誦者何偈童子言爾這猲獠不知大師言世人生死事大欲得傳付衣法令門人作偈來看若悟大意即付衣法爲第六祖神秀上座於南廊壁上書無相偈大師令人皆誦此偈依此偈修免墮惡道能曰我亦要誦此結來生緣同生佛地上人我此踏碓八箇餘月未曾行到堂前望上人引至偈前禮拜童子引至偈前作禮能曰能不識字請上人爲讀時有江州別駕姓張名日用便高

(14)復兩日有一童子於碓坊過唱誦其偈惠能一聞便知此偈未見本性雖未蒙教授早識大意遂問童子曰誦者何偈童子曰爾這獦獠不知大師言世人生死事大欲得傳付衣法令門人作偈來看若悟大意即付衣法爲第六祖神秀上座於南廊壁上書無相偈大師令人皆誦依此偈修免墮惡道依此偈修有大利益惠能曰（一本有我亦要誦此結來生緣）上人我此踏碓八箇餘月未曾行到堂前望上人引至偈前禮拜童子引至偈前禮拜惠能曰惠能不識字請上人爲讀時有江州別駕姓張名日用便

慧能の偈

〔敦煌本〕

惠問(聞)已即識大意惠能亦作一偈又請得一解書人於西間壁上提著呈自本心不識本心學法無益識心見姓(性)即吾(悟)大意惠能偈曰

菩提本無樹
朋(明)鏡亦無臺
佛姓(性)常青(清)淨
何處有塵埃

又偈曰

〔大乘寺本〕

上人爲讀、某甲得聞、願生佛地。時有江州別駕張日用、便高聲讀。某甲一聞、即識大意、啓曰、某甲亦有一偈。望別駕書安壁上。別駕言、左右盡是公卿王侯名山尊德、尚不敢作。獦獠爾是何人而欲作偈、甚爲希有。某甲言、若學無上菩提、不得輕於初學。俗諺云、下下人有上上智、上上人勿意智。若輕人、即有無量無邊罪。張別駕言、汝但誦偈、吾爲汝書。汝若得法、先度於吾。勿忘此言。偈曰

菩提本無樹
明鏡亦非臺
本來無一物
何處有塵埃

說此偈已、僧俗揔驚、山中

〔興聖寺本〕

字。請一上人爲讀。若得聞之、願生佛會。時有江州別駕、姓張名日用、便高聲讀。惠能一聞、即識大意、因自言、亦有一偈。望別駕書于壁上。別駕言、獦獠汝亦作偈、其事希有。惠能啓別駕言、若學無上菩提、不得輕於初學。俗諺云、下下人有上上智、上上人*有沒意智。若輕人、即有無量無邊罪。張日用言、汝但誦偈。吾爲汝書于壁上。汝若得法、先須度吾。勿忘此言。惠能偈云

菩提本無樹
明鏡亦非臺
本來無一物
何處有塵埃

說此偈已、僧俗總驚、山中

〔德異本〕

聲讀能聞已因自言亦有一偈望別駕爲書別駕言獦獠汝亦作偈其事希有能啓別駕言欲學無上菩提不得輕於初學下下人有上上智上上人有沒意智若輕人即有無量無邊罪別駕言汝但誦偈吾爲汝書汝若得法先須度吾勿忘此言能偈曰

菩提本無樹
明鏡亦非臺
本來無一物
何處惹塵埃

此依黄梅山祖偈正作惹字或作有非 書此

〔宗寶本〕

高聲讀惠能聞已遂言亦有一偈望別駕爲書別駕言汝亦作偈其事希有惠能向別駕言欲學無上菩提不得輕於初學下下人有上上智上上人有沒意智若輕人即有無量無邊罪別駕言汝但誦偈吾爲汝書汝若得法先須度吾勿忘此言惠能偈曰

菩提本無樹
明鏡亦非臺
本來無一物
何處惹塵埃

書此偈已徒衆總驚無不

心是菩提樹
身爲朋(明)鏡臺
朋(明)鏡本清淨
何處染塵埃
院內從衆見能作此偈盡
怪惠能卻入碓坊五褐(祖)忽
見惠能但卽善知識大意
恐衆人知五祖乃謂衆人
曰此亦未得了
(11)五祖夜知(至)三更喚惠
能堂內說金剛經惠能一
聞言下便伍(悟)其夜受法人
盡不知便傳頓法及衣汝
爲六伐(代)祖衣將爲信稟代
代相傳法以心傳心當令
自悟五祖言惠能自古傳
法氣如懸絲若住此間有
人害汝汝卽須速去

徒衆、無不嗟訝、各相謂言、
奇哉、不得以貌取人、何得
多時使他肉身菩薩、五祖
見衆人盡怪、恐人損他、向
後無人傳法、遂便混破、向
衆人言、此偈亦未見性、云
何讚嘆、衆便息心、皆言未
了、各自散歸、不復稱讚、
(13)五祖其夜三更、喚某
甲至堂內、以袈裟遮圍、不
令人見、爲某甲說金剛經、
恰至應無所住、而生其心、
言下便悟、一切萬法、不離
自性、某甲啓言、和尚何期
自性、本自清淨、何期自性
本不生不滅、何期自性、本
自具足、何期自性、無動無
搖、能生萬法、五祖知悟本
性、乃報某甲言、不識本心、

徒衆、無不嗟訝、各相謂言、
奇哉不得以貌取人、何得
多時使他肉身菩薩、五祖
見衆人盡怪恐人損他向
後無人傳法遂便混破、向
衆人言、此偈亦未見性、云
何讚歎、衆便息心、皆言未
了、各自歸房、更不讚歎、

*原本「人有沒……」ノ天部ニ「宗鏡卅六云六祖直顯本性破其漸修文」ナル墨書アリ

(13)五祖夜至三更、喚惠
能於堂內、以袈裟遮圍、不
令人見、爲惠能說金剛經、
恰至應無所住而生其心、
言下便悟、一切萬法不離
自性、惠能啓言、和尚何期
自性本自清淨、何期自性
本不生滅、何期自性本自
具足、何期自性本無動搖
能生萬法、五祖知悟本性、
乃報惠能言、不識本心、學

偈已徒衆總驚無不嗟訝
各相謂言奇哉不得以貌
取人何得多時使他肉身
菩薩祖見衆人驚怪恐人
損害遂將鞋擦了偈云亦
未見性衆人疑息
(14)次日祖潛至碓坊見
能腰石舂米語曰求道之
人爲法忘軀當如是乎卽
問曰米熟也未能曰米熟
久矣猶欠篩在祖以杖擊
碓三下而去能卽會祖意
三鼓入室祖以袈裟遮圍
不令人見爲說金剛經至
應無所住而生其心能言
下大悟一切萬法不離自
性遂啓祖言何期自性本

嗟訝各相謂言奇哉不得
以貌取人何得多時使他
肉身菩薩祖見衆人驚怪
恐人損害遂將鞋擦了偈
曰亦未見性衆以爲然
(15)次日祖潛至碓坊見
能腰石舂米語曰求道之
人爲法忘軀當如是乎乃
問曰米熟也未惠能曰米
熟久矣猶欠篩在祖以杖
擊碓三下而去惠能卽會
祖意三鼓入室祖以袈裟
遮圍不令人見爲說金剛
經至應無所住而生其心
惠能言下大悟一切萬法
不離自性遂啓祖言何期

（五祖の傳法偈）

〔敦煌本〕

〔大乘寺本〕

學法無益、若言下識自本
心、見自本性、卽名丈夫、天
人師佛、三更受法、人盡不
知、便傳心印頓法及衣鉢、
汝爲第六代祖、善自護念、
廣度迷人、將衣爲信稟、代
代相承法、卽心傳心、皆令
自悟自解自性、佛佛唯傳
本體、師師默付本心、令汝
自見自悟、五祖言、自古傳
法、命似懸絲、若住此間、有
人害汝、汝須速去、某甲言、
某甲是南中人、久不知此
山路、如何出得江口、五祖
言、汝不須憂、吾自送汝、

〔興聖寺本〕

法無益、若言下識自本心、
見自本性、卽名丈夫天人
師佛、三更受法人盡不知、
便傳頓教及衣鉢云、汝爲
第六代祖善自護念、廣度
迷人、衣爲信稟、代代相承、
法卽以心傳心、皆令自悟
自解、自古佛佛唯傳本體、
師師默付本心、令汝自見
自悟、五祖言自古傳法命
似懸絲、若住此間、有人害、
汝、汝須速去、惠能言、本是
南中人久不知此山路、如
何出得江口、五祖言、汝不
須憂、吾自送汝、

〔德異本〕

自淸淨何期自性本不生
滅何期自性本自具足何
期自性本無動搖何期自
性能生萬法祖知悟本性
卽名丈夫天人師佛三更
受法人盡不知便傳頓教
及衣鉢云汝爲第六代祖
善自護念廣度有情流布
將來無令斷絕聽吾偈曰

有情來不種
因地果還生
無情既無種
無性亦無生

祖復曰昔達磨大師初來
此土人未之信故傳此衣
以爲信體代代相承法則
以心傳心皆令自悟自解

〔宗寶本〕

自性本自淸淨何期自性
本不生滅何期自性本自
具足何期自性本無動搖
何期自性能生萬法祖知
悟本性謂惠能曰不識本
心學法無益若識自本心
見自本性卽名丈夫天人
師佛三更受法人盡不知
便傳頓教及衣鉢云汝爲
第六代祖善自護念廣度
有情流布將來無令斷絕
聽吾偈曰

有情來下種
因地果還生
無情既無種
無性亦無生

祖復曰昔達磨大師初來
此土人未之信故傳此衣
以爲信體代代相承法則
以心傳心皆令自悟自解

一七　慧能、南方に去る

（12）能得衣法三更發去
五祖自送能於九江驛登
時便悟（五）祖處分汝去努力
將法向南三年勿弘此法
難去（起）在後弘化善誘迷人
若得心開汝悟無別辞違
已了便發向南

（14）某甲領得衣鉢、三更
便發歸南、五祖相送、直至
九江驛邊、有一隻船子、五
祖令某甲上船、五祖把櫓
自搖、某甲言、請和尚坐、弟
子合搖櫓、五祖言、只合吾
度汝、不可汝却度吾、無有
是處、某甲言、弟子迷時、和
尚須度、今既已悟、過江搖
櫓、合弟子度、度名雖一、用
處不同、某甲生在邊方、語
又不正、蒙師教旨、付性今
已得悟、卽合自性自度、五
祖言、如是如是、但依此見、
已後佛法大行矣、汝去後

（14）其時領得衣鉢三更
便發南歸、五祖相送直至
九江驛邊、有一隻舡子、五
祖令惠能上舡、五祖把艣
自搖、惠能言請和尚坐、弟
子合搖艣、五祖言、只合是
吾度汝、不可汝卻度吾、無
有是處、惠能言、弟子迷時、
和尚須度、今吾悟矣、過江
搖艣、合是弟子度之、度名
雖一、用處不同、惠能生在
邊方、語又不正、蒙師教旨
付法今已得悟、卽合自性
自度、五祖言如是如是、但
依此見、已後、佛法大行矣、

自古佛佛惟傳本體師師
密付本心衣爲爭端止汝
勿傳若傳此衣命如縣絲
汝須速去恐人害汝能曰
向甚處去祖云逢懷則止
遇會則藏

（15）惠能三更領得衣鉢
云能本是南中人久不知
此山路如何出得江口五
祖言汝不須憂吾自送汝
祖相送直至九江驛邊有
一隻船子祖令惠能上船
五祖把艣自搖惠能言請
和尚坐弟子合搖艣五祖
云合是吾渡汝能云迷時
師度悟了自度度名雖一
用處不同惠能生在邊方
語音不正蒙師付法今已
得悟只合自性自度祖云
如是如是以後佛法由汝
大行汝去三年吾方逝世

自古佛佛惟傳本體師師
密付本心衣爲爭端止汝
勿傳若傳此衣命如懸絲
汝須速去恐人害汝惠能
啓曰向甚處去祖云逢懷
則止遇會則藏

（16）惠能三更領得衣鉢
云能本是南中人素不知
此山路如何出得江口五
祖言汝不須憂吾自送汝
祖相送直至九江驛祖令
上船五祖把艣自搖惠能
言請和尚坐弟子合搖艣
祖云合是吾渡汝惠能云
迷時師度悟了自度度名
雖一用處不同惠能生在
邊方語音不正蒙師傳法
今已得悟只合自性自度
祖云如是如是以後佛法
由汝大行汝去三年吾方
逝世汝今好去努力向南

一八　慧明、法を求む

〔敦煌本〕

(13)兩月中間至大庚(庾)嶺不知向後有數百人來欲擬頭惠能奪於法來至半路盡惣卻廻唯有一僧姓陳名惠順先是三品將軍性行麤惡直至嶺上來趁犯著惠能卽還法衣又不肯取我故遠來求法不要其衣能於嶺上便傳法惠惠順順得聞言下心開能使惠順卽卻向北化人來

〔大乘寺本〕

一年、吾卽前逝、五祖言、汝今好去努力南中五年佛法難起、他後行化、善誘迷人、若得心開、與吾無別、辭違已了、徑發向南、

(15)兩月中間、至大庾嶺、不知逐後數十人來、欲趁某甲、奪衣取法、來至中路、餘者卻廻、唯一僧、姓陳名惠明、先是四品將軍、性行麤惡、直至大庾嶺頭、趁及某甲、便還衣鉢、又不肯取言、我欲求法、不要其衣、某甲卽於嶺上、便傳正法、惠明聞說、言下心開、某甲卻令向北接人、

〔興聖寺本〕

汝去後一年、吾卽前逝、五祖言汝今好去、努力向南五年勿說佛法、難起已、後行化、善誘迷人、若得心開、與吾無別、辭違已了、便發向南

(15)兩月中間至大庾嶺、不知逐後數百人來趁欲奪衣取法來至半路、盡總卻廻、唯一僧俗姓陳名惠明先是四品將軍性行麤惡直至大庾嶺頭趁及惠能便還衣鉢、又不肯取言、我欲求法不要其衣、惠能卽於嶺頭便傳正法、惠明聞法、言下心開、惠能卻令向北接人、

(19)

〔德異本〕

汝今好去努力向南不宜速說佛法難起能辭違祖已發足南行

(16)兩月中間至大庾嶺（五祖歸數日不上堂衆疑詣問曰和尚少病少惱否曰病卽無衣法已南矣問誰人傳授曰能者得之衆乃知焉）逐後數百人來欲奪衣鉢一僧俗姓陳名惠明先是四品將軍性行鹿糙極意參尋爲衆人先趁及於能能擲下衣鉢於石上云此衣表信可力爭耶能隱於草莽中惠明至提掇不動乃喚云行者行者我爲法來不爲衣來能遂出坐盤石上惠明作禮云望行者爲我說法能云汝

〔宗寶本〕

不宜速說佛法難起惠能辭違祖已發足南行

(17)兩月中間至大庾嶺（五祖歸數日不上堂衆疑詣問曰和尚少病少惱否曰病卽無衣法已南矣問誰人傳授曰能者得之衆乃知焉）逐後數百人來欲奪衣鉢一僧俗姓陳名惠明先是四品將軍性行麤慥極意參尋爲衆人先趁及惠能惠能擲下衣鉢於石上云此衣表信可力爭耶能隱草莽中惠明至提掇不動乃喚云行者行者我爲法來不爲衣來惠能遂出坐盤石上惠明作禮云望行者爲我說法惠能

一九　慧能、難を避ける

（16）某甲後至曹溪、被惡人尋逐、乃於四會縣避難、經逾五年、常在獵中、雖在

祖謂明曰不思善不思惡、正與麼時如何、是上座本來面目明大悟、

（16）惠能後至曹溪、又被惡人尋逐、乃於四會縣避難經五年、常在獵人中、雖

既爲法而來可屛息諸縁勿生一念吾爲汝說良久謂明曰不思善不思惡正與麼時那箇是明上座本來面目惠明言下大悟復問云上來蜜語密意外還更有密意否能云與汝說者卽非蜜也汝若返照密在汝邊明日惠明雖在黃梅實未省自己面目今蒙指示如人飲水冷暖自知今行者卽惠明師也能曰汝若如是吾與汝同師黃梅善自護持明又問惠明今後向甚處去能曰逢表（袁）則止遇蒙則居明禮辭（明回至嶺下謂趂衆曰向陟崔嵬竟無綜跡當別道尋之趂衆咸以爲然惠明後改道明避師上字）

（17）能後至曹溪又被惡人尋逐乃於四會縣避難獵人隊中凡經一十五載

云汝既爲法而來可屛息諸縁勿生一念吾爲汝說明良久惠能云不思善不思惡正與麼時那箇是明上座本來面目惠明言下大悟復問云上來密語密意外還更有密意否惠能云與汝說者卽非密也汝若返照密在汝邊明曰惠明雖在黃梅實未省自己面目今蒙指示如人飲水冷暖自知今行者卽惠明師也惠能曰汝若如是吾與汝同師黃梅善自護持明又問惠明今後向甚處去惠能曰逢袁則止遇蒙則居明禮辭（明回至嶺下謂趂衆曰向陟崔嵬竟無蹤跡當別道尋之趂衆咸以爲然惠明後改道明避師上字）

（18）惠能後至曹溪又被惡人尋逐乃於四會避難獵人隊中凡經一十五載

三〇　風幡の問答

〔敦煌本〕

〔大乘寺本〕

獵中、常與獵人說法、

〔興聖寺本〕

在獵中、□(每)與獵人說法、

(17)至高宗朝到廣州法性寺、值印宗法師講□(涅)槃經、時有風吹旛動、一僧云旛動、一僧云風動、惠能云、□(不)旛動風動、人心自動、印宗聞之、竦然、

〔德異本〕

時與獵人隨宜說法獵人常令守網每見生命盡放之每至飯時以菜寄煮肉鍋或問則對曰但喫肉邊菜

(18)一日思惟時當弘法不可終遯遂出至廣州法性寺值印宗法師講涅槃經時有風吹幡動一僧云風動一僧云幡動議論不已能進曰不是風動不是幡動仁者心動一衆駭然印宗延至上席徵詰奥義見能言簡理當不由文字宗云行者定非常人久聞黃梅衣法南來莫是行者否能曰不敢宗於是執弟子禮告請傳來衣鉢出示大衆宗復問曰黃梅付囑

〔宗寶本〕

時與獵人隨宜說法獵人常令守網每見生命盡放之每至飯時以菜寄煮肉鍋或問則對曰但喫肉邊菜

(19)一日思惟時當弘法不可終遯遂出至廣州法性寺值印宗法師講涅槃經時有風吹旛動一僧曰風動一僧曰旛動議論不已惠能進曰不是風動不是旛動仁者心動一衆駭然印宗延至上席徵詰奥義見惠能言簡理當不由文字宗云行者定非常人久聞黃梅衣法南來莫是行者否惠能曰不敢宗於是作禮告請傳來衣鉢出示大衆宗復問曰黃梅付

如何指授能曰指授卽無唯論見性不論禪定解脫宗曰何不論禪定解脫謂曰爲是二法不是佛法佛法是不二之法宗又問如何是佛法不二之法能曰法師講涅槃經明見佛性是佛法不二之法如涅槃經高貴德王菩薩白佛言犯四重禁作五逆罪及一闡提等當斷善根佛性否佛言善根有二一者常二者無常佛性非常非無常是故不斷名爲不二一者善二者不善佛性非善非不善是名不二蘊之與界凡夫見二智者了達其性無二無二之性卽是佛性印宗聞說歡喜合掌言某甲講經猶如瓦礫仁者論義猶如眞金於是爲能剃髮願事爲師

囑如何指授惠能曰指授卽無惟論見性不論禪定解脫宗曰何不論禪定解脫能曰爲是二法不是佛法佛法是不二之法宗又問如何是佛法不二之法惠能曰法師講涅槃經明佛性是佛法不二之法如高貴德王菩薩白佛言犯四重禁作五逆罪及一闡提等當斷善根佛性否佛言善根有二一者常二者無常佛性非常非無常是故不斷名爲不二一者善二者不善佛性非善非不善是名不二蘊之與界凡夫見二智者了達其性無二無二之性卽是佛性印宗聞說歡喜合掌言某甲講經猶如瓦礫仁者論義猶如眞金於是爲惠能剃髮願事爲師

三　慧能、般若の法を説く

〔敦煌本〕

(14)惠能來衣(依)此地與諸官奪(寮)道俗亦有累劫之因教是先性(聖)所傳不是惠能自知願聞先性(聖)教者各須淨心聞了願白(自)餘(除)迷於先代悟 下是法 惠能大師喚言善知識菩提般若之知世人本白(自)有之卽緣心迷不能白(自)悟須求大善知識示道見性善知識遇悟成智

〔大乘寺本〕

(17)某甲東山得法、辛苦受盡、命似懸絲、今日大衆、同會得聞此法、乃是過去千生、曾供養諸佛、方始得聞無上自性頓教、某甲與使君及官僚等、有累劫之因、教是先聖所傳、不是某甲自智、願聞先聖教旨、各須淨心、聞了願自除疑、如先代聖人無別、大師言、善知識、菩提般若之智、世人本自有之、只緣心迷、不能自悟、須求善知識示導、愚人智人、佛性本無差別、只緣迷悟不同、所以有愚有智也

〔興聖寺本〕

(18)惠能東山得法、辛苦、受盡命似懸絲、今日大衆、同會得聞、乃是過去千生、曾供養諸佛、方始得聞無上自性頓教、惠能與使君及官僚道俗、有累劫之因、教是先代聖傳、不是惠能自智、願聞先聖教者、各令淨心聞了、各日除疑、如先代聖人無別、善知識菩提般若之智、世人本自有之、只緣心迷、不能自悟、須求大善知識、示導見性、善知識愚人智人、佛性本無差別、只緣迷悟不同、所以有愚有智

〔德異本〕

(19)能遂於菩提樹下開東山法門能於東山得法辛苦受盡命似懸絲今日得與史君官僚僧尼道俗同此一會莫非累劫之因亦是過去生中供養諸佛同種善根方始得聞如上頓教得法之因教是先聖所傳不是惠能自智願聞先聖教者各令淨心聞了各自除疑如先代聖人無別師復告衆曰善知識菩提般若之智世人本自有之只緣心迷不能自悟須假大善知識示導見性當知愚人智人佛性本無差別只緣迷悟不同所以有愚有智

〔宗寶本〕

(20)惠能遂於菩提樹下開東山法門惠能於東山得法辛苦受盡命似懸絲今日得與使君官僚僧尼道俗同此一會莫非累劫之緣亦是過去生中供養諸佛同種善根方始得聞如上頓教得法之因教是先聖所傳不是惠能自智願聞先聖教者各令淨心聞了各自除疑如先代聖人無別一衆聞法歡喜作禮而退

般若第二

次日韋使君請益師陞座告大衆曰總淨心念摩訶般若波羅蜜多復云善知識菩提般若之智世人本自有之只緣心迷不能自悟須假大善知識示導見

三　定慧不二の理

三　一行三昧の法

(15)
善知識我此法門以定惠
爲本第一勿迷言惠定別
定惠體一不二卽定是惠
體卽惠是定用卽惠之時
定在惠卽定之時惠在定
善知識此義卽是惠等學
道之人作意莫言先定發
惠先惠發定定惠各別作
此見者法有二相口説善
心不善惠定不等心口俱
善內外一衆種定惠卽等
自悟修行不在口諍若諍
先後卽是人不斷勝負卻
生法我不離四相
(16)一行三昧者於一切

---

(18)三爲時衆説定惠
師言、善知識、我此法門、以
定惠爲本、大衆勿迷言定
惠別、定惠一體不是二、定
是慧體、慧是定用、卽慧之
時定在慧、卽定之時、慧在
定、若識此義、卽是定慧等
學、諸學道人、莫言先定發
慧、先慧發定、定慧各別、作
此見者、法卽有二相、口説
善、心中不善、定慧不等、心
口俱善、內外一種、定慧卽
等、自悟修行、不在於諍、若
諍先後、卽同迷人、不斷勝
負、却增法我、不離四相、
(19)善知識、一行三昧、常

---

(20)三爲時衆説定慧門
師言善知識、我此法門、以
定慧爲本、大衆勿迷言定
慧別、定慧一體不是二、定
是慧體、慧是定用、卽慧之
時定在慧、卽定之時慧在
定、若識此義、卽是定慧等、
學、諸學道人、莫言先定發
慧、先慧發定各別、作此見
者、法有二相、口説善語、心
中不善、空有定慧、定慧不
等、若心口俱善、內外一種、
定慧卽等、自悟修行、不在
於諍、若諍先後、卽同迷人、
不斷勝負、卻增法我、不離
四相、
(21)善知識、一行三昧者、

---

(36)定慧一體第三
師示衆云善知識我此法
門以定慧爲本大衆勿迷
言定慧別定慧一體不是
二定是慧體慧是定用卽
慧之時定在慧卽定之時
慧在定若識此義卽是定
慧等學諸學道人莫言先
定發慧先慧發定各別作
此見者法有二相口説善
語心中不善空有定慧定
慧不等若心口俱善內外
一種定慧卽等自悟修行
不在於諍若諍先後卽同
迷人不斷勝負卻增我法
不離四相
(37)善知識一行三昧者

性當知愚人智人佛性本
無差別只緣迷悟不同所
以有愚有智
(37)定慧第四
師示衆云善知識我此法
門以定慧爲本大衆勿迷
言定慧別定慧一體不是
二定是慧體慧是定用卽
慧之時定在慧卽定之時
慧在定若識此義卽是定
慧等學諸學道人莫言先
定發慧先慧發定各別作
此見者法有二相口説善
語心中不善空有定慧定
慧不等若心口俱善內外
一如定慧卽等自悟修行
不在於諍若諍先後卽同
迷人不斷勝負卻增我法
不離四相
(39)師示衆云善知識一

〔敦煌本〕

時中行住座臥常眞眞心是淨名經云眞心是道場眞心是淨土莫心行諂典口說法直口說一行三昧不行眞心非佛弟子但行眞心於一切法无上有執著名一行三昧迷人著法相執一行三昧眞心座不動除妄不起心卽是一行三昧若如是此法同無清(情)卻是障道因緣道順(須)通流何以卻滯心在(不)住卽通流住卽彼縛若座不動是維摩詰不合呵舍利弗宴座林中善知識又見有人教人座看心看淨不動不起從此置功迷人不悟便執成顚卽有數百盤如此教道者故之大錯

〔大乘寺本〕

行直心、但行直心、於一切法、無有執著、迷人著法相、執一行三昧、直言坐不動是早已執迷著、除妄不起心、卽是一行三昧、此法若同無情、卻是障道因緣、善知識、道須通流、心若住法、名爲自縛、若言坐不動是、只如舍利弗宴坐林中、不合被維摩詰呵、善知識、又見有人教坐看心看淨、不動不起、從此置功、迷人不會便執成顚、卽有數百人、如是相教、故知大錯、

〔興聖寺本〕

於一切處行住坐臥、常行一直心是也、如淨名經云、直心是道場、直心是淨土、莫心行諂曲、口但說直、口說一行三昧、不行直心、但行直心、於一切法、勿有執著、迷人著法相、執一行三昧、直言坐不動妄不起心、卽是一行三昧、作此解者、卽同無情、卻是障道因緣、善知識道須通流、何以卻滯心、心不住法、道卽通流、心若住法、名爲自縛、若言坐不動是、只如舍利弗宴坐林中、不合被維摩詰呵、善知識、又見有人教坐*看心*看淨不動不起、從此置功、迷人不會便執成顚、如此者衆矣、如是相教、故知大錯、

〔德異本〕

於一切處行住坐卧常行一直心是也如淨名經云直心是道場直心是淨土莫心行諂曲口但說直口說一行三昧不行直心但行直心於一切法勿有執著迷人著法相執一行三昧直言坐不動妄不起心卽是一行三昧作此解者卽同無情卻是障道因緣善知識道須流通何以却滯心不住法道卽通流心若住法名爲自縛若言坐不動是只如舍利弗宴坐林中卻被維摩詰訶善知識又有人教坐看心觀靜不動不起從此置功迷人不會便執成顚如此者衆如是相教故知大錯

〔宗寶本〕

行三昧者於一切處行住坐臥常行一直心是也淨名云直心是道場直心是淨土莫心行諂曲口但說直口說一行三昧不行直心但行直心於一切法勿有執著迷人著法相執一行三昧直言常坐不動妄不起心卽是一行三昧作此解者卽同無情卻是障道因緣善知識道須通流何以卻滯心不住法道卽通流心若住法名爲自縛若言常坐不動是只如舍利弗宴坐林中卻被維摩詰訶善知識又有人教坐看心觀靜不動不起從此置功迷人不會便執成顚如此者衆如是相教故知大錯

二四 燈火のたとえ

二五 法に頓漸なし

二六 無念・無相・無住の教え

(17) 善知識定惠猶如何
等如燈光有燈卽有光无
燈卽无光燈是光知體光
是燈之用卽有二體無兩
般此定惠法亦復如是

(18) 善知識法无頓漸人
有利鈍明卽漸勸悟人頓
修識(自)白本是見本性悟卽
元无差別不悟卽長劫輪
迴

(19) 善知識我自法門從
上已來頓漸皆立无念无
宗无相无體无住无爲本
何明爲相无相於相而離
相无念者於念而不念无

---

(20) 善知識、定慧、由如何
等、由如燈光、有燈卽光、無
燈不光、燈是光之體、光是
燈之用、名雖有二、體本同
一、此是定慧法、亦復如是、

(21) 善知識、本來正教無
有頓漸、人性自有利鈍、迷
人漸契、悟者頓修、自識本
心、自見本性、卽無差別、所
以立頓漸之假名、

(22) 善知識、我此法門從
上已來、先立無念爲宗、無
相爲體、無住爲本、何名無
相、於相而離相、無念者、於
念而不念、無住者、人之本

---

(22) 善知識、定慧猶如何
等、猶如燈光、有燈卽光、無
燈不光、燈是光之體、光是
燈之用、名雖有二、體本同
一、此定慧法、亦復如是、

(23) 善知識、本來正教、無
有頓漸、人性自有利鈍、迷
人漸契、悟人頓修、自識本
心、自見本性、卽無差別、所
以立頓漸之假名、

(24) 善知識我此法門從
上已來、先立無念爲宗、無
相爲體、無住爲本、無相者、
於相而離相、無念者、於念
而不念、無住者、人之本性、

*原本「看心看淨……」ノ天部ニ「著歟　下文此門坐禪元不著心亦不著淨亦不是不動已上此文所破義故著心著淨不動不起云ヘシ」ナル墨書アリ

---

(38) 善知識定慧猶如何
等猶如燈光有燈卽光無
燈卽暗燈是光之體光是
燈之用名雖有二體本同
一此定慧法亦復如是

(39) 善知識本來正教無
有頓漸人性自有利鈍迷
人漸契悟人頓修自識本
心自見本性卽無差別所
以立頓漸之假名

(40) 善知識我此法門從
上以來先立無念爲宗無
相爲體無住爲本無相者
於相而離相無念者於念
而無念無住者人之本性

---

(38) 善知識定慧猶如何
等猶如燈光有燈卽光無
燈卽闇燈是光之體光是
燈之用名雖有二體本同
一此定慧法亦復如是

(40) 師示衆云善知識本
來正教無有頓漸人性自
有利鈍迷人漸修悟人頓
契自識本心自見本性卽
無差別所以立頓漸之假
名

(41) 善知識我此法門從
上以來先立無念爲宗無
相爲體無住爲本無相者
於相而離相無念者於念
而無念無住者人之本性

〔敦煌本〕

住者爲人本性念念不住前念念(今)念後念念念相讀(續)無有斷絕若一念斷絕法身卽是離色身念念時中於一切法上无住一念若住念念卽住名繫縛於一切法上念念不住卽無縛也以无住爲本善知識外離一切相是無相但能離相性體清淨是是以无相爲體於一切鏡上不染名爲无念於自念上離鏡(境)不不於法上念生莫百物不思念盡除卻一念斷卽无別處受生學道者用心莫不息法意自錯尚可更勸他人迷不白(自)見迷又謗經法是以立无念爲宗卽緣名人於鏡上有念念上便去邪見一切塵勞妄念從

〔大乘寺本〕

性、於世間善惡好醜、乃至寃之與親、言語觸刺、欺諍之時、並將爲空、不思酬害、念念之中、不思前境、若前念後念、念念相續不斷、名爲繫縛、於諸法上、念念不住、卽無縛也、是以無住爲本、善知識、外離一切相、名爲無相、能離卽法體清淨、是以無相爲體、善知識、於諸境上、心若能萬境常寂、念上常離諸境、不於境上生心、莫百物不思、念盡除卻、卽無別處受生學道者、莫不識法意、自錯猶可、更勸他人、自迷不見、又謗佛經、所以立無念爲宗、善知識、云何立無念爲宗、只緣口說不見本性、迷人於境上、有念念上、便起邪見、一

〔興聖寺本〕

於世間、善惡好醜、乃至寃之與親、言語觸刺欺爭之時、竝將爲空、不思酬害、念念之中、不思前境、若前念今念後念、念念相續、不斷、名爲繫縛、於諸法上、念念不住、卽無縛也、此是以無住爲本、善知識、外離一切相名爲無相、能離於相、卽法體清淨、此是以無相爲體善知識、於諸境上、心不染曰無念、於自念上、常離諸境、不於境上生心、若百物不思、念盡除卻、一念絕卽死、別處受生、學道者思之莫不識法意、自錯猶可更勸他人、自迷不見、又謗佛經、所以立無念爲宗、善知識云何立無念爲宗、只緣口說見性、迷人於境上

〔徳異本〕

於世間善惡好醜乃至冤之與親言語觸刺欺爭之時並將爲空不思酬害念念之中不思前境若前念今念後念念念相續不斷名爲繫縛於諸法上念念不住卽無縛也此是以無住爲本善知識外離一切相名爲無相能離於相卽法體清淨此是以無相爲體善知識於諸境上心不染曰無念於自念上常離諸境不於境上生心若只百物不思念盡除卻一念絕卽死別處受生是爲大錯學道者思之若不識法意自錯猶可更勸他人自迷不見又謗佛經所以立無念爲宗善知識云何立無念爲宗只緣口說見性

〔宗寶本〕

於世間善惡好醜乃至冤之與親言語觸刺欺爭之時竝將爲空不思酬害念念之中不思前境若前念今念後念念念相續不斷名爲繫縛於諸法上念念不住卽無縛也此是以無住爲本善知識外離一切相名爲無相能離於相卽法體清淨此是以無相爲體善知識於諸境上心不染曰無念於自念上常離諸境不於境上生心若只百物不思念盡除卻一念絕卽死別處受生是爲大錯學道者思之若不識法意自錯猶可更悞他人自迷不見又謗佛經所以立無念爲宗善知識云何立無念爲宗只緣口說見性

此而生然此教門立无念
爲宗世人離見不起於念
若無有念无念亦不立无
者无何事念者何物无者
離二相諸塵勞眞如是念
之體念是眞如之用姓(性)起
念雖卽見聞覺之(知)不染万
鏡(境)而常白(自)在維摩經云外
能善分別諸法相內於第
一義而不動

二七　坐禪の理

(20)
善諸(知)識此法門中座(坐)禪元
不著心亦不著淨亦不言

切塵勞妄想從此而生自
性本無一法可得若有所
得妄說禍福卽是塵勞邪
然此法門立無念爲宗善
知識無者無何事念者念
何物無者無二相無諸塵
勞之心念者眞如本性眞
如卽是念之體念是眞如
之用眞如自性起念非眼
耳鼻舌能眞如有性所以
起念眞如若無眼耳色聲
當時卽壞善知識眞如自
性起念六根雖見聞覺知
不染萬境眞性而常自在
外能分別諸色相內於第
一義而不動

(23)
善知識此門坐禪亦不看
心亦不看淨亦不言不動

有念念上便起邪見一切
塵勞妄相從此而生自性
本無一法可得若有所得
妄說禍福卽是塵勞邪見
故此法門立無念爲宗善
知識無者無何事念者念
何物無者無二相無諸塵
勞之心念者念眞如本性
眞如卽是念之體念卽是
眞如之用眞如自性起念
非眼耳鼻舌能念眞如有
性所以起念其如若無眼
耳色聲當時卽壞善知識
眞如自性起念六相雖有
見聞覺知不染萬境而眞
性常自在外能分別諸色
相內於第一義而不動

(25)
善知識此門坐禪元不著
心亦不著淨亦不是不動

迷人於境上有念念上便
起邪見一切塵勞妄想從
此而生自性本無一法可
得若有所得妄說禍福卽
是塵勞邪見故此法門立
無念爲宗善知識無者無
何事念者念何物無者無
二相無諸塵勞之心念者
念眞如本性眞如卽是念
之體念卽是眞如之用眞
如自性起念非眼耳鼻舌
能念眞如有性所以起念
眞如若無眼耳色聲當時
卽壞善知識眞如自性起
念六根雖有見聞覺知不
染萬境而眞性常自在故
云能善分別諸法相於第
一義而不動

(42)
然此門坐禪元不著心亦
不著淨亦不是不動若言

迷人於境上有念念上便
起邪見一切塵勞妄想從
此而生自性本無一法可
得若有所得妄說禍福卽
是塵勞邪見故此法門立
無念爲宗善知識無者無
何事念者念何物無者無
二相無諸塵勞之心念者
念眞如本性眞如卽是念
之體念卽是眞如之用眞
如自性起念非眼耳鼻舌
能念眞如有性所以起念
眞如若無眼耳色聲當時
卽壞善知識眞如自性起
念六根雖有見聞覺知不
染萬境而眞性常自在故
經云能善分別諸法相於
第一義而不動

(42) 坐禪第五
師示衆云此門坐禪元不
著心亦不著淨亦不是不

〔敦煌本〕

動若言看心心元是妄妄
如幻故无所看也若言看
淨人姓(性)本淨爲妄念故蓋
覆眞如離妄念本姓(性)淨不
見自姓(性)本淨心起看淨卻
生淨妄妄无處所故知看
者看卻是妄也淨无形相
卻立淨相言是功夫作此
見者章(障)自本姓(性)卻被淨縛
若不動者見一切人過患
是性不動迷人自身不動
開口卽說人是非與道違
背看心看淨卻是障道因
緣

(21)
今記汝是此法門中何名
座禪此法門中一切无碍
外於一切境界上念不去

〔大乘寺本〕

若言看心、心无是妄、知心
如幻、故無所看也、若言看
淨、人性本淨、由妄念故、蓋
覆眞如、但無妄想、性自淸
淨、起心看淨、卻生淨妄、妄
無處所、看者是妄、淨無形
相、卻立淨相、言是功夫、作
此見者、障自本性、卻被淨
縛、善知識、若修不動者、但
見一切人時、不見人之是
非善惡過患、卽是自性不
動、善知識、迷人身雖不動、
開口便說他人、是非長短
好惡、與道違背也、若看心
看淨者、卻障道也

(24)四教授坐禪
師言、善知識、何名坐禪、此
法門中、無障無碍、外於一
切善惡境界、心念不起、名

〔興聖寺本〕

若言着心、心元是妄、知心
如幻、故無所着也、若言着
淨、人性本淨、由妄念故、蓋
覆眞如、但元無想、性自淸
淨、起心著淨、卻生淨妄、妄
無處所、著者是妄、淨無形
相、卻立淨相、言是功夫、作
此見者、障自本性、卻被淨
縛、善知識、若修不動者、但
見一切人時、不見人之是
非善惡過患、卽是自性不
動、善知識、迷人身雖不動、
開口便說他人是非長短
好惡、與道違背也、若著心
著淨者、卻障道也、

(26)四教授坐禪門
師言知識、何名坐禪、此法
門中、無障無碍、外於一切
善惡境界、心念不起、名爲

〔德異本〕

著心心元是妄知心如幻
故無所著也若言著淨人
性本淨由忘念故蓋覆眞
如但無妄想性自淸淨起
心著淨卻生淨妄妄無處
所著者是妄淨無形相卻
立淨相言是工夫作此見
者障自本性卻被淨縛善
知識若修不動者但見一
切人時不見人之是非善
惡過患卽是自性不動善
知識迷人自雖不動開口
便說他人是非長短好惡
與道違輩若著心著淨卻
障道也

(41)教授坐禪第四
師示衆云善知識何名坐
禪此法門中無障無礙外
於一切善惡境界心念不

〔宗寶本〕

動若言著心心元是妄知
心如幻故無所著也若言
著淨人性本淨由妄念故
蓋覆眞如但無妄想性自
淸淨起心著淨卻生淨妄
妄無處所著者是妄淨無
形相卻立淨相言是工夫
作此見者障自本性卻被
淨縛善知識若修不動者
但見一切人時不見人之
是非善惡過患卽是自性
不動善知識迷人身雖不
動開口便說他人是非長
短好惡與道違背若著心
著淨卽障道也

(43)
師示衆云善知識何名坐
禪此法門中無障無礙外
於一切善惡境界心念不

爲座見本姓(性)不亂爲禪何名爲禪定外離相曰禪內不亂曰定外若有相內姓(性)不亂本自淨自定只緣境觸觸卽亂離相不亂卽定外離相卽禪內外不亂卽定外禪內定故名禪定維摩經云卽是豁然還得本心菩薩戒云本須白(自)姓(性)清淨善知識見自姓(性)自淨自修自作自姓(性)法身自行佛行自作自成佛道

爲坐、內見本性、不亂爲禪、善知識、何名禪定、外離相爲禪、內不亂爲定、外若著相內心卽亂、外若離相、心卽不亂、本性自淨自定、只爲見境思境卽亂、若見諸境、心不亂者、是眞定也、善知識、外離相卽禪、內不亂卽定也、外禪內定、是爲眞定、淨名經云、其時豁然還得本心、菩薩戒經云、我本元自性清淨、善知識、於念念中、自見本性清淨自修自行自成佛道、

(25) 五傳香懺悔發願

師言、善知識、某甲一會、在此皆共有緣、今各胡跪、傳自性五分法身香、一謂戒香、卽自心中、無非無惡、無嫉妬、無貪嗔、無刻害、名曰戒香、二定香、卽覩諸善惡

坐、內見自性、不動名爲禪、善知識、何名禪定、外離相爲禪、內不亂爲定、外若著相、內心卽亂、外若離相、心卽不亂、本性自淨自定、只爲見境、思境、卽亂、若見諸境、心不亂者、是眞定也、善知識、外離相卽禪、內不亂卽定、外禪內定、是爲禪定、淨名經云、卽時豁然、還得本心、菩薩戒經云、我本元自清淨、善知識於念念中、自見本性清淨、自修自行自成佛道、

(27) 五傳香懺悔發願門

師言善知識一會在此皆共有緣、今各胡跪、傳自性五分法身香、一戒香、卽自心中、無非無惡無疾妬無貪嗔、無劫害、名戒香、二定香、卽覩諸善惡境相、自心

起名爲坐內見自性不動名爲禪善知識何名禪定外離相爲禪內不亂爲定外若著相內心卽亂外若離相心卽不亂本性自淨自定只爲見境思境卽亂若見諸境心不亂者是眞定也善知識外離相卽禪內不亂卽定外禪內定是爲禪定淨名經云卽時豁然還得本心菩薩戒經云我本性元自清淨善知識於念念中自見本性清淨自修自行自成佛道

(43) 傳香懺悔第五

時大師見廣韶洎四方士庶駢集山中聽法於是升座告衆曰來善知識此事須從自性中起於一切時念念自淨其心自修自行見自己法身見自心佛自

起名爲坐內見自性不動名爲禪善知識何名禪定外離相爲禪內不亂爲定外若著相內心卽亂外若離相心卽不亂本性自淨自定只爲見境思境卽亂若見諸境心不亂者是眞定也善知識外離相卽禪內不亂卽定外禪內定是爲禪定菩薩戒經云我本元自性清淨善知識於念念中自見本性清淨自修自行自成佛道

(44) 懺悔第六

時大師見廣韶洎四方士庶駢集山中聽法於是陞座告衆曰來諸善知識此事須從自事中起於一切時念念自淨其心自修自行見自己法身見自心佛

〔敦煌本〕

〔大乘寺本〕

境相、自心不亂、卽是也、三慧香者、自心無癡、常以智慧、觀照自性、不造諸惡、雖修衆善、心不執著、畏上愛下、矜孤恤貧、此名慧香、四解脱香、卽自心所攀縁、不思善、不思惡、自在無碍、名解脱香、五解脱知見香者、自心既無攀縁善惡、不可沈空守寂、卽須廣學多聞、識自本心、達諸佛理、言滿天下無口過、行滿天下無怨惡、和光接物、無我無人、直至菩提、眞性不易、名解脱知見香、

〔興聖寺本〕

不亂、名定香、三慧香、自心無礙、常以智慧、觀照自性、不造諸惡、雖修衆善、心不執着、畏上愛下、矜孤恤貧、名慧香、四解脱香、卽自心無所攀縁、不思善、不思惡、自在無碍、名解脱香、五解脱知見香、自心既無所攀縁善惡、不可沉空守寂、卽須廣學多聞、識自本心、達諸佛理、言滿天下、無口過、行滿天下無怨惡和光接物無我無人直至菩提眞性不易、名解脱知見香、

〔德異本〕

度自戒始得不假到此既從遠來一會于此皆共有縁今可各各胡跪先爲傳自性五分法身香次授無相懺悔衆胡跪師曰一戒香師自心中無非無惡無嫉妬無貪嗔無刧害名戒香二定香卽覩諸善惡境相自心不亂名定香三慧香自心無礙常以智慧觀照自性不造諸惡雖修衆善心不執著敬上念下矜恤孤貧名慧香四解脱香卽自心無所攀縁不思善不思惡自在無礙名解脱香五解脱知見香自心既無所攀縁善惡不可沉空守寂卽須廣學多聞識自本心達諸佛理和光接物無我無人直至菩提眞性

〔宗寶本〕

自度自戒始得不假到此既從遠來一會于此皆共有縁今可各各胡跪先爲傳自性五分法身香次授無相懺悔衆胡跪師曰一戒香卽自心中無非無惡無嫉妬無貪瞋無刧害名戒香二定香卽覩諸善惡境相自心不亂名定香三慧香自心無礙常以智慧觀照自性不造諸惡雖修衆善心不執著敬上念下矜恤孤貧名慧香四解脱香卽自心無所攀縁不思善不思惡自在無礙名解脱香五解脱知見香自心既無所攀縁善惡不可沉空守寂卽須廣學多聞識自本心達諸佛理和光接物無我無人直至菩提眞

(22)

善知識摠須自體與受无相戒一時逐惠能口道令善知識見自三身佛於自色身歸衣(依)清淨法身佛於自色身歸衣(依)千百億化身佛於自色身歸衣(依)當來圓滿報身佛 已上三唱 色身是舍宅不可言歸向者三身在自法性世人盡有爲名(迷)不見外覔三如來不見自色身中三性佛善知識聽汝善知識說令善知識衣(依)自色身見自法性有三世佛此三身佛從性上生何名清淨身佛善知識世人性本自淨万法在自姓(性)思量一切事卽行衣(依)惡思量一

(29) 六說一體三身佛相

師言、善知識、各各志心、某甲與說一體三身自性佛、令善知識見三身、了然自悟自性、摠隨某甲道、於自色身歸依清淨法身佛、於自色身、歸依千百億化身佛、於自色身、歸依圓滿報身佛、已上三遍唱 善知識、色身是舍宅不可言歸向者、三身在自性中、世人摠有爲自心迷、不見內性、外覔三身如來、不見自身中、有三世佛、善知識、聽說、令善知識、於自身中、見自性有三世佛、此三身佛、從自性生、不從外得、何名清淨法身、世人性本清淨、萬法從自性

(31) 六說一體三身佛門

師言善知識、各各至心、惠能與說一體三身自性佛、令善知識、見三身、了然自悟自性、總隨惠能道、於自色身、歸依清淨法身佛、於自色身、歸依千百億化身佛、於自色身、歸依圓滿報身佛、已上三遍唱 善知識、色身是舍宅、不可言歸向者、三身佛在自性中、世人總有、爲自心迷、不見內性、外覔三身如來、不見自身中、有三世佛、善知識聽說、令善知識、於自身中、見自性、有三世佛、此三身佛、從自性生、不從外得、何名清淨法身、世人性本清淨、萬法從自性

不易名解脫知見香善知識此香各自內薰莫向外覔

(47)

善知識既歸依自三寶竟各各志心吾與說一體三身自性佛令汝等見三身了然自悟自性總隨我道於自色身歸依清淨法身佛於自色身歸依千百億化身佛於自色身歸依圓滿報身佛善知識色身是舍宅不可言歸向者三身佛在自性中世人總有爲自心迷不見內性外覔三身如來不見自身中有三身佛汝等聽說令汝等於自身中見自性有三身佛此三身佛從自性生不從外得何名清淨法身世人性本清淨萬法從自性生

性不易名解脫知見香善知識此香各自內熏莫向外覔

(48)

今既自悟各須歸依自心三寶內調心性外敬他人是自歸依也善知識既歸依自三寶竟各各志心吾與說一體三身自性佛令汝等見三身了然自悟自性總隨我道於自色身歸依清淨法身佛於自色身歸依圓滿報身佛於自色身歸依千百億化身佛善知識色身是舍宅不可言歸向者三身佛在自性中世人總有爲自心迷不見內性外覔三身如來不見自身中有三身佛汝等聽說令汝等於自身中見自性有三身佛此三身佛從

〔敦煌本〕

切善事便修於善行知如是一切法盡在自姓(性)白(自)姓(性)常清淨日月常名(明)只爲雲覆蓋上名(明)下暗不能了見日月西(星)辰忽遇惠風吹散卷盡雲霧万像參(森)羅一時皆現世人性淨猶如清天惠如日智如月智惠常名(明)於外看敬妄念浮雲蓋覆自姓(性)不能明故遇善知識開眞法吹却名妄內外名(明)徹於自姓(性)中萬法皆見一切法自在姓名爲清淨法身自歸衣(依)者除不善行是名歸衣(依)何名爲千百億化身佛不思量性卽空寂思量卽是自化思量惡法化爲地獄思量善法化爲天堂毒害化爲畜生慈悲化爲菩薩智惠化爲上界愚

〔大乘寺本〕

生、思量一切惡事、卽生惡行、思量一切善事、卽生善行、如是諸法、在自性中、如天常清、日月常明、爲浮雲蓋覆、上明下暗、忽遇風吹、衆雲散盡、上下俱明、萬象皆現、世人性常浮游、如彼雲天、亦復如是、善知識、智如日、慧如月、智慧常明、於外著境、被妄念浮雲蓋覆自性不得明朗、若遇知識、聞眞正法、自除妄迷、內外明徹、於自性中、萬法皆現、見性之人、亦復如是、此名清淨法身佛、善知識、自心歸依自性、是歸依眞佛、自歸依者、除却自性不善心、疽妬心、憍誑心、吾我心、誑妄心、輕人心、慢他心、邪見心、貢高心、及一切時中不

〔興聖寺本〕

生、思量一切惡事、卽生惡行、思量一切善事、卽生善行、如是諸法、在自性中、如天常清、日月常明、爲浮雲、蓋覆、上明下暗、忽遇風吹雲散、上下俱明、萬象皆現、世人性常浮游、如彼天雲、善知識、智如日、慧如月、智慧常明、於外著境、被妄念、浮雲蓋覆、自性不得明朗、若遇善知識、聞眞正法、自除迷妄、內外明徹、於自性中、萬法皆現、見性之人、亦復如是、此名清淨法身佛、善知識、自心歸依自性、是歸依眞佛、自歸依者、除却、自性中、不善心、疽妬心、憍慢心、吾我心、誑妄心、輕人心、慢他心、邪見心、貢高心、及一切時中、不善之行、常

〔德異本〕

思量一切惡事卽生惡行思量一切善事卽生善行如是諸法在自性中如天常清日月常明爲浮雲蓋覆上明下暗忽遇風吹雲散上下俱明萬象皆現世人性常浮游如彼天雲善知識智如日慧如月智慧常明於外著境被妄念浮雲蓋覆自性不得明朗若遇善知識聞眞正法自除迷妄內外明徹於自性中萬法皆現見性之人亦復如是此名清淨法身佛善知識自心歸依自性是歸依眞佛自歸依者除卻自性中不善心嫉妬心憍慢心吾我心誑妄心輕人心慢人心邪見心貢高心及一切時中不善之行常自

〔宗寶本〕

自性生不從外得何名清淨法身佛世人性本清淨萬法從自性生思量一切惡事卽生惡行思量一切善事卽生善行如是諸法在自性中如天常清日月常明爲浮雲蓋覆上明下暗忽遇風吹雲散上下俱明萬象皆現世人性常浮游如彼天雲善知識智如日慧如月智慧常明於外著境被妄念浮雲蓋覆自性不得明朗若遇善知識聞眞正法自除迷妄內外明徹於自性中萬法皆現見性之人亦復如是此名清淨法身佛善知識自心歸依自性是歸依眞佛自歸依者除卻自性中不善心嫉妬心諂曲心吾我心

癡化爲下方自姓(性)變化甚名(多)迷人自不知見一念善知惠即生一燈能除千年闇一智能滅万年愚莫思向前常思於後常後念善名爲報身一念惡報却千年善心一念善報却千年惡滅无常已來後念善名爲報身從法身思量即是化身念念善即是報身自悟自修即名歸衣(依)也皮肉是色身是舍宅不在歸依也但悟三身即識大億(意)

善行、常自見已過、不說他人好惡、是自歸依、常須下心行於普敬、即是見性通達、更無滯礙、是自歸依、何名千百億化身、若不思萬法、性本如空、一念思量名爲變化、思量惡事、化爲地獄、思量善事、化爲天堂、毒害化爲龍蛇、慈悲化爲菩薩、智慧化爲上界、愚癡化爲下方、自性變化甚多、迷人不能省覺、念念起惡常行惡道、迴一念善智慧即生、此是自性化身佛、何名圓滿報身、譬如一燈能除千年闇、一智能滅萬年愚、莫思向前已過、常思於後、念念圓明、自見本性、善惡雖殊、本性無二、無二之性、名爲實性、於實性中、不染善惡、此名圓滿報身佛、師言、自性起一念惡、報滅萬

自見已過、不說他人好惡、是自歸依、常須下心普行恭信、即是見性通達、更無滯礙、是自歸依。何名千百億化身、若不思萬法、性本如、空、一念思量、名爲變化、思量惡事、化爲地獄、思量善事、化爲天堂、毒害化爲龍蛇、慈悲化爲菩薩、智慧化、爲上界、愚癡化、爲下方、自性變化甚多、迷人不能省覺、念念起惡、常行惡道、迴一念善智慧即生、此名自性化身佛。何名圓滿報身、譬如一燈能除千年闇、一智能滅萬年愚、莫思向前已過不可得常思於後、念念圓明自見本性、善惡雖殊、本性無二、無二之性、名爲實性、於實性中、不染善惡、此名圓滿報身佛、師又言、自性起一念、惡滅萬

見已過不說他人好惡是自歸依常須下心普行恭敬即是見性通達更無滯礙是自歸依何名千百億化身若不思萬法性本如空一念思量名爲變化思量惡事化爲地獄思量善事化爲天堂毒害化爲龍蛇慈悲化爲菩薩智慧化爲上界愚癡化爲下方自性變化甚多迷人不能省覺念念起惡常行惡道迴一念善智慧即生此名自性化身佛何名圓滿報身譬如一燈能除千年暗一智能滅萬年愚莫思向前已過不可得常思於後念念圓明自見本性善惡雖殊本性無二無二之性名爲實性於實性中不染善惡此名圓滿報身佛自性起一念惡滅萬劫善因自

誑妄心輕人心慢他心邪見心貢高心及一切時中不善之行常自見己過不說他人好惡是自歸依常須下心普行恭敬即是見性通達更無滯礙是自歸依何名圓滿報身譬如一燈能除千年闇一智能滅萬年愚莫思向前已過不可得常思於後念念圓明自見本性善惡雖殊本性無二無二之性名爲實性於實性中不染善惡此名圓滿報身佛自性起一念惡滅萬劫善因自性起一念善得恒沙惡盡直至無上菩提念念自見不失本念名爲報身何名千百億化身若不思萬法性本如空一念思量名爲變化思量惡事化爲地獄思量善事化爲天堂毒害化爲龍

三　四弘誓願をおこすべきこと

〔敦煌本〕

(23)今既自歸依三身佛已與善知識發四弘大願善知識一時逐惠能道衆生无邊誓願度煩惱无邊誓願斷法門无邊誓願學无上佛道誓願成 三唱 善知識衆生无邊誓願度不是

〔大乘寺本〕

劫善因自性起一念善報得河沙惡盡、直至無上、念念自見、不失本念、名爲報身、善知識、從法身思量、即是化身佛、念念自性自見、即是報身佛、自悟自修自性功德、是眞自歸依、皮肉是色身、色身是舍宅、不言歸也、但悟自性三身、即識自性大意、 施主尼無求

(27)師言、今既懺悔已、一時逐某甲、道與善知識、發四弘誓願、各須用心正聽、自心邪迷衆生誓願度、自心煩惱無邊誓願斷、自性法門無盡誓願學、無上自性佛道誓願成、已上三遍唱 師言、

〔興聖寺本〕

劫、善因自性起一念、善得恒沙惡盡、直至無常、念念自見、不失本念、名爲報身、善知識、從法身思量、即是化身佛、念念自性自見、即是報身佛、自悟自修自性功德、是眞歸依、皮肉是色身、色身是宅舍、不言歸依也、但悟自性三身、即識自性大意、

(29)善知識、既懺悔已、與善知識發四弘誓願、各次用心正聽、自心邪迷無邊誓願度、自心煩惱無邊誓願斷、自性法門無盡誓願學、自性無上佛道誓願成、師言善知識、大家豈不道、

〔德異本〕

性起一念善得恒沙惡盡直至無上菩提念念自見不失本念名爲報身善知識從法身思量即是化身佛念念自性自見即是報身佛自悟自修自性功德是眞歸依皮肉是色身色身是舍宅不言歸依也但悟自性三身即識自性佛

(45)善知識既懺悔已與善知識發四弘誓願各須用心正聽自心衆生無邊誓願度自心煩惱無邊誓願斷自性法門無盡誓願學自性佛道無上誓願成善知識大家豈不道衆生

〔宗寶本〕

蛇慈悲化爲菩薩智慧化爲上界愚癡化爲下方自性變化甚多迷人不能省覺念念起惡常行惡道迴一念善智慧即生此名自性化身佛善知識法身本具念念自性自見即是報身佛從報身思量即是化身佛自悟自修自性功德是眞歸依皮肉是色身色身是舍宅不言歸依也但悟自性三身即識自性佛

(46)善知識既懺悔已與善知識發四弘誓願各須用心正聽自心衆生無邊誓願度自心煩惱無邊誓願斷自性法門無盡誓願學自性無上佛道誓願成善知識大家豈不道衆生

惠能度善知識心中衆生各於自身自姓(性)自度何名自姓(性)自度自色身中邪見煩惱愚癡名妄自有本覺性將正見度既悟正見般若之智除却愚癡迷妄衆生各〻自度邪見正度迷來悟度愚來智度惡來善度煩惱來菩薩度如是度者是名眞度煩惱无邊誓願斷自心除虛妄法門无邊誓願學學无上正法无上佛道誓願成常下心行恭敬一切遠離迷執覺知生般若除却迷妄即自悟佛道成行誓願力

善知識、大家豈不道衆生無邊誓願度、恁麼道、莫道是某甲度、善知識心中衆生、所謂邪迷心、誑妄心、不善心、疽妬心、惡毒心、如是心者、盡是衆生、各須自性自度、是名眞度、何名自性自度、卽自心中、邪見煩惱、愚癡衆生、將正見度、既有正見、使般若智打破愚癡迷妄衆生、各各自度、邪來正度、迷來悟度、愚來智度、惡來善度、如是度者、名爲眞度、又煩惱無邊誓願斷、自性除却虛妄思想心是也、又法門無邊誓願學、須自見性、常行其善法、是名眞學、又佛道無邊誓願成、卽常須下心行、於普敬、離迷離覺、當生般若、除眞除妄、卽見佛性、卽言下佛道成、常念修行、是願力法、

衆生無邊誓願度、恁麼道是不是惠能度善知識心中衆生、所謂邪迷心、誑妄心、不善心、疽妬心、惡毒心、如是等心、盡是衆生、各須自性自度、是名眞度、何名自性自度、卽自心中、祁(邪)見煩惱愚癡衆生、將正見度、既有正見、使般若智、打破愚癡迷妄衆生、各各自度、邪來正度、迷來悟度、愚來智度、惡來善度、如是度者、名爲眞度、又煩惱無邊誓願斷、將自性般若智、除却虛妄思想心、是也、又法門無盡誓願學、須自見性、常行正法、是名眞學、又無上佛道誓願成、既常能下心、行於眞正、離迷離覺、當生般若、除眞除妄、卽見佛性、卽言下佛道成、常念修行、是願力法。

無邊誓願度恁麼道且不是惠能度善知識心中衆生所謂邪迷心誑妄心不善心嫉妬心惡毒心如是等心盡是衆生各須自性自度是名眞度何名自性自度卽自心中邪見煩惱愚痴衆生將正見度既有正見使般若智打破愚癡迷妄衆生各各自度邪來正度迷來悟度愚來智度惡來善度如是度者名爲眞度又煩惱無邊誓願斷將自性般若智除却虛妄思想心是也又法門無盡誓願學須自見性常行正法是名眞學又無上佛道誓願成既常能下心行於眞正離迷離覺常生般若除眞除妄卽見佛性卽言下佛道成常念修行是願力法

無邊誓願度恁麼道且不是惠能度善知識心中衆生所謂邪迷心誑妄心不善心嫉妬心惡毒心如是等心盡是衆生各須自性自度是名眞度何名自性自度卽自心中邪見煩惱愚癡衆生將正見度既有正見使般若智打破愚癡迷妄衆生各各自度邪來正度迷來悟度愚來智度惡來善度如是度者名爲眞度又煩惱無邊誓願斷將自性般若智除却虛妄思想心是也又法門無盡誓願學須自見性常行正法是名眞學又無上佛道誓願成既常能下心行於眞正離迷離覺常生般若除眞除妄卽見佛性卽言下佛道成常念修行是願力法

三　無相懺悔の法

〔敦煌本〕

(24)今既發四弘誓願訖與善知識无相懺悔三世罪障大師言善知識前念後念及今念念不被愚迷染從前惡行一時自姓(性)若除卽是懺悔前念後念及今念念被愚癡染除卻從前矯誑心永斷名爲自性懺前念後念及念念不被疽疾染除却從前疾垢心自性若除卽是懺已上三唱善知識何名懺悔者終身不作悔者知於前非惡業恒不離心諸佛前口說无益我此法門中永斷不作名爲懺悔

〔大乘寺本〕

(26)善知識、此香、各自內薫、莫於外覓、今與善知識、無相懺悔、滅除心中河沙積劫罪、善知識、前念後念及今念、念念不被愚迷染、從前惡念一時除、自性自除眞懺悔、前念後念及今念、念念不被誑妄染、除却從前憍慢心、永斷名爲自性懺、前念後念及今念、念念不被疽妬染、除卻從前疽妬心、永斷名爲自性懺已上三遍唱

〔興聖寺本〕

(28)善知識、此香各自內薫、莫於外覓、今與善知識、授無相懺悔、滅三世罪、令得三業清淨、善知識各隨語一時道、弟子等、從前念今念及後念、念念不被愚迷染、從前所有惡業愚迷等罪、悉皆懺悔、願一時消滅、永不復起、弟子等、從前念今念及後念、念念不被憍誑染、從前所有惡業憍誑等罪、悉皆懺悔、願一時消滅、永不復起、弟子等、從前念今念及後念、念念不被疽妬染所有惡業疽妬等罪、悉皆懺悔、願一時消滅、永不復起善知識已上是爲無相懺悔、云何名懺、云何名悔、懺者懺其前愆、從前所有惡業愚迷憍誑

〔德異本〕

(44)今與汝等授無相懺悔滅三世罪令得三業清淨善知識各隨語一時道弟子等從前念今念及後念念念不被愚迷染從前所有惡業愚迷等罪悉皆懺悔願一時消滅永不復起弟子等從前念今念及後念念念不被憍誑染從前所有惡業憍誑等罪悉皆懺悔願一時消滅永不復起弟子等從前念今念及後念念念不被嫉妬染從前所有惡業嫉妬等罪悉皆懺悔願一時消滅永不復起善知識已上是爲無相懺悔云何名懺云何名悔懺者懺其前愆從前所有惡業愚迷憍誑嫉妬等罪悉皆盡懺永不復起

〔宗寶本〕

(45)今與汝等授無相懺悔滅三世罪令得三業清淨善知識各隨我語一時道弟子等從前念今念及後念念念不被愚迷染從前所有惡業愚迷等罪悉皆懺悔願一時銷滅永不復起弟子等從前念今念及後念念念不被憍誑染從前所有惡業憍誑等罪悉皆懺悔願一時銷滅永不復起弟子等從前念今念及後念念念不被嫉妬染從前所有惡業嫉妬等罪悉皆懺悔願一時銷滅永不復起善知識已上是爲無相懺悔云何名懺云何名悔懺者懺其前愆從前所有惡業愚迷憍誑嫉妬等罪悉皆盡懺永不復

三 無相三歸戒を授ける

(25)今既懺悔已與善知
識受无相三歸依戒大師
言善智(知)識歸衣(依)覺兩足尊
歸衣(依)正離欲歸衣(依)淨衆中
尊從今已後稱佛爲師更
不歸衣(依)餘邪名外道願自
三寶慈悲燈(證)(明)名善知識惠
能勸善善知識歸衣(依)三寶
佛者覺也法者正也僧者
淨也自心歸依覺邪名(迷)不
生少欲知足離財離色名

---

(28)師言善知識今發四
弘願了更與善知識受無
相三歸依善知識歸依覺
二足尊歸依正離欲尊歸
依淨衆中尊從今日去稱
覺爲師更莫歸餘邪迷外
道以自性三寶常自證明
某甲勸善知識歸依自性
三寶佛者覺也法者正也
僧者淨也自心歸依覺邪
迷不生少欲知足能離財

疽妬等罪悉皆盡懺願不
復起是名爲懺悔者悔其
後過從今已後所有惡業
愚迷憍誑疽妬等罪今已
覺悟悉皆永斷不復更作
是名爲悔故稱懺悔凡夫
愚迷只知懺其前愆不知
悔其後過以不悔故前愆
不滅後過又生前愆既不
滅後過復又生何名懺悔。

(30)師言善知識今發四
弘願了更與善知識授無
相三歸依戒善知識歸依
覺二足尊歸依正離欲尊
歸依淨衆中尊從今日去
稱覺爲師更莫歸依邪魔
外道以自性三寶常自證
明勸善知識歸依自性三
寶佛者覺也法者正也僧
者淨也自心歸依覺邪迷
不生少欲知足能離財色

是名爲懺悔者悔其後過
從今已後所有惡業愚迷
憍誑嫉妬等罪今已覺悟
悉皆永斷更不復作是名
爲悔故稱懺悔凡夫愚迷
只知懺其前愆不知悔其
後過以不悔故前愆不滅
後過又生前愆既不滅後
過復又生何名懺悔

(46)善知識今發四弘願
了更與善知識授無相三
歸依戒善知識歸依覺二
足尊歸依正離欲尊歸依
淨衆中尊從今日去稱覺
爲師更不歸依邪魔外道
以自性三寶常自證明勸
善知識歸依自性三寶佛
者覺也法者正也僧者淨
也自心歸依覺邪迷不生
少欲知足能離財色名二

起是名爲懺悔者悔其後
過從今以後所有惡業愚
迷憍誑嫉妬等罪今已覺
悟悉皆永斷更不復作是
名爲悔故稱懺悔凡夫愚
迷只知懺其前愆不知悔
其後過以不悔故前愆不
滅後過又生前愆既不滅
後過復又生何名懺悔

(47)善知識今發四弘願
了更與善知識授無相三
歸依戒善知識歸依覺兩
足尊歸依正離欲尊歸依
淨衆中尊從今日去稱覺
爲師更不歸依邪魔外道
以自性三寶常自證明勸
善知識歸依自性三寶佛
者覺也法者正也僧者淨
也自心歸依覺邪迷不生
少欲知足能離財色名兩

〔敦煌本〕

兩足尊自心歸正念念无
邪故卽无愛著以无愛著
名離欲尊自心歸淨一切
塵勞妄念雖在自ゝ姓(性)ゝ
不染著名衆中尊凡夫解
從日至日受三歸衣(依)戒若
言歸佛佛在何處若不見
佛卽无所歸既无所歸言
卻是妄善知識各自觀察
莫錯用意經中只卽言自
歸依佛不言歸他佛自姓(性)
不歸无所處

〔大乘寺本〕

色、名二足尊、自心歸依正、
念念無邪見、以無邪見故
卽無人我貢高貪愛執著、
名離欲尊、自心歸依淨、一
切塵勞妄念、雖在自性皆
不染著、名衆中尊、若修此
行、是自歸依、凡夫不會、從
日至夜、受三歸戒、若言歸
佛、佛在何處、若不見佛憑
何所歸、言卻成妄、善知識、
各自觀察、莫錯用心、經文
分明、卽言自歸依佛、不言
歸依他佛、自性不歸、無所
歸處、今既自悟、各須歸依、
自心三寶、內調心性、外敬
他人、是自歸也
(30)韶州曹溪山六祖師
壇經卷上　寧

〔興聖寺本〕

名二足尊、自心歸依正念
念無邪見、以無邪見故卽
無人我貢高貪愛執著、名
離欲尊、自心歸依淨一切
塵勞妄念、雖在自性皆不
染著、名衆中尊、若修此行、
是自歸依、凡夫不會從日
至日、受三歸戒、若言歸依
佛、佛在何處、若不見佛、憑
何所歸、言卻成妄、善知識、
各自觀察、莫錯用心經文
分明、言自歸依佛、不言歸
依他佛、自性不歸、無所依、
處、今既自悟、各須歸依自
心三寶、內調心性、外敬他
人、是自歸依也、
(32)六祖壇經卷上

〔德異本〕

足尊自心歸依正念念無
邪見以無邪見故卽無人
我貢高貪愛執著名離欲
尊自心歸依淨一切塵勞
愛欲境界自性皆不染著
名衆中尊若修此行是自
歸依凡夫不會終日至夜
受三歸戒若言歸依佛佛
在何處若不見佛憑何所
歸言卻成妄善知識各自
觀察莫錯用心經文分明
言自歸依佛不言歸依他
佛自佛不歸無所依處今
既自悟各須歸依自心三
寶內調心性外敬他人是
自歸依也

〔宗寶本〕

足尊自心歸依正念念無
邪見以無邪見故卽無人
我貢高貪愛執著名離欲
尊自心歸依淨一切塵勞
愛欲境界自性皆不染著
名衆中尊若修此行是自
歸依凡夫不會從日至夜
受三歸戒若言歸依佛佛
在何處若不見佛憑何所
歸言卻成妄善知識各自
觀察莫錯用心經文分明
言自歸依佛不言歸依他
佛自佛不歸無所依處

三四　巻上の尾題

三五 卷下の首題

三六 目錄（下卷）

三七 般若波羅蜜の法

(26)
今既自歸衣(依)三寶揔各各
至心與善知識說摩訶般
若波羅蜜法善知識雖念
不解惠能與說各各聽摩
訶般若波羅蜜者西國梵
語唐言大智惠彼岸到此
法須行不在口口念不行
如如化修行者法身與佛
等也何名摩〻訶〻者是

(31) 韶州曹溪山六祖師
壇經卷下

(32)
七、說摩訶般若波羅密
八、現西方相狀 武帝功德附
九、諸宗難問
十、南北二宗見性
十一、教示十僧 示寂年月附

(33) 七、說摩訶般若波羅
密
師言、善知識、既識三身佛
了、更爲善知識、說摩訶般
若波羅密法、各各志心諦
聽、世人終日、口念本體、不
識自性由如誦食、口但說
空、萬劫不得見性、某甲與
說善知識摩訶般若波羅
密、是梵語、此言大智慧到
彼岸、此須心行、不在口說、

(33) 六祖壇經卷下

(34)
七說摩訶般若波羅蜜門
八問答功德及西方相狀
門
九諸宗難問門
十南北二宗見性門
十一教示十僧傳法門

(35) 七說摩訶般若波羅
蜜門
師言善知識既識三身佛
了、更爲說摩訶般若波羅
蜜、法各各至心諦聽、世人
終日口念、不識自性、猶如
誦食不飽、口但說空、萬劫
不得見性、終無有益、善知
識、摩訶般若波羅蜜是梵
語此言大智慧到彼岸、此
須心行、不在口念、口念心

(20)
吾今爲說摩訶般若波羅
密法使汝等各得智慧志
心諦聽吾爲汝說善知識
世人終日口念般若不識
自性般若猶如說食不飽
口但說空萬劫不得見性
終無有益善知識摩訶般
若波羅密是梵語此言大
智慧到彼岸此須心行不

(21)
吾今爲說摩訶般若波羅
蜜法使汝等各得智慧志
心諦聽吾爲汝說善知識
世人終日口念般若不識
自性般若猶如說食不飽
口但說空萬劫不得見性
終無有益善知識摩訶般
若波羅蜜是梵語此言大
智慧到彼岸此須心行不

〔敦煌本〕

大心量廣大猶如虛空莫
定心座卽落无既空能含
日月星辰大地山(河)何一切
草木惡人善人惡法善法
天堂地獄盡在空中世人
性空亦復如是

〔大乘寺本〕

口念心不行、如幻如電、口
念心行、卽心口相應、本性
是佛、離性無別佛、何名摩
訶、摩訶是大、心量由如虛
空、無有邊畔、亦無方圓大
小、非青黃赤白、亦無上下
長短、無嗔無喜、無是無非、
無善無惡、無有頭尾、諸佛
刹土、盡同虛空、世人妙性、
本空無有、一法可得、喩此
大空、自性眞空、亦復如是、
善知識今聞某甲說空、便
卽著空、第一莫空、若空心
淨坐、卽落無記空、終不成
佛法、善知識世界虛空、能
含萬物色象、日月星宿、山
河泉源溪澗、一切樹木、惡
人善人、惡法善法、天堂地
獄、一切大海、須彌諸山、揔
在空中、世人性空、亦復如

〔興聖寺本〕

不行、如幻如化、如露如電、
口念心行、卽心口相應、本
性是佛、離性無別佛、何名
摩訶、摩訶是大、心量廣大、
猶如虛空、無有邊畔、亦無
方圓大小、亦非青黃赤白、
亦無上下長短、亦無嗔無
喜、無是無非、無善無惡無
有頭尾、諸佛刹土、盡同虛
空、世人妙性本空、無有一
法可得、自性眞空、亦復如
是、善知識今聞惠能說空、
便卽着空、第一莫着空、若
空心靜坐、卽落無記空、終
不成佛法、善知識世界虛
空能含萬物色象、日月星
宿、山河泉源溪澗、一切樹
木、惡人善人、惡法善法、天
堂地獄、一切大海須彌諸
山總在空中、世人性空、亦

〔德異本〕

在口念口念心不行如幻
如化如露如電口念心行
則心口相應本性是佛離
性無別佛何名摩訶摩訶
是大心量廣大猶如虛空
無有邊畔亦無方圓大小
亦非青黃赤白亦無上下
長短亦無嗔無喜無是無
非無善無惡無有頭尾諸
佛刹土盡同虛空世人妙
性本空無有一法可得自
性眞空亦復如是善知識
莫聞吾說空便卽著空第
一莫著空若空心靜坐卽
著無記空善知識世界虛
空能含萬物色像日月星
宿山河大地泉源溪澗草
木叢林惡人善人惡法善
法天堂地獄一切大海須
彌諸山總在空中世人性

〔宗寶本〕

在口念口念心不行如幻
如化如露如電口念心行
則心口相應本性是佛離
性無別佛何名摩訶摩訶
是大心量廣大猶如虛空
無有邊畔亦無方圓大小
亦非青黃赤白亦無上下
長短亦無瞋無喜無是無
非無善無惡無有頭尾諸
佛刹土盡同虛空世人妙
性本空無有一法可得自
性眞空亦復如是善知識
莫聞吾說空便卽著空第
一莫著空若空心靜坐卽
著無記空善知識世界虛
空能含萬物色像日月星
宿山河大地泉源谿澗草
木叢林惡人善人惡法善
法天堂地獄一切大海須
彌諸山總在空中世人性

(27)性含萬法是大萬法
盡是自姓(性)見一切人及非
人惡知與善惡法善法盡
皆不捨不可染著由如虛
空名之爲大此是摩訶行
迷人口念智者心又有名
人空心不思名之爲大此
亦不是心量大不行是少
莫口空說不修此行非我
弟子

是、
(34)師言、善知識、自性能
含萬法、是名爲大、萬法在
自性中、若見一切惡之與
善、盡皆不捨、亦不染著、心
如虛空、名之爲大、善知識、
迷人口說、智者心行、又有
迷人、空心淨坐、百無所思、
自稱爲大、此一輩人、不可
共說、爲邪見故、善知識、心
量廣大、廓周法界、用卽了
了分明、應用遍知一切、一
切是一、一卽一切、去來自
由、心體無滯、此是善知識、
一切般若智、心皆從自性、
而生、不從外入、莫錯用意、
名眞自用、一眞一切眞、心
量大事、不行小道、口莫終
日說空、心中不修此行、恰
似凡人、自稱國王、終不可
得、非吾弟子、

復如是、
(36)善知識、自性能含萬
法是大、萬法在善(原本、以
下一丁欠)

空亦復如是
(21)善知識自性能含萬
法是大萬法在諸人性中
若見一切人惡之與善盡
皆不取不捨亦不染著心
如虛空名之爲大故曰摩
訶善知識迷人口說智者
心行又有迷人空心靜坐
百無所思自稱爲大此一
輩人不可與語爲邪見故
善知識心量廣大遍周法
界用卽了了分明應用便
知一切一切卽一一卽一
切去來自由心體無滯卽
是般若善知識一切般若
智皆從自性而生不從外
入莫錯用意名爲眞性自
用一眞一切眞心量大事
不行小道口莫終日說空
心中不修此行恰似凡人
自稱國王終不可得非吾

空亦復如是
(22)善知識自性能含萬
法是大萬法在諸人性中
若見一切人惡之與善盡
皆不取不捨亦不染著心
如虛空名之爲大故曰摩
訶善知識迷人口說智者
心行又有迷人空心靜坐
百無所思自稱爲大此一
輩人不可與語爲邪見故
善知識心量廣大徧周法
界用卽了了分明應用便
知一切一切卽一一卽一
切去來自由心體無滯卽
是般若善知識一切般若
智皆從自性而生不從外
入莫錯用意名爲眞性自
用一眞一切眞心量大事
不行小道口莫終日說空
心中不修此行恰似凡人
自稱國王終不可得非吾

三九　般若波羅蜜の意味

〔敦煌本〕

(28) 何名般若般若是智惠一時中念〻不愚常行智惠卽名般若行一念愚卽般若絶一念智卽般若生心中常愚我修般若无形相智惠性卽是何名波羅蜜此是西國梵音言彼岸到解義離生滅著竟生滅去如水有波浪卽是於此岸離境无生滅如水承長流故卽名到彼岸故名波羅蜜迷人口念智者心行當念時有〻妄〻卽非眞有念〻若行是名眞有悟此法者悟般若法修般若行不修卽凡一念修行法身等佛善知識卽煩惱是菩提捉前念迷卽凡後

〔大乘寺本〕

(35) 善知識、何名般若、般若是智惠、一切處所、一切時中、念念不愚、常行智惠、卽是般若行、一念愚、卽般若絶、一念智、卽般若生、世人愚迷、不見般若、口說般若、心中常愚、自言我修般若、念念說空、不識眞空、般若無形相、智惠心卽是、若作如是解、卽名般若智、何名波羅密、此是西國語、漢言到彼岸、解義離生滅、著境生滅起、如水有波浪、卽是於此岸、觀境無生滅、如水常通流、卽名爲彼岸、故號波羅密、善知識、迷人口念、當念之時、有妄有非、念念若行、是名眞性、悟此法

〔興聖寺本〕

(37)

〔德異本〕

弟子

(22) 善知識何名般若般若者唐言智慧也一切處所一切時中念念不愚常行智慧卽是般若行一念愚卽般若絶一念智卽般若生世人愚迷不見般若口說般若心中常愚常自言我修般若念念說空不識眞空般若無形相智慧心卽是若作如是解卽名般若智何名波羅密此西國語唐言到彼岸解義離生滅著境生滅起如水有波浪卽名爲此岸離境無生滅如水常通流卽名爲彼岸故號波羅密善知識迷人口念當念之時有妄有非念念若行是名眞性

〔宗寶本〕

弟子

(23) 善知識何名般若般若者唐言智慧也一切處所一切時中念念不愚常行智慧卽是般若行一念愚卽般若絶一念智卽般若生世人愚迷不見般若口說般若心中常愚常自言我修般若念念說空不識眞空般若無形相智慧心卽是若作如是解卽名般若智何名波羅蜜此是西國語唐言到彼岸解義離生滅著境生滅起如水有波浪卽名爲此岸離境無生滅如水常通流卽名爲彼岸故號波羅蜜善知識迷人口念當念之時有妄有非念念若行是名眞

念悟卽佛善知識摩訶般若波羅蜜最尊最上第一无住无去无來三世諸佛從中出將大知惠到彼岸打破五陰煩惱塵勞最尊最上第一讃最〻上〻乘法修行定成佛无去无住无來往是定惠等不染一切法三世諸佛從中變三毒爲戒定惠

四〇　智慧のはたらき

(29) 善知識我此法門從八万四千智惠何以故爲世有八万四千塵勞若無塵勞般若常在不離自姓(性)悟此法者卽是无念无億无著莫去誑妄卽自是眞如姓(性)用知惠觀照於一切法不取不捨卽見姓(性)成佛

者、是般若法、修此行者是般若行、不修卽凡、一念相應法身等佛、善知識煩惱卽是菩提、前念迷卽凡、後念悟卽佛、前念著境卽煩惱、後念離境卽菩提、善知識、摩訶般若波羅密、最尊最上最第一、無住無往來、三世諸佛、皆從中出、用大智慧、打破五蘊煩惱塵勞、若人修行、定成佛道、變三毒爲戒定慧、

(36) 善知識我此法門、從一般若、生八萬四千智惠、何以故爲世人有八萬四千塵勞、若無塵勞、智惠常在、不離自性、悟此法者、卽是無念、無憶無著、無妄、莫起誑妄用、自眞如性、以智慧、觀照於一切法、不取不

(原本、以上一丁欠)破五蘊煩惱塵勞、若此修行、定成佛道、變三毒、爲戒定慧、

(38) 善知識我此法門、從一般若生八萬四千智慧、何以故爲世人有八萬四千塵勞、若無塵勞、智慧常現、不離自性、悟此法者卽是無念無憶無著、不起誑妄、用自眞如性、以智慧觀照、於一切法、不取不捨、卽

悟此法者是般若法修此行者是般若行不修卽凡一念修行自身等佛善知識凡夫卽佛煩惱卽菩提前念迷卽凡夫後念悟卽佛前念著境卽煩惱後念離境卽菩提善知識摩訶般若波羅密最尊最上最第一無住無往亦無來三世諸佛皆從中出當用大智慧打破五蘊煩惱塵勞如此修行定成佛道變三毒爲戒定慧

(23) 善知識我此法門從一般若生八萬四千智慧何以故爲世人有八萬四千塵勞若無塵勞智慧常現不離自性悟此法者卽是無念無憶無著不起誑妄用自眞如性以智慧觀照於一切法不取不捨卽

性悟此法者是般若法修此行者是般若行不修卽凡一念修行自身等佛善知識凡夫卽佛煩惱卽菩提前念迷卽凡夫後念悟卽佛前念著境卽煩惱後念離境卽菩提善知識摩訶般若波羅蜜最尊最上最第一無住無往亦無來三世諸佛從中出當用大智慧打破五蘊煩惱塵勞如此修行定成佛道變三毒爲戒定慧

(24) 善知識我此法門從一般若生八萬四千智慧何以故爲世人有八萬四千塵勞若無塵勞智慧常現不離自性悟此法者卽是無念無憶無著不起誑妄用自眞如性以智慧觀照於一切法不取不捨卽

四　金剛經の功德

〔敦煌本〕

道

(30)善知識若欲入甚深法界入般若三昧者直修般若波羅蜜行但持金剛般若波羅蜜經一卷卽得見性入般若三昧當知此人功德无量經中分名(明)讚嘆不能具說此是最上乘法爲大智上根人說少根智人若聞法心不生信何以故譬如大龍若下大雨雨衣(於)閻浮提如漂草葉若下大雨雨(於)放大海不增不減若大乘者聞說金剛經心開悟解故知本性自有般若之智自用知惠觀照不假文字譬如其雨水不從無有元是龍王於江海中將身引此水令一切衆

〔大乘寺本〕

捨、卽是見性成佛道、

(37)善知識、若欲入甚深法界、入般若三昧者、須修般若行、持誦金剛般若經、卽得見性、當知此功德、無量無邊、經中分明讚歎、不能具說、此法門是最上乘、爲大智人說、爲上根人說、小根小智人、聞心生不信、何以故、譬如大龍下雨於閻浮提、漂流棗葉、若雨大海、不增不減、若大乘人、若最上乘人、聞說金剛經、心開悟解、故知本性、自有般若之智、自用智惠、常觀照故、不假文字、譬如雨水、不從天有、元是龍王於江海中、將身攪上、令一切衆生、一切草木、有情無情、悉皆

〔興聖寺本〕

是見性、成佛道、

(39)善知識、若欲入甚深法界及般若三昧者、須修般若行、持誦金剛般若經、卽得見性、當知此功德無量無邊、經中分明讚歎、不能具說、此法門是最上乘、爲大智人說、爲上根人說、小根小智人、聞心生不信、何以故、譬如大龍下雨於閻浮提城邑聚落悉皆漂流、如漂棗葉、若雨大海不增不減、若大乘人、若最上乘人、聞說金剛經、心開悟解、故知本性自有般若之智、自用智慧常觀照故、不假文字、譬如雨水不從天有、元是龍能興致令一切衆生、一切草木、有情無情、

〔德異本〕

是見性成佛道

(24)善知識若欲入甚深法界及般若三昧者須修般若行持誦金剛般若經卽得見性當知此功德無量無邊經中分明讚歎莫能具說此法門是最上乘爲大知人說爲上根人說小根小智人聞心生不信何以故譬如大龍下雨於閻浮提城邑聚落悉皆漂流如漂棗葉若雨大海不增不減若大乘人若最上乘人聞說金剛經心開悟解故知本性自有般若之智自用智慧常觀照故不假文字譬如雨水不從天有元是龍能興致令一切衆生一切草木有情無情

〔宗寶本〕

是見性成佛道

(25)善知識若欲入甚深法界及般若三昧者須修般若行持誦金剛般若經卽得見性當知此經功德無量無邊經中分明讚歎莫能具說此法門是最上乘爲大智人說爲上根人說小根小智人聞心生不信何以故譬如大龍下雨於閻浮提城邑聚落悉皆漂流如漂棗葉若雨大海不增不減若大乘人若最上乘人聞說金剛經心開悟解故知本性自有般若之智自用智慧常觀照故不假文字譬如雨水不從天有元是龍能興致令一切衆生一切草木有情無

生一切草木一切有情无情悉皆像潤諸水衆流卻入大海海納衆水合爲一體衆生本性般若之智亦復如是

四　少根の人と大智の人

(31)少根之人聞説此頓教猶如大地草木根性自少者若被大雨一沃悉皆自到不能増長少根之人亦復如是有般若之智之與大智之人亦无差別因何聞法卽不悟縁邪見障重煩惱根深猶如大雲蓋覆於日不得風吹日無能現般若之智亦无大小爲一切衆生自有迷心外修覓佛來悟自性卽是小根人聞其頓教不信外修但於自心令自本性常起正見煩惱塵勞衆生當時盡悟猶如大海納於衆流小

蒙潤、諸水衆流、卻入大海、合爲一體、衆生本性、般若之智、亦復如是、

(38)善知識、小根之人、聞此頓教、由如草木、根性自小、若被大雨、皆悉自倒、不能増長、小根之人、亦有般若之智、與大智之人、更無差別、因何聞法、亦有悟不悟、縁邪見障重、煩惱根深、猶如大雲覆蓋於日、不得風吹、日光不現、般若之智、亦無大小、爲一切衆生、自心迷悟不同、迷心外見、修行覓佛、未悟自性、卽是小根、聞其頓法、不執外修、但於自心、常起正見、邪見煩惱塵勞、常不能溢、卽是見性、善知識、內外不住、去來

悉皆蒙潤、諸水衆流、卻入大海、合爲一體、衆生本性、般若之智、亦復如是、

(40)善知識、小根之人、聞此頓教、猶如草木根性自小、若被大雨、悉皆自倒、不能増長、小根之人、亦復如是、元有般若之智、與大智人、更無差別、因何聞法不自開悟、縁邪見障重、煩惱根深、猶如大雲覆蓋於日、不得風吹、日光不現、般若之智、亦無大小、爲一切衆生自心迷悟不同、迷心外見修行、覓佛、未悟自性、卽是小根、若開悟頓教、不執外修、但於自心常起正見、煩惱塵勞、常不能染、卽是見性、善知識、內外不住、去

悉皆蒙潤百川衆流卻入大海合爲一體衆生本性般若之智亦復如是

(25)善知識小根之人聞此頓教猶如草木根性小者若被大雨悉皆自倒不能増長小根之人亦復如是元有般若之智與大智人更無差別因何聞法不自開悟縁邪見障重煩惱根深猶如大雲覆蓋於日不得風吹日光不現般若之智亦無大小爲一切衆生自心迷悟不同迷心外見修行覓佛未悟自性卽是小根若開悟頓教不執外修但於自心常起正見煩惱塵勞常不能染卽是見性善知識內外不住去

情悉皆蒙潤百川衆流卻入大海合爲一體衆生本性般若之智亦復如是

(26)善知識小根之人聞此頓教猶如草木根性小者若被大雨悉皆自倒不能増長小根之人亦復如是元有般若之智與大智人更無差別因何聞法不自開悟縁邪見障重煩惱根深猶如大雲覆蓋於日不得風吹日光不現般若之智亦無大小爲一切衆生自心迷悟不同迷心外見修行覓佛未悟自性卽是小根若開悟頓教不能外修但於自心常起正見煩惱塵勞常不能染卽是見性善知識內外不住去

〔敦煌本〕

水大水合爲一體卽是見性內外不住來去自由能除執心通達无㝵心修此行卽與般若波羅蜜經本无差別

四三　萬法は自心にあり

(32) 一切經書及文字小大二乘十二部經皆因置因智惠性故〻然能建立我若無智人一切萬法本无不有故知萬法本因人興一切經書因人說有緣在人中有愚有智愚爲少故智爲大人問迷人於智者智人與愚人說法令使愚者悟解深開迷人若悟心開與大智人无別故知不悟卽是佛是衆生一念若悟卽衆生不是佛故知一切萬法盡在自身心

〔大乘寺本〕

自由、能除執心、通達無礙、能修此行、與般若經、本無差別、

(39) 善知識、一切經書、及諸文字、大小二乘、十二部經、皆因人置、因智惠性、方能建立、若無世人、一切萬法、本自不有、故知萬法本因人興、一切經書、因人說有緣其人中、有愚有智、愚爲小人、故智爲大人、愚者問於智人、智者爲愚人說法、令其悟解心開、愚人若悟心開、卽與智人無別、善知識、不悟卽佛是衆生、一念悟時衆生是佛、故知萬法盡在自心、何不從自心

〔興聖寺本〕

來自由、能除執心、通達無礙、能修此行、與般若經、本無差別、

(41) 善知識、一切、經書、及諸文字、大小二乘、十二部經、皆因人置、因智慧性、方能建立、若無世人、一切萬法、本自不有、故知萬法、本因人興、一切經書、因人說有、緣其人中、有愚有智、愚爲小人、智爲大人、愚者問於智人、智者與愚人說法、令其悟解心開、愚人忽悟解心開、卽與智人無別、善知識、不悟卽佛是衆生、一念悟時、衆生是佛、故知萬法、盡在自心、何不從自心

〔德異本〕

來自由能除執心通達無礙能修此行與般若經本無差別

(26) 善知識一切修多羅及諸文字大小二乘十二部經皆因人置因智慧性方能建立若無世人一切萬法本自不有故知萬法本自人興一切經書因人說有緣其人中有愚有智愚爲小人智爲大人愚者問於智人智者與愚人說法愚人忽然悟解心開卽與智人無別善知識不悟卽佛是衆生一念悟時衆生是佛故知萬法盡在自心何不從自心中頓見眞

〔宗寶本〕

來自由能除執心通達無礙能修此行與般若經本無差別

(27) 善知識一切修多羅及諸文字大小二乘十二部經皆因人置因智慧性方能建立若無世人一切萬法本自不有故知萬法本自人興一切經書因人說有緣其人中有愚有智愚爲小人智爲大人愚者問於智人智者與愚人說法愚人忽然悟解心開卽與智人無別善知識不悟卽佛是衆生一念悟時衆生是佛故知萬法盡在自心何不從自心中頓見眞

中何不從於自心頓現眞
如本姓(性)菩薩戒經云我本
願自姓(性)清淨識心見性自
成佛道卽時豁然還得本
心

四四 頓悟見性の教え

(33)善知識我於忍和尚
處一聞言下大伍(悟)頓見眞
如本性是故汝教法流行
後伐(代)今學道者頓倍(悟)菩提
各自觀心令自本性頓悟
若能自悟者須覓大善知
識亦道見姓(性)何名大善知
解最上乘法直是正路是
大善知識是大因緣所爲
化道令得見佛一切善法
皆因大善知識能發起故
三世諸佛十二部經云在
人性中本自具有不能自
姓(性)悟須得善知識示道見
性若自悟者不假外善知
識若取外求善知識望得

中、頓見眞如本性、菩薩戒
經云、我本源自性清淨、識
心見性、皆成佛道、卽時豁
然還得本心、

(40)善知識我於忍和尚
處、一聞言下便悟、頓見眞
如本性、是以將此教法流
行、令學道者頓悟菩提、各
自觀心、自見本性、若自不
悟、須覓大善知識、解最上
乘法者、直示正路、是善知
識、有大因緣、所謂化導、令
得見性、一切善法、因善知
識能發起、故三世諸佛、十
二部經、在人性中本自具
有、不能自悟、須求善知識
示導方見、若自悟者、不假
外善知識、望得解脫、無有
是處、自心內知識自悟卽
是、自若心若起邪迷妄念

中頓見眞如本性、菩薩戒
經云、我本元自性清淨、若
識、自心見性、皆成佛道、淨
名經云、卽時豁然、還得本
心、

(42)善知識我於忍和尚
處、一聞言下便悟、頓見眞
如本性、是以將此教法流
行、令學道者、頓悟菩提、各
自觀心、自見本性、若自不、
悟、須覓大善知識、解最上
乘法者直示正路、是善知
識有大因緣、所謂化導、令
得見性、一切善法、因善知
識能發起、故三世諸佛、十
二部經在人性中、本自具、
有、不能自悟須求善知識、
示導方見、若自悟者、不假
外求、若須要善知識、望得
解脫者、無有是處、何以故、
自心內有知識自悟、若起、

如本性菩薩戒經云我本
元自性清淨若識自心見
性皆成佛道淨名經云卽
時豁然還得本心

(27)善知識我於忍和尚
處一聞言下便悟頓見眞
如本性是以將此教法流
行令學道者頓悟菩提各
自觀心自見本性若自不
悟須覓大善知識解最上
乘法者直示正路是善知
識有大因緣所謂化導令
得見性一切善法因善知
識能發起故三世諸佛十
二部經在人性中本自具
有不能自悟須求善知識
指示方見若自悟者不假
外求若一向執謂須要他
善知識望得解脫者無有
是處何以故自心內有知

如本性菩薩戒經云我本
元自性清淨若識自心見
性皆成佛道淨名經云卽
時豁然還得本心

(28)善知識我於忍和尚
處一聞言下便悟頓見眞
如本性是以將此教法流
行令學道者頓悟菩提各
自觀心自見本性若自不
悟須覓大善知識解最上
乘法者直示正路是善知
識有大因緣所謂化導令
得見性一切善法因善知
識能發起故三世諸佛十
二部經在人性中本自具
有不能自悟須求善知識
指示方見若自悟者不假
外求若一向執謂須他善
知識方得解脫者無有是
處何以故自心內有知識

〔敦煌本〕

解說无有是處識自心內善知識卽得解若自心邪迷妄念顚倒外善知識卽有教授汝若不得自悟當起般若觀照刹那閒妄念俱滅卽是自眞正善知識一悟卽知佛也自性心地以智惠觀照內外名(明)徹識自本心若識本心卽是解脫既得解脫卽是般若三昧悟般若三昧卽是无念何名无念无念法者見一切法不著一切法遍一切處不著一切處常淨自性使六賊從六門走出於六塵中不離不染來去自由卽是般若三昧自在解脫名无念行莫百物不思當令念絕卽是法傳(縛)卽名邊見悟无念法者萬法盡通

〔大乘寺本〕

顚倒、外善知識、雖有教授救不可得、自心若正、起般若觀照、一刹那閒、妄念俱滅、若識自性、一悟卽至佛地、善知識、智惠觀照、內外明徹、識自本心、若識本心卽本解脫、若得解脫、卽是般若三昧、卽是無念、何名無念、若見一切法、心不染著、是爲無念、用卽遍一切處、亦不著一切處、但淨本心、使六識從六門、走出於六塵中、無染無雜、來去自由、通同無滯、卽是般若三昧、自在解脫、名無念行、莫百物不思、當令念絕、卽是法縛、卽名邊見、善知識、悟無念法者、萬法盡通、悟無念法者、見諸佛境界、悟無念法者、至佛位地、

〔興聖寺本〕

邪迷、妄念顚倒、外善知識、雖有教授、救不可得、若起、正眞般若觀照、一刹那閒、妄念俱滅、若識自性、一悟卽至佛地、善知識、智慧觀照、內外明徹、識自本心、若識本心、卽(本イ)求解脫、若得解脫、卽是般若三昧、卽是無念、何名無念、若見一切法、心不染著、是爲無念、用卽遍一切處、亦不著一切處、但淨本心、使六識從六門走出於六塵中、無染無雜、來去自由、通同無滯、卽是般若三昧、自在解脫、名無念行、若百物不思、當令念絕、卽是法縛、卽名邊見、善知識、悟無念法者、萬法盡、通、悟無念法者、見諸佛境界、悟無念法者、至佛位地、

〔德異本〕

識自悟若起邪迷妄念顚倒外善知識雖有教授救不可得若起正眞般若觀照一刹那閒妄念俱滅若識自性一悟卽至佛地善知識知慧觀照內外明徹識自本心若識本心卽本解脫若得解脫卽是般若三昧卽是無念何名無念若見一切法心不染著是爲無念用卽偏一切處亦不著一切處但淨本心使六識出六門於六塵中無染無雜來去自由通用無滯卽是般若三昧自在解脫名無念行若百物不思當令念絕卽是法縛卽名邊見善知識悟無念法者萬法盡通悟無念法者見諸佛境界悟無念法者至

〔宗寶本〕

自悟若起邪迷妄念顚倒外善知識雖有教授救不可得若起正眞般若觀照一刹那閒妄念俱滅若識自性一悟卽至佛地善知識智慧觀照內外明徹識自本心若識本心卽本解脫若得解脫卽是般若三昧卽是無念何名無念若見一切法心不染著是爲無念用卽偏一切處亦不著一切處但淨本心使六識出六門於六塵中無染無襍來去自由通用無滯卽是般若三昧自在解脫名無念行若百物不思當令念絕卽是法縛卽名邊見善知識悟無念法者萬法盡通悟無念法者見諸佛境界悟無念法者至佛

四五 頓教を護持すべきこと

四六 無相滅罪頌

頌

悟无念法者見諸佛境界
悟无念頓法者至佛位地

（34）善知識後伐(代)得悟法
者常見吾法身不離汝左
右善知識將此頓教法門
同見同行發願受持如是
佛故終身受持而不退者
欲入聖位然須縛(傳)受將從
上已來嘿然而付於法發
大誓願不退菩提卽須分
付若不同見解无有志願
在〻處〻勿妄宣傳損彼
前人究竟无蓋若遇人不
解謾此法門百劫萬劫千
生斷佛種性

（35）大師言善知識聽悟(吾)
說无相訟(頌)令汝名者罪滅
亦名滅罪頌〻曰
愚人修福不修道
謂言修福而是

（41）善知識、後代得吾法
者、常見吾法身、不離汝左
右、善知識、將此頓教法門、
同見同行、發願受持、如事
佛、故終身受持而不退者、
欲入聖位、然須傳受、從上
已來、默傳分付、不得匿其
正法、若不同見同行、在別
法中、不得傳付、損彼前人、
究竟無益、恐愚不解、謗此
法門、百劫千生斷佛種性、

（42）善知識、吾有一無相
頌、汝等誦取、言下令汝迷
罪消滅、頌曰
迷人修福不修道
只言修福便是道

（43）善知識、後代得吾法
者、常見吾法身、不離汝左
右、善知識將此頓教法門
於同見同行、發願受持、如
事佛、故終身而不退者、欲
入聖位、然須傳受、從上以
來默傳分付、不得匿其正
法、若不同見同行、在別法
中、不得傳付、損彼前人、究
竟無益、恐愚人不解、謗此
法門、百劫千生、斷佛種性、

（44）善知識、吾有一無相
頌、若能誦取、言下令汝迷
罪消滅、頌曰
迷人、修福不修道
只言修福便是道

佛地位

（28）善知識後代得吾法
者將此頓教法門於同見
同行發願受持如事佛故
終身而不退者定入聖位
然須傳授從上以來默傳
分付不得匿其正法若不
同見同行在別法中不得
傳付損彼前人究竟無益
恐愚人不解謗此法門百
劫千生斷佛種性

（48）吾有一無相頌若能
誦持言下令汝積劫迷罪
一時消滅頌曰
迷人修福不修道
只言修福便是道

地位

（29）善知識後代得吾法
者將此頓教法門於同見
同行發願受持如事佛故
終身而不退者定入聖位
然須傳授從上以來默傳
分付不得匿其正法若不
同見同行在別法中不得
傳付損彼前人究竟無益
恐愚人不解謗此法門百
劫千生斷佛種性

（49）吾有一無相頌若能
師持言下令汝積劫迷罪
一時銷滅頌曰
迷人修福不修道
只言修福便是道

〔敦煌本〕

布施供養福无邊
心中三業元來在
若將修福欲滅罪
後世得福罪无造
若解向心除罪緣
各白（自）世（性）中眞懺海（悔）
若悟大乘眞懺海（悔）
除邪行正造无罪
學道之人能自觀
卽與悟人同一例
大師令傳此頓教
願學之人同一體
若欲當來覓本身
三毒惡緣心中洗
努力修道莫悠々
忽然虚度一世休
若遇大乘頓教法
虔誠合掌志心求
大師說法了韋使君官寮
僧衆道俗讚言无盡昔所

〔大乘寺本〕

布施供養福無邊
心中三惡元來造
擬將修福欲滅罪
後世得福罪還在
但向心中除罪緣
各自性中眞懺悔
忽悟大乘眞懺悔
除邪行正卽無罪
學道常於自性觀
卽與諸佛同一例
五祖唯傳此頓法
普願見性同一體
若欲當來覓法身
離諸法相心中洗
努力自見莫悠悠
後念忽絕一世休
若悟大乘得見性
虔恭合掌志心求
師言今於大梵寺中說此
頓教普願法界衆生於此

〔興聖寺本〕

布施供養福無邊
心中三惡元來造
擬將修福欲滅罪
後世得福罪還在
但向心中除罪緣
各自性中眞懺悔
忽悟大乘眞懺悔
除邪行正卽無罪
學道常於自性觀
卽與諸佛同一類
吾祖惟傳此頓法
普願見性同一體
若欲當來覓法身
離諸法相心中洗
努力自見莫悠悠
後念忽絕一世休
若悟大乘得見性
虔恭合掌至心求
師言今於大梵寺中說此
頓教普願法界衆生於此

〔德異本〕

布施供養福無邊
心中三惡元來造
擬將修福欲滅罪
後世得福罪還在
但向心中除罪緣
各自性中眞懺悔
忽悟大乘眞懺悔
除邪行正卽無罪
學道常於自性觀
卽與諸佛同一類
吾祖惟傳此頓法
普願見性同一體
若欲當來覓法身
離諸法相心中洗
努力自見莫悠悠
後念忽絕一世休
若悟大乘得見性
處恭合掌至心求
師言善知識總須誦取依
此修行言下見性雖去吾

〔宗寶本〕

布施供養福無邊
心中三惡元來造
擬將修福欲滅罪
後世得福罪還在
但向心中除罪緣
各自性中眞懺悔
忽悟大乘眞懺悔
除邪行正卽無罪
學道常於自性觀
卽與諸佛同一類
吾祖惟傳此頓法
普願見性同一體
若欲當來覓法身
離諸法相心中洗
努力自見莫悠悠
後念忽絕一世休
若悟大乘得見性
虔恭合掌至心求
師言善知識總須誦取依
此修行言下見性雖去吾

四七　達磨無功德の教え

未聞

（36）

使君禮拜自言和尚說法
實不思議弟子當有少疑
欲聞(問)和尚望意和尚大慈
大悲爲弟子說大師言有
議即聞(問)何須再三使君聞(問)
法可不〻是西國弟(第)一祖
達磨祖師宗旨大師言是
弟子見說達磨大師伐(化)梁
武諦(帝)問達磨朕一生未(已)來
造寺布施供養有有功德
否達磨答言並無功德武
帝惆悵遂遣達磨出境未
審此言請和尚說六祖言
實无功德使君朕勿疑達
磨大師言武帝著邪道不

言下見性成佛、師說法了、
韋使君與官僚道俗、一時
作□無不悟者、皆歎善哉、
希有、何期嶺南有佛出世、

（43）八示西方相狀 武帝問功德附

爾時韋使君再肅容儀、禮
拜問曰、弟子聞和尚說法、
實不可思議、今有少疑、欲
問和尚、願大慈悲、特爲解
說、師曰、有疑即問、何須再
三、使君曰、和尚所說、可不
是達磨大師宗旨、師言是、
使君曰弟子聞說達磨初
梁朝武帝問、朕一生已來、
造寺供僧布施設齋、有何
功德、達磨言、實無功德、武
帝悵悒、不稱本情、遂令達
磨出境、弟子未達此理、願
和尚爲說達磨意旨如何、
師言、實無功德、勿疑先聖

言下見性成佛、師說法了、
韋使君與官員道俗一時
作禮、無不悟者、皆歎善哉、
何期嶺南有佛出世、

（45）八問答功德及西方相狀門

爾時韋使君再肅容儀、禮
拜、問曰、弟子聞和尚說法、
實不可思議、今有少疑、欲
問和尚、願大慈悲、特爲解
說、師曰有疑即問、何須再
三、韋公曰、和尚所說可不
是達磨大師宗旨乎、師曰
是、公曰弟子聞、達磨初化
梁武帝、帝問云朕一生造
寺供僧布施設齋、有何功
德、達磨言、實無功德、武帝
悵快不稱本情遂令達磨
出境、弟子未達此理、願和
尚爲說達磨意旨如何、師
曰實無功德勿疑先聖之

千里始常在吾邊於此言
下不悟即對面千里何勤
遠來珍重好去一衆聞法
靡不開悟歡喜奉行

（31）釋功德淨土第二

次日韋刺史爲師說大會
齋齋訖刺史請師升座同
官僚士庶肅容再拜問曰
弟子聞和尚說法實不可
思議今有少疑願大慈悲
特爲解說師曰有疑即問
吾當爲說韋公曰和尚所
說可不是達摩大師宗旨
乎師曰是公曰弟子聞達
摩初化梁武帝帝問云朕
一生造寺供僧布施設齋
有何功德達摩言實無功
德弟子未達此理願和尚
爲說師曰實無功德勿疑
先聖之言武帝心邪不知

千里如常在吾邊於此言
下不悟即對面千里何勤
遠來珍重好去一衆聞法
靡不開悟歡喜奉行

（32）疑問第三

一日韋刺史爲師設大會
齋齋訖刺史請師陞座同
官僚士庶肅容再拜問曰
弟子聞和尚說法實不可
思議今有少疑願大慈悲
特爲解說師曰有疑即問
吾當爲說韋公曰和尚所
說可不是達磨大師宗旨
乎師曰是公曰弟子聞達
磨初化梁武帝帝問云朕
一生造寺度僧布施設齋
有何功德達磨言實無功
德弟子未達此理願和尚
爲說師曰實無功德勿疑
先聖之言武帝心邪不知

〔敦煌本〕

識正法使君問何以无功德和尚言造寺布施供養只是修福不可將福以爲功德在法身非在於福田自法性有功德平直是德佛性外行恭敬若輕一切人悟(吾)我不斷即自无功德自性虛妄法身无功德念念德行平等眞心德即不輕常行於敬自修身即功自修身心即德功德自心作福與功德別武帝不識正理非祖大師有過

〔大乘寺本〕

之言、武帝心邪、不知正法、造寺供養、布施設齋、名爲求福、不可將福、便爲功德、功德在法身中、不在修福、師言、見性是功、平直是德、念念無滯、常見本性、眞實妙用、名爲功德、外行禮敬、是功、內心謙下、是德、自性建立萬法、是功、心體離念、是德、不離自性、是功、應用無染、是德、若覓功德法身但依此作、是眞功德、若修功德之人、心即不輕、常行普敬也、師曰、心常輕人、吾我不斷、即自無功、自性虛妄不實、即自無德、無功德之人、爲吾我自大、常輕一切、故善知識、念念無間是功、心行平直、是德、自修身是功、自修性是德、德即不

〔興聖寺本〕

言、武帝心邪不知正法、造寺供養、布施設齋、名爲求福、不可將福便爲功德、功德在法身中、不在修福、師又曰、見性是功、平等是德、念念無滯常見本性、眞實妙用、名爲功德、外行於禮是功、內心謙下是德、自性建立萬法是功、心體離念是德、不離自性是功、應用無染是德、若覓功德法身、但依此作是眞功德、若修功德之人、心即不輕、常行普敬也、師曰心常輕人、吾我不斷即自無功、自性虛妄不實、即自無德、爲吾我自大常輕一切故善知識、念念無間是功、心行平直是德、自修身是功、自修性是德、善知識功德須自性

〔德異本〕

正法造寺供養布施設齋名爲求福不可將福便爲功德功德在法身中不在修福師又曰見性是功平等是德念念無滯常見本性眞實妙用名爲功德內心謙下是功外行於禮是德自性建立萬法是功心體離念是德不離自性是功應用無染是德若覓功德法身但依此作是眞功德若修功德之人心即不輕常行普敬心常經人吾我不斷即自無功自性虛妄不實即自無德爲吾我自大常輕一切故善知識念念無間是功心行平直是德自修性是功自修身是德善知識功德須自性內見不是布施供養之所

〔宗寶本〕

正法造寺度僧布施設齋名爲求福不可將福便爲功德功德在法身中不在修福師又曰見性是功平等是德念念無滯常見本性眞實妙用名爲功德內心謙下是功外行於禮是德自性建立萬法是功心體離念是德不離自性是功應用無染是德若覓功德法身但依此作是眞功德若修功德之人心即不輕常行普敬心常輕人吾我不斷即自無功自性虛妄不實即自無德爲吾我自大常輕一切故善知識念念無間是功心行平直是德自修性是功自修身是德善知識功德須自性內見不是布施供養之所

輕、常行普敬、韋使君默然、作觀、師言、善知識、功德須自性內見、不是布施供養之所求也、是以福德與功德別、武帝不識理、非我祖師人在過、使君頂禮願爲弟子、

(37)使君禮拜又問弟子見僧道俗常念阿彌大(陀)佛願往生西方請和尚說德(得)生彼否望爲破疑大師言使君聽惠能與說世尊在舍衛國說西方引化經文分明去此不遠只爲下根說近說遠只緣上智人自雨(兩)重(種)法无(元)不名(迷)悟有殊見有遲疾迷人念佛生彼悟者自淨其心所以佛言隨其心淨則佛(佛)土淨使君東方但淨心无罪西方心不淨有愆迷人願生東方西

(44)又問、弟子常見僧俗念阿彌陀經、願生西方、請和尚說得生彼不、願爲破疑、師言、使君善聽、某甲與說、世尊在舍衛城中、說西方引化、經文分明、去此不遠、若論相說里數、卽有十萬八千、若說身中十惡八邪、便是說遠、只爲下根、說近、爲其上智、人有兩種、法無兩般、迷悟有殊、見有遲疾、迷人念佛生彼、悟人自淨其心、所以佛言、隨其心淨、卽佛土淨、師言、東方人、

內見不是布施供養之所求也、是以福德與功德別、武帝不識眞理、非我祖師有過。

(46)又問弟子常見僧俗、念阿彌陁佛、願生西方、請和尚說得生彼否、願爲破疑、師言使君善聽、惠能與說、世尊在舍衛城中、說西方引化、經文分明、去此不遠、若論相說理卽有十萬八千、若說身中十惡八邪、便是說遠爲其下根、說近爲其上智、人有兩種、法無兩般、迷悟有殊見有遲疾、迷人念佛求生於彼、悟人自淨其心、所以佛言、隨其心淨卽佛土淨、使君東方

求也是以福德與功德別武帝不識眞理非我祖師有過

(32)又問弟子常見僧俗念阿彌陀佛願生西方請和尚說得生彼否願爲破疑師言使君善聽惠能與說世尊在舍衛城中說西方引化經文分明去此不遠若論相說里數有十萬八千卽身中十惡八邪便是說遠說遠爲其下根說近爲其上智人有兩種法無兩般迷悟有殊見有遲疾迷人念佛求生於彼悟人自淨其心所以佛言隨其心淨卽佛土淨使君東

求也是以福德與功德別武帝不識眞理非我祖師有過

(33)刺史又問曰弟子常見僧俗念阿彌陀佛願生西方請和尚說得生彼否願爲破疑師言使君善聽惠能與說世尊在舍衛城中說西方引化經文分明去此不遠若論相說里數有十萬八千卽身中十惡八邪便是說遠說遠爲其下根說近爲其上智人有兩種法無兩般迷悟有殊見有遲疾迷人念佛求生於彼悟人自淨其心所以佛言隨其心淨卽佛土淨

〔敦煌本〕

者所在處並皆一種心但
无不淨西方去此不遠心
起不淨之心念佛往生難
到除惡卽行十萬无八邪
卽過八千但行眞心到如
禪(彈)指使君但行十善何須
更願往生不斷十惡之心
何佛卽來迎請若悟无生
頓法見西方只在刹鄃(那)不
悟頓教大乘念佛往生路
遙如何得達六祖言惠能
與使君移西方刹鄃(那)問日(目)
前便見使君願見否使君
禮拜若此得見何須往生
願和尚慈悲爲現西方大
善大師言唐見西方无疑
卽散大衆愕然莫知何是
大師曰大ゝ衆ゝ作意聽
世人自色身是城眼耳鼻
舌身卽是城門外有六門

〔大乘寺本〕

但淨心無罪、西方人、心不
淨有愆、東方人、造罪念佛、
求生西方、西方人造罪造
愆彼土念生何國、凡愚不
了自性、不識身中西方願
東願西悟人在處一般、所
以佛言、隨所住處常安樂、
使君心地但無不善、西方
去此不遙、若懷不善之心、
念佛往生難到、今勸善知
識先除十惡、卽行十萬(善)後
除八邪、乃過八千、念念見
性常行平直、到如彈指便
覩彌陀能淨能寂、卽是釋
迦心起慈悲卽是觀音、常
行喜捨、名爲勢至、使君但
行十善、何須更願往生、不
斷十惡之心、何佛卽來迎
請若悟無生頓法、見西方
只在刹那、不悟念佛欲往

〔興聖寺本〕

人但心淨卽無罪、雖西方
人心不淨亦有愆東方人
造罪念佛、求生西方、西方
人造罪念佛、求生何國、凡
愚不了自性、不識身中淨
土、願東願西悟人在處一
般、所以佛言隨所住處、常
安常樂、使君心地但無不
善、西方去此不遙、若懷不
善之心念佛、往生難到、今
勸善知識、先除十惡、卽行
十善、後除八邪、乃過八千、
念念見性、常行平直、到如
彈指便覩彌陀、使君但行
十善何須更願往生、不斷
十惡之心、何佛卽來迎請
若悟無生頓法、見西方只
在刹那、不悟念佛求生路
遙如何得達、惠能與諸人、
移西方如刹那間、目前便

〔德異本〕

方人但心淨卽無罪雖西
方人心不淨亦有愆東方
人造罪念佛求生西方西
方人造罪念佛求生何國
凡愚不了自性不識身中
淨土願東願西悟人在處
一般所以佛言隨所住處
恒安樂使君心地但無不
善西方去此不遙若懷不
善之心念佛往生難到今
勸善知識先除十惡卽行
十萬後除八邪乃過八千
念念見性常行平直到如
彈指便覩彌陀使君但行
十善何須更願往生不斷
十惡之心何佛卽來迎請
若悟無生頓法見西方只
在刹那不悟念佛求生路
遙如何得達惠能與諸人
移西方於刹那間目前便

〔宗寶本〕

使君東方人但心淨卽無
罪雖西方人心不淨亦有
愆東方人造罪念佛求生
西方西方人造罪念佛求
生何國凡愚不了自性不
識身中淨土願東願西悟
人在處一般所以佛言隨
所住處恒安樂使君心地
但無不善西方去此不遙
若懷不善之心念佛往生
難到今勸善知識先除十
惡卽行十萬後除八邪乃
過八千念念見性常行平
直到如彈指便覩彌陀使
君但行十善何須更願往
生不斷十惡之心何佛卽
來迎請若悟無生頓法見
西方只在刹那不悟念佛
求生路遙如何得達惠能
與諸人移西方於刹那間

內有意門心卽是地性卽
是王性在王在性去王無
性在身心存性去身壞佛
是自性作莫向身求自性
迷佛卽衆生自性悟衆生
卽是佛慈悲卽是觀音喜
捨名爲勢至能淨是釋迦
平眞是彌勒人我是須彌
邪心是大海煩惱是波浪
毒心是惡龍塵勞是漁鱉
虛妄卽是神鬼三毒卽是
地獄愚癡卽是畜生十善
是天堂我无人須彌自倒
除邪心海水竭煩惱无波
浪滅毒害除魚龍色(絶)自心
地上覺性如來施大智惠
光明照曜六門淸淨照波
六欲諸天下照三毒若除
地獄一時消滅內外明徹
不異西方不作此修如何
到彼座下問說讚聲徹天
應是迷人人然便見使君

路遙、如何得達、師言、某甲
與諸人、移西方如刹那間、
目前便見、願不願、使君頂
禮言、若此處見、何須更願
往生、願和尙慈悲、便現西
方、普願得見、師言、徒衆用
心、一時得見西方、無疑卽
散、師言、世人自色身是城、
眼耳鼻舌是城門、外有五
門、內有意識、心爲地、性是
王、王居心地上、性在王在、
性去王無、性在身心存、性
去身心壞、佛向性中作、莫
向外求、自性迷卽是衆生、
離迷卽覺、覺卽是佛、慈悲
卽是觀音、喜捨名爲勢至、
能淨卽釋迦、平直卽彌陀、
人我是須彌、邪心是海水、
煩惱是波浪、毒害是惡龍、
虛妄是鬼神、塵勞是魚鱉、
貪嗔是地獄、愚癡是畜生、
善知識、常行十善、天堂便

見、各願見否、皆頂禮、言、若
此處見、何須更願往生、願
和尙慈悲便現西方、普願
得見師言大衆世人自色
身是城、眼耳鼻舌是門外
有五門內有意門、心是地、
性是王、王居心地上、性在
王在、性去王無、性在身心
存、性去身心壞、佛向性中
作、莫向身外求、自性迷卽
是衆生、自性覺卽是佛、慈
悲卽是觀音、喜捨名爲勢
至、能淨卽釋迦平直卽彌
陁、人我卽須彌、邪心是海
水、煩惱是波浪、毒害是惡
龍、虛妄是鬼神、塵勞是魚
鱉、貪嗔是地獄、愚癡是畜
生、善知識常行十善天堂
便至、除人我須彌倒、無邪
心海水竭煩惱無波浪滅、
毒害除魚龍絶、自心地上
覺性如來放大光明外照、

見各願見否衆皆頂禮云
若此處見何須更願往生
願和尙慈悲便現西方普
令得見師言大衆世人自
色身是城眼耳鼻舌是門
外有五門內有意門心是
地性是王王居心地上性
在王在性去王無性在身
心存性去身心壞佛向性
中作莫向身外求自性迷
卽是衆生自性覺卽是佛
慈悲卽是觀音喜捨名爲
勢至能淨卽釋迦平直卽
彌陁人我是須彌邪心是
海水煩惱是波浪毒害是
惡龍虛妄是鬼神塵勞是
魚鱉貪嗔是地獄愚癡是
畜生善知識常行十善天
堂便至除人我須彌倒無
邪心海水渴煩惱無波浪
滅毒害除魚龍絶自心地
上覺性如來放大光明外

目前便見各願見否衆皆
頂禮云若此處見何須更
願往生願和尙慈悲便現
西方普令得見師言大衆
世人自色身是城眼耳鼻
舌是門外有五門內有意
門心是地性是王王居心
地上性在王在性去王無
性在身心存性去身心壞
佛向性中作莫向身外求
自性迷卽是衆生自性覺
卽是佛慈悲卽是觀音喜
捨名爲勢至能淨卽釋迦
平直卽彌陀人我是須彌
貪欲是海水煩惱是波浪
毒害是惡龍虛妄是鬼神
塵勞是魚鱉貪瞋是地獄
愚癡是畜生善知識常行
十善天堂便至除人我須
彌倒去貪欲海水竭煩惱
無波浪滅毒害除魚龍絶
自心地上覺性如來放大

〔敦煌本〕

禮拜讚言善哉善哉普願
法界衆生聞者一時悟解

四九　在俗への教え

(38)大師言善知識若欲
修行在家亦得不由在〻
寺〻不修如西方心惡之
人在家若修行如東方人
修善但願自家修清淨卽
是惡方使君問和在家如
何修願爲指授大師言善

〔大乘寺本〕

至、除人我須彌倒、無邪心
海水竭、煩惱無波浪滅、毒
害除魚鼈絶、自心地上、覺
性如來放大光明、外照六
門清淨、照破六欲諸天、內(自性イ)
照三毒若除地獄一時消
散、內外明徹、不異西方、不
作此修、如何到彼、大衆聞
說、俱歎善哉、但是迷人、了
然見性、悉皆禮拜、唯言善
哉、普願法界衆生、聞者一
時悟解、

(45)師言、善知識、若欲修
行、在家亦得、不由在寺、在
家能修、如東方人心善、在
寺不修、如西方人心惡、但
心清淨、卽是自性西方、使
君又問、在家如何修行、願
爲教授、師言、吾與大衆作

〔興聖寺本〕

六門清淨、能破六欲諸天、
自性內照、三毒卽除、地獄
等罪、一時消散、內外明徹、
不異西方、不作此修、如何
到彼、大衆聞說、俱歎善哉
曰、但是迷人、了然見性、悉
皆禮拜唯言、普願法界衆
生、聞者一時悟解、

(47)師言善知識、若欲修
行、在家亦得、不由在寺、在
家能行、如東方人心善、在
寺不修、如西方人心惡、但
心清淨、卽是自性西方、韋
公又問、在家如何修行、願
爲教授、師言吾與大衆作

〔德異本〕

照六門清淨能破六欲諸
天自性內照三毒卽除地
獄等罪一時消滅內外明
徹不異西方不作此修如
何到彼大衆聞說了然見
性悉皆禮拜俱歎善哉唯
言普願法界衆生聞者一
時悟解

(29)善知識吾有一無相
頌各須誦取在家出家但
依此修若不自修惟記吾
言亦無有益聽吾頌曰

〔宗寶本〕

光明外照六門清淨能破
六欲諸天自性內照三毒
卽除地獄等罪一時銷滅
內外明徹不異西方不作
此修如何到彼大衆聞說
了然見性悉皆禮拜俱歎
善哉唱言普願法界衆生
聞者一時悟解

(30)善知識吾有一無相
頌各須誦取在家出家但
依此修若不自修惟記吾
言亦無有益聽吾頌曰

智識惠能與道俗作无相
頌盡誦取衣(依)此修行常與
惠能說一處無別頌曰
說通及心通
如日至虛空
惟傳頓教法
出世破邪宗
教卽无頓漸
迷悟有遲疾
若學頓教法
愚人不可迷
說卽須萬般
合離還歸一
煩惱暗宅中
常須生惠日
邪來因煩惱
正來煩惱除
邪正疾不用
清淨至无餘
菩提本清淨
起心卽是妄
淨性於妄中

無相頌、但依此修、常與吾
同處無別、若不依此行、雖
在吾邊、如隔千里、頌曰
說通及心通
如日處虛空
唯傳見性法
出世破邪宗
法卽無頓漸
迷悟有遲疾
只這見性法
愚人不可悉
說卽雖萬般
合理還歸一
煩惱暗宅中
常須生慧日
邪來煩惱至
正來煩惱除
邪正俱不用
清淨至無餘
菩提本自性
起心卽是妄
淨性在妄中

無相頌、但依此修、常與吾
同處無別、若不依此行、雖
在吾邊、如隔千里、頌曰
說通及心通
如日處虛空
惟傳見性法
出世破邪宗
法卽無頓漸
迷悟有遲疾
只此見性門
愚人不可悉
說卽雖萬般
合理還歸一
煩惱暗宅中
常須生慧日
邪來煩惱至
正來煩惱除
邪正俱不用
清淨至無餘
菩提本自性
起心卽是妄
淨心在妄中

說通及心通
如日處虛空
唯傳見性法
出世破邪宗
法卽無頓漸
迷悟有遲疾
只此見性門
愚人不可悉
說卽雖萬般
合理還歸一
煩惱暗宅中
常須生慧日
邪來煩惱至
正來煩惱除
邪正俱不用
清淨至無餘
菩提本自性
起心卽是妄
淨心在妄中

說通及心通
如日處虛空
唯傳見性法
出世破邪宗
法卽無頓漸
迷悟有遲疾
只此見性門
愚人不可悉
說卽雖萬般
合理還歸一
煩惱闇宅中
常須生慧日
邪來煩惱至
正來煩惱除
邪正俱不用
清淨至無餘
菩提本自性
起心卽是妄
淨心在妄中

〔敦煌本〕

但正除三障
世間若修道
一切盡不妨
常現在已過
與道卽相當
色類自有道
離道別覓道
覓道不見道
到頭還自懊
若欲貪覓道
行正卽是道
自若无正心
暗行不見道
若眞修道人
不見世間愚
若見世間非
自非卻是左
他非我有罪
我非自有罪
但自去非心

〔大乘寺本〕

但正無三障
世人若修道
一切不相妨
常自見己過
與道卽相當
色類自有道
各自不相妨
離道別覓道
覓道不見道
到頭還自懊
欲得見眞道
行正則是道
自若無道心
闇行不見道
若眞修道人
不見世間過
若見他人非
自非卻在左
他非我不非
我非自有過

〔興聖寺本〕

但正無三障
世人若修道
一切盡不妨
常自見已過
與道卽相當
色類自有道
各不相妨惱
離道別覓道
終身不見道
波波度一生
到頭還自懊
欲得見眞道
行正卽是道
自若無道心
闇行不見道
若眞修道人
不見世間過
若見他人非
自非卻是左
他非我不非

〔德異本〕

但正無三障
世人若修道
一切盡不妨
常自見已過
與道卽相當
色類自有道
各不相妨惱
離道別覓道
終身不見道
波波度一生
到頭還自懊
欲得見眞道
行正卽是道
自若無道心
闇行不見道
若眞修道人
不見世間過
若見他人非
自非卻是左
他非我不非

〔宗寶本〕

但正無三障
世人若修道
一切盡不妨
常自見已過
與道卽相當
色類自有道
各不相妨惱
離道別覓道
終身不見道
波波度一生
到頭還自懊
欲得見眞道
行正卽是道
自若無道心
闇行不見道
若眞修道人
不見世間過
若見他人非
自非卻是左
他非我不非

打破煩惱碎
若欲化愚人
是須有方便
勿令破彼疑
即是菩提見
法无在世間
於世出世間
勿離世間上
外求出世間
邪見出世間
正見出世間
邪正悉打卻
此但是頓教
亦名爲大乘
迷來經累劫
悟則剎郍(那)間

但自卻非心
打除煩惱破
欲擬化他人
自須有方便
勿令彼有疑
則是自性見
法元在世間
於世出世間
一切盡打卻
菩提性宛然

我非自有過
但自卻非心
打除煩惱破
憎愛不關心
長伸兩脚臥
欲擬化他人
自須有方便
勿令彼有疑
即是自性現
佛法在世間
不離世間覺
離世覓菩提
恰如求兎角
正見名出世
邪見是世間
邪正盡打卻
菩提性宛然
此頌是頓教
亦名大法船
迷聞經累劫
悟則剎那間

我非自有過
但自卻非心
打除煩惱破
憎愛不關心
長伸兩脚臥
欲擬化他人
自須有方便
勿令彼有疑
即是自性現
佛法在世間
不離世間覺
離世覓菩提
恰如求兎角
正見名出世
邪見是世間
邪正盡打卻
菩提性宛然
此頌是頓教
亦名大法船
迷聞經累劫
悟則剎那間

我非自有過
但自卻非心
打除煩惱破
憎愛不關心
長伸兩脚臥
欲擬化他人
自須有方便
勿令彼有疑
即是自性現
佛法在世間
不離世間覺
離世覓菩提
恰如求兎角
正見名出世
邪見是世間
邪正盡打卻
菩提性宛然
此頌是頓教
亦名大法船
迷聞經累劫
悟則剎那間

五〇　道俗、言下に見性成佛す

五一　心清淨の教え

五二　韋璩に無相頌を說く

頌

〔敦煌本〕

〔大乘寺本〕

〔興聖寺本〕

〔德異本〕

(30)師復曰今於大梵寺說此頓教普願法界衆生言下見性成佛時韋史君與官僚道俗聞師所說無不省悟一時作禮皆嘆善哉何期嶺南有佛出世

(33)師言善知識若欲修行在家亦得不由在寺在家能行如東方人心善在寺不修如西方人心惡但心清淨卽是自性西方

(34)韋公又問在家如何修行願爲教授師言吾與大衆作無相頌但依此修常與吾同處無別若不依此修剃髮出家於道何益

頌曰

心平何勞持戒

〔宗寶本〕

(31)師復曰今於大梵寺說此頓教普願法界衆生言下見性成佛時韋使君與官僚道俗聞師所說無不省悟一時作禮皆歎善哉何期嶺南有佛出世

(34)師言善知識若欲修行在家亦得不由在寺在家能行如東方人心善在寺不修如西方人心惡但心清淨卽是自性西方

(35)韋公又問在家如何修行願爲教授師言吾與大衆說無相頌但依此修常與吾同處無別若不依此修剃髮出家於道何益

頌曰

心平何勞持戒

五三　慧能、曹溪に帰る

(39)大師言善智(知)識汝等
盡誦取此偈依偈修行去
惠能千里常在能邊此不
修對面千里各〻自修法

---

(46)師言、善知識、總須誦
取、依此偈修、言下見性、雖
去吾千里、如常在吾邊、於
此言下不悟、卽對面千里、

---

(48)師言善知識、總須誦
取、依偈修行、言下見性、雖
去吾千里、如常在吾邊、於
此言下不悟、卽對面千里、

行直何用修禪
恩則親養父母
義則上下相憐
讓則尊卑和睦
忍則衆惡無喧
若能鑽木出火
淤泥定生紅蓮
苦口的是良藥
逆耳必是忠言
改過必生智慧
護短心內非賢
日用常行饒益
成道非由施錢
菩提只向心覓
何勞向外求玄
聽說依此修行
天堂只在目前

(35)師復曰善知識總須
依偈修行見取自性直成
佛道法不相待衆人且散
吾歸曹溪衆若有疑卻來

行直何用修禪
恩則孝養父母
義則上下相憐
讓則尊卑和睦
忍則衆惡無諠
若能鑽木出火
淤泥定生紅蓮
苦口的是良藥
逆耳必是忠言
改過必生智慧
護短心內非賢
日用常行饒益
成道非由施錢
菩提只向心覓
何勞向外求玄
聽說依此修行
西方只在目前

(36)師復曰善知識總須
依偈修行見取自性直成
佛道時不相待衆人且散
吾歸曹溪衆若有疑卻來

五四　壇經をよるべとすべきこと

〔敦煌本〕

不相持(待)衆人且散惠能歸
漕溪山衆生若有大疑來
彼山間爲汝破疑同見佛
世合座官奪(寮)道俗禮拜和
尚无不嗟嘆善哉大悟昔
所未問嶺南有福生佛在
此誰能得智一時盡散

(40)

大師往漕溪山韶廣二州
行化四十餘年若論門人
僧之與俗三五千人說不
盡若論宗指(旨)傳授壇經以
此爲衣約若不得壇經卽
无稟受須知法(去)處年月日
性名遍相付囑无壇經稟
承非南宗定(弟)子也未得稟
承者雖說頓教法未知根
本修不免諍但得法者只
勸修行諍是勝負之心與

〔大乘寺本〕

各各自修法不相待、衆人
且散、吾歸曹溪山、衆若有
疑、卻來相問、爲衆破疑、同
見佛性、時在會道俗豁然
大悟、咸讚善哉、俱明佛性

(47) 九 諸宗難問

大師出世、行化四十餘年、
諸宗難問、僧俗約千餘人、
皆起惡心、欲相難問、師言、
一切盡除、無名可名、名於
自性無二之性、是名實性、
於實性上、建立一切教門、
言下便須自見、諸人聞說、
總皆頂禮、請事爲師、願爲
弟子、如此之徒、說不可盡、
若論宗旨、傳受壇經者、卽
有稟承所付、須知去處、年

〔興聖寺本〕

各各自修法不相待、衆人
且散、吾歸曹溪、衆若有疑、
卻來相問、爲衆破疑、各見
本心、時會僧俗、豁然大悟、
咸讚善哉、俱明佛性、

(49) 九 諸宗難問門

大師出世、行化四十年、諸
宗難問、僧俗約千餘人、皆
起惡心難問、師言一切盡
除、無名可名、名於自性無
二之性、是名實性、於實性、
上建立一切教門、言下便
須自見、諸人聞說、總皆頂
禮、請事爲師、願爲弟子、如
此之徒、說不可盡、若論宗
旨、傳授壇經者、卽有稟承
所付、須知去處年月時代

〔德異本〕

相問時刺史官僚在會善
男信女各得開悟信受奉
行

(69)

師見諸宗難問咸起惡心
多集座下愍而謂曰學道
之人一切善念惡念應當
盡除無名可名名於自性
無二之性是名實性於實
性上建立一切教門言下
便須自見諸人聞說總皆
作禮請事爲師

〔宗寶本〕

相問時刺史官僚在會善
男信女各得開悟信受奉
行

(70)

師見諸宗難問咸起惡心
多集座下愍而謂曰學道
之人一切善念惡念應當
盡除無名可名名於自性
無二之性是名實性於實
性上建立一切教門言下
便須自見諸人聞說總皆
作禮請事爲師

五五　南頓と北漸

五六　志誠參ず

道違背

(41) 世人盡傳南宗能比(北)秀未知根本事由且秀禪師於南荆苻(府)堂(當)陽縣玉泉寺住時(持)修行惠能大師於韶州城東三十五里漕溪山住法卽一宗人有南比(北)因此便立南北何以漸頓法卽一種見有遲疾見遲卽漸見疾卽頓法无漸頓人有利鈍故名漸頓

(42) 神秀師常見人說惠能法疾直旨(指)路秀師遂換(喚)門人僧志誠曰汝聰明多

月、時代、姓名、遞相付囑、若無壇經稟承者、卽非南宗弟子、緣未得所稟、雖說頓法、未契本心、終不免諍、但得法者、只勸修行、諍是勝負、與道相違矣

(48) 十南北二宗見性

世人盡言南能北秀、未知事由、且秀大師在荆南府當陽縣玉泉寺住、能大師在韶州城東四十五里、曹溪山住、法本一宗、人有南北、何名頓漸、法卽一種、見有遲疾、法無頓漸、人有利鈍、故名頓漸、

(49) 秀聞能說法徑疾、直指見性、遂命門人志誠曰、汝聰明多智、可與吾到曹

姓名遞相付囑、若無壇經稟承者卽非南宗弟子、緣未得所稟、雖說頓法未契本心、終不免諍但得法者、只勸修行、諍是勝負之心、與道相違矣、

(50) 十南北二宗見性門

世人盡言南能北秀、未知事由、且秀大師、在荆南當陽縣玉泉寺住、能大師、在韶州城東四十五里曹溪山住、法本一宗、人有南北、何名頓漸、法卽一種、見有遲疾、法無頓漸、人有利鈍、故名頓漸、

(51) 秀聞能師說法徑疾直指見性、遂命門人志誠曰汝

---

(63) 南頓北漸第七

時祖師居曹溪寶林神秀大師在荆南玉泉寺于時兩宗盛化人皆稱南能北秀故有南北二宗頓漸之分而學者莫知宗趣師謂衆曰法本一宗人有南北法卽一種見有遲疾何名頓漸法無頓漸人有利鈍故名頓漸

(64) 然秀之徒衆往往譏南宗祖師不識一字有何所長秀曰他得無師之智

---

(64) 頓漸第八

時祖師居曹溪寶林神秀大師在荆南玉泉寺于時兩宗盛化人皆稱南能北秀故有南北二宗頓漸之分而學者莫知宗趣師謂衆曰法本一宗人有南北法卽一種見有遲疾何名頓漸法無頓漸人有利鈍故名頓漸

(65) 然秀之徒衆往往譏南宗祖師不識一字有何所長秀曰他得無師之智

〔敦煌本〕

智汝與吾至漕溪山到惠能所禮拜但聽莫言吾使汝來所聽德(得)意旨記取卻來與吾說看惠能見解與吾誰疾遲汝弟(第)一早來勿令吾坘(怪)志誠奉使歡喜遂半月中間卽至漕溪山見惠能和當(尚)禮拜卽聽不言來處志城(誠)聞法言下便悟卽契本心起立卽禮拜自言和尚弟子從玉泉寺來秀師處不德(得)契悟聞和尚說便契本心和尚慈悲願當教示惠能大師曰汝從被來應是細作志誠曰未說時卽是說乃了卽是六祖言煩惱卽是菩提亦復如是

〔大乘寺本〕

溪山、禮拜但坐聽法、莫言吾使汝去、汝若聽得、盡心記取、卻來與說、吾看彼所見、誰遲誰疾、火急早來、勿令吾怪、志誠唱諾、禮辭便行、經二十五日、至曹溪山、禮拜坐聽、不言來處、志誠一聞、言下便悟、卽起禮拜白言、和尚弟子在玉泉秀和尚處、學道九年、不得契悟、今聞和尚一說、忽然悟解、便契本心、和尚大慈悲、弟子生死事大、又恐輪廻、願當教示、師曰、汝從玉泉來、應是細作、志誠曰、不是、師曰、何得不是、志誠曰、未說卽是、說了不是、師曰、煩惱菩提、亦復如此、

〔興聖寺本〕

聽明多智、可與吾到曹溪山禮拜但坐聽法莫言吾使汝來、汝若聽得、盡心記取卻來說、吾看彼所見誰遲誰疾、火急早來、勿令吾怪、志誠禮拜便行、經五十餘日、至曹溪山禮師坐聽不言來處、志誠一聞、言下便悟卽起禮拜自言、和尚弟子、在玉泉寺秀和尚處、學道九年、不得契悟、今聞和尚一說、忽然悟解、便契本心、和尚大慈、弟子生死事大、又恐輪廻、願當教示、師曰汝從玉泉寺來應是細作、對曰不是、師曰何得不是、對曰未說卽是、說了不是、師曰煩惱菩提、亦復如是、

〔德異本〕

深悟上乘吾不如也且吾師五祖親傳衣法豈徒然哉吾恨不能遠去親近虛受國恩汝等諸人無滯於此可往曹溪參決乃命門人志誠曰汝聰明多智可爲吾到曹溪聽法汝若聞法盡心記取還爲吾說志誠稟命至曹溪隨衆參請不言來處時祖師告衆曰今有盜法之人潛在此會志誠卽出禮拜具陳其事師曰汝從玉泉來應是細作對曰不是師曰何得不是對曰未說卽是說了不是師曰汝師若爲示衆對曰常指誨大衆住心觀靜長坐不臥師曰住心觀靜是病非禪長坐拘身於理何益聽吾偈曰

〔宗寶本〕

深悟上乘吾不如也且吾師五祖親傳衣法豈徒然哉吾恨不能遠去親近虛受國恩汝等諸人毋滯於此可往曹溪參決一日命門人志誠曰汝聰明多智可爲吾到曹溪聽法若有所聞盡心記取還爲吾說志誠稟命至曹溪隨衆參請不言來處時祖師告衆曰今有盜法之人潛在此會志誠卽出禮拜具陳其事師曰汝從玉泉來應是細作對曰不是師曰何得不是對曰未說卽是說了不是師曰汝師若爲示衆對曰常指誨大衆住心觀靜長坐不臥師曰住心觀靜是病非禪長坐拘身於理何益聽吾偈曰

慧能教示の偈

五七 劉志略に遇う

生來坐不臥
死去臥不坐
一具臭骨頭
何爲立功課
志誠再拜曰弟子在秀大
師處學道九年不得契悟
今聞和尚一說便契本心
弟子生死事大和尚大慈
更爲教示

(49) 參請機緣第六

師自黃梅得法回至韶州
曹候村人無知者有儒士
劉志略禮遇甚厚志略有
姑爲尼名無盡藏常誦大
涅槃經師暫聽卽知妙義
遂爲解說尼乃執卷問字
師曰字卽不識義卽請問
尼曰字尚不識曷能會義
師曰諸佛妙理非關文字
尼驚異之遍告里中耆德
云此是有道之士宜請供

生來坐不臥
死去臥不坐
一具臭骨頭
何爲立功課
志誠再拜曰弟子在秀大
師處學道九年不得契悟
今聞和尚一說便契本心
弟子生死事大和尚大慈
更爲教示

(50) 機緣第七

師自黃梅得法回至韶州
曹矦村人無知者（他本云師去時至曹矦村住九月餘然師自言不經三十餘日便至黃梅此求道之切豈有逗留作去時者非是）
有儒士劉志略禮遇甚厚
志略有姑爲尼名無盡藏
常誦大涅槃經師暫聽卽
知妙義遂爲解說尼乃執
卷問字師曰字卽不識義
卽請問尼曰字尚不識焉
能會義師曰諸佛妙理非
關文字尼驚異之徧告里

五八　法海参ず

〔敦煌本〕

〔大乘寺本〕

〔興聖寺本〕

〔德異本〕

養有晉武侯玄孫曹叔良及居民競來瞻禮時寶林古寺自隋末兵火已癈遂於故基重建梵宇迎師居之俄成寶坊師住九月餘日又爲惡黨尋逐師乃遁于前山被其縱火焚燒草木師隱身挨入石中得免石於是有師趺坐膝痕及衣布之紋因名避難石師憶五祖懷會止藏之囑遂行隱于二邑焉

(50)一僧法海韶州曲江人也初參祖師問曰卽心卽佛願垂指諭師曰前念不生卽心後念不滅卽佛成一切相卽心離一切相卽佛吾若具說窮劫不盡

〔宗寶本〕

中者德云此是有道之士宜請供養有魏(魏一作晉)武侯玄孫曹叔良及居民競來瞻禮時寶林古寺自隋末兵火已廢遂於故基重建梵宇延師居之俄成寶坊師住九月餘日又爲惡黨尋逐師乃遯于前山被其縱火焚草木師隱身挨入石中得免石今有師趺坐膝痕及衣布之紋因名避難石師憶五祖懷會止藏之囑遂行隱于二邑焉

(51)僧法海韶州曲江人也初參祖師問曰卽心卽佛願垂指諭師曰前念不生卽心後念不滅卽佛成一切相卽心離一切相卽佛吾若具說窮劫不盡聽

慧能教示の偈

(65)
聽吾偈曰
卽心名慧
卽佛乃定
定慧等等
意中清淨
悟此法門
由汝習性
用本無生
雙修是正

(66)
吾偈曰
卽心名慧
卽佛乃定
定慧等持
意中清淨
悟此法門
由汝習性
用本無生
雙修是正

法海大悟の偈

(65)
法海言下大悟以偈讚曰
卽心元是佛
不悟而自屈
我知定慧因
雙修離諸物

(66)
法海言下大悟以偈讚曰
卽心元是佛
不悟而自屈
我知定慧因
雙修離諸物

五九　志誠に三學を說く

(43) 大師謂志誠曰吾聞與禪師教人唯傳戒定惠與和尚教人戒定惠如何當爲吾說志城(誠)曰秀和尚言戒定惠諸惡不作名爲戒諸善奉行名爲惠自淨其意名爲定此卽名爲戒

(50) 師問志誠曰、吾聞汝師、教示學人、唯傳戒定惠、未審汝師說戒定惠、行相如何、與我說看、志誠曰、秀和尚說、諸惡莫作、名爲戒、諸善奉行、名爲惠、自淨其意、名爲定、此是戒定惠、彼

(52) 師問志誠曰、吾聞汝禪師、教示學人、唯傳戒定慧、未審汝師說戒定慧、行相如何、與吾說看、志誠曰、秀和尚說、諸惡不作、名爲戒、諸善奉行、名爲慧、自淨其意、名爲定、此是戒定慧、

(65) 師曰吾聞汝師教示學人戒定慧法未審汝師說戒定慧行相如何與吾說看誠曰秀大師說諸惡不作名爲戒諸善奉行名爲慧自淨其意名爲定彼說如此未審和尚以何法

(66) 師云吾聞汝師教示學人戒定慧法未審汝師說戒定慧行相如何與吾說看誠曰秀大師說諸惡莫作名爲戒諸善奉行名爲慧自淨其意名爲定彼說如此未審和尚以何法

（慧能教示の偈）

〔敦煌本〕

定惠彼作如是說不知和尙所見如何惠能和尙答曰此說不可思議惠能所見又別志城(誠)問何以別惠能答曰見有遲疾志城(誠)請和尙說所見戒定惠大師言如汝聽悟(吾)說看悟(吾)所見處心地无疑非自姓(性)戒心地無亂是自姓(性)定心地无癡自姓(性)是惠能大師言汝戒定惠勸小根諸人吾戒定惠勸上人得吾(悟)自亦不立戒定惠志城(誠カ)言請大師說不立如何大師言自姓(性)无非无亂无癡念〻般若觀照當離法相有何可立自姓(性)頓修立有漸此契以不立志誠禮拜便不離漕溪山卽爲門人不離大師左右

〔大乘寺本〕

說如此、未審和尙所見如何、願爲解說、師曰、秀和尙所見、實不可思議、吾所見戒定惠又別、志誠啓曰、戒定惠、只合一種、如何更別、師曰、汝師說、戒定惠、接大乘人、吾戒定慧、接最上乘人、悟解不同、見有遲疾、汝聽吾說與彼同不、吾所說法、不離自性、離體說法、自性常迷、須知一切萬法、皆從自性起用、是眞戒定惠等法、常見自性、自心卽是、自性等佛、師言、志誠聽吾說、心地無非、自性戒、心地無癡、自性惠、心地無亂、自性定、師言、汝師戒定惠、勸小根人、吾戒定惠、勸大根智人、若悟自性、亦不立菩提涅槃、亦不立解脫知見、

〔興聖寺本〕

彼說如此、未審和尙所見如何、願爲解說、師曰秀和尙所見、實不可思議、吾所見戒定慧又別、志誠啓和尙、戒定慧、只合一種、如何更別、師曰汝師、戒定慧、接大乘人、吾戒定慧、接最上乘人、悟解不同、見有遲疾、汝聽吾說、與彼同否、吾所說法、不離自性、離體說法、名爲相說、自性常迷、須知一切萬法、皆從自性起用、是眞戒定慧等、法常見自性自心、卽是自性等佛、吾心地無非自性戒、心地無癡自性慧、心地無亂自性定、汝師戒定慧、勸小根智人、吾戒定慧、勸大根智人、若悟自性、亦不立菩提涅槃、亦不立解脫知見、無一

〔德異本〕

誨人師曰吾若言有法與人卽爲誑汝但且隨方解縛假名三昧如汝師所說戒定慧實不可思議吾所見戒定慧又別志誠曰戒定慧只合一種如何更別師曰汝師戒定慧接大乘人吾戒定慧接最上乘人悟解不同見有遲疾汝聽吾說與彼同否吾所說法不離自性離體說法名爲相說自性常迷須知一切萬法皆從自性起用是眞戒定慧法聽吾偈曰

心地無非自性戒
心地無亂自性定
心地無癡自性慧
不增不減自金剛
身去身來本三昧

誠聞偈悔謝乃呈一偈

〔宗寶本〕

誨人師曰吾若言有法與人卽爲誑汝但且隨方解縛假名三昧如汝師所說戒定慧實不可思議吾所見戒定慧又別志誠曰戒定慧只合一種如何更別師曰汝師戒定慧接大乘人吾戒定慧接最上乘人悟解不同見有遲疾汝聽吾說與彼同否吾所說法不離自性離體說法名爲相說自性常迷須知一切萬法皆從自性起用是眞戒定慧法聽吾偈曰

心地無非自性戒
心地無癡自性慧
心地無亂自性定
不增不減自金剛
身去身來本三昧

誠聞偈悔謝乃呈一偈曰

（志誠呈偈）

無一法可得、方能建立萬
法、是眞見性、若解此意、亦
名佛身、亦名菩提涅槃、亦
名解脱知見、亦名十方國
土、亦名恒河沙數、亦名三
千大千、亦名大小藏、十二
部經、見性之人、立亦得、不
立亦得、去來自由、無滯無
礙、應用隨作、應語隨答、普
見化身、不離自性、卽得自
在神通遊戲三昧之力、此
名見性、志誠再啓和尚如
何是立不立義、師曰、自性
無非、無癡無亂、念念般若
觀照、常離法相、自由自在、
縱横盡得、有何可立、自性
自悟、頓悟頓修、亦無漸次、
所以能立一切法、佛言寂
滅有何漸次、志誠禮拜、便
住曹溪、願爲門人、不離左
右、

法、可得、方能建立萬法、是
眞見性、若解此意、亦名佛
身、亦名菩提涅槃、亦名解
脱知見、亦名十方國土、亦
名恒沙數、亦名三千大千、
亦名大小藏十二部經、見
性之人、立亦得、不立亦得、
去來自由、無滯無礙、應用
隨作、應語隨答、普見化身、
不離自性、卽得自在神通
遊戲三昧之力、此名見性、
志誠再啓和尚、如何是不
立義、師曰自性無非無癡
無亂念念般若觀照、常離
法相自由自在縱横盡得、
有何可立、自性自悟、頓悟
頓修亦無漸次、所以不立
一切法、佛言寂滅有何次
第、志誠禮拜便住曹溪願
爲門人、不離左右。

五蘊幻身
幻何究竟
迴趣眞如
法還不淨
師然之復語誠曰汝師戒
定慧勸小根智人吾戒定
慧勸大根智人若悟自性
亦不立菩提涅槃亦不立
解脱知見無一法可得方
能建立萬法若解此意亦
名佛身亦名菩提涅槃亦
名解脱知見見性之人立
亦得不立亦得去來自由
無滯無礙應用隨作應語
隨答普見化身不離自性
卽得自在神通游戲三昧
是名見性志誠再啓師曰
如何是不立義師曰自性
無非無癡無亂念念般若
觀照常離法相自由自在
縱横盡得有何可立自性
自悟頓悟頓修亦無漸次

五蘊幻身
幻何究竟
迴趣眞如
法還不淨
師然之復語誠曰汝師戒
定慧勸小根智人吾戒定
慧勸大根智人若悟自性
亦不立菩提涅槃亦不立
解脱知見無一法可得方
能建立萬法若解此意亦
名佛身亦名菩提涅槃亦
名解脱知見見性之人立
亦得不立亦得去來自由
無滯無礙應用隨作應語
隨答普見化身不離自性
卽得自在神通游戲三昧
是名見性志誠再啓師曰
如何是不立義師曰自性
無非無癡無亂念念般若
觀照常離法相自由自在
縱横盡得有何可立自性
自悟頓悟頓修亦無漸次

六〇　志徹参ず

〔敦煌本〕

〔大乘寺本〕

〔興聖寺本〕

〔德異本〕

所以不立一切法諸法寂滅有何次第志誠禮拜願爲執侍朝夕不懈志誠吉州太和人也

(66)一僧志徹江西人本姓張名行昌少任俠自南北分化二宗主雖亡彼我而徒侶競起愛憎時北宗門人自立秀師爲第六祖而忌祖師傳衣爲天下所聞乃囑行昌來刺於師師他心通預知其事卽置金十兩於座間時夜暮行昌入祖室將欲加害師舒頸就之行昌揮刃者三悉無所損師曰正劒不邪邪劒不正只負汝金不負汝命行昌驚仆久而方蘇求哀悔過卽願出家師遂與金言汝且去恐徒衆翻害於

〔宗寶本〕

所以不立一切法諸法寂滅有何次第志誠禮拜願爲執侍朝夕不懈誠吉州太和人也

(67)僧志徹江西人本姓張名行昌少任俠自南北分化二宗主雖亡彼我而徒侶競起愛憎時北宗門人自立秀師爲第六祖而忌祖師傳衣爲天下聞乃囑行昌來刺師師心通預知其事卽置金十兩於座間時夜暮行昌入祖室將欲加害師舒頸就之行昌揮刃者三悉無所損師曰正劒不邪邪劒不正只負汝金不負汝命行昌驚仆久而方蘇求哀悔過卽願出家師遂與金言汝且去恐徒衆讎害於汝汝可他

汝汝可他日易形而來吾當攝受行昌稟旨宵遁後投僧出家一日憶師之言遠來禮覲師曰吾久念汝汝來何晚曰昨蒙和尚捨罪今雖出家若行終難報德其惟傳法度生乎弟子嘗覽涅槃經未曉常無常義乞和尚慈悲略爲解說師曰無常者卽佛性也有常者卽一切善惡諸法分別心也曰和尚所說大違經文師曰吾傳佛心印安敢違於佛經曰經說佛性是常和尚卻言無常善惡諸法乃至菩提心皆是無常和尚卻言是常此卽相違令學人轉加疑惑師曰涅槃經吾昔聽尼無盡藏讀誦一徧便爲講說無一字一義不合經文乃至爲汝終無二說曰學人識量

日易形而來吾當攝受行昌稟旨宵遁後投僧出家具戒精進一日憶師之言遠來禮覲師曰吾久念汝汝來何晚曰昨蒙和尚捨罪今雖出家苦行終難報德其惟傳法度生乎弟子常覽涅槃經未曉常無常義乞和尚慈悲略爲解說師曰無常者卽佛性也有常者卽一切善惡諸法分別心也曰和尚所說大違經文師曰吾傳佛心印安敢違於佛經曰經說佛性是常和尚卻言無常善惡之法乃至菩提心皆是無常和尚卻言是常此卽相違令學人轉加疑惑師曰涅槃經吾昔聽尼無盡藏讀誦一徧便爲講說無一字一義不合經文乃至爲汝終無二說曰學人識量

志徹大悟の偈

〔敦煌本〕

〔大乘寺本〕

〔興聖寺本〕

〔德異本〕

淺昧願和尚委曲開示師
曰汝知否佛性若常更説
什麼善惡諸法乃至窮劫
無有一人發菩提心者故
吾説無常正是佛説眞常
之道也又一切諸法若無
常者卽物物皆有自性容
受生死而眞常性有不徧
之處故吾説常者正是佛
説眞無常義佛比爲凡夫
外道執於邪常諸二乘人
於常計無常共成八倒故
於涅槃了義教中破彼偏
見而顯説眞常眞樂眞我
眞淨汝今依言背義以斷
滅無常及確定死常而錯
解佛之圓妙最後微言縱
覽千徧有何所益行昌忽
然大悟乃説偈曰
因守無常心

〔宗寶本〕

淺昧願和尚委曲開示師
曰汝知否佛性若常更説
什麼善惡諸法乃至窮劫
無有一人發菩提心者故
吾説無常正是佛説眞常
之道也又一切諸法若無
常者卽物物皆有自性容
受生死而眞常性有不徧
之處故吾説常者正是佛
説眞無常義佛比爲凡夫
外道執於邪常諸二乘人
於常計無常共成八倒故
於涅槃了義教中破彼偏
見而顯説眞常眞樂眞我
眞淨汝今依言背義以斷
滅無常及確定死常而錯
解佛之圓妙最後微言縱
覽千徧有何所益行昌忽
然大悟説偈曰
因守無常心

六二　法達參ず

（44）又有一僧名法達常
誦法華經七年心迷不知
正法之處經上有疑大師
智惠廣大願爲時疑大師
言法達法卽甚達汝心不
達經上无礙汝心自耶而
求正法吾心正定卽是持
經吾一生已來不識文字
汝將法華經來對吾讀一
遍吾問卽之法達取經到
（慧能教示の偈）
對大師讀一遍六祖問（聞）已
卽識佛意便汝法達說法

（51）復有一僧名曰法達
常誦法華經心常有疑又
不知正法之處和尚智惠
廣大願爲決疑師曰法達
法卽甚達汝心不達經上
無疑汝心自疑汝心邪而
求正法吾心正則是持經
吾不識文字汝取經來誦
之一遍吾聞卽知法達取
經便讀一遍師知佛意乃
與說經師言法達經無多
語七卷盡是譬喩因緣如

（53）復有一僧名曰法達
常誦法華經七年心迷不
悟正法來詣曹溪禮拜問
曰和尚弟子誦法華經心
常有疑又不知正法之處
和尚智慧廣大願爲決疑
師曰法達法卽甚達汝心
不達經本無疑汝心自疑
汝心自邪則求正法吾心
本正則是持經吾不識文
字汝取經來誦之一遍吾
聞卽知法達取經便讀一

佛說有常性
不知方便者
猶春池拾礫
我今不施功
佛性而現前
非師相授與
我亦無所得
師曰汝今徹也宜名志徹
徹禮謝而退

（51）僧法達洪州人七歲
出家常誦法華經來禮祖
師頭不至地祖訶曰禮不
投地何如不禮汝心中必
有一物蘊習何事耶曰念
法華經已及三千部祖曰
汝若念至萬部得其經意
不以爲勝則與吾偕行汝
今負此事業都不知過聽
吾偈曰
禮本折慢幢
頭奚不至地

佛說有常性
不知方便者
猶春池拾礫
我今不施功
佛性而現前
非師相授與
我亦無所得
師曰汝今徹也宜名志徹
徹禮謝而退

（52）僧法達洪州人七歲
出家常誦法華經來禮祖
師頭不至地師訶曰禮不
投地何如不禮汝心中必
有一物蘊習何事耶曰念
法華經已及三千部師曰
汝若念至萬部得其經意
不以爲勝則與吾偕行汝
今負此事業都不知過聽
吾偈曰
禮本折慢幢
頭奚不至地

（慧能重ねて教示の偈）

〔敦煌本〕

華經六祖言法達法華經
无多語七卷盡是譬喩內
緣如來廣說三乘只爲世
人根鈍經聞公明无有餘
乘唯一佛乘大師法達汝
聽一佛乘莫求二佛乘迷
却汝聖經中何處是一佛
乘汝與說經云諸佛世尊
唯汝一大事因緣故出現
於世(已上十六家(字)是正法)法如何解此
法如何修汝聽吾說人心
不思本源空寂離却邪見
卽一大(事)是因緣內外不迷
卽離兩邊外迷看(著)相內迷
著空於相離相於空離空
卽是不空迷吾(悟)此法一念
心開出現於世心開何物
開佛知見佛猶如覺也分
爲四門開覺知見示覺知
見悟覺知見入覺知見開

〔大乘寺本〕

來廣說三乘、只爲世人根
鈍、經文分明、無有餘乘、唯
一佛乘、汝聽一佛乘、莫求
二乘、迷却汝性、且經中何
處是一佛乘、吾聞汝誦經、
云、諸佛世尊、唯以一大事
因緣、故出現於世、(正法唯有一十六字)
此法如何解、如何修汝用
心聽、吾爲汝說、師言、法達
人心不思本來寂靜、離却
邪見、卽大事因緣、內外不
迷、卽離兩邊、外迷著相、內
迷著空於相離相、於空離
空、卽是不迷、若悟此法、一
念心開、出現於世、心開何
事、開佛知見、佛由覺也、分
爲四門、開覺知見示覺知
見悟覺知見、入覺知見、此
名開示悟入、從上一處、入
卽覺知見、見自本性、卽得

〔興聖寺本〕

遍、師知佛意、乃與說經、師
言法達經無多語、十卷盡
是譬喩因緣、如來廣說三
乘、只爲世人根鈍、經文分
明、無有餘乘、唯一佛乘、汝
聽一佛乘、莫求二乘、迷却
汝性、且經中何處是一佛
乘、吾聞汝誦經云、諸佛世
尊、唯以一大事因緣故、出
現於世(正法有十六字)此法如何解、
如何修、汝用心、聽、吾爲汝
說、師言法達人心何不思
本來寂靜、離却邪見、卽是
大事因緣、內外不迷、卽離
兩邊、外迷、著相、內迷、著空、
於相離相、於空離空、卽是
內外不迷、若悟此法、一念
心開、出現於世、心開何事、
開佛知見、佛猶覺也、分爲
四門、開覺知見、示覺知見、

〔德異本〕

有我罪卽生
亡功福無比
師又曰汝名什麼曰法達
師曰汝名法達何曾達法
復說偈曰
汝今名法達
勤誦未休歇
空誦但循聲
明心號菩薩
汝今有緣故
吾今爲汝說
但信佛無言
蓮華從口發
達聞偈悔謝曰而今而後
當謙恭一切弟子誦法華
經未解經義心常有疑和
尚智慧廣大願略說經中
義理師曰法達法卽甚達
汝心不達經本無疑汝心
自疑汝念此經以何爲宗

〔宗寶本〕

有我罪卽生
亡功福無比
師又曰汝名什麼曰法達
師曰汝名法達何曾達法
復說偈曰
汝今名法達
勤誦未休歇
空誦但循聲
明心號菩薩
汝今有緣故
吾今爲汝說
但信佛無言
蓮華從口發
達聞偈悔謝曰而今而後
當謙恭一切弟子誦法華
經未解經義心常有疑和
尚智慧廣大願略說經中
義理師曰法達法卽甚達
汝心不達經本無疑汝心
自疑汝念此經以何爲宗

示悟入上一處入卽覺知
見見自本性卽得出世大
師言法達悟常願一切世
人心地常自開佛知見莫
開衆生知見世人心愚迷
造惡自開衆生知見世人
心正起智惠觀照自開佛
智見莫開衆生智見開佛
智見卽出世大師言法達
此是法達經一乘法向下
分三爲名(迷)人故汝但於一
佛乘大師言法達心行轉
法華不行法華轉心正轉
法華心耶法華轉開佛智
見轉法華開衆生智見被
法華轉大師言努力依法
修行卽是轉經法達一聞
言下大悟涕淚悲泣自言
和尚實未僧(曾)轉法華七年
被法華轉已後轉法華念
ゝ修行佛行大師言卽佛
行是佛其時聽入元(无)不悟

出現、師言、吾勸一切人、於
自心地、常開佛知見、世人
心邪、愚迷造罪、口善心惡、
貪嗔嫉妬、諂佞侵害、自開
衆生知見、世人心正、常起
智惠觀照、自開佛之知見、
汝須念念、開佛知見、莫開
衆生知見、卽見出世、師言、
法達此是法華經一乘義、
向下爲迷人故、汝但依一
佛乘、師言、法達心行轉法
華、不行法華轉、心正轉法
華、心邪法華轉、開佛知見、
轉法華、努力依法修行、卽
是轉經、自心若不念念修
行、卽常被經轉、法達一聞、
言下大悟、涕淚悲泣、白大
師言、實未曾轉法華、七年
被法華轉、念念願修佛行、
師言、行佛行是佛、其在會
者、各得見性、

悟覺知見、入覺知見、此名
開示悟入、從一處入、卽覺
知見、見自本性、卽得出現、
師言吾勸一切人、於自心
地、常開佛知見、世人心邪、
愚迷造罪、口善心惡、貪嗔
嫉妬、諂佞侵害、自開衆生
知見、世人心正、常起智慧、
觀照自心、止惡行善、自開
佛知見、汝須念念開佛知
見、莫開衆生知見、開佛知
見、卽是出世、開衆生知見、
卽是世間、師又言法達此、
是法華經、一乘之義、向下、
分之爲三乘者、蓋爲迷人、
汝但依一佛乘修行、師又
言法達心行、卽是汝轉
法華經、不行卽是被法華
經轉、心正轉法華、心邪法
華轉、開佛知見轉法華、努
力依法修行、卽是轉經、自
心若不念念修行、卽常被

達曰學入根性暗鈍從來
但依文誦念豈知宗趣師
曰吾不識文字汝試取經
誦之一偏吾當爲汝解說
法達卽高聲念經至譬喩
品師曰止此經元來以因
緣出世爲宗縱說多種譬
喩亦無越於此何者因緣
經云諸佛世尊惟以一大
事因緣故出現於世一大
事者佛之知見也世人外
迷著相內迷著空若能於
相離相於空離空卽是內
外不迷若悟此法一念心
開是爲開佛知見佛猶覺
也分爲四門開覺知見示
覺知見悟覺知見入覺知
見若聞開示便能悟入卽
覺知見本來眞性而得出
現汝愼勿錯解經意見他
道開示悟入自是佛之知
見我輩無分若作此解乃

達曰學人根性闇鈍從來
但依文誦念豈知宗趣師
曰吾不識文字汝試取經
誦一偏吾當爲汝解說法
達卽高聲念經至譬喩品
師曰止此經元來以因緣
出世爲宗縱說多種譬喩
亦無越於此何者因緣經
云諸佛世尊唯以一大事
因緣出現於世一大事者
佛之知見也世人外迷著
相內迷著空若能於相離
相於空離空卽是內外不
迷若悟此法一念心開是
爲開佛知見佛猶覺也分
爲四門開覺知見示覺知
見悟覺知見入覺知見若
聞開示便能悟入卽覺知
見本來眞性而得出現汝
愼勿錯解經意見他道開
示悟入自是佛之知見我
輩無分若作此解乃是謗

〔敦煌本〕

者

〔大乘寺本〕

〔興聖寺本〕

經轉、法達一聞、言下大悟、
涕淚悲泣、白大師言、實未
曾轉法華、七年被法華轉、
自今方修佛行、師言行佛
行是佛、時在會者、各得見
性。

〔德異本〕

是謗經毀佛也彼既是佛
已具知見何用更開汝今
當信佛知見者只汝自心
更無別佛蓋爲一切衆生
自蔽光明貪愛塵境外緣
內擾甘受驅馳便勞他世
尊從三昧起種種苦口勸
令寢息莫向外求與佛無
二故云開佛知見吾亦勸
一切人於自心中常開佛
之知見世人心邪愚迷造
罪口善心惡貪嗔嫉妬諂
佞我慢侵人害物自開衆
生知見若能正心常生智
慧觀照自心止惡行善是
自開佛之知見汝須念念
開佛知見勿開衆生知見
開佛知見卽是出世開衆
生知見卽是世間汝若但
勞勞執念以爲功課者何

〔宗寶本〕

經毀佛也彼既是佛已具
知見何用更開汝今當信
佛知見者只汝自心更無
別佛蓋爲一切衆生自蔽
光明貪愛塵境外緣內擾
甘受驅馳便勞他世尊從
三昧起種種苦口勸令寢
息莫向外求與佛無二故
云開佛知見吾亦勸一切
人於自心中常開佛之知
見世人心邪愚迷造罪口
善心惡貪瞋嫉妬諂佞我
慢侵人害物自開衆生知
見若能正心常生智慧觀
照自心止惡行善是自開
佛之知見汝須念念開佛
知見勿開衆生知見開佛
知見卽是出世開衆生知
見卽是世間汝若但勞勞
執念以爲功課者何異犛

六三　法達に一乘を説く

法華轉法華偈

異聲牛愛尾達曰若然者
但得解義不勞誦經耶師
曰經有何過豈障汝念只
爲迷悟在人損益由已口
誦心行卽是轉經口誦心
不行卽是被經轉聽吾偈

心迷法華轉
心悟轉法華
誦經久不明
與義作讎家
無念念卽正
有念念成邪
有無俱不計
長御白牛車

達聞偈不覺悲泣言下大
悟而告師曰法達從昔已
來實未曾轉法華乃被法
華轉

(52)再啓曰經云諸大聲
聞乃至菩薩皆盡思共度
量不能測佛智今令凡夫

牛愛尾達曰若然者但得
解義不勞誦經耶師曰經
有何過豈障汝念只爲迷
悟在人損益由已口誦心
行卽是轉經口誦心不行
卽是被經轉聽吾偈曰

心迷法華轉
心悟轉法華
誦經久不明
與義作讎家
無念念卽正
有念念成邪
有無俱不計
長御白牛車

達聞偈不覺悲泣言下大
悟而告師曰法達從昔已
來實未曾轉法華乃被法
華轉

(53)再啓曰經云諸大聲
聞乃至菩薩皆盡思共度
量不能測佛智今令凡夫

〔敦煌本〕

〔大乘寺本〕

〔興聖寺本〕

〔德異本〕

但悟自心便名佛之知見
自非上根未免疑謗又經
說三車羊鹿之車與白牛
之車如何區別願和尚再
垂開示師曰經意分明汝
自迷背諸三乘人不能測
佛智者患在度量也饒伊
盡思共推轉加懸遠佛本
爲凡夫說不爲佛說此理
若不肯信者從他退席殊
不知坐卻白牛車更於門
外覓三車況經文明向汝
道惟一佛乘無有餘乘若
二若三乃至無數方便種
種因緣譬喩言詞是法皆
爲一佛乘故汝何不省三
車是假爲昔時故一乘是
實爲今時故只教汝去假
歸實歸實之後實亦無名
應知所有珍財盡屬於汝

〔宗寶本〕

但悟自心便名佛之知見
自非上根未免疑謗又經
說三車羊鹿牛車與白牛
之車如何區別願和尚再
垂開示師曰經意分明汝
自迷背諸三乘人不能測
佛智者患在度量也饒伊
盡思共推轉加懸遠佛本
爲凡夫說不爲佛說此理
若不肯信者從他退席殊
不知坐卻白牛車更於門
外覓三車況經文明向汝
道唯一佛乘無有餘乘若
二若三乃至無數方便種
種因緣譬喩言詞是法皆
爲一佛乘故汝何不省三
車是假爲昔時故一乘是
實爲今時故只教汝去假
歸實歸實之後實亦無名
應知所有珍財盡屬於汝

法達の讚偈

六三　智通參ず

由汝受用更不作父想亦不作子想亦無用想是名持法華經從劫至劫手不釋卷從晝至夜無不念時也達蒙啓發踊躍歡喜以偈讚曰

經誦三千部　曹溪一句亡
未明出世旨　寧歇累生狂
羊鹿牛權設　初中後善揚
誰知火宅內　元是法中王

師曰汝今後方可名念經僧也達從此領玄旨亦不輟誦經

(53)又僧智通壽州安豐人初看楞伽經約千餘遍而不會三身四智禮師求解其義師曰三身者清淨

由汝受用更不作父想亦不作子想亦無用想是名持法華經從劫至劫手不釋卷從晝至夜無不念時也達蒙啓發踊躍歡喜以偈讚曰

經誦三千部　曹溪一句亡
未明出世旨　寧歇累生狂
羊鹿牛權設　初中後善揚
誰知火宅內　元是法中王

師曰汝今後方可名念經僧也達從此領玄旨亦不輟誦經

(54)僧智通壽州安豐人初看楞伽經約千餘徧而不會三身四智禮師求解其義師曰三身者清淨法

自性具三身偈

〔敦煌本〕

〔大乘寺本〕

〔興聖寺本〕

〔德異本〕

法身汝之性也圓滿報身汝之智也千百億化身汝之行也若離本性別說三身卽名有身無智若悟三身無有自性卽名四智菩提聽吾偈曰

自性具三身
發明成四智
不離見聞緣
超然登佛地
吾今爲汝說
諦信永無迷
莫學馳求者
終日說菩提

通再啓曰四智之義可得聞乎師曰既會三身便明四智何更問耶若離三身別談四智此名有智無身也卽此有智還成無智復偈曰

〔宗寶本〕

身汝之性也圓滿報身汝之智也千百億化身汝之行也若離本性別說三身卽名有身無智若悟三身無有自性卽明四智菩提聽吾偈曰

自性具三身
發明成四智
不離見聞緣
超然登佛地
吾今爲汝說
諦信永無迷
莫學馳求者
終日說菩提

通再啓曰四智之義可得聞乎師曰既會三身便明四智何更問耶若離三身別談四智此名有智無身卽此有智還成無智復說偈曰

四智偈

智通頓悟呈偈

六四　智常參ず

---

(45) 時有一僧名智常來
漕溪山禮拜和尚聞四乘

---

(52) 復有一僧名曰智常
禮拜啓和尚曰佛說三乘

---

(54) 復有僧名曰智常禮
拜問四乘之義云啓和尚

大圓鏡智性清淨
平等性智心無病
妙觀察智見非功
成所作智同圓鏡
五八六七果因轉
但用名言無實性
若於轉處不留情
繁興永處那伽定
如上轉識爲智也教中云轉前五識爲成所作智轉第六識爲妙觀察智轉第七識爲平等性智轉第八識爲大圓鏡智雖六七因中轉五八果上轉但轉其名而不轉其體也
通頓悟性智遂呈偈曰
三身元我體
四智本心明
身智融無礙
應物任隨形
起修皆妄動
守住匪眞精
妙旨因師曉
終亡染汙名
(54) 僧智常信州貴溪人
髫年出家志求見性一日

大圓鏡智性清淨
平等性智心無病
妙觀察智見非功
成所作智同圓鏡
五八六七果因轉
但用名言無實性
若於轉處不留情
繁興永處那伽定
如上轉識爲智也教中云轉前五識爲成所作智轉第六識爲妙觀察智轉第七識爲平等性智轉第八識爲大圓鏡智雖六七因中轉五八果上轉但轉其名而不轉其體也
通頓悟性智遂呈偈曰
三身元我體
四智本心明
身智融無礙
應物任隨形
起修皆妄動
守住匪眞精
妙旨因師曉
終亡染汙名
(55) 僧智常信州貴溪人
髫年出家志求見性一日

〔敦煌本〕

法義智常聞(問)和尚曰佛説三乘又言最上乘弟子不解望爲敬(教)示惠能大師曰汝自身心見莫著外法相元无四乘法人心不量四等法有四乘見聞讀誦是小乘悟解義是中乘衣(依)法修行是大乘萬法盡通萬幸俱備一切无離但離法相作无所德(得)是最上乘〻是最上行義不在口諍汝須自修莫問悟(吾)也

〔大乘寺本〕

法、又言最上乘、弟子不解、願爲教授、師曰、汝向自心見、莫著外法相、無四乘法、人心自有四等、見聞轉讀是小乘、悟法解義是中乘、依法修行是大乘、萬法盡通、萬行俱備、一切不染、離諸法相、作無所得、名最上乘、乘是行義、不在口誦、汝須自修、莫問吾也、一切時中、自性自知自悟自行、是[三七]四乘義、

〔興聖寺本〕

佛説三乘法、又言最上乘、弟子不解、願爲教授、師曰汝向自心見、莫著外法相、無四乘法、人心自有四等、見聞轉讀是小乘、悟法解、義是中乘、依法修行是大乘、萬法盡通、萬行俱備、一切不染、離諸法相、一無所得、名最上乘、乘是行、義、不在口爭、汝須自修、莫問吾也、一切時中自性自如、是四乘、義。

〔德異本〕

參禮師問曰汝從何來欲求何事曰學人近往洪州白峰山禮大通和尚蒙示見性成佛之義未決狐疑遠來投禮伏望和尚慈悲指示師曰彼有何言句汝試舉看曰智常到彼凡經三月未蒙示誨爲法切故一夕獨入丈室請問如何是某甲本心本性大通乃曰汝見虛空不對曰見彼曰汝見虛空有相貌否對曰虛空無形有何相貌彼曰汝之本性猶如虛空了無一物可見是名正見無一物可知是名眞知無有青黃長短但見本源清淨覺體圓明卽名見性成佛亦名如來知見學人雖聞此說猶未決了乞和尚開

〔宗寶本〕

參禮師問曰汝從何來欲求何事曰學人近往洪州白峯山禮大通和尚蒙示見性成佛之義未決狐疑遠來投禮伏望和尚慈悲指示師曰彼有何言句汝試舉看曰智常到彼凡經三月未蒙示誨爲法切故一夕獨入丈室請問如何是某甲本心本性大通乃曰汝見虛空否對曰見彼曰汝見虛空有相貌否對曰虛空無形有何相貌彼曰汝之本性猶如虛空了無一物可見是名正見無一物可知是名眞知無有青黃長短但見本源清淨覺體圓明卽名見性成佛亦名如來知見學人雖聞此說猶未決了乞和尚開

慧能教示の偈

智常大悟の偈

示師曰彼師所說猶存見
知故令汝未了吾今示汝
一偈
不見一法存無見
大似浮雲遮日面
不知一法守空知
還如太虛生閃電
此之知見瞥然興
錯認何曾解方便
汝當一念自知非
自己靈光常顯現
常聞偈已心意豁然乃述
偈曰
無端起知見
著相求菩提
情存一念悟
寧越昔時迷
自性覺源體
隨照枉遷流
不入祖師室
茫然趣兩頭
智常一日問師曰佛說三

示師曰彼師所說猶存見
知故令汝未了吾今示汝
一偈
不見一法存無見
大似浮雲遮日面
不知一法守空知
還如太虛生閃電
此之知見瞥然興
錯認何曾解方便
汝當一念自知非
自己靈光常顯現
常聞偈已心意豁然乃述
偈曰
無端起知見
著相求菩提
情存一念悟
寧越昔時迷
自性覺源體
隨照枉遷流
不入祖師室
茫然趣兩頭
智常一日問師曰佛說三

六五　志道參ず

〔敦煌本〕

〔大乘寺本〕

〔興聖寺本〕

〔德異本〕

乘法又言最上乘弟子未解願爲教授師曰汝觀自本心莫著外法相法無四乘人心自有等差見聞轉誦是小乘悟法解義是中乘依法修行是大乘萬法盡通萬法俱備一切不染離諸法相一無所得名最上乘乘是行義不在口諍汝須自修莫問吾也一切時中自性自如常禮謝執侍終師之世

(55)一僧志道廣州南海人也請益曰學人自出家覽涅槃經十載有餘未明大意願和尚垂誨師曰汝何處未明曰諸行無常是生滅法生滅滅已寂滅爲樂於此疑惑師曰汝作麼

〔宗寶本〕

乘法又言最上乘弟子未解願爲教授師曰汝觀自本心莫著外法相法無四乘人心自有等差見聞轉誦是小乘悟法解義是中乘依法修行是大乘萬法盡通萬法俱備一切不染離諸法相一無所得名最上乘乘是行義不在口爭汝須自修莫問吾也一切時中自性自如常禮謝執侍終師之世

(56)僧志道廣州南海人也請益曰學人自出家覽涅槃經十載有餘未明大意願和尚垂誨師曰汝何處未明曰諸行無常是生滅法生滅滅已寂滅爲樂於此疑惑師曰汝作麼生

生疑曰一切衆生皆有二
身謂色身法身也色身無
常有生有滅法身有常無
知無覺經云生滅滅已寂
滅爲樂者不審何身寂滅
何身受樂若色身者色身
滅時四大分散全然是菩
苦不可言樂若法身寂滅
卽同草木瓦石誰當受樂
又法性是生滅之體五蘊
是生滅之用一體五用生
滅是常生則從體起用滅
則攝用歸體若聽更生卽
有情之類不斷不滅若不
聽更生則永歸寂滅同於
無情之物如是則一切諸
法被涅槃之所禁伏尚不
得生何樂之有師曰汝是
釋子何習外道斷常邪見
而議最上乘法據汝所說
卽色身外別有法身離生
滅求於寂滅又推涅槃常

疑曰一切衆生皆有二身
謂色身法身也色身無常
有生有滅法身有常無知
無覺經云生滅滅已寂滅
爲樂者不審何身寂滅何
身受樂若色身者色身滅
時四大分散全然是苦苦
不可言樂若法身寂滅卽
同草木瓦石誰當受樂又
法性是生滅之體五蘊是
生滅之用一體五用生滅
是常生則從體起用滅則
攝用歸體若聽更生卽有
情之類不斷不滅若不聽
更生則永歸寂滅同於無
情之物如是則一切諸法
被涅槃之所禁伏尚不得
生何樂之有師曰汝是釋
子何習外道斷常邪見而
議最上乘法據汝所說卽
色身外別有法身離生滅
求於寂滅又推涅槃常樂

無上大涅槃偈

〔敦煌本〕

〔大乘寺本〕

〔興聖寺本〕

〔德異本〕

樂言有身受用斯乃執吝
生死躭著世樂汝今當知
佛爲一切迷人認五蘊和
合爲自體相分別一切法
爲外塵相好生惡死念念
遷流不知夢幻虛假枉受
輪廻以常樂涅槃飜爲苦
相終日馳求佛愍此故乃
示涅槃眞樂刹那無有生
相刹那無有滅相更無生
滅可滅是則寂滅現前當
現前時亦無現前之量乃
謂常樂此樂無有受者亦
無不受者豈有一體五用
之名何況更言涅槃禁伏
諸法令永不生斯乃謗佛
毀法聽吾偈曰
　無上大涅槃
　圓明常寂照
凡愚謂之死

〔宗寶本〕

言有身受用斯乃執悋生
死躭著世樂汝今當知佛
爲一切迷人認五蘊和合
爲自體相分別一切法爲
外塵相好生惡死念念遷
流不知夢幻虛假枉受輪
迴(廻カ)以常樂涅槃飜爲苦相
終日馳求佛愍此故乃示
涅槃眞樂刹那無有生相
刹那無有滅相更無生滅
可滅是則寂滅現前當現
前時亦無現前之量乃謂
常樂此樂無有受者亦無
不受者豈有一體五用之
名何況更言涅槃禁伏諸
法令永不生斯乃謗佛毀
法聽吾偈曰
　無上大涅槃
　圓明常寂照
凡愚謂之死

外道執爲斷
諸求二乘人
目以爲無作
盡屬情所計
六十二見本
妄立虛假名
何爲眞實義
惟有過量人
通達無取捨
以知五蘊法
及以蘊中我
外現衆色像
一一音聲相
平等如夢幻
不起凡聖見
不作涅槃解
二邊三際斷
常應諸根用
而不起用想
分別一切法
不起分別想
劫火燒海底

外道執爲斷
諸求二乘人
目以爲無作
盡屬情所計
六十二見本
妄立虛假名
何爲眞實義
惟有過量人
通達無取捨
以知五蘊法
及以蘊中我
外現衆色象
一一音聲相
平等如夢幻
不起凡聖見
不作涅槃解
二邊三際斷
常應諸根用
而不起用想
分別一切法
不起分別想
劫火燒海底

六六　行思参ず

〔敦煌本〕

〔大乘寺本〕

〔興聖寺本〕

〔德異本〕

風皷山相擊
眞常寂滅樂
涅槃相如是
吾今強言說
令汝捨邪見
汝勿隨言解
許汝知少分

志道聞偈大悟踴躍作禮
而退

(56)行思禪師姓劉氏吉州安城人也聞曹溪法席盛化徑來參禮遂問曰當何所務卽不落階級師曰汝曾作什麼來曰聖諦亦不爲師曰落何階級曰聖諦尚不爲何階級之有師甚器之令思首衆一日師謂曰汝當分化一方無令斷絕思既得法遂回吉州

〔宗寶本〕

風鼓山相擊
眞常寂滅樂
涅槃相如是
吾今彊言說
令汝捨邪見
汝勿隨言解
許汝知少分

志道聞偈大悟踊躍作禮
而退

(57)行思禪師生吉州安城劉氏聞曹溪法席盛化徑來參禮遂問曰當何所務卽不落階級師曰汝曾作什麼來曰聖諦亦不爲師曰落何階級曰聖諦尚不爲何階級之有師深器之令思首衆一日師謂曰汝當分化一方無令斷絕思既得法遂囘吉州青原

六七　懷讓参ず

六八　玄覺参ず

青原山弘法紹化
(57)懷讓禪師金州杜氏子也初謁嵩山安國師安發之曹溪參扣讓至禮拜師曰甚處來曰嵩山師曰什麼物恁麼來曰說似一物卽不中師曰還可修證否曰修證卽不無汚染卽不得師曰只此不汚染諸佛之所護念汝既如是吾亦如是西天般若多羅讖汝足下出一馬駒踏殺天下人應在汝心不須速說讓豁然契會遂執侍左右一十五載日益玄奧後往南岳大闡禪宗
(58)永嘉玄覺禪師少習經論精天台止觀法門因看維摩經發明心地偶師

山弘法紹化（諡弘濟禪師）
(58)懷讓禪師金州杜氏子也初謁嵩山安國師安發之曹溪參扣讓至禮拜師曰甚處來曰嵩山師曰什麼物恁麼來曰說似一物卽不中師曰還可修證否曰修證卽不無汚染卽不得師曰只此不汚染諸佛之所護念汝既如是吾亦如是西天般若多羅讖汝足下出一馬駒踏殺天下人應在汝心不須速說（一本無西天以下二十七字）讓豁然契會遂執侍左右一十五載日臻玄奧後往南嶽大闡禪宗（勅諡大慧禪師）
(59)永嘉玄覺禪師溫州戴氏子少習經論精天台止觀法門因看維摩經發

〔敦煌本〕

〔大乘寺本〕

〔興聖寺本〕

〔德異本〕

弟子玄策相訪與其劇談
出言暗合諸祖玄策云仁
者得法師誰曰我聽方等
經論各有師承後於維摩
經悟佛心宗未有證明者
策云威音王已前卽得威
音王已後無師自悟盡是
天然外道云願仁者爲我
證據策云我言輕曹溪有
六祖大師四方雲集並是
受法者若去則與偕行覺
遂同策來參遶師三帀振
錫而立師曰夫沙門者具
三千威儀八萬細行大德
自何方而來生大我慢覺
曰生死事大無常迅速師
曰何不體取無生了無速
乎曰體卽無生了本無速
師曰如是如是玄覺方具
威儀禮拜須臾告辭師曰

〔宗寶本〕

明心地偶師弟子玄策相
訪與其劇談出言暗合諸
祖策云仁者得法師誰曰
我聽方等經論各有師承
後於維摩經悟佛心宗未
有證明者策云威音王已
前卽得威音王已後無師
自悟盡是天然外道曰願
仁者爲我證據策云我言
輕曹溪有六祖大師四方
雲集竝是受法者若去則
與偕行覺遂同策來參繞
師三帀振錫而立師曰夫
沙門者具三千威儀八萬
細行大德自何方而來生
大我慢覺曰生死事大無
常迅速師曰何不體取無
生了無速乎曰體卽無生
了本無速師曰如是如是
玄覺方具威儀禮拜須臾

六九　智隍參ず

返太速乎曰本自非動豈有速耶師曰誰知非動曰仁者自生分別師曰汝甚得無生之意曰無生豈有意耶師曰無意誰當分別曰分別亦非意師曰善哉少留一宿時謂一宿覺後著證道歌盛行于世

(59)禪者智隍初參五祖自謂已得正受庵居長坐積二十年師弟子玄策遊方至河朔聞隍之名造庵問云汝在此作什麼隍云入定策云汝云入定爲有心入耶無心入耶若無心入者一切無情草木瓦石應合得定若有心入者一切有情含識之流亦應得定隍曰我正入定時不見有有無之心策云不見有

告辭師曰返太速乎曰本自非動豈有速耶師曰誰知非動曰仁者自生分別師曰汝甚得無生之意曰無生豈有意耶師曰無意誰當分別曰分別亦非意師曰善哉少留一宿時謂一宿覺後著證道歌盛行于世 諡曰無相大師時稱爲眞覺焉

(60)禪者智隍初參五祖自謂已得正受菴居長坐積二十年師弟子玄策游方至河朔聞隍之名造菴問云汝在此作什麼隍曰入定策云汝云入定爲有心入耶無心入耶若無心入者一切無情草木瓦石應合得定若有心入者一切有情含識之流亦應得定隍曰我正入定時不見有有無之心策云不見有

〔敦煌本〕

〔大乘寺本〕

〔興聖寺本〕

〔德異本〕

有無之心卽是常定何有出入若有出入卽非大定隍無對良久問曰師嗣誰耶策云我師曹溪六祖隍云六祖以何爲禪定策云我師所說妙湛圓寂體用如如五陰本空六塵非有不出不入不定不亂禪性無住離住禪寂禪性無生離生禪想心如虛空亦無虛空之量隍聞是說徑來謁師師問云仁者何來隍具述前緣師云誠如所言汝但心如虛空不著空見應用無礙動靜無心凡聖情忘能所俱泯性相如如無不定時也隍於是大悟二十年所得心都無影響其夜河北士庶聞空中有聲云隍禪師今日得道隍

〔宗寶本〕

有無之心卽是常定何有出入若有出入卽非大定隍無對良久問曰師嗣誰耶策云我師曹溪六祖隍云六祖以何爲禪定策云我師所說妙湛圓寂體用如如五陰本空六塵非有不出不入不定不亂禪性無住離住禪寂禪性無生離生禪想心如虛空亦無虛空之量隍聞是說徑來謁師師問云仁者何來隍具述前緣師云誠如所言汝但心如虛空不著空見應用無礙動靜無心凡聖情忘能所俱泯性相如如無不定時也（一本無汝但以下三十五字止云師憫其遠來遂垂開決）隍於是大悟二十年所得心都無影響其夜河北士庶聞空中有聲云隍

七〇　一僧參ず

七一　慧能、傳衣を示す

後禮辭復歸河北開化四
衆

(60)一僧問師云黃梅意
旨甚麼人得師云會佛法
人得僧云和尙還得否師
云我不會佛法

(61)師一日欲濯所授之
衣而無美泉因至寺後五
里許見山林鬱茂瑞氣盤
旋師振錫卓地泉應手而
出積以爲池乃跪膝浣衣
石上忽有一僧來禮拜云
方辯是西蜀人昨於南天
坐國見達摩大師囑方辯
速往唐土吾傳大迦葉正
法眼藏及僧伽梨見傳六
代於韶州曹溪汝去瞻禮
方辯遠來願見我師傳來
衣鉢師乃出示次問上人
攻何事業方辯曰善塑師

禪師今日得道隍後禮辭
復歸河北開化四衆

(61)一僧問師云黃梅意
旨甚麼人得師云會佛法
人得僧云和尙還得否師
云我不會佛法

(62)師一日欲濯所授之
衣而無美泉因至寺後五
里許見山林鬱茂瑞氣盤
旋師振錫卓地泉應手而
出積以爲池乃跪膝浣衣
石上忽有一僧來禮拜云
方辯是西蜀人昨於南天
竺國見達磨大師囑方辯
速往唐土吾傳大迦葉正
法眼藏及僧伽梨見傳六
代於韶州曹溪汝去瞻禮
方辯遠來願見我師傳來
衣鉢師乃出示次問上人
攻何事業曰善塑師正色

七三 臥輪・慧能の偈　偈　偈

〔敦煌本〕

〔大乘寺本〕

〔興聖寺本〕

〔德異本〕

正色曰汝試塑看方辯罔
措數日塑就眞相可高七
寸曲盡其妙呈似師師笑
曰汝只解塑性不解佛性
師舒手摩方辯頂曰永爲
人天福田

(62)有僧舉臥輪禪師偈
云

臥輪有伎倆
能斷百思想
對境心不起
菩提日日長

師聞之曰此偈未明心地
若依而行之是加繫縛因
示一偈曰

惠能沒伎倆
不斷百思想
對境心數起

〔宗寶本〕

曰汝試塑看辯罔措過數
日塑就眞相可高七寸曲
盡其妙師笑曰汝只解塑
性不解佛性師舒手摩方
辯頂曰永爲人天福田仍師以衣酬之辯取衣分爲三一披塑像一自留一用椶裹瘞地中誓曰後得此衣乃吾出世住持於此重建殿宇宋嘉祐八年有僧惟先修殿掘地得衣如新像在高泉寺祈禱輒應

(63)有僧舉臥輪禪師偈
曰

臥輪有伎倆
能斷百思想
對境心不起
菩提日日長

師聞之曰此偈未明心地
若依而行之是加繫縛因
示一偈曰

惠能沒伎倆
不斷百思想
對境心數起

(46)又有一僧名神會南陽人也至漕溪山禮拜問言和尚座禪見亦不見大師起把(坐)打神會三下卻問神會吾打汝痛不痛神會答言亦痛亦不痛六祖言曰吾亦見亦不見神會又問大師何以亦見亦不見大師言吾亦見常見自過患故云亦見亦不見者不見天地人過罪所以亦見亦不也汝亦痛亦不痛如何神會答曰若不痛卽同无情木石若痛卽同凡卽起於恨大師言神會向前見不見是兩邊痛是生滅汝自性且不見敵(敢)(爾)來弄人(神會)禮拜禮拜更不言大師言汝心迷不見問善知識覓路以(汝)心悟自見依法修行

(53)又玉泉寺有一童子、年十三歲、南陽縣人、名曰神會、來至曹溪禮師三拜問曰、和尚坐禪、還見不見、師以柱杖打三下卻問吾打汝還痛不痛、答曰、亦痛亦不痛、師曰、吾亦見亦不見、神會問、如何是亦見亦不見、師曰、吾之所見、常見自心過愆、不見他人是非好惡、所以亦見亦不見、汝言亦痛亦不痛如何汝若不痛、同其木石、若痛卽同凡夫、應生瞋恨、師言、神會小兒、向前見不見是二邊痛不痛屬生滅、汝自性且不見、敢來弄人、神會禮拜悔謝、更不敢言、師曰、汝心迷、不見、問善知識覓路、汝心悟卽自見性、依法修行、

(55)又玉泉寺、有一童子、年十三歲、當陽縣人、名曰神會、禮師三拜問曰、和尚坐禪、還見不見、師以柱杖打三下、卻問吾打汝、痛不痛、對云亦痛亦不痛、師曰吾亦見亦不見、神會問如何是亦見亦不見、師言吾之所見、常見自心過愆、不見他人是非好惡、是以亦見亦不見、汝言亦痛亦不痛如何、汝若不痛、同其木石、若痛卽同凡夫、卽起於恨、師曰神會小兒向前見不見是二邊、痛不痛屬生滅、汝自性且不見、敢來弄、人、神會禮拜、悔謝、更不敢言、師又曰汝若心迷、不見、問善知識覓路、汝若心悟、卽自見性、依法修行、汝自

菩提作麼長

(67)有一童子名神會襄陽高氏子年十三自玉泉來參禮師曰知識遠來艱辛還將得本來否若有本則合識主試說看會曰以無住爲本見卽是主師曰這沙彌爭合取次語以柱杖打三下會乃問曰和尚坐禪還見不見師云吾打汝是痛不痛對曰亦痛亦不痛師曰吾亦見亦不見神會問如何是亦見亦不見師言吾之所見常見自心過愆不見他人是非好惡是以亦見亦不見汝言亦痛亦不痛如何汝若不痛同其木石若痛則同凡夫卽起恚恨汝向前見不見是二邊痛不痛是生滅汝自性且不見敢爾戲論

菩提作麼長

(68)有一童子名神會襄陽高氏子年十三自玉泉來參禮師曰知識遠來艱辛還將得本來否若有本則合識主試說看會曰以無住爲本見卽是主師曰這沙彌爭合取次語會乃問曰和尚坐禪還見不見師以柱杖打三下云吾打汝痛不痛對曰亦痛亦不痛師曰吾亦見亦不見神會問如何是亦見亦不見師云吾之所見常見自心過愆不見他人是非好惡是以亦見亦不見汝言亦痛亦不痛如何汝若不痛同其木石若痛則同凡夫卽起恚恨汝向前見不見是二邊痛不痛是生滅汝自性且不見敢爾弄人神

七四 門人に遺誡す

〔敦煌本〕

汝自名不見自心卻來問
惠能見否吾不自知伐(代)汝
迷不得汝若自見伐(代)得吾
迷何不自修問吾見否神
會作禮便爲門人不離漕
溪山中常在左右

〔大乘寺本〕

汝迷不見自心、卻來問吾
見與不見、吾見自知代汝
迷不得、汝若自見、不代吾
迷、何不自知見、問吾見不
見、神會禮經百拜、求謝愆
過、請事爲師、不離左右

〔興聖寺本〕

迷不見自心、卻來問吾見
與不見、吾見自知、豈代汝
迷、汝若自見、亦不代吾迷、
何不自知自見、乃問吾見
與不見、神會禮百餘拜、求
謝愆過、請事爲師、不離左
右、

〔德異本〕

神會禮拜悔謝師又曰汝
若心迷不見問善知識覓
路汝若心悟即自見性依
法修行汝自迷不見自心
卻來問吾見與不見吾見
自知豈代汝迷汝若自見
亦不代吾迷何不自知自
見乃問吾見與不見神會
再禮百餘拜求謝過愆服
勤給侍不離左右

(68)一日師告衆曰吾有
一物無頭無尾無名無字
無背無面諸人還識否神
會出曰是諸佛之本源神
會之佛性師曰向汝道無
名無字汝便喚作本源佛
性汝向去有把茆蓋頭也
只成箇知解宗徒會後入
京洛大弘曹溪頓教著顯

〔宗寶本〕

會禮拜悔謝師又曰汝若
心迷不見問善知識覓路
汝若心悟即自見性依法
修行汝自迷不見自心卻
來問吾見與不見吾見自
知豈代汝迷汝若自見亦
不代吾迷何不自知自見
乃問吾見與不見神會再
禮百餘拜求謝過愆服勤
給侍不離左右

(69)一日師告衆曰吾有
一物無頭無尾無名無字
無背無面諸人還識否神
會出曰是諸佛之本源神
會之佛性師曰向汝道無
名無字汝便喚作本源佛
性汝向去有把茆蓋頭也
只成箇知解宗徒祖師滅
後會入京洛大弘曹溪頓

七五
勅詔、および薛簡との問答

宗記行于世

（70）唐朝徵詔第八

神龍二年上元日則天中宗詔云朕請安秀二師宮中供養萬機之暇每究一乘二師推讓云南方有能禪師密受忍大師衣法傳佛心印可請彼問今遣內侍薛簡馳詔迎請願師慈念速赴上京師上表辭疾願終林麓薛簡曰京城禪德皆云欲得會道必須坐禪習定若不因禪定而得解脫者未之有也未審師所說法如何師曰道由心悟豈在坐也經云若言如來若坐若臥是行邪道何故無所從來亦無所去無生無滅是如來清淨禪諸法空寂是如來清淨坐究

教著顯宗記盛行于世是
爲荷澤禪師

（71）宣詔第九

神龍元年上元日則天中宗詔云朕請安秀二師宮中供養萬機之暇每究一乘二師推讓云南方有能禪師密授忍大師衣法傳佛心印可請彼問今遣內侍薛簡馳詔迎請願師慈念速赴上京師上表辭疾願終林麓薛簡曰京城禪德皆云欲得會道必須坐禪習定若不因禪定而得解脫者未之有也未審師所說法如何師曰道由心悟豈在坐也經云若言如來若坐若臥是行邪道何故無所從來亦無所去無生無滅是如來清淨禪諸法空寂是如來清淨坐究

〔敦煌本〕

〔大乘寺本〕

〔興聖寺本〕

〔德異本〕

竟無證豈況坐耶簡曰弟子回京主上必問願師慈悲指示心要傳奏兩宮及京城道學者譬如一燈然百千燈冥者皆明明明無盡師云道無明暗明暗是代謝之義明明無盡亦是有盡相待立名故淨名經云法無有比無相待故簡曰明喩智慧暗喩煩惱修道之人倘不以智慧照破煩惱無始生死憑何出離師曰煩惱卽是菩提無二無別若以智慧照破煩惱者此是二乘見解羊鹿等機上智大根悉不如是簡曰如何是大乘見解師曰明與無明凡夫見二智者了達其性無二無二之性卽是實性實性者處凡愚

〔宗寶本〕

竟無證豈況坐耶簡曰弟子同京主上必問願師慈悲指示心要傳奏兩宮及京城學道者譬如一燈然百千燈冥者皆明明明無盡師云道無明暗明暗是代謝之義明明無盡亦是有盡相待立名故淨名經云法無有比無相待故簡曰明喩智慧暗喩煩惱修道之人倘不以智慧照破煩惱無始生死憑何出離師曰煩惱卽是菩提無二無別若以智慧照破煩惱者此是二乘見解羊鹿等機上智大根悉不如是簡曰如何是大乘見解師曰明與無明凡夫見二智者了達其性無二無二之性卽是實性實性者處凡愚

而不減在賢聖而不增住
煩惱而不亂居禪定而不
寂不斷不常不來不去不
在中間及其內外不生不
滅性相如如常住不遷名
之曰道簡曰師說不生不
滅何異外道師曰外道所
說不生不滅者將滅止生
以生顯滅滅猶不滅生說
不生我說不生不滅者本
自無生今亦無滅所以不
同外道汝若欲知心要但
一切善惡都莫思量自然
得入清淨心體湛然常寂
妙用恒沙簡蒙指教豁然
大悟禮謝歸闕表奏師語
其年九月三日有詔獎諭
師曰師辭老疾爲朕修道
國之福田師若淨名托疾
毗耶闡揚大乘傳語佛心
談不二法薛簡傳師指授
如來知見朕積善餘慶宿

而不減在賢聖而不增住
煩惱而不亂居禪定而不
寂不斷不常不來不去不
在中間及其內外不生不
滅性相如如常住不遷名
之曰道簡曰師說不生不
滅何異外道師曰外道所
說不生不滅者將滅止生
以生顯滅滅猶不滅生說
不生我說不生不滅者本
自無生今亦不滅所以不
同外道汝若欲知心要但
一切善惡都莫思量自然
得入清淨心體湛然常寂
妙用恒沙簡蒙指教豁然
大悟禮辭歸闕表奏師語
其年九月三日有詔獎諭
師曰師辭老疾爲朕修道
國之福田師若淨名托疾
毗耶闡揚大乘傳諸佛心
談不二法薛簡傳師指授
如來知見朕積善餘慶宿

夫　三科の法門

〔敦煌本〕

(47)

大師遂喚門人法海志誠法達智常志通志徹志道法珍法如神會大師言汝等拾弟子近前汝等不同餘人吾滅度後汝各爲一方頭吾教汝說法不失本宗擧科法門動三十六對出沒卽離兩邊說一切法莫離於性相若有人問法出語盡雙皆取法對來去相因究竟二法盡除更無去處三科法門者蔭(陰)界入

〔大乘寺本〕

(54) 十一　教示十僧傳法　滅度年月附

爾時師喚門人法海志達神會智常智通志徹志道法珍法如等、報言、吾滅度後、凡爲人師、改易者多、汝等十人、向前汝等不同餘人、吾滅度後、各爲一方師、吾今教汝諸法、不失本宗、先須擧三科法門動用、三十六對出沒、卽離兩邊、說一切法、莫離自性、忽有人問、出語盡雙、皆取對法、來去相因究竟、二法盡除、更

〔興聖寺本〕

(56) 十一　教示十僧傳法門　滅度年月附

爾時師喚門人法海、志誠、法達、神會、智常、智通、志徹、志道、法珍、法如、等言、汝等十人向前汝等不同餘人、吾滅度後、各爲一方師、吾今教汝說法不失本宗、先須擧三科、法門、動用三十六對、出沒卽離兩邊、說一切、法、莫離自性、忽有人問汝法、出語、盡雙皆取對法來去相因、究竟二法、盡除、更無去處、三科法門者、陰

〔德異本〕

種善根値師出世頓悟上乘感荷師恩頂戴無已拜奉磨衲袈裟及水晶鉢勅韶州刺史飾寺宇賜師舊居爲國恩寺

(71) 法門對示第九

師一日喚門人法海志誠法達神會智常智通志徹志道法珍法如等曰汝等不同餘人吾滅度後各爲一方師吾今教汝說法不失本宗先須擧三科法門動用三十六對出沒卽離兩邊說一切法莫離自性忽有人問汝法出語盡雙皆取對法來去相因究竟二法盡除更無去處三科法門者陰界入也陰是五

〔宗寶本〕

種善根値師出世頓悟上乘感荷師恩頂戴無已幷奉磨衲袈裟及水晶鉢勅韶州刺史修飾寺宇賜師舊居爲國恩寺

(72) 付囑第十

師一日喚門人法海志誠法達神會智常智通志徹志道法珍法如等曰汝等不同餘人吾滅度後各爲一方師吾今教汝說法不失本宗先須擧三科法門動用三十六對出沒卽離兩邊說一切法莫離自性忽有人問汝法出語盡雙皆取對法來去相因究竟二法盡除更無去處三科法門者陰界入也陰是五

七　三十六對の法

蔭(陰)是五蔭(陰)界十八界是十二入何名五蔭(陰)色蔭(陰)受蔭(陰)相蔭(陰)行蔭(陰)識蔭(陰)是何名十八界六塵六門六識何名十二入外六塵中六門何名六塵色聲香未(味)獨(觸)法是何名六門眼耳鼻舌身意是法性起六識眼識耳識鼻識舌識身識意識六門六塵自性含萬法名爲含藏識思量卽轉識生六識出六門六塵是三六十八由自性邪起十八邪含自性十八正含惡用卽衆生善用卽佛用油(由)何等油(由)自性

(48)對外境无情對有五天與地對日與月對暗與明對陰與陽對水與火對語與言對法與相對有十二對有爲无爲有色无色

無去處○三科者、陰界入○五陰者、色受想行識○十二入者、外六塵內六門、六塵者、色聲香味觸法、○六門者、眼耳鼻舌身意、各有一識、○十八界者、六門六塵六識、爲之十八、自性含萬法、名含藏識、若起思量、卽是轉識、轉識生六識、出六門、見六塵、三六十八、由自性用、自性邪、起十八邪、合自性正、起十八正、惡用卽衆生、善用卽是佛、用由何等、由自性對、解用卽通一切法、自身是佛、

(55)外境無情五對、天地對、陰陽對、日月對、明暗對、水火對、法相語言十二對、語與法對、有爲無爲對、有色無色對、有漏無漏對、色

界入也、陰是五陰、色受想行識是也、入是十二入、外六塵色聲香味觸法、內六門眼耳鼻舌身意是也、界是十八界、六塵六門六識是也、自性能含萬法、名含藏識、若起思量、卽是轉識、生六識、出六門、見六塵、三六一十八、由自性起用、自性若邪、起十八邪、自性若正、起十八正、含惡用卽衆生用、善用卽佛用、用由何等、由自性有、

(57)對法外境無情五對、天與地對、日與月對、明與暗對、陰與陽對、水與火對、此是五對也、法相語言十二對、語與法對、有與無對、

陰色受想行識是也入是十二入外六塵色聲香味觸法內六門眼耳鼻舌身意是也界是十八界六塵六門六識是也自性能含萬法名含藏識若起思量卽是轉識生六識出六門見六塵如是一十八界皆從自性起用自性若邪起十八邪自性若正起十八正含惡用卽衆生用善用卽佛用用由何等由自性有

(72)對法外境無情五對天與地對日與月對明與暗對陰與陽對水與火對此是五對也法相語言十二對語與法對有與無對

陰色受想行識是也入是十二入外六塵色聲香味觸法內六門眼耳鼻舌身意是也界是十八界六塵六門六識是也自性能含萬法名含藏識若起思量卽是轉識生六識出六門見六塵如是一十八界皆從自性起用自性若邪起十八邪自性若正起十八正若惡用卽衆生用善用卽佛用用由何等由自性有

(73)對法外境無情五對天與地對日與月對明與暗對陰與陽對水與火對此是五對也法相語言十二對語與法對有與無對

〔敦煌本〕

對有相无相對有漏无漏
對色與空對動與淨(靜)對清
與濁對凡與性(聖)對僧與俗
對老與少對大〻與小〻
對長與短對高與下對自
性居起用對有十九對邪
與正對癡與惠對愚與智
對亂與定對戒與非對直
與典(曲)對實與虛對嶮與平
對煩惱與菩提對慈與空(害)
對喜與嗔對捨與慳對進
與退對生與滅對常與无
常對法身與色身對化身
與報身對體與用對性與
相有清(情)无親對言語與法
相有十二對內外境有無
五對三身有三對都合成
三十六對法也此三十六
對法解用通一切經出入
卽離兩邊如何自性起用

〔大乘寺本〕

與空對、有相無相對、凡聖
對、僧俗對、動靜對、清濁對、
老少對、大小對、自性起用、
十九對、長短對、邪正對、亂
定對、戒非對、曲直對、癡慧
對、愚智對、慈毒對、實虛對、
險平對、煩惱菩提對、悲苦
對、瞋喜對、捨慳對、進退對、
生滅對、常與無常對、法身
色身對、化身報身對、都三
十六對、師言、此是對法、若
解用、卽通貫一切經、出入
卽離兩邊、自性動用、共人
言語、外於相離相、內於空
離空、若執全空、唯長無明、
又卻謗經、言不用文字、師
曰、說法之人、口云不用文
字、世人道者盡不合、言正
語之時、卽是文字、文字上
說空、本性不空、卽是文字

〔興聖寺本〕

有色與無色對、有相與無
相對、有漏與無漏對、色與
空對、動與靜對、清與濁對、
凡與聖對、僧與俗對、老與
少對、大與小對、此是十二
對也、自性起用十九對、長
與短對、邪與正對、癡與慧
對、愚與智對、亂與定對、慈
與毒對、戒與非對、直與曲
對、實與虛對、險與平對、煩
惱與菩提對、常與無常對、
悲與害對、喜與嗔對、捨與
慳對、進與退對、生與滅對、
法身與色身對、化身與報
身對、此是十九對也、師言
此是三十六對法、若解用
卽通貫一切經法、出入卽
離兩邊、自性動用共人言
語、外於相離相、內於空離
空、若全著相、卽長邪見、若

〔德異本〕

有色與無色對有相與無
相對有漏與無漏對色與
空對動與靜對清與濁對
凡與聖對僧與俗對老與
少對大與小對此是十二
對也自性起用十九對長
與短對邪與正對癡與慧
對愚與智對亂與定對慈
與毒對戒與非對直與曲
對實與虛對險與平對煩
惱與菩提對常與無常對
悲與害對喜與嗔對捨與
慳對進與退對生與滅對
法身與色身對化身與報
身對此是十九對也師言
此三十六對法若解用卽
道貫一切經法出入卽離
兩邊自性動用共人言語
外於相離相內於空離空
若全著相卽長邪見若全

〔宗寶本〕

有色與無色對有相與無
相對有漏與無漏對色與
空對動與靜對清與濁對
凡與聖對僧與俗對老與
少對大與小對此是十二
對也自性起用十九對長
與短對邪與正對癡與慧
對愚與智對亂與定對慈
與毒對戒與非對直與曲
對實與虛對險與平對煩
惱與菩提對常與無常對
悲與害對喜與瞋對捨與
慳對進與退對生與滅對
法身與色身對化身與報
身對此是十九對也師言
此三十六對法若解用卽
道貫一切經法出入卽離
兩邊自性動用共人言語
外於相離相內於空離空
若全著相卽長邪見若全

三十六對共人言語出外於離相入內於空離空著空卽惟長无名著相惟邪見謗法直言不用文字既云不用文字大(人)不合言ゝ語ゝ卽是文字自性上説空正語言本性不空迷自惑語言除故暗不自暗以(明)名故暗ゝ不自暗以名變暗以暗現明來去相因三十六對亦復如是

無邪心卽自大道不立文字只這不立兩字卽是文字見人所説便卽謗他言著文字汝等須知自迷猶可又謗佛經不要謗經罪障無數著相於外而求眞戒廣立道場説有無之過患如是之人累劫不可見性不勸依法修行莫百物不思於道自生質礙若聽説不修令人返生邪念但能依法修行常行無相法施師言汝等若悟依此説依此用依此行依此作卽不失本宗若有人問汝義問有將無答問無將有答問凡以聖對問聖以凡對問一邊將一邊對二法相因生中道義教汝一問餘問一依此作三十六對法卽不失理也吾今教汝一答人問何名爲暗答云明

全執空卽長無明執空之人有謗經直言不用文字既云不用文字人亦不合語言只此語言便是文字之相又云直道不立文字卽此不立兩字亦是文字見人所説便卽謗他言著文字汝等須知自迷猶可又謗佛經不要謗經罪障無數著相於外而作法求眞或廣立道場説有無之過患如是之人累劫不可見性不勸依法修行但只聽説修行又莫百物不思而於道性窒(質イ)礙若聽説不修令人反生邪念但依法修行無住相法施汝等若悟依此説依此用依此行依此作卽不失本宗若有人問汝義問有將無對問無將有對問凡以聖對問聖以凡對二法相因生中

執空卽長無明執空之人有謗經直言不用文字既云不用文字人亦不合語言只此語言便是文字之相又云直道不立文字卽此不立兩字亦是文字見人所説便卽謗他言著文字汝等須知自迷猶可又謗佛經不要謗經罪障無數若著相於外而作法求眞或廣立道場説有無之過患如是之人累劫不可見性但聽依法修行又莫百物不思而於道性窒礙若聽説不修令人反生邪念但依法修行無住相法施汝等若悟依此説依此用依此行依此作卽不失本宗若有人問汝義問有將無對問無將有對問凡以聖對問聖以凡對二道相因生中道義汝一問一

執空卽長無明執空之人有謗經直言不用文字既云不用文字人亦不合語言只此語言便是文字之相又云直道不立文字卽此不立兩字亦是文字見人所説便卽謗他言著文字汝等須知自迷猶可又謗佛經不要謗經罪障無數若著相於外而作法求眞或廣立道場説有無之過患如是之人累劫不得見性但聽依法修行又莫百物不思而於道性窒礙若聽説不修令人反生邪念但依法修行無住相法施汝等若悟依此説依此用依此行依此作卽不失本宗若有人問汝義問有將無對問無將有對問凡以聖對問聖以凡對二道相因生中道義如一問一

七八　壇經を稟受すべきこと
七九　眞假動靜の偈

〔敦煌本〕

(49) 大師言十弟子已後傳法遞相教授一卷檀(壇)經不失本宗不稟授檀(壇)經非我宗旨如今得了遞伐(代)流行得遇檀(壇)經者如見吾親授拾僧得教授已寫爲檀(壇)經遞伐(代)流行得者必當見性

(50) 大師先天二年八月三日滅度七月八日喚門人告別大師天元年於樟州國

〔大乘寺本〕

是因、暗卽緣、有明、明沒卽暗、但無明暗、以明顯暗、以暗現明、來去相因、成中道義、餘問悉皆如此、

(56) 師教十僧已、報言、於後傳法、遞相教授壇經、卽不失宗旨、汝今得了、遞代流行、後人得遇壇經、如親見吾、教示十僧、汝等抄取、代代流行、若看壇經、必當見性、

(57) 大師先天元年、於新州國恩寺造塔、至二年七月八日、喚門人告別、師言、汝等

〔興聖寺本〕

道義、汝一問一對、餘問一依此作、卽不失理也、設有人問何名爲暗、答云明是因、暗是緣、明沒卽暗、以明顯暗、以暗現明、來去相因、成中道義、餘問悉皆如此、

(58) 師教十僧、於後傳法、以壇經迭相教授、卽不失宗旨、汝今已得法了、遞代流行、後人得遇壇經、如親承吾教、若看壇經、必當見性、

(59) 大師以先天元年、於新州國恩寺造塔、至二年七月八日、喚門人告別、師言、汝

〔德異本〕

對餘問一依此作卽不失理也設有人問何名爲暗答云明是因暗是緣明沒卽暗以明顯暗以暗顯明來去相因成中道義餘問悉皆如此

(73) 汝等於後傳法依此迭相教授勿失宗旨

(74) 付囑流通第十

師於太極元年壬子七月（玄宗八月卽位方改先天元年次年遂改爲開元先天卽無二年他本作先天二年者非）命門人往新州國恩寺建

〔宗寶本〕

對餘問一依此作卽不失理也設有人問何名爲闇答云明是因闇是緣明沒卽闇以明顯闇以闇顯明來去相因成中道義餘問悉皆如此

(74) 汝等於後傳法依此轉相教授勿失宗旨

(75) 師於太極元年壬子延和七月（是年五月改延和八月玄宗卽位方改元先天次年遂改開元他本作先天者非）命門人往新州國恩

恩寺造塔至先天二年七月告別大師言汝衆近前五(吾)至八月欲離世間汝等有疑早問爲外破疑當令迷者盡使與安樂吾若去後无入教與法海等衆僧聞已涕淚悲泣唯有神會不動亦不悲泣六祖言神會小僧卻得善等毀譽不動除(餘)者不得數年山中更修何道汝今悲泣更有阿誰憂吾不知去處在若不知去處終不別汝ゝ等悲泣卽不知吾處若知去處卽不悲泣性聽无生无滅无去无來汝等盡座吾與如(汝)一偈眞假動淨(靜)偈與(汝)等盡誦取見此偈意汝吾同於此修行不失宗旨僧衆禮拜請大師留偈敬心受特(持)偈曰

近前、吾至八月、欲離世間、汝等有疑、早須相問、爲汝破疑、當令迷盡、使汝安樂、吾若去後、無人教汝、法海等聞、悉皆涕泣、唯有神會不動神情、亦無涕泣、師曰、神會小師、卻善不善等、毀譽不動、餘者空得數年在山、修行何道、汝今悲泣、爲憂阿誰、若憂不知去處、吾自知去、吾若不知去處、終不別汝等、汝等悲泣、爲不知吾去處、知吾去處、不合悲泣、法性體無生滅去來、汝等盡坐、吾與汝等說一偈、名曰眞假動靜、汝等誦取此偈、與吾意同、依此修行、不失宗旨、衆僧作禮、請師說偈

等近前、吾至八月欲離世間、汝等有疑、早須相問、爲汝破疑、當令迷盡、使汝安樂、吾若去後、無人教汝、法海等聞、悉皆涕泣、唯有神會不動神情、亦無涕泣、師曰神會小師、卻得善不善等、毀譽不動、餘者不得數年在山修行何道、汝今悲泣、爲憂阿誰、若憂吾不知去處、吾自知去處、吾若不知去處、終不別汝、汝等悲泣、蓋爲不知吾去處、若知吾去處、卽不合悲泣、法性本無生滅去來、汝等盡坐、吾與汝等一偈、名曰眞假動靜偈、汝等誦取此偈、與吾意同、依此修行、不失宗旨、衆僧作禮請師說偈偈曰

塔仍命促工次年夏末落成七月一日集徒衆曰吾至八月欲離世間汝等有疑早須相問爲汝破疑令汝迷盡吾若去後無人教汝法海等聞悉皆涕泣惟有神會不動神情亦無涕泣師曰神會小師卻得善不善等毀譽不動哀樂不生餘者不得數年在山竟修何道汝今悲泣爲憂阿誰若憂吾不知去處吾自知去處吾若不知去處終不預報於汝汝等悲泣蓋爲不知吾去處若知吾去處卽不合悲泣法性本無生滅去來汝等盡坐吾與汝等一偈名曰眞假動靜偈汝等誦取此偈與吾意同依此修行不失宗旨衆僧作禮請師說偈偈曰

寺建塔仍令促工次年夏末落成七月一日集徒衆曰吾至八月欲離世間汝等有疑早須相問爲汝破疑令汝迷盡吾若去後無人教汝法海等聞悉皆涕泣惟有神會神情不動亦無涕泣師云神會小師卻得善不善等毀譽不動哀樂不生餘者不得數年山中竟修何道汝今悲泣爲憂阿誰若憂吾不知去處吾自知去處吾若不知去處終不預報於汝汝等悲泣蓋爲不知吾去處若知吾去處卽不合悲泣法性本無生滅去來汝等盡坐吾與汝說一偈名曰眞假動靜偈汝等誦取此偈與吾意同依此修行不失宗旨衆僧作禮請師說偈偈曰

偈

〔敦煌本〕

一切无有眞
不以見於眞
若見衣(於)眞者
是見盡非眞
若能自有眞
離假即心眞
自心不離假
无眞何處眞
有性即解動
无性即不動
若修不動行
同无情不動
若見眞不動
動上有不動
不動是不動
无情无佛衆(種)
能善分別相
弟(第)一義不動
若悟作此見
則是眞如用

〔大乘寺本〕

一切無有眞
不以見於眞
若見於眞者
是見盡非眞
若能自有眞
離假即非眞
自心不離假
無眞何處眞
有情即解動
無情即不動
若修不動行
同無情不動
若覔眞不動
動上有不動
不動是不動
無情無佛種
能善分別相
第一義不動
但作如是見
即是如眞用

〔興聖寺本〕

一切無有眞
不以見於眞
若見於眞者
是見盡非眞
若能自有眞
離假即心眞
自心不離假
無眞何處眞
有情即解動
無情即不動
若修不動行
同無情不動
若覔眞不動
動上有不動
不動是不動
無情無佛種
能善分別相
第一義不動
但作如此見
即是眞如用

〔德異本〕

一切無有眞
不以見於眞
若見於眞者
是見盡非眞
若能自有眞
離假即心眞
自心不離假
無眞何處眞
有情即解動
無情即不動
若修不動行
同無情不動
若覔眞不動
動上有不動
不動是不動
無情無佛種
能善分別相
第一義不動
但作如此見
即是眞如用

〔宗寶本〕

一切無有眞
不以見於眞
若見於眞者
是見盡非眞
若能自有眞
離假即心眞
自心不離假
無眞何處眞
有情即解動
無情即不動
若修不動行
同無情不動
若覔眞不動
動上有不動
不動是不動
無情無佛種
能善分別相
第一義不動
但作如此見
即是眞如用

報諸學道者
努力須用意
莫於大乘門
卻執生死智
前頭人相應
即共論佛語
若實不相應
合掌令勸善(喜)
此教本无諍
无諍失道意
執迷諍法門
自性入生死

(六) 傳衣と六代祖師の傳法偈

(51)衆僧既聞識大師意更不敢諍依法修行一時禮拜即之(知)大師不求(永)住世上座法海向前言大ゝ師ゝ去後衣法當付何人大師言法即付了汝不須問吾滅後二十餘年邪法遼亂惑我宗旨有人出來不惜身命弟(定)佛教是非竪立

報諸學道人
努力自用意
莫於大乘門
卻執生死智
若言下相應
即共論佛義
若實不相應
合掌令歡喜
此宗本無諍
諍即失道意
執迷諍法門
自性入生死

(58)時衆僧聞、知大師意、更不敢諍、各自攝心、依法修行、一時禮拜、即知大師不久住世、法海上座問曰、和尚去後、衣法當付何人、師言、吾於大梵寺說法、直至今日、抄錄流行、名法寶壇經、汝等守護、度諸群生、但依此說是眞正法、師言、

報諸學道人
努力須用意
莫於大乘門
卻執生死智
若言下相應
即共論佛義
若實不相應
合掌令歡喜
此宗本無諍
諍即失道意
執迷諍法門
自性入生死

(60)時衆僧聞知大師意、更不敢諍、各自攝心、依法修行、一時禮拜、即知大師不久住世、法海上座問曰、和尚去後衣法當付何人、師曰吾於大梵寺說法、直至今日抄錄流行名法寶壇經記汝等守護、度諸羣生、但依此說、是眞正法、師

報諸學道人
努力須用意
莫於大乘門
卻執生死智
若言下相應
即共論佛義
若實不相應
合掌令歡喜
此宗本無諍
諍則失道意
執逆諍法門
自性入生死

(75)時徒衆聞說偈已普皆作禮並體師意各各攝心依法修行更不敢諍乃知大師不久住世法海上座再拜問曰和尚入滅之後依法當付何人師曰吾於大梵寺說法以至于今抄錄流行目曰法寶壇經汝等守護遞相傳授度諸

報諸學道人
努力須用意
莫於大乘門
卻執生死智
若言下相應
即共論佛義
若實不相應
合掌令歡喜
此宗本無諍
諍即失道意
執逆諍法門
自性入生死

(76)時徒衆聞說偈已普皆作禮竝體師意各各攝心依法修行更不敢諍乃知大師不久住世法海上座再拜問曰和尚入滅之後衣法當付何人師曰吾於大梵寺說法以至于今抄錄流行目曰法寶壇經汝等守護遞相傳授度諸

〔敦煌本〕

宗旨卽是吾正法衣不合
轉(傳)汝不信吾與誦先伐(代)五
祖傳衣付法誦(頌)若據弟(第)一
祖達摩頌意卽不合傳衣
聽(吾)五與汝頌〻曰

達磨の傳法偈

弟(第)一祖達摩和尙頌曰
吾大(本)來唐國
傳擻(教)救名(迷)清(情)
一花開五葉
結菓(果)自然成

二祖の傳法偈

弟(第)二祖惠可和尙頌曰
本來緣有地
從地種花生
當本願无地
花從何處生

三祖の傳法偈

弟(第)三祖僧璨和尙頌曰

〔大乘寺本〕

法海向前、吾滅度後、二十
年間、邪法繚亂、惑我正宗、
有一南陽縣人、出來不惜
身命、定於佛法、竪立宗旨、
卽是吾法、弘於河洛、此教
大行、師曰、汝今須知、衣不
合傳、汝若不信、吾與汝說
先聖達磨大師傳衣偈、據
此偈意、衣不合傳、汝聽偈
曰
吾本來東土
說(傳)法救迷情
一花開五葉
結果自然成

〔興聖寺本〕

言法海向前、吾滅度後、二
十年間、邪法撩亂、惑我正
宗、有一人出來、不惜身命、
定於佛法、竪立宗旨、卽是
吾法、弘於河洛、此教大行、
若非此人、衣不合傳、汝多
不信、吾與汝說先祖達磨
大師傳衣偈頌、據此偈頌、
之意、衣不合傳、偈曰
吾本來東土
說法敍(救)迷情
一花開五葉
結果自然成

〔徳異本〕

群生但依此說是名正法
今爲汝等說法不付其衣
蓋爲汝等信根淳熟決定
無疑堪任大事然據先祖
達摩大師付授偈意衣不
合傳偈曰
吾本來茲土
傳法救迷情
一花開五葉
結果自然成
師復曰汝等若欲成就種
智須達一相三昧一行三
昧若於一切處而不住相
於彼相中不生憎愛亦無
取捨不念利益成壞等事
安閒恬靜虛融澹泊此名

〔宗寶本〕

群生但依此說是名正法
今爲汝等說法不付其衣
蓋爲汝等信根淳熟決定
無疑堪任大事然據先祖
達磨大師付授偈意衣不
合傳偈曰
吾本來茲土
傳法救迷情
一華開五葉
結果自然成
師復曰諸善知識汝等各
各淨心聽吾說法若欲成
就種智須達一相三昧一
行三昧若於一切處而不
住相於彼相中不生憎愛
亦無取捨不念利益成壞

花種雖因地
地上種化(花)生
花種无生性
於地亦无生

四祖の傳法偈

弟(第)四祖道信和尚頌曰
花種有生性
因地種花生
先緣不和合
一切盡无性

五祖の傳法偈

弟(第)五祖弘忍和尚頌曰
有情來下種
无情花卽生
无情又无種
心地亦无生

六祖の傳法偈

弟(第)六祖惠能和尚頌曰
心地含情種
法雨卽花生
自吾(悟)花情種
菩提菓(果)自成

〈二〉重ねて二頌を說く

(52)能大師言汝等聽吾
作二頌取達摩和尚頌意

---

(59)
師曰、吾有一偈、亦用先聖
大師偈意、
心地含種性
法雨卽花生
頓悟花情意
菩提果自成

---

(61)
師曰吾有一偈、還用先聖
大師偈意偈曰
心地含種性
法雨卽花生
頓悟花情已
菩提果自成

---

(76)
一相三昧若於一切處行
住坐臥純一直心不動道
場眞成淨土此名一行三
昧若人具二三昧如地有
種含藏長養成熟其實一
相一行亦復如是我今說
法猶如時雨普潤大地汝
等佛性譬諸種子遇玆霑
洽悉得發生承吾旨者決
獲菩提依吾行者定證妙
果聽吾偈曰
心地含諸種
普雨悉皆萌
頓悟花情已
菩提果自成

---

(77)
等事安閒恬靜虛融澹泊
此名一相三昧若於一切
處行住坐臥純一直心不
動道場眞成淨土此名一
行三昧若人具二三昧如
地有種含藏長養成熟其
實一相一行亦復如是我
今說法猶如時雨普潤大
地汝等佛性譬諸種子遇
玆霑洽悉得發生承吾旨
者決獲菩提依吾行者定
證妙果聽吾偈曰
心地含諸種
普雨悉皆萌
頓悟華情已
菩提果自成

〔敦煌本〕

汝迷人依此頌修行必當
見性
弟(第)一頌曰
心地邪花放
五葉逐根隨
共造无明葉(業)
見被葉(業)風吹
弟(第)二頌曰
心地正花放
五葉逐恨(根)隨
共修般若惠
當來佛菩提
六祖説偈已了放衆生散
門人出外思惟卽知大師
不久住世

(53) 六祖後至八月三日

〔大乘寺本〕

師説偈已、令門人散、衆相
謂曰、大師多不久住世間、

(60) 師至先天二年八月

〔興聖寺本〕

師説偈已、令門人且散、衆
相謂曰、大師多應不久住
世間、

(62) 師至先天二年八月

〔德異本〕

師説偈已曰其法無二其
心亦然其道清淨亦無諸
相汝等愼勿觀靜及空其
心此心本淨無可取捨各
自努力隨緣好去爾時徒
衆作禮而退

(77) 大師七月八日忽謂

〔宗寶本〕

師説偈已曰其法無二其
心亦然其道清淨亦無諸
相汝等愼勿觀靜及空其
心此心本淨無可取捨各
自努力隨緣好去爾時徒
衆作禮而退

(78) 大師七月八日忽謂

食後大師言汝等善(著)位座五(吾)今共與(汝)等別法海聞言此頓教法傳受從上已來至今幾伐(代)六祖言初傳受七佛釋迦牟尼佛弟(第)七

二日食後報言汝等各著位坐今共汝別時法海問曰此法從上至今傳受幾代願和尚說師曰初六佛　釋迦第七

三日食後報言汝等各著位坐共汝相別時法海問言此法從上至今傳授幾代願和尚說師曰初　六佛　釋迦第七

門人曰吾欲歸新州汝等速理舟檝大衆哀留甚堅師曰諸佛出現猶示涅槃有來必去理亦常然吾此形骸歸必有所衆曰師從此去早晩可回師曰葉落歸根來時無日又問曰正法眼藏傳付何人師曰有道者得無心者通又問後莫有難否師曰吾滅後五六年當有一人來取吾首聽吾記曰頭上養親口裡須飧遇滿之難楊柳爲官又云吾去七十年有二菩薩從東方來一出家一在家同時興化建立吾宗締緝伽藍昌隆法嗣問曰未知從上佛祖應現已來傳授幾代願垂開示師云古佛應世已無數量不可計也今以七佛爲始過去莊嚴劫毘婆尸佛　尸棄佛

門人曰吾欲歸新州汝等速理舟楫大衆哀留甚堅師曰諸佛出現猶示涅槃有來必去理亦常然吾此形骸歸必有所衆曰師從此去早晩可回師曰葉落歸根來時無口又問曰正法眼藏傳付何人師曰有道者得無心者通又問後莫有難否師曰吾滅後五六年當有一人來取吾首聽吾記曰頭上養親口裏須餐遇滿之難楊柳爲官又云吾去七十年有二菩薩從東方來一出家一在家同時興化建立吾宗締緝伽藍昌隆法嗣問曰未知從上佛祖應現已來傳授幾代願垂開示師云古佛應世已無數量不可計也今以七佛爲始過去莊嚴劫毗婆尸佛尸棄佛毗

祖統說

〔敦煌本〕

大迦葉弟(第)八
阿難弟(第)九
末(末)田地弟(第)十
商郁(那)和修弟(第)十一
優婆掬多弟(第)十二
提多迦弟(第)十三
佛陁難提弟(第)十四
佛陁密多弟(第)十五
脇比丘弟(第)十六
富郁(那)奢弟(第)十七
馬鳴弟(第)十八
毗羅長(尊)者弟(第)十九
龍樹弟(第)二十
迦郁(那)提婆弟(第)廿一
羅睺羅弟(第)廿二
僧迦郁(那)提弟(第)廿三

〔大乘寺本〕

迦葉
阿難
商那和修
優波掬多
提多迦
彌遮迦尊者
波須密多
佛陁難提
伏駄密多
脇尊者
富那夜奢
馬鳴
迦毗羅尊者
龍樹
迦那提多
羅睺羅多

〔興聖寺本〕

迦葉
阿難
末田地
商那和修
優波毱多
提多迦
佛陁難提
佛陁蜜多
脇比丘
富那奢
馬鳴大士
毗羅尊者
龍樹大士
迦那提多
羅睺羅多
僧伽那提

〔德異本〕

毗舍浮佛　今賢劫拘留
孫佛　拘那含牟尼佛
迦葉佛　釋迦文佛　是
爲七佛釋迦文佛首傳
摩訶迦葉尊者
第二阿難尊者
第三商那和修尊者
第四優波毱多尊者
第五提多迦尊者
第六彌遮迦尊者
第七婆須密多尊者
第八佛駄難提尊者
第九伏駄密多尊者
第十脇尊者
十一富那夜奢尊者
十二馬鳴大士
十三迦毗摩羅尊者
十四龍樹大士
十五迦那提婆尊者
十六羅睺羅多尊者

〔宗寶本〕

舍浮佛今賢劫拘留孫佛
拘那含牟尼佛迦葉佛釋
迦文佛是爲七佛　已上
七佛今以釋迦文佛首傳
第一摩訶迦葉尊者
第二阿難尊者
第三商那和修尊者
第四優波毱多尊者
第五提多迦尊者
第六彌遮迦尊者
第七婆須蜜多尊者
第八佛駄難提尊者
第九伏駄蜜多尊者
第十脇尊者
十一富那夜奢尊者
十二馬鳴大士
十三迦毗摩羅尊者
十四龍樹大士
十五迦那提婆尊者
十六羅睺羅多尊者

㊁ 見眞佛解脫の頌

僧迦那(耶)舍弟(第)廿四
鳩摩羅馱第廿五
闍耶多弟(第)廿六
婆修盤多(頭)弟(第)廿七
摩拏羅第廿八
鶴勒那(那)弟(第)廿九
師子比丘弟(第)卅
舍那(那)婆斯弟(第)卅一
優婆堀弟(第)卅二
僧迦羅弟(第)三十三
須婆蜜多弟(第)三十四
南天竺國王子弟(第)三子菩
提達摩弟(第)三十五
唐國僧惠可弟(第)三十六
僧璨弟(第)三十七
道信弟(第)三十八
弘忍弟(第)三十九
惠能自身當今受法弟(第)十(四
十)四大師言今日已後遞相
傳受須有依約莫失宗旨
(54)法海又白大師今去

僧伽那提
僧伽耶舍
鳩摩羅馱
奢耶多
婆修槃頭
摩拏羅
鶴勒那
師子比丘
婆舍斯多
不如密多
般若多羅
菩提達磨
北齊惠可
唐僧璨
唐道信
唐弘忍
吾今惠能
師曰、吾今付法於汝、汝等
於後遞相傳授、須有稟承
衣約、莫失宗旨、
(61)法海白言、和尚留何

僧伽耶舍
鳩摩羅馱
闍夜多
婆修槃頭
摩拏羅
鶴勒那
師子比丘
婆舍斯多
優波掘多
婆須蜜多
僧迦羅叉
後魏菩提達磨
北齊惠可
隋朝僧璨
唐朝道信
弘忍
惠能
師曰衆人今當受法、汝等
於後遞相傳付須有稟承
依約莫失宗旨、
(63)法海白言、和尚留何

十七僧伽難提尊者
十八伽耶舍多尊者
十九鳩摩羅多尊者
二十闍耶多尊者
二十一婆須般頭尊者
二十二摩拏羅尊者
二十三鶴勒那尊者
二十四師子尊者
二十五婆舍斯多尊者
二十六不如密多尊者
二十七般若多羅尊者
二十八菩提達摩尊者此
土是爲初祖
二十九慧可大師
三十僧璨大師
三十一道信大師
三十二弘忍大師
慧能是爲三十三祖
從上諸祖各有稟承汝等
向後遞代流傳毋令乖悞
(78)大師開元元年癸丑

十七僧伽難提尊者
十八伽耶舍多尊者
十九鳩摩羅多尊者
二十闍耶多尊者
二十一婆修盤頭尊者
二十二摩拏羅尊者
二十三鶴勒那尊者
二十四師子尊者
二十五婆舍斯多尊者
二十六不如蜜多尊者
二十七般若多羅尊者
二十八菩提達磨尊者此土是爲初祖
二十九慧可大師
三十僧璨大師
三十一道信大師
三十二弘忍大師
惠能是爲三十三祖
從上諸祖各有稟承汝等
向後遞代流傳毋令乖誤
(79)大師先天二年癸丑

頌

〔敦煌本〕

留付何法今後伐(代)人如何
見佛六祖言汝聽後伐(代)迷
人但識衆生即能見佛若
不識衆生覔佛萬劫不得
見也五(吾)今教汝識衆生見
佛更留見眞佛解脱頌迷
即不見佛悟者即見法海
願聞伐(代)ゝ流傳世ゝ不絶
六祖言汝聽吾汝與說後
伐(代)世人若欲覔佛但識佛
心衆生即能識佛即像(緣)有
衆離衆生無佛心
迷即佛衆生
悟即衆生佛
愚癡佛衆生
智惠衆生佛
心劒(險)佛衆生
平等衆生佛
一生心若劒(險)
佛在衆生中

〔大乘寺本〕

教法、令後代迷人、得見自
性、師言、汝聽後代迷人若
識衆生、即見佛性、若不識
衆生、萬劫覔佛難逢吾今
教汝識自心衆生、見自心
佛性、汝志心聽、吾與汝說、
後代之人、欲求見佛、但識
衆生、師曰、只爲衆生迷佛、
非是佛迷衆生自性若悟、
衆生是佛、自性若迷、佛是
衆生、自性平直、衆生是佛、
自性邪儉、佛是衆生、師言、
法海汝等心若險曲、即佛
在衆生中、一念平直用心、
即是衆生成佛、我心自有
佛、自若無佛心、何處求眞
佛、

〔興聖寺本〕

教法、令後代迷人、得見自
性、師言汝等聽之、後代迷
人、若識衆生、即見佛性、若
不識衆生、萬劫覔佛、難逢、
吾今教汝、識自心衆生、見
自心佛性、吾與汝說、後代
之人、欲求見佛、但識衆生、
只爲衆生迷、佛非是佛迷、
衆生自性若悟、衆生是佛、
自性若迷、佛是衆生、自性
平等、衆生是佛、自心邪險、
佛是衆生、汝等心若險曲、
即佛在衆生中、一念平直、
即是衆生成佛、我心自有
佛、自若無佛心、何處求眞
佛、汝等自心是佛、更莫狐
疑、外無一切物而能建立、
皆是本心、生萬種法、故經
云、心生種種法生、心滅種
種法滅、

〔德異本〕

歲八月三日於國恩寺齋
罷謂諸徒衆曰汝等各依
位坐吾與汝別法海白言
和尚留何教法令後代迷
人得見佛性師言汝等諦
聽後代迷人若識衆生即
是佛性若不識衆生萬劫
覔佛難逢吾今教汝識自
心衆生見自心佛性欲求
見佛但識衆生只爲衆生
迷佛非是佛迷衆生自性
若悟衆生是佛自性若迷
佛是衆生自性平等衆生
是佛自性邪險佛是衆生
汝等心若險曲即佛在衆
生中一念平直即是衆生
成佛我心自有佛自佛是
眞佛自若無佛心何處求
眞佛汝等自心是佛更莫
狐疑外無一物而能建立

〔宗寶本〕

歲八月初三日(是年十二月改元開元)於
國恩寺齋罷謂諸徒衆曰
汝等各依位坐吾與汝別
法海白言和尚留何教法
令後代迷人得見佛性師
言汝等諦聽後代迷人若
識衆生即是佛性若不識
衆生萬劫覔佛難逢吾今
教汝識自心衆生見自心
佛性欲求見佛但識衆生
只爲衆生迷佛非是佛迷
衆生自性若悟衆生是佛
自性若迷佛是衆生自性
平等衆生是佛自性邪險
佛是衆生汝等心若險曲
即佛在衆生中一念平直
即是衆生成佛我心自有
佛自佛是眞佛自若無佛
心何處求眞佛汝等自心
是佛更莫狐疑外無一物

（四）自性眞佛解脱の頌

頌

一念吾若平
卽衆生自佛
我心自有佛
自佛是眞佛
自若无佛心
向何處求佛

(55)大師言汝等門人好
住吾留一頌名自性眞佛
解脱頌後伐(代)迷門(聞)此頌意
ゝ卽見自心自性眞佛與
汝此頌吾共汝別頌曰

眞如淨性是眞佛
邪見三毒是眞摩(魔)
邪見之人摩(魔)在舍
正見知人佛則過
性衆邪見三毒生
卽是摩(魔)王來住舍
正見忽則三毒生
摩(魔)變成佛眞无假
化身報身及淨身
三身元本是一身

---

(62)吾今留一偈與汝等
別名自性眞佛偈後代迷
人識此偈意自正本心成
佛(原本、以下一帖欠)

---

(64)吾今留一偈與汝等
別名自性眞佛偈後代迷
人識此偈意自見本心自
成佛道偈曰

眞如性淨是眞佛
邪見三毒是魔王
邪迷之時魔在舍
正見之時佛在堂
性中邪見三毒生
卽是魔王來住舍
正見自除三毒心
魔變成佛眞無假
法身報身及化身
三身本來是一身

皆是本心生萬種法故經
云心生種種法生心滅種
種法滅

(79)吾今留一偈與汝等
別名自性眞佛偈後代之
人識此偈意自見本心自
成佛道偈曰

眞如自性是眞佛
邪見三毒是魔王
邪迷之時魔在舍
正見之時佛在堂
性中邪見三毒生
卽是魔王來住舍
正見自除三毒心
魔變成佛眞無假
法身報身及化身
三身本來是一身

而能建立皆是本心生萬
種法故經云心生種種法
生心滅種種法滅

(80)吾今留一偈與汝等
別名自性眞佛偈後代之
人識此偈意自見本心自
成佛道偈曰

眞如自性是眞佛
邪見三毒是魔王
邪迷之時魔在舍
正見之時佛在堂
性中邪見三毒生
卽是魔王來住舍
正見自除三毒心
魔變成佛眞無假
法身報身及化身
三身本來是一身

〔敦煌本〕

若向身中覓自見
卽是佛菩提因
本從花身生淨性
淨性常在花身中
性使花身行正道
當來圓滿眞無窮
婬性本身淸淨因
除婬卽无淨性身
性中但自離吾(五)欲
見性刹郍(那)卽是眞
今生若吾(悟)頓教門
悟卽眼前見性(世)尊
若欲修行云覓佛
不知何處欲求眞
若能身中自有眞
有眞卽是成佛因
自不求眞外覓佛
去覓惣是大癡人
頓教法者是西流
求度世人須自修

〔大乘寺本〕

〔興聖寺本〕

若向性中能自見
卽是成佛菩提因
本從化身生淨性
淨性常在化身中
性使化身行正道
當來圓滿眞無窮
婬性本是淨性因
除婬卽無淨性身
性中各自離五欲
見性刹那卽是眞
今生若悟頓法門
忽悟自性見世尊
汝若修行覓作佛
不知何處擬求眞
若能心中自見眞
有眞卽是成佛因
不見自性外覓佛
起心總是大癡人
頓教法門今已留
救度世人須自修

〔德異本〕

若向性中能自見
卽是成佛菩提因
本從化身生淨性
淨性常在化身中
性使化身行正道
當來圓滿眞無窮
婬性本是淨性因
除婬卽是淨性身
性中各自離五欲
見性刹那卽是眞
今生若遇頓教門
忽悟自性見世尊
若欲修行覓作佛
不知何處擬求眞
若能心中自見眞
有眞卽是成佛因
不見自性外覓佛
起心總是大癡人
頓教法門今已留
救度世人須自修

〔宗寶本〕

若向性中能自見
卽是成佛菩提因
本從化身生淨性
淨性常在化身中
性使化身行正道
當來圓滿眞無窮
婬性本是淨性因
除婬卽是淨性身
性中各自離五欲
見性刹那卽是眞
今生若遇頓教門
忽悟自性見世尊
若欲修行覓作佛
不知何處擬求眞
若能心中自見眞
有眞卽是成佛因
不見自性外覓佛
起心總是大癡人
頓教法門今已留
救度世人須自修

㊄ 遺誡と入滅

今保(報)世間學道者
不於此是大悠〻

(56)大師說偈已了遂告門人曰汝等好住今共汝別吾去已後莫作世情悲泣而受人弔門(問)錢帛著孝衣卽非聖法非我弟子如吾在日一種一時端坐但无動无淨无生无滅无去无來无是无非无住但(坦)然寂淨(靜)卽是大道吾去已後但衣(依)法修行共吾在日一種吾若在世汝違教法吾住无益大師云此語已夜至三更奄然遷花(化)大師春秋七十有六

(遺偈)

---

(63)(原本、以上一帖缺)名無字、恐汝心迷、不會吾意、吾今再囑、令汝見性、吾滅度後、依此修行、如吾在日、汝等違法、縱吾在世、終無有益、大師言訖、夜至三更、奄然遷化、大師春秋七十有六、

報汝當來學道者、
不、作此見、大悠悠、

(65)師說偈了、報言、今共汝別、吾滅度後、莫作世情、悲泣雨涙、受人弔問、身著孝服、非吾弟子、亦非正法、但如吾在日、一時盡坐、無動無靜、無生無滅、無去無來、無是無非、無住無往、無名無字、恐汝心迷、不會吾意、吾今再囑汝、令汝見性、吾滅度後、依此修行、如吾在日、汝等違法、縱吾在世、終無有益、大師言訖、夜至三更、奄然遷化、大師春秋、七十有六、

報汝當來學道者
不作此見大悠悠

(80)師說偈已告曰汝等好住吾滅度後莫作世情悲泣雨涙受人弔問身著孝服非吾弟子亦非正法但識自本心見自本性無動無靜無生無滅無去無來無是無非無住無往恐汝等心迷不會吾意今再囑汝令汝見性吾滅度後依此修行如吾在日若違吾教縱吾在世亦無有益復說偈曰

兀兀不修善
騰騰不造惡
寂寂斷見聞
蕩蕩心無著

師說偈已端坐至三更忽謂門人曰吾行矣奄然遷化

報汝當來學道者
不作此見大悠悠

(81)師說偈已告曰汝等好住吾滅度後莫作世情悲泣雨涙受人弔問身著孝服非吾弟子亦非正法但識自本心見自本性無動無靜無生無滅無去無來無是無非無住無往恐汝等心迷不會吾意今再囑汝令汝見性吾滅度後依此修行如吾在日若違吾教縱吾在世亦無有益復說偈曰

兀兀不修善
騰騰不造惡
寂寂斷見聞
蕩蕩心無著

師說偈已端坐至三更忽謂門人曰吾行矣奄然遷化

八六　滅後の奇瑞など

〔敦煌本〕

(57) 大師滅度諸日寺內異香氳氳經數日不散山(崩)用地動林木變白日月无光風雲失色八月三日滅度至十一月迎和尚神座於漕溪山葬在龍龕之內白光出現直上衝天二日始散韶州刺使韋處(璩)立碑至今供養

〔大乘寺本〕

(64) 師遷化日、寺內異香氛氳、經于七日、感得山崩地動、林木變白、日月無光、天地失色、群鹿鳴悲、至夜不絕、先天二年八月三日夜、三更時、於新州國恩寺圓寂、餘在功德塔記具述、至十一月、韶廣二州門人、迎師神座、向曹溪山葬、忽於龕內白光出現、直上衝天、三日始散、韶州奏聞、奉勅立碑、供養、

〔興聖寺本〕

(66) 師遷化日、寺內異香氛氳、經于七日、感地動林變、白日無光、風雲失色、羣鹿鳴叫、至夜不絕、先天二年、八月三日、夜三更時、於新州國恩寺圓寂、餘在功德塔記具述（及具王維碑銘）至十一月、韶廣二州門人、迎師神座、向曹溪山葬、忽於龕內、白光出現、直上衝天、三日始散、韶州奏聞、奉勅立碑、供養、至元和十一年詔追諡曰大鑒禪師、事具劉禹錫碑、

〔德異本〕

(81) 于時異香滿室白虹屬地林木變白禽獸哀鳴十一月廣韶新三郡官僚洎門人緇白爭迎眞身莫決所之乃焚香禱曰香煙指處師所歸焉時香煙直貫曹溪十一月十三日遷神龕併所傳衣鉢而回次年七月二十五日出龕弟子方辯以香泥上之門人憶念取首之記須先以鐵葉漆布固護師頸入塔忽於塔內白光出現直上衝天三日始散韶州奏聞奉勅立碑紀師道行師春秋七十有六年二十四傳衣三十九祝髮說法利生三十七載得旨嗣法者四十三人悟道超凡者莫知其數達摩所傳信衣（係西域屈眴布也）

〔宗寶本〕

(82) 于時異香滿室白虹屬地林木變白禽獸哀鳴十一月廣韶新三郡官僚洎門人僧俗爭迎眞身莫決所之乃焚香禱曰香煙指處師所歸焉時香煙直貫曹溪十一月十三日遷神龕併所傳衣鉢而回次年七月出龕弟子方辯以香泥上之門人憶念取首之記仍以鐵葉漆布固護師頸入塔忽於塔內白光出現直上衝天三日始散韶州奏聞奉勅立碑紀師道行師春秋七十有六年二十四傳衣三十九祝髮說法利生三十七載嗣法四十三人悟道超凡者莫知其數達磨所傳信衣（西域屈眴布也）中宗賜磨衲寶鉢及

〈六七〉壇經の傳授者	〈六八〉壇經相傳のこと	〈六九〉壇經流通のこと
(58)此壇經法海上座集上座无常付同學道ゝ漈ゝ无常付門人悟ゝ眞ゝ在嶺南溪(曹溪)漕山法興寺見今傳受此法	(59)如付(此)山法須德座上(根)恨知心信佛法立大悲持此經以爲(依)衣承於今不絕	(60)和尚本是韶州曲江懸(繋)人也如來入涅盤法教流東土共傳无住卽我心无住此眞菩薩說眞示實行喩唯教大智人是旨衣(依)凡度誓修修行ゝ遭難不
(65)洎乎法海上座無常、以此壇經付囑志道、志道付彼岸、彼岸付悟眞、悟眞付圓會、遞代相傳、付囑一切萬法不離自性中見也		
(67)洎乎法海上座無常、以此壇經付囑志道、志道付彼岸、彼岸付悟眞悟眞付圓會、遞代相傳付囑、一切萬法不離自性中現也、		
中宗賜磨衲寶鉢及方辯塑師眞相幷道具等主塔侍者尸之永鎭寶林道場流傳壇經以顯宗旨興隆三寶普利群生者		
方辯塑師眞相幷道具永鎭寶林道場留傳壇經以顯宗旨興隆三寶普利群生者		

		九〇 尾題	九一 刊記・識語
〔敦煌本〕	退遇苦能忍福德深厚方授此法如根性不堪林(材)量不得須求此法違立不德(得)者不得妄付壇經告諸同道者令諸(識)蜜意	(61)南宗頓教最上大乘壇經法一卷	
〔大乘寺本〕		(66)韶州曹溪山六祖師壇經卷終	(67)道元書 墨附 八十四折
〔興聖寺本〕		(68)六祖壇經卷下	(69)慶長四年五月上中旬初拜誦此經伺南宗奧義了次爲新學加朱點而已 了然誌之 慶長八年三月朔日至八日一遍拜讀之次加和點了 記者同前
〔德異本〕		(82)六祖禪師法寶壇經 終	*(附10)參照。
〔宗寶本〕		(83)六祖大師法寶壇經 終	(84)四明東湖沙門眞源號充庵刻 六祖大師壇經乙卷 計字二萬六千四百三十四箇該銀一十三兩二錢一分 武林釋大能對長洲徐普書進賢洪以忠刻 萬曆己酉歲春三月徑山寂照庵識

〔德異本〕

(附1)師入塔後至開元十年壬戌八月三日夜半忽聞塔中如拽鐵索群衆僧驚起見一孝子從塔中走出尋見師頸有傷具以賊事聞於州縣令楊侃刺史柳無忝得牒切加擒捉五日於石角村捕得賊人送韶州鞫問云姓張名淨滿汝州梁縣人也於洪州開元寺受新羅僧金大悲錢二十千令取六祖大師首歸海東供養柳守聞狀未卽加刑乃躬至曹溪問師上足令韜曰如何處斷韜曰若以國法論理須誅夷但以佛教慈悲冤親平等況彼求欲供養罪可恕矣柳守嘉歎曰始知佛門廣大遂赦之上元元年肅宗遣使就請師衣鉢歸內供養至永泰元年五月五日代宗夢六祖大師請衣鉢七日勅刺史楊緘云朕夢感能禪師請傳衣袈裟卻曹溪令遣鎭國大將軍劉崇景頂戴而送朕謂之國寶卿可於本寺如法安置專令僧衆親承宗旨者嚴加守護勿令遺墜後或爲人偸竊皆不遠而獲如是者數四憲宗諡大鑑禪師塔曰元和靈照其餘事蹟係在載唐尚書王維刺史柳完元刺史劉禹錫等碑守塔沙門令韜錄

(附2)宋太祖開國之初王師平南海劉氏殘兵作梗師之塔廟鞠爲煨燼而眞身爲守塔僧保護一無所損尋有制興修功未畢會宋太祖卽位留心禪門詔新師塔七層加諡大鑑眞空禪師太平興國之塔宋仁宗天聖十年具安輿迎師眞身及衣鉢入內供養加諡大鑑眞空普覺禪師宋神宗加諡大鑑眞空普覺圓明禪師本州復興梵刹事蹟元獻公晏殊所作碑記具載六祖禪師自唐開元元年癸丑歲示寂至大元至元二十七年庚寅歲已得五百七十八年矣

〔宗寶本〕

(附7)師入塔後至開元十年壬戌八月三日夜半忽聞塔中如拽鐵索聲衆僧驚起見一孝子從塔中走出尋見師頸有傷具以賊事聞于州縣縣令楊侃刺史柳無忝得牒切加擒捉五日於石角村捕得賊人送韶州鞠問云姓張名淨滿汝州梁縣人於洪州開元寺受新羅僧金大悲錢二十千令取六祖大師首歸海東供養柳守聞狀未卽加刑乃躬至曹溪問師上足令韜曰如何處斷韜曰若以國法論理須誅夷但以佛教慈悲冤親平等況彼求欲供養罪可恕矣柳守加歎曰始知佛門廣大遂赦之上元元年肅宗遣使就請師衣鉢歸內供養至永泰元年五月五日代宗夢六祖大師請衣鉢七日勅刺史楊緘云朕夢感能禪師請傳衣袈裟卻歸曹溪今遣鎭國大將軍劉崇景頂戴而送朕謂之國寶卿可於本寺如法安置專令僧衆親承宗旨者嚴加守護勿令遺墜後或爲人偸竊皆不遠而獲如是者數四憲宗諡大鑒禪師塔曰元和靈照其餘事蹟係載唐尚書王維刺史柳宗元刺史劉禹錫等碑守塔沙門令韜錄

(附2)師墜腰石鐫龍朔元年盧居士誌八字此石今

〔德異本〕

（附3）成化十五年己亥五月日白雲山屛風庵所開刊者而今大淸光緖九年癸未五月日伽耶山海印寺重修刊板其間年數凡三百七十三年矣至元庚寅至成化己亥凡爲幾年乎無文不可考矣自師滅度至于今日幾百年載而其蹟完存可知其剞劂之功至大矣夫

（附4）古者刊跋

壇經乃述六祖禪師本末與夫接門弟子問答之語其辭直截豁露分明示人更無隱語達摩而下最爲奇特可爲直指人心見性成佛之捷徑但其間別有一句雖不出於文字語言之外卻不在於文字語言之中試問諸人還讀得麼若讀得出立地化凡成聖其或未然且只循行數墨亦福不唐捐秋谷長老捐財入梓流通撒向諸人面前直是老婆心切不知誰解體悉此意耶　所南翁跋

（附5）法寶壇經乃是佛祖骨髓直截根源了無枝葉如日麗天靡所不照如水歸海同一鹹味見者飮者莫不具足報國秋谷老師刊板印施以廣其傳欲令學者若菩薩頓悟心宗令趣覺地雖然葉落歸根來時無日若謂老盧末後句此卷向甚處得來

延祐丙辰三月日瑞光景瞻拜書

（附6）泰和七年十二月日社内道人湛默持一卷文到室中曰近得法寶記壇經將重刻之以廣其傳師其跋之予欣然對曰此予平生宗承修學之龜鑑也子其彫印流行以壽後世甚愜老僧意然此有一段疑焉南陽忠國師謂禪客曰我此間身心一如心外無餘所以全不生滅汝南方身是無常神性是常所以半生

〔宗寶本〕

存黃梅東禪又唐王維右丞爲神會大師作祖師記云師混勞侶積十六載會印宗講經因爲削髮又柳宗元刺史作祖師諡號碑云師受信具遯隱南海上十六年度其可行乃居曹溪爲人師又張商英丞相作五祖記云五祖演化於黃梅縣之東禪院蓋其便於將母龍朔元年以衣法付六祖已散衆入東山結庵有居人馮茂以山施師爲道場焉以此攷之則師至黃梅傳受五祖衣法實龍朔元年辛酉歲至儀鳳丙子得一十六年師方至法性祝髮他本或作師咸亨中至黃梅恐非

（附3）歷朝崇奉事蹟

唐憲宗皇帝諡大師曰大鑒禪師

宋太宗皇帝加諡大鑒眞空禪師詔新師塔曰太平興國之塔

宋仁宗皇帝天聖十年迎師眞身及衣鉢入大内供養加諡大鑒眞空普覺禪師

宋神宗皇帝加諡大鑒眞空普覺圓明禪師具見晏元獻公碑記

（附4）賜諡大鑒禪師碑　柳宗元撰

扶風公廉問嶺南三年以佛氏第六祖未有稱號疏聞

半滅半不生滅又曰吾比遊方多見此色近尤盛矣把他壇經云是南方宗旨添糅鄙談削除聖意惑亂後徒子今所得正是本文非其沾記可免國師所訶然細詳本文亦有身生滅心不生滅之義如云眞如性自起念非眼耳鼻舌能念等正是國師所訶之義修心者到此不無疑念如何逍遣令其深信亦令聖教流通耶默曰然則會通之義可得聞乎予曰老僧曩者依此經心翫味忘斁故得祖師善權之意何者祖師爲懷讓行思等密傳心印外爲韋據等道俗千餘人說無相心地戒故不可以一往談眞而迸俗又不可一往順俗而違眞故半隨他意半稱自證說眞如起念非眼耳能念等語要令道俗等先須返觀身中見聞之性了達眞如然後方見祖師身心一如之密意耳若無如是善權直說身心一如則緣目覩身生滅故出家修道者尙生疑惑況千人俗士如何信受是乃祖師隨機誘引之說也忠國師訶破南方佛法之病可謂再整頽綱扶現聖意堪報不報之恩我等雲孫既未親承密傳當依如此顯傳門誠實之語返照自心本來是佛不落斷常可爲離過矣若觀心不生滅而見身有生滅則於法上以生二見非性相融會者也是知依此一卷靈文得意參詳則不歷僧祇速證菩提可不彫印流行作大利益耶默曰唯唯於是乎書　海東曹溪山修禪社沙門知訥跋

（附7）法寶記壇經是曹溪六祖說見性成佛決定無疑法依此經者佛在堂背此經者魔在舍魔佛之辨莫由此經矣其或目究耳聞而尙由魔佛者吾末如之何也矣普照祖翁依此經而自除眼眚與人刮膜亦由此經故此經之流播海東也異乎他書道人永淑得科正本摭緣鋟梓欲廣印施嘉其知寶在所與人共之故書而爲跋　柔兆執徐病月淸明二日晦堂安其書

于上詔謚大鑒禪師塔曰靈照之塔元和十年十月十三日下尙書祠部符到都府公命部吏洎州司功掾告于其祠幢蓋鐘鼓增山盈谷萬人咸會若聞鬼神其時學者千有餘人莫不欣踴奮厲如師復生則又感悼涕慕如師始亡因言曰自有生物則好鬬奪相賊殺喪其本實誖乖淫流莫克返于初孔子無大位沒以餘言持世更楊墨黃老益襍其術分裂而吾浮圖說後出推離還源合所謂生而靜者梁氏好作有爲師達磨譏之空術益顯六傳至大鑒大鑒始以能勞苦服役一聽其言言希以究師用感動遂受信具遯隱南海上人無聞知又十六年度其可行乃居曹溪爲人師會學者來嘗數千人其道以無爲爲有以空洞爲實以廣大不蕩爲歸其教人始以性善終以性善不假耘鋤本其靜矣中宗聞名使幸臣再徵不能致取其言以爲心術其說具在今布天下凡言禪皆本曹溪大鑒去世百有六年凡治廣部而以名聞者以十數莫能揭其號乃今始告天子得大謚豐佐吾道其可無辭公始立朝以儒重刺虔州都護安南由海中大蠻夷連身毒之西浮舶聽命咸被公德受旅纛節戟來莅南海屬國如林不殺不怒人畏無噩允克光于有仁昭列大鑒莫如公宜其徒之老乃易石于宇下使來謁辭其辭曰

達摩乾乾傳佛語心六承其授大鑒是臨勞勤專默終

〔德異本〕

(附8) 天無先後道何南北遲速有異頓漸斯分利鈍在人不關於法於此有上根大智一撥便轉先得其源窮之又究隨其言迹不生取捨之心會融宗旨歸就自心則已到佛祖之地不亦易乎古人之至理妙言雖載於龍宮滿藏若不刊施如何流布文字傳來我亦得見無住幸生千載之後暫嘗禪門之味非宿世之因緣豈今日之感遇我曹溪大士一生所至隨緣問答玄言妙句仍成一卷流于後世實靈山微笑之旨自此盛興清源南嶽後裔繩繩直指人心成佛捷徑捐財入梓流通無窮此乃法海之功秋谷之德噫長老挐雲授唐本法寶壇經具跋文是我國曹溪牧牛子所述不勝慶抃而無住亦不揆蠡測而隨喜重彫印施若干所冀使後之學者心心相印燈燈相續與天地無盡也云

萬歷二年甲戌仲秋曹溪後學知幻堂無住子行思稽首謹跋

(附9) 山之僧普淨梵行異常者也高超俗表白雲岩開天影臺上結庵居者十二年矣一日淨持一卷文而到室中曰近得法寶記壇經乃成化十五年此白雲山屛風庵開板也異乎多歷年紀而手接目覩實爲有緣將重鏤板以廣其傳師其跋之余曰諾若無古人之刊傳豈至于今日乎今若不傳後之者何可得見後不可見則見性成佛之法已矣余故隨喜而跋

康熙四十二年癸未八月日曹溪後學中華子 太憲 誌

(附10) 刊行壇經後跋

光緒九年癸未之夏山之道人茵峰西公募其緣而重修刊板印施若干請余其跋余欣然曰此文之高峻義趣之深遠昭在於古師之序跋不須煩重然祖云吾

〔宗寶本〕

揭于深抱其信器行海之陰其道爰施在溪之曹厖合猥附不夷其高傳告咸陳惟道之褒生而性善在物而具荒流奔軼乃萬其趣匪思愈亂匪覺滋誤由師內鑒咸獲于素不植乎根不耘乎苗中一外融有粹孔昭在帝中宗聘言于朝陰翊王度俾人逍遙越百有六祀號謚不紀由扶風公告今天子尚書旣復大行乃誄光于南土其法再起厥徒萬億同悼齊喜惟師化所被洎扶風公所履咸戴天子天子休命嘉公德美溢于海夷浮圖是視師以仁傳公以仁理謁辭圖堅永胤不已

(附5) 大鑒禪師碑 并佛衣銘俱劉禹錫撰

元和十年某月日詔書追褒曹溪第六祖能公謚曰大鑒寔廣州牧馬總以疏聞繇是可其奏尙道以尊名同歸善善不隔異敎一字之褒華夷孔懷得其所故也馬公敬其事且謹始以垂後遂咨於文雄今柳州刺史河東柳君爲前碑後三年有僧道琳率其徒由曹溪來且曰願立第二碑學者志也維如來滅後中五百歲而摩騰竺法蘭以經來華人始聞其言猶夫重昏之見昒其後五百歲而達摩以法來華人始傳其心猶夫昧旦之覩白日自達摩六傳至大鑒如貫意珠有先後而無同異世之言眞宗者所謂頓門初達摩與佛衣俱來得道

滅度後依此修行如吾在日若違吾教縱吾在世亦無利益又云心之一法無頭尾無形相元無名字可立但以衆生自迷其性妄想執著種二分別故吾假設文字以度迷人是老婆心切至矣盡矣然固非刱傳祖去後數百歳承其言赫匚若今日乎噫吾曹生于千載之下雖未親承密傳如此目覩其文幸莫大矣若依此修行默得乎無名字之心則吾祖之苦口丁説眞不歸虛矣今日之捐財刱功亦不虛浪矣既然如是則師與吾等先憂其文之不傳世而次憂其人之不依修行乎

信海門人龍溟沙彌鳳機稽首謹書

(附11) 自大元至元二十七年庚寅歳至延祐丙辰重刊至泰和七年重刊至大明成化十五年己亥重刋然而自至元庚寅至成化己亥於焉過元至明無紀年代中間年數不知幾何矣自成化己亥過九十六年而至於萬歷二年甲戌重刊自三年乙亥過一百二十九年而至崇禎後大清康熙四十二年癸未重刋自三年甲申過一百八十一年而至光緒九年癸未夏今此重刊嗚呼自成化己亥至今年凡爲四百有六年而其文完存又自師滅至成化己亥凡經幾百年代自釋尊淡後至六祖入滅又經幾許百年始知佛法亘古亘今盡未來際常住不滅也

(附12) 伏願以此刊板印施功德奉爲

主上殿下聖壽萬歳　至道通明玉歷遐長　王妣殿下聖壽萬歳

坤儀永淑金枝益茂　世子邸下聖壽千秋　睿業清輝鶴筭不老

先王先后悟無生　兩順風調民安樂　時和歳豐國泰平　佛日增輝法輪轉

抑願化士施主都監別座助緣良工見聞隨喜受持讀誦者及與法界四生七趣三途八難四恩三有一切有識含靈仗此勝緣同圓種智倶成正覺摩訶般若波

傳付以爲眞印至大鑒置而不傳豈以是爲筌蹄邪芻狗邪將人人之莫已若而不若置之邪吾不得而知也

按大鑒生新州三十出家四十七年而沒百有六年而謚始自蘄之東山從第五師得授記以歸中宗使中貴人再徵不奉詔第以言爲貢上敬行之銘曰

至人之生無有種類同人者形出人者智蠢蠢南裔降生傑異父乾母坤獨肖元氣一言頓悟不踐初地五師相承授以寶器宴坐曹溪世號南宗學徒爰來如水之東飮以妙藥差其瘖聾詔不能致許爲法雄去佛日遠群言積億著空執有各走其域我立眞筌揭起南國無修而修無得而得能使學者還其天識如黑而迷仰目叶極得之自然竟不可傳口傳手付則礙於有留衣空堂得者天授

(附6) 佛衣銘 并引

吾既爲僧琳撰曹溪第二碑且思所以辯六祖置衣不傳之旨作佛衣銘曰

佛言不行佛衣乃爭忽近貴遠古今常情尼父之生土無一里夢奠之後履存千祀惟昔有梁如象之狂達摩救世來爲醫王以言不痊因物乃遷如執符節行乎復關民不知官望車而畏俗不知佛得衣爲貴壞色之衣道不在玆由之信道所以爲寶六祖未彰其出也微既

羅密

〔德異本〕

大施主
清信女曹氏大悲華
緣化秩
證明比丘秋淡井幸　良工 徐鳳雲 金東錫
書寫比丘龍溟鳳機
持殿比丘青蓮夏水　淨桶沙彌文注
都監比丘鏡庵仁性　供司比丘玟琪
別座比丘倣佺　化主比丘茵峰嶌西
山中秩　青蓮夏水　友松文圭
鏡庵基周　晶月本涬
淵繼思賢　性虛義演　海鏡炫俊
信海瑞章　敬松尚軟　鏡潭映宣
鏡峰太睿　德峰尚眞　普蓮炫基
禮峰平信　錦雨性聰
德庵尚律　蒼波智秀　和尚圃隱正守
秋淡井幸　又惺宥還　僧統鏡庵仁性
曇華普淨　普明奉念　維那青蓮夏水
律庵輔印　水龍琪佺　書記太昊
應淡大炫　應月敬彥　三甫暢祐
海寘壯雄　蓮城道守　直使奉修

還狼荒懔俗蚩蚩不有信器衆生曷歸是開便門非止傳衣初必有終傳豈無已物必歸盡衣胡久恃先終知終用乃不窮我道不朽衣於何有其用已陳孰非芻狗

〔宗寶本〕

(附8)　跋

六祖大師平昔所說之法皆大乘圓頓之旨故目之曰經其言近指遠詞坦義明誦者各有所獲明教嵩公常讚云天機利者得其深天機鈍者得其淺誠哉言也余初入道有感於斯續見三本不同互有得失其板亦已漫滅因取其本校讎訛者正之略者詳之復增入弟子請益機緣庶幾學者得盡曹溪之旨按察使雲公從龍深造此道一日過山房睹余所編謂得壇經之大全慨然命工鋟梓顓爲流通使曹溪一派不至斷絕或曰達磨不立文字直指人心見性成佛盧祖六葉正傳又安用是文字哉余曰此經非文字也達磨單傳直指之指也南嶽青原諸大老嘗因是指以明其心復以之明馬祖石頭諸子之心今之禪宗流布天下皆本是指而今而後豈無因是指而明心見性者耶問者唯唯再拜謝曰予不敏請併書于經末以詔來者至元辛卯夏南海釋宗寶跋

附錄（終）

第二節　六祖壇經について

一、はじめに

『六祖壇經』は、達摩系の中國禪宗第六祖で、南宗禪の祖である慧能が、韶州（廣東省）の刺吏韋璩の請に應じて、大梵寺の法壇で行った説法という形式をとり、さらにその語錄や問答等を門人法海が集錄したものと傳承され、頓悟や見性を標榜する南宗禪の根本的立場を闡明する、いわば、六祖慧能の語錄集であり、戒壇を設け廣く道俗のために授戒して説かれた佛陀の大乘圓頓の教説という意味に擬して、「壇經」と名づけられたものである。但し、本書の成立や傳承については、夙に六祖慧能の門人南陽慧忠（〜七七五）が

吾れ比遊方せしに多く此の色を見たるも、近ごろ尤も盛んなり。三五百の衆を聚却し、目に雲漢を視、是れ南方の宗旨なりと云い、他の壇經を把りて改換し、鄙譚を添糅し、聖意を削除して後徒を惑亂す。あに言教とならんや。苦なるかな、吾が宗は喪びたり。（原漢文）

（『景德傳燈錄』巻二八、T. 51—437c〜）

と言って、『壇經』の改換を行った南方の宗旨なるものを批判したことはよく知られている。また、韋處厚（七七三〜八二八）が馬祖の法嗣鵝湖大義（七四六〜八一八）のために撰した『興福寺內道場供奉大德大義禪師碑銘』（『全唐文』巻七一五）には、

洛なるものを會といい、總持の印を得て獨り瑩珠を曜かす。習徒眞に迷い、橘枳體を變じ、竟に壇經を成し、傳宗の優劣詳にす。

とあり、荷澤神會（六七〇〜七六二）の習徒がこれを改變し、この『壇經』の稟承を以て傳宗の優劣を判斷する標準としたとされるように、本書は成立の當初から多くの問題を含んだ禪籍である。

作者についても、今日、主要部分は神會のもの、或いは神會一派のものとする説、慧能の祖説に後人が添加したとする説、その添加は神會一派によるものとする説等があり、さらに近年になって、『壇經』の最古の部分は牛頭宗の所説であり、編集者門人法海についても、牛頭宗第六世鶴林玄素の法嗣の鶴林寺法海の脫化であるとする注目すべき説が柳田聖山氏によって提起され、今後に殘された多くの課題を抱えているが、いずれにしても、初期禪宗思想史の諸問題や、六祖慧能の思想究明には缺くことのできない根本資料である。

『壇經』のテキストについては、敦煌本や大乘寺本・興聖寺本の

『壇經』末尾の記載に見られるように、當初は入室の弟子にのみ書寫傳授を許していたものの如くであるが、既に見た南陽慧忠の批判や鵝湖大義の碑銘の記載に象徴的に示されるように、慧能の弟子、さらに孫弟子の時代と經るにしたがって、量的にも質的にも大いに變化を來し、南宋時代には數種の流布本が存したことが知られ、今日、最古の寫本である敦煌本S五四七五をはじめとして、一〇種に餘るテキストが知られている。これら『壇經』の異本を系統の上から分類すれば、(1)敦煌本、(2)惠昕本、(3)契嵩本の三種に大別できるが、さらに、敦煌本系の古本と契嵩本の兩本を承けて再編されたと見られる德異本と、主として契嵩本を承けて再編された宗寶本の二種を加えて、五種とするのが妥當であろう。但し、契嵩本については、至和三年（一〇五六）の宋吏部侍郎郎簡の序文によってその存在が知られるのみで、今日その原本を見ることはできない。したがって、實質的には、敦煌本・惠昕本・德異本・宗寶本の四種が、現在のところでは校合可能なテキストということができる。次頁に『壇經』諸本の異本の系統や、編集及び刊行年時（序・跋の撰述も含む）等を圖示しておこう。

これら諸本のうち、まず惠昕本とは、興聖寺本『壇經』に附された惠昕の序に、

> 余、太歲丁卯（乾德五年、九六七）月は蕤賓（五月）に在りし二十三日辛亥をもって、思迎塔院に於て、分かちて兩卷と爲す。凡て十一門なり。貴わくは、後來の同じく佛性を見る者を接せんことを。

とあるように、乾德五年、惠昕の住持地邕州（廣西省）羅秀山惠進禪院の塔頭と見られる思迎塔院で、從來段落のなかったテキストを一一門に分け、はじめて上下二卷に分卷して刊行されたものである。

しかし、この惠昕本も、項門の立て方や分卷本の形式は大乘寺本や興聖寺本に承け繼がれるが、大乘寺本は惠昕本の政和六年（一一一六）再刊本からの書寫本であり、これと同系統と見られる金山天寧寺舊藏本と比較しても多少の異同が見られ、惠昕本の原本そのままの再刊本と見なすことができるかどうかは疑問が殘る。また、興聖寺本についても、卷頭に附された晁子健の序文によれば、やはり惠昕本そのままのテキストと考えることはできない（後述）。事實、同じ惠昕本系の大乘寺本や天寧寺舊藏本と比較しても、風幡問答のような、明らかにこれらより後の附加と見られる部分も存する。いずれにしても、惠昕本の原本そのものは今日見ることはできないのであり、その原初形態の檢討は今後の課題である。この惠昕本系統のテキストとしては、日本の五山時代に覆刻された覆宋版の興聖寺本や、『法寶壇經肯窾攷證騈拇』が慶元本の覆刻とする寬永八年（一六三一）本、及びその後刷本の貞享五年（一六八八）本等の版本があり、寫本としては、大乘寺本・金山天寧寺舊藏本（現東北大學附屬圖書館狩野文庫架藏）・金澤文庫本（零本）等がある。

また、契嵩本については、至和三年（一〇五六）の宋吏部侍郎郎簡の序文によれば、

> 然るに六祖の說、余素よりこれを敬い、その俗のために增損せられ、

〔六祖壇經異本系統圖〕

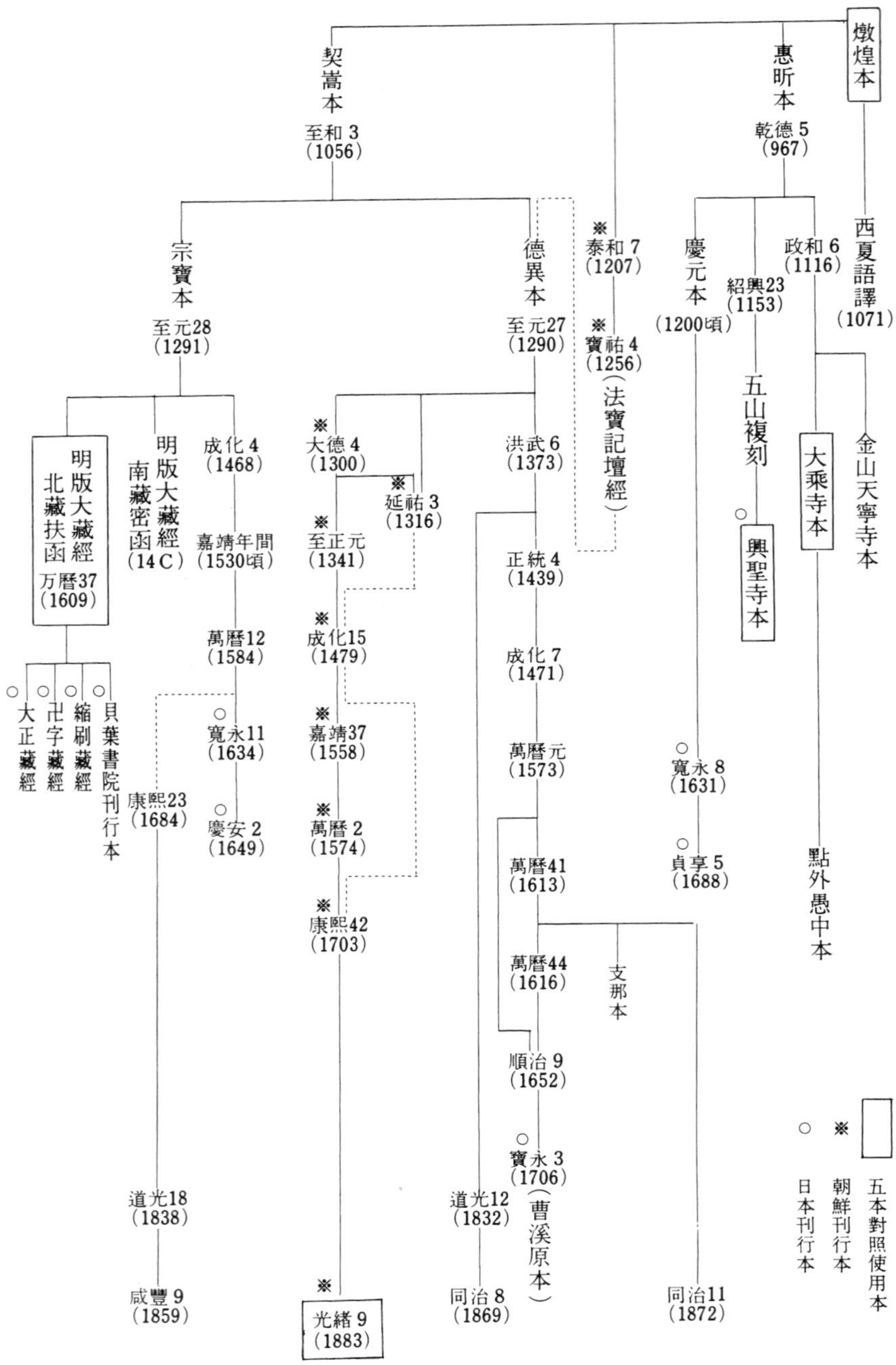
燉煌本
西夏語譯（1071）
金山天寧寺本
惠昕本
乾德5（967）
政和6（1116）
大乘寺本
點外愚中本
紹興23（1153）
五山複刻
○興聖寺本
慶元本（1200頃）
○寬永8（1631）
○貞享5（1688）
※泰和7（1207）
※寶祐4（1256）（法寶記壇經）
契嵩本
至和3（1056）
德異本
至元27（1290）
洪武6（1373）
正統4（1439）
成化7（1471）
萬曆元（1573）
萬曆41（1613）
萬曆44（1616）
支那本
同治11（1872）
順治9（1652）
○寶永3（1706）（曹溪原本）
道光12（1832）
同治8（1869）
※大德4（1300）
※延祐3（1316）
※至正元（1341）
※成化15（1479）
※嘉靖37（1558）
※萬曆2（1574）
※康熙42（1703）
※光緒9（1883）
宗寶本
至元28（1291）
成化4（1468）
嘉靖年間（1530頃）
萬曆12（1584）
○寬永11（1634）
○慶安2（1649）
康熙23（1684）
道光18（1838）
咸豐9（1859）
明版大藏經南藏密函（14C）
明版大藏經北藏扶函　万曆37（1609）
○貝葉書院刊行本
○縮刷藏經
○卍字藏經
○大正藏經
五本對照使用本
※朝鮮刊行本
○日本刊行本

而して文字鄙俚繁雜、殆んど考ふべからざるを患う。沙門契嵩の壇經贊を作るに會い、因って嵩師に謂ひていわく、若し能くこれを正さば、まさにために財を出だして模印し、以てその傳を廣むべし、と。さらに二載、嵩果して曹溪の古本を得てこれを校し、勒して三卷となす。粲然として皆六祖の言、復謬妄にあらず。乃ち工に命じて鏤板し、以てその勝事を集む。至和三年三月十九日序す。

とあり（同序は『鐔津文集』卷一一、T. 52—703b～や、『六祖壇經諸本集成』所收の淸代眞樸重梓本にも附されている。）、當時『壇經』が俗のために增損され、文字鄙俚繁雜となっていたため、「壇經贊」を作った契嵩（一〇〇七～一〇七二）にこれを正さんことを依賴したところ、二年にして「曹溪古本」なるものを得て校して三卷となしたので、これを至和三年に上梓刊行したものであるという。このように郎簡の序文によれば、契嵩校正本の『壇經』は本來三卷本であったことが知られるが、惠昕本と同樣に契嵩本の原本も今日見ることはできない。一方、宋末の馬端臨の著わした書目『文獻通考』卷二二七には、

六祖壇經三卷

鼂（晁）氏曰く、唐僧惠昕（昕カ）撰す。僧盧慧能の學佛の本末を記す。慧能、號は六祖。凡て十六門。周希後に序有り、と。

陳氏曰く、僧法海集、と。

とある。この解題部分の記載は、晁公武が紹興二一年（一一五一）に編錄した書目『郡齋讀書志』より轉載したものであり、宋代に三卷本の『壇經』が存在したことが知られるが（但し、袁州本『群齋讀書志』は二卷とする）、契嵩が惠昕本を前提するか否かは推測の限りではない。また全體を一六門に分かつ『壇經』の存在についても、他に徵し得る資料がないので不明である。

いずれにしても、契嵩本そのものの原初形態を類推することは今日困難であるが、宗寶本『壇經』の跋文において、宗寶は契嵩の「壇經贊」の句を至言として贊歎しており、また後の宗寶本『壇經』には、前記の郎簡の序が承け繼がれるものもいくつか存するので、宗寶が編集に用いた三本の『壇經』の中に契嵩本が含まれていたことは確實と見られる。德異本も、その順序次第は宗寶本と殆んど異同がないので、やはり契嵩本を受けていると見られる。次に『壇經』諸本における各項門別の對照表を掲げてみよう。

次頁の對照によって、大乘寺本・金山天寧寺本・興聖寺本・慶元本の四種が、同系統の惠昕校訂の分卷一一門のテキストであることは一目瞭然であるが、第一門・第二門・第八門等の名稱に見られるように、大乘寺本・金山天寧寺本の素朴な名稱に比較して、興聖寺本・慶元本はかなり整理した形跡がうかがわれる。一方、興聖寺本・慶元本系統が各項に門の字を附しているのは、惠昕が一一門に分けたという序文の記事に該當し、惠昕本の原本に近いテキストではないかという見方もあるが、むしろ惠昕が一一門に分けたと記すのは、一一項に分類したというだけの意味で、興聖寺本及び慶元本は、この惠昕の序文に合わせて各項に門の字を附したと見るのが妥當であろう。

〔六祖壇經諸本項門對照表〕

大乘寺本・金山天寧寺本（惠昕本系、宋本壇經の寫本）	興聖寺本（惠昕本系、宋版壇經の五山複刻本）・慶元本（寛永八年・貞享五年刊本）
（卷上）	（卷上）
一、韶州刺史韋璩等衆請說法	一、緣起說法門
二、大師自說悟法傳衣	二、悟法傳衣門
三、爲時衆說定慧	三、爲時衆說定慧門
四、教授坐禪	四、教授坐禪門
五、說傳香懺悔發願	五、說傳香懺悔發願門
六、說一體三身佛相	六、說一體三身佛相門
（卷下）	（卷下）
七、說摩訶般若波羅密（蜜）	七、說摩訶般若波羅蜜門
八、現西方相狀	八、問答功德及西方相狀門
九、諸宗難問	九、諸宗難問門
十、南北二宗見性	十、南北二宗見性門
十一、教示十僧	十一、教示十僧傳法門

德異本（元延祐三年高麗刻本）（光緒九年伽耶山海印寺刊本）	宗寶本（明版大藏經所收本）（寛永十一年・慶安二年刊本）	宗寶本（清代眞樸重梓本）（中華民國十八年・金陵刻經處重刻本）
悟法傳衣第一	行由第一	自序品第一
釋功德淨土第二	般若第二	般若品第二
定慧一體第三	疑問第三	決疑品第三
教授坐禪第四	定惠第四	定慧品第四
傳香懺悔第五	坐禪第五	妙行品第五
參請機緣第六	懺悔第六	懺悔品第六
南頓北漸第七	機緣第七	機緣品第七
唐朝徵詔第八	頓漸第八	頓漸品第八
法門對示第九	宣詔第九	護法品第九
付囑流通第十	付囑第十	付囑品第十

次に、德異本と宗寶本とでは、各項の名稱及び分段の仕方は多少相違するが、その順序次第は兩者殆んど同じである。但し、內容的には字句の面でかなりの相違點が存する（後述）。また同じ宗寶本でも、清代の眞樸重梓本、及び金陵刻經處重刻本（いずれも『六祖壇經諸本集成』所收）は、各項に「品」の字を入れ、名稱も、行由第一が自序品第一、疑問第三が決疑品第三、坐禪第五が妙行品第五、宣詔第九が護法品第九となっているが、これは後述するように、眞樸が重梓するに際して改められたものであり、內容的には殆んど異同はない。いずれにしても、德異本と宗寶本はかなり近い形態を有するテキストであるが、これを惠昕本系の『壇經』と比較すると、特に前

後の異同がはげしく、また內容的にも增大變遷の跡が著しい。惠昕本系『壇經』が德異本や宗寶本『壇經』に比較して古形を傳えているとみられることは、敦煌本『壇經』と對照してみれば明らかであるが、分節や文章の整理、附加削除等、決して原初的形態をそのまま傳えるものでないことも確かである。

今回この資料篇において對照に用いたテキストは、現存最古の寫本である敦煌本と、宋版『壇經』の面影を傳えていると見られる大乘寺本及び興聖寺本、高麗本系光緒九年（一八八三）朝鮮刊行の德異本、さらに明版大藏經北藏扶函所收の宗寶本の五種であり、今日知られる限りでの『六祖壇經』は、この五本でその諸系統は殆んど網羅できると考えられる。

以下、對照に用いた右のテキスト五本の個々について順次概說をなしておきたい。

二、敦煌本壇經

本書は、正しくは內題に『南宗頓敎最上大乘摩訶般若波羅蜜經六祖惠能（ママ）大師於韶州大梵寺施法壇經一卷、兼受無相戒　弘法第子法海集記』、尾題に『南宗頓敎最上大乘壇經法一卷』とあり、通稱『敦煌本壇經』と呼ばれている。敦煌文獻S五四七五の一本のみが公開されているが、今日知られる限りでは、諸『壇經』中の最古の寫本であって、法海―道漈―悟眞と三代に亘り傳授されたことが末尾に記されており、これに從えば、およそ八世紀中期頃の成立と見られる。このテキストは、大正一一年、矢吹慶輝氏により大英博物館で發見され、昭和三年に『大正新脩大藏經』に收錄され、また昭和五年には『鳴沙餘韻』に寫眞版が載せられて一般に知られるようになり、鈴木大拙氏・宇井伯壽氏等の研究が相繼いで世に出された。敦煌本としては他に、旅順博物館舊藏本（『敦煌遺書總目索引』所收の「敦煌遺書散錄」中の「旅順博物館所存敦煌之佛敎經典」一七九番記載の『南宗頂（頓カ）敎（最上大乘摩訶般若波羅蜜多經）』）、及び敦煌所住の任子宜氏所藏本（向達氏『唐代長安與西域文明』の「西征小記」記載の『南宗頓敎最上大乘壇經』）の二種があったことが知られているが、現在その所在は不明である。

なお、敦煌本に次ぐ唐代の『六祖壇經』としては、承和一四年（八四七）上進の圓仁（七九四～八六四）の『入唐新求聖敎目錄』に、「曹溪山第六祖惠能大師說見性頓敎直了成佛決定無疑法寶記壇經一卷　沙門人法譯」（T.55―1083b）とあり、また無著道忠（一六五三～一七四四）の『六祖法寶壇經生苕帚』は、「寶曆二年（八二六）午歲得一百二十七年矣」の記事を有する高麗古刊本を所藏していたことを傳え、その標題も「曹溪山第六祖師慧能大師說見性頓敎直了成佛決定無疑法、釋沙門法海集」と、圓仁の請來目錄の標題と殆んど等しく、內容も、品目を分かたず、「本來無一物」の偈も、今の本とは大いに異なることを記している。光緒九年朝鮮刊行の德異本『壇經』の末尾に附された「古者刊跋」のうち、安其の跋にも、

法寶記壇經是曹溪六祖說見性成佛決定無疑法。

とあり、高麗古刊本のあったことは明らかである。道忠の記載が事實とすれば、この高麗版は前記の項門に分けられる以前の敦煌本に次ぐテキストと見られ、おそらく敦煌本『壇經』に近い古形を傳えていたものと見られる。

また、西夏語譯の『六祖壇經』として、北平圖書館所藏本（斷片五葉）及び龍谷大學圖書館所藏本（一葉）の二種が知られるが、後者は前者に續く斷片であり、この西夏語譯の翻譯年代は、背面の公文の末署に「天賜禮盛國慶二年二月日」、あるいは「天賜禮盛國慶二年六月日」とあることから、西夏の惠宗李秉常の即位四年、すなわち北宋熙寧四年（一〇七一）に相當し、翻譯地も瓜州附近、すなわち敦煌地方で、敦煌本『壇經』からの翻譯であることが川上天山氏により指摘されている（「西夏語譯六祖壇經について」『支那佛教史學』第二巻第三號、昭和一三年九月）。

敦煌本『壇經』は現存唯一最古の寫本であり、その點では高い資料的價値を有するものであるが、反面、誤字・脱字・當て字等が夥しく、テキストとしては極めて粗惡なものであり、今後さらに校合資料に用いることのできる古形の壇經の出現が待たれる。（詳しくは基礎資料一八種について、本書八六頁參照）

三、大乘寺本壇經

本書は、石川縣金澤市にある曹洞宗大乘寺所藏（現、石川縣美術館委託保管）の、「道元書」の奥書を有する、折本仕立の筆寫本で、標題・內題・尾題共に『韶州曹溪山六祖師壇經』とあり、通稱『大乘寺本壇經』と呼ばれている。下巻末尾に「墨付八十四折」とあるように、本來は八四折あったものであるが、第八二折表から八三折裏にかけて落丁があり、現在は八三折になっている。毎半葉五行、毎行一七字、巻頭に政和六年（一一一六）の比丘存中の序文があり、全文に亘って句讀點が附されている。もと某人の假名の消息を集めた巻子本の裏に『壇經』を謄寫し、さらに不足分に白紙を繼ぎ足して全體を寫し、折本仕立にしたもので、下巻末の「道元書」の奥書三字は、墨色や書體から、後に附加されたものと見られている。大久保道舟氏は、上巻末尾に「施主尼無求」及び「寧」の字が記されていることから、おそらく宋槧本からの書寫本であり（明版大藏經の南藏本寧字第一號が『六祖壇經』である）、道元の法孫徹通義介（一二一九～一三〇九）が在宋中に筆寫して將來したものとされ、また「施主尼無求」については、裏面の消息の內容と關連して、尼無求は、日本達磨宗の創唱者大日房能忍が佛照徳光（一一二一～一二〇三）から贈られた『潙山警策』を上梓刊行する際の寄附者無求尼のことで、日本達磨宗の嫡流たる義介が、師の波著寺懷鑒と道交のあった尼無求より、懷鑒から

無求に送った消息を料紙として提供され、これに『壇經』を寫したものと考證されている（「道元書六祖壇經の研究」『道元禪師傳の研究』p.539〜）。

さて、大乘寺本『壇經』は、すでに述べたように、上下二巻一一門の分巻本惠昕本系の『六祖壇經』であるが、巻頭の比丘存中の序によれば、

今は則ち門風百種、解會千般、努眼撐眉し、言を尋ねて古へを擧し、情を忘じ念を絶し、自ら縛して繩無く、明師を詆毀して紛紜矛盾す。あに壇經の龜鑑たるべきもの有るを知らんや。謹しんで再刊し傳う。庶幾わくは學者、その本を悟らんことを。

政和六年丙申元旦、福唐將軍山隆慶庵比丘存中序幷びに書。

とあり、惠昕本『壇經』は政和六年の再刊に先立って開版があったことが知られる。大乘寺本はこの再刊本よりの寫本であるかの如くであるが、しかし、すでに述べたように、これが惠昕本の原本そのままの再刊本の姿を傳えているかどうかは疑問である。すなわち、大乘寺本に極めて近いテキストとして、標題も「韶州曹溪山六祖師壇經」という、鎌倉期の古寫本と見られる金山天寧寺舊藏、現東北大學附屬圖書館狩野文庫所藏本が椎名宏雄氏によって紹介されたが（「金山天寧寺舊藏『六祖壇經』について」『印度學佛教學研究』第二三巻二號、昭和五〇年三月）、これによれば、序文も含めて内容的には殆んど大乘寺本に一致するが、西天祖統說に關してはかなりの相違が見出されるからである。次に『壇經』諸本における西天二八祖說の對照表を掲げてみよう。

次頁の表によってみれば、興聖寺本及び慶元本『壇經』は、敦煌本と比較して、「舍那婆斯」が「波舍斯多」となり、「僧伽羅（叉）」と「須婆（婆須）蜜多」が逆になっている程度で、殆んど等しく、また、金山天寧寺舊藏本と比較しても、「末田地」が缺け、敦煌本の「舍那婆斯」が復活する程度で、これら三本は少なくとも祖統說に關しては極めて近い關係にあるといえる。これに對して大乘寺本は、前三本と著しい相違を見せており、『寶林傳』や『祖堂集』を通して確立する西天二八祖說の形にきれいに改められている。このように、同一惠昕本の系統でありながら、それぞれに異同が見られるから、同じ比丘存中の政和六年の再刊の序を有するテキストでありながら、大乘寺本・金山天寧寺舊藏本の兩者が再刊本そのままの謄寫本であるかどうかも疑問であるが、天寧寺舊藏本の巻末には幹縁刻記も本文と同筆で謄寫されており、また祖統說に關しても古い形のものを傳えており、天寧寺本がより政和六年本に近いテキストであるといえるかもしれない。また、祖統說に關する限り、惠昕本系の中では興聖寺本及び慶元本系統が敦煌本に近い壇經の古形を傳えているかにみえるが、項門の名稱や風幡問答などに整理・附加の形跡がみられ、興聖寺本を惠昕本のテキストそのものの覆刻と見なすことにはやはり疑問が殘る。

次に、ここでさらに大乘寺本系統と思われる壇經のテキストで、首尾完結した寫本が一本、岸澤文庫所藏本中に存し、これがまた『壇

〔壇經諸本祖統說對照表〕（西天二十八祖）

（敦煌本）	（興聖寺・慶元本）	（金山天寧寺本）	（大乘寺本）	（德異本・宗寶本）
初傳受七佛	六佛	六佛	初六佛	七佛
釋迦牟尼佛第七	釋迦第七	釋迦第七	釋迦第七	釋迦文佛
大迦葉第八	迦葉	迦葉	迦葉	摩訶迦葉尊者
阿難第九	阿難	阿難	阿難	第二阿難尊者
末田地第十	末田地	商那和脩	商那和修	第三商那和修尊者
商那和修第十一	商那和修	優波掬多	優波掬多	第四優波毱多尊者
優婆掬多第十二	優婆毱多	提多迦	提多迦	第五提多迦尊者
提多迦第十三	提多迦	佛陁難提	彌遮迦尊者	第六彌遮迦尊者
佛陁難提第十四	佛陀難提	伏駄蜜多	波須密多	第七婆須密多尊者
佛陁蜜多第十五	佛陀蜜多	脇尊者	佛陀難提	第八佛駄難提尊者
脇比丘第十六	脇比丘	冨那夜奢	伏駄密多	第九伏駄密(蜜)多尊者
富那奢第十七	富那奢	馬鳴	脇尊者	第十脇尊者
馬鳴第十八	馬鳴大士	毗羅尊者	富那夜奢	十一富那夜舍尊者
毗羅尊者第十九	毗羅尊者	龍樹	馬鳴	十二馬鳴大士
龍樹第二十	龍樹大士	迦那提多	迦毗羅尊者	十三迦毗羅尊者
迦那提婆第廿一	迦那提婆	羅睺羅多	龍樹	十四龍樹大士
羅睺羅第廿二	羅睺羅多	僧伽那提	迦那提多	十五迦那提婆尊者
僧迦那提第廿三	僧迦那提	僧迦耶舍	羅睺羅多	十六羅睺羅多尊者
僧迦耶舍第廿四	僧迦耶舍	鳩摩羅駄	僧伽那提	十七僧伽難提尊者
鳩摩羅駄第廿五	鳩摩羅駄	奢耶多	僧伽耶舍	十八伽耶舍多尊者
闍耶多第廿六	闍夜多	婆須槃頭	鳩摩羅駄	十九鳩摩羅多尊者
婆須盤多第廿七	婆修槃頭	摩拏羅	奢耶多	二十闍夜多尊者
摩拏羅第廿八	摩拏羅	鶴勒那	婆修槃頭	二十一婆修盤頭尊者
鶴勒那第廿九	鶴勒那	師子比丘	摩拏羅	二十二摩拏羅尊者
師子比丘第三十	師子比丘	奢那婆斯	鶴勒那	二十三鶴勒那尊者
舍那婆斯第三十一	婆舍斯多	優波堀多	師子比丘	二十四師子尊者
優婆堀第三十二	優婆堀多	婆須蜜多	婆舍斯多	二十五婆舍斯多尊者
僧迦羅第三十三	婆須蜜多	僧迦羅叉	不如密多	二十六不如密(蜜)多尊者
須婆蜜多第三十四	僧迦羅叉	菩提達磨	般若多羅	二十七般若多羅尊者
菩提達摩第三十五	後魏菩提達磨		菩提達磨	二十八菩提達磨尊者

經』研究の上で重要な問題を提起すると思われるので、次に紹介しておく。

岸澤文庫所藏本は、寫本一冊本で、「六祖壇經辨疑」を附し、卷尾に享保一九年（一七三四）一一月の黠外自筆の跋文があり、また表紙にウッ附ケに、

韶州曹溪山六祖師壇經
黠外愚中和尚本

と書かれてあるように、江戸期の洞門の泰斗、面山瑞方と同門で、損翁宗益の法嗣、播磨（兵庫縣）景福寺の住僧黠外愚中の書寫本であったことが知られる。この黠外愚中本が、その標題を「韶州曹溪山六祖師壇經」としていること、及び、黠外が「辨疑」の中で、

及按宗寶跋所謂讀見三本其板漫滅矣、則知今之本者前于至元也七十年。寶慶年間、永平和尙得之宋而所手筆者。

と言っているところをみれば、卷末に「道元書」という識語が存する、道元將來本と傳承される大乘寺本を書寫したものとも考えられる。さらに、卷首には政和六年の比丘存中の序文も存し、本文內容や西天祖統說などについても、若干の文字の寫し違いと思われるものがある以外は、字數等の配分も殆んど大乘寺本に近似したテキストである。しかし、存中の序に續いて、

翻明鏡臺、擺菩提樹、度汝度吾、授衣南渡。蘭撸聲中沒回互、七百高僧皆失措。休失措、人人此事莫不具。
太白如淨

という、極めて珍しい如淨の語の引用が存する。次に目次を掲げているが、大乘寺本が、目次も上下二卷に分けて、上卷には

一、韶州刺史韋璩等衆請說法
二、大師自說悟法傳衣
（中略）
六、說一體三身佛相

とし、下卷にも同樣に、

七、說摩訶般若波羅密
八、現西方相狀 武帝功德附
（以下略）

としているのに對し、黠外本は、

韶州刺史韋璩等衆請說法第一
大師自說悟法傳衣第二
（中略）
教示十僧第十一 示寂年月附

として、上下二卷に分けることなく、一卷本としている點が、大乘寺本と大いに異なる。また內容についても、大乘寺本に缺帖のある部分も、黠外本にはこれを存する。黠外がもし大乘寺本を書寫したとすれば、當時大乘寺本に缺帖部分があったかどうかが問題となる。もし、黠外が缺帖部分を他から補ったとしても、黠外本にはさらに他の諸本と異なる部分も見られる。ここで大乘寺本の缺帖部分である「自性眞佛偈」を次に掲げておく。

眞如性淨是眞佛　邪見三毒是魔王
邪迷之時魔在舍　正見之時佛在堂
性中邪見三毒生　卽是魔王來住舍
正見自除三毒心　魔變成佛眞無假
法身報身及化身　三身本來是一心
若向性中能自見　卽是成佛菩提因
從本化身生淨性　淨性常在化身中
性使化身行正道　當來性智便無窮
婬性本是淨性因　除婬卽無淨性身
性中各自離五欲　見性刹那卽是眞
今生若悟頓法門　忽見自性現世尊
汝等修行覓作佛　自性自見正中眞
若能心中自見眞　有眞卽是成佛因
不見自性外覓佛　起心總是大癡人
頓教法門今已留　救度世人須自修
報汝當來學道者　不作此見大悠悠

このほか黠外本については、さらに多くの檢討の餘地があるが、今はその紹介に止めておく。

いずれにしても、金山天寧寺舊藏本の出現により、政和六年開版本の意義が改めて問われなければならないことは明らかであるが、一方、この天寧寺本及び黠外愚中本の出現によって、從來興聖寺本で補われていた大乘寺本の缺丁部分は、より大乘寺本に近いテキストによってほぼ完全に補われることになったわけである。

なお、大乘寺本壇經は、大久保道舟氏により昭和一三年『駒澤大學佛教學會學報』第八號に本文が發表され、また昭和一七年には、鈴木貞太郎（大拙）氏により校訂本が刊行されている。

四、興聖寺本壇經

本書は京都堀川の臨濟宗興聖寺派の本山興聖寺舊藏の、我國で開版された『壇經』としては最古の五山版で、標題・內題・尾題共に『六祖壇經』、通稱『興聖寺本壇經』と呼ばれている。袋綴、本文全體三二丁、但し第一五丁目は缺丁。每半葉七行、每行二二字。卷首に乾德五年（九六七）の惠昕の序、紹興二三年（一一五三）の晁子健の序が、ともに興聖寺開山圓耳了然により補寫されている。卷尾には、

慶長四年五月上中旬、初めて此經を拜誦し、南宗の奧義を伺い了んぬ。次いで新學のために朱點を加ふるのみ。

了然これを誌す。

慶長八年三月朔日より八日に至って、一遍拜讀の次いで和點を加え了んぬ。

記者前に同じ。

という墨書識語があり、慶長四年（一五九九）に朱點を、同八年に和點を加えたことが知られ、元來了然の手擇本であったことが知られる。大乘寺本『壇經』と共に、法海—志道—彼岸—悟眞—圓會と、

五代に亘って傳授されたことを傳える、惠昕本系分巻一一門のテキストで、版心に「軍」字の函號があり、毎葉七行の折本の體裁から考えて、宋版大藏經からの覆刻本であると見られている。しかし、これが惠昕本の原本そのものを傳えるテキストであるかどうかは、既に述べたように疑問であり、紹興二三年の權通判蘄州軍州事晁子健の序文によれば、

子健旨を被むりて蜀に入り、回りて荊南に至り、族叔公の祖位に於て、七世の祖文元公の觀るところの寫本六祖壇經を見たり。その後に題して云く、時に年八十一、第十六次看み過ぎぬ、と。以て句に點し題を標し、手澤具さに存するに至る。（中略）子建、來りて蘄春郡に佐たり、大守高公世叟に遇う。篤信にして佛を好み、一日語るに、先の文元公の觀る所の壇經に及び、欣然として曰く、此は乃ち六祖傳衣の地なり。是の經いずくんぞ闕くべけんや、と。乃ちその句讀を用いて鏤版刊行し、以てその傳を廣む。

とあり、晁子健序刊本は、七代前の祖父である文元公、すなわち晁迥（字は明遠）の所持していた、晁家傳來の寫本壇經で、文元公のつけた句讀點に從って版行せんとするというもので、惠昕再編刊行のテキストそのままであったかどうかは斷定できない。それは、既に述べたように、西天祖統説に關しては、敦煌本に近い古形を傳えるが、政和六年再刊本を承ける大乘寺本・金山天寧寺本に比して、明らかに後世の整理・附加と見られる部分も存するからである。

ところで、中川孝氏は、道元が『正法眼藏』古鏡の巻に引用する「本來無一物」の偈は興聖寺本壇經と同じであり、従って道元は偈を引用するに當って、テキストを吟味して最もよいと思われる惠昕本を用いたとされ、また同じく恁麼の巻の弘忍と慧能の碓房内での會見についても、興聖寺本よりもその事實を詳述している高麗智訥跋の泰和七年（一二〇七）刊行の『法寶記壇經』と同一系統のものを採用したものとされ、さらに、智訥が底本として用いているテキストは、興聖寺本と同系統のものであるとされる（禪の語錄4、『六祖壇經』p. 235～）。道元が『正法眼藏』四禪比丘の巻において、『壇經』に見性の語があることによってこれを僞書と斷じながら、『壇經』からの引用と見られる文を擧げていることが從來問題視されていたが、道元が『正法眼藏』で六祖に關説している一四項目は、いずれも『景德傳燈錄』巻五・『天聖廣燈錄』巻三・『普燈錄』巻一・『聯燈會要』巻一等からの引用であり、決して『壇經』そのものからの引用は行っていないことが鏡島元隆氏によって論證されており（『道元禪師と引用經典・語錄の研究』p. 148～）、中川氏がその存在を預想される道元が見たという興聖寺本系、あるいは惠昕本系の『壇經』については疑問である。

いずれにしても、興聖寺本『壇經』が宋版の面影を傳えるテキストであることは間違いないが、『法寶壇經肯綮』が末尾の「本朝刊刻壇經品目」の中で、宋の慶元本の再刻本であることを記している寬永八年（一六三一）刊行本（貞享五年〈一六八八〉刊行本は寬永八年本の後刷本）は、序・跋等は全く存しないが、内容的には興聖寺本と全く同一

のテキストであり、慶元本なるものがいかなる經緯をもったテキストであるかが問題として殘る。なお、金澤文庫保管の鎌倉期稱名寺二世劍阿の寫本、零本八葉の斷簡は、興聖寺本と同系統のテキストであることが知られている。

興聖寺本『壇經』は、昭和八年に影印本が刊行され、同九年には鈴木大拙氏により校訂本が刊行されている。

五、德異本壇經

本書は、鼓山の皖山正凝の法嗣で、松江澱山古筠比丘德異によって編集刊行された壇經で、正しくは『六祖大師法寶壇經』、『德異本壇經』と通稱される。至元二七年（一二九〇）の德異の序文によると、

惜しいかな、壇經、後人の節略太だ多きがために六祖大全の旨を見ざることを。德異幼年にして嘗て古本を見る。自後、遍く求むること三十餘載、近ごろ通上人を得て尋いで全文に到る。遂に吳中休休庵に刊して、諸の勝士と同一に受用す。惟だ願はくは卷を開き目を擧げて、直に大圓覺海に入り佛祖の慧命を續ぐこと窮まり無からんことを。[三]斯に余が志願滿ぜり。至元二十七年庚寅歲中春の日、叙す。

とあるように、三〇年來求めて得た通上人所持の古本『壇經』の全文を、自らの住持地である吳中（江蘇省）の休休菴で刊行し流通せしめんとしたものとされる。卷首に法海の「略序」を附し、悟法傳衣第一より付囑流通第十に至る一〇章に分けられた一卷本で、先に見た惠昕編集の分卷一一門の壇經に次ぐ分門本であるが、內容的に前後の異同が夥しく、新たに唐朝徵詔第八の項が加えられたりして、德異の自序に反して、古形を著しく損ったものであることは明らかである。德異の用いたテキストがいかなる系統のものかは推測の域を出ないが、康熙四二年（一七〇三）や光緒九年（一八八三）刊行の朝鮮本には、泰和七年（一二〇七）の高麗沙門普照國師知訥の重刻跋文が附されており、朝鮮刊行の諸壇經はこの知訥の重刻本を承けているかの如くであるが、德異の『壇經』編集刊行は、泰和七年に遅れること八十餘年後のことであり、知訥重刻本と德異本との間に直接的な關連があったかどうかは不明である。

德異本系『壇經』の中國における開版本には、至元二七年本に次いで、洪武六年（一三七三）刊行本（石井光雄氏舊藏）、正統四年（一四三九）刊行本（『六祖壇經諸本集成』寫本所收）等がある。また、曹溪原本とされる我國寶永三年（一七〇六）刊行本は、卷尾の王起隆の「重鋟曹溪原本法寶壇經緣起」、譚貞默の「重訂曹溪法寶壇經原本跋」、及び轅轢道人嚴大參の「讀壇經原本頌」によれば、順治九年（一六五二）に王起隆が譚貞默・嚴大參と對討して刊行したものの飜刻であることが知られる。さらにこの寶永本の卷首に附された明の憲宗の「御製六祖法寶壇經叙」によれば、

禪和者盧慧能有り、乃ち新州の人なり。師黃梅に於て衣鉢の傳を得、性宗の學を究めて曹溪に隱る。沒後、其の徒其の言を會して傳え、壇經法寶となす。（中略）因って萬幾の暇、叙を製し爲して、延臣趙玉芝に命

じて重ねて編録を加へ、梓に鋟して以て傳えて見性入善の損南と爲すと云ふ。故に叙す。成化七年三月　日。

とあり、成化七年（一四七一）趙玉芝に命じて重編刊行したことが知られ、また御製叙の次に附された「刻法寶壇經序」によれば、明萬暦元年（一五七三）、見羅山李材が重刻したことも知られる。また譚貞默の重訂跋によると、

萬暦四十四年丙辰、本師憨祖曹溪より匡廬に至り、復た法雲寺に刻せり。今に至るまで匡山に誦習すること悉く曹溪原本に遵って、宗寶が改本を行わず。

とあり、萬暦四四年（一六一六）、貞默の本師憨山德清は、廬山法雲寺で曹溪原本を刻したことが知られる。

また、德異本系の朝鮮刊行諸本については既に黑田亮氏の『朝鮮流通壇經の形式に就いて』（『朝鮮舊書考』p.93～111）があり、また延祐三年高麗刻本についても、大屋德城氏の紹介及び翻刻があるが（『禪學研究』一三號）、朝鮮刊行流布の諸本は、泰和七年本を除いて、すべて德異本の系統であったとみられる。

まず、泰和七年（一二〇七）知訥重刊の『壇經』については、その跋文が存するのみで、本文がいかなる體裁のテキストであったかは不明である。また知訥の跋文に續いて、晦堂安基の「柔兆執徐宿月清明二日」すなわち丙辰三月二日の壇經鋟梓印施の書があり、この丙辰の年號が不明であるが、書中に知訥に言及している點を考えるなら、安基が知訥以後の人であることは明らかであり、また安基の壇經印施が知訥の重刊を前提することを考慮し、書名も「法寶記壇經」とあることから、德異本成立以前の丙辰、すなわち寶祐四年（一二五六）とするのが妥當ではなかろうか。安基の書には、

法寶記壇經是曹溪六祖說見性成佛決定無疑法。依比經者佛在堂、背此經者魔在舍。

とあるが、この『壇經』の書名は、圓仁が承和一四年（八四七）に上進した『入唐新求聖教目錄』に見える「曹溪山第六祖惠能大師說見性頓教直了成佛決定無疑法寶記壇經一卷、沙門人法譯」に近似していることも、德異本成立以前のテキストであることの證左となろう。

いずれにしても、知訥重刊本の體裁が不明なので、これと德異本との關係を明確にすることはできないが、大德四年（一三〇〇）刊行の德異本は、德異が直接に朝鮮の萬恒に刊本を附托して流通を囑したことによって重鏤されたものであり、德異が朝鮮刊行の『壇經』を知っていた可能性もある。しかし通上人の得たという壇經とも關連して、その實態は不明である。

德異本の朝鮮初刊は、嘉靖三七年本に附された花山萬恒の跋文によれば大德四年で（『朝鮮舊書考』p.95）、德異本成立後十年目である。次いで延祐三年（一三一六）、所南翁及び瑞光景瞻の跋を附して刊行されたものが高麗刻本と通稱されるテキストで、かつて大屋德城氏により紹介された。その書體から推して、テキストそのものは延祐頃より降る時期のものともされるが、延祐三年本を前提することにかわりはない。但し現在原本の所在は不明である。

また康熙四二年（一七〇三）刊行本は、成化一五年（一四九七）の白雲山屛風菴開版本の重刻であり、この外に知幻堂無住子行思の跋文により、萬曆二年（一五七四）の重刊本があったことが知られる。

今回對校に用いたテキストは、光緒九年（一八八三）、伽耶山海印寺で重刊されたもので、康熙四二年本を前提とするが、その原本は成化一五年本で、巻尾の『壇經』開版の歴史を述べるに際して、成化一五年を基準にして年數を算出している。

德異本壇經は、巻首の法海の「略序」などは、次に述べる宗寶本『壇經』が、これを改編して「六祖大師緣起外紀」とし、內容的にも附加が存するのに對し、『全唐文』巻九一五所收のものと同じ古い形のものを附しているが、本文に關しては、順序次第等は殆んど宗寶本と同一であり、同じ系統の原本を再編したものと見られ、通上人の得た『壇經』の內容が改めて問題となる。

六、宗寶本壇經

本書は、德異本成立の翌年、すなわち至元二八年（一二九一）、南海風旛報恩光孝寺の宗寶によって編集刊行された、德異本と同様の『六祖大師法寶壇經』の標題を持つ一巻本のテキストで、行由第一より付囑第十に至る一〇章より成る。巻末の宗寶の跋文には、

余初め道に入りしに、斯れに感あり。續いて三本を見るに同じからず、互いに得失あり。其の板もまた已に漫滅す。因って其の本を取って校讎す。訛るものはこれを正し、略せるものはこれを詳にし、復た弟子請益の機緣を增入す。こいねがわくは學ぶ者、曹溪の旨を盡すを得んことを。按察使雲公從龍、深く此の道に造る。一日山房を過り、余が所編を睹て謂わく、「壇經の大全を得たり」と。慨然として工に命じて鋟梓し、顓しんで爲めに流通して、曹溪の一派をして斷絕に至らざらしむ。

とあり、三本の壇經によって校合補訂し、また機緣第七や頓漸第八に見られるように、『景德傳燈錄』などから「弟子請益の機緣」を增入したテキストを、按察使雲公從龍が見て、壇經の大全を得たものとして、工に命じ鋟梓刊行したものである。

この宗寶本壇經の系統には、成化四年（一四六八）刊行本（內閣文庫所藏）、嘉靖年間（一五二二～一五六六）五臺山房刻本（『六祖壇經箋注』記載）、萬曆一二年（一五八四）刊行本（慶安二年本巻末記載）、萬曆三七年（一六〇九）徑山寂照菴刊行の方冊本（明藏本巻末記載）等があって一般に流布し、また明版大藏經（南藏密函、北藏扶函）にも入藏された。我國でも、寛永一一年（一六三四）・慶安二年（一六四九）・萬治二年（一六五九、首書本）等に刊行され、流布本と稱されて、注釋書類も多くはこれによっている。

このように宗寶本『壇經』は、流布本として一般に知られてたびたび刊行されたが、これを明版大藏經所收本と比較してみると、本文に關しては、行由第一より付囑第十まで殆んど異同はないものの、前後の體裁形式は全體的に著しく異なっている。全體の體裁を示せ

ば次の如くである。

明藏本	流布本
(1)德異撰、壇經序	(1)德異撰、壇經序
(2)契嵩撰、壇經賛	(2)緣起外紀
(3)（本文）	附、墜腰石の記事
(4)附錄	(3)歷朝崇奉事蹟
㈠緣起外紀	(4)（本文）
附、墜腰石の記事	附、入塔後の記事
㈡歷朝崇奉事蹟	(5)宗寶撰、跋文
㈢柳宗元撰、賜諡大鑒禪師碑	(6)恒照齋書、六祖壇經記
㈣劉禹錫撰、大鑒禪師碑	
㈤同、佛衣銘幷序	
附、入塔後の記事	
㈥宗寶撰、跋文	

宗寶本『壇經』の初刊は至元二八年と考えられるから、それ以前に既にテキストとしては成立していたと思われるが、これに至元二七年の德異の序文が附されるのは奇異な感じがあり、また兩者の形式上の異同から考えても、明藏本・流布本いずれも宗寶編集當初の形を傳えるものではなく、後の重刊あるいは再刊に際して再編集されたものとみられる。但し本文に關しては殆んど異同がみられないので、宗寶編集のテキストそのものと考えてよいであろう。

また、『全唐文』巻九一五に收録され、德異本にも承け繼がれた、法海集の「略序」は、宗寶本では「六祖大師緣起外紀」と改題され、内容的にも多くの增廣がみられるが（一八資料解題參照）、これが宗寶自身の改編か、宗寶本再編の際の附加であるかはやはり不明である。

ところで、明版大藏經南藏密函所收の壇經は、山口縣菊川町快友寺所藏本が、禪學叢書之七『六祖壇經諸本集成』に收録されて今日容易にみることができるようになった。この南藏本も、標題に「六祖大師法寶壇經」とあり、また標題に續いて、

風旛報恩光孝禪寺住持嗣祖比丘　宗寶　編
僧錄司右闡教兼鍾山靈谷禪寺住持　淨戒重校

とあるように、臨濟宗大慧派覺源慧曇の法嗣で、金陵靈谷寺住持定巖淨戒の重校になる、宗寶本系統のテキストとみられるが、卷首に契嵩の「壇經賛」及び唐憲宗・宋太宗・仁宗・神宗の追諡の記錄を載せ、本文は項門に分けることなく、北藏所收本でいえば、「坐禪第五」までに相當するもので、北藏本とかなり異同があり、内容的にも、德異本と共通する部分も含んでいるという、特異な性格を有するテキストである。これを北藏本及び德異本と比較してみると、たとえば、

南藏本	北藏本	德異本
各自除疑如先代聖人無別。師復告衆	各自除疑如先代聖人無別。一衆聞法	各自除疑如先代聖人無別。師復告衆

曰、善知識、菩提般若之智世人本自有之。	歡喜作禮而退。 般若第二 次日韋使君請益。師陞座告大衆曰、總淨心念摩訶般若波羅密多。復云、善知識、菩提般若之智世人本自有之。	曰、善知識、菩提般若之智世人本自有之。

とある部分は明らかに徳異本と全く同じである。また逆に、

南藏本	北藏本	徳異本
祖知悟本性、謂能曰、不識本心、學法無益。若識自本心見自本性、卽名丈夫天人師佛。	祖知悟本性、謂慧能曰、不識本心、學法無益。若識自本心見自本性卽名丈夫天人師佛。	祖知悟本性、卽名丈夫天人師佛。

とある部分は北藏本に近い。しかし、

南藏本	北藏本	徳異本
時祖師至寶林。詔	時大師至寶林。詔	時大師至寶林。詔

州韋刺史璩、與官僚入山請師出於城中大梵寺講堂爲衆開緣說法。師升座次、刺史官僚三十餘人、儒宗學士三十餘人、僧尼道俗一千餘人同時作禮願聞法要。大師告衆曰、善知識、總淨心念摩訶般若波羅蜜。大師良久復告衆曰、善知識、菩提自性本來淸淨。（中略） 惠能一聞經云應無所住而生其心、心卽開悟、（中略） 教便往黃梅參禮五祖、（中略） 不經三十餘日便至黃梅禮拜五祖。祖	州韋刺史名璩、與官僚入山請師出於域中大梵寺講堂爲衆開緣說法。師升座次、刺史官僚三十餘人、儒宗學士三十餘人、僧尼道俗一千餘人同時作禮願聞法要。大師告衆曰、善知識、菩提自性本來淸淨。（中略） 慧能一聞經語心卽開悟、（中略） 教便往黃梅參禮五祖、（中略） 不經三十餘日便至黃梅禮拜五祖。祖	州韋刺史璩名與官僚入山請師於大梵寺講堂爲衆開緣說摩訶般若波羅蜜法。師升座次、刺史官僚三千餘人、儒宗學士三十餘人、僧尼道俗一千餘人同時作禮願聞法要。大師告曰、善知識、總淨心念摩訶般若波羅蜜。大師良久復告衆曰、善知識、菩提自性本來淸淨。（中略） 能一聞經云應無所住而生其心、心卽開悟、（中略） 教便往黃梅禮拜五祖、（中略） 不經三十餘日便至黃梅禮拜五祖。問

問曰、云云。	問曰、云云。	能曰、云云。

とあるような部分は、北藏本・德異本双方に共通する部分を含んでおり、また、

南藏本	北藏本	德異本
祖言、使君善聽、惠能爲說、釋迦世尊在王舍城說觀經、有云阿彌陀佛去此不遠、經文分明。若論相說十萬億剎卽人身中十惡等障說遠。	師言、使君善聽、慧能與說、世尊在舍衛城中說西方引化、經文分明。去此不遠。若論相說里數有十萬八千卽身中十惡八邪便是說遠。	師言、使君善聽、惠能與說、世尊在舍衛城中說西方引化、經文分明。去此不遠。若論相說里數有十萬八千卽身中十惡八邪便是說遠。

とある部分は、北藏本と德異本は全く一致するが、南藏本とはいずれも共通しない部分も存する。

いったい、南藏本『壇經』の重校者淨戒については、明版大藏經（南藏）に多數の禪宗文獻を入藏することに努力した人であることはすでに指摘があり、また四八卷『古尊宿語錄』の再編にもなんらか關與しているのではないかということも推定されており（柳田聖山氏「古尊宿語錄考」『花園大學研究紀要』第二號）、『壇經』の明藏編入の際にも、當然これとのかかわりが豫想される。しかし北藏本『壇經』の「懺悔第六」以下を全く含まない南藏本『壇經』が、宗寶編集の當初の形態を傳えているかどうかということに關しては疑問である。なぜならば、敦煌本や惠昕本系などの古い形を殘しているとみられる『壇經』にも、南藏本に含まれていない「懺悔第六」以下の部分は存しており、さらに宗寶自身も、至元辛卯二八年（一二九一）夏に撰した跋文で

> 余初めて道に入り、斯に感有り、續いて三本を見るに同じからず、互いに得失有り。其の板も亦漫滅す。因って其の本を取って校讎し、訛れるものはこれを正し、略せるものはこれを詳にす。復た弟子請益機緣を增入す。庶幾（こいねが）わくは學ぶ者、曹溪の旨を盡すことを得んことを。
> （T. 48―348c）

と言っており、「機緣第七」などには宗寶自身で增入したものもはいっていることなどから、「懺悔第六」以下が宗寶本『壇經』に本來含まれていなかったとは考えられないからである。このように考えてくると、明版大藏經南藏所收の『壇經』は、淨戒が宗寶本『壇經』を基本としながら、德異本その他の壇經を參酌して取捨撰擇の手を加え、新たに編集しなおしたテキストであり、嚴密にいえば、淨戒重校本の『壇經』ということになるであろう。

また、やはり上記『六祖壇經諸本集成』に收錄された、清代の眞樸なる者が歲次丙辰（一六七六カ）に重梓したテキスト、及び同書所收の中華民國一八年（一九二九）金陵刻經處重刻のテキストは、いずれも宗寶本であるが、既に述べたように、各項門の題名に「品」字

を附して、「自序品第一」「般若品第二」「決疑品第三」等等としている點が、北藏本や流布本の他の宗寶本壇經と異なる。但し、眞樸重梓本の「重刻法寶壇經凡例」によれば、

經に十品を置くは大師の設くる所にあらず。蓋し、結集する者類相を以てし、其の舊本によりて名を立つるは、頗る經旨に符す。但し野干の義を失し馴を欠く。今義に依りて命名し、次第緣に沿う。貴は一貫せんとするにあり。故に略更訂をなす。其の品字を增し經の式の如くするは、猶ほ鄭重にせんがためなり。十品の目、具さに左に列す。

自序品第一　般若品第二

決疑品第三　云云

とあるように、經典の形式に整えるために品字を加えたにすぎないものであり、內容に關しては北藏本壇經と殆んど異同がない。さらに、金陵刻經處重刻本の巻末には「六祖大師事略」を收錄しているが、これは「略序」を增廣して北藏本壇經に編入した「六祖大師緣起外紀」の標題を變えただけのもので、內容的には全く變りはない。

以上、本章所收の壇經五種の一本一本について、他系統のテキストとの關係も考え合わせて、個々のテキストの性格について見てきたが、今後に殘された課題はあまりにも多い。たとえば、惠昕本や特に契嵩本なるものの原初形態については全く不明であり、宗寶本についても、その成立當初のテキストの形態は既に不明である。その他、これら諸問題の解決のためには、當然新出資料の出現が期待されるが、これと同時に、現在與えられている諸種のテキストの嚴密な分析檢討を通して、個々のテキストの相互の關係を究明する作業も同時に進めていかなくてはならないであろう。

七、壇經の注釋書

以上、『六祖壇經』の諸系統を代表すると考えられる五種の異本を中心に、『壇經』變遷の概要と、若干の歷史的・書誌的考察を行った。最後に、『壇經』の本文研究にとって缺くことのできない資料は、多くの『壇經』の注釋書類である。

既に述べたように、『法寶壇經肯窾』は、日本寬永八年（一六三一）刊行本を慶元本の覆刻とするが、さらに寬永一一年（一六三五）刊行本を元の至元本、慶安二年（一六四九）刊行本を明の萬曆本とし、萬治二年（一六五九）刊行の夾山鼇頭本『六祖法寶壇經』（二巻）、天和三年（一六八三）刊行の『六祖大師法寶壇經鈔』（四巻）、同年刊行の『六祖法寶壇經補闕』（二巻）も、いずれも萬曆本に依っているとし、次いで『肯窾』自身は、宋・元・明の三本、及び李氏の金華原本、林氏の本、楊氏の本、水月齋の本、大清の康熙刊本をもって新舊の異同を對校し、文字の差誤を訂正したとしているように、その他の多くの注釋書も含めて、その注釋を行うにあたり、種種の異本と校勘している場合が多く、また注釋するにあたって底本として用いたテキストがいかなるものであったかということも興味ある所である。いま、これら現存する多數の注釋書類のすべてについてこれを論ず

ることはできないので、次に頭注本も含めた諸注釋書の名稱・著者・刊寫・所藏者等を列記して、後學の便に供しておきたい。

（中國撰述）

六祖壇經節錄　一卷。明、袁宏道著。明代刊。內閣文庫。

法寶壇經訊釋　一卷。明、林兆恩撰。林氏全書貞字函第四冊所收。

六祖壇經箋註　一卷。民國、丁福保著。民國八年（一九一九）刊。

（朝鮮撰述）

六祖法寶壇經要解　一卷。白坡亙璇撰。道光二五年（一八四五）刊。駒澤大學圖書館（寫本）。

（日本撰述）

夾山頭書六祖法寶壇經　二卷。萬治二年（一六五九）刊。

六祖法寶壇經鈔　四卷。撰者不詳。天和三年（一六八三）刊。駒澤大學圖書館・松ヶ岡文庫。

攷證騈拇法寶壇經肯綮　五卷。綠野翁益淳撰、雕龍齋景奭較定。元祿一〇年（一六九七）刊。駒澤大學圖書館。

是正註法寶壇經海水一滴　五卷。天桂傳尊撰。享保一〇年（一七二五）序刊。駒澤大學圖書館。

法寶壇經兩祖得法偈評唱・應無所住而生其心開示　一卷。慈雲飲光撰。天保一五年（一八四四）序刊。駒澤大學圖書館。

六祖法寶壇經考　一卷。埜雲撰。寛文一〇年（一六七〇）埜雲自筆書寫。駒澤大學圖書館。

法寶壇經鈔　一卷。撰者不詳。寶永六年（一七〇九）書寫。駒澤大學圖書館。

六祖壇經備考　一卷。興聖寺石梯講。寫本。妙心寺龍華院。

六祖壇經生茗蒂　三冊。無著道忠撰。寫本。花園大學禪文化研究所北苑文庫。

六祖法寶壇經講解　一冊。越舟講、義箭誌。寫本。妙心寺龍華院。

法寶壇經海水一滴事考　三卷。撰者不詳。寫本。駒澤大學圖書館。

六祖壇經辨疑　一卷。黠外愚中撰。黠外自筆本六祖壇經附。岸澤文庫。

六祖能禪師精進勸祖鏡和尚　一卷。撰者不詳。寫本。岸澤文庫。

六祖壇經因師記　四卷二冊。撰者不詳。寫本。松ヶ岡文庫。

六祖壇經別考　一卷。撰者不詳。寫本。松ヶ岡文庫。

以上の諸本のほかに中國撰述書としては、『禪籍志』（上）では、大珠慧海撰として『壇經法寶記』（一卷）を擧げており、また、李卓吾解とされる『六祖法寶壇經』（一卷）等があることが知られているが、その存在については不明である。

日本撰述書としては、『法寶壇經肯綮』は、天和三年（一六八三）に『六祖法寶壇經補闕』（二卷）の刊行があったとし、また『蓮藏海五分錄』では、玄樓奧龍に『法寶壇經熱鐵論』の著があったことを記しているが、これらの存在も不明である。

第二章　金剛經解義

第一節　六本對校　金剛經解義

凡　例

一、この資料對校に用いたテキストは左記の通りである。

〔底　本〕金剛般若波羅蜜經　一巻一帖　鎌倉末期刊本（五山版）京都大學人文科學研究所松本文庫所藏……(京)

〔校合本〕㈠六祖注解金剛經義　一巻一冊　天文十九年（一五五〇）修補識語、筆寫本　茨城縣東茨城郡常澄村、六地藏寺所藏……(六)

㈡金剛般若波羅蜜經五家解　二巻二冊　嘉靖十六年（一五三七）朝鮮、神陰山身安寺刊本　駒澤大學圖書館所藏〇八六—八七……(五)

㈢金剛般若波羅蜜經川老註　三巻三冊　寛永九年（一六三二）京都中野市右衞門刊本　駒澤大學圖書館所藏二五三・一—六……(川)

㈣金剛般若波羅蜜經　一巻一冊（圓覺經との合綴）明刊（年代不明）　國立公文書館（内閣文庫）所藏楓一、子一九四、七……(内)

㈤金剛般若波羅蜜經　二巻一冊　明曆元年（一六五五）京都中野小左衞門刊行　駒澤大學圖書館所藏二五三・一—九……(明)

一、底本(京)には虫損のため判讀不能の箇所が若干存するが、該當文字は明曆本(明)によって補鎭し、これを□で圍んで示した。また、巻頭に存する口繪（釋尊説法圖、一紙五折）部分は省略した。

一、校合本は、原文獻の構成内容を相互に異にするため、對校に當っては原則として底本に對應する部分のみを對象とした。ただし、刊記・識語の類は特に文末に注記した。

一、對校は、底本と異なる文字・語句等を頭注で示した。ただし、校合本の性質を考慮して、左記のごとき略字・異体字類と正字との區別は特に注記することを避けた。

觧—解　雖—雖　即—卽　滿—滿　盖—蓋　悉—悉
苦—苦　輕—輕　薩—薩　隔—隔　清—淸　碍—礙
凢—凡　脱・脫—脫

金剛般若波羅蜜經序[1]

曹溪六祖大師慧能[2][3]
解義亦曰口訣[4]并序

夫金剛經者。無相爲宗。無住爲體。妙有爲用。自從達磨[5]西來。爲傳此經之意。令人悟理見性。祇爲世人不見自性。是以立見性之法。世人若了見。眞如本體。卽不假立法。此經讀誦者無數。稱讚者無邊。造疏及注解者[6]。凡八百餘家。所說道理。各隨所見。見雖不同。法卽無二。宿植上根者。一聞便了。若無宿慧[7]。讀誦雖多。不悟佛意。是[8]故解釋[9]聖義[10]。斷[11][12]除學者疑心。若於此經。得旨無疑。不[13]假解說。從上如來所說善法。爲除凡夫不善之心。經是聖人之[14]語。教人聞之。超[15]凡悟聖。永息迷心。此一卷經。衆生性中本有。不自見者。但讀誦文字。若悟本心。始知此經。不在文字。若[16]能明了自性。方信[17]一切諸佛。從此經出。今恐世人。身外覓佛。向外求經。不發內心。不持內經。故造此[18]訣。令諸學者。持內心經。了然自見。清淨佛心。過於數量。不可思議。後之學者。讀經有疑。見此解義。疑心釋然。更不用訣。所冀[19]學者。同見鑛中金性。以智慧[20]火鎔鍊。鑛去金存。我釋迦本師說金剛經。在舍衞國。因須菩提起問。佛[21]大悲爲說。須菩提聞法得悟[22]。請佛與法安名。令後人依而受持。故[23]經云。佛告須菩提。是[24]經名爲金剛般若波羅蜜。以是名字。汝當奉持。如來所說金剛般若波羅蜜。與法爲名。其意謂何以。金剛世界之寶。其性猛利。能壞諸物。金雖至堅。羖[25]羊角能壞。金剛喩佛性。羖[26]羊角喩煩惱。金雖堅剛。羖[27]羊角能碎。佛性雖堅。煩惱能亂[28]（一本作破字）。煩惱雖堅。般若智能破。羖[29]羊角雖堅。賓鐵能壞。悟此理者。了然見性。涅槃經云。見佛性者。不名衆生。不見佛性[30]。是名衆生。如來所說金剛喩者。祇爲世人性無堅固。口雖誦經。光明不生。外誦內行。光明齊等。內無堅固。定慧[31]卽亡[32]。口誦心行。定慧[33]均等。是名究竟。

1 (京)ハ卷頭ニ口繪アリ、(六)ハ「六祖注解金剛經義幷序」、(五)ハ「曹溪六祖禪師序」、(川)ハ「金剛般若波羅蜜經」ニ作ル
2 (五)(内)(明)ハ「曹溪六祖大師…幷序」ノ一六字ヲ闕ク
3 (川)ハ「惠」ニ作ル
4 (六)ハ「幷序」ナシ
5 (明)ハ「摩」ニ作ル
6 (六)(五)ハ「者」ナシ
7 (川)ハ「惠」ニ作リ、「惠」ノ下ニ「者」アリ、(明)ハ「一本宿惠下有者字」ト頭注ス
8 (五)(明)ハ「是」ナシ
9 (六)(五)ハ「其」ニ作ル
10 (川)ハ「儀」ニ作ル
11 (六)(五)ハ「斷」ノ上ニ「庶」アリ
12 (五)ハ「除」ナシ
13 (六)(五)ハ「不」ノ上ニ「卽」アリ
14 (川)ハ「之」ナシ
15 (六)(五)ハ「從」ニ作ル、(六)ハ「超イ」ト頭注ス
16 (六)(五)ハ「但」ニ作ル
17 (内)ハ「能」ニ作ル
18 (川)ハ「此」ノ下ニ「經」アリ、(明)ハ「一本此字下有經字」ト頭注ス
19 (六)ハ「冀イ」ト頭注ス、(五)(内)ハ「冀」ニ作ル
20 (川)ハ「惠」ニ作ル
21 (五)ハ「佛」ナシ

金在山中。山[34]不知是寶。寶亦不知是山。何以故。爲無性故。人則有性。取其寶用。得遇金師。鏨[35]鑿山破。取鑛烹鍊。遂成精金。隨意使用。得免貧苦。四大身中。佛性亦爾。身喩世界。人我喩山。煩惱喩鑛。佛性喩金。智慧[36]喩工匠。精進猛勇喩鏨鑿[37]。身世界中。有人我山。人我山中。有煩惱鑛。煩惱鑛中。有佛性寶。佛性寶中。有智慧[38]工匠。用智慧[39]工匠。鑿破人我山。見煩惱鑛。以覺悟火烹鍊。見自金剛佛性。了然明淨。是故以金剛爲喩。因爲之名也。空解不行。有名無體。解義修行。名體俱備。不修卽凡夫。修卽同聖智。故名金剛也。何名般若。是梵語。唐言智慧[40]。智者不起愚心。慧[41]者有其方便。慧[42]是智體。智是慧[43]用。體若有慧[44]。用智不愚。體若無慧[45]。用愚無智。祇[46]爲愚癡未悟故[47]。修智慧[48]以[49]除之也。何名波羅蜜。唐言到彼岸。到[50]彼岸者。離生滅義。祇緣世人性無堅固。於一切法上。有生滅相。流浪諸趣。未到眞如之地[51]。竝是此岸。要具大智慧[52]。於一切法圓滿[53]。離生滅相[54]。卽是到彼岸[55]。亦云。心迷則此岸。心悟則彼岸。心[56]邪則此岸。心正則彼岸。口說心行。卽自[57]法身。有波羅蜜。口說心不行。卽無波羅蜜也[58]。何名爲經。經者徑也。是成佛之道路[59]。凡人欲臻斯路。當[60]內修般若行。以至究竟。如或但能誦說。心不依行。自心則無經[61]。實見實行。自心則有經[62]。故此經如來號爲金剛般若波羅蜜經[63]。

22　五ハ「說」ニ作ル
23　六ハ「故經云」ノ三字ナク、「故經云ィ」ト頭注ス
24　六ハ「是經名爲」ヲ「與此法立名曰」ニ作ル
25 26 27 29　內明ハ「羚」ニ作ル、明ハ「羚羊、本綱云、按寰宇志云、安南高石山出羚羊、一角極堅能碎金剛石、則羚固有一角者矣、金剛石出西域、狀如紫石英、百鍊不消物莫能擊、惟羚羊角扣之則自然氷泮也、羚羊一本作羖羊、本綱云、時珍曰、牡羊曰羖、弘景曰、羊有三四種、入藥以青色羖羊爲勝、又本草曰、羊頭骨能消鐵也、故誤呑銅鐵者用之、賓鐵本草綱目八卷曰、錠鐵色黑性堅宜作刀劍、西番出賓鐵無勝」ト頭注ス
28　六五川內明ハ「一本作破字」ノ五字ナシ、內ハ「亂」ノ下ニ「佛性」ノ二字アリ
30　六ハ「佛性」ヲ「衆生」ニ作ル、內ハ「佛性」ノ下ニ「者」ノ字アリ
31 33　川ハ「惠」ニ作ル
32　內ハ「忘」ニ作ル
34　六ハ「山」ナシ
35 37　五ハ「斬」ニ作ル
36　川ハ「惠」ニ作ル
38 39 40 41　川明ハ「惠」ニ作ル
42 43 44 45　川ハ「惠」ニ作ル
46　六五ハ「緣」ニ作ル
47　六五ハ「故修」ヲ「遂假」ニ作ル
48　川ハ「惠」ニ作ル
49　六ハ「爲」ニ作ル
50　六ハ「到」ナシ
51　六ハ「之」ナシ
52　川ハ「惠」ニ作ル
53　六五ハ「滿」ナシ、六ハ「滿ィ」ト頭注ス
54　六五ハ「相」ナシ、六ハ「相ィ」ト頭注ス
55　川明ハ「岸」ノ下ニ「也」アリ
56　六ハ「性」ニ作ル
57　明ハ「自一本作是」ト頭注ス
58　川ハ「也」ナシ
59　川ハ「路」ノ下ニ「也」アリ、明ハ「一本道路下有也字」ト頭注ス
60　六五ハ「當」ヲ「應」ニ作ル
61 62　五ハ「卽」ニ作ル、六ハ「經」ナシ、五ハ「經」ヲ「也」ニ作ル、內明ハ文末ニ「曹谿六祖大師慧能撰」ノ九字アリ

金剛經啓請[1]

若有人受持金剛經者。先須志心念淨口業眞言。然後啓請八金剛四菩薩名號。所在之處常當擁護。

淨口業眞言

修唎　修唎　摩訶修唎　修修唎　薩婆訶

安土地眞言

南無三滿多　沒馱喃　唵　度嚕度嚕　地尾　薩婆訶

普供養眞言

唵　誐[2]誐曩　三[3]婆嚩　韈[4]曰羅斛

請八金剛

奉請青除災金剛[5]　奉請辟毒金剛[6]

奉請黃隨求金剛[7]　奉請白淨水金剛[8]

奉請赤聲[9]金剛[10]　奉請定持[11]災金剛[12]

奉請紫賢金剛[13]　奉請大神金剛[14]

請四菩薩

奉請金剛眷菩薩　奉請金剛索菩薩

奉請金剛愛菩薩　奉請金剛語菩薩

云何梵[15]

1 ㊅㊄㊇㊐ハ『金剛經啓請』ヨリ『發願文』ノ段マデヲ欠ク
2 ㊈ハ「誐(ガ)」ト、ルビヲ付ス
3 ㊈ハ「婆嚩(ハンバ)」ト、ルビヲ付ス
4 ㊈ハ「韈曰羅斛(バザラコク)」ト、ルビヲ付ス
5 ㊈ハ「剛」ノ下ニ「東方也」ト割注ス
6 ㊈ハ「剛」ノ下ニ「辟口業也」ト割注ス
7 ㊈ハ「剛」ノ下ニ「中央也」ト割注ス
8 ㊈ハ「剛」ノ下ニ「西方也」ト割注ス
9 ㊈ハ「聲」ノ下ニ「大」アリ
10 ㊈ハ「剛」ノ下ニ「南方也」ト割注ス
11 ㊈ハ「持」ヲ「除」ニ作ル
12 ㊈ハ「剛」ノ下ニ「避身也」ト割注ス
13 ㊈ハ「剛」ノ下ニ「北方也」ト割注ス
14 ㊈ハ「剛」ノ下ニ「避意業也」ト割注ス
15 ㊈ハ「梵」ノ下ニ「天親菩薩、參彌勒菩薩受八十行偈、後作百餘、其中簡要之語也、是謂云何梵、梵淸也、謂淸此身之心也」ト割注ス

云何得長壽　金剛不壞身　復以何因緣　得大堅固身
云何於此經　究竟到彼岸　願佛開微蜜　廣爲衆生說

發願文

稽首三界尊　歸命十方佛　我今發弘願　持此金剛經
上報四重恩　下濟三塗苦　若有見聞者　悉發菩提心
盡此一報身　同生極樂國

金剛般若波羅蜜經[1]

法會因由分第一

如是我聞[2]

[3]如者指義。是者[4]定詞[5]。阿難自稱。如是之法。我從佛聞。明不自說也。故言如是我聞。又我者性也。性卽我也。內外動作。皆由於性。一切盡聞。故稱我聞也。

[6]一時佛在舍衛國祇樹給孤獨園。

言一時者。師資會遇齊集之時[7]。佛者是說法之主。在者欲明處所。舍衛國者。波斯匿王所居之國。祇者太子名也。樹是祇陀太子所施。故言祇樹也[8]。給孤獨者。須達長者之異名[9]。園者[10]本屬須達。故言給孤獨園。佛者梵音[11]。唐言覺也。覺義有二。一者外覺觀諸法空。二者內覺[12]知心空寂。不被六塵所染[13]。外不見人之[14]過惡。內不被邪迷所惑。故名曰覺。覺卽[15]是佛也。

1 (五)ハ「經」ノ下ニ「上」アリ、(内)(明)ハ「經」ノ下ニ「巻上」、續イテ「東晋武帝時後秦沙門鳩摩羅什奉詔譯、梁昭明太子嘉其分目、唐六祖大鑒眞空普覺禪師解義」ノ三八字アリ、(明)ハマタ「梵語筏匝羅花言金、梵跋折那花剛、梵般若花智慧、梵波羅蜜花到彼岸、梵修多羅花經」ト頭注ス、(川)ハ經題ノ次ニ「姚秦三藏法師鳩摩羅什奉詔譯」ノ一三字アリ

2 (五)ハ經典本文「…千二百五十人俱」マデヲ一節トシ解文モコレニヨル

3 (六)ハ各解義文ノ最初ニ「解」ノ字ヲ有ス、以下同ジ

4 (六)ハ「乃」ニ作ル

5 (六)ハ「辭」ニ作ル

6 (六)ハ經典本文ノ頭部ニ「經」

與大比丘衆千二百五十人俱。

言[16]與者。佛與比丘同住金剛般若無相道場。故言與也。大比丘者[17]。是大阿羅漢故。比丘者是[18]梵語。唐言能破六賊。故名比丘。衆多也。千二百五十人者[19]其數也。俱者同處平等法會。

爾時世尊。食時著衣持鉢。入舍衞大城。乞食於[20]其城中。

爾時者當此之時。是[21]今辰時。齋時欲至也。著衣持鉢者。爲顯教示跡故也。入者。爲[22]自城外而入也[23]。舍[24]衞大城者。名舍衞國豐德城也。卽波斯匿王所居之城。故言舍衞大城也。言乞食者[25]。表如來能下心於一切衆生也。

次[26]第乞已。還至本處。飯[27]食訖收衣鉢。洗足已敷座而坐。

次第者。不擇[28]貧富。平等以化也。乞已者。如多乞不過七家。七家數滿。更不至餘家也。還至本處者。佛意[29]制諸比丘。除請召外。不得輒向白衣舍。故云爾。洗足者。如來示現順同凡夫。故言[30]洗足。又大乘法。不獨以洗手足爲淨。蓋言[31]。洗手足不若淨心。一念心淨。則罪[32]垢悉除矣。如來欲說法時。常儀敷施[33]檀座。故[34]言敷座而坐也[35]。

善現起請分第二

時[1]長老須菩提。

ノ字ヲ有ス、以下同ジ

7 [川]ハ「時」ノ下ニ「也」アリ、[明]ハ「一本之時下有也字」ト頭注ス

8 [五]ハ「也」ナシ

9 [明]ハ「名」ノ下ニ「也」アリ

10 [五]ハ「者」ナシ

11 [五][川]ハ「語」ニ作ル

12 [内][明]ハ「諸」ニ作リ、[明]ハ「諸心諸一本作知」ト頭注ス

13 [川]ハ「深」ニ作ル

14 [川]ハ「之」ナシ

15 [五]ハ「是」ナシ

16 [五]ハ「言」ナシ

17 [六]ハ「者」ノ下ニ「千二百五十人俱」ノ七字アリ

18 [川]ハ「是」ナシ

19 [六]ハ「者」ノ下ニ「明」アリ

20 [六]ハ「於其城中」ノ四字ヲ次節ノ頭部ニ置ク

21 [六]ハ「令」ニ作ル

22 [五]ハ「爲」ナシ、[六]ハ「爲」ノ下ニ「世尊」ノ二字アリ

23 [六]ハ「也」ノ下ニ「舍者梵語」ノ四字アリ

24 [六]ハ「舍衞大城者名」ノ六字ナシ

25 [六]ハ「者」ノ下ニ「以」アリ

26 [五]ハ「次第…而坐」マデノ經文二一字ヲ前節ニツヅケル

27 [六]ハ「飫」ニ作ル

28 [六]ハ「揀」ニ作ル

29 [内]ハ「立」ニ作ル

30 [内][明]ハ「曰」ニ作ル

31 [六]ハ「蓋言」ヲ「多生」ニ作ル

32 [五]ハ「卽」ニ作ル

33 [川]ハ「栴」ニ作ル

34 [六]ハ「起」ニ作ル

35 [六]ハ「也」ナシ

1 [五]ハ「時長老…善付囑諸菩薩」マデヲ第一節トシ解義モコレニヨル

何名長老。德尊年高。故名長老。須菩提是[2]梵語。唐言解空[3]。

在大衆中。卽從座[4]起。偏袒[5]右肩。右膝著地。合掌恭敬。而白佛言。

隨衆[6]所坐。故云卽從座[7]起。弟子請益。先行五種儀。一者從坐而[8]起。二者端整衣服。三者偏袒右肩。右膝著地。四者合掌瞻仰尊顏。目不暫捨。五者一心恭敬。以伸問辭。

希有世尊。

希有略說三義。第一希有。能捨金輪王位。第二希有。身長丈六。紫磨金容。三十二相。八十種好。三界無比。第三希有。性能含吐八萬四千法。三身圓備。以具上三義故云[9]希有也。世尊者。智慧[10]超過三界。無有能及者。德高更無有上。一切咸恭敬。故曰世尊。

如來善護念諸菩薩。善付囑[11]諸菩薩。

護念者。如來以[12]般若波羅蜜法。護念諸菩薩。付囑[13]者。如來以般若波羅蜜[14]法。付囑須菩提[16]諸大[17]菩薩。言[18]善護念者。令諸學人。以般若智。護念自身心。不令妄起憎[19]愛。染外六塵。墮生死苦海。於自心中。念念常正。不令邪起。自性如來自善護念。言善付囑者。前念清淨。付囑[20]後[21]念。後念清淨。無有間斷。究竟解脫。如來委曲。誨示衆生。及在會之衆。當常行[22]此。故云善付囑[23]也。菩薩者[24]梵語。唐言道心衆生。亦云覺有情。道心者。常行恭敬。乃至蠢動含靈。普敬愛之。無輕慢心。故名菩薩。

世[25]尊善男子善女人。

善男子者平坦心也。亦是[26]正定心也。能成就一切功德。所往無礙也。善女人者。是正慧[27]心也。

2 [六]ハ「是」ナシ
3 [川]ハ「空」ノ下ニ「也」アリ
4 [六]ハ「坐」ニ作ル
5 [六]ハ「偏袒」ヨリ節ヲ分ツ解義文ハ變ラズ
6 [川]ハ「衆」ノ下ニ「生」アリ
7 [六]ハ「坐」ニ作ル
8 [五][川]ハ「座」ニ作ル
9 [六]ハ「言」ニ作ル
10 [川]ハ「惠」ニ作ル
11 13 15 [川]ハ「屬」ニ作ル
12 [六]ハ「以般若波羅蜜法」ノ七字ナシ
14 [五]ハ「蜜」ナシ
16 [六]ハ「提」ノ下ニ「等」アリ
17 [五]ハ「大」ナシ
18 [六]ハ「言善護」ノ三字ナシ
19 [六]ハ「憎愛」ヲ「愛憎」ニ作ル
20 [川]ハ「屬」ニ作ル
21 [五]ハ「後念」ノ二字ナシ
22 [六]ハ「行此」ヲ「此修行」ニ作ル
23 [川]ハ「屬」ニ作ル
24 [五]ハ「是」ニ作ル
25 [五]ハ「世尊…降伏其心」マデヲ一節トスル
26 [内]ハ「王」ニ作ル
27 [川]ハ「惠」ニ作ル

由正慧[28]心。能出生[29]一切有爲無爲功德也。

發阿耨多羅三藐三菩提心。[30]云何應住。云何降伏其心。

須菩提問[31]一切發菩提心人。應云何住。云何降伏其心。須菩提見一切衆生。躁擾不停[32]。猶如隙塵。搖動之心起如飄風。念念相續無有間歇。問[33]欲修行如何降伏[34]。

佛[35]言。善哉善哉須菩提。如汝所說。如來善護念諸菩薩。善付囑諸菩薩。

是佛讚嘆須菩提。善得我心。善[36]得我意也。

汝今諦聽。當爲汝說。

佛欲說法。常先戒勅。令諸聽者。一心靜默。吾當爲說。

善男子善女人。發阿耨多羅三藐三菩提心。應如是住。如是降伏其心。

阿之言無。耨多羅之[37]言上。三之言正。藐之言徧。菩提之[38]言知。無者無諸垢深[39]。上者[40]三界無能比。正者正見也。徧者一切智也。知[41]者知一切有情皆有佛性。但能修行盡得成佛。佛[42]者卽是無上清淨般若波羅蜜也[43]。是以一切善男子善女人。若欲修行應知無上菩提道。應知無上清淨般若波羅蜜多法。以此降伏其心也[44]。

唯然世尊。願樂欲聞。

唯然者應諾之辭。願樂者願佛廣說。令中下根機。盡得開悟。樂者樂聞深法。欲聞者渴仰慈誨也。

28 川ハ「惠」ニ作ル
29 五ハ「生」ナシ
30 六五ハ「云何應」ヲ「應云何」ニ作ル
31 内ハ「阿」ニ作ル、六ハ「問」ノ下ニ「佛」アリ
32 内ハ「如」ニ作ル
33 六ハ「問欲」ヲ「若」ニ作ル　五ハ「問」ノ下ニ「若」アリ
34 五ハ「伏」ノ下ニ「其心」ノ二字アリ
35 五ハ「佛言…願樂欲聞」マデヲ一節トスル
36 六五ハ「知」ニ作ル
37 38 六ハ「之」ナシ
39 六五川内明ハ「染」ニ作ル
40 六ハ「世」ニ作ル
41 川ハ「智」ニ作ル
42 川ハ「三」ニ作ル
43 六ハ「者」ニ作ル
44 五ハ「也」ナシ

大乘正宗分第三

佛告須菩提。諸菩薩摩訶薩。應如是[1]降伏其心。

前念清淨後念清淨。名爲菩薩。念念不退。雖在塵勞心常清淨。名摩訶薩。又慈悲喜捨種種方便。化導[2]衆生。名爲菩薩[3]。能化所化心無取著。是[4]名摩訶薩。恭敬一切衆生。卽是降伏自[5]心處。眞者[6]不變。如[7]者不異。遇諸境界心無變異。名曰眞如。亦云。外不假曰眞。內不虚[8]曰如。念念無差。卽[9]是降伏其心[10]。不[11]虚一本作不亂。

所有一切衆生之類[12]。若卵生。若胎生。若濕生。若化生。若有色。若無色。若有想。若無想。若非有想。若[13]非無想。我[14]皆令入[15]無餘涅槃。

卵生者迷性也。胎生者習性也。濕生者隨邪性也。化生者見趣性也。迷故造諸業。習故常流轉。隨邪心不定。見趣多[16]淪[17]墜。起心修心。妄見是非。內不契無相[18]之理。名爲有色。內心守直。不行恭敬供養。但言[19]直心是佛。不修福慧[20]。名爲無色。不了中道。眼見耳聞。心想思惟。愛著法相。口說佛行。心不依行。名爲有想。迷人坐禪。一向除妄。不學慈悲喜捨智慧[21]方便。猶如木石。無有作用。名爲無想。不著二法想。故名若非有想。求理心在。故名若非無想。煩惱萬差。皆是垢心。身形無數。總[22]名衆生。如來大悲普化。皆令得入無餘涅槃[23]。云[24]多淪墜一作墮阿鼻[25]。

而滅度之。

如[26]來指示。三界九地衆生。各有涅槃妙心。令自悟入無餘。無餘者無習氣煩惱也。涅槃者圓滿清淨義[27]。滅盡一切習氣。令[28]永不生。方契此[29]也。度者渡生死大海也。佛心平等。普願與一切衆

1 (六)ハ「是」ノ下ニ「住如是」ノ三字アリ
2 (川)ハ「導」ヲ「度」ニ作ル、(明)ハ「導一本作度」ト頭注ス
3 (六)ハ「薩」ノ下ニ「心」アリ
4 (五)ハ「是」ナシ
5 (五)ハ「其」ニ作ル
6 (六)(五)ハ「名」ニ作ル
7 (六)(五)ハ「如者」ヲ「契如名」ニ作ル
8 (六)(五)(内)(明)ハ「亂」ニ作ル、(明)ハ「亂一本作虚」ト頭注ス
9 (六)(五)ハ「卽是降伏其心也」ヲ「日是」ニ作ル、(六)ハ「卽是降伏其心也ィ」ト頭注ス
10 (川)ハ「心」ノ下ニ「也」アリ
11 (六)(五)(内)(明)ハ「不虚一本作不亂」ノ七字ナシ
12 (六)ハ「類」ノ下ニ「解總標也次下別列九類」ナル解義文アリ
13 (五)(川)ハ「若」ナシ
14 (六)(五)ハ「我皆…而滅度之」マデヲ別節トスル解義文ハ變ラズ
15 (内)ハ「人」ニ作ル
16 (六)ハ「多淪墜」ヲ「墮阿鼻」ニ作ル
17 (内)(明)ハ「偏」ニ作リ、(明)ハ「多偏墜一本作多淪墜云多淪墜一作墮阿鼻也」ト頭注ス、(六)ハ「偏」ニ作リ、「淪墜ィ」ト頭注ス
18 (六)ハ「想ィ」ト頭注ス
19 (五)ハ「見」ニ作ル
20
21 (川)ハ「惠」ニ作ル

生。同入圓滿清淨無餘[30]涅槃。同渡生死大海。同諸佛所證也。有人雖悟雖修。作有所得心者[31]。却生我相。名爲法我。除盡法我。方名滅度也。

如是滅度無量無數無邊衆生。實無衆生得滅度者。

如是者持[32]前法也。滅度者大解脫也。大解脫者。煩惱及習氣。一切諸業障滅盡。更無有餘。是名大解[33]脫。無[34]量無數無邊衆生。元[35]各自有一[36]切煩惱貪嗔惡業。若不斷除。終不得解脫。故言如[37]是滅度無量無數無邊衆生。一切迷人悟得自性。始知佛。不見自相。不有自智。何曾度衆生。祇爲凡夫不見自[38]本心。不識佛意。執著諸[39]相。不達無爲之理。我人不除。是名衆生。若離此病。實無衆生得滅度者。故言妄心無處卽菩提。生死涅槃本平等[40]。何滅度之有。

何以故。須菩提。若菩薩有我相人相衆生相壽者相。卽非菩薩。

衆生佛性本[41]無有異。緣[42]有四相。不入無餘涅槃。有四相卽是衆生。無四相卽是佛。迷卽佛是衆生。悟卽[43]衆生是佛。迷人恃有財寶學問族姓。輕慢一切人。名我相。雖行仁義禮智信。而意高自負。不行普敬。言我解行[44]仁義禮智信。不合敬。爾名人相。好事歸己。惡事[45]施於[46]人。名衆生相。對境取捨分別。名壽者相。是謂凡夫四相。修行人亦有[47]四相。心有能所。輕慢衆生。名我相。自[48]恃持戒。輕破戒者。名人相。厭[49]三塗苦。願生諸天。是衆生相。心愛長年。而勤修福業。諸[50]執不忘。是壽者相。有四相卽是衆生。無四相卽是佛[51]。

22 [五]ハ「捻」ニ作ル
23 [五]ハ「槃」ノ下ニ「也」アリ
24 [六][五][丙][明]ハ「云多論墜一作墮阿阿鼻」ノ九字ナシ、注15參照
25 [川]ハ「鼻」ノ下ニ「也」アリ
26 [五]ハ「如」ノ前ニ「而滅度之者」五字アリ
27 [六]ハ「義」ノ下ニ「令」アリ
28 [六]ハ「令」ナシ
29 [六]ハ「此」ナシ
30 [六]ハ「想」ニ作リ「餘ィ」ト頭注ス
31 [六]ハ「者」ナシ
32 [六][五][川][丙][明]ハ「指」ニ作ル
33 [六]ハ「解脫」ヲ「脫解」ニ作ル
34 [六]ハ「無量無數無邊」ヲ「一一」ニ作ル
35 [六]ハ「各」ニ作ル
36 [六]ハ「一切」ヲ「無量無數無邊」ニ作ル
37 [六]ハ「如是…衆生」ノ一二字ヲ「實無衆生得滅度者」ニ作ル
38 [六]ハ「自」ナシ
39 [六]ハ「法」ニ作ル、[川]ハ「諸」ノ下ニ「法」アリ、[明]ハ「一本諸字下有法字」ト頭注ス
40 [五]ハ「等」ノ下ニ「又」アリ
41 [川]ハ「本」ナシ
42 [丙]ハ「者」ニ作ル
43 [川]ハ「卽」ノ下ニ「是」アリ
44 [六]ハ「行」ナシ
45 [丙]ハ「事施」ヲ「施事」ニ作ル
46 [五]ハ「於」ナシ
47 [五]ハ「力」ニ作ル
48 [川]ハ「自」ナシ
49 [六]ハ「猒」ニ作ル
50 [六]ハ「法」ニ作ル
51 [川]ハ「佛」ノ下ニ「也」アリ

妙行無住分第四

復次須菩提。菩薩於法。應無所住。行於布施。所謂不住色布施。不住聲香味觸法布施。

凡夫布施。祇[1]求身相端嚴。五欲快樂。故[2]報盡卻[3]墮三塗。世尊大慈。教行無相布施[4]者。不求身相端嚴。五欲快樂。但令內破慳心。外利益一切衆生。如是相應。名[5]不住色布施。

須菩提。菩薩應如是布施。不住於相。

應如[6]無相心布施者。爲無能施之心。不見有施之物。不分別受施之人。是[7]名[8]不住相布施也。

何以故。若菩薩不住相布施。其福德不可思量。

菩薩行施。心[9]無所希[10]求[11]。其所獲福德[12]。如[13]十方虛空。不可[14]較量。言復次者。連前起後之辭。一說。布者普也。施者散也。能普散盡。心[15]中妄念。習氣煩惱。四相泯絕。無所蘊積[16]。是眞布施。又說。布[17]施者。由不住六塵境界。又[18]不有漏分別。惟當[19]返歸[20]清淨。了萬法空寂[21]。若不了此意。惟增諸業。故須內除貪愛。外行布施。內外相應。獲福無量。見人作惡。不見其過。自性不生分別。是名[22]離相[23]依教修行。心無能所。卽[24]是善法。修行人。心有能所。不名[25]善法。能所心不滅。終未[26]得解脫。念念常行般若智。其福無量無邊。依如是修行。感得一切人[27]天恭敬供養。是名爲福德[28]。常行不住相布施。普敬一切含[29]生。其功德無有邊際。不可稱計[30]。

須菩提。於意云何。東方虛空。可思量不。不也。世尊。

緣不住相布施。所得功德不可稱量。佛[31]以東方虛空[32]爲譬喩。故問須菩提。東方虛空可思量不。不也世尊者。須菩提言。東方虛空不可思量也[33]。

1 ㊄ハ「只」ニ作ル
2 ㊅ハ「故」ナシ
3 ㊅ハ「卻」ナシ、㊄ハ「卽」ニ作ル
4 ㊅ハ「布」ナシ
5 ㊅ハ「名」ノ下ニ「爲」アリ
6 (川)ハ「如」ノ下ニ「是」アリ
7 ㊅ハ「是名…布施也」ノ八字ヲ「故云無相布施」ニ作ル
8 ㊄ハ「名」ナシ
9 (川)ハ「心」ナシ
10 ㊅ハ「希」ナシ
11 ㊄ハ「求」ナシ
12 ㊄ハ「德」ナシ
13 ㊅ハ「如十方虛空」ヲ「十方諸佛」ニ作ル
14 ㊅ハ「能」ニ作ル
15 ㊄ハ「胸」ニ作ル
16 (川)ハ「積」ニ作ル
17 ㊄ハ「布施者由」ヲ「布者普也」ニ作ル
18 ㊅ハ「又不」ナシ
19 ㊄ハ「常」ニ作ル
20 ㊅ハ「本」ニ作ル
21 ㊅「寂」ノ下ニ「故」アリ
22 ㊄ハ「爲」ニ作ル
23 ㊅ハ「惡」ニ作リ、「相ィ」ト頭注ス
24 ㊅ハ「卽是」ヲ「是名」ニ作ル
25 ㊅ハ「名」ノ下ニ「住」アリ
26 ㊄ハ「不」ニ作ル
27 (丙)(明)ハ「人天」ヲ「天人」ニ作ル

須菩提。南西北方四維上下虛空。可思量不。不也。世尊。須菩提。菩薩無住相布施。福德亦復如是不可思量。

佛言虛空無有邊際。不可度量[34]。菩薩無住相布施。所得功德亦如虛空。不可度量。無邊際也。世界中大者[35]。莫過虛空。一切性中大者。莫過佛性。何以故。凡有形相[36]者。不得名爲大。虛空無形相。故得名爲大。一切諸性皆有限量。不得名爲大。佛性無有[37]限量。故名爲大。此虛空中本無東西南北。若見東西南北。亦是住相。不得解脫。佛性[38]本無我人衆生壽者。若有此四相。可見卽是衆生性[39]。不名佛性。亦所謂住相布施也。雖於妄心中說有東西南北。在理則何有。所謂東西不眞。南北[40]曷[41]異。自性本來空寂。混融無所分別。故如來深讚不生分別也。

須菩提。[42]菩薩但應如所教住。

應者唯[43]也。但唯[44]如上所說之教。住無[45]相布施。卽是[46]菩薩也[47]。

28 [六]ハ「德」ナシ
29 [川]ハ「倉」ニ作ル、[明]ハ「一本含作蒼」ト頭注ス
30 [六][五]ハ「計」ノ下ニ「也」アリ
31 [六]ハ「將」ニ作ル
32 [六]ハ「空」ノ下ニ「以」アリ
33 [五]ハ「也」ナシ
34 [五]ハ「度量」ヲ「思度」ニ作ル
35 [内]ハ「名」ニ作ル
36 [六]ハ「形」ノ下ニ「有」アリ
37 [五]ハ「有」ナシ
38 [六]ハ「性」ノ下ニ「推」アリ
39 [五]ハ「相」ニ作ル
40 [川]ハ「苟」ニ作ル
41 [六]ハ「異」ノ下ニ「但了」ノ二字アリ
42 [六]ハ「菩薩」ナシ
43 44 [六][五]ハ「唯」ヲ「順」ニ作ル
45 [六]ハ「無」ノ下ニ「住」アリ
46 [五]ハ「是」ナシ
47 [六][内]ハ「也」ナシ

如理實見分第五

須菩提。於意云何。可以身相見如來不。不也。世尊。不可以身相得見如來[1]。

色身卽有相。法身卽無相。色身者[2]四大和合。父母所生肉眼所見。法身者無有形段。非有[3]青黃赤白。無一切相貌。非肉眼能見。慧[4]眼乃能見之。凡夫但見色身如來。不見法身如來。法身[5]量等虛空。是故佛問須菩提。可以身相見如來不。須菩提知。凡夫[6]但見色身如來。不見法身如來。故言。不也世尊。不可以身相得見如來。

1 [六]ハ「來」ノ下ニ次節ノ經文「何以故…非身相」ヲ續ケ、同文ノ經文ヲ次節ニテ重複サセル
2 [内]ハ「廼」ニ作ル
3 [六]ハ「有」ナシ
4 [川]ハ「惠」ニ作ル
5 [六]ハ「身」ノ下ニ「者」アリ
6 [六]ハ「夫」ノ下ニ「人」アリ

何以故。如來所說身相。卽非[7]身相。

色身是相。法身是性。一切善惡。盡由法身。不由色身。法身若作惡。色身不生善處。法身作善。色身不墮惡處。凡夫唯見色身。不見法身。不能行無住相布施。不能於一切處行平等行。不能普敬一切衆生。見法身者。卽能行無住相布施。卽能普敬一切衆生。卽能修般若波羅蜜行。方信。一切衆生。同一眞性。本來清淨。無有垢穢。具足[8][9]恆河妙用。

佛告須菩提。凡所有相。皆是虛妄。若見諸相非相。則[10]見如來。

如來欲顯法身。[11]故說一切諸相皆[12]是虛妄。若[13]見[14]一切諸[15]相虛妄不實。卽見如來無相之理也。

7　(川)ハ「身」ナシ
8　(六)ハ「恆」ナシ
9　(五)ハ「河」ナシ
10　(六)(五)(明)ハ「卽」ニ作ル
11　(川)ハ「故」ナシ
12　(六)ハ「是」ノ下ニ「處」アリ、(川)ハ「是」ナシ
13　(六)ハ「見」ナシ、(五)ハ「悟」ニ作ル
14　(川)ハ「一」ノ上ニ「是」アリ
15　(六)ハ「相」ノ下ニ「悟」アリ

正信希有分第六

須菩提白佛言。世尊。頗有衆生。得聞如是言說章句[1]。生實信不。

須菩提問[2]。此法甚深難信難解。末[3]世凡夫智慧微[4]劣。云何信入。佛答在次[5]下。

佛告須菩提。莫作是說。如來滅後。後五百歲。有持戒修福者。於此章句。能生信心。以此爲實。當知是人不於一佛二佛三四五佛而種善根。已於無量千萬佛所[6]種諸善根。聞是章句。乃至一念生淨信者。

於我滅後。後五百歲。若復[7]有人。能持大乘無相戒。不妄取諸相。不造生死業。一切時中。心常空寂。不被諸相所縛。卽是無所住心。於如來深法。心能信入。此人所有[8]言說。眞實可信。何以故。此人不於一劫二劫三四五劫而種善根。已於無量千萬億劫。種諸善根。是故如來說。我滅後。後五百歲。有能離相修行者。當知是人不於一二三四五佛種諸善根。何名種諸善根。

1　(内)ハ「旬」ニ作ル
2　(六)ハ「言」ニ作ル
3　(内)ハ「來」ニ作ル
4　(川)ハ「惠」ニ作ル
5　(五)ハ「次」ナシ
6　(六)ハ「所種諸」ヲ「種諸所」ニ作ル
7　(六)ハ「復」ナシ
8　(明)ハ「謂」ニ作ル

略述[9]次下。所謂於諸佛所一心供養。隨順教法。於諸菩薩善知識師僧父母耆年宿德尊長之處。常行恭敬供養。承順教命。不違其意。是名種諸善根。[10]於一切貧苦衆生起慈愍[11]心。不生輕猒[12]。有所須求。隨力惠施。是名種諸善根。於一切惡類。自行和柔[13]忍辱。歡憙[14]逢[15]迎。不逆其意。令彼發歡憙[16]心。息剛戾心。是名種諸善根。於六道衆生。不加殺害。不欺不賤。不毀不辱。不騎不箠。不食其肉。常行饒益。是名種諸善根。信心者。信般若波羅蜜能除一切煩惱。信般若波羅蜜能成就一切[17]出世功德。信般若波羅蜜能出生一切諸佛。信自身中佛性。本來清淨。無有染[18]汚。與諸佛性。平等無二。信六道衆生。本來無相。信一切衆生。盡能[19]成佛。是名清[20]淨信心也。須菩提。如來悉知悉見。是諸衆生。得如是無量福德。何[21]以故。是諸衆生。無復我相人相衆生相壽者相。無法相。亦無非法相。

若有人[22]於如來滅後。發般若波羅蜜心。行般若波羅蜜行。修習悟解[23]。得佛深意者。諸佛無不知之。若[24]有人聞上乘法。一心受持。卽能行般若波羅蜜無相無著之行。了無我人衆生壽者四相。無我者。無色[25]受想行識也。無人者。了四大不實。終歸地水火風也。無衆生者。無生滅心也。無壽者。我身本無。寧有壽者。四相[26]既亡[27]。卽法眼明徹。不著[28]有無。遠離二邊。自心如來自悟[29]自覺。永離塵勞妄念。自[30]然得福無邊。無法相者。離名絕相。不拘文字也。亦無非法相者。不得言無般若波羅蜜法。若言無般若波羅蜜法者[31]。卽是謗法。

何以故。是諸衆生。若心取相。則[32]爲著我人衆生壽者。若取法相。卽著我人衆生壽者。何以故。若取非法相。卽著我人衆生壽者。

9 (五)ハ「說」ニ作ル
10 (五)ハ「於一切…諸善根」ノ六四字ト「於六道…諸善根」ノ三五字ガ入レカワル
11 (六)ハ「憫」ニ作ル
12 (五)(内)(明)ハ「厭」ニ作ル
13 (六)ハ「和柔」ヲ「柔和」ニ作ル
14 (六)(五)(川)(明)ハ「喜」ニ作ル
15 (内)(明)ハ「逢」ニ作ル
16 (六)(五)(川)ハ「喜」ニ作ル
17 (六)ハ「切」ノ下ニ「世」アリ
18 (内)ハ「深」ニ作ル
19 (六)ハ「得」ニ作ル
20 (五)(内)ハ「清」ナシ
21 (六)ハ「何以故…非法相」ノ二七字ヲ別節トスル、解義文モコレニ従ウ、注24參照
22 (六)ハ「人」ノ下ニ「能」アリ
23 (五)ハ「悟解」ヲ「解悟」ニ作ル
24 (六)ハ「若有人…」以下ヲ經文「何以故…」ノ注釋トスル、注21參照
25 (五)ハ「色」ナシ
26 (内)ハ「指」ニ作ル
27 (六)ハ「立」ニ作ル、(五)ハ「無」ニ作ル
28 (内)ハ「離」ニ作ル
29 (六)ハ「自悟自覺」ヲ「自覺自悟」ニ作ル
30 (六)ハ「知」ニ作ル
31 (六)(五)ハ「者」ナシ
32 (六)(五)(川)ハ「卽」ニ作ル

取此三相。竝著邪見。盡是迷人。不悟經意。故修行人。不得愛著如來三十二相。不得言我解般若波羅蜜法。亦不得言不行[33]般若波羅蜜行。而得成佛。

是故不應取法。不應取非法。以是義故。如來常說。汝等比丘。知我說法如筏喩者。法尙應捨。何況非法。

法者是般若波羅蜜法。非法者生天等法。般若波羅蜜法。能令一切衆生。過生死大海。既得過已。尙不應住[34]。何[35]況生天等法。而得樂著。

33 (川)ハ「得」ニ作ル
34 (內)ハ「生」ニ作ル
35 (五)ハ「何」ナシ

無得無說分第七

須菩提。於意云何。如來得阿耨多羅三藐三菩提耶。如來有所說法耶。須菩提言[1]。如我解佛所說義。無有定法。名阿耨多羅三藐三菩提。亦無有定法。如來可說。

阿耨多羅非從外得。但心無我所。卽是也。祇緣對病設藥。隨[2]宜爲說。何有定法乎。如來說無上正法。心本無得。亦不言不得。但爲衆生所見不同。如來應彼根性。種種方便。開誘化導。俾其離諸執著。指示一切衆生妄心。生滅不停。逐[3]境界動。於[4]念瞥起。後念應覺。覺既不住。見亦不存。若爾豈有定法。爲[5]如來可說也。阿者心無妄念。耨多羅者。心無驕慢。三者心常在正定。藐者心常在正慧[6]。三菩提者。心常空寂。一念凡心頓除。卽見佛性[7]。

何以故。如來所說法。皆不可取不可說。非法非非法。

恐人執著如來所說文字章句。不悟無相之理。妄生和解。故言不可取。如來爲化種種衆生。應

1 (六)ハ「言」ナシ
2 (川)ハ「隨」ノ下ニ「機」アリ
3 (六)ハ「遂」ニ作ル
4 (六)(五)(川)(內)(明)ハ「前」ニ作ル、(川)ハ「於」ノ下ニ「前」アリ、(明)ハ「一本動字下有於字」ト頭注ス
5 (六)ハ「爲」ナシ
6 (川)ハ「惠」ニ作ル
7 (五)ハ「性」ノ下ニ「也」アリ
8 (六)(五)(川)ハ「不了本心」ノ四字ナシ、(六)ハ「不了本心ィ」ト頭注ス
9 (川)ハ「也」ナシ
10 (五)ハ「深淺」ヲ「淺深」ニ作ル
11 (六)ハ「法」ニ作ル
12 13 (五)ハ「卽」ノ下ニ「是」アリ

機隨量。所有言說。亦何有定乎。學人不解如來深意。但誦如來所說教法。不了本心。不了本[8]心。終不成佛。故言不可說也。[9]口誦心不行。卽非法。口誦心行。了無所得。卽非非法。

所以者何。一切賢聖。皆以無爲法。而有差別。

三乘根性所解不同。見有深淺。[10][11]故言差別。佛說無爲法者。卽是無住。無住卽是無相。無相卽[12]無起。無起卽[13]無滅。蕩然空寂。照用齊皎。[14]鑒覺無礙。[15]乃眞是解脫佛性。佛卽是覺。覺卽是觀照。觀照卽是智慧。[16]智慧[17]卽是般若波羅蜜多。又本云。[18]聖賢說法具一切智。萬法在性。隨問差別。令人心開。各自見性。

14 (六)ハ「施」ニ作リ、「皎」ト頭注ス、(五)(丙)(明)ハ「收」ニ作リ、(明)ハ「收一本作皎」ト頭注ス
15 (丙)ハ「疑」ニ作ル
16 17 (川)ハ「惠」ニ作ル
18 (六)(五)ハ「又本…各自見性」ノ二七字ナシ

依法出生分第八

須菩提。於意云何。若人滿三千大千世界七寶。以用布施。是人所得福德。寧爲多不。須菩提言。甚多。世尊。何以故。是福德卽非福德性。是故如來說福德多。

三千大千世界七寶。[1]持用布施得福[2]雖多。於性上[3]一無利益。依摩訶般若波羅蜜多修行。令自性不墮諸利[4]。是名福德性。心有[5]能所。卽非福德性。能所心滅。是名福德性。心依佛教行。同佛行。是名福德性。不依佛教。不能踐履[6]佛行。卽非福德性。

若復有人。於此經中。[7]受持乃至四句偈等。爲佗[8]人說。其福勝彼。

十二部教大意。盡在四句之中。何以知其然。以諸經中讚嘆四句偈。卽是摩訶般若波羅蜜多。以摩訶般若爲諸佛母。三世諸佛皆依此經[9]修行。方得成佛。般若心經云。三世諸佛。依般若波

1 (丙)(明)ハ「以」ニ作リ、(明)ハ「以一本作持」ト頭注ス
2 (川)ハ「得福」ヲ「福德」ニ作ル
3 (六)ハ「上」ナク、「上ィ」ト頭注ス
4 (六)(五)(丙)(明)ハ「有」ニ作ル
5 (丙)ハ「依」ニ作ル
6 (六)ハ「踐履」ヲ「履踐」ニ作ル
7 (六)ハ「受持乃至」ヲ「乃至受持」ニ作ル
8 (五)ハ「他」ニ作ル
9 (六)ハ「理」ニ作リ、「經ィ」ト頭注ス
10 (五)(丙)(明)ハ「他」ニ作ル
11 (五)ハ「也」ナシ

羅蜜多。故得阿耨多羅三藐三菩提。從師所學曰受。解義修行曰持。自解自行是自利。爲人演說是利佗[10]。功德廣大。無有邊際。

何以故。須菩提。一切諸佛及諸佛阿耨多羅三藐三菩提法。皆從此經出。

此經者。非指此一卷之文也[11]。要顯佛性[12]。從體起用。妙利無窮。般若者。卽智慧也[13]。智以方便爲功。慧[14]以決斷爲用。卽一切時中覺照心是。一切諸佛及阿耨多羅三藐三[15]菩提法。皆從覺照生[16]。故云[17]此經出也[18]。

須菩提[19]所謂佛法者。卽非佛法。

所[20]說一切文字章句。如標[21]如指。標[22]指[23]者[24]。影響之義。依標[25]取物。依指觀月。月不是指。標[26]不是物[27]。但依經取法[28]。經不是法。經文則[29]肉眼可見。法則[30]慧[31]眼能見。若無慧[32]眼者。但見其文[33]。不見其法。若[34]不見法。卽不解佛意[35]。不解佛意。則[36]誦經不成佛道。

12 (六)ハ「顯」ノ下ニ「當人」ノ二字アリ
13 (川)ハ「智慧」ヲ「惠」ニ作ル
14 (川)ハ「惠」ニ作ル
15 (内)ハ「妙」ニ作ル
16 (五)ハ「照」ノ下ニ「中」アリ
17 (五)ハ「云」ノ下ニ「從」アリ
18 (六)ハ「也」ナシ
19 (六)ハ「提」ノ下ニ「菩提」ノ二字アリ
20 (五)ハ「此」ニ作ル
21 22 (内)ハ「標」ニ作ル
23 (六)ハ「指」ナシ、「指ィ」ト脚注ス
24 (五)ハ「者」ノ下ニ「是」アリ
25 (内)ハ「摽」ニ作ル
26 (川)ハ「指」ニ作リ、(内)ハ「摽」ニ作ル
27 (六)ハ「法」ニ作リ、「物ィ」ト頭注ス
28 (内)ハ「文」ニ作ル
29 30 (五)ハ「卽」ニ作ル
31 32 (川)ハ「惠」ニ作ル
33 (五)ハ「經」ニ作ル
34 (五)ハ「若不見法」ノ四字ナシ
35 (六)ハ「意」ノ下ニ「慧」アリ、(五)ハ「意」ノ下ニ「旣」アリ
36 (六)ハ「則」ノ下ニ「終」アリ、(五)ハ「則誦經」ヲ「終」ニ作ル

一相無相分第九

須菩提。於意云何。須陀洹能作是念。我得須陀洹果不。須菩提言[1]。不也。世尊。

須陀洹者梵語。唐言逆流。逆生死流。不染[2]六塵。一向修無漏業。得麤重煩惱不生。決定不受地獄畜[3]生修羅異類之身。名須陀洹果。若了無相法。卽無得果之心。微有得果之心。卽不名須

1 (六)(五)ハ「須菩提…世尊」ノ八字ヲ次節ノ頭部ニ移ス、但シ解義文ノ位置ハ變ラズ
2 (六)ハ「順」ニ作リ、「染ィ」ト頭注ス
3 (六)ハ「傍」ニ作ル
4 (川)ハ「也」ニ作ル

陀洹。故言不也。

何以故。須陀洹名爲入流。而無所入。不入色聲香味觸法。是名須陀洹。

流者聖流也。須陀洹人[4]已離麤重煩惱。故得入聖流。而無所入者[5]。無得果之心也。須陀洹者。乃修行人初果[6]。

須菩提。於意云何。斯陀含能作是念。我得斯陀含果不。須菩提言。不也。世尊。何以故。斯陀含名一往來。而實無往來。是名斯陀含。

斯陀含者梵語。唐言一往[7]來。捨三界結縛。三界結盡。故名斯陀含。斯陀含[8]名一往來。往[9]從天上。却到人間生。從人間死[10]。却生天上。竟遂[11]出生死。三界業盡。名斯陀含果。大乘斯陀含者。目覩[12]諸境。心有一生[13]一滅。無第二生滅。故名一往來。前念起妄。後念卽止。前念有著。後念卽離。故[14]實無往來[15]。

須菩提。於意云何。阿那含能作是念。我得阿那含果不。須菩提言。不也。世尊。何以故。阿那含名爲不來。而實無[16]來。是故名阿那含。

阿那含[17]梵語。唐言不還。亦名出欲。出欲者。外不見可欲之境。內無欲心可行[18]。定不向欲界受生。故名不來。而實無[19]來。亦名不還。以欲習永盡。決定不來受生。是故名阿那含[20]。

須菩提。於意云何。阿羅漢能作是念。我得阿羅漢道不。[21]須菩提言。不也。世尊。

諸漏已盡。無復煩惱。名阿羅漢。阿羅漢者。煩惱永盡。與物無諍。若作[22]得果之心。卽是有諍[23]。

何以故。實無有法名阿羅漢。世尊。若阿羅漢作是念。我得阿羅漢道。卽[24]爲著我人衆生壽者。

5 (川)ハ「者」ナシ
6 (五)(川)(內)(明)ハ「果」ノ下ニ「也」アリ
7 (六)ハ「往」ナシ
8 (六)ハ「含」ノ下ニ「人」アリ
9 (六)(五)ハ「往」ヲ「行」ニ作ル、(川)(明)ハ「往」ノ下ニ「來」アリ
10 (川)ハ「死」ナシ、(明)ハ「一本從人間下無死字」ト頭注ス
11 (五)ハ「遂」ナシ
12 (川)ハ「觀」ニ作ル
13 (川)ハ「一」ナシ
14 (六)ハ「故實無往來」ヲ「亦曰斯陀含也」ニ作ル、(五)ハ「故」ナシ
15 (五)ハ「來」ノ下ニ「故曰斯陀含也」ノ六字アリ
16 (五)ハ「無」ノ下ニ「不」アリ
17 (六)ハ「含」ノ下ニ「者」アリ
18 (五)ハ「得」ニ作ル
19 (五)ハ「無」ノ下ニ「不」アリ
20 (五)ハ「含」ノ下ニ「也」アリ
21 (六)(五)ハ「須菩提…世尊」ノ八字ヲ次節ノ頭部ニ移ス、解義文ハ變ラズ
22 (五)ハ「有」ニ作ル
23 (五)ハ「諍」ノ下ニ「若有諍非阿羅漢」ノ七字アリ
24 (六)ハ「是」ニ作リ、「卽」ト頭注ス
25 (六)ハ「漢」ノ下ニ「者」アリ
26 (五)ハ「諍」ノ下ニ「無諍者」ノ三字アリ

阿羅漢[25]梵語。唐言無諍[26]。無煩惱可斷。無貪瞋可離。性[27]無違順。心境倶空。內外常寂[28]。若有得果之心。卽同凡夫。故言不也。

世尊。佛說我得無諍三昧。人中最爲第一。是第一離欲阿羅漢。世[29]尊。我不作是念。我是離欲阿羅漢。

何名無諍三昧。謂阿羅漢。心無生滅去來。唯有本覺常照。故名[30]無諍三昧。三昧[31]梵語[32]。此云[33]正受。亦云正見。遠離九十五[34]種邪見。是名正見[35]。然[36]空中亦[37]有明暗[38]諍。性中有邪正諍。念念常正。無一念邪心。卽是無諍三昧。修此三昧。人中最爲第一。若有一念得果之[39]心。卽不名無諍三昧。

世尊。我若作是念。我得阿羅漢道。世尊則[40]不說須菩提是樂阿蘭那行者。以須菩提實無所行。而名須菩提。是樂阿蘭那行。

阿蘭那是[41]梵語。唐言無諍。行無諍[42]。卽是清淨行。清淨行者。爲除去有所得[43]心也。若存有所得心。卽是有諍。有諍卽非清淨道。常得[44]無所得心。卽是無諍行也[45]。

27 [六][五]ハ「情」ニ作ル
28 [五]ハ「寂」ノ下ニ「是名阿羅漢」ノ五字アリ
29 [五][川]ハ「世尊」ナシ、[五]ハ「我不作…阿羅漢」ノ十二字ヲ次節ノ頭部ニ移ス
30 [六][五]ハ「云」ニ作ル
31 [五]ハ「昧」ノ下ニ「是」アリ
32 [六]ハ「音」ニ作ル
33 [五]ハ「此云」ヲ「唐言」ニ作ル
34 [川]ハ割注ニテ「六」ト「五」ヲ並記ス
35 [五]ハ「見」ノ下ニ「也」アリ
36 [六]ハ「然」ナシ
37 [六][五]ハ「亦」ナシ
38 [六]ハ「闇」ニ作ル
39 [川]ハ「之」ナシ
40 [六][五][川]ハ「卽」ニ作ル
41 [川]ハ「是」ナシ
42 [五]ハ「諍」ノ下ニ「行」アリ
43 [五]ハ「所」ナシ
44 [六][五]ハ「行」ニ作ル
45 [六][五]ハ「也」ナシ

莊嚴淨土分第十[1]

佛告須菩提。於意云何。如來昔在然燈佛所。於法有所得不。[2]不也。世尊。[3]如來在然燈佛所。於法實無所得。

佛恐須菩提有得法之心。爲遣此疑[4]故問之。須菩提知法無所得。而白佛言不也。然[5]燈佛是釋迦[6]

1 [川]ハコノ段ヨリ中巻トスル
2 [川]ハ「不也」ナシ
3 [六]ハ「如來…無所得」ノ一三字ヲ別節トシ、解義文モコレニ從ウ、注5參照、マタ「如」ノ上ニ「世尊」ノ二字アリ
4 [明]ハ「疑一本作蔽」ト頭注シ、

佛授記之師。故問須菩提。我於師處[7]有法可得不。須菩提卽謂[8]。法因師[9]開示。而實無所得。但悟自性。本來清淨。本無塵勞。寂[10]然常照。卽自成佛。當知世尊在然燈佛所。於法實無所得[11]。

如來法者。譬如日光明照。無有邊際。而不可取。

須菩提。於意云何。菩薩莊嚴佛土不。不也。世尊。何以故。莊嚴佛土者則[12]非莊嚴。是名莊嚴。

清[13]淨佛土無相無形。何物而能莊嚴邪[14]。唯以定慧[15]之寶。假名莊嚴。事[16]理莊嚴有三。第一莊嚴世閒[17]佛土。造寺寫經布施供養是也。第二莊嚴見[18]佛土。見一切人普行恭敬是也。第三莊嚴心佛土。

心淨卽佛土淨。念念常行佛[19]心是也。

是故須菩提。諸菩薩摩訶薩。應如是生清淨心。不應住色生心。不應住聲香味觸法生心。應[20]無所住而生其心。

此[21]修行人。不應談[22]佗[23]是非自言我能我解。心輕末[24]學。此非清淨心也。自性常生智慧[25]。行平等慈。下心恭敬一切衆生。是修行人清淨心也。若不自淨其心。愛著清淨處。心有所住。卽是著法相。見色著色。住色生心。卽是迷人[26]。見色離色。不住色生心。卽是悟人。住色生心。如雲蔽天。不住色生心。如空無雲。日月長照[27]。住色生心。卽是妄念。不住色生心。卽是眞智。妄念生則[28]暗。眞[29]智照明[30]。明卽煩[31]惱不生。暗則[32]六塵競起[33]。

須菩提。譬如有人。身如須彌山王。於意云何。是身爲大不。須菩提言。甚大。世尊。何以故。佛說非身是名大身。

色身雖[34]大。內心量小。不名大身。內心量大。等虛空界。方[35]名大身。色身縱如須彌終[36]不爲大也[37]。

(內)ハ「蔽」ニ作ル、(六)ハ「故」ノ上ニ「大悲」ノ二字アリ
5 (六)ハ「然燈佛」以後ノ解義文ヲ別節トスル、注2參照
6 (六)(五)ハ「迦」ノ下ニ「牟尼」ノ二字アリ
7 (六)(五)ハ「處」ノ下ニ「聽法」ノ二字アリ
8 (六)ハ「卽謂法」ヲ「知法卽」ニ作ル
9 (五)ハ「法」ノ下ニ「卽」アリ
10 (六)(五)ハ「而」ニ作ル
11 (五)ハ「得」ノ下ニ「也」アリ
12 (六)(五)(川)ハ「卽」ニ作ル
13 (五)ハ「清淨佛土」ヲ「佛土清淨」ニ作ル
14 (六)(五)(川)(內)(明)ハ「卽」ニ作ル
15 (川)ハ「惠」ニ作ル
16 (五)ハ「事理」ナシ、(川)ハ「叓」ニ作ル
17 (六)ハ「閒」ナシ
18 (六)(五)(內)(明)ハ「身」ニ作ル
19 (六)(五)ハ「佛心」ヲ「無所得心」ニ作ル
20 (五)ハ「應」以下八字ヲ別節トス
21 (六)(五)ハ「諸」ニ作ル
22 (六)ハ「見」ニ作ル、(五)ハ「說」ニ作ル
23 (五)(內)(明)ハ「他」ニ作ル
24 (六)(內)ハ「末」ニ作ル
25 (川)ハ「惠」ニ作ル
26 (川)ハ「人」ノ下ニ「也」アリ

27 (内)(明)ハ「常」ニ作リ、(明)ハ「常一本作長」ト頭注ス
28 (五)ハ「卽」ニ作ル
29 (六)ハ「眞智」ヲ「智慧」ニ作ル
30 (川)(内)(明)ハ「則」ニ作ル
31 (内)(明)ハ「則」ニ作ル
32 (六)(五)ハ「卽」ニ作ル
33 (六)ハ「起」ノ下ニ「也」アリ
34 (六)ハ「雖」ナシ
35 (六)ハ「方」ノ下ニ「是」アリ
36 (内)(明)ハ「山」ニ作ル
37 (五)ハ「也」ナシ

無爲福勝分第十一

須菩提。如恆河中所有沙數。如是沙等恆河。於意云何。是諸恆河沙。寧爲多不。須菩提言。甚多。世尊。但諸恆河尚多無數。何況其沙。須菩提。我今實言告汝。若有善男子善女人。以七寶滿爾所恆河沙數三千大千世界。以用布施。得福多不。須菩提言。甚多。世尊。佛告須菩提。若[1]善男子善女人。於此經中。乃至受持四句偈等。爲他人說[2]。而此福德勝前福德。

布施七寶。得三界中[3]富貴報[4]。講說大乘經典。令諸聞者生大智慧[5]。成無上道。當知受持福德。勝前七寶福德[6]。

1 (六)ハ「若」ナシ
2 (川)ハ「佗」ニ作ル
3 (五)ハ「中」ナシ
4 (内)ハ「執」ニ作ル
5 (川)ハ「惠」ニ作ル
6 (五)ハ「德」ノ下ニ「也」アリ　(明)ハ文末ニ「金剛般若波羅蜜經卷上」ノ一〇字アリ、(内)ハ「金剛般若波羅蜜經卷上終」ノ一一字アリ

尊[1]重正教分第十二

復次須菩提。隨說是經。乃至四句偈等。當知此處。一切世間天人阿修羅。皆應供養如佛塔廟。所在之處如有[2]人。卽說是經。若[3]念念常行無念心。無所得心。不作能所心說。若能遠離諸心。常依無所得心。卽此身中有如來金[4]身舍利。故言如佛塔廟。以無所得心。說此經者。感得天龍八部悉來聽受。心若不清淨。但爲名聲[5]利益[6]。而說是經者。死墮三塗[7]。有何利益。心若清淨[8]。爲[9]說是經[10]。令諸聽者除迷妄心。悟[11]得本來佛性。常行眞實[12]。感得天人阿修羅[13]等。皆來供養持經

1 (内)(明)ハコノ段ヨリ下卷トスル、卷頭ニ「金剛般若波羅蜜經卷下、東晉武帝時後秦沙門鳩摩羅什奉詔譯、梁昭明太子嘉其分目、唐六祖大鑒眞空普覺禪師解義」ノ四八字アリ
2 (六)ハ「如有」ヲ「見」ニ作ル
3 (内)(明)ハ「者」ニ作リ、(明)ハ「一本者字作若字」ト頭注ス
4 (六)(五)(川)ハ「全」ニ作ル
5 (六)(五)ハ「聞」ニ作ル

之[14]人也[15]。

何況有人。盡能受持讀誦。須菩提。當知是人成就最上第一希有之法。若是經典所在之處。則[16]爲有佛。若尊重弟子。

自心誦得此經。自心解得經義。[17]自心體得無著無相之理。所在之處常修佛行。念念心[18]無有間歇。卽自心是佛。故言所在之處則[19]爲有佛。

6 [六][五]ハ「養」ニ作ル
7 [五]ハ「途」ニ作ル
8 [六]ハ「若」ナシ
9 [六][五]ハ「而」ニ作ル
10 [五]ハ「經」ノ下ニ「者」アリ
11 [內]ハ「性」ニ作ル
12 [川]ハ「寶」ニ作ル
13 [六][五]ハ「羅」ノ下ニ「人非人」ノ三字アリ
14 [川]ハ「之」ナシ
15 [五]ハ「也」ナシ
16 [五][川]ハ「卽」ニ作ル
17 [五]ハ「自心」ヲ「更能」ニ作ル
18 [六][五]ハ「心」ナシ
19 [五]ハ「卽」ニ作ル

如法受持分第十三

爾時。須菩提白佛言。世尊。當何名此經。我等云何奉持。佛告須菩提。是經名爲金剛般若波羅蜜。以是名字。汝當奉持。所以者何。須菩提。佛說般若波羅蜜。[1]則非般若波羅蜜。[2]是名般若波羅蜜。

佛說般若波羅蜜。令[3]諸學人用智慧[4]。除却愚心生滅。生滅[5]除[6]盡。卽到彼岸。若心有所得。卽[7]不到彼岸。心無一法可得。卽是[8][9]彼岸。口說心行。乃是到彼岸[10]。

須菩提。於意云何。如來有所說法不。須菩提白佛言。世尊。如來無所說。

佛問須菩提。如來說法心[11]有所得[12]不[13]。須菩提知。如來說法心無所得。故言無所說也[14]。如來意者。欲令世人離有所得[15]之心。[16]故說般若波羅蜜法。令一切人聞之。皆發菩提心。悟無生理。成無上道[17]。

須菩提。於意云何。三千大千世界所有微塵。是爲多不。須菩提言。甚多。世尊。須菩提。諸微

1 [五][川][明]ハ「卽」ニ作ル
2 [五][川]ハ「是名般若波羅蜜」ノ七字ナシ
3 [內]ハ「今」ニ作ル
4 [川]ハ「惠」ニ作ル
5 [六]ハ「生」ナシ
6 [六]ハ「除」ナシ、[五]ハ「滅」ニ作ル
7 [川]ハ「卽」ナシ
8 [五]ハ「是」ノ下ニ「到」アリ
9 [內]ハ「彼岸」ノ二字ナシ
10 [五]ハ「岸」ノ下ニ「也」アリ
11 [六]ハ「心」ナシ
12 [六]ハ「得」ノ下ニ「心」アリ
13 [內]ハ「故」ニ作ル
14 [六]ハ「也」ナシ
15 [六]ハ「所得之心」ヲ「得心」ニ作ル
16 [六]ハ「故」ナシ

塵如來說非微塵。是名微塵。如來說世界非世界。是名世界。

如來說。衆生性中妄念。如三千大千世界中所有微塵。一切衆生。被妄念微塵。起滅不停。遮蔽佛性。不得解脫。若能念念眞正。修般若波羅蜜無著無相之[18]行。了妄念塵勞。卽清淨法性。妄念既無。卽非微塵。是名微塵。了眞卽妄。了妄卽眞。眞妄俱泯。無別有法。故云是名微塵。性中無塵勞。卽是佛世界。心中有塵勞。卽是[19]衆生世界。了諸妄念空寂。故云非世界。證得如來法身。普見[20]塵刹[21]。應用無方。是名世界。

須菩提。於意云何。可以三十二相見如來不。不也。世尊。不可以三十二相得見如來。何以故。如來說三十二相。卽是非相。是名三十二相。

三十二相者。是[22]三十二清淨行。[23]三十二清淨行者。於五根中修六波羅蜜。於意根中修無相無爲。是名三十二清淨行。常修此三十二清淨行。卽得成佛。若不修三十二相[24]清淨行。終不成佛。但愛著如來三十二相。自不修[25]三十[26]二行。終不得[27]見如來[28]。

須菩提。若有善男子善女人。以恒河沙等身命布施。若復有人。於此經中。乃至受持四句偈等。爲佗[29]人說。其福甚多。

世間重者。莫過於身命。菩薩爲法於無量劫中捨施身命。與[30]一切衆生。其福雖多。亦不如受持此經四句之福。多劫捨身。不了空義。妄心不除。元[31]是衆生。一念持經。我人頓盡。妄想既除。言下成佛。故知多劫捨身。不如持經四句之福。

17 [五][丙][明]ハ「道」ノ下ニ「也」アリ
18 [六][五]ハ「之」ナシ
19 [六]ハ「是」ナシ
20 [六][五]ハ「現」ニ作ル
21 [丙]ハ「利」ニ作ル
22 [六]ハ「是三十二清淨行三十二清淨行者…終不成佛」ヲ「事相可知凡夫」ニ作ル
23 [五]ハ「三十二清淨行者」ノ七字ナシ
24 [五][川]ハ「相」ナシ
25 [六]ハ「三十二」ノ三字ナシ
26 [川]ハ「二」ノ下ニ「相」アリ
27 [五]ハ「得」ナシ
28 [六]ハ「來」ノ下ニ「也」アリ
29 [五][川][丙][明]ハ「他」ニ作ル
30 [五]ハ「與」ノ上ニ「分」アリ
31 [丙]ハ「尤」ニ作ル

離相寂滅分第十四

爾時。須菩提聞說是經。深解義趣[1]。涕淚悲泣。而白佛言。希有。世尊。佛說如是甚深經典。我從昔來。所得慧眼[2]。未曾得聞如是之經。世尊。若復有人。得聞是經[3]。信心清淨。則[4]生實相。當知是人。成就第一希有功德。

自性不癡名慧眼[5]。聞法自悟名法眼。須菩提是阿羅漢。於五百弟子中解空第一。已曾勤奉多佛。豈得[6]不聞如是深法。豈[7]於釋迦牟尼佛所。始言[8]聞也[9]。然或是須菩提於往昔所得。乃聲聞慧[10]眼。至[11]今方悟佛意。故[12]始得聞如是深經。悲昔未悟。故涕淚悲泣。聞經諦念[13]。謂之清淨。從清淨體[14]中。流出般若波羅蜜多深法。當知決定成就。諸佛功德也[15]。

世尊。是實相者。則[16]是非相。是故如來說名實相。

雖行清淨行。若見垢[17]淨二相。當情竝是垢[18]。卽[19]非清淨心也。但心[20]有所得。卽非實相也[21]。

世尊。我今得聞如是經典。信解受持。不足爲難。若當來世。後五百歲。其有衆生。得聞是經。信解受持。是人則[22]爲第一希有。何以故。此人無我相無[23]人相。無[24]衆生相。無[25]壽者相。所以者何。我相卽是非相。人相衆生相壽者相。卽是非相。何以故。離一切諸[26]相。則[27]名諸佛。

須菩提深悟佛意。蓋[28]自見[29]業盡垢除。慧[30]眼明徹。信解受持。卽無難也。世尊在世說法之時。亦有無量衆生。不能信解受持。何必獨言。後五百歲。蓋[31]佛在之日。雖有中[32]下根不信及懷疑者。卽往問佛。佛卽隨宜爲說。無不契悟。佛滅度[33]後。後[34]五百歲。漸至末[35]法。去聖遙遠。但存言教。人[36]若有疑。無處咨[37]決。愚迷抱執。不悟無生。著相馳求。輪廻諸有。於此時中。得聞深經。清

1 (丙)(明)ハ「意」ニ作ル、(明)ハ「一本意作義」ト頭注ス
2 (川)ハ「惠」ニ作ル
3 (六)ハ「是經」ヲ「如是之經」ニ作ル
4 (五)ハ「卽」ニ作ル
5 (川)ハ「惠」ニ作ル
6 (六)ハ「有」ニ作ル
7 (六)ハ「豈」ナシ、(五)ハ「今」ニ作ル
8 (五)ハ「言」ナシ
9 (川)ハ「之」ニ作ル
10 (川)ハ「惠」ニ作ル
11 (六)(五)ハ「至」ナシ
12 (六)(五)ハ「故」ナシ
13 (六)(五)ハ「會」ニ作ル
14 (五)ハ「體」ナシ
15 (六)(五)ハ「也」ナシ
16 (六)(五)(川)(明)ハ「卽」ニ作ル
17 (六)ハ「染」ニ作ル
18 (六)(五)(丙)(明)ハ「垢」ノ下ニ「心」アリ、(川)ハ「垢」ノ下ニ「也」アリ
19 (六)ハ「卽」ナシ
20 (丙)ハ「說」ニ作ル
21 (六)(五)ハ「也」ナシ
22 (五)(川)ハ「卽」ニ作ル
23 24 25 (六)ハ「無」ナシ
26 (六)(五)ハ「諸」ナシ
27 (六)(五)(川)ハ「卽」ニ作ル
28 (六)(五)ハ「呈」ニ作ル
29 (六)ハ「見」ノ下ニ「處」アリ
30 (川)ハ「惠」ニ作ル

心敬信。悟無生理者。甚爲希有。故言第一希有[38]。於如來滅後後[39]五百歲。若復有[40]人。能於般若波羅蜜甚深經典信解受持者[41]。卽知此人無我人衆生壽者[42]之相。無此四相。是名實相。卽是佛心。故曰[43]離一切諸相。則[44]名諸佛[45]。

佛告須菩提。如是如是。

佛[46]印可須菩提所解。善契我心。故重言如是也。

若復有人。得聞是經。不驚不怖不畏。當知是人甚爲希有。

聲聞久著法相。執有[47]爲解。不了諸法本空。一切文字皆是假立[48]。忽聞深經。諸相不生。言下卽佛。所以驚怖。唯是上根菩薩。得聞此理。歡喜受持。心無畏[49]怖退轉。如此之流甚爲希有[50]。

何以故。須菩提。如來說。第一波羅蜜[51]非第一波羅蜜。是名第一波羅蜜。

口說心不行卽非。口說心行卽是。心有能所[52]卽非。心[53]無能所則[54]是[55]。

須菩提。忍辱波羅蜜。如來說非忍辱波羅蜜[56]。

見有辱境當情卽非。不見[57]辱境當情卽是。見有身相當彼所害卽非。不見有身相當彼所害卽是。

何以故。須菩提。如我昔爲歌利王割截身體。我於爾時無我相。無人相。無衆生相。無壽者相。

何以故。我於往昔節節支解時。若有我相人相衆生相壽者相。應生瞋恨。

如來因中在初地時[58]。爲忍辱仙人。被歌利王割截身體。無一念痛惱之心。若有痛惱之心。卽生瞋恨。歌利王是梵語。此云無道極惡君也。一說。如來因中。曾爲國王。常[59]行十善。利益蒼生。國人歌讚[60]此王。故云歌利王。求無上菩提。修忍辱行。爾時天帝釋化作旃陀羅。乞王身肉[61]。卽

31 [六]ハ「蓋」ナシ
32 [五]ハ「中」ナシ
33 [川]ハ「度」ナシ
34 [六]ハ「後」ナシ
35 [内]ハ「未」ニ作ル
36 [五]ハ「人若」ヲ「若人」ニ作ル
37 [六][五]ハ「諮」ニ作ル
38 [五]ハ「有」ノ下ニ「也」アリ
39 [六]ハ「後」ナシ
40 [六][五]ハ「復」ナシ
41 [五]ハ「者」ナシ
42 [六][五]ハ「之」ナシ、[川]ハ「四」ニ作ル
43 [六][五]ハ「云」ニ作ル
44 [六][五]ハ「卽」ニ作ル
45 [五]ハ「佛」ノ下ニ「也」アリ
46 [川]ハ「卽」ニ作ル
47 [六]ハ「所」ニ作ル、[五]ハ「爲解一作所解」ノ割注アリ
48 [六]ハ「修」ニ作ル
49 [六][五]ハ「畏怖」ヲ「怖畏」ニ作ル
50 [五]ハ「有」ノ下ニ「也」アリ
51 [川][明]ハ「蜜」ノ下ニ「卽」アリ
52 [六]ハ「則」ニ作ル
53 [六]ハ「心無能所卽」ヲ「能所不生則」ニ作ル
54 [五][川][内][明]ハ「卽」ニ作ル
55 [川]ハ「是」ノ下ニ「也」アリ
56 [五]ハコノ後ニ次節ノ經典本文ヲ續ケル、解義文モコレニ從ウ

57 [五]ハ「見」ノ下ニ「有」アリ
58 [五]ハ「時」ノ下ニ「曾」アリ
59 [五]ハ「嘗」ニ作ル
60 [五]ハ「稱」ニ作ル
61 [六][五]ハ「肉」ノ下ニ「王」アリ
62 [六][五][川]ハ「存」ニ作ル
63 [六]ハ異本ニ「爾」ノ下ニ「時」アル旨ヲ頭注ス
64 [六][五]ハ「如來」ノ前ニ「世者生也」ノ四字アリ
65 [六]ハ「於」ナシ
66 [六][五]ハ「生」ニ作ル
67 [川]ハ「性」ニ作ル
68 [川]ハ「蜜」ノ下ニ「行」アリ
69 [六]ハ「既行忍辱行者」ノ六字ヲ「先須」ニ作ル
70 [五]ハ「者」ヲ「先須」ニ作ル
71 [六]ハ「患」ニ作ル
72 [六]ハ「佗」ニ作ル
73 [川]ハ「蜜」ノ下ニ「也」アリ
74 [內]ハ「慓」ニ作ル
75 [川]「烈」ニ作ル、[內][明]ハ「立」ニ作ル
76 [內][明]ハ「是」ニ作ル
77 [內][明]ハ「集無量業結覆蓋佛性」ヲ「身無能覺照益遠佛行」ニ作リ、[明]ハ「身至行、異積集無量業結覆蓋佛性」ト頭注ス
78 [六]ハ「修行」ノ二字ナシ
79 [川]ハ「終」ナシ
80 [六]ハ「之」ナシ
81 [內][明]ハ「較」ニ作ル

割施。殊無瞋惱。今有[62]二說。於理俱通。

須菩提。又念過去。於五百世。作忍辱仙人。於爾[63]所世。無我相。無人相。無衆生相。無壽者相。

如[64]來因中。於[65]五百世[66]。修行忍辱波羅蜜。以得四相不生。如來自述往[67]因者。欲令一切修行人。成就忍辱波羅蜜。行忍辱波羅蜜[68]人。既[69]行忍辱行者[70]。不見一切人過惡[71]。寃親平等。無是無非。被他[72]打罵殘害。歡喜受之。倍加恭敬。行如是行者。卽能成就。忍辱波羅蜜[73]。

是故。須菩提。菩薩應離一切相發阿耨多羅三藐三菩提心。不應住色生心。不應住聲香味觸法生心。應生無所住心。

不應住色生心者。是都標[74]也。聲香等別列[75]其名也。於此六塵。起憎愛心。由此[76]妄心。積集[77]無量業結。覆蓋佛性。雖種種勤苦修[78]行。不除心垢。終[79]無解脫之[80]理。推其根本。都由色上住心。如能念念常行。般若波羅蜜。推諸法空。不生計著[81]。念念常自精進。一心守護。無令放逸。淨名經云[82]。求一切知[83]。無非時[84]求。大般若經云。菩薩摩訶薩。晝夜精勤[85]。常住般若波羅蜜多[86]。相應作意。無時暫捨。

若心有住。則[87]爲非住。

若心住涅槃。非是菩薩住處。不住涅槃。不住諸法。一切處不住。方[88]是菩薩住處。上文說。應無所住而生其心[89]。是也。

是故佛說。菩薩心不應住色布施。須[90]菩提。菩薩爲利益一切衆生。應如是布施。

菩薩不爲求[望][91][自][92][身][快]樂。而行布施。但爲內破慳心。外利益一切衆生。而行布施[93]。

82 [川]ハ「云」ノ下ニ「上」アリ、[明]ハ「一本云字下有上字」ト頭注ス
83 [六][五][川]ハ「智」ニ作ル
84 [丙]ハ「持」ニ作ル
85 [五]ハ「進」ニ作ル
86 [丙][明]ハ「法」ニ作ル、[明]ハ「一本法作多」ト頭注ス
87 [五]ハ「卽」ニ作ル
88 [六]ハ「方」ナシ
89 [五]ハ「心」ノ下ニ「者」アリ
90 [六][五]ハ「須菩提…如是布施」ノ一七字ヲ別節トシ、解義文「菩薩者行法財等施利益無疆、若作能利益心、卽是非法、不作(能)利益心、是名無住、無住卽是佛心(也)」ヲ付ス、( )內ハ[五]ノ解義文
91 [京]ハ「望自身快」ノ四字虫損
92 [六][五]ハ「身」ノ下ニ「五欲」ノ二字アリ
93 [川]ハ「施」ノ下ニ「也」アリ
94 [六][五]ハ「卽」ニ作ル
95 [五]ハ「相」ノ上ニ「四」アリ
96 [五]ハ「覺」ニ作ル
97 [五]ハ「生」ノ下ニ「也」アリ
98 [五]ハ「受」ニ作ル
99 [五]ハ「世」ノ下ニ「諸」アリ
100 [六]ハ「所說」ヲ「所有言說」ニ作ル
101 [五][川]ハ「者」ノ下ニ「也」アリ
102 [六][五]ハ「有」ニ作ル

如來說。一切諸相卽是非相。又說。一切衆生則[94]非衆生。

如者不生。來者不滅。不生者我人不生。不滅者覺照不滅。下文云。如來者無所從來。亦無所去。故名如來。如來說我人等相[95]。畢竟可破壞。非眞實[96]體也。一切衆生。盡是假名。若離妄心。卽無衆生可得。故言卽非衆生[97]。

須菩提。如來是眞語者。實語者。如語者。不誑語者。不異語者。

眞語者說。一切有情無情。皆有佛性。實語者說。衆生造惡業。定受苦報。如語者說。衆生修善法。定有[98]樂報。不誑語者說。般若波羅蜜法。出生三世[99]佛。決定不虛。不異語者。如來所[100]說初善中善後善旨意微妙。一切天魔外道。無有能超勝。及破壞佛語者[101]。

須菩提。如來所得法。此法無實無虛。

無實者。以法體空寂。無相可得。然中有恆沙性德。用之不匱。故言無虛。欲言其實。無相可得。欲言其虛。用而無閒。是故不得言無[102]。不得言有[103]。有[104]而不有。無而不無。言譬[105]不及者。其惟[106]眞智乎。若不離相修行。無由臻此[107]。

須菩提。若菩薩心住於法。而行布施。如人入闇[108]。則[109]無所見[110]。

於一切法。心有住著。則不了三輪體空。如有[111]者[112]處暗。無所曉了。華嚴經云。聲聞在如來會中聞法。如盲如聾。爲住諸[113]法相故也[114]。

若菩提心[不][115][住][116][法]。而行布施。如人有目。日光明照。見種[種][117][色]。

[若][118]菩薩常行。般若波羅蜜多無著無相行。如人有目。處於皎日之中。何所不見也[119]。

須菩提。當來之世。若有善男子善女人。能於此經。受持讀誦。[120]則爲如來以佛智慧。悉知是人。悉見是人。皆得成就。無量無邊功德。當來之世[121]者。如來滅[122]後。後五百歲。濁惡之[123]世。邪法競起。正法難行。於此時中。若有善男子善女人。得遇此經。從師稟[124]受。讀誦[125]在心。[126]精進不[127]妄。依義修行。悟入佛之知見。[128]則能成就阿[129]耨菩提。以是三世諸佛。無不知[130]之。

103 ㊅㊄ハ「無」ニ作ル
104 [川]ハ「有而不有」ノ四字ナシ
105 ㊅㊄ハ「辭」ニ作ル
107 ㊅㊄ハ「唯」ニ作ル
107 ㊄ハ「此」ノ下ニ「也」アリ
108 ㊅㊄ハ「暗」ニ作ル
109 ㊄[川]ハ「卽」ニ作ル
110 ㊄ハ「見」ノ後ニ次節ノ經典ガ續キ、解義文モコレニ従ウ
111 ㊅㊄[川][內][明]ハ「盲」ニ作ル
112 ㊄ハ「者」ナシ
113 ㊅㊄ハ「諸」ナシ
114 ㊅㊄ハ「也」ナシ
115 [京]ハ「不住法」ノ三字虫損
116 ㊅ハ「住」ノ下ニ「於」アリ
117 [京]ハ「種色」ノ二字虫損
118 [京]ハ「若」虫損
119 [內]ハ「世」ニ作ル
120 ㊄ハ「卽」ニ作ル
121 ㊅ハ「卽是」ニ作ル、㊄ハ「者」ナシ
122 ㊅ハ「後」ナシ
123 ㊅㊄[內]ハ「時」ニ作ル
124 ㊅㊄ハ「授」ニ作ル
125 [明]ハ「在一本作任」ト頭注ス
126 ㊄ハ「精進」ヲ「專精」ニ作ル
127 ㊅㊄ハ「忘」ニ作ル
128 ㊅ハ「故」ニ作ル
129 ㊄ハ「耨」ノ下ニ「多羅三藐三」ノ五字アリ
130 ㊄ハコノ段ノ末ニ「金剛般若波羅蜜經上」ノ九字アリ、又、「嘉靖十六年丁酉午月日」付ノ刊記ヲ付ス（末尾ノ注記參照）

[1]持經功德分第十五

須菩提。若有善男子善女人。初日分以恆河沙等身布施。中日分復以恆河沙等身布施。後日分亦以恆河沙等身布施。如是無量百千萬億劫以身布施。若復有[人][2][聞此]經典。信心不逆。其福勝彼。何況書寫[3][受持]。讀誦爲人解說。

佛說。末法之時。得聞此經。信心不逆。四相不生。卽是佛之知見。此人功德勝前多劫捨身功德。百千萬億不可譬喩。一念聞經。其福尙多。[4]何況更能書寫受持讀誦爲人解說。當知此人決定成就。阿耨多羅三藐三菩提。所以種種方便。爲說如是甚深經典。俾離諸相。得阿耨多羅三藐三菩提。所得福[5]德無有邊際。蓋緣多劫捨身不了諸[6]法本空[7]心有能所。[8]末離衆生之見。如能聞

1 ㊄ハコノ段ノ冒頭ニ「金剛般若波羅蜜經下」ノ內題九字アリ
2 [京]ハ「人聞此」ノ三字虫損
3 [京]ハ「受持」ノ二字虫損
4 ㊅ハ「何」ナシ
5 ㊄ハ「功」ニ作ル
6 ㊄ハ「相」ニ作ル
7 ㊅㊄ハ「心有能所」ヲ「有能捨所捨心在」ニ作ル、㊅ハ「心有能所ィ」ト頭注ス
8 ㊅㊄ハ「末」ノ上ニ「元」アリ
9 ㊅㊄ハ「將」ノ下ニ「彼」アリ
10 [京]ハ「有」虫損

經悟道。我人頓盡。言下卽佛。將[9]捨身有[10]漏之福。比持[11]經無漏之慧[12]。實不可及。故[13]雖十方聚寶三世捨身。不如持經四句[14]偈[15]。注[16]云心有能所四字一本云有能捨所捨心在[17]元[18]未離衆生之見比解意又分明故兩存之。

須菩提。以要言之。是經有不可思議不可稱量無邊功德。

持經之人。心無我所。無我所故[19]是佛心。佛心功德無有邊際。故言不可稱量[20]。

如來爲發大乘者說。爲發最上乘者說。若[21]有人。能受持讀誦。廣爲人說。如來悉知是人。悉見是人。皆得成就。不可量不可稱無有邊不可思議功德。如是人等。則[22]爲荷擔[23]如來[24]阿耨多羅三藐三菩提。

大乘者。智慧廣大。善能建立一切法[25]。最上乘者。不見垢法可猒[26]。不見淨法可[27]求。不[28]見衆生可度。不見涅槃可證。不作度衆生[29]心。亦[30]不作不度衆生[31]心。是名最上乘。亦名一切智。亦名無生忍。亦名大般若。若[32]有人。發心求佛[33]無上道。聞此無相無爲甚深之法。卽[34]當信解受持。爲人解說。令其深悟。不生毀謗。得大忍力。大智慧力。大方便力。方[35]能通[36]流此經也[37]。上[38]根之人。聞此經[39]典。得深[40]悟佛意。持自心經。見性究竟。復[41]起利[42]他之行。能[43]爲人解說。令諸學者。自悟無相[44]之理。得見本性如來。成無上道。當知說法之人所得功德。無有邊際。不可稱量[45]。聞[46]經解義。如教[47]修行。復能廣爲人說。令諸衆生得悟。修行無相無著之行。以能行此行[48]。有大智慧光明。出離塵勞。雖[49]離塵勞。不作離塵勞之念。卽得阿耨多羅三藐三菩提。故名荷擔[50]如來。當知持經之人。自有無量無邊不可思議功德。

11 (六)ハ「持」ノ下ニ「此」アリ
12 (川)ハ「惠」ニ作ル
13 (五)ハ「故」ナシ
14 (京)ハ「句」虫損、(五)ハ「句」ノ下ニ「之」アリ
15 (五)ハ「偈」ノ下ニ「也」アリ
16 (六)(五)(内)(明)ハ「注云…存之」ノ三五字ナシ
17 (川)ハ「有」ニ作ル
18 (川)ハ「元」ノ下ニ「來」アリ
19 (六)(五)ハ「故」ノ下ニ「卽」アリ
20 (五)ハ「量」ノ下ニ「也」アリ
21 (六)ハ「若有人…不可思議功德」ト「如是人…三菩提」トヲ各々別節トシ、解義文モコレニ從ウ、(五)ハ「若有人…三菩提」ヲ別節トシ解義文モコレニ從ウ
22 (五)(川)ハ「卽」ニ作ル
23 (六)(五)(川)ハ「擔」ニ作ル
24 (京)ハ「來阿耨」ノ三字虫損
25 (京)ハ「法」虫損
26 (内)(明)ハ「厭」ニ作ル
27 (京)ハ「可」虫損
28 (京)ハ「不」虫損
29 (五)ハ「生」ノ下ニ「之」アリ
30 (川)ハ「亦」ナシ
31 (五)ハ「生」ノ下ニ「之」アリ
32 (六)(五)ハ「若」ナシ
33 (五)ハ「佛」ナシ
34 (六)ハ「卽當信」ヲ「聞已卽當便」ニ作ル、(五)ハ「卽當」ヲ「聞已卽便」ニ作ル

何以故。須菩提。若樂小法者。著我見人見衆生見壽者見。則[51]於此經不能聽受讀誦爲人解説。何[52]名樂小法者。爲[53]二乘聲聞人樂小[54]果不發大心[55]故。卽於如來深法。不能受持讀誦爲人解説。須菩提。在在處處若有此經。一切世間天人阿修羅所應供養。當知此處則[56]爲是塔。皆應恭敬作禮圍繞。以諸華[57]香。而散其處。

若人口誦般若。心行般若。在在處處。常行無爲無相之行。此人所在之處。如有佛塔。感得一切[58]天人各持供養。作禮恭敬與佛無異。能受持[59]經者。是人心中自有世尊。故云如佛塔廟。當知[60]所[61]得福德無量無邊也[62]。

35 (六)(五)ハ「卽」ニ作ル
36 (六)(五)(川)ハ「通流」ヲ「流通」ニ作ル
37 (六)(五)ハ「也」ナシ
38 (六)(五)ハ「上根人…不可稱量」ヲ別節トスル
39 (六)(五)ハ「經典」ヲ「深經」ニ作ル
40 (六)(五)ハ「深」ナシ
41 (六)ハ「復」ノ下ニ「能」アリ
42 (六)(川)ハ「佗」ニ作ル
43 (六)(五)ハ「能」ナシ
44 (川)ハ「之」ナシ
45 (六)ハ「量」ノ下ニ「也」アリ
46 (六)(五)ハ「聞經…不可思議功德」ヲ別節トスル
47 (京)ハ「教」虫損
48 (六)(五)ハ「行」ノ下ニ「卽」アリ
49 (六)ハ「雖離塵勞不作離塵勞之念」ヲ「以離塵」ニ作リ、頭注ニテ對校ス
50 (六)(五)ハ「擔」ニ作ル
51 (五)(川)ハ「卽」ニ作ル
52 (五)ハ「何名」ノ二字ナシ
53 (内)ハ「之」ニ作ル
54 (京)ハ「小」虫損
55 (六)(五)ハ「心」ノ下ニ「以不發大心」ノ五字アリ
56 (五)ハ「卽」ニ作ル
57 (六)ハ「花」ニ作ル
58 (六)(五)ハ「天人」ヲ「人天」ニ作ル
59 (六)ハ「持」ノ下ニ「此」アリ
60 (五)ハ「知」ノ下ニ「是人」ノ二字アリ
61 (五)ハ「作」ニ作ル
62 (六)(五)(川)ハ「也」ナシ

能淨業障分第十六

復次須菩提[1]。善男子善女人受持讀誦此經。若爲人輕賤。是人先世罪業應墮惡道。以今[2]世人輕賤故。先世罪業則[3]爲銷[4]滅。當得阿耨多羅三藐三菩提。

佛言。持經之[5]人。各[6]得一切[7]天人恭敬[8]供養。爲[9]前生有重業障故[10]。今生雖得受持。諸佛如來甚深經典。常[11]被人輕賤。不得人恭敬供[12]養。自以受持經典[13]故。不起人我等相[14]。不問冤親。常行恭敬[15]。心[15]無惱恨。蕩然無所計較[16]。念念常行般若波羅蜜行[17]曾無退轉。以能如是修行故。得[18]無量劫以至

1 (川)ハ「提」ノ下ニ「若」アリ、(明)ハ「一本須菩提下有若字」ト頭注ス
2 (内)ハ「令」ニ作ル
3 (五)ハ「卽」ニ作ル
4 (五)ハ「消」ニ作ル
5 (六)ハ「之」ナシ
6 (六)(五)ハ「合」ニ作ル
7 (京)ハ「切」虫損
8 (京)ハ「恭敬」ノ二字虫損
9 (六)(五)ハ「多」ニ作ル

今生所有[19]極惡罪障[20]竝能[21]消滅。又約理而言。[22]先[23]世卽是前念妄心。今[24]世卽是後念覺心。以後念覺
心。輕賤前念妄心。妄不[25]得住。故云。先世罪業。卽爲[26]消滅。妄念既滅。罪業不成。卽得菩提也。
須菩提。我念過去無量阿僧祇劫。於然燈佛前。得値八百四千萬億那由[27]他諸佛。悉皆供養承事。
無空過者。若復有人。於後末世。能受持讀誦此經。所得功[28]德。於我所供養諸佛功德。百分不及
一。[29]百千萬億分乃至[30]算數譬喻所不能及。
供養恆沙諸佛。施寶滿三千界。捨身加微[31][塵]數。種種福[32][德]。不及持經一念悟無[33]生[34][理]。息希望心。
遠離衆生[35][顚]倒知見。卽到波[36]羅彼岸。[37]求出三[38]塗證無餘涅槃[39]也。
須菩提。若善男子善女人。於後末世。有受持讀[40][誦][此][經]。所得功德我若具[41][說]者。或有人聞。心[42][卽]
[狂][亂]。狐疑不信。
佛言。末法衆生。德薄垢重。[43][嫉]妬彌[44]深。[45][邪]見[46][熾]盛。於[47][此]時中。如有善男子善[48][女]人。[49][受]持讀[50][誦]
此經。[51]圓成法相。了無所得。念念[52]常行。慈悲喜捨。[53][謙][54]不柔和。究[55][竟]成就。無上菩提。或有[56]人
不知。如來正法。常在不滅。聞說如來滅後。後五百歲。有人能成就無相心。行無相行。得阿
耨多羅三藐三菩提。[57]則[58]必心生驚怖。狐疑不信。
須菩提。當知是經義不可思議。果報亦不可思議。
是經義者。[59]卽無著無相行[60]也。云不可思議者。讚歎無著無相行。能成就阿耨多羅三藐三菩[61]提。

10 [京]ハ「故今生」ノ三字虫損
11 [京]ハ「常」虫損
12 [京]ハ「恭敬供」ノ三字虫損
13 [六]ハ「典」ナシ
14 [六]ハ「人我」ヲ「我人」ニ作ル
15 [京]ハ「心」虫損
16 [川]ハ「挍」ニ作ル
17 [六][五]ハ「行」ナシ
18 [六][五]ハ「得」ノ下ニ「從」アリ
19 [五]ハ「極惡罪障」ヲ「極重惡障」ニ作ル
20 [六][五]ハ「竝能」ヲ「悉皆」ニ作ル
21 [六]ハ「銷」ニ作ル
22 [內]ハ「生」ニ作ル
23 24 [五]ハ「世」ノ下ニ「者」アリ
25 [六][五]ハ「能」ニ作ル
26 [六]ハ「銷」ニ作ル
27 [六][川]ハ「佗」ニ作ル
28 [六]ハ「後」ニ作ル
29 [六][五][川]ハ「百」ナシ、[明]ハ「一本下無百字」ト頭注ス
30 [六]ハ「等」ニ作ル
31 [京]ハ「塵」虫損
32 [京]ハ「德」虫損
33 [六][五]ハ「相」ニ作ル
34 [京]ハ「理」虫損
35 [京]ハ「顚」虫損
36 [川]ハ「羅」ノ下ニ「蜜」アリ、[明]ハ「一本波羅下有蜜字」ト頭注ス
37 [五][川][內][明]ハ「永」ニ作ル
38 [六][五]ハ「塗」ノ下ニ「苦」アリ
39 [六][五]ハ「也」ナシ
40 [京]ハ「誦此經」ノ三字虫損
41 [京]ハ「說」虫損
42 [京]ハ「卽狂亂」ノ三字虫損、[六][川][內]ハ「卽」ヲ「則」ニ作ル
43 [京]ハ「嫉」虫損
44 [六][五]ハ「深」ノ下ニ「衆聖潛隱」ノ四字アリ
45 [京]ハ「邪」虫損
46 [京]ハ「熾」虫損
47 [京]ハ「此」虫損
48 [京]ハ「女」虫損

49 京ハ「受」虫損
50 京ハ「誦」虫損
51 六五ハ「圓成法相」ヲ「圓離諸相」ニ作ル
52 内ハ「善」ニ作ル
53 京ハ「嫌」虫損
54 六五川内明ハ「下」ニ作ル
55 京ハ「竟」虫損
56 六五ハ「人」ヲ「聲聞小見」ニ作ル
57 六ハ「則」ヲ「者」ニ作ル
58 六五ハ「必」ナシ
59 五ハ「卽」ノ下ニ「是」アリ
60 五ハ「也」ナシ
61 六五川ハ「提」ノ下ニ「也」アリ

究竟無我分第十七

爾時。須菩提白佛言。世尊。善男子善女人發阿耨多羅三藐三菩提心。云何應住。云何降伏其心。

佛告須菩提。善[1]男子善女人發阿耨多羅三藐三菩提心者。當生如是心。我應滅度一切衆生。滅度一切衆生已。而無有一衆[2]生實滅度者。

須菩提問[3]佛。如來滅後。後五百歲。若有人[4]發阿耨多[5]羅三藐三菩提心[6]。依何法而住[7]。如何降伏其心。佛言。當發度脫一切衆生心[8]。度脫一切[9]衆生[10]。盡得成佛已。不得見有一衆生。是我滅度者。何[12]以故。爲除能[13]所心也[14]。除有衆生心[15]也[16]。亦除我見心也[17]。

何以故。須[18]菩提。若菩薩有我相人相衆生相壽者相。則[19]非菩薩。

菩薩若見有衆生可度者[20]。卽是我相。有能度衆生心。卽是人相。謂涅槃可求。卽是衆生相。見有涅槃可證。卽[21]是壽者相[22]。有此四相。卽非菩薩[23]。

所以者何。須菩提。實無有法發阿耨多羅三藐三菩提心者。

有法者。我人等[24]四法[25]是也。不[26]除四法。終不得菩提。若言我[27]發菩提心者。亦是[28]人我等法。人[29]我等法[30]。是煩惱根本。

須菩提。於意云何。如來於然燈佛所。有法得阿耨多羅三藐三菩提不。不也。世尊。如我解佛所

1 五ハ「善」ノ上ニ「若」アリ
2 京ハ「有一衆」ノ三字虫損
3 京ハ「提問」ノ二字虫損
4 京ハ「有人」ノ二字虫損
5 京ハ「多」虫損
6 六五ハ「心」ノ下ニ「者」アリ
7 京ハ「何法而住」ノ四字虫損
8 京ハ「心」虫損
9 京ハ「一切」ノ二字虫損
10 京ハ「生」虫損
11 六五ハ「滅」ナシ
12 京ハ「何」虫損
13 京ハ「能」虫損
14 川ハ「也」ナシ
15 六五ハ「見」ニ作ル
16 川ハ「也」ナシ
17 六五ハ「心」ナシ
18 五ハ「須菩提」ノ三字ナシ
19 六五ハ「卽」ニ作ル
20 六五ハ「者」ナシ
21 六ハ「卽」ナシ
22 六ハ「相」ノ下ニ「可」アリ
23 五川ハ「薩」ノ下ニ「也」アリ
24 五ハ「等」ヲ「衆生壽者」ニ作ル

說義。佛於然燈佛所。無有法得阿耨多羅三藐三菩提。佛[31]言。如是如是。

佛告須菩提。我於師處。不除四相。得受[32]記不。須菩提[33]深解無相之理[34]。故言不也。善契佛意。

故佛[35]言如是[36]如[37]是。言是印可之辭[38]。

須菩提。實無有法。如來得阿耨多羅三藐三菩提。須菩提。若有法。如來得阿耨多羅三藐三菩提者[39]。然燈佛[40]則不與我受[41]記。汝於來世。當得作佛。號釋迦牟尼。以實無有法。得阿耨多羅三藐三菩提。是故然燈佛[42]與我受[43]記。作是言。汝於來世。當得作佛。號釋迦牟尼。何以故[44]。如來者。卽諸法如義。

佛言。實無我人衆生壽者。始得受[45]菩提記。我若有發菩提心。然燈佛[46]則不與我受[47]記。以實無所得。然燈[48]始與我受[49]記。此一段文[50]惣[51]成須菩提無我義。佛[52]言。諸法如義者。諸法卽是色聲香味觸法。於此六塵中。善能分別。而本體湛然。不染不著。曾無變異。如空不動。圓通瑩徹。歷劫常存。是名諸法如義。菩薩瓔珞經云。毀譽不動。是如來行。入佛境界經云。諸欲不染。故敬禮無所觀。

若有人言。如來得阿耨多羅三藐三菩提。須菩提。實無有法。佛得阿耨多羅三藐三菩提。須菩提。如來所得阿耨多羅三藐三菩提。於是中無實無虛。

佛言。實無所得心。而得菩提。以所得心不生。是故得菩提。離此心外。更無菩提可得。故言無實也。所得心寂滅。一切智本有。萬行悉圓備。恆沙德性[52]。用無乏少。故言無虛也[53]。

是故如來說。一切法皆是佛法。須菩提。所言一切法者。卽非一切法。是故名一切法。

能於諸法。心無取舍[54]。亦無能所。熾然建立一切法。而心常空寂。故知一切法皆是佛法。恐迷

25 五ハ「是」ナシ
26 六五ハ「不」ノ上ニ「若」アリ
27 六五ハ「我」ノ下ニ「不」アリ
28 29 六五ハ「人我」ヲ「我人」ニ作ル
30 六五ハ「法」ノ下ニ「卽」アリ
31 五ハ「佛言如是如是」ヲ別節トシ、解義文モコレニ従ウ
32 六川ハ「授」ニ作ル
33 京ハ「提」虫損
34 京ハ「理」虫損
35 六ハ「佛」ナシ
36 京ハ「是如」ノ二字虫損
37 六ハ「是」ノ下ニ「人」アリ
38 川ハ「辭」ノ下ニ「也」アリ
39 六ハ「者」ナシ
40 五明ハ「卽」ニ作ル
41 43 六五川ハ「授」ニ作ル
42 六ハ「佛」ナシ
44 五ハ「何以故…如義」ノ一一字ヲ別節トシ、解義文モコレニ従ウ
45 六五ハ「授」ニ作ル
46 五明ハ「卽」ニ作ル
47 六五川ハ「授」ニ作ル
48 五川ハ「燈」ノ下ニ「佛」アリ
49 六五ハ「受記」ヲ「授菩提記」ニ作ル、川ハ「受」ヲ「授」ニ作ル

者貪著一切法。以爲佛法[55]。爲遣此病故。言卽非一切法。心無能所。寂而常照。定慧齊行。體用一致。是故名一切法[56]。

須菩提。譬如人身長大。須菩提言。世尊。如來說人身長大。則爲非大身[57]。是名大身。

如來說人身長大則爲非大身者[58]。以顯[59]一切衆生法身不二。無有限量。是名大身。法身本無處所。故言則非大身[60]。又以色身雖大。內無智慧。卽非大身[61]。色身雖小。內有智慧。得名大身。雖有智慧。不能依行。卽非大身。依敎修行。悟入諸佛無上知見[62]。心無能所限量。是名大身也[63]。

須菩提。菩薩亦如是。若作是言。我當滅度無量衆生。則不名菩薩[64]。

菩薩若言[65]。因我說法。除得彼〔人〕[66]煩惱。卽是法我。若言我度得衆生[67]。卽有我所。雖度脫衆生。心有能所。我人不除。不得名爲菩薩。熾然說種種方便。化度衆生。心無能所。卽是菩薩也。

何以故[68]。須菩提。實無有法。名爲菩薩。是故佛說。一切法無我無人無衆生無壽者。須菩提。若菩薩作是言。我當莊嚴佛土。是不名菩薩。何以故。如來說莊嚴佛土者[69]。卽非莊嚴。是名莊嚴。

菩薩若言。我能建立世界者。卽非菩薩。雖然[70]建立世界。心有能所。卽非菩薩。熾然建立世界。能所心[71]不生。是名菩薩。最[72]勝妙定經云。假使有人。造得白銀精舍。滿三千大千世界。不如一念禪定心。心有能所。卽非禪定。能所不生。是名禪定。禪定卽是淸淨心也。

須菩提。若菩薩通達無我法者。如來說名眞是菩薩。

於諸法相。無所滯礙。是名通達。不作解法心。是名無我法。無我法者。如來說名眞是菩薩。隨分行持[73]。亦得名爲菩薩。然未爲眞菩薩。解行圓滿。一切能所心盡。方得名眞[74]是菩薩[75]。

50 (六)(五)ハ「作」ニ作ル、(内)(明)ハ「乃」ニ作リ、(明)ハ「乃一本作文」ト頭注ス
51 (五)ハ「摠」ニ作ル、(六)(内)(明)ハ「總」ニ作ル
52 (六)(五)ハ「佛」ナシ、(五)ハ「言諸法如義…無所觀」マデヲ別節トスル、注42參照
52 (六)ハ「德性」ヲ「性德」ニ作ル
53 (六)ハ「也」ナシ
54 (六)(五)(川)ハ「捨」ニ作ル
55 (川)ハ「以」ナシ
56 (五)ハ「法」ノ下ニ「也」アリ
57 58 (五)ハ「卽」ニ作ル
59 (内)ハ「願」ニ作ル
60 (五)(川)ハ「卽」ニ作ル
61 (五)ハ「身」ノ下ニ「也」アリ
62 (川)(明)ハ「智」ニ作ル
63 (五)ハ「也」ナシ
64 (五)ハ「卽」ニ作ル
65 (川)ハ「由」ニ作ル
66 (京)ハ「人」虫損
67 (六)(五)ハ「我」ノ下ニ「能」アリ
68 (六)(五)ハ「何以故…無壽者」マデヲ前節ノ經文ニツヅケル
69 (六)ハ「前」ニ作ル
70 (六)(五)ハ「能」ニ作ル
71 (六)ハ「心」ナシ
72 (六)ハ「最」ノ上ニ「是」アリ
73 (川)ハ「特」ニ作ル
74 (五)ハ「名」ノ下ニ「爲」アリ
75 (五)ハ「薩」ノ下ニ「也」アリ

一體同觀分第十八

須菩提。於意云何。如來有肉眼不。如是。世尊。如來有肉眼。須菩提。於意云何。如來有天眼不。如是。世尊。如來有天眼。須菩提。於意云何。如來有慧眼不。如是。世尊。如來有慧眼。須菩提。於意云何。如來有法眼不。如是。世尊。如來有法眼。須菩提。於意云何。如來有佛眼不。如是。世尊。如來有佛眼。

一切人盡有五眼。爲迷所覆。不能自見。故佛教除却迷心。卽五眼開[1]明。念念修行。般若波羅蜜法。初除迷心。名爲第一[2]肉眼。見一切衆生皆有佛性。起憐愍[3]心。是名[4]爲第二天眼。癡心不生。名爲第[5]三慧[6]眼。著法心除。名爲第[7]四法眼。細惑永盡。圓明偏照。名爲第[8]五佛眼。又云。見色身中有法身[9]。名[10]爲天眼。見一切衆生。各具般若性。名爲慧[11]眼。見性明徹。能所永除。一[12]切佛法。本來自備。名爲法眼。見般若波羅蜜。能生[13]三世一切法。名爲佛[14]眼。

須菩提。於意云何。如[15]恆河中所有沙。佛說是沙不。如是。世尊。如來說是沙。須菩提。於意云何。如一恆河中所有沙。有如是沙[16]等恆河。是諸恆河所有沙數佛世界。如是寧爲多不。甚多。世尊。

恆河者。西國祇洹[17]精舍側近之[18]河[19]。如來說法。常[20]指此河爲喩。佛說此河中沙。一沙況一佛世界。以爲多不。須菩提言。甚多。世尊。佛舉此衆多國土[21]者。欲明其中所有衆生。一一衆生。皆有若[22]許心數也[23]。

佛告須菩提。爾所國土中所有衆生。若干種心。如來悉知。何以故。如來說諸心。皆爲非心。是

1 [五]ハ「圓」ニ作ル
2 [六][五]ハ「第一」ノ二字ナシ
3 [五]ハ「愍」ヲ「憫」ニ作ル
4 [六][五]ハ「爲第二」ノ三字ナシ
5 [六][五]ハ「第三」ノ二字ナシ
6 [川]ハ「惠」ニ作ル
7 [六][五]ハ「第四」ノ二字ナシ
8 [六][五]ハ「第五」ノ二字ナシ
9 [五]ハ「身」ノ下ニ「名爲肉眼」ノ四字アリ
10 [五]ハ「名爲天眼…名爲慧眼」ノ一八字ト、「見性明徹能所永除」ノ八字トノ順入レカワル
11 [川]ハ「惠」ニ作ル
12 [五]ハ「一」ノ上ニ「見」アリ
13 [五]ハ「能」ノ下ニ「出」アリ
14 [五]ハ「佛眼」ヲ「慧眼也」ニ作ル
15 [六][川]ハ「如」ナシ
16 [六]ハ「沙」ナシ
17 [川]ハ「園」ニ作ル
18 [川]ハ「之」ナシ
19 [六][五]ハ「河」ノ下ニ「也」アリ
20 [川]ハ「常」ナシ
21 [内][明]ハ「數」ニ作リ、[明]ハ「數一本作土」ト頭注ス
22 [六][五]ハ「爾」ニ作ル
23 [六][五]ハ「也」ナシ
24 [五]ハ「摠」ニ作ル
25 [六][五][内][明]ハ「心」ノ下ニ「也」アリ
26 [内][明]ハ「潛」ニ作リ、[明]ハ「一

名爲心。

爾所國土中所有衆生。一一衆生。皆有若干差別心數。心數雖多。總名妄心[24]。識得妄心非心。是名爲心。此心卽是眞心。常心。佛心。般若波羅蜜心。清淨菩提涅槃心[25]。

所以者何。須菩提。過去心不可得。現在心不可得。未來心不可得。

過去心不可得者。前念妄心。瞥[26]然[27]已過。追尋無有處所。現在心不可得者。眞心無相。憑何得見。未來心不可得者。本無可得。習氣已盡。更不復生。了此三心皆[28]不可得。是名爲佛[29]。

本潛字作瞥」ト頭注ス
27 (六)(五)ハ「爾」ニ作ル
28 (六)(五)ハ「皆」ナシ
29 (五)ハ「佛」ノ下ニ「也」アリ

法界通化分第十九

須菩提。於意云何。若有人[1]。滿三千大千世界七寶。以用布施。是人以是因緣。得福多不。如是。世尊。此人以是因緣。得福甚多。須菩提。若[2]福德有實。如來不說得福德多。以福德無故。如來說得福德多。

七寶之福不能成就佛果菩提。故言無也。以其[3]無量數限[4]故[5]。名曰多。如能超過[6]。卽不說多也。

1 (六)ハ「有」ナシ
2 (京)ハ「若」虫損
3 (五)ハ「在」ニ作ル
4 (六)(五)ハ「限」ナシ
5 (六)ハ「假」ニ作ル
6 (六)ハ「過」ノ下ニ「數量」ノ二字アリ、(五)ハ「過」ノ下ニ「量數」ノ二字アリ

離色離相分第二十

須菩提。於意云何。佛可以具足色身見不。不也。世尊。如來不應以具足色身見。何以故。如來說具足色身。卽非具足色身。是名具足色身。

佛意恐衆生不見法身。但見三十二相八十種好紫磨金輝[1]。以爲如來眞身。爲遣此迷故。問須菩

1 (五)ハ「軀」ニ作ル、(川)ハ「耀」ニ作ル
2 (六)(五)(川)(內)(明)ハ「足」ノ下ニ「色」アリ
3 (五)(川)ハ「相」ナシ
4 (五)ハ「二」ノ下ニ「清」アリ
5 (六)(五)ハ「身」ノ下ニ「清」ア

提。佛可以具足身[2]相[3]見不。三十二相卽非具足色身。內具三十二[4]淨行。是名具足色身[5]。淨行者卽六波羅蜜是也。於[6]五根中。修六波羅蜜。於意根中。定慧雙修[7]。是名具足色身。徒[8]愛如來三十二相。內不行三十二[9]淨行。卽非具足色身。不愛如來色相。能自持淸淨行。亦得[10]名具足色身也[11]。

須菩提。於意云何。如來可以具足諸相見不。不也。世尊。如來不應以具足諸相見。[何][12]以故。如來說諸相具足。卽非具足。是名諸相具足。

如來者。卽無[13]相法身是也。非肉眼所見。慧[14]眼乃能[15]見之。慧眼未明具足。生[16]我人等相。以觀三十二相。爲如來者。卽不[17]名爲具足也。慧眼明徹。我人等相不生。正智光明常照[19]。是名諸相具足。三毒未泯。言見[20]如來眞身者。固無此理。縱能[21]見者。祇是化身。非眞實無相之法身也。

リ
6 [丙]ハ「種」ニ作ル
7 [丙]ハ「法」ニ作ル
8 [丙]ハ「徒愛」ヲ「從變」ニ作ル
9 [六][五]ハ「二」ノ下ニ「淸」アリ
10 [川]ハ「得名」ヲ「名得」ニ作ル
11 [五][川]ハ「也」ナシ
12 [京]ハ「何」虫損
13 [丙]ハ「相」ナシ
14 [川]ハ「惠」ニ作ル
15 [六]ハ「得」ニ作ル
16 [六][五]ハ「生」ナシ
17 [六]ハ「是」ニ作リ「是イ本無」ト頭注ス
18 [丙]ハ「不」ニ作ル
19 [六][五][川][丙][明]ハ「照」ニ作ル
20 [丙]ハ「身」ニ作ル
21 [六][五]ハ「有」ニ作ル

非說所說分第二十一

須菩提。汝勿謂如來作是念。我當有所說法。莫作是念。何以故。若人言如來有所說法。卽爲謗佛。不能解我所說故。須菩提。說法者無法可說。是名說法。

凡夫說法。心有所得故。告[1]須菩提。如來說法心無所得。凡夫作能解心說。如來語嘿[2]皆如。所發[3]言辭如響應聲。任[4]用無心不同凡夫作[5]生滅心說。若言如來說法心有生滅者。卽爲謗佛。維摩經云。眞[6]說法者無說無示。聽法者無聞無得。了萬法空寂一切名言皆是假立。於自空性中熾然

1 [五]ハ「告」ノ上ニ「佛」アリ
2 [六][五][川]ハ「默」ニ作ル
3 [丙]ハ「法」ニ作ル
4 [六][五]ハ「運」ニ作ル
5 [六][五]ハ「作」ナシ
6 [六][五]ハ「夫」ニ作ル
7 [京]ハ「無」虫損
8 [川]ハ「是名說法」ノ四字ナシ
9 [六]ハ「爾時…今亦存之」ノ一〇六字ナシ
10 [川]ハ「告」ニ作ル、[明]ハ「一

建立一切言辭。演說諸法[7][無]相無爲。開導迷人。令見本性修證無上菩提。[8]是名說法。
[9]爾時。慧命須菩提白佛[10]言。世尊頗有衆生。於未來世。聞說是法。生信心不。佛言。須菩提。彼非衆生。非不衆生。何以故。須菩提。衆生衆生者。如來說非衆生。是名衆生。
[11]靈幽法師[12][加]此[13]慧命須菩提六十二字。是長慶[14]二年。今見在濠州鐘[15][離]寺石碑上記。六祖解在前故無解。今亦存之。

本言作告」ト頭注ス
11 [五]ハ「靈幽法師…今亦存之」ノ四字ヲ「幽冥禪師續加」ニ作ルノミ
12 [京]ハ「加」虫損
13 [川]ハ「惠」ニ作ル
14 [六]ハ「二年今見…存之」ノ二六字ヲコノ段ノハジメニ頭注ス
15 [京]ハ「離」虫損

無法可得分第二十二

須菩提白佛言。世尊。佛得阿耨多羅三藐三菩提。爲無所得耶。[1]佛言。如是如是。須菩提。我於阿耨多羅三藐三菩提。乃至無有少法可得。是名阿耨多羅三藐三[2]菩提。

須菩提言。所得心盡卽是菩提。佛言如是如是。我於菩提。實無希求心亦無所得心。以如是故。得[3]名阿[4]耨多羅三藐三[5]菩提。

1 [五]ハ「佛言」ノ二字ナシ
2 [六]ハ「得」ニ作ル
3 [五]ハ「名」ノ下ニ「爲」アリ
4 [六]ハ「多羅三藐三」ノ五字ナシ
5 [五]ハ「提」ノ下ニ「也」アリ

淨心行善分第二十三

復次須菩提。是法平等無有高下。是名阿耨多羅三藐三菩提。以無我無人無衆生無壽者。修一切善法[1]則得阿耨多羅三藐三菩提。
[2]此菩提法者。上至諸佛下至昆蟲。盡含種智與佛無異故。言平等無有高下。以菩提無二故。但離四相修一切善法。[3]則得菩提。若不離四相[4]修一切善法。轉增我人。欲證解脫之心。無由可[5]得。

1 [五]ハ「卽」ニ作ル
2 [五]ハ「此」ナシ
3 [五]ハ「卽」ニ作ル
4 [六]ハ「修」ノ上ニ「而」アリ
5 [川]ハ「了」ニ作ル、[明]ハ「一本得作了」ト頭注ス

若離四相而修一[6]切善法解脱可期。修一切善法者。於一切法無有[7]染著。對一切境不動不搖。[8]於出世法不貪[9]不著不愛。於一切處常行方便。隨順衆生使之歡喜信服。爲說正法令悟菩提。如是始名修行故。言修一切善法。

須菩提。所言善法者。如來[10][11]說非善法。是名善法。

修一切善法希望果報。卽非善法。六度萬行熾然倶作。心不望報。是名善法。

6 (京)ハ「切」虫損
7 (川)ハ「深」ニ作ル
8 (六)(五)ハ「於」ノ下ニ「世」アリ
9 (六)(五)ハ「不著」ノ二字ナシ
10 (明)ハ「一本如來下有卽字」ト頭注ス
11 (五)(川)ハ「說」ノ下ニ「卽」アリ

福智無比分第二十四

須菩提。若三千大千世界中所有諸須彌山王。如是等七寶聚。有人持用布施。若人以此般若波羅蜜經乃至四句偈等。受持讀誦。爲[1]他人說。於前福德。百分不及一。[2]百千萬億分乃至算數譬喩所不能及。

大鐵圍山。高廣二百二十四萬里。小鐵圍山。高廣一百[3]一十[4]二萬里。須彌山。高廣三百三十六萬里。以此名爲三千大千世界。[5]就理而言。卽貪瞋癡妄念。各具一千也。如爾許山盡如須彌。以況七寶數。持用布施。所得福德無量無邊。終是有漏之因。而無解脱之理。摩訶般若波羅蜜多四句經文雖少。依之修行。卽得成佛。是知。持經之福能令衆生。證得菩提。故不可比[6]。

1 (六)(川)ハ「佗」ニ作ル
2 (川)ハ「二」ニ作ル
3 (明)ハ「一本百作一」ト頭注ス
4 (六)ハ「二イ本ニハナシ」ト頭注ス
5 (五)ハ「約」ニ作ル
6 (五)ハ「比」ノ下ニ「也」アリ

化無所化分第二十五

須菩提。於意云何。汝等勿謂。如來作是念。我當度衆生。須菩提。莫作是念。何以故。實無有衆生。如來度者。若有衆生。如來度者。如來則[1]有我人衆生壽者。

須菩提意謂。如來有度衆生心。[2]佛爲遣須菩提如是疑心。故言莫作是念。一切衆生本自是佛。若言如來度得衆生成佛。卽爲妄語。以妄語故。卽是我人衆生壽者。此爲遣我所心也。夫一切衆生雖有佛性。若不因諸佛說法。無由自悟。憑何修行。得成佛道。

須菩提。如來說有我者。則[3]非有我。而凡夫之人以爲有我。須菩提。凡夫者。如來說卽非凡夫。[4]是名凡夫。

如來說有我者。是自性清淨常樂我淨之我。不同凡夫貪瞋無明虛妄不實之我。故言凡夫之人以爲有我。有我人者。[5]卽是凡夫。我人不生。卽非凡夫。心有生滅。卽是凡夫。心無生滅。卽非凡夫。不悟般若波羅蜜多。卽是凡夫。若[6][7]悟般若波羅蜜多。卽非凡夫。心有能所。卽是凡夫。[8][9]心無能所[10]。卽非凡夫[11]。

1 [五]ハ「卽」ニ作ル
2 [六]ハ「佛」ナシ
3 [五]ハ「卽」ニ作ル
4 [六][五]ハ「是名凡夫」ノ四字ナシ
5 [六][五]ハ「者」ナシ
6 [五]ハ「若」ナシ
7 [六][五]ハ「悟」ノ下ニ「得」アリ
8 [五]ハ「心」ナシ
9 [六][五]ハ「無」ナシ
10 [六][五]ハ「所」ノ下ニ「不生」ノ二字アリ
11 [五]ハ「夫」ノ下ニ「也」アリ

法身非相分第二十六

須菩提。於意云何。可以三十二相觀如來不。須菩提言。如是如是。以三十二相觀如來。佛言。須菩提。若以三十二相觀如來者。轉輪聖王則[1]是如來。須菩提白佛言。世尊。如我解佛所說義。不應以三十二相觀如來。

1 [六][五]ハ「卽」ニ作ル
2 [丙]ハ「悲」ニ作ル
3 [五]ハ「之言」ナシ
4 [六]ハ「彼」ナシ、「彼ィ」ト頭注ス
5 [六]ハ「心」ナシ、「心ィ」ト頭注ス

世尊大慈。[2]恐須菩提執相之病未除。故作此問。須菩提未知佛意。乃言如是。如是之[3]言。早是迷心。更言以三十二相觀如來。又是一重迷心。離眞轉遠。故如來爲說。除彼[4]迷[5]心。若以三十二相觀如來者。轉[6]輪聖王。卽是如來。轉[7]輪[8]聖王雖有三十二相。豈得同如來[9]。世尊引此言者。以遣須菩提執相之病。令其所悟深徹。須菩提被問[10]。迷心頓釋。故云[11]如我解佛所說義。不應以三十二相觀如來。須菩提是大阿羅漢。所悟甚深。得[12]方便。不生[13]迷路。以冀[14]世尊。除遣細惑。令後世衆生。所見不謬也。

爾時世尊而說偈言[15]。

若以色見我　以音聲求我　是人行邪道　不能見如來

若以兩字。是發語之端。色者相也。見者識也。我者是一切衆生身中。自性清淨。無爲無相。眞常之體。不可高聲念佛。而得成就。念[16]須正念[17]分明。方得悟[18]解。若以色聲[19]求之。不可見也。是知[20]於[21]相中觀佛。聲中求法。心有生滅。不悟如來矣。

無斷無滅分第二十七

須菩提。汝若作是念。如來[1]以具足相故。得阿耨多羅三藐三菩提。須菩提[2]。莫作是念。如來不以具足相故。得阿耨多羅三藐三菩提。須菩提[3]。汝若作是念。發阿耨多羅三藐三菩提心[4]者。說諸法斷滅[5]。莫作是念。何以故。發阿耨多羅三藐三菩提心[6]者。於法不說斷滅根[7]。

須菩提聞說眞身離相。便謂。不修三十二[8]淨行[9]。而[10]得菩提。佛語須菩提。莫言。如來不修三十

6 (六)ハ「轉」ニ作ル
7 (六)(五)ハ「轉」ナシ
8 (六)(五)ハ「聖」ナシ
9 (六)(五)ハ「來」ノ下ニ「也」アリ
10 (六)ハ「質」ニ作ル
11 (六)(五)ハ「言」ニ作ル
12 (六)(五)ハ「得」ナシ
13 (六)(五)ハ「不生」ヲ「示其」ニ作ル
14 (六)(明)ハ「冀」ニ作ル
15 (内)(明)ハ「曰」ニ作ル
16 (五)ハ「會」ニ作ル
17 (五)ハ「見」ニ作ル
18 (五)ハ「悟解」ヲ「解悟」ニ作ル
19 (六)(五)ハ「聲」ノ下ニ「二相」ノ二字アリ
20 (六)(五)ハ「以」ニ作リ、(六)ハ「於ィ」ト頭注ス
21 (六)(五)ハ「中」ナシ、(六)ハ「中ィ」ト頭注ス

1 (六)(五)(川)(明)ハ「來」ノ下ニ「不」アリ
2・3 (六)ハ「須菩提」ノ三字ナシ
4 (六)ハ「心」ナシ
5 (川)(明)ハ「滅」ノ下ニ「相」アリ
6 (六)ハ「心」ナシ
7 (六)(五)(川)(内)(明)ハ「相」ニ作ル
8 (六)(五)ハ「二」ノ下ニ「清」アリ

リ
9 [六][五]ハ「而」ナシ
10 [六][五]ハ「得」ノ下ニ「佛」アリ
シ
11 [六][五]ハ「二」ノ下ニ「清」アリ
12 [五]ハ「二」ノ下ニ「清」アリ
13 [六][五]ハ「斷」ノ下ニ「滅」アリ
14 [六][五]ハ「性」ナシ

二[11]淨行。而得菩提。汝若言。不修三十二[12]淨行。得阿耨菩提者。卽是斷[13]佛種性[14]。無有是處。

不受不貪分第二十八

須菩提。若菩薩以滿恆河沙等世界七寶[1]持用布施。若復有人知一切法無我。得成於忍。此菩薩勝前菩薩所得功德。何以故[2]。須[3]菩提。以諸菩薩不受福德故。須菩提白佛言。世尊。云何菩薩不受福德。須菩提。菩薩所作福德。不應貪著。是故說不受福德。

過[4]達一切法。無能所心[5]。是名爲忍。此人所得福德。勝前七寶[6]之福[7]。菩薩所作福德。不爲自己。意在利益一切衆生。故言不受福德[8]。

1 [五]ハ「持用」ノ二字ナシ
2 [六][五][川]ハ「何以故」ノ三字ナシ、[川]ハ「何以故異本」ト頭注ス
3 [六][五]ハ「須菩提」ヨリ別節トシ、解義文モコレニ従ウ
4 [六][五][川][内][明]ハ「通」ニ作ル
5 [五]ハ「心」ノ下ニ「者」アリ
6 [川]ハ「之」ナシ
7 [六][五]ハ解義文ノ「通達…之福」ヲ經文ニ從ッテ前ヘ移ス、[五]ハ「福」ノ下ニ「也」アリ
8 [五]ハ「德」ノ下ニ「也」アリ

威儀寂靜分第二十九

須菩提。若有人言。如來若來若去若坐若臥。是人不解我所說義。何以故。如來者。無所從來。亦無所去。故名如來。

如來者[1]。非來非不來。非去非不去。非坐非不坐。非臥非不臥。行住坐臥四威儀中。常在空寂。卽是如來也[2]。

1 [川]ハ「者」ナシ
2 [六]ハ「也」ナシ

一合相理分第三十[1]

須菩提。若善男子善女人。以三千大千世界。碎爲微塵。[2]於意云何。是微塵衆寧爲多不。甚[3]多。世尊。何以故。若[4]是微塵衆實有者。佛則[5]不說是微塵衆。所以者何。佛說微塵衆。則[6]非微塵衆。是名微塵衆。

佛說三千大千世界。以喩一[7]一衆生性上[8]微塵之數。如三千大千世界[9]中所有微塵。一切衆生性上妄念微塵。卽非微塵。聞約[10]悟道。覺慧常照。趣向菩提。念念不住。常在淸淨。如是淸淨微塵。是名微塵衆[11]。

世尊。如來所說三千大千世界。則[12]非世界。是名世界。

三千者約理而言。卽[13]貪瞋癡妄念。各[14]具一千數也。心爲善惡之本[15]。能作凡作聖。其[16]動靜不可測度。廣大無邊。故名大千世[17]界。

[18]何以故。若世界實有者。則[19]是一合相。如來說一合相。則[20]非一合相。是名一合相。

心中明了。莫過悲智二法[21]。由此二法。而得菩提。說一合相者。心[22]存所得。故卽[23]非一合相。心無所得。是名一合相。一合相者。不壞[24]假名。而談[25]實相。

[26]須菩提。一合相者。卽是不可說。但凡夫之人。貪著其事。

由悲智二法。成就佛果菩提。說不可盡。妙不可言。凡夫之人。貪著文字事業。不行悲智二法。

[27]若不行悲智二法。而求無上菩提。何由可得。

1 (六)(五)ハ「理相」ニ作ル
2 (六)ハ「於意云何是微塵衆」ノ八字ナシ
3 (川)ハ「甚多」ノ二字ナシ
4 (六)ハ「若」ナシ
5 (五)(明)ハ「卽」ニ作ル
6 (五)(川)ハ「卽」ニ作ル
7 (川)(明)ハ「切」ニ作ル
8 (五)ハ「上」ノ下ニ「妄念」アリ
9 (六)ハ「中」ナシ
10 (六)(五)(川)(丙)(明)ハ「經」ニ作ル
11 (五)ハ「衆」ノ下ニ「也」アリ
12 (五)ハ「卽」ニ作ル
13 (川)ハ「則」ニ作ル
14 (丙)ハ「名」ニ作ル
15 (丙)(明)ハ「樞」ニ作リ、(明)ハ「樞一本作本」ト頭注ス
16 (六)(五)ハ「其」ナシ
17 (六)ハ「世」ナシ
18 (六)(五)ハ「何以故…一合相」ノ經典本文ヲ前段ノ經典後尾ニ續ケ、解義文モコレニ從ウ
19 (五)ハ「卽」ニ作ル
20 (六)(五)ハ「卽」ニ作ル
21 (川)ハ「生」ニ作ル
22 (六)(五)(川)(丙)ハ「有」ニ作ル、(明)ハ「存一本作有」ト頭注ス
23 (六)ハ「則」ニ作ル
24 (丙)(明)ハ「得」ニ作リ、(明)ハ「得一本作壞」ト頭注ス
25 (六)ハ「譚」ニ作ル
26 (五)ハ「須菩提…其事」ノ經典本文ヲ前節ノ經典後尾ニ續ケ、解義文モコレニ從ウ
27 (五)(丙)ハ「若不行悲智二法」ノ七字ナシ

知見不生分第三十一

須菩提。若人言。佛說我見人見衆生見壽者見。須菩提。於意云何。是人解我所說義不。不也[1]。世尊。是人不解如來所說義。何以故。世尊說。我見人見衆生見壽者見。卽非我見人見衆生見壽者見。是名我見人見衆生見壽者見。

如來說此經者[2]。令一切衆生。自悟般若智慧[3]。自修行菩提之[4]果。凡夫之[5]人。不解佛意。便謂[6]如來說我人等見。不知如來說。甚深無相無爲般若波羅蜜法。如來所說我人等見。不同凡夫我人等見。如來說一切衆生。皆有佛性。是眞我見。說一切衆生。有[7]無漏智性。本自具足。是人見。說一切衆生[8]。本[9]無煩惱。是衆生見。說一切衆生性。本[10]不生不滅[11]。是壽者見[12]。

須菩提。發阿耨多羅三藐三菩提心者。於一切法。應如是知。如是見。如是信解。不生法相。須菩提。所言法相者。如來說卽非法相。是名法相。

發菩提心者。應見一切衆生。皆有佛性。應見一切衆生。無漏種智。本自具足。應信一切衆生。自性本無生滅。雖行一切智慧。方便接物利生。不作能所之[13]心。口說無相法。而[14]心有能所。卽非法相。口說無相法。心行無相行。而[15][16]能所心滅。是名法相也[17]。

1 六五川ハ「不也」ノ二字ナシ
2 六五ハ「者」ナシ
3 六五ハ「慧」ナシ、六ハ「慧イ」ト頭注ス
4 六五川ハ「之」ナシ
5 川ハ「之」ナシ
6 五ハ「爲」ニ作ル
7 六五ハ「有」ナシ
8 川ハ「生」ノ下ニ「性」アリ
9 明川ハ「本」ノ下ニ「自」アリ
10 五ハ「本」ノ下ニ「自」アリ
11 六ハ「死」ニ作ル
12 五ハ「見」ノ下ニ「也」アリ
13 六ハ「之」ナシ
14 六ハ「而」ナシ
15 六ハ「而能所」ヲ「所得」ニ作ル
16 五ハ「能所心滅」ヲ「心無能所」ニ作ル
17 六ハ「也」ナシ

應化非眞分第三十二

須菩提。若有人以[1]滿無量阿僧祇世界七寶[2]。持用布施。若有善男子善女人。發菩薩心者。持於此經乃至四句偈寺[3]。受持讀誦。爲人演說。其福勝彼。云何爲人演說。不取於相。如如不動。

1 五ハ「以」ナシ
2 川ハ「寳」ニ作ル
3 六五川內明ハ「等」ニ作ル

七寶[4]之福雖多。不如有人發菩提心[5]。受持此經四句[6]。爲人演說。其福勝彼。百千萬億[7]。不可譬喩。說法善巧方便。觀根應量。種種隨宜。是名爲人演說。所聽法人。有種種相貌不等。不得作分別之心[8]。但了空寂如如[9]之心。無所得心。無勝負心。無希望心。無生滅心。是名如如[不][10]動也[11]。

何以故。一切有爲法。如夢幻泡影。如露亦如電。應作如是觀。

夢者是妄身[12]。幻者[13]是妄念。泡者是煩惱。影者是[14]業障。夢幻泡影業。是名有爲法。眞實離名相。悟者無諸業。

佛說是經已。長老須菩提。及諸比丘比丘尼。優婆塞優婆夷。一切世間天人阿修羅。聞佛所說。皆大歡喜。信受奉行。

佛[15]說金剛般若波羅蜜經[16]。

4　(川)ハ「之」ナシ
5　(五)ハ「薩」ニ作ル
6　(五)ハ「句」ノ下ニ「偈等」ノ二字アリ
7　(五)ハ「倍」ニ作ル
8　(六)(五)ハ「之」ナシ
9　(五)ハ「如如」ヲ「一如」ニ作ル
10　(京)ハ「不」虫損
11　(六)(五)ハ「也」ナシ
12　(六)ハ「心」ニ作ル
13 14　(川)ハ「是」ナシ
15　(六)(五)(川)(丙)(明)ハ「佛說」ナシ
16　(五)ハ「經」ノ下ニ「下」アリ、(明)ハ「卷下」アリ

補闕眞言[1]

南謨[2]喝囉怛那哆囉夜邪[3]一[4]　佉囉[5]佉囉[6]二[7]　俱[8]住俱住三　摩囉摩囉四[9]　虎囉五[10]　吽六[11]　賀賀七[12]　蘇怛拏八[13]
吽九[14]　潑抹拏十[15]　娑[16]婆訶十一[17]

1　(六)(五)(明)ハ「補闕眞言」ノ段ナシ、(丙)ハ補闕眞言ノアトニ「金剛般若波羅蜜經卷下終」トアル
2　(川)(丙)ハ「無」ニ作ル
3　(川)(丙)ハ「耶」ニ作ル
4　(川)ハ「一」ナシ
5 6　(川)ハ「羅」ニ作ル
7　(川)ハ「二」ナシ
8　(川)ハ「俱住俱住三」ノ五字ナシ
9　(川)ハ「四」ナシ
10　(川)ハ「五」ナシ
11　(川)ハ「六」ナシ
12　(川)ハ「七」ナシ
13　(川)ハ「八」ナシ
14　(川)ハ「九」ナシ
15　(川)ハ「十」ナシ
16　(川)ハ「婆」ニ作ル
17　(川)ハ「十一」ナシ

六祖口訣後序※

法性圓寂。本無生滅。因有生念。遂有生緣。故天得命之以生。是故謂之命。天命既立。眞空入[1]有。前日生念。轉而爲意識。意識之用。散而爲六根。六根各有分別。中有所惣持[2]者。是故謂之心。心者念慮之所在也。神識之所舍也。眞妄之所共處者也。當凡夫聖賢。[3]幾會之地也。一切衆生。自無始來。不能離生滅者。皆爲此心所累故。諸佛惟教人了此心。此心了卽見自性。見自性則是菩提也。此在性時。皆自空寂而湛然。若無緣有生念。而後有者也。有生則有形。形者地水火風之聚沫也。以血氣爲體。有生者之所託也。血氣足則精足。精足則生神。神足[4]生妙用。然則妙用者。[5]卽在吾圓寂時之眞我也。因形之遇物故。見之於作爲而已。但凡夫迷而逐物。聖賢明而應物。逐物者自彼。應物者自我。自彼者著於所見。故[6]受輪廻。自我者當體常空。萬劫如一。合而觀之。皆心之妙用也。是故當其未生之時。所謂性者。圓滿具足。空然無物。湛乎自然。其廣大。與虛空等。往來變化。一切自由。天雖欲命我以生。其可得乎。天猶不能命我以生。況於四大乎。況於五行乎。既有生念。又有生緣。故天得以生命我。四大得以氣形我。五行得以[7]數約我。此有生者之所以有滅也。然[8]則生滅則一在凡夫。聖賢之所以生滅則殊。凡夫之人生緣念有。識隨業變。習氣薰染。因生愈甚。故既生之後。心著諸妄。妄認四大。以爲我身。妄認六親。以爲我有。妄認[9]聲色。以爲快樂。妄認塵勞。以爲富貴。心[10]自知見。無所不妄。諸妄既起。煩惱萬差。妄念奪眞。眞性遂隱。人我爲主。眞識爲客。三業前引。百業後隨。流浪生死。無有涯際。生盡則滅。滅盡復生。生滅相尋。至墮諸趣。[11]在於諸趣。轉轉不知。愈恣無明。造諸業罟。遂至塵沙

※ [六][丙][明]ハコノ後序ナシ
1 [五]ハ「不」ニ作ル
2 [五][川]ハ「撼」ニ作ル
3 [五]ハ「機」ニ作ル
4 [川]ハ「足」ノ下ニ「則」アリ
5 [川]ハ「卽」ノ下ニ「是」アリ
6 [川]ハ「覓」ニ作ル
7 [川]ハ「教」ニ作ル
8 [五]ハ「乎」ニ作ル
9 [川]ハ「聲色」ヲ「色聲」ニ作ル
10 [五]ハ「目」ニ作ル
11 [五]ハ「在於諸趣」ナシ

12 [川]ハ「能」ナシ
13 ㊄ハ「托」ニ作ル
14 ㊄ハ「聖賢」ヲ「賢聖」ニ作ル
15 ㊄ハ「憫」ニ作ル
16 [川]ハ「門門」ヲ「法門」ニ作ル

劫盡。不復人身。聖賢則不然。聖賢生不因念。應迹而生。欲生則生。不待彼命。故既生之後。圓寂之性。依舊湛然。無體相無罣礙。其照萬法。如青天白日。無毫髮隱滯。故能[12]建立一切善法。偏於沙界。不見其少。攝受一切衆生。歸於寂滅。不以爲多。驅之不能來。逐之不能去。雖託[13]四大爲形。五行爲養。皆我所假。未嘗妄認我緣。苟盡我迹。當滅委而去之。如來去耳。於我何與哉。是故凡夫有生則有滅。滅者不能不生。[14]聖賢有生亦有滅。滅者歸於眞空。是故凡夫生滅。如身中影。出入相隨。無有盡時。聖賢生滅。如空中雷。自發自止。不累於物。世人不知。生滅之如此。而以生滅。爲煩惱大患。蓋不自覺也。覺則見生滅。如身上塵。當一振奮耳。何能累我性哉。昔我如來。以大慈悲心。[15]閔一切衆生。迷錯顚倒。流浪生死之如此。又見一切衆生。本有快樂自在性。皆可修證成佛。欲一切衆生。盡爲聖賢生滅。不爲凡夫生滅。猶慮一切衆生。無始以來。流浪日久。其種性已差。未能以一法速悟。故爲說八萬四千法門。[16]門門可入。皆可到眞如之地。每說一法門。莫非丁寧實語。欲使一切衆生。各隨所見法門。入自心地。到自心地。見自佛性。證自身佛。卽同如來。是故如來。於諸經說有者。欲使一切衆生。覩相生善。說無者。欲使一切衆生。離相見性。所說色空。亦復如是。然而衆生執著。見有非眞有。見無非眞無。其見色見空。皆如是執著。復起斷常二見。轉爲生死根蔕。不示以無二法門。又將迷錯顚倒。流浪生死。甚於前日。故如來又爲說大般若法。破斷常二見。使一切衆生。知眞有眞無。眞色眞空。本來無二。亦不遠人。湛然寂靜。只在自己性中。但以自己性智慧。照破諸妄。則曉然自見。是故大般若經六百卷。皆如來爲菩薩果人說佛性。然而其閒猶有。爲頓漸者說。惟金剛經爲發大乘者說。

17 [川]八「眞」ニ作ル
18 [川]八「佛」ナシ
19 [五][川]八「如所謂…類是也」ノ一三字ヲ本文トスル
20 [五]八「是故」以下ノ文スベテ闕ク
21 [川]八「大」ニ作ル
22 [川]八「那」ニ作ル
23 [川]八「挍」ニ作ル
24 [川]八「求」ニ作ル
25 [川]八「耶」ニ作ル

爲發最上乘者說。是故其經先說。四生四相。次云凡所有相。皆是虛妄。若見諸相非相。卽見如來。蓋顯一切法至無所住。是爲眞諦。故如來於此經凡說。涉有卽破之以非。[17]直取實相。以示衆生。蓋恐衆生不解[18]佛所說。其心反有所住故也。[19]如所謂佛法卽非佛法之類是也[20]是故六祖大師。於五祖傳衣付法之際。聞說此經云。應無所住而生其心。言下便[21]悟。是爲第六祖。如來云。一切諸佛。及諸佛阿耨多羅三藐三菩提法。皆從此經出。其信乎哉。適少觀擅經。聞六祖由此經見性。疑必有所演說。未之見也。及知曹州濟陰。於[22]邢君固處。得六祖口訣一本。觀其言簡辭直。明白倒斷。使人易曉而不惑。喜不自勝。又念。京東河北陝西人。資性質朴信厚。遇事決裂。若使學佛性。必能勇猛精進。超越過人。然其爲講師者。多傳百法論上生經而已。其學者。不知萬法隨緣生。緣盡法亦應滅。反以法爲法。固守執著。遂爲法所縛。死不知解。猶如陷沙之人。力與沙爭。愈用力而愈陷。不知勿與沙爭。卽能出陷。良可惜也。適遂欲以六祖金剛經口訣。鏤板流傳。以開發此數方學者佛性。然以文多脫誤。因廣求別本勘[23]校。十年閒凡得八本。惟杭越建陝四本。文多同。因得刊正冤句。董君遵力勸成之。且卒諸朝士。以資募工。士大夫聞者。皆樂見助。四明樓君。常願終[24]成其事。嗚呼。如來云無法可說。是名說法。夫可見於言語文字者。豈佛法之眞諦也。然非言語文字。則眞諦不可得而傳也。學者因六祖口訣。以求金剛經。因金剛經。以求自佛性。見自佛性。然後知佛法。不止於口訣而已。如此則六祖之於佛法。其功可思議乎哉。或者以六祖不識字。疑口訣非六祖所作。譬夫大藏經。豈是世尊自作[25]邪。亦聽法者之所傳也。或六祖言之。而弟子傳之。吾不可得而知也。苟因口訣可以見經。何疑其不識字也。

元豐七年六月十日

※六地藏寺本ニハ末尾ニ左記ノ墨書アリ

永嘉眞覺大師自像法決疑經內被見先生負
人　來讀誦金剛經歸之也

子年者負	一萬二千貫	四卷讀
丑年者負	廿八萬貫	九十一卷
刀年者負	九萬貫	三十卷
卯年者負	八萬貫	三十三卷
辰年者負	八萬貫	廿卷
巳年者負	七萬貫	廿四卷
午年者負	廿六萬貫	七十九卷
未年者負	十萬貫	三十三卷
申年者負	四萬貫	十四卷
酉年者負	五萬貫	十七卷
戌年者負	貳萬貫	一卷
亥年者負	九千貫	三卷

天台羅適謹序

天文十九年庚戌壬五月廿一日訛東性房修複功畢
右解尺雖他家述釋爲愚鈍潤色安置之是偏爲
奥隆佛法報恩謝徳也　惠潤三十五歲
藤福寺居住之時
佐竹兵亂之節
以祈念寸暇批

※金剛經五家解ノ上卷（第一冊）末ニ左記ノ刊記ト助緣者ノ名（略）
アリ

時嘉靖十六年丁酉午月日全羅道錦山郡地
神陰山身安寺此經及眞覺詩眞實珠集
幷開版
主上殿下壽萬歲

マタ、下卷（第二冊）ノ末ニ助緣者ノ名アルモ略ス

※「金剛經川老注」ハ、補闕眞言ノ後ニ、朝議大夫、直祕閣主管、台州崇道觀ノ鄭震ニヨル跋文ガアリ、ソレニ續イテ、

1羅適　金剛經口決序

2金剛經ノ譯者達（鳩摩羅什・菩提流支・眞諦・達摩笈多・玄奘・義淨）ノ名

3宗泐ニヨル進表（洪武十一年正月日）

4川老注刊行ノ助縁者一欄

5臨川寺ニオケル重刊ノ日付（康暦二年庚申八月日）

6金剛般若波羅蜜經纂（撰者不詳）

7圭峰宗密ノ四句偈　三首

8永嘉玄覺撰ニ歸サレル、子歳ヨリ亥歳ノ人ノ金剛經讀誦ノ回數ヲ收錄スル（前記、六地藏寺本ノ卷末記事トハ異ナル）ガ、對照シタ「金剛經口訣序」以外ハ、スベテコレヲ省略シタ

マタ裏表紙ニ左記ノ開版者名ガアル

京都	寺町通六角下町
書林	友松堂
	小川源兵衛

※明曆本ニハ末尾ニ左記ノ識語ト刊記アリ

右此金剛經六祖惠能大師解義者以唐本一字不闕寫畢

明曆元乙未初冬吉祥日

中野氏小左衞門開板

第二節　金剛經解義について

一、はじめに

卍續藏第一輯第三八套第四冊に『金剛經解義二卷、唐慧能解義、又云金剛經注解、又云金剛經口訣』(以下、『解義』と略稱す)が收められ、その『解義』に存する羅適の『六祖口訣後序』の前半に當る一二六四字が、同第九二套第一冊に『金剛經口訣一卷、唐慧能說』(以下、『口訣』と略稱す)として收められている。このように六祖慧能の撰述とされる『金剛經』の注釋書の存在することが、早くより知られていながらも、これらの著述に對して研究されることはほとんどなかった。わずかに忽滑谷快天博士が、『禪學思想史卷上』(大正一二年　玄黃社)の中で「金剛經口訣は疑問の著なり」という一節を述べられているにすぎない。[1] しかるに近年になって關口眞大博士は、『禪宗思想史』(昭和三九年、山喜房佛書林)所收の「慧能の般若波羅蜜」、「慧能研究に關するメモ」(昭和四七年、印度學佛教學研究第二〇卷第二號)および「曹溪慧能の『金剛般若經解義』について」(『新羅佛教研究』所收、昭和四八年、山喜房佛書林)の諸論文で、『解義』や『口訣』に關する研究の成果や今後の課題を述べられ、『解義』や『口訣』の研究が急速に進展した。すなわち博士の前著はその研究成果であり、後の二論文は今後の研究の必要性を訴えられたものである。前著の要旨をまとめると、大體次の九項目に盡きると思われる。

(一) 『口訣』一卷は、『六祖口訣後序』千七百七十餘字のうち、「是故六祖大師」以下の五百餘字を削ったもので、『六祖口訣後序』全體が羅適の作である。

(二) 『從容錄』の「六祖口訣」の引用は、『解義』と一致する。

(三) 一字の文字も識らなかったとする慧能の後世の傳說から考えて、たとえ僞作であっても、早い時代の作品である。

(四) 忽滑谷博士の說は、『解義』に對する批判ではなく、別箇の『口訣』に對するものである。

(五) 忽滑谷博士の引用された『尙直編』卷下の空谷景隆の羅適僞作說の解說。

(六) 圓珍の將來錄に「能大師金剛般若經訣一卷」が知られるので、八五四年以前に存在したこと。

(七) 長慶二年(八〇二)、靈幽が一節六二字を補ったとする說を採

用していることは、『解義』に古色が存すること。

(八) 『壇經』と『解義』は、自性清淨心を説いて、頓悟見性を示し、『金剛經』による般若波羅蜜を主張し、併せて大乘の無相戒を説いている點では一致し、『壇經』の無念爲宗と『解義』の無相爲宗とは相違すること。

(九) 不立文字の趣意では、『解義』の方が『壇經』に勝り、『壇經』には『解義』に全くない重要な説、三科三十六對の法門があること。

これらの諸點について論及された關口博士は、後の二著でも、同様の點に觸れ、さらに、

(一) 近來の禪宗史・禪思想史の慧能研究において、六祖慧能撰と傳えられる『解義』に言及したものがない。

(二) 僞撰であるならば、その所以をまず明らかにしておく必要がある。

(三) 慧能の思想の神髓を『壇經』において見るか、『解義』において見るか、眞劍に研究されるべきである。

などの點を強調して、『解義』の研究を『壇經』同様になすべきを勸告されている。

それでは『解義』の研究をどのように進めていくべきか。その點についても、關口博士は有益な示唆を與えておられる。つまり「慧能研究に關するメモ」の中に、

> 『六祖壇經』については、これを用いようとする側にも、これを用うべきではないとする側にも、まことに不十分ながら、とにかくともにその一往の書史(ママ)學的考慮が先行している。當然のことである。宇井博士のごときは、敦煌出土のいわゆる『古壇經』の内容においてさえ、用うべき部分と用うべからざる部分とを峻別しようとまで努めている。これらは、現代における研究としてむしろ常識的な研究態度である。それにもかゝわらず、『金剛般若經解義』二巻に對しては、從來、禪宗諸學者が誰一人として一言の批判もなく、一言の言及さえもしていない。忌憚なくいえば、あまりにも非常識な事態である。その所以の理解に當惑せざるを得ない。(前掲論文、p.19)

と述べられる如く、敦煌本・宋版・五山版などに對する『壇經』の研究に比べて、『解義』の研究は書誌學の面では皆無である。この點に關しては、關口博士も續藏經本以外については全く觸れることがないのである。そこで本書では、こうした實狀をふまえて『解義』の最も基本的研究である底本の決定および異本の研究・對校をすることによって、今後の研究に資せんとするのが目的であり、この研究によっていささかでも關口博士の要望に應えようとするものである。

特に續藏經本のみによって進められてきた從來の研究に對して、今後は續藏經本の性格がいかなるものであるか、また『解義』といえば、同じく續藏經に所收される『金剛經川老註』(以下、『川老註』と略稱す)、および、朝鮮で重要視されてきた『金剛經五家解』の内に合冊される『解義』の性格等も併せ解明されねばならない問題であろう。

このような課題の下に、『解義』の異本を研究した結果の結論と本書が校訂に使用した六本の異本について次項以降で述べてみよう。

論を進めるに當って、從來『解義』について觸れた主な文獻を整理紹介しておこう。

(1)六祖に『金剛經』の注釋書の存することを述べたのは、大中八年（八五四）九月二日に記錄された智證大師圓珍（八一四〜八九一）の『福州温州台州求得經律論疏記外書等目錄』で、それには、

能大師金剛經訣　一卷　（T.55—1094a）

とある。

(2)政和五年（一一一五）一〇月に書かれた覺範慧洪（一〇七一〜一一二八）の『題六祖釋金剛經』には、

金剛般若は靈智妙心という者なり。諸佛と我及び衆生の類、三差別無し。然して諸佛は已に知りて信ずる者なり。我、今知りて信ずる者なり。唯だ衆生のみは、未だ知らず、未だ信ぜず、則ち當に之を教導すべし。故に世尊、後五百歳に、戒を持し、福を修する者は、能く信心を生ずるを以って實と爲す。然して心を以って心を信ずる、猶お三法と爲すは、人の睡らずして能く夢有るが如し、則ち知りぬ、是れ病故に。世尊又曰く、是を以って信解して法相を生ぜず、と。如來世尊、既に以って明告を顯說して以って經と爲す。祖師從って之を注釋す。恩德、謂つべし大なりと。而して傳布未だ廣まらず。予、竊に之を患う。故に淸信の檀越を化して、版に鏤って印施して、普く大衆に告ぐと云う。政和五年十月日

（『石門文字禪』卷二五所收）

とある。これは羅適の後序の元豐七年（一〇八四）に近い記錄で注目すべきものである。

(3)關口博士も檢討されたことであるが、『解義』が「六祖口訣」とも呼ばれ、その引用が萬松行秀（一一六六〜一二四六）の著『從容錄』にある。兩者の內容を明確にするために對比すれば、次の通りである。

從容錄卷第四	金剛經解義
六祖口訣云、	
佛言、持經之人、合得一切人恭敬供養、爲多生有重業障故、今生雖持此經、常被人輕賤、不得敬養。	佛言、持經之人、各得一切天人恭敬供養、爲前生有重業障故、今生雖得受持諸佛如來甚深經典、常被人輕賤、不得人恭敬供養
自以持經故、不起我人等相、不問冤親、常行恭敬、有犯不校、常修般若波羅蜜、歷劫重罪悉皆消滅	自以受持經典故、不起人我等相、不問冤親、常行恭敬、心無惱恨、蕩然無所計較、念念常行般若波羅蜜行、曾無退轉、以能如是修行故、得無量劫以至今生所有極惡罪障並能消滅。
又約理而言、先世卽是前念妄心、今世卽是後念覺心、以後念覺心、輕賤前念妄心、妄不能住、	又約理而言、先世卽是前念妄心、今世卽是後念覺心、以後念覺心、輕賤前念妄心、妄不得住、

故云先世罪業卽爲消滅、妄念
既滅罪業不成、卽得菩提。
此理事二解、皆約觀行也。
(T.48―263c)

故云先世罪業卽爲消滅、妄念
既滅罪業不成、卽得菩提也。
(本書四四七～四四八頁)

⑷『文獻通考』卷二二六に

六祖金剛經　一卷

晁氏曰く、唐僧惠能の注。金剛經は凡そ六譯あり。其の文は大概既に同じ、時に小異のみ。而して世に多く姚秦の鳩摩羅什本行わる。

とあり、また、

禪宗金剛經解　一卷

晁氏曰く、皇朝安保衡、採摭するに、禪宗は達磨より而下、是の經により發明するは、之を參釋し、序してその有を稱す。言修證に涉るは、北宗の法門なり。擧心は卽ち佛とは、江西の法門なり。無法無物、本來是の如しとは、曹溪の法門なり。六祖の序、……(以下略)

とあって、六祖の序が一部引用されている。宋代の典籍の一つに六祖の『解義』が傳えられていたとみてよいであろう。ただ、同書に、

六祖解心經　一卷

晁氏曰く、唐僧慧能の解。慧能とは、其の徒之を尊んで以って六祖と爲す。

ともあって、從來存在の全く知られなかった文獻もあり、內容的に『六祖解心經』が正確かどうか不明である。

⑸空谷景隆(一三九二～一四四三～)の著『尙直編』卷下の羅適僞撰說をみよう。

世に一卷の註解金剛經有り、題して曹溪六祖大師解義口訣と名づく。其の註語幷びに前後の序、總て一己の意に出でて更に二人の語に非ず。此は是れ宋の神宗元豐の間、天台羅適の註する所にして、聖師の名を假るなり。深理なく、淺義あり。蓋し淺俚に因るの故に、世人多く之を愛するは謬なり。(一二丁右～左)

以上が從來の研究等で指摘されたものを含む『解義』に關する主な文獻である。宋元代の目錄に名のみ知られた例は椎名宏雄氏の論文「宋元代の書目における禪籍資料㈠㈡」(曹洞宗研究員研究生研究紀要第七號～第八號　昭和五〇年三月～昭和五一年三月)に指摘されていて、宋元代に存したことを確かめることができる。

二、川老註・金剛經五家解所收の『解義』

『解義』の異本を檢討する場合、『川老註』所收の『解義』についても觸れねばならないのは當然であるが、この書については、從來多くの誤解があり、複雑な問題があるので、まずその點より解決していこうと思う。『川老註』について一般に理解されていることがらについては、『佛書解說大辭典』第三卷の大石秀典氏の解說を見てみよう。

本書は唐の六祖慧能の著なる金剛經解義二卷をとりて、道川が之に更

に、天親偈論の意によりて頌と著語を附し、所所に新註を加へたものであるから、本書の本體は金剛經解義であって、道川頌並著語とする所以である。頌、著語等が加へられたので、その形式に於て、氣分に於て禪宗語錄に通ずるものがある。（中略）嘉靖一六刊（駒大）、康曆二刊（龍大）（京専）（京大）、寛永九刊（谷大）（以下略）　（p.458）

宗泐の新註について觸れないなど、多くの誤りを指摘できるが、この解說によるかぎり、一二世紀の六、七〇年代に示寂した道川が頌と著語を『解義』に加えたとするのである。道川が附した『解義』は古い傳承を持っており、『解義』の異本を問題にする時、重要な一本となると考えられる。また日本の『川老註』の開版が、康曆二年（一三八〇）と考えられ、この面からも古い傳承であることが強調されているが、果してそうであろうか。少なくとも『川老註』は、六祖と川老と宗泐の三つの『金剛經』の註が、中國で合本にされ、康曆二年の開版が存することに關しては、近年の研究家は誰一人として疑う者はなかったが、結論的にいえば、康曆二年版の『川老註』は存在しないし、江戶時代になって日本人によって合冊されたものと考えられる。そのことを論證するために、次に寛永九年（一六三二）版（駒澤大學圖書館並びに酒井得元博士所藏）の内容と龍谷大學本・京都大學本また駒澤大學にも存する「傳康曆二年本」および續藏經本との關係、さらに三註の各本の構成を一覧表にしよう。

表Ⅰ　川老註の構成

六祖・川老・宗泐合冊の川老註						三註の構成		
番號	寛永九年版の内容	丁數	傳康曆二年本	丁數	續藏經	解義	川老頌著	宗泐註
1	川老金剛經序、淳熙六年（一一七九）、（無盡）	一右左	○	一右左	○		○	
2	「稽首摩訶大法王」の頌	二～四左	×	缺	×		○	
3	川老夾頌金剛經序（鄭復）	四左～五左	×	缺	×		?	
4	「經中則字並作卽字」等の校訂凡例	六～七左	×	缺	×			
5	金剛般若波羅蜜經 曹溪六祖大師慧能解義亦曰口訣并序	八～一二右	○	八～一二右	×	○		
6	金剛經啓請	一二右～左	○	一二右～左	○	○		
7	淨口業眞言	一二左	○	一二左	○	○		
8	安土地眞言～發願文	一二左～一四左	×		×	○		
9	開經偈	一四左	○	一二左	○		○	

10	金剛經註上	一五～四五右	○	一五～四五右	○	○	○	○
11	「寛永九年壬申三月中野市右衛門刊行」刊記	四五左	×	白紙	尾題			
12	金剛經註中	一～四一右	○	一～四一右	○	○	○	○
13	金剛經註下	一～二六左	○	一～二六左	○	○	○	○
14	補缺眞言	二六左	○	二六左	○	○		
15	(川老註)鄭震の跋、紹興三一年(一一六一)	二六左～二七左	×	缺	×		○	
16	六祖口訣後序(羅適)元豐七年(一〇八四)	二八～三五左	○	二八～三五左	×	○		
17	第一羅什～第六義淨	三五左～三六右	×		×			
18	宗泐表進　洪武十一年(一三七八)正月	三五右～三七左	×		×			○
19	宗泐等十六人の僧名	三七左～三八左	×		×			○
20	「康曆二年庚申八月日重刊臨川寺」刊記	三八左	○	三五左	×			○
21	金剛般若波羅蜜經纂	三九～四〇右	×		×			
22	四句偈	四〇左	×		×			
23	十二時の人債	四一右左	×		×			

○は存す。×は存しない。

この表について説明を加えると、まず續藏經本は三巻の首題・尾題は加えられてはいるが、流布本の傳康曆二年本と同じであって、5と16のないのは、續藏經の『解義』に存するので省略したものと思われる。傳康曆二年本は丁數のところを寛永九年本と比べてもわかる通り、寛永九年本と同一内容であったものが、序等が八丁、跋が一丁、附錄が六丁削除されたものである。

確かに下巻の三五丁左に羅適の口訣後序が終って、つづいて、

康曆二年庚申八月日
重刊于臨川寺
補刻于西京天龍寺僧堂

の刊記は存するが、この刊記がそのまま康曆二年の刊行を意味するものではない。このように考えられるようになった原因は、『川老註』が三つの註釋書の合冊本であるところから、合冊される以前に存していた宗泐註の刊記をそのまま轉用刻記したところに存する。その點寛永九年版は宗泐註の刊記を殘してはいても、その後に三丁あり、巻上の最後に刊記があって誤ることがない。下段に示したよ

うに、三つの註の構成をみれば、どのようにして合冊の『川老註』が成立したかが理解できるであろう。構成で考えた諸本の系統は『解義』の場合は後に詳細に論ずるが、京都大學人文科學研究所松本文庫所藏本の五山版（以下、松本本と略稱す。本書の底本としたもの）であり、『川老頌著』（合冊本と區別してこのように稱す）は、川老の頌と著語のみ存する東洋文庫所藏の洪武二〇年（一三八七）の跋を持つ高麗版であり、宗泐註は宮内廳書陵部所藏の『金剛般若波羅蜜經註解』である。この宗泐註こそ、

　康曆二年庚申八月日重刊于臨川寺

の刊記を有し、康曆二年版そのものが、宮内廳書陵部に藏されているものである。この宗泐註は、康曆二年本に基づき、應永二七年（一四二〇）に南禪寺雲臥庵で重刊した五山版が多く現存しているのである。(2)

　このうち東洋文庫所藏の『川老頌著』は、『川老註』が合冊に使用した著と系統を異にし、3の鄭復の序をもつ『金剛經川老頌抄』（駒澤大學圖書館所藏）もあるが、今のところ『川老註』に一致する單行本の『川老頌著』本の系統は現存しない。日本には金澤文庫に釼阿（一二六一～一三三八）の書寫による『冶父川老金剛般若頌』一冊（『金澤文庫資料全書 佛典 第一巻 禪籍篇』所收）が存し、『川老頌著』をはじめ宋代禪籍の頌が抜萃されていて『川老頌著』の早い日本將來を知ることができる。(3)

　以上によって理解されるように、『川老註』の傳康曆二年版といわれるものは、多くは京都大學本のように明治以降に貝葉書店で印刷されたもので、その和刻本を見て五山版と思わなくとも、『禪籍目錄』が誤ったように、その版の後刷と考えられてきたのであろうが、正しくは寛永九年よりも後刷に屬し、『川老註』に合冊される『解義』は寛永九年頃に傳承された五山版系統のものとみることができるのである。

　合冊の『川老註』が寛永九年以前に存したかどうか不明であるが、康曆二年頃までさかのぼることはできない。なぜならば川瀨一馬博士が『五山版の研究』で指摘されるように、宗泐撰『金剛般若波羅蜜經註解』は宗泐の進表が洪武一一年（一三七八）に出され、この年に刊行されたものが早くも二年後に臨川寺で覆刊したのであるから、日本の印刷史上でも珍しい新渡の船載本の新雕であり、その新雕本と『解義』や『川老頌著』を合冊することは、不可能に近いと思われる。また五山版は中國の模刻版が多いわけで、合冊の『川老註』は中國に存在しないし、嘉靖一六年の駒澤大學本とは後に問題にする『金剛經五家解』の朝鮮本であり、『金剛經』の注釋を重んじた朝鮮にも合冊の『川老註』の開版がないことを考え併せる時、當然日本において合冊されたと結論してもよいように思われ、その初刻も寛永九年と考えてよいのではなかろうか。その結果、本書が異本校合の一本として、『川老註』所收の『解義』を寛永九年本にした理由も理解されるであろう。つまり『解義』を含む『川老註』は、現存する最古のものが寛永九年版で、その後に何回か開版されたとして

も、すべて寛永九年版の系統ということができるからである。

　次に『金剛經五家解』について述べてみよう。この版はそれほど多くなく、系統も一つであるので、『解義』の內容には問題が殘るとしても、『金剛經五家解』そのものには書誌學的には問題は生じない。この書に所收された『解義』は後に異本の系統を述べる時に問題にするが、『金剛經五家解』が涵虚堂得通已和の編集で、永樂一三年（一四一五）六月の自序を存するところから、その頃までに傳承されていた『解義』といえよう。五家の解とは『雙林傳大士贊』、『六祖大鑒禪師口訣』、『圭峯宗密禪師纂要』、『冶父道川禪師頌』、『豫章宗鏡禪師提綱』で、全文に亘らないが、それぞれに涵虚堂得通已和が注を附しているのである。この中に宗泐の注のないことは、『五家解』が『川老註』で考えたように、三つの注書の合冊本に他の解を加えていない點で、新しい編集を意味するものである。

　『金剛經五家解』の主な開版は、六回ほど存在する。①嘉靖四年（一五二五）、慈悲山深源寺刊、②嘉靖一六年（一五三七）、神陰山身安寺刊、③崇禎五年（一六三二）、水淸山龍腹寺刊、④崇禎七年（一六三四）、安邊釋王寺刊、⑤康熙四年（一六六五）、興國寺刊、⑥康熙一八～二〇年（一六七九～八一）圓寂山雲興寺刊などであり、近年の影印・重刊本も存する。このうち①④⑤は黑田亮博士の『朝鮮舊書考』に述べられるもので、實際見ることができない。校訂の原本は②の駒澤大學圖書館所藏本で、この系統では最も古く、かつ良版である。

三、『解義』の異本

『解義』についての書誌學的研究が大變遅れていることは前述したが、諸寫本や古版本が現存しないわけではなく、長い期間に渡って開版されてきているのである。刊記等より推測したもので、現存するかどうか不明のものもあるが、『解義』の寫刊および內容の簡單な分類を一覧表にしてみよう。

表2　金剛經解義の異本の內容比較

種類	巻冊	寫刊年代	筆者、刊行者	所藏	內容 イ	ロ	ハ	ニ	ホ	ヘ	ト	チ	備考
1	一巻一帖（折本）	鎌倉末（五山版）	？	京大人文研松本文庫	○	○	×	○	○	○	○	○	覆宋版（五山版の研究）
2	？	天順八（一四六四）	全羅北道廣濟院刊	？	△	△		△	△	△	△	△	禪籍目錄 12の跋文、諺解
3	一巻一冊	韓世宗時（一四七〇～九四）	光陽玉龍寺刊	李王家				△					李家目錄
4	一巻一冊	天文一九（一五五〇）修補識語	（不明）	六地藏寺	○	×	×	○	×	×	×	×	
5	一巻一冊		宗牧筆	積翠軒舊藏	△	△		△	△	△	△	△	積翠軒目錄

6	二巻一冊	明刊	淨慈寺長生庵	內閣文庫	○	×	○	○	○	○	×	×	
7	?	順治一〇（一六五三）	湯翼聖重刻跋	?	△		△	△	△				禪籍目錄 續藏經本跋
8	二巻一冊	明曆元（一六五五）	京都、中野小左衛門刊	駒圖二五三・一―九	○	×	○	○	○	×	×	×	
9	二巻一冊	（明曆元年）後刷	京都、小川源兵衛刊	酒井博士藏	○	×	○	○	○	×	×	×	
10	?	康熙六（一六六七）	周超諫重刊跋	?	△		△	△	△				禪籍目錄 續藏經本跋
11	一巻一冊	同治六（一八六七）	朝鮮、金剛山神溪寺刊	東洋文庫	○	×	×	○	○	×	×	×	
12	一巻二冊	昭和七（一九三二）	京城佛教社	駒圖二五三・一―一 東洋文庫	○	○	×	○	○	○	○	○	萬曆三（一五七五）廣濟院の重刊の刊記あり。諺解
13	二巻		卍續藏三八―四	駒圖	○	×	○	○	○	×	○	○	
A	二巻二冊	嘉靖一六（一五三七）	朝鮮、神陰山身安寺刊	駒圖	○	×	×	○	○	×	○	×	
B	三巻三冊	寛永九（一六三二）	京都、中野市右衛門刊	駒圖二五三・一―五	○	○	×	○	○	○	○	○	
C	一巻		卍續藏九二―一	駒圖	×	×	×	×	×	×	○	×	

Aは『金剛經五家解』所收の解義。Bは『川老註』所收の解義。Cは『金剛經口訣』。

內容のイは「六祖序」。ロは「金剛經啓請～發願文」。ハは「東晋武帝時後秦沙門鳩摩羅什奉詔譯、梁昭明太子嘉其分目、唐六祖大鑒眞空普覺禪師解義」の譯者・撰者名。ニは本文。ホは「第二十一、靈幽法師の附加」。ヘは「補缺眞言」。トは六祖口訣後序「法性」より「佛法之類是也」まで。チは「是故」より「羅適謹序」まで。
○は存し、×は存しない。△は推定。不明の場合は空白。

右の一覽表のうち、內容の（ハ）については說明が必要と思われるので、さらに細かく比較對照してみよう。

諸本の系統名	序文の首題	序文末の撰者名	譯者・撰者名
六地藏寺本	六祖注解金剛經義幷序 曹谿六祖大師慧能解義亦曰口訣	ナシ	ナシ
松本本・寛永九年本（川老註本）	金剛般若波羅蜜經 曹溪六祖大師慧能解義亦曰口訣幷序	ナシ	ナシ
內閣本・明曆本・續藏經本	金剛般若波羅蜜經序	曹谿六祖大師慧能撰	東晋武帝時後秦沙門鳩摩羅什奉詔譯 梁昭明太子嘉其分目 唐六祖大鑒眞空普覺禪師解義
諺解本	金剛般若波羅蜜經六祖解序	ナシ	ナシ
同治六年本	六祖金剛般若波羅蜜經序	ナシ	姚秦三藏沙門鳩摩羅什譯 大唐曹溪六祖大鑑禪師口訣
五家解本	曹溪六祖禪師序	ナシ	六祖大鑒禪師口訣

これによって、(八)については內閣本の明刊本の編集の時につけられたもので、もともと無かったものとみてよいであろう。そのことは同治六年本や五家解本も同じであって、同じ朝鮮版といっても諺解本（駒澤大學圖書館所藏の昭和七年版をさす）とは異なり、諺解本は六地藏寺本や松本本系統と同じといってよい。さらに巻冊の欄をみれば理解できるように、二巻本というのも內閣本の明刊本より始まったものである。これは明曆本も承けるが、分巻が「無爲福勝分第十一」と「尊重正教分第十二」であり、同じ二巻本といっても「離相寂滅分第十四」と「持經功德分第十五」で上下を分けている五家解本とは異なる點は注意してよく、しかも後の編集本である點は一致するといえよう。

ところでこの一覽表の外にも、『江戸時代書林出版書籍目錄集』をみると、六祖ないし慧能大師撰の『金剛經解義』二冊本が、①寛文一〇年（一六七〇）、②寛文一一年（一六七一）、③延寶三年（一六七五）、④元祿五年（一六九二）、⑤元祿一二年（一六九九）、⑥延寶三年新增、⑦天和元年（一六八一）、⑧元祿九・寶永六年（一七〇九）、⑨同上、⑩正德五年（一七一五）の一〇回に及んで記錄されている。また六祖とは撰者名を示さないが、『金剛經口義』一冊が①寛文無刊記、②寛文一〇年、③寛文一一年、④延寶三年、⑤元祿五年、⑥元祿一二年の目錄に記載され、『金剛經義解』四冊も三回程見出せる。このように『解義』は開版も比較的盛んであったといえよう。

次に一覽表について説明を加えながら、異本の系統をみてみることにする。松本本は『解義』の五山版であるが、五山版の中でもとりわけ貴重である點について、川瀬一馬博士の『五山版の研究』の解説は次の通りである。

> 鎌倉末期刊。唐大鑑慧能撰。一巻。一帖。折本。上下單邊、界高七寸八分。毎半葉六行十七字。巻首に扉繪を附し、巻末に元豐七年後序がある。扉繪ある覆刻は珍しく、覆宋刊本としてすぐれてゐる。松本文三郎博士舊藏。〈京都大學人文科學研究所松本文庫〉の一本〈巻首に「退藏施入永龍」（室町以前筆）の墨書あり。〉がある。　(p.379)

この解説の中で特に注目すべき點は、鎌倉末期の五山版で、覆宋刊本であるということにある。本書で底本に松本本を使用したが、現在のところ宋版そのものが發見されないかぎり、覆宋版として最もすぐれた版本ということができる。版本であるところから、寫本のように誤寫等もなく、この松本本には羅適の「六祖口訣後序」も存し、後序の書かれた元豐七年（一〇八四）の體裁をそのまま傳えるものと考えてよいであろう。なお、右の「退藏施入永龍」の墨書については、目下のところ詳細は不明である。

それでは次に松本本と圓珍が將來した『能大師金剛般若經訣』一巻とが、內容的に一致する古い形態を持っているかどうかが、問われなければならない。もちろん鎌倉期以前の寫本も今のところ現存しないので、圓珍將來本は推測する外はないが、その推測を進められる椎名宏雄氏發見の六地藏寺所藏の寫本が存在する。この寫本は天文一九年（一五五〇）に修複されたことが、その識語から判明するの

で、それ以前より永く傳えられてきたと考えてよいであろう。(4)

　まず松本本の成立に關して、羅適の後序をみてみよう。

適、少にして擅(ママ)經を觀るに、六祖此の經によりて見性すと聞いて、必ず演說する所有らんと疑うとも、未だ之を見ず。曹州の濟陰に知たるに及んで、邢君固が處に、六祖の口訣の一本を得るに、其の言簡かに辭直しく、明白倒斷して、人をして曉め易くして惑わさざらしむるを觀て、喜ぶこと自ら勝えず、又た京東の河北陝西の人、資性、質朴信厚にして事に遇うて決裂するを念うに、若し佛性を學ばさしめば、必ず能く勇猛精進して、超越して人に過ぎん。然るに其れ講師爲る者は、多くは百法論・上生經を傳うるのみ。其の學者は、萬法は緣に隨って生じ、緣盡きれば法も亦た滅すべしということを知らずして、反って法を以って法と爲して固く守って執著す。遂に法の爲に轉ぜられて死すまで解ることを知らず。猶お沙に陷るの人、力を以って沙と爭い、愈いよ力を用いれば愈いよ陷るが如し。沙と爭うこと勿れば、卽ち能く陷るを出ずることを知らざらん。良に惜むべし。適、遂に六祖の金剛經の口訣を以って、板に鏤って流傳して、以って此の數萬の學者の佛性を開發せんと欲う。然るに文多く脫誤するを以って、因って廣く別本を求めて勘校す。十年の間に凡そ八本を得たり。惟うに杭・越・建・陝の四本、文多くは同じ。因って刊って冤句を正すことを得たり。董君遵力めて勸めて之を成す、且つ諸の朝士を卒いて、資を以って工を募る。士大夫聞く者、皆な助けられんことを樂う。四明の樓君、常に求めて其の事を終んと願う。（本書四六五頁）

これをみてもわかるように、羅適は少なくとも八本の『解義』を集め、杭・越・建・陝の四本でもって校定本を作ったというのである。羅適による編集が行われたということになる。そのようにして出來上った羅適の校定本の中に、四箇所において別本を示した箇所がみうけられる。その箇所を主な諸本と比較することにしよう。

松本本・川老註本	六地藏寺本・同治六年本・五家解本	內閣本・明曆本
(a)亂、〈一本作破字〉	亂	亂
(b)不虛、一本作不亂	不亂	不亂
(c)云多論墜、一本作(ナシ)墮阿鼻（也）	(多論墜)墮阿鼻	多偏墜
(d)注云、心有能所四字、一本云、有能捨所捨心在、(有)元（來）未離衆生之見。此解意又分明、故兩存之。	有能捨所捨心在、元未離衆生之見。	心有能所
(a)ハ川老註ニナシ。（　）	（　）ハ同治六年本・五家解本	

(a)は序、(b)(c)は第三章、(d)は第一五章のところに存する。諺解本は「亂」「不亂」「多論墜」となりながら、(d)は「注云、心有能所四字、一本云、有能捨所捨心在、元未離衆生之見。此解意又分明、故兩存之」の校定を殘し、松本本系の一面を示している。これによって松本本が一本とするのは、六地藏寺本の系統であることが理解でき

る。しかもその六地藏寺本の系統は、(d)によれば解意において分明なので殘しているとするのであるから、系統を異にするも良本として傳承されてきたのである。むしろ古色を存していたと思われる次のような點も存在するのである。松本本では『金剛經』第二一章が次のように附加されている。

爾時、慧命須菩提、白佛言、世尊、頗有衆生、於未來世、聞説是法、生信心不。佛言、須菩提、彼非衆生、非不衆生。何以故。須菩提、衆生衆生者、如來説非衆生、是名衆生。

靈幽法師、加此慧命須菩提六十二字。是長慶二年、今見在濠州鐘離寺石碑上記。六祖解在前、故無解。今亦存之。(本書四五五頁)

この文のないのは、六地藏寺本のみであることは、一覽表の(ホ)の項目を見れば理解できるであろう。しかもない方が『解義』の古形を示していると考えられるのである。ここでは靈幽について深く問題にすることはしないが、『宋高僧傳』巻二五に「唐上都大溫國寺靈幽傳」が存し、その中に靈幽が『金剛般若經』を平生よく誦していた人であること、死して冥界に一度行きながら、再び生きかえって『金剛般若經』を完備させることに努力して、濠州鐘離寺石碑上より一節を補ったことなどが述べられて、羅什譯になかった一節を菩提流支譯によって補われた様子がわかる。ただ五家解本の系統が、本來この文があった系統かどうかは速断すべきではない。つまり「靈幽法師」以下の四四文字はなく、「靈冥禪師續加」とあり、朝鮮本系統の前後關係は後に問題にするとしても、諺解本と同治六年本と五家解本を對照すると次のようになって、同治六年本と五家解本が同じであることがわかり、諺解本は松本本と一致することがわかる。先に見た(ハ)の性格とも同じといえよう。

諺解本	同治六年本	五家解本
爾時、慧命須菩提、白佛言、世尊、頗有衆生、於未來世、聞説是法、生信心不。佛言、須菩提、彼非衆生、非不衆生。何以故。須菩提、衆生衆生者、如來説非衆生、是名衆生。	爾時、慧命須菩提、白佛言、世尊、頗有衆生、於未來世、聞説是法、生信心不。佛言、須菩提、彼非衆生、非不衆生。何以故。須菩提、衆生衆生者、如來説非衆生、是名衆生。	爾時、慧命須菩提、白佛言、世尊、頗有衆生、於未來世、聞説是法、生信心不。佛言、須菩提、彼非衆生、非不衆生。何以故。須菩提、衆生衆生者、如來説非衆生、是名衆生。
靈幽法師、加此慧命須菩提六十二字。是長慶二年、今見在濠州鐘離寺石碑上記。六祖解在前、故無解。今亦存之。	幽冥禪師續加。	幽冥禪師續加。

次に五家解本と六地藏寺本が近いことは、各語句一々の校定をみれば更に明確になるが、第一四章「離相寂滅分」の「菩薩」の注からも理解でき、五家解本の性格を知るために次に對照してみよう。

六地藏寺本

經㈠若心有住、則爲非住。

解(イ)若心住涅槃、非是菩薩住處。不住涅槃、不住諸法、一切處不住、方是菩薩住處。上文說應無所住而生其心是也。

經㈡是故佛說菩薩心、不應住色布施。

解(ロ)菩薩不爲求望自身五欲快樂、而行布施。但爲內破慳心、外利益一切衆生、而行布施。

經㈢須菩提菩薩、爲利益一切衆生、應如是布施。

松本本・內閣本・明曆本・川老註本

㈠若心有住、則爲非住。

(イ)若心住涅槃、非是菩薩住處。不住涅槃、不住諸法、一切處不住、方是菩薩住處。上文說應無所住而生其心是也。

㈡是故佛說菩薩心、不應住色布施。

㈢須菩提菩薩、爲利益一切衆生、應如是布施。

(ロ)菩薩不爲求望自

諺解本

㈠若心有住、卽爲非住。

(イ)若心住涅槃、非是菩薩住處。不住涅槃、不住諸法、一切處不住、方是菩薩住處、上文說應無所住而生其心是也。

㈡是故佛說菩薩心、不應住色布施。

㈢須菩提菩薩、爲利益一切衆生故、應如是布施。

(ロ)菩薩不爲求望自

同治六年本

㈠若心有住、卽爲非住。

㈡是故佛說菩薩心、不應住色布施。

㈢須菩提菩薩、爲利益一切衆生、應如是布施。

五家解本

㈠若心有住、卽爲非住。

(イ)若心住涅槃、非是菩薩住處。不住涅槃、不住諸法、一切處不住、方是菩薩住處。上文說應無所住而生其心者是也。

㈡是故佛說菩薩心、不應住色布施。

(ロ)菩薩不爲自身五欲快樂、而行布施。但爲內破慳心、外利益一切衆生、而行布施。

㈢須菩提菩薩、爲利益一切衆生、應如是布施。

	身快樂、而行布施。但爲內破慳心、外利益一切衆生、而行布施。	身五欲快樂、而行布施。但爲內破慳心、外利益一切衆生、而行布施。		
解(ハ)菩薩者、行法財等施、利益無彊。若作能利益心、卽是非法不作利益心、是名無住、無住卽是佛心也。		(ハ)菩薩者、行法財等施、利益無彊。若作能利益心、卽是非法、不作利益心、是名無住、無住卽是佛心。	(ハ)菩薩者、行法財等施、利益無彊。若作能利益心、卽是非法、不作能利益心、是名無住、無住卽是佛心也。	(ハ)〔六祖〕菩薩者、行法財等施、利益無彊。若作能利益心卽是非法、不作能利益心、是名無住、無住卽是佛心也。

松本本系統に對して、經文の㈠㈡㈢の區切り、及び注の(イ)(ロ)(ハ)が全く一致するのは、六地藏寺本と五家解本である。ただ五家解本は、ここで明確に二種の『解義』を使用していることが注目されよう。五家解本の全體を通してみればわかる通り、六祖の注になるところは〔六祖〕として、〔傅大〕〔圭峯〕〔冶父〕〔宗鏡〕と區別している。ここで〔六祖〕とするのは、(ハ)のみであり、(ハ)のみの注をもつ同治六年本系統がその底本と考えられる。さらに細かく語句までみると、松本本系統に全く存しない菩薩の注釋において、他の系統はすべて存するとしても、「若作能利益心卽是非法、不作能利益心、是名無住、無住卽是佛心也」に「能」の一字が加わっているのは、同治六年本と五家解本が全く一致する。五家解本が、二種の『解義』に基づきながら成立していることを確かめることは、朝鮮においてこの著の流行を豫想せしめる點で注目すべきことと思われ、あるいは(イ)(ロ)の注は書き入れを刻したとも考えられよう。

次に、「善現起請分第二」の冒頭における、經文の區切りと注の方法を考察してみよう。

六地藏寺本	松本本・內閣本・明曆本・川老註本・諺解本	同治六年本・五家解本
經㈠時長老須菩提、	㈠時長老須菩提、	㈠時長老須菩提、
解(イ)何名長老。德尊年高、故名長老。須菩提、	(イ)何名長老。德尊年高、故名長老。須菩提、	

梵語、唐言解空。

經(二)在大衆中、卽從坐起。

解(ロ)隨衆所坐。故云卽從坐起。弟子請益、先行五種儀。一者從坐而起。二者、端整衣服。三者、偏袒右肩、右膝著地。四者、合掌瞻仰尊顏、目不暫捨。五者、一心恭敬、以伸問辭。

經(三)偏袒右肩、右膝著地、合掌恭敬、而白佛言、

經(四)希有世尊。

解(ハ)希有略說三義。第一希有、能捨金輪王位。第二希有、身長丈六、紫磨金容、三十二相、八十種好、三界無比。第三希有、性能含吐八萬四千法、三身圓備。以具上三義、故言希有也。世尊者、智慧超過三界、無有能及者。德高更無有上。一切咸恭敬、故曰世尊。

是梵語、唐言解空。

(二)在大衆中、卽從座起。

(ロ)隨衆所坐、故云卽從座起。弟子請益、先行五種儀。一者、從坐(座)而起。二者、端整衣服。三者、偏袒右肩、右膝著地。四者、合掌瞻仰尊顏、目不暫捨。五者、一心恭敬、以伸問辭。

(三)偏袒右肩、右膝著地、合掌恭敬、而白佛言、

(四)希有世尊。

(ハ)希有略說三義。第一希有、能捨金輪王位。第二希有、身長丈六、紫磨金容、三十二相、八十種好、三界無比。第三希有、性能含吐八萬四千法、三身圓備。以具上三義、故云希有也。世尊者、智(惠)慧超過三界、無有能及者。德高更無有上、一切咸恭敬、故曰世尊。

(二)在大衆中、卽從座起。

(三)偏袒右肩、右膝著地、合掌恭敬、而白佛言、

(四)希有世尊。

經

(五)如來善護念諸菩薩、善付囑諸菩薩。

解

(二)護念者、如來護念諸菩薩。付囑者、如來以般若波羅蜜法、付囑須菩提等諸大菩薩。念者、令諸學人、以般若智、護念自身心、不念妄起愛憎、染外六塵、墮生死苦海。於自心中、念念常正、不令邪起、自性如來、自善護念。言善付囑者、前念清淨、付囑後念、後念清淨、無有間斷、究竟

(五)如來善護念諸菩薩、善付囑諸菩薩。

(二)護念者、如來以般若波羅蜜法、護念諸菩薩。付囑者、如來以般若波羅蜜法、付囑須菩提諸大菩薩、言善護念者、令諸學人、以般若智、護念自身心、不令妄起憎愛、染外六塵、墮生死苦海。於自心中、念念常正、不令邪起、自性如來、自善護念。言善付囑者、前念清淨、付囑後念、後

(五)如來善護念諸菩薩、善付囑諸菩薩。

(イ)何名長老。德尊年高、故名長老。須菩提、是梵語、唐言解空。

(ロ)隨衆所坐、故云卽從座起。弟子請益、先行五種儀。一者、從座而起。二者、端整衣服。三者、偏袒右肩、右膝著地。四者、合掌瞻仰尊顏、目不暫捨。五者、一心恭敬、以伸問辭。

(ハ)義第一希有、能捨金輪王位。第二希有、身長丈六、紫磨金容、三十二相、八十種好、三界無比。第三希有、性能含吐八萬四千法、三身圓備。以具上三義、故云希有也。世尊者、智慧超過三界、無有能及者、德高更無有上、一切咸恭敬、故曰世尊。

(二)護念者、如來以般若波羅蜜法、(ナシ)護念諸菩薩。付囑者、如來以般若波羅蜜法、付囑須菩提諸菩薩。言善護念者、令諸學人、以般若智、護念自身心、不令妄起增愛、染外六塵、墮生死苦海。於自心中、念念常正、不令邪起、自性如來、自善護念。言善付囑者、前念清淨、付囑後念清淨、

解脫。如來委曲、誨示衆生、及在會之衆。當常脩此行、故云善付囑也。菩薩者、梵語、唐言道心衆生、亦云覺有情。道心者、常行恭敬、乃至蠢動含靈、普敬愛之、無輕慢心、故名菩薩。

念清淨、無有間斷、究竟解脫、如來委曲、誨示衆生、及在會之衆。當常行此、故云善付囑也。菩薩者、梵語、唐言道心衆生、亦云覺有情。道心者、常行恭敬、乃至蠢動含靈、普敬愛之、無輕慢心、故名菩薩。

（ ）八川老註本

無有間斷、究竟解脫。如來委曲、誨示衆生、及在會之衆。當常行此、故云善付囑也。菩薩、是梵語、唐言道心衆生、亦云覺有情。道心者、常行恭敬乃至蠢動含靈、普敬愛之、無輕慢心、故名菩薩。

（ ）八五家解本

この經文の區切りは六地藏寺本と松本本系と同治六年本・五家解本の三つに分けられるけれども、六地藏寺本と松本本系は近く、注の内容をみれば、六地藏寺本が杜撰であり、寫誤もみられる。同治六年本と五家解本は、全體に渡ってほとんど經文の區切りから注解が一致しており、松本本系とはっきり違いをみせていて、六地藏寺本と近い場合とこのように異なる場合があって、三つの系統が別々といってよいであろう。但し、松本本系統が一致する點から考えれば、六地藏寺本と五家解本系とは同系と考えてよいのかもしれない。

全體に渡ってその系統を檢討していくのは、煩雜であるし、校注で一應行っているのであるから、もう一つ「持經功德分第十五」の比較をしておこう。ここは松本本が虫損のため校注が複雜である點と、語句の近似性も注目したいと考えているので對照したものである。

六地藏寺本

經㈠如來、爲發大乘者說、爲發最上乘者說、

解(イ)大乘者、智慧廣大、善能建立一切法。最上乘者、不見垢法可猒、不見淨法可求、不見衆生可度、不見涅槃可證、不作度衆生心、亦不作不度衆生心、是名最上乘、亦名一切智、亦名無生忍、亦名大般若。有人、發心求佛無上道、聞此無相無

松本本・內閣本・明曆本・川老註本・諺解本

㈠如來、爲發大乘者說、爲發最上乘者說。

同治六年本・五家解本

㈠如來、爲發大乘者說、爲發最上乘者說、

(イ)大乘者、智慧廣大、善能建立一切法。最上乘者、不見垢法可猒、不見淨法可求、不見衆生可度、不見涅槃可證、不作度衆生之心、亦不作不度衆生之心、是名最上乘、亦名一切智、亦名無生忍、亦名大般若。有人、發心求無上道、聞此無相

爲甚深之法、聞已、卽當便解受持、爲人解說、令其深悟、不生毀謗、得大忍力、大智慧力、大方便力、卽能流通此經。

經㈡若有人能受持讀誦、廣爲人說、如來、悉知是人、悉見是人、皆得成就、不可量、不可稱無有邊、不可思議功德。

解(ロ)上根之人、聞此深經、得悟佛意、持自心經、見性究竟、復能起利他之行、爲人解說、令諸學者、自悟無相之理、得見本性如來、成無上道。當知、說法之人、所得功德、無有邊際、不可稱量也。

經㈢如是人等、則爲荷擔如來阿耨多羅三藐三菩提。

㈡若有人能受持讀誦、廣爲人說、如來、悉知是人、悉見是人、皆得成就、不可量、不可稱、無有邊、不可思議功德。

㈢如是人等、則(卽)爲荷擔如來阿耨多羅三藐三菩提。

(イ)大乘者、智慧廣大、善能建立一切法。最上乘者、不見垢法可厭、不見淨法可求、不見衆生可度、不見涅槃可證、不作度衆生心、亦不作不度衆生心、是名最上乘、亦名一切智、亦名無生忍、亦名大般若。若有人、發心求佛無上道、聞此無相無爲甚深之法、卽當信解受持、爲人解

無爲甚深之法、聞已、卽便(信)生解受持、爲人解說、令其深悟、不生毀謗、得大忍力、大智慧力、大方便力、卽能流通此經。

㈡若有人能受持讀誦、廣爲人說、如來、悉知是人、悉見是人、皆得成就、不可量、不可稱、無有邊不可思議功德。

㈢如是人等、卽爲荷擔如來阿耨多羅三藐三菩提。

解（ハ）聞經解義、如教修行、復能廣爲人說、令諸衆生得悟、修行無相無著之行、以能行此行、卽有大智慧光明、出離塵勞、雖離塵勞、不作離塵勞之念、卽得阿耨多羅三藐三菩提、故名荷擔如來。當知持經之人、自有無量無邊不可思議功德。

經文の㈠㈡㈢の區切りは、六地藏寺本・松本本系・五家解本系はそれぞれ異なるが、注解の語句で特色ある㈡の「深經」と「經典」をみると、六地藏寺本と五家解本の近い點が注目されよう。

このような經文の區切りと注解の方法は、松本本系と五家解本系とは一八箇所で異なり、六地藏寺本とは一五箇所で異なっている。そのうち五家解本系と六地藏寺本と一致するのは、四箇所のみであり、三つの系統が以上によって理解できたであろう。

說、令其深悟、不生毀謗。得大忍力、大智慧力、大方便力、方能通流（流通）此經也。

（ロ）上根之人、聞此經典、得深悟佛意、持自心經、見性究竟、復起利他之行、能（ナシ）爲人解說、令諸學者、自悟無相之理、得見本性如來、成無上道。當知、說法之人、所得功德、無有邊際、不可稱量。

（ハ）聞經解義、如教修行、復能廣爲人說、令諸衆生得悟、修行無相無著之行、以能行此行（者）、有大智慧光明、出離塵勞、雖離塵勞、不作離塵勞之念、卽得阿耨多羅三藐三菩提、故名荷擔如來。當知、持經之人、自有無量無邊不可思議功德。

（ ）ハ川老註本。（ ）ハ諺解本。經文モ「卽」ニナル。

（ロ）上根之人、聞此深經、得悟佛意、持自心經、見性究竟、復能起利他之行、爲人解說、令諸學者、自悟無相之理、得見本性如來、成無上道。當知、說法之人、所得功德、無有邊際、不可稱量。

（ハ）聞經解義、如教修行、復能廣爲人說、令諸衆生得悟、修行無相無著之行、以能行此行、卽有大智慧光明、出離塵勞、雖離塵勞、不作離塵勞之念、卽得阿耨多羅三藐三菩提、故名荷擔如來。當知持經之人、自有無量無邊不可思議功德。

（ ）ハ五家解本

六地藏寺本と五家解本が語句の上でも全同でない點は、今までに比較した中でもすでに語句が異なっており、一覽表でいえば（ト）に當るいわゆる「口訣」が五家解本に加わっている點からも理解できるのである。但しこれも同治六年本にないから、諺解本系から取り入れたのであろう。

松本本の「一本」を手がかりに考える時、羅適校定本と六地藏寺本・同治六年本・五家解本の校訂を經ない二つの系統を考えること

ができ、五家解本には羅適校定本も取り入れたことをみてきたのであるが、ここで續藏經本について考えて、さらに異本の系統を明確にしたいと思う。

續藏經本の底本（京大・藏・五コ・一八）は明曆元年本であることは、京都大學附屬圖書館を調査した結果からも、分巻の仕方、選者名の表記方法、本文はもちろん三七箇所におよぶ異本校合を和刻本そのままに踏襲している點から明らかである。ただ明曆元年本には、羅適の後序は存しないし、順治一〇年、康熙六年の二つの重刊の跋も存しない。さらに六箇所において「唐本」と校訂している。唐本と呼ばれるのは、明曆元年本の三五丁右にも、

右此の金剛經六祖恵能大師解義は、唐本を以って一字も缺かさず寫し畢る。

とある。この唐本は、一覽表の6の內閣文庫所藏の明刊本に近い寫本である。なぜならば、六祖の序の七行一四字、六丁、版心の「金剛經序」および巻上・巻下の九行二〇字、丁數をそれぞれ巻上二四丁、巻下三四丁、版心を巻上「金剛經巻上」巻下「金剛經巻下」と承け、二巻本としてほとんど一致するからである。內閣文庫本が有界、左右雙邊、明曆元年本が無界、四周雙邊の違いがあり、語句の異同が多少はあるが、「唐本」が明刊本系を指すことだけは間違いない。そして內閣本は羅適校定本を再編集し、その時に羅適の後序をも削去したものと考えられる。明曆本に表2の（へ）の補缺眞言がないのは、巻下の三四丁の九行目は內閣文庫本と同じく「信受奉行」で終って、その下の空白に尾題の「金剛般若波羅蜜經巻下」が移されて、三五丁が刊記等に變ったものと思われる。「唐本」とは中國の本という意味で、この論文で羅適校定本を宋版系というのに對して、その校定を經ていないものを唐本系（唐代に成立し傳承されて來たもの）というのとは區別しなければならないと思われる。ここにいう「唐本」とは、系統からいえば宋版系に屬すると思われるからである。また頭注の「唐本」は、この內閣文庫本系の二つの重刊の跋を存する中國の近年の刊行本と思われるが、現在のところ筆者未見の資料であって、續藏經本との關係は明確ではない。

さて續藏經本の底本である明曆元年本の異本校合に使用された「一本」は、三七箇所のうち五箇所は不明ではあるが、『川老註』所收の『解義』と一致し、京都で明曆元年より二四年前に刊行された『川老註』と校合したものと思われる。あるいは中野小左衞門と中野市右衞門は同書店であって、唐本と一字も異なることない『解義』を出版するため、川老註本は頭注に示したものと思われる。川老註本も古い傳承を持つものであり、松本本との比較は一覽表を一見すればわかるように、構成內容は全く一致するのである。羅適の後序の有無ではっきりするごとく、和刻本においても明曆元年本の『解義』と寛永九年本の『川老註』とは、二つの系統に分けて考えることができるのである。但しここで注意しておきたいことは、その系統が全く異なるのではなくて、明曆元年本と內閣本との一致、そしてさらに松本本系と近い點である。

次に六地藏寺本の「イ本」について考えてみよう。六地藏寺本は寫本という性格もあり、正確な異本校合か誤寫か不明な點も存するが、頭注に「イ本」と示す箇所が、序に四つ、本文に二三程見られる。ここでも六地藏寺本と五家解本との近似が指摘できるが、「イ本」は松本本・川老註本の系統か明曆元年本の系統かはっきりわからない。「イ本」が松本本系か明曆元年本系かに一致するのは、一八箇所もあり、さらに二箇所は松本本系に一致する。松本本系と明曆元年本系とは先に述べたように形式的には異なる系統でありながら、內容的に近いということで、「イ本」の分析の結果は、六地藏寺本系が二つの系統とも異なることを證明するものといえよう。

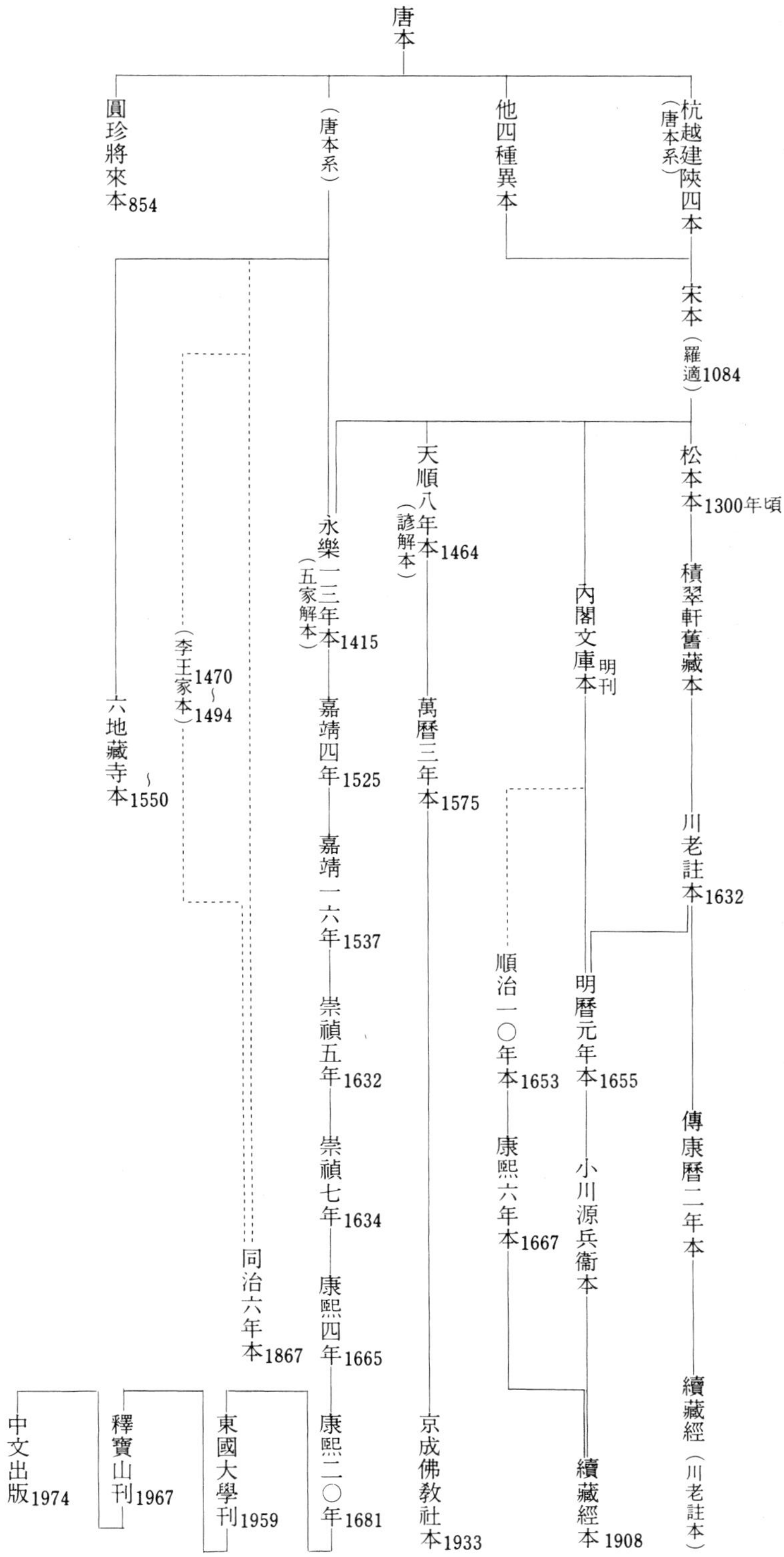

ここで一應、五家解本について、同治六年本との關係を述べておこう。五家解本と同治六年本は、成立の順序からいえば、五家解本が古い。そこで當然、五家解本と同治六年本が大變に近い關係にあるところから、五家解本から六祖の注解を獨立させたものが同治六年本であろうと推測される。またその説の逆の立場、つまり同治六年本の古い版によって、五家解本が成立したと斷定できる十分な資料があるとは今のところいいがたい。ただ朝鮮版には諺解本にみられるような松本本系である羅適校定本も傳わっていたが、五家解本の『解義』は、少なくともその系統本を知りながら、他の一本を底本にしたことは、前に指摘した通りである。その一本が、たとえ五家解本から獨立した同治六年本であったとしても、同治六年本に近い形態をもっていたことだけは確かである。むしろ斷定はできないながら、同治六年本にはないところや、「離相寂滅分」の對照からとしたが、五家解本が『口訣』(當然松本本系から承けたもの)を引用し特殊な五家解本が成立しているのをみてきた點を考え併せるならば、同治六年本の古い版を底本にして五家解本が成立したと考えてもよいのではなかろうか。例えば光陽玉龍寺刊本の內容が解明できればそれを確かめることができるが、今のところ同治六年本の古い版は現存しないのでこれ以上推論できないのは殘念である。この論文では同治六年本古版→五家解本の底本と考えておく。

以上の異本の系統の分析を結論するならば、靈幽法師の附加の有無で大きく分かれ、經文の分け方と注解の仕方、羅適の後序の有無、一巻本と二巻本、松本本の指摘する「一本」、明曆元年本の「一本」、六地藏寺本の「イ本」、一覽表の(ハ)の內容などの性格から前頁のように圖示することができると思われる。(5)

四、おわりに

本書の異本校訂に使用した六本は次のようなものである。

(1)松本本(底本)　五山版　宋版系
(2)六地藏寺本　筆寫本　唐本系
(3)五家解本　嘉靖一六年　唐本系(宋版系を含む)
(4)川老註本　寛永九年本　宋版系
(5)內閣文庫本　明刊　宋版系
(6)明曆元年本(續藏經の底本)　宋版系

この六つが異本を代表する諸本であることについては、前節で述べたところである。

この異本研究の結果、關口博士の研究を踏まえていかなる問題が生じてくるかを次に述べてみよう。

まず『解義』は古い傳承に従って一巻と呼ぶことにしよう。

次に空谷景隆の説のような羅適僞作説は、宋版系にすでに六地藏寺本のような唐本系の傳承を認めることができるので、完全に成立しないことがわかる。つまり別の言い方をすれば羅適の本文注の創作はありえない。また宋版系を見れば、從來論義されていた羅適の

後序のうち前半が六祖の口訣、後半が羅適というようなこともありえないので、關口博士がいわれるように後序全體が羅適の文である。ただ續藏經所收の『口訣』は、『解義』の羅適撰『六祖口訣後序』の五百餘字を、續藏經編集の時に削って新しく作成したのではなく、『金剛經五家解』所收と同じく五百餘字のない『金剛經正解』と合冊の寫本が京都大學附屬圖書館（京大・藏・九コ・二）に存するのである。清代の剩閒居士龔槪綵註の『金剛經正解』二卷の前半に寫された『金剛經口訣』がそれであり、中國や朝鮮においては、羅適の後序の一部が、六祖慧能の説として傳承されたようで、おそらくは序文と同じく後序の一部がいつのまにか六祖のものとなったのであろう。すなわち異本研究によって『解義』の古い傳承が確かめられるとともに、『口訣』は羅適の後序の一部であり、『解義』に附された羅適の全體の後序を羅適の撰と確かめることによって、慧能の思想解明の箇所をはっきりと知ることができるのである。

さらに六祖の思想は、序と注解に見出されるべきであるが、長慶二年（八〇二）の靈幽の附加以前の成立であることが、異本の檢討より一層確かめられる。しかも六地藏寺本等で古い形態は想像されても、宋版系はすぐれた校定本であり、六地藏寺本系も宋版系によって良本であることが認められていて、內容的に大きく變化することはない。

唐本系は傳承がいろいろあるが、唐本系の古寫本の發見により、さらに唐本系を明確にする必要が今後の課題として殘ってくる。

以上『解義』の古い形態が少しでも解明できたので、『壇經』や『曹溪大師傳』との思想內容等の比較檢討は今後の課題となろう。(6)

最後に曹溪六祖大鑒禪師釋と傳えられる『金剛般若波羅蜜經直解』一冊(7)と『五十三家集註』について觸れておこう。『直解』は『解義』よりも注釋の部分が少なく、序や本文において、『解義』の拔萃があるが、全文が『解義』とは一致しない。この著は嘉興府の李士衡が崇禎一一年（一六三八）に至ってはじめて刊行したものである。清代の潔齊居士の『金剛經彙纂』の「引用書目」などにも『唐曹溪法師直解六祖法名慧能』（Z.40－2－124b）とみえるが、古い傳承がなく、續藏經の編集時點でも知られていたらしいが、目錄によると、解義のあとに、

別に直解と題する一本有り、行文佳からざるが故に編入せず。

とある。以上によってもわかるように、この直解は慧能に假託されて後世成立したものとみてよいであろう。

次に『五十三家集註』で、重刊の序は樊師仲が道光二六年（一八四六）に撰したものであるが、御製の序は、永樂二一年（一四二三）の成立であるから、明の成祖の作となる。この中に收められた六祖慧能の注解は、古い傳承の一つと考えられるが、殘念なことに全文の引用ではなくて拔萃である。全體的に不明であるが、宋版系つまり羅適の後序を有する系統とそれのない唐本系とに分けると、『五十三家集註』は明らかに唐本系に屬するものである。唐本系であることは確かめうるも、それ以上は、部分的にしか拔萃されていないのでわ

からないし、また唐本系それ自體もまだ十分に系統づけることができないので、それ以上のことは現段階ではいえない。ただ羅適の校定以後も中國において唐本系が傳承されていたことは確かめられ、その點では『五十三家集註』の存在意義は大きい。順治一〇年本系統とこの系統はあるいは同じであろうか。この點は續藏經編集時點に存在したのであるから、近い將來に確かめられると思う。

1　孤峯智璨『禪宗史』（大正八年六月　光融館）には、「承陽大師は眼藏の『四禪比丘』の巻には全く本書（六祖壇經）を僞書なりと斷定せられてある。併し全部は僞作でもあるまい。『金剛經解義』の方は勿論僞作たるに相違ない。（中略）六祖に『金剛經』の垂誡があったことは事實であろう。」（p.196）とあって、僞作の理由は述べないが、禪者が教學者のように注釋書を作ることはありえないとしての考えであろうか、頭より否定されているが、このような考えは他の論文などにもあるかもしれない。因みに關口眞大博士は、道元の六祖壇經の僞書説に觸れる研究がないといわれるが、この件について述べた論攷は數えきれないほどあり、勞作の一つに鏡島元隆博士「道元禪師と六祖壇經」（『道元禪と引用經典・語錄の研究』所收。木耳社）がある。

2　川瀬一馬博士の解説は、『川老註』の性格を理解する上に有益であるから次にみてみよう。

金剛般若波羅蜜經註解附般若波羅蜜多心經註解

康曆二年刊。明全室宗泐撰。各一卷。（合）一冊。每半葉七行十六字。注雙行。上下單邊。界高八寸三分。金剛般若波羅蜜經註解の末に明洪武十一年正月の宗泐の進表を添へ、その後に註校の僧名を列記してあり、それに續いて、康曆二年庚申八月日重刊于臨川寺、の刊記の附刻がみえる。次に御製心經序と心經註解とがあって、その末にも康曆二年の同文の刊記がある。洪武十一年の刊本を早くも二年後の十三年（康曆二年）に覆刊したのであるから、これは新渡の舶載本を新雕したことになり、書陵部藏の一本の書入に「必是正覺國師徒絶海和尚將來ナルベシ」とあるのは當ってゐよう。傳本は書陵部藏の一本を見るのみである。

㈡右の康曆二年刊本に基いて、應永二十七年に南禪寺雲臥庵で重刊した一本がある。但し、康曆二年刊本より小型で、版式を異にする。左右雙邊、有界、十一行二十一字。匡郭内、縱六寸五分、横四寸八分。金剛經註解と心經註解との末に洪武十一年の原刊語があり、その末に左の刊記がある。

應永廿七季庚子十二月日重刊南禪雲臥、雲臥庵は大椿周亨（應永二十年寂）の開山にかかる。傳本は（安田文庫）・成簣堂文庫〈山崎瑞雲禪寺舊藏。〉・大東急記念文庫〈やや後印〉・松本文三郎博士〈京都大學人文科學研究所松本文庫〉等の藏本がある。（『五山版の研究上巻』p.380）

と、

3　その後わかったことであるが、金澤文庫で行われた昭和五二年度神奈川藝術祭特別展の『宋元文化と金澤文庫資料目錄』（昭和五二年一〇月刊）によると、

金剛般若波羅蜜經註　道川註　一巻一冊　（p.23）

とあり、納富常天博士に資料を問いあわせたところ、鎌倉末期の頃の五山版の覆宋版であり、七行おきに間隔があるので、もとは折本であったろうとのことである。川瀬一馬博士の『五山版の研究』にもとりあげられなか

った大變貴重な資料の出現であり、今後の研究が待望される。この『川老頌著』には鄭復の序があるので、東洋文庫所藏の洪武二〇年版と別系統であると思われ、宋版には二つの系統があり、金澤文庫所藏本の系統こそ『川老註』に合冊された系統の『川老頌著』である。金澤文庫所藏本について、納富常天博士・高橋秀榮氏に大變お世話になった。記して感謝を申し上げたい。

4　六地藏寺本の書誌學的な面に關しては、椎名宏雄「六地藏寺所藏禪籍及び解題」（「書誌學」二六・二七合併號　昭和五六年）を參照されたい。

5　積翠軒舊藏本は目錄に次のように示されている。

『金剛般若波羅蜜經六祖解義』一巻　一冊

宗牧手寫本。毎半葉有界十行二十字。注雙行。縱六寸八分、橫五寸。界幅約五分。序目（五葉）を附し、本文注とも附訓。本文墨附三十一葉、六祖口訣後序等七葉。澁引古表紙を存し、「金剛經六祖解義完」と題する。大きさ、縱八寸八分五厘、橫六寸五分。（一八頁）

これより想像するに、五山版の松本本と系統を同じにするものと考えられる。

6　中川孝「『金剛經口訣』と『六祖壇經』」（「禪文化研究所紀要」第九號　昭和五二年一一月）が發表され、この解題で問題にした書誌的な面では訂正さるべき點も多いが、『金剛經解義』を六祖の眞撰とし、『六祖壇經』との思想用語の比較對照を通してみた本格的な思想研究の出發であり、大いに注目すべきものであろう。ただ『神會語錄』を關連して述べながら、『曹溪大師傳』に言及していない點や、類似の面は強調されながらも相違點は全くないのか、などの問題が今後に殘されているといえる。特に慧能とその祖師像とは同一ではないと思われる。

7　『佛書解說大辭典』巻三（P.453）に存在のみ指摘されていた龍谷大學圖書館所藏本（二四一二・七）で、三二丁一冊の寫本である。以前、椎名宏雄氏が覆寫していた所藏本によってここでは問題にした。

第三章　慧能關係資料集成

第一節　資料集成

凡　例

一、本資料は、慧能に關する諸資料中、古資料を編集し、收錄したものである。ただし、〈研究篇〉中に掲載した一八資料については重複を避け、未收錄の部分のみを收めた。

一、資料の時代的下限は、原則として中國元代末期迄に中國・朝鮮で成立した資料とした。ただし、明代以後の文獻でも主要なものは收錄し、日本における古資料も重要なものは若干採錄した。

一、資料の配列は、原則として原文獻の成立年代順とした。ただし、『全唐詩』は小品の集成のため、唐代末期に配置し、『曹溪通志』・『光孝寺志』中の資料は分出せず、原文獻のままとした。

一、資料には便宜上、配列順に通し番號を附した。また、典據は文末の（　）内に明示した。

一、資料中、一連の文章の中間や後部を省略した場合は、それぞれ（中略）（後略）と注記した。

また、原本において明らかに脱字の存する場合は、その旨を（原本何字脱）と注記した。

一、組版は、原則として原文獻の體裁を重んじて印刻した。したがって、底本が校訂本などの場合に存する□〔　〕等の記號も、そのまま印刻した。

また、原本の文字が誤字と認められる場合は、その右側に訂正すべき文字を（　カ）の如く記入し、訂正すべき適當な文字が推考されぬ場合や、正しいにも拘わらず誤字とみなされ易い場合は、右側に（ママ）と附した。

一、使用文字は原資料の記載を重んじたが、俗字・略字・異体字等は正字に統一し、全文に句讀點「。」を附した。

一、第二節において、各資料の解題を附したが、これは個々の資料を含む原文獻の解題であって、慧能に關する記事の解説ではない。

1 楞伽師資記

潞州法如。韶州惠能。揚州高麗僧智德。此並堪爲人師。但一方人物。

（弘忍章　T.85—1289c）

2 菩提達摩南宗定是非論

達摩遂開佛知見。以爲密契。便傳一領袈裟。以爲法信。授與惠可。惠可傳僧璨。璨傳道信。道信傳弘忍。弘忍傳惠能。六代相承。連綿不絕。

（神會和尚遺集　p.263）

遠法師問。禪師既口稱達摩宗旨。未審此禪門者有相傳付囑。爲是得說只沒說。和上答。從上已來。具有相傳付囑。又問。相傳□□已來。經今幾代。和上答。經今六代。遠法師□□□□□□□□□□□□……□□□□□□□付囑璨禪師。隨朝□□□□□□□□□□□□□□□□信禪師在雙峰山將袈裟付□與□禪師。唐朝忍禪師在東山。將袈裟付囑與能禪師。經今六代。內傳法契。以印證心。外傳袈裟以定宗旨。從上相傳。一一皆與達摩袈裟爲信。其袈裟今見在韶州。更不與人。餘物相傳者。卽是謬言。又從上已來六代。一代只許一人。終無有二。終有千萬學徒。只許一人承後。

遠法師問。何故一代只許一人承後。和上答。譬如一國唯有一王。言有二者。無有是處。譬如一四天下唯有一轉輪王。言有二轉輪王者。無有是處。譬如一世界唯有一佛出世。言有二佛出世者。無有是處。

遠法師問。諸人總不合說禪教化衆生不。和上答。總合說禪教化衆生。發起衆生一念善心者。是不可思議。昔釋迦如來在日諸□□□□□□□□□□化衆生。終無有一人敢稱爲佛者。□□□□□□□□□□□□□□□一代只有一人竪立宗旨。開禪門□□□□今日天下諸□□□□百餘人各立門戶繚亂□人者。從□□□□□上答。從秀禪□□□□將□□□說禪教人。並□傳□□□□□□□□□餘人已下。有數百餘人說禪教人。並無大小。無師資情。共爭名利。元無稟承。亂於正法。惑諸學道者。此滅佛法相也。能禪師是的的相傳付囑人。已下門徒道俗近有數餘人。無有一人敢濫開禪門。縱有一人得付囑者。至今未說。

遠法師問。世人將秀禪師得道果不可思議人。今日何故不許秀禪師充爲六代。和上答。爲忍禪師無傳授付囑在秀禪師處。縱使後得道果。亦不許充爲第六代。何以故。爲忍禪師無遙授記處。所以不許。

遠法師問。普寂禪師口稱第七代。復如何。和上答。今秀禪師實非的的相傳。尚不許充爲第六代。何況普寂禪師是秀禪師門徒。承稟充爲第七代。見中岳普寂禪師。東岳降魔藏禪師。此二大德□□秀禪師是第六代。未審秀禪師將□信充爲第六代。我韶州一門從上已來。排其代數。皆□達摩袈裟□□普寂禪師在嵩山竪碑銘。立七祖堂。修法寶紀。排七代數。□□□□其付囑佛法並不□秀禪師已下門徒事。何以故。爲無傳授。所以不許。

遠法師問。秀禪師爲兩京法主。三帝門師。何故不許充爲六代。和上

答。從達摩已下。至能和上。六代大師。無有一人爲帝師者。

遠法師問。未審法在衣上。將衣以爲傳法。和上答。法雖不在衣上。表代代相承。以傳衣爲信。令弘法者得有稟承。學道者得知宗旨不錯謬故。昔釋迦如來。金蘭袈裟見在雞足山。迦葉今見持此袈裟。待彌勒出世。分付此衣。表釋迦如來傳衣爲信。我六代祖師亦復如是。

遠法師問。未審能禪師與秀禪師是同學不。答。是。又問。既是同學。教人同不同。答言。不同。又問。既是同學。何故不同。答。今言不同者。爲秀禪師教人凝心入定。住心看淨。起心外照。攝心內證。緣此不同。遠法師問。何故能禪師□□□□□□□□□□□□□□□□攝心內證□□□能禪師□□□□□□答此是□□□□□□□□□□□□□□□□□□□□□□□□□□□□□心內證□和上答。此是愚人法。離□□□□□□□法卽是能禪師□處。是故經文。心不住內。亦不在外。是爲宴坐。如此坐者。佛卽印可。從上六代已來。皆無有一人凝心入定。住心看淨。起心外照。攝心內證。是以不同。

遠法師問。能禪師已後。有傳授人不。答。有。又問。傳授者是誰。和上答。已後應自知。

遠法師問。如此教門豈非是佛法。何故不許。和上答。皆爲頓漸不同。所以不許。我六代大師一一皆言。單刀直入。直了見性。不言階漸。夫學道者須頓見佛性。漸修因緣。不離是生。而得解脫。譬如母頓生子。與乳。漸漸養育。其子智慧自然增長。頓悟見佛性者。亦復如是。智慧自然漸漸增長。所以不許。

遠法師問。嵩岳普寂禪師。東岳降魔藏禪師。此二大德皆教人坐禪。凝心入定。住心看淨。起心外照。攝心內證。指此以爲教門。禪師今日何故說禪不教人坐。不教人凝心入定。住心看淨。起心外照。攝心內證。何名坐禪。和上答。若教人坐。〔教人〕凝心入定。住心看淨。起心外照。攝心內證者。此是障菩提。今言坐者。念不起爲坐。今言禪者。見本性爲禪。所以不教人坐身住心入定。若指彼教門爲是者。維摩詰不應訶舍利弗宴坐。

遠法師問。何故不許普寂禪師稱爲南宗。和上答。爲秀和上在日。天下學道者號此二大師。爲南能北秀。天下知聞。因此號。遂有南北兩宗。普寂禪師實是玉泉學徒。實不到韶州。今口妄稱南宗。所以不許。

遠法師問。何故不許普寂禪師。和上答。爲普寂禪師口雖稱南宗。意擬滅南宗。遠法師問。何故知意擬滅南宗。和上歎言。苦哉。苦哉。痛哉。痛哉。不可耳聞。何期眼見。開〔元〕二年中三月內。使荊州刺客張行昌詐作僧。取能和上頭。大師靈質被害三刀。盛續碑銘經磨兩遍。又使門徒武平一等磨卻韶州大德碑銘。別造文報。鐫向能禪師碑。□立秀禪師爲第六代。□□□□及傳袈裟所由。又今普寂禪師在嵩山豎碑銘。立七祖堂。修法寶紀。排七代數。不見著能禪師。□能禪師是得傳授付囑人。爲〔人〕天師。蓋國知聞。卽不見著。如禪師是秀禪師同學。又非是傳授付囑人。不爲人天師。天下不知聞。有何承稟。充爲第六代。普寂禪師爲秀和上豎碑銘。立秀和上爲第六代。今修法寶紀。又立如禪師爲第六代。未審此二大德各立爲第六代。誰是誰非。請普〔寂〕禪師子細自思量看。

遠法師問。普寂禪師開法來數十餘年。何故不早較量。定其宗旨。和

上答。天下學道者皆往決疑。問眞宗旨。並被普寂禪師倚勢唱使門徒拖出。縱有疑者。不敢呈問。未審爲是爲非。昔釋迦如來在日。他方諸來菩薩及諸聲聞。一切諸外道等詰問如來。一一皆善具答。我韶州大師在日。一切人來徵問者。亦一一皆善具答。未審普寂禪師依何經論。不許借問。誰知是非。長安三年。秀和上在京城內登雲花戒壇上。有網律師大儀□□於大衆中借問秀和上。承聞達摩有一領袈裟相傳付囑。今在大禪師處不。秀和上云。黃梅忍大師傳法袈裟。今見在韶州能禪師處。秀和上在日。指第六代傳法袈裟在韶州。口不自稱爲第六代數。今普寂禪師自稱爲第七代。妄豎秀和上爲第六代。所以不許。爾時和上告遠法師及諸人等。莫怪作如此說。見世間教禪者多。於學禪者極其繚亂。恐天魔波旬及諸外道入在其中。惑諸學道者滅於正法。故如此說。久視年。則天召秀和上入內。臨發之時。所是道俗頂禮和上。借問。和上入內去後。所是門徒若爲修道。依止何處。秀和上云。韶州有大善知識。元是東山忍大師付囑。佛法盡在彼處。汝等諸人如有不能自決了者。向彼決疑。必是不可思議。卽知佛法宗旨。又普寂禪師同學。西京清禪寺僧廣濟。景龍三年十一月至韶州。經十餘日。遂於夜半入和上房內。偸所傳袈裟。和上喝出。其夜惠達師。玄悟師聞和上喝聲。卽起看。至和上房外。遂見廣濟師把玄悟師手。不遣作聲。其玄悟師。惠達師入和上房看和上。和上云。有人入房內。申手取袈裟。其夜所是南北道俗。並至和上房內。借問和上。入來者是南人北人。和上云。唯見有人入來亦不知是南人北人。衆人又問。是僧是俗。亦不知是僧是俗。和上的的知恐畏有損傷者。遂作此言。和上云。非但今日。此袈裟在忍大師處三度被偸。忍大師言。其袈裟在信大師處一度被偸。所是偸者。皆偸不得。因此袈裟。南北道俗極甚紛紜。常有刀棒相向。

（同、p.281～293）

3　左溪大師碑

佛以心法付大迦葉。此後相承。凡二十九世。至梁魏閒。有菩薩僧菩提達摩禪師。傳楞伽法。八世至東京聖善寺宏正禪師。今北宗是也。又達摩六世至大通禪師。大通又授大智禪師。降及長安山北寺融禪師。蓋北宗之一源也。又達摩五世至璨禪師。璨又授能禪師。今南宗是也。

（全唐文　卷三二〇、p.4101 a～b）

4　唐大和上東征傳

大和上住此一春。發向韶州。傾城送遠。乘江七百餘里。至韶州禪居寺。留住三日。韶州官人又迎引入法泉寺。乃是則天爲慧能禪師造寺也。禪師影像今現在。後移開元寺。普照師從此辭大和上。向嶺北去明州阿育王寺。是歲天寶九載也。

（T. 51―991c）

5　佛川寺大師塔銘

飲光以下二十四聖。降及菩提達摩。繼傳心教。有七祖焉。第六祖曹

溪能公。能公傳方巖策公。乃永嘉覺荷澤會之同學也。方巖卽佛川大師也。

（全唐文　卷九一七、p.12062 a）

6　能秀二祖讃

二公之心。如月如日。四方無雲。當空而出。三乘同軌。萬法斯一。南北分宗。亦言之失。

（全唐文　卷九一七、p.12059 b）

7　贈包中丞書

茅山下。諸峯欲曙時。眞人是皇子。玉堂生紫芝。題曹溪能大師。蔣山作則有。禪門至六祖。衣鉢無人得。（全唐文　卷九一七、p.12057 a）

8　神會語錄

大乘頓教頌 幷序

詣嶺南。復遇漕溪尊者。作禮未訖。已悟師言。無住之本。自慈而德。（德恐當作得。）尊者以爲。寄金惟少。償珠在勳。付心契於一人。傳法登於六祖。（登當作燈。）于以慈悲心廣。汲引情深。

（鈴木・公田校訂本、p.65）

9　先德集於雙峯山塔各談玄理 十二

能禪師曰。心行平等。純一無雜。（初期禪宗史書の研究、口繪圖版15B）

10　禪門祕要訣

建法幢　豎宗旨。　明明佛勅曹溪是。

第一迦葉首傳燈。　二十八代西天記。

（原本三字脫）入此土。　菩提達磨爲初祖。

六代傳衣天下聞。　後人得道無窮數。

（鈴木大拙全集　卷二　p.448）

11　寶林傳

惠能。先天二年癸丑十一月十三日入滅。塔在番禺。

（延寶三年版釋氏六帖　卷二一、第一冊　48 b）


寶林傳云。六祖住曹溪法泉兩寺。法泉寺有師子國王五色蓮花數株。

（同、卷一八、第九冊　41 a）


寶林傳云。貞元二年冬十一月二十二日早晨。於六祖塔前柏樹如飴連珠三年。又連十餘日。

（同、卷一九、第一〇冊　18 b）

寶林傳云。唐言第一布。紡木綿華心爲之。卽達磨所傳之衣七條也。碧裏自師子尊者傳與。

（同、卷二二、第一冊　37b）

寶林傳云。五祖付信衣。密與慧能行者。□走避路野息至南海。遇印宗法師。方爲剃髮也。

（北山錄　卷六、夾註、T.52—612c）

曹溪。寶林傳。唐儀鳳中。居人曹叔良施地六祖大師。居之地有雙峯大溪。因曹侯之姓曰曹溪。天下參祖道者。枝分派列。皆其流裔。

（祖庭事苑、乾、卷一　2a）

張行滿　寶林傳。六祖大師將欲入滅。乃謂衆曰。吾沒後。當有人竊取吾首。聽吾記。云。頭上養親。口裏須餐。遇滿之難。楊柳爲官。門人慮之。預以鐵葉固護師頸。至開元間。夜半聞塔中拽鐵聲。衆驚起見。一孝子從塔中出。尋見師頸有傷。具以事聞有司。縣令楊沉。刺史柳無添。於石角村捕得之。因劾問。乃謂吏曰。姓張氏名行滿。汝州梁縣人。受洪州開元寺新羅僧金大悲錢廿千。欲取祖師首歸海東供養。柳守聞之。因知祖識之驗。遂赦張氏而加敬焉。

（同、坤、卷六　7b）

寶林傳云。本名行韜。能大師父名。行韜遂改。

（至正二五年刊、景德傳燈錄、卷五令韜章、欄外書込み、20a）

12　傳教大師將來越州錄

曹溪大師傳　一卷

（T.55—1059b）

13　北山錄

東魏末。菩提達磨陳四行法。統備眞奥。（四行法者。一報怨行。或遇愛憎甘心受之。是我宿作都無怨對。二隨緣行。謂於一切境無喜無怒也。三無所求行。謂無所貪求也。四稱法行。卽性淨圓明之理也。）傳法與可。（第一祖慧可也。）可遇賊斷其臂。以法御心。初無痛惱。每歎楞伽經曰。此經四世之後變成名相。深可悲矣。（僧璨。道信。弘忍。慧能爲四世也。此後多以名相傳心也。）自可至六祖。分爲南北。各引強推弱。競其功德。然欲辯其汚隆者。正可審其言行。（自忍有神秀爲北宗。慧能爲南宗也。）

（T.52—611a〜b）

14　內證佛法相承血脈譜

漢地相承。祖師六代。傳達磨衣爲信。至能大師息不傳。今現在曹溪塔所。乾元年中。奉孝義皇帝索此衣入內供養。嶺南不安。節度使張休奏索衣。勅依奏還衣本處。其塔所放光明。使司重奏。有勅詞耀讚大師道德矣。

（日本大藏經、天台宗顯敎章疏一、p.3a）

15　揚州華林寺大悲禪師碑銘

自大迦葉親承心印、二十九世傳、菩提達摩始來中土。代襲爲祖派別

爲宗。故第六祖曹溪惠能始。與荊州神秀。分南北之號。曹溪既沒。其嗣法者神會懷讓。又析爲二宗。

（全唐文　卷七三一、p.9552 a）

16　禪源諸詮集都序

馬龍二士。皆弘調御之說。而空性異宗。能秀二師。俱傳達磨之心。而頓漸殊稟。

（裴休序、T.48—398 b）

又有問曰。禪門要旨。無是無非。塗割怨親。不瞋不喜。何以南能北秀水火之嫌。荷澤洪州參商之隙。

（T.48—401 a～b）

當高宗大帝。乃至玄宗朝時。圓頓本宗未行北地。唯神秀禪師大揚漸教。爲二京法主三帝門師。全稱達摩之宗。又不顯卽佛之旨。曹溪荷澤。恐圓宗滅絶。遂呵毀住心伏心等事。

（同、403 c）

頓漸空有既無所乖。荷澤江西秀能豈不相契。

（同、407 b）

親稟釋迦。代代相承。一一面授。三十七世。有云西國已有二十八祖者。下祖傳序中。卽具分析。

（同、413 a）

17　中華傳心地禪門師資承襲圖

南宗者。卽曹溪能大師。受達磨言旨已來。累代衣法相傳之本宗也。後以神秀於北地大弘漸教。對之故曰南宗。承稟之由。天下所知。故不敍也。後欲滅度。以法印付囑荷澤。令其傳嗣。傳嗣之由。先已敍之呈上。然甚闕略。今蒙審問。更約承上祖宗傳記稍廣。傳中敍能和尚處中間云。有襄陽僧神會。俗姓高。年十四。卽荷澤也。荷澤是傳法時所居之寺名。來謁和尚。和尚問。知識遠來大歎辛。將本來否。答。將來。若有本。卽合識主。答。神會以無住爲本。見卽是主。大師云。遮沙彌爭敢取次語。便以杖亂打。神會杖下思惟。大善知識歷劫難逢。今既得遇。豈惜身命。大師察其深悟情至。故試之也。如堯知舜歷試諸難。傳末又云。和尚將入涅槃。默受密語於神會。語云。從上已來相承准的。只付一人。內傳法印。以印自心。外傳袈裟。標定宗旨。然我爲此衣。幾失身命。數被北宗偸衣之事。在此傳之前文。今不能錄。達磨大師懸記云。至六代之後。命如懸絲。卽汝是也。此言在敍達磨傳中。是以此衣宜留鎭山。汝機緣在北。卽須過嶺。二十年外。當弘此法。廣度衆生。和尚臨終。門人行滔。超俗。法海等問。和尚法何所付。和尚云。所付囑者。二十年外於北地弘揚。又問。誰人。答云。若欲知者。大庾嶺上以網取之。相傳云。嶺上者高也。荷澤姓高。故密示耳。

（Z.2, 15, 5—433 d）

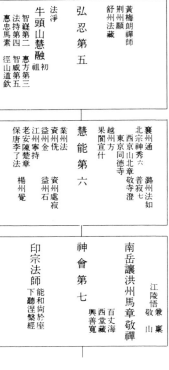

黄梅朗禪師
荊州顯
舒州法藏

弘忍第五

法淨
牛頭山慧融初祖
智巖第二　惠方第三
法持第四　智威第五
惠忠馬素　徑山道欽

襄州通　潞州法如
北宗神秀六　普寂七
西京山北章敬寺澄
東京同德寺
越州方
果閬宣什

慧能第六

業州法
資州侁　資州處寂
益州金　益州石
江州寧持
老安陳楚章
保唐李了法　楊州覺

江陵悟　兼稟
敬　山
南岳讓洪州馬章敬禪
百丈海
西堂藏
興善寬

神會第七

印宗法師能和尚於座下聽涅槃經

（同、435 a）

北宗意者。衆生本有覺性。如鏡有明性。煩惱覆之不見。如鏡有塵闇。若依師言教。息滅妄念。念盡盡則心性覺悟。無所不知。如磨拂昏塵。塵盡則鏡體明淨。無所不照。故彼宗主神秀大師呈五祖偈。云。

身是菩提樹。心如明鏡臺。時時須拂拭。莫遣有塵埃。

（同、435 c）

18 明州大梅山常禪師語錄

汝見說麼。江西和尚。造卻十二所道場。二祖立雪截卻一臂。六祖踏碓。釋迦如來。因地布髮。掩泥身爲床座。可不是難行苦行。

（金澤文庫資料全書、佛典、卷一、p.17 a）

五祖五六百人。秀上座解經解論。口似懸河。衣鉢卻被盧行者將去。在後諸人。卻擬奪它底。有什麼益。元伊祇是說得行不得。盧行者。不以身爲身。不以苦爲苦。舂米供衆。五祖見他不惜身命。志求佛道。遂將衣鉢與它。汝知麼。如今教汝踏碓一餉。子時汝便困倒。明日聞打飯聲。欲穿去。尚自佯睡不起。盧行者。還似汝如是慵惰。得它衣鉢麼。汝筭得底。如是不可思議。祇是筭便宜。他那勤苦作底。共汝性一般。他是行佛道底人。汝是筭便宜底人。

（同、p.17 b）

19 入唐新求聖教目錄

曹溪山第六祖惠能大師說見性頓教直了成佛決定無疑法寶記檀(ママ)經一卷沙門入法譯

（T.55—1083b）

20 日本比丘圓珍入唐求法目錄

金剛般若經訣　一卷　（T.55—1100 a）

曹溪能大師壇經　一卷　（同、1100 c）

唐韶州曹溪釋慧能實錄　一本

能禪師之碑文　一本　（同、1101 a）

21 智證大師請來目錄

金剛般若經訣　一卷曹溪　（T.55—1105 c）

曹溪能大師檀(ママ)經　一卷海　（同、1106 b）

唐韶州曹溪釋慧能實錄　一本

大唐韶州廣果寺悟佛智見故能禪師之碑文　一本　（T.55—1106 c）

22　福州溫州台州求得經律論疏記外書等目錄

能大師金剛般若經訣　一卷　（T.55—1094 a）

曹溪山第六祖能大師壇經　一卷　門人法海集 隨身　（同、1095 a）

23　傳心法要

故祖師云。佛說一切法。爲除一切心。我無一切心。何用一切法。（T.48—381 b）

問。六祖不會經書。何得傳衣爲祖。秀上座是五百人首座。爲教授師。講得三十二本經論。云何不傳衣。師云。爲他有心是有爲法。所修所證將爲是也。所以五祖付六祖。六祖當時秖是默契。得密授如來甚深意。所以付法與他汝不見道。法本法無法。無法法亦法。今付無法時。法法何曾法。若會此意。方名出家兒。方好修行。若不信。云何明上座走來。大庾嶺頭尋六祖。六祖便問。汝來求何事。爲求衣爲求法。明上座云。不爲衣來。但爲法來。六祖云。汝且暫時斂念。善惡都莫思量。明乃稟語。六祖云。不思善不思惡。正當與麼時。還我明上座父母未生時面目來。明於言下忽然默契。便禮拜云。如人飲水冷煖自知。某甲在五祖會中。枉用三十年工夫。今日方省前非。六祖云。如是。到此之時。方知祖師西來。直指人心。見性成佛。不在言說。（同、383 c～384 a）

24　宛陵錄

所以道。佛說一切法。度我一切心。我無一切心。何用一切法。（T.48—384 b）

所以祖師云。付此心法時。法法何曾法。無法無本心。始解心心法。實無一法可得。名坐道場。道場者秖是不起諸見。悟法本空。喚作空如來藏。本來無一物。何處有塵埃。若得此中意。逍遙何所論。（同、385 b）

25　白蓮集

寄文浩百法 聞欲擁毳參禪

當時六祖在黃梅。五百人中眼獨開。
入室偈聞傳絕唱。昇堂客謾恃多才。
鐵牛無用成眞角。石女能生是聖胎。
聞說欲拋經論去。莫教惆悵卻空廻。（卷七、3 a～b）

答文勝大師清柱書

纔把文章干聖主。便承恩澤換禪衣。
應嫌六祖傳空衲。只向曹溪求息機。

（卷九、18b）

26 金剛心地法門祕法戒壇法並儀則

第三十三代付法藏仁聖者韶州僧惠能禪師聖者。俗姓盧氏。范楊（ママ）人也。惠能禪師聖者。在八地菩薩位時。從弘忍禪師聖者。承受一代之教法并傳袈裟。登大毗盧金剛界。成受付囑。得正無上菩提。惠能禪師聖者。臨般涅槃。付囑後代修行菩薩。密傳佛心印。祕密宣傳。不令虛望。直須苦行苦節修行。莫生解大放逸墮落三塗。

（宗教學論集　第七輯、p.109～110）

27 舊唐書

慧能者新州人也。與神秀行業相埒。弘忍卒後。慧能住韶州廣果寺。韶州山中舊多虎豹。一朝盡去。遠近驚歎咸歸伏焉。神秀嘗奏則天。請追慧能赴都。慧能固辭。神秀又自作書重邀之。慧能謂使者曰。吾形貌短陋。北土見之。恐不敬吾法。又先師以吾南中有緣。亦不可違也。竟不度嶺而死。天下乃散傳其道。謂神秀爲北宗。慧能爲南宗。

（卷一九一、列傳第一四一　p.23a～b）

28 泉州千佛新著諸祖師頌

第六祖惠能大師

師造黃梅。得旨南來。爰因幡義。大震法雷。道明遭過。神秀逢迴。衣雖不付。天下花開。

（T.85—1322b）

29 祖堂集

六祖下出。思和尚。荷澤和尚。忠國師。崛多三藏。智筞（策カ）和尚。本淨和尚。一宿覺和尚。讓和尚。已上八人。第四十一代。

（上名次第、廣文書局影印本　p.2a～b）

子曰。投什摩人出家。禪師與某甲指示宗師。禪師曰。汝還聞曹溪摩。子曰。不知。漕（ママ）溪是什摩州界。禪師曰。廣南漕溪山。有一善知識。喚作六祖。廣六百衆。伱去那裏出家。某甲未曾遊天台。伱自但去。其兒子。便入草隱道（遁カ）。廻避爺孃。便行三日程。二日行。兩日程。一日行。到曹溪。恰遇祖師正當說法時。便禮拜祖師。祖師問。從什摩處來。對曰。只近。祖曰。生緣在阿那裏。子曰。自得五陰後。忘却也。祖師招手云。近前來。子便近前。祖師曰。實說。伱是什摩處人。子曰。浙中人。祖曰。遠來到這裏。爲什摩事。子曰。一則明師難遇。正法難聞。特來禮覲祖師。二則投師出家。乞師垂慈攝受。祖曰。我向伱道。莫出家。子曰。因什摩有此言。祖曰。伱是聖明。不動干戈。

六十年天子。是你但造天子。佛法爲主。子曰。啓師。非但六十年。百年天子也不要。乞師慈悲。容許某甲出家。師便摩頂授記曰。你若出家。天下獨立佛。便攝受。

（卷三、慧忠國師章　p.57b～58a）

崛多三藏。嗣六祖。師天竺人也。行至大原定襄縣曆村。見秀大師弟子。結草爲庵獨坐觀心。師問。作什摩。對曰。看靜。師曰。看者何人。靜者何物。僧遂起。禮拜問。此理如何。乞師指示。師曰。何不自看。何不自靜。僧無對。師見根性遲廻。乃曰。汝師是誰。對曰。秀和尚。師曰。汝師只教此法。爲當別有意旨。對曰。只教某甲看靜。師曰。西天下劣外道所習之法。此土以爲禪宗。也大誤人。其僧問。三藏師是誰。師曰。六祖。又曰。正法難聞。汝何不往彼中。其僧聞師提訓。便去曹溪。禮見六祖。具陳上事。六祖曰。誠如崛多所言。汝何不自看。何不自靜。教誰靜汝。其僧言下大悟也。

（同、崛多三藏章　p.65b）

師遊北地。遇見五祖下智皇禪師二十年修定。師遂問。在此間作什摩。對曰。入定。師曰。入定者爲有心入定耶。爲無心入定耶。若有心入定者。一切有情悉皆有心。亦合得定。若無心入者。一切無情亦合得定。智皇曰。吾正入定之時。不見有無之心。師曰。若不見有無之心。卽是常定。不應更有出入也。智皇無對。却問。汝師是誰。師曰。六祖。汝師以何法爲禪定。師曰。妙湛圓寂。體用如如。五陰本空。六塵非有。不出不入。不定不亂。禪性無住。離住禪家。禪性無生。離生禪相。心如虛空。亦無虛空之量。皇聞此說。未息疑情。遂震錫南行。直往曹溪。禮見六祖。六祖乃亦如上說。智皇禪師。言下大悟。龍神其夜報舊住庵處。檀越曰。智皇禪師今夜得道。

（同、智策和尚章　p.66a～b）

其弟僧。年當三十一。迤邐往。到始興縣曹溪山。恰遇大師上堂。持錫而上。遶禪牀三帀而立。六祖問。夫沙門者。具三千威儀。八万細行。行行無虧。名曰沙門。大德從何方而來。生大我慢。對曰。生死事大。無常迅速。六祖曰。何不體取無生。達本無速乎。對曰。體本無生。達卽無速。祖曰。子甚得無生之意。對曰。無生豈有意耶。祖曰。無意誰能分別。對曰。分別亦非意。祖曰。如是如是。于時大衆千有餘人。皆大愕然。師卻去東廊下掛錫。具威儀便上禮謝。默然擊目。而出便去。僧堂參衆卻上來。辭祖曰。大德從何方來。返太速乎。對曰。本自非動。豈有速也。祖曰。誰知非動。對曰。仁者自生分別。祖師一跳下來。撫背曰。善哉善哉。有手執干戈。小留一宿。來朝辭祖師。禪師領衆送其僧。其僧行十步來。振錫三下曰。自從一見曹溪。後了知生死不相干。其僧歸來。名號先播。於衆人耳。直道不可思議人也。

（同、一宿覺和尚章　p.70b～71a）

師乃往曹溪而依六祖。六祖問。子近離何方。對曰。離嵩山特來禮拜和尚。祖曰。什摩物與摩來。對曰。說似一物卽不中。在于左右。一十二載。至景雲二年。禮辭祖師。祖師曰。說似一物卽不中。還假修證不。對曰。修證卽不無。不敢汙染。祖曰。卽這个不汙染底。是諸

佛之所護念。汝亦如是。吾亦如是。西天二十七祖。般若多羅記。汝佛法從汝邊去。向後馬駒。踏殺天下人。汝忽速說此法。病在汝身也。

（同、懷讓和尚章　p.72 a）

時六祖正揚眞教。師世業隣接新州。遂往禮覲。六祖一見忻然。再三撫頂。而謂之曰。子當紹吾眞法矣。與之置饌。勸令出家。於是落髮離俗。

（卷四、石頭和尚章　p.74 a）

六祖遷化時。師問。百年後某甲依什麽人。六祖曰。尋思去。六祖遷化後。便去清涼山靖居行思和尚處。禮拜侍立。

（同、p.74 b）

師初禮石頭。密領玄旨。次往曹溪禮塔。却迴石頭。石頭問。從何處來。對曰。從嶺南來。石頭云。大庾嶺頭一鋪功德。還成就也無。對曰。諸事已備。只欠點眼在。石頭曰。莫要點眼不。對曰。便請點眼。石頭蹻起脚示之。師便連禮十數拜不止。石頭云。這漢見什麽道理。但知禮拜。師又不止。石頭進前。把住云。伱見何道理。但知禮拜。師曰。如炉（ママ）爐上一點雪。石頭云。如是如是。

（卷五、長髭和尚章　p.94 b～95 a）

問。大庾嶺頭趂得及。爲什摩提不起。師提起納衣。僧云。不問這个。師云。看伱提不起。

（卷六、投子和尚章　p.112 a）

有僧。從曹溪來。師問。見說六祖在黃梅。八个月踏碓。虛實。對曰。非但八箇月碓碓。黃梅亦不曾到。師曰。不到且從。從上如許多佛法。什摩處得來。對曰。和尚還曾佛法與人不。師曰。得則得卽是。大抵突人。師代曰。什摩卻中。曾失卻來。中招慶代云。和尚稟受什摩處。

（同、洞山和尚章　p.121 b）

師云。佛言。吾有正法眼。付囑摩訶迦葉。我道。猶如話月。曹溪豎起拂子。是指月。

（卷一〇、玄沙和尚章　p.189 b）

因擧。六祖爲行者時。到劉志畧家。夜聽尼轉涅槃經。尼便問。行者還讀得涅槃經不。行者云。文字則不解讀。只解說義。尼便將所疑文字問之。行者云。不識。尼乃輕言呵云。文字尙不識。何解說義。行者云。豈不聞道。諸佛理論。不干文字。因擧次師云。由欠一問便問。如何是不干文字理論底事。師云。什摩處去來。

（同、安國和尚章　p.202 b～203 a）

達摩迴西天。六祖曹溪住。衣鉢後不傳。派分三五六。各各達眞源。七八心忙亂。

（卷一一、雲門和尚章、宗脈頌　p.217 b）

自於雙林。六祖傳衣。血脈廣流於百代。

（卷一二、後疎山和尚章　p.229 b）

問。如何是大庾嶺頭事。師云。料汝承當不得。學云。重多少。師云。這般底論。劫不奈何。

（同、中塔和尚章　p.241b）

問。曹溪一路。請師擧揚。云。莫屈著曹溪麼。與麼則群生有賴。云。汝也是老鼠喫鹽。

（卷一三、山谷和尚章　p.259a～b）

只如五祖大師下。有五百九十九人。盡會佛法。唯有盧行者一人。不會佛法。他只會道。直至諸佛出世來。只教人會道。不爲別事。

（卷一六、南泉和尚章　p.297a）

後以誓向韶州。禮祖師塔。不遙千里。得詣曹溪。香雲忽起。盤旋於塔廟之前。靈鶴倏來。嘹唳於樓臺之上。寺衆愕然。共相謂曰。如此瑞祥。實未曾有。應是禪師來儀之兆也。於是思歸故里。弘宣佛法。

（卷一七、通曉大師章　p.320b）

三聖和尚。令秀上座問師。南泉遷化。向什摩處去也。師云。石頭作沙彌時。參見六祖。上座云。不問石頭作沙彌時參見六祖。南泉遷化。向什摩處去也。師云。教伊尋思去。上座云。雖有千尺之松。且無抽條石筍。師嘿然。上座禮拜起云。謝師答話。師又嘿然。上座卻歸。擧似三聖。三聖云。若實如此。勝林際七步。雖然如此。待我更驗看。至明日。三聖問訊曰。昨日答那个。師僧一轉因緣。爲只是光前絶後。古今罕聞。師又不語。

（同、岑和尚章　p.325b～326a）

仰山諮潙山云。只如六祖和尚。臨遷化時。付囑諸子。取一鍉鍵。可重二斤。安吾頸中。然後漆之。諸子問曰。安鐵頸中。復有何意。六祖云。將紙筆來。吾玄記之。五六年中。頭上養親。口裏須飡。遇滿之難。楊柳爲官。潙山云。汝還會祖師玄記意不。仰山云。會其事過也。潙山云。其事雖則過。汝試說看。仰山云。五六年中者。三十年也。頭上養親者。遇一孝子。口裏須飡者。數數設齋也。遇滿之難者。是汝州張淨滿也。被新羅僧金大悲將錢雇。六祖截頭。兼偸衣鉢。楊柳爲官者。楊是韶州刺史。柳是曲江縣令。驚覺後。於石角臺投得和尚。今時有此見不。

（卷一八、仰山和尚章　p.347a～b）

汝不聞。六祖在曹溪說法時。我有一物。本來無字。無頭無尾。無彼無此。无内无外。無方圓。無大小。不是佛。不是物。返問衆僧。此是何物。衆僧無對。時有小師神會。出來對云。神會識此物。六祖云。這饒舌沙彌既云識。喚作什摩物。神會云。此是諸佛之本源。亦是神會佛性。六祖索杖。打沙彌數下。我向汝道。無名無字。何乃安置。本源佛性。登時神會喚作本源佛性。尙被與杖。

（同、p.350a）

只如曹溪六祖。對天使云。善惡都莫思量。自然得入心體。湛然常寂。寂。妙用恆沙。

（同、p.350b）

汝不聞。六祖云。道由心悟。亦云。悟心。又云。善惡都莫思量。自然得入心體。湛然常寂。妙用恒沙。若實如此。善自保任。

（同、p.352 a）

30 宗鏡錄

六祖云。善惡都莫思量。自然得入心體。（卷一四、T.48―493 c）

故六祖云。本性自有般若之智。自用智慧觀照。不假文字。（卷一五、498 c）

故六祖云。邪來正度。迷來悟度。愚來智度。惡來善度。如是度者。卽是眞度。（卷一七、505 c）

如六祖偈云。菩提亦非樹。明鏡亦非臺。本來無一物。何用拂塵埃。（卷三一、594 c）

故六祖云。思惡法卽化爲地獄。思善法化爲天堂。毒害化爲畜生。慈悲化爲菩薩。乃至皆是自性變化。（卷八〇、856 c）

31 萬善同歸集

祖師云。善惡都莫思量。自然得入心體。（卷上、T.48―958 c）

32 宋高僧傳

洎中宗孝和帝卽位。尤加寵重。中書令張說嘗問法執弟子禮。退謂人曰。禪師身長八尺。厖眉秀目威德巍巍。王霸之器也。初秀同學能禪師。與之德行相埒。互得發揚無私於道也。嘗奏天后請追能赴都。能懇而固辭。秀又自作尺牘。序帝意徵之。終不能起。謂使者曰。吾形不揚。北土之人。見斯短陋。或不重法。又先師記吾以嶺南有緣。且不可違也。了不度大庾嶺而終。天下散傳其道。謂秀宗爲北。能宗爲南。南北二宗名從此起。（卷八、度門神秀章 T.50―756 a）

昔者達磨沒而微言絕。五祖喪而大義乖。秀也拂拭以明心。能也俱非而唱道。及乎流化北方。尙修練之勤。從是分岐南。服興頓門之說。由玆荷澤行于中土。以頓門隔修練之煩。未移磐石。將絃促象韋之者。空費躁心。致令各親其親同黨其黨。故有盧奕之彈奏。神會之徙遷。伊蓋施療專其一味之咎也。遂見甘苦相傾之驗矣。理病未効乖競先成。祇宜爲法重人。何至因人損法。二弟子濯擊師足。洗垢未遑折脛斯見。其是之喩歟。（同、756 b）

會師自南徂北。行曹溪之法。洛中彌盛。如能不自異。（同、荷澤神會章 757 a）

覺以獨學孤陋。三人有師。與東陽策禪師。肩隨遊方詢道。謁韶陽能

禪師。而得旨焉。或曰。覺振錫遶庵答對。語在別錄。至若神秀門庭遐征問法。然終得心于曹溪耳。既決所疑。能留一宿。號曰一宿覺。猶半遍清也。

（同、龍興玄覺章　758 a）

次司空山釋本淨。姓張氏。東平人也。少入空門。高其節操。遊方見曹溪六祖。決了疑滯。

（同、司空本淨章　758 c）

時坦禪師。乃勸讓往嵩丘覲安公。安啓發之。因入曹侯溪。覲能公。能公怡然無馨無臭。洪波泛臻大壑之廣乎。韶濩合奏大樂之和乎。讓之深入寂定。住無動道場。爲若此也。能公大事緣畢。

（卷九、南嶽懷讓章　761 a）

聞大鑒禪師。南來學心相踵。遷乃直往大鑒。衎然持其手。且戲之曰。苟爲我弟子當肖。遷逌爾而笑曰。諾。既而靈機一發。廓若初霽。

（同、石頭希遷章　763 c〜764 a）

于時洛都盛化。荷澤寺神會禪師也。（中略）天寶初載。召坦曰。吾有一句。是祖祖相傳。至曹溪。曹溪付吾。汝諦受之。吾當有留難。

（卷一〇、華林靈坦章　767 a）

始天竺達磨。以釋氏心要至。傳其道者。有曹溪能・嵩山秀。學能者。謂之南宗學。學秀者。謂之北宗學。而信祖又以其道。傳慧融。融得

之。居牛頭山。弟子以傳授。由是達磨心法。有牛頭學。

（同、佛窟遺則章　768 b）

釋掘多者。印度人也。從踰沙磧。向慕神州。不問狄鞮旋。通華語。而尚禪定。徑謁曹溪能師。機教相接。猶弱喪還家焉。多遊五臺。路由定襄。歷村見一禪者。結庵獨坐。問之曰。子在此奚爲。曰。吾觀靜。多曰。觀者何人。靜者何物。得非勞子之形。役子之慮乎。其僧茫昧拱默而已。作禮數四。請垂啓發。多曰。子出誰門邪。曰。神秀大師。多曰。我西域異道。寔繁有徒。最下劣者。不墮此見。兀然空坐。蓐爛身疲。初無深益。子莫起如是見立如是論。早往韶陽。請決所疑。能曰。子何不自觀自靜邪。不觀相不觀如。子遊曆日用自然安樂也。一如多所言。略無少異。伊僧抉開羅網。多後莫知攸往。

（同、掘多章　770 b）

乃創意不循律制。別立禪居。初自達磨傳法。至六祖已來。得道眼者。號長老。同西域道高臘長者。呼須菩提也。然多居律寺中。唯別院異耳。

（同、百丈懷海章　770 c）

次成都府元和聖壽寺釋南印。姓張氏。明寤之性。受益無厭。得曹溪深旨。無以爲證。

（卷一一、聖壽南印章　772 b）

紹卽七祖荷澤神會禪師五葉法孫也。演其無念。示以眞心。了達磨之密傳。極南能之深趣。

（卷一三、封禪圓紹章　784 c）

可生璨。璨生信。信下分二枝。一忍。二融。融牛頭也。忍生秀與能。能傳信衣。若諸侯付子孫之分器也。

（同、習禪篇論　789 c）

東夏自六祖已來。多談禪理。少談禪行焉。非南能不說行。且令見道。如救頭然之故。

（卷一八、玄光章　821 a）

昔傳雲是普賢菩薩應身也。門人守節卽高力士之子也。從師墨儉。有進無退。雲示之曰。上都有臥倫禪師者。雖云隱晦而實闡揚六祖印持。一時難測。化導之方。若尸鳩之七子均養也。汝急去從之。

（卷二七、五臺海雲付守節章　882 c）

33　大宋僧史略

道信禪師住東林寺。能禪師住廣果寺。

（卷上、別立禪居　T.54—240 a）

肅宗上元元年三月八日。降御札。遣中使劉楚江。請曹谿六祖所傳衣鉢入內。幷詔弟子令韜。韜表辭年老。遣弟子明象。上表稱臣。見于史傳。自此始也。

（卷下、對王者稱謂　251 c）

34　景德傳燈錄

西域堀多三藏者。天竺人也。東遊韶陽見六祖。於言下契悟。後遊五臺至定襄縣歷村。見一僧結庵而坐。（中略）其僧卻問三藏。所師何人。三藏曰。我師六祖。汝何不速往曹谿決其眞要。其僧卽捨庵往參六祖。具陳前事。六祖垂誨與三藏符合。（卷五、堀多三藏章　T.51—237 a）

韶州法海禪師者。曲江人也。初見六祖問曰。卽心卽佛。願垂指喩。祖曰。前念不生卽心。後念不滅卽佛。成一切相卽心。離一切相卽佛。吾若具說窮劫不盡。聽吾偈。曰。

卽心名慧。卽佛乃定。定慧等持。意中清淨。
悟此法門。由汝習性。用本無生。雙修是正。

法海信受。以偈贊曰。

卽心元是佛。不悟而自屈。我知定慧因。雙修離諸物。（壇經云。門人法海者。卽禪師是也。）

（同、韶州法海章　237 a～b）

吉州志誠禪師者。吉州太和人也。少於荊南當陽山玉泉寺。奉事神秀禪師。後因兩宗盛化。秀之徒衆往往譏南宗曰。能大師不識一字。有何所長。秀曰。他得無師之智深悟上乘。吾不如也。且吾師五祖親付衣法。豈徒然哉。吾所恨不能遠去。親近虛受國恩。汝等諸人。無滯於此。可往曹谿質疑。他日迴復還爲吾說。師聞此語禮辭至韶陽。隨衆參請不言來處。時六祖告衆曰。今有盜法之人潛在此會。師出禮拜

具陳其事。祖曰。汝師若爲示衆。對曰。常指誨大衆。令住心觀靜長坐不臥。祖曰。住心觀靜是病非禪。長坐拘身於理何益。聽吾偈。曰。

生來坐不臥。死去臥不坐。
元是臭骨頭。何爲立功過。

師曰。未審大師以何法誨人。祖曰。吾若言有法與人。卽爲誑汝。但且隨方解縛假名三昧。聽吾偈。曰。

一切無心自性戒。一切無礙自性慧。
不增不退自金剛。身去身來本三昧。

師聞偈悔謝。卽誓依歸。乃呈一偈曰。

五蘊幻身。幻何究竟。迴趣眞如。法還不淨。

祖然之。尋迴玉泉。（同、吉州志誠章　237 b～c）

師住匾檐山。法號曉了。六祖之嫡嗣也。（同、匾檐曉了章　237 c）

河北智隍禪師者。始參五祖法席。雖嘗咨決而循乎漸行。後往河北結庵長坐。積二十餘載不見惰容。及遇六祖門人策禪師遊歷于彼。激以勤求法要。師遂捨庵往參六祖。祖愍其遠來便垂開抉。師於言下豁然契悟。前二十年所得心都無影響。其夜河北檀越士庶。忽聞空中有聲曰。隍禪師今日得道也。後迴河北開化四衆。（同、河北智隍章　237 c）

洪州法達禪師者。洪州豐城人也。七歲出家誦法華經。進具之後來禮祖。師頭不至地。祖呵曰。禮不投地何如不禮。汝心中必有一物蘊習。何事耶。師曰。念法華經已及三千部。祖曰。汝若念至萬部得其經意。不以爲勝則與吾偕行。汝今負此事業都不知過。聽吾偈。曰。

禮本折慢幢。頭奚不至地。
有我罪卽生。亡功福無比。

祖又曰。汝名什麼。對曰。名法達。祖曰。汝名法達。何曾達法。復說偈曰。

汝今名法達。勤誦未休歇。
空誦但循聲。明心號菩薩。
汝今有緣故。吾今爲汝說。
但信佛無言。蓮華從口發。

師聞偈悔過曰。而今而後當謙恭一切。惟願和尙。大慈略說經中義理。祖曰。汝念此經以何爲宗。師曰。學人愚鈍。從來但依文誦念。豈知宗趣。祖曰。汝試爲吾念一遍。吾當爲汝解說。師卽高聲念經。至方便品。祖曰。止。此經元來以因緣出世爲宗。縱說多種譬喩。亦無越於此。何者因緣。唯一大事。一大事卽佛知見也。汝愼勿錯解經意。見他道。開示悟入。自是佛之知見。我輩無分。若作此解乃是謗經毀佛也。彼旣是佛。已具知見。何用更開。汝今當信。佛知見者。只汝自心。更無別體。蓋爲一切衆生自蔽光明。貪愛塵境。外緣內擾甘受驅馳。便勞他從三昧起。種種苦口勸令寢息。莫向外求與佛無二。故云。開佛知見。汝但勞勞執念。謂爲功課者。何異犛牛愛尾也。師曰。若然者但得解義。不勞誦經耶。祖曰。經有何過豈障汝念。只爲迷悟在人。損益由汝。聽吾偈。曰。

心迷法華轉。心悟轉法華。
誦久不明己。與義作讎家。
無念念卽正。有念念成邪。
有無俱不計。長御白牛車。

師聞偈再啓曰。經云。諸大聲聞乃至菩薩。皆盡思度量。尚不能測於佛智。今令凡夫但悟自心。便名佛之知見。自非上根未免疑謗。又經說三車。大牛之車與白牛車如何區別。願和尚再垂宣說。祖曰。經意分明。汝自迷背。諸三乘人不能測佛智者。患在度量也。饒伊盡思共推。轉加懸遠。佛本爲凡夫說。不爲佛說。此理若不肯信者。從他退席。殊不知坐卻白牛車。更於門外覓三車。況經文明向汝道。無二亦無三。汝何不省。三車是假爲昔時故。一乘是實爲今時故。只教汝去假歸實。歸實之後實亦無名。應知所有珍財盡屬於汝。由汝受用。更不作父想。亦不作子想。亦無用想。是名持法華經。從劫至劫手不釋卷。從晝至夜無不念時也。師既蒙啓發踊躍歡喜。以偈贊曰。

經誦三千部。曹谿一句亡。
未明出世旨。寧歇累生狂。
羊鹿牛權設。初中後善揚。
誰知火宅內。元是法中王。

祖曰。汝今後方可名爲念經僧也。師從此領玄旨。亦不輟誦持。

（同、洪州法達章　237 c～238 b）

壽州智通禪師者。壽州安豐人也。初看楞伽經約千餘遍。而不會三身四智。禮師求解其義。祖曰。三身者。清淨法身汝之性也。圓滿報身汝之智也。千百億化身汝之行也。若離本性別說三身。卽名有身無智。若悟三身無有自性。卽名四智菩提。聽吾偈。曰。

自性具三身。發明成四智。
不離見聞緣。超然登佛地。
吾今爲汝說。諦信永無迷。
莫學馳求者。終日說菩提。

師曰。四智之義可得聞乎。祖曰。既會三身便明四智。何更問邪。若離三身別譚四智。此名有智無身也。卽此有智還成無智。復說偈曰。

大圓鏡智性清淨。平等性智心無病。
妙觀察智見非功。成所作智同圓鏡。
五八六七果因轉。但用名者無實性。
若於轉處不留情。繁興永處那伽定。

轉識爲智者。教中云。轉前五識爲成所作智。轉第六識爲妙觀察智。轉第七識爲平等性智。轉第八識爲大圓鏡智。雖六七因中轉。五八果上轉。但轉其名而不轉其體也。

師禮謝。以偈贊曰。

三身元我體。四智本心明。
身智融無礙。應物任隨形。
起修皆妄動。守住匪眞精。
妙言因師曉。終亡汚染名。

（同、壽州智通章　238 b～c）

江西志徹禪師者。江西人也。姓張氏。名行昌。少任俠。自南北分化。二宗主雖亡彼我。而徒侶競起愛憎。時北宗門人自立秀師爲第六祖。

而忌能大師傳衣爲天下所聞。然祖是菩薩。預知其事。卽置金十兩於方丈。時行昌受北宗門人之囑。懷刃入祖室將欲加害。祖舒頸而就。行昌揮刃者三。都無所損。祖曰。正劍不邪。邪劍不正。只負汝金。不負汝命。行昌驚仆。久而方甦。求哀悔過。卽願出家。祖遂與金云。汝且去。恐徒衆翻害於汝。汝可他日易形而來。吾當攝受。行昌稟旨宵遁。終投僧出家具戒精進。一日憶祖之言。遠來禮覲。祖曰。吾久念於汝。汝來何晚。曰。昨蒙和尙捨罪。今雖出家苦行。終難報於深恩。其唯傳法度生乎。弟子嘗覽涅槃經。未曉常無常義。乞和尙慈悲略爲宣說。祖曰。無常者卽佛性也。有常者卽善惡一切諸法分別心也。曰。和尙所說大違經文也。祖曰。吾傳佛心印。安敢違於佛經。曰。經說佛性是常。和尙卻言無常。善惡諸法乃至菩提心皆是無常。和尙卻言是常。此卽相違。令學人轉加疑惑。祖曰。涅槃經吾昔者聽尼無盡藏讀誦一遍。便爲講說。無一字一義不合經文。乃至爲汝終無二說。曰。學人識量淺昧。願和尙委曲開示。祖曰。汝知否。佛性若常。更說什麼善惡諸法。乃至窮劫無有一人發菩提心者。故吾說無常。正是佛說眞常之道也。又一切諸法若無常者。卽物物皆有自性。容受生死。而眞常性有不遍之處。故吾說常者。正是佛說眞無常義也。佛比爲凡夫外道執於邪常。諸二乘人於常計無常。共成八倒故。於涅槃了義教中。破彼偏見。而顯說眞常眞我眞淨。汝今依言背義。以斷滅無常及確定死常。而錯解佛之圓妙最後微言。縱覽千遍有何所益。行昌忽如醉醒。乃說偈曰。

　因守無常心。　佛演有常性。
　不知方便者。　猶春池執礫。
　我今不施功。　佛性而見前。
　非師相授與。　我亦無所得。

祖曰。汝今徹也。宜名志徹。師禮謝而去。

（同、江西志徹章　238 c ～239 a）

信州智常禪師者。本州貴谿人也。髫年出家。志求見性。一日參六祖。祖問。汝從何來欲求何事。師曰。學人近往洪州建昌縣白峯山。禮大通和尙。蒙示見性成佛之義。未決狐疑。至吉州遇人指迷令投謁和尙。伏願垂慈攝受。祖曰。彼有何言句。汝試擧似於吾。與汝證明。師曰。初到彼三月未蒙開示。以爲法切故。於中夜獨入方丈禮拜哀請。大通乃曰。汝見處空否。對曰。見。彼曰。汝見虛空有相貌否。對曰。虛空無形有何相貌。彼曰。汝之本性猶如虛空。返觀自性了無一物可見。是名正見。無一物可知。是名眞知。無有靑黃長短。但見本源淸淨覺體圓明。卽名見性成佛。亦名極樂世界。亦名如來知見。學人雖聞此說猶未決了。乞和尙。誨示令無凝滯。祖曰。彼師所說猶存見知故。令汝未了。吾今示汝一偈。曰。

　不見一法存無見。　大似浮雲遮日面。
　不知一法守空知。　還如太虛生閃電。
　此之知見瞥然興。　錯認何曾解方便。
　汝當一念自知非。　自己靈光常顯見。

師聞偈已。心意豁然。乃述一偈曰。

無端起知解。著相求菩提。
情存一念悟。寧越昔時迷。
自性覺源體。隨照枉遷流。
不入祖師室。茫然趣兩頭。

（同、信州智常章　239 a～b）

廣州志道禪師者。南海人也。初參六祖曰。學人自出家。覽涅槃經僅十餘載。未明大意。願和尚垂誨。祖曰。汝何處未了。對曰。諸行無常。是生滅法。生滅滅已。寂滅爲樂。於此疑惑。祖曰。汝作麼生疑。對曰。一切衆生皆有二身。謂色身法身也。色身無常有生有滅。法身有常無知無覺。經云。生滅滅已。寂滅爲樂者。未審是何身寂滅。何身受樂。若色身者。色身滅時四大分散。全是苦苦不可言樂。若法身寂滅。卽同草木瓦石。誰當受樂。又法性是生滅之體。五蘊是生滅之用。一體五用生滅是常。生則從體起用。滅則攝用歸體。若聽更生。卽有情之類不斷不滅。若不聽更生。卽永歸寂滅同於無情之物。如是則一切諸法。被涅槃之所禁伏。尙不得生何樂之有。祖曰。汝是釋子何習外道斷常邪見。而議最上乘法。據汝所解。卽色身外別有法身。離生滅求於寂滅。又推涅槃常樂。言有身受者。斯乃執吝生死耽著世樂。汝今當知。佛爲一切迷人。認五蘊和合爲自體相。分別一切法爲外塵相。好生惡死念念遷流。不知夢幻虛假。枉受輪迴。以常樂涅槃翻爲苦相。終日馳求佛愍此。故乃示涅槃眞樂。刹那無有生相。刹那無有滅相。更無生滅可滅。是則寂滅見前。當見前之時。亦無見前之量乃謂常樂。此樂無有受者。亦無不受者。豈有一體五用之名。何況更言涅槃禁伏諸法令永不生。斯乃謗佛毀法。聽吾偈。曰。

無上大涅槃。圓明常寂照。
凡愚謂之死。外道執爲斷。
諸求二乘人。目以無爲作。
盡屬情所計。六十二見本。
妄立虛假名。何爲眞實義。
唯有過量人。通達無取捨。
以知五蘊法。及以蘊中我。
外現衆色象。一一音聲相。
平等如夢幻。不起凡聖見。
不作涅槃解。二邊三際斷。
常應諸根用。而不起用想。
分別一切法。不起分別想。
劫火燒海底。風鼓山相擊。
眞常寂滅樂。涅槃相如是。
吾今彊言說。令汝捨邪見。
汝勿隨言解。許汝知少分。

師聞偈。踊躍作禮而退。

（同、廣州志道章　239 b～240 a）

後於廣州法性寺講涅槃經。遇六祖能大師。始悟玄理。以能爲傳法師。

（同、印宗和尚章　240 a）

吉州青原山行思禪師。本州安城人也。姓劉氏。幼歲出家。每群居論道師唯默然。後聞曹谿法席。乃往參禮。問曰。當何所務卽不落階級。祖曰。汝曾作什麼。師曰。聖諦亦不爲。祖曰。落何階級。曰。聖諦尙不爲。何階級之有。祖深器之。會下學徒雖衆師居首焉。亦猶二祖不言少林謂之得髓矣。一日祖謂師曰。從上衣法雙行師資遞授。衣以表信。法乃印心。吾今得人何患不信。吾受衣以來遭此多難。況乎後代爭競必多。衣卽留鎭山門。汝當分化一方無令斷絕。師既得法。住吉州青原山靜居寺。六祖將示滅。有沙彌希遷。卽南嶽石頭和尚也。問曰。和尚百年後。希遷未審當依附何人。祖曰。尋思去。及祖順世。遷每於靜處端坐。寂若忘生。第一坐問曰。汝師已逝。空坐奚爲。遷曰。我稟遺誡故尋思爾。第一坐曰。汝有師兄行思和尚。今住吉州。汝因緣在彼。師言甚直汝自迷耳。遷聞語便禮辭祖龕。直詣靜居。

（同、青原行思章　240 a～b）

乃直詣曹谿(ママ)參六祖。祖問。什麼處來。曰。嵩山來。祖曰。什麼物恁麼來。曰。說似一物卽不中。祖曰。還可修證否。曰。修證卽不無。汚染卽不得。祖曰。只此不汚染諸佛之所護念。汝既如是吾亦如是。西天般若多羅讖。汝足下出一馬駒。蹋殺天下人。並在汝心不須速說。師豁然契會。執侍左右一十五載。

（同、南嶽懷讓章　240 c）

後因左谿朗禪師激勵。與東陽策禪師同詣曹谿。初到振錫携瓶。繞祖三匝。祖曰。夫沙門者。具三千威儀八萬細行。大德自何方而來生大我慢。師曰。生死事大無常迅速。祖曰。何不體取無生了無速乎。曰。體卽無生。了本無速。祖曰。如是如是。于時大衆無不愕然。師方具威儀參禮。須臾告辭。祖曰。返太速乎。師曰。本自非動。豈有速耶。祖曰。誰知非動。曰。仁者自生分別。祖曰。汝甚得無生之意。曰。無生豈有意耶。祖曰。無意誰當分別。曰。分別亦非意。祖歎曰。善哉善哉。少留一宿。時謂一宿覺矣。策公乃留師。翌日下山迴溫江。

（同、永嘉玄覺章　241 a～b）

幼歲披緇于曹谿之室受記。

（同、司空本淨章　242 b）

隍無語。良久問師。嗣誰。師曰。我師曹谿六祖。曰。六祖以何爲禪定。師曰。我師云。夫妙湛圓寂體用如如。五陰本空六塵非有。不出不入。不定不亂。禪性無住離住禪寂。禪性無生離生禪想。心如虛空。亦無虛空之量。隍聞此說。遂造于曹谿請決疑翳。而祖意與師冥符。

（同、婺州玄策章　243 c）

依六祖出家。未嘗離左右。祖歸寂遂爲衣塔主。

（同、曹谿令韜章　244 a）

南陽張濆行者問。伏承和尚說無情說法。某甲未體其事。乞和尚垂示。師曰。汝若問無情說法。解他無情。方得聞我說法。汝但聞取無情說法去。濆曰。只約如今有情方便之中。如何是無情因緣。師曰。如今

一切動用之中。但凡聖兩流。都無少分起滅。便是出識。不屬有無。熾然見覺。只聞無其情識繫執。所以六祖云。六根對境。分別非識。

（同、光宅慧忠章　244 b～c）

有僧擧臥輪禪師偈云。

臥輪有伎倆。能斷百思想。

對境心不起。菩提日日長。

六祖大師聞之曰。此偈未明心地。若依而行之。是加繫縛因。示一偈曰。

慧能沒伎倆。不斷百思想。

對境心數起。菩提作麼長。

此二偈。諸方多擧故。附於卷末。臥輪者非名。卽住處也。

（同、245b）

讓之二。猶思之遷也。同源而異派。故禪法之盛。始于二師。劉軻云。江西主大寂。湖南主石頭。往來憧憧。不見二大士。爲無知矣。西天般若多羅記達磨云。震旦雖闊無別路。要假姪孫脚下行。金雞解銜一顆米。供養十方羅漢僧。又六祖能和尙謂讓曰。向後佛法。從汝邊去出馬駒。蹋殺天下人。厥後江西法嗣布於天下。時號馬祖。

（同卷六、江西道一章　245 c～246 a）

問。如何是古人底。師云。待有卽道。僧云。和尙爲什麼妄語。師云。我不妄語。盧行者卻妄語。

（卷八、南泉普願章　259 a）

三聖令秀上座問云。南泉遷化向什麼處去。師云。石頭作沙彌時參見六祖。秀云。不問石頭見六祖。南泉遷化向什麼去。

（卷一〇、長沙景岑章　275 b）

後直造曹谿。六祖大師度爲弟子。未具戒屬祖師圓寂。稟遺命謁于廬陵青原山思禪師。乃攝衣從之。

（卷一四、石頭希遷章　309 b）

因擧。六祖云。不是風動。不是旛動。仁者心動。師曰。大小祖師龍頭蛇足。好與二十拄杖。

（卷一六、雪峯義存章　327 c）

問大庾嶺頭提不起時如何。師曰。六祖爲什麼將得去。

（卷一七、龍牙居遁章　337 c）

問衣到六祖爲什麼不傳。師曰。海晏河淸。

（卷二二、白雲祥章　384 c）

師謂衆曰。盧行者當時大庾嶺頭爲明上座言。莫思善莫思惡。還我明上座本來面目來。觀音今日不恁麼道。還我明上座來。恁麼道是曹谿子孫。若是曹谿子孫。又爭合除卻四字。若不是又過在什麼處。試出來商量看。

（卷二五、觀音從顯章　417 b）

吾比遊方。多見此色。近尤盛矣。聚卻三五百衆。目視雲漢。云是南方宗旨。把他壇經改換。添糅鄙譚。削除聖意。惑亂後徒。豈成言敎。苦哉吾宗喪矣。

（卷二八、南陽慧忠廣語　437 c～438 a）

師於大藏經內有六處有疑。問於六祖。第一問戒定慧曰。戒定慧如何

所用。戒何物。定從何處修。慧因何處起。所見不通流。六祖答曰。定則定其心。將戒戒其行。性中常慧照。自見自知深。第二問。本無今有有何物。本有今無無何物。誦經不見有無義。眞似騎驢更覓驢。答曰。前念惡業本無。後念善生今有。念念常行善行。後代人天不久。汝今正聽吾言。吾卽本無今有。第三問。將生滅卻滅。將滅滅卻生。不了生滅義。所見似聾盲。答曰。將生滅却滅。令人不執性。將滅滅卻生。令人心離境。未若離二邊。自除生滅病。第四問。先頓而後漸。先漸而後頓。不悟頓漸人。心裏常迷悶。答曰。聽法頓中漸。悟法漸中頓。修行頓中漸。證果漸中頓。頓漸是常因。悟中不迷悶。第五問。先定後慧。先慧後定。定慧後初何生爲正。答曰。常生清淨心。定中而有慧。於境上無心。慧中而有定。定慧等無先。雙修自心正。第六問。先佛而後法。先法而後佛。佛法本根源。起從何處出。答曰。說卽先佛而後法。聽卽先法而後佛。若論佛法本根源。一切衆生心裏出。

（同、荷澤神會廣語　**439c～440a**）

因覽寶林傳

祖月禪風集寶林。二千餘載道堪尋。
雖分西國與東國。不隔人心到佛心。
迦葉最初傳去盛。慧能末後得來深。
覽斯頓悟超凡衆。嗟彼常迷古與今。

（卷二九、僧潤詩三首　**456b**）

35　四家語錄

初六祖謂讓和尚云。西天般若多羅讖。汝足下出一馬駒。蹋殺天下人。蓋謂師也。讓弟子六人。惟師密受心印。

（馬祖道一語錄、**Z. 2, 24, 5―405b**）

36　天聖廣燈錄

咸亨中有一居士。姓盧。名惠能。自新州來參謁。師問曰。汝自何來。曰。嶺南。師曰。欲須何事。能曰。惟求作佛。曰。嶺南人無佛性。若爲得佛。能曰。人卽有南北。佛性豈然。師知是其器。乃呵曰。著槽廠去。能作禮而退。便入碓坊。服勞於杵臼之間。晝夜不息。師知付授將至。遂告衆曰。正法難解。不可徒記吾言。持爲已任。汝等可各隨意述一偈章。若語意冥符。卽衣法偕付。是時會下七百餘僧。上座神秀者。乃於廊壁書偈曰。

身是菩提樹。心如明鏡臺。時時勤拂拭。莫遣惹塵埃。

師經行次。見斯偈。知是神秀所述。嘆曰。依此修行。亦得人天之果。能在碓坊。忽聆諷偈。乃問同學。是何章句。曰。爾不知和尚求法嗣。令各述心偈。此則秀上座所述。能卽自述四句偈。至夜密令人。寫於秀偈之側云。

菩提本無樹。明鏡亦非臺。本來無一物。何處有塵埃。

本師見此偈云。此是誰作。亦未見性。遂脫屣摩去其字。由是衆不之

顧。逮夜師密詣自碓坊曰。米白也否。能曰。白也未有篩。師於碓以杖三擊之。能卽以三鼓入室。師告曰。佛之出世爲一大事。付于迦葉。展轉相授。至菩提達磨。屆于此土。得可大師承襲。以至於吾。今以法寶及所傳袈裟。用付於汝。汝當善自保護。流布將來無令斷絶。汝受吾敎。聽吾偈。曰。

有情來下種。因地果還生。無情旣無種。無性亦無生。

能居士受衣法啓曰。法則旣受。衣付何人。師曰。昔達磨初至人未之信。故傳衣以明得法。今信心已熟。衣乃爭端。止於汝身。不復傳。爾且當遠引。俟時行化。所謂受衣之人。命如懸絲。復云。一花開五葉。結果自然成。又云。果滿菩提圓。華開世界起。能曰。當居何所。師曰。逢懷卽止。遇會且藏。能禮辭已。捧衣潛出。是夜南邁。大衆莫知。翌日衆心疑訝。師曰。吾道行矣。何更詢之。復問衣法誰得耶。師曰。能者得。於是衆議。盧行者名能。尋訪旣失。潛知彼得。時僧惠明奔逐至大庾嶺頭。能見明來。隱於莽中。但以衣置地。明擧之莫動。明卽呼云。我來求法。不求其衣。能遂出曰。不得思惡。不得思善。正當恁麼時。還我明上座本來面目。明於是大悟。能曰。汝須速迴。遇蒙卽止逢袁當住。明卽禮謝而返。逮至嶺下。遇衆追之。明紿之曰。自嶺而來。杳無所見。衆艮踆焉。明後易名道明。蓋避師名之上一字也。止袁州蒙山。（卷七、五祖弘忍章　Z. 2乙, 8, 4―322 d―323 b）

第三十三祖惠能大師。俗姓盧氏。其先范陽人。父行瑫。武德中。左宦于南海之新州。遂占籍焉。三歲喪父。其母守志鞠養。及長家尤貧窶。師樵采以給。一日負薪至市。聞客讀金剛經。至應無所住而生其心。有所感寤。而問曰。此何法也。得於何人。客曰。此名金剛經。得於黃梅。師遽告其母。以爲法尋師之意。直抵韶州。遇高行士劉志略。結爲交友。尼無盡藏者卽志略之姑也。常讀涅槃經。師暫聽之。卽爲解說其義。尼遂執卷問字。師曰。字卽不識。義卽請問。尼曰。字尚不識焉能會義。師曰。諸佛妙理非關文字。尼驚異之。告鄕人云。能是有道之人。宜請瞻禮。近有寶林古寺舊地。可完緝延師居之。四衆霧集俄成寶坊。師一日自念曰。我求大法。豈可中道而止。遂至昌樂縣。西山石室間。遇智遠禪師。今遂請益。遠曰。觀子神機爽拔。殆非常人。吾聞西域菩提達磨傳心印于黃梅。汝當往彼參決。師辭去造黃梅之東山。卽唐咸亨年中也。忍大師一見默而識之。後傳衣法。令隱于懷集四會之間。至儀鳳元年丙子正月八日屆南海。遇印宗法師於法性寺。講涅槃經。師見二法師爭風幡。一人言風動。一人言幡動。能召曰。不是風動。不是幡動。仁者心動。二人言下大悟曰。莫是盧行者否。是卽速說。師曰。我卽惠能也。二法師曰。我等乃西天。令來於此土。與汝披剃受具。仍法性寺有智光律師戒壇。卽宋朝求那跋陀三藏之所置也。記云。後有肉身菩薩在此壇受戒。又梁末眞諦三藏於壇之側手植二菩提樹。記曰。卻後一百二十年。有大士受具於此樹下。宛如宿契二法師曰。我爲汝落髮之師。汝爲我得法之師矣。蓋以感悟風幡之言也。明年二月八日受具已。曰。吾不願居此。後師至寶林寺。韶州刺史韋據請居大梵寺。中宗神龍元年降詔云。朕請安秀二師。宮中供養。萬機之暇。每究一乘。二師竝推讓云。南方有能禪師。密

受忍大師衣法。可就彼問。今遣內侍薛簡馳詔迎請。願師慈念。速赴上京。師上表辭疾。願終林麓。薛簡曰。京城禪德皆云。欲得會道。必須坐禪習定。若不因禪定而得解脫者。未之有也。未審師所說法如何。師曰。道由心悟。豈在坐也。經云。若言如來若坐若臥。是行邪道。何故。無所從來。亦無所去。究竟無證。豈況坐耶。簡曰。弟子之迴。主上必問。願師慈悲。指示心要。師曰。道無明暗。明暗是代謝之義。明暗無盡。亦是有盡。相待立名。故經云。法無有比。無相待故。簡曰。明喩智慧。暗況煩惱。修道之人。儻不以智慧照破煩惱。無始生死。憑何出離。師曰。煩惱卽是菩提。無二無別。若以智慧照煩惱者。此是二乘小見。羊鹿等機。大智上根。悉不如是。簡曰。如何是大乘人見。師曰。明與無明。凡夫見。智者了達其性無二。無二之性。卽是實性。實性者處凡遇而不減。在賢聖而不增。住煩惱而不亂。居禪定而不寂。不斷不常。不來不去。不在中間。及其內外。不生不滅。性相如今。常住不遷。名時道。簡曰。師說不生不滅。何異外道所談。師曰。外道所談不生不滅者。將滅止生。以生顯滅。今猶不滅。生亦無生。我說不生不滅者。本自無生。今亦無滅。所以不同外道。外道者但以文字句義所說。欲知心要。善惡都莫思量。自然得入。妙用河沙。簡于是言下。大悟曰。弟子始和本性不遙。涅槃寂靜無餘有法。一切現前。言已禮辭。歸闕表奏師語。有詔謝師。幷賜摩衲袈裟。寶鉢繒帛。十二月十九日。勅改古寶林。爲中興寺。三年十一月十八日。又勅詔州。重加修飾大師寫經坊。賜額爲法泉寺。師新州舊居爲國恩寺。一日師謂衆曰。諸善知識。汝等靜心聽吾說法。汝等諸人。自心是佛。更莫狐疑。外無一物而能建立。所以心生種種法生。心滅種今法滅。若欲成就種智。須達一相三昧。一行三昧。若於一切處。而不住相。於彼相中。不生憎愛。亦無取捨。不念利益成壞等事。安閑恬靜。虛融澹泊。此名一相三昧。若於一切處。行住座（ママ）臥。純一眞心。不動道場。眞成淨土。此名一行三昧。若人具此三昧。如地有種。含藏長養。成熟其實。一相一行。亦復如是。我今說法。猶如時雨。普潤大地。汝等佛性。譬諸種子。遇玆霑洽。悉得發生。承吾旨者澤獲菩提。依吾行者定證妙果。先天元年告衆曰。吾受忍大師衣法。今爲汝等說法。不付其衣。蓋汝等信根純熟。澤定不疑。堪任大事。聽吾偈。曰。

心地含諸種。　普雨悉皆生。　頓悟華情已。　菩提果自成。

復曰。其法無二。其心亦然。其道淸淨。亦無諸相。汝等愼勿觀淨。及空其心。此心本淨。無可取捨。各自努力。隨緣好去。師說法化世。經四十載。其年七月六日。命弟子往新州國恩寺建報恩塔。先天二年七月一日。謂衆曰。吾欲歸新州速理舟楫。衆曰。師從此去。早晚卻迴。師曰。葉落歸根。來時無口。又問。師之法藏。何人傳受。師曰。有道者得。無心者通。又問。後莫有難否。曰吾滅後五六年。當有一人。來取吾首。聽吾記。云。

頭上養親。　口裏須餐。　遇滿之難。　楊柳爲官。

又云。吾去七十年。有二菩薩。從東方來。一在家一出家。同時興化。建立吾宗。締緝伽藍。昌隆法嗣。言訖往新州國恩寺跏趺示寂。卽其年八月三日也。時韶新兩郡各修塔廟。僧俗莫決所之。兩刺史共焚香

祝云。香煙引處。即師之欲歸焉。時鑪香騰涌。直貫曹谿。以十一月十三日入塔。壽七十六。前韶州刺史韋據撰碑。會人憶取首之記。遂走以鐵葉漆布。固護師頸。開元十年八月三日夜。忽聞塔中鏗然有聲。僧衆驚起。見一人裏白巾從塔中出。踰垣而遁。尋周視什器。一無所失。俄見師頸有傷。具以賊事聞州。縣令楊侃。刺史柳無忝。切加檎捕。五日。於石角村獲賊人。送韶州。鞫問。云姓張名行滿。汝州梁縣人。於洪州元寺。受新羅僧金。令取六祖大首。歸東海供養。柳守聞狀。未即加刑。乃躬至曹溪。問師上足令瑫曰。如何處斷。瑫曰。若以國法論理。固當宜然。但以佛教慈悲。冤親平等。況彼欲求供養。罪可恕之。柳守嘆嘉。始知佛門廣大。遂赦之。上元元年。肅宗遣使就請師衣鉢。歸內供養。至永泰元年五月五日。代宗夢六祖大師請衣鉢。七日勅刺史楊瑊云。朕夢感能禪師。請傳法袈裟。卻歸曹谿。今遣鎭國大將軍劉崇景頂戴而送。朕爲之國寶。卿可於本寺如法安奉。專令僧衆。嚴加守護。勿令遺墜。或爲人偸竊。皆不遠而獲。憲宗謚大鑑禪師。塔曰。元和靈照。南越記云。晋初海内崩裂。各據兵權。署曹叔良爲鎭南將軍。知平南總管事。晋剋復之後。以王爵。封叔良木山雙峯間。叔良有別墅。捨其地爲雙峰曹溪。曹溪由是名著。寶林寺者。梁天監中有僧經始之。刻石曰。卻後一百七十年。有大權菩薩。說法度人。傳化四方。學徒霧集。宜以寶林題之。州將具奏。仍御書其額。至儀鳳二年。大師駐錫。皆符先記。後改額。神龍中曰中興。曰法泉。後三年曰廣果。開元九年曰建興。肅宗曰國寧寺。宣宗曰南華。迄今無燕雀棲止。有達磨祖師所傳袈裟一條。西域屈眴布。緝本綿花心織成。有云絲布者。非也。其衣青黑色。後人以碧絹爲裏。中宗賜摩衲。寶鉢。方辨塑眞。道具等生塔者尸之。開元中廣州觀察使宋璟作禮於塔。見上足令瑫問曰。云何名無生法忍。瑫曰。知生既如。一切皆爾。是名無生。於生自在。是名法忍。知滅不滅。是名無生。善法不忘。是名法忍。發菩提心。是名無生。諸結不起。是名法忍。封境不瞋。是名無生。不惱他人。是名法忍。內無妄念。是名無生。外無染汙。是名法忍。般若無住。是名無生。智慧觀照。是名法忍。璟聞頂受之。遂佛弟子禮。

皇朝開寶初。王師平南海。劉氏殘兵作梗。師之塔廟。鞠爲煨燼。而眞身一無所損。尋有制興修。功未竟。會太宗即位。留心禪門。頗增壯麗焉。今上踐祚。明肅太后助政奉慈聽斷。天下治平。上獨留心於禪法。蓋天啓其衷也。嘗遣使迎請衣鉢入宮中。久留申供。彌加寶飾。冀永殊跡。大師自唐先天二年癸丑入滅。至今景祐三年丙子歲。凡三百二十五年矣。

（同、六祖慧能章　323 b～325 b）

勸師同謁嵩山安禪師。安啓發之不契。乃直詣曹溪禮六祖。祖問。什麼處來。師云。嵩山安禪師處來。祖云。什麼物與麼來。師無語。經于八載忽然有省。乃白祖云。某甲有箇會處。祖云。作麼生。師云。說似一物卽不中。祖云。還假修證也無。師云。修證卽不無。不敢汚染。祖云。秖此不汚染。是諸佛之諸念。吾亦如是。汝亦如是。西天二十七祖般若多羅讖汝曰。

震旦雖闊無別路。要假兒孫腳上行。

金雞解啣一粒米。供養什邡羅漢僧。

又讖傳道一法。

心裏能藏事。說向漢江濱。湖波探水月。將照二三人。

六祖又云。吾先師有言。從吾向後勿傳此衣。但以法傳。若傳此衣命如懸絲。卽道化示莫損於汝。聽吾偈。曰。

心地含諸種。普雨悉皆萠。頓悟花情已。菩提果自成。

汝向後出一馬駒。踏殺天下人。（卷八、南嶽懷讓章　325c～d）

37　韶州曹溪寶林山南華禪寺重脩法堂記

六祖大鑒禪師。初傳信器。歸隱海嶠。混迹弋獵。艱難備嘗。及其建梵宮。登師座敷陳眞覺。開導人天。其亦勤矣。（武溪集卷八　11b）

38　傳法正宗記

咸亨中客有號盧居士者。自稱慧能。來法會致禮其前。尊者問曰。汝自何來。對曰。嶺南來。曰欲求何事。對曰。唯求作佛。曰嶺南人無佛性。若爲得佛。對曰。人有南北佛性豈然。尊者知其異人。佯訶之曰。著槽廠去。慧能卽退求處碓所。盡力於臼杵閒。雖歷日月而未嘗告勞。一日尊者以傳法時至。乃謂其衆曰。正法難解。汝等宜各爲一偈以明汝見。若眞有所至吾卽付衣法。時神秀比丘者號有博學。衆方尊爲冠首。莫敢先之者。神秀自以爲衆所推。一夕遂作偈。書於寺廊之壁曰。

身是菩提樹。心如明鏡臺。
時時勤拂拭。莫使惹塵埃。

尊者見賞之曰。後世若依。此修行亦得勝果。勉衆誦之。慧能適聞。乃問其誦者曰。此誰所爲。曰此神秀上座之偈。大師善之。當得付法。汝豈知乎。能曰。此言雖善而未了。其流輩皆笑以能爲妄言。能尋作偈和之。其夕假筆於童子。並秀偈而書之曰。

菩提本無樹。明鏡亦非臺。
本來無一物。何處有塵埃。

及尊者見之。默許不卽顯稱。恐嫉者相害乃佯抑之曰。此誰所作。亦未見性。衆因是皆不顧能言。中夜尊者遂潛命慧能入室。而告曰。諸佛出世唯爲一大事因緣。以其機器有大小。遂從而導之。故有三乘十地頓漸衆。說爲之教門。獨以無上微妙眞實正法眼藏。初付上首摩訶迦葉。其後迭傳歷二十八世至乎達磨祖師。乃以東來。東之益傳。適至於我。我今以是大法幷其所受。前祖僧伽梨衣寶鉢皆付於汝。汝善保之無使法絕。聽吾偈曰。

有情來下種。因地果還生。
無情既無種。無情亦無生。

慧能居士既受法與其衣鉢。作禮問曰。法則聞命。衣鉢復傳授乎。尊者曰。昔達磨以來自異域。雖傳法於二祖。恐世未信其所師承。故以衣鉢爲驗。今我宗天下聞之。莫不信者。則此衣鉢可止於汝。然正法自汝益廣。若必傳其衣。恐起諍端。故曰。受衣之人命若懸絲。汝卽

行矣。汝宜且隱晦。時而後化。慧能復問曰。今某當往何所。尊者曰。逢懷卽止。遇會且藏。慧能稟教卽夕去之。此後尊者三日不復說法。其衆皆疑。因共請之。尊者曰。吾法已南行矣。斯復何言。衆復曰。何人得之。答曰。能者得之。衆乃悟盧居士傳其法也追之。而慧能已亡。

（卷六、弘忍章　**T.51—746 b～c**）

正宗分家略傳上 幷序

序曰。正宗至第六祖大鑒禪師。其法益廣。師弟子不復一一相傳。故後世得各以爲家。然承其家之風以爲學者。又後世愈繁。然周於天下。其事之本末。已詳於傳燈廣燈二錄宋高僧傳。吾不復列之此。而書者蓋次其所出之世系耳。故分家傳起自大鑒。而終於智達。凡一千三百有四人也。

大鑒所出法嗣。凡四十三人。其一曰西印度堀（ママ）多三藏者。一曰韶陽法海者。一曰盧陵志誠者。一曰匾檐山曉了者。一曰河北智隍者。一曰鐘陵法達者。一曰壽州智通者。一曰江西志徹者。一曰信州智常者。一曰廣州志道者。一曰廣州印宗者。一曰清源山行思者。一曰南嶽懷讓 避諱 者。一曰溫州玄覺者。一曰司空山本淨者。一曰婺女（州カ）玄策者。一曰曹溪令韜者。一曰西京光宅慧忠者。一曰荷澤神會者。一曰韶陽祇陀者。一曰撫州淨安者。一曰嵩山尋禪師者。一曰羅浮定眞者。一曰南嶽堅固者。一曰制空山道進者。一曰善快者。一曰韶山緣素者。一曰宗一者。一曰秦望山善現者。一曰南嶽梵行者。一曰幷州自在者。一曰西京咸空者。一曰峽山泰祥者。一曰光州法淨者。一曰清涼山辯才者。一曰廣州吳頭陀者。一曰道英者。一曰智本者。一曰清苑法眞者。一曰玄楷者。一曰曇璀者。一曰韶州刺史韋據者。一曰義興孫菩薩者。

大鑒之二世。曰清源行思禪師。吉州安域人也。初於大鑒之衆最爲首冠。大鑒嘗謂之曰。從上以衣與法偕傳。蓋取信於後世耳。今吾得人何患乎不信。我受衣來常恐不免於難。今復傳之慮起其諍。衣鉢宜留鎭山門。汝則以法分化一方無使其絕。思尋歸其鄉邑。居清源山之靜居寺。最爲學者所歸。其法嗣一人。曰南嶽石頭希遷者。

大鑒之二世。曰南嶽懷讓禪師。金州人也。初自嵩山安國師法會往參六祖大鑒。大鑒問曰。什麼處來。曰嵩山來。大鑒曰。什麼物恁麼來。讓曰。說似一物卽不中。大鑒曰。還可修證否。讓曰。修證卽不無。汚染卽不得。大鑒曰。秖此不汚染。諸佛之所護念。汝旣如是吾亦如是。昔般若多羅所讖。蓋於汝足下出一馬駒。蹋殺天下人。病在汝心不須速說。讓卽豁然大悟。事大鑒歷十五載。尋往南嶽居般若精舍。四方學者歸之。故其所出法嗣凡九人。一曰江西道一者。一曰南嶽常浩者。一曰智達者。一曰坦然者。一曰潮州神照者。一曰揚州嚴峻者。一曰新羅國本如者。一曰玄晟者。一曰東霧法空者。（中略）

大鑒之二世。曰洛陽荷澤神會禪師。初以沙彌參見大鑒。因問答乃發大慧。戒後會大鑒入滅。北秀之說浸盛。會遂趨京師。以天寶四年獨斷祖道爲南北宗。著書曰顯宗論。大鑒所傳自是遂尊於天下。其所出法嗣一十八人。

（卷七、**749 a～750 a**）

39　傳法正宗定祖圖

其圖所列。自釋迦文佛大迦葉。至乎曹溪第六祖大鑒禪師。凡三十四位。

（敍、T.圖像10—1410）

第卅二祖弘忍。蘄陽黃梅人。（中略）咸亨中客有盧居士。自稱惠能。自嶺南而來。趨其法會。忍祖器之。以其所呈法偈。遂以居士傳法幷其衣鉢。說偈曰。

有情來下種。因地果還生。
無情既無種。無情亦無生。

（傳衣の圖）

普傳者甚衆全山五人耳
光宅慧忠
清源行思
南嶽懷讓
韶陽法海
掘多三藏

（傳法の圖）

第卅三祖慧能。新州新興人。姓盧氏。初以至孝事母。家貧以鬻薪爲資。因聞商客誦經。乃知五祖弘忍傳佛心印。遂借資與母。辭去就黃梅以求其法。見五祖相契。竊以居士受法。南還廣州落髮於法性寺。得具戒後。居韶陽曹侯溪。大爲四衆所歸。方以其法普傳前祖所授衣鉢。則置之於其所居之寺。其後說偈示徒以顯其法。偈曰。（其普傳之徒。備見于記中。）

心地含諸種。普雨悉皆生。
頓悟花情已。菩提果自成。

（弘忍章～慧能章　1425）

（裴休圖）

裴休。字公美。（中略）自大迦葉至於達磨。凡廿八世。達磨傳可。可傳璨。璨傳信。信傳忍。忍傳能爲六祖。

（裴休章　1427）

40　傳法正宗論

斷自釋迦如來至此第六祖大鑑禪師。總三十四聖者。如來則爲之表。次聖則爲之傳。及大鑑之後法卽廣傳。則爲分家略傳諸祖。

（卷上、T.51—775c）

自迦葉至于達磨。凡二十八祖。達磨傳之。又至于能爲六祖矣。

（卷下、783a）

41　鐔津文集

慧能。始鬻薪以養其母。將從師。患無以爲母儲。殆欲爲傭以取資。及還而其母已殂。慨不得以道見之。遂寺其家以善之。終亦歸死于是也。故曰。葉落歸根。能公至人也。豈測其異德。猶示人而不忘其本也。

（卷三、6b）

六祖法寶記敍　（此郎侍郎作附）

按唐書曰。後魏之末。有僧號達磨者。本天竺國王之子。以護國出家

入南海。得禪宗妙法。自釋迦文佛相傳。有衣鉢爲記。以世相付受。達磨齎衣鉢航海而來。至梁詣武帝。帝問以有爲之事。達磨不說。乃之魏隱於嵩山少林寺。以其法傳慧可。可傳僧粲。粲傳道信。信傳弘忍。忍傳惠能。而復出神秀。能於達磨在中國爲六世。故天下謂之六祖法寶記。蓋六祖之所說其法也。其法乃生靈之大本。人焉鬼神焉萬物焉。遂與其淸明廣大者。紛然而大異。六祖憫此。乃諭人欲人自求之。卽其心而返道也。然天下之言性命者多矣。若其言之之至詳。理之之至當。推之之至悉。而釋氏得之矣。若其示之之至直。趣之之至徑。證之之至親。而六祖之於釋氏。又其得之也。六祖於釋氏教道。可謂要乎至哉。今天子開善閣記。謂以本性證乎了義者。未有舍六祖之道。而有能至於此者也。是則六祖者乃三界之慈父。諸佛之善嗣歟。偉乎。惟至聖而能知至道也。然六祖之說餘素敬之。患其爲俗所增損。而文字鄙俚繁雜殆不可考。會沙門契嵩作壇經贊。因謂嵩師曰。若能正之。吾爲出財。模印以廣其傳。更二載。嵩果得曹溪古本校之。勒成三卷。粲然皆六祖之言。不復謬妄。乃命工鏤板以集其勝事。至和三年三月十九月序。　（卷一一、2a～3a）

42　新唐書

慧能　金剛般若經口訣正義　一卷　姓盧氏。曲江人。　（卷五九、藝文志　7b）

僧法海　六祖法寶記　一卷　（同、8a）

43　集古錄目

唐能大師碑　兵部侍郎宋鼎撰。河南陽翟丞史惟則八分書。大師姓盧氏。南海新興人。居新興之曹溪。天寶七載。其弟子神會建碑於鉅鹿郡之開元寺。案金石錄。天寶十一載二月立。　（卷三、18a）

44　汾陽無德禪師語錄

沼嗣先南院顒。顒嗣興化奬。奬嗣臨際玄。玄嗣黃檗運。運嗣百丈海。海出馬祖。祖出南岳讓。讓爲曹溪嫡子。自曹谿至師。凡十一世。師旣投鍼臨汝。分燈摩竭。衣珠內炳。　（序、T.47―595a）

故我大覺世尊。於多子塔前分半座。告摩訶迦葉云。吾有淸淨法眼。涅槃妙心。實相無相。微妙正法。將付囑汝。汝當流布。勿令斷絕。如是展轉。西天二十八祖。唐來六祖。諸方老和尙。各展鋒機。以爲內護。　（卷上、606c）

六祖問讓和尙。甚麼處來。嵩山安和尙處來。祖云。甚麼物恁麼來。說似一物卽不堪。祖云。還假修證也無。修證卽不無。汚染卽不得。祖云。只此不汚染。是諸佛之護念。汝善護持。因師顧問自何來。報道嵩山意不迴。修證卽無不汚染。撥雲見日便心開。　（卷中、607c）

三聖令秀上座問長沙。南泉遷化。向什麽處去。沙云。石頭作沙彌時。參見六祖。秀云。不問石頭參見六祖。南泉遷化。向什麽處去。

（同、612 b）

永嘉到六祖。遶繩床振錫而立。祖云。夫沙門。具三千威儀八萬細行。大德從何方而來。生大我慢。師云。生死事大。無常迅速。祖云。何不體取無生。了取無速。師云。體卽無生。達本無速。祖云。汝甚得無生意耶。師云。無生豈有意。祖云。既無意誰爲分別。師云。分別亦非意。祖云。如是如是。圓悟眞心作本心。無人證據思沈吟。崛多擊發緣當熟。一見能師便得金。

（同、612 c）

僧問六祖。黃梅意旨。什麽人得。祖云。會佛法者。和尚還得麽。師云。我不得。和尚爲什麽不得。祖云。我不會佛法。代云。方知密旨難傳。

（同、617 c）

敍六祖後傳法正宗血脈頌

能師密印付觀音。百丈親傳馬祖心。黃檗大張臨際喝。三聖大覺解參尋。興化流津通汝海。寶應曾窮風穴深。

（同、625 b）

45　建中靖國續燈錄

有盧居士遠來。師曰。汝什麽處來。答曰。嶺南來。師曰。來作什麽。答曰。來求作佛。師曰。汝嶺南人無佛性。答曰。人有南北。佛性豈有南北。師叱曰。著槽廠去。卽入碓坊。服勞杵臼。腰間墜石。晝夜不息。傳衣時至。遂命入室。乃謂曰。諸佛出世爲一大事。無上妙法眞實圓明。今付於汝。汝善護持。無令斷絕。而說偈言。

有情本下種。因地果還生。無情既無種。無性亦無生。

（卷一、弘忍章　Z. 2乙, 9, 1—23 d～24 a）

爾時六祖慧能大鑑禪師。賣樵聞經。頓悟心印。遠至黃梅。求其密證。遂傳衣鉢。隱于懷集。因辨風幡。發揚大事。道俗歸依。龍天瞻仰演無上乘。度無量衆。當機開悟。密契潛符。猶如時雨普潤一切。將欲歸眞。遂告衆曰。汝等信根純熟。決定無疑。衣鉢不傳。各任大事。依吾行者。定證聖果。普告大衆。而說偈言。

心地含諸種。普雨悉皆萌。頓悟花情已。菩提果自成。

（同、慧能章　24 a）

南嶽懷讓禪師。師到曹溪。祖師問曰。從什麽處來。師曰。從嵩山安國師處來。祖曰。什麽物與麽來。師八年後一日忽省。而告祖師曰。說似一物卽不中。祖曰。還假修證否。師曰。修證卽不無。只是不汙染。祖曰。只遮不汙染。諸佛所護念。汝今如是。吾亦如是。西天二十八祖亦如是。唐土六祖亦如是。般若多羅讖汝。足下出一馬駒子。蹈殺天下人去在。汝善護持。後居南嶽。傳正法眼。

（同、南嶽懷讓章　24 a）

盧陵淸原山行思禪師。師到曹溪參禮祖。師問曰。當何所務卽得不

落堦級。祖師曰。汝曾作什麼來。師曰。聖諦亦不爲。祖曰。落何堦級。師曰。聖諦尚不爲。何堦級之有。祖曰。如是如是。汝善護持。曹溪學衆雖多。師居第一。後歸清原山。弘揚此事傳正法眼。

（同、青原行思章　24 a～b）

46　林間錄

曹溪大師。將入涅槃。門人行瑫超俗法海等問。和尚法何所付。曹溪曰。付囑者二十年外於此地弘揚。又問誰人。答曰。若欲知者大庾嶺上以網取之。圭峰欲立荷澤爲正傳的付。乃文釋之曰。嶺者高也荷澤姓高。故密示之耳。欲抑讓公爲旁出則曰。讓則曹溪門下旁出之汎徒。此類數可千餘。嗚呼。逐鹿者不見山攫金者不見人。殆非虛言。方密公所見唯荷澤。故諸師不問是非例皆毀之。如大庾嶺上以網取之之語。是大師末後全提妙旨。而輙以意求。讓公僧中之王。而謂之汎徒詳味密公之意可以發千載之一笑。

（卷上、Z.2乙, 21, 4―298 a～b）

47　祖庭事苑

庾嶺　六祖盧行者。自密授衣法是夜潛遁。有道明者與數十人躡迹而追至大庾嶺。明最先見。祖乃置衣鉢於盤石曰。此衣奉信可力爭耶。任君將去。明擧之如山不動。

（卷二、乾 6 a）

盧公語　中宗神龍初。遣內侍薛簡詔六祖赴闕。祖辭以疾。薛簡因問祖曰。京城禪德皆云。欲得會道必須坐禪習定。若不因禪定而得解脫者未之有也。此理如何。祖曰。道由心悟。豈在坐也。經云。若見如來。若坐若臥。是行邪道。故無所從來。亦無所去。若無生滅。是如來清淨禪。諸法空寂。是如來清淨坐。究竟無證。豈況坐邪。

（同、10 b）

屈眴　卽達磨大師所傳袈裟。至六祖遂留於曹溪。屈眴。梵語此云大細布。緝木緜華心織。成其色青黑。裏以碧絹。唐肅宗上元初。降詔請衣入內供養。凡六年至永泰初。五月五日夜。代宗夢能大師請衣。却歸曹溪至七日。命中使楊崇景奉而置之。眴音舜。

（同、11 b）

風幡競辨　老盧自傳衣之後。至儀鳳初屆南海。遇印宗法師於法性寺講涅槃。盧寓止廊廡間。暮夜風颺刹幡聞二僧對論。一云。風動。一云。幡動。往復醻對曾未契理。盧曰。可容俗士預高論否。曰。願聞子說。曰。不是風動。不是幡動。仁者心動。印宗竊聆此語。悚然異之。

（卷四、乾 9 a）

扶吾病起　六祖謂讓和上曰。西天般若多羅讖。汝足下出馬駒子。踏殺天下人。病在汝身。不須速說。讓自執侍左右一十五年。

（同、15 b）

負舂　六祖初謁五祖於黃梅。法乳相投。遂負石於腰以供簸舂之務。

（同、16a）

秀能　慧能居於雙峯曹侯溪。神秀棲于江陵當陽山。同傳五祖之法盛行天下。竝德行相高。於是道興南北。能爲南宗。秀爲北宗。以居處稱之也。

（卷五、坤13a）

智囊　張行滿。汝海人。汝人多瘿。故命瘿人爲智囊。桉史記。秦樗里子瘿而多智。時人號爲智囊。樗抽居切。

（卷六、坤7b）

風幡　國師上堂云。古聖方便猶如河沙。祖師道。非風幡動。仁者心動。斯乃無上心印法門。我輩是祖師門下客。合作麼生會祖師意。莫道。風幡不動。汝心妄動。莫道。不撥風幡就風幡通取。莫道。風幡動處是甚麼。有云。道附物明心。不須認物。有云。色卽是空。有云。非風幡動。應須妙會。如是解會與祖師意旨有何交涉。既不許如是會。諸上座便合知悉。若於者裏徹底悟去。何法門而不明。百千諸佛方便一時洞了。更有甚麼疑情。所以古人道。一了千明。一迷萬惑。上座豈是今日會得一則。明日一則又不會也。莫是有一分向上事難會。下劣凡夫不會麼。如此見解。設經塵劫。只自勞神乏思。無有是處見傳燈。

（卷七、坤2b）

馬大師　師諱道一。生漢州什仿。姓馬氏。生而奇偉。牛行虎視。引舌過鼻。足有輪相。出家於羅漢寺。受具於渝州。唐玄宗開元中。結侶游衡湘。讓和上一見而獨異之。然亦應般若多羅之讖。所謂金雞解啣一粒米。供養十方羅漢僧是也。又六祖謂南嶽曰。向後佛法從汝邊去。生一馬駒子。踏殺天下人。師道行江西。時人稱之爲馬祖。師自建陽之佛迹嶺。遷臨川及灨上。其游化不常。至代宗大歷中。至洪都開元連帥路嗣恭敬受宗旨。禪學輻湊。說法無量。至德宗貞元四年。登建昌石門山。謂侍者曰吾沒後當託質茲地。卒年八十。後門人得舍利歸葬於泐潭山。敕謚大寂禪師。王莽改郡守曰連師。見西漢書灨水名名音紺。

（同、12b）

證道歌　永嘉大師。諱玄覺。俗姓戴氏。齠年出家。弱冠登具。博通三乘。練習天台止觀。內心明靜。求證於曹溪六祖。祖方踞坐丈室。師振錫遶座三帀。卓然於前。祖曰。夫沙門具三千威儀八萬細行。大德自何方而來。生大我慢。師曰。生死事大。無常迅速。祖曰。何不體取無生了無速乎。曰。體卽無生。了本無速。祖曰。如是如是。方具威儀參禮畢。辭還永嘉。祖曰。返太速乎。曰。本自非動。豈有速邪。祖曰。誰知非動。曰。仁者自生分別。祖曰。汝甚得無生之意。曰。無生豈有意邪。祖曰。無意誰當分別。曰。分別亦非意。祖曰。善哉善哉。少留一宿世謂之一宿覺。既歸大唱其道。所作證道歌泳播天下。後六祖兩月而亡。卽先天二年十月十七日也。睿宗謚無相大師。塔曰淨光。本朝淳化中詔修龕塔。

（同、18a）

那連耶舍。作讖偈一十三首。授五戒優婆塞萬大懿。(中略)其五曰。

奉物何曾奉。言勤又不勤。唯書四句偈。將對瑞田人。

此讖六祖也。奉物何曾奉。言勤又不勤。師名慧能也。四句偈對北秀作頌。因以傳衣。瑞田卽神秀也。　(卷八、坤5b)

其九曰。靈集媿天恩。生牙二六人。法中無氣味。石上立功勳。

此讖荷澤神會也。靈集荷澤之舊名。天恩荷澤也。二六卽神會門弟子十二人也。法中無氣味。所謂知解宗師也。石上立功勳者。蓋當時有北秀弟子普寂。說法盛於京都。倚恃勢位。謂神會邪法。惑衆義當擯逐。會因有南陽之行。寂乃毀能大師豐碑。別豎神秀行狀。爲傳法六祖。寂自爲七祖。至天寶五年。侍郎宋融知其前非。復奏請召會歸洛居荷澤寺。却毀秀碑豎六祖石刻。　(同、6a)

其十曰。本是大蟲男。回成師子談。官家封馬領。同詳三十三。

此讖印宗和上。本講經論。爲敎之虎。晚參心宗爲師子兒。官家封印也。馬領宗也。三十三。華梵祖師下自六祖凡三十三人。印宗嗣六祖也。　(同、6a〜b)

48　長靈守卓禪師語錄

贊六祖

駕白牛車。受黃梅印。沒體歸神。當機發迅。

眞軌無差。坤維大順。衣止不傳。法唯自信。

曹源一滴起滔天。千古南宗誰獨振。　(Z. 2, 25, 2—165a)

49　金石錄

唐曹溪能大師碑　宋泉(ママ)撰。史惟則八分書。天寶十一載二月。　(卷七、7b〜8a)

50　宗門統要

師因六祖初參。乃問。汝自何來。答。嶺南。師云。欲須何事。曰。唯求作佛。師云。嶺南人無佛性。若爲得佛。曰。人有南北。佛性豈然。師知異器。乃訶曰。著槽廠去。　(卷一、五祖弘忍章　第一冊38b)

六祖能大師。因風颺刹幡。有二僧對論。一云。幡動。一云。風動。往復曾未契理。祖云。不是風動。不是幡動。仁者心動。二僧竦然。　(同、六祖慧能章　38b)

師因僧問。黃梅意旨什麼人傳。云。會佛法人得。僧云。和尚還得不。云。我不得。和尚爲甚不得。云。我不會佛法。　(同、39a〜b)

師示衆云。吾有一物。無頭無尾。無名無字。無背無面。諸人還識麼。時荷澤神會乃出云。是諸法之本源。乃神會之佛性。祖乃打一棒云。

這饒舌沙彌。我喚作一物尚不中。豈況本源佛性。此子向後。設有一把茆蓋頭也。只成得箇知解宗徒。　（同、39b）

師一日謂門人曰。吾欲歸新州。汝等速舟檝。門人曰。師從此去。早晚卻迴。祖曰。葉落歸根。來時無口。　（同、40a）

師因思和尚問。當何所務。卽得不落階級。祖云。爾曾作什麼來。思云。聖諦亦不爲。祖曰。落何階級。思曰。聖諦尚不爲。何階級之有。祖曰。如是如是。汝善護持。吾付汝偈。偈云。心地含諸種。普雨悉皆萠。頓悟花情已。菩提果自成。　（同、40a）

51　慈受懷深禪師廣錄

上堂。擧六祖問僧。甚處來。僧云。嘗參臥輪和尚。得箇頌子。一生受用不盡。祖云。你試擧看。臥輪有伎倆。能斷百思想。對境心不動。菩提祇(ママ)麼長。祖乃說一頌。慧能無伎倆。不斷百思想。對境心數起。菩提作麼長。　（卷一、Z.2, 31, 3—272c）

52　佛果圜悟眞覺禪師心要

示才禪人

曹溪大鑑微時。乃新州鬻樵人也。碌碌數十年。一旦聞客誦經。發其本願。棄母出鄕。遠謁黃梅。纔見數語間。投機隱迹碓坊八箇月。曁與秀師呈偈。始露鋒鋩。黃梅尋擧衣盂授之。是時群衆趂逐。競欲奪取。而蒙山先及於庾嶺。擧之不勝。方悟非可以力爭。稽首乞發藥。大鑒示以不思善惡處。本來面目。卽便知歸。以時未至。復遁於四會獵人中久之。然後出番禺吐風幡心動之語。印宗伸師禮。爲之落髮。登具開大法要。董二千衆。聲徹九重。命貴近降。紫泥確然不應。度龍象數十人。皆大宗師。何其韙哉。雖聖賢應世。存亡進退。擧照無遺。然步驟趣向。從微至著。攷之不斷世緣。而示妙規。百世之下。無與爲等。到今徧寰海。皆其子孫。每仰洪範。輙欲擬其毫末。亦不可得。欲望後進。有力量者勉之。聊述梗概耳。　（卷春、33a）

示民上人

昔蒙山惠明道人。自黃梅趂逐盧老。到大庾嶺。及之遂咨稟。不爲衣鉢來。只爲法來。盧乃令坐於磐石冥心。因語之云。汝但善惡都莫思量。正當恁麼時。一物不思。還我明上座本來面目來。明依言歛念。尋有省發。乃復問。爲只這箇。爲當更別有密意。盧云。我若向你道。卽不密也。只如上說。汝若會卽密在汝邊矣。蒙山乃了了無礙。將知密意。卽是密印。若體得老僧所示。心地豁然。密印豈在別人邊。密說顯證。皆只於剎那頃。纔生心動念。卽沒交涉也。　（卷夏、62a）

53 圓(ママ)悟佛果禪師語錄

後來六祖大鑑禪師。尙自道。只這不立兩字。早是立了也。

（卷一二、T.47―769b）

學。僧問六祖。黃梅意旨。是什麼人得。祖云。會佛法人得。僧云。和尙還得也無。祖云。我不得。僧云。爲什麼不得。祖云。我不會佛法。

斬釘截鐵大巧若拙。一句單提不會佛法。儘他葉落華開。不問春寒秋熱。別別。萬古碧潭空界月。

（卷一八、799b）

六祖大師

稽首曹溪眞古佛。八十生爲善知識。示現不識世文書。信口成章徹法窟。

葉落歸根數百秋。堅固之身鎭韶石。皎如赫日照長空。煥若驪珠光太極。

定慧圓明擴等慈。所求響應猶空谷。河沙可數德莫量。併出渠儂悲願力。

（卷二〇、807b）

54 佛果碧巖破關擊節

明鏡當臺列象殊。只消一句。可辨明白。古人道。萬像森羅。一法之所印。森羅及萬像。總在鏡中觀。秀大師道。身是菩提樹。心如明鏡臺。時時常拂拭。莫與若塵埃。後來六祖道。菩提本無樹。明鏡亦非臺。本來無一物。爭得若塵埃。

（第二八則、上、p. 133）

不見。永嘉見六祖道。三千威儀八萬細行。大德從何方而來。生大我慢。此箇也是不是。說也不是。不說也不是。是與不是都繫驢橛。

（第三一則、同、p. 142）

南泉示衆云。黃梅七百高僧。盡是會佛法底人。爲什麼不得衣鉢。唯有盧行者。不會佛法。所以得佗衣鉢。

（第六一則、下、p. 34）

55 擊節錄

學。永嘉大師到六祖。遶禪床三匝。振錫一下。卓然而立。魚行水濁。祖云。夫沙門具三千威儀八萬細行。大方之家。善收善放。大德從何方而來。生大我慢。不使人屈。雪竇便喝乃云。當時若下得這一喝。免得龍頭蛇尾。賊過後張弓。又再學。遶禪床三匝。振錫一下。卓然而立。鳥飛毛落。代六祖云。未到曹溪。與你三十棒了也。也是無風起浪。

永嘉大師。本是講維摩經座主。因看維摩經自悟。說得話驚人。因六祖會中策禪師。游三吳預座隨喜。見他講得不同尋常座主見解。因講散。遂詰其心地。所發之言並同諸祖。策曰。仁者悟心師是誰耶。受誰印可。覺曰。我聽方等維摩經論。並有師承。於維摩經悟佛心宗。

無人證據。策曰。仁者威音王已前則得。威音王已後無師自悟。盡是天然外道。覺曰。願仁者爲我印證。策曰。我乃言輕。有第六祖師在曹溪。四方雲集。並是受法之人。覺卒策同至曹溪印可。永嘉既至曹溪。見六祖坐次。持錫遶繩床三匝。振錫一下。卓然而立。六祖云。夫沙門具三千威儀八萬細行。大德從何方來。生大我慢。永嘉也好。便道。生死事大。無常迅速。六祖本要抛箇鉤。釣永嘉。卻倒被永嘉釣將去。兩家只管打葛藤。一對一問。千古萬古。悉皆如此。末後六祖道。如是如是。永嘉便行。祖云。少留一宿。故號爲一宿覺。名玄覺。號眞覺。雪竇拈占有大手腳。更不引問答。直引他初見六祖語。雪竇拈弄。永嘉道生死事大無常迅速。且得沒交涉。雪竇教永嘉下喝。免見後人指注。且道。明什麼邊事。這一喝似箇什麼。似置一寶珠向面前。若是有錢人。便買將去。當時屬伱也。宗師家拈古有出群處。卻再舉六祖道等。遶繩床三币。振錫一下。卓然而立。好向他道。未到曹溪。已與伱三十棒了也。雪竇前頭。與永嘉出一隻眼。這裏與六祖出一隻眼。且道。雪竇意作麼生。

（第五則、上、8b）

擧。僧問洞山。時時勤拂拭。莫使惹塵埃。爲什麼不得他衣鉢。（鈍滯祖師。）山云。直饒道本來無一物。也未合得他衣鉢。（中略）還見祖師衣鉢麼。（用祖師衣鉢作什麼。）若於此入門。便乃兩手分付。（用入門作什麼。）非但大庾嶺頭一箇提不起。設使闔國人來。且欸欸地將去。（只知闍黎還見祖師衣鉢麼。）

（第九五則、下、50a）

56　東京慧林慈受廣錄

供養六祖上堂。昨夜有人來報。初祖達磨與二祖可和尚。三祖璨和尚。四祖信和尚。五祖忍和尚。六祖能和尚。來謁禪師。山僧遂教請達磨近前展坐具云。久仰道風無由禮見。山僧把住坐具云。彼此老大不煩。如是達磨正覗。山僧云。九年冷坐熊峰頂。五葉花敷大地春。山僧云。少賣弄。二祖云。看著庭前三尺雪。特地令人兩臂寒。山僧云。鈍根阿師。三祖云。既知罪性元無染。一拳拳倒皖公山。山僧云。惜取眉毛。四祖云。牾來解脫無繩縛。拳倒虛空得自由。山僧云。未是好手。五祖云。少年再到傳衣地。翻憶前生種樹時。山僧云。貧兒思舊債。六祖云。莫道舂糠無伎倆。碓中揭出古菱花。山僧云。便重不便輕。

（第一冊、2a～b）

57　古尊宿語要

問五祖大師。云徒衆五百。何以能大師獨受衣傳信。餘人爲什麼不得。五祖云。四百九十九人盡會佛法。唯有能大師是過量人。所以傳衣信。崔云。故知道非愚智。便告大衆總須記取。師云。記得。屬第六識不堪無事。珍重。

（一集上、南泉願章　8a）

且五祖下五百人。只盧行者一人不會佛法不識文字。他家只會道。

（同、10b）

問。古人有言。靈山話月。曹溪指月。如何是眞月。師云照破也。曰。照破後如何。師云。還我話頭來。　（二集下、神鼎諲章　9b）

58　正法眼藏

六祖。聞僧擧臥輪偈云。臥輪有伎倆。能斷百思想。對境心不起。菩提日日長。祖曰。此偈未明心地。若依而行之。是加繫縛。因示一偈曰。慧能沒伎倆。不斷百思想。對境心數起。菩提作麼長。　（卷中、59a）

六祖。一日謂門人曰。吾欲歸新州。汝等速治舟楫。門人曰。師從此去。早晚卻回。祖曰。葉落歸根。來時無口。法雲秀云。非但來時無口。去時亦無鼻孔。　（同、81a）

六祖。謂衆曰。諸善知識。汝等各各淨心。聽吾說法。汝等諸人。自心是佛。更莫狐疑。外無一物而能建立。皆是本心生萬種法。故經云。心生種種法生。心滅種種法滅。若欲成就種智。須達一相三昧。一行三昧。若於一切處而不住相。彼相中不生憎愛。亦無取捨。不念利益成壞等事。安閑恬靜虛融澹泊。此名一相三昧。若於一切處。行住坐臥。純一直心。不動道場。眞成淨土。名一行三昧。若人具二三昧。如地有種。能含藏長養。成就其實。一相一行亦復如是。我今說法。猶如時雨溥潤大地。汝等佛性。譬諸種子。遇玆霑洽。悉得發生。承吾旨者。決獲菩提。依吾行者。定證妙果。　（卷下、1ab）

六祖。因二僧對論風旛。一云。風動。一云。旛動。祖曰。不是風動。不是旛動。仁者心動。二僧竦然。雪峯云。大小祖師。龍頭蛇尾。好與二十棒。孚上座。侍次齩齒。峯云。我與麼道也好與二十棒。妙喜曰。要識孚上座麼。犀因翫月紋生角。要識雪峯麼。象被雷驚花入牙。　（同、54ab）

59　郡齋讀書志

六祖壇經　二卷　右唐僧惠昕撰。記僧盧慧能學佛本末。慧能號六祖。凡十六門。周希後有序。　（卷三下、釋書類　36b～37a）

六祖解心經　一卷　右唐僧惠能解。　（同、38b）

六祖壇經　二卷　右唐僧慧能。授禪學于弘忍。韶州刺史韋據請。說無相心也戒。門人紀錄。目曰壇經。盛行于世。　（同、39a）

60　大慧普覺禪師普說

不見。永嘉大師。因看維摩經。有所悟。徑往曹溪。定宗旨。纔見祖師。更不燒香禮拜。便遶禪床三帀。振錫一下。卓然而立。祖師曰。

夫沙門具三千威儀八萬細行。行行無虧。大德從何方而來。生大我慢。儞看祖師門戶大波瀾闊。永嘉把他所得處。作一檐子。送在祖師面前。卻只喚他底作我慢。永嘉云。生死事大。無常迅速。儞道。這箇道理是怎生。莫作禪會。他振錫而立。直以道相見。祖師既不放過。喚他作我慢。遂不免依實供通云。生死事大。無常迅速。所以無暇燒香禮拜。道理只是如此。祖師又去語下討他云。何不了取無生達無速乎。永嘉云。了卽無生。達本無速。祖師見他通得消息是卽向他道。汝甚得無生意。若是如今禪和子聞恁麼道。便謂祖師印證我。貼在額頭上。到處欺負人道。我得無生意。永嘉識破祖師不是好心卻云。無生豈有意耶。蓋以意分別卽是生死根本。何謂意分別這箇是。王知府那箇是報恩長老。若不分明。如何知得是。張三李四。祖師曰。無意誰爲分別。永嘉云。分別亦非意。大衆好箇分別亦非意。雖然如是。可惜放過。若是德山臨濟。須與推一頓。趂出三門外。祖師向這裏便倒地。贊言。善哉善哉。既而辭去。祖師云。大德從何方而來。返太速乎。求嘉云本自非動。豈有速耶。祖師云。誰知非動。永嘉云。仁者自生分別。祖師云。少留一宿。故名一宿覺。有一本證道歌。行於世。以要言之。不出無常迅速生死事大而已。其餘皆是注脚。

（卷一、92b～93b）

這箇卻似。舊時有人問六祖大師云。弟子嘗覽涅槃經。未曉常無常義。願和尚慈悲略爲宣說。祖曰。無常者。卽佛性也。有常者。卽善惡一切諸法分別心也。曰。和尚所說大違經文也。祖曰。吾傳佛心印。安敢違於佛經。曰。經說佛性是常。和尚卻言無常。善惡諸法乃至菩提心。皆是無常。和尚卻言是常。此卽相違。令人轉加疑惑。祖曰。涅槃經。吾昔者聽尼無盡藏讀誦一遍便爲講說。無一字一義不合經文乃至爲汝終無二說。六祖大意道。若不生不滅是常義。生死去來是無常義。時盡大地無一人發眞歸源。盡十方世界是箇無孔鐵鎚。修羅永作修羅。餓鬼永作餓鬼。畜生永作畜生。無一人得動轉去。我說無常正是佛說眞常之道也。我說常義正是佛說眞無常義也。所以道。心迷法華轉。心悟轉法華。

（卷二、25a～b）

昔六祖謂明上座曰。汝但不思善不思惡一物不思。正當恁麼時那箇是上座本來面目。古人如將一百二十斤檐子。一送送在儞肩頭上。纔接得便檐行一百二十里。更不轉頭要檐荷。此段大事。須得這般有力量漢始得。

（同、29b）

如明上座。趕六祖。至大庾嶺頭。要奪衣鉢。他是箇殺人放火底漢。六祖見其來意不善。遂置衣鉢石上。蹲身莫中。明盡力提不起。此豈是衣鉢。有恁麼殊勝。若爾則達磨所傳返成担怪。所以道。欲識佛性義。當觀時節因緣。蓋是他悟道底時節因緣熟。驀然提不起乃告曰。行者我豈爲衣鉢來。願行者慈悲。爲我說佛法。祖曰。汝且在石上坐。也不要思量善。也不要思量惡。明如其教靜坐片時。祖忽喚曰。明上座。明曰。喏。祖曰。不思善不思惡。正當恁麼時。一物不思。作麼生是汝父母未生時本來面目。明上座忽然向六祖舌頭上。見得本來面目。

便禮拜。遂問。除卻行者如上爲某甲說底。不知黃梅付囑外。別有甚麼密意可以傳授。此乃古本壇經所載。不知後來是何作聰明底杜撰改卻。山僧當時所見者。乃唐時本。亦唐時經生寫底。他道黃梅付囑外。別有甚麼密意。可以傳授。相曰。上座汝若返見自己本來面目。密卽在汝邊。我所說者則非密也。

（同、59b～60a）

豈不見。永嘉因讀維摩經悟道。乃云。我聞曹溪六祖。得黃梅衣鉢。待將自家所得底消息。試去定宗旨。則箇。這箇豈不是悟了方有恁麼說話。（中略）當時永嘉旣到曹溪。一見祖師。更不燒香禮拜。只遶禪牀三匝振錫一下。卓然而立。其意直以此道相見。更不欲講人事。祖師曰。夫沙門具三千威儀八萬細行。行行無虧。大德從何方而來。生大我慢。他將平生參得底禪。作一檐子。送在祖師面前。卻只喚他底作我慢。遂依實供通云。某爲無常迅速生死事大。祖師便就語下討他云。何不了取無生達無速乎。曰。了卽無生。達本無速。祖師這裏掘坑子埋他曰。子甚得無生意。若是今時小根魔子。聞恁麼道便誇逞道。和尚謂我得無生意。到處求印證。輕忽上流。且看。永嘉對得他好曰。無生豈有意耶。被他等閑跳出坑子來。蓋他元初證處本無實法。只是借方便。爲入道之門。旣得入卽捨方便。（中略）何故只如祖師道子甚得無生意。永嘉曰。無生豈有意耶。豈不是他活處。更看祖師掘弟二箇坑子埋他曰。若無意誰爲分別。（中略）永嘉竊得三乘十二分教骨。出關棙子一轉拈來便用對祖師云。分別亦非意。謂分別底不是意。便是以智分別底道理。是以普賢菩薩謂善財曰。汝見吾妙色身否。蓋色上著妙卽是法身。以要言之。法身尚不可得。何況喚作奇特玄妙。卽是染汚。須知此一段事。奇特玄妙。染汚他不得。所以祖師見他通得消息是讚言。善哉善哉。當時可惜放過。若是德山須與劈脊用事。然雖如是。又須知。祖師綿裹秤鎚。旣而辭去。問曰。大德反太速乎。曰。本自非動。豈有速耶。這裏又不放過。更與一拶。誰知非動。曰。仁者自生分別。遂留一宿。後來有一本證道歌。傳到西天。

（同、61b～63b）

又有人問六祖。弟子常覽涅槃經。未曉常無常義。願和尚慈悲略爲宣說。祖曰。無常者。佛性也。有常者。善惡一切諸法分別心也。曰。和尚所說大違經文。祖曰。吾傳佛心印。安敢違於佛經。曰。經說佛性是常。和尚卻言無常。善惡諸法乃至菩提心。皆是無常。和尚卻言是常。此卽相違。令人轉加疑惑。祖曰。我說無常。正是佛說眞常之道。我說常義。正是佛說眞無常義也。大意謂若不生不滅是常義。生死去來是無常義者。則盡大地無一人發眞歸元。盡十方世界是箇無孔鐵鎚。脩羅永作脩羅。異類永作異類。無一人得動轉去。

（卷三、5a～b）

豈不見。永嘉到曹溪。見祖師更不禮拜。便遶禪牀三帀。振錫一下。卓然而立。祖云。夫沙門者具三千威儀八萬細行。行行無虧。大德從何方而來。生大我慢。永嘉云。無常迅速。生死事大。祖曰。何不了取無生達無速乎。永嘉曰。了卽無生。達本無速。祖曰。子甚得無生

之意。永嘉曰。無生豈有意耶。祖曰。若無意誰爲分別。曰分別亦非意。祖師到這裏。卻放一線道。便肯可他云。善哉善哉。少留一宿。若是妙喜未放爾在待他道分別亦非意。拽拄杖趂出。不見道。棒下無生忍。臨機不見。師因眞空道人慧行。從來嘉來要窮究。此一段大事因緣。今日請爲衆普說。　（同、96b～97a）

豈不見。明上座問六祖曰。不知上來所指示外。還更有密意否。祖師曰。我今與汝說者。卽非密也。汝若返照自己面目。密卻在汝邊。我若爲汝說則不密也。　（卷四、60a）

61　傳燈玉英節錄序

紹興庚午。予自休官中。謫置新昌。夏六日息肩。既無書可觀。又不敢從事翰墨。城南二十五里龍山寺。乃六祖大鑒故居。而亦無藏經。獨有四大部與玉英集。遂借而閱之。乃景祐大臣王隨。所撮楊億傳燈錄也。　（斐然集　卷二、17b）

62　慈明四家錄

上堂。擧。僧問六祖。黃梅意旨是什麼人得。六祖云。會佛法人得。僧云。師還得否。祖云。我不得。僧云。爲什麼不得。祖云。我不會佛法。大衆還識祖師麼。　（白雲禪錄、第二冊、31b）

63　大藏一覽

三十三祖慧能大師。仕宦之後。家貧賣薪。聞客讀金剛經。悚然問曰。得於何人。客曰。得於黃梅。師抵韶州。復聞尼無盡藏讀涅槃經。乃爲解說其義。尼遂執卷問字。師曰。字卽不識。義卽請問。尼曰。字尚不識。曷能會義。師曰。諸佛妙理。非關文字。人皆異之。謁祖問曰。汝自何來。曰嶺南。祖曰。欲須何事。曰唯求作佛。祖曰。嶺南人無佛性。曰人有南北。佛性豈然。祖知異人。乃訶曰。著槽廠去。遂入碓坊。

因祖一日告衆曰。各述一偈。語意相符。則付衣法。會下七百餘僧。上座神秀者。衆所宗仰。於壁書一偈云。身是菩提樹。心如明鏡臺。時時勤拂拭。莫使有塵埃。衆皆誦念。師聞此偈。謂同學曰。美則美矣。了則未了。有偈和之。同學皆笑。夜深師密倩一童子。於秀偈之側寫云。菩提本非樹。心鏡亦非臺。本來無一物。何假拂塵埃。祖見此偈。乃潛召師。告曰。諸佛出世爲一大事故隨機小大。遂有三乘頓漸以爲教門。後以正法眼藏付于迦葉。傳授二十八世至達磨屆於此土。迨及於吾。今以法寶及所傳衣。用付於汝。師曰法則既授。衣付何人。祖曰。達磨初至。人未知信。所以傳衣。以明得法。今信心已熟。衣乃爭端。止於汝身。不復傳也。

師卽南邁。衆知共逐至大庾嶺惠明先到。師擲衣鉢於磐石上。曰此衣表信。任君將去。明遂擧之如山下動。乃曰。我來求法。非爲衣也。願行者開示。師曰。不思善。不思惡。正恁麼時。阿那箇是明上座本

來面目。明當大悟。
師過南海。寓廣州法性寺。因風颺刹旛。二僧對論。一云幡動。一云風動。師曰。風旛非動。動自心耳。二僧聞語竦然異之。後中宗遣使薛簡馳詔。不赴。因問心要曰。明倫智慧。暗況煩惱。儻不以智慧照破煩惱。無始生死。憑何出離。師曰。若以智慧照煩惱者。此是二乘小兒羊鹿等機。上智不爾。簡曰。如何是大乘見解。師曰。明與無明。其性無二。處凡不減。在聖不增。住煩惱而不亂。居禪定而不寂。不斷不常。不來不去。不在中間。及其內外。不生不滅。性相如如。常住不遷。名之曰道。簡曰。師說不生不滅。何異外道。師曰。外道說不生不滅者。將滅止生。以生顯滅。滅猶不滅。生說無生。我說不生不滅者。本自無生今亦無滅。所以不同外道。汝若欲知心要。但一切善惡都莫思量。自然得入清淨心體湛然常寂。妙用恆沙。簡言下悟。禮謝還闕。（振字函第五卷）

（卷一〇、15b～17b）

64　隆興佛教編年通論

上元二年。五祖弘忍大師示寂。師蘄州黃梅周氏子。生而岐嶷。兒時有異僧。歎曰。是子闕七種相。不逮如來。後遇信大師得法。嗣化於破頭山。咸亨中。有盧居士者。名慧能。自遠來參師。問。汝自何來。答曰。嶺南。師曰。欲求何事。曰。唯求作佛。師曰。嶺南人無佛性。若爲得佛。曰。人卽有南北。佛性豈然。師知其異人。乃訶之曰。著槽廠去。能禮足而退。便入碓坊。服勞於杵臼之閒。經旬月。師知付法時至。遂告衆曰。正法難解。不可徒記吾言將爲己任。汝等各自隨意述一偈。若語意冥符。則衣法皆付。時會七百餘衆。神秀居第一座。學通內外。衆所推仰。秀亦自負。無出其右者。不復思惟。乃於廊壁閒。書一偈云。身是菩提樹。心如明鏡臺。時時勤拭拂。莫遣有塵埃。師因經行次見偈。心知秀之所爲。因紿曰。後代依此修行。亦得道果。衆聆此語。各諷誦。他日能在碓坊聞偈。乃問同列。此誰爲之。同侶告以和尙將欲付法。各令述偈。此乃秀上座所爲。能曰。美則美矣。了則未了。同侶共訶其謬妄。能至莫夜。命童子。引至廊閒。能自執燭。令童子於秀偈之側寫。偈曰。菩提本無樹。明鏡亦非臺。本來無一物。何假拂塵埃。師復見此。默念必能之所爲。因故爲之辭曰。此誰作亦未見性。衆以師弗許。皆莫之顧。卽於是夕潛使人自碓坊呼能至。告之曰。諸佛出世。爲一大事因緣。隨機小大。而引化之。遂有十地三乘頓漸等法。以爲教門。然以微妙祕密圓明眞實正法眼藏。付于上首迦葉尊者。展轉傳授二十八世。至菩提達磨大師。屆于此土。得可祖。承襲以至于吾。吾今授汝。幷所傳袈裟用以表信。汝善護持。勿令斷絕。聽吾偈曰。有情來下種。因地果還生。無情既無種。無性亦無生。能跪受畢乃曰。法則既受。衣付何人。師曰。昔達磨初至。人未之信。故傳此衣。以明得法。今信心已熟。衣乃爭端。止於汝身。勿復傳也。且當遠引俟時行化。所謂受衣之人。命如懸絲。能曰。當隱何所。師云。逢懷且止。遇會卽藏。能禮足捧衣。而出通夕南邁。衆皆未知。師由是三日不上堂。衆疑之因致問。師曰。吾道行矣。又問。衣法誰傳。師曰。能者傳之。衆意盧居士名能必此人也。共力推

尋。能已不在。至有相率而物色追之者。師既付法已。復經四載而寂。塔于東山。代宗帝謚大滿禪師。

（卷一四、Z.2乙,3,3—279a～c）

神龍元年正月（中略）是月中宗降御札。召曹溪六祖慧能入京。其辭曰。朕請安秀二師。宮中供養。萬機之暇。每究一乘。二師並推讓云。南方有能禪師。密授忍大師衣法。可就彼問。令遣內侍薛簡馳詔迎請。願師慈念速赴上京。師以表辭疾。願終林麓。薛簡曰。京城禪德皆云。欲得會道。當須坐禪習定。若不因禪定。而得解脫者。未之有也。未審。師所說法如何。師曰。道由心悟。豈在坐耶。經云。若見如來若坐若臥。是行邪道。何則無所從來。亦無所去。若無生滅。是如來清淨禪。諸法空寂。是如來清淨坐。究竟無證。豈況坐耶。簡曰。弟子回朝主上必問。願師慈悲指示心要。今得見性明道。祖曰。道無明暗。明暗是代謝之義。明明無盡。亦是有盡。簡曰。明喩智慧。暗況煩惱。學道之人。儻不以智慧照破煩惱。生死憑何出離。師曰。若以智慧照煩惱者。此是二乘小兒羊車等機。上智大根悉不如是。簡曰。何謂大乘見解。師曰。明與無明。其性無二。無二之性。卽是實性。實性者。處凡愚而不減。在聖賢而不增。住煩惱而不亂。居禪定而不寂。不斷不常。不來不去。不在中間及其內外。不生不滅。性相如如常住。不遷名之曰道。簡曰。師說不生不滅。何異外道。師曰。外道將滅止生。以生顯滅。滅猶不滅。生說無生。我說本自不生。今亦無滅。所以不同外道。汝欲知心要。但一切善惡。都莫思量。自然得入清淨心體。湛然常住。妙用恒沙。簡禮辭歸闕。表上師語。帝咨美久之。尋遣使賜袈裟瓶鉢等。諭天子嚮慕之意。

（同、281b～282a）

先天元年。曹溪六祖能大師示衆曰。諸善知識。各各淨心聽吾說。汝等諸人自心是佛。更莫狐疑。外無一物而能建立。皆是本心生種種法。故經云。心生種種法生。心滅種種法滅。若欲成就種智。須達一相三昧一行三昧。若於一切處而不住相。於諸法中不生憎愛。亦無取捨。不念利益成壞等事。安閑恬靜。虛融淡泊。此名一相三昧。若於一切處。行住坐臥。純一直心。不動道場。卽成淨土。名一行三昧。若人具二三昧。如地有種能含藏長養成就其實。一相一行。亦復如是。我今說法。猶如時雨普潤大地。汝等佛性。譬如種子遇玆沾洽悉得發生。承吾言者。決獲菩提。依吾行者。定證妙果。師說法度人。往來學者。嘗逾千數。明年七月。辭歸新州故宅國恩寺。其徒泣曰。師歸當復來否。師曰。業落歸根。來時無口。又問。師之法眼何人傳授。師曰。有道者傳。無心者通。至國恩寺。以八月三日。示衆曰。吾受忍大師衣法。今爲汝等說法。不付其衣。蓋汝等信根已熟。決定無疑。堪任大事。聽吾偈。曰。心地含諸種。普雨悉皆萌。頓悟華情已。菩提果自成。復謂衆曰。其法無二。其心亦然。其道清淨。亦無諸相。汝等不用觀靜及空其心。此心本淨無可取捨。各自努力隨緣好去。吾涅槃時至珍重。卽跏趺而逝。於是山林變白。鳥獸哀鳴。綵雲香霧。連日不開。既而廣州都督韋據。率詔新二郡官吏。迎奉全身。歸于曹溪寶林寺建塔。眞身今尚存焉。舊唐史曰。則天聞神秀名。詔至都。肩輿入殿。親加跪禮。敕當陽山剏度門寺。以旌其德。時王公已下及京城士

庶。聞風爭來謁見。望塵拜伏目以萬數。初神秀與慧能。同師弘忍。而行業相埒（力輟切）。及忍卒。能住韶州廣果寺。韶陽山中。舊多虎豹。一夕去盡。遠近驚歎。咸歸伏焉。秀嘗奏則天。請召能赴闕。能固辭。秀復自作書重邀之。能謂使者曰。吾形皃矬陋。北土見之。恐不敬吾法。又先師以吾南中有緣。亦不可違。及中宗召之。竟不度嶺而卒。天下散傳其法。謂秀爲北宗。能爲南宗。

論曰。舊史雖絶未諭吾祖之道。然其紀事有可稱者。如秀被遇兩朝。如此而力讓曹溪。曹溪堅臥不赴。秀則不掩人之善。曹溪則拳拳伏膺師教。懼人以皃而慢法。是皆賢者去就之大體也。今傳燈不著前賢克讓之美。頗載兩宗相忌之辭。宜乎。後世泛泛著略有位皃。則偃然自大視天下。以爲莫已若者。往往專務詆斥爲勝。噫。宗師化儀軌範蔑然亡之矣。後來者安所述哉。（卷一五、3, 4—285 a～b）

是歲遺（遣カ）使詣詔州曹溪。迎六祖能大師。衣鉢入内供養。（卷一七、295 c）

子厚復題其碑陰曰。凡葬大浮圖無竁穴。其於用碑不宜。然昔之公室禮得用碑以葬其後。子孫因宜不去。遂銘德行用圖久於世。及秦刻山石號其功德。亦謂之碑而其用遂行。然則雖浮圖亦宜也。凡葬大浮圖其徒廣則能爲碑。晉宋尚法故。爲碑者多法。梁尚禪故。碑多禪法不周施。禪不大行而律存焉。故近世碑多律凡葬大浮圖。未嘗有比丘尼主碑事。今惟無染實來涕淚以來其志益堅。又能言其師他德。尤備故書之碑陰。而師凡主戒事二十二年。宰相齊公映李公必趙公憬尚書曹主皐斐公胄侍郎令狐公峘。或師或友齊親。執經受大義爲弟子。又言。師始爲童時。夢大人縞冠素寫來告曰。居南嶽大吾道者必爾也。已而信然將終夜有光明。笙磬之聲衆咸見聞。若是類甚衆。以儒者所不道。而無染勤以爲請。故末（未カ）傳焉。無染韋氏女世顯貴。今主衡山戒法十年。南海經略馬總。以曹溪六祖未有謚請于朝。天子賜謚曰大鑑。總乃命河東柳宗元撰賜謚碑。其詞曰。扶風公廉問嶺南三年。以佛氏第六祖未有稱號。疏聞於上。詺（詔カ）謚大鑑禪師。塔曰靈照之塔。元和十年十月十三日。下尚書祠部符到都府。公命部吏洎州司功椽告于其祠。幢蓋鐘鼓增山盈谷萬人咸會若聞鬼神。其時學者千有餘人。欣踴奮厲如師復生。則又感悼涕慕如師始亡。因言曰。自有生物則好鬪奪相賊殺。喪其本實誖乖淫流。莫克返于初。孔子無大位沒以餘言持世。更楊墨黃老益雜其術分裂。而吾浮圖說後出推離還源。合所謂生而靜者。梁氏好作有爲。師達磨譏之。空術益顯六傳至大鑑。大鑒始以能勞苦服役一聽其言。言希以究。師用感動。遂受信器遁隱南海上。人無聞知又十六年。度其可行乃居曹溪爲人師。會學去來常數千人。其道以無爲爲有。以空洞爲實。以廣大不蕩爲歸。其教人始以性善。終以性善不假耘耡。本其靜矣。中宗聞名。使幸臣再徵不能致。取其言以爲心術。其說具在今布天下。凡言禪皆本曹溪。大鑑去世百有六年。凡治廣部而以名聞者以十數。莫能揭其號。今乃始告天下得大謚。豐佐吾道其可無辭。公始立朝以儒重刺虔州都護安南。由海中大蠻夷連身毒之西。浮舶聽命咸被公德。受鑒（ママ）毒縣節鉞來莅南海。屬國如林不殺不怒。而人畏無噩。允克光于有仁。昭列大鑑莫如公。宜其徒之老。乃易石于字下使來謁辭。其

辭曰。達磨乾乾傳佛語心。六承其授大旂是臨。勞勤專默終揖于深。抱其信器行海之陰。其道爰施在溪之曹。厖合猥附不夷其高。傳告咸陳唯道之褒。生而性善在物而具。荒流奔軼乃萬其趣。匪思愈亂匪覺滋誤。由師內鑑咸獲於素。不植乎根不耘乎苗。中一外融有粹孔昭。在帝中宗。聘言于朝陰翊王度。俾人逍遙越百有六祀。號謚不紀。由扶風公告今天書。尚書既復大行乃誄。光于南土其法再起。厥徒萬億同悼齊喜。惟師教所被洎扶風公所履。咸戴天子。天子休命嘉公德美。溢于海夷。浮圖是視。師以仁傳。公以仁理。謁辭圖堅永胤不已。

本朝紹興二年。東坡居士過曹溪題曰。釋迦以文教其譯于中國。必託於儒之能言者。然復傳遠。故大乘諸經至首楞嚴。則委曲精盡勝妙獨出以房融筆授故也。柳子厚南遷始究佛法。作曹溪南嶽諸碑妙絶古今。而南華今無石刻。長老重辨師。儒釋兼通道學純備。以謂。自唐至今頌述祖師者多矣。未有通亮典則如子厚者。蓋推本其言與孟軻氏合。其可不使學者曰見而誦之。乃具石請予書其文。

論曰。中庸曰。自誠明之謂性。自明誠之謂教。又曰。天有四時。春夏秋冬雨風霜雪皆教也。地載神奇神奇流形。品物露生無非教也。吾釋法華經云。諸佛智慧甚深無量。六祖曰。理甚深也。又云。其智慧門難解難入。六祖曰。教甚深也。然吾宗指示心法必曰。山河大地色空明暗。凡諸物象皆性所現見性。則觸物而眞觸物。而眞則物我會融。而無物矣。以無物故縱目所見。縱口所談無非教也。教則自明而誠性。則自誠而明者明與誠。蓋定與慧寂與照之異名也。是以性理甚深。而教門難入。入則謂之教。見乃謂之性也。大哉。吾祖之言性教殆與中庸符合矣。故子厚著吾祖之碑。而東坡稱之以謂推本其言。與孟軻氏合。於戲子厚。爽然不以儒佛爲異趣。抑妙乎性教者歟。賢哉。

（卷二一、317 d ~318 d）

65　大慧禪師語錄

上堂。擧。僧問六祖。黄梅意旨甚麼人得。祖云。會佛法人得。僧云。和尚還得否。祖云。我不得。僧云。和尚爲甚麼不得。祖云。我不會佛法。師召大衆云。還見祖師麼。若也不見。徑山爲爾指出。蕉芭蕉芭有葉無了。忽然一陣狂風起。恰似東京大相國寺裏。三十六院東廊下北角頭。王和尚破袈裟。畢竟如何。歸堂喫茶。

（卷四、T.47—827 b）

示衆。諸法本來絶待。觸目且無拘礙。只因斷臂覓心。便有人求懺罪。無文印子既成。付法傳衣廝賴。致令盧老黄梅。墜石腰間舂碓。將謂有法與人。問著卻言不會。引得後代兒孫。盡作韓獹逐塊。雖欲扶豎宗乘。奈何東倒西儽。子細檢點將來。直是令人叵耐。若也盡令而行。一繫須教粉碎。有時靜坐思量。就中也有可愛。且道有甚麼可愛。深沙共脩羅結親。金剛與土地指背。喝一喝。

（卷七、838 b）

六祖大鑑禪師

擔柴賣火村裏漢。舌本瀾翻不奈何。自道來時元沒口。卻能平地起風

波。

（卷一二、858 c～859 a）

如六祖大師爲江西志徹禪師。說常無常義。徹問祖曰。弟子嘗覽涅槃經。未曉常無常義。乞師慈悲略爲宣說。祖曰。無常者。卽佛性也。有常者。卽善惡一切諸法分別心也。曰。和尚所說大違經文。祖曰。吾傳佛心印。安敢違於佛經。曰。經說佛性是常。和尚卻言無常。善惡諸法乃至菩提心皆是無常。和尚卻言是常。此卽相違。令學人轉加疑惑。祖曰。涅槃經吾昔者聽尼無盡藏讀誦一遍。便爲講說。無一字一義不合經文。乃至爲汝終無二說。曰。學人識量淺昧。願和尚委曲開示。祖曰。汝知否。佛性若常。更說甚麼善惡諸法。乃至窮劫無有一人發菩提心者。故吾說無常。正是佛說眞常之道也。又一切諸法若無常者。卽物物皆有自性。容受生死。而眞常性有不遍之處。故吾說常者。正是佛說眞無常義也。佛比爲凡夫。外道執於邪常。諸二乘人於常計無常。共成八倒。故於涅槃了義教中。破彼偏見而顯說眞常眞樂眞我眞淨。汝今依言背義。以斷滅無常及確定死常。而錯解佛之圓妙最後微言。縱覽千遍。有何益。此亦徹禪師決定志中。乘決定信。而感報祖師決定說之一也。

（卷二二、905 a～b）

盧行者。謂道明上座曰。汝若返照自己本來面目。密意盡在汝邊是也。

（卷二六、924 a）

66 宗門聯燈會要

有居士盧惠能。來參。師問。汝自何來。云。嶺南。師云。欲求何事。云。唯求作佛。師云。嶺南人無佛性。若爲得佛。云。人有南北。佛性豈然。祖默異之。乃呵云。著槽廠去。能入碓坊。腰石舂米供衆。師將付法。命門人呈偈。見性者付焉。有上首神秀大師。作一偈。書于廊壁間云。

身是菩提樹。心如明鏡臺。時時勤拂拭。莫遣惹塵埃。

師嘆云。若依此修行亦得勝果。衆皆誦之。能聞乃問云。誦者是何章句。同學具述其事。能云。美則美矣。了則未了。同學呵云。庸流何知。發此狂言。能云。若不信。願以一偈和之。同學相顧而笑。能至深夜。自執燭倩一童子。於秀偈之側書一偈云。

菩提本無樹。明鏡亦非臺。本來無一物。何處惹塵埃。

師知是能作。心已默之。乃謂衆云。此偈亦未見性。深夜潛召能入室。囑之云。吾以無上微妙正法。幷所傳袈裟。用付於汝。善自護持。傳付將來。無令斷絕。聽吾偈。云。

有情來下種。因地果還生。無情旣無種。無性亦無生。

能跪受衣法云。法旣受已。衣付何人。師云。達磨初來人未之信。故傳衣以明得法之實。今信心已熟。衣乃諍端。止於汝身。不復傳也。師付法後又四載。上元二年。告衆云。吾今事畢。時可行矣。遂安坐而寂。俗壽七十有四。塔于黃梅之東山。

（卷二、弘忍章　Z. 2乙, 9, 2—231 a～b）

六祖惠能大師。凡八。辛州盧氏子。得法之後。晦跡于南海法性寺。偶風颺刹幡。有二僧對論。一云風動。一云幡動。往復曾未契理。師云。不是風動。不是幡動。仁者心動。二僧悚然。

雪峯云。祖師龍頭蛇尾。好與二十棒。太原孚侍立。不覺咬齒。峯云。我恁麼道。也好與二十棒　巴陵鑒云。祖師道。不是風動。不是幡動。既不是風幡向甚麼處著。有人與祖師作主。出來與巴陵相見　雪竇云。風動幡動。既是風幡。向甚麼處著。有人與巴陵作主。出來與雪竇相見。保寧勇頌云。蕩蕩一條官驛路。晨昏曾不禁人行。
渾家不是不進步。無柰當門荊棘生。

示衆云。諸善知識。汝等各各靜心聽吾說法。汝等諸人自心是佛。更莫狐疑。外無一物而能建立。皆是本心生萬種法。故經云。心生種種法生。心滅種種法滅。若欲成就種智。須達一相三昧一行三昧。若於一切處而不住相。彼相中不生憎愛。亦不取捨不念利益成壞等事。安閑恬靜。虛融澹薄。此名一相三昧。若於一切處。行住坐臥純一直心。不動道場眞成淨土。名一行三昧。若人具二三昧。如地有種能含藏長養。成就其實。一相一行亦復如是。我今說法。猶如時雨溥潤大地。汝等佛性譬如種子。遇玆沾洽悉皆發生。承吾旨者決獲菩提。依吾行者定證妙果。

示衆云。吾有一物。無頭無尾。無名無字。無背無面。諸人還識麼。

時荷澤神會出云。是諸法之本源。乃神會之佛性。師打一棒云。這饒舌沙彌。我喚作一物尚不中。豈況本源佛性。此子向後。說有把茆蓋頭。也只成得箇知解宗徒。

法眼云。古人受記人。終是不錯。如今知解爲宗卽荷澤也。

唐中宗。遣內侍薛簡詔祖。祖辭疾不赴。簡云。京師禪德皆云。欲得會道。必須坐禪習定。若不因禪定。而得解脫者未之有也。未審如何。師云。道由心悟。豈在坐也。經云。若見如來。若坐若臥。是行邪道。何故無所從來亦無所去。若無生滅是如來清淨禪。諸法空寂是如來清淨坐。究竟無證。豈況坐耶。簡云。弟子回京主上必問。願和尚指示心要。傳奏聖人及京城道學者。譬如一燈然百千燈。冥者皆明明明無盡。師云。道無明暗。明暗是代謝之義。明明無盡亦是有盡。簡云。明諭智慧。暗況煩惱。修道之人。儻不以智慧照破煩惱。無始生死憑何出離。師云。若以智慧照破煩惱者。此是二乘見解。羊鹿等機上智大根悉不如是。簡云。如何是大乘見解。師云。明與無明凡夫見二。智者了達其性無二。無二之性卽是實性。實性者處凡愚而不減。在賢聖而不增。住煩惱而不亂。居禪定而不寂。不斷不常不來不去。不在中間及其內外。不生不滅性相如如。常住不遷名之曰道。簡云。師說不生不滅。何異外道。師云。外道所說不生不滅。將滅止生。以生顯滅。滅猶不滅。生說無生。我說不生不滅者。本自無生今亦無滅。所以不同外道。欲知心要。但一切善惡都莫思量。自然得入清淨心體。湛然常寂妙用恒沙。簡蒙指教豁然大悟。禮辭還闕。奏師語詔賜袈裟絹帛寶鉢。以謝。

僧問。黃梅意旨甚麼人得。師云。會佛法人得。僧云。和尚得否。師云。我不得。僧云。和尚爲甚麼不得。師云。我不會佛法。

師於先天元年。告衆云。吾受忍大師衣法。今爲汝說。汝等性根純熟。

決定不疑堪任大事。聽吾偈云。
　心地含諸種。溥雨悉皆萌。頓悟花情已。菩提果自成。
復云。
　其法無二。其心亦然。其道清淨。亦無諸相。
汝等愼勿觀靜及空其心。此心本淨無可取捨。各自努力。
師於先天二年七月一日。謂門人云。吾欲歸辛州。汝等速理舟楫。時大衆哀慕乞師且住。師云。諸佛出現猶示涅槃。有來必去。理固常然。吾此形骸歸。必有所。衆云。師從此去。早晩卻回。師云。葉落歸根。來時無口。
　法雲秀云。非但來時無口。去時亦無鼻孔。
衆復問。師之法眼何人傳授。師云。有道者得。無心者通。遂歸辛州國恩寺。沐浴跏趺順寂。卽其年八月三日也。俗壽七十六。歸塔于韶州寶林。勅諡大鑑禪師。（同、惠能章　231 d～232 b）

僧乃問云。師所師者何人。師云。我師六祖。汝何不往曹溪。決其眞要。其僧禮謝。尋往曹谿。（卷三、崛多三藏章　4—236 c）

韶州法海禪師。凡一。曲江人也。師問六祖云。卽心卽佛。願垂指諭。祖云。前念不生卽心。後念不續卽佛。成一切相卽心。離一切相卽佛。吾若具說窮劫不盡。聽吾偈。云。
　卽心名惠。卽佛乃定。定惠等持。意中清淨。悟此法門。由汝習性。用本無生。雙修是正。
師於言下大悟。以偈贊曰。
　卽心元是佛。不悟而自屈。我知定惠因。雙修離諸物。
（同、法海章　236 c～d）

師到曹溪。繞繩床三匝振錫一下。卓然而立。祖云。夫沙門者具三千威儀八萬細行。大德何方而來生大我慢。師云。生死事大。無常迅速。祖云。何不體取無生了無速乎。師云。體卽無生。了本無速。祖云。如是如是。師遂具威儀作禮。須臾告辭。祖云。返太速乎。師云。本自非動豈有速耶。祖云。誰知非動。師云。仁者強生分別。祖云。子甚得無生之意。師云。無生豈有意耶。祖云。無意誰當分別。師云。分別亦非意。祖云。善哉善哉。少留一宿。
　雪竇擧。至生大我慢處。便喝乃云。當時若下得這一喝。免見龍頭蛇尾。又擧。至卓然而立處。代祖師云。未到曹溪時與汝三十棒了也。
（同、永嘉眞覺章　236 d～237 a）

師云。我師曹溪六祖。隍云。六祖以何爲禪定。師云。我師所說。妙湛圓寂。體用如如。五陰本空六塵非有。不出不入不定不亂。禪性無住離住禪寂。禪性無生離生禪想。心如虛空。亦無虛空之量。隍聞是說。經往曹溪謁六祖。祖問。仁者何來。隍具述前緣。祖嘆云。誠如策所言。祖閔其遠來遂垂開決。於是大悟。（同、玄策章　237 c～d）

荷澤神會禪師。凡四。襄陽高氏子也。師謁六祖。祖問。知識遠來。艱辛

還將得本來麼。若有本卽合識主。試道。看。師云。以無住爲本。見卽是主。祖云。這沙彌。爭合取次語話。便打。師卽服勤給侍。

（同、神會章　237 d）

信州智常禪師。凡一。本州貴溪人也。謁六祖。祖問。甚麼處來。欲求何事。云。學人近往白峯山禮大通禪師。蒙示見性成佛之義。未決狐疑。伏望和尙慈悲指示。祖云。彼有何言句。汝試擧看。吾爲汝證明。常云。某甲到彼凡經三月不蒙開示。爲法切故。獨造方丈作禮請問。如何是某甲本心本性。彼云。汝見虛空否。某甲云。見。彼云。汝見虛空有相皃否。某甲云。虛空無形。有何相貌。彼云。汝之本性猶如虛空。觀自性了無一物可見。是名正見。了無一物可知是名眞知。無有青黃長短。但見本源清淨覺體圓明。卽名見性成佛。亦名極樂世界。亦名如來知見。學人雖聞此說猶未決了。乞和尙指誨令無凝滯。祖云。彼之所示猶存見知。令汝不了。吾今示汝一偈。云。

不見一法存無見。天似浮雲遮日面。不知一法守空知。還如太虛生閃電。此之知見瞥然興。錯認何曾解方便。汝今一念自知非。自己靈光常顯現。

常聞偈心意豁然。述偈云。

無端起知見。著相求菩提。情存一念悟。寧越昔時迷。自性覺源體。
隨照枉遷流。下入祖師室。茫然趣兩頭。（同、智常章　238 a～b）

壽州智通禪師。凡一。本郡安豐人也。看楞伽經千餘徧。而不會三身四智。禮六祖求解其義。祖云。三身者清淨法身汝之性也。圓滿報身汝之智也。千百億化身汝之行也。若離本性別說三身。卽名有身無智。若悟三身無有自性。卽名四智菩提。聽吾偈。曰。

自性具三身。發明成四智。不離見聞緣。超然登十地。
吾今爲汝說。諦信本無疑。莫學馳求者。終日說菩提。

通云。四智之義可得聞乎。祖云。旣會三身便明四智。何更問耶。若離三身別談四智。此名有智無身也。旣此有智還成無智。復說偈云。

大圓鏡智性清淨。平等性智心無病。妙觀察智見非功。成所作智同圓鏡。五八六七果因轉。但用名言無實性。若於轉處不留情。繁興永處那伽定。

通禮謝。以偈贊云。

三身元我體。四智本心明。身智融無礙。應物任隨形。起修皆妄動。
守住匪眞靖。妙旨因師說。終忘染汚名。（同、智通章　238 b～c）

洪州法達禪師。凡一。師禮六祖。頭不至地。祖呵云。禮不投地何如不禮。汝心中必有一物。蘊習何事耶。云。某甲念法華經已及三千部。祖云。汝若念至萬部。得其經意。不以爲勝。則與吾偕行。汝今負此事業都不知過。聽吾偈。曰。

禮本折慢幢。頭奚不至地。有我罪卽生。亡功福無比。

祖又問。汝名甚麼。云名。法達。祖云。汝名法達。何曾達法。復說偈曰。

汝今名法達。勤誦未休歇。空誦但循聲。明心號菩薩。

汝今有緣故。吾今爲汝說。但信佛無言。蓮花從口發。師聞偈。悔過云。而今而後。當謙恭一切。惟願和尚大慈略說經中義理。祖云。汝念此經。以何爲宗。師云。學人愚鈍。但依文誦念。豈知宗趣。祖云。汝試爲吾誦一徧。吾當爲汝解說。師卽高聲念。至方便品。祖云。止止。此經元來以因緣出世爲宗。縱有多種譬喩。亦無越於此。何者因緣惟一大事。一大事卽佛知見也。汝愼勿錯解經意。見他道開示悟入。自是佛之知見。我輩無分若作此解。乃是謗經毀佛也。彼既是佛。已具知見。何用更開。汝今當信。佛知見者只汝自心。更無別體。蓋爲一切衆生自蔽光明貧愛塵境。外緣內擾甘受驅馳。便勞他從三昧起。種種苦口勸令寢息。莫向外求。與佛無二。故云。開佛知見。汝但勞勞執念。謂爲功諫者。何異犛牛愛尾也。師云。若然者但得解義。不勞誦經耶。祖云。經有何過。豈障汝念。只爲迷悟在人。損益由汝。聽吾偈。云。

心迷法華轉。心悟轉法華。誦久不明已。與義作讎家。
無念念卽正。有念念成邪。有無俱不計。長御白牛車。

師聞偈。再啓云。經云。諸大聲聞乃至菩薩。皆盡思度量。尚不能測於佛智。今令凡夫但悟本心。便名佛之知見。自非上根未免疑謗。又經說三車。大牛之車與白牛車如何區別。願和尚再垂開示。祖云。經意分明。汝自迷背。諸三乘人不能測佛智者。患在度量也。饒伊盡思共推轉加懸遠。佛本爲凡夫說不爲佛說。此理若不肯信者。從他退席。殊不知坐。卻白牛車更於門外覓三車。況經文明向汝道。無二亦無三。汝何不省。三車是假。爲昔時故一乘是實。爲今時故只教爾去假歸實。歸實之後實亦無名。應知。所有珍財盡屬於汝。由汝受用。更不作父想。亦不作子想。亦無用想。是名持法華經。從劫至劫手不釋卷。從晝至夜無不念時也。師蒙啓發踊躍歡喜。以偈贊曰。經誦三千部。曹溪一句亡。未明出世旨。寧歇累生狂。羊鹿牛權設。初中後善揚。誰知火宅內。元是法中王。祖云。汝今後。方可名爲念經僧也。

（同、法達章　238 d～239 a）

江西志徹師。凡一。名行昌。少任俠。自南北分化二宗主。雖亡彼此而徒侶竟起愛憎。北宗門人自立秀爲第六祖。而忌能大師傳衣爲天下聞。祖預知其事。卽置金十兩於方丈。時行昌受北宗門人所囑。懷刃入祖室。將欲加害。祖伸頸而就。行昌揮刃者三都無所損。祖云。正劍不邪邪劍不正。只負汝金不負汝命。行昌驚仆久而方蘇。哀求悔過卽願出家。祖遂與金云。汝且去。恐徒衆翻害於汝。他日可易形而來。吾當攝受。行昌稟旨宵遁。投僧出家具戒精進。一日憶祖之言遠來禮覲。祖云。吾久念汝。汝來何晚。云。昨蒙和尚捨罪。今雖出家苦行終難報於深恩。其唯傳法度生乎。弟子曾覽涅槃經。未曉常無常義。乞和尚慈悲略爲解說。祖云。無常者卽佛性也。有常者卽善惡一切諸法分別心也。云。和尙所說大違經文。祖云。吾傳佛心宗。安敢違於佛經。云。經說佛性是常。和尚卻言無常。善惡諸法乃至菩提心皆是無常。和尚卻言是常。此卽相違令學人轉加疑惑。祖云。涅槃經吾昔聽尼無盡藏誦一徧。便爲講說無一字一義不合經文。乃至爲汝終無二說。云。學人識量淺昧。願和尚委曲開示。祖云。汝知否。佛性若常更說甚麼善惡諸法。

乃至窮劫無有一人發菩提心者。故吾說無常。正是佛說眞常之道也。又一切諸法若無常者。卽物物皆有自性。容受生死而眞常有不徧之處。故吾說常者。正佛說眞無常義也。佛此爲凡夫外道執於邪當。諸二乘人於常計無常。共成八倒故於涅槃了義教中破彼偏見。而顯說眞常眞樂眞我眞淨。汝今依言背義。以斷滅無常及確定死常。而錯會佛之圓妙最後微言。縱覽千徧有何所益。行昌忽如醉醒。乃說偈曰。因守無常心。佛說有常性。不知方便者。如春池拾礫。我今不施功。佛性而見前。非師相授與。我亦無所得。祖云。汝今徹也。宜名志徹。禮謝而去。

（同、志徹章　239 a～b）

復往曹谿。參六祖。祖問。甚處來。師云。嵩山來。祖云。甚麼物恁麼來。師云。說似一物卽不中。祖云。還假修證否。師云。修證卽不無。汚染卽不得。祖云。卽此不汚染。是諸佛之護念。汝旣如是。吾亦如是。西天般若多羅讖汝。向後出一馬駒。踏殺天下人去在。病在汝心。不須速說。

（同、懷讓章　243 a～b）

吉州青原行思禪師。凡六。本郡安城。劉氏子。師問六祖云。當何所務卽得不落階級。祖云。爾曾作什麼來。師云。聖諦亦不爲。祖云。落何階級。師云。聖諦尚不爲。何階級之有。祖云。如是如是。善自護持。

（卷一八、青原行思章　368 c）

故六祖聞應無所住而生其心。便悟去。

（T.47—950 b）

67　大慧普覺禪師宗門武庫

68　人天眼目

智通禪師。讀楞伽經約千餘徧。而不會三身四智。禮拜六祖。求解其義。祖曰。三身者。清淨法身汝之性也。圓滿報身汝之智也。千百億化身汝之行也。若離本性別說三身。卽名有身無智。若悟三身無有自性。卽名四智菩提。聽吾偈曰。自性具三身。發明成四智。不離見聞緣。超然登佛地。吾今爲汝說。諦信永無迷。莫學馳求者終日說菩提。通曰。四智之義可得聞乎。祖曰。卽會三身。便明四智。何更問耶。若離三身。別譚四智。此名有智無身也。卽此有智還成無智。復說偈曰。大圓鏡智性清淨。平等性智心無病。妙觀察智見非功。成所作智同圓鏡。五八六七果因轉。但用名言無實性。若於轉處不留情。繁興永處那伽定。

（宗門雜錄上、四智、93 b～94 a）

六祖　石墜腰開春碓鳴。老盧便重不便輕。黃梅衣鉢雖親得。猶較曹溪數十程。

（同下、六祖　116 b）

六祖一張碓。踏者關捩子。方知有與無。

（同、六祖問答、120 a）

69　定慧結社文

曹溪云。心地無非自性戒。心地無亂自性定。心地無癡自性慧。此之是也。（禪門撮要卷下、7b）

法寶記壇經云。心地但無不淨。西方去此不遠。性起不淨之心。何佛卽來迎請。（同、18b）

70　如如居士三教大全語錄

東土六祖。達磨乃第一祖。傳至二祖慧可大師。三祖僧燦（ママ）大師。四祖道信大師。五祖弘忍大師。六祖慧能大師。六祖。卽唐太宗正觀十二年戊戌二月初八日子時生。本貫范陽。左降流于嶺南。作新州百姓。後移來南海。貧之於市賣柴。時有客買柴。使令送至官店。得錢出門外。見一客讀金剛經。至應無所住而生其心。豁然開悟。遂問客言。從何所來持此經典。客云。從蘄州黃梅縣東馮母山。五祖弘忍大師。常勸僧俗但持金剛經。卽自見性直了成佛。客遂出銀十兩。與六祖充老母衣糧。辭母不經三十日。便至黃梅禮拜五祖。五祖云。汝何方人。來到此山禮拜。今向吾邊欲求何物。六祖云。弟子是嶺南新州百姓。遠來禮拜。只求作佛不求餘物。五祖云。汝是嶺南人。又是獦獠。上葛下老。若爲堪作佛。六祖云。人有東西。佛無南北。獦獠身與和尚不同。佛性有何差別。五祖乃令隨衆作務。踏碓八餘月。五祖一日喚諸門人。吾今向汝說生死事大。汝等終日供養。只求福田。不求出離生死苦海。自性若迷福何可救。汝等各去後院自看智慧。取自本心般若之性。各作一偈來呈。吾看。若悟大意。付與衣鉢爲六代祖。火急速去。不得遲滯。思量不中用。見性之人言下須見。若如此者。輪刀上陣亦得見之。神秀上座於壁上書無相偈。呈心所見。偈曰。

身是菩提樹。心如明鏡臺。時時勤拂拭。莫遣惹塵埃。

五祖召秀曰。此偈未見本性。祇在門外。如此解見。覓無上菩提了不可得。直須言下識自本心。見自本性不生不滅。一切時中觸目遇緣。念念全眞法法無滯。一眞一齊眞。萬境自如如。如如之心卽是眞實。若如是見。卽是無上菩提自性也。于時童子誦此偈。六祖聞之。亦相引到南廊。爲不識字。請一上人爲讀。時有江州張通判名日用。令爲山中護法壽盡靈官。便高聲讀。六祖一聞。自亦言。有偈望通判書于壁上。通判曰。汝若得法。先須度吾。偈曰。

菩提本無樹。明鏡亦非臺。本來無一物。何處有塵埃。

五祖遂夜至三更。爲六祖說金剛經。恰至應無所住而生其心。言下大悟。乃言。何期自性本自清淨。何期自性本不生滅。何期自性本自具足。何期自性本無動搖。五祖曰。不識本心學法無益。若言下識自本心見自本性。卽名丈夫天人。六祖領得衣鉢。直至九江驛。渡江行兩月中間。至大庾嶺。有百餘人。及慧明上座。上座先是四品將軍。性行麤惡。明先到大庾嶺。六祖置衣鉢。於石上遂隱草中。明至舉之莫能動。卽呼曰。我來求法。不求其衣。六祖遂出。爲說法曰。不思善不思惡。正當恁麼時。還我明上座本來面目。明於是大悟。汗流浹背

拜問曰。密語密意外。還更有意旨否。六祖曰。我今與汝說者卽非密也。汝若返照自己面目。密卻在汝邊。明曰。某甲今蒙指授。如人飲水。冷暖自知。今行者卽是某師也。六祖令向北接人。六祖五年隱於獵人。常爲獵人說法。獵人悟者甚衆。至唐高宗朝永隆元年。六祖時年三十九歲。到廣州法性寺。值印宗法師講涅槃經。時有風吹幡動。一僧云。幡動。一僧云。風動。六祖云。非幡動非風動。仁者心動。二人言下大悟。印宗以正月十五。爲六祖落髮。明年歸韶州雙峯曹溪寶林寺。先天元年。告衆曰。吾受忍大師衣法。今爲汝等說法。不付其衣。蓋汝等善根純熟。決定不疑。堪任大事。聽吾偈曰。

　心地含諸種。普雨悉皆萌。頓悟花情已。菩提果自成。

忽謂門人曰。吾欲歸新州。大衆哀留。祖曰。諸佛出現。猶示涅槃。有來必去。理亦常然。衆曰。師從此去早晚可回。祖曰。葉落歸根。來時無口。至唐睿宗先天元年八月三日。在新州國恩寺。說辭世偈曰。

　兀兀不修善。騰騰不造惡。寂寂斷見聞。蕩蕩心無著。

沐浴跏趺而化。異香襲人。白虹屬地。衣鉢回韶州寶林寺。壽七十八。從此罷傳衣鉢。只傳見性之法。傳南岳讓和尚。清源思和尚。共一十二人。自讓和尚下傳馬祖。祖傳二十五人。思和尚傳石頭。頭傳一十二人。自此燈燈續焰祖祖傳芳。

（卷上、22a～23b）

71　遂書堂書目

六祖壇經

六祖金剛經解義

（卷一〇、子部四、釋家類、30b）

72　六祖大鑑禪師贊

六祖大鑑禪師贊　　無垢居士張九成

達磨西來。遞相倣大。傳到此老。大而又大。三乘十二分教。龍宮海藏。八萬四千餘卷。到這漢前。不消一唾。十信十住。十行十回向。等覺妙覺。到這漢面前。不當一枚。多年臘果。養得五个虎子。橫行四海。向大唐國裏。日本國裏。新羅國裏。抛尿撒屙。直得。乾坤漆黑。日月奔忙。須彌岌峇。四海揚波。慢調絲竹。打个小坐。看。渠面觜大似三家村裏田舍兒。而其用處猶如烏風黑雨。天雷閃電。霹靂聲中鶩栗撥剌。拖去一大猛火。咄。甚閑公事。

無垢此贊。洞見祖師敗缺。宜爲叢林點眼藥。慶元戊午。華藏宗演識。

（本書口繪1）

73　雪庵從瑾禪師頌古集

六祖。因僧問。黃梅衣鉢。是何人得。祖云。會佛法者得。僧曰。和尚還得不。祖曰。不得。僧曰。因甚不得。祖曰。我不會佛法。

不會黃梅佛法。夢中合眼惺惺。此地無金二兩。俗人酤酒三升。

（Z.2, 25, 2—168d）

74　宏智錄

師於長蘆和尚手中。接得法衣。捧起呈示。云西竺頭陀。長年相待。東山行者。半夜傳通。恰至大庾嶺頭。盡力提持不起。（卷一、3a）

復擧。六祖問讓和尚。甚處來。讓云。嵩山安國師處來。祖云。什麼物恁麼來。讓經八年方下語云。說似一物卽不中。祖云。還假修證否。讓云。修證則不無。汚染則不得。（同、65a～b）

送監收上堂。地藏栽田愽飯。南泉買鎌割禾。六祖負春明歷歷。金牛捧鉢笑呵呵。見成受用。分曉來麼。古人得恁飽參煞。爾輩莫嫌辛苦多。（卷二、52a）

所以六祖云。心地含諸種。普雨悉皆萌。旣悟花情已。菩提果自成。（卷四、4a～b）

六祖和尙道。不思善不思惡。正當恁麼時。還我明上座父母未生時本來面目。（同、8a～b）

豈不見六祖道。心地含諸種。普雨悉皆萌。頓悟花情已。菩提果自成。（同、24b）

佛祖而來。元無僧俗。但人人有諦當。親證眞得處。名人佛心宗。徹法源底。老盧是賣樵漢。一到黃梅。便道。我欲作佛。祖碓屋負舂。直到心鏡絕垢。自照歷然。半夜傳衣。度大庾嶺。信衣放下。明上座。盡力提不起。方知。箇人親證眞得。而今但莫推賢讓聖。如著衣喫飯。念念無異思惟。心心不容染汚。脫身空劫。撒手斷崖。透根塵窮頂底。孤明獨照。廓徹妙存。自然心花發明。應現刹上。何曾閒隔變易來。便能入異類行鳥道。無礙自在矣。（同、法語、14a～b）

五祖大滿禪師

奇女之兒。雙峯之嗣。傳衣世稱乎妙齡。栽松我愧乎頹齒。前後兩身。古今一心。孤鸞風舞玻璃鏡。長鯨月驟珊瑚林。鉢盂猪獠人將去。幾夜舂坊無碓音。

六祖大監（ママ）禪師

廣南樵夫。淮西行者。明珠走盤。黃金出冶。透影像兮凡聖罔得同塵。續光明兮家世自然不夜。衆星之拱斗之魁。百川之趨海之下。棄鉢袋而逃。提不起而懇招。非風旛之搖。示卽物之情超。葉落歸根兮來時無口。百千三昧兮九牛一毛。（卷五、2a～b）

75　嘉泰普燈錄

咸亨中有盧居士者。名慧能。來謁。祖問曰。汝自何來。云。嶺南。曰。欲須何事。云。唯求作佛。曰。汝嶺南人無佛性安能作佛。云。人有南北。佛性豈然耶。祖陰異之。令著槽廠。逾八月潛以所傳屈眴

伽梨。說偈付之。且曰。昔達磨初至人未之信。傳衣以明得法。今信心已熟。衣乃爭端。止於汝邊不復傳也。兼記所隱之地。能禮辭捧衣南邁。衆無知者。祖自此不復上堂。經四載。至上元二年。忽告衆曰。吾今事畢。時可行矣。卽入室安坐而逝。壽七十有四。塔於黃梅之東山。眞身迄今不壞。代宗諡曰大滿禪師法雨之塔。

（卷一、五祖弘忍章　Z.2乙,10,1―21d～22a）

六祖慧能大士。盧氏子。父行瑫。本范陽人也。武德三年左宦新州。正觀十二年戊戌二月八日夜子時誕。質祥光滿室。父亡三歲。家貧。母李氏。徒居南海。旣長市薪爲養。一日至邸聞誦金剛經。至應無所住而生其心豁然開悟。歸告母以爲法尋師之意。遂往韶州遇高行士劉志略。結爲友。及爲尼無盡藏說涅槃妙理。延居寶林寺。四衆雲集俄成寶坊。忽自念曰。我求大法豈中道而止耶。卽抵西山之石室遇智達禪師。指見黃梅大滿和尙。滿見而器之令入廠下。一夕密授衣盂。隱于懷集四會之間。儀鳳元年正月八日屆南海法性寺。夜寓廊廡聞二僧競辯風幡。祖爲決其疑。有法師印宗者。嘗講大涅槃經。衆所推重服其語異。請問勤渠。祖以理曉之。宗駭然起問。何以證此。祖直敍得法始末。出信衣悉令瞻拜。印宗等作禮已。復問。忍大師付囑如何指授。曰。唯論見性。不論禪定解脫無漏無爲。又問。何故不論禪定解脫。曰。爲是二法不是佛法。佛法是不二之法。又問。何名不二之法。曰。法師講涅槃經。明佛性是不二之法。且如高貴德王菩薩白佛言。世尊。犯四重禁作五逆罪。及一闡提等。當斷善根佛性否。佛言。高貴德王菩薩。善根有二。一者常。二者無常。佛性非常非無常。是故不斷名之不二。一者善。二者不善。佛性非善非不善。是故不斷名之不二。蘊之與界凡夫見二。智者了達其性無二。無二之性卽是實性。故知佛性乃不二之法也。印宗聞已起立合掌願事爲師。且告衆曰。此居士者眞肉身菩薩也。我所講說猶如瓦礫。彼所談論譬若精金。諸人信否。衆皆稽首歸依。至十五日會諸名德。爲之剃落。二月八日受滿分戒於智光律師。明年春欲還舊隱。宗與緇白千餘人送歸寶林。韶刺史韋據請於大梵寺。普爲四衆說心地法門。度諸弟子。於先天二年七月一日。謂門人曰。吾欲歸新州。速理舟檝。時大衆哀慕乞師少留。祖乃爲說法要。逐往國恩寺。復爲四衆說法。有僧從幽州來參禮。白言大士。佛說三乘法。又言最上乘。弟子不解。願賜慈悲。祖告之曰。汝須自身心見。莫著外法相。無有乘法。人心量有等。見聞轉讀是小乘。悟法解義是中乘。依法修行是大乘。言下識自本心見自本性。萬法盡通萬行俱備。一切不染離諸見相。念念無住建立萬法。是名最上乘。乘是行義不在口說。汝須自修。法不相待。莫問吾也。僧於言下心大啓悟。又爲道俗開示種種譬喩。幷讖記日後留難。及說偈竟。中夜加趺而化。異香襲人白虹墜地。時八月三日也。韶新各崇靈塔。爭欲迎請二郡刺史焚香決之。遂鎭曹溪。以十一月十二日入塔。世壽七十有六。前後帝王所賜珍具甚夥。同信衣藏于塔所。憲宗諡曰大聖。塔曰元和靈照。如上祖師實錄。詳備見傳廣二燈云。

（卷一、六祖慧能章　22a～c）

76 法集別行錄節要并入私記

六祖示衆云。有一物。上柱天。下柱地。常在動用中。動用中收不得。汝等諸人。喚作什麼。神會出衆云。諸佛之本源。神會之佛性。祖曰。我喚作一物。尚自不中。那堪喚作本源佛性。汝他後設有把茅。蓋頭只作得介知解宗徒。（69a）

77 修心訣

曹溪云。心地無亂自性定。心地無癡自性慧。（禪門撮要卷下、9a）

曹溪云。自悟修行不在於諍。若諍先後卽是迷。（同、9a～b）

78 看話決疑論

曹溪祖師。所謂。自性具三身。發明成四智。不離見聞緣。超然登佛地。是也。（禪門撮要卷下、3b）

79 從容錄

師云。吉州清源山行思禪師初參六祖。便問。當何所務卽得不落堦級。祖云。汝曾作甚麼來。源云。聖諦亦不爲。祖云。落何堦級。源云。聖諦尚不爲。何堦級之有。祖深器之。會下學徒雖衆。師居首焉。（卷上、第五則、13b）

師云。六祖謂讓和尚曰。西天二十七祖讖。汝足下出一馬駒。踏殺天下人。（同、第六則、15b）

江西志徹禪師。問六祖涅盤(槃カ)經中常無常義。祖曰。無常者佛性也。有常者善惡一切諸法分別心也。徹曰。經說佛性是常。和尚卻言無常。善惡諸法乃至菩提心皆是無常。和尚卻言是常。此卽相違。令學人轉生疑惑。祖曰。佛性若常。更說甚善惡諸法。吾說無常。正是佛說眞常之道也。又一切諸法若無常者。則物物皆有自性。容受生死而眞常性有不徧處。吾說常正是佛說眞無常義也。（同、第三〇則、101b）

不知。臥輪有伎倆。能斷百思想。對境心不起。菩提日日長。六祖道。慧能無伎倆。不斷百思想。對境心數起。菩提作麼長。（卷中、第四七則、40b）

六祖口訣云。佛言。持經之人。合得一切人恭敬供養。爲多生有重業障故。今生雖持此經。常被人輕賤。不得供養。自以持經故。不起我人等相。不問冤親。常行恭敬。有犯不校。常修般若波羅蜜。歷劫重罪。悉皆消滅。又約理而言。先世卽世。前念妄心。今世卽是。後念覺心。以後念覺心。輕賤前念妄心。妄不能住。故云先世罪業卽爲消

滅。妄念既滅。罪業不成。卽得菩提。此理事二解。皆約觀行也。（同、第五八則、73b）

六祖問荷澤。知識遠來也。大艱辛。將本來否。若有本則合識其主。試說看。澤曰。以無住爲本。見則爲主。（卷下、第七四則、26b）

80　佛法大明錄

壇經。六祖曰。自悟修行不在於諍。若諍先後卽同迷人。不斷勝負卻增法我。不離四相。此宗本無諍。諍卽失道意。（卷三、7a）

壇經。六祖曰。迷人著法相。直言坐不動妄不起心是道。作此解者卽同無情。卻是障道因緣。道須流通可以卻滯心不住法。道卽通流心。若住法名爲自縛。（卷四、1a～b）

壇經。六祖曰。有人教坐禪看心看淨不動不起。以此置功是謂大錯。若言看心心元是妄。若言看淨人性本淨。若又修不動者。不見人之是非患。卽是不動迷人。身雖不動開口便說他人是非長短則又動矣。故我此法門元不看心。亦不看淨。亦不是不動。（同、1b～2a）

玄策禪師。遊方聞有智隍禪師。嘗謁黃梅五祖。庵居二十年。自謂正受。師知隍所未得眞往問曰。汝坐於此作麼。隍曰。入定。師曰。汝言入定有心邪。无心邪。若有心者。一切蠢動之類。皆應得定。若无心者。一切草木之流。亦合得定。曰。我正入定時。則不見有有无之心。師曰。既不見有有无之心。卽是常定。何有出入。若有出入則非入定。隍无語。良久問。師嗣誰。師曰。我師六祖。曰。六祖以何爲禪定。師曰。我師云。夫妙湛圓寂。體用如如。五陰本空。六塵非百。不出不入。不定不亂。禪性無住。離住禪寂。禪性無生。離生禪想。心如虛空。亦無虛空之量。隍聞此說。遂造曹溪。

圭堂曰。性本虛淨明妙加纖毫。以繫之則病也。六祖之言。皆救其過。（同、2a～b）

內侍薛簡。問六祖曰。明喩智慧。暗況煩惱。修道之人。儻不以智慧照破煩惱。無始生死憑何出離。祖曰。若以智慧照煩惱者。此是二乘小兒。機上智大根悉不如是。簡曰。如何是大乘見解。祖曰。明與無明其性無二。無二之性卽是寂性。實性者。處凡愚而不減。在賢聖而不增。住煩惱而不亂。居禪定而不寂。不斷不常。不來不去。不在中間及其內外。不生不滅。性相如如。常住不遷。名之曰道。簡曰。師說不生不滅。何異外道。師曰。外道所說不生不滅者。將滅止生以生顯滅。滅猶不滅。生說無生。我說不生不滅者。本自無生。今亦無滅。所以不同外道。汝若欲知心要。但一切善惡都莫思量。自然得入清淨心體。湛然常寂。妙用恒沙。

圭堂曰。入此宗門。先須知有對治之法。凡屬對治皆謂之不了義。內侍以明治暗。以智慧治煩惱。以對彼。皆不了義也。以至有與無對。染與淨對。凡與聖對。動與靜對。眞與妄對。邪與正對。生與滅對。其類不一。

皆因彼顯此。將此制彼。故曰。對治焉。有以爲之對。則非超然獨出之妙。而不與萬法爲侶者也。六祖所以曰。二乘小兒機耳。昔忠國師問紫璘供奉。佛是何義曰。覺義。忠曰。佛曾迷否。曰。不曾迷。忠曰。用覺作麼。璘无對。夫覺迷亦對治語。以覺遣迷。如麻似粟。以覺遣覺。罕見作家。心也二法雙袪。超然獨出。而後曰。撤手那邊千聖外。

（同、4b～5b）

壇經。六祖曰。執空之人有謗經文。直言不用文字。既云不用文字人。亦不合語言。只此語言便是文字之相。直道不立文字卽此不立兩字。亦是文字見人所說。便卽謗他言著文字。汝等須知自迷猶可又謗佛經。如是之人。終不見性。

（同、10b）

荷澤神會禪師。給侍六祖。他日祖告衆曰。吾有一物。無頭無尾。無名無字。無背無面。諸人還識否。師乃出對曰。是諸佛之本原。神會之佛性。祖曰。向汝道無名無字。汝便喚作本源佛性。（卷五、12a）

六祖壇經。師將示寂。門人涕泣。師曰。汝今悲泣爲憂阿誰。若憂吾不知去處。吾自知去處。吾若不知去處。終不別汝。汝等悲泣。蓋爲不知吾去處。若知吾去處。卽不悲泣。法性本無生滅去來。

圭堂曰。生死之事。良難明也。如上數叚（段カ）。古今未嘗序次及此。非圭峯微發於前。則亦安敢大明於後然綱略四等。已可默知。亦不必多論也。今推參六祖一句曰。吾自知去處。此一句以一含萬。妙用无盡百千通變。由是而生。先佛一脈相傳之妙。正在於是。不止曰去而已。

（卷六、7b）

志誠禪師。本北宗也。六祖問曰。汝師若爲示衆。對曰。我師令住心觀靜長坐不臥。祖曰。生心觀靜是病。非禪長坐拘身於理何益。聽吾偈曰。生來坐不臥。死去臥不坐。元是臭骨頭。何爲立功過。

（卷七、3a）

內侍薛簡問六祖曰。京城禪德皆云。欲得會道。必須坐禪。未審師說如何。師曰。道由心悟。豈在坐也。若無生滅是如來清淨禪。諸法空寂是如來清淨坐。究竟无證豈況耶。

（同、3a～b）

六祖壇經。何名坐禪。外於一切善惡境界。心念不起。名爲坐。內見自性不動。名爲禪。何名禪定。外離相爲禪。內不亂爲定。若見諸境。心不亂者。是眞定也。故淨名經云。卽時豁然還得本心。（同、3b）

壇經。慧能初見五祖。五祖問曰。汝來何求。對曰。弟子來求作佛。五祖言。嶺南人何堪作佛。慧能言。佛性本無南北。五祖乃令破柴。一日集諸門人曰。汝等取自本性。各作一偈來看。時神秀上座書壁云。身是菩提樹。心如明鏡臺。時時勤佛拭。莫使染塵埃。五祖曰。未見本性。時慧能亦有偈云。菩提本無樹。明鏡亦非臺。本來無一物。何處有塵埃。五祖夜至三更。便傳頓教云。汝爲第六代祖。

圭堂曰。六祖在新州爲樵夫。在黃梅爲作夫。在曹溪爲佛祖。示不識字。

而註金剛經。示不能文。而疊宣妙偈。示不讀誦。而一切經義。无所不通。故愚者見之謂之愚。智者見之謂之智。文者見之謂之文。佛者見之謂之佛。夫諸佛无上妙道各隨根器而有得。見愈高智愈深。道愈不能盡無邊身菩薩。不見如來頂相。正此義也。故華嚴曰。如來境界无有邊。各隨解脱能觀見。惑以愚夫而論六祖者。其根器已不必問者矣。

（卷一〇、1b～2a）

六祖壇經。五祖夜至三便。喚慧能於堂內。以袈裟遮圍。不令人見。三更受法。人盡不知。便傳頓教。爲慧能說金剛經。恰至應無所住而生其心。言下慧能便悟。一切萬法。不離自性。慧能啓言。何期自性本自清淨。何期自性本不生滅。何期自性本自具足。何期自性本無動搖。能生萬法。

圭堂曰。明鏡非臺之語。六祖具正法眼。其悟去久矣。三更遮圍。不令人見。非爲說經也。此不必有言之事。學者可以默喩。（卷一一、2b）

傳燈錄。道明禪師。追衣鉢於大庾嶺。師曰。我來求法。不願求衣。祖曰。不思善不思惡。正恁麼時。阿那个是明上座本來面目。師當下大悟。徧體汗流泣禮數拜問曰。上來密語密意外。還更別有意旨否。祖曰。汝若返照自己面目。密卻在汝邊。

圭堂曰。道明大悟。乃至汗流。大似玄沙道靈雲耳敢保老兄未徹在。

（同、2b～3a）

六祖行狀。中使薛簡。問曰。願和尚指授心要。祖曰。一切善惡。都莫思量。自然得入心體。湛然常寂。妙用恒沙。中使豁然大悟。拜謝曰。今日始知。佛性本自有之。涅槃不遠。觸目菩提。無思無慮。無造無作。無住無爲。常不變易。

圭堂曰。薛中使豁然大悟。只得五分耳。若曰。一刀兩段。十成契證則未也。

（同、3a）

壇經六祖曰。吾自知去處。吾若不知去處。終不別汝。聞之曰。六祖偈曰。劫火燒海底。風鼓山相繫。眞常寂（滅カ）滅樂。涅槃相如是。夫四眞二土之妙。盡在是矣境矣哉。

（卷一五、1b）

壇經。六祖曰。妙性廣大。猶如虛空。無有邊畔。今聞慧能說空便卽著空。第一莫著空。若空心靜坐卽落無記。空終不成佛法。迷人空心靜坐百無所思。自稱爲大此一輩人。不可共說。夫心量廣大廊周法界。用卽了了分明應用。便知一切。一切卽一。一卽一切。去來自由。心體無滯。此卽是一切般若智。

圭堂曰。立此一卷。所以惣明如來四句之妙。又以末後至極看訛古則遂一說破之庶乎。來者有一日千里之易而無終身門外之難。待其自能貫穿會粹而深悟之幾何時哉。祇如六祖空心靜坐之戒。此發端事也。是事欲突露昻藏轉轆轆地。而豁達無記之空眞落幽頑矣。常見學者往往以此爲心法故首乃之。

（卷一六、2a～b）

五祖。弘忍大師。付衣法於六祖曰。有情來下種。因地果還生。無情既無種。無性亦無生。又曰。達磨初至傳衣明法。可謂。授衣之人。命

如懸絲。今止汝身。不復傳也。後忽告衆曰。古今事畢時可行矣。卽人室安坐而逝。　（卷一七、8 b）

傳燈錄。六祖謂門人曰。吾欲歸新州。汝等速理舟檝。時大衆哀慕乞師且住。師曰。諸佛出現猶示涅槃。有來必去理亦常然。吾此形骸歸必有所。衆曰。師從此去早晚卻迴。師曰。葉落歸根。來時無口。又問曰。法眼何人傳受。師曰。有道者得。無心者通。言訖往新州國恩寺。浴訖陞座說辞世偈曰。兀兀不修善。騰騰不造惡。寂寂斷見聞。蕩蕩心無著。卽跏趺而化。異香襲人。白虹屬地。　（卷一八、1 a）

81　禪苑蒙求

六祖雖塑。傳燈五。

六祖。因蜀僧名方辨。來謁祖云。善揑塑。祖正色曰。試塑看。方辨不領旨乃塑祖眞。可高七寸曲盡其妙。祖觀之曰。汝善塑性不善佛性。酬以衣物。僧禮謝而去。　（卷上、Z.2乙, 21, 2—108 a）

六祖負金。傳燈五。

江西志徹禪師著。江西人也。姓張氏。名行昌。少任俠。自南北分化。二宗主雖亡彼我。而徒侶競起愛憎。時北宗門人自立秀師爲第六祖。而忌能大師傳衣爲天下所聞。然祖是菩薩預知其事。卽置金十兩於方丈。時行昌受北宗門人之囑。懷刃入祖室將欲加害。祖舒頸而就。行昌揮刃者三都無所損。祖曰。正劍不邪邪劍不正。只負汝金不負汝命。行昌驚仆久而方蘇。求哀悔過。卽願出家。祖遂與金云。汝且去。恐徒衆飜害於汝。汝可他日易形來。吾當攝受。行昌稟旨宵遁。終投僧出家具戒精進。一日憶祖之言遠來禮勤。問答機緣相契。祖曰。汝今徹也。宜名志徹。師禮謝而去。　（卷中、123 b）

慧能欠篩

六祖壇經曰。慧能便至黃梅。禮拜五祖。祖問曰。汝何方人。欲求何物。慧能對曰。弟子是嶺南新州百姓。遠來禮師。惟求作佛。不求餘物。祖曰。這獦獠根性太利。汝更勿言。著槽廠去。慧能退至後院。破柴踏碓經八月餘。（乃乍）祖潛至碓坊見能腰石舂米。語曰。求道之人爲法忘軀當如是乎。乃問曰。米熟也未。慧能曰。米熟久矣。猶欠篩在。祖以杖擊碓三下而去。慧能卽會祖意三鼓入室。祖以袈裟遮圍不令人見。爲說金剛經。至應無所住而生其心。言下大悟。祖知悟本性。便傳頓教及衣鉢云。汝爲第六代祖。善自護念廣度有情。

（拾遺、148 b～c）

傳燈錄曰。慧能大師謂門人曰。吾欲歸新州。汝速理舟楫。時大衆哀慕乞師且住。師曰。諸佛出現猶示涅槃。有來必去。理亦常然。吾此形骸歸必有所。衆曰。從此去早晚卻迴。師曰。葉落歸根。來時無口。事苑曰。寶林傳。曹叔良施地六祖居之。地有雙峰大溪。因曹侯之姓曰曹溪。輔教編曰。慧能始鬻薪以養母。將從師患無以爲母之儲。殆欲爲傭以取資。及還而其母已殂。慨不得以道見之。遂寺其家以善之。

終亦歸死于是。故曰。葉落歸根。能公至人也。豈測其異德猶示人而不忘其本也。　（同、158c）

82　請益錄

學。臥輪禪師偈云。臥輪有伎倆。能斷百思想。對境心不起。菩提日日長。六祖聞云。慧能無伎倆。不斷百思想。對境心數起。菩提作麼長。　（卷上、第二則、3b）

師云。六祖謂讓和尚曰。汝向後出一馬駒。踏殺天下人去在。　（同、第一六則、36a）

所以六祖道。本來無一物。何假拂塵埃。　（卷下、第一九則、102a）

83　禪門拈頌集

達磨第五世弘忍大師嗣法

六祖慧能大師　崇嶽慧安國師　蒙山道明禪師

達磨第六世慧能大師嗣法

南嶽懷讓禪師　温州永嘉玄覺大師　西京光宅寺慧忠國師

六祖慧能大師。在印宗法師會下。見二僧爭風幡。一僧曰風動。一僧曰幡動。祖曰不是風動。不是幡動。仁者心動。二僧悚然。

雪竇顯頌。不是幡兮不是風。衲僧於此作流通。渡河用筏尋常事。南山燒炭北山紅。

又頌。不是風幡何處著。新開作者曾拈卻。如今憒憧癡禪和。謾道玄玄爲獨腳。

大洪恩頌。不是風兮不是幡。行人曾滯兩重開。長安道在應須到。莫聽崑崙敍往還。

又頌。不是幡兮不是風。石城山頂望何窮。天上有星皆拱北。人間無水不朝東。

又頌。不是風幡何處著。是風幡兮亦拈卻。隨他去也大無端。一句當機還大錯。錯錯。鼻孔撩天也穿卻。

瑯瑘覺頌。不是風兮不是幡。多口闍梨不可詮。若將巧語求玄會。特地千山隔萬山。

天衣懷頌。不是風兮不是幡。斯言形已播人閒。要會老盧端的處。天台南岳萬重山。

又頌。不是風兮不是幡。胡人持呪口喃喃。報道孟春正月節。千峯隱隱色如藍。

鴈蕩泉頌。不是風兮不是幡。刈禾鎌子兩頭彎。祖師的旨何人會。南岳天台千萬山。

又頌。不是幡兮不是風。趙州南畔石橋東。刹竿頭上下迴首。辜負黃梅踏碓翁。

瑞鹿先頌。非風幡動仁心動。自古相傳直至今。今後水雲人欲曉。祖師眞是好知音。

承天宗頌。風幡搖動拂晴暉。展事商量卒未知。多少祖師門下客。頭角須是麒麟兒。

資壽捷頌。風動幡搖靜則垂。黑驢生得白騾兒。重陽日近西風緊。蟬滿庭槐菊滿籬。

圓通秀頌。不是風兮不是幡。於斯明得悟心難。胡言漢語休尋覓。刹竿頭上等閑看。且莫錯認。

雪峯圓頌。不是風兮不是幡。白雲依舊覆青山。年來老大渾無力。偸得忙中些子閑。

海印信頌。風幡不動唯心動。一語如何話兩般。叵耐老盧大傍若。闍梨座主被欺謾。

法昌遇頌。不是風兮不是幡。黑花猫子面門斑。夜行人只貪明月。不覺和衣渡水寒。

保寧勇頌。蕩蕩一條官驛路。晨昏曾不禁人行。渾家不是不進步。無奈當門荊棘生。

法眞一頌。巴陵老作昔拈來。不是風幡安在哉。鬧裏王三吹觱篥。波斯筵上舞三臺。

長蘆頤頌。不是風兮不是幡。刹竿頭上等閑看。圓通佛法無多子。鼻孔依前在目前。兼擧圓通秀頌。

承天懷頌。風動幡搖旨最親。老盧心動若爲陳。當時果有迦羅眼。未必衣盂不付人。

佛印清頌。風幡是心更何言。六門休歇古今傳。若立絲毫仍舊隔。大千沙界一毛端。

翠巖宗頌。不是風幡不是心。祖師正眼只如今。如今不識山河礙。識得如今海嶽沈。

佛鑑勤頌。不是風幡不是心。幾人遺劍刻舟尋。分明寄語諸禪客。自古眞鍮不博金。

佛眼遠頌。非風幡動唯心動。大海波瀾常洶湧。魚龍出沒任升沈。生死聖凡無別共。無別共底怎模樣。祖佛傍觀空合掌。

崇勝珙頌。風幡動兮自西自東。仁者心兮非異非同。獃漢呈機兮未曾發。蒙祖師指示兮轉見病攻。縱了首楞兮明暗塞通。爭免玄沙兮瘖啞盲聾。

長靈卓頌。夢遊華頂過丹丘。躡盡寒雲倚石樓。貪看瀑泉瀉崖壁。豈知身在碧江頭。

心聞賁頌。水邊煙膩垂楊裊。竹裏雲深古屋低。綠遍山川春事過。桐花滿地子規啼。

慈航朴頌。不是風幡不是心。等閑握土是黃金。曹溪一路平如砥。無限平人被陸沈。

松源頌。不是風兮不是幡。分明裂破萬重關。誰知用盡腕頭力。惹得閑名落世間。

妙智廓頌。不是風兮不是幡。靈鋒獨露寶光寒。茫茫宇宙無知已。空倚危樓望刹竿。

介庵朋頌。風幡俱不是。仁者心亦非。斷碑撗古道。下有石烏龜。

雪峯存拈。大小祖師龍頭蛇尾。好與二十棒。孚上座侍立次。咬齒。峯云。我伊麼道也。好與二十棒。雲門杲曰。要識孚上座麼。犀因翫月紋生角。要識雪峯麼。象被雷驚花入牙。

保福拈。作賊人心虛也。是蕭何置律。

巴陵鑒拈。祖師道。不是風動不是幡動。既不是風幡。向什麼處著。有人與祖師作主。出來與巴陵相見。

清涼益上堂云。諸上座。且莫將爲等閑。奉勸且依古聖慈悲門。好他古聖所見諸境。唯見自心。祖師道。不是風道不是幡動。仁者心道。但且伊麼會好。別無親於親處也。

五祖戒拈。著甚來由。

天台韶國師示衆曰。古聖方便。猶如河沙。六祖曰非風幡動。仁者心動。是爲無上心印。至妙法門。我輩稱祖師門下士。何以解之。若言風幡不動。汝心妄動。若言不撥風幡。就風幡處通取。若言風幡動處。是什麼。若言附物明心。不須認物。若言色卽是空。若言非風幡動。應須妙會。與祖師意旨了沒交涉。既非種種解會。合如何知悉。若眞見去。何法門不明。雖百千諸佛方便。一時洞了。

雪竇顯舉。巴陵拈。師云風動幡動。既是風幡。向甚處著。有人與巴陵作主。亦出來與雪竇相見。

海印信拈。大小祖師話成兩截。好與三十棒。更有一个。切忌動著。

蔣山泉小參。舉此話。連舉巴陵雪竇拈。師云。要知二尊宿落處麼。蔣山爲爾說箇譬喩。一似箇人家祖上。從來極有涯業。有二兄弟。各各鬪使。大者使五百。小者使一貫。日往月來。鬪使不已。遂將祖父涯業。一時蕩盡。累他子孫。無安身立命處。忽有一親友。見其子孫孤露。遂將伊家祖上宅舍。借伊居止。其間子孫。須念舊時祖業。如何卻屬他人。須作方便。討得當時契書。方爲究竟。若邇目前過日。得則得。未免住在他人屋下。大衆。蔣山爲爾說譬喩了也。且問。諸人作何方便。討得當時契書。

枯木成。上堂舉此話云。諸仁者。祖師權時施設。用作指歸。諸人要會祖師端的爲人處麼。良久云。風兮幡兮心兮。動與不動還迷。要會祖師關棙子。巖前時聽子規啼。

淨慈本小參云。六祖作行者時。到印宗法師會下。忽見二僧因覩風幡。共相論議。一云風動。一云幡動。往復紛紜。皆未中理。他家當時路見不平。便道。不是風動不是幡動。仁者心動。然雖如此。老盧一期接引則不無。又且未能塞斷後人口。山僧者裏。卽不伊麼。當時。若見者僧。只向伊道。瞌睡漢。爾喚什麼作風幡。且道。與祖師道底。是同是別。明眼底鑒看。

法眞一。舉此話。連舉巴陵雪竇拈。師云。且道。二老宿語是同是別。若定當得。出來與山僧相見。

黃龍心。問法昌遇曰。不是風兮至渡水寒。豈不是和尚偈耶。遇曰。然有是語。心曰。也大奇特。遇曰。汝道。祖師前段爲人後段爲人。對曰。祖師終不妄語。遇曰。意作麼生。對曰。豈不見道。不是風動不是幡動。遇曰。如狐渡水有甚快活。心曰。師意如何。遇以拂子搖之。心曰。也是爲蛇畫足。遇曰。亂統作麼。心曰。須是和尚始得。

曹溪明上堂云。不是幡兮不是風。何煩齋後卻聲鐘。羚羊掛角無人見。剛被渠儂強指蹤。乃舉。六祖大師一日見二僧爭風幡。至二僧。因而省悟。師云。大衆。據此二員道人。伊麼悟去入地獄如箭射。若是皮下有血漢。見他道不是風動不是幡動。是汝心動。咄。是何言歟。當時。若下得者一咄。方有轉身一路。君不見。古德有言兮。不是心不

是佛不是物。畢竟喚作箇什麼。遂擲下拂子云。老僧今日被諸人勘破。上方益。舉此話。連舉巴陵雪竇拈。師云。一犬吠形百犬吠聲。當時。若是金色頭陀。倒卻門前刹竿。也免得南北禪和。被風幡走殺。然雖如是。爲金色頭陀作主則可。要與法雲相見未在。

白雲昺。舉此話。連舉巴陵雪竇拈。師云。巴陵云。既不是風幡。向什麼處著。雪竇云。既是風幡。向什麼處著。然則水不洗水。金不博金。忽有箇不惜性命底漢。截斷二老脚跟。也免得世諦流布。

佛眼遠。上堂云。昔日六祖大師作居士時。隱於廣州法性寺印宗法師席下。遇夜廊無閒有二僧。風幡競辯未盡厥理。祖師躡步而謂曰。可容俗士得預高論不。直以非風幡動。仁者心動。告之大衆秖如夜來風起。且道。是風動不是風動。若道不是風動。如此觸簾動戶簸土楊塵。作麼生不是風動。還斷得出麼。山僧道。也不是風動。也不是幡動。也不是心動。有人識得麼。青山無限好。猶道不如歸。

育王諶。舉此話。連舉巴陵雪竇拈。師云。此三尊宿。一人放行如頹崖裂石。一人把定如大海呑潮。一人端坐不動如須彌山。顯寧伊麼說。大殺不顧條章。

雲門杲普說。舉此話云。山僧曾請益一箇長老。意旨如何。長老將衫袖搖作風動勢云。是什麼。苦哉苦哉慚惶殺人。鈍置殺人有者道。不是風動。不是幡動。定是心動。山僧尋常問學者。不是風動不是幡動不是心動。作麼生者裏。豈容眨眼。

六祖一日謂衆曰。有一物上拄天下拄地。黑似柒常在動用中。動用中收不得。汝等諸人。喚作什麼。沙彌神會出衆曰。諸佛之本源。神會之佛性。祖遂打數棒曰。我喚作一物尚自不中。那堪喚作本源佛性。汝已後設有把茅蓋頭。只作得个和解宗徒。

海印信頌。呼爲一物早不中。那堪喚作本源佛。應現縱橫摠不虧。動用施爲收不得。活鱍鱍黑浚浚。且問時人知不知。不知直待見彌勒。

法眼拈古人。授記人終不錯。如今立知解爲宗。既荷澤是也。鴈蕩泉舉此話云。既不得喚作本源佛性。且道。喚作什麼。卽契祖師意。乃拈拄杖云。還見麼。無枝無葉有頭有尾。拶破面門淸風四起。雖然不直半分錢。天下七寶難可比。

長蘆頤舉此話云。山僧卽不然。有一物。明如鏡淸如水。上照天下照地。只在動用中。且道是什麼。

六祖因僧問。黃梅意旨什麼人得。祖曰。會佛法人得。僧云。和尚還得不。祖曰。我不得。僧云。和尚爲什麼不得。祖云。我不會佛法。汾州昭代云。方知密旨難傳。

大洪恩頌。信手拈來見自殊。箇中消息沒功夫。黃梅未許傳斯旨。半夜曾將付老盧。

佛印元頌。當日黃梅傳意旨。會佛法人如竹葦。麟龍頭角盡成空。盧老無能較些子。

圓悟勤頌。斬釘截鐵大功若拙。一句單提不會佛法。儘他葉落花開。不問春寒秋熱別別。萬古碧潭空界月。

悅齋居士頌。佛法會不會。一槌百雜碎。毫末更飛揚。虛空都覆蓋。

翠巖芝拈。會得卽二頭。不會得卽三首。作麼生便有出身之路。承天宗拈。曹溪大士紹佛祖位。爲什麼不會佛法。也是掩耳偸鈴漢。殊不知

讓師鼻孔。被六祖穿却了也。

永明壽云。若悟其道。則可以承紹。可以傳衣。如有人。問南泉和尙云。黃梅門下有五百人。爲甚盧行者獨得衣鉢。師云。只爲四百九十九人。皆解佛法。只有盧行者一人不解佛法。只會其道。所以得衣鉢。故先德偈云。有無去來心永息。內外中間都摠無。欲見如來眞住處。但看石羊生得駒。如此妙達之後。道尙不存。豈可更論知解會不會之妄想乎。黃龍南上堂云。大覺於燃燈佛所。無一法正得。六祖夜半於黃梅。又傳箇什麼。乃有偈曰。得不得傳不傳。歸根得旨復何言。憶昔首山曾漏洩。新婦騎驢阿家牽。

香山良上堂。舉此話云。夫語是心苗。他若會佛法。應不去人家。碓房裏擣米。他若會佛法。應不去竊他衣鉢。夜半三更。潛地渡江。他若會佛法。應不向大庾嶺頭。使人拈掇不起。誑謼閭閻。後來死了。埋在土窟裏。被新羅人斫卻頭去。盡是惡業果報。不見道。天網恢恢。疎而不漏。爾道過在什麼處。良久云。救苦觀世音菩薩。

又∴○∴自菩提達磨洎曹溪六代祖師。還得者箇道理也無。乃作此相對之。不見。僧問能和尙云。黃梅意旨。至我不會佛法。不見。仁王經云。我今無說。汝今無聽。是一義二義。又云。向上一路。千聖不傳。學者勞形。如猨捉影。又云。三世諸佛不知有。忽有問。如何是祖師西來意。作此相了。以拄杖抹卻。

五祖演舉此話。又舉僧問雪峯。和尙見德山後。得箇什麼道理。便休去。峯云。我當時。空手去。空手廻。師云。大衆此二尊宿。一人是祖師。一人是禪師。及乎問著。便道。我不會佛法。又道。我空手去。空手廻。爾諸人。還會伊麼說話也無。若要會他恁麼說話。須是透祖師關始得。若不透祖師關。輒不得正眼覷著。

上方益拈。謾者僧一人則得。

曹溪明上堂。舉此話云。諸人。若學得祖師。不會佛法。一生受用不盡。到伊麼田地。方可能事畢矣。然後。向孤峰頂上。盤結草庵。目視雲漢。直饒祖佛出頭來。便痛與三十棒。何謂如此。將此深心奉塵刹。是卽名爲報佛恩。又題黃梅簸糠亭曰。七百高僧。如龍若虎。各出明心妙偈。欲求成佛作祖。盧公碓下潛身。翻笑傍人莽鹵。不知無物無塵。徒爾妄分能所。于時春罷休閑。皓月流輝似午。衣盂密付。便南行。登舟解把蘭橈舞。

雲門杲上堂。舉此話。召大衆云。還見祖師麼。若也不見徑山。爲爾指出。蕉芭蕉芭有葉無丫。忽然一陣狂風起。恰似東京大相國寺裏三十六院東廊下北角頭王。和尙破袈裟。畢竟如何。歸堂喫茶。

育王諶拈。背手挑燈。泥中洗土。杜撰衲僧。道我知有。只如夜行。古路一句。作麼生道。若也道得。許爾親見祖師。

又一日上堂云。達磨祖師。只言不識。曹溪祖師。只道不會。而今談禪說性者。匝地普天。成佛作祖者。如麻似粟。爲復是報効祖師。爲復是埋沒祖師。當機要具超方眼。試向其中定古今。

六祖因蜀僧方辯造謁問。所習何業。辯曰。善捏塑。祖遂正色曰。試塑看。辯不領旨。乃塑六祖儀相。高七寸曲盡其妙呈祖。祖曰。汝善塑性。不善佛性。

智海逸頌。區區七寸謾勞陳。手巧爭如眼巧親。塑著不知何處去。曹

溪千古浪花新。

六祖偈云。心地含諸種。普雨悉皆萌。頓悟花情已。菩提果自成。

蔣山元舉此話云。如今百花盡放。那箇堪結果。良久云。乾坤曾著力。風雨莫無端。

六祖一日謂門人曰。吾欲歸新州。汝等速理舟楫。門人曰。師從此去早晩卻廻。祖曰。葉落歸根。來時無口。

海印信頌。葉落歸根。來時無口。水漲船高。烏飛兔走。若是林間師子兒。三歲便能大哮吼。

香山良頌。葉落歸根不計春。來時無口定疎親。因便產得江西馬。踏殺寰中多少人。

法眞一頌。五蘊山頭一段空。來時無口去無蹤。要明葉落歸根旨。末後方能達此宗。

松源頌。雲開空自闊。葉落卽歸根。廻首煙波裏。漁歌過遠村。

天衣懷上堂云。玄黃不眞。黑白何咎。六祖大師道。葉落歸根。來時無口。若會此箇說話。直入維摩丈室。住金色光中。見十方世界。四聖六凡。如觀掌中菴摩勒菓。又見一類衆生。寢生死長夜。昏昏睡眠。不覺不知。作金雞報曉一聲。令伊省悟。豈不快哉。若能如是。方可將此深心奉塵刹。是則名爲報佛恩。雖然如是。古人道。笑我者多。哂我者少。

法雲秀拈。非但來時無口。去時亦無鼻孔。

五祖演拈。祖師伊麼道。猶欠悟在。

雪峰了舉此話。至祖遂歸新州國恩寺。脫化。師云。走殺者老兒。葉落歸根來時無口。是新州路子。呵呵大笑云。還有共祖師。同出同沒底麼。

佛眼遠退院上堂。舉此話云。是什麼說話去了。卻更來作什麼。不見。東山先師道。大小大祖師。猶欠悟在。師呵呵大笑云。諸人還會得麼。聽取一頌。歸根得旨復何論。洞口秦人半掩門。花落已隨流水去。空留羃羃野雲屯。

松源上堂云。葉落歸根。來時無口。神仙妙訣。父子不傳。且如何道得接手句。多處添些子。少處減些子。

（卷四、影印高麗大藏經 46―52a～57b）

蒙山道明禪師。因趁盧行者至大庾嶺。行者見師至。卽擲衣鉢於石上云。此衣表信可力爭耶。任君將去。師遂舉之。如山不動。

育王諶頌。能放得下。明提不起。雲閑嶺頭。水忙澗底。水月和同。是非何已。雲散水流。爾是我是。

道明禪師因六祖在大庾嶺頭云。不思善不思惡。正當伊麼時。阿那箇是明上座本來面目。師卽大悟。

觀音院從顯拈。今日不伊麼道。還我明上座來。

丹霞淳上堂。舉此話云。看他先祖爲人終不肯。過這邊來。諸人還會麼。星前人臥千峯室。佛祖無因識得渠。

佛眼遠上堂。舉此話云。大衆還會者話麼。正當伊麼時。歷劫不曾迷。步步超三界。歸家頓絕疑。

南嶽懷讓禪師初參六祖。祖問。甚處來。曰。嵩山來。祖曰。是什麼物伊麼來。曰。說似一物卽不中。祖曰。還假修證不。曰。

修證卽不無。汚染卽不得。祖曰。秖此不汚染。是諸佛之所護念。汝既如是。吾亦如是。

大洪恩頌。是什麼物伊麼來。此中何假拂塵埃。瞪目看時還不見。謾將明鏡掛高臺。

又頌。說似一物卽不中。風從虎兮雲從龍。此事由來非草草。休言無法是眞宗。

雲居元頌。玉在泥中蓮出水。汚染不能絕方比。大家如是若承當。洞庭一夜秋風起。

海印信頌。倒騎鐵馬出煩籠。撥轉天關振古風。寶殿瓊樓曾不顧。入鄽應爲誘童蒙。

保寧勇頌。戴角披毛伊麼來。鐵圍山岳盡衝開。閻浮踏殺人無數。驀鼻深穿拽不廻。

佛國白頌。嵩頂來時伊麼來。不中一物早塵埃。便於南嶽磨甎片。照得追風馬子廻。

法眞一頌。什麼堂堂伊麼來。當機覿面不迂廻。經行坐臥非他物。自是時人眼不開。

歙州英頌。鐵牛不喫欄邊草。丱角牧童相告報。放去高坡臥白雲。任渠七顚與八倒。阿呵呵會也麼。債有頭冤有主。拾得要打寒山老。

又頌曰。吾祖家風豈涉途。失宗隨照用心麤。一言爲報知音者。近日南能姓不盧。

天童覺小參擧此話。至什麼物伊麼來。讓經八年。方下語云。說似一物卽不中。至汚染卽不得。師云。從來不相似何處。更著得汚染來。然而擬向卽觸。蹉跎卽背。且道。正伊麼時作麼生。還會麼。頭長三尺知是誰。相對無言獨足立。

靈源淸云。正法眼藏涅槃妙心。唯證乃知餘莫能測。所以六祖問讓和尙。至吾亦如是。玆蓋獨標淸淨法身。以建教外別傳之宗。而揀云。報化非眞佛。亦非說法者。然非無報化大功大用。謂若解通報化。而不頓見法身。則滯汚染緣。乖護念旨理必警省耳。（同、57 b～58 b）

永嘉玄覺大師到曹溪。振錫攜缾。遶祖三匝。祖云。夫沙門者具三千威儀八萬細行。大德自何方而來生大我慢。師曰。生死事大無常迅速。祖曰。何不體取無生了無速乎。師曰。體則無生了本無速。祖曰。如是如是。師方具威儀。參禮須臾告辭。祖曰。返大速乎。師曰。本自非動。豈有速耶。祖曰。誰知非動。曰。仁者自生分別。祖曰。汝甚得無生之意。曰。無生。豈有意耶。祖曰。無意誰當分別。曰。分別亦非意。祖歎曰。善哉善哉。有本大同小異。

法眞一頌。永嘉萬里到曹溪。三拜云何略不施。卻遶禪牀三匝後。卓然振錫底威儀。

曹溪明頌。曹溪未到有何疑。月面堂堂更是誰。一宿已成歸計晚。不干盧老擧鞭遲。

知非子頌。生死一事大。證了不復住。一宿留曹溪。長歌出門去。

雪竇顯擧此話。至生大我慢。師便喝云。當時若下得者一喝。免見龍頭蛇尾。又再擧遶禪牀三匝。振錫一下卓然而立。代祖師云。未到曹溪。與爾三十棒了也。

南明泉上堂。擧此話云。諸仁者此箇公案。盡道玄覺與六祖。君臣道合。水乳相投。還端的也未。南明道大小祖師龍頭蛇尾。今日已是惜口不得。爲諸人重擧一徧。逸師三匝振錫而立。諸仁者。還見祖師麼。若向者裏見得。不止淨光塔下。盡十方世界刹刹塵塵。皆見祖師。若也未見。山僧爲爾指出。乃拈起拄杖云。看看。劈面風寒。忙忙江上客。收取釣魚竿。擊法座一下。　（同、59b）

清源行思禪師問六祖。當何所務。卽不落階級。祖曰。汝曾作什麼來。師曰。聖諦亦不爲。祖曰。落何階級。師曰。聖諦尙不爲。何階級之有。祖深器之。

投子青頌。無見頂露雲攢急。劫外靈枝不帶春。那邊不坐空王殿。爭肯耘田向日輪。

金山元頌。聖諦從來尙不爲。更無階級可修持。至今盧老猶舂米。和糓和糠付與誰。

丹霞淳頌。卓爾難將正眼窺。迥超今古類何齊。苔封古殿無人侍。月鎖蒼梧鳳不栖。

天童覺頌。不落階級。卓卓超出。三際曷用。安排十方。自然逼塞。五色線不我覊縻。七寶冠是誰嚴飾。

佛國白頌。無階無級更無求。奪得曹溪第一籌。卻向廬陵言米價。百行千市競相酬。

大梅英示衆。擧此話云。若開个師資。終不得他如是之言。若要不落他階級。終不下聖諦不爲之語。箇是諸佛諸祖授受底時節。亦是衆生沒分外。

黃龍新上堂。擧此話云。聖諦不爲卽無階級。既無堦級。六祖何用深器之。既深器之。不無階級。衆中還有不落堦級者麼。試請辨看。

大慧杲示衆擧此話云。莫將閑話爲閑話。往往事從閑話生。

松源上堂擧此話云。是卽是。摠未有出身之路。靈隱門下。莫有獨脫底麼。敲出鳳凰五色髓。撲碎驪龍頷下珠。　（同、68b～69a）

84　無門關

不思善惡

六祖因明上座。趁至大庾嶺。祖見明至。卽擲衣鉢於石上云。此衣表信。可力爭耶。任君將去。明遂擧之如山不動。踟躕悚慄。明曰。我來求法。非爲衣也。願行者開示。祖云。不思善不思惡。正與麼時。那箇是明上座本來面目。明當下大悟。遍體汗流。泣涙作禮問曰。上來密語密意外。還更有意旨否。祖曰。我今爲汝說者。卽非密也。汝若返照自己面目。密卻在汝邊。明云。某甲雖在黃梅隨衆。實未省自己面目。今蒙指授入處。如人飲水冷暖自知。今行者卽是某甲師也。祖云。汝若如是。則吾與汝同師黃梅。善自護持。

無門曰。六祖可謂。是事出急家。老婆心切。譬如新荔支剝了殼。去了核送在爾口裏。只要爾嚥一嚥。

頌曰。

描不成兮畫不就。贊不及兮休生受。
本來面目沒處藏。世界壞時渠不朽。（T.48—295c～296a）

非風非幡

六祖因風颺刹幡。有二僧對論。一云幡動。一云風動。往復曾未契理。祖云。不是風動。不是幡動。仁者心動。二僧悚然。

無門曰。不是風動。不是幡動。不是心動。甚處見祖師。若向者裏見得親切。方知二僧買鐵得金。祖師忍俊不禁一場漏逗。

頌曰

風幡心動。一狀領過。只知開口。不覺話墮。（296c）

85　人天寶鑑

南岳讓和尚參六祖。有般若多羅讖云。汝一枝佛法從汝邊去。向後出一馬駒。蹋殺天下人在。卽馬祖是也。祖出八十四人善知識。世人謂之觀音應化。（Z.2乙,21,1—67a）

86　釋門正統

近者大遼皇帝。詔有司。令義學沙門詮曉等。再定經錄。世所謂。六祖壇經。寶林傳。皆被焚。（卷八、義天章　Z.2乙,3,5—451d）

慧能。新興盧氏。採樵養母。負薪入市。聞誦金剛。問從誰受。曰。蘄州黃梅忍大師。勸持云見性成佛。辭母前邁至韶。與劉志略爲心友。略姑爲尼。號無盡藏。嘗讀涅槃。師暫聽之。卽爲說義。尼因問字。師云。字卽不識義卽請問。尼曰。字尚不識。易能會義。師曰。諸佛解脫。非關文字。尼異之號爲行者。居人瞻禮。奉以寶林。咸亨中。達黃梅。師資道契。迺入碓坊。抱石而舂經八月。忍俾衆述偈。上座神秀。以偈書壁。師密令童子書偈於旁。忍呼入室。寄託法衣。曰。古我先師轉相付授。豈徒爾哉。捧衣南邁。儀鳳改元正月十五。南海印宗法師。爲師會衆落髮。二月八日。就法性寺智光律師受戒。卽開東山法門。（信忍竝住東山。）回寶林韶守韋據請住大梵。學者逾千。封土爲壇。說法其上。錄爲壇經。先天二年八月三日示寂。葬曹溪。壽七十六。憲宗謚大鑒。塔曰元和正眞。達磨至師六世因稱六祖。師化韶陽。秀化洛下。南能北秀。自此分宗。四祖嘗於九江遙望雙峰。見紫雲如蓋下有白氣橫分六岐。問忍知之乎曰。師當旁出一枝。相踵六世。果出法融。闡化金陵牛頭。至南陽忠六世。亦號牛頭六祖。嵩山普（寂カ）宗立秀爲六祖。自稱七祖。故杜詩云。門求七祖禪。（同、慧能章　454c）

87　續開古尊宿語要

六祖當年不丈夫。倩人書壁自塗糊。明明有偈言无物。卻受他家一鉢盂。（天集下、死心新章　5b）

颺下採樵斧。直入碓坊舂。一腳踏到底。黃梅信息通。錯錯錯。徒名貌。畫得十成。欠蹄少角。一任天下人貶剝。

（月集下、破菴先章　6a）

黃梅半夜錯分付。纔得星兒便亂做。大庾嶺頭屙一堆。後代兒孫遭點汚。

（星集、木菴永章　5a）

88　寶刻叢編

唐廣果寺慧能大師碑

唐武平一撰。正書。無姓名。開元七年立。諸道石刻錄。

（卷一九、韶州項、27b）

89　西溪叢語

唐李舟作能大師傳。五祖宏忍告之曰。汝緣在南方。宜往教授。持此袈裟以爲法信。一夕南逝。忍公自此言說稍稀。時謂人曰。吾道南矣。時人未之悟。壬申公滅度後。諸弟子求衣不獲。始相謂曰。此非盧行者所得耶。使人追之已去。及大師歸至曹溪追者未至。遂隱於四會懷集之閒。不言雞足峯前提不起事。杜甫秋日夔府詠懷。有身寄雙峯寺門依七祖禪。鮑欽止注云。第五祖宏忍。在蘄州東山開法。有二弟子。一慧能。受衣法居嶺南爲六祖。一神秀。在北揚化。引傳燈錄云。北宗神秀禪師。尉氏人。訪道至蘄州雙峯東山寺。遇五祖忍師。以坐禪爲務。乃歎服曰。此眞吾師也。其後神秀門人普寂。立其師爲六祖。而自稱七祖。因撿傳燈錄。神秀法嗣有嵩山普寂禪師。無機緣語。神秀錄云。門人普寂居義福寺。竝爲朝野所重。江西志徹錄云。自南北分宗。北宗門人自立秀師爲第六祖。但不見普寂自稱七祖事耳。

按寶林傳。第三十一祖道信大師。姓司馬氏。本居河南。還於蘄州廣濟而生。隋開皇中。從璨大師受業。至唐武德七年甲申歲。往蘄州破頭山。至眞觀中。方改爲雙峯山。第三十二祖宏忍。七歲出家事信。又云。能大師傳法衣處。在曹溪寶林寺。寶林後枕雙峯。咸淳中。有晉武侯元孫曹叔良者。住在雙峯山寶林寺左。時人呼爲雙峯曹侯溪。至儀鳳中。叔良惠地于大師。自開元天寶大歷以來。時人乃號六祖。爲雙峯和尚。天監二年。韶陽太守侯敬中奏請爲寶林寺。唐中宗改中興寺。神龍中改爲廣果。開元中改爲建興。上元中改國寧。傳後題云。安南越記。晉初南方不賓。勅授恒山立曹溪。爲鎭界將軍兼知平南總管晉室。復後封曹侯爲異姓王。居石角雙峯二嶠之間。自儀鳳二年叔良惠地於大師。願陪貴寺。方呼爲雙峯曹侯大師也。

（卷上、29a～30b）

90　五燈會元

咸亨中有一居士。姓盧名慧能。自新州來參謁。祖問曰。汝自何來。盧曰。嶺南。祖曰。欲須何事。盧曰。唯求作佛。祖曰。嶺南人無佛

性。若爲得佛。盧曰。人卽有南北。佛性豈然。祖知是異人乃訶曰。著槽廠去。盧禮足而退。便入碓房服勞於杵臼之閒。晝夜不息經八月。祖知付授時至。遂告衆曰。正法難解。不可徒記吾言持爲巳(己カ)任。汝等各自隨意述一偈。若語意冥符則衣法皆付。時會下七百餘僧。上座神秀者。學通內外。衆所宗仰。咸推稱曰。若非尊秀疇敢當之。神秀竊讀衆譽不復思惟。乃於廊壁書一偈曰。身是菩提樹。心如明鏡臺。時時勤拂拭。莫使惹塵埃。祖因經行。忽見此偈知是神秀所述。乃讚歎曰。後代依此修行亦得勝果。其壁本欲令處士盧珍繪楞伽變相。及見題偈在壁。遂止不畫各令念誦。盧在碓坊忽聆誦偈。乃問同學。是何章句。同學曰。汝不知和尚求法嗣。令各述心偈。此則秀上座所述。和尚深加歎賞。必將付法傳衣也。盧曰。其偈云何同學爲誦。盧良久曰。美則美矣。了則未了。同學訶曰。庸流何知。勿發狂言。盧曰。子不信邪。願以一偈和之。同學不答。相視而笑。盧至夜密告一童子。引至廊下。盧自秉燭。請別駕張日用於秀偈之側寫一偈。曰。菩提本無樹。明鏡亦非臺。本來無一物。何處惹塵埃。祖後見此偈曰。此是誰作。亦未見性。衆聞師語遂不之顧。逮夜祖潛詣碓坊問曰。米白也未。盧曰。白也未有篩。祖於碓以杖三擊之。盧卽以三鼓入室。祖告曰。諸佛出世爲一大事。故隨機大小而引導之。遂有十地三乘頓漸等旨以爲教門。然以無上微妙祕密圓明眞實正法眼藏。付于上首大迦葉尊者。展轉傳授二十八世至達磨。屆于此土得可大師。承襲以至於今。以法寶及所傳袈裟用付於汝。善自保護無令斷絕。聽吾偈。曰。有情來下種。因地果還生。無情既無種。無性亦無生。盧行者跪受衣法。啓曰。法則既受。衣付何人。祖曰。昔達磨初至人未之信。故傳衣以明得法。今信心已熟。衣乃爭端。止於汝身不復傳也。且當遠隱俟時行化。所謂受衣之人命如懸絲也。盧曰。當隱何所。祖曰。逢懷卽止。遇會且藏。盧禮足已。捧衣而出。是夜南邁。大衆莫知。五祖自後不復上堂。大衆疑怪致問。祖曰。吾道行矣。何更詢之。復問。衣法誰得耶。祖曰。能者得。於是衆議。盧行者名能。尋訪既失。潛知彼得。卽共奔逐。

（卷一、弘忍章　Z.2乙, 11, －18c～19a）

六祖慧能大師者。俗姓盧氏。其先范陽人。父行瑫。武德中左官于南海之新州遂占籍焉。三歲喪父。其母守志鞠養。及長家尤貧窶。師樵採以給。一日負薪至市中。聞客讀金剛經。至應無所住而生其心有所感悟。而問客曰。此何法也。得於何人。客曰。此名金剛經。得於黃梅忍大師。祖遽告其母。以爲法尋師之意。直抵韶州。遇高行士劉志略。結爲交友。尼無盡藏者卽志略之姑也。常讀涅槃經。師暫聽之。卽爲解說其義。尼遂執卷問字。祖曰。字卽不識。義卽請問。尼曰。字尚不識。曷能會義。祖曰。諸佛妙理非關文字。尼驚異之。告鄉里耆艾曰。能是有道之人。宜請供養。於是居人競來瞻禮。近有寶林古寺舊地。衆議營緝。俾祖居之。四衆霧集俄成寶坊。祖一日忽自念曰。我求大法。豈可中道而止。明日遂行。至昌樂縣西山石室閒。遇智遠禪師。祖遂請益。遠曰。觀子神姿爽拔。殆非常人。吾聞。西域菩提達磨傳心印於黃梅。汝當往彼參決。祖辭去。直造黃梅之東山。卽唐咸亨二年也。忍大師一見默而識之。後傳衣法令隱于懷集四會之閒。

至儀鳳元年丙子正月八日。届南海。遇印宗法師於法性寺講涅槃經。祖寓止廊廡間。暮夜風颺刹幡。聞二僧對論。一曰。幡動。一曰。風動。往復酬答曾未契理。祖曰。可容俗流輒預高論否。直以風幡非動動自心耳。印宗竊聆此語。竦然異之。明日邀祖入室徵風幡之義。祖具以理告。印宗不覺起立曰。行者定非常人。師爲是誰。祖更無所隱。直敍得法因由。於是印宗執弟子之禮請授禪要。乃告四衆曰。印宗具足凡夫。今遇肉身菩薩。乃指座下盧居士曰。卽此是也。因請出所傳信衣悉令瞻禮。至正月十五日。會諸名德爲之剃髮。二月八日。就法性寺智光律師授滿分戒。其戒壇卽宋朝求那跋陀三藏之所置也。三藏記云。後當有肉身菩薩。在此壇受戒。又梁末眞諦三藏。於壇之側手植二菩提樹。謂衆曰。卻後一百二十年有大開士。於此樹下演無上乘。度無量衆。祖具戒已。於此樹下開東山法門。宛如宿契。明年二月八日。忽謂衆曰。吾不願此居。欲歸舊隱。卽印宗與緇白千餘人送祖歸寶林寺。韶州刺史韋據。請於大梵寺轉妙法輪并受無相心地戒。門人紀錄目爲壇經。盛行于世。後返曹溪。雨大法雨。學者不下千數。

中宗。神龍元年降詔云。朕請安秀二師宮中供養。萬機之暇每究一乘。二師並推讓曰。南方有能禪師。密受忍大師衣法。可就彼問。今遣內侍薛簡馳詔迎請。願師慈念速赴上京。祖上表辭疾。願終林麓。簡曰。京城禪德皆云。欲得會道必須坐禪習定。若不因禪定而得解脫者未之有也。未審師所說法如何。祖曰。道由心悟。豈在坐也。經云。若見如來若坐若臥是行邪道。何故。無所從來亦無所去。若無生滅是如來清淨禪。諸法空寂是如來清淨坐。究竟無證。豈況坐邪。簡曰。弟子囘主上必問。願和尙慈悲指示心要。祖曰。道無明暗。明暗是代謝之義。明暗無盡。亦是有盡。相待立名故。經云。法無有比無相待故。簡曰。明喩智慧。暗況煩惱。修道之人。儻不以智慧照破煩惱。無始生死憑何出離。祖曰。煩惱卽是菩提。無二無別。若以智慧照煩惱者。此是二乘小見。羊鹿等機。大智上根悉不如是。簡曰。如何是大乘見解。祖曰。明與無明其性無二。無二之性卽是實性。實性者處凡愚而不減。在賢聖而不增。住煩惱而不亂。居禪定而不寂。不斷不常不來不去。不在中間及其內外。不生不滅性相如如。常住不遷名之曰道。簡曰。師說不生不滅。何異外道。祖曰。外道所說不生不滅者。將滅止生。以生顯滅。滅猶不滅。生說無生。我說不生不滅者。本自無生今亦無滅。所以不同外道。汝若欲知心要。但一切善惡都莫思量。自然得入清淨心體。湛然常寂妙用恒沙。簡蒙指敎豁然大悟。禮辭歸闕。表奏祖語。有詔謝師。并賜磨衲袈裟絹五百匹寶鉢一口。十二月十九日。勅改古寶林爲中興寺。三年十一月十八日。又勅韶州刺史重加崇飾。賜額爲法泉寺。祖新州舊居爲國恩寺。

一日。祖謂衆曰。諸善知識。汝等各各淨心聽吾說法。汝等諸人自心是佛。更莫狐疑。外無一物而能建立。皆是本心生萬種法。故經云。心生種種法生。心滅種種法滅。若欲成就種智。須達一相三昧一行三昧。若於一切處而不住相。彼相中不生憎愛亦無取捨。不念利益成壞等事。安閑恬靜虛融澹泊。此名一相三昧。若於一切處。行住坐臥純一直心不動道場。眞成淨土名一行三昧。若人具二三昧。如地有種能含藏長養成就其實。一相一行亦復如是。我今說法。猶如時雨溥潤大地。汝等

佛性譬諸種子。遇茲霑洽悉得發生。承吾旨者決獲菩提。依吾行者定證妙果。先天元年。告諸四衆曰。吾忝受忍大師衣法。今爲汝等說法。不付其衣。蓋汝等信根淳熟。決定不疑。堪任大事。聽吾偈。曰。心地含諸種。普雨悉皆生。頓悟華情已。菩提果自成。說偈已復曰。其法無二其心亦然。其道淸淨亦無諸相。汝等愼勿觀淨。及空其心。此心本淨無可取捨。各自努力隨緣好去。嘗有僧擧臥輪禪師偈曰。臥輪有伎倆。能斷百思想。對境心不起。菩提日日長。祖聞之曰。此偈未明心地。若依而行之是加繫縛。因示一偈曰。慧能沒伎倆。不斷百思想。對境心數起。菩提作麼長。（臥輪非名卽住處也。）祖說法利生經四十載。其年七月六日。命弟子往新州國恩寺。建報恩塔。仍令倍工。又有蜀僧名方辯。來謁曰。善捏塑。祖正色曰。試塑看。方辯不領旨。乃塑祖眞。可高七尺曲盡其妙。祖觀之曰。汝善塑性不善佛性。酬以衣物。辯禮謝而去。先天二年七月一日。謂門人曰。吾欲歸新州。汝速理舟檝。時大衆哀慕乞師且住。祖曰。諸佛出現猶示涅槃。有來必去。理亦常然。吾此形骸歸。必有所。衆曰。師從此去。早晚卻回。祖曰。葉落歸根。來時無口。又問。師之法眼何人傳受。祖曰。有道者得。無心者通。又問。後莫有難否。祖曰。吾滅後五六年。當有一人來取吾首。聽吾記。曰。頭上養親。口裏須飡。遇滿之難。楊柳爲官。又曰。吾去七十年。有二菩薩從東方來。一在家一出家。同時興化建立吾宗。締緝伽藍昌隆法嗣。言訖往新州國恩寺。沐浴跏趺而化。異香襲人白虹屬地。卽其年八月三日也。時韶新兩郡各修靈塔。道俗莫決所之。兩郡刺史共焚香祝曰。香烟引處卽師之欲歸焉。時鑪香騰涌直貫曹溪。以十一月十三日入塔。壽七十六。時韶州刺史韋據撰碑。門人憶念取首之記。遂先以鐵葉漆布固護師頸。塔中有達磨所傳信衣。（西域屈眴布也。緝木綿華心織成。後人以碧絹爲裏。）中宗賜磨衲寶鉢。以辯塑眞道具等。主塔侍者尸之。開元十年壬戌八月三日夜半。忽聞塔中如拽鐵索聲。僧衆驚起。見一孝子從塔中走出。尋見師頸有傷。具以賊事聞於州縣。縣令楊侃刺史柳無忝。得牒切加擒捉。五月於石角村捕得賊人。送韶州鞫問云。姓張。名淨滿。汝州梁縣人。於洪州開元寺受新羅僧金大悲錢二十千。令取六祖大師首歸海東供養。柳守聞狀。未卽加刑乃躬至曹溪。問祖上足令韜曰。如何處斷。韜曰。若以國法論理須誅夷。但以佛教慈悲冤親平等。況彼欲求供養。罪可恕矣。柳守嘉歎曰。始知佛門廣大。遂赦之。（爾後。甚有名賢贊述檀施珍異。文繁不錄。）上元元年。肅宗遣使就請師衣鉢。歸內供養。至永泰元年五月五日。代宗夢六祖大師請衣鉢。七日勅刺史楊瑊曰。朕夢感禪師請傳法袈裟卻歸曹溪。今遣鎭國大將軍劉崇景頂戴而送。朕謂之國寶。卿可於本寺如法安置。專令僧衆親承宗旨者。嚴加守護。勿令遺墜。後或爲人偸竊。皆不遠而獲。如是者數四。憲宗諡大鑒禪師。塔曰元和靈照。皇朝開寶初。王師平南海劉氏殘兵作梗。祖之塔廟鞠爲煨燼。而眞身爲守塔僧保護。一無所損尋有制興修。功未竟會太宗皇帝卽位。留心禪宗。頗增壯麗焉。

（同、慧能章　19a～20d）

西域崛多三藏者。天竺人也。於六祖言下契悟。後遊五臺。見一僧結庵靜坐。師問曰。孤坐奚爲。曰。觀靜。師曰。觀者何人。靜者何物。

其僧作禮問曰。此理何如。師曰。汝何不自觀自靜。彼僧茫然。師曰。汝出誰門邪。曰。秀禪師。師曰。我西域異道是下種者。不墮此見。兀然空坐於道何益。其僧卻問。師所師者何人。師曰。我師六祖。汝何不速往曹溪決其眞要。其僧卽往參六祖。六祖垂誨與師符合。僧卽悟入。師後不知所終。

（卷二、崛多三藏章　28b～c）

韶州法海禪師者。曲江人也。初見六祖問曰。卽心卽佛。願垂指喩。祖曰。前念不生卽心。後念不滅卽佛。成一切相卽心。離一切相卽佛。吾若具說。窮劫不盡。聽吾偈。曰。卽心名慧。卽佛乃定。定慧等持。意中淸淨。悟此法門。由汝習性。用本無生。雙脩是正。師信受。以偈贊曰。卽心元是佛。不悟而自屈。我知定慧因。雙脩離諸物。

（同、韶州法海章　28c）

吉州志誠禪師者。本州太和人也。初參秀禪師。後因兩宗盛化。秀之徒衆往往譏南宗曰。能大師不識一字。有何所長。秀曰。他得無師之智深悟上乘。吾不如也。且吾師五祖親付衣法。豈徒然哉。吾所恨不能遠去親近虛受國恩。汝等諸人無滯於此。可往曹谿質疑。他日回當爲吾說。師聞此語禮辭至韶陽。隨衆參請不言來處。時六祖告衆曰。今有盜法之人。潛在此會。師出禮拜具陳其事。祖曰。汝師若爲示衆。師曰。嘗指誨大衆。令住心觀靜。長坐不臥。祖曰。住心觀靜是病非禪。長坐拘身於理何益。聽吾偈。曰。生來坐不臥。死去臥不坐。一具臭骨頭。何爲立功過。師曰。未審和尚以何法誨人。祖曰。吾若言有法與人。卽爲誑汝。但且隨方解縛假名三昧。聽吾偈。曰。心地無非自性戒。心地無癡自性慧。心地無亂自性定。不增不減自金剛。身去身來本三昧。師聞偈悔謝卽誓依歸。乃呈偈曰。五蘊幻身。幻何究竟。回趣眞如。法還不淨。

（同、吉州志誠章　28c～d）

匾擔山曉了禪師者。傳記不載。唯北宗門人忽雷澄禪師撰塔碑。盛行于世。其略曰。師住匾擔山。號曉了。六祖之嫡嗣也。

（同、匾擔曉了章　28d）

洪州法達禪師者。洪州豐城人也。七歲出家。誦法華經。進具之後。禮拜六祖。頭不至地。祖訶曰。禮不投地何如不禮。汝心中必有一物。蘊習何事邪。師曰。念法華經已及三千部。師曰。汝若念至萬部。得其經意。不以爲勝。則與吾偕行。汝今負此事業都不知過。聽吾偈。曰。禮本折慢幢。頭奚不至地。有我罪卽生。亡功福無比。祖又曰。汝名甚麼。對曰。名法達。祖曰。汝名法達。何曾達法。復說偈曰。汝今名法達。勤誦未休歇。空誦但循聲。明心號菩薩。汝今有緣故。吾今爲汝說。但信佛無言。蓮華從口發。師聞偈。悔過曰。而今而後。當謙恭一切。惟願。和尚大慈略說經中義理。祖曰。汝念此經。以何爲宗。師曰。學人愚鈍。從來但依文誦念。豈知宗趣。祖曰。汝試爲吾念一徧。吾當爲汝解說。師卽高聲念經至方便品。祖曰。止。此經元來以因緣出世爲宗。縱說多種譬喩。亦無越於此。何者因緣唯一大事。一大事卽佛知見也。汝愼勿錯解經意。見他道開示悟入。自是佛

之知見。我輩無分若作此解。乃是謗經毀佛也。彼既是佛。已具知見。何用更開。汝今當信。佛知見者只汝自心。更無別體。蓋爲一切衆生自蔽光明貪愛塵境。外緣內擾甘受驅馳。便勞他從三昧起。種種苦口勸令寢息。莫向外求。與佛無二。故云。開佛知見。汝但勞勞執念。謂爲功課者。何異犛牛愛尾也。師曰。若然者但得解義。不勞誦經邪。祖曰。經有何過。豈障汝念。只爲迷悟在人。損益由汝。聽吾偈。曰。心迷法華轉。心悟轉法華。誦久不明已。與義作讐家。無念念卽正。有念念成邪。有無俱不計。長御白牛車。師聞偈。再啓曰。經云。諸大聲聞乃至菩薩。皆盡思度量。尚不能測於佛智。今令凡夫但悟自心。便名佛之知見。自非上根未免疑謗。又經說三車。大牛之車與白牛車如何區別。願和尚再垂宣說。祖曰。經意分明。汝自迷背。諸三乘人不能測佛智者。患在度量也。饒伊盡思共推轉加懸遠。佛本爲凡夫說不爲佛說。此理若不肯信者。從他退席。殊不知坐卻白牛車更於門外覓三車。況經文明向汝道。無二亦無三。汝何不省。三車是假。爲昔時故一乘是實。爲今時故只教伱去假歸實。歸實之後實亦無名。應知。所有珍財盡屬於汝。由汝受用。更不作父想。亦不作子想。亦無用想。是名持法華經。從劫至劫手不釋卷。從晝至夜無不念時也。師既蒙啓發踊躍歡喜。以偈贊曰。經誦三千部。曹谿一句亡。未明出世旨。寧歇累生狂。羊鹿牛權設。初中後善揚。誰知火宅內。元是法中王。祖曰。汝今後。方可爲念經僧也。師從此領旨亦不輟誦持。

（同、洪州法達章　29a）

壽州智通禪師者。安豐人也。初看楞伽經約千餘徧。而不會三身四智。禮拜六祖求解其義。祖曰。三身者清淨法身汝之性也。圓滿報身汝之智也。千百億化身汝之行也。若離本性別說三身。卽名有身無智。若悟三身無有自性。卽名四智菩提。聽吾偈。曰。自性具三身。發明成四智。不離見聞緣。超然登佛地。吾今爲汝說。諦信永無迷。莫學馳求者。終日說菩提。師曰。四智之義可得聞乎。祖曰。既會三身便明四智。何更問邪。若離三身別譚四智。此名有智無身也。卽此有智還成無智。復說偈曰。大圓鏡智性清淨。平等性智心無病。妙觀察智見非功。成所作智同圓鏡。五八六七果因轉。但用名言無實性。若於轉處不留情。繁興永處那伽定。（轉識爲智者。教中云。轉前五識爲成所作智。第六識爲妙觀察智。第七識爲平等性智。第八識爲大圓鏡智。雖六七因中轉五八果上。轉但轉其名而不轉其體也。）師禮謝。以偈贊曰。三身元我體。四智本心明。身智融無礙。應物任隨形。起修皆妄動。守住匪眞精。妙旨因師曉。終亡汚染名。

（同、壽州智通章　29c～d）

江西志徹禪師。姓張氏。名行昌。少任俠。自南北分化二宗主。雖亡彼我而徒侶競起愛憎。時北宗門人自立秀禪師爲第六祖。而忌大鑑傳衣爲天下所聞。然祖預知其事卽置金十兩於方丈。時行昌受北宗門人之囑。懷刃入祖室。將欲加害。祖舒頸而就。行昌揮刃者三都無所損。祖曰。正劍不邪。邪劍不正。只負汝金不負汝命。行昌驚仆久而方蘇。求哀悔過卽願出家。祖遂與金曰。汝且去。恐徒衆翻害於汝。汝可他日易形而來。吾當攝受。行昌稟旨宵遁投僧出家具戒精進。一日憶祖之言遠來禮覲。祖曰。吾久念於汝。汝來何晚。曰。昨蒙命尚捨罪。

今雖出家苦行終難報於深恩。其唯傳法度生乎。弟子嘗覽涅槃經。未曉常無常義。乞和尚慈悲。略爲宣説。祖曰。無常者卽佛性也。有常者卽善惡一切諸法分別心也。曰。和尚所説大違經文。祖曰。吾傳佛心印。安敢違於佛經。曰。經説佛性是常。和尚卻言無常。善惡諸法乃至菩提。心皆是無常。和尚卻言是常。此卽相違令學人轉加疑惑。祖曰。涅槃經吾昔者。聽尼無盡藏讀誦一徧。便爲講説無一字一義不合經文。乃至爲汝終無二説。曰。學人識量淺昧。願和尚委曲開示。祖曰。汝知否。佛性若常更説甚麼善惡諸法。乃至窮劫無有一人發菩提心者。故吾説無常。正是佛説眞常之道也。又一切諸法若無常者。卽物物皆有自性。容受生死而眞常性有不徧之處。故吾説常者。正是佛説眞無常義也。佛比爲凡夫外道執於邪常。諸二乘人於常計無常。共成八倒。故於涅槃了義教中破彼偏見。而顯説眞常眞樂眞我眞淨。汝今依言背義。以斷滅無常及確定死常。而錯解佛之圓妙最後微言。縱覽千徧有何所益。行昌忽如醉醒。乃説偈曰。因守無常心。佛演有常性。不知方便者。猶春池拾礫。我今不施功。佛性而見前。非師相授與。我亦無所得。祖曰。汝今徹也。宜名志徹。師禮謝而去。

(同、江西志徹章　29 d～30 a)

信州智常禪師者。本州貴谿人也。髫年出家。志求見性。一日參六祖。祖問。汝從何來。欲求何事。師曰。學人近禮大通和尚。蒙示見性成佛之義未決狐疑。至吉州遇人指迷令投和尚。伏願。垂慈攝受。祖曰。彼有何言句。汝試擧看。吾與汝證明。師曰。初到彼三月未蒙開示。以爲法切故。於中夜獨入方丈禮拜哀請。大通乃曰。汝見虛空否。對曰。見。彼曰。汝見虛空有相貌否。對曰。虛空無形有何相貌。彼曰。汝之本性猶如虛空。返觀自性了無一物可見。是名正見。無一物可知是名眞知。無有青黃長短。但見本源清淨覺體圓明。卽名見性成佛。亦名極樂世界亦名如來知見。學人雖聞此説猶未決了。乞和尚示誨令無凝滯。祖曰。彼師所説猶存見知。故令汝未了。吾今示汝一偈。曰。不見一法存無見。大似浮雲遮日面。不知一法守空知。還如太虛生閃電。此之知見瞥然興。錯認何曾解方便。汝當一念自知非。自己靈光常顯見。師聞偈已心意豁然。乃述一偈曰。無端起知解。著相求菩提。情存一念悟。寧越昔時迷。自性覺源體。隨照枉遷流。不入祖師室。茫然趣兩頭。

(同、信州智常章　30 a～b)

廣州志道禪師者。南海人也。初參六祖問曰。學人自出家。覽涅槃經僅十餘載。未明大意。願和尚垂誨。祖曰。汝何處未了。對曰。諸行無常。是生滅法。生滅滅已。寂滅爲樂。於此疑惑。祖曰。汝作麼生疑。對曰。一切衆生皆有二身。謂色身法身也。色身無常有生有滅。法身有常無知無覺。經云。生滅滅已。寂滅爲樂者。未審。是何身寂滅。何身受樂。若色身者色身滅時四大分散。全是苦苦不可言樂。若法身寂滅卽同草木瓦石。誰當受樂。又法性是生滅之體。五蘊是生滅之用。一體五用生滅是常。生則從體起用。滅則攝用歸體。若聽更生。卽有情之類不斷不滅。若不聽更生。卽永歸寂滅同於無情之物。如是則一切諸法被涅槃之所禁伏。尚不得生何樂之有。祖曰。汝是釋子。何習外

道斷常邪見。而議最上乘法。據汝所解卽色身外別有法身。離生滅求於寂滅。又推涅槃常樂言有身受者。斯乃執吝生死耽著世樂。汝今當知。佛爲一切迷人認五蘊和合爲自體相。分別一切法爲外塵相。好生惡死。念念遷流。不知夢幻虛假枉受輪廻。以常樂涅槃翻爲苦相。終日馳求。佛愍此故。乃示涅槃眞樂。刹那無有生相。刹那無有滅相。更無生滅可滅。是則寂滅見前。常見前之時。亦無見前之量乃謂常樂。此樂無有受者。亦無不受者。豈有一體五用之名。何況更言涅槃禁伏諸法令永不生。斯乃謗佛毀法。聽吾偈。曰。無上大涅槃。圓明常寂照。凡愚謂之死。外道執爲斷。諸求二乘人。目以爲無作。盡屬情所計。六十二見本。妄立虛假名。何爲眞實義。唯有過量人。通達無取捨。以和五蘊法。及以蘊中我。外現衆色象。一一音聲相。平等如夢幻。不起凡聖見。不作涅槃解。二邊三際斷。常應諸根用。而不起用想。分別一切法。不起分別想。劫火燒海底。風鼓山相擊。眞常寂滅樂。涅槃相如是。吾今强言說。令汝捨邪見。汝勿隨言解許汝知少分。師聞偈。踊躍作禮而退。

（同、廣州志道章　30c～d）

永嘉眞覺禪師。諱玄覺。本郡戴氏子。丱歳出家。徧探三藏。精天台止觀圓妙法門。於四威儀中常冥禪觀。後因左谿朗禪師激勵。與東陽策禪師同詣曹溪。初到振錫繞祖三匝。卓然而立。祖曰。夫沙門者具三千威儀八萬細行。大德自何方而來生大我慢。師曰。生死事大。無常迅速。祖曰。何不體取無生了無速乎。師曰。體卽無生。了本無速。祖曰。如是如是。于時大衆無不愕然。師方具威儀參禮。須臾告辭。祖曰。返大速乎。師曰。本自非動豈有速邪。祖曰。誰知非動。師曰。仁者自生分別。祖曰。汝甚得無生之意。師曰。無生豈有意邪。祖曰。無意誰當分別。師曰。分別亦非意。祖歎曰。善哉善哉。少留一宿。時謂一宿覺矣。

（同、永嘉眞覺章　30d～31a）

司空山本淨禪師者。絳州人也。姓張氏。幼歳披緇于曹谿之室。受記隸司空山無相寺。

（同、司空山本淨章　32a）

玄策禪師者婺州金華人也。（中略）師曰。我師曹谿六祖。曰。六祖以何爲禪定。師曰。我師云。夫妙湛圓寂體用如如。五陰本空六塵非有。不出不入不定不亂。禪性無住離住禪寂。禪性無生離生禪想。心如虛空。亦無虛空之量。隍聞此說遂造于曹谿。

（同、玄策章　33b）

河北智隍禪師者。始參五祖。雖嘗咨決而循乎漸行。乃往河北結庵。長坐積二十餘載不見惰容。後遇策禪師激勵。遂往參六祖。祖愍其遠來便垂開決。師於言下豁然契悟。

（同、河北智隍章　33b）

西京荷澤神會禪師者。襄陽人也。姓高氏。年十四爲沙彌。謁六祖。祖曰。知識遠來。大艱辛將本來否。若有本則合識主。試說。看。師曰。以無住爲本。見卽是主。祖曰。這沙彌。爭合取次語。便打。師於杖下思惟曰。大善知識歷劫難逢。今既得遇。豈惜身命。自此給侍。他日祖告衆曰。吾有一物。無頭無尾。無名無字。無背無面。諸人還

識否。師乃出曰。是諸法之本源。乃神會之佛性。祖曰。向汝道。無名無字。汝便喚作本源佛性。師禮拜而退。祖曰。此子向後設有把茆蓋頭。也只成得箇和解宗徒。(法眼云。古人授記人。終不錯。如今立知解爲宗。卽荷澤也。) 師尋往西京受戒。唐景龍年中。卻歸曹谿。閲大藏經於內六處有疑。問於六祖。第一。問戒定慧曰。所用戒何物。定從何處修。慧因何處起。所見不通流。祖曰。定卽定其心。將戒戒其行。性中常慧照。自見自知深。第二。問本無今有有何物。本有今無無何物。誦經不見有無義。眞似騎驢更覓驢。祖曰。前念惡業本無。後念善生今有。念念常行善行。後代人天不久。汝今正聽吾言。吾卽本無今有。第三。問將生滅卻滅。將滅滅卻生不了生滅義所見似聾盲。祖曰。將生滅卻滅令人不執性。將滅滅卻生令人心離境。未卽離二邊自除生滅病。第四。問先頓而後漸。先漸而後頓。不悟頓漸人心裏常迷悶。祖曰。聽法頓中漸。悟法漸中頓。修行頓中漸。證果漸中頓。頓漸是常因。悟中不迷悶。第五。問先定後慧。先慧後定。定慧後初何生爲正。祖曰。常生淸淨心定中而有慧。於境上無心慧中而有定。定慧等無先。雙修自心正。第六。問先佛而後法。先法而後佛。佛法本根源起從何處出。祖曰。說卽先佛而後法。聽卽先法而後佛。若論佛法本根源。一切衆生心裏出。祖滅後二十年閒。曹谿頓旨沈廢於荊吳。嵩嶽漸門盛行於秦洛。

(同、荷澤神會章　34 c～35 a)

南嶽懷讓禪師者。姓杜氏。金州人也。(中略) 師謁嵩山安和尚。安啓發之。乃直指詣曹谿參六祖。祖問。甚麼處來。曰。嵩山來。祖曰。甚麼物恁麼來。師無語。遂經八載。忽然有省。乃白祖曰。某甲有箇會處。祖曰。作麼生。師曰。說似一物卽不中。祖曰。還假修證否。師曰。修證則不無。汚染卽不得。祖曰。祇此不汚染諸佛之所護念。汝旣如是。吾亦如是。西天般若多羅讖汝。足下出一馬駒。踏殺天下人。病在汝心。不須速說。師執侍左右一十五年。(卷三、南嶽懷讓章　32 c)

吉州青原山靜居寺行思禪師。本州安城。劉氏子。幼歲出家。每羣居論道。師唯默然。聞曹谿法席。乃往參禮問曰。當何所務卽不落階級。祖曰。汝曾作甚麼來。師曰。聖諦亦不爲。祖曰。落何階級。師曰。聖諦尙不爲。何階級之有。祖深器之。會下學徒雖衆師居首焉。亦猶二祖不言少林謂之得髓矣。一日祖謂師曰。從上衣法雙行。師資遞授。衣以表信。法乃印心。吾今得人。何患不信。吾受衣來。遭此多難。況乎後代爭競必多。衣卽留鎭山門。汝當分化一方無令斷絕。師旣得法歸住青原。六祖將示滅。有沙彌希遷。(卽石頭和尙。) 問曰。和尙。百年後。希遷未審當依附何人。祖曰。尋思去。(卷四、青原行思章　80 d～81 a)

91　五家正宗贊

師諱慧能。新州人。俗姓盧。家貧樵采以給。一日負樵至市。聞客誦金剛經。至應無所住而生其心處。悚然問客曰。此何法也得於何人。客曰。此名金剛經。得於黃梅忍大師。師遂白其母。至黃梅謁五祖。祖曰。汝自何來。曰。嶺南。祖曰。欲須何事。曰。惟來作佛。祖曰。嶺南人無佛性。若爲作佛。曰。人有南北。佛性豈然。祖異之乃曰。

著槽廠去。師禮而退。遂負石舂米。後聞人擧北秀頌曰。身似菩提樹。心如明鏡臺。時時勤拂拭。莫使惹塵埃。師卽倩人書偈其傍曰。菩提本無樹。明鏡亦非臺。本來無一物。何處惹塵埃。祖因付衣鉢。潛至大庾嶺。明上座逐之。師以衣置於石上曰。此衣表信可力爭耶。明曰。我來求法。非爲衣也。師曰。不思善不思惡。正恁麼時如何是明上座父母未生以前本來面目。明大悟。師於儀鳳元年丙子正月八日屆南海。遇印宗法師於法性寺講經。聞二僧辨風幡。一云。風動。一云。幡動。爭之不已。師曰。可容俗流輙預高論否。直以風幡非動動自心耳。印宗聞之。遂與披剃。韶州刺史韋據請於大梵寺。轉法輪幷受無相心地戒。門人紀錄目爲壇經。南嶽讓和尚。因嵩山安和尚啓發之。乃直詣參師。師問曰。什麼處來。岳曰。嵩山來。師曰。什麼物恁麼來。曰。說似一物卽不中。師曰。還假修證否。曰。修證卽不無。汚染卽不得。師曰。卽此不汚染。諸佛之所護念。汝旣如是。吾亦如是。青原和尚參師。問曰。當何所務卽不落階級。師曰。汝曾作什麼來。原曰。聖諦亦不爲。師曰。落何階級。原曰。聖諦尚不爲。何階級之有。師深肯之。師將順寂。欲往新州。衆曰。師從此去早晩卻回。師曰。葉落歸根。來時無口。又說偈曰。心地含諸種。普雨悉皆生。頓悟花情已。菩提果自成。

贊曰。　震旦心宗。嶺南蠻種。一字不識書。採薪勤母奉。
　黄梅碓頭和糠搗出。石墜覺腰輕。新州市上平地攧翻。擔折知柴重。
　　鱷魚眼睛光轆轆。嗔明上座爲衣鉢爭。毒蛇口氣冷氷氷。斥印宗僧非風幡動。
汚染卽不得。蕩南岳家財一物無。聖諦尚不爲。鼓青原波浪千尋湧。開作家爐鞴。村獦獠收幾塊精金。說成帙壇經。臭皮囊盛許多骨董。葉落歸根來時無口。死欵難翻。地含諸種普雨皆生。開眼說夢。千古曹溪鏡樣清。非劈箭截流機。浸殺底堪作何用。

（卷一、慧能章　Z.2乙,8,5—453 c～d）

92　文獻通考

六祖解金剛經　一卷　晁氏曰。唐僧惠能注。金剛經凡六譯。其文大概既同。時小異耳。而世多行姚秦鳩摩羅什本。（卷二二六、10 a）

禪宗金剛經解　一卷　晁氏曰。（中略）六祖序。如來所說。金剛般若波羅蜜。與法爲名。其意謂何。以金剛世界之寶。其性猛利。能壞諸物。金雖至剛。羚羊角能壞。金剛喩佛性。羚羊角喩煩惱。金雖堅剛。羚羊角能碎。佛性雖堅。煩惱能亂。煩惱雖堅。般若智能破。羚羊角雖堅。賓鐵能壞。悟此理者。了然見性。涅槃經云。見佛性者不名衆生。如來所說金剛喩者。祇爲世人性無堅固。定慧卽亡。口誦心行。定慧均等。是名究竟。金在山中。不知是寶。亦不知是山。何以故。爲無性故。人則有性。取其寶用。得遇金師鏨鑿山破。取鑛烹煉。遂成精金。隨意使用。得免貧苦。四大身中佛性亦爾。身喩世界。人我喩山。煩惱爲鑛。佛性喩金。智慧喩工匠。精進勇猛喩鏨鑿。身世界中有人我山。人我山中有煩惱鑛。煩惱鑛中有佛性寶。佛性寶中有智慧工匠。用智慧工匠。鑿破人我山。見煩惱鑛以覺悟火。烹煉見自金剛佛性。了然明淨。是故以金剛爲喩。因以

以爲名也。　（同、10b～11b）

六祖解心經　一卷　晁氏曰。唐僧慧能解。慧能。其徒尊之。以爲六祖。　（同、18a）

六祖壇經　三卷　晁氏曰。唐僧惠昕（ママ）撰。記僧盧慧能學佛本末。慧能號六祖。凡十六門。周希後有序。陳氏曰。僧法海集。

（卷二二七、4a）

93　六祖挾擔圖贊

住冷泉黄聞贊　印　印　印　（原色版國寶一〇、繪畫22）

檐子全肩荷負。目前歸路無差。心知應無所住。知柴落在灌家。

94　虚堂和尚語録

復擧。六祖因僧問。黄梅意旨是甚麼人得。祖云。會佛法人得。僧云。和尚還得否。祖云。不得。僧云。爲甚不得。祖云。我不會佛法。師云。高山流水。子期故善聽之。雖然。三十年後。有人罵報恩在。

（卷一、T.47—987b～c）

六祖謂門人云。吾欲歸新州。

興在天南天盡頭。未行先已到新州。來時無口去無伴。那更蕭蕭黄葉秋。　（卷五、頌古、1020b）

蹈碓老盧。

用智恰如愚。無人辨得渠。秕糠和月擣。意在脱衣盂。　（卷六、佛祖讃、1031a）

95　佛祖統紀

五祖弘忍禪師。以法傳行者慧能。能初至。祖問何來。答曰。嶺南。祖曰。欲須何事。曰。唯求作佛。祖曰。嶺南人無佛性。曰。人有南北。佛性豈然。祖異之謂曰。著槽廠去。乃入碓坊抱石而舂。經八月五祖俾衆各述一偈。若語意冥符則衣法皆付。時會下七百衆。神秀居第一座。於廊壁書偈曰。身是菩提樹。心如明鏡臺。時時勤拂拭。莫遣有塵埃。能聞之曰。美則美矣。了則未了。至夜倩童子至壁間。書偈曰。菩提本非樹。明鏡亦非臺。本來無一物。何用拂塵埃。五祖知之。夜令人召能。告之曰。佛以正法眼藏展轉傳授。吾今授汝。幷所傳袈裟用以表信。能禮足捧衣而出。通夕南邁。時道明上座。聞之追至大庾嶺。能卽擲衣鉢於磐石。曰。比衣表信可力爭耶。任君將去。明擧之不動。乃曰。我來求法非爲衣也。能曰。不思善不思惡。正恁麼時阿那个是明上座本來面目。明當下大悟。禮拜問曰。上來密語密意外。還更有意旨否。能曰。我今說者卽非密也。返照自己密在汝邊。明乃禮謝而回。

（卷二九、咸亨三年條　T.49—368a～b）

行者盧慧能。至廣州法性寺値印宗禪師。爲其落髪。請智光律師於本寺。臨壇授滿分戒。此壇是宋求那跋摩造。嘗記云。後當有肉身菩薩於此受戒。又梁眞諦於壇側植二菩提樹。記云。百二十年後。有大士於樹下說無上道。及師於此樹下大開東山法門。宛符先記。明年歸韶州曹溪寶林寺。

（同、儀鳳元年條　368c～369a）

萬歲通天元年。遣使賜六祖能禪師水精鉢摩納衣白氎香茶。勅韶州守

臣安撫山門。（同、370 b）

神龍元年。詔韶州慧能禪師入京不就。（卷四〇、371 b）

帝夢六祖請衣鉢還山。乃令劉崇景頂戴送還。勅韶州刺史楊瑊以禮奉安。（卷四一、永泰元年條　378 a）

十年。南海經略使馬總上疏。請謚曹溪六祖。勅謚大鑑禪師靈照之塔。柳宗元爲撰碑。（同、元和一〇年條　381 c）

九年。勅韶州守臣。詣寶林山南華寺。迎六祖衣鉢。入京闕供養。及至奉安大內清淨堂。勅兵部侍郎晏殊。撰六祖衣鉢記。（卷四五、天聖九年條　409 b）

紹聖二年。蘇軾謫惠州。韶陽南華寺重辯。請軾書柳宗元六祖碑。復題其後曰。釋迦以文設教。其譯於中國必托於儒之能言者。然後傳遠。故大乘諸經至楞嚴。則委曲精盡勝妙獨出。以房融筆授故也。柳子厚南遷。始究佛法。作曹溪南岳諸碑。妙絕古今。而南華今無石刻。重辯師謂。自唐以來頌述祖師者多矣。未有通亮如子厚者。蓋推本其言與孟氏合。其可不使學者日見而常誦之。（卷四六、418 a）

高宗。五祖弘忍。見行者惠能壁間書偈。夜召能告之曰。佛以正法眼藏展轉傳授。吾今授汝幷所傳袈裟。用以表信。能通夕南邁。明上座追至庾嶺。能擲衣鉢於石上。明舉之不動。云云。（卷五三、466 c）

慧能至廣州。值印宗禪師。爲其落髮受戒。大開東山法門。明年歸曹溪。（同、466 c）

中宗。遣使迎六祖入京行道。表辭以疾。（同）

肅宗。勅使往韶州迎六祖衣鉢。入內供養。（同）

代宗。夢六祖請衣鉢還山。勅劉景頂戴送還。（同）

96　空谷集

示衆云。大忘人世。何必三思。擊碎疑團。那消一句。不滯玄關縱橫得妙者。是甚麼人。

擧。思和尚問六祖大師。當何所務。卽得不落堦級。（但能行好事。何必問前程。）祖云。汝曾作甚麼來。（劈腹剜心。）思云。聖諦亦不爲。（還丹一粒點鐵成金。）祖云。落何堦級。（爲垂一隻手。不惜兩莖眉。）思云。聖諦尚不爲。落何堦級。（迷時三界有。悟後十方空。）祖云。如是如是。（恰兒不覺醜。）汝善護持。吾當有偈。（願聞法要。）心地含諸種。（總在裏許。）普雨悉皆萌。（諸法從緣生。）頓悟花情已。（並不生枝引蔓。）菩提果自成。（須知甜向苦中來。）（卷上、1 a～b）

示衆云。別老少。辨姸媸。難謾藻鑑。計輕重較低昂。無出星衡。旣知左眼半斤。想見右眼八兩。怕伊不信。試故詳看。

擧。石頭到思和尚處。（跋涉不易。）思問。從甚麼處來。（從箇辨地。）頭云。曹溪來。（多虛不如少實。）思乃豎起拂子云。曹溪還有這箇麼。（行說好話。）頭云。非但曹溪西天亦無。（當面諱卻。）思云。子莫到西天來麼。（赶賊莫赶上。）頭云。若到則有也。（甜苽徹蒂甜。）思云。未在更道。（抑逼殺人。）頭云。莫全靠某甲。和尚也須道一半。（讓則有餘。）思云。不辭向汝道。恐後無人承當。（暗裏抽橫骨明中坐舌頭。）

師云。南嶽石頭希遷禪師。爲沙彌時。六祖將示滅。問曰。和尚百年後。希遷未審依附何人。祖曰。尋思去。及祖順世。遷每於靜處端坐。寂若忘生。第一座問云。汝師已逝。空坐奚爲。曰我稟遺誡。故尋思

耳。云汝有師兄思和尚。今住吉州青原。汝因緣在彼。師言甚直。汝自迷耳。遷聞語。便禮辭祖龕。直詣思處參禮。遂問。汝從甚麼處來。曰。曹溪來。思豎起拂子云。曹溪還有這箇麼。雖是懸羊頭賣狗肉。賴遇當行。諕他不過。被他只道箇非但曹溪。西天亦無。此所謂語忌十成。機貴迴互。向萬丈懸崖。便與一推道。子莫到西天來麼。亦可賞他手親眼辨。道若到則有也。見事不解交。又道未在更道。所以石頭將計就計道。莫全靠某甲。和尚也須道一半。見不分勝敗。故以甜言美語。念合飢人。咦。古人心如明鏡。機似走珠。能於問答之際。將世法佛法打成一片。此豈非冥契佛理者歟。師於唐天寶初。荐之衡山南寺。寺之東有石狀如臺。乃結庵其上。因是號石頭和尚焉。有僧問。如何是解脫。曰。誰縛汝。問。如何是淨土。曰。誰垢汝。問。如何是涅盤。曰。誰將生死與汝。觀此開發後學。直截根源。言無枝葉。爲曹洞一宗之祖。理當然也。所著參同契有云。當明中有暗。勿以暗相遇。當暗中有明。勿以明相覩。石頭老漢雖是半遮半露。後代雲仍到此。看作麼生向當。

（同、3a～5b）

師云。京兆府重雲智暉禪師。（中略）後唐明宗賜額曰。長興。學侶臻萃。上堂。僧問。如何是歸根得旨。曰。早是忘却。不憶塵生。云。如何是隨照失宗。曰。家貧遭劫。云。不憶塵生。如何是進身一路。曰。足下已生草。前程萬丈坑。這僧大似竊曹司翻舊案。將六祖臨終謂衆道。葉落歸根來。時無口之語。勘當重雲。雲亦不謀而合道。早是忘卻。不憶塵生。若這僧向此一轉語下。能於父母未生已前著脚。何坑塹而有落哉。怕伊不信。

（同、75b～76b）

徒勞摸索。舉。僧問仰山湧和尚。曹溪意旨如何。朝朝相似日日一般。山云。一鎖入寒空。

師云。唐中宗神龍元年。降詔云。朕請安秀二師。宮中供養。萬機之暇。每究一乘。二師並推讓曰。南方有能禪師。密受忍大師衣法。可就彼問。今遣內侍薛簡。馳詔迎請。願師慈念。速赴上京。祖上表辭疾。願終林麓。簡曰。京城禪德。皆云。欲得會道。必須坐禪習定。若不因禪定而得解脫者。未之有也。未審師所說法如何。祖曰。心悟豈在坐也。經云。若見如來。若坐若臥。是行邪道。何故。無所從來。亦無所去。若無生滅。是如來清淨禪。諸法空寂。是如來清淨坐。究竟無證。豈況坐邪。簡曰。弟子回。主上必問。願和尚慈悲。指示心要。祖曰。道無明暗。明暗是代謝之義。明暗無盡。亦是有盡。相待立名。故經云。法無有比。無相待故。簡曰。明喩智慧。暗況煩惱。修道之人。儻不以智慧照破煩惱。無始生死。憑何出離。祖曰。煩惱卽是菩提。無二無別。若以智慧照煩惱者。此是二乘小見。羊鹿等機。大智上根。悉不如是。簡曰。如何是大乘見解。祖曰。明與無明。其性無二。無二之性。卽是實性。實性者。處凡愚而不減。在聖賢而不增。住煩惱而不亂。居禪定而不寂。不斷不常。不來不去。不在中間。及其內外。不生不滅。性相如如。常住不遷。名之曰道。簡曰。師說不生不滅。何異外道。祖曰。外道所說不生不滅者。將滅止生。以生顯滅。滅猶不滅。生說無生。我說不生不滅者。本自無生今亦無滅。

所以不同外道。汝若欲知心要。但一切善惡。都莫思量。自然得入。清淨心體。湛然常寂。妙用恒沙。簡蒙指教。豁然大悟。禮辭歸闕。表奏祖語。有詔謝師。幷賜磨衲袈裟絹五百疋。寶鉢一口。林泉道。勿謂龍顏善分別。故應天眼識天人。汝等諸人。若謂林泉以此便爲曹溪意旨者。大似持蠡酌海。握管窺天。若要見諦明白。須問投子始得。

（卷中、54b～56b）

六祖大師告衆曰。吾有一物。無頭無尾。無名無字。無背無面。諸人還識否。荷澤出曰。是諸法之本源。乃神會之佛性。祖曰。向汝道無名無字。汝便作本源佛性。澤禮拜而退。祖曰。此子向後設有把茆蓋頭。也只成得箇知解宗徒。

（同、60a～b）

師云。南陽慧忠國師。嗣六祖大鑑。

（卷下、41b）

97　虛堂集

示衆云。有修有進。索論高低。無證無爲。那消升降。只如行不出戸。坐不當堂者。甚處安排則是。

擧。青原思禪師。問六祖大師。當何所務。卽得不落階級。這邊如穩當。那畔自相應。祖云。汝曾作什麼來。深窮妙理細辨根源。思云。聖諦亦不爲。猶有這箇在。祖云。落何階級。重重烹煉要識精金。思云。聖諦尚不爲。落何階級。無皮毛不立及盡聖凡情。祖云。如是如是。眞不掩僞曲不藏直。善自護持。吾當有偈。慈悲之故落草之談。心地含諸種。大無不包小無不入。普雨悉皆萌。是法平等無有高下。頓悟花情已。但得雪消去。菩提果自成。自然春到來。

師云。建化門中。不無評品。實際理地。寧有階差。自始至末。返本還源。不歷僧祇而獲法身者。自知頓漸超越奥妙玄極之理。六祖一日謂衆曰。諸善知識。汝等各各淨心。聽吾說法。汝等諸人自心是佛。更莫狐疑。外無一物。而能建立。皆是本心生種種法。故經云。心生則種種法生。心滅則種種法滅。若欲成就種智。須達一相三昧。一行三昧。若於一切處而不住相。彼相中不生憎愛。亦無取捨。不念利益成壞等事。安閑恬靜。虛融澹泊。此名一相三昧。若於一切處行住坐臥。純一直心。不動道場。眞成淨土。名一行三昧。若人具二三昧。如地有種。能含藏長養成就。其實一相一行。亦復如是。我今說法。猶如時雨。溥潤大地。汝等佛性。譬諸種子。遇玆霑洽。悉得發生。承吾旨者。決獲菩提。依吾行者。定證妙果。林泉道。莫怪老盧能處藥。慣曾得效敢傳方。達摩亦云。吾本來玆土。說法救迷情。林泉道。上代下世。老婆心切。而況丹霞以綿綿密密隱隱難分處。交加頌出。

（卷上、1a～2b）

示衆云。人無害虎心。虎無傷人意。迴戈倒戟時。計穩能周備。未委乎誰。具斯作略。

擧。石頭遷禪師問青原云。和尚自離曹溪。甚時到此間。家富兒嬌。原云。我卻不知汝甚時離曹溪來。念彼觀音力還著於本人。頭云。某甲不從曹溪來。赤諱白諫。原云。我已知汝來處了也。明眼人難謾。頭云。和尚幸是大人。且莫造次。啼哭樣奉猶自可爛泥隱刺更難甘。

師云。南嶽石頭希遷禪師。初至吉州青原山靜居寺。參思禪師。思曰。子何方來。遷云。曹溪。曰。將得甚麼來。云。未到曹溪亦不失。曰。若恁麼用去曹溪作甚麼。云。若不到爭知不失。遷又云。曹溪大師還識和尚不。曰。汝今識吾不。云。識又爭能識得。曰。衆角雖多。一麟足矣。遷又問。和尚自離曹溪。甚時至此間。曰。我卻不知汝早晚離曹溪。云。希遷不從曹溪來。曰。我已知汝來處了也。云。和尚幸是大人。且莫造次。林泉道。子細看來雖似叉手罵丈母。其奈見與師齊。減師半德。見過於師。方堪傳授。此亦父爲子隱。子爲父隱。直在其中之別様也。非世智辯聰可定奪矣。其實來無所從去無所住。故經云。若有人言如來。若來若去。若坐若臥。是人不解我所說義。何以故。如來者。無所從來。亦無所去。故名如來。林泉道。如來禪祖師禪。休爭眉與鏝。只是一文錢。更看丹霞別傳消息　（同、4a～5b）

林泉道。不因佛指示。洎乎錯商量。曹溪六祖初自新州來參五祖。祖問曰。汝自何來。云。嶺南。曰。欲須何事。云。唯求作佛。曰。嶺南人無佛性。若爲得佛。云。人有南北。佛性豈然。祖知是異人。乃訶曰。著槽廠去。遂禮足而退。　（同、17b）

師云。昔張司徒因燼其居。遂書偈云。居士沉舟日。司徒失火時。本來無一物。何用苦嗟咨。六祖亦云。菩提本無樹。明鏡亦非臺。本來無一物。何假拂塵埃。此皆發明空劫以前本源心地。（同、46a～b）

林泉道。認著依前還不是。信州智常禪師。初參六祖。祖問汝從何來。欲求何事。云學人近禮大通和尚。蒙示見性成佛之義。未決狐疑。至吉州遇人指迷。令投和尚。伏願垂慈攝受。祖曰。彼有何言句。汝試擧看。吾與汝證明。云初到彼三月。未蒙開示。以爲法切。故於中夜獨入方丈。禮拜哀請。大通乃曰。汝見虛空否。對曰。見。彼曰。虛空有相貌否。對云。虛空無形。有何相貌。彼曰。汝之本性。猶如虛空。返觀自性。了無一物可見。是名正見。無一物可知。是名眞知。無有青黃長短。但見本源清淨。覺體圓明。卽名見性成佛。亦名極樂世界。亦名如來知見。學人雖聞此說。猶未決了。乞和尚示誨。令無疑滯。祖曰。彼師所說。猶存見知。故令汝未了。吾今示汝一偈曰。不見一法存無見。大似浮雲遮日面。不知一法守空知。還如太虛生閃電。此之知見瞥然。興錯認何妨解方便。汝當一念自知非。自己靈光常顯現。常聞偈。已心意豁然。乃述一偈曰。無端起知解。著相求菩提。情存一念悟。寧越昔時迷。自性覺源體。隨照枉遷流。不入祖師室。茫然趣兩頭。此之大意。　（同、69a～70a）

至元九年秋。奉詔入內。臨大殿對御及帝師。卽命講禪。遂擧圭峰禪源詮曰。梵語禪那。此云思惟修。亦名靜慮。皆定慧之通稱也。禪爲萬法之源。故名法性。花嚴經說。亦是衆生迷悟之源。故名如來藏。楞伽經說。亦是諸佛萬德之源。故名佛性。涅槃等經說。然禪者有淺有深階級殊等。謂帶異計欣上厭下而修者。是外道禪。正信因果亦以欣厭而修者。是凡夫禪。悟我空偏眞之理而修者。是小乘禪。悟我法

二空所顯眞理而修者。是大乘禪。若悟自心本來清淨。元無煩惱。無偏智性。本自具足。依此而修者。是最上乘禪。亦名如來清淨禪。達摩以來。遞代相傳者。是此如來清淨禪也。上曰。在先有問。皆言無說。汝今云何却有說邪。進云。理本無說。今且約事而言。上曰何故理無言說。進云。理與神會。如人食蜜。若問蜜之色相。紫白可言。若論味之形容。實難訴說。上問帝師。此語是耶非耶。帝師曰。此與教中甚深般若了無異也。復問祖師公案。乃擧六祖風幡因緣。非風旛動。仁者心動。帝師曰。實風旛動。何名心動。進云。一切唯心。萬法唯識。豈非心動邪。折辨抵暮。出內而散。或曰。林泉答禪。何太纖廉乎。但向道。捏聚放開全在我。廣敷略說更由誰。

（卷中、68a～69b）

98　禪林類聚

唐高宗帝。遣内侍薛簡馳書。詔六祖大師。祖辭疾不赴。簡遂問祖。如何是大乘見解。祖云。明與無明其性無二。無二之性卽是佛性。佛性者處凡愚而不減。在賢聖而不增。住煩惱而不亂。居禪定而不寂。不斷不常。不來不去。不住中間及其內外。不生不滅性相。如如常住不遷。名之曰道。簡云。師說不生不滅。何異外道。祖云。外道說不生不滅者。以滅止生。以生顯滅。我說不生不滅者。本自無生。今則無滅。所以不同外道。爾欲會心要。但一切善惡。都莫思量。自然得入清淨心體。湛然常寂。妙用恆沙。簡蒙指教豁然開悟。拜辭歸闕。表奏師語。帝復詔。

（卷一、11a～b）

六祖大師。因僧問。黃梅意旨甚麼人得。師云。會佛法人得。云。和尙還得不。師云。我不得。云。和尙爲甚麼不得。師云。我不會佛法。

汾陽昭代云。方知密旨難傳。

翠巖芝云。會得二頭不會得三首。作麼生道得出身之路。

白雲端云。大衆還識祖師麼。

徑山杲云。大衆還見祖師麼。若也不見徑山爲爾指出。蕉芭蕉芭。有葉無丫。忽然一陣狂風起。恰似東京大相國寺裏三十六院東廊下北角頭王和尙破袈裟。畢竟如何。歸堂喫茶。

佛性泰云。破布裹眞珠。識者方知是寶爛泥藏棘刺。踏著方乃驚人。諸人還見祖師麼。倒騎白額虎。突出衆人前。

佛印元頌云。當日黃梅傳意旨。會佛法人如竹筆。麟龍頭角盡成空。盧老無能較些子。

（卷四、1a～b）

六祖大師。薛尙書問。京城禪德皆云。欲得會道。必須坐禪習定。若不因禪定而得解脫者。未之有也。未審大師所說法若何。祖云。道由心。悟豈在坐乎。經云。若見如來若坐若臥。是人不解如來所說義。故如來者。無所從來。亦無所去。無生無滅是如來清淨禪。諸法空寂。是如來清淨坐。究竟無證。豈況坐乎。

（卷五、14a）

南嶽讓禪師。因馬祖住傳法院。常曰坐禪。師乃問。汝學坐禪。爲學

坐佛。若學坐禪。禪非坐臥。若學坐佛。佛非定相。於無住法不應取捨。汝若坐佛卽是殺佛。若執坐相非達其理。祖聞示誨如飲醍醐。禮拜問云。如何用心卽合無相三昧。師云。汝學心地法門如下種子。我說法要。譬彼大澤汝緣合故當見其道。（同、14b）

神秀大師。常令其徒住心觀靜長坐不臥。有僧擧似六祖。祖云。住心觀靜是病非禪。長坐拘身於理何益。聽吾偈曰。生來坐不臥。死去臥不坐。元是臭骨頭。何用立功課。（同、14b）

堀多三藏。因遊五臺至定襄縣歷村。見一僧結庵而坐。藏問云。汝孤坐奚爲。云。觀靜。藏云。觀者何人。靜者何物。其僧作禮問云。此理如何。藏云。汝何不自觀自靜。彼僧茫然無對。藏云。汝出誰門耶。云。神秀大師。藏云。我西域異道。最下根者不墮此見。兀然空坐於道何益。僧問。和尚所師何人。藏云。曹溪六祖。汝何不速往決其眞要。其僧捨庵卽往。（同、14b～15a）

玄策禪師。問智隍云。汝坐於此作麼。云。入定。師云。汝入定有心耶無心耶。若有心者。一切蠢動之類皆應得定。若無心者。一切草木之流亦合得定。云。我正入定時則不見有有無之心。師云。既不見有有無之心。卽是常定。何有出入。若有出入。卽非大定。隍無語。良久問。師嗣誰。師云。我師六祖。云。六祖以何爲禪定。師云。六祖云。夫妙湛圓寂體用如如。五陰本空六塵非有。不出不入不定不亂。禪性無住離住禪寂。禪性無生離生禪想。心如虛空亦無虛空之量。隍聞此說卽往曹溪。（同、15a）

六祖大師示衆云。吾有一物。無頭無尾。無名無字。無背無面。諸人還識麼。時荷澤神會乃出云。是諸佛之本源。乃神會之佛性。師乃打一棒云。這饒舌沙彌。我喚作一物尚不中。豈況本源佛性。此子向後設有一把茅蓋頭。也只成得箇知解宗徒。

法眼云。古人受記人。終不錯。如今立知解爲宗卽荷澤是也。

雲峰悅於諸人還識麼處云。當時忽有箇漢出來。爲衆竭力不惜身命。便與掀倒禪牀。喝散大衆。子孫未到斷絕。又於末後便喝云。祖禰不了殃及兒孫。如今還有不甘底麼。（卷六、1a～b）

法達禪師。念法華經三千部。來謁六祖。禮拜頭不至地。祖愍之示以偈云。汝今名法達。勤誦未休歇。空誦但循聲。明心號菩薩。汝今有緣故。吾今爲汝說。但信佛無言。蓮華從口發。復問。汝念此經以何爲宗。師云。學人愚鈍。但依文誦念。豈知宗趣。祖云。汝試念一徧。吾爲汝說。師卽念至方便品。祖云。止。此經元來以因緣出世爲宗。乃具說因由示其正理。師云。若然者但得解義。不勞誦經耶。祖云。經有何故豈障汝念。只爲迷悟在人損益由汝。聽吾偈。云。心迷法華轉。心悟轉法華。誦久不明己。與義作讎家。無念念卽正。有念念成邪。有無俱不計。長御白牛車。師蒙啓發以偈讚云。經誦三千部。曹溪一句亡。未明出世旨。寧歇累生狂。羊鹿牛權設。初中後善揚。誰知火宅內。

元是法中王。祖云。汝今後方可名爲念經僧也。　（卷八、17 a～b）

智通禪師。看楞伽經約千餘偏。而不會三身四智。謁六祖求解其義。祖云。三身者。清淨法身汝之性也。圓滿報身汝之智也。千百億化身汝之行也。若離本性別說三身。卽名有身無智。若悟三身無有自性。卽名四智菩提。聽吾偈曰。自性具三身。發明成四智。不離見聞緣。超然登佛地。吾今爲汝說。諦信永無迷。莫學馳求者。終日說菩提。師云。四智之義可得聞乎。祖云。旣會三身便明四智。何更問耶。若離三身別談四智。此名有智無身也。卽此有智還成無智。復說偈云。大圓鏡智性清淨。平等性智心無病。妙觀察智見非功。成所作智同圓鏡。五八六七果因轉。但用名言無實性。若於轉處不留情。繁興永處那伽定。師禮謝說偈讚云。三身元我體。四智本心明。身智融無礙。應物任隨形。起修皆妄動。守住匪眞精。妙言因師曉。終亡染汙名。

（同、17 b～18 a）

志徹禪師。嘗誦涅槃經。未曉常無常義。問六祖。祖云。佛比爲凡夫外道執於邪常。諸二乘人於常計無常。共成八倒。故於涅槃了義教中。破彼偏見。而顯說眞常眞我眞淨。汝今依言背義。以斷滅無常及確定死常。而錯解佛之圓妙最後微言。縱覽千偏有何所益。師忽如醉醒。乃說偈曰。因守無常心佛演有常性。不知方便者。猶春池執礫。我今不施功。佛性而見前。非師相授與。我亦無所得。祖云。汝今徹也。宜名志徹。　（同、18 a）

六祖大師。將抵韶州路逢高行士劉志略。遂結爲交友。尼無盡藏者。乃是志略之姑。常讀涅槃經。師暫聽之卽爲解說其義。尼一日執經問字。師云。字則不識。義則請問。尼云。字尙不識。焉能會義。師云。佛之妙理非干文字。尼乃驚異之。　（同、28 a）

六祖大師。家貧賣薪養母。因往五祖求法。祖問。汝自何來。師云。嶺南來。祖云。欲須何事。師云。唯求作佛。祖云。嶺南人無佛性。若爲得佛。師云。人有南北佛性豈然。祖知異器乃訶云。著槽廠去。師遂入碓坊腰石舂米。因五祖示衆索偈欲付衣法。堂中上座神秀大師。呈偈云。身是菩提樹。心如明鏡臺。時時勤拂拭。莫遣惹塵埃。師聞乃和之云。菩提本無樹。明鏡亦非臺。本來無一物。何處惹塵埃。祖默而識之。夜呼師入室。密示心宗法眼傳付衣鉢。令渡江過大庾嶺。南歸曹溪開東山法門。

黃龍新頌云。六祖當年不丈夫。倩人書壁自塗糊。明明有偈言無物。
却受他家一鉢盂。

佛慧泉云。今古曹溪一派寒。師來因爲起波瀾。攜囊庾嶺人空逐。
負石黃梅衆識難。

佛國白云。七百高僧夢裏時。三更月下獨南歸。賣柴舂米儂家事。
底事親傳六代衣。

祖印明云。一偈投機一衆降。啣花百鳥去雙雙。家山記得來時路。
半夜傳衣過九江。

草堂清云。七百僧中選一人。本來無物便相親。夜傳衣鉢曹溪去。

鐵樹花開二月春。　（同、44a～b）

臥輪禪師偈云。臥輪有伎倆。能斷百思想。對境心不起。菩提日日長。六祖聞乃云。此偈未明心地。若依而行之。是加繋縛。因示偈云。
慧能無伎倆。不斷百思想。對境心數起。菩提作麼長。
天童覺云。葵花向日。柳絮隨風。　（同、46b）

六祖能大師。因法海問。卽心卽佛。願垂指喩。祖云。前念不生卽心。後念不滅卽佛。成一切相卽心。離一切相卽佛。吾若具說窮劫不盡。　（巻一〇、20a）

六祖大師。因蜀僧方辯。來謁云。善捏塑。師正色云。試塑看。辯不領旨。乃塑師眞可高七寸。曲盡其妙。師觀之云。汝善塑性。不善佛性。酬以衣物。僧禮謝而去。　（同、54a）

南嶽讓禪師。初往曹溪參六祖。祖問。甚處來。師云。嵩山來。祖云。甚麼物恁麼來。師云。說似一物卽不中。祖云。還假修證不。師云。修證卽不無。染汚卽不可。祖云。只此不染汚。諸佛之所護念。汝旣如是。吾亦如是。善自護持。西天二十七祖般若多羅讖汝去。後出一馬駒。踏殺天下人去在。
汾陽昭頌云。因師顧問自何來。報道嵩山意不回。修證不無不染汚。撥雲見日便心開。
佛印元云。玉在池中蓮出水。汚染不能絶方比。大家如是若承當。洞庭一夜秋風起。
保寧勇云。戴角披毛恁麼來。鐵圍山嶽盡衝開。閻浮踏殺人無數。驀鼻深穿拽不回。
佛國白云。嵩頂來來恁麼來。不中一物早塵埃。便歸南嶽磨甎鏡。照得追風馬子回。　（巻一一、35a～b）

青原思禪師。初參六祖問云。當何所務卽不落階級。祖云。汝曾作甚麼來。師云。聖諦亦不爲。祖云。落何階級。師云。聖諦尚不爲。落何階級。祖云。如是如汝善護持。
松源岳云。是卽是。總未有出身之路。靈隱門下。莫有獨脫底麼。
投子青頌云。無見頂露雲攢急。劫外靈枝不帶春。那邊不坐空王殿。爭肯轉田向日輪。
敲出鳳凰五色髓。撲碎驪龍頷下珠。
丹霞淳云。卓爾難將正眼窺。迥超今古類何齊。苔封古殿無人侍。月鎖蒼梧鳳不棲。
佛國白云。無階無級見無求。奪得曹溪第一籌。卻向廬陵言米價。百行千市競相酬。
佛印元云。聖諦從來尚不爲。更無階級可修持。至今盧大猶舂米。和穀和糠付與誰。　（同、35b～36a）

六祖能大師。於黃梅受法辭五祖。祖令隱於懷集四會之間。居南海遇

印宗法師於法性寺。暮夜風颺刹幡。聞二僧對論。一云。幡動。一云。風動。往復酬答曾未契理。師云。可容俗流。輒預高論不。乃云。不是風動。不是旛動。仁者心動耳。印宗聞語竦然異之。遂問其由。師以實告之。印宗於是集衆請開東山法門。師遂落髮披衣受戒。即廣州天寧寺也。

雪峰云。大小祖師。龍頭蛇尾。好與二十棒。孚上座侍次齩齒。峰云。我與麼道也好與二十棒。

保福展云。作賊人心虛。也是蕭何制律。

巴陵鑒云。祖師道。不是風動。不是旛動。既不是風旛。向甚麼處著。有人與祖師作主。出來與巴陵相見。

雪竇顯云。雪竇道。風動旛動。既是風旛。向甚處著。有人與巴陵作主。亦出來與雪竇相見。

應庵華云。一盲引衆盲。相牽入火坑。

瑞鹿先頌云。非風旛動唯心動。自古相傳直至今。今後水雲徒。欲曉祖師眞。是好知音。

天衣懷云。不是風兮不是旛。斯言形已播人間。要會老盧端的意。天台南嶽萬重山。

法昌遇云。不是風兮不是旛。黒花猫子面門斑。夜行人只貪明月。不覺和衣渡水寒。

道場如云。滄溟直下取驪珠。覿面相呈見也無。到此不開眞正眼。膏肓之病卒難蘇。

夢庵信云。相爭但見風旛動。不肯回頭識動心。從此老盧露消息。松風江月盡知音。

（卷一四、34b～35b）

蒙山明禪師。因趂盧行者至大庾嶺。行者見師至。即擲衣鉢於石上云。此衣表信。可力爭耶。任君將去。師遂擧之。如山不動。踟蹰悚慄。乃云。我來來法非爲衣也。願行者開示。者云。不思善不思惡。正與麼時阿那箇是明上座本來面目。師當下大悟。遍體汗流。泣涙作禮問云。上來密語密意外還更有意旨不。者云。我今與汝說者即非密也。汝若返照自己面目。密却在汝邊。師云。某甲雖在黃梅隨衆實未省自己面目。今蒙指授入處。如人飲水冷暖自知。今行者即是某甲師也。者云。汝若如是。則吾與汝同師黃梅。善自護持。

佛眼遠云。大衆還會這話麼。正當恁麼時。歷劫不曾迷。步步超三界。歸家頓絕疑。

（卷一五、2b～3a）

六祖大師。一日謂門人云。吾欲歸新州。汝等速整舟楫。門人云。師從此去早晚却回。師云。葉落歸根。來時無口。

法雲秀云。非但來時無口。去時亦無鼻孔。

佛眼遠頌云。歸根得旨復何論。洞口秦人半掩門。花落已隨流水遠。空留羃羃野雲屯。松源岳云。雲開空自闊。葉落即歸根。回首煙波裏。漁歌過遠村。

（同、51a）

永嘉宿覺禪師。初至曹溪乃遶禪牀三帀振錫而立。祖云。夫沙門者具三千威儀八萬細行。大德何方而來生大我慢。師云。生死事大無常迅速。祖云。何不體取無生了無速乎。師云。體本無生。了本無速。祖

云。如是如是。師方具威儀作禮。須臾告辭。祖云。返太速乎。師云。本自非動。豈有速耶。祖云。誰知非動。師云。仁者自生分別。祖云。爾甚得無生之意。師云。無生豈有意耶。祖云。無意誰當分別。師云。分別亦非意。祖云。善哉善哉少留一宿。

雪竇顯擧。至我慢處便喝云。當時若下這一喝。免見龍頭蛇尾。又向卓然而立處代祖云。未到曹溪與爾三十棒了也。

正法灝云。要識永嘉麼。掀翻海嶽。求知己。要識祖師麼。撥動乾坤建太平。二老不知何處去。卓拄杖云。宗風千古播嘉聲。

（卷一六、24a～b）

五祖忍大師。因詣碓坊問六祖云。米白也不。云。白也未有篩。師於碓以杖三擊之。六祖卽至三鼓入室。密受衣鉢。

（卷一八、1a）

六祖大師。三歲喪父。其母守志鞠養。及長家貧。師樵採以給。一日負薪至市。聞客讀金剛經。至應無所住而生其心有所感悟。

（卷一九、47a）

99　六祖悟道偈

菩提本無樹。明鏡亦非臺。本來無一物。何處惹塵埃。

（墨蹟大鑑、卷一、59）

100　禪宗頌古聯珠通集

六祖慧能大師。本姓盧。家貧賣薪養母。因往五祖求法。祖曰。汝自何來。曰。嶺南。祖曰。欲須何事。曰。唯求作佛。祖曰。嶺南人無佛性。若爲得佛。曰。人卽有南北佛性豈然。祖知是異人。乃訶曰。著槽廠去。遂禮足而退。便入碓坊服勞於杵臼之間。因五祖示衆索偈欲付衣。法堂中上座神秀大師呈偈曰。身是菩提樹。心如明鏡臺。時時勤拂拭。莫遣有塵埃。師和偈曰。菩提本無樹。心鏡亦非臺。本來無一物。何假拂塵埃。祖默而識之。夜呼入室密示心宗法眼。傳付衣鉢。令渡江過大庾嶺南。歸曹溪開東山法門。頌曰。

今古曹溪一派寒。師來因爲起波瀾。携囊庾嶺人空逐。負石黃梅衆識難。佛慧泉

石墜腰間舂碓鳴。老盧便重不便輕。黃梅衣鉢雖傳得。猶去曹溪數十程。楊無爲

七百高僧夢裏時。三更月下獨南歸。賣柴舂米儂家事。底事親傳六代衣。佛國白

一偈投機一衆降。銜花百鳥去雙雙。家山記得來時路。半夜傳衣過九江。祖印明

六祖當年不丈夫。倩人書壁自塗糊。明明有偈言無物。卻受他家一鉢盂。死心新

七百僧中選一人。本來無物便相親。夜傳衣鉢曹溪去。鐵樹花開二月春。草堂清

續收 擔柴賣火村裏漢。舌本瀾翻不奈何。自道來時元沒口。卻能平地起風波。徑山杲

黃梅席上數如麻。句裏呈機事可嗟。直是本來無一物。青天白日被雲遮。西塔

壁間書偈言無物。腰石當知力有餘。莫道懶翁無伎倆。糠中舂出走盤珠。水菴一

菩提無樹鏡非臺。臭口分明鬼劈開。幸是賣柴無事獠。剛然惹得一身災。無門開

颺下採樵斧。直入碓坊舂。一脚踏到底。黃梅信息通。佛照光

應無所住以生心。大地山河一發沈。從此別開窮世界。新州柴把貴如金。破菴先

四句伽陀不解書。三更傳得本來無。曹溪路上生荊棘。直至如今在半途。妙峯善

箇樣村夫舉世無。鬻薪終日奔窮途。黃梅有路何曾到。誰謂衣盂親付渠。少室睦

黃梅分付太倉忙。半夜淒淒暗渡江。將謂無人知下落。賊身已露更和贓。辛菴儔

不作樵夫作碓夫。只將脚力驗精麤。知他踏著踏不著。和米和糠到鉢盂。西嵓惠

擬意貪他破鉢盂。閑言長語倩人書。只知半夜潛身去。祖意還曾夢見無。石室輝

師資緣會有來由。明鏡非臺語暗投。壞卻少林窮活計。櫓聲搖月過滄洲。葛廬覃

（卷七、第二冊、10a～12a）

六祖受法辭。五祖令隱於懷集四會之間。屆南海遇印宗法師於法性寺。暮夜風颺刹幡聞二僧對論。一云幡動。一云風動。往復酬答曾未契理。祖曰。可容俗流。輒預高論否。直以風幡非動。動自心耳。印宗聞語竦然異之。遂問其由。祖實告之。印宗於是集衆請開東山法門。祖遂落髮披衣受戒。卽廣州天寧寺也。頌曰。

非風幡動唯心動。自古相傳直至今。今後水雲徒欲曉。祖師直是好知音。瑞鹿先

不是風兮不是旛。黑花猫子面門斑。夜行人只貪明月。不覺和衣渡水寒。法昌遇

不是風兮不是旛。斯言形已播人間。要會老盧端的意。天台南嶽萬重山。天衣懷

蕩蕩一條官驛路。晨昏曾不禁人行。渾家不是不進步。無奈當門荊棘生。保寧勇

不是風兮不是旛。於斯明得悟心難。胡言漢語休尋覓。刹竿頭上等閑看。圓通秀

東西南北無空處。上下四維隨分舉。眷屬都來止一身。行盡天涯無伴侶。三祖宗

不是風兮不是旛。白雲依舊覆青山。年來老大渾無力。偸得忙中些子閑。雪峯圓

不是風兮不是旛。淸霄何事撼琅玕。明時不用論公道。自有閑人正眼看。圓通僊

不是風旛不是心。迢迢一路絕追尋。白雲本自無踪跡。飛落斷崖深更

深。草堂清
昔時盧老泄天機。直指風旛說向伊。是風是旛便是爾。左之右之不曾離。黃檗勝
風旛非動。乞兒得夢。金銀珍寶。快活受用。旻古佛
滄溟直下取驪珠。覿面相呈見也無。到此不開眞正眼。膏肓之病卒難蘇。道場如
不是風旛是汝心。人傳此語徧叢林。若還踏著鄉關路。瓦礫無妨喚作金。祖印明
不是風兮不是旛。寥寥千古競頭看。徹見始知無處所。祖庭誰共夜堂寒。通照逢
指出風旛倶不是。直言心動亦還非。夜來一片寒溪月。照破儂家舊翠微。佛心才
不是風旛不是心。幾人求劍刻舟尋。分明寄語諸禪侶。自古眞鍮不博金。佛鑑懃
不是風兮不是旛。認爲心者亦顢頇。風吹碧落浮雲盡。月上青山玉一團。踈山常
相爭但見風旛動。不肯回頭識動心。從此老盧露消息。松風江月盡知音。夢菴信
夢遊華頂過丹丘。躡盡寒雲倚石樓。貪看瀑泉瀉崖壁。不知身在碧江頭。長靈卓
不是風旛不是心。曹溪深也未爲深。那吒忿怒掀騰去。析偏微塵不可尋。黃龍震

不是風兮不是旛。幾人北斗面南看。祖師直下無窠臼。眼綻皮穿較不難。佛燈珣
不是風兮不是旛。一重山後一重山。青春雨過無餘事。獨倚危樓望刹竿。佛性泰
不是風旛不是心。從來只爲少知音。舉頭萬里長空外。唯見白雲流水深。楚安方
續收 不是風兮不是旛。多口闍黎莫可詮。若將巧語求玄會。特地千山隔萬山。琅琊覺
非風旛動唯心動。龍生龍兮鳳生鳳。老盧直下示全機。底事今人見如夢。石碧（肇カ）明
不是風旛是心動。似倩痲姑痒處搔。天外孤鸞誰得髓。何人解合續絃膠。崇覺空
不是風旛不是心。祖師正眼只如今。如今不識山河礙。識得如今海嶽沈。雪竇宗
風旛不動人心動。直指分明休瞶瞶。若將知見巧商量。大似夢中加說夢。大溈智
非風旛動唯心動。猶涉廉纖強指陳。大地未曾添寸土。不知誰是點頭人。開福寧
直指單傳自祖宗。非風旛動出盧公。玄徒若具金剛眼。刹刹塵塵總是空。南堂興
是風是旛君莫疑。百草叢中信步歸。王道太平無忌諱。戲蝶流鶯遶樹飛。自得暉

不是風旛不是心。衲僧徒自強錐鍼。巖房雨過昏煙靜。臥聽涼風生竹林。

浪靜風恬正好看。秋江澄徹碧天寛。漁人競把絲輪擲。不見冰輪蘸水寒。常菴崇

不是風旛動。亦非仁者心。自從胡亂後。涠循到如今。瞎堂遠

風動旛動心動。死蛇要人活弄。嘶風木馬當途。無角鐵牛入洞。白楊順

非風旛話露全機。千古叢林起是非。咄這新州賣柴漢。得便宜是落便宜。佛照光

不是風旛不是心。休將此語播叢林。從來一派天河水。透石穿崖古到今。塗毒策

大海波濤湧。千江水逆流。龍王宮殿裏。不見一人遊。應菴華

不是風旛動。天生李老君。出胎頭上髮。寸寸白如銀。雪堂行

不是風兮不是旛。碧天雲靜月團團。幾多乞巧癡男女。猶向牀頭甕裏看。水菴一

不是旛兮不是風。軒轅寶鑑出懷中。森羅萬象難逃影。戀窟狐狸失卻蹤。

張騫推倒崑崙後。幾人窮到孟津源。堪咲不知天地者。至今剛道有乾坤。肯堂充

非風旛動唯心動。踏雪貧兒徹骨寒。在聖在凡誰改變。蝍蟟嚼碎鐵圍山。劍門分

不是風兮不是旛。入泥入水與人看。莫把是非來辨我。浮生穿鑿不相干。月林觀

不是風兮不是旛。白雲盡處見青山。可憐無限英靈漢。開眼堂堂入死關。淳菴淨

不是風兮不是旛。分明裂破萬重關。誰知用盡腕頭力。惹得閒名落世間。松源岳

不是風兮不是旛。將軍騎馬出潼關。安南塞北都歸了。時復挑燈把劍看。天目豐

不是風旛也可疑。卻言心動甚言詞。天生不受形容者。舉世何人見得伊。朴翁銛

長安一片月。萬戶擣衣聲。西風吹不斷。總是玉關情。孤峯深

風旛心動。一狀領過。只知開口。不覺話墮。無門開

地神歸地。天神歸天。殷勤奉送。寶馬金錢。無準範

增附 育王崇舉。巴陵和尚道。不是風動不是旛動不是風旛。又向甚麼處著。有人爲祖師出氣出來與巴陵相見。雪竇和尚道。風動旛動。既是風旛。又向甚麼處著。有人爲巴陵出氣。出來與雪竇相見。

師乃頌曰。

非風非旛無處著。是風是旛無著處。遼天俊鶻悉迷蹤。踞地金毛還失措。阿呵呵。悟不悟。令人轉憶謝三郎。一絲獨釣寒江雨。

（同、12a～18a）

增收 六祖因僧問。黃梅衣鉢是何人得。祖云。會佛法者得。僧曰。和尚還得不。祖曰。不得。僧曰。因甚不得。祖曰。我不會佛法。

頌曰。

信手拈來見自殊。箇中消息沒工夫。黃梅未許傳斯旨。半夜曾將付老盧。大洪恩

斬釘截鐵。大巧若拙。一句單提。不會佛法。儘他葉落。花開不問。春寒秋熱別別萬。古寒潭空界月　圓悟勤

我不會佛法。不得黃梅旨。本體自圓成。畢竟只者是。道已契平生。脚已踏實地。無一法當情。靈山親授記。佛鑑懃

不會黃梅。佛法夢中。合眼惺惺。此地無金。二兩俗人。酤酒三升。雪菴瑾

蕉芭蕉芭。有葉無丫。忽然一陣狂風起。恰似東京大相國。寺裏三十六院。東廊下北角頭。王和尚破袈裟。徑山杲　（同、18a～18b）

増收　六祖示衆曰。吾有一物。非青黃赤白男女等相。還有人識得麼。時有沙彌神會。出曰。某甲識得。祖曰。爾喚作什麼。曰。是諸佛之本源神會之佛性。祖便打曰。我喚作一物尚自不中。更喚作本源佛性。頌曰。

呼爲一物早不中。那堪指作本源佛。應現縱橫總不虧。動用施爲收不得。活潑潑。黑焠焠。借問諸人知不知。直待當來見彌勒。海印信

畫師五彩畫虛空。落筆須知失本蹤。更有唐朝吳道子。平生紙上枉施功　慈受深

一翳在眼。空華亂墜。神會沙彌。失錢遭罪。只見鑿頭方不見錐頭。利大丈夫小釋迦。鐵鞭一擊珊瑚碎。圓悟勤　（同、18b～19a）

増收　六祖謂門人曰。吾欲歸新州。汝等速治舟楫。門人曰。師從此去早晚卻回。祖曰。葉落歸根來時無口。法雲秀云。非但來時無口。去時亦無鼻孔。頌曰。

葉落歸根。來時無口。水長船高。烏飛兔走。若非林間。師子兒三歲。便能大哮吼　海印信

五蘊山頭一段空。來時無口去無蹤。要明葉落歸根旨。末後方能達此宗。本覺一

祖師底物待客。只是家常茶飯。如今後代兒孫。須要珍羞異饌。圓悟勤

葉落歸根後。曹溪一滴深。山居人少到。眞實好知音。龍門遠

歸根得旨復何論。洞口秦人半掩門。花落只隨流水遠。空留冪冪野雲屯。

落葉歸根。銕牛當路。來時無口。索鹽得醋。金槌不動。落群機列聖。叢中第六祖。雪堂行

雲開空自闊。葉落卽歸根。回首煙波裏。漁歌過遠村。松源岳

興在天南天盡頭。未行先已到新州。來時無口去無伴。那更蕭蕭黃葉秋。虛堂愚　（同、19a～20a）

増收　河北智隍禪師。嗣六祖。始參五祖循乎漸行後。結庵長坐二十餘載不見惰容。及遇六祖門人策禪師。激心勤求法要往參六祖。祖愍其遠來便垂開抉。師於言下豁然契悟。前二十年所得心都無影響。頌曰。

禪非出入非行坐。坐立經行總是禪。若是守他山鬼窟。迢迢特地隔西

天。本覺

當年睥睨此山阿。欲著紅樓貯綺羅。今日重來無一事。卻騎羸馬下坡陁。

（卷八、第二冊、11 b ~ 12 a）

增收 永嘉眞覺玄覺禪師。嗣六祖。精天台止觀圓妙法門。四威儀中常冥禪觀。後因左溪朗激勵。與東陽策同詣曹溪。初到振錫攜瓶繞祖三帀。祖曰。夫沙門者具三千威儀八萬細行。大德自何方而來生大我慢。師曰。生死事大無常迅速。祖曰。何不體取無生了無速乎。師曰。體卽無生。了本無速。祖曰。如是如是。時大衆無不愕然。師方具威儀參禮須臾告辭。祖曰。返太速乎。師曰。本自非動豈有速耶。祖曰。誰知非動。師曰。仁者自生分別。祖曰。汝甚得無生之意。師曰。無生豈有意耶。祖曰。無意誰當分別。師曰。分別亦非意。祖歎曰。善哉善哉。留一宿時謂一宿覺。頌曰。

圓悟眞心作本心。無人證據自沉吟。崛多激發緣當熟。一見能師便得金。汾陽昭

永嘉萬里到曹溪。三拜云何略不施。卻遶禪牀三帀後。卓然振錫底威儀。本覺一

掀翻海嶽求知己。撥動乾坤見太平。二老不知何處去。宗風千古播家聲。正法灝

振錫曹溪。生大我慢。一宿少留。咄哉齪漢。永嘉城裏。闡宗風江月。松風無畔岸。無禪才

（同、21 b ~ 22 a）

南嶽懷讓禪師。嗣六祖。初往曹溪參六祖。祖問。什處來。師曰。嵩山來。曰。什麼物恁麼來。師曰。說似一物卽不中。曰。還可修證否。師曰。修證卽不無。汚染卽不得。曰。只此不汚染諸佛之所護念。汝既如是。吾亦如是。頌曰。

因師顧問自何來。報道嵩山意不回。修證不無不染汚。撥雲見日便心開。汾陽昭

玉在池中蓮出水。汚染不能絕方比。大家如是若承當。洞庭一夜秋風起。佛印元

戴角擎頭與麼來。鐵圍山嶽盡衝開。閻浮踏殺人無數。驀鼻深雲拽不回。保寧勇

嵩頂來來恁麼來。不中一物早塵埃。便歸南嶽磨甎片。照得追風馬子回。佛國白

增收 是什麼物恁麼來。此中何假拂塵埃。瞪目看時還不見。謾將明鏡掛高臺。大洪恩

說似一物卽不中。風從虎兮雲從龍。此事由來非草草。休言無法是眞宗。

什麼堂堂與麼來。當機覿面不迂回。經行坐臥非他物。自是時人眼不開。本覺一

當堂古路白雲漫。碧眼黃頭尚未諳。無孔笛兒氈拍板。輕輕吹破御街寒。正堂辯

說似一物卽不中。八年方契賣柴翁。大都模樣無多子。歷劫如何用得窮。朴翁銛

直言發足自嵩山。蕩蕩乾坤任往還。一物尚無寧有似。倚天長劍逼人寒。無際派

（卷九、第二冊、1a～2a）

吉州清源行思禪師。嗣六祖。初參六祖問。當何所務卽不落階級。祖曰。汝曾作什麼來。師曰。聖諦亦不爲。祖曰。落何階級。師曰。聖諦尚不爲。何階級之有。祖深器之。頌曰。

無見頂露雲攢急。劫外靈枝不帶春。那邊不坐空王殿。爭肯轉田向日輪。投子青

卓爾難將正眼窺。迥超今古類難齊。苔封古殿無人侍。月鎖蒼梧鳳不棲。丹霞淳

無階無級見何求。奪得曹溪第一籌。卻向廬陵言米價。百行千市競相酬。佛國白

續收 劫外相逢那畔行。靈苗叢裏鐵牛耕。東風吹散千巖雪。空界無雲孤月明。成枯木

一掬澄潭鏡樣磨。無風何必自生波。轉身縱不離初際。子細看來較幾何。雪巖欽

（同、5b～6a）

增收 清源既得法往吉州清源山靜居寺。六祖將示滅有沙彌希遷。卽南嶽石頭和尚。問曰。和尚百年後。希遷未審當依附何人。祖曰。尋思去。及祖順世。遷每於靜處端坐。寂若忘生。第一座問曰。汝師已逝。空坐奚爲。遷曰。我稟遺誡故尋思爾。座曰。汝有師兄行思和尚。今住吉州。汝因緣在彼師。言甚直。汝自迷耳。遷聞語便辭祖龕。直詣靜居。頌曰。

尋思去此地清涼。離煩暑暮雨朝雲。樂太平青山綠水。人難覩不難覩。
深林有箇白額蟲。元來卻是玄沙虎。高菴悟

（同、6a～6b）

101　宗門統要續集

師因六祖初參。乃問。汝自何來。六祖云。嶺南。師云。欲須何事。祖云。唯求作佛。師云。嶺南人無佛性。若爲得佛。祖云。人有南北。佛性豈然。師知異器。乃訶云。著槽廠去。

六祖能大師。因風颺刹旛。有二僧對論。一云。旛動。一云。風動。往復曾未契理。祖云。不是風動。不是旛動。仁者心動。二僧竦然。

雪峯存云。大小祖師。龍頭蛇尾。好與二十棒。孚上座侍次咬齒。雪峯云。我與麼道也好與二十棒。保福展云。作賊人心虛也。是蕭何置律。五祖戒云。著甚來由。巴陵鑑云。祖師道。不是風動。不是旛動。既不是風旛。向甚處著。有人與祖師作主出來與巴陵相見。雪竇顯云。風動旛動既是風旛向甚處著。有人與巴陵作主出來與雪竇相見。

續泐潭清云。不是風動。不是旛動。若是靈利漢懸崖撤手便好。承當顧後瞻前。轉生迷悶。仁者心動。而今還有爲祖師作主者麼。有則出來與老僧相見。天童華云。一盲引衆盲相牽入火坑。

師因僧問。黃梅意旨什麼人得。師云。會佛法人得。僧云。和尚還得不。師云。我不得。僧云。和尚爲什麼不得。師云。我不會佛法。

汾陽昭代云。方知密旨難傳。翠巖芝云。會得卽二頭不會得卽三首作麼生。便有出身之路。

續徑山杲云。還見祖師麼。若也不見徑山與爾指出蕉芭。蕉芭有葉無丫。忽然一陣狂風起。恰似東京大相國。寺裏三十六院。東廊下壁角頭。王和尚破袈裟。畢竟如何。歸堂喫茶。

師示衆云。吾有一物。無頭無尾。無名無字。無背無面。諸人還識麼。時荷澤神會出云。是諸法之本源。乃神會之佛性。祖乃打一棒云。這饒舌沙彌。我喚作一物尚不中。豈況本源佛性乎。此子向後設有把芽蓋頭也。只成得箇知解宗徒。

法眼益云。古人授記人終不錯。如今立知解爲宗。卽荷澤是也。

師一日謂門人云。吾欲歸新州。汝等速治舟檝。門人云。師從此去早晚卻回。祖云。葉落歸根。來時無口。

法雲秀云。非但來時無口。去時亦無鼻孔。

續白雲端云。祖師可謂善解借手行拳。有般漢往往道。言猶在耳。不見道。子期去不返浩浩。良可悲。不知天地間知音復是誰。五祖演曰。祖師恁麼道。猶欠悟在。

師因思和尚問。當何所務卽得不落階級。祖云。汝曾作什麼來。思云。聖諦亦不爲。祖云。落何階級。思云。聖諦尚不爲。何階級之有。祖云。如是如是。汝善護持。吾付汝偈。偈云。心地含諸種。普雨悉皆萌。頓悟華情已。菩提果自成。

（卷二、第一冊、24 a～26 a）

102　佛祖歷代通載

甲戌 改上元

二十 乙亥 是年五祖弘忍大師示寂。師蘄州黃梅周氏子。生而岐嶷。兒時有異僧歎曰。是子闕七種相。不逮如來。後遇信大師得法。嗣化於破頭山。咸亨中。有盧居士者。名惠能。自遠來參。師問。汝自何來。曰。嶺南。師曰。欲求何事。曰。唯求作佛。祖曰。嶺南人無佛性。若爲得佛。曰。人卽有南北。佛性豈然。師知其異。乃訶之曰。著槽廠去。能禮足而退。便入碓坊。服勞於杵臼之閒。經旬月。祖知付法時至。遂告衆曰。正法難解。不可徒記吾言將爲己任。汝等各自隨意述一偈。若語意冥符衣法皆付。時會七百餘衆。神秀居第一座。學通內外。衆所推仰。秀亦自負。無出其右者。不復思惟。乃於廊壁閒書一偈曰。身是菩提樹。心如明鏡臺。時時勤拂拭。莫遣惹塵埃。祖因行次見偈。心知秀之所爲。因紿曰。後代依此修行。亦得道果。衆聆此語。人各諷誦。他日能在碓坊。聞偈乃問同列。此誰爲之。同侶告以和上將欲付法。各令述偈。此乃秀上座所爲。能曰。美則美矣。了則未了。同侶共訶其謬妄。能至莫命童子。引至廊閒。能自執燭。令童子於秀偈側寫。偈曰。菩提本無樹。明鏡亦非臺。本來無一物。何假拂塵埃。祖復見此默念。必能之所爲。因故爲之語曰。此誰作亦未見性。衆以師弗許。皆莫之顧。卽於是夕潛使人自碓坊喚能至。告曰。諸佛出世。爲一大事因緣。隨機大小。而引化之。遂有十地三乘頓漸等法。以爲教門。然以微妙祕密圓明眞實正法眼藏。付于上首迦葉。展轉傳授二

十八世。至菩提達磨大師。屆于此土。得可祖。承襲以至于吾。吾今授汝。并所傳袈裟用以表信。汝善護持。勿令斷絕。聽吾偈曰。有情來下種。因地果還生。無情既無種。無性亦無生。能受畢乃曰。法則旣受。衣付何人。師曰。昔達磨初至。人未之信。故傳此衣。以明得法。今信心已熟。衣乃爭端。止於汝身。勿復傳也。且當遠引俟時行化。所謂受衣之人。命如懸絲。能曰。當隱何所。祖曰。逢懷且止。遇會卽藏。能禮足捧衣。而出。通夕南邁。衆皆未知。祖由是三日不上堂。衆疑之因致問。祖曰。吾道行矣。又問。衣法誰傳。祖曰。能者傳之。衆意盧居士名能必此人也。共力推尋。能已不在。至有相率而物色追之者。祖既付法已。復經四載而寂。塔于東山。代宗謚大滿禪師法雨之塔。

（卷一二、T.49—582b～583a）

三十六 是月中宗降御札。召曹溪六祖惠能入京。其辭曰。朕請安秀二師。宮中供養。萬機之暇。每究一乘。二師並推讓云。南方有能禪師。密授忍大師衣法。可就彼問。今遣內侍薛簡馳詔迎請。願師慈念速赴上京。師以表辭疾。願終林麓。薛簡曰。京城禪德皆云。欲得會道。當須坐禪集定。若不因禪定。而得解脫者。未之有也。未審。師所說法如何。師曰。道由心悟。豈在坐耶。經云。若見如來若坐若臥。是行邪道。何則無所從來。亦無所去。若無生滅。是如來清淨禪。諸法空寂。是如來清淨坐。究竟無證。豈況坐耶。簡曰。弟子回朝主上必問。願師慈悲指示心要。令得見性明道。祖曰。道無明暗。明暗是代謝之義。明明無盡。亦是有盡。簡曰。明喩智慧。暗況煩惱。學道人。儻不以智慧照破煩惱。生死憑何出離。師曰。若以智慧照煩惱者。此是二乘小兒羊車等機。上智大根悉不如是。簡曰。何謂大乘見解。師曰。明與無明。其性無二。無二之性。卽是實性。實性者。處凡愚而不減。在聖賢而不增。住煩惱而不亂。居禪定而不寂。不斷不常。不來不去。不在中間及其內外。不生不滅。性相如如。常住不遷。名之曰道。簡曰。師說不生不滅。何異外道。師曰。外道將滅止生。以生顯滅。滅猶不滅。生說無生。我說本自不生。今亦無滅。所以不同外道。汝欲知心要。但一切善惡。都莫思量。自然得入。清淨心體。湛然常住。妙用恒沙。簡禮辭歸闕。表上師語。帝咨美久之。尋遣使賜袈裟瓶鉢等。諭天子嚮慕之意。

（同、586a～b）

壬子 初改太極又改延和又改先天 七月傳位太子二

先天元年。三十三祖惠能大師示寂。姓盧氏。其先范陽人。父行瑫。武德中。左官于南海之新州。遂占籍焉。三歲喪父。其母守志鞠養。及長家貧。師樵采以給。一日負薪至市中。聞客讀金剛經悚然。問客曰。此何法。得於何人。客曰。此名金剛經。得於黃梅忍大師。歸告於母以爲法尋師。直抵黃梅。忍大師一見默識之。後傳衣法。令隱于懷集四會之閒。儀鳳元年正月八日。屆于南海。及返曹溪雨大法雨。一日示衆曰。諸善知識各各淨心聽吾說法。汝等諸人自心是佛。更莫狐疑。外無一物而能建立。皆是本心生萬種法。故經云。心生種種法生。心滅種種法滅。若欲成就種智。須達一相三昧一行三昧。若於一切處而不住相。於諸法中不生憎愛。亦無取舍。不念利益成壞等事。

安閒恬靜。虛融淡泊。此名一相三昧。若於一切處。行住坐臥。純一直心。不動道場。卽成淨土。名一行三昧。若人具二三昧。如地有種能含藏長養成就其實。一相一行。亦復如是。我今說法。猶如時雨普潤大地。汝等佛性。譬如種子遇玆沾洽悉得發生。承吾言者。決獲菩提。依吾行者。定證妙果。師說法度人。往來學者。嘗逾千數。明年七月。辭歸新州故宅國恩寺。其徒泣曰。師歸當復來下。師曰。葉落歸根。來時無口。又問。師之法眼何人傳受。師曰。有道者得。無心者通。至國恩寺。以八月三日。示衆曰。吾受忍大師衣法。今爲汝等說法。不付其衣。蓋女(汝カ)等信根已熟。決定無疑。堪任大事。聽吾偈。曰。心地含諸種。普雨悉皆萌。頓悟花情已。菩提果自成。復謂衆曰。其法無二。其心亦然。其道清淨。亦無諸相。女等不用觀靜及空其心。此心本淨無可取舍。各自努力隨緣好去。吾涅槃時至珍重。卽跏趺而逝。於是山林變白。鳥獸哀鳴。綵雲香霧。連日不聞。旣時廣州都督韋據。率韶新二郡官吏。迎奉全身。歸于曹溪寶林寺建塔。眞身今尙存焉。舊唐史曰。則天聞神秀名。詔至都。肩輿入殿。親加跪禮。勅當陽山郲度門寺。以旌其德。時王公已下及京城士庶。聞風爭來謁見。望塵拜伏日以萬數。初神秀與惠能。同師弘忍。而行業相埒。及忍卒能住韶州廣果寺。韶陽山中。舊多虎豹。一夕去盡。遠近驚歎。咸歸伏焉。秀嘗奏則天。請召能赴闕。能固辭。秀復自作書重邀之。能謂使者曰。吾形貌矬陋。北土見之。恐不敬吾法。又先師以吾南中有緣。亦不可違。及中宗召之。竟不度嶺而卒。天下散傳其法。謂秀爲北宗。能爲南宗。

（卷一三、588 b～589 a）

八　是歲廣州節度使宋璟入曹溪禮祖塔。誓曰。弟子願畢世外護大法。祈一祥瑞表信。言訖微風飄香氤氳襲人。俄而甘雨傾注。唯遍一寺之內。璟忻躍而去。未幾召入。與姚元崇相繼執政。世稱姚宋爲中興賢相。

（同、590 b～c）

四十四己亥　是歲遣使詣韶州曹溪。迎六祖能大師衣鉢。入內供養。詔南陽惠忠禪師赴闕。忠越州諸曁人。自受曹溪心印。居南陽黨子谷中。凡四十年。足不下山門。嘗示衆曰。禪宗學者應遵佛語一乘了義契自心源。不了義者互不相許。如師子身蟲。夫爲人師若涉名利別開異端。則自他何益。如世大匠斤斧不傷其手。香象所負非驢所堪。及是赴詔。初安置千福寺。一日帝問。如何是十身調御。忠起身而立曰。會麼。帝曰。不會。忠顧左右云。與老僧過淨瓶來。帝又問。如何是無諍三昧。答曰。檀越踏毘盧頂上行。帝曰。此意如何。忠曰。陛下莫認自己清淨法身。帝益不曉。於是齋沐別致十問其一曰。見性已後用布施作福否。忠對。無相而施合見性。二曰。日夕作何行業合得此道。忠答。無功而修合此道。三曰。或有病難將何道理修行抵擬。忠對。無功而修了業本空得不動轉。四曰。臨終時作麼生得清涼自在無疑。忠以努力自信道爲對。五曰。煩惱起時將何止息。忠以本心湛然煩惱回歸妙用。六曰。見性已去用持戒念佛求淨土否。忠對。性卽是佛性卽是淨土。七曰。捨此陰了當生何處。忠以無捨無生自在生爲對。八曰。臨終時有華臺寶座來迎可赴否。忠以不取相爲對。九曰。作麼生得神通以佛國。忠以見性如貧得寶如民得王對。十曰。只依此本性修定得作

佛否。忠對。定得作佛佛亦無相。無得乃爲眞得。前十對皆廣有其辭。今約科目爲對耳。帝由是凝心玄旨。（同、598 c ~ 599 a）

乙巳　改年永泰（中略）

帝夢六祖惠能大師請衣鉢歸于曹溪。翌日遣中使送還。是時寇難屢逼。帝滞以爲憂。宰相王縉曰。國家慶祚靈長福報所憑。雖多難無足道者。祿山思明毒流方煽而皆有子禍。僕固懷恩畝而踣。群戎來寇未及戰輒去。非人事也。帝由是篤意佛道修祠祀。詔天下官司無箠辱僧尼。禁中講誦仁王護國經。詔命不空三藏。（卷一四、600 a）

103　釋氏稽古略

乙巳神龍元年四月。帝降御札召曹溪六祖入京。其辭曰。朕延宗秀二師宮中供養。每究一乘二師並推讓云。南方能禪師密受忍大師衣法。可就彼問。今遣內侍薛簡馳詔迎請。願師慈念速赴上京。祖表謝辭以疾。簡曰。京城禪德皆云欲得會道當習禪定。若不因禪定而得解脫者未之有也。未審師所說法如何。祖曰。道由心悟豈在坐耶。簡曰。弟子回朝主上必問。願師指示心要令得明道。祖曰。道無明暗。簡曰。明喻智慧暗況煩惱。倘不以智慧照破煩惱生死憑何出離。祖曰。若以智慧照煩惱者。此是二乘小機。簡曰。何謂大乘見解。祖曰。明與無明其性無二。無二之性卽是實性。實性在凡不減。在聖不增。住煩惱而不亂。居禪定而不寂。性相如如名之爲道。簡曰。師說不生不滅何異外道。祖曰。外道將滅止生。以生顯滅。滅猶不滅。生說無生。我說本自不生。今亦無滅。所以不同外道。汝欲知心要。但一切善惡都莫思量。自然得入淸淨心體。湛然常住妙用恒沙。簡禮辭歸闕表上祖語。帝咨美久之。尋遣使賜祖磨衲袈裟絣鉢絹五百匹。諭天子嚮慕之意。傳燈（卷三、T.49—822 b ~ c）

六祖慧能大士尊者。俗姓盧氏。名能。其先本籍范陽。今冢州也冀域父行瑫。高祖武德年。謫官新州。生能。遂爲新興人也。甫三歲而父喪。母守節育之。及長家益貧。祖乃採薪鬻而供母。一日過市鄽。聞客讀經應無所住而生其心。問客曰。此法得於何人。客曰。此名金剛經。得於黃梅忍大師。祖遽告其母。卽趨。五祖抵韶州。尼無盡藏者。讀涅槃經。尼問經字。祖曰。字則不識。義則請問。尼曰。字尙不識。曷能會義。祖曰。諸佛妙理。非關文字。尼驚異之。謂人曰。能是有道之人。宜供養之。近處寶林古寺舊基。衆請營茸而延居之。四衆雲集。俄成寶坊。祖念大法。直造黃梅之東山。卽高宗咸亨二年也。既得法已。機語列于五祖章下。丙子儀鳳元年正月八日。回屆南海法性寺。二僧論風動幡動。祖曰。不是風動。不是幡動。仁者心動。印宗法師聞之竦異。遂邀祖扣其所自。乃知其爲盧居士也。正月十五日會諸名德爲祖剃落。二月八日。法性寺就智光律師受具戒。既得戒遂開東山法門。明年二月八日歸寶林寺。韶州刺史韋據。請於大梵寺轉妙法輪。幷受無相心地戒。門人紀錄目爲壇經。後返曹溪雨大法雨。中宗神龍元年四月。帝遣內侍薛簡。詔師不起。簡以所資法要回奏。帝嘆美詔

賜磨衲袈裟鉢絹。十二月十九日。勅改韶州古寶林爲中興寺。丁未十一月十八日。又勅韶州刺史重加崇飾。賜額爲法泉寺。祖新州舊居爲國恩寺。睿宗先天元年一日。忽謂衆曰。吾忝於忍大師處。受其法要幷及衣鉢。今爲汝等信根純熟。但說法要無有疑者。衣鉢不須傳也。聽吾偈曰。心地含諸種。普雨悉皆生。頓悟華情已。菩提果自成。次年七月一日。吾返新州國恩寺。至是度人說法已。四十年八月三日。沐浴跏趺而化。壽七十六。十一月十三日。歸塔於曹溪。今南華寺是也。前刺史韋據碑之。正宗記。肅宗上元元年。帝慕祖之道。遣使詔取其所傳西竺衣鉢。就內瞻禮。代宗嗣位。承泰元年五月五日。帝夢祖請衣鉢還。帝卽遣使馳送曹溪。憲宗元和十年。南海經略(路カ)。馬總以曹溪六祖。未有謚請于朝。帝賜謚曰大鑑禪師。塔曰靈照。總又請柳子厚爲師撰行業碑。傳燈錄。又子厚文集。（同、824 a～b）

104　六學僧傳

唐慧明。陳氏鄱陽人。宣帝諸孫也。幼依永昌寺薙落。卽趨蘄之東山法席。日夕參扣久之未有得也。咸亨閒能大師方以居士事舂碓。秀公居第一座衆皆屬。意謂衣盋所傳必無他。旣而乃密付居士。於是衆恥之。遂躡跡追及於大庾嶺。獨明最先見居士。居士遽擲衣盋石上曰。此以表信可爭邪。聽自持去。明素號勇力者。再三拈不能動。因謂能曰。我來爲法。不爲此也。惟居士幸教之。士曰。不思善不思惡。正恁麼時。阿那箇是明上座本來面目。明當下大悟。徧體汗流。涕泣而禮曰。上來密語密意外還更有不。士曰。我今爲汝說者非密也。汝若返照密卻在汝邊。將別。又問曰。某宜何之。士曰。逢袁可止。遇蒙當居。明退而紿其衆曰。遠矣。徒取倦苶耳。曾奚益。俄易其名之慧爲道。以避能名。後果住袁之蒙頂山。（卷四慧明章　Z.2乙, 6, 3—245 a～b）

唐慧能。姓盧氏。南海新興人也。其先出范陽。父行瑫始官中朝。武德中以譖左遷。爲州司馬。貞觀十二年戊戌生能於官舍。未幾而父喪。母寡貧甚。能於民閒日售薪。共甘旨。一日聞旅舘有客誦經。至應無所住而生其心之語而寤。固問客此何經。曰。金剛般若經也。又問。何從得之。曰。得之蘄州黃梅馮茂山忍大師所。大師且以爲誦此經卽當見性成佛。能曰。我志欲見大師。然以母累柰何。時一客又以白金十兩。俾安家而趣使往。咸亨中道過韶陽。信士劉志略延以恩禮。志略之姑尼也。方讀涅槃問疑義。能爲解析。因問字。曰。不識也。尼恠而詰其故。則曰。諸佛妙義。不墮文字。尼歎服。呼爲行者而稱之鄉里閒。衆遂築闢寶林舊寺。讀居之。以便趨嚮。能念曰。吾以求師至是。遽以自安可乎。明日往依樂昌縣之智遠禪師於西石窟。遠尤加器重。曰。必亟獲印證於蘄。而後轉以見教也。至蘄。忍師問。來何自。曰。自嶺南。曰何求。曰。求作佛。曰。嶺南人無佛性。曰。人有南北。佛性豈爾。乃服役。至懸石腰閒踏舂碓。以効勤苦。先是神秀上座奉忍命。書偈於壁。以著己見解。能亦倩客。夜書一偈其旁。忍見之。陰召而傳其所受之衣盋。曰。自吾先師。以此表信。今妄庸者。莫不覬覦。故其所在之地。命若懸絲焉。汝其亟逝。無滯此也。

於是逃於四會懷集之開久之。南海法性寺印宗法師。以風幡之辨。求見所受衣盔。而爲之落髮。從智光律師登壇受具。其壇蓋宋三藏求那跋摩築者。記云。後有肉身菩薩於此得戒。梁三藏眞諦又手植菩提樹於壇側。記云。後一百二十年。有大士於此說無上乘法。上元中。忍大師示寂於蘄之東山。能懸知之曰。吾師其眞歸矣。既而訃至。徒居寶林寺。刺史韋璩以大梵寺迎焉。力辭入曹溪。由是天下心學之士歸曹溪。而武后中宗。以神秀禪師奏擧。婁降璽書。詔赴闕。繼遣中官薜簡敦致。皆謝疾不起。后賜磨衲袈裟一。盔一。編珠織成經巾一。綠質紅暈華綿巾一。帛五百匹供養。捨新興宅爲寺。請額國恩。神龍三年。詔韶州繕治其寺。務盡壯麗。易賜其額法泉。延和元年。預命弟子。建塔於法泉寺。先天二年八月三日。歸而唱滅。春秋七十六。十一月反葬曹溪。憲宗追謚大鑑。塔曰。元和正眞。宋太平興國三年。詔易曹溪法泉寺爲南華寺。

（同、慧能章　245 b～d）

唐神會。姓高襄陽人。資性惇明年方幼學。即事郡之國昌寺顥元法師出家。受經具戒特異群類。時能禪師。弘唱心法於嶺表。會聞而樂之。竟往無復沮。及見。問會曰。從何所來。曰。無所從來。曰。如是則汝且歸去。曰。亦無所歸。曰。太茫茫生。曰。身現在路。曰。猶未到在。曰。曾不滯留。於是居曹溪者數載。

（同、神會章　245 d）

會有行者慧能。竟得從上諸祖表信衣鉢於大師。而大師遽亦示寂。

（同、神秀章　247 c）

復嘗於番禺。與慧能禪師問答。深明心要。久之還鄕里。

（同、印宗章　250 a）

唐行思。鐳氏廬陵安城人。幼歲出家每群居論道思惟嘿然。後聞曹溪法席之盛乃往參禮。問曰。當何所務。即不落階級。祖曰。汝曾作什麼來。思曰。聖諦亦不爲。祖曰。又道不落階級。思曰。聖諦尚不爲。何階級之有。祖深器之。祖將示寂。謂思曰。從上衣法雙行。師資遞授衣以表信。法乃印心。苟得其人。何患不信。吾今留衣。永鎭山門以絶爭端。汝當分化。無令斷絶。思得記莂。住青原山淨居寺。有沙彌希遷。問於六祖曰。和尙百年後。希遷未審當依附誰。祖曰。尋思去。

（巻五、行思章　252 d）

105　天目中峯和尙廣錄

如臨濟塔在眞定。雪峯塔在福州。五祖塔於淮江。六祖塔居嶺海。

（巻四下、法語、中華藏　1. 10—32096 c）

六祖大鑑禪師 慧能

縋腰石存。風旛話在。一滴曹溪。雄呑四海。

（巻八、佛祖讃、同、32111 b）

106　古尊宿語錄

安啓發之。乃直詣曹谿禮六祖。六祖問。什麼處來。師云。嵩山安和尚處來。祖云。什麼物與麼來。師無語。遂經八載。忽然有省。乃白祖云。某甲有箇會處。祖云。作麼生。師云。説似一物卽不中。祖云。還假修證也無。師云。修證卽不無。汚染卽不得。祖云。只此不汚染。是諸佛之護念。汝旣如是。吾亦如是。西天二十七祖般若多羅讖汝曰。震旦雖闊無別路。要假兒孫腳下行。金鷄解銜一粒粟。供養什邡羅漢僧。又讖傳道一法。心裏能藏事。説向漢江濱。湖波探水月。將照二三人。祖云。先師有言。從吾向後勿傳此衣。但以法傳。若傳此衣。命如懸絲。惟示道化。聽吾偈。曰。心地含諸種。普雨悉皆萌。頓悟華情已。菩提果自成。汝向後出一馬駒。踏殺天下人。應在汝心。不須速説。

（卷一、南嶽懷讓章　Z. 2, 23, 2—79 c～d）

曹谿云。善惡都莫思量。

（卷二、百丈懷海章　90 b）

問。六祖不會經書。何得傳衣爲祖。秀上座是五百人首座。爲教授師講得三十二本經論。云如不傳衣。師云。爲他有心是有爲法。所修所證將爲是也。所以五祖付六祖。六祖當時只是默契。得密授如來甚深意。所以付法與他。汝不見道。法本法無法。無法法亦法。今付無法時。法法何曾法。若會此意。方名出家兒。方好修行。若不信。云何明上座走來大庾嶺頭尋六祖。六祖便問。汝來求何事。爲求衣爲求法。明上座云。不爲衣來但爲法來。六祖云。汝且暫時。斂念善惡都莫思量。明上座乃稟言。六祖云。不思善不思惡。正當與麼時。還我明上座父母未生時面目來。明上座。於言下忽然默契。便禮拜云。如人飮水冷暖自知。某甲在五祖會中。枉用三十年功夫。今日方知不是。六祖云。如是。到此之時方知。祖師西來。直指人身。見性成佛。不在言説。

（卷二、黃檗希運章　92 c～d）

且五祖下五百人。只盧行者一人不會佛法。不識文子。

（卷一二、南泉普願章　149 d）

又。僧問六祖。黃梅意旨什麼人得。祖云。會佛法底人得。僧云。和尚還得麼。祖云。不得。僧云。和尚爲什麼不得。祖云。我不會佛法。

（卷二〇、五祖法演章　3—207 d）

記得。昔日僧問六祖。黃梅衣鉢什麼人得。祖云。會佛法底人得。僧云。和尚還得也無。祖云。不得。僧云。爲什麼和尚卻不得。祖云。我不會佛法。

（卷二二、同、223 c）

昔日。六祖大師作居士時。隱於廣州法性寺印宗法師席下。遇夜廊廡閒有二僧。風幡競辯未盡厥理。祖師躡步而謂曰。可容俗士得預高論。不直以非風幡動。仁者心動。告之大衆。祇如夜來風起。且道。是風動不是風動。若道不是風動。如此觸簾動戸簸土揚塵。作麼生不是風動。

還斷得出麼。山僧道也不是風動也。不是幡動也。不是心動。有人識得麼。青山無限好。猶道不如歸。珍重。
（卷二七、佛眼淸遠章　251 a ～ b）

上堂。擧。六祖大師在大庾嶺頭。示明上座曰。不思善不思惡。正當恁麼時。阿那箇是明上座本來面目。明卽大悟。大衆還會者話麼。正當恁麼時。歷劫不曾迷。步步超三界。歸家頓絶疑。
（卷二八、同、258 d）

五祖和尙到上堂。曹溪大師傳衣歸嶺南。後來讓和尙。得法授與馬大師。馬大師接得百丈。百丈得黃蘗。云云。
（同、260 a）

昔人問長沙。南泉遷化向什麼處去。沙云。石頭作沙彌時參見六祖。云。不問石頭作沙彌時參見六祖。南泉遷化向什麼處去。沙云。教伊尋思去。師乃呵呵笑云。會麼會麼。水長船高泥多佛大。共至靈前不勞觀聽。
（卷二九、同、265 a）

退院離褒禪辭衆上堂。擧。六祖大師示衆云。汝等速理舟檝。吾欲歸新州去。弟子曰。和尙去後早晩却回。祖曰。葉落歸根來時無口。師云。是什麼說話。去了卻更來做什麼。不見。東山先師道。大小祖師。猶欠悟在。
（同、270 a ～ b）

憶曹溪

葉落歸根後。曹溪一滴深。山居人少到。眞實好知音。
（卷三〇、同、273 a）

祇如古人說。不是風動。不是幡動。仁者心動。有多少言語。到爾分上是耶。不是耶。
（卷三一、同、281 b）

豈不見。永嘉大師見六祖云。生死事大無常迅速。六祖云。何不體取無生了無速乎。嘉云。體卽無生了本無速。
（卷三三、同、292 b）

六祖風幡

非風幡動唯心動。大海波瀾常洶湧。魚龍出沒任昇沈。生死聖凡無別共。無別共底怎麼樣。祖佛傍觀空合掌。
（卷三四、同、296 b）

問。六祖不識字。爲什麼墜腰石上題云。龍朔二年老盧記。代云。更須子細。
（同、301 c）

問。如何是正法眼。師云。六祖愛喫和羅飯。
（卷二八、洞山守初章、4—326 c）

問。曹溪路上還有俗談也無。師云。六祖是盧行者。
（卷二九、智門光祚章　331 c）

上堂。擧。印宗法師問盧行者云。仁者在黃梅。有何言教旨趣傳授。盧曰。彼指授者。唯論見性成佛。不説禪定解脱無念無爲。宗云。何故。不説禪定解脱無念無爲。盧曰。況是二法。不是佛法不二之法。宗云。如何是不二之法。盧曰。如仁者講涅槃經明見佛性。是名佛法不二之法。

（卷四四、眞淨克文章　372 c～d）

107　玄沙宗一禪師語錄

師示衆曰。世尊道。吾有正法眼藏。付囑摩訶大迦葉。猶如畫月。曹溪豎拂猶如指月。時鼓山出衆云。月聻。師曰。這箇阿師。就我覓月。山不肯。卻歸衆云。道我就他覓見。（卷中、Z.2, 31, 3—215 d～216 a）

荷澤到思和尚。問。什麼處來。澤云。曹溪。思云。曹溪意旨如何。澤振身而立。思曰。猶帶瓦礫在。澤云。和尚此間莫有眞金與人不。思云。設有與汝向什麼著。

（卷下、216 d）

108　五家語錄

遂往曹谿禮祖塔。回吉水。衆嚮師名。乃請開法。師志慕六祖。遂名山爲曹。

（曹山本寂章　Z.2, 24, 5—444 b）

六祖示衆云。吾有一物。無頭無尾。無名無字。無背無面。諸人還識麼。時荷澤神會出云。是諸法之本源。乃神會佛性。祖乃打一棒云。這饒舌沙彌。我喚作一物尚不中。豈況本源佛性乎。此子向後設有把茅蓋頭。也只成得箇知解宗徒。師云。古人受記人終不錯。如今立知解爲宗。卽荷澤是也。

（清涼文益章　502 a～b）

惟菩提達磨猶較些子。飄然一鉢過我震旦。教外別傳接上上根。劈頭遇著不唧𠺕漢。拂袖空九年冷坐。後得慧可以續慧命。遞相授受至六祖大鑒。衣鉢不傳單傳其法。一花開五葉之讖。其若是乎。六祖下出二枝。南嶽讓。青原思。

（語風圓信序、504 a）

109　曹溪通志

六祖大師傳

曹溪六祖大師。俗姓盧氏。其父行瑫。范陽人。唐武德三年。左遷新州。卽爲新州人。母李氏。初夢庭前白花競發。白鶴雙飛。異香滿室。覺而有娠。遂潔齋戒。妊懷六年而生師。實貞觀十二年戊戌二月八日子時也。生時光燭虛空異香馥郁。遲明有二僧造。謁其父謂曰。夜來生兒。特爲安名可上惠下能也。父曰。何名惠能。僧曰。惠者以法惠濟衆生。能者能作佛事。言畢而去。不知所之。因名曰惠能。師不飲母乳。每夜神人灌以甘露。三歲父喪。葬于宅畔。母守志鞠師。及長母老。復移南海。家益貧甚。無以供母。師採薪以給。一日負薪。市中聞客讀金剛經。至應無所往而生其心。心卽開悟。因問客曰。此何法

耶。得之何人。客曰。名金剛經。得於黃梅忍大師來。師遽告母。以爲法尋師之意。適有客聞之。卽取金十兩贈師。充老母衣食。資促其行。師安置母宜卽辭去。不期月直造黃梅。適咸亨二年也。師至謁。五祖問曰。汝何方人。所求何物。師曰。弟子是嶺南新州百姓。遠來禮師。唯求作佛。祖曰。汝是嶺南人。獦獠何堪作佛。師曰。人有南北。佛性本無南北。獦獠與和尚不同。佛性有何差別。祖更欲與語。見左右固祕之。乃令隨衆作務。師啓之曰。弟子自心。常生智慧。不離自性。卽是福田。未知。和尚教作何務。祖云。這獦獠根性太利。汝更勿言。著槽廠去。師退至後院。破柴踏碓。經八月餘。祖一日見師曰。吾思汝之見可用。恐有惡人害汝。遂不與語。汝知否之。師曰。能知之。祖一日喚大衆曰。我尋常向汝說。生死事大。汝等終日只求福田。不求出離生死苦海。自性若迷。福何可救。汝等取自本心般若之性。各作一偈。不得遲滯。思量卽不中。見性之人。言下便見。若如此者。輪刀上陣。亦得見之。時會下七百餘僧。有上座神秀者。學通內外。衆所宗仰。咸推稱曰。若非尊宿。疇敢當之。秀竊聆衆譽思惟。書一偈於廊壁閒。偈曰。身是菩提樹。心如明鏡臺。時時勤拂拭。勿使惹塵埃。祖因經行。知是神秀所作。乃曰。後代依此修行。亦得勝果。令各念誦。時盧在碓房聞之。乃問同學。是何章句。同學曰。汝不知。和尚求法嗣。令各述見性偈。此則秀上座所述。和尚深加嘆賞。必將付法傳衣也。盧曰。其偈云何。同學爲誦。盧良久曰。美則美矣。了則未了。同學呵曰。庸流何知。勿發狂言。盧曰。子不信耶。願以一偈和之。同學不答。相視而咲。盧至夜密告一童子。引至廊下。盧自秉燭。請江州別駕張日用。書一偈於秀偈之側。偈曰。菩提本無樹。明鏡亦非臺。本來無一物。何處惹塵埃。祖見之曰。此是誰作。亦未見性。衆聞之罔然遂不顧。次日祖潛至碓房。見師腰石舂米。嘆曰。道人爲法忘軀。當如是乎。卽問曰。米熟也未。師曰。米熟久矣。猶欠篩在。祖以杖擊碓三下而去。師默會其意。三鼓入室。祖以袈裟遮圍。不令人見。爲說金剛經。至應無所住而生其心。師言下大悟。一切萬法。不離自性。遂啓祖曰。何期自性本自清淨。何期自性本不生滅。何期自性本自具足。何期自性本無動搖。何期自性能生萬法。知悟自性卽名大丈夫天人師佛。祖卽授以衣鉢云。吾以正法眼藏祕密心印。達磨所傳者用以付汝。爲第六代祖。善自護持。廣度有情。流布將來。無令斷絕。聽吾偈。曰。有情來下種。因地果還生。無情既無種。無性亦無生。師跪受衣法已。啓曰。法則受已。衣付何人。祖曰。昔達磨大師初來此土。人未之信。故傳此衣。以爲信體。代代相承。法則以心印心。皆令自悟自解。自古佛佛惟傳本體。師師密契本心。今信心已熟。衣乃爭端。止汝勿傳。若傳此衣。命如懸絲。汝須速去。恐人害汝。師曰。當何所隱。祖曰。逢懷則止。遇會且藏。師三更得領衣鉢。是夜南邁。人無知者。祖送師至九江口。祖令師登舟。祖自把艣。師曰。和尚請坐。弟子合搖。祖云。合是吾渡汝。師曰。迷時師渡。悟了自度。祖云。如是如是。囑曰。以後佛法由汝大行。汝去三年。吾方逝矣。汝今好去。努力向南。不宜速說。佛法難起。祖送師歸。數日不上堂。衆疑詣問曰。和尚少病少惱否。師曰。病卽無。衣法南矣。問曰。誰人得之。祖曰。能者得之。衆乃知焉。師辭

祖已。發足南行。經兩月日。至大庾嶺。逐後數百人來。欲奪衣鉢。一僧名慧明者。俗姓陳。先爲四品將軍。性粗猛。極意參尋。爲衆先登趂及師。師擲衣鉢於石上云。此衣表信。可力爭耶。乃隱於草莽間。慧明至提掇。衣鉢不動。乃連喚曰。行者行者。我爲法來。不爲衣來。師遂出。坐盤石上。明作禮云。望行者開示法要。師曰。汝旣爲法來。可屛息諸緣。勿生一念。吾爲汝說。良久。師爲明曰。不思善不思惡。正與麼時。那個是明上座本來面目。明言下大悟。復問曰。此外更有密意否。師曰。與汝說者。卽非密也。汝若返照。密在汝邊。明曰。慧明雖在黃梅。實未省自己面目。今蒙指示。如人飮水。冷煖自知。今行者卽吾師也。師曰。汝若如是。吾與汝同師。黃梅善自護持。明受法禮辭。回謂衆曰。何陟崔嵬。竟無蹤跡。當別道尋之。衆以爲然。明後避師諱。改道明云。師因是得歸曹溪。居民曹叔良等。重修寶林寺。延師居之。越九月餘日。又被惡人尋逐。師乃遁於前山。被其縱火。焚燒草木。師隱身挨入石中得免。師憶五祖懷會止藏之囑。遂行乃隱於四會縣。避難獵人隊中。凡經一十五載。時與獵人隨宜說法。獵人常令師守網。每網（生得）盡放之。師一日。思維弘法。時至不可終遯。遂至廣州法性寺。值印宗法師講涅槃經。時有風吹幡動。一僧云。風動。一僧云。幡動。諍論不已。師進曰。非風非幡。仁者心動。一衆駭然。印宗延至上座。微詰奧義。見師言簡理當。不由文字。宗云。行者定非常人。久聞黃梅衣法南來。莫是行者否。師曰。不敢。宗於是執弟子禮告。請傳來衣鉢出示。大衆悉令瞻禮。宗復問曰。黃梅付囑。如何指授。師曰。指授卽無。唯論見性。不論禪定解脫。宗曰。何爲不論禪定解脫。師曰。爲是二法。不是佛法。佛法是不二法。宗又問。如何是不二法。師曰。法師講涅槃經。明見佛性。是不二之法。如經云。高貴德王問佛。犯四重禁。作五逆罪。及一闡提等。當斷善根佛性否。佛言。善根有二。一者常。二者無常。佛性非常非無常。是故不斷。名爲不二。一者善。二者不善。佛性非善非不善。是名不二。蘊之與界。凡夫見二。智者了達其性無二。無二之性。卽是佛性。宗聞說歡喜。合掌讚曰。某甲講經。猶如瓦礫。仁者論議。猶如眞金。宗踴躍欣慶。於是普集四衆。爲師於菩提樹下剃髮。時儀鳳元年正月十五日也。於二月八日。就智光律師。授滿分戒。其壇卽梁跋陀三藏所建。記曰。後當有肉身菩薩。於此壇受戒者。其菩提樹。卽智藥三藏西域携來。植於壇側。記曰。此後一百六十年。當有肉身大士。於此樹下出家。演無上乘。度無量衆者。師於此祝髮受具。開東山法門。宛如宿契。非偶然也。明年二月八日。忽謂衆曰。吾不願此居。欲歸舊隱。印宗卽與緇白千餘人。送歸寶林。韶州刺史韋璩。請於大梵寺。轉妙法輪。幷受無相心地戒。後返曹溪。雨大法雨。學者不下千數人。中宗神龍元年。降詔云。朕請安秀二師。宮中供養。萬機之暇。每究一乘。二師並推讓曰。南方有能禪師。密受忍大師衣法。可就彼問。今遣內侍薛簡。馳詔迎請。願師慈念。速赴上京。師上表辭疾。願終林麓。簡曰。京城禪德皆云。欲得會道。必須坐禪習定。若不因禪定。而得解脫者。未之有也。未審。師所說法如何。祖曰。道由心悟。豈在坐也。經云。若見如來。若坐若臥。是行邪道。何以故。無所從來。亦無所去。心無生滅。是如來淸淨禪。諸法空寂。是如來淸淨坐。究

竟無證。豈況坐耶。簡曰。弟子回主上必問。願和尚慈悲。指示心要。祖曰。道無明暗。明暗是代謝之義。明暗無盡。亦是有盡。相待立名。故經云。法無有比。無相待故。簡曰。明喩智慧。暗喩煩惱。修道之人。倘不以智慧照破煩惱。無始生死。憑何出離。祖曰。煩惱卽是菩提。無二無別。若以智慧照煩惱者。此是二乘小見。羊鹿等機。大智上根。悉不如是。簡曰。如何是大乘見解。祖曰。明與無明。其性無二。無二之性。卽是實性。實性者處凡愚而不減。在賢聖而不增。住煩惱而不亂。居禪定而不寂。不斷不常。不來不去。不在中間。及其內外。不生不滅。性相如如。常住不遷。名之曰道。簡曰。師說不生不滅。何異外道。祖曰。外道所說不生不滅者。將滅止生。以生顯滅。滅猶不滅。生說不生。我說不生不滅者。本自無生。今亦無滅。所以不同外道。汝若欲知心要。但一切善惡。都莫思量。自然得入淸淨心體。湛然常寂。妙用恒沙。簡蒙指敎。豁然大悟。禮辭歸闕。表奏祖語。有詔謝師。幷賜磨衲袈裟。絹五百疋。寶鉢一口。十二月十九日。勅改古寶林。爲中興寺。三年十一月十八日。又勅韶州刺史重加崇飾賜額爲法泉寺。祖新州舊居爲國恩寺。一日祖謂衆曰。諸善知識。汝等各各淨心。聽吾說法。汝等諸人。自心是佛。更莫狐疑。外無一物。而能建立。皆是本心。生萬種法。故經云。心生種種法生。心滅種種法滅。若欲成就種智。須達一相三昧。一行三昧。若於一切處。而不住相。彼相中不生憎愛。亦無取捨。不念利益。成壞等事。安閑恬靜。虛融澹泊。此名一相三昧。若於一切處。行住坐臥。純一直心。不動道場。眞成淨土。名一行三昧。若人具二三昧。如地有種。能含藏長養。成就其實。一相一行。亦復如是。我今說法。猶如時雨。溥潤大地。汝等佛性。譬諸種子。遇諸霑洽。悉得發生。承我旨者。決獲菩提。依吾行者。定證妙果。先天元年。告諸四衆曰。吾忝受忍大師衣法。今爲汝等說法。不付其衣。蓋汝等信根淳熟。決定不疑。堪任大事。聽吾偈。曰。心地含諸種。普雨悉皆生。頓悟華情已。菩提果自成。說偈已復曰。其法無二。其心亦然。其道淸淨。亦無諸相。汝等愼勿觀淨。及空其心。此心本淨。無可取舍。各自努力。隨緣好去。其年七月六日。命弟子往新州國恩寺。建報恩塔。仍令倍工。時有蜀僧名方辯者。來謁曰。善捏塑。祖正色曰。試塑看。辯不契。乃塑祖眞。可高七尺。曲盡其妙。祖觀之曰。汝善塑性。不善佛性。先天二年七月一日。謂門人曰。吾欲歸新州。汝速理舟楫。時大衆哀慕。乞師且住。祖曰。諸佛出現。猶示涅槃。有來必去。理亦常然。吾此形骸。歸必有所。衆曰。師從此去。早晚卻回。祖曰。葉落歸根。來時無口。又問。師之法眼。何人傳受。祖曰。有道者得。無心者通。又問。後莫有難否。祖曰。吾滅後五六年。當有一人。來取吾首。聽吾記。曰。頭上養親。口裏須飡。遇滿之難。楊柳爲官。又曰。吾去七十年。有二菩薩從東方來。一在家一出家。同時興化。建立吾宗。締緝伽藍。昌隆法嗣。言訖往新州國恩寺。沐浴跏趺而化。異香襲人。白虹屬地。卽其年八月三日也。時韶新兩郡道俗。各修靈塔。莫決所之。兩郡刺史其焚香祝曰。香烟引處。卽師之欲歸焉。時罏香騰涌。直貫曹溪。以十一月十三日入塔。世壽七十有六。自黃梅受衣紀。法臘五十有二。時韶州刺史韋璩撰碑。門人憶念取首之記。遂先以鐵葉

漆布固護師頸。塔中有達磨所傳信衣。西域屈眴布也。緝木綿華心織成。後人以碧絹爲裏。中宗賜磨衲寶鉢。以辯所塑眞。幷道具等。主塔侍者尸之。開元十年壬戌八月三日夜半。忽聞塔中如拽鐵索聲。僧衆驚起。見一孝子從塔中走出。尋見師頸有傷。具以賊事聞於州縣。縣令楊侃刺史柳無忝。得牒切加擒捉。五月於石角村捕得賊人。送韶州鞫問。云。姓張名淨滿。汝州梁縣人。於洪州開元寺。受新羅僧金大悲錢二十千。令取六祖首。歸東海供養。柳守聞狀。未卽加刑。乃躬至曹溪。問祖上足令韜曰。如何處斷。韜曰。若以國法論理。須誅夷。但以佛教慈悲。寃親平等。況彼欲求供養。罪可恕矣。柳守加歎曰。始知法門廣大。遂赦之。上元元年。肅宗遣使。就請師衣鉢。入內供養。至永泰元年五月五日。代宗夢六祖大師請衣鉢。七日勅刺史楊瑊曰。朕夢感禪師請傳法袈裟。卻歸曹溪。今遣鎭國大將軍劉崇景。頂戴而送。朕謂之國寶。卿可於本寺如法安置。專令僧衆親承宗旨者。嚴加守護。勿令遺墜。後或爲人偸竊皆不遠而獲。如是者數四。憲宗諡大鑒禪師。塔曰元和靈照之塔。粤自曹溪開法衣止不傳。師始終說法三十七年。尋常垂示法語。門人海禪者記錄。目爲壇經。盛行于世。按壇經所載。師得法弟子四十五人。唯青原行思。南嶽懷讓。最居上首。而永嘉玄覺。精悟超絕。號一宿覺焉。其餘舉皆入室。獨思讓大闡玄宗。讓居南嶽。其下則出馬祖道一。居江西。門下同時悟道登壇者。八十餘人。蓋應般若要假兒孫脚下行之讖云。一下百丈海爲上首。海出潙山祐。居湖南。黃蘗運。居閩中。祐出仰山寂。是爲潙仰宗。蘗出臨濟玄。居河北。是爲臨濟宗。思居吉州青原山。其下則出石頭遷。遷出藥山儼。天皇悟。悟出龍潭信。信出德山鑒。鑒出雪峰存。存出雲門偃。玄沙備。偃爲雲門宗。備出羅漢琛。琛出清涼益。爲法眼宗。巖出雲巖晟。晟出洞山价。价出曹山寂。是爲曹洞宗。由是道被寰中。稱爲五家宗派云。

傳法門人

師得法第子四十三人。青原南嶽最居上首。另立傳于左。

崛多三藏　曇璀禪師　南陽慧忠　韶州法海　吉州志誠　匾擔曉了　河北智隍　司空山本淨　荷澤神會　洪州法達　壽州智通　江西志徹　信州智常　廣州志道　法性印宗　永嘉玄覺　婺州玄策　曹溪令韜　撫州淨安　嵩山尋　南嶽堅固　宗一禪師　秦望善現　南嶽梵行　幷州自在　西京咸空　韶州祇陀　羅浮定眞　峽山泰祥　制空道進　光州法淨　清涼辯才　下回善快　廣州吳頭陀　道英禪師　智本禪師　清苑法眞　玄楷禪師　義興孫菩薩　韶山緣素　刺史韋璩

（卷二、7b～20a）

勅

梁

天監三年。勅賜寺額曰寶林。乃韶州牧侯敬中奏請。爲山門第一代檀越。

唐

則天萬歲通天元年。賜水晶鉢盂。磨衲袈裟。勅。此勅本是梵書。有寶五顆墨跡現存。至明天順八年間。西域有梵僧來譯之。天冊金輪聖神皇帝。賜賚六祖大師詔曰。師以道契無爲德光。先聖入大乘之頓教。表無相之眞宗。既而名播十方。聲譽四海。萬機無惱。

八識俱安。功超解脫之門。心證菩提之岸。朕以身居極位。事繼繁煎。空披頂戴之誠。佇想醍醐之味。恨不超陪下位。側奉聆音。傾求出離之源。高步妙峯之頂。師以宏揚之內大濟群生。橫舟楫於苦海之中。救沈溺於愛河之岸。今遣中書舍人吳存穎。專持水晶鉢盂一副。磨衲白氎兩端。香茶五角。錢三百貫。前件微物。少申供養。以表朕之積誠。仍委韶州節加宣慰安恤僧。徒勿使喧繁寺宇。

中宗神龍元年。遣內侍薛簡迎師。勅詔曰。朕請安秀二師。宮中供養。萬機之暇。每究一乘。二師並推讓曰。南方有能禪師。密受忍大師衣法。可就彼問。今遣內侍薛簡。馳詔迎請。願師慈悲。速赴上京。師上表辭疾。簡問道因緣。法語具載壇經。簡持歸奏師法語。上大悅。其年九月。復詔謝師。詔曰。師辭老疾。爲朕修道。國之福田。師若淨名托疾毘耶。闡揚大乘。傳諸佛心。談不二法。薛簡傳師指授如來知見。朕積善餘慶。夙種善根。値師出世。頓悟上乘。感荷師恩。頂戴無已。拜奉磨衲袈裟一緣。水晶鉢一口。絹五百疋。十二月十九日。勅改寶林爲中興禪寺。三年十一月十八日。勅韶州刺史重加崇飾。仍賜額曰法泉寺。賜師新州舊居曰國恩寺。先天二年七月一日。師歸新州。八月三日師入滅於國恩寺。十一月十三日。以全身入曹溪塔。時韶州刺史韋璩撰碑。

肅宗上元元年。遣使請師衣鉢入內供養留之。

永泰元年五月五日。代宗皇帝夢六祖大師。請衣鉢許之。七日勅刺史楊緘曰。朕夢感禪師。請傳法袈裟卻歸曹溪。今遣鎭國大將軍劉崇景頂戴而送。朕謂之國寶。卿可於本寺如法安置。專令僧衆親承宗指者嚴加守護。勿令遺墜。故勅。

憲宗皇帝元和七年。賜諡大鑒禪師。塔曰元和靈照之塔。

宋

太祖皇帝開寶元年。王師平南海。劉氏殘兵作梗師塔。遂煨燼。有制興復。賜名南華禪寺。功未竟會太宗皇帝嗣位。太平興國元年。遣郎中李頌司徒張公重建師塔七層。加諡大鑒眞空禪師。御筆書額太平興國之塔。

眞宗天禧四年。帝同莊獻皇太后。遣使曹溪。迎致信衣。禁闈瞻禮。仍賜號普遂爲智度禪師。兼賜藏經供器。

仁宗皇帝天聖十年。具安輿迎師眞身及衣鉢。入大內供養。後遣使勅送曹溪。

神宗皇帝熙寧元年。加諡大鑒眞空普覺圓明禪師。

元

延祐四年。賜金書孔雀經一部。

延祐五年。賜護寺免差勅。（此勅本梵書。天順間西域有梵僧來譯之。）

皇帝聖旨帝師公歌羅竹堅參巴藏卜法旨。勅諭文武官員僧俗軍民人等。韶州南華寺。廣州南華廨院。住坐弘圓慈濟大師等長老。敬順天道。照依比先聖旨。本寺所有差役人夫喫食等。項盡皆蠲免。亦不許往來。諸色人等住擾此寺原有佃戶財物。田地河水。水磨資畜等。項不許故意生事侵占攪。著他自在修行。因此賜與護勅。敢有違者。奏知朝廷治罪不饒。本寺僧衆倚勅勢力不許違法。

大都大寺內蛇兒年正月三十日

（卷三、2b～6a）

刻壇經序

李材（豐城人　都御史）

嘗攷孔子有曰。朝聞道夕死可矣。原始要終。故知死生之說。豈不以必聞道者。乃不徒死。不徒死者乃爲不虛生也乎。嗟乎。此非眞有見於性命之際者。未易以語此也。故子貢以夫子之文章可得而聞。其言性與天道不可得而聞。而世之學者復漫曰。文章之所在卽性與天道之所在也。此其所以曠數千年。而聖人至命盡性之學。卒以不盡聞於世也。釋氏之爲學。誠與儒異。然以其不立文字故。牾亡晦蝕者少。而宗傳因以下泯。其徒之慧達者亦間起而追繹之。有以紹明其如綫之緖。如六祖者其尤傑然者也。今其書具在。利生說法何啻萬有餘言。總之俱從自性起用。無一蔓語。謂非眞有見於性命之際不可也。新興自漢已入中國。逮今二千餘年。藻雅猷伐。世有其人。求能脫然於世累。超然有悟於性命。以幾不畔於道者。有其人乎。吾是以有愧於人。因諸生之請也。俾邑令王君道服刻而廣之。庶因有悟者且有激云。

（同、15b〜16b）

重刻法寶壇經序

楊起元（歸善人　少宰）

儒者類。以了生死。覩佛而詆其不可以治天下國家。夫心明而不可以治天下國家。是目明而不可以視。耳明而不可以聽。豈事之理哉。愚謂。佛學經世之極者也。而不與世爲偶。夫身在堂上。然後能辯人於堂下。身在井上。然後能救人於井中。若混於堂下。則俱迷。從於井中。則俱溺。此其故予難言之矣。要可以意會。而不可以言悉。予不佞無默識之才。有途說之病。而六祖大鑒禪師予東粵人也。得法黃梅弘法曹溪。是有法寶壇經之籍。東南人士家傳人誦。咸曰。此佛而儒者也。其直指人心見性成佛。與吾孟氏道性善稱。堯舜同功。則不以異端擯棄。有自來矣。而予隨衆讀誦。晚乃自謂。有得於其見過知非之旨。孔子曰。已矣乎。吾未見能見其過而內自訟者也。何絕望至此哉。蓋過不在於過。而在於善。凡吾人自以爲善。而帖然安之者卽過也。何者是皆識爲之也。識生于習。孔子之所謂習。卽佛之所謂業也。業識（所現）智者過而不留。而愚夫執以爲是。以至認賊爲子。喪眞失常。蓋孔子。於其門人僅許顏子。有不善未嘗不知。於其交遊僅與伯玉欲寡其過。而未能至。其自鳴亦僅曰。五十學易可以無大過矣。蓋其難如此。凡吾人不見性體。卽不能見過性。體一見過狀歷然。不能見過。而自謂見性者欺也。不至見性。而自謂見過者亦欺也。見過者是見性之實也。見性如人之活。見過如人知痛知痒。謂活人不知痛痒。無是理矣。問。人之活否。曰。知痛痒矣。問。人見性否。曰。知過矣。此孔子之旨也。亦佛之髓也。六祖壇經屢發之矣。於法達念法華三千部。而責其負。此事業全不知過。他日又語神會曰。吾常見自心過愆不見他人是非好惡。何不自知自見。乃問。吾見與不見。至哉言乎。蓋菩提無樹。明鏡非臺。直入此門方知。眞實世之學人樹菩提。而臺明鏡者卽以爲賢。此有爲之法。有漏之因。宜其痲木不知痛癢也。老子曰。自知者明。自勝者強。故壇經之旨。使人自知自勝自競業自篤。恭其修身治世之益。有非言說所能盡者。孟子曰。行有不得者。皆反求諸己。其身正而天下歸之。詩云。永言配命。自求多福。此之謂也。此予之所自謂有得於壇經者也。雖然安知予之自謂。有得者之非失耶。

偃鼠飲河。僅足自充其腹耳。然一滴之水卽全河之水。見少見多與水無與。後之誦經者。得無以予言增業哉。此經南中無善板。故重刻而序之如此。蓋欲吾人由是經教。以詣我孔聖見過自訟之域。安而能遷。淨而能洗。共證本來淨諸業障而已矣。

（同、16b～18b）

重刻法寶壇經序

屠隆 鄞人 禮部儀制主事

佛者覺也。覺悟也。悟本性也。本性之中。妙湛圓寂。本自無迷。又焉有悟。衆生染著塵溷播弄。識神昭昭靈靈精光外走。六根四大不悟假合。于是有形骸障。飮食男女妄生貪著。于是有嗜慾障。豪傑殫智力以營世務。于是有名功障。才士騁聰穎而工藻繢。于是有文字障。拘常隨俗縛而不解。則有事障。窮玄參妙悟而轉迷。則有理障。種種顚倒惣屬無明。沈淪諸趣輪轉生死。實由于此初祖西來。盡掃文字見解。單提性宗頓悟成佛。是故迷情未盡。則歷萬劫而不超凡。自性若明。則一刹那而立證聖。旣曰自性本自如如。迷時謂之衆生。自性非減。佛是衆生。譬之水結爲冰。不離此水。悟時謂之佛。自性非增。衆生是佛。譬之冰消爲水。本自無冰。迷則有縛。有解愈解愈縛。悟則無縛無解。幷解縛而兩忘。迷則以藥治病。藥卽是病。悟則無病無藥。合病藥而雙遣。當其久在迷塗。千生萬劫。無限轆轤。及其豁然大悟。一了百了。有何階級。故悟惟一頓。安得有漸。分頓漸二門。不悟者之言也。何以故。六祖一樵採獦獠。聞無所住而生其心。言下立悟。遂傳諸佛心印。神秀之徒。時時定攝。時時拂拭。而爭祖爭衣。貪嗔不除。故知。悟必以頓。漸則未悟。悟之法門有一無二。六祖之法寶壇經。蓋言悟也言頓也。其言迷時師度。悟時自度。心悟轉法華。心迷法華轉。悟之謂也。其言凡夫卽佛。煩惱卽菩提。前念迷卽凡夫。後念悟卽佛。頓之謂也。打迷網于一空。耀心珠于獨朗。布寶筏于苦海。秉慧炬于昏衢。未有若此經之明白直截者也。六祖未嘗讀書識字。而吐語爲經符契。千聖乃知。般若之中何物不照。何義不了。雲間侯大將軍繩武。昔閫粤東參禮六祖。歸依三寶。祇奉如來。爲補陀大檀越。今刻此經于海上。以廣大乘之教。以弘普度之心。而屬隆一言。發明宗旨隆博地。凡夫未明心地。以迷人而強作悟語。是諸佛菩薩之所呵也。隆則烏敢。若乃投誠佛門。讚揚功德。其庶乎立悟之因地也。

（同、18b～20b）

刻法寶壇經序

釋德清

或謂。吾佛四十九年末後拈花。且道未談一字單傳。達磨西來。直指人心。見性成佛。不立文字。目爲單傳。此經豈非文字乎。然殊不知。此事人人本來具足。不欠一法不立一法。旣本具足。是則佛未出世。塵塵刹刹未嘗不熾然。常說祖未西來。物物頭頭未嘗不分明。直指如是觀之。世尊終日直指。達磨九年說法。又何有教外教內單傳雙傳耶。若人頓見自心者。則說與不說皆戲論矣。此壇經者。人人皆知出於曹溪。而不知曹溪出於人人自性。人人皆知經爲文字。而不知文字直指人心。心外無法。法外無心。一味平等。原無纖毫迴避處。悲哉。人者覩而不知。知則諦信不疑。本來無事。無事則又何計。佛祖出世不出世。說法不說法耶。則此刻刻空中鳥跡耳。

（同、20b～21b）

重新祖塔記

僧奉寧 紹興三十二年 勅差本寺住持

六祖大鑒禪師寶塔。刱於唐先天年間。元和中憲宗賜額。曰元和靈照之塔。皇宋開寶初。王師平南海。劉氏殘兵作梗。遂爲煨燼。尋有制興修。功未竟。會太宗卽位。留心禪門。詔遣郎中李頌司徒張公。前來措置。重新建造。工畢上奏。御筆賜額。曰大平興國之塔。至紹興二十四年甲戌歲十二月十五日。復罹回祿之變。奉寧庚辰春。准勅差住持當山。於壬午歲三月丁酉朔十五日辛亥募緣。鳩工鼎新建造。奉寧忝繼祖芳。謹次其實。所將功德。上祝當今皇帝。聖壽無彊。聖文睿武。掃蕩妖氛。恢復故基。廓清天宇。萬邦道泰。四海昇平。文武官僚。增崇祿位。風調雨順。稼穡豐登。（卷五、2a～b）

六祖腰石銘 并序

陳豐頊 晉江人 曲江知縣

師腰石棄在黃梅。嘉靖間鄉人有官于楚者。舁以歸。至今謁師者。未嘗不謁石。睹斯石有道心焉。陳子曰。求道者如入寶山。得則金玉。不得瓦礫。師唯不向黃梅求道也。師向黃梅求道。竟得玆石。不亦宜乎。夫以石如衣焉。則可。衣非道也。石安取。以石卽道焉。則可。祖道非師道也石安取。嘗潛心頓門。妄云有得。蓋自學樵飯。母聞應沃心。師之爲師。固已作祖。有餘而逢客多事師。復過聽促裝。別母千里問津。所求何物。時已見笑於忍祖矣。槽廠著去。原非爲惡人害汝也。固謂蠢玆獦獠。枉具利根。舍爾眞佛。貪我眗布。必將磨落之不堪。而後厭。當此之時。祖悟而師未悟。是以捐軀爲法竭蹶徒工忘己非輕假物作重。碓頭腰閒猶然求福田不求出離之大衆也。迨夫米熟慧生。睹我本來。如見父母。書廊半偈。愧悔已形。杖碓三更。籠牢亦盡。當此之時。祖悟而師亦悟。區區衣鉢。且未足愚自渡者之心。而況乎此石。是故登舟把艣。明悔前迷擲鉢磐上。已將棄去不取矣。祖有道。師亦有道。金剛如故應住。無加汗血。八月僅傳袈裟。一講所得孰與市上多耶。是固秀若衆等所惓。聽者而均不師。若也何哉。於是諸上人請曰。道不從石。亦不從祖。石以道傳。亦以文顯。願居士留意焉。遂銘之曰。師腰斯石。一擧一俯。擧則拔山。俯則飲羽。只求米熟。不求勞苦。自師視之。以當一石。自我視之。亦當一石。若有鈍賊。妄生荊棘。謂法須石。謂鏡須拭。稽請大師。如黃梅日。頑質頑石。護以膠漆。勞彼迷根。永不得逸。（同、17a～18b）

書柳子厚大鑒禪師碑後跋

蘇軾

釋迦以文教其譯於國中。必託於儒之能言者。然後傳遠。故大乘諸經。至楞嚴則委曲精盡。勝妙獨出者。以房融筆授故也。柳子厚南遷。始究佛法。作曹溪南嶽諸碑。妙絕古今。而南華今無刻石者。長老重辯。師儒釋兼通。道學純備。以謂自唐至今。頌述祖師者多矣。未有通亮簡正如子厚者。蓋推本而言。與孟軻氏合。其可不使學者。晝見而夜誦之。故具石請余書其文。唐史元和中。馬總自虔州刺史。遷安南都護徙桂管。經畧觀察使。入爲刑部侍郎。今以碑考之。蓋自安南遷南海。非桂管也。韓退之祭馬公文亦云。自交州抗節番禺。曹溪諡號。決非桂師所當請。以是知唐史之誤。當以碑爲正。紹聖三年六月九日。（同、20a～b）

論六祖壇經　蘇軾

近讀六祖壇經。指說法報化三身。使人心開目明然。尙少一喩。試以喩眼。見是法身。能見是報身。所見是化身。何謂見是法身。眼之見性。非有非無。無眼之人。不免見黑。眼枯睛亡。見性不滅。則是見性。不緣眼有無。無來無去。無起無滅。故云見是法身。何謂能見是報身。見性雖存。眼根不具。則不能見。若能養其根。不爲物障。常使光明洞徹。見性乃全。故云能見是報身。何謂所見是化身。根性俱全。一彈指頃。所見千萬。縱橫變化。俱是妙用。故云所見是化身。此喩旣立三身。愈明如此是否。　（同、20b～21a）

讀壇經跋　王世貞 太倉人 兵部尙書

壇經其聖人之言乎哉。然而非聖人教也。其教行天下遂無祖矣。非無祖也。夫人而能爲祖也。黃梅之徒蓋十餘焉。引而不發躍如也。達磨之示旨微矣。子曰。參乎。吾道一以貫之。曾子曰。唯。子出。門人問曰。何謂也。曾子曰。夫子之道忠恕而已矣。夫悟解也。解悟非悟也。酥乳醍醐品列。而人嘗之而味得也。日攜醍醐而食。人知味者寡矣。　（同、23a～b）

又跋

阿難親從世尊。且數十年。受楞嚴時。幾隳法身而不支。數現聖光。屈金色臂。指示要理。而不悟。六祖一謁黃梅。而卽覺。其人可知也。然至遷化。現虛空變。分骸二國。抑何其通達靈妙耶。夫子曰。或生而知之。或學而知之。及其知之一也。　（同、23b）

補刻壇經跋　陳奇謀 嘉興人 韶大守

昔初祖達磨。得正法眼藏。而不立文字。其在震旦相指授者。第內傳心印。外傳袈裟。逮能公以頓悟。入室爲六祖。其言曰。諸佛妙理。非關文字。余於是知。一部壇經。大較直指人心。見性成佛。眞禪家無上祕密藏也。顧自風幡一辯。說法利生無慮。數千言往往裒錄。其中不幾於執文滯相矣乎。然四十二章自白馬東來。頗煩翻譯鮮有獨揭眞詮。如是經之最易覺悟也。者往憲廟當淸燕之閒。嘗敍而梓之謂。爲見性指南。今曹溪之上御碑。蓋巍然焉。邇郡閣藏板頗善屬歲久漫漶。且故本來自新州偶缺宸翰。會兩臺使方移檄爲曹溪樹卓楔。兼修御碑諸亭。因偕僚友劉君承範黃君華秀。恭錄御製序。冠諸首簡而補刻。其漫漶者亦幾半矣。余奇謀不佞非深於名理者。頃領郡以來每遊曹溪。覩故所藏衣鉢可異焉。玆剞劂旣就爰識數語于末。嗟乎。宗禪頓者。誠不執文字。不離文字。卽心卽佛。超與冥會。則無上祕密藏。必有得于文字之外者。孰謂一部壇經。寧無有如殷中軍讀小品者哉。　（同、24a～25a）

六祖大鑒眞空普覺圓明禪師傳贊　釋德淸

六祖慧能大師者。俗姓盧氏。其先范陽人。父行瑫。武德中。左官于新州。遂籍焉。師生三歲喪父。其母守志鞠育。及長家貧。採樵以給。一日負薪入市。聞客誦金剛經。至應無所住而生其心。遂悟。問客曰。

此何法也。得于何人。客曰。此名金剛經。得于黃梅忍大師。祖遂告母。以爲法尋師之意。先至韶州。遇無盡尼。說涅槃義。遂修曹溪寶林寺。以居之。頃卽之黃梅。謁大師。一見默識之。遂傳衣法。令隱于懷集四會之間。獵人隊中十有六年。至儀鳳元年正月。屆南海法性寺。時印宗法師講涅槃經。座下有二僧。見風吹旛動。論動義未決。祖曰。非風非旛。仁者心動。印宗聞之。知是異人。問之。祖以實告。遂出示衣鉢。一衆驚歎。乃集衆剃髮。于菩提樹下。智光律師。授具足戒。印宗集緇白千人。送歸寶林。開法于曹溪。座下開悟者。三十餘人。獨青原思。南嶽讓二大師。爲上首。自此道分兩派。祖一日告衆曰。吾恭受忍大師衣法。今爲汝等說法。不付其衣。蓋爲汝等信根淳熟。決定不疑。堪任大事。聽吾偈。曰。心地含諸種。普雨悉皆生。頓悟華情已。菩提果自成。是爲此土六祖。贊曰。

樵斧纔抛。以石墜腰。靈根久植。從此抽條。源出曹溪。橫流大地。直至于今。無處不是。

（卷六、36a～37a）

110　全唐詩

自衡陽至韶州謁能禪師　　宋之問

謫居竄炎壑。孤帆淼不繫。別家萬里餘。流目三春際。猿啼山館曉。虹飲江皐霽。湘岸竹泉幽。衡峯石囷閉。嶺嶂窮攀越。風濤極沿濟。吾師在韶（一作衡。）陽。欣此得躬詣。洗慮賓空寂。焚香結精誓。願以有漏軀。聿（一作幸。）薰無生慧。物用益（一作一。）冲曠。心源日閑細。伊我獲此途。遊道回（一作悔。）晚計。宗師信捨法。擯落文史藝。坐禪羅浮中。尋異窮（一作南。）海裔。何辭禦魑魅。自可乘炎癘。回首望舊（一作故。）鄉。雲林浩虧蔽。不作離別苦。歸期多年歲。

（第一函第一〇冊、宋之問一、5a〈影印本、375a〉）

法性寺六祖戒壇　　李羣玉

初地無階級。餘基數尺低。天香開茉莉。梵樹落菩提。驚（一作警。）俗生眞性。青蓮出淤泥。何人得心法。衣鉢在曹溪。

（第九函第三冊、李羣玉三、7b〈影印本、3452a〉）

題曹溪祖師堂　　貫休

皎潔曹溪月。嵯峨七寶林。空傳智藥記。豈見祖禪心。信衣非苧麻。白雲無知音。大哉雙峰溪。萬古青沈沈。

（第十二函第三冊、貫休九、3b〈影印本、4834a〉）

書（一作答。）香能和尚塔　　張說

大師捐世去。空餘法力在。遠寄無礙香。心隨到南海。

（第二函第四冊、張說五、1b〈影印本、551a〉）

111　光孝寺志

重修六祖殿記 宋咸淳六年　陳宗禮 安撫使

大鑒禪師顯迹於唐。至我宋益昌。今光孝禪寺菩提樹。是師落髮處。風旛堂是師說法處。遺迹如在。故釋子因爲祖師殿以妥厥靈。歲久蠹生。重以鬱攸爲變。遂成荒址。歲在己巳。住持僧祖中重新起造。既成而請記於余。余因謂。禪師以四句傳衣。菩提無樹。明鏡非臺。今爲之殿宇而加像設焉得無塵埃乎。師又謂。心不著法。道卽流通。心若著法。乃成自縛。晨香夕燈之奉爲著法乎。請者未有以對。余語之曰。道無古今。佛無去來。謂師爲存而不沒乎。自唐及今幾七百三十年。寒暑遷流。逝水如駛。何可挽也。謂師爲沒而不存乎。庭前之樹幹換根存。堂中之僧。類殊性一。羣瞻列跪。何見而恭敬口誦心惟。何慕而歸依自覺自悟。豈遠乎哉。惟南海大都會禪師大道場也。地大則衆雜而俗龐。道大則教行而類應。師初遠遊而終返乎。是豈無緣耶。搦管爲汝記之皆善緣也。

（卷一〇、第四冊、6a～b）

重修唐法才瘞髮碑記 明萬歷壬午　釋通岸

茲乃李唐法聖寺主持法才所建。其來舊矣。寒暑遷流。遂至斷裂。比邱明宇達音。睹斯古蹟。湮沒無聞。爰發喜心。恭同淨侶比邱行繼超昊通昊。超敏實位眞良超銳。明宇顯良明常捐資勒石。重結淸緣。時有居士區亦軫者。夙擅丹青兼綜名理。偶觀勝事。欣繪此圖。頓見靈山一會儼然。寶塔有餘湧出。庶於西乾異種。再標龍藏。眞詮東土。禪枝遠紹。鶴林慈蔭。用垂不朽。聊紀貞珉。

（同、13b～14a）

重修六祖殿碑記 明崇禎年　釋德淸

昔佛未出世時。舍衞國王祇陀太子。有園林豐美足備遊觀。佛出世卜地開講堂。遂選爲精舍。至今稱爲祇樹園。蓋人以勝地名也。趙佗爲南海尉選訶林以爲園。及東晉隆安中。罽賓國沙門曇摩耶舍尊者。從西域來愛其地勝。遂乞以建梵刹名王園寺。至晉永和初。求那跋陀三藏。持楞伽經。自西國來。就其寺建戒壇。以待聖。梁天鑑初。西天智藥三藏。持菩提樹一株。植於壇側。且誌之曰。百七十年後。有肉身菩薩。於此開法。度人無量。有唐貞觀中。改王園爲法性寺。高宗龍朔初。我六祖大師得黃梅衣鉢。隱約十有五年。至儀鳳初。因風旛之辯。脫穎而出果。披剃於樹下。登壇受戒。推爲人天師。以符玄讖。自爾法幢豎於曹溪。道化被於寰宇。至今稱此爲根本地。然佛祖之道元不二。則祇樹王園亦一也。豈非人以道勝地以人勝耶。嘗聞。玄奘西域記云。祇園精舍。今爲荆棘之場。今見訶林覺樹。猶聞鐘梵之響。豈南粤靈異。西天祖道。有踰佛法耶。蓋大運有修短化緣有先後耳。故聖人未出世。道於天地。聖人既出世。道在後人。故曰。苟非其人道不虛行旨哉。言乎且聖人相傳。應運出世授受之際。間不容髮。弟願力有淺深。故化緣有延促。譬若四時成功者。退見則化聲相待。待而有待。有待而又有待也。無待則應緣之迹。斯亦幾乎息矣。惟今去我六祖大師千年矣。傳燈所載千七百人。皆以心印心待時而出。化法之場。隨隆替在。在淪沒者。多粤之梵宇。百不存一。嘉名尙載於典刑。

而靈跡概落於草莽。曹溪流而不涸覺樹榮。而不凋詎非斯道有所託而然耶。此又地以道傳人依法住也。余少時枯禪既因法獲讀。以丙申春。初謁六祖大師於曹溪。瞻覺樹於廣孝。訪其遺事。其跡邈然。而人不知僧。期年而乞食行三年而齋戒脩放生擧。五年而曹溪新戒壇。復十年而教法廣信道衆蓋大運然也。豈人力耶。昔人以菩提樹下爲大師薙髮之所。因建殿以奉法事其來遠矣。風雨薄蝕。亦因時興廢。今僧通維率弟子行佩輩募衆而重新之。余爲清其眉宇擴其門廡使道容闇然。而復章慧燈朗然而不昧。此又事賴人爲人因事重也。然佛以六度攝有情。而檀波羅密爲第一。且卽非莊嚴是名莊嚴。苟事相與法性通融。則世諦與眞如交徹。斯則燒香散花皆爲妙行矣。若通維者。刻桷雕榱。豈非淨土之資乎。昔立壇植樹既有待於六祖。今跡存而事脩人亡而道在。豈無待於後人耶。且王園之勝較於祇園。彼在而此來。又有聞者是爲記。

（同、14b～15a）

112　崇文總目輯釋

金剛經口訣義　一卷　釋惠能撰　（卷四、釋書類上、663）

壇經　一卷　宋志不著撰人。

錫鬯按。五行類上有壇經一卷。與此異。（同、664）

六祖大師金剛經大義訣　二卷　（同、中、668）

六祖傳　一卷　通志略不著撰人。（同、下、681）

六祖法寶記　一卷　釋法海撰　（同、686）

〈補　遺〉

1　免曹溪惠能入京御禮

朕請安秀二師。宮中供養。萬幾之暇。每究一乘。二師並推讓云。南方有能禪師。密受忍大師衣法。可就彼問。今遣內侍薛簡。馳詔迎請。願師慈念。速赴上京。

（全唐文、卷一七　241a）

2　遣送六祖衣鉢諭刺史楊瑊勅

朕夢感。禪師請傳法袈裟。卻歸曹溪。今遣鎭國大將軍劉崇景。頂戴而送。朕謂之國寶。卿可於本寺如法安置。專令僧衆。親承宗旨者。嚴加守護。勿令遺墜。

（全唐文、卷四八　646b）

3　西京興善寺傳法堂碑銘

釋迦如來欲涅槃時。以正法密印付摩訶迦葉。傳至馬鳴。又十二葉傳至師子比邱。及二十四葉傳至佛馱先那。先那傳圓覺達摩。達摩傳大宏可。可傳鏡智璨。璨傳大醫信。信傳圓（一作大）滿忍。忍傳大鑒能。是爲六祖。（後略）

（全唐文、卷六七八　8785a）

4（26の後續部分）

能大師告諸長老。衣信到吾處不傳也。所以達磨道。一花開五葉。結果自然成。從可大師至吾恰五人也。普告諸長老曰。如來以大法眼付囑大迦葉。展轉相傳今至於我。我今將此正法眼藏付囑於汝。汝善護持無令法眼斷絕。聽吾偈。言。心地菩薩性。普雨悉皆生。頓悟花情已。菩提果自成。

（敦煌文獻　S二一四四、P三一九二）

第二節　資料集成解説

1　楞伽師資記　一巻（七一六頃）

北宗神秀に參じ、禪宗第五祖弘忍の弟子である玄賾に嗣いだ太行山淨覺の撰。『傳法寶紀』と並んで北宗系統に屬する敦煌出土の重要な初期禪宗史書の一つ。採錄資料の大正藏經本はスタイン二〇五四號を底本とするもの。慧能の示寂直後の記録として貴重である。

2　菩提達摩南宗定是非論　一巻（七三二頃）

慧能の法嗣、荷澤神會（六七〇～七六二）が、開元二〇年（七三二）の頃に河南省滑臺の大雲寺において北宗の崇遠に對して行った法論の記錄で、神會の弟子獨孤沛が集錄した敦煌文獻。採錄資料の底本は、ペリオ二〇六五號・三〇四七號・三四八八號、三種の校訂本を收める胡適之の『神會和尚遺集』（一九六八、臺北、胡適記念館刊）を用いた。

3　左溪大師碑　一篇（七五四～）

天寶中の監察御史、李華（※～七六六?）の撰する中國天台第五祖、左溪大師玄朗（六七三～七五四）の碑文。達磨系統の西天相承を二九世とする傳燈説をたて、また、南宗・北宗・牛頭宗の三派を並記する現存最古の文獻といわれる。資料の底本は、嘉慶一九年（一八一四）〈序〉刊行の『欽定全唐文』を、民國五四年（一九六五）に臺南市の經緯書局より影印刊行した二〇冊本によって採錄した。頁は全冊に亘る通し頁となっている。

4　唐大和上東征傳　一巻（七七九）

日本の眞人元開（淡海三船ともいう、七二二～八〇九）による寶龜一〇年（七七九）の撰。鑑眞和上の傳記で、その弟子思託が著わした『大唐傳戒師僧名記大和上鑑眞傳』三巻の抄出として史料的價値の高いもの。採錄の大正藏經本は、『遊方記抄』として編集する九點中の一書で、その底本は南北朝時代筆寫の和田維四郎所藏本。

5　佛川寺大師塔銘　一篇（七八〇～）

湖州杼山の詩僧、皎然（※～七九〇?）の撰。湖州佛川寺慧明（六九七～七八〇）の塔銘で、詳しくは「唐湖州佛川寺故大師塔銘并序」と稱し、『宋高僧傳』二六慧明傳の原資料となるもの。前記『欽定全唐文』

より採錄。

6　能秀二祖讃　一篇（〜七九〇）

皎然の撰。能秀二祖とは慧能と北宗神秀のこと。皎然は江左における禪律互傳の詩僧の一人で、本篇のほかに達磨・天台和尚・二宗禪師・寶誌・大通和尚・鶴林和尚等に對する各讚詩文がある。『欽定全唐文』より採錄。

7　贈包中丞書　一篇（〜七九〇）

皎然の撰。本篇は皎然が親交の厚い會稽雲門寺の靈澈（七四六〜八一六）を包佶中丞に推薦した一文。包佶は馬祖道一の碑文を撰している人。『欽定全唐文』より採錄。

8　神會語錄　一巻（〜七九二）

採錄した資料は、現存する敦煌出土三種の『神會語錄』中、石井光雄舊藏書のみに存在するもので、前掲の慧能傳に續いて附されている「大乘頓教頌并序」の全文である。詳しい解説は本書八四頁參照。

9　先德集於雙峯山塔各談玄理十二　一篇

撰者不詳の敦煌文獻。一二名の先德、すなわち、脇比丘・馬鳴菩薩・超禪師・佛陀禪師・可尊宿・昱上人・敏師・能禪師・顯禪師・道師・藏禪師・秀禪師、の人々が雙峯山に集まり、各々玄理を談じたとする構成のもとに、東山法門系統により創作された超史實的な資料。本篇はペリオ三五五九號紙背中の一部分であるが、表は天寶九年（七五〇）の戸籍薄であるから、そののち半世紀以内の墨書と推定される。柳田聖山著『初期禪宗史書の研究』（昭和四二年、法藏館刊）口繪寫眞より採錄。

10　禪門祕要訣　一巻

一般に『證道歌』と呼ばれ、慧能の嗣である永嘉玄覺（六七五〜七一三）の作とされている禪詩文。本書は內題の下に「招覺大師一宿覺」とある現存最古の敦煌文獻で、成立は中唐以後とされている。資料はペリオ二一〇四號を收める『鈴木大拙全集』第二巻（昭和四三年、岩波書店刊）より採錄。

11　寶林傳　一〇巻（現存七巻）（八〇一）

朱陵の智炬（または慧炬）による貞元一七年（八〇一）の撰。詳しくは「大唐韶州雙峰山曹侯溪寶林傳」と稱する重要な初期禪宗史書の一つ。長く逸書であったが、近年山西省廣勝寺の金刻大藏經中から第一〜第五と第八巻、日本の京都青蓮院からは第六巻が發見された。しかし、巻一〇にあったとみられる慧能章は缺巻のため、本資料では他の文獻中に引かれる慧能章の引文を特に編集して示した。原文獻中、『釋氏六帖』は義楚（九〇二〜九七五）の撰する二四巻の釋氏文

で、底本は寛文九年（一六六九）刊本。また『北山錄』は13の項を參照。至正二五年（一三六五）版の『景德傳燈錄』は大東急記念文庫所藏の一五冊本。

12　傳教大師將來越州錄　一卷　（八〇五）

傳教大師最澄（七六七〜八二二）が延曆二三年（八〇四）に入唐し、翌年に越州龍興寺で寫得した諸書の目錄で、一〇二部一一五卷を記錄している。採錄した大正藏經本の底本は橫川松禪院に現存する最澄の眞筆で、國寶に指定されている。

13　北山錄　一〇卷　（八〇六）

梓州慧義寺神淸（※〜八一四）の撰で元和元年（八〇六）の成立。『北山參元（玄）語錄』ともいうが、いわゆる禪宗の「語錄」とは異なり、佛道儒の順位で三教一致の立場から世界や社會等を論じた書。採錄の大正藏經本は、北宋の西蜀草玄亭慧寶の割注を含む宋版を底本としたもの。

14　內證佛法相承血脈譜　一卷　（八一九）

最澄（七六七〜八二二）が弘仁一〇年（八一九）一二月五日に著わし、翌年『顯戒論』一卷とともに嵯峨天皇に上進した一書。達磨大師付法・天台法華宗・天台圓敎菩薩戒・胎藏金剛兩曼荼羅・雜曼荼羅、の各「相承師師血脈譜」五篇から成る。第一の「達磨大師付法相承師師血脈譜」は釋尊から西天二八祖・東土五祖を經て弘忍―神秀―普寂―道璿―行表―最澄と次第する北宗禪の相承、および翛然から牛頭禪を相承する次第を記述する。本資料はこの中の菩提達磨傳末尾の文を『日本大藏經』天台宗顯敎章疏より採錄。

15　揚州華林寺大悲禪師碑銘　一篇　（八二五〜三五）

河南の官吏賈餗（※〜八三五）の撰。荷澤神會の法嗣である揚州華林寺靈坦（七〇九〜八一六）の碑銘で、神會沒後の荷澤宗がなお曹溪の正嫡であることを主張している。文中に寶曆元年（八二五）の記事があるので、それ以後の撰文である。『欽定全唐文』からの採錄。

16　禪源諸詮集都序　二卷　（〜八四一）

圭峰宗密（七八〇〜八四一）の撰。成立年次は不詳。『禪源諸詮集』はもと一〇〇卷（または一六〇卷）といわれるが、早くから失われて傳本は存しない。本書はその總序に該當し、敎禪一致の立場に立つ敎判論を述べるもの。採錄資料の大正藏經本は、東京增上寺所藏の明版を底本とし、それを元祿刊行本で對校したもの。

17　中華傳心地禪門師資承襲圖　一卷

圭峰宗密の撰で、成立年時は不詳。宗密が觀察使裴休（七九七〜八七〇）の質問に答えて初唐から中唐までの禪宗の分派狀態を圖示し、これら各派の宗旨を概說・論評したもの。採錄の卍續藏經本は、現

存唯一の傳本である京都妙顯寺所藏の筆寫本を底本とする。

18　明州大梅山常禪師語錄　一卷

馬祖道一に嗣いだ大梅法常（七五二～八三九）の傳記と上堂語句を、門人の慧寶が集錄したもの。橫濱市金澤文庫（稱名寺所藏）に保管される一三世紀の古寫本が現存唯一の貴重な傳本。資料は『金澤文庫資料全書』佛典第一卷禪籍篇（昭和四九年、金澤文庫刊）からの採錄。

19　入唐新求聖教目錄　一卷（八四七）

慈覺大師圓仁（七九四～八六四）が承和五年（八三九）に入唐し、同一四年（八四七）に歸朝するまでの間に、長安・五臺山・楊州等で求めた書籍五八四部八〇二卷等の目錄。採錄した大正藏經本の底本は鎌倉期の古寫本で、京都高山寺の所藏本。

20　日本比丘圓珍入唐求法目錄　一卷

智證大師圓珍（八一四～八九一）は仁壽三年（八五三）に入唐し、天安二年（八五八）に歸朝したが、この在唐期間中に得た書籍の送奏目錄が本書である。圓珍の撰した各種の聖教目錄は五部存するが、相互に重複する書目もみられるものの、槪して獨特の書目も數多い點で貴重な記錄である。本目錄の資料に採錄した大正藏經本の底本は、滋賀縣園城寺所藏の古寫本。

21　智證大師請來目錄　一卷（八五四）

圓珍が請來した書籍や物品類の總目錄で、入唐中に作製して太政大臣藤原良房に送ったもの。採錄した大正藏經本の底本は、聖護寺所藏の圓珍眞筆本。

22　福州溫州台州求得經律論疏記外書等目錄　一卷（八五四）

圓珍の撰した聖教目錄中の一つで、入唐中に福州・溫州・台州において求めた書籍二二〇部四八二卷の目錄である。採錄した大正藏經本の底本は、滋賀縣園城寺所藏の國寶本。

23　傳心法要　一卷

黃檗希運（※～八五六？）の說法を裴休（七九七～八七〇）が大中一一年（八五七）に編集して序を附したのが本書の原型で、のちにこれに他の弟子の筆錄が加わって成立した書。具さには「黃檗山斷際禪師傳心法要」と稱する。本書は早くから入藏したが、採錄した大正藏經本の底本は、東京增上寺所藏の明版を寬文一三年（一六七三）版本で對校したもの。なお、資料の最初の部分（T. 48—381b）は、『禪源諸詮集都序』中に慧能の語として引かれるもの。

24　宛陵錄　一卷

常に『傳心法要』に附錄されて、その一部をなすもの。黃檗と裴

休との問答、および黄檗の上堂の一段とから成る。資料の底本は前項に同じ。

25　白蓮集　一〇卷（九三八）

唐末五代における南岳の沙門齊已の著わした詩集で、門人西文の編。書名は廬山慧遠の故事による命名で、天福三年（九三八）の序をもつ。採錄資料の底本は汲古閣本を覆刻した駒大所藏の一〇卷四冊本。

26　金剛心地法門祕法戒壇法並儀則　一篇

撰者不詳。敦煌出土ペリオ三九一三號の密教文獻で、詳しくは「金剛峻經金剛頂一切如來深妙祕密金剛界大三昧耶修行四十二種壇法經作用威儀法則、大毗盧遮那金剛心地法門祕法戒壇法並儀則、大興善寺三藏沙門大廣智不空奉詔譯、付法藏品部第三十五」という長文の内題をもつ。首部に密教系統の西天祖師を經て達磨から六祖慧能に至る獨特の祖統説がみられる。また、『聖胄集』成立以後の付法に關する資料を集めた「付法傳集」を含み、禪・唯識・密教の交涉を示す唐末五代初めごろの資料。田中良昭氏「僞作の密教文獻に顯われた禪宗祖統說(一)―敦煌出土ペリオ本三九一三號の紹介―」（駒澤大學宗教學研究會『宗教學論集』第七輯〈一九七四、一二月〉）より採錄。

27　舊唐書　二〇〇卷（九四六）

中國正史の一つで勅撰書。天福五年（九四〇）に趙瑩が監修して編纂に當り、開運三年（九四六）に宰相劉昫の手を經て完成した。「舊」とは北宋期にこれを改修して成った『新唐書』に對する後代の呼稱である。採錄資料の底本は乾隆四年（一七三九）校刊本。

28　泉州千佛新著諸祖師頌　一卷（～九五二）

泉州千佛、すなわち淨修禪師後招慶文僜（省僜、八九四～九六六頃）の著わした書で敦煌出土文獻。摩訶迦葉以下の西天二八祖・東土六祖、および南岳懷讓・青原行思・南陽慧忠・石頭希遷・馬祖道一の各祖師に對する四字八句の贊頌集より成る。『祖堂集』の各傳の末尾にも附せられているが、慧能章のそれと本資料とを比較すると、第六句が「神秀遲廻」とある一字を異にする。採錄資料の大正藏經本の底本はスタイン一六三五號。

29　祖堂集　二〇卷（九五二）

南唐の保大一〇年（九五二）に、靜・筠二師の編集した重要な禪宗史書の一つ。詳しくは本書八九頁の解說を參照。採錄資料は、一九七二年臺北の廣文書局刊行の影印本からのもの。

30　宗鏡録　一〇〇巻　（九六一）

永明延壽（九〇四〜九七六）が建隆二年（九六一）に著わした書。詳しくは本書八九頁を參照。採錄資料の大正大藏經の底本は高麗本。

31　萬善同歸集　三巻　（〜九七六）

永明延壽の撰。禪教一致の立場から佛教一般を概說した書で、熙寧五年（一〇七二）の序をもつ。採錄した大正藏經本の底本は、成化一四年（一四七八）刊行の明版。

32　宋高僧傳　三〇巻　（九八八）

贊寧（九三〇〜一〇〇一）等により、宋初の端拱元年（九八八）に成った高僧傳。詳しくは本書八九頁の解說を參照のこと。採錄した大正藏經本は明版を宋元兩版で對校したもの。

33　大宋僧史略　三巻　（九七八〜九九）

贊寧の撰述で、中國佛教々團の制度や儀禮・戒律などについて護教的立場から說明した書。巻上には禪法の傳來に關する記述がみられる。採錄した大正藏經本の底本は卍續藏經本。

34　景德傳燈錄　三〇巻　（一〇〇四）

道原の編錄した禪宗史書として著名な書。採錄した大正藏經本は、元の延祐三年（一三一六）刊本による縮藏本を底本とし、これを明藏本で對校したもの。詳しくは本書八九頁を參照。

35　四家語錄　六巻

南岳懷讓下の馬祖—百丈—黃檗—臨濟と續く四代の祖師の語錄集で、北宋初期頃の編集である。宋代に編まれる禪宗各派の「四家錄」中の嚆矢とされる。採錄した卍續藏經本の底本は明代の重刻本。

36　天聖廣燈錄　三〇巻　（一〇三六）

李遵勗（※〜一〇三八）が編集し、景祐三年（一〇三六）に成立した書。『景德傳燈錄』に續く五燈の一つで、完成と同時に入藏した。南岳下の記事に詳しいのが特徵。採錄は宋版大藏經の函字號「軍」字をとどめる卍續藏經本。

37　韶州曹溪寶林山南華禪寺重脩法堂記　一篇　（一〇四二）

北宋期の高官、余靖（一〇〇〇〜一〇六四？）による康定二年（一〇四二）の撰。余靖は禪宗關係の記事や碑文を多く著わしている人。その文集『武溪集』二〇巻は、明代の成化刊本が民國七年（一九一八）に『廣東叢書』中に影印されている。資料はここからの採錄。

38　傳法正宗記　九巻　（一〇六一）

雲門下五世、佛日契嵩（一〇〇七〜一〇七二）の撰で、嘉祐六年（一

○六一）の成立。資料を採録した大正藏經本は、東京增上寺報恩藏の明版を宮內廳書陵部所藏の宋版で對校したもの。詳しくは、本書九一頁の解說を參照。

39　傳法正宗定祖圖　一卷

契嵩の撰。釋尊より西天二八祖・東土六祖に至る禪宗傳燈相承の禪師、及び禪門に關係深い諸祖の傳を圖と共に掲げ、禪宗傳燈列祖の位置づけを與えた書。採錄資料の底本は、大正藏經圖像部一〇に收める仁平四年（一一五四）筆寫の影印本で、京都東寺觀智院の舊藏。

40　傳法正宗論　二卷

同じく契嵩の撰。禪宗の師資面授・付法相承の問題を傳法史上について論述した書。資料の底本は38の項に同じ。

41　鐔津文集　二〇卷

契嵩の著わした詩文集で、『輔教篇』や『非韓』などをも含む。採錄資料中、至和三年（一〇五六）に撰せられた「六祖法寶記敍」は、すでに散佚したいわゆる契嵩本『六祖壇經』の序文として注目すべきもの。資料の底本は、內閣文庫所藏の至大二年（一三〇九）刊行の五冊本。なお、卷三に存する「壇經贊」はすでに第一章の「五本對照六祖壇經」中に掲載したのでここでは省略した。

42　新唐書　二二五卷　（一〇六〇頃）

歐陽脩が『舊唐書』を改修して、嘉祐五年（一〇六〇）頃に編した正史の一つ。卷五七～六〇の藝文志中に書目が存する。底本は嘉靖一七年（一五三八）刊行の百衲本二四史による。

43　集古錄目　五卷

歐陽棐（一〇四七～一一一三）の撰。原本はもと一〇卷であったが散佚し、淸代に黃本驥がこれを拾輯して現行の五卷本としたもの。各碑目ごとに撰者名・官位事實・立碑年月等を記錄する。資料は光緒一四年（一八八八）刊の『金石叢書』第一帙第四冊より採錄。

44　汾陽無德禪師語錄　三卷　（～一一〇一）

臨濟下六世の汾陽善昭（九四七～一〇二四）の語錄で、法嗣石霜楚圓の編。卷首に楊億の序、卷末に建中靖國元年（一一〇一）、守中による重編の跋をもつ。卷中の「頌古代別」三〇〇則は禪門公案集の嚆矢とされるもの。採錄資料の底本は、元の至大三年（一三一〇）重刊本を收錄する卍續藏經本にもとづく大正藏經本。

45　建中靖國續燈錄　三〇卷　（一一〇一）

雲門下七世、佛國惟白の撰で五燈の一つ。建中靖國元年（一一〇一）に成立して入藏が許された。書名は時の年號を冠したもの。雲門宗

系統の記事に詳しいことが特徴である。資料は卍續藏經本から採錄。

46　林間錄　二卷（一一〇七頃）

覺範慧洪（一〇七一～一一二八）の撰。慧洪が先德尊宿の逸話や參禪の遺訓などについて語った三〇〇餘篇の談話を、門人本明が編集した書。書名は林間に淸談した語錄の意味で、大觀元年（一一〇七）に謝逸の序が書かれている。卍續藏經本によって採錄。

47　祖庭事苑　八卷（一一〇八）

睦庵善卿の撰で、大觀二年（一一〇八）の成立。雲門・雪竇等の語錄、およびその他の禪籍中から二四〇〇餘項の語句を選び、これに解説を加えたもの。一種の辭書として廣く禪林に用いられた。資料は駒大所藏の南北朝時代刊行の五山版、乾坤二冊本からの採錄。

48　長靈守卓禪師語錄　一卷（一一二三～）

黃龍派三世、東京天寧萬壽禪寺長靈守卓（一〇六五～一一二三）の語錄で、編者は法嗣の育王介諶。資料は卍續藏經本からの採錄。

49　金石錄　三〇卷（～一一二九）

趙明誠（一〇八〇～一一二九）の編。三代より五季に至る鍾鼎彝器碑碣等の目、および撰人・年月等を輯錄し、これらに辨證を施した書。光緒一四年（一八八八）刊『金石叢書』第一帙第六冊よりの採錄。

50　宗門統要　一〇卷（～一一三三）

建康の沙門宗永の編集。公案と拈古の集成で、『宗門統要集』ともいう。採錄資料の底本とした東洋文庫所藏の宋版一〇冊本には、紹興五年（一一三五）鄭諶重刊の序があるが、後に元代の古林淸茂が編集した『宗門統要續集』（卍續藏所收）には、これに先だつ紹興三年に耿延禧が重刊した序があり、本書の宋代盛行の樣子を示す。

51　慈受懷深禪師廣錄　四卷（一一三三）

雲門宗八世、東京慧林寺の慈受懷深（※～一一三二）の語錄で、侍者善淸等の編。紹興三年（一一三三）韓駒の序をもつ。卍續藏經本からの採錄。參照↓56

52　佛果圜悟眞覺禪師心要　四卷（～一一三五）

臨濟宗楊岐派の禪匠、圜（圓）悟克勤（一〇六三～一一三五）の撰述で子文の編。圜悟が道俗の門弟達に與えた法語の集錄として著名である。廣く流布し傳本は多いが、資料は東洋文庫所藏の宋版、春夏秋冬四卷二冊本からの採錄。

53　圓（ママ）悟佛果禪師語錄　二〇卷（一一三四）

圜悟克勤一代の語錄で、法嗣虎丘紹隆等の編。紹興三年（一一三三）に撰した耿延禧の序、翌年に成る張浚の序、等が附せられる。採錄

した大正藏經本は、明藏本を底本とし、五山版で校訂したもの。

54　佛果碧巖破關擊節　二卷　（～一一三五）

雲門宗第四世、雪竇重顯（九八〇～一〇五二）が公案一〇〇則を集めて本則と頌を附した「頌古一百則」に、圜悟が垂示・著語・評唱等を加えて成った書。普通は『碧巖集（錄）』一〇卷と呼ばれ、禪門第一の書として重用されたため、多くの傳本がある。『破關擊節』は、わが道元（一二〇〇～一二五三）が歸朝の際に、一夜で謄寫したと傳承される金澤市大乘寺祕藏（現、石川縣美術館寄託）の古寫本で、刊本以前の形をとどめる貴重禪籍の一つ。資料の底本は、鈴木大拙の校印した上下二冊本（昭和一七年、岩波書店刊）による。

55　擊節錄　二卷　（～一一三五）

雪竇重顯の「拈古一百則」を圜悟が提唱し、著語と評を加えて成った公案集で、『佛果圜悟擊節錄』とも稱する。『碧巖集』とともに成立年時は不詳。「擊節」とは、古則の眞意を賞揚するの意。採錄資料の底本は、元文三年（一七三八）刊本で駒大所藏の二冊本。

56　東京慧林慈受廣錄　零一卷　（一一三五）

慈受懷深の語錄で、前記四卷本の『廣錄』とは別の編集。卷首に紹興五年（一一三五）に成る盛霖の序をもち、侍者普紹の編。本書は宮內廳書陵部所藏の宋版で、上卷一冊のみの零本。

57　古尊宿語要　四卷　（一一三八～一一四四）

福州鼓山の僧挺守賾藏主が唐代宋初の古尊宿二〇家の語錄を集め、これを四策（四冊）として刊行したもの。紹興八年（一一三八）から同一四年ごろの編刊。後に、淳熙五年（一一七八）に最德がこれに二家の語錄を加えた。採錄資料は天理大學所藏の四集八冊本からであるが、これは鼓山の晦室師明が嘉熙二年（一二三八）に『續開古尊宿語要』八〇家六集を加えて、正續百家十集とした際の宋版である。

58　正法眼藏　三卷　（一一四一～）

宋代臨濟宗の禪匠、大慧宗杲（一〇八九～一一六三）が編集した公案集。古德の語句六六一則に大慧が評唱・著語等を附したもので、これに大慧の示衆が附錄されている。紹興一一年（一一四一）以後の成立とされる。底本は宮內廳書陵部所藏の宋版三冊本による。

59　郡齋讀書志　四卷　（一一五一）

晁公武が紹興二一年（一一五一）に編錄した私撰の書目。傳本は多いが、故宮博物院所藏の淳祐九年（一二四九）刊の宋版を影印する『四部叢刊』三編子部所收本より採錄。解題部分は追込んで組版した。

60　大慧普覺禪師普說　四卷

大慧一代の普說を集めたもので、淳熙一五年（一一八八）門人の雪

庵祖慶の序を有する。流布本の『大慧語錄』三〇巻中の「普說」とは異なる編集。採錄資料の底本は、東洋文庫所藏の五山版。

61　傳燈玉英節錄序　一編　（一一五二）

南宋の儒者、胡寅の撰。『傳燈玉英集』は王隨が景祐元年（一〇三四）に『景德傳灯錄』三〇巻を刪定一五巻とした書であるが、紹興二二年（一一五二）に更にその節錄三巻が再編された際の序文が本資料。採錄した『斐然集』は胡寅の文集で、『四庫全書』珍本初集所收本により、その巻一九の資料である。

62　慈明四家錄　四巻　（～一一五三）

臨濟宗楊岐派の原流をなす慈明楚圓―楊岐方會―白雲守端―五祖法演、と次第する四名の語錄集で、道場山正堂辨公の編集。傳本には紹興二三年（一一五三）の序文がある。採錄は天理大所藏の宋版、四巻四冊本を用いた。

63　大藏一覽　一〇巻　（一一五七頃）

大隱居士陳實の編。大藏經の要文一一八一則を抽出分類し、項目ごとに頌を附して見出し語とし、これに福州東禪寺版大藏經の該當經函番號を附して檢出の便に備えた書。五山版には紹興二七年（一一五七）の序があるとされるが、資料は明藏本によって採錄。

64　隆興佛教編年通論　三〇巻　（一一六四）

佛眼清遠の嗣孫である石室祖琇（一一一七～一一九一）の撰。中國の佛教傳來から五代末期に至る間における編年體の佛教通史。卍續藏經本からの採錄。

65　大慧禪師語錄　三〇巻　（一一七一）

大慧宗杲一代の語錄で、蘊聞の編集。乾道七年（一一七一）に上進して翌年大藏經に入藏した。資料を採錄した大正藏經本の底本は明藏本である。

66　宗門聯燈會要　三〇巻　（一一八三）

大慧宗杲下四世の晦翁悟明の編。五燈の一つで淳熙一〇年（一一八三）に成立した。主として禪門祖師の公案を編集することに中心があり、大慧の『正法眼藏』三巻の記載を承けている。卍續藏經本からの採錄。

67　大慧普覺禪師宗門武庫　一巻　（一一八六）

普通、『大慧宗門武庫』と呼ばれる。大慧宗杲が禪林の逸話を門人に語ったものを、道謙が編集した書。淳熙一三年（一一八六）の序をもつ。資料は明續藏本に基づく大正藏經本からの採錄。

68　人天眼目　六巻　（一一八八）

大慧下四世、晦巖智昭の編で、淳熙一五年（一一八八）に成立。臨濟・雲門・曹洞・潙仰・法眼、及び宗門雜錄の順に、禪宗五家の祖師の主要な語句・偈頌等を編集し、五家の宗旨の綱要を示した書。廣く江湖に流行し、多くの刊本がある。採錄資料の底本は東京尊經閣所藏の五山版で、通しの丁數を記す二冊本。資料中の「六祖」の偈は、大正藏經本の底本たる承應三年（一六五四）版にはみられぬもの。

69　定慧結社文　一巻　（一一九〇）

高麗の碩德、普照國師智訥（一一六八～一二一〇）の撰。詳しくは「高麗國普照禪師勸修定慧結社文」という。智訥は二五歳の時に同志とともに結社して定慧雙修を務めたが、これを駁する者に對して行修の切要を示したのが本書である。隆熙二年（一九〇八）刊行の『禪門撮要』によって近年一般に知られるようになった。採錄はこの『禪門撮要』卷下所收本による。

70　如如居士三教大全語錄　二巻　（一一九四）

大慧宗杲―可庵慧然―如如居士、と次第する如如居士顏丙の語錄で、從來未知の文獻。京大谷村文庫に所藏され、卷首に紹熙五年（一一九四）の序をもつ元代の重刊增廣版である。採錄資料は慧能の傳記に關するかなり長文のもので、本書獨特の內容をもつ。

71　遂書堂書目　一巻　（～一一九四）

尤袤（一一二七～一一九四）撰の私製書目。『說郛』所收書が善本とされ、內閣文庫所藏の明末刊『說郛』卷一〇（第一二冊）よりの採錄。

72　六祖大鑑禪師贊　一巻　（～一一九八）

本書卷頭の口繪に載錄した博多聖福寺（臨濟宗妙心寺派）所藏の慧能の頂相で、張九成の贊と慶元四年（一一九八）宗演の識語。九成は紹興の進士で太常博士。大慧宗杲に參じて無垢居士と稱した格外の士で、『般若心經註』を著わした人。宗演は同じく大慧の法嗣で常州華藏遯庵宗演といわれ、『續傳燈錄』等に機緣の語句が傳えられる。なお、京都大德寺眞珠庵所藏の慧能の頂相にも、全くこれと同文の贊と識語とが存し、共に國の重文に指定されている。

73　雪庵從瑾禪師頌古集　一巻　（～一二〇〇）

臨濟宗黃龍派四世で、建仁榮西の法祖に當る天童山雪庵從瑾（一一一七～一二〇〇）の撰述。祖師の古則三八則に頌を附したもの。卍續藏經本からの採錄。

74　宏智錄　六巻　（～一二〇一）

宋代曹洞宗の巨匠、天童山宏智正覺（一〇九一～一一五七）の語錄。採錄資料の底本は流布本（寶永五年刊本）とは異なり、永平道元の將

來とされる大分縣泉福寺所藏の宋版で、各卷別に紹興二七年（一一五七）から嘉泰元年（一二〇一）までの刊記をもつ貴重書。

75　嘉泰普燈錄　三〇卷（一二〇四）

雲門宗雪竇重顯下七世の雪庵正受（一一四六～一二〇八）の編する五燈の一つで、嘉泰四年（一二〇四）に成立して入藏が勅許された書。王公・居士・尼僧等の機緣を多く輯錄する點に特徴がある。卍續藏經本からの採錄。

76　法集別行錄節要幷入私記　一卷（一二〇九）

高麗の碩學、普照國師知訥（一一五八～一二一〇）の著述で、大安元年（一二〇九）の成立。宗密の『禪門師資承襲圖』中における禪宗各派の宗旨と批評の部分を抽出改編し、これらに「私記」を加えたもの。すでに前掲の『定慧結社文』（一一九〇）の中には本書からの引文がみられ、その引文箇所にも注記があるなど、この兩書は密接な關係にある。資料は駒大所藏の康熙二〇年（一六八一）刊本からの採錄。

77　修心訣　一卷

智訥の著述。禪門における修心の要諦を頓悟慚修・定慧雙修などを中心として説示した書。版本は多く、廣く流布しているが、資料は隆熙二年（一九〇八）刊の『禪門撮要』卷下所收本からの採錄で、駒大所藏。

78　看話決疑論　一卷

智訥の著。教學者の知解疑網を破り、看話によって自心を悟り邪正を決すべき看話禪の本義を説く書。前項と同じく、隆熙二年版『禪門撮要』卷下所收本からの採錄。

79　從容錄　六卷（一二二三）

南宋末期、曹洞宗の萬松行秀（一一六六～一二四六）の撰。萬松が燕京報恩院從容庵で宏智正覺の「頌古百則」を提唱し、これに示衆・著語・評唱を加えたものを、侍者離知等が編集した書。詳しくは「萬松老人評唱天童覺和尚頌古從容庵錄」と稱し、宋代の『四家評唱錄』の一つ。萬松が嘉定一六年（一二二三）に湛然居士（耶律楚材）に與えた書、及び居士が翌年に撰した序がある。資料の底本は萬曆三五年（一六〇七）刊の上中下三冊本の明版で、內閣文庫の所藏。

80　佛法大明錄　二〇卷（一二二四）

圭堂居士の編著で、嘉定一七年（一二二四）孤月による跋をもつ。禪の立場から佛儒道三教の一致思想を大系化した書物で、多くの經典・禪錄の援用引文がなされ、中に未知の文獻をも含む點で貴重である。採錄資料は、駒大所藏の江戸初期刊古活字版三冊本（卷一～六、七～一四、一五～二〇）による。なお、丁數は各卷ごとに附されている。

81　禪苑蒙求　三巻（一二二五）

金の錯庵志明の編錄で、正中二年（一二二五）の成立。一名『禪苑瑤林』とも稱する。初學者のために公案五〇〇則ほどを選び、李瀚の『蒙求』に倣って、四字對句の韻語によって分類した禪宗事典の類書。また、別に編者・年代不明の『禪苑蒙求拾遺』一巻が附される。資料は卍續藏經本からの採錄。

82　請益錄　二巻（～一二二六）

萬松行秀が宏智正覺の「拈古百則」に評唱を附したもので、詳しくは「萬松老人評唱天童覺和尚拈古請益錄」という。『四家評唱錄』の一つ。採錄資料の底本は、明の萬曆三五年（一六〇七）刊の上下二冊本からで內閣文庫所藏。

83　禪門拈頌集　三〇巻（一二二六）

高麗の眞覺國師慧諶（一一七八～一二三四）が、門人眞訓等と共に各燈史や語錄類中の古則一一二五則を撰び、その一々に對する諸家の拈古・頌古・小參・普說等を集大成した書で、高宗の一三年（一二二六）の成立。資料の底本は、高宗の一九年以後に高麗大藏經の補版として刊行された、現存最古の刊本を影印する東國大學校版高麗大藏經第四六巻による。

84　無門關　一巻（一二二八）

楊岐派八世の無門慧開（一一八二～一二六〇）が、紹定元年（一二二八）夏安居中に提唱し頌を附した古則四八則に序跋等を加えて成立。三年後、これに無量宗壽が「黃龍三關」の頌を附し、更に淳祐六年（一二四六）安晩居士が第四九則を附した。中國で傳本を斷ち、本邦で盛行した書。採錄した大正藏經本の底本は、寬永九年（一六三二）刊行の宗教大學藏本を延寶八年（一六八〇）刊本で對校したもの。

85　人天寶鑑　一巻（一二三〇）

大慧宗杲下四世で笑翁妙堪の法嗣、石室曇秀の編。紹定三年（一二三〇）の成立。大慧の『正法眼藏』を範とし、三教調和の立場から學者の龜鑑とすべき先匠の言行一二〇篇を集めた書である。資料は卍續藏經本からの採錄。

86　釋門正統　八巻（一二三七）

天台宗宗鑑の編で、嘉熙元年（一二三七）の成立。天台宗相承の紀傳體であるが、巻八には特に「禪宗相涉載記」として、達磨・慧可・慧能・懷海・玄覺等の所傳を掲げる。卍續藏經本からの採錄。

87　續開古尊宿語要　六巻（一二三八）

『古尊宿語要』の後を承けて、鼓山の晦室師明が嘉熙二年（一二三

八）に編集したもの。天・地・日・月が各二冊、星・辰が各一冊、の合計一〇冊本より成る天理大所蔵の宋版からの採録。参照↓106

88　寶刻叢編　二〇巻

南宋、理宗の時の官吏である陳思の編。古碑目の一々について、その建碑年月日と撰文者等を記し、これを地域別に編集した書。資料は光緒年間（一八七五～一九〇八）刊行の『十萬巻樓叢書』所收本からの採録。

89　西溪叢語　三巻

西溪居士姚寛の撰述で、南宋期の成立。二六〇餘種に及ぶ典籍について、その異同を考證した好著。傳本は少なくないが、『學津討原』所收本が善本とされる。資料は國會圖書館所藏の嘉靖元年（一五二二）版の同書からの採錄。

90　五燈會元　二〇巻　（一二五二）

大慧下四世、大川普濟の門下生の慧明首座の編で、淳祐一二年（一二五二）の成立。『景德傳燈錄』以下の五燈を改編統合した禪宗史書として著名。宋・元・明各版をはじめ多くの異版が現存するが、慧能關係の記事は全同のため、資料は元の至正二四年（一三六四）序刊本を承ける卍續藏經本からの採錄。

91　五家正宗贊　一巻　（一二五四）

無準師範の法嗣、希叟紹曇の撰述で、寶祐二年（一二五四）の成立。菩提達磨から禪宗五家各派に至る祖師七四人の略傳をあげて各派の宗風をのべ、これに贊頌を附した書。卍續藏經本からの採錄。

92　文獻通考　三四八巻

宋末元初に馬端臨の撰した名著で、解題が豐富である。文中の「晁氏曰」は『群齋讀書志』からの引文である。採錄資料は、內閣文庫所藏の嘉靖三年（一五二四）序刊本による。

93　六祖挾擔圖贊　（～一二六一）

大東急文庫所藏の著名な國寶の圖。贊者黃聞は、大慧下四世の偃谿廣聞。『原色版國寶』鎌倉Ⅳ（昭和五一年、毎日新聞社刊）より採錄。

94　虛堂和尚語錄　一〇巻　（一二六九）

虛堂智愚（一一八五～一二六九）の語錄で、通常『虛堂錄』と稱する。妙源等が編集し、咸淳五年（一二六九）に刊行。底本の大正藏經本は、德富猪一郎・宮內廳圖書寮所藏の各五山版を卍續藏經本で對校。

95　佛祖統紀　五四巻　（一二六九）

中國天台の大石志磐が、一二年を要して咸淳五年（一二六九）に完

成した天台宗の正史として著名な書。紀傳體をとり、禪宗には嚴しい記述であるが、卷二九の「禪宗立教志」中に禪宗の東土六代祖師の立傳が存する。採錄した大正藏經本の底本は、增上寺所藏の明本。

96　空谷集　一卷　（一二八五）

詳しくは「林泉老人評唱投子青和尚頌古空谷集」と稱する。元代の曹洞宗、林泉從倫が、北宋の投子義青（一〇三二～一〇八三）の「頌古百則」を評唱した記錄で、至元二二年（一二八五）の自序を有する。採錄資料の底本は、明版大藏經の續藏所收本による。

97　虛堂集　一卷　（一二九五）

具名は「林泉老人評唱丹霞淳禪師頌古虛堂集」という。同じく從倫が、投子の嗣孫たる丹霞子淳（※～一一一七）の「頌古百則」を評唱した記錄。姜端禮による元貞元年（一二九五）の序を有する。前項の『空谷集』と共に『碧巖集』や『從容錄』を範として成った書で、『四家評唱錄』の一書。採錄資料の底本は、明藏の續藏所收本。

98　禪林類聚　二〇卷　（一三〇七）

元の天寧萬壽寺善俊と、智鏡・道泰等の共編により、大德一一年（一三〇七）に成立。禪宗の公案五二七二則と、それらに對する拈古・頌古等を集大成し、これを一〇二門に分類編集した大著である。採錄資料の底本は、東洋文庫所藏の五山版で、二〇卷二〇冊本。

99　六祖悟道偈　一篇　（～一三一七）

來日した一山派の祖、一山一寧（一二四七～一三一七）の揮毫で乾豐彥氏所藏の重文。資料は『墨蹟大觀』（昭和五二年、求龍堂刊）より採錄。

100　禪宗頌古聯珠通集　四〇卷　（一三一七）

最初、南宋の法應寶鑑が淳熙二年（一一七五）に編集した『禪宗頌古聯珠集』（公案三二五則、頌二一〇〇首）を、元の魯庵普會が增集して、公案四九三則、頌古三〇五〇首を加えた書で、延祐四年（一三一七）の成立。採錄資料の底本は、駒大所藏の方冊本明藏で、雞・田・赤の函號をもつ本藏中のもの。

101　宗門統要續集　二二卷　（一三二〇）

元代の禪匠、古林清茂（一二六二～一三二九）の編集で、延祐七年（一三二〇）の成立。宋代に成った『宗門統要』一〇卷（50の解說參照）を改編增補したもので、公案と拈古の集成書である。資料は、萬曆三五年（一六〇七）刊行の明藏本からの採錄。

102　佛祖歷代通載　二二卷　（一三四一頃）

大慧下六世、元代の梅屋念常（一二八二～一三四四）の編集。過去七佛より元統元年（一三三三）に及ぶ編年體の佛教通史であるが、比較的禪宗記事には詳しい。至正元年（一三四一）の序をもつ。採錄した

大正藏經本の底本は、增上寺所藏の明本。

103　釋氏稽古略　四卷　（一三五四）

大慧下五世、南岳覺岸（一二八六～一三五五?）の編。前項『佛祖通載』と同類の編年體佛教通史ながら、特に禪宗の本義や道脈を明らかにすることに努めている。採錄した大正藏經本の底本は、卍續藏經本を寬文三年（一六六三）刊本で對校したもの。

104　六學僧傳　三〇卷　（一三六六）

詳しくは「新修科文六學僧傳」といい、曇噩（一二八五～一三六六～※）の撰。至正二六年（一三六六）の自序がある。中國高僧の傳を六學一二科に分類編集した書で、大部分は唐代以前の人である。資料は、卍續藏經本からの採錄。

105　天目中峯和尚廣錄　三〇卷　（一三三四）

元代の代表的な禪僧である中峯明本（一二六三～一三二三）一代の語錄。法嗣の照堂慈寂（善達密的理）が元統二年（一三三四）に上宣し、翌年勅により大普寧寺刊行の元版大藏經に入藏し、磧砂版大藏經中にもここから覆刻入藏した。その影印である中華大藏經からの採錄。

106　古尊宿語錄　四八卷　（一四〇三～）

大明大藏經の南藏が開彫（一四〇三以降）された際に、宋代の編になる『古尊宿語錄』二二冊を母體として南岳・馬祖・百丈・黃檗・興化・風穴・汾陽・慈明・佛照、の九家の語錄等を新たに加えて改編したもの。卍續藏經本からの採錄。參照↓57

107　玄沙宗一禪師語錄　三卷　（一六二六）

唐末の玄沙師備（八三五～九〇八）の語錄で、林弘衍が明末の天啓六年（一六二六）に湛然圓澄の序を得て編集したもの。北宋の元豐三年（一〇八〇）孫覺の序をもつ『玄沙廣錄』とは別の編集で、相互に出入がある。卍續藏經本からの採錄。

108　五家語錄　五卷　（一六三〇）

禪門五家の祖師、すなわち、臨濟義玄（※～八六七）、潙山靈祐（七七一～八五三）・仰山慧寂（八〇七～八八三）、雲門文偃（八六四～九四九）、洞山良价（八〇七～八六九）・曹山本寂（八四〇～九〇一）、法眼文益（八八五～九五八）、の語錄集。臨濟下三三世、徑山の悟風圓信と海寧縣の郭凝之とによる共編で、崇禎三年（一六三〇）の成立。個々の祖師の別集語錄と異なる要素も存し、それらの文獻的檢討は今後の課題。採錄資料の底本は卍續藏經本。

109　曹溪通志　八卷　（一六七二）

曹溪地方の通志。清代初期の馬元による編集で、雪樵眞樸の重修。道光一六年（一八三六）の補版もあるが、採錄資料の底本は康熙一一

年（一六七二）の序をもつ東洋文庫所藏の重修本により、前出資料との重復を省いて收めた。

110　全唐詩　九〇〇卷（一七〇六）

淸代の通政使曹寅等が唐代より五代までの詩を編集した勅撰書で、康熙四四年（一七〇六）の成立。收錄總數は、二二〇〇餘人の作品四八九〇〇餘首にのぼる。採錄資料の底本は、康熙四六年序刊本を影印する京都中文出版社の一九六九年刊本。資料の四篇中、宋之問の作品は『文苑英華』卷二一九、張說の作品は『張說之集』卷七、等にもそれぞれ含まれている。

111　光孝寺志　一二卷（一七六五）

慧能ゆかりの法性寺が、明の成化一八年（一四八二）に光孝寺と稱して後、「寺志」二卷が編せられたが、淸の乾隆三〇年（一七六五）に廣州府の顧光がこれを增補して一二卷としたもの。法界・建置・古蹟・法寶・淨業・法系・名釋・檀越・語錄・藝文・題詠、の各志を立て、光孝寺に關するあらゆる記錄を網羅している。資料は同寺の各堂宇・塔碑・井泉等の現存寫眞を增補して、民國二四年（一九七二）に上海の中華書局から重刊された四冊本からの採錄で、東洋文庫の所藏。これも前出資料との重復は省いた。

112　崇文總目輯釋　六卷（一七九九）

宋朝の祕府崇文院の舊藏書を王堯臣等が慶曆元年（一〇四一）に再編した目錄が『崇文總目』で、完本は失われていたが、淸の錢東垣等が嘉慶四年（一七九九）に復舊を試み、書目・考證記事を六卷としたもの。故に書目は北宋期の祕閣所在書として貴重。採錄資料は、咸豐三年（一八五三）刊の『粵雅堂叢書』本を影印する『書目續編』（一九七二年、臺北廣文書局刊）による。

〈補　遺〉

1　召曹溪惠能入京御禮　一編（～七一〇）

2　遣送六祖衣鉢諭刺史楊瑊勅　一編（～七八〇）

3　西京興善寺傳法堂碑銘　一編（八一七～）

右の三點は、いずれも前揭の『欽定全唐文』中の資料で、影印の二〇冊本を底本とする。1は唐の中宗（六八四～七一〇在位）、2は同じく代宗（七六二～七八〇在位）の、各勅文とされるもの。『景德傳燈錄』卷五慧能章の中に、全く同文が存する。3は白居易（白樂天、七七三～八四七）が馬祖道一の法嗣、惟寬（七五五～八一七）のために撰した碑文。『白氏文集』四一にも存し、五九世の祖統說が特徵。

附録

〔附録一〕

慧能關係年表

凡例

一、本年表は、慧能の傳記に關する事項を年代順に配列した。原則として原資料に忠實な記載とし、その典據を（　）中に明記した。ゆえに、原資料において記事や年次に矛盾・誤謬が明瞭な場合でも、これに客観的な訂正は加えていない。

一、使用した原資料は、本書〈研究編〉に掲載した慧能傳關係の基本古資料一八種、および〈資料編〉中に收錄した「慧能關係資料集成」一一二種中の該當資料である。

一、記事の採錄範圍は左記の通りである。

1、慧能の出生以前における懸記等に關する事項。

2、慧能の出生より入滅までにおいて、年月日や年齢が明記される事項。

3、入滅後、謚號・建塔・建碑等に關する事項。

4、傳記關係基本資料一八種の成立時期の記錄。

5、『六祖壇經』『金剛經解義』關係の序・跋・刊寫等の成立時期の記錄。

一、原資料において、慧能の年齢のみが記される場合、また皇帝・干支によって表記される場合等は、その該當年次の箇所に收採した。また、「次日」「翌年」等が表記される場合も同様に扱った。なお、改元される年に記事がある場合は、複數の年次を併記した。

一、典據に示した資料の略稱は、一八種については所定の記號（九四頁參照）を用い、その他の資料のうち、主な略號を掲げれば左記の通りである。（五十音順）

會元—五燈會元	會要—聯燈會要
稽古略—釋氏稽古略	廣—天聖廣燈錄
事苑—祖庭事苑	正宗贊—五家正宗贊
是非論—南宗定是非論	勅—勅文（曹溪通志巻三所收）
通載—佛祖歴代通載	通論—隆興佛法編年通論
統紀—佛祖統紀	如如錄—如如居士三教大全語錄
普—普燈錄	六學—六學僧傳
六祖傳贊—六祖大鑑眞空普覺圓明禪師傳贊（曹溪通志巻六所收）	

西曆	皇帝	年號	月日	事項
345	穆帝	永和初年		求那跋陀羅、楞伽經を持して渡來、王園寺に戒壇を建立す。（光孝寺志一〇、重修六祖殿碑記）
502	武帝	天監 元年 壬午	正月 五日	智藥三藏、韶州に到り曹溪の村人に寺の建立を勸む。（瘞・曹）
		天監初年		智藥三藏、戒壇の側に菩提樹を植え、一七〇年後の懸記をなす。（重修六祖殿碑記）
503		二年		韶陽大守敬中、奏して曹溪の寺を寶林寺と名づく。（西溪叢語上）
504		三年		寶林寺落成す。（緣・勅）
		四年		
506		五年	二月一五日	寶林寺落成す。（曹）
				智藥三藏、入內して寶林寺の名の由來を述べ、一七〇年後に無上の法寶あるを豫言す。（曹）
			四月	正式に寶林寺と名づけられ、寺に田五拾頃が下賜さる。（曹）
		六年		
		七年		
		八年		
		九年		
511		一〇年		智藥三藏、五臺山に入り、中天竺國に歸る。（曹）
534		天平 元年 丁巳		樂昌縣令李藏之、寶林の額を請い、寺を樂昌縣靈溪村に置く。（曹）
617		大業一三年 丁丑		寶林寺荒亂する。（曹）
620	高祖	武德 三年 庚辰	九月	慧能の父行瑫、新州に左遷される。（緣）
			この年	慧能の父行瑫、新州に左遷される。（普一・曹溪通志二、六祖大師傳）
		武德中		慧能の父行瑫、新州に左遷される。（宋・會元一・稽古略三・通載一三・六學四・六祖傳贊）
638	太宗	貞觀一二年 戊戌	二月八日子時	慧能生まる。（緣・六祖大師傳・如如錄）

			二月 八日	慧能生まる。（普一）
			二月	慧能生まる。（宋・六學四）
		一三年		
		一四年		この頃（慧能三歳）、父母を喪う。（曹）
				この頃（慧能三歳）、父を喪う。（景・傳・普一・稽古略三・通載一三・六祖大師傳）
		一五年		
		一六年		
		一七年		
		一八年		
		一九年		
		二〇年		
		二一年		
		二二年		
649		二三年		王園寺を改めて法性寺とす。（重修六祖殿碑記）
650	高宗	永徽 元年 庚戌		
		二年		
		三年		
		四年		
		五年		
		六年		
656		七年 （一月改元） 顯慶 元年 丙辰		

西暦	皇帝	年號	月日	事項
657	高宗	顯慶 二年		
		三年		
		四年		この頃（慧能二二歳）、弘忍に參問する。（神・歷）
		五年		
		六年		
661		龍朔（二月改元）元年 辛酉		慧能二四歳、金剛經を聞いて省あり、弘忍に參問して付法される。（緣） この頃（慧能二四歳）、傳衣を受く。（宗壇）
		二年		
		三年		
		龍朔初年		金剛經を聞き、黃梅山に到って五祖弘忍より得法する。（重修六祖傳碑記）
664		麟德 元年 甲子		
		二年		
		三年		
666		乾封（一月改元）元年 丙寅		
		二年		
		三年		
668		總章（三月改元）元年 戊辰		この頃（慧能三一歳）、智遠より弘忍への參學を勸奬される。（傳） この頃（慧能三二歳）、弘忍に參問する。（祖）
		二年		
670		三年		

	咸亨 元年 庚午（三月改元）	この年	遊行して曹溪に到る。（曹）
	二年		五祖弘忍に參ず。（景・會元一・稽古略三・六祖大師傳）
	三年		五祖弘忍に參ず。（統紀三九）
	四年		この頃（慧能三〇歳）、曹溪の村人劉志略と義を結ぶ。また無盡藏尼に涅槃經の義を説く。（曹）
			この頃（慧能三三歳）、村人に請われて寶林寺に住して三年を經、智藥三藏の懸記にあたる。（曹）
674	五年		慧能三四歳、惠紀禪師により五祖弘忍への參學を勸めらる。（曹）
		一月　三日	韶州を發して東山に到り、五祖弘忍を尋ねんとす。（曹）
			五祖弘忍に參ず。（景・廣七・普一・會元一・六學四・通論一四・通載一二）
	咸亨年間		この頃（慧能三九歳）、南方に避難して五年を經る。（曹）
	上元 元年 甲戌（八月改元）		
	二年		この頃（慧能三九歳）、剃髮す。（宗壇）
676	三年		得法を表明し、宗風を開演する。（宋）
	上元中		
	儀鳳 元年 丙子（一一月改元）	一月　八日	南海法性寺にて印宗に遇い、風幡問答をなす。（瘞・祖・景・廣七・普一・會元一・正宗贊一・緣・稽古略三・通載一三・六祖傳贊）
		この年	制旨寺にて印宗に遇う。（曹）
		春	南海法性寺にて印宗に遇う。（傳）
			この頃（高宗朝）、印宗に遇い、風幡問答をなす。（興壇）
	儀鳳初年		風幡問答。（事苑四・重修六祖殿碑記）
		一月一五日	風幡問答。（曹）
		〃　〃	印宗によりて剃髮する。（瘞・祖・景・普一・會元一・緣・稽古略三・正統八・六祖大師傳）
		一月一六日	印宗に得法を表明する。（曹）

西暦	皇帝	年號	月日	事項
	高宗		一月一七日	印宗によりて剃髪する。(曹)
				この頃(慧能三〇歳)、出家する。(柳碑)
			二月 八日	法性寺にて受戒する。(瘞・曹・祖・景・普一・會元一・緣・稽古略三・正統八・六祖大師傳)
			四月 八日	大衆のために法門を開演する。また一三歳の神會に付法す。(曹)
			〃 〃	法性寺法才、六祖の剃髪を記念して『瘞髮塔記』を撰す。(瘞)
			この年	法性寺にて印宗に遇い、剃髪受具し、寶林寺に歸る。(統紀三九)
				慧能四〇歳、この頃曹溪に歸る。(曹)
677		儀鳳 二年	二月 三日	寶林寺に往かんとす。(祖)
			二月 八日	法性寺にて受具する。(廣七)
			〃 〃	法性寺より寶林寺に歸る。(景・普一・會元一・稽古略三・六祖大師傳)
			春	寶林寺に歸る。(緣)
			一二月一九日	寶林寺を改めて中興寺となす。(六祖大師傳)
			この年	寶林寺に歸る。(傳・廣七)
678		三年	一一月一八日	中興寺を重ねて修復、法泉寺となし、新州の舊居を國恩寺とす。(六祖大師傳)
679		四年		
		儀鳳中		曹淑良が慧能に土地を寄付し、因って曹溪と名づくと。(事苑一・西溪叢語上)
		(一一月改元) 調露 元年 己卯		
680		二年		
		(八月改元) 永隆 元年 庚辰	この年	廣州法性寺にて風幡問答あり。印宗に遇う。慧能三九歳。(如如錄)
			正月一五日	落髪す。(如如錄)

681		永隆二年 （一〇月改元）開耀元年 辛巳		曹溪寶林寺に歸る。（如如錄）
682		二年 （二月改元）永淳元年 壬午		
683	中宗	二年 （一二月改元）弘道元年 癸未		
684	中宗（則天）	二年 （二月改元）文明元年 甲申 （九月改元）光宅元年 甲申		
685		垂拱元年 乙酉		
		二年		
		三年		
		四年		
689		永昌元年 己丑		
690		二年 （一月改元）載初元年 庚寅 （七月改元）天授元年 庚寅		
		二年		
692		三年 （四月改元）如意元年 壬辰 （九月改元）長壽元年 壬辰	二月二〇日	則天武后、勅使長昌期をして慧能に入內の勅を下すが辭す。（歷）
		二年		

西暦	皇帝	年號	月日	事項
694	中宗（則天）	長壽三年 （五月改元）延載元年 甲午		
695		證聖元年 乙未 （九月改元）天冊萬歲元年 乙未		
696		萬歲登封元年 丙申 （三月改元）萬歲通天元年 丙申	この年	則天武后、再び勅して慧能を入内せしめんとするも慧能病に託して辭す。よって傳衣を入内せしむ。（歷） 勅して慧能に衣鉢を賜わる。（統紀三九・勅）
697		二年 （三月改元）神功元年 丁酉		
698		聖曆元年 戊戌		
		二年		
700		三年 （五月改元）久視元年 庚子		
701		大足元年 辛丑 （一〇月改元）長安元年 辛丑		
		二年		
703		三年		神秀、京城の雲花戒壇に登り、慧能が傳法の袈裟を所持する旨を述ぶ。（是非論）
704	中宗	四年		

705	中宗	五年 神龍（一月改元）元年乙巳	一月一五日	勅を下し、入内せしめんとするも辭す。のち勅使薛簡と問答する。（曹）では高宗よりとし、（祖）では孝和皇帝、（宗壇）では則天武后と中宗よりとす。
			一月	中宗より勅が下り、入内せしめんとするも辭す。（通論一四）
			四月	中宗より勅が下り、入内せしめんとするも辭す。（稽古略三）
			五月　八日	勅使薛簡と問答する。（祖）
			九月　三日	勅が下り、袈裟と金鉢を賜わる。（祖・宗壇）
			九月	入内の勅が下るも辭す。（勅）
			一二月一九日	寶林寺を改めて中興寺となす。（景・廣七・會元一・稽古略三・勅）
			この年	中宗より入内の勅下るも辭す。（景・廣七・會元一・圓・通載一二・統紀四〇・六祖大師傳）
		二年		
707		三年	四月　二日	高宗、袈裟一領と絹五〇〇疋を下賜する。（曹）
			一一月一八日	寶林寺を修復して法泉寺と改名、また新州の故宅を國恩寺と稱す。（曹）
			〃　〃	中興寺を重ねて修復し、法泉寺とし、新州の故宅を國恩寺と稱す。（景・會元一・勅）
			〃　〃	寫經坊を修して法泉寺とし、新州の故宅を國恩寺とす。（廣七）
			この年	所居の寺を修復して法泉寺とする。（宋）
			〃	韶州に勅して國恩寺を修復せしむ。（六學四）
		神龍中		中宗より入内の勅が下るも辭し、薛簡と問答する。勅によりて寶林寺を中興寺とし、翌年には法泉寺と改む。新州の故宅を國恩寺とする。（傳）
		四年		勅して寶林寺を中興寺と改む。（廣七）
		〃		中興寺を廣果寺となす。（西溪叢語上）
		景龍（九月改元）元年丁未	一一月一八日	中興寺を重ねて修復して法泉寺とし、新州の故宅を國恩寺とす。（稽古略三）

西暦	皇帝	年號	月	日	事項
707	中宗	景龍 元年 丁未	一一月		則天武后、奉納した傳衣の代わりとして袈裟一領と絹五〇〇疋を下賜する。(歴)
		二年			
709		三年	一一月		西京清禪寺の僧廣濟、傳衣を盗らんとす。(是非論)
710		四年			
		景龍中			神會、曹溪に至り慧能より密語を受く。(圓)
		(六月改元)唐隆 元年 庚戌			
	睿宗	(七月改元)景雲 元年 庚戌			
711		二年			門人に命じて國恩寺に龕塔を造らせる。(神・歴・曹)
712		太極 元年 壬子			
		(五月改元)延和 元年 壬子	七月		國恩寺に龕塔を造らせる。(宋・宗壇)
				この年	法泉寺に龕塔を造らせる。(六學四)
				〃	新州に歸り、國恩寺を修復し、また門人の問いに答えて靈振を推擧す。(曹)
	玄宗	(八月改元)先天 元年 壬子	七月	六日	國恩寺に龕塔を造らせる。(傳)
			七月	六日	國恩寺に龕塔を造らせる。(祖・景・六祖大師傳)
			〃	〃	國恩寺に建塔し、報恩塔と名づける。(廣七・會元一)
			八月	三日	一行三昧について示衆し示寂す。(通論一五)
				夏末	國恩寺の塔成る。(宗壇)
			九月		曹溪にて傳衣について立楷・智海と問答をなす。(歴)
			〃		二〇年後に法を宣揚する者が、傳法の人であると豫言す。(歴)
				この年	國恩寺に塔を建立する。(敦壇・大壇・興壇)

713	二年	〃　〃	傳法偈を説く。(廣七・如如錄・會元一・稽古三・六祖大師傳)
		〃　〃	慧能示寂す。(通載一三)
		先天年間	六祖の塔建立さる。(曹溪通志五、重新祖塔記)
		七月　一日	曹溪より新州國恩寺に歸らんとして遺誡や懸記を述べる。(祖・景・傳・會要二・普一・會元一・六祖大師傳・勅・稽古略三・宗壇)
		七月　八日	遺誡をなし、傳法偈を説く。(敦壇・大壇・宗壇・興壇)
		七月	曹溪より國恩寺に歸らんとして偈を説く。(通載一三)
		〃	國恩寺の修復を急がせ、また傳衣を行わぬ理由を説く。(曹)
		八月	疾病となり、遺誡を述べる。(曹)
		八月　二日	西天二八祖・東土六祖の付法次第を述べ、遺誡一偈を殘す。(大壇)
		〃　〃	慧能示寂す。世壽七六。(傳)
		八月　三日	西天二八祖・東土六祖の付法次第を述べ、また遺誡をなす。(敦壇・興壇)
		〃　〃	遺誡をなす。(神・宗壇)
		〃　〃	疾病となる。(宋)
		三更	慧能示寂す。世壽七六。(敦壇・大壇・興壇・宗壇)
		夜	慧能示寂す。世壽七六。(歷・普一)
		八月　三日	慧能示寂す。世壽七六。(神・曹・圓・祖・景・敦壇・廣七・會要二・如如錄・會元一・通載一三・稽古略三・六學四・正統八・六祖大師傳・勅)
		八月	示寂の直後に奇瑞あり。(王・神・歷・曹・敦壇・祖・宋・景・傳・大壇・興壇・宗壇)
		一一月	三七齋を營辨してのち、翁山寺の僧靈振示寂す。(曹)
		一一月	廣・韶・新の三郡、遺體を安置せんとして爭う。(宗壇)
		一一月一三日	神龕と傳衣を曹溪に移す。(宗壇)

西暦	皇帝	年號	月日	事項
			一一月一三日	慧能示寂す。（釋氏六帖二）
			〃 〃	遺體入塔す。（曹・景・廣七・普一・傳・會元一・稽古略三・六祖大師傳・勅）
713	玄宗	開元 元年癸丑（一二月改元）	一一月	入塔す。（神・歴・敦壇・大壇・興壇・六學四）
714		二年	三月	荊州の刺客、張行昌、慧能の首を取りにくる。（是非論）
			七月	眞身を龕より出し、方辯はこれに香泥を塗る。また首を膠漆す。（宗壇）
		三年		
716		四年		廣州節度使の宋璟、曹溪の祖塔を禮し、奇瑞あり。（通載一三）
		五年		
		六年		
		七年		武平一、韋璩の碑文を磨卻し、自ら碑文を撰す。（神・歴・曹・寶刻叢編一九）
		八年		
		九年		廣果寺（寶林寺）を建興寺と改む。（廣七）
722		一〇年	八月三日夜	張行滿、六祖の首を取りに塔に侵入す。（景・傳・廣七・會元一・宗壇・六祖大師傳）
			五日	張行滿、捕わる。（景・廣七・會元一・宗壇・六祖大師傳）
723		一一年		頭を取りにくる者あり。（宋）
739		二七年		刺客あって六祖の首を取りにくる。これより行瑫、傳衣を守る。（曹）
		開元中		張行滿が六祖の首を取りにくる。（事苑六）
		〃		廣州觀察使の宋璟、六祖の塔を禮す。（廣七）
		〃		廣果寺（寶林寺）を建興寺と改む。（西溪叢語上）

748		天寶 七年 戊子		神會、宋鼎撰『唐能大師碑』を鉅鹿郡の開元寺に建立。(集古錄目)
750		天寶 九年 庚寅	春	鑑眞、韶州法泉寺に到り、慧能の影像を禮す。(唐大和上東征傳)
752		天寶一一年 壬辰	二月	宋鼎撰の碑文、建立さる。(集古錄目註・金石錄第七)
758	肅宗	乾元 元年 戊戌		衣鉢を入內供養す。(通論一七)
759		二年	一月一五日	行瑫、入內の勅を辭し、惠象・永和をして傳衣を奉納す。(曹)
			一月一七日	行瑫示寂す。世壽八九。(曹)
			四月 八日	勅あって惠象に袈裟を賜わり、永和を度す。また建興寺を國寧寺となし、和上の蘭若を寶福寺となす。(曹)
			この年	衣鉢を入內供養す。(通載一三)
760		三年	三月 八日	肅宗、勅して傳衣を入內せしめんとす。(僧史略下)
	肅宗	上元 元年 庚子 (四月改元)	一一月二〇日	孝感皇帝、勅使程京祀を遣わして六祖の龕前にて供養せしむ。(曹)
		乾元中		孝義皇帝、節度使張休の奏により袈裟を入內せしめ供養す。(血脈譜)
			この年	肅宗、勅して傳衣を入內せしめ、供養せんとす。(景・廣七・會元一・稽古略三・宗壇・六祖大師傳・勅)
761		二年		廣州節度使の韋利見、行瑫と傳衣の入內を奏す。(曹)
			一二月一七日	孝感皇帝、勅して傳衣を入內せしめ、これを供養せんとし、中使劉楚江を派遣、水陸の公乘を給す。(曹)
				この頃、神會の依賴で、王維『六祖能禪師碑銘』を撰す。
		上元初年		肅宗、勅して傳衣を入內せしめ、これを供養せんとす。(事苑三)
		上元中		肅宗、勅して傳衣を入內せしめ、これを供養せんとす。(傳)
				建興寺を國寧寺となす。(西溪叢語上)
765	代宗	永泰 元年 乙巳	五月 五日	代宗、慧能が傳衣の返卻を請うを夢にみる。(景・傳・廣七・事苑三・會元一・稽古略三・宗壇・六祖大

西暦	皇帝	年號	月日	事項
				師傳・勅）
775	代宗	大曆一〇年乙卯	五月　七日	代宗、傳衣を返却せしむ。（曹・景・傳・廣七・事苑三・會元一・統紀四一・宗壇・勅）
			この年	代宗、慧能が衣鉢の返却を請うを夢み、翌日これを送らしむ。（通載一四）
				この頃『歷代法寶記』成立す。
781	德宗	建中　二年辛酉		この頃『曹溪大師傳』成立す。
				この頃、敦煌本『六祖壇經』成立す。
786	德宗	貞元　二年丙寅	一一月二二日早晨	六祖の塔前の柏樹、飴のように連なること三年。（釋氏六帖一九）
812	憲宗	元和　七年辛未		憲宗、勅して大鑑禪師と諡す。（勅）
		八年		
		九年		
815		一〇年	一〇月一三日	憲宗、勅して大鑑禪師と諡す。また柳宗元は『賜諡大鑑禪師碑』を撰す。（柳碑）
			某月某日	憲宗、勅して大鑑禪師と諡す。（劉碑）
			この年	憲宗、勅して大鑑禪師と諡し、塔を元和靈照と名づく。（圓・稽古略三・統紀四一・通論一一）
816		一一年		憲宗、勅して大鑑禪師と諡す。（興壇）
819		一四年		劉禹錫『六祖能禪師碑銘』を撰す。
		元和中		憲宗、慧能の塔に元和靈照と額す。（重新祖塔記）
			憲宗代	憲宗、大鑑禪師と諡號し、塔を元和靈照とす。（宗壇、歷朝事蹟）
				この頃『圓覺經大疏鈔』成立す。（八二三～八四一間）
952		南唐保大一〇年壬子		『祖堂集』成立す。

961		建隆　二年辛酉		『宗鏡錄』成立す。
967	太祖	乾德　五年丁卯	五月二三日	惠昕『六祖壇經』(二卷)を編集する。(興壇、惠昕序)
968	太祖	六年(一一月改元)開寶　元年戊辰		南漢の兵亂にて六祖の塔燒失、寺を修復して南華寺と名づく。(勅)
		開寶初年		南海の兵亂により塔が燒失、しかし六祖の遺體は損せず。(廣七・會元一)
				兵亂のために毀れた塔を修復する。(重新祖塔記)
976	太宗	太平興國元年丙子		慧能の塔、再び建立され、また大鑑眞空禪師と追諡される。(勅)
977		二年		
978		三年		太宗、慧能の塔を重建する。(宋)
				法泉寺を南華寺と改む。(六學四)
982		七年		『宋高僧傳』成立す。
		太平興國中		太宗、塔を重建し、太平興國塔と名づける。(重新祖塔記)
			太宗朝	大鑑眞空禪師と加諡され、塔を太平興國塔と名づけられる。(宗壇、歷朝事蹟)
1004	眞宗	景德　元年甲辰		『景德傳燈錄』成立す。
1020	眞宗	天禧　四年庚申		莊獻皇太后、傳衣を入內せしめ、普遂の號と智度禪師の號を賜い、藏經と供器を賜う。(勅)
1031	仁宗	天聖　九年辛未		衣鉢を入內せしめ大內淸淨堂に奉安、兵部侍郎晏殊『六祖衣鉢記』を撰す。(統紀四五)
1032		一〇年		眞身と衣鉢を入內せしむ。(勅)
				仁宗、眞身と衣鉢を入內せしめ供養をなし、また大鑑眞空普覺禪師と追諡する。(宗壇、歷朝事蹟)
1056	仁宗	至和　三年丙申	三月一九日	宋吏部侍郎郎簡、契嵩編集の『六祖壇經』(三卷)に序を附し刊行する。
1061	仁宗	嘉祐　六年		『傳法正宗記』成立す。
1068	神宗	熙寧　元年戊申		神宗、大鑑眞空普覺圓明禪師と加諡する。(勅)

西暦	皇帝	年號	月日	事項
			神宗朝（一〇六七～一〇八五）	神宗、大鑑眞空普覺圓明禪師と加諡する。（宗壇、歴朝事蹟）
1071		天賜禮盛國慶二年壬子		敦煌本『六祖壇經』、瓜州（敦煌）附近で西夏語に譯される。（西夏語譯壇經）
1096	哲宗	紹聖 三年丙子		南華寺の重辯、蘇軾に請うて柳宗元の六祖碑を書せしむ。（大鑒碑後跋）一説に紹聖二年のこととす。（統紀四六）
1116	徽宗	政和 六年丙申	一月 一日	存中、惠昕本系『六祖壇經』に序す。（大壇、存中序）
1153	高宗	紹興二三年癸酉	六月二〇日	晁子健、惠昕本『六祖壇經』に序す。（興壇、晁子健序）
1154		二四年	二月一五日	六祖の塔、回祿に罹る。（重新祖塔記）
1162		三二年		新たに六祖の塔を建立す。（重新祖塔記）
1207	寧宗	泰和 七年丁卯	二月	智訥『六祖壇經』に重刻の跋を附す。（高麗本壇經跋）
1209		大安 元年己巳		光孝寺の住持祖中、六祖殿を重ねて起造す。（光孝寺志一〇、重修六祖殿記）
1290	世祖	至元二七年庚寅	二月	德異、『六祖壇經』（一卷）を編集し、敍を附して刊行。（德異本壇經序・宗壇序・高麗本壇經序）
1291		二八年	夏	宗寶、契嵩本系『六祖壇經』（一卷）を編集し、跋を附して刊行。（宗壇跋）
1316	仁宗	延祐 三年丙辰		高麗の報國秋谷老師、德異本系の『六祖壇經』に所用の跋を附して刊行。（高麗本壇經、瑞光景瞻跋）
1317		四年		南華寺に金書の『孔雀經』が下賜さる。（勅）
1318		五年		南華寺護持の勅下る。（勅）

〔附録 二〕

慧能研究文獻目録

凡例

一、本目録は、昭和五二年一二月までに刊行された、慧能に關する主要な著書および研究論文を中心として作成した。
　但し中國佛教史や禪宗史などの著作において、通論として述べられているものは原則としてこれを除外した。

一、本目録は、著書目録と論文目録の二種に大別し、さらにその内容を『六祖壇經』とその他に分類し、各々撰述刊行年代順に配列した。

一、著書、論文目録の各々の編集次第を次に記す。

一　著書目録

㈠『六祖壇經』關係

㈡その他（『金剛經解義』、傳記、思想等）

ここでは、刊行本については、著者（編・校者）・書名・刊行者・撰述刊行年の順に記載し、収録叢書名も併せて記した。寫本については所藏・書寫年時を附した。また、書籍目録・論文中に紹介されたもので、現在その所在が不明なものについても參考として掲載し、※印を附して區別しその出據を〔　〕中に示した。

二　論文目録

㈠『六祖壇經』關係

(1)書誌的研究

(2)思想的研究、その他

㈡その他

(1)書誌的研究

(2)傳記的研究

(3)思想的研究、その他

ここでは、項目を更に、『六祖壇經』關係については、書誌、思想その他の項を、「その他」については、書誌、傳記、思想その他の項を設けて一層細分化し、各論文の内容によって配分し、利用の便を圖った。また、記載方法は、著者・論題・掲載雑誌等、刊行年の順に記載し、後の移録は（　）中に記した。

一、論文雑誌等の名稱は、適宜に略稱を用いてこれを示した。

一、本目録は、『六祖壇經』、『金剛經解義』、『曹溪大師傳』等の開版、刊行についても収録すべきであるが、それぞれについては、すでに本論解説中に述べてあるので、ここでは省略した。

一 慧能關係著書目錄

(一) 『六祖壇經』關係書

※林　兆恩　法寶壇經訊釋　(禪學研究五)　明代

※楊　貞復　法寶壇經評註　(禪學研究五)

袁　宏道　六祖壇經節錄　一卷(金屑編ト合冊)　內閣文庫藏　明代刊

無著　道忠　六祖壇經生茗蒂　三冊　禪文化研究所寄託北苑文庫藏　寫本

寶臺院越舟講、義箭誌　六祖法寶壇經講解(內題、六祖法寶壇經論解)　一冊　妙心寺龍華院藏　寫本

興聖寺石梯講義　六祖壇經備考　一冊　妙心寺龍華院藏　寫本　寶永二、二・一六～三・一一

(不　詳)　壇經備考　拔萃　一冊　妙心寺龍華院藏　寫本

夾　山　首書六祖壇經　二冊　京都麩屋　萬治二刊

(不　詳)　六祖法寶壇經鈔　四冊　京都文臺屋治兵衛　天和三刊

※(不　詳)　六祖法寶壇經補闕　二卷　(法寶壇經肯窾卷五)　京都永田氏　天和三刊

益淳・景奭較定　攷證駢拇法寶壇經肯窾　五冊(四冊)　京都銅駝坊風月堂　元祿一〇刊

(不　詳)　法寶壇經鈔　一冊　駒澤大學圖書館藏　寫本　寶永六

天桂　傳尊　是正註法寶壇經海水一滴　五冊　大阪具足屋八右衛門　享保一〇序刊

(不　詳)　法寶壇經海水一滴事考　一冊　駒澤大學圖書館藏　寫本

黠外　愚中　六祖壇經辨疑(韶州曹溪山六祖師壇經附錄)　岸澤文庫藏　寫本

※玄樓　奥龍　法寶壇經熱鐵輪　(蓮藏海五分錄末)

慈雲　飲光　法寶壇經兩祖得法偈評唱・應無所住而生其心開示　一卷　天保一五序刊

(不　詳)　壇經因師記　二冊　松ヶ岡文庫藏　寫本

(不　詳)　六祖法寶壇經別考　一冊　松ヶ岡文庫藏　寫本

白坡　亙璇　六祖大師法寶壇經要解　一冊　道光二五刊

山田　大應　冠註傍訓本六祖壇經　愛知梶田勘助　明治一八刊

大內青巒・藤井圓順編　六祖法寶壇經講義　一冊　東京哲學館大學　明治三八刊

楊　文會　壇經略釋　一冊　楊仁山居士遺著所收　京都大學人文科學研究所藏　民國六刊

丁　福保　六祖法寶壇經箋註　一卷　民國八刊

黃茂林　譯　**Sūtra spoken by the Sixth Patriarch, Wei Lang, on the High of the Gem of Law,** 上海　**Yu Ching Press,**　**1930**

Erwin Rousselle　譯　**Das Sūtra des Sechsten Patriarchen, Sinica, 5**　**1930**

鈴木　大拙　興聖寺本法寶壇經(影印)　一冊　大阪安宅彌吉　昭和八刊

鈴木　大拙　敦煌本・興聖寺本壇經（翻刻）　三冊　東京森江書店　昭和九刊

奥田　正造　法寶壇經（和譯）　一冊　東京森江書店　昭和九刊

鈴木　大拙　大乘寺本法寶壇經（翻刻）　一冊　大阪安宅佛教文庫　昭和一五刊

黃茂林　譯　The sūtra of Wei Lang (or Hui Neng), London, Published by Luzac and Company, 1944

Rev, Kong Ghee　Sūtra Spoken by the Sixth Patriarch on the High Seat of the Treasure of the Law, 1957

曇　昕　敬　六祖惠能大師法寶壇經（中英合刊）　香港佛教流通處

陸寬昱　譯　Ch'an and Zen Teaching (The Altar Sūtra of the Sixth Patriarch), London, Ryder and Campany, 1962

陳榮捷　譯　The Platform Scripture, The Basic Classic of Zen Buddhism, NewYok, St. Jhons University Press, 1963

Philip B. Yampolsky　The Platform Sūtra of the Sixth Patriarch, New York and London 1967

伊藤　古鑑　六祖大師法寶壇經　一冊　其中堂　昭和四二刊

柳田　聖山　六祖壇經（「世界古典文學全集」36A禪家語錄Ⅰ）　筑摩書房　昭和四七刊

柳田　聖山　六祖壇經（「世界の名著」續3禪語錄）　中央公論社　昭和四九刊

中川　孝　六祖壇經（「禪の語錄」4）　一冊　筑摩書房　昭和五一刊

柳田　聖山　六祖壇經諸本集成（禪學叢書之七）　一冊　中文出版社　昭和五一刊

六祖壇經研究論集（現代佛教學術叢刊1）　臺北、大乘文化出版社　民國六五刊

(二)　その他（金剛經解義、曹溪大師傳、思想その他）

覺範　慧洪　題六祖釋金剛經（「石門文字禪」二五）　宋代

永平　道元　碓米事（曹洞宗全書注解二）

治父　道川　金剛經老註　三卷　洪武二〇刊

（不　詳）　金剛經老註　四卷　永樂二一序刊

（不　詳）　金剛經集解　四卷　明代刊

※面山　瑞方　六祖大鑑禪師靈牙略記　一卷〔祇陀大智禪師行錄〕　享保二

松本文三郎　金剛經と六祖壇經の研究　京都貝葉書院　大正二刊

忽滑谷快天　禪學思想史　上卷　東京玄黃社　大正一二刊

宇井　伯壽　禪宗史研究　岩波書店　昭和一〇刊

花井　正雄　曹溪大師傳（影印）解説　古徑莊　昭和一一刊

常盤　大定　支那佛教史蹟踏查記　同書刊行會　昭和一三刊

宇井　伯壽　第二禪宗史研究　岩波書店　昭和一六刊

松本文三郎　達磨の研究　第一書房　昭和一七刊

常盤　大定　支那佛教史の研究　第二（「寶林傳の研究」中）　春秋社松柏館　昭和一八刊

羅　香　林　唐代廣州光孝寺與中印交通之關係（現代佛教學術叢刊4、禪宗史實考辨）　民國四九

伊藤　英三　禪思想史體系　鳳舍　昭和三八刊

阿部 肇一 中國禪宗史の研究 誠信書房 昭和三八刊

陸川 堆雲 六祖慧能大師 龍吟社 昭和四一刊

柳田 聖山 初期禪宗史書の研究 法藏館 昭和四二刊

鈴木 大拙 禪思想史研究 第二（「鈴木大拙全集」第二） 岩波書店 昭和四三刊

關口 眞大 達摩大師の研究 春秋社 昭和四四刊

印 順 中國禪宗史 臺灣廣益印書局 民國六〇刊

二 慧能關係論文目錄

(一)『六祖壇經』關係

(1) 書誌的研究

松本文三郎 六祖壇經に就て 禪宗二〇二 明治四五

富谷 龍溪 六祖壇經に就いて 禪學雜誌二二—三 大正七

羅 香林 壇經之筆受者問題 中山大學文史研究所（六祖壇經研究論集） 民國七

鈴木 大拙 六祖法寶壇經につきて 佛教研究三—一（鈴木大拙全集28） 大正一一

（不 詳） 六祖大師法寶壇經の古本に就て 現代佛教四—三六 昭和二

中條 東阜 六祖慧能禪師史傳並「法寶壇經」研究 禪學研究五 昭和二

胡 適 之 壇經考之一—跋曹溪大師別傳— 武大文哲季刊一—一（文存四—二、六祖壇經研究論集） 民國一九

鈴木 大拙 初期禪宗の資料などに就て 正法輪七三五（鈴木大拙全集28） 昭和七

禿氏 祐祥 禪籍傳來攷 正法輪七五一～七五二 昭和七

松本文三郎 六祖壇經の書誌學的研究 禪學研究一七～一八 昭和七

松本文三郎 六祖壇經の書誌學的研究 正法輪七六六～七八二、七八四～七八六 昭和八～九

鈴木 大拙 興聖寺本「六祖壇經」解說 正法輪七八二 昭和八

鈴木 大拙 興聖寺本「六祖壇經」の序文に就きて 正法輪七八三 昭和九

後藤 光村 興聖寺本六祖壇經 正法輪七八八 昭和九

李 長 之 談壇經 大公文藝四四 民國二三

馬 觀 源 對李長之君「談壇經」文之評判 佛學半月刊四—一三 民國二三

胡 適 之 記北宋本的六祖壇經 魯大文史叢刊一 民國二三

今長谷蘭山 六祖壇經研究資料 禪學研究二三 昭和一〇

大屋 德城 元延祐高麗刻本六祖大師法寶壇經・元延祐高麗刻本六祖大師法寶壇經に就て 禪學研究二三 昭和一〇

李 嘉 言 六祖壇經德異刊本之發現 清華學報一〇—一（六祖壇經研究論集） 民國二四

胡 適 之 壇經考之二—北宋本的六祖壇經— 文存四—二（六祖壇經研究論集） 民國二四

禿氏 祐祥 禪籍傳來攷 禪宗四五—二 昭和一二

鈴木　大拙　加賀大乘寺藏の六祖壇經と一夜碧巖について　支那佛教史學一—三　昭和一二

大久保道舟　大乘寺六祖師壇經・大乘寺本を中心とせる六祖壇經の研究　駒澤大學佛教學會學報八（增補版「道元禪師傳の研究」）　昭和一三

鈴木　大拙　六祖壇經に關する二三の意見　大谷學報一九—一　昭和一三

川上　天山　西夏語譯六祖壇經について　支那佛教史學二—三　昭和一三

黑田　亮　朝鮮流通六祖壇經の形式に就いて　書誌學一一—五　昭和一三

鈴木　大拙　六祖壇經（禪の講座第四卷「禪の書」所收）　昭和一四

黑田　亮　六祖壇經考　補遺　積翠先生華甲壽記念論纂　昭和一七

錢　穆　神會與壇經　東方雜誌四一—一四（中國學術思想史論叢・唐代之部、六祖壇經研究論集）　民國三四

周　連寬　六祖壇經考證　嶺南學報一〇—二　民國三九

中川　孝　六祖壇經の異本に就て　印佛研二—一　昭和二八

中川　孝　六祖壇經の研究　助成研究報告　昭和二八

中川　孝　壇經の思想史的研究　印佛研三—一　昭和二九

無　心　六祖壇經版本誌異　人生月刊一三—四　民國五〇

柳田　聖山　大乘戒經としての六祖壇經　印佛研一二—一　昭和三九

金　知見　高麗知訥の壇經跋文について　印佛研一五—一　昭和四一

錢　穆　略述有關六祖壇經之眞僞問題　中國憲政一二　民國五六

中川　孝　敦煌本六祖壇經の問題點　印佛研一七—一　昭和四三

曾　普信　六祖壇經考㈠～㈡　臺灣佛教二二—一～三　民國五七

錢　穆　略述有關六祖壇經之眞僞問題　中央日報（六祖壇經研究論集）　民國五八

錢　穆　六祖壇經　大陸雜誌三八—五（同右）　民國五八

楊　鴻飛　關於六祖壇經　中央日報（同右）　民國五八

楊　鴻飛　壇經之眞僞問題讀後　中央日報（同右）　民國五八

錢　穆　再論關於壇經眞僞問題　中央日報（同右）　民國五八

楊　鴻飛　「再論壇經問題」讀後　中央日報（同右）　民國五八

野　禪　世談壇經眞僞問題　現代國家五四　民國五八

趙　亮杰　壇經眞僞乎？抑作者眞僞乎？　獅子吼八—七　民國五八

蔡　念生　談六祖壇經眞僞問題　佛教文化一三（六祖壇經研究論集）　民國五八

胡　適之　所謂「六祖呈心偈」的演變　胡適手稿七上　民國五九

胡　適之　六祖壇經原作「檀經」考　手稿七上　民國五九

中川　孝　六祖壇經興聖寺本の傳承について　印佛研一九—一　昭和四五

柳田　聖山　六祖壇經（「世界古典文學全集」36A、禪家語錄Ⅰ）　筑摩書房　昭和四七

中川　孝　六祖壇經異本の源流　印佛研二一—二　昭和四八

椎名　宏雄　金山天寧寺舊藏『六祖壇經』について　印佛研二三—一

二　昭和五〇
楊 鴻飛　壇經の研究―編著者について―　印佛研二四―一　昭和五〇
中川 孝　『六祖壇經』の改換―鄙譚の添糅と聖意の削除の問題―　印佛研二四―二　昭和五一

(2) 思想的研究、その他

尼 宏眞　六祖壇經般若品妄談般若　理絲集三　民國八
羅 福成　六祖大師法寶壇經殘本釋文　北平圖書館刊四―三　民國一九
榑林 皓堂　六祖及び六祖壇經と道元禪師　駒澤實踐宗乘七　昭和一四
久須本文雄　王陽明の思想と六祖法寶壇經　禪學研究三七　昭和一七
錢 穆　神會與壇經　東方雜誌四一―一四（中國學術思想史論叢・唐代之部、六祖壇經研究論集）　民國三四
中川 孝　道元禪師と六祖壇經　東北藥科大紀要二　昭和三〇
中川 孝　道元禪師と六祖壇經　印佛研四―一　昭和三一
乃 光　讀六祖「法寶壇經」　現代佛學（六祖壇經研究論集）　民國四八
羅 時憲　六祖壇經管見　新亞書院學術年刊一（同右）　民國四八
許 兆理　從六祖壇經以論禪門人物之人生智慧及其生活境界　中國文學系年刊二（同右）　民國五一
蕭 春薄　壇經法義之體會　疊翠學報一（同右）　民國五一
榑林 皓堂　壇經の般若思想と道元禪師　宗學研究六　昭和三九
酒井 得元　六祖壇經に於ける見性の意義　宗學研究六　昭和三九
酒井 得元　六祖壇經に於ける自性について　宗學研究七　昭和四〇
原田 弘道　六祖壇經と荷澤宗　印佛研一四―一　昭和四一
原田 弘道　六祖壇經の自性の思想と道元禪師の立場　宗學研究八　昭和四一
田中 良昭　六祖壇經と三科法門　宗學研究九　昭和四二
鈴木 哲雄　荷澤神會より壇經に至る見性の展開　印佛研一七―一　昭和四三
高 永霄　「六祖壇經」研究略見　香港佛教九二（六祖壇經研究論集）　民國五七
錢 穆　六祖壇經大義―惠能眞修眞悟的故事―　中央日報（同右）　民國五八
錢 穆　讀六祖壇經　大陸雜誌三八―五（同右）　民國五八
澹 思　惠能與壇經　中央日報（同右）　民國五八
詹 勵吾　揭破神會和尚與六祖壇經所謂眞僞的謎　慧炬月刊七三～七四　民國五八
道 安　六祖法寶壇經大意　慈航二九～三〇　民國五九
印 順　神會與壇經(上)～(下)　海潮音五二―二～三（六祖壇經研究論集）　民國六〇
褚 柏思　神會和尚與法寶壇經　海潮音五二―八　民國六〇
長島 孝行　禪宗は惠能と壇經以後に　印佛研一九―一　昭和四五
長島 孝行　禪宗は惠能と壇經以後に―傳心法要より考察して―　宗教研究四六―二　昭和四八

(二) その他

(1) 書誌的研究

松本文三郎　曹溪大師別傳に就いて　禪宗二七三　大正一三
內藤　湖南　唐鈔曹溪大師傳　禪の研究一（內藤湖南全集12）　昭和三
土橋　秀高　敦煌本受菩薩戒儀考　印佛研八―一　昭和三五
關口　眞大　授菩薩戒儀「達磨本」について　印佛研九―二　昭和三六
曾　普　信　六祖備考㈠～㈥　人生月刊一三―四　民國五〇
胡　適　之　王維六祖能禪師碑銘　胡適手稿七下　民國五九
楊　鴻　飛　瘞髮塔記について　印佛研一九―一　昭和四五
牛場　眞玄　延曆寺所藏「六祖慧能傳」について―その序跋に關連して―　印佛研二一―一　昭和四七
關口　眞大　曹溪慧能の『金剛般若經解義』について　新羅佛教研究　昭和四八
牛場　眞玄　延曆寺所藏「六祖慧能傳」について㈠～㈣　中外日報　昭和四八・四・二七、五・二、五・五、五・八

(2) 傳記的研究

岡本　洲南　六祖慧能禪師　和融誌一六二～一六四　明治四三
諦　　閑　禪宗六祖得道之原　佛學叢報一　民國一
林　　岱雲　六祖慧能大師について　臨大學報　大正七
謝　扶　椎　光孝寺與六祖慧能　嶺南學報四―一　民國二四
何　格　思　慧能傳質疑　嶺南學報四―二（現代佛教學術叢刊4、禪宗史實考辨）　民國二四
福島　俊翁　六祖慧能禪師と文人との關係に就て　禪學研究二九（福島俊翁著作集三）　昭和一三
長部　和雄　唐代禪宗高僧の士庶教化について　羽田博士頌壽記念東洋史論叢　昭和一五
李　敏　田　慧能與卜克門　民主評論九―一四　民國四七
趙　亮　杰　六祖大師化迹因緣㈠―㈣　獅子吼二―二～三―三　民國五二～五三
褚　柏　思　六祖慧能與禪宗　獅子吼六―二　民國五六
任　　遠　六祖行略暨其學大要　獅子吼九―七　民國五九
胡　適　之　能禪師與韶州廣果寺　胡適手稿七上　民國五九
胡　適　之　弘忍門下的「十人」　手稿七下　民國五九
胡　適　之　七條類藁裏的「六祖」　手稿七下　民國五九

(3) 思想的研究、その他

淺野　斧山　南頓北漸の字義　和融誌一一　明治二〇
井上　三塔　南北兩宗禪風の異同　和融誌一七　大正一
唐　大　圓　論能秀兩大師　海潮音三―四（六祖壇經研究論集）　民國一一
鈴木　大拙　六祖慧能の禪　禪學研究三　大正一五
高雄　義堅　禪の南北兩宗に就て　龍大論叢二八三　昭和三
持田　　訓　六祖慧能の根本思想　駒澤佛教一　昭和六
日種　讓山　六祖大師の證悟と中心思想の考察　禪學研究一六　昭和六
伏　　波　六祖一衣傳入東洋　海潮音一二―一一　民國二〇
陳　寅　恪　禪宗六祖傳法偈之分析　清華學報七―一～二（六祖壇經研究論集）　民國二一

高雄 義堅 再び禪の南北兩宗について 龍谷學報三〇六 昭和八
羅 香林 禪宗與曹溪南華寺 中山文史月刊一—四 民國二二
地 老 六祖承傳衣鉢經歷記 香港佛化刊五 民國二二
伊藤 古鑑 六祖慧能大師の中心思想 日佛年報七 昭和一〇
勝峰 修 六祖大師の中心思想 禪學研究二五 昭和一一
今長谷蘭山 六祖大師の心理學 禪學研究二六 昭和一一
許 天賜 六祖慧能禪師頓悟入道之門 南瀛佛教一三—九 民國二五
高雄 義堅 禪の南北兩宗について 禪宗四五—五 昭和一二
古田 紹欽 最近の支那禪宗史研究 佛教研究五 昭和一六
大久保道舟・古田紹欽等 禪・禪宗・禪宗史の諸問題 歷史地理八〇—一 昭和一七
木村 靜雄 初期禪宗史に於ける悟と修の問題 禪學研究三六 昭和一七
增永 靈鳳 六祖慧能の禪風 道元九—七 昭和一七
（不 詳） 介紹中國曹溪勝蹟及中興曹溪兩大巨人憨山虛雲禪師之略史 菩提流動學會月刊曹溪專號 民國三八
增永 靈鳳 達磨と六祖の直觀禪 大法輪二二 昭和三〇
米內山庸夫 六祖の生涯とそのミイラ 大法輪一一 昭和三二
木村 靜雄 六祖禪の近代性 印佛研六—一 昭和三三
陳 銘樞 論惠能六祖禪（現代佛教學術叢刊3禪學論文集） 民國四七
羅 香林 南朝至唐廣州光孝寺與禪宗之關係 新亞學報四—一 民國四八
關口 眞大 慧能の思想に關する疑義 印佛研八—二 昭和三五
關口 眞大 禪宗の發生 福井博士頌壽記念「東洋思想論集」 昭和三五
饒 宗頤 讀羅香林先生新著「唐代廣州光孝寺與中印交通之關係兼論交廣道佛教之傳播問題」 大陸雜誌二一—七 民國四九
小林 圓照 一行三昧私考 禪學研究五一 昭和三六
木村 靜雄 初期修禪の二形態 禪學研究五一 昭和三六
小林 圓照 禪における一行三昧の意義 印佛研九—一 昭和三六
關口 眞大 南宗と南宗禪 印佛研一〇—二 昭和三七
胡 適之 關於六祖慧能的讀書札記 港大中文會刊 民國五五
關口 眞大 公案禪と默照禪 印佛研一六—二 昭和四二
吳 任華 中國禪宗第六代祖惠能概述 東方雜誌復一—一〇 民國五七
王 禮卿 六祖之偈 中央日報 民國五八
曾 普信 六祖禪悟論 臺灣佛教二三—三 民國五八
田中 良昭 初期禪宗と戒律 宗學研究一一 昭和四四
長島 孝行 南宗の象徵としての六祖慧能 法政大學哲學年誌四 昭和四六
員林警化堂 六祖無相頌論解 明道 民國六〇
關口 眞大 慧能研究に關するメモ 印佛研二〇—二 昭和四七
能 學 禪宗第六祖慧能大師 香港佛教一八五 民國六四
中川 孝 『金剛經口訣』と『六祖壇經』 禪文化研究所研究紀要九 昭和五二

あとがき

まえがきにも述べた通り、本書は駒澤大學にあって中國禪宗史に關心をもつ若い學徒の共同研究の成果である。この仕事を始めた當初は、研究成果を刊行するということは、まったく考慮に入れていなかったことであるが、今こうしてその成果を公にすることができたのは、駒澤大學佛教學部諸先生の暖かいご支援と研究を共にしてきた研究會メンバーの衆力和合の結果であり、誠に感慨深いものがある。もし本書が多少なりとも斯學に益するところがあるとするならば、それは共同研究者各位の精進努力のしからしむるところであり、もしまた若干なりとも過誤があるとするならば、その責めは研究責任者自身が負うべきものである。どうか諸賢の忌憚のないご批判、ご叱正をお願いする次第である。

このように、本書は研究會メンバー全員の協力によって完成したものであるが、しかし解題の如きは個人の筆になったものが多く、他の部分でも二、三人の小グループで擔當したものもある。そこで以下共同研究に參加した研究會メンバーの氏名を記し、更に各々が主として擔當した部分を明らかにしておきたい。

石井修道

石川力山

川口高風

椎名宏雄

田中良昭

〈共同研究者〉（五十音順）

中村信幸
中山成二
永井政之
吉田道興

以上の九名によってなされたものであるが、研究篇は、第一章の『曹溪大師傳』の解説を椎名、巻末補注を石井・石川・吉田、第二章の一八資料の解説を石井・石川・田中が擔當し、その外は全員がこれに當った。資料篇は、第一章の『六祖壇經』の解説を石川、第二章の『金剛經解義』の解説を石井、本文校注を永井・中村・吉田、第三章の「慧能關係資料集成」の資料解説を椎名が擔當し、その外は全員がこれに當った。附錄は、一の「慧能關係年表」を川口・永井、二の「慧能研究文獻目錄」を永井・中山が擔當し、索引は、全員がこれに當った。

以上の如き分擔によったために、全體的な統一の面で不十分な點のあることを危惧するものである。また、共同研究の方法についても、果して適切であったかどうか、考慮の餘地が多いと考える。今後この面についてもご指導をいただければ幸甚である。

研究代表者

田中良昭

執筆者略歴（五十音順）

①生年・出生地
②最終學歴
③現職
④主な『著書』または「論文」

石井修道　①一九四三年、福岡縣　②一九七一年、駒澤大學大學院博士課程了　③駒澤大學佛教學部講師　④「『攻媿集』にみられる禪宗資料」、『金澤文庫資料全書佛典第一卷禪籍篇』（共著）

石川力山　①一九四三年、宮城縣　②一九七四年、駒澤大學大學院博士課程了　③駒澤大學佛教學部助手　④「鎌倉における曹洞宗宏智派の消長」、「中世五山禪林の學藝について」

川口高風　①一九四八年、愛知縣　②一九七五年、駒澤大學大學院博士課程了　③愛知學院短期大學講師　④「中國律宗と義淨の交渉」、『法服格正の研究』

椎名宏雄　①一九三四年、東京都　②一九六七年、駒澤大學大學院博士課程了　③駒澤大學佛教學部講師　④「金山天寧寺舊藏『六祖壇經』について」、「朝鮮版『景德傳燈錄』について」

田中良昭　①一九三三年、東京都　②一九六二年、駒澤大學大學院博士課程了　③駒澤大學佛教學部教授　④「『聖胄集』考」、「敦煌禪宗資料分類目錄初稿」

中村信幸　①一九四六年、山梨縣　②一九七四年、駒澤大學大學院修士課程了　③駒澤大學外國語部講師　④「『南陽和上頓教解脫直了性壇語』翻譯」、「『臨濟錄』『祖堂集』に於ける「在」の用法」

中山成二　①一九四五年、新潟縣　②一九七一年、駒澤大學大學院修士課程修了　③駒澤大學大學院博士課程　④「梵網經略疏考」、「萬安英種考」

永井政之　①一九四六年、群馬縣　②一九七四年、駒澤大學大學院博士課程了　③駒澤大學禪學大辭典編纂所實務員　④「雪竇の語錄の成立に關する一考察」、「祖庭事苑の基礎的研究」

吉田道興　①一九四二年、東京都　②一九七五年、駒澤大學大學院博士課程了　③曹洞宗全書編纂實務員　④「初期地論學派における諸問題」、「法上と慧遠の法界觀」

Supplements

1. Chronological Table for Hui-neng 慧能

All articles having date descriptions in relation to Hui-neng were extracted from the manuscripts collected in this book and objectively arranged on the chronological table after faithfully translated into Japanese, with the indication of their sources. Therefore, it may be said that this table is a chronological reference in which possible inconsistencies among descriptions of various texts are not taken into consideration.

2. Bibliography

This is the complete bibliography of past books and papers on Hui-neng 慧能 study. Books are classified into those relating to *Liu-tsu t'an-ching* 六祖壇經 and others. As for papers, those relating to *Liu-tsu t'an-ching* are classified into (1) bibliographical study, and (2) ideological study; while others are classified into (1) bibliographical study, (2) biographical study, and (3) ideological study. All of these are arranged chronologically.

Index

This is the index for proper nouns referred to in all Chinese originals collected in this book, and consists of (1) persons' names, (2) names of places and temples, and (3) titles of books.

There are bibliographically many kinds of texts as to *Liu-tsu t'an-ching* which has been wellknown as the recorded sayings of Hui-neng 慧能. However, they can be roughly classified into the following five groups: (1) Tun-huang text 敦煌本, (2) Danjō-ji text 大乘寺本, (3) Kōshō-ji text 興聖寺本, (4) Te-i text 德異本, and (5) Tsung-pao text 宗寶本. Therefore, we selected five texts which represent the five groups respectively, and edited the bodies of the five texts in this section for easy comparison. The contents of *Liu-tsu t'an ching* 六祖壇經 are devided into 93 items, which are placed in the top column of individual pages. Under each of these items, descriptions in the five texts corresponding to that item are arranged in five columns text by text. This layout will make the comparison of the five texts quite easy and clear. Since sequence numbers are given in advance to the individual sentences of the texts, change of order of items in the respective texts can also be understood. As the result of this complicated work, increase or decrease of sentences in the texts, and consequently the changes in *Liu-tsu t'an-ching* can be grasped exactly.

Section 2. General Description on *Liu-tsu t'an-ching* 六祖壇經

This section describes the five *Liu-tsu t'an-ching* texts mentioned in the preceding section chiefly from the bibliographical point of view, based on the results of the latest studies.

Chapter II. *Chin-kang-ching chieh-i* 金剛經解義

Section 1. Comparative Revision of Seven *Chin-kang-ching chieh-i* Texts

This is the comparative revision of different texts of *Chin-kang-ching chieh-i* which has been handed down long from old days as the work of Hui-neng 慧能 but was seldom studied in earnest in the past. That is, we chose seven principal manuscripts among many texts of *Chin-kang-ching chieh-i,* employed the Gozan-ban text possed by the Cultural Science Study Society of Kyōto University as the base text, and revised it in relation to the words and letters by comparing it with other six texts. Revised words and letters are shown as the headnotes.

Section 2. General Description on *Chin-kang-ching chieh-i* 金剛經解義

This is the bibliographical explanation of *Chin-kang-ching chieh-i.* Based on the results of comparative revision of seven texts shown in the preceding section, this section develops the discussion on the basic text study which systematically defines the situations of and the relation between the seven text.

Chapter III. Compilation of Manuscripts about Hui-neng 慧能

Section 1. Compilation of Manuscripts

Manuscripts relating to Hui-neng are too many to enumerate. Among such numerous manuscripts, we chose a hundred and twelve old manuscripts excluding the abovementioned eighteen manuscripts and two works of Hui-neng, on the bases in principle that they were established in or before Yüan era, and arranged them chronologically for convenient reference for study of Hui-neng.

Section 2. Description on Manuscripts

In this section, brief descriptions are given on each of the one-hundred and twelve manuscripts compiled in Section 1.

easily. Detailed comments on difficult terms in the text are also shown in the supplement at the end of this section.

Chapter II. Study of Biography of Hui-neng 慧能

Section 1. General Description on Eighteen Basic Manuscripts

Eighteen kinds of basic manuscripts on the biography of Hui-neng are introduced in this section. Among many biographical writings about Hui-neng, valuable ones that were not only established in relatively early days but also are kept today in comparatively perfect form are as follows:

(1) *Kuang-hsiao ssu i-fa t'a-chi* 光孝寺瘞髮塔記 (676)
(2) Wang Wei, *Liu-tsu Neng ch'an-shih pei-ming* 王維, 六祖能禪師碑銘 (~761)
(3) Ishii text, *Shen-hui yü-lu* 石井本, 神會語錄 (~792)
(4) *Li-tai fa-pao chi* 歴代法寶記 (775~)
(5) *Ts'ao-ch'i ta-shih chuan* 曹溪大師傳 (781~)
(6) Tun-huang text, *Liu-tsu t'an-ching* 敦煌本, 六祖壇經 (781~801)
(7) Liu Tsung-yüan, *Ts'ao-ch'i ti-liu-tsu tz'ŭ-shih Ta-chien ch'an-shih pei* 柳宗元, 曹溪第六祖賜諡大鑒禪師碑 (816)
(8) Liu Yü-hsi, *Ts'ao-ch'i liu-tsu Ta-chien ch'an-shih ti-erh pei ping hsü* 劉禹錫, 曹溪六祖大鑒禪師第二碑并序 (819)
(9) *Yüan-chüeh ching ta-shu ch'ao* 圓覺經大疏鈔 (823~841)
(10) *Tsu-t'ang chi* 祖堂集 (952)
(11) *Tsung-ching lu* 宗鏡錄 (961)
(12) *Sung Kao-seng chuan* 宋高僧傳 (988)
(13) *Ching-te ch'uan-teng lu* 景德傳燈錄 (1004)
(14) *Ch'uan-facheng-tsung chi* 傳法正宗記 (1061)
(15) Daijō-ji text, *Liu-tsu t'an-ching* 大乘寺本, 六祖壇經
(16) Kōshō-ji text, *Liu-tsu t'an ching* 興聖寺本, 六祖壇經
(17) Tsung-pao text, *Liu-tsu t'an-ching* 宗寶本, 六祖壇經
(18) *Liu-tsu ta-shih yüan-ch'ih wai-chi* 六祖大師緣起外紀

In Section 1, every one of these original manuscripts are studied and discussed.

Section 2. Changes in the Biography of Hui-neng 慧能

Study and analysis are made in regard to how the biography of Hui-neng was described in the abovementioned eighteen manuscripts and how it was changed there, according to the methodology of material analysis. Namely, using the data in *Ts'ao-ch'i ta-shih chuan* 曹溪大師傳 as the standard, we divided the contents of the biograqhy of Hui-neng 慧能 into fifty-three items. Then, collecting descriptions corresponding to each of the fifty-three items from the eighteen manuscripts, we arranged them under each item according to the order of years when the original manuscripts were established. Then, by discussing the historical changes in the descriptions allocated under each item, we tried to make clear the actual condition of changes in the biographical writings about Hui-neng. It can be said that this section is the core of this book.

Part II. Manuscripts for Reference

Chapter I. *Liu-tsu t'an-ching* 六祖壇經

Section 1. Comparison of Five *Liu-tsu t'an-ching* Texts

STUDY OF HUI-NENG 慧能

——Basic Study of Biography and Manuscripts on Hui-neng——

Ch'an (Zen) sect, which was founded by the First Patriarch Bodhidharma, took new turn as the religion of Chinese themselves for the first time in the days of Sixth Patriarch Hui-neng 慧能, and since then Hui-neng's school has developed into one of the mainstreams in Chinese Buddhism. Therefore, it may be said that the situation of Hui-neng in the history of Ch'an and Chinese Buddism is of extreme importance. However, generally in Ch'an history, various kinds of idolized images of patriarchs and literary works related to them were created by passionate faith of people in later days. Bodhidharma is the most typical example for this. And Hui-neng, too, is not an exception. Now that studies on Bodhidharma have been greatly developed today, we feel acute necessity to study Hui-neng in the new light of historical criticism to clear up the actual changes in the biographical writings about Hui-neng and define the true image of him.

Part I. "Study of Hui-neng 慧能" of this book is written from such a standpoint of view. Part II. "Manuscripts for Reference" is edited aiming at the bibliographical study into the works of Hui-neng as well as the collection and systematization of old manuscripts related to Hui-neng so that it may be the basic materials contributing to future studies of Hui-neng's thoughts and Ch'an (Zen) ideology.

This book is the fruit of many years' study and efforts of young members of Komazawa University Ch'an History Study Society. Although the fruit is yet small and green, we hope that it will ripen into fine golden one by readers' strict criticism and warm encouragement.

Part I. Study of Hui-neng 慧能

Chapter I. Study of *Ts'ao-ch'i ta-shih chuan* 曹溪大師傳

Section 1. General Discription on *Ts'ao-ch'i ta-shih chuan* 曹溪大師傳

This section gives an explanation about *Ts'ao-ch'i ta-shih chuan*. This biography, established in relatively early days and having the richest contents among many biographical writings about Hui-neng 慧能, is of much importance, and there are four kinds of different texts left in Japan today. They are: (1) Old manuscript brought from China by Saichō 最澄 in 805 A.D. (possessed by Hiei-zan Enryaku-ji, and trusted to Nara National Museum); (2) Text hand-copied by Muchaku Dōchū 無著道忠 (possessed by Kyōto University Library); (3) Woodprinted text having a preface written in 1762 and issued by Kōshō-ji at Horikawa in Kyōto; and (4) Text contained in *Dainihon manji zokuzō kyō* 大日本卍續藏經. In this section, the mutual relation of these four texts and their characteristics are discussed chiefly from the bibliographical standpoint of view.

Section 2. Revision and Translation with Notes of *Ts'ao-ch'i ta-shih chuan* 曹溪大師傳

This section consists of revised standard text of *Ts'ao-ch'i ta-shih chuan,* its translation into Japanese, and notes. The standard text of *Ts'ao-ch'i ta-shih chuan* was edited by using the text which Saichō 最澄 brought to Japan from China, as the base text and revising it referring to the other three texts. Thus revised standard text being at the top column, faithful translation into Japanese and notes related to the revision are arranged under the standard text. By this three-column layout, text, translation and notes can be compared

ワ　行

ハ　行

マ　行

ヤ　行

ラ　行

タ　行

ナ　行

III 書　　名

ア　行

カ　行

サ　行

マ　行

ヤ　行

ラ　行

ワ　行

タ　行

ナ　行

ハ　行

サ　行

II　地名・寺名

マ　行

ヤ　行

ラ　行

ナ　行

ハ　行

タ　行

サ　行

カ　行

Ⅰ 人　名

ア　行

索　　引

凡　例

1　本索引は，本書中の漢文資料を對象とした個有名詞の索引である。

2　個有名詞は，(1)人名，(2)地名・寺名，(3)書名の三つに分類し，それぞれの索引を五十音順に配列した。

3　人名中の「慧能」，及び書名中の「六祖壇經」については，原資料におけるすべての表記を採用し，「慧能」と「六祖壇經」の項目中に集めて配列した。

4　書名中には，經典名や金石資料をも含めた。

5　索引の表記中,〔　　〕は同名異字,(　　)は別稱や區分等を示す。

昭和五十三年三月二十日　發行

慧能研究

編　者　©　駒澤大學禪宗史研究會

發行者　鈴木敏夫

發行所　東京都千代田區神田錦町三ノ二四　株式會社　大修館書店

（この奥付は初版のものです）

慧能研究製作關係者

寫眞植字印字　五常寫植印刷株式會社
寫眞製版　株式會社近藤寫眞製版所
本文・扉印刷　横山印刷株式會社
本文用紙抄造　本州製紙株式會社
表紙クロス　ダイニック株式會社
製函　株式會社中田製函
製本　牧製本印刷株式會社

（この頁は初版のものです）

慧能研究 慧能の伝記と資料に関する基礎的研究

昭和五十三年三月二十日　初版発行
平成三十年七月三十一日　覆刻版発行

編著者　駒澤大学禅宗史研究会

発行者　片　岡　　敦

印刷製本　モリモト印刷株式会社

発行所　606-8204 京都市左京区田中下柳町八番地
株式会社 臨　川　書　店
電話（〇七五）七二一-七一一一

落丁本・乱丁本はお取替えいたします。
定価は函に表示してあります。

ISBN978-4-653-04411-6　C3015　